国家出版基金项目

"十四五"时期国家重点出版物出版专项规划项目

马克思主义理论研究与当代中国书系

国家社科基金重大项目

学科、学术与话语

中国马克思主义哲学社会科学体系建构研究

（1919—1949）

上卷

王海军　著

中国人民大学出版社
·北京·

图书在版编目（CIP）数据

学科、学术与话语：中国马克思主义哲学社会科学
体系建构研究：1919--1949. 上卷/王海军著. --北
京：中国人民大学出版社，2022.5
（马克思主义理论研究与当代中国书系）
ISBN 978-7-300-30704-6

Ⅰ.①学… Ⅱ.①王… Ⅲ.①马克思主义哲学-哲学
社会科学-研究-中国-1919—1949 Ⅳ.①B0-0

中国版本图书馆 CIP 数据核字（2022）第 093319 号

国家出版基金项目
国家社科基金重大项目
"十四五"时期国家重点出版物出版专项规划项目
马克思主义理论研究与当代中国书系
学科、学术与话语：中国马克思主义哲学社会科学
体系建构研究（1919—1949）
上卷
王海军　著
Xueke、Xueshu yu Huayu：Zhongguo Makesi Zhuyi Zhexue Shehui Kexue
Tixi Jiangou Yanjiu（1919—1949）

出版发行	中国人民大学出版社	
社　　址	北京中关村大街 31 号	邮政编码　100080
电　　话	010－62511242（总编室）	010－62511770（质管部）
	010－82501766（邮购部）	010－62514148（门市部）
	010－62515195（发行公司）	010－62515275（盗版举报）
网　　址	http://www.crup.com.cn	
经　　销	新华书店	
印　　刷	涿州市星河印刷有限公司	
规　　格	165 mm×230 mm　16 开本	版　次　2022 年 5 月第 1 版
印　　张	26 插页 4	印　次　2022 年 11 月第 2 次印刷
字　　数	411 000	定　价　218.00 元（上、下卷）

目　　录

图表目录

绪　　论

　　重视哲学社会科学是建党百余年来中国共产党的优良传统。2022年4月25日，习近平总书记在中国人民大学考察时强调，"加快构建中国特色哲学社会科学，归根结底是建构中国自主的知识体系。要以中国为观照、以时代为观照，立足中国实际，解决中国问题，不断推动中华优秀传统文化创造性转化、创新性发展，不断推进知识创新、理论创新、方法创新，使中国特色哲学社会科学真正屹立于世界学术之林"①。新民主主义革命时期，诸多奋战在哲学社会科学领域的知识分子在党的领导下，立足于近代中国革命实践，相继建立了旨在解决中国社会发展现实问题的哲学、经济学、政治学、历史学、新闻学、社会学、法学、文学、教育学等学科，初步建构起以马克思主义为指导的、立足于中国历史与中国共产党领导革命实践的、具有中国风格和中国气派的中国特色哲学社会科学体系，为新中国成立70多年来中国特色哲学社会科学学科体系的发展奠定了坚实学理基础。

一、国内外研究的学术史梳理

　　党的十八大以来，围绕中国特色哲学社会科学体系建构，习近平

---

　　① 习近平. 坚持党的领导传承红色基因扎根中国大地　走出一条建设中国特色世界一流大学新路. 人民日报，2022-04-26.

总书记相继发表了系列重要论述。2016 年 5 月 17 日，习近平在哲学社会科学工作座谈会上的讲话为新时代中国特色哲学社会科学学科体系、学术体系与话语体系建构指明了重要方向。习近平关于中国特色哲学社会科学的重要论述，成为当前和今后一个时期我国哲学社会科学发展的根本指导思想，这为深入研究本书提供了重要学理依据。

（一）国内研究现状

马克思主义中国化学术史是当前学界研究的一个重要理论课题，而丰富的历史文献资料则是开展马克思主义中国化学术史研究的必要条件。近年来，国内外学界（尤其是国内学界）出版的关于新民主主义革命时期党的各种历史文献资料非常丰富，主要包括文件和档案、各种文献资料汇编、资料丛刊、文集、选集、选编、文稿、年谱、传记、报刊（影印版）、地方史志及国外史料等。这些文献资料的编辑出版，为马克思主义中国化和中共党史学科研究提供了重要史料和学理支撑。

在当前出版的各种历史文献资料中，主要是关于中国共产党政治、经济、社会等方面的史料，如《中共中央文件选集》《中国共产党组织史资料》《毛泽东文集》《瞿秋白年谱新编》《中国现代革命史资料丛刊》等。关于思想文化史方面的代表性文献资料主要有《中国现代思想史资料简编》（蔡尚思、朱维铮主编）、《中国现代哲学史资料汇编》（钟离蒙、杨凤麟主编）、《中国近代思想史参考资料简编》（石峻主编）及《中国近代政治思想论著选辑》等，而涉及马克思主义哲学社会科学发展方面文献资料的系统编辑较少，目前少有专门关于新民主主义革命时期中国马克思主义哲学社会科学体系建构文献资料出版。

围绕"哲学社会科学""中国本土化哲学社会科学""马克思主义哲学社会科学体系""中国特色哲学社会科学体系"等研究主题，笔者进行了较为深入的成果调研，检索了中国知网、中国人民大学藏书馆、北京大学图书馆数据库、国家图书馆馆藏书目等数据库，对国外主要数据库也进行系统检索，对已有研究成果进行初步总结，整体上呈现出"重改革开放以来，轻民主革命时期"的特点。

一方面，目前学界围绕该领域的研究成果主要集中于改革开放以来，尤其是当前"中国特色哲学社会科学学科体系、学术体系与话语体系建构"层面。

目前国内学界对马克思主义哲学社会科学体系研究（国外学界对此关注较少），主要立足于当前形势下围绕构建中国特色哲学社会科学体系的内涵属性、基本原则、当代价值等方面展开。在中国知网期刊库检索篇名中，截至 2021 年 10 月，包含"哲学社会科学"关键词的文章有 660 篇（包括期刊文章 450 篇、报纸文章 206 篇、国内会议文章 2 篇、硕士论文 2 篇），而包含"中国特色哲学社会科学体系"关键词的文章 98 篇（包括期刊 64 篇、报纸 34 篇）。文章发表时间相对集中，大都是 2016 年以来发表的，这主要与习近平总书记在 2016 年"5·17"讲话中提出着力加强中国特色哲学社会科学学科体系、学术体系与话语体系建设的重要思想有关。这些研究成果主题和内容较重复，大都以宣传和阐释为主，主要是"中国特色哲学社会科学学科体系、学术体系、话语体系"形成基础与背景，"三个体系"之间的相互关系、目标与任务、方针与途径、重大意义与当代价值等方面的研究。

另一方面，从历史视域探讨哲学社会科学体系建构问题的研究则较为薄弱。

目前国内学界涉及"新民主主义革命时期中国马克思主义哲学社会科学体系建构"的研究文章较少，代表性研究成果如吴汉全的《邓初民〈新政治学大纲〉（1940）的学术贡献》（《政治学研究》2009 年第 3 期）、《〈新民主主义论〉对马克思主义政治学的贡献》（《政治学研究》2010 年第 1 期）、《李大钊与中国马克思主义社会学的创建》（《河南师范大学学报（哲学社会科学版）》2002 年 29 卷第 4 期）、《历史·历史学·历史哲学：李大钊对历史学几个相关概念的马克思主义诠释》（《江海学刊》2004 年第 2 期）等，阎书钦的《"新兴社会科学"的兴起与马克思主义社会科学话语体系的构建》（《中共党史研究》2015 年第 4 期）、《亦学亦政：民国时期关于政治学研究范式的论争——兼论民国政治学的学术谱系》（《武汉大学学报（哲学社会科学版）》2016 年第 6 期），向燕南的《新社会科学运动（1920 年代末至 1930 年代中）与中国社会科学的发展》（《学术研究》2005 年第 4 期），王海军与郝思佳的《政治与学术的双重属性：抗战时期国共两党学术话语权的博弈》（《理论学刊》2020 年第 5 期），王海军的《中国共产党领导创建哲学社会科学的历程与经验探析：以新民主主义革命时期为例》（《马克思主义理论学科研究》2018 年第 3 期），王海军与王栋的《马克思主义哲学社会科学话语体系的初步构建（1919—1949）》

（《马克思主义研究》2020年第3期），等等。

著述方面，涉及该研究领域的专门著作较少，主要有吴汉全著的《中国马克思主义学术史概论（1919—1949）》（吉林人民出版社2010年版）与吴汉全、王忠萍著的《中国马克思主义学术史（1919—1949）》（吉林人民出版社2008年版），阎书钦著的《范式的引介与学科的创建：民国时期社会科学话语中的科学观念》（中国社会科学出版社2017年版）、上海市社科联编的《二十世纪中国社会科学》（上海人民出版社2005年版）及方松华等著的《中国马克思主义学术史纲》（学林出版社2011年版）等，这几部是研究民主革命时期哲学社会科学发展的重要代表性著述，反映了学界对该领域的文献资料收集较为薄弱，说明已有研究尚处于初始阶段，需要以丰富历史文献资料为支撑，进一步加强对该书的研究。

此外，国外学界对该问题关注度不高，只对中国社会科学发展方面有一些零散论述，还没有直接述及民主革命时期马克思主义哲学社会科学体系建构的著述，这说明国外相关研究亦尚处于起步阶段。

从学术史梳理看，学界关于新民主主义革命时期中国马克思主义哲学社会科学体系建构相关问题的研究存在如下问题与困境：

1. 思想文化史研究的困境

近年来，国内学界对于中国共产党思想文化史方面的研究相对而言较热，表现在出版与发表的各种专题著述较多。其中，关于中共党史重要人物的思想史研究历来是中共党史研究的重点，但当前学界主要局限于"政治思想史"层面研究，而对于"学术思想史"层面研究相对薄弱。对于新民主主义革命时期中国马克思主义哲学社会科学发展问题的研究，须在关注该时期马克思主义哲学社会科学发展与中共领导革命事业"互动"的同时，重视马克思主义哲学社会科学变迁在中国共产党思想史方面研究的重要价值。

2. 学科建设史研究的割裂

关于学科建设史书写范式问题，目前国内学界尚未形成共识。由于历史与政治层面因素的影响，中国近代哲学社会科学学科的建立在很大程度上受当时复杂的社会环境与政治等多方面因素影响，从学科史研究的脉络上讲，其必须与学术史和思想史保持紧密联系，以便更好地理解近代中国哲学社会科学的变迁。

国内学界对学科史问题研究比较单一，具体到哲学社会科学的发展与建构来讲，学界少有分析马克思主义哲学社会科学在近代中国政治与社会环境中变动的具体历史语境，难以"立体化"展现各个学科的具体发展，从而使学科史研究受到很大局限。

3. 文献资料收集整理的薄弱

关于近代马克思主义哲学社会科学的研究，对文献资料的全面占有是研究本书的最为关键一环。目前国内学界对于本书研究，之所以难以深入下去，是因为对文献资料的占有比较薄弱。在新中国成立前30年的时间里，关于哲学社会科学发展的文献资料可谓是浩如烟海，从地域上来讲，既遍布于当年中共根据地，又存在于国统区，这些都大量保存在今天各个城市的档案馆和博物馆中，需要集中收集原始档案文献，才能更好地对本书加以深入研究。

4. 学术研究方法利用的局限

研究方法与文献资料是哲学社会科学研究的"一体两翼"，两者都非常重要，缺一不可。目前学界对于本书的研究，整体上看研究方法较为单一，尤其需要结合政治学、新闻学等多学科角度进行研究，而非仅仅局限于"史学"解读的层面。

为此，本书试图全面收集与整理新民主主义革命时期中国马克思主义哲学社会科学发展的各种文献资料，以期推动学界对该问题的研究取得新进展。

（二）国内学界述及的主要论题

"新民主主义革命时期中国马克思主义哲学社会科学体系的建构"是一个急需深入研究的领域，当前学界还未对该领域相关文献资料进行系统性收集和研究，只是在部分文献资料和著述中的个别章节涉及哲学社会科学发展问题。具体而言，当前部分文献资料和著述涉及该领域的主要学术问题和基本观点如下：

1. 关于近代思想文化史视域下马克思主义哲学社会科学发展问题

近年来，国内学界关于民主革命时期思想文化史方面的文献资料和著述主要有：中国第二历史档案馆编的《中华民国史档案资料汇编》（第三辑、第五辑文化部分，江苏古籍出版社1991、1994、1998年版）、蔡尚思、朱维铮主编的《中国现代思想史资料简编》（浙江人民出版社1982—1983年版）、张静庐辑注的《中国现代出版史料》（甲、乙、丙、丁四编，中华书局 1954—1959 年版），江西省文化厅革命文化史料征集工作委员会和福建省文化厅革命文化史料征集工作委员会编的《中央苏区革命文化史料汇编》（江西人民出版社 1994 年版）、《南方局党史资料·文化工作》（重庆出版社 1990 年版）及常紫钟等编写的《延安时代新文化出版史》（陕西人民出版社 2001 年版），等等。

上述文献资料和著述主要涉及民主革命时期我国思想文化发展简要历程、主要成就及在思想文化发展过程中意识形态领域的斗争等，其中，个别章节涉及哲学社会科学发展问题，如张静庐辑注的《中国现代出版史料》，主要阐述五四新文化运动以来我国思想文化发展历程中的重大事件，涉及中国左翼作家联盟（简称"左联"）与中国社会科学家联盟（简称"社联"）的兴起、革命出版物和文化团体的主要活动资料、文化出版工作者在思想文化领域抗争的史料、反动派查禁书刊的罪行实录、解放区和沦陷区文化出版工作的建设和成就等。《中华民国史档案资料汇编》（第三辑、第五辑文化部分），部分收录抗战时期国民党文化政策、文艺界的抗敌救亡团体及战时的文化出版事业等方面的文献。

2. 关于马克思主义在中国传播与中国马克思主义哲学社会科学发展问题

推进马克思主义哲学社会科学发展的首要前提和重要保证，是马克思主义经典著作在近代中国的广泛编译和传播。新中国成立前 30 年，进步哲学社会科学工作者在翻译和传播马克思主义过程中的地位和作用是不可估量的，他们通过在报刊发表或出版翻译的马克思主义经典著作，详细介绍了马克思主义唯物史观、剩余价值学说和阶级斗争等方面学说，深入普及了马克思主义基本知识，有力粉碎了国民政府反革命文化"围剿"。

该领域具有代表性的文献资料主要有：林代昭、潘国华主编的《马克思主义在中国：从影响的传入到传播》（清华大学出版社 1983 年版）、中央编译局编的《马克思恩格斯著作在中国的传播》（人民出版社 1983 年版）及石峻主编的《中国近代思想史参考资料简编》（生活·读书·新知三联书店 1957 年版）等，著述主要有高军等的《五四运动前马克思主义在中国的介绍与传播》（湖南人民出版社 1986 年版）、周子东等著的《马克思主义在上海的传播（1898—1949）》（上海社会科学院出版社 1994 年版）等。其中，林代昭、潘国华主编的《马克思主义在中国：从影响的传入到传播》，主要涉及中国早期知识分子编译的部分马恩著作。石峻主编的《中国近代思想史参考资料简编》，涉及五四新文化运动时期资产阶级和小资产阶级革命思想的分化及马克思主义在中国的传播等。上述文献资料和著述为马克思主义中国化学术史相关问题研究提供了多维视角，其中个别章节涉及马克思主义哲学社会科学在近代中国详细发展过程等问题。

3. 关于马克思主义哲学、历史学、经济学等相关具体学科在该时期的建构与发展问题

马克思主义哲学、历史学、经济学、新闻学、政治学等相关学科的建立，在某种程度上，缘于中国共产党领导的民族民主革命发展的迫切需要。新民主主义革命时期的哲学、历史学、政治学等学科是当时知识分子学习与研究的重要"显学"，知识分子中的重要"领军人物"如艾思奇、陈伯达、何干之、吴亮平（又叫作吴黎平）、于光远、范文澜和柯柏年等，在当时历史条件下结合我国革命和社会发展实践，把哲学、历史学、政治学等学科研究与现实政治紧密结合，对马克思主义哲学社会科学发展做出重要贡献。

该领域文献资料和著述主要有：《万众瞩目清凉山：延安时期新闻出版文史资料》（内部资料，西安清凉山新闻出版革命纪念馆 1986 年编）、《中央革命根据地新闻出版史》（江西高校出版社 1991 年版）、上海市社科联编的《二十世纪中国社会科学》（上海人民出版社 2005 年版）、吴汉全著的《中国马克思主义学术史概论（1919—1949）》（吉林人民出版社 2010 年版）及李衍柱编的《马克思主义文艺理论在中国》（山东文艺出版社 1990 年版）等。其中，《二十世纪中国社会科学》以 20 世纪中国社会科学为研究对象，梳理马克思主义哲学、经济学、法学、政治学、历史学等相关学科形成及演进轨迹。吴汉全著的《中国马克思主义学术史概论（1919—1949）》，介绍中国马克思主义者在哲学、政治学、经济学、史学等领域主要贡献，从学理层面阐释了中国马克思主义学术体系发展的简要历程。

4. 关于马克思主义哲学社会科学发展过程中进步社团、教育机构与学术报刊问题

新民主主义革命时期，中共先后领导建立了许多进步社团和研究机构，如"社联"、"左联"、马克思主义研究会、政治经济学研究会、党建研究会等。还有包括各类党校和政治军事学校在内的文化教育机构，

如上海大学、红军大学、中央党校、中国人民抗日军政大学、马列学院、陕北公学等。同时，中共还领导创办了许多进步报刊，涉及社会科学、政治、法律、军事、经济、文化等领域，如《红色中华》《布尔塞维克》《新中华报》《中国文化》《新华日报》《解放日报》等。

该领域文献资料和著述主要有：张允侯等编的《五四时期的社团》（生活·读书·新知三联书店 1979 年版）、徐素华编著的《中国社会科学家联盟史》（中国卓越出版公司 1990 年版）、史先民编著的《中国社会科学家联盟资料选编》（中国展望出版社 1986 年版）、吴介民主编的《延安马列学院回忆录》（中国社会科学出版社 1991 年版）、温济泽等编的《延安中央研究院回忆录》（中国社会科学出版社 1984 年版）及四川省档案馆编的《川陕苏区报刊资料选编》（四川省社会科学院出版社 1987 年版）等。

该时期中共领导创办的种类繁多的文化教育机构、学术团体和学术报刊，标志着我们党对马克思主义哲学社会科学的学习和研究进入了有组织、有计划的轨道。在这些文化教育机构、学术团体和学术报刊的影响下，中共培养出一支优秀的哲学社会科学研究与宣传队伍，推动了马克思主义哲学社会科学的发展。

5. 关于新民主主义革命时期中国哲学社会科学工作者群体问题

知识分子对于哲学社会科学的发展发挥了极为重要的作用。该时期中共通过制定正确的知识分子政策，吸引和培育大批活跃在理论、文艺、教育、新闻等领域的人才，形成了对马克思主义哲学社会科学发展产生重大影响的哲学社会科学工作者群体。他们成为当时新文化的播种者和科学技术的奠基者，在哲学社会科学领域成为推动各个学科发展的"领军"人物。

该时期关于哲学社会科学工作者群体的文献资料和著述主要有：张允侯、殷叙彝、李峻晨编的《留法勤工俭学运动》（上海人民出版社 1980 年版）、陈潮著的《近代留学生》（上海古籍出版社 1998 年版）、程伟礼等著的《先知的足迹：中国早期马克思主义者的心路历程》（河南人民出版社 1996 年版）、王金编的《抗战时期的中国知识分子》（中国社会科学出版社 1996 年版）及朱鸿召编的《延安文人》（广东人民出版社 2001 年版）等。以留学生为主体的知识分子群体对哲学社会科学发展发挥了"智囊"作用：一是利用自身语言优势翻译了大量马列著作，为哲学社会科学发展做了重要理论准备；二是积极编著马克思主义理论研究著述，成为推动哲学社会科学发展的一支重要生力军。

6. 关于新民主主义革命时期中共领导哲学社会科学发展方针政策问题

中共自成立之日起，在不同发展阶段分别制定了旨在促进哲学社会科学发展的方针政策，并把推动哲学社会科学发展视为党在战争年代配合武装斗争的另一条重要战线。该领域文献资料较丰富，主要有中央档案馆编的《中共中央文件选集》（中共中央党校出版社 1989—1992 年版）、《中国共产党组织史资料》（中共党史出版社 2000 年版）和《建党以来重要文献选编（1921—1949）》（中央文献出版社 2011 年版），还有江西省档案馆编的《中央革命根据地史料选编》（江西人民出版社 1982 年版）、陕西省延安地区教育局教研室编的《陕甘宁边区教育革命资料选编》（陕西人民出版社 1978 年版）、陕西省档案馆等编的《陕甘宁边区政府文件选编》（档案出版社 1988 年版）及陕西省社科院编的《延安时期党的知识分子问题资料选辑》（内部资料，1984 年编印）等。

上述文献资料部分涉及中共领导哲学社会科学发展的方针政策，该时期中共对哲学社会科学领导主要依靠路线、方针、政策，密切关注近代中国社会发展现实政治问题，积极研究新民主主义革命理论，探讨关乎中国革命发展前景的重大理论课题，将学术研究和现实关怀密切结合，开创了马克思主义学术发展的新纪元。

总之，上述诸方面文献资料具有非常重要的学术价值，为今后深入加强对该时期马克思主义哲学社会科学体系建构文献资料的收集、整理与研究提供了重要资料借鉴。

（三）国外学者相关问题研究

国外学者对"新民主主义革命时期中国马克思主义哲学社会科学体系建构"问题没有直接研究，而是将其置于马克思主义发展史与中共党史研究中去理解和把握。

国外学者偶或涉及该领域研究的代表性文献资料和著述主要有：埃德加·斯诺的《西行漫记》（*Red Star Over China*，胡仲持、冯宾符等译，生活·读书·新知三联书店 2012 年版）、尤班克斯编的《马克思恩格斯著作目录和马克思主义参考目录》（叶林等译，书目文献出版社 1987 年版）、莫里斯·迈斯纳著的《李大钊与中国马克思主义的起源》（*Li Ta-chao and The Origins of Chinese Marxism*，中共北京市委党史研究室编译，中共党史资料出版社 1989 年版）、阿里夫·德里克所著的《革命与历史：中国马克思主义历史学的起源（1919—1937）》（*Revolution and History：Origins of Marxist Historiography in China*，1919—1937，翁贺凯译，江苏人民出版社 2008 年版）、舒衡哲的《张申府访谈录》（李绍明译，北京图书馆出版社 2001 年版）、李博的《汉语中的马克思主义术语的起源与作用》（赵倩等译，中国社会科学出版社 2003 年版）、罗梅君所著的《政治与科学之间的历史编纂：30 和 40 年代中国马克思主义历史学的形成》（*The Formation of the History of Marxism Between 1930s and 1940s in China*，孙立新译，山东教育出版社 1997 年版）及石川祯浩的《中国共产党成立史》（袁广泉译，中国社会科学出版社 2006 年版）等。

由于史料及研究方法的局限，近年来国外学者很难对该问题进行系统化研究。只有少数研究者如德国学者李博的《汉语中的马克思主义术语的起源与作用》，主要目标是研究中国马克思主义术语的形成、发展及个别术语在中国化马克思主义思想发展过程中的作用等，而其他国外学者专门化研究该问题的并不多见。另外，美国斯坦福大学胡佛研究所资深研究员、中国问题专家墨子刻（Thomas A. Metzger），在其《摆脱困境：新儒学与中国政治文化的演进》（*Escape from Predicament：Neo-Confucianism and China's Evolving Political Culture*，江苏人民出版社 1995 年版）等著作中，从"政治文化"的角度揭示了新儒学的发展与政治发展之间的深刻联系，为本书研究提供了一些重要史料及视角方面的参考。

国外学者在著述中对历史学、政治学等相关学科生成与发展方面的学术探讨，为我们今天对新民主主义革命时期中国马克思主义哲学社会科学体系建构相关问题的研究，提供了较好的学术视角。

二、研究的深入拓展与研究价值

（一）已有相关成果的评析

总体来看，当前学界围绕新民主主义革命时期中国马克思主义哲学社会科学体系构建问题，已整理和出版了一批有较高学术价值的文献资料和研究成果，这为本书研究奠定了良好基础。但由于当前学界对文献资料的收集不够充分，使得许多关于哲学社会科学建构问题的研究只是一般性简单介绍，重复性研究较强，对某些具体问题研究缺乏详细史料支撑和理论阐释等。整体而言，目前学界对该领域文献资料收集和研究尚处于初始阶段，亟待我们今后在深化对历史文献资料的收集中使该问题研究得以拓展。

第一，对该时期关于学科体系建构层面文献资料收集与整理的整体考察视域较窄。

当前国内学界主要围绕马克思主义在中国早期传播史、近代思想文化发展史等方面文献资料进行收集与整理，而对马克思主义哲学社会科学在我国民主革命不同时期发展的专题文献资料收集与整理较为薄弱，呈现出广度不宽、深度不够特点，今后亟待加深对这些重要文献资料的收集、整理与研究。马克思主义哲学社会科学的发展，与当时的政治背景和文化环境有密切的互动关系。因此，从更广泛视域考察马克思主义哲学社会科学的发展，将是国内学界在当前和今后一个时期的研究重点。

第二，对中国马克思主义哲学社会科学创作主体方面文献资料收集与整理不够深入和全面，学理层面研究更是薄弱环节。

新民主主义革命时期推动中国马克思主义哲学社会科学体系建构的创作主体，不仅有领袖人物群体，知识分子群体也为此做出了重要理论贡献。当时由知识分子群体参与并开创的马克思主义哲学社会科学事业和为之提供的较为系统完整的理论研究成果，对深入推动马克思主义哲学社会科学发展做出了重要贡献。目前国内学界对新中国成立前马克思主义哲学社会科学创作主体方面文献资料的收集、整理与研究，呈现出"重领袖人物群体、轻知识分子群体"的特点，未全面展示知识分子群体在学习、宣传与研究马克思主义哲学社会科学过程中所发挥的重要作用，今后须进一步深入挖掘该领域重要文献资料。

第三，对马克思主义哲学社会科学具体学科方面文献资料的收集有待进一步拓展。

马克思主义哲学社会科学体系内容广泛，涉及哲学、历史、政治、教育、新闻等诸多学科领域。当前学界对新中国成立前哲学社会科学具体学科文献资料的收集与整理，所涉及的学科领域主要以哲学学科居多，有着重要的史料价值和学术价值，但难以反映其整体情况，对马克思主义哲学社会科学其他具体学科领域如经济学、史学、文艺学、军事学、新闻学等方面文献资料则缺乏深入细致的收集、整理与研究，今后有待进一步深化和拓展，努力打造一个全方位、宽领域、多要素的马克思主义哲学社会科学文献资料库。

第四，对该时期马克思主义经典著作编译与马克思主义哲学社会科学互动关系方面的文献资料收集较为薄弱。

新民主主义革命时期马克思主义经典著作的编译与传播，是推进马克思主义哲学社会科学发展的重要前提和基本途径。当前国内学界忽略了马克思主义经典著作编译与马克思主义哲学社会科学发展互动关系方面文献资料的整理与研究，它们之间联系密切，马克思主义经典著作编译在多方面对深入推动马克思主义哲学社会科学体系建构发挥了重要作用，这在今后资料收集与研究中须引起关注和加强。

第五，对该时期马克思主义哲学社会科学发展文献资料收集与整理的系统性与全面性有待加强。

近年来出版的系统论述新中国成立前中国马克思主义哲学社会科学建构方面的专题文献资料较少，在个别已出版的文献资料中，只有部分章节涉及中国马克思主义哲学社会科学在某个具体历史时期发展的一般性简单介绍，资料收集较为粗糙，特色性不足，缺乏全面阐释马克思主义哲学社会科学体系建构较为翔实的历史文献资料。关于对整个新中国成立前阶段（1919—1949）中国马克思主义哲学社会科学体系建构专题文献资料的整理尚未有专门著述出版，这反映了学界对该领域的文献资料收集较为薄弱，今后须进一步加强。

第六，对马克思主义哲学社会科学发展视域下国共两党话语权博弈与学术变迁关系的研究比较薄弱。

新民主主义革命时期，中国马克思主义哲学社会科学体系的建构，其背后凸显了国共两党学术话语权与政治话语权的博弈。当前学界对于从学术与政治话语权博弈角度去探讨马克思主义哲学社会科学发展的学术著作并不多见，须进一步挖掘文献资料。

研究国共两党学术话语权与政治话语权博弈问题尤为重要，中国马克思主义哲学社会科学为深化该层面问题研究提供了比较好的研究"中介"和解读视角。通过文献资料收集与整理，可以深化以下问题研究，如国共两党在该领域的政治博弈与学术话语转换是何种关系，学科建设与政治发展究竟存在何种"互动"关系，近代中国国共两党对待学术问题的真实动因究竟是什么，等等。

第七，已有研究重在宣传阐释，实证性研究明显不足。

现在国内学界对哲学社会科学相关问题的研究，主要集中于当前中国特色哲学社会科学学科体系、学术体系、话语体系方面，呈现阐释类居多、学理性探讨较少等特点。而对民主革命时期近代中国哲学社会科学领域相关问题的探讨，缺乏全面性和综合性，这主要源于对该时期各种原始文本的资料收集和利用不够全面，缺乏权威资料，只关注对中文资料的收集，而对部分外文资料重视程度不够，对新中国成立前该领域各种文献资料原始文本的收集、整理与利用，有待深入和拓展。

第八，在研究方法层面，须打破当前学界研究仅限于某个单学科领域的现象，须从多学科角度进行综合性研究。

该时期中国马克思主义哲学社会科学体系建构问题，涉及中共党史、新闻学、马克思主义中国化、中国近代史等相关学科，在这些学科研究中，为进一步提升研究广度和研究的科学性，须深入加强彼此学科之间的联系。在基于文献资料认真整理的基础上，须利用文献分析法，挖掘文献内相关学科发展信息，对课题进行较为全面的研究。与此同时，还要借鉴现代学科所运用的方法，如数据分析法等，分析相关学科在某一历史时期发展的大致轨迹，究其发展规律性特点，真正实现研究方法的创新。

为此，本书试图在当前各种历史文献资料基础上，全面收集与整理尚未被充分挖掘利用的该时期马克思主义哲学社会科学体系建构的各种文献资料，力争突破当前资料收集与整理的不足，使今后国内学界对该问题的研究取得新进展。

（二）学术价值、应用价值和社会价值

1. 学术价值

当前学界对新民主主义革命时期中国马克思主义哲学社会科学体系建构相关问题研究鲜有突破，根源在于固守目前不甚丰富的文献资料。要突破该研究困境，真正实现研究创新，需在文献资料领域发掘、整理并利用新的史料。因此，本书对于推动今后学界马克思主义中国化、中共党史领域问题研究具有重要学术价值。

一方面，有助于拓宽研究视域，使人们了解 20 世纪前半期中国马克思主义学术演进大势，把握中国马克思主义哲学社会科学发展过程及

其主要学术流派的嬗变轨迹与机制。同时，深化马克思主义中国化领域相关问题研究，使我们在研究历史问题的同时，又密切关注当前现实问题。另一方面，丰富中国共产党思想史、思想政治教育史研究内容，在实践中对推进马克思主义理论研究和建设工程亦具有重要借鉴意义等。

2. 应用价值

本书研究对今后推动学术界在马克思主义中国化、中国近现代史、中共党史等学科领域教师学术研究和研究生专业培养方面具有重要意义。通过对新民主主义革命时期中国马克思主义哲学社会科学体系建构相关文献资料的收集与整理，无论从教师学术研究层面，还是从研究生人才培养层面，都将逐步改变当前学术研究或论文选题与历史档案文献资料相脱节的弊端，使科研工作与高层次人才培养真正立足于学术研究，体现理论与研究实践相结合。

在研究"史料"问题时，密切关注当前中国特色哲学社会科学学科体系、学术体系和话语体系建构这一重大理论与现实问题。无论从教师科研角度，还是从研究生专业培养角度，都体现出学术理论与研究实践相统一，真正凸显马克思主义中国化学科、中共党史学科的发展特色，使学界对该领域的问题研究始终处于领先地位。

3. 社会价值

本书研究具有重要社会意义，有利于进一步推动当前中国特色哲学社会科学学科体系、学术体系和话语体系的建构，有助于全面理解和深刻把握习近平总书记"加快构建中国特色哲学社会科学"相关重要论述的科学内涵和精神实质，有助于贯彻落实 2017 年 5 月中央印发的《关于加快构建中国特色哲学社会科学的意见》精神。

今天是昨天的延续，通过历史视角的研究，可以更好地理解我们今天哲学社会科学的发展轨迹，通过其发展的历史逻辑，去深入挖掘背后的理论逻辑，从而可以更好地指导我们今天哲学社会科学深入发展的实践逻辑，真正展现中国特色。

三、研究的总体问题、研究对象和主要内容

（一）总体问题

本书以新民主主义革命时期中国马克思主义哲学社会科学体系建构

为中心，集中力量收集和整理该时期马克思主义哲学社会科学发展的重要历史文献，分析其背后建构的理论逻辑。总体而言，拟收集与整理的文献资料主要包括：中共领导马克思主义哲学社会科学发展文献资料，中国马克思主义哲学社会科学教育与研究机构、学术团体、学术报刊文献资料，中国马克思主义哲学社会科学体系建构过程中学术话语权博弈文献资料和中国马克思主义哲学社会科学各学科发展及其历史影响文献资料四个部分，在收集与整理资料的基础上，最后对其进行系统的学术研究，力求真正做到文献资料收集与学术研究密切结合。

（二）研究对象

本书以新民主主义革命时期中国马克思主义哲学社会科学为研究对象，梳理各主要学科形成及演进轨迹，旨在深入反映该时期中共领导哲学社会科学发展全貌及规律。

本书拟收集与整理文献资料主要集中于建党初期和大革命时期、中央苏区时期、延安时期和西柏坡时期等主要历史时期，其中，尤以中央苏区时期和延安时期作为课题文献资料收集与整理的重点。首先，整理每个时期中共领导哲学社会科学发展方针政策方面文献资料，力求考量其在推进马克思主义中国化学术史发展过程中产生的重要影响。其次，收集与整理教育与研究机构、重要报刊等文献资料，详细探究其在推动马克思主义哲学社会科学体系建构历程中发挥的重要作用，力争多方面拓展文献资料收集的广度与深度。最后，正确认识与总结中国马克思主义哲学社会科学各学科发展及体系建构对马克思主义中国化进程产生的重要历史影响等。

（三）主要内容

要加深对新中国成立前"中国马克思主义哲学社会科学体系建构"这一重大课题研究，必须充分占有历史文献资料。新民主主义革命时期关于该问题的各种历史文献资料极为丰富，该研究项目拟对该时期马克思主义哲学社会科学体系建构主要历程、哲学社会科学体系建构过程中学术话语权争夺、中共在推动建构马克思主义社会科学体系所采取的主要举措和由此带来的深远历史影响及在该体系建构过程中主要影响因素等诸方面文献资料进行系统的收集与整理，深入挖掘该时期的文化生力军在中共领导下，如何以马克思主义为指导初步构建马克思主义哲学社会科学体系方面珍贵的历史文献。

本书力争通过对哲学、经济学、社会学、历史学、政治学、法学、文学等各专题文献资料的收集与整理，全方位、多角度拓展"中国马克思主义哲学社会科学体系建构"研究的广度与深度。同时，在最大限度上推动当前学界关于该时期马克思主义哲学社会科学体系建构诸多领域问题的研究。

四、重要概念界定

（一）哲学社会科学与中国特色哲学社会科学

2016 年 5 月，习近平总书记在哲学社会科学工作座谈会上强调自然科学与哲学社会科学对于一个国家发展的重要影响。哲学社会科学是人们认识世界、改造世界的重要工具，是推动历史发展和社会进步的重要力量。对于哲学社会科学概念的探讨，是学术界近年来一直比较关注的问题。学界认为，"哲学社会科学"是学术管理部门使用的概念，体现了新中国在成立初期向苏联学习的特征。"哲学社会科学"这个政治意识形态主导的学科概念在 1955 年提出，并以中国科学院"哲学社会科学学部"的体制化方式存在。这个学科概念的产生与存在有其历史原因，受到苏联学者 20 世纪 30 年代学科分类模式的直接影响，在中国语境中具有学科性与政治意识形态性的双重属性[1]。

坚持以马克思主义为指导，是当代中国哲学社会科学区别于其他哲学社会科学的根本标志。我国哲学社会科学坚持以马克思主义为指导，是近代以来我国发展历程赋予的规定性和必然性。中国特色哲学社会科学主要包括三方面资源[2]：一是马克思主义的资源，这是中国特色哲学社会科学的主体内容，也是中国特色哲学社会科学发展的最大增量，主要包括马克思主义基本原理，马克思主义中国化形成的成果及其文化形态。二是中华优秀传统文化的资源，这是中国特色哲学社会科学发展十分宝贵、不可多得的资源。三是国外哲学社会科学的资源，包括世界所

① 宣炳善."哲学社会科学"概念的中国语境. 粤海风，2007（5）：29.
② 习近平. 在哲学社会科学工作座谈会上的讲话. 北京：人民出版社，2016：14.

有国家哲学社会科学取得的积极成果，这可以成为中国特色哲学社会科学的有益滋养。

（二）中国本土化哲学社会科学

在新民主主义革命时期，中国本土化哲学社会科学的研究类别，从其理论指导层面来讲，主要有国民党三民主义指导下的社会科学研究、中国共产党马克思主义指导下的社会科学研究、文化保守主义学派在传统文化指导下的社会科学研究和欧美留学生在西方社会科学理论指导下的社会科学研究，这几种研究类别不同程度地"渗透"了三民主义学派、自由主义学派[①]、文化保守主义学派[②]和马克思主义学派的思想主张。自由主义学派的本土化主张总体上偏向于"西化"和"西学"，侧重于西方哲学社会科学理论和研究方法在中国的应用。文化保守主义学派多局限于"中体西用"的传统模式，未能从根本上对传统文化的精华与糟粕进行彻底分清、扬弃和超越，未能发现与发掘中国哲学社会科学的发展根源和根本动力。马克思主义学派则倡导马克思主义与中国文化相结合的"价值理性"和马克思主义哲学社会科学发展的学术创新，坚

[①]　自由主义理论（libertarian theory）与集权主义理论基本思想的对立，是在 17、18 世纪西方资产阶级革命时期，在同极权主义制度及其媒介理论的斗争中形成的。自由主义理论的观点来自弥尔顿（Milton）、洛克（Locke）和密尔（Mill）的著作。他们认为，人类是理性的且有能力做出他们自己的决定，政府为服务个人而存在。提出"观念的自由市场""自我校正过程"等概念，认为报刊活动应不受政府的控制，主张任何人都可以不受限制地传播新闻和发表意见，通过竞争使正确意见最终得到承认；认为报刊作为理性的产物，有权对政府进行监督，可以与立法、司法、行政平等而成为第四权力。既然政府对于观点表达的任何限制都侵犯了公民的权利，那么政府只有不干涉媒介才是最好的为人民服务。

——斯拉姆又译为施拉姆，西伯特，彼得森. 报刊的四种理论. 北京：新华出版社，1980：66.

[②]　文化保守主义是产生于近代中国的一种文化思潮，以"中学为体，西学为用"为方法，主张在继承儒家思想基础上吸收外来文化，创造中国的新文化。和自由主义知识分子不同，以梁漱溟为代表的文化保守主义者注重实践，在中国农村搞"乡村建设运动"，此举被称为"儒学现代化运动的实践"。文化保守主义学派在中国的发展经历了较长历史时期。从五四时期以杜亚泉、梁启超等人为代表的东方文化派和以吴宓、梅光迪、胡先等为代表的学衡派，到 20 世纪 30 年代以王新命、何炳松、武堉干等为代表的本位文化派和以梁漱溟、熊十力、张君劢、冯友兰、贺麟、余英时等为代表的现代新儒家，各派别在近代民族危机下弘扬中华传统文化，在中国哲学社会科学领域产生了很大影响。

——庞元正，丁冬红. 当代西方社会发展理论新词典. 长春：吉林人民出版社，2001：586.

持哲学社会科学发展的民族性与科学性相统一。相比自由主义学派和文化保守主义学派，马克思主义学派以辩证唯物主义和历史唯物主义为指导，其本土化主张代表了中国哲学社会科学的主流发展方向。本书所涉及的本土化哲学社会科学，主要是立足于以马克思主义为指导的学术建设。"我们这里所说的社会科学，是真正的社会科学。真正的社会科学，是唯物辩证法的产物。就是说，有了唯物辩证法才有社会科学。"①

中国本土化，不等于文化复古主义或保守主义，也不等于全盘西化或排外主义，它立足于借鉴中国优秀传统文化进行学术创新，成为推动中国哲学社会科学现代化建设的重要环节。新民主主义革命时期，在中国本土学者的努力下，哲学社会科学逐渐改变了为统治阶级服务的政治立场，其立足于服务广大劳动人民，以教育无产阶级民众为己任，积极推动中国革命不断发展。在哲学社会科学的体系建构上，他们以近代中国政治、经济、历史、教育、社会等为重要研究对象，为中国的新民主主义革命提供了重要科学理论保障和支持。

（三）中国马克思主义学派群体

在近代中国，诸多马克思主义者于革命年代之复杂动荡的社会环境下致力于哲学社会科学著述，初步构建起较为系统的哲学社会科学体系。"中国马克思主义学派群体"（或"中国马克思主义者"），在中共党史学科语境中，国内党史学界形成的共识一般是指在20世纪初以来，伴随着马克思主义在中国的传播，国内一批先进知识分子如李大钊、陈独秀、李达、瞿秋白等人，在中国革命实践中认同、接受并实践马克思主义。而在本书研究中，出于当时客观时代背景考虑，所界定的"中国马克思主义学派群体"（"中国马克思主义者"）的外延与内涵，跟传统上党史学界的认识有所不同，它不仅包括了在新民主主义革命时期信仰并致力于传播马克思主义的进步知识分子，还包括了该时期一些站在非无产阶级立场上研究和介绍马克思主义的代表人物，如张知本、吴经熊、丘汉平、郑竞毅、张东荪、黄右昌、萧懋燕等人，由于政治立场的不同，他们可能不一定接受或认同马克思主义，他们的研究可能还局限于马克思主义的抽象理论，但他们在著述哲学社会科学著作时采用的却

---

① 秦明. 政治学概论. 上海：南强书局，1930：3.

是马克思主义立场、观点与方法，或直接对马克思主义理论作系统介绍，或不同程度地间接传播了马克思主义理论，或在其著述中以马克思主义唯物辩证法为理论指导研究近代中国哲学社会科学问题。尽管他们的理想追求与学术研究相分离，但他们在近代中国革命中与中国马克思主义者遥相呼应，共同探讨新民主主义革命理论与中国社会发展的重大理论课题，是属于近代中国"主流本土化哲学社会科学话语多面性"的一种表达。

基于此，本书所涉及的马克思主义学派包括多类群体：中共理论宣传工作者、非中共党员但倾向于马克思主义的进步人士、国民党内的少数左派知识分子、曾参加中共后脱党但仍信奉马克思主义的知识分子。其中，中共理论宣传工作者是推动马克思主义哲学社会科学体系建构的主体力量。自20世纪初以来，伴随着唯物史观在中国的介绍和传播，各派群体自觉把唯物史观与中国社会结合起来进行研究，共同推动了马克思主义哲学社会科学体系的建构。

1. 中共理论宣传工作者

中共理论宣传工作者是指具有共产党员身份的中共理论宣传工作者，是马克思主义哲学社会科学体系建构的主体力量。他们活跃在各个学科领域，为我国马克思主义哲学社会科学发展做出了重要开拓性努力。

这些代表性理论宣传工作者主要有：瞿秋白（哲学、政治学）、李大钊（哲学、政治学、新闻学、史学）、陈独秀（政治学、新闻学）、嵇文甫（史学）、吴亮平（哲学）、潘梓年（新闻学）、柯柏年（哲学）、朱镜我（经济学、法学）、张仲实（历史学、经济学）、王学文（历史学、经济学）、何锡麟（哲学）、陈唯实（哲学）、沈志远（哲学、政治学）、陈启修（哲学、经济学、政治学）、艾思奇（哲学）、邓初民（政治学）、李季达（哲学）、侯外庐（哲学）、陈伯达（哲学、史学）、郭沫若（文学）、吕振羽（史学）、翦伯赞（史学）、华岗（史学）、李鼎声（史学）、范文澜（史学）、何干之（史学）、金灿然（史学）、刘叔琴（史学）、叶蠖生（史学）、尹达（史学）、齐燕铭（史学）、刘亚生（史学）、佟冬（史学）、李纶（历史学）、杜国庠（政治学）、恽代英（政治学）、王亚南（经济学）、陈昌浩（政治学）、孙冶方（经济学）、薛暮桥（经济学）、许涤新（经济学）、王思华（经济学）、柳湜（哲学、经济学）、钱俊瑞（经济学、社会学）、杨贤江（教育学）、钱亦石（教育学）、程今吾（教育学）、江隆基（教育学）、钱端升（法学家、政治学家）、杨明斋（社会学）、熊得山（社会学）、李平心（社会学）、李剑华（社会学、法学）、林惠祥（社会学）、陈翰笙（社会学）、马哲民（社会学）、姜君辰（社会学）、于光远（经济学）、邵振青（新闻学）、邵飘萍（新闻学）、范长江（新闻学）、张友渔（新闻学、法学）、萨空了（新闻学）、程树德（法学）、白鹏飞（法学）、恽逸群（新闻学，其先加入国民党，后加入共产党）等。

2. 非中共党员但倾向于马克思主义的进步人士

在新民主主义革命时期，国统区内与中共联系比较密切的许多左翼学者倡导唯物史观，他们信奉马克思主义，但并非中国共产党党员。他们研究和宣传哲学社会科学并不一定都完全站在无产阶级立场上，这种理想追求与学术研究的分离，在实践中并不妨碍他们为马克思主义哲学社会科学的学科建设做出应有的理论贡献。

这些代表性哲学社会科学工作者主要有：常乃惪（史学，青年党）、刘秉麟（经济学，民盟）、安绍芸（经济学，民进）、彭迪先（经济学，民盟）、杨开道（社会学，民盟）、孙本文（社会学，九三）、陆一远（社会学，托派）、马哲民（社会学）、严景耀（社会学，民促）、潘光旦（社会学，民盟）、童润之（社会学，民盟）、王之相（法学，九三）、高希圣（又名高尔松，政治学，其先加入国民党，后加入共产党，新中国成立后成为民盟成员）、张志让（法学，爱国民主人士）、钱端升（法学、政治学，杰出爱国民主知识分子）等。此外，还有其他一些具有进步倾向的独立知识分子，如程树德（法学）、何基鸿（法学）、蓝公武（社会学）、朱谦之（社会学）、李剑农（政治学）、萧公权（政治学）、黄菩生（史学）、黎明（史学）、王子云（史学）等。

3. 国民党内的少数左派知识分子

该时期国民党内的进步人士主要有范寿康（哲学）、何思源（哲学，先加入国民党后加入共产党）、胡秋原（史学，后被国民党开除党籍）、陈顾远（政治学、法学）、甘家馨（新闻学）、项士元（新闻学）等。有的国民党派学者如罗敦伟、马璧、蔡惠群等虽认可唯物辩证法，但不赞成唯物史观。罗敦伟试图将唯物辩证法与唯物史观相分割，他承认唯物

辩证法的合理性。马璧将唯物辩证法称作"现实论理学"①，他不同意
唯物史观论者认为的"经济的关系决定政治的构造"观点，认为决定政
治构造的并非经济，而是知识阶级，蔡惠群亦将"唯物辩证法"称为
"现实论理学"②。

4. 曾参加中共后脱党但仍信奉马克思主义的知识分子

该类人员比较复杂，主要有高希圣（政治学，其先后加入国民党和
共产党，后脱离共产党，加入民盟）、杜畏之（史学，早期是共产党员，
后参加了托派活动）、汪泽楷（经济学，早期加入共产党，后因违反组
织纪律而被开除党籍）等。

总之，上述各派人士虽然所秉承的立场和目标各不相同，但却都运
用唯物辩证法去研究、观察和阐释近代中国社会，马克思主义哲学社会
科学体系由此初步建构并不断得到发展。

（四）中国马克思主义哲学社会科学

中国马克思主义哲学社会科学是中国本土化哲学社会科学的核心和
最为重要的构成部分。中国马克思主义哲学社会科学的建构，与中国共
产党领导新民主主义革命实践的理论需求紧密相连，也是现代学科意识
在近代中国兴起的历史必然。因此，是否用辩证法、唯物史观和阶级分
析方法研究哲学社会科学，是马克思主义学派与自由主义学派和文化保
守主义学派的重要分水岭。中国马克思主义学派群体如邓初民、傅宇
芳、秦明等人，立足于新民主主义的进步革命话语，以马克思主义为指
导思想构建马克思主义哲学社会科学，建立起崭新的哲学社会科学研究
范式，结合学术实践强调运用唯物辩证法建构哲学社会科学体系，极力
倡导哲学社会科学研究须运用唯物史观和阶级分析方法。在 20 世纪初
期，尤其从 20 年代中期到 40 年代前期，一批研究马克思主义的中国本

---

① 1946 年 7 月，邓初民直接把"现实论理学"称作"唯物辩证法"，认为此种政治学研
究方法包括五个方面：从经济生活的关系去说明政治形态；从社会矛盾、社会斗争中把握各
种政治现象的发生、发展和变迁；全面观察和分析各种政治要素的关联形态，以构建统一的
政治"形象"；从研究政治的发展过程中提出政治的普遍发展法则；依据研究所得的具体政治
原理，进行政治生活实践。

——邓初民. 新政治学大纲. 上海：生活书店，1946：20—21.

② 阎书钦. 亦学亦政：民国时期关于政治学研究范式的论争：兼论民国政治学的学术
谱系. 武汉大学学报（哲学社会科学版），2016（6）：35.

土学者为了系统宣传和运用马克思主义理论，纷纷在自己的研究领域著书立说，有力推动了中国马克思主义哲学社会科学体系的建设。1923年，瞿秋白在为《新青年》撰写的"新宣言"中，阐明了其对哲学社会科学研究的基本立场：

> 研究社会科学，本是为解释现实的社会现状，解决现实的社会问题，分析现实的社会运动；真正的科学，决不是玄虚的理想……社会科学，因研究之者处于所研究的对象之中间，其客观的真理，比自然科学更容易混淆。因此，人既生于社会之中，人的思想就不能没有反映社会中阶级利益的痕迹；于是社会科学中之各流派，往往各具阶级性，比自然科学中更加显著。……研究社会科学，当严格的以科学方法研究一切，自哲学以至于文学，作根本上考察，综观社会现象之公律，而求结论。况且无产阶级，不能像垂死的旧社会苟安任运，应当积极斗争，所以特别需要社会科学的根本智识，方能明察现实的社会现象，求得解决社会问题的方法。①

总之，该时期各派学者因学术背景、指导思想和政治立场等方面的差异，对本土化哲学社会科学的研究范式有了不同的价值取向。而本书的重要研究对象是立足于"中国马克思主义学派群体"所致力于的"中国马克思主义哲学社会科学"的主要学术探索与学术贡献。在当时强烈的国家意识和现代学科意识驱使下，经过中国马克思主义学派群体的共同努力，马克思主义的哲学社会科学体系最终在中国建立，为新中国成立以来中国特色哲学社会科学的发展奠定了重要基础。

五、总体研究框架、子课题构成及其内在逻辑关系

（一）总体研究框架

马克思主义中国化学术史文献资料收集、整理与研究，是一项艰巨复杂的工程，应制定一个总体研究框架，有目标、分阶段进行研究。

本书的总体研究框架可概括为："一个中心"、"两个层面"、"三大

---

① 瞿秋白. 瞿秋白文集：政治理论第二卷. 北京：人民出版社，1988：9—11.

板块"和"四大问题"。

1."一个中心"

"一个中心"即新民主主义革命时期中国马克思主义哲学社会科学体系建构。

2."两个层面"

一是文献资料整理层面：新民主主义革命时期中国马克思主义哲学社会科学发展文献资料的收集与整理。二是加强学术研究层面：新民主主义革命时期中国马克思主义哲学社会科学体系建构基本历程与经验的学术研究。

3."三大板块"

一是中共对马克思主义哲学社会科学发展过程中的科学领导，二是中国马克思主义哲学社会科学体系建构的具体历史进程，三是中国马克思主义哲学社会科学体系建构的主要历史影响。

4."四大问题"

一是中共领导哲学社会科学发展方针政策与组织机构，二是推动中国马克思主义哲学社会科学发展教育与研究机构、学术团体与重要报刊，三是中国马克思主义哲学社会科学体系建构过程中学术话语权博弈，四是中国马克思主义哲学社会科学各学科发展及其基本经验。

（二）子课题构成

围绕上述板块内容设计，总课题专设以下五个子课题：

子课题一：中国共产党领导马克思主义哲学社会科学发展文献资料研究；子课题二：中国马克思主义哲学社会科学教育与研究机构、学术团体、学术报刊文献资料研究；子课题三：中国马克思主义哲学社会科学体系建构过程中学术话语权博弈文献资料研究；子课题四：中国马克思主义哲学社会科学各学科发展及其历史影响文献资料研究；子课题五：中国马克思主义哲学社会科学体系建构基本历程与经验研究（1919—1949）。

（三）子课题与总课题之间、子课题相互之间的逻辑关系

本书拟分专题整理出版马克思主义哲学社会科学体系建构各种文献资料，为以后开展各专题研究奠定扎实史料基础，重点确立以下五个方面子课题：一是中国共产党领导马克思主义哲学社会科学发展文献资

料，二是中国马克思主义哲学社会科学教育与研究机构、学术团体、学术报刊文献资料，三是中国马克思主义哲学社会科学体系建构过程中学术话语权博弈文献资料，四是中国马克思主义哲学社会科学各学科发展及其历史影响文献资料，五是中国马克思主义哲学社会科学体系建构基本历程与经验研究（1919—1949）。

这五个子课题，按逻辑顺序共分为"两大板块"，即文献资料收集与整理板块和学理研究板块。其中，前四个子课题是文献资料收集与整理板块，第五个子课题是基于前四个子课题所收集与整理文献资料的学理研究板块。具体而言：

1. 子课题一与总课题及其他子课题之间的逻辑关系

（1）与总课题的关系。

子课题一属于总课题文献资料整理与研究的"方针政策指导"板块，主要收集、整理与研究新民主主义革命时期中共领导马克思主义哲学社会科学发展重要方针政策与组织机构等方面的文献资料，是总课题研究的重要前提和基础。

（2）与其他子课题之间的关系。

子课题一与子课题二、三、四共同构成了课题的文献资料收集与整理板块内容，但与子课题二、三、四相比，子课题一在逻辑关系上处于统领地位，是子课题二、三、四这三个子课题展开研究的重要逻辑前提。只有在全面收集、整理与研究中共领导马克思主义哲学社会科学发展重要方针政策文献资料前提下，才能深刻认识和理解在新民主主义革命时期中国马克思主义哲学社会科学发展的具体历程，包括教育与研究机构、学术团体、学术报刊、学术话语权博弈、各学科发展及其对马克思主义中国化所产生的重要影响等方面内容。

2. 子课题二、三、四与总课题及其相互之间的逻辑关系

（1）与总课题的关系。

子课题二、三、四同属于总课题研究的"中国马克思主义哲学社会科学体系建构"重要文献资料收集与整理板块内容，这三个子课题在总课题研究中具有关键地位和作用。

（2）与其他子课题之间的关系。

子课题二、三、四在逻辑关系上彼此是"并列"的，都是对子课题一的"承接"，同时它们和子课题一又共同为子课题五服务。但是，子

课题二、三、四的具体分工不同，子课题二主要是研究中国马克思主义哲学社会科学教育与研究机构、学术团体、学术报刊方面的文献资料，子课题三主要是研究中国马克思主义哲学社会科学体系建构过程中学术话语权博弈方面的文献资料，子课题四则是研究中国马克思主义哲学社会科学各学科发展及其主要历史影响方面的文献资料。因此，对子课题二、三、四这三个子课题文献资料的收集与整理，在逻辑上共同为子课题一做详细"逻辑铺垫"。

3. 子课题五与总课题及其他子课题之间的逻辑关系

（1）与总课题的关系。

子课题五具有相对独立性，是总课题中的第二大板块——学理研究板块，即关于"中国马克思主义哲学社会科学体系建构基本历程与经验研究（1919—1949）"。它是总课题中第一大板块（前四个子课题）——文献资料收集与整理板块的根本目标所在，是总课题的研究重点，同时也是总课题研究的一个难点。

（2）与其他子课题之间的关系。

子课题五与前面其他四个子课题，在逻辑关系上是"递进"的。它不仅是对前四个子课题的深化和延伸，也是对前四个子课题的进一步学理阐释。而且子课题五在分析研究新民主主义革命时期中国马克思主义哲学社会科学体系建构历程与经验时，也必须是在综合分析前四个子课题文献资料基础上，去探究哲学社会科学体系建构的历程与经验。从所承担的主要任务方面看，子课题五有着比其他四个子课题更为艰巨的研究任务，它使实践上升为理论，以理论指导实践，实现了该课题研究新的升华。

总之，对于中国马克思主义哲学社会科学体系建构问题的研究，就是要最终形成具有国际共识和中国特色的学科体系、学术体系和话语体系，形成课题研究的问题意识、研究模式与研究风格。因此，子课题五从该研究层面上来讲，也是该重大课题研究的重要价值与意义所在。

六、研究预期目标

（一）学术思想理论

一方面，多维视野下对新民主主义革命时期中国马克思主义哲学社会科学体系建构过程中教育与研究机构、学术团体、学术报刊、国共两党学术话语权博弈、各学科发展及其对马克思主义中国化所产生的重要影响等方面历史文献资料的整理，为我们今天深入研讨中国哲学社会科学的发展路径、国际影响及我国文化软实力的提升等理论课题提供了重要参考和借鉴。

另一方面，在当前新的历史条件下，对新民主主义革命时期中国马克思主义哲学社会科学体系建构进行研究，可以促进马克思主义中国化学术史的深入研究，为我国哲学社会科学发展建言献策。

（二）学科建设发展

近年来，为进一步繁荣发展我国哲学社会科学，中央发出《关于进一步繁荣发展哲学社会科学的意见》（2004）、《中共中央关于加快构建中国特色哲学社会科学的意见》（2017）。其中，《关于进一步繁荣发展哲学社会科学的意见》强调，"在全面建设小康社会、开创中国特色社会主义事业新局面、实现中华民族伟大复兴的历史进程中，哲学社会科学具有不可替代的作用"[1]。

研究新民主主义革命时期中国马克思主义哲学社会科学体系建构这一问题，可以使我们重视对历史、哲学、文学、新闻、法学等传统学科与近年来新兴学科的研究，加强传统学科与新兴学科之间的互动，对于推动探究哲学社会科学在新时代的发展路径等方面，都会产生积极影响，从更长远意义上推动当前中国特色哲学社会科学各学科深入发展。

（三）资料文献利用

所收集与整理的文献资料可以为马克思主义中国化学术史、中共党史、新闻传播史、思想文化史领域的深入学习提供重要参考资料。

对于思想文化史领域研究者和学习者而言，有助于深入拓宽研究视野，深化马克思主义中国化学术史等问题研究。同时，又可以丰富中共思想文化史与马克思主义中国化史研究内容，在研究实践中对充分发掘与利用文献资料具有重要作用。

---

① 中共中央文献研究室. 十六大以来重要文献选编：上. 北京：中央文献出版社，2005：684.

（四）服务决策参考

该研究成果可为各级各类教育、宣传部门和研究机构提供重要学习参考资料。同时，力争使本书研究成果为今后推进中国特色哲学社会科学发展提供决策参考。

通过调研报告、简报等形式，为中央政策研究室、中央党史和文献研究院等有关部门提供咨政建议。同时，召开专题研讨会，阶段性推介课题研究成果，扩大研究成果的社会影响力，为新时代中国特色哲学社会科学发展提供有益借鉴。

七、总体研究思路、研究视角和研究路径

本书坚持以马克思主义立场、观点和方法为指导，紧紧围绕"新民主主义革命时期中国马克思主义哲学社会科学体系建构"这一主题，秉持资料收集与专题研究相结合原则，遵循以历史考察为参照、理论分析为基础、现实关注为目标的研究思路，力争使本书研究符合科学性和可行性要求。

具体而言，本书总体研究思路、研究视角和研究路径如下：

（一）总体研究思路

首先是收集与整理关于新民主主义革命时期中国马克思主义哲学社会科学体系建构的重要文献资料，这是本书研究的重要前提。在此基础上，以"中国马克思主义哲学社会科学体系建构基本历程与经验研究（1919—1949）"为重要研究目标，探讨在新民主主义革命时期中国马克思主义哲学社会科学体系建立与发展的主要影响因素、历程演进、主要成就和重要经验等，科学评析中共在领导中国马克思主义哲学社会科学体系创建过程中所发挥的重要作用，这是本书研究的重点与难点。

（二）研究视角

遵循上述总体研究思路，本书研究视角如下：

一是注重横向与纵向相结合。对新民主主义革命时期中国马克思主义哲学社会科学体系建构重要文献资料收集、整理与研究这一重要思想文化史课题，要以新民主主义革命时期 30 年历史为脉络，增强文献资料收集与整理的历史厚重感和研究说服力。在相关文献资料收集与整理过程中，又要注意以中国马克思主义哲学社会科学发展的理论逻辑为纲，以凸显本书研究的现实意义。

二是注重历史、理论与实践相结合。在文献资料收集与整理板块中，注重从历史层面深入挖掘中共在领导马克思主义哲学社会科学体系创建过程中所发挥重要作用的历史文献资料；从实践层面整理在推动中国马克思主义哲学社会科学体系创建过程中的研究机构、学术期刊、话语权博弈、具体学科发展等方面的史料；在学理研究板块中，注重从理论和历史层面分析马克思主义哲学社会科学体系创建的主要动因、基本途径与重要经验等。

三是注重宏观、中观与微观相结合。课题不仅涉及宏观顶层设计层面，也注重从中观层面整理与分析建构中国马克思主义哲学社会科学体系的影响因素，并从微观层面对建构中国马克思主义哲学社会科学学科体系、学术体系与话语体系进行详细的资料收集与研究。

（三）研究路径

一方面，系统收集与整理新民主主义革命时期中国马克思主义哲学社会科学体系建构的重要文献资料。

马克思主义从五四新文化运动时开始了在中国早期的传播历程，对马克思主义哲学社会科学发展产生了重要影响，本书将此作为文献资料收集、整理与研究的逻辑起点。新民主主义革命时期中国马克思主义哲学社会科学体系建构文献资料收集与整理须结合学术研究进行。例如，关于民主革命时期报刊、各种民间文献资料、早年编印而未正式出版的关于马克思主义哲学社会科学体系建构专题的珍贵档案文献史料等，非常有必要对其进行认真收集与整理。为此，需制订科学工作方案，使课题有计划进行。

另一方面，促进马克思主义中国化学术史文献资料收集与学术研究紧密结合。

对新民主主义革命时期中国马克思主义哲学社会科学体系建构文献

资料的收集与整理，最终目的是推动马克思主义中国化学术史和思想史领域问题研究取得突破性进展，使研究成果具有重要理论创新价值。在对本书文献资料进行收集与整理的过程中，积极与马克思主义中国化研究领域专家进行研讨，认真汲取宝贵意见。同时，根据已收集与整理的文献资料，找出马克思主义中国化学术思想史的有关学理性问题，在反复研讨基础上撰写部分马克思主义哲学社会科学体系建构方面的论文。本书拟最终出版该领域系列代表性成果：《新民主主义革命时期中国马克思主义哲学社会科学体系建构文献资料汇编》（多卷本）及《中国马克思主义哲学社会科学体系建构研究（1919—1949）》。

（四）研究思路的学理依据、科学性和可行性

对新民主主义革命时期中国马克思主义哲学社会科学体系建构重要文献资料的收集、整理与研究，是从思想文化史视角对马克思主义中国化历史进程的一种新解读。要深入研究当代中国特色哲学社会科学学科体系、学术体系与话语体系创建这一重大理论与现实问题，理应从历史视角对中国特色哲学社会科学发展文献资料进行系统收集、整理与研究，并对新民主主义革命时期的中国马克思主义学术发展史做出客观评析。

由于中国特色哲学社会科学发展体现在各学科领域，马克思主义在哲学社会科学各领域都有指导作用，因而需要通过收集详细文献资料进一步深入研究该专题，在研究过程中尤其是要注意挖掘其所涉及的不同学科，立足于多学科，详细梳理哲学社会科学各学科发展的具体表征，探讨其理论建构轨迹。本书立足于不同学科，探讨马克思主义在中国哲学社会科学体系建构过程中所发挥的重要引领与推动作用。通过该重要课题的研究，梳理马克思主义学术文化体系在近代中国的建立与发展，揭示其发展的规律性特征，以更好地服务于今天的中国特色哲学社会科学的学科建设。

因此，本书研究秉持马克思主义立场、观点和方法，全面贯彻落实习近平总书记关于构建中国特色哲学社会科学重要讲话精神和党的十九大报告精神，围绕新民主主义革命时期中国马克思主义哲学社会科学体系建构这一重大理论和实践问题，深入研究，力求创新。

总之，本书研究有宏大明确的总体思路，有多维立体的研究视角，

有科学可行的研究方法。因此，在总体方向、研究范围和具体措施上是合理可行的。加之本书负责人、各章负责人及其成员不仅具有丰富科研经验和学术责任感，还有大量与本书各部分主题相关的前期研究成果，这些主客观条件保证了本书研究的顺利进行。

八、研究方法和技术路线

本书研究坚持历史与逻辑相统一、理论与实践相结合的原则，强调学术研究的问题意识，在翔实文献资料的基础上，采用多学科研究方法进行研究。具体研究方法和技术路线如下：

（一）研究方法

1. 多学科研究法

研究新民主主义革命时期中国马克思主义哲学社会科学体系建构是一个综合性的研究课题，须运用哲学社会科学相关学科知识来进行研究，以交叉学科来推进研究进度。

2. 文本解读法

该时期有关中国马克思主义哲学社会科学体系建构的历史文献资料非常丰富，课题在研究过程中拟运用阐释学研究方法等深层解读哲学社会科学发展的历史文献资料。

3. 比较研究法

比较研究可在更大程度上拓宽研究维度，从而使研究课题本身具有丰富视域性。本书采取横向比较与纵向比较相结合的方法，为当前中国特色哲学社会科学学科体系、学术体系与话语体系研究提供历史借鉴。一方面，将之放在新中国成立前30年历史进程中加以考察分析，深度探究其理论框架、内在逻辑及鲜明风格；另一方面，将之放在中国近代史发展演替过程中，对不同历史时期哲学社会科学发展进行深入纵向的比较研究，以总结其演进特点及规律。

4. 数据库研究法

本书拟采用数据库研究法，严格考证与新民主主义革命时期中国马克思主义哲学社会科学体系建构相关的资料。目前国内学界在该领域的数据库建设有了很大进展，例如，利用中国共产党档案资料数据库、马克思主义研究资料库、中国共产党文献库及中央编译局存放的关于马克思主义发展史各种数字资源等，并对这些专业数据库文献进行统计分析。

总之，本书文献资料收集方式多样化，将根据课题的资料收集专题与收集计划努力收集各个学科的文献资料，做到内容全覆盖，增强对文献资料的理论分析，使本书的理论研究更加全面、系统和深入。此外，将邀请社会学、历史学、哲学、法学、新闻学等学科领域专家学者参与文献资料相关数据的处理与分析，使文献资料和理论研究更加扎实可靠。

（二）技术路线

基于文献资料收集、整理与研究的连贯性与整体性，本书实施的技术路线大致分成两个层面：

一方面，利用两年左右时间集中力量收集新民主主义革命时期历史文献资料，尤其以中央苏区时期和延安时期为重点，该时期在根据地（包括国统区）出版的大批报刊和各种著作，主要是关于社会科学、政治、法律、新闻、军事、经济、文化、教育、艺术等领域，许多是涉及马克思主义哲学社会科学发展方面的文献资料。从当时报刊创办者来看，既包括中共自己创办的，也包括由中共领导或受中共影响而出版的报刊和书籍。从创办地看，既包括国内创办的，也包括海外侨胞等创办和出版的，如中央苏区时期的《布尔塞维克》《红旗》《红色中华》《新中华报》等。这些重要报刊资料在推进马克思主义哲学社会科学体系建构进程中，作为传播马克思主义的"思想武器"发挥着不可替代的重要作用，更为我们今天深入马克思主义中国化学术史研究提供了极其宝贵的第一手资料。

另一方面，在较为全面收集与整理文献资料的基础上，进行文献资料学术研究。研究过程是以文献资料为基础，围绕中国马克思主义哲学社会科学发展重要理论问题，进行较为深入的学理性研究，力争为今后中国特色哲学社会科学体系建构提供重要经验借鉴。

九、拟解决关键性问题和重难点问题

（一）拟解决关键性问题

如何全面、深入和精准地挖掘、收集与整理新民主主义革命时期中国马克思主义哲学社会科学体系建构翔实的历史文献资料，是本书拟解决的关键性问题。之所以将其作为"关键性问题"，主要出于如下考虑：

首先，是拓宽中国特色哲学社会科学研究"历史视野"及努力揭示其发展"必然逻辑"的需要。新民主主义革命时期中共领导马克思主义哲学社会科学的丰富实践，是今天中国特色哲学社会科学成长与发展的深厚基础。只有全面深入地收集该时期马克思主义哲学社会科学各学科具体发展翔实的历史文献资料，才能拓宽我们对哲学社会科学认识的历史视野，使我们今天的哲学社会科学研究更好地呈现学术深度。

其次，全面而深入地收集与整理该时期中国马克思主义哲学社会科学体系建构翔实的历史文献资料，为我们建构具有中国气派、中国风格与中国特色的哲学社会科学体系提供重要历史经验借鉴，这也是本书研究的重要目的所在。目前学界对中国特色哲学社会科学学科体系、学术体系和话语体系研究不足，较多研究只是就改革开放 40 多年来某一阶段或某个领导人的相关思想进行研究和解读，难以形成长时段的、具有整体性观念的学术思想史研究。因此，本书力求从历史层面全面、深入地收集与整理马克思主义哲学社会科学发展翔实的历史文献资料，以凸显其独特历史价值，且为今后中国特色哲学社会科学体系现实问题研究提供重要马克思主义资源，深化对该现实问题的研究。

最后，掌握新民主主义革命时期中国马克思主义哲学社会科学发展的文献资料，能够增强对马克思主义中国化学术史的感受能力、理解能力和研究能力，更好地总结中国特色哲学社会科学发展的历史规律，以史鉴今。

本书研究离不开对文献史料的搜集、鉴别、整理和运用，尤其要精准解读历史文献资料。在当前浩如烟海的文献资料中，如何正确界定其内容的科学性和权威性，是文献资料收集与整理面临的一个重要挑战。既需要到档案馆、博物馆、图书馆等去收集各类资料汇编、重要档案，还需要从近年来出版的回忆录、期刊乃至外文书籍中去发掘关乎近代以来哲学社会科学各门具体学科发展的丰富史料。在以这些具体文献史料为研究对象时，着重从中总结该时期中国马克思主义哲学社会科学发展规律层面的内容。对于本书的研究，要力争在搜集史料、考证史料和科学评价史料基础上，探讨马克思主义哲学社会科学发展规律和经验。

（二）拟解决重点问题

根据该时期报刊、书籍和当前各种档案文献资料，拟分专题整理出版马克思主义中国化学术史方面历史文献，为以后开展各专题研究奠定扎实史料基础。围绕马克思主义哲学社会科学体系建构历史文献收集与整理，大致确立以下方面作为课题重点：

重点问题一：关于马克思主义哲学社会科学工作者群体的主要贡献。

在新民主主义革命时期，中国马克思主义哲学社会科学体系建构主要体现在哲学、政治学、经济学、史学、社会学、法学和新闻学等领域，近百位中国马克思主义者的学术研究对推动马克思主义哲学社会科学发展发挥了重要推动作用。为此，本书需要在收集文献资料基础上，对各门学科做详细梳理与研究，以期深入挖掘各门学科在新中国成立前30年的具体发展轨迹，探究其理论不断深化的历程，通过文集、专集、传记、回忆录等进行认真整理与筛选。

该时期在推动中国马克思主义哲学社会科学体系建构过程中，自由主义学派、文化保守主义学派、马克思主义学派等都对其做出重要贡献。本书在资料收集与研究过程中，将主要精力集中于探讨马克思主义学派（马克思主义哲学社会科学工作者群体）对马克思主义哲学社会科学体系建构所做出的重要贡献，同时，探讨部分自由主义学派和文化保守主义学派在该领域的重要贡献。

重点问题二：关于中国马克思主义哲学社会科学学术话语权争夺问题。

历史是复杂多面的。19世纪中叶以来，随着列强入侵和我国对外留学事业发展，再加上受西学东渐的影响，西学话语模式在实践中主导了我国社会科学的发展。西学话语模式在近代中国的确立，造成了中国传统文化被边缘化，表现为对本民族历史与文化的批评甚至否定。五四新文化运动以来，北洋政府和国民党政府实施文化统治，在社会科学领域对中国共产党领导出版发行的进步书刊实施全面查禁。该时期北洋政府和国民党政府推行文化专制政策、查禁进步哲学社会科学书刊的过程，既是中共领导进步文化力量进行反查禁斗争的过程，也是国共两党争夺哲学社会科学话语权的过程，为此，该专题将之作为课题重点研究对象之一。

此外，由于指导思想的不同，当时哲学社会科学工作者对关乎中国发展的历史、政治、社会、经济等相关问题的理解各不相同。因此，加强该课题研究，需要"走进"当时的社会历史，通过所收集到的文献资料去探究当时哲学社会科学各门学科的具体发展与建构历程，了解各门学科之间的紧密联系，梳理各门学科的理论发展，这对推动今后我国现代学术体系的发展和中国特色哲学社会科学学派的建构具有重要借鉴作用。

重点问题三：关于探究中国马克思主义哲学社会科学发展基本规律问题。

重视对收集与整理第一手历史文献资料的考证和利用，以求达到史实创新的同时，通过客观分析这些文献资料，进行马克思主义哲学社会科学发展主要规律的研究，以达到观点创新。通过收集与整理文献资料，进一步拓宽和深化新民主主义革命时期中国马克思主义哲学社会科学体系建构研究领域和范围，兼具历史视野和现实关怀，实现学科视角创新。

重点问题四：加强中国马克思主义哲学社会科学发展与马克思主义中国化互动关系研究。

对马克思主义哲学社会科学体系建构与马克思主义中国化重要理论成果关系及其作用的探究，也是课题拟突破的重点。研究新民主主义革命时期马克思主义哲学社会科学体系建构是推动马克思主义中国化发展的一个重要课题，因此，须认真探究马克思主义哲学社会科学发展对马克思主义中国化进程产生的重要推动作用。

（三）拟解决难点问题

难点问题一：充分利用各种学术资源，积极克服档案文献资料收集的难度。

在资料收集方面，该时期有些国内创办的报刊如《中央政治通讯》（又称《中央通讯》）、《列宁青年》、《红旗》周刊、《红旗日报》、《红旗周报》、《红星》等，存放比较分散。还有当时中国人在国外编印的重要中文刊物如《少年》《赤光》等，国内不易收集。该方面资料收集有一定难度，力争利用各种渠道对其进行收集与整理。

此外，该时期报刊、书籍等许多文献资料都是竖排繁体版，需要在收集过程中花费更多时间和精力对其进行整理和分类。

难点问题二：拓宽整体考察视域，按各类研究主题详细整理较为系统完整的多卷本专题文献资料。

力争整理出围绕新民主主义革命时期中国马克思主义哲学社会科学体系建构较为完整的多卷本专题文献资料。在文献资料收集与整理过程中，鉴于目前国内还没有一本完备的马克思主义中国化资料目录和历史报刊索引可供查阅，这需要在资料收集过程中进行认真分类，以方便将来研究者进行检索。

此外，民主革命时期党的建设、根据地经济建设、文化建设、社会建设与政权建设等方面文献资料，须进行分门别类的收集与整理，该方面内容较为纷繁复杂，也是课题拟突破的难点。

难点问题三：深化对不同时期不同地域马克思主义中国化创作主体主要作用的比较研究。

在研究深度方面，本书力求在掌握翔实历史文献资料的基础上，对新中国成立前新民主主义革命时期中国马克思主义哲学社会科学体系建构问题进行较为系统完整的学术研究，对不同时期不同地域马克思主义中国化创作主体在对马克思主义哲学社会科学具体学科选择和建构内容等方面进行较为深入的比较研究。

难点问题四：深入加强学理性研究，为今后中国特色哲学社会科学发展提供重要"本土化"学术资源。

在对新中国成立前中国马克思主义哲学社会科学体系建构文献资料整理的基础上，加强对该时期哲学社会科学文献资料的实证性研究，深入挖掘和解读该时期哲学社会科学各种原始文本资料。不但关注对中文资料的收集，还要关注部分外文资料，在深入学理性分析基础上为今后中国特色哲学社会科学发展提供丰富"本土化"资源和重要历史借鉴。

十、创新之处

目前，国内学界对新民主主义革命时期中国马克思主义哲学社会科学体系建构问题的研究尚处于起步阶段，已有研究多重在宣传与阐释，本书研究试图在多方面实现新突破。

（一）问题选择方面

课题试图在充分收集与整理文献资料基础上，对中国马克思主义哲学社会科学体系建构历程进行系统研究，从学理上汲取中国共产党人领导民主革命的宝贵经验。将该时期哲学社会科学发展作为整体研究基础，分类排比，纵横结合，全面予以梳理和评析，通过对哲学社会科学发展基本历史轨迹的探究，充分展现新民主主义革命时期中国马克思主义学术演进图景，为推进 21 世纪哲学社会科学发展提供重要历史坐标。

当前学界关于中国哲学社会科学体系建构问题的研究很多，但从历史文献资料角度探讨马克思主义哲学社会科学体系建构问题的研究还比较少；关于对各种历史文献资料的研究也很多，但从马克思主义中国化学术史角度来研究历史文献资料的也较少。为此，该课题以丰富历史文献资料为媒介，把上述这两方面统一起来，系统地研究和探讨。

（二）学术观点方面

近年来国内学界发表了许多关于中国特色哲学社会科学体系建构的研究文章和著述，但由于对新民主主义革命时期该领域的文献资料掌握不够充分，导致对该专题研究范围不够深入。针对当前学界对该问题已有研究不足的现状，本书力求从中国共产党思想文化发展史角度出发，凸显整体性与实践性研究相结合，力争在以下方面提出新的学术观点：

第一，立足于思想文化史的宏大视角，深入挖掘中国特色哲学社会科学发展的"本土化"学术资源。

繁荣发展中国特色哲学社会科学，要学会从其历史发展进程中汲取成功的经验和做法，更要立足于当前国家发展战略，努力提升国家文化软实力。为此，本书深入加强对新民主主义革命时期中国马克思主义哲学社会科学的学术史研究，从宏观的历史视角去探究哲学社会科学各门学科的发展历程与理论架构，在此基础上，科学总结其发展的规律性特点，以打造在国际学界具有重大影响力的中国马克思主义哲学社会科学体系。

第二，深入探究新民主主义革命时期中国马克思主义哲学社会科学发展主要经验。

本书努力进行新民主主义革命时期中国马克思主义哲学社会科学发展文献资料的挖掘和研究，为今后深化对中国特色哲学社会科学学科体系、学术体系、话语体系相关问题的理解和研究提供借鉴。不仅要加强社会史层面史料的研究，也要加强对哲学、经济学、新闻学等史料的挖掘与研究。不仅重视根据地相关文献资料的整理与研究，也要重视对当年国统区、敌占区等文献资料的研究。不仅要关注国内学界对该问题的研究，也要关注国外学界在近年来对该问题的关注，以期能够立体化、全方位地对新民主主义革命时期中国马克思主义哲学社会科学体系建构的主要经验做深入探讨。

第三，着力凸显新民主主义革命时期哲学社会科学工作者群体在推动马克思主义中国化学术史发展层面的主要贡献。

课题以新民主主义革命时期中国马克思主义哲学社会科学发展为研究目标，通过全面收集和系统整理各种历史文献资料，对中国马克思主义哲学社会科学各方面的文献资料进行分析论证，准确评析哲学社会科学各学科领域重要传播主体和研究主体对马克思主义哲学社会科学做出的杰出贡献，力争对新中国成立前哲学社会科学工作者的主要理论贡献和在中国马克思主义哲学社会科学发展过程中所发挥的独特作用做出专门系统的研究。

第四，详细挖掘马克思主义经典著作在近代中国的编译与传播对马克思主义哲学社会科学发展所产生的重要影响。

马克思主义经典著作在近代中国的翻译和传播，为中国马克思主义哲学社会科学发展提供了重要理论指导。当时编译的马克思主义经典著作涉及马克思主义哲学、马克思主义经济学、马克思主义文艺理论及其他一些经典社会科学论著等，在当时思想界和出版界产生了较大影响。同时，对建构马克思主义哲学社会科学产生了积极指导和推动作用。课题从多个角度，详细探究马克思主义经典著作在近代中国的编译与传播，对马克思主义哲学社会科学体系建构发挥的重要作用。

第五，认真梳理中国马克思主义哲学社会科学具体学科的形成及其范式。

本书尝试以"话语转换"视角重新阐释该时期马克思主义哲学社会科学发展脉络，试图对马克思主义哲学社会科学发展过程中如政治学、历史学、哲学、新闻学等具体学科的形成历史与学科范式阐述一些新的学术观点。

第六，全方位探究马克思主义哲学社会科学发展视域下国共两党学术话语权博弈。

本书研究中的"学术话语权"，是指三民主义话语权与马克思主义话语权。南京国民政府成立后，国民党实施文化统制，对中共领导出版发行的进步哲学社会科学著作全面查禁，试图确立三民主义在哲学社会科学领域的话语权。中共以马克思主义先进思想为指导，领导进步文化力量同国民党当局争夺学术话语权。同时，中共还领导进步知识分子同各种反马克思主义思潮展开论战，有力维护并最终确立了马克思主义在哲学社会科学领域的话语权。

第七，深入挖掘中共在马克思主义哲学社会科学体系建构中的重要作用。

中共对于哲学社会科学的重视由来已久，在战争年代，就把哲学社会科学在中国的发展放到了非常重要的地位。该时期中共制定科学方针政策，为哲学社会科学在近代中国的发展提供重要政策支持和制度保障。在中共积极推动下，哲学社会科学推动了我国学科体系的发展，为新中国成立后 70 多年的学科建设提供了丰富经验。在中共领导人中，毛泽东、瞿秋白、王稼祥等发挥了重要作用，还有中共早期领导人如陈独秀、李达等，在学理层面为近代社会科学发展做出积极贡献。所有这些，都对马克思主义哲学社会科学建构发挥了重要影响。课题将对这些方面进行深入研究。

第八，探析近代中国学术团体、教育机构、学术报刊等在马克思主义哲学社会科学体系建构中的重要作用。

新民主主义革命时期，在国统区和根据地存在着各类学术团体、教育机构和学术报刊，目前学界对该层面的问题研究得并不充分。当时中共领导组建了各种类型的政治军事院校，成立了包括研究会、研究小组、讲学会和读书会等在内的各种学术研究团体，创办党报及其他进步报刊，成为推动马克思主义哲学社会科学发展的重要途径，对促进马克思主义哲学社会科学发展发挥了重要作用。本书将对该方面内容结合翔实历史资料进行认真分析研究，以期实现学术观点的突破。

（三）研究方法和分析工具方面

研究方法层面，对体现该时期中国马克思主义哲学社会科学发展的历史文献资料，既要进行具体的微观研究，也要进行理论上的宏观研究。从研究的学科分类看，既属于历史学研究，也属于传播学、中共党史学、政治学和翻译学等领域问题研究。目前国内学界主要从历史学方面对该问题展开论述和研究，课题拟整合运用上述其他学科知识进行系统性研究，力争在研究方法方面取得新进展。

1．文献查阅与历史分析

就现有研究而言，通过查阅新中国成立前的大量历史文献资料，尽可能获取第一手哲学社会科学发展方面的权威资料，从对这些文献资料的历史分析中探讨马克思主义哲学社会科学发展历史规律。史料整理工作甚为繁重，须认真把各专题资料进行分类储存、分析综合和检索利用。要认真考证史料，鉴别史料真伪，科学分析与评价文献资料在新中国成立前哲学社会科学发展进程中所起的主要作用。

2．个案研究与整体研究

收集、整理与研究新民主主义革命时期哲学社会科学发展历史文献，要在整理与研究某个具体历史时期时联系整个民主革命时期，挖掘这些文献资料的共性及其对马克思主义哲学社会科学发展所产生的特殊作用和历史影响。

3．比较研究与逻辑推导

新中国成立前，中国马克思主义哲学社会科学发展文献资料的整理与研究，既有国统区与革命根据地文献资料的比较，又有革命根据地内部文献资料的比较，通过逻辑推理达到历史与逻辑相统一。还须整合运用历史学、传播学、翻译学等学科知识对这些文献资料进行综合比较研究，在对比研究中发现宏大历史在微观层面的重要作用。

4. 经验总结和理论升华

系统总结当年中共领导建构哲学社会科学的具体措施，归纳与提升推动其发展的基本经验，以科学理论服务于我们今天哲学社会科学的发展。

此外，将运用网络工具，充分借助与课题有关的各种电子版史料和数据库资料，力争使课题研究视野瞄准国内学术前沿。

（四）文献资料方面

收集史料、辨别史料和研究史料是本书的关键任务，本书到各地档案馆收集该领域尚未被发现和利用的档案文献资料。当前国内学界对新中国成立前中国马克思主义哲学社会科学文献资料的收集与整理是不完整的，还未系统整理该方面的专题历史文献资料。该研究课题将最大限度地对该领域文献资料进行系统收集与整理，力图完成一套较为完整的新民主主义革命时期中国马克思主义哲学社会科学体系建构专题文献资料，使之成为国内研究该领域专家学者所必备的文献资料，在一定程度上填补学界关于马克思主义中国化学术史诸多领域问题研究的史料空白。

本书充分利用北京大学、清华大学、中国人民大学、中国社会科学院、国家图书馆等高校和研究单位的图书资料和数据库，比较全面地梳理国内学界相关研究资料。此外，本书还注重对以下各类基础资料的收集与整理，试图实现文献资料收集方面的创新。

第一，中国第二历史档案馆、北京市档案馆、上海市档案馆、重庆市档案馆等各地档案管理机构所收藏的各类原始资料。

其中，中国第二历史档案馆所藏的档案资料较为重要，如2017年解密开放的"蒋介石档案"（"大溪档案"），在资料收集过程中被纳入了。

第二，民主革命时期的报纸和杂志，公开出版的文集、年谱、回忆录及关于马克思主义哲学社会科学方面的著述等。

第三，把握国外研究现状，本书及时跟踪国外学界相关研究动态。

（五）话语体系方面

本书全力挖掘哲学社会科学新资料，在新文献资料中发现哲学社会科学研究的新问题和新观点，使课题研究突出学术性，实现话语体系层面创新。

第一，坚持马克思主义在哲学社会科学研究领域的指导地位。在课题研究过程中突出价值引领，推动马克思主义话语体系建设，坚持以马克思主义为指导是中国特色哲学社会科学深入发展的一个根本特征。

第二，在对本书所涉猎的学科建立、学术发展以及体系建构等相关问题的研究过程中，本书力争努力打造哲学社会科学领域的新概念、新范畴和新表述，力图在马克思主义哲学社会科学中每个学科都能建构系统的学科理论。为此，本书在结合文献资料的基础上，对马克思主义哲学社会科学体系建构理论与实践做出集中阐述，挖掘其体现马克思主义哲学社会科学发展规律的理论总结及其在当前的现实运用。

第三，在推动课题话语体系创新过程中，深化该时期中共在领导创建中国马克思主义哲学社会科学发展过程中对重要理论创新成果的学理性阐释，将中国化马克思主义——毛泽东思想的核心思想、关键话语运用到各学科领域。坚持用党的创新理论阐释马克思主义哲学社会科学发展实践，用中国马克思主义哲学社会科学发展实践升华党的创新理论，并进一步创新对外话语表达方式。

第四，本书紧紧围绕学术界普遍关注的关于中国马克思主义哲学社会科学建构的学理性问题，阐释中共推动马克思主义哲学社会科学发展的重要价值观念，全面展示马克思主义哲学社会科学的独特话语魅力。

十一、基本文献资料的总体分析

（一）国内基本文献资料总体分析与代表性文献资料

1. 国内研究基本文献资料总体分析

为全面、准确收集与整理文献资料，本书拟纳入16类基本文献资料，包括马克思主义经典原著、文集选集、档案资料文献著述、报刊、传记与回忆录、国内外相关研究著述和重要网络资料等，共近180余种。在资料文献选择上，筛去一些相对重复的有关著述。

初步收集与整理的文献资料，主要涉及近代思想文化史视域下马克思主义经典著作编译与传播对马克思主义哲学社会科学发展所产生的影响、马克思主义哲学社会科学各学科发展、民主革命时期学术团体与重要报刊、民主革命时期中共领导哲学社会科学发展方针政策等方面内容。

2. 代表性文献资料概要介绍

由中央档案馆编的《中共中央文件选集》，收集了民主革命时期中共中央政治局、中共中央书记处、中共中央重要会议等做出的决议、决定、指示、通知、电文等，以及中共中央与其他机构联合发出的文件和文电。其中，第1～3册为中国共产党成立和大革命时期文件，第4～11册为土地革命战争时期文件，第12～14册为抗日战争时期文件，第15～18册为解放战争时期文件。该资料集中反映了中共在新民主主义革命时期各历史阶段的路线、方针、政策，反映了中共历次重要会议、事件及革命活动，为研究中国现代史和中共党史提供了系统的第一手资料。这些档案文献包含许多中共关于民主革命时期马克思主义哲学社会科学体系建构的重要方针政策、中共知识分子政策、中共领导反对国民党文化专制等方面的重要文献资料。

蔡尚思、朱维铮主编的《中国现代思想史资料简编》，是关于新民主主义革命时期思想史、文化史和哲学史方面的重要文献资料，主要选录新民主主义革命时期各种社会思潮和思想流派代表性论著，以政治思想为主，兼及哲学、社会史、经济和文化教育等方面，所选资料主要来自当时国内出版的各种报刊、专著和文集。该书所选用的文章均据原刊，包括陈独秀、李大钊、胡适、杜亚泉、高一涵、黄凌霜、蔡元培、傅斯年、蔡和森、陈望道等近代一些理论家的重要文章，为课题研究提供了非常宝贵的第一手文献资料。

钟离蒙、杨凤麟主编的《中国现代哲学史资料汇编》，收集了自五四运动到中华人民共和国成立前的哲学理论传播及其主要论战，主要有李大钊、瞿秋白、陈独秀、恽代英、郭沫若、鲁迅、梁漱溟、张东荪等人的一大批哲学著作，在马克思主义哲学社会科学形成过程中发挥了重要理论引导作用。对中共领导的马克思主义哲学社会科学话语体系建构进行了重要理论探索，批判了国民党在三民主义指导下的社会科学研究。

中国第二历史档案馆编的《中华民国史档案资料汇编》，是由馆藏历史档案中具有重要史料价值的资料编辑而成的，其文化部分包括国民党基本文化政策与措施、文化宣传运动兴起（包括抗战文艺运动概况、战地抗敌文化宣传措施、军委会政治部文化宣传团队、文艺界抗敌救亡团体等项）、文化出版事业（包括新闻统制、图书杂志审查、戏剧电影审查等项）及文化学术团体等方面资料，从侧面反映了各个时期的文化概貌，对于研究本书具有重要参考价值。

史先民主编的《中国社会科学家联盟资料选编》，介绍了"社联"成立前后的历史，提供了 20 世纪 30 年代这段历史的珍贵史料。主要收集其发展历程、组织结构、创办刊物及"社联"解散等方面的文献资料，对于探讨 20 世纪 20 年代末到 30 年代前期马克思主义哲学社会科学具体建构历程、主要哲学社会科学工作者的学术贡献等，具有特别重要的参考价值。

《三十年代左翼文艺资料选编》主要选取了土地革命战争时期左翼文艺运动方面的宝贵史料，围绕"左联"成立、发展历史、领导机构、主要成员、创办刊物、社会影响等方面收集大量历史文献，它所形成的文艺理论在当时新文学界保持着主导性影响，该文献资料对研究马克思主义文学学科建立与学科理论提供了重要参考史料。

上海市社科联编的《二十世纪中国社会科学》（13 卷本）记述了中国社会科学百年形成与演进的轨迹，展示了中国社会科学世纪风云及主要成就，是一项集思想性、学术性与资料性于一体的重大科研成果，是上海市哲学社会科学"十五"规划课题。本书的 13 卷本分别为：马克思主义卷、哲学卷、理论经济学卷、应用经济学卷、法学卷、政治学卷、教育学卷、历史学卷、社会学卷、语言学卷、新闻学卷、宗教学卷、文学学卷。各卷以"总论""分论""论争""学术机构、刊物、社团"及百年大事记为框架，全面系统地记述了中国哲学社会科学在 20 世纪的百年历程，在体例、内容上均有重大创新。这套书对前辈几代学者的学术思想、学术成果做了忠实记录和宏观审视，对于传承和延续中华民族优秀学术文化及其精神传统，做了有益的探索和实践。

吴汉全著的《中国马克思主义学术史概论（1919—1949）》（3 卷本）是学术界第一部梳理 1919—1949 年中国马克思主义学术的专著，

比较系统地展示了中国马克思主义学术在民主革命阶段的基本面貌。重点研究马克思主义传播到中国后，中国马克思主义者以中国社会的经济、政治、文化现象为研究对象，运用马克思主义的立场、观点、方法在哲学、政治学、经济学、史学、社会学、法学、文学等学科领域辛勤耕耘，从学理上汲取和提升中国共产党人领导民主革命的经验，积极推进马克思主义文化中国化，从而构建具有鲜明特色的中国马克思主义学术体系的历程。《中国马克思主义学术史概论（1919—1949）》分为三编，共21章，对李大钊、陈独秀、李达、瞿秋白、谭平山、蔡和森、恽代英、毛泽东、刘少奇、张闻天、艾思奇、吴玉章、董必武、陈启修、李剑农、徐特立、邓初民、陈昌浩、谢觉哉、来逸民、王学文、孙冶方、薛暮桥、沈志远、陈翰笙、柯柏年、许德珩、李剑华、严景耀、冯和法、姜君辰、鲁迅、周扬、胡风、冯雪峰、王亚南、钱俊瑞、王思华、许涤新、彭迪先、郭大力、翦伯赞、郭沫若、吕振羽、范文澜、侯外庐、尹达、叶蠖生、何干之、华岗、李鼎声等50多位中国马克思主义者的学术思想做了个案与专题的研究，勾勒出中国马克思主义学术产生、发展、初步成熟的演变轨迹，力图为当今中国马克思主义学术的发展提供本土化的学术资源及历史的、学术的、文化的启示与借鉴。

吴汉全、王忠萍著的《中国马克思主义学术史（1919—1949）》（五卷本），主要研究中国马克思主义学术的演变过程，以中国马克思主义学者的学术活动、学术思想、学术成果及其对中国马克思主义学术体系构建的贡献等方面为研究内容。从中国共产党这个视角来深化中国马克思主义学术史对象的研究，具体地考察中国共产党的学术文化方针、政策、措施、机构以及中国共产党组织领导的学术运动、学术论战等层面，亦即对中国共产党的学术文化方针、政策及其领导的学术运动、学术论战的情形进行"史"的考察。从中国马克思主义学者的学术背景、治学方法、学术成果、学术传承关系、学术交往关系、学术特色等层面来研究。例如，在"经济卷"中对李大钊、陈独秀、王学文、陈启修、李达、沈志远、孙冶方、王亚南、钱俊瑞、彭迪先、王思华、许涤新、郭大力、毛泽东等的经济学思想做了比较详细的描述，勾勒出中国马克思主义经济学产生、发展、初步成熟的演变历程，从一个侧面反映了中国马克思主义学术的演变轨迹以及马克思主义在中国学术文化领域的发展情形，力图为当今中国学术的发展尤其是马克思主义经济学的进步提供历史借鉴和学术启示。

（二）国外基本文献资料总体分析与代表性文献资料

1. 国外相关研究基本文献资料总体分析

据现有相关资料，当前国外关于中国特色哲学社会科学发展的文献不多，但有一些是关于马克思主义在中国编译传播及中国历史学方面的研究著述，研究成果形式主要以著作和评论文章为主。

2. 国外代表性文献资料概要介绍

美国学者莫里斯·迈斯纳著的《李大钊与中国马克思主义的起源》是美国哈佛大学东亚研究中心东亚系列丛书的第 27 种图书，是西方学者关于李大钊研究的代表性著作之一。莫里斯·迈斯纳侧重于对中国第一个马克思主义者李大钊的思想发展进行研究，它对马克思主义在 20 世纪初期如何被中国人接受并加以改造亦做了探讨。该书对中国马克思主义起源做了深刻分析，着重分析了民粹主义及无政府主义对李大钊的马克思主义的影响，是著者对李大钊关于马克思主义理论重要贡献等学术思想的研究，也是对马克思主义理论在中国早期传播和发展的研究。著作还对李大钊以及陈独秀、毛泽东等人的思想进行了分析和比较。

德国学者罗梅君著的《政治与科学之间的历史编纂：30 和 40 年代中国马克思主义历史学的形成》，主要阐述 1927 年以前马克思主义历史学产生的政治和意识形态前提、30 年代初关于中国社会的讨论与马克思主义历史学的奠基、抗日战争时期主要马克思主义历史学家的政治和意识形态观点、1949 年以前主要历史学家著作中政治与科学关系上的两个基本点。

美国学者阿里夫·德里克著的《革命与历史：中国马克思主义历史学的起源（1919—1937）》，以 20 世纪 20—30 年代的中国社会史论战为中心，在现代中国思想发展脉络下对马克思主义史学在中国的起源进行了深入剖析，阐明马克思主义史学家在运用马克思主义理论分析中国历史时所面临的问题和困难，以及他们对当时中国革命性大变革的专注对于塑造他们处理理论和历史问题方式的影响等。

日本学者实藤惠秀的《中国人留学日本史》，以大量第一手资料，包括书信、日记、著译书刊、口述史料以及档案文献等为据，详述这一留学运动的缘起和演变、留日学生就读的学校和课程及组织、活动，并专章讨论留日学生在中国近代社会思想、政治、教育、文学、语言、翻译、出版等各领域发挥的重要作用和影响。该书资料丰富，论述观点客观，受到国际学界重视，对哲学社会科学工作者的探讨亦具有重要史料参考价值。

（三）重要文献选择依据、获取途径和利用方式

1. 重要文献的选择依据

（1）权威性。

目前学界对新民主主义革命时期中国马克思主义哲学社会科学体系建构研究正处于初始阶段，是从属于当前"中国特色哲学社会科学体系研究"的一个重大理论与实践课题。因此，在文献选择上首先要保证文献资料的权威性。本书注重文献资料的信度、深度和广度，选取了中国共产党的理论文献和重要档案文献史料，整理了国内关于中国哲学社会科学发展相关问题的研究资料。

（2）原创性。

从某种程度上讲，对新民主主义革命时期中国马克思主义哲学社会科学体系建构问题的研究，是当前一个具有相对原创性的研究课题，因为新民主主义革命时期是新中国成立 70 多年来尤其是改革开放 40 多年以来，中国共产党领导中国人民推动我国哲学社会科学发展的重要初创阶段。因此，在课题研究架构上，本书特别注重从新发现的文献资料入手，在详细解读文献资料基础上，找出研究的新问题，力争让研究课题具有一定的原创性。

（3）发展性。

从文献资料收集与整理过程看，新民主主义革命时期中国马克思主义哲学社会科学体系建构问题研究，具有较长的延续性。需要制定长期的研究计划，既能保证研究目标的顺利实现，也为后续研究积累重要经验。

2. 重要文献的获取途径

（1）到书店购买重要文献资料。

（2）复印高校、研究机构、档案馆、图书馆的馆藏书目和期刊。

（3）通过图书馆的文献传递服务获取相关期刊、专著信息。

（4）长期积累整理的丰富学术研究资料。

（5）利用网络合法获取学术资源。

（6）去各地档案馆查阅获取第一手文献资源。

3. 重要文献的利用方式

（1）以经典著述为理论依据。

以马克思主义经典著作和中国共产党重要文献的基本观点、基本立场为本书研究的理论依据。

（2）以最新成果为研究参照。

主要吸收关于新民主主义革命时期中国马克思主义哲学社会科学体系建构的最新研究成果，逐步深化课题相关问题研究。

（3）以科学方法为分析工具。

主要综合采用哲学社会科学各个学科的具体方法，如历史学的过程分析、社会学的实证分析、历史学的材料分析等。

（4）以文献资料为论据支撑。

主要通过档案查阅获取第一手文献资料，用来分析与论证课题研究的基本问题。

十二、文献资料搜集整理方案

新民主主义革命时期中国马克思主义哲学社会科学体系建构历史文献资料的收集与整理，是一项艰巨复杂的系统工程，非短期内所能见效，须结合中共党史、中国近现代史、马克思主义中国化等学科学术研究进行。

（一）已出版文献资料的收集与整理

主要包括文件、档案、文献资料汇编、文集、选集、选编、文稿、年谱、报纸刊物、地方史志、国外史料等。

1. 新民主主义革命时期已编印而未正式出版的文献资料

新民主主义革命时期中共在领导创建哲学社会科学过程中，编印了大量珍贵历史文献，既包括中央文献，也包括中央领导人的专题言论集、各种丛书，还包括当时大批社会科学工作者的重要著作和讲义等，这些丰富的文献资料需要去档案馆、图书馆查询。

2. 新中国成立后出版的新民主主义革命时期部分文献资料影印本

《新青年》（1915 年 9 月—1926 年 7 月总共 63 期合订本），人民出版社 1954 年影印本，全套 11 卷共 12 本。

《共产党》（1920 年 11 月—1921 年 7 月），人民出版社 1954 年影印本，共 1 册。于 1954 年出版，发行 2 450 册。

《向导》周报（1922 年 9 月—1927 年 7 月），人民出版社 1954 年影印本，共 1 册。

《实话报》（1～13 期），人民出版社 1995 年影印本。

《红旗周报》（1931 年 3 月—1934 年 3 月），中央档案馆 1963 年影印本。

《红旗日报》（1930 年 8 月—1931 年 3 月），中央档案馆 1963 年影印本，共 2 册。

《红星》，中央档案馆 1982 年影印合订本。

《苏区工人》（1932 年 8 月—1934 年 5 月），工人出版社 1959 年影印合订本。

《全总通讯》（1～5 期）（1930 年 2 月—1930 年 8 月），人民出版社 1958 年影印本。

《青年实话》（1931 年 7 月—1934 年 9 月），中央档案馆 1984 年影印。

《解放日报》（1941 年 5 月—1947 年 3 月），人民出版社 1954 年影印本，共 12 册。

《红色中华》（1931 年 12 月—1937 年 1 月），人民出版社 1982 年影印本，共 2 册。

《斗争（苏区版）》（1933 年 2 月—1934 年 9 月），人民出版社 1982 年影印合订本。

《斗争（西北版）》（1936 年 12 月—1939 年 1 月），人民出版社 1982 年影印合订本。

《前哨》，上海文艺出版社 1981 年影印本，共 1 册。

《红军日报》，湖南人民出版社 1980 年影印本。

《新中华报》（1931 年 12 月—1941 年 5 月），人民出版社 1954 年影印本，全 4 册。

《新华日报》（1938 年 10 月—1947 年 2 月），人民出版社 1955 年影印本。

《解放》周刊（1937 年 4 月—1941 年 5 月），人民出版社 1966 年影印本，共 7 册。

《解放日报》（1941 年 5 月—1947 年 3 月，共发行 2 130 期），人民出版社 1955 年影印本。

《晋察冀日报》（1937 年 12 月—1948 年 6 月），人民出版社 1984 年影印本。

《人民日报》（1946 年 5 月—1948 年 6 月），人民出版社 1984 年影印本。

《八路军军政杂志》（1939 年 1 月—1942 年 3 月），人民出版社 1956 年影印本，共 10 册。

《共产党人》（1～19 期）（1939 年 10 月—1941 年 8 月），人民出版社 1956 年影印本，共 2 册。

《中国文化》（1940 年 2 月—1941 年 8 月），人民出版社 1966 年影印本，共 1 册。

《中国青年》（1939 年 4 月—1941 年 3 月），人民出版社 1956 年影印本，共 3 册。

《中国工人》（1940 年 2 月—1941 年 5 月），人民出版社 1955 年影印本，共 1 册。

《中国妇女》，人民出版社 1983 年影印本。

《新华日报》（1938 年 10 月—1947 年 3 月），北京图书馆（现中国国家图书馆）1963 年影印本。

此外，还有《晨报》（1916 年 8 月—1928 年 6 月）、《布尔塞维克》1～52 期（1927 年 10 月—1932 年 7 月）、《群众》周刊 1～14 卷（1937 年 12 月—1947 年 3 月）、《救国时报》（1935 年 12 月—1938 年 2 月）、《申报》、《大公报》、《东方杂志》等影印本。

3. 各种档案文献资料、资料汇编、丛刊

主要有《中华民国史档案资料汇编》《五四时期期刊介绍》《中华民国史资料丛稿》《中国现代哲学史资料汇编》《中国现代思想史资料简编》《中国共产党报刊发行史》《文史资料选辑》等。

4. 各种文献资料期刊

涉及各种类型的档案文献史料，部分已在专业期刊上刊登，如《历史档案》《民国档案》《抗战史料研究》《党的文献》等，这些学术期刊在发表专业论文的同时，还定期刊登新发现的或者具有重要研究价值的珍贵档案文献，具有特别重要的史料价值。

关于报刊资料方面的文献，《中共中央党刊史稿》《抗日战争时期期刊介绍》《红藏》《五四时期期刊介绍》等，都是对新民主主义革命时期创办的进步报刊进行整理研究的重要成果。此外，还有研究个人文集的《中国现代历史人物文集与中国现代史研究》（人民出版社 1982 年版）等。

5. 各种外文资料的收集、整理与翻译

国外研究中共党史问题的成果之一是有关工具书的编纂，如哈佛大学出版社 1971 年出版的《中国共产主义人物传记辞典（1921—1965)》，还有大量关于本书的其他外文资料等，都需要进行系统翻译整理。

6. 运用现代信息技术进行收集

对部分原始文献资料的查找，可利用电子图书馆中的扫描文献资料、出版的影印资料、档案资料等，如 1999 年出版的《中国共产党文献资料库》光盘，包括重要文献 2 733 件。还有国家图书馆、中央编译局的各种数字资源，如中央编译局保存的马克思主义研究资料库、中共中央档案文献库、中央文献多语种外文版数据库等等。

（二）原始档案文献的搜集与整理

除上述已出版的资料文献外，还有许多原始档案文献资料，这些需要去档案馆、博物馆、纪念馆及图书馆等详细查寻。具体而言：

（1）涉及土地革命战争时期的档案文献资料，许多在湖北省档案馆、江西省档案馆、上海市档案馆、四川省档案馆等地收藏，可根据需要去查阅和收集。

（2）安徽省档案馆、博物馆、图书馆等收藏的《抗敌报》（后改名为《晋察冀日报》，是《人民日报》前身之一）、《江淮日报》、《新民主报》等报刊，有许多关于文化教育的档案史料。

（3）江苏省档案馆、盐城市档案馆收藏的抗战时期的《抗敌》杂志、《先锋》杂志、《党内通讯》、《战斗》杂志等，收藏了抗战后期大量档案文献资料。

（4）上海市图书馆收藏的抗战时期《苏中报》《人民报》《时论丛

刊》等，有许多是关于国统区文化教育发展的档案资料。

（5）涉及延安时期的报刊，有许多在陕西省档案馆、延安市档案馆、延安清凉山新闻出版纪念馆等地收藏，可根据需要去查阅和收集。

（6）涉及南京国民政府时期重要档案文献资料，需要到中国第二历史档案馆、东北历史档案馆、台湾"国史馆"、"中央研究院"近代史研究所等地进行收集与整理。

档案资料收集须投入大量人力、物力，依靠原始抄录方法远不能跟上形势发展需要。为此，可专门与地方档案馆和图书馆等机构合作，集中收集某一专题档案史料。例如，与中国人民大学图书馆、档案馆合作，联合推出体现"人大校史"与"马列学科教育"特色的史料，如《解放区根据地图书目录》等。

总之，这些文献资料在推动中国马克思主义哲学社会科学体系建构中发挥着重要作用，也为今后深入开展中国特色哲学社会科学相关问题研究提供了宝贵资料。

第一章　中国马克思主义哲学社会科学体系建构的逻辑语境

　　哲学社会科学同自然科学一样，是推动人类社会发展与进步的重要手段和工具，是不断伴随实践发展而进步的。"人类社会每一次重大跃进，人类文明每一次重大发展，都离不开哲学社会科学的知识变革和思想先导。"① 哲学社会科学的发展植根于一定的社会历史条件，这是从不同的文化土壤和学术传统中相应产生的"本土化"形态。近代有研究者认为，哲学社会科学"是综合各种特别社会科学所研究的结果而成一种大面积的学问，并非一种独立的、深刻的学问。它不过取他种社会科学研究的结果而使社会化，使它的影响普遍，所以它是平面的学问，而不是高超的学问"②。现代意义上的哲学社会科学盛行于西方，但其在19世纪末"西风东渐"以来引入近代中国的过程中，受中国传统文化和时代条件影响，各学派知识精英对纷繁芜杂的西方学说进行有选择的译介和传播，并提出了各自不同的"本土化"主张。

一、马克思主义唯物辩证法重要方法论遵循

　　鸦片战争以来，西方文化逐步渗透到中国，在中西文化相互碰撞背

---

① 习近平. 在哲学社会科学工作座谈会上的讲话. 北京：人民出版社，2016：3.
② 何思源. 社会科学研究法. 广州：中山大学政治训育部宣传部，1927：2.

景下，马克思主义开始在中国传播。20 世纪初以来，马克思主义不断指导我国哲学社会科学发展，首要原因在于其自身理论力量的感召，这种理论学说构成的内在整体性和传播发展的内在逻辑性，在实践中逐步展开、具体实现，它符合人们的认知规律和理论学说的传播规律①。

（一）马克思主义深刻揭示人类社会发展普遍规律

马克思主义是具有普遍指导意义的科学理论体系，是对世界历史发展规律的科学把握②。当时列宁曾在《马克思主义的三个来源和三个组成部分》一文中指出，"马克思的全部天才正是在于他回答了人类先进思想已经提出的种种问题。他的学说的产生正是哲学、政治经济学和社会主义极伟大的代表人物的学说的直接**继续**"③。作为无产阶级的世界观与方法论，马克思主义正确揭示了人类社会历史尤其是资本主义发展的客观规律性，"马克思还发现了现代资本主义生产方式和它所产生的资产阶级社会的特殊的运动规律。由于剩余价值的发现，这里就豁然开朗了，而先前无论资产阶级经济学家或者社会主义批评家所做的一切研究都只是在黑暗中摸索"④。马克思主义自身的科学性，为新民主主义革命时期中国马克思主义哲学社会科学的发展提供了现实可能性。

马克思主义思想体系是时代的产物，形成于 19 世纪中期，是对当时资本主义社会矛盾的一种理论反思。该思想体系汇集了对 19 世纪资本主义社会的深刻认识和对人类社会历史发展规律的整体把握。为此，在近代中国就有学者认为，马克思理论体系可分为三部分："一是关于过去社会的唯物史观，也可以说是社会组织进化论；二是关于现在社会的经济学的批判，也可称作是资本主义的经济论；三是关于将来的社会

---

① 徐素华. 马克思恩格斯著作在中国的传播：MEGA² 视野下的文本、文献、语义学研究. 北京：中国社会科学出版社，2013：58.

② 国内有研究者从四个方面定义马克思主义：马克思主义是由马克思、恩格斯创立和后继者不断发展的理论体系（从创立主体层面界定），是关于自然、社会和思维发展的一般规律的学术思想和科学体系（从学术内涵层面界定），是工人阶级及其政党进行社会主义革命和建设以及过渡到共产主义社会的指导思想和科学体系（从社会功能层面界定），是关于人生信仰和核心价值的社会思想和科学体系（从价值观念层面界定）。

——程恩富，胡乐明. 中国马克思主义理论研究 60 年. 马克思主义研究，2010（1）：12.

③ 列宁. 列宁全集：第 23 卷. 2 版增订版. 北京：人民出版社，2017：41.

④ 马克思，恩格斯. 马克思恩格斯文集：第 3 卷. 北京：人民出版社，2009：601.

主义的社会组织的政策论，也可以说是社会民主主义运动论。"① 科学理论一旦产生，就会被迅速传播到全世界。马克思主义在批判继承人类历史一切优秀文明成果的基础上，科学阐释了人类社会发展规律。正如李泽厚所提到的：

> 没有哪一种哲学或理论，能在现代世界史上留下如此深重的影响有如马克思主义；它在俄国和中国占据统治地位已数十年，从根本上影响、决定和支配了十几亿人和好几代人的命运，并从而影响了整个人类的历史进程。②

马克思主义作为完整的科学理论体系，主要由两部分组成：一是马克思主义辩证唯物主义和历史唯物主义的总体世界观和科学方法论，这是从世界发展一般规律中提炼出来的，具有普遍适应性，始终是我们认识世界和改造世界的重要理论指南，如唯物辩证法关于世界发展的基本规律等。马克思主义的唯物史观和阶级斗争学说，适应了当时中国历史变革、现实斗争和民族解放的需要。马克思主义唯物史观认为阶级是一个历史的范畴，"（1）**阶级的存在仅仅同生产发展的一定历史阶段**相联系；（2）阶级斗争必然导致**无产阶级专政**；（3）这个专政不过是达到**消灭一切阶级和进入无阶级社会**的过渡……"③。唯物史观还认为，在社会发展进程中，起主要作用的是生产力和生产方式。当年恩格斯在《致康拉德·施米特》（1890 年 8 月 5 日）、《致约瑟夫·布洛赫》（1890 年 9 月 21—22 日）、《致康拉德·施米特》（1890 年 10 月 27 日）、《致弗兰茨·梅林》（1893 年 7 月 14 日）、《致瓦·博尔吉乌斯》（1894 年 1 月 25 日）等书信中，全面论证了经济和政治、经济基础和上层建筑等之间的辩证关系。唯物史观对人类社会的发展进程、发展动力、发展规律、发展目标等的阐述，使它在世界历史发展中对其他国家尤其是经济文化落后国家发挥出巨大理论指导作用，"马克思加深和发展了哲学唯物主义，而且把它贯彻到底，把它对自然界的认识推广到对**人类社会**的认识。马克思的**历史唯物主义**是科学思想中的最大成果"④。马克思主义阶级斗争学说的现实

---

① 刘叔琴. 唯物史观在历史哲学上的价值. 东方杂志（纪念号），1924，21（1）.

② 李泽厚. 中国现代思想史论. 北京：东方出版社，1987：143.

③ 马克思，恩格斯. 马克思恩格斯文集：第 10 卷. 北京：人民出版社，2009：106.

④ 列宁. 列宁全集：第 23 卷. 2 版增订版. 北京：人民出版社，2017：45.

价值，对以列宁为代表的俄国布尔什维克党领导十月革命的胜利产生了直接指导作用。这对近代以来与俄国具有相似国情的中国和中国先进知识分子产生了特殊吸引力、号召力和感召力。可见，马克思主义为我们提供了认识世界和改造世界的方法，产生于中国革命中的哲学社会科学迫切需要马克思主义科学世界观和方法论的指导，"**沿着**马克思的理论的**道路**前进，我们将愈来愈接近客观真理（但决不会穷尽它）"①。作为科学理论体系的第二个组成部分，是经典作家运用科学世界观和方法论分析研究特定社会发展而形成的基本理论。该理论层面具有历史性和发展性特点。由于马克思主义是一定历史条件下的产物，它的一些论断和思想，必须随着社会客观条件的变化而不断丰富、发展与完善。它是一种完整科学的理论体系，当年知识分子热情宣传马克思主义科学理论，"自马克斯氏出，从来之社会主义于理论及实际上，皆顿失其光辉。所著《资本论》一书，劳动者奉为经典"，"此其所以称科学的社会主义者也。由发表《共产党宣言》书之一八四八年，至刊行《资本论》第一卷之一八六七年，此二十年间，马克斯主义之潮流，达于最高，其学说亦于此时大成"②。

（二）"因为马克思主义行"：马克思主义是科学理论体系

马克思主义为世界各国无产阶级指明了奋斗目标，提供了斗争方法，成为各国无产阶级领导革命的重要旗帜。20世纪初以来，马克思主义之所以在中国哲学社会科学发展过程中有重要指导作用，除因世界环境和中国革命需要外，还在于其自身具有开放性、革命性和实践性等特征。理论的普遍适用性源于理论的开放性，虽然马克思主义产生于发达的欧洲国家，且与东方文化有着很大差别，但其理论的开放性为马克思主义民族化创造了重要条件。恩格斯当年曾说明了马克思主义必须同各国具体实际相结合的问题，指出它不是现成的教条，而是行动的指南，它随着实践的发展变化而与时俱进，这决定了马克思主义又是一个开放的和发展的科学理论体系。

同时，马克思主义具有革命性和实践性特征。马克思主义产生于19世纪中叶，时值资本主义发展迅猛的欧洲，随着发展的不平衡加剧，

---

① 列宁. 列宁专题文集：论辩证唯物主义和历史唯物主义. 北京：人民出版社，2009：50.

② 匏安. 马克斯主义（一称科学的社会主义）. 广东中华新报，1919. 马克斯为"马克思"的另一译名。

资本主义的社会矛盾激化，分裂为资产阶级和无产阶级这"两大相互直接对立的阶级"①，同时，资本主义发展带来很大弊端，"使反动派大为惋惜的是，资产阶级挖掉了工业脚下的民族基础"②。面对资本主义的迅速发展和资产阶级的大肆掠夺，梁启超当年曾预言，"不及百年，全世界之政治界，将仅余数大国；不及五十年，全世界之生计界，将仅余数十大公司"③，"观于此，而知社会之一大革命，其终不免矣"④。马克思通过对资本主义内在运行规律的考察，指出无产阶级只有联合起来革命，向资产阶级发起最猛烈的进攻，实现社会制度的变革，才能"获得的将是整个世界"⑤。马克思号召工人阶级彻底推翻旧制度，这成为殖民地半殖民地国家被压迫阶级的重要奋斗目标。经过十月革命的成功实践，马克思主义本身的革命性和实践性特征得到了很好检验。当时同一历史时期正处于帝国主义和封建主义统治下的中国，需要新的理论指导民主革命，而马克思主义的革命性和实践性特征恰好契合了这种民族心理需求。

马克思主义的科学性、开放性与普适性决定了它可以为我们中国所用，从而也证明了我国哲学社会科学只有以马克思主义为指导，才能真正揭示哲学社会科学的发展规律。因此，马克思主义理论的科学性、革命性、开放性和实践性特征，正是成为马克思主义哲学社会科学体系建构的一个关键性因素之所在。十月革命后苏俄政府发表宣言，宣布彻底废除帝俄时代在中国获得的所有特权，这从某种程度上加深了国人对马克思主义的心理认同。正如沈仲九⑥在《星期评论》撰文《为什么要赞

---

① 马克思，恩格斯. 马克思恩格斯文集：第 2 卷. 北京：人民出版社，2009：32.

② 同①35.

③ 林代昭，潘国华. 马克思主义在中国：从影响的传入到传播：上册. 北京：清华大学出版社，1983：94.

④ 同③118.

⑤ 同①66.

⑥ 沈仲九（1887—1968），名铭训，浙江山阴东浦人。光复会会员，与沈玄庐、刘大白被誉为"绍兴三杰"，曾留学日本、德国，在中国公学、上海大学等校执教。1923 年，与陶斯咏等被聘湖南第一师范，曾入社《星期评论》，开办自由书店，是陈仪主政福建、台湾和浙江时的高级幕僚，1949 年后在中华书局从事编辑工作。沈仲九是我国 20 世纪初的语文教学改革者、语文教育界革新派人物。目前学术界关于沈仲九的国文教学思想的研究较少，为了解决当时中学国文教学中存在的问题，沈仲九就国文教学目的、教材和教法等方面进行探讨。关于文白之争，他主张初中阶段进行白话文教学，并就初中国文教材编写、国文教学等提出了很多建设性意见。

——杨琥. 民国时期名人谈五四. 福州：福建教育出版社，2011：126；彭艳萍. 沈仲九初中国文教学思想初探. 上海：华东师范大学，2016.

同俄国劳农政府的通告？》所指出的：

> 现在俄国人民，不但不要中国人民军队的战斗力，而且不要中国人费外交的口舌力，居然能够把这许多损失的权利，归还中国……俄国劳农政府的主义，就现在的通告上面看来，的确是很合于人道正义的。所以我们赞同俄国的通告，不仅为俄国的势力，是为了俄国劳农政府所根据的真理。①

（三）马克思主义与中国传统文化具有高度同一性

中华优秀传统文化源远流长，在其漫长历史发展过程中逐渐积淀形成了丰厚渊博的文化典籍，这些珍贵文化典籍蕴聚着许多优秀的哲学社会科学思想，为新民主主义革命时期中国马克思主义哲学社会科学发展提供了重要思想文化渊源。正如习近平总书记提到的：

> 在漫漫历史长河中，中华民族产生了儒、释、道、墨、名、法、阴阳、农、杂、兵等各家学说，涌现了老子、孔子、庄子、孟子、荀子、韩非子、董仲舒、王充、何晏、王弼、韩愈、周敦颐、程颢、程颐、朱熹、陆九渊、王守仁、李贽、黄宗羲、顾炎武、王夫之、康有为、梁启超、孙中山、鲁迅等一大批思想大家，留下了浩如烟海的文化遗产。②

这些文化遗产如朴素唯物主义思想与辩证思维、"为政以德"的政治思想等，都对后来我国社会发展产生了重要历史影响。习近平总书记指出，"中国古代大量鸿篇巨制中包含着丰富的哲学社会科学内容、治国理政智慧，为古人认识世界、改造世界提供了重要依据，也为中华文明提供了重要内容，为人类文明作出了重大贡献"③。例如，中国传统史学不仅具备优良的求真传统，而且从实用主义角度来看，中国史学还具有经世致用的文化底蕴。自古以来，在每个朝代建立之初，统治者都要积极吸取历代统治阶级治国理政方面的宝贵经验。在古代政府机构中，就有专门负责修订官史的官员。当时修撰的"二十四史"，不仅仅记载了中国历代史学，从其资政角度来看，还真正体

---

①　沈仲九. 为什么要赞同俄国劳农政府的通告？. 星期评论，1920（45）.

②　习近平. 在哲学社会科学工作座谈会上的讲话. 北京：人民出版社，2016：4-5.

③　同②5.

现了中国传统史学的强大历史借鉴作用。中国古代史家群体所追求的求真与致用，具有鲜明的有机统一、相得益彰的史学底蕴。为了系统总结历代王朝国家治理的宝贵经验教训，给统治者提供资鉴，司马光秉持"专取关国家盛衰，系生民休戚，善可为法，恶可为戒者"①的志向，最终修成《资治通鉴》，作为"编年政治史最有价值之作品"，此书"鉴于往事，有资于治道"。司马光在修《资治通鉴》时又作了《考异》30卷②，对于历史上存疑的事件进行了认真修订和考证，尽力做到尊重历史的原貌，体现出求真与致用相结合，为史学的写作提供了良好范式。历代史学家对《资治通鉴》给予了高度评价，清代学者王鸣盛认为该书不可多得，对于学者来讲，是学者治学"不可不读之书"。中国古代史学强调对客观历史事实的探索，这为后来中国"本土化史学"的形成与发展提供了直接"养分"。汉代史学家司马迁著的中国历史上第一部纪传体通史《史记》，以实录形式记载了中国古代3 000多年的历史，如其体例中的"世家"部分，以叙事笔法详细记述王侯封国史迹和特别重要人物的事迹，"本纪"按年月时间记述帝王的言行政绩等。到了清代，盛行历史考证，王鸣盛、钱大昕和赵翼被称为乾嘉史学的"史考三大家"③。他们认为，不要盲目崇信历史，由于社会变迁等各种复杂客观原因，古人撰写的历史文献未必是"真实"的记载，完全是可以考证和商榷的。考证和商榷历史的目的是让后人客观地了解历史和评价历史，而不是盲目地遵从历史。"德治"是儒家倡导的最具特色的治国政治理念和基本原则，在中国传统政治思想中占有十分重要地位。

德治思想在我国有着悠久的历史，在西周初期，统治阶级就提出了"敬天保民""明德慎刑""明德慎罚"等理念，并将之作为治国治民的

---

① 司马光. 资治通鉴. 郑天挺，译注. 北京：中华书局，1980：166.

② 刘家和. 史学的求真与致用问题. 学术月刊，1997（1）：112.

③ 清代乾隆、嘉庆年间，学术发展的主流是清理总结各种历史文化遗产，全面整理和研究古典学术文化。当时比较有名的是以钱大昕为代表的历史考证学派，他和赵翼、王鸣盛合称为"史考三大家"。他们代表性的"三大史考名著"包括钱大昕的《廿二史考异》、赵翼的《廿二史札记》和王鸣盛的《十七史商榷》。其中，钱大昕的《廿二史考异》（又称《二十二史考异》），是一部中国训诂书，全书一百卷，系统考证了二十二部正史及其注释的史实、文字、训诂，订正了很多讹误。《廿二史考异》全书内容起自《史记》，迄《元史》二十二部正史，即从"二十四史"中除去《旧五代史》《明史》。

重要指导方针。孔子、孟子等作为儒家伦理思想的创建者，是典型的道德万能论者，他们推崇并夸大道德的社会作用，认为道德决定一切，主张以道德教化为治国的原则，指出道德水平的提高是解决一切社会问题的关键，明确提出"为政以德，譬如北辰，居其所而众星共之"（《论语·为政》），这是孔子思想中极为推崇的地方，表明德治是儒家所倡导的治国的重要遵循。宋代的王安石赞同儒家"德主刑辅"的观点，主张"德刑并举"。王安石认为，"德"和"刑"在社会治理中的地位和作用是不同的，认为德是"本"，刑罚法令是"文"，也就是儒家所主张的"德主刑辅"。南宋思想家叶适有着丰富的"德治"思想，主张重德轻法，认为以法治民是一个暴力的概念，要求君主"视民如子"，实行"仁政"，"养民至厚，取之至薄；为下甚逸，为上甚劳"①。再如，惠民富民在中国的任何一个时代，都是政府发展经济的最终目的。汉代的贾谊则提出"蓄民以厚"，认为藏富于国与藏富于民在实质上是一样的，"粟之在仓，与其在民"，"私积之与公家为一体也"。

> 邹穆公有令，食凫雁必以秕，无得以粟。于是仓无秕，而求易于民，二石粟而得一石秕。吏以为费，请以粟食。穆公曰："去！非汝所知也。夫百姓饱牛而耕，暴背而耘，勤而不惰者，岂为鸟兽哉？粟米，人之上食，奈何其以养鸟？且尔知小计，不知大会。周谚曰：'囊漏贮中。'而独不闻钦？夫君者，民之父母，取仓之粟，移之于民，此非吾之粟乎？鸟苟食邹之秕，不害邹之粟也。粟之在仓与在民，于我何择？"邹民闻之，皆知私积与公家为一体也。②

唐代当权者李世民在充分吸收前人治国经验的基础上，认为治国者"务积于人，不在盈其仓库"③，强调在治国理政时，要使财产积累在民间，而不在于国库。必须充分照顾百姓利益，正确处理好"人"与"财"的关系，不能因为暴政而导致因人失财。明末清初思想家唐甄继承了中国历代王朝的基本经济政策，提出了立国之道唯在富民的主张。他认为民为国家邦本，为政首在富民，"立国之道无他，惟在于

---

① 叶适. 叶适集：第 1 册. 北京：中华书局，1961：220.
② 刘向. 新序. 马世年，译注. 北京：中华书局，2014：272.
③ 吴兢. 贞观政要：辩兴亡. 上海：上海古籍出版社，1978：256.

富"，"夫富在编户，不在府库。若编户空虚，虽府库之财积如丘山，实为贫国，不可以为国矣"①，强调富民是施政的重要目标，因为只有老百姓丰衣足食，国家才能兴旺发达。虽然古代倡导的这些惠民富民思想只是出于统治阶级"水能载舟，亦能覆舟"的考虑，是为了稳定社会秩序进而巩固封建统治而采取的经济手段，但对于今天我们倡导的"富民惠民安民"观产生了重要影响，仍具有进步意义。

可见，"中华文明历史悠久，从先秦子学、两汉经学、魏晋玄学，到隋唐佛学、儒释道合流、宋明理学，经历了数个学术思想繁荣时期"②。我们中华民族几千年来在社会实践中所形成的优秀传统文化，成为今天中国特色社会主义文化发展的重要源泉。在古代所形成的朴素辩证法思想、惠民富民的民本思想、"为政以德"的治国思想、求真与致用相结合的史学思想、德法兼治的治国理政思想等，都蕴含着极为丰富的哲学社会科学内容，既为我们今天发展中国特色哲学社会科学提供了重要学理依据，又为中国"本土化"哲学社会科学发展提供了强劲动力。

从马克思主义在中国传播的文化背景看，马克思主义既尊重中国文化传统，同时又能给中国文化传统以现代性改造，它与中国传统文化存在着某些契合点。这些契合点，主要表现在马克思主义的社会理想、唯物史观、辩证方法论等方面，与中国传统文化中的民本思想、均平理想、大同理想、革命传统及经世致用思想等具有高度文化同一性，"因而马克思主义很容易在中国的土壤里生根"③。例如，马克思主义对未来社会理想的描述就与中国传统文化中所追求的社会理想高度契合，这主要表现在马克思主义的科学社会主义理论与"大同"社会理想有着共同的价值追求。马克思主义的社会理想是实现共产主义，解放全人类，马克思主义经典作家对未来共产主义社会做过一些设想，如劳动为生活第一需要，社会财富的分配坚持各尽所能、按需分配的原则，社会成员应该具备高尚的理想境界等，这与大同社会所追求的经济均平、政治平等、人人劳动、各尽所能的社会理想具有高度契合性。有学者认为，儒

① 唐甄. 潜书. 上海：上海古籍出版社，1955：114.

② 习近平. 在哲学社会科学工作座谈会上的讲话. 北京：人民出版社，2016：4.

③ 张岱年，程宜山. 中国文化与文化论争. 北京：中国人民大学出版社，1990：190.

家的大同思想观念，"在一定程度上削弱了中国先进分子接受科学社会主义的认知障碍，奠定了他们接受科学社会主义的心理基础"①。还有，马克思主义唯物辩证法与中国古代朴素辩证法有相通之处，中国古代朴素唯物主义和朴素辩证法是中国人民接受马克思主义唯物辩证法并把它中国化的重要历史文化根底，等等。

可见，马克思主义与中国传统文化的契合性，进一步促进了它与中国传统文化彼此之间的融合，这种融合为马克思主义哲学社会科学的发展提供了适宜的文化土壤。

总之，马克思主义是薪火相传的，它不仅为人们提供了阶级斗争、无产阶级专政等实现人类自身解放的重要途径，还制定了实现未来共产主义社会的具体发展目标。正因其实践基础上的科学性、普适性和开放性，马克思主义经典著作才得以在世界范围内广泛传播，这当然对包括中国在内的殖民地半殖民地国家产生了强烈吸引力和感召力。要建构中国特色哲学社会科学，必须用马克思主义这一先进的世界观与方法论作为理论教导和思想指南。在半殖民地半封建社会的旧中国，迫切需要用马克思主义来改造中国旧的社会科学，使之更加适合中共领导革命发展的需要。

二、哲学社会科学工作者发挥重要"智囊"和建构者作用

（一）"西风东渐"视域下国外哲学社会科学的引介

现代意义上的哲学社会科学学科的建立，既从优秀传统文化中汲取营养，也同样从西方哲学社会科学中进行有益借鉴。我国现代意义上哲学社会科学是在"西风东渐"语境下逐渐引入中国的。

"西风东渐"或"西学东渐"，主要是指近代以来西方文明传入中国并对中国社会和近代思想文化产生了深刻历史影响。"西风东渐"的主题主要围绕西方科技、民主制度等领域展开，其目的在于学习西

---

① 吴雁南，冯祖贻，苏中立，等. 中国近代社会思潮（1840—1949）：第 2 卷. 2 版. 长沙：湖南教育出版社，2011：368.

方世界的先进文化，师夷之长技。"西学东渐"在我国有着较为悠久的历史，自明朝末期开始，西方国家的应用科技、政治学、史学、社会学、法学、文学、经济学等领域的一些学术思想逐渐向中国传播，虽然当时有一些知识分子对西学产生了兴趣，但并未真正引起中国学术的近代化转型。19世纪初，在"西风东渐"过程的早期，个别西方传教士如伦敦会传教士马礼逊等在中国出版西方书籍，旨在介绍与推广包括基督教文化在内的西方文化。日本学者实藤惠秀指出："16世纪以来，传教士虽然不断引入近代西方文化，但是，当时的中国人却无接受之意。传教士煞费苦心用汉文写成的东西，大多数中国人亦不加理睬。"① 鸦片战争后，"随着列强入侵和国门被打开，我国逐步成为半殖民地半封建国家，西方思想文化和科学知识随之涌入"②。随着清政府与英、美、法等国不平等条约的签订，西方传教士在上海等东南沿海的通商口岸开始较为系统地传播西学。当年传教士、外国商人、外交官、受聘于中国机构的外籍雇员等，渐次进入中国并深入内地，国人亦被迫接受西人和西学，"西学东渐"逐渐成为一股强大潮流，尤其在甲午战争后，对中国哲学社会科学的发展产生了深刻影响③。

当时西学译著的出版发行推动了西方学术思想在中国的传播，对我国传统学术体系产生了较大冲击，人们主张用"新学"反对"旧学"、用"西学"反对"中学"，这样一来，我国的传统文化在其发展过程中长期遭受贬斥，带来了文化层面国民自信心的逐渐丧失，造成了"今日之中国使自知其病犹易，使自知其自身之可爱则更难"④。在20世纪初，"爱祖国之文明"的呼声日渐高昂，许多有识之士开始办讲习会以宣传和研究国学。1905年初，邓实与黄节、章太炎、马叙伦、刘师培等人在上海成立国学保存会，以"研究国学，保存国粹"为宗旨，开办国学讲习会，主编《国粹学报》，出版《风雨楼丛书》、《古学汇刊》、国学教科书、"国粹丛书"等，强调"国必有学而始立，学必以粹为有用"。1906年后，章太炎在东京成立了国学研究团体——国学振起社，

① 实藤惠秀. 中国人留学日本史. 谭汝谦，林启彦，译. 北京：生活·读书·新知三联书店，1983：4.

② 习近平. 在哲学社会科学工作座谈会上的讲话. 北京：人民出版社，2016：5.

③ 邹小站. 西学东渐：迎拒与选择. 成都：四川人民出版社，2008：2.

④ 国魂篇. 浙江潮（东京），1903（1）.

他的《国故论衡》① 开辟了文学、汉语言文字学、经学及哲学的现代化研究先河。在 20 世纪初，倡导我国留学生群体要重新认识传统文化的原动力，"这种新的文化心理趋向，绝非是复古倒退的表现；相反，它反映了人们对 19 世纪末业已形成的中西文化关系思维定势的反思"②。梁启超曾指出，国民最根本的问题在于痛恨中国的衰退却找不到解救中国的道路，只是一味地在艳羡西方国家的发达。"梁启超所提出的课题，就是中西文化关系问题；而它被提出本身就说明，人们对此的反思，已是怎样地自觉了。"③ 伴随着 20 世纪初一战的爆发，国人对中西文化的反思更加深入。

1918 年，一战后的欧洲一片萧条，阶级矛盾日益尖锐。德国青年教师奥斯瓦尔德·斯宾格勒④于 1918 年出版其著名的历史哲学著作

---

① 《国故论衡》分上中下三卷。上卷论小学，共十一篇，讨论语言、音韵问题，大抵根据声韵转变的规律，上探语源，下明流变，考证详核。中卷论文学，共七篇，首论文学界说，以为"有文字箸于竹帛"者皆属于"文"的范围；亦述历代散文、诗赋的优劣。下卷论诸子学，共九篇，通论诸子哲学的流变，于道家推崇特至，谓儒、法皆出于道家，而"经国莫如《齐物论》"。
　　——章太炎. 国故论衡. 上海：上海古籍出版社，2006：1-2.
② 郑师渠. 思潮与学派：中国近代思想文化研究. 北京：北京师范大学出版社，2005：29-30.
③ 同②35.
④ 奥斯瓦尔德·斯宾格勒（Oswald Spengler，1880—1936），德国著名哲学家、文学家和历史学家，出生于德国哈茨山巴的布兰肯堡，曾在慕尼黑、柏林、哈雷等地求学。1904 年，斯宾格勒在哈雷大学获得博士学位，之后成为一名中学教师。第一次世界大战爆发时，他隐居在慕尼黑的一所贫民窟里，在烛光下完成了《西方的没落》一书。此书的出版给斯宾格勒带来了巨大声誉，许多大学以正式或非正式的方式邀请他执掌教席，但都被他拒绝。斯宾格勒的著作主要有：《普鲁士人民和社会主义》《悲观主义》《德国青年的政治义务》《德国的重建》《人和技术》等。其中，《西方的没落》是斯宾格勒最为重要的著作，全书分为两卷，第一卷出版于 1918 年，第二卷出版于 1922 年。在该著作中，斯宾格勒以生物生长过程的观念进行历史研究，把世界历史分成八个完全发展的文化，细致考察其各个时期的不同现象，揭示其共同具有的产生、发展、衰亡及其毁灭的过程。斯宾格勒对文化的研究方法进行了革新，他对每一种文化的现象采取"观相式"的直觉把握，以某些基本象征来揭示这种文化的全貌，他称之为"文化的形态学"。他认为，所谓社会主义，就是"一种超越所有阶级利益的伟大政治经济制度在人生中实现的意志"。与马克思的社会主义概念相比，斯宾格勒的社会主义概念具有人性化和内向化特征。1963 年，商务印书馆只翻译出版了该书的第二卷，1986 年，台湾远流公司出版了它的缩译本。
　　——斯宾格勒. 西方的没落：世界历史的透视. 齐世荣，等译. 北京：商务印书馆，1963：774.

《西方的没落》，该著述立足于文化比较视野，围绕着"文明的问题""世界历史的问题""世界历史的形态学""世界历史的常规框架""我们的基本观念的必然性和范围""文化作为有机体"等方面进行了详细阐述，形象刻画了西方文化的思想逻辑和时代局限性，展示了西方文化与历史的命运，对西方文化的发展做出了"历史终结"的最终预言，集中体现了其对西方文化的反思和失望。在斯宾格勒看来，人类历史的大多数文化包括西方文化在内，都会经历一个发生、发展、兴盛和衰亡的生命发展周期，西方国家正通过物质享受而不可避免地走向衰落。一些西方学者痛定思痛，他们开始把关注的视角投向东方国家，重新审视和研究东方文化，并深刻反思其长期以来盛行的"西方中心论"观点。当时他们在欧洲掀起了一股"东方文化热"，认为"欧洲文化的坏处，已经被欧洲大战显示得明明白白"①，只有东方文化才能从根本上挽救欧洲文化。在此社会背景下，有研究者指出，中国文化大行其道，孔子、老子被许多人奉为宗师，其中仅《道德经》译本在战后德国就出版了8种，各种研究中国文化的团体也纷纷成立②。

　　19世纪中期以来，国内部分具有先见之明的知识分子如林则徐、魏源、严复等人开始"睁眼看世界"，主张"师夷长技以制夷"③，倡导

---

① 罗素. 中国到自由之路. 东方杂志，1921，18（13）.

② 郑师渠. 论欧战后中国社会文化思潮的变动. 近代史研究，1997（3）：208.

③ 这是清朝时期一些开明的封建士大夫提出的向西方文化学习的口号。鸦片战争以清朝的失败而告终，林则徐总结失败原因时指出，帝国主义列强"是以船坚炮利而称其强"，"乘风破浪，是其长技"（中华书局编辑部. 筹办夷务始末（咸丰朝）：第8卷. 北京：中华书局，1979：217-219）。为了振兴中华，他上奏道光皇帝，提出"师敌之长以制敌"的建议。在此之前，清朝思想家魏源也主张"师夷长技以制夷"。林则徐、魏源提出的这些思想，反映了中国知识界向西方文化学习的态度。不过在当时，他们并没有对中国传统文化的神圣性、优越性产生任何怀疑，这些思想对后来的洋务运动和资产阶级改良运动产生了一定影响。当时知识分子关于"师夷长技以制夷"的代表性著作主要有：林针的《西海纪游草》（1840）、林则徐的《四洲志》（1841）、魏源的《海国图志》（1842）、徐继畬的《瀛环志略》（1848）、汪文泰的《红毛番英吉利考略》（1841）、杨炳的《海录》（1842）、肖会裕的《英吉利记》（1842）、梁廷楠的《合省国说》（1844）、斌椿的《乘槎笔记》（1866）、王韬的《法国志略》（1870）、李圭的《环游地球新录》（1876）等。除此之外，当年传教士还在中国出版了大量关于西方政治、科学、宗教的书籍，如《大美联邦志略》《新约全书》《博物新编》《植物学》《代数学》《代微积拾级》《六合丛谈》等，所有这些都对近代中国的社会科学产生了重要影响。
　　——李忠尚. 软科学大辞典. 沈阳：辽宁人民出版社，1985：286.

学习西方国家的科学技术，吸纳西方政治、经济学说，以期富国强兵，抵御西方侵略，开创了近代中国向西方学习的新风。从 19 世纪 60 年代开始，清政府开始主动吸收西学，其突出表现是相继设立了京师同文馆、江南制造总局翻译馆等具有鲜明官方背景的机构，大量翻译西书。上海作为近代中国的重要通商口岸，自然成为当时的译书中心，据有关统计，当时全国译书总数的 77% 来自上海，足见上海在"西风东渐"过程中发挥的重要影响力①。

西方社会的文化危机对当时主张学习西方文化的中国人产生了不同程度的影响。自鸦片战争以来，国人开始视西方为"先生"，努力学习他们的科技知识，尤其是西方国家的社会制度。认为西方国家的文化是最先进最发达的。但第一次世界大战期间西方国家的相互杀戮，使我们国人对西方文化中的自由、平等、民主等价值理念产生了严重怀疑，并开始反思这种给人类带来巨大灾难的文化是否值得我们

---

①　上海作为近代以来西方文化输入中国的一个重要窗口，是近代中国"西风东渐"的缩影。有研究者指出，"两千年看西安，五百年看北京，一百年看上海"，上海的文化发展伴随着"西风东渐"过程。在这一过程中，马克思主义作为一种西方文化传入中国，在中西文化的碰撞、冲突和融合过程中，逐渐为探索救国救民道路的中国人民所选择，并结合中国具体实际而加以"中国化"。因此，从马克思主义传入中国的最大窗口及其对中国产生的重要历史影响来讲，上海是近代中国"西风东渐"的重镇，马克思主义是"西风东渐"中最为显著的成果，它对中国社会产生了极其深刻的历史影响。在上海，最早介绍马克思学说的除了外国传教士外，还有资产阶级的改良主义者、无政府主义者和政治投机分子。在 20 世纪初期，上海出版的介绍马克思主义的译著都是日本学者写的，日本对马克思学说在上海的传播发挥了重要推动作用。在近代中国知识分子中，以陈独秀、李达、陈望道等为代表的一批早期共产主义知识分子和其他留日归国留学生，包括胡汉民、戴季陶、邵力子、朱执信、廖仲恺等早期国民党人，汇聚上海，以上海为重镇形成了宣传和介绍马克思主义的知识分子群体，在全国产生了重要影响。五四运动后，许多知识分子在上海创办《星期评论》周刊、《觉悟》、《建设》月刊和《学灯》等一大批宣传马克思主义学说的刊物。在传播马克思主义的过程中，上海作为近代中国第一大城市，成为传播马克思主义的中心。到 20 世纪 30 年代抗战开始后，伴随着革命形势的变化，中国传播马克思主义的中心逐步转移到了延安。据学界有关统计，20 世纪初全国出版了 400 余种刊物，上海出版的约占 27%。上海出版的这些刊物在当时和后来都产生了较大影响，如著名的四大副刊，上海就有《觉悟》《学灯》两刊，其他一些产生重要影响的如《新青年》《少年中国》《建设》《解放与改造》《星期评论》等也都是在上海出版。上海的商务印书馆等出版机构出版了大量宣传社会主义和马克思主义的理论书籍。

国人学习。在一战期间，杜亚泉① 在《静的文明与动的文明》一文中阐述了西方文明对中国的影响，"近年以来，吾国人羡慕西洋文明，无所不至，自军国大事以至日用细微，无不效法西洋，而于自国固有之文明，几不复置意"②。梁启超在欧战结束后先后考察了英、法、比、荷、瑞、意、德等国家，1920 年 3 月起，他在《晨报》《时事新报》等刊物上刊登《欧游心影录》，介绍其旅行欧洲诸国见闻。他描绘了战后欧洲哀鸿遍野的情形，慨叹欧洲"全社会人心都陷入怀疑沉闷畏惧之中，好像失了罗针的海船遇着风遇着雾，不知前途怎生是好"③。对此，张荫麟④ 指出，"先生适以此时游欧，受其说之熏陶，遂确信中国古纸堆中，有可医西方而自医之药。既归，力以昌明中国文化为己任"⑤。1920 年

---

① 杜亚泉（1873—1933），原名炜孙，字秋帆，号亚泉，笔名伧父、高劳，浙江山阴县仓塘乡（今上虞长塘）人，16 岁中秀才，21 岁肄业于崇文书院。光绪二十四年（1898），应蔡元培之聘任绍兴中西学堂数学教员。1900 年秋到上海，创办中国近代首家私立科技大学——亚泉学馆，培养科技人才。同时创办了中国最早的科学刊物——《亚泉杂志》半月刊。又编辑《文学初阶》，为中国最早的国文教科书。1903 年，返绍兴与人创立越郡公学，翌年秋，入商务印书馆编译所——早期理化书、博物教科书大多出自他手。主编《东方杂志》，改为大开本，增加篇幅和插图，从东西文报刊选译最新的关于政治、经济、社会、学术思潮等的文章。开设"科学杂俎"栏目，对于国际时论论述详备，成为当时很有影响的学术杂志。1918 年 4 月，杜亚泉在《东方杂志》发表《迷乱之现代人心》，批评了西洋文明在我国产生的一些不良影响，认为要救济中国，绝不能完全依靠西洋文明，而在"统整吾固有之文明，其本有系统者则明之，其间有错出者则修正之。一方面尽力输入西洋学说，使其融于吾国固有文明之中"。始终坚持科学的立场，于人生观和社会观，于理智支配欲望为最高理想，以使西方科学与东方传统文化结合为最后目的，实为中国启蒙时期的著名爱国学者、编辑家。1920年辞去《东方杂志》主编兼职，专任理化部主任。他先后主编并出版了《植物学大辞典》《动物学大辞典》，都是该学科的第一部大辞典。著有《人生哲学》《博史》《杜亚泉文选》等，译有叔本华的《处世哲学》等。
　　——许纪霖，田建业. 杜亚泉文存. 上海：上海教育出版社，2003：1.
② 伧父. 静的文明与动的文明. 东方杂志，1916，13（10）.
③ 梁启超. 饮冰室合集：第 7 册. 北京：中华书局，1989：11-12.
④ 张荫麟（1905—1942），号素痴，亦常作笔名，广东广州府东莞县（今广东省东莞市）人，著名学者、历史学家。1922 年毕业于广东省立第二中学；次年，考入清华学堂，中等科三年级肄业。半年后，在《学衡》杂志第 21 期上发表处女作《老子生后孔子百余年之说质疑》，针对史学家梁启超对老子事迹的考证提出异议，清华师生大为震动，并得到梁启超的激赏。1924 年 6 月，又发表论文《明清之际西学输入中国考略》，分析明清两代传入的西方学术的差异及其对中国文化的影响，其代表作有《中国史纲》等。
　　——陈润成，李欣荣. 张荫麟全集. 北京：清华大学出版社，2013：1-6.
⑤ 素痴. 近代中国学术史之梁任公先生. 学衡，1929（67）.

底，梁漱溟在其著作《东西文化及其哲学》① 中，提出了世界文化发展的"三种路向"②。梁漱溟认为，现今世界文化正进入第二路向，即趋于"中国化"。他彻底否定了五四时期胡适等人要求"全盘西化"的观点，这在当时具有非常重要的进步意义，在今天看来也同样具有重要时代价值。

该时期国人的著述展现了对于中国文化的自信和对西方文化的质疑，其典型标志是"西方的没落""东方文明的复活""东方化""中国化"等大量话语符号出现在相关著述当中，长期以来形成的"西方中

---

① 该书是梁漱溟的代表作之一，首次出版于 1921 年，在当时的东西文化论战中曾引起思想学术界的重视。自 20 世纪七八十年代起，随着海内外现代新儒学研究的兴起，此书再度受到人们的注意，并被视为现代新儒学的开山之作。作者认为，人类文化的发展必然要有一个根本变革，即由西洋态度改变为中国态度，因为世界思想之最圆满者无逾于孔子。作者在全盘西化的思想狂澜中逆流而上，竭力提倡儒家文化的真精神，不愧为现代儒学思想第一人，是现代新儒家的源头活水。该书主要围绕着"如何是东方化？如何是西方化？""西洋中国印度三方哲学之比较""世界未来之文化与我们今日应持的态度"等方面展开阐述，将中、西、印文化概括为三种不同的人生路向：西方文化是征服自然、改造环境的路向，中国文化是以意欲自为调和、持中为其根本精神的，印度文化是以意欲反身向后要求为其根本精神的。
——梁漱溟. 东西文化及其哲学. 北京：中华书局，2018；刘龙. 论梁漱溟的《东西文化及其哲学》. 中国市场，2017（16）：307.

② "三路向说"是指：第一，本来的路向，对生活采取奋斗的态度，改造局面，使其满足我们的要求。第二，遇到问题不去求解决，不想奋斗去改造局面，而是随遇而安，只是自己意欲的调和。第三，遇到问题，根本不想去解决，而是根本取消这问题或要求。他认为，西方人走的是第一条路，其意欲向前，要求采取奋斗的态度，力求改造局面，向外部索取、扩张，所以创造出征服自然的巨大成绩，养成科学精神，又造成个性伸展，社会性发达，成就了民主的政治制度。中国人走的则是第二条路，遇到问题不去求解决，不愿奋斗以改造局面，总是调和自己的意欲，以求随遇而安，所以在征服自然、科学精神、民治主义等方面都不如西方。印度所走的是第三条路，他们是彻底地与第一条路相反，要根本取消问题和意欲的要求。有研究者认为，梁漱溟的文化"三路向说"旨在分析什么是文化以及中西印的文化走向。他认为文化是民族生活的样法，而生活是没尽的意欲，所以文化之不同是由于意欲走向的不同。他指出人类满足意欲的方式可分为意欲向前、意欲自为和意欲反身向后，此三种路向分属于中西印三种独立的文化体系。他还认为西方文化的根本观念是"向前要求"，由此根本精神而产生民主与科学；中国文化则因其理性早熟而走上第二路，中国文化自身的成就在于形而上学的调和主义和儒家的直觉主义精神。梁漱溟先生从文化主体的内在心灵世界来理解文化视角独特，但仅仅从意欲出发之偏颇，他对西方文化的解读忽视了民主科学的历史性及其产生的必然条件，另外，其三路向直线式的演进也蕴含着矛盾等。
——耿云志. 重读《东西文化及其哲学》. 广东社会科学，2019（6）：104；胡军. 梁漱溟文化三路向说解析. 大连大学学报，2009（5）：36；刘龙. 论梁漱溟的《东西文化及其哲学》. 中国市场，2017（16）：307.

心"论开始逐步走出国人的视线。巴黎和会被资本主义国家所操纵，拒绝了中国的合理议案，充分暴露了西方资本主义的贪婪本质，更使得有识之士抛弃了长期以来对西方文明的期待，认为一战是"公理战胜强权"，"将来的世界上，弱小国可以出头了"①。李大钊在其《秘密外交与强盗世界》一文中，深刻揭露了西方列强的阴谋，促进了国人的觉醒。李大钊在文中指出：

> 日本所以还能拿他那侵略主义在世界上横行的原故，全因为现在的世界，还是强盗世界。那么不止夺取山东的是我们的仇敌，这强盗世界中的一切强盗团体，秘密外交这一类的一切强盗行为，都是我们的仇敌啊！②

这充分说明了当时进步知识分子对西方文明的深刻反思和彻底醒悟，他们通过对资本主义罪恶本质的深入分析，深刻意识到资本主义文明和资本主义发展道路并不是中国的救世良方，中国还应结合自己的发展实际去探索自己独特的发展道路。

（二）20 世纪初期留学生群体

在马克思主义哲学社会科学体系建构过程中，广大哲学社会科学工作者充分发挥了"智囊"和建构者作用。近代以来，受"西风东渐"的影响，以留学归国人员为主体的中国进步知识分子对马克思主义哲学社会科学体系建构做出了重要贡献，主要体现在：一是利用自身语言优势翻译了大量马克思主义经典著作，为马克思主义哲学社会科学体系建构做了重要理论准备。二是积极撰写、编著相关马克思主义哲学社会科学体系的理论研究著述。因此，马克思主义哲学社会科学体系的建构，与近代以来中国的留学运动有着密不可分的联系。当然，近代中国先进知识分子建构哲学社会科学的初衷在于救国救民。从当年哲学社会科学体系建构的过程与趋势来看，呈现出先慢后快趋势，经历了一个从不自觉到自觉的渐进式选择过程。

20 世纪初期，留日、留欧、留苏三大留学生群体构成了推动哲学

---

① 寄生. 去兵后之"内乱外患"问题. 每周评论，1919（3）.
② 李大钊. 李大钊全集：第 2 卷. 北京：人民出版社，2006：339.

社会科学发展的主体①。他们借助语言优势，把各自接触到的哲学社会

---

① 关于民主革命时期留学生群体的研究是近年来国内史学界关注的热点，其代表性成果有：（1）关于留日的研究：徐志民：《日本的中国留日学生政策（1937—1945）》，《历史研究》2013 年第 3 期；陆安：《留日学生与马克思主义在中国的传播》，《青岛教育论坛》1997 年第 2 期；徐立望：《留日学生与清末浙江变革》，《浙江学刊》2013 年第 4 期；魏善玲：《抗战时期沦陷区留日学生的结构分析》，《历史教学问题》2014 年第 4 期；熊群荣：《清末留日学生革命报刊与社会转型：以〈夏声〉为例》，《图书馆理论与实践》2014 年第 1 期；周棉：《留日学生与清末新政时期西方政治文化学说的传播》，《江苏社会科学》2014 年第 1 期；石烈娟：《近代中国留日学生对图书馆事业的影响述论：以考察 20 世纪初留日学生主要活动为中心》，《图书馆》2014 年第 5 期；易蓉：《中国近现代同人报刊的先声：早期留日学生的办报实践》，《湘潭大学学报（哲学社会科学版）》2014 年第 1 期；杨树升：《留学日本对李大钊的影响》，《李大钊研究文集》，中共党史出版社 1991 年版；周飞：《辛亥革命前的留日学生》，《兰台世界》2014 年第 31 期；王忠萍：《清末民初的留日学生与中国近代社会变迁》，《徐州师范大学学报》2002 年第 2 期；浙江省档案局编研处：《时代前锋：留日学生运动》，《浙江档案》2011 年第 1 期；魏善玲：《留日学生创办期刊及其对辛亥革命的影响》，《编辑之友》2012 年第 2 期；张敏卿：《浅谈李大钊留学期间思想的演进》，《洛阳师专学报》1996 年第 3 期；徐志民：《日本政府的庚款补给中国留日学生政策研究》，《抗日战争研究》2012 年第 3 期；等等。（2）关于留法勤工俭学的研究：江盈盈：《民国时期的福建留法学生》，《海峡教育研究》2014 年第 4 期；江天蔚：《留法勤工俭学小史》，《文史资料选辑》第 34 辑，1963 年 3 月；江凤兰、梁永康、焦逸：《早期马克思主义经济理论中国化研究（1919—1925）：留法勤工俭学学生与我国社会主义经济思想的初步形成》，《江西科技师范大学学报》2012 年第 6 期；黄利群：《留法勤工俭学简史》，教育科学出版社 1982 年版；曹清：《留法勤工俭学运动中的女性》，华东师范大学 2011 年硕士学位论文；郑明桢：《留法勤工俭学运动》，山西高校联合出版社 1994 年版；卞孝宣：《留法勤工俭学资料》，《近代史资料》1955 年第 2 期；葛夫平：《法国政府与留法勤工俭学运动》，《社会科学研究》2009 年第 5 期；李逻辑：《徐特立与留法勤工俭学运动》，湘潭大学 2008 年硕士学位论文；张允候等：《留法勤工俭学运动》，上海人民出版社 1980 年版；刘金贵：《由工读主义走向马克思主义：赵世炎在留法勤工俭学活动中》，《重庆教育学院学报》2001 年第 2 期；董恩林：《留法勤工俭学运动初探》，《中南民族学院学报》1990 年第 6 期；鲜于浩：《论中共旅欧党团组织的内部训练》，《西南民族学院学报（哲学社会科学版）》2003 年第 2 期；喻春梅、梁建勇：《五四时期湖南留法学生的勤工俭学实践》，《文史博览（理论）》2012 年第 8 期；田雪梅、鲜于浩：《四川留法勤工俭学生与旅欧党团组织》，《四川师范大学学报（社会科学版）》2003 年第 4 期；等等。（3）关于留苏的研究：许凤霄：《二十世纪二十年代留苏教育研究》，华中师范大学 2009 年硕士学位论文；徐行：《中共第一代留俄生述论》，《中共党史研究》1997 年第 1 期；裴超：《"朝圣取经"的首批留苏中共党员》，《党史纵览》2012 年第 12 期；李鹏：《建国初期留苏运动的历史考察》，华东师范大学 2008 年博士学位论文；刘兵：《论中国共产党民主革命时期留学生群体的特点及影响》，陕西师范大学 2006 年硕士学位论文；王政挺：《留学备忘录》，浙江人民出版社 2003 年版；陈潮：《近代留学生》，上海古籍出版社 1998 年版；等等。它们对早期中国共产党人留学群体都有所介绍。此外，还有国外的部分资料，如：［日］实藤惠秀：《中国人留学日本史》，谭汝谦、林启彦译，北京大学出版社 2012 年版；［法］若拉：《邓小平：法国岁月》，《中国季刊》1982 年第 92 期；等等。

科学带到中国，"不同时代有不同的主渠道，同一个时期各个渠道的作用亦不易孤立地认识，它们往往交叉配合，互为补充；每个渠道在不同的历史阶段所发挥的作用不宜一概而论"①。

19世纪下半叶至20世纪前半期，留学海外的知识分子大都具有较高外语水平，他们得风气之先，依靠语言优势最先接触到了国外社会科学，并开始自觉把这些关于西方各国政治、经济、哲学、法律等哲学社会科学的书籍介绍到中国。如当年李汉俊曾在日本留学多年，精通日语、英语、德语和法语，在日留学期间师从日本著名马克思主义经济学家河上肇，积极研究马克思主义，曾与陈独秀一起校阅陈望道的《共产党宣言》译稿。孙中山在伦敦期间初读《共产党宣言》，李达在日期间认真研读过《共产党宣言》等著作。日本由于地处东方、学费便宜、文字相通，成为当时留学的首选之地。当年张之洞曾经指出：

> 至游学之国，西洋不如东洋：一路近省费，可多遣；一去华近，易考察；一东文近于中文，易通晓；一西书甚繁，凡西学不切要者，东人已删节而酌改之。中东情势风俗相近，易仿行，事半功倍，无过于此。②

晚清政府推行"立宪"和"新政"，为了培养人才，大规模派遣留日学生。20世纪初期开始，出现了留学日本、美国（庚款留美生）等国的热潮。后来随着留学生的学成回国，相应地从日本、美国等国输入的西学急剧增长，对近代中国社会产生了重要历史影响。当年以李大钊、陈独秀、胡适等为主要代表的先进知识分子，批判旧传统，倡导新西学。如李大钊在《我的马克思主义观》中对马克思主义唯物史观、剩余价值学说及阶级斗争理论的系统介绍，陈独秀在上海创办《青年杂志》（后改为《新青年》）对资产阶级民主与科学的倡导等。据统计，从1896年起，中国留学日本的人数呈直线上升态势，到1905年，留日学生已达8 000余人，"1906年是留日学生人数最多的一年，共达一万三四千或二万名之谱"③。1914年后，留学日本的人依然很多，分布于当

---

① 田子渝，等. 马克思主义在中国初期传播史：1918—1922. 北京：学习出版社，2012：104.

② 苑书义. 张之洞全集：第12册. 石家庄：河北人民出版社，1998：9738.

③ 实藤惠秀. 中国人留学日本史. 谭汝谦，林启彦，译. 北京：生活·读书·新知三联书店，1983：36.

时日本各个学校。

1896 年 3 月底，清政府首次派遣学生 13 人抵达日本。1899 年增至200 人，1902 年达四五百人，1903 年有 1 000 人，1906 年有 8 000 人左右①。留日知识分子为了救亡图存，开始翻译和介绍日文社会科学著作，这方面的译本共 374 种，其中安部矶雄、石浜知行、上田贞次郎、加田哲二、河西太一郎等 16 位日本学者都有 5 种以上的著作被译成中文②。

甲午战争促使国内大批有志之士开始冷静思考中国社会发展道路问题，认识到落后的中国应该学习西方尤其是邻国日本的先进科技和社会政治制度，在此背景下形成了留学日本的热潮，从某种程度上开辟了近代西方社会科学传入中国的重要渠道。

西方哲学社会科学在当时中国没有产生重要影响的另一原因在于，自鸦片战争后到甲午战争前，国人对于西学的了解比较片面，认为西学主要是以自然科学为主的"洋务之学"和"格致诸学"③。如清代数学家李善兰认为，欧洲各国之所以强大，是因为"制器精也"，而制器之精的根本原因，在于"算学明也"，只有"人人习算，制器日精"，才能"以威海外各国，令震慑"④。他当年多次参加西方数学、天文学等自然科学著作的翻译工作，先后翻译了《几何原本》《重学》《代数学》《圆锥曲线说》《代微积拾级》《谈天》等重要数学著作。李善兰对西方自然科学的认识比早期维新派的"师夷长技以制夷"更深刻，带动了国人学

---

① 实藤惠秀. 中国人留学日本史. 谭汝谦，林启彦，译. 北京：生活·读书·新知三联书店，1983：1.

② 同①245－246.

③ "格致学"即物理学，是研究物质结构、物质相互作用和运动规律的自然科学。大量史料表明"格物学"或"格致学"就是"physics"的早期汉语意译。这两种译法是"格物致知"一词两种形式的缩写。"格物致知"一词源于儒家"致知在格物，物格而后知至"的思想。1900 年以前，我国译述西方物理学著作没有采用"物理学"的译法，而是多译为"格物学"或"格致学"。1886 年国内有译著《格致小引》，1889 年又有《格物入门》出版。洋务运动时期新设的 20 多所洋务学堂都开设了自然科学课程，创办《格致汇编》等杂志，虽然没有形成气候将其构建为一个新的学科，但打开了"格致学"扎根中国的通道。辛亥革命时期，一些有见识的学者如蔡元培、王国维等都一致同意把格致学改称理学，这相对科学，更易为社会所接受，客观上促进了自然科学的传播。
　　——郑天挺，谭其骧. 中国历史大辞典：下卷. 上海：上海辞书出版社，2010：136.

④ 重学序. 江南制造总局 1866 年刻本//郑师渠. 思潮与学派：中国近代思想文化研究. 北京：北京师范大学出版社，2005：18.

习西方先进自然科学的热潮。鸦片战争的失败，使国人认识到其重要原因在于我们"技"不如人，由此，自鸦片战争后传入中国的西学多为技术门类的自然科学，如近代数学、物理学、化学、地理学等学科。而甲午战败，使人们进一步意识到我们失败的原因在于"制"不如人，强调要学习西方的政治制度，此后国人所涉猎的主要是以西方社会科学为主的"西政"。梁启超当年曾说，洋务时期官办机构的译书，兵书居其半，其间及算学、电学、化学、水学诸门，"则皆将资以制造以为强兵之用，此为宗旨刺谬之第一事"。因为，"西国之所强者兵，而所以强者不在兵"，西国之所以强，在其政治文明、教育发达①：

> 今日之学，当以政学为主义，以艺学为附庸。政学之成较易，艺学之成较难，政学之用较广，艺学之用较狭。使其国有政才而无艺才也，则行政之人振兴艺事，直易易耳，即不尔而借才异地，用客卿而操纵之，无所不可也。使其国有艺才而无政才也，则绝技虽多，执政者不知所以用之，其终也必为他人所用……问者曰：子偏重政学，子薄艺学乎？艺学者，西人所以致富强之原也。释之曰：予乌敢薄艺学，顾欲治艺学者，必广备诸器以藉试验，历履诸地以资测勘，教习必分请专门，学生必储之绮岁，吾度今者诸学生经费之所入，尚未足以语于此也。若治政学者，则坐一室可以知四海，陈群籍可以得折衷。虽十室之邑，中人之产，犹能举之。故吾谓政学之较易成，艺学之成较难也。②

因此，19世纪末20世纪初，在有识之士的倡导下，中国人翻译了西方国家主要包括政治学、经济学、新闻学、法学、社会学等学科在内的社会科学。当时欧洲各种社会主义思潮传播到日本，以片山潜、幸德秋水等为代表的知识分子对欧洲社会主义思潮和马克思学说进行介绍和研究。中国留日学生借鉴和学习日本研究社会主义的成果，包括马克思主义在内的西方各种学说开始以空前速度传入中国，出现了传播以马克思主义为代表的西方各种社会学说的热潮。例如，从1919年到1922年短短三年时间里，中国人翻译的日文马克思主义文章有37篇。据谭汝谦主编的《中国译日本书综合目录》统计，"从

---

① 梁启超. 饮冰室合集：文集之一：变法通议. 北京：中华书局，1989：65-71.

② 同①62-64.

1896 年到 1911 年，中译日书 958 种，社会科学书籍 366 种，史地书籍 175 种，语言文字书籍 133 种，应用科学书籍 89 种，自然科学书籍仅占 83 种"①。

除了日本外，20 世纪初期，中国先进知识分子通过留法勤工俭学探求救国救民道路，大批知识分子如周恩来、蔡和森、聂荣臻、向警予、蔡畅、刘清扬、顾淑型、朱德、徐特立、陈毅、李维汉、萧子璋、熊焜甫等 100 多名留法勤工俭学学生（见表 1-1）到西欧，主要是法国。原因在于当年留学法国费用较低，"欧美各国，生活程度均高，率非自费生所能堪。法国自巴黎以外，风气均极俭朴，其学校之不收费及所取膳宿费极廉者，所在多有。得以最俭之费用，求正当之学术，三也"②。对此，据当年留法学生刘清扬回忆：

> 留法勤工俭学学生去法国的路费很便宜，只筹一两百块钱就够了。到法国上岸后，由李石曾他们办的组织，负责找工作，解决生活问题。郭隆真、张若名两人的路费，是从罚天津贩卖劣货商人的三万多元罚款中提取了约一千元左右，充作他们的路费、生活费。生活费若不够，由他们作工作自筹。③

由此，留法勤工俭学运动催生了中共党史上第二个留学生群体。

表 1-1　部分留法早期共产党人情况

姓名	留法时间	留法学习情况	回国后主要革命活动
周恩来	1920—1924	在法国发起组织旅欧中国少年共产党，是中国社会主义青年团旅欧支部领导人	历任中共广东区委员会委员长、常务委员兼军事部长，广东黄埔军校政治部主任，中共五大当选为中央委员、中央政治局委员等职
蔡和森	1919—1921	在巴黎蒙达尼男子中学学习，在法留学生中最早接受马克思主义	历任中央机关报《向导》周刊主编，中共驻共产国际代表团团长、中宣部部长、中共中央北方局书记等

① 谭汝谦. 中国译日本书综合目录. 香港：香港中文大学出版社，1980：99.

② 高平叔. 蔡元培全集：第 3 卷. 北京：中华书局，1984：52.

③ 中国社会科学院现代史研究室，中国革命博物馆党史研究室. "一大"前后：中国共产党第一次代表大会前后资料选编（二）. 北京：人民出版社，1980：231.

续表

姓名	留法时间	留法学习情况	回国后主要革命活动
李维汉	1919—1922	参与组织旅欧中国少年共产党，任组织委员	历任中共湘区执行委员会委员长、中共湖南省委书记，在五大上当选为政治局委员后任中央组织部部长，临时中央常务委员会五委员之一和临时政治局常委
邓小平	1920—1926	在法勤工俭学，进入旅欧中国少年共产党，参与出版《赤光》杂志，为旅欧中国共青团领导成员之一	历任中共中央秘书长、红一军团政治部主任、八路军政治部副主任、129师政委、中共中央太行分局书记、中央北方局书记、野战军政委、淮海战役总前委书记、华东局第一书记等
张申府	1920—1923	在巴黎参加共产主义小组，任中共旅法、旅德支部负责人	参与黄埔军校筹建，担任黄埔军校政治部副主任，曾任蒋介石的英、德文翻译等
赵世炎	1920—1923	在法勤工俭学时与张申府、周恩来等组建旅法共产主义小组，与李立三组建劳动学会，领导了进占里昂中法大学的运动	历任中共北京地委书记、中共北方区委宣传部部长兼职工运动委员会书记等
何长工	1919—1924	在法国半工半读	历任中共华容区委党委书记、军事部部长，参加秋收起义，担任红八军军长、红军大学校长兼政委，延安时期任抗大教育长、副校长等职

资料来源：中国中共党史人物研究会.中共党史人物传（精选本）：第1册．北京：中共党史出版社，2010：122-244，645-751；中国中共党史人物研究会．中共党史人物传（精选本）：第2册．北京：中共党史出版社，2010：665-693，558-589；中国中共党史人物研究会．中共党史人物传（精选本）：第10册．北京：中共党史出版社，2010：532-581；中国中共党史人物研究会．中共党史人物传（精选本）：第11册．北京：中共党史出版社，2010：140-181；王东．中国共产党大辞典．北京：中国广播电视出版社，1991：737，781，695，711，740，703；中国革命博物馆，湖南省博物馆．中国现代革命史资料丛刊：新民学会资料．北京：人民出版社，1980：11-13.

留法勤工俭学最早始于1912年，由蔡元培、李石曾、吴稚晖、汪精卫、张继、吴玉章等人发起，当年赴法勤工俭学的有一大部分是新民学会的会员，据1920年冬《新民学会会务报告》记载，主要有以下会员：

会友赴法者，自八年春萧子昇到法后，至八年秋罗荣熙，张芝圃，李和笙，曾星煌到法；九年春蔡和森，蔡咸熙，向警予，熊作莹，熊作璘到法；九年秋萧子璋，陈赞周，熊焜甫，张百龄，刘望

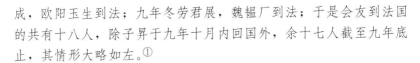

成，欧阳玉生到法；九年冬劳君展，魏韫厂到法；于是会友到法国的共有十八人，除子昇于九年十月内回国外，余十七人截至九年底止，其情形大略如左。①

据当年赴法的劳君展②回忆：

> 我们赴法上船时，毛泽东同志亲自把同学们送到船上，还到船上看了每个人的房间（床位），当时黄浦江里外国船很多，我们坐邮船，就是货船。男同志坐四等舱，女同志坐三等舱，走四十多天，经香港、新加坡、地中海到马赛。到法国后，男同志进工厂作工，女同志补习法文。郭隆真进了工厂，我们都进学校，因为女的进工厂有失国体。我们共去二十到三十个女的，向警予同志是最积极的。我们这批留法勤工俭学生搞了一笔补助费，刚刚够生活。③

蔡和森于 1919 年 11 月离开长沙到上海，12 月 25 日离开上海去法国。蔡畅后来回忆：

> 和森一到蒙达尼，在稍事休养之后（他的哮喘病又发作了），埋头进行马列主义著作的刻苦研究。原来他在北方的一年没有虚度：他不仅在布里村打下了法文的基础，而且对俄国革命、马列主义有了初步的认识，与中国最早的社会主义者李大钊、陈独秀等建立了初步的联系，特别与李大钊发生了密切关系，并参加了他所指导的少年中国学会。所以他是抱着明确的目的来法国的：即从第一手资料详细研究和认识俄国革命的历史经验和马克思列宁主义的基本原理，特别是列宁主义给马克思主义所带来的新东西。④

当年留法学生苦读法文，积极研读西方社会科学著作，并以科学方法学习和研究马克思主义，例如，在具体分工方面：

①　中国革命博物馆，湖南省博物馆. 中国现代革命史资料丛刊：新民学会资料. 北京：人民出版社，1980：11.

②　劳君展，湖南长沙人，周南女校学生。1920 年赴法勤工俭学，1927 年回国，曾任武汉第二中山大学教授、上海暨南大学教授、北平大学女子文理学院数学系主任，1935 年参加“一二·九”运动。新中国成立后任中国人民大学教授、教育部研究员，1976 年逝世。

——中国革命博物馆，湖南省博物馆. 中国现代革命史资料丛刊：新民学会资料. 北京：人民出版社，1980：464.

③　同①449.

④　同①570.

和森，人道报，共产党月刊，俄事评论，以及其他有关系之小册。赞周，和笙，分担合社（协社）主义，和笙看合社原理论已久，如不病，即可直译。现又新定合社大会所出版之"合社事业进行"一种周刊，赞周于此事，甚有趣味，即看此报。以外从"合社书局"搜得关于合社之小册约百种，大足参考之用。

子璋，看日报，担任新闻，及他种小册。玉山，看第二第三万国社会党出版物，并留心其事。焜甫，看社会伦理，社会哲学。向熊二女士，看妇女声，女权报，及他项小册。①

在时间安排上，

以上诸人除和森外，余均以三分之二之时间直看报，仍以三分之一研究法文，为基础的研究。子璋练习语言较易。诸女同志法文进步极快。和笙法文功底较深。合居后每日定时学术谈话一次。②

他们相继研读了《资本论》《共产党宣言》等社会科学著作，周恩来早在留法之前就读过马克思、恩格斯的《共产党宣言》，考茨基的《阶级斗争》（初恽代英译为《阶级争斗》），以及《十月革命》等译本。1920 年到法国后继续研读英文版的《社会主义从空想到科学的发展》《资本论》《家庭、私有制和国家的起源》《共产党宣言》《法兰西内战》《国家与革命》及《卡尔·马克思的生活与教育》，周恩来"在马克思关于阶级斗争必然导致无产阶级专政这段著名论断上，用钢笔划了着重号"③。周恩来留法期间还撰写了大量社会科学理论文章④，如 1922

---

① 中国革命博物馆，湖南省博物馆. 中国现代革命史资料丛刊：新民学会资料. 北京：人民出版社，1980：138.

② 同①138-139.

③ 张树勇. 周恩来同志读过的书. 人民日报，1979-03-04（3）.

④ 周恩来先后撰写了《欧战后之欧洲危机》《英国经济现象之恐慌》《问题中之英国经济救济》《美国帝国主义者之对华政策》《太平洋上的新风云》等文章，考察了资本主义国家与社会的内部情况和外交政策。《英国矿工罢工风潮之始末》《英国矿工罢工风潮之再志》《英国矿工罢工风潮之影响》等文章，考察了国外工人运动和革命运动的情况。《十月革命》《俄国革命是失败了么?：质工余社三泊君》《实话的反感》《宗教精神与共产主义》等文章宣传马克思列宁主义，批判反动思潮。《革命救国论》《论工会运动》《军阀统治下的中国》《国际帝国主义乘火打劫的机会又到了》等文章，论述了中国革命问题等。

——清华大学中共党史教研组. 赴法勤工俭学运动史料：第 3 册. 北京：北京出版社，1981：1-10.

年8月，周恩来撰写了《共产主义与中国》等，"仅1921年到1922年间，就给天津《益世报》写了七百多篇文章，向国内大力宣传马克思主义"①。周恩来还领导成立了共产主义研究会，主要研究马克思主义学说等，使用法德英文等介绍马克思主义和列宁生平、著作等②，他还注重对俄国经验的学习和宣传。陈毅当年"随身携带着法文辞典，如饥似渴地阅读"③。蔡和森在法留学5年，专门学习法语，"将社会、工团、无政府、德谟格拉西……加番研究"④。"和森在掌握了马列主义的基本原理以后，立刻与在法的新民学会会友展开讨论（蒙达尼会议），随后又在工学世界社进行多次广泛的辩论，宣传组织共产党的主张。"⑤当年经过蔡和森、向警予的努力，"马列主义在新民学会留法会友和工学世界社中获得了普遍的承认，成了他们活动的公开宗旨。李维汉、李富春、罗学瓒、萧三等同志都是在这个时候彻底摆脱无政府主义而转为共产主义战士的"⑥。此外，向警予在法国蒙达尼研读了《共产党宣言》和《家庭、私有制和国家的起源》等经典著作，聂荣臻阅读了《国家与革命》《共产党宣言》《共产主义ABC》等著作⑦。

1917年俄国十月革命后，尤其从1923年始，苏联成为国外社会科学尤其是马克思主义传入中国的另一重要渠道。这是一种有领导、有计划的自觉行为，主要有以下三方面原因：首先，苏联作为世界上第一个运用马克思主义革命理论建立社会主义的国家，吸引了当时中国知识分子对它的高度认同和密切关注，尤其是马克思主义东方社会理论对中国革命同样具有指导意义。其次，当时俄共灵活制定了对中国等东方落后国家的特殊政策。1919年苏俄发表第一次对华宣言，顺利打开中苏政治文化交流的渠道，进一步促进了留学事业的发展。最后，1923年中共三大后，为培养革命干部，决定向苏联派遣留学生接受正规马克思主

---

① 谭双泉. 中国近代政治思想史：1840—1949. 长沙. 湖南师范大学出版社，1995：282-283.

② 南开大学周恩来研究中心. 中外学者再论周恩来：第二届周恩来国际学术讨论会文集. 北京：中央文献出版社，1999：78.

③ 沈建中. 陈毅与留法勤工俭学. 上海党史与党建，2001（8）：28.

④ 湖南省博物馆历史部. 新民学会文献汇编. 长沙：湖南人民出版社，1980：82.

⑤ 中国革命博物馆，湖南省博物馆. 中国现代革命史资料丛刊：新民学会资料. 北京：人民出版社，1980：570.

⑥ 同⑤571.

⑦ 李维汉. 回忆与研究：上. 北京：中共党史资料出版社，1986：18.

义教育。1925 年苏联成立了中国劳动者孙逸仙大学（莫斯科中山大学），专门接受中国派出的留苏学生；上海外国语学社是向苏联输送留学生的摇篮，先后选派几十名共青团员和共产党员赴莫斯科留学①。

> 当时，从上海赴苏俄，有三个途径：一是走陆路，坐火车到哈尔滨，经满洲里改乘苏俄的列车到赤塔西行。这是一条捷径。但是，在满洲里外的十八里站，军阀政府的边防站盘查"过激派"很严，即使持有护照也很难通过。二是走水路，坐船到海参崴（今符拉迪沃斯托克）后，乘火车到伯力西行。当时，苏俄的远东共和国管辖范围只及于伯力，伯力以南的滨海省，被日本帝国主义占领着，赤白交界，双方相持，旅途要冒一定风险。三是从黑龙江溯江而上到赤塔，盘查虽然较松，但河道冰封，要到五月中以后才能通航。②

留学生分三批赴俄：第一批于 1921 年 2 月从上海出发，"有二十人左右，他们大多数是地主官僚的儿女，思想是很复杂的。他们到了哈尔滨，被张作霖的部下发觉，阻止他们前去苏联，并且被关起来"，后遂"改从海路上去，刘少奇同志等到海参崴（今符拉迪沃斯托克）然后再去莫斯科（这是从海路去的第一批）"③。第二批从上海乘船经日本长崎赴海参崴，经过一番转折，再经黑河抵莫斯科。第三批于 5 月从上海出发，主要有罗觉、任弼时、萧劲光、任岳、周兆秋、蒋光慈、柯庆施、王一飞、谢文锦、梁柏台、华林等 10 余人④。

苏联高校为中国留学生开设了许多社会科学理论教育课程，主要是马列著作和关于国际共运的内容，力求学生能够全面系统地把握马克思

---

① 中国留俄生于 1921 年 8 月入校组成了莫斯科东方大学第一届中国班，该班学员有罗亦农、刘少奇、任弼时、萧劲光（肖劲光）、彭述之、任作民、俞秀松、柯庆施、胡士廉、许之桢、汪寿华、卜士奇、任岳、陈为人、谢文锦、曹靖华、蒋光慈、韦index园、吴芳、周昭秋、韩慕涛、傅大庆、廖化平、韩平的、李宗武、吴保萼等三四十人。至此，以莫斯科东方大学为中心、以东大第一届中国班学生为主体的中共第一代留俄生正式诞生。1923 年，赴法勤工俭学的一些人也陆续从欧洲来到东方大学，如赵世炎、陈延年、陈乔年、王若飞、王一飞、袁庆云、余立亚、高凤、郑超麟、萧三等，大大增强了第一代留俄生的力量。

——肖劲光. 肖劲光回忆录. 北京：解放军出版社，1987：18—27.

② 章学新. 任弼时传. 北京：中央文献出版社，1994：32.

③ 中国社会科学院现代史研究室，中国革命博物馆党史研究室. "一大"前后：中国共产党第一次代表大会前后资料选编（二）. 北京：人民出版社，1980：58.

④ 同②34.

主义理论。当年大批中国共产党人如朱德、邓小平、刘少奇、任弼时、陈延年等在莫斯科中山大学学习经典著作，撰写理论文章宣传马克思主义，他们后来也成为中共领导革命和建设事业的骨干力量。莫斯科东方大学为留俄生开的课程主要是围绕《共产党宣言》《共产主义ABC》《政治经济学》等著作展开，还有西方革命史、俄国十月革命、中国革命史及工会运动等社会科学理论①。

留俄学生努力学习马克思主义理论，具备了较高理论素养。他们从各个层面积极传播马克思主义，如无产阶级领导权思想、暴力革命、工农联盟及马克思主义关于党的组织原则和党的纪律等。瞿秋白宣传介绍了马克思的《德国的革命和反革命》，恩格斯的《马克思论费尔巴哈》《反杜林论》，列宁的《怎么办》《两个策略》等著作。罗亦农组织翻译了布哈林的《共产主义ABC》等理论著作。梁柏台翻译了《列宁主义入门》《联共党纲和党章》等著作。除了翻译马列著作外，留俄学生还积极撰写宣传和研究马克思主义理论及歌颂十月革命的文章，他们在《新青年》《中国青年》《晨报》《国民日报》《东方杂志》等报刊上发表了许多马克思主义理论文章，如当年瞿秋白的《列宁主义与杜洛基主义》、谢文锦的《列宁与农民》、任弼时的《列宁与十月革命》等，详细介绍俄国革命，积极传播马克思主义。任弼时在1925年发表的《怎样布尔什维克化》中，明确提出了"学习列宁主义"②的口号。

留俄学生重视马克思主义对中国革命的指导作用，在此基础上，初步提出马克思主义与中国革命实际相结合的重要思想。时代条件局限，使得这些方面是当年留学其他国家的中国学生回国后所难以做到的，正因如此，归国后的留俄学生有相当一部分成为后来推动中国革命发展的重要力量，为新民主主义革命理论探索做出了重要贡献。

（三）左翼知识分子群体

土地革命战争时期，党在文化战线上凝聚了一大批充满理想、学识渊博、视野开阔的左翼知识分子，如朱镜我、吴亮平、冯雪峰、林伯修（又叫作杜国庠）、彭康、许涤新、王学文、潘汉年、李一氓、邓初民、

---

① 肖劲光. 肖劲光回忆录. 北京：解放军出版社，1987：24.

② 任弼时. 任弼时选集. 北京：人民出版社，1987：4.

柯柏年、邓拓、胡乔木、艾思奇、李凡夫、胡绳等人。这些左翼知识分子来自各个领域，既有受过马列主义理论教育的留苏学生（如蒋光慈、胡士廉、许之桢、周昭秋、韩慕涛、傅大庆等），又有马列主义倾向的留日学生（如夏衍、冯乃超、李初梨、彭康、朱镜我、楼适夷、胡风、周扬等），还有一批大革命失败后仍留在党内、有一定理论基础的知识分子党员和一些具有进步倾向并对马克思主义理论有一定研究的青年学者①（如胡乔木、柯柏年、杨贤江、瞿秋白、冯雪峰等）。他们相继领导成立"左联""社联"等进步文化团体，积极从事马克思主义研究和宣传，推动了马克思主义理论传播的正规化。

"左联""社联"中大批具有革命或进步倾向的左翼知识分子，在同国民党反革命文化"围剿"斗争的同时，积极研究与宣传马克思主义。其中，尤以"社联"的影响为最大。1930 年 5 月成立的"社联"，是中共在上海建立的专门从事社会科学研究的重要文化团体。其主要任务为"普及马克思主义理论"②等。当年的潘汉年、邓初民、邓拓、朱镜我、吴亮平、王学文、胡乔木、艾思奇、胡绳等都是"社联"的积极分子，他们不但为社会科学研究做出重要贡献，而且依据社会历史和革命运动中的实际问题，探讨适合中国特点的革命道路。

当年左翼知识分子专门设立了"编辑出版委员会"，不顾国民政府的禁令，自己建立出版机构发行书籍。他们创办的昆仑书店、江南书店、光华书店、南强书局等，为推动社会科学著作的出版发挥了重要作用。

该时期的朱镜我、许德珩、李一氓、陈启修、瞿秋白、李达、郭沫若、柯柏年、吴黎平、王学文、何思敬、钱亦石、侯外庐等广大左翼知识分子，为翻译传播包括马克思主义经典著作在内的社会科学做出重要贡献，侯外庐曾称赞李达是"我国传播马克思主义真理的普罗米修士"③。该时期左翼知识分子翻译出版的经典著作"有风靡一时，汗牛充栋之况"④，"这是新书业的黄金时代，在这时，一个教员或一个学生

①　徐素华. 中国社会科学家联盟史. 北京：中国卓越出版公司，1990：2.

②　张静庐. 中国现代出版史料：乙编. 北京：中华书局，1955：33—34.

③　侯外庐. 为真理而斗争的李达同志. 光明日报，1981-06-18（3）.

④　沙健孙. 中国共产党通史：第 3 卷. 长沙：湖南教育出版社，1997：536.

书架上如没有几本马克思主义的书总要被人瞧不起了"①。据不完全统计，"仅在三十年代初就出版马列著作四十种，马克思主义哲学、社会科学著作一百五十多种"②。当年"马克思主义社会科学书籍不仅出版的数量多，而且销售很快，有的译书在出版后的数年间几次重印再版。所以连国民党中宣部也不能不承认研究马克思主义的书籍的出版'极一时之盛'"③。

（四）延安知识分子群体

延安时期是新中国成立前中国共产党发展史上最为重要的历史时期，当时中共在特殊历史环境下，通过制定正确知识分子政策，吸引和培育了一大批活跃在理论、文艺、教育、新闻、科技等领域的人才，"形成了自近代以来对中国社会发展产生重大影响的最为重要的知识分子群体"④。自 20 世纪 30 年代中后期开始，由于受到当时抗战环境的影响，来自全国各地成千上万富有知识才华和革命智慧的青年知识分子奔赴延安。从主要来源地方面看，延安知识分子群体的来源面较为广泛。当时国内外的知识分子奔赴延安大致经过以下九条途径：一是通过八路军在全国各地办事处⑤，是西安、武汉、长沙、兰

---

① 谭辅之. 最近的中国哲学界. 文化建设，1936（6）.

② 上海市哲学社会科学学会联合会. 中国社会科学家联盟成立五十五周年纪念专辑. 上海：上海社会科学院出版社，1986：222.

③ 戴知贤. 十年内战时期的革命文化运动. 北京：中国人民大学出版社，1988：25.

④ 王海军. 真理的追求：延安时期知识分子群体与马克思主义中国化研究. 北京：人民出版社，2013：40.

⑤ 八路军办事处是当时中共在国统区，如南京、武汉、西安、重庆、太原、长沙、桂林、兰州、迪化（今乌鲁木齐）等地公开设立的合法办事机关，一般称办事处，有的称通讯处（如在广州等地设立八路军通讯处）或交通站。八路军办事处在抗战初期创办《新华日报》和《群众》周刊，是我们党在国统区公开出版的机关刊物。八路军办事处的主要任务是宣传中共抗日主张，开展统一战线工作，推动群众性抗日救亡运动，采购与转运军需物资，接待抗大等学校毕业生、国内知名人士和外国友人，输送爱国人士参加八路军和新四军以及营救被捕的共产党人和进步人士等。其中，八路军驻西安办事处于 1936 年成立，1937 年初设立学生处，专门负责接待学生工作。1937 年 8 月到 1940 年，林伯渠任办事处中共中央代表。1938 年春，中共长江局在武汉八路军办事处设招生委员会，动员组织工人、学生和其他人员去延安。后来八路军驻长沙办事处内设"抗大"与陕北公学长沙招生委员会，负责招收青年学生等。1941 年董必武任中共中央代表，伍云甫（后改名周子健）任办事处处长，工作人员最多时达 200 余人。

州、洛阳等地介绍来的；二是经当地中共地下党组织介绍的；三是各地党组织负责人如四川的罗世文，豫西的刘子久，长江局的博古、周恩来等人介绍的；四是社会知名人士如李公朴、邹韬奋等人推荐的；五是一些群众团体组织介绍的；六是一些地方部队介绍的；七是持有当地救亡团体介绍证件的；八是知识分子自己跑来延安的，如有来自国统区的部分左翼知识分子；九是从国外来延安的战地记者和医生等。

对于到延安的知识分子人数，据粗略统计达数 10 万之多，根据当时八路军驻西安办事处介绍，仅在 1938 年 5 月至 8 月赴延安的知识青年就有 2 288 人，他们被分配到延安的中共中央党校、延安大学、马列学院等各个院校，毕业后成为活跃于当时教育界、学术界、文艺界、新闻出版界等社会各界的知识阶层。

仅以学术界为例，当时到达延安的有范文澜、艾思奇、陈伯达、李初梨、何干之、杨松、王学文、何思敬、王思华、陈昌浩、刘大年、李新、荣孟源、马洪、胡华、王实味、艾克恩、曹靖华、李琦、廖盖隆、于若木、葛一虹、金灿然等。至此，延安知识分子群体基本形成。

当时延安知识分子群体中有一批是从日本、英国、德国和苏联等国回国且具有高等教育背景的人才，例如，留学日本的有王学文、何干之、叶以群、周扬、艾思奇等人，留学苏联的有陈伯达、师哲、杨松，留学法国的有艾青、陈学昭，留学德国的有江隆基，留学美国的有高士奇，等等。这些知识分子有着很高的外语水平，如何其芳、周扬精通英语，吴亮平精通俄语，艾思奇精通日、英、德三种语言，萧三精通英、俄、法、德四种语言，何思敬精通日、德、英、法等四种语言，成仿吾精通德、英、日、法、俄五种语言等，所有这些为他们在延安时期翻译和传播马克思主义经典著作提供了重要条件。他们有的早年在国外就接触到了马克思主义理论著作，并从事马克思主义著作的翻译出版工作。除上述知识分子外，延安还以独特方式汇集了其他方面资源，如有来自上海建党初期早期共产党人翻译出版马克思主义著作的宝贵经验与文化资源等。当时中央专门制定了优待知识分子（特别是对一些懂外语的翻译人员）的政策，对他们的使用、生活待遇等方面都做了具体规定，如：

马列学院成立了一个编译部，专门从事十卷本《马恩选集》和十卷本《列宁选集》的编译工作。闻天亲自指导，集中了一批人才，其中有张仲实、王思华、何锡麟等。他规定任务，每天译一千字，一年三十六万字。生活上对他们很照顾，派了服务员照料他们的日常生活，每人每月发津贴四元五角。那时政治局委员们的津贴也只有五元钱。闻天得到了外文版的书刊，就亲自送到编译人员的住址。①

在延安知识分子群体中，也不乏一大批哲学家、经济学家、历史学家活跃在文艺界、理论界和学术界等领域。如艾思奇、何思敬、何干之、张如心、王学文、王思华、何锡麟、吴文焘、许之桢、赵毅敏、成仿吾、徐冰、柯柏年、曹汀等，"当时经典著作的出版中心已转移到革命的圣地延安，这就为有系统地大量翻译和出版这类书籍创造了较过去大为有利的条件"②，他们成为积极推动社会科学发展的另一支重要生力军。

三、新民主主义革命实践对哲学社会科学发展的呼唤

马克思主义哲学社会科学在近代中国的发展，并不仅仅是一种单纯的学科学术活动，它还是一种政治行为和政治需要，是和当时中国革命发展的现实呼唤紧密联系在一起的。由此，成为中共领导革命事业的有机组成部分。

内忧外患、灾难深重的中国，为哲学社会科学的发展提供了丰富土

---

① 刘英. 刘英自述. 北京：人民出版社，2005：125-127. 延安知识分子待遇虽高，但仍不能与抗战前中国最为顶尖的知识分子生活水平相比。如陈寅恪在1936年下半年的月薪为480元，为清华最高。"清华的《国立清华大学教师服务及待遇规程》的第四章《薪体》规定：第二十二：本大学教授月薪，最高以四百元为限；但于所在学科有特殊学术贡献者，得超过此限，加至五百元。惟月薪超过四百元之教授，不得过全体教授总数五分之一。陈当属在学科有特殊学术贡献者"。在1937年左右，"胡适有自己的小汽车，出入皆是坐车。家里还有门房、厨子、女佣、司机各人，打扫杂役人"。这些高级知识分子的生活，由于战争未爆发，国内经济未受到影响，所以生活水平还算比较高。

——马嘶. 1937年中国知识界. 北京：北京图书馆出版社，2005：17，59-60.

② 宋原放. 中国出版史料：现代部分：第1卷. 济南：山东教育出版社，2001：121-122.

壤。鸦片战争后，中国逐渐沦为半殖民地半封建社会，探索救国救民道路的知识分子从"天朝帝国"的迷梦中走出来，试图从西方文化中寻找挽救中国的答案。当时"西学东渐"之风日盛，近代西方科学民主等思想通过各种渠道传入中国。伴随着文化交流大潮，马克思主义也从 19世纪末开始逐渐传入中国，对近代中国革命产生了深远历史影响。"要革命，就需要革命的学说；要反帝，就需要反帝的武器。马克思主义正是这样一种学说和武器"①。中国的革命实践需要马克思主义革命理论做指导，刘少奇曾指出：

> 马恩列斯的书籍中，论中国的不到百分之一，百分之九十九都是讲的外国事，写的外国材料，分析的外国历史。有的人认为，何必学这些外国东西，中国的书还读不完，毛主席的书还读不完呢，或者至少先读中国的书，再读外国的书吧！这个说法是不对的。我们要认识中国革命经验与世界革命经验的关系问题，必须都学，废弃一面是不对的。②

（一）在 20 世纪初期：探索救国救民道路

19 世纪末至 20 世纪 20 年代，是国外社会科学传入中国的初期阶段。当时包括《共产党宣言》在内的社会科学著作的编译和传播，是近代中国思想启蒙的重要环节。近代以来，随着西方列强的入侵，中国长期封闭的国门被迫打开，救亡图存成为时代主题。各种社会先进力量为了使中国摆脱半殖民地半封建状况，努力学习西方政治制度，纷纷提出自己的救国主张，从林则徐、魏源"师夷长技"，到康有为"变法图存"，先进中国人试图从西方科学技术、政治制度和思想文化中探求振兴中华的路径③。以曾国藩、李鸿章等为代表的洋务派发起的洋务运动，主要是学习西方的"物器""船坚炮利"，却以甲午战争的惨败而

---

① 彭明，程歗. 近代中国的思想历程：1840—1949. 北京：中国人民大学出版社，1999：459.

② 刘少奇. 刘少奇选集：上卷. 北京：人民出版社，1981：414-415.

③ 梁启超在《清代学术概论》中提出"三不足"之说，即先"从器物上感觉不足"，便有了洋务运动；再"从制度上感觉不足"，便有了戊戌维新和民主革命；最后"从文化根本上感觉不足"，便有了五四时期的"全部解放的运动"。

——梁启超. 梁启超史学论著四种. 长沙：岳麓书社，1985：7-8.

告终。还有太平天国运动及早期改良主义者的工商救国主张，资产阶级维新派的君主立宪和资产阶级革命派的民主共和等，都以失败告终。

辛亥革命虽然建立了中国历史上第一个资产阶级民主共和国，但民国的成立并未给人们带来预期的民族独立和社会进步。"中国人向西方寻找救国真理，经历了十分复杂曲折而且艰苦卓绝的过程。从洪秀全、康有为、严复到孙中山，中国人学日、学英、学法、学美，引进了各色政治理论，尝试了各种政治方案与政治制度。可惜没有一样能够救得了灾难深重的中国。"① 于是，一些先进知识分子在深刻反思中认识到，要彻底改变中国半殖民地半封建社会状况，实现中华民族伟大复兴，就必须找到一种锐利的思想武器来真正引导中国革命走向胜利。

辛亥革命失败后，广大进步知识分子发起了一场思想启蒙运动——新文化运动，以期廓清蒙昧，启发民智，使人们从封建思想束缚中解放出来。新文化运动始于 1915 年 9 月陈独秀在上海创办《青年杂志》（后改名《新青年》），提倡民主，反对专制；提倡科学，反对愚昧迷信；提倡新文学，反对旧文学；提倡新道德，反对旧道德；提倡个性解放，反对封建礼教。新文化运动提出的基本口号是民主和科学，中国先进分子主张学习西方，用科学和民主精神取代腐朽没落的封建思想。新文化运动是中国历史上一次前所未有的启蒙运动，它掀起的思想解放潮流为马克思主义在中国的传播提供了重要思想前提。

在此特定历史语境中，包括马克思主义学说在内的西方各种社会思潮②，开始通过种种渠道进入国人视野。其中，社会主义思潮在当时引起了极大关注，当年蔡和森提出了"社会主义真为改造现世界对症之方"③。列宁认为，"社会主义意识是一种从外面灌输（von auβen Hi-

① 陈晋. 毛泽东读书笔记解析：上册. 广州：广东人民出版社，1996：272.

② 这些社会思潮从不同层面看，主要有哲学上的变易史观、进化论思潮、唯物史观的意识形态，有政治上的爱国主义（包括民族主义、人道主义）、民主主义（旧民主主义和新民主主义）、社会主义（各种空想社会主义和科学社会主义）等，有文化上的保守主义、自由主义、激进主义思潮，各种改良思潮如实验主义、国家主义、联省自治、乡村建设、妇女解放、社会风俗演变等，其他消极反动思潮如尊孔复古、法西斯主义、投降主义等。

　　——吴雁南. 中国近代社会思潮：第1卷. 长沙：湖南教育出版社，2011：6.

③ 中国革命博物馆，湖南省博物馆. 中国现代革命史资料丛刊：新民学会资料. 北京：人民出版社，1980：571.

neingetragenes）到无产阶级的阶级斗争中去的东西，而不是一种从这个斗争中自发地（urwüchsig）产生出来的东西"①。在各种社会思潮传播的过程中，国外社会科学著作开始通过翻译途径进入中国。

（二）土地革命战争时期：探索中国革命发展新道路

1927 年大革命失败后，革命开始陷入低潮，但"有着一整套完备理论又能切实行动的马克思主义不仅没有因 1927 年共产党的失败而淹没退缩，刚好相反，它在青年一代中反而更加热烈地被接受被传播被欢迎"②。中共需要以马克思主义理论为指导，探索中国革命新道路。当时全国的革命群众，深刻地感觉到，"只有马克思主义方能给他们指示出路，只有它才是革命运动唯一的指南针"③。1928 年中共在六大决议中强调指出，"最后一个任务"是要积极发行马列著作，以便使中国革命从马克思主义科学理论体系尤其是无产阶级专政的理论和策略中得到有益启示和理论指导。

当时许多社会科学著作的翻译，就是出于革命形势发展的客观需要。如 1929 年杨贤江翻译的《家庭、私有制和国家的起源》（原译名为《家族私有财产及国家之起源》，所用笔名李膺扬），就是从我国革命实际出发，剖析了国家的起源和实质，论证了国家将随着阶级的消亡而消亡，这对在当时探索中国社会发展道路的中国共产党而言具有重要理论指导意义。《家庭、私有制和国家的起源》与《国家与革命》，被称为"在这荒芜的、毫无科学精神的中国学术界里"同时出现的两本"最正确的科学的国家论的移植"④。吴黎平翻译《资本论》，则"全然出于一种信仰，出于一种责任意识，即中国急需要有一部完整的《资本论》，以填补马克思主义理论宣传之空白"⑤，希望该书"能够对于马克思主义思想在中国的传播以及实际的斗争，有所臂助"⑥。此外，在社会科学领域，马克思主义受到来自国民党等不同方面的攻击，包括国民党改

---

① 列宁. 列宁选集：第 1 卷. 3 版修订版. 北京：人民出版社，2012：326.

② 李泽厚. 中国现代思想史论. 北京：东方出版社，1987：71.

③ 君素. 一九二九年中国关于社会科学的翻译界. 新思潮，1929（2—3）.

④ 中共中央马克思恩格斯列宁斯大林著作编译局马恩室. 马克思恩格斯著作在中国的传播. 北京：人民出版社，1983：275.

⑤ 同④79.

⑥ 同④39—40.

组派汪精卫及陈公博等的《革命评论》、周佛海与陶希圣等的《新生命》、胡适等的《现代评论》、国家主义派曾琦等的《醒狮》、托洛茨基派的《动力》等①。为此，左翼知识分子群体借助于传播马克思主义来抨击各种反马克思主义思潮。

土地革命战争时期，我们党面临"两种反革命的'围剿'：军事'围剿'和文化'围剿'"②。为扼杀进步革命文化，国民党大力宣传法西斯主义③和封建主义思想理论，诋毁马克思主义，妄图独霸文化领域以巩固其专制统治地位。从 1929 年起国民政府相继颁布《宣传品审查条例》《出版法》《出版法实行细则》《宣传品审查标准》等系列反动法规，严禁共产主义思想和一切非三民主义理论的传播，将"宣传共产主义及阶级斗争者""挑拨离间，分化本党者""反对或违背本党主义政纲政策及决议案者""宣传国家主义、无政府主义及其他主义而攻击本党主义政纲政策及决议案者"等视为"反动宣传品"④，马克思主义被列为"禁学"。对国统区社会科学书籍刊物的编辑、出版和发行做出严格限制，严厉查禁革命进步书刊。在国民党文化专制主义统治下，从 1929 年到 1935 年，有千余种进步社会科学书籍被查禁。据 1931 年 9 月统计，当时被查禁的书刊就有 200 多种，其中以"宣传马克思主义及阶级斗争""宣传无产阶级革命理论"等理由查禁的就 140 多种⑤。1934 年 2 月，仅上海一地，国民党中央党部查禁

①　金冲及. 二十世纪中国史纲：第 2 卷. 北京：社会科学文献出版社，2009：367.

②　毛泽东. 毛泽东选集：第 2 卷. 2 版. 北京：人民出版社，1991：702.

③　在 20 世纪 30 年代初，国民党竭力鼓吹法西斯主义，宣称当今之世，唯有"法西斯之政治理论"能保证"最高效能的统治权"。该理论认为"依国家机体说为依据，以工团组织为运用，认定国家为至高无上之实体，国家得要国民任何之牺牲，为民族生命之绵延，非以目前福利为准则，统治权乃与社会并存而无先后。操之者即系进化阶段中统治最有效能者"。（蒋介石. 国民会议开幕词. 中央日报，1931-05-08）为了学习法西斯主义，国民党派出考察团去德国考察，并从德国请来高级顾问传授法西斯统治方法。同时，为配合法西斯宣传，国民党出版了大量宣传墨索里尼、希特勒的言论、传记和宣传法西斯主义的书籍，如《墨索里尼与希特勒言论集》《法西斯的理论体系》《法西斯主义研究》《法西斯主义与意大利》《法西斯意大利政治制度》《希特勒成功史》《希特勒生活思想和事业》《法西斯国家论》《我之奋斗》《希特勒与国社党》《法西斯主义之组织理论》等。
——宋原放. 中国出版史料：现代部分：第 1 卷. 济南：山东教育出版社，2001：291；饶良伦. 土地革命战争时期的左翼文化运动. 哈尔滨：黑龙江人民出版社，1986：5.

④　中国第二历史档案馆. 中华民国史档案资料汇编：第五辑第一编文化（一）. 南京：江苏古籍出版社，1994：75.

⑤　张静庐. 中国现代出版史料：乙编. 北京：中华书局，1955：173-189.

的理论著作和文艺书籍共有 149 种，如《辩证法唯物论与唯物史观》《反杜林论》《马克思主义经济学基础理论》《社会问题大纲》等①。为打破国民党文化"围剿"，广大社会科学工作者在党的领导下秘密翻译、出版了大量社会科学著作，成为当时中共领导文化斗争的重要组成部分。

（三）从全民族抗战时期到解放战争时期：学习社会科学理论，提高党员干部理论水平

从中共党史学角度看，马克思主义哲学社会科学体系的建构是我们党思想理论工作的一个重要组成部分。中国共产党是用马克思主义理论武装起来的政党，在它成立以来的每个历史时期，都非常重视对哲学社会科学的学习、宣传与研究。在土地革命战争时期，毛泽东就开始带头学习马列著作，但"在被国民党反动政府封锁的革命根据地内，要读马列著作十分困难"②。在中共到达陕北以前，由于各种主客观条件的限制，我们党对哲学社会科学的学习和研究一直处于较为零散和分散的状态，这成为制约我们党健康发展的一个重要因素。那时"中国革命有了许多年，但理论活动仍很落后"，从总体上来看，全国的"理论水平还是很低"③ 的。对此，当年刘少奇曾明确指出：

> 中国党有一极大的弱点，这个弱点，就是党在思想上的准备、理论上的修养是不够的，是比较幼稚的。因此，中国党过去的屡次失败，都是指导上的失败，是在指导上的幼稚与错误而引起全党或重要部分的失败，而并不是工作上的失败。直至现在，缺乏理论这个弱点，仍未完全克服（虽然党内少数同志特别中央的同志是有了对马列主义理论与中国社会历史发展的统一理解）。因此，现在提倡党内的理论学习，就成为十分必要。中国党只要克服了这个弱

---

① 中国第二历史档案馆. 中华民国史档案资料汇编：第五辑第一编文化（一）. 南京：江苏古籍出版社，1994：268.

② 龚育之，逄先知，石仲泉. 毛泽东的读书生活. 北京：生活·读书·新知三联书店，2009：21-22.

③ 中国延安精神研究会. 延安整风五十周年：纪念延安整风五十周年文集. 北京：党建读物出版社，1995：165.

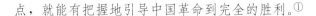

点，就能有把握地引导中国革命到完全的胜利。①

中共到达陕北后，党生存的外部环境发生了较大改变，抗日民族统一战线的建立及陕北根据地的暂时相对稳定，为中共党内学习与研究哲学社会科学提供了重要外部环境。当时中共已发展成为全国性大党，随着抗战形势的发展变化，需要培养大批有较高理论水平的青年干部，使他们从理论上得到武装和提高，"没有大量的真正精通马克思列宁主义革命理论的干部，要完成无产阶级革命是不可能的"②。

1938 年 10 月，在中共六届六中全会上，毛泽东强调党员干部要积极学习哲学社会科学理论。1940 年 1 月，中共中央发出《关于干部学习的指示》，指出全党干部都应当学习和研究马列主义的理论及其在中国的运用。1941 年 6 月，中宣部又发布《关于党的宣传鼓动工作提纲》，指出"办报，办刊物，出书籍应当成为党的宣传鼓动工作中的最重要的任务"③。在中共中央的高度关注下，哲学社会科学工作迅速推动起来，使我们党对哲学社会科学的建构进入有组织、有计划的发展轨道。

由此可见，哲学社会科学在当时的发展，"绝对不是一种纯粹的文化现象或单纯的文人活动，而是和中国的社会变革实践、中国社会发展方向紧密联系在一起的"④。因此，中国革命与哲学社会科学的发展是密切联系在一起的，这构成了新民主主义革命时期中国马克思主义哲学社会科学体系建构的一个重要特征。

---

① 刘少奇. 刘少奇选集：上卷. 北京：人民出版社，1981：220. 刘少奇曾深刻分析造成中国共产党理论准备不足的原因，一是马克思主义著作传入中国的历史尚短，不像欧洲各国，对马克思主义的传播已有近百年的历史。二是马克思主义传入中国时，由于中国当时是客观革命形势很成熟的国家，要求中国革命者立即从事而且以全部力量从事实际的革命活动，因而无暇长期从事理论研究与斗争经验的总结工作。三是因为马克思、恩格斯、列宁、斯大林都是欧洲人，他们的著作都是用欧洲文字发表的。他们的著作谈到中国的情况并不多，而中国社会历史发展的具体道路和欧洲各国社会历史发展的道路相比，有其更大的特殊性。因此，要使马克思主义中国化，要用马列主义的原理来解释中国社会历史实践，并指导这种实践，就觉得特别困难。

——刘少奇. 刘少奇选集：上卷. 北京：人民出版社，1981：221-222.

② 延安整风运动编写组. 延安整风运动纪事. 北京：求实出版社，1982：29.

③ 张闻天. 张闻天选集. 北京：人民出版社，1985：309.

④ 徐素华. 马克思恩格斯著作在中国的传播：MEGA^2 视野下的文本、文献、语义学研究. 北京：中国社会科学出版社，2013：99.

四、中国共产党对马克思主义哲学社会科学的领导

（一）中国共产党领导制定科学对待哲学社会科学工作者的方针政策

高度重视并积极领导哲学社会科学的发展，是中国共产党成立百年来的优良传统。在新中国成立前，中国共产党结合中国国情，根据不断变化的实际出台了一系列促进哲学社会科学建立与发展的举措。在出台的这些政策措施中，包括成立专门研究机构和社团、充分发挥报刊在哲学社会科学发展中的重要作用、制定科学对待哲学社会科学工作者的方针政策等①，极大地推动了马克思主义哲学社会科学体系的建构和发展。

发展哲学社会科学，其首要前提是要有一支高水平的致力于哲学社会科学研究的专家队伍。作为哲学社会科学的领导者、组织者和发动者，中国共产党领导制定的科学对待哲学社会科学工作者的理论与政策至关重要。哲学社会科学工作者促进了马克思主义在中国的广泛传播，积极引导工人阶级实现了从"自在"到"自为"的转变。1921年7月，全国13位代表齐聚上海出席中国共产党第一次全国代表大会，出席会议的代表"都是知识分子"②。党的一大通过的《中国共产党第一个纲领》强调，要在产业工人中吸收先进分子入党，但并不拒绝拥护中国共产党主张的先进知识分子入党。该纲领规定，凡接受党的纲领和政策，愿意忠于党，不分性别、国籍，经过一名党员介绍，均可成为我们的同志；但在加入我党之前，必须断绝同反对我党纲领之任何党派的关系③。1923年，党的三届一中全会通过的《教育宣传问题议决案》指

---

① 在该章节中，将重点阐述中共领导制定与执行的科学对待哲学社会科学工作者的方针政策，而关于成立专门研究机构和社团、充分发挥报刊在哲学社会科学发展过程中的重要作用等方面内容，将在下一章"中国马克思主义哲学社会科学体系建构的学术阵地"中进行详细阐述。

② 中国社会科学院现代史研究室，中国革命博物馆党史研究室."一大"前后：中国共产党第一次代表大会前后资料选编（二）.北京：人民出版社，1980：366.

③ 中共中央文献研究室，中央档案馆.建党以来重要文献选编（1921—1949）：第1册.北京：中央文献出版社，2011：1.

出："文化思想上的问题亦当注意，这是吸取知识阶级，使为世界无产阶级革命之工具的入手方法。"① 这是我们党第一次提出吸收知识分子，并使之为无产阶级革命服务的主张②。

大革命时期，党将哲学社会科学工作者当作新民主主义革命阵营的一支不可或缺的重要力量。1925 年，中共四大通过的《中国共产党第四次全国代表大会宣言》提出，要"号召工人和农民，手工业者和知识阶级巩固自己的组织，并极力赞助国民会议促成会，要求国民会议之召集"③。在《对于青年运动之议决案》中，明确青年学生与工农群众相结合的方针，"学生运动的最要的目的，是怎样使学生能与工人农民运动结合起来，使他们到工人农民群众中宣传和帮助他们组织"④。

土地革命战争时期，随着党内几次"左"倾错误的发展，党对哲学社会科学工作者的政策也曾一度趋"左"，给我国哲学社会科学的发展带来了一些不利影响。1927 年 9 月，中共中央临时政治局在给共产国际的报告中提出："我们党内的智识分子，在目前整个革命潮流中或者完全消极，或者公开叛变……我们相信革命潮流继续发展下去，还有许多智识分子都有这个危险。"⑤ 1927 年 11 月，中央临时政治局召开扩大会议，推动了党在知识分子问题上的"左"倾错误，第一次正式向全党发出了"指导干部工人化"的号召⑥。以毛泽东同志为主要代表的中国共产党人坚决否定和排斥党内对于知识分子的"左"倾错误，1933 年10 月公布的《关于土地斗争中一些问题的决定》提出了党应实行利用旧知识分子为无产阶级事业服务的政策，"近来有些地方无条件排除知识分子，这是不对的"⑦。1934 年 1 月，毛泽东在中央执行委员会对第二

① 中共中央文献研究室，中央档案馆. 建党以来重要文献选编（1921—1949）：第 1 册. 北京：中央文献出版社，2011：354.

② 潘晔. 中国共产党知识分子政策的变迁与创新. 武汉：武汉理工大学出版社，2008：27.

③ 中共中央文献研究室，中央档案馆. 建党以来重要文献选编（1921—1949）：第 2 册. 北京：中央文献出版社，2011：273.

④ 同③248.

⑤ 中共中央文献研究室，中央档案馆. 建党以来重要文献选编（1921—1949）：第 4 册. 北京：中央文献出版社，2011：506.

⑥ 曲峡，赵金鹏，仝祥顺，等. 中国共产党知识分子政策史. 东营：石油大学出版社，1995：39.

⑦ 中国人民大学中共党史系资料室. 中共党史教学参考资料：第 5 册. 北京：中国人民大学出版社，1986：331.

次全国苏维埃代表大会的报告中分析了国民党的反动教育政策，指出，对于中国共产党来讲，"为了造就革命的智识分子，为了发展文化教育，利用地主资产阶级出身的智识分子为苏维埃服务，这也是苏维埃文化政策中不能忽视的一点"①。1935 年 12 月，毛泽东在瓦窑堡会议上批判了"左"倾关门主义，强调"革命的智识分子是民族革命中可靠的同盟者"②。由此，我们党改变了过去对知识分子的"左"倾政策，明确提出了要把知识分子看作革命的重要力量之一，对于知识分子的革命性给予了充分肯定。

在全民族抗战时期，基于对哲学社会科学工作者具有革命性特征的重新认识，中国共产党领导制定了一系列正确的哲学社会科学工作者政策。1938 年 3 月，《中共中央关于大量发展党员的决议》要求各地党组织将"城市中与乡村中革命的青年学生，知识分子"③ 作为发展党员的重点对象之一。面对该时期干部队伍人员不足问题，中央制定干部政策，规定当务之急是吸收革命知识分子参加军队工作。1939 年 6 月，《总政治部关于大量吸收知识分子和培养新干部问题的训令》要求"大批的吸收纯洁的革命的知识分子参加下层工作""了解并发挥他们的特长"④，把吸收知识分子作为干部工作的一项重要任务。为发挥哲学社会科学工作者在革命事业中的重要作用，同年 12 月，毛泽东为中央起草《大量吸收知识分子》的决定，从夺取抗战胜利的全局高度，论述了知识分子对革命事业发展的重要作用，指出"在长期的和残酷的民族解放战争中，在建立新中国的伟大斗争中，共产党必须善于吸收知识分子，才能组织伟大的抗战力量，组织千百万农民群众，发展革命的文化运动和发展革命的统一战线。没有知识分子的参加，革命的胜利是不可能的"⑤，这对于团结知识分子以促进哲学社会科学蓬勃发展发挥了重要作用。毛泽东要求"一切战区的党和一切党的军队，应该大量吸收知识

---

① 中共中央文献研究室，中央档案馆. 建党以来重要文献选编（1921—1949）：第 11 册. 北京：中央文献出版社，2011：126-127.

② 中共中央文献研究室，中央档案馆. 建党以来重要文献选编（1921—1949）：第 12 册. 北京：中央文献出版社，2011：536-537.

③ 中共中央文献研究室，中央档案馆. 建党以来重要文献选编（1921—1949）：第 15 册. 北京：中央文献出版社，2011：186.

④ 中共中央文献研究室，中央档案馆. 建党以来重要文献选编（1921—1949）：第 16 册. 北京：中央文献出版社，2011：403.

⑤ 毛泽东. 毛泽东选集：第 2 卷. 2 版. 北京：人民出版社，1991：618.

分子加入我们的军队，加入我们的学校，加入政府工作……全党同志必须认识，对于知识分子的正确的政策，是革命胜利的重要条件之一"①。当时中央军委在发布的各种政策指示中特别强调，对于各种人才"应有充分的信任"，"非党员的专门人才要求入党时，我们应乐于吸收他们入党"②。1940 年 10 月，中宣部、中央文委发布《关于各抗日根据地文化人与文化人团体的指示》，强调"应该重视文化人，纠正党内一部分同志轻视、厌恶、猜疑文化人的落后心理"，"应该用一切方法在精神上、物质上保障文化人写作的必要条件，使他们的才力能够充分的使用，使他们写作的积极性能够最大的发挥"③。1941 年 5 月，中国共产党欢迎知识分子和各类人才的意见被纳入了《陕甘宁边区施政纲领》，提出了"尊重知识分子，提倡科学知识与文艺运动，欢迎科学艺术人才"④ 的号召。

　　要发展边区政治、经济、文化及社会各项建设，保证抗战胜利，就必须重视知识分子，这是在当时历史条件下采取的与我们党指导思想一致的革命"功利主义倾向"⑤ 所致。时任中组部部长的陈云呼吁要同国

---

① 毛泽东. 毛泽东选集：第 2 卷. 2 版. 北京：人民出版社，1991：619-620.

② 中共中央文献研究室，中央档案馆. 建党以来重要文献选编（1921—1949）：第 18 册. 北京：中央文献出版社，2011：223-224.

③ 中央宣传部，中央文化工作委员会. 关于各抗日根据地文化人与文化人团体的指示. 共产党人，1940-12-01.

④ 甘肃省社会科学院历史研究室. 陕甘宁革命根据地史料选辑：第 1 辑. 兰州：甘肃人民出版社，1981：87.

⑤ 美国研究中国科技问题专家理查德·萨特密尔（Richard P. Suttmeier）指出，中国科技发展目标是功利主义的，并把中国的功利主义分为三种：为经济建设服务、为国防建设服务、为文化改造服务。在西方人眼里，"功利主义"成了目光短浅的代名词，但共产党人并不讳言，并对其有新的理解，而且以革命的名义反驳之。1942 年毛泽东在谈论文学艺术问题时，对"功利主义"做了如下论述："我们的这种态度是不是功利主义的？唯物主义者并不一般地反对功利主义，但是反对封建阶级的、资产阶级的、小资产阶级的功利主义，反对那种口头上反对功利主义、实际上抱着最自私最短视的功利主义的伪善者。世界上没有什么超功利主义，在阶级社会里，不是这一阶级的功利主义，就是那一阶级的功利主义。我们是无产阶级的革命的功利主义者，我们是以占全人口百分之九十以上的最广大群众的目前利益和将来利益的统一为出发点的，所以我们是以最广和最远为目标的革命的功利主义者，而不是只看到局部和目前的狭隘的功利主义者"。当时中国共产党制定各种政策吸收知识分子到延安，目的是支援抗战，这在当时极端艰难的条件下有其合理性。因此，这是符合延安时期时代特征的"革命的功利主义倾向"。

——毛泽东. 毛泽东选集：第 3 卷. 2 版. 北京：人民出版社，1991：864；董光璧. 中国近现代科学技术史论纲. 长沙：湖南教育出版社，1992：107.

民党"争抢"知识分子，"现在各方面都在抢知识分子，国民党在抢，我们也要抢，抢得慢就没有了。……如果把广大知识分子都争取到我们这里来，充分发挥他们的作用，那末，我们虽不能说天下完全是我们的，但是至少也有三分之一是我们的了"①。当时张闻天强调要尊重和爱护知识分子。他想尽一切办法去解决知识分子的实际困难，据张闻天的爱人刘英回忆道：

> 闻天把范文澜请来主持马列学院中国历史研究室，主编《中国通史简编》。范文澜同志的老伴是个旧式家庭妇女，初来延安感到处处不便，又惦记着家里的东西，常常暗自落泪。闻天同我一起到他家看望，帮助他们解决生活上的困难。范文澜说到，现在最困难的还是缺书，自己的书都在家里。闻天请他放心，回来以后立即布置地下党，设法把范文澜家里的书运到了延安。书有五六十箱，绝大部分是线装书。运来后全部放在杨家岭新落成的中央办公厅巨石建筑里。范文澜十分感动。②

由于中国共产党实行正确的知识分子政策，延安成为当时全国进步知识分子向往的地方。从中央苏区到延安的成仿吾、冯雪峰、吴亮平、张如心，从河南抗日根据地到延安的范文澜，从上海来到延安的艾思

---

① 陈云. 陈云文选：第1卷. 北京：人民出版社，1995：181. 近代中国史上关于对知识分子人才的争夺，最早可以追溯到20世纪初。辛亥革命后，军阀们不惜重金从国外购置先进技术设备，筹办兵工厂，为此，吸收了大量从国外留学归来的高才生，他们和技术工人在工厂享有很高的物质待遇。全民族抗战爆发后，沦陷区千百万技术工人流离失所，先后逃难到南京、武汉、西安等城市。当时的蒋介石国民党政权、汪精卫伪政权、阎锡山地方政权等都纷纷抢夺知识分子和其中的熟练技术工人。"西安事变"和平解决后，抗日民族统一战线形成，延安共产党政权也公开参与到这一人才争夺战中。当时许多国统区的科技人员经过千难万险来到延安和其他抗日根据地，例如，沈鸿在"八一三"事变之后，不愿沦为亡国奴，于1931年9月带领他开办的锁厂的7名技工和10部机床奔赴延安。他曾三次被评为陕甘宁边区的劳动模范和特等劳动模范，1942年毛泽东亲笔题写"无限忠诚"四个大字的特等劳动模范奖状发给沈鸿。此外，还有毕业于国立北京农业大学的乐天宇、毕业于浙江大学化学系的钱志道、被中国反帝大同盟吸收为成员的陆达、重庆红岩村第十八集团军办事处的林华、南京国民政府军政部的李世俊等，为根据地的事业发展做出了突出贡献。

——朱鸿召. 延安日常生活中的历史（1937—1947）. 桂林：广西师范大学出版社，2007：34-35；中国科学技术协会. 中国科学技术专家传略：工程技术编. 北京：机械工业出版社，1996：127-129.

② 刘英. 刘英自述. 北京：人民出版社，2005：125.

奇、何干之、周扬等等①，为延安时期哲学社会科学的繁荣发展奠定了重要人才基础。在知识分子入党问题上，强调不受家庭出身限制，不怕社会关系复杂，只要表现好，思想进步，历史清楚就可以。积极引导知识分子追求进步，提高无产阶级觉悟②。在物质方面，对专家给予特别优待的政策。

在当时物资供应紧张的情况下，"对知识分子比较优待，教师的津贴一般高于党政干部，教师的最高津贴比院长高。基本标准是教师10～16元，院长、部处长、助教6～10元，科长5元，研究人员4元，科员3元，学生1～2元。在1941年的一份鲁艺'术字第19号通告'的文件中规定，无论是教师还是助教，兼课者，一律另加讲课津贴两元"③。当时在延安抗大任教的徐懋庸回忆说："红军出身的各级领导干部，一般每月的津贴费，最多不过四五元，而对一部分外来的知识分子，当教员或主任教员的，如艾思奇、何思敬、任白戈和我这样的人，津贴费每月十元。一九三八、一九三九年间，延安的物价很便宜，猪肉每斤只值二角，鸡蛋一角钱可买十来个。所以，这十元津贴费，是很受用的。"④ 著名学者何干之到达延安后，中央给予他很高的待遇，"决定发给他每月20元津贴，并派一个警卫员照顾他"⑤。冼星海给朋友的信中也提道："这比起上海、武汉时虽不如，但自由安定，根本不愁生计，则是那里没有的。如果比起在法国的生活，更好得多了。"⑥ 奈尔发表文章说：

> 想到在外面愁吃愁穿，在延安则不管你工作和休息，总会有饭吃，而且从来没有一个人认为吃饭是受人"恩赐"，或者像外面一样有吃"下贱饭"之感。假如伙食不好，还得向总务处第一第二……的大提意见。这样说来，延安的吃饭问题的确太容易解决了。……吃在延安，既不像"吃在广州"的那样讲究，也不像整天

---

① 王海军. 真理的追求：延安时期知识分子群体与马克思主义中国化研究. 北京：人民出版社，2013：61-70.

② 吴晓敏，吴方宁，潘泽林. 中国共产党关于知识分子问题的理论与实践：现代化进程中的中国共产党与中国知识分子. 南昌：江西人民出版社，2007：20.

③ 王培元. 延安鲁艺风云录. 桂林：广西师范大学出版社，2004：32.

④ 徐懋庸. 徐懋庸回忆录. 北京：人民文学出版社，1982：121.

⑤ 何干之，刘炼. 何干之文集：第1卷. 北京. 北京出版社，1993：14.

⑥ 冼星海. 我学习音乐的经过. 北京：人民音乐出版社，1980：19.

排队买不着米，小孩子饿到发昏的那样悲惨，而是"有饭大家吃，有吃大家饱"的吃法。①

1942 年 5 月，由中共中央书记处颁发《文化技术干部待遇条例》，规定"在文艺界有威望、有著作、有成就者"，每月给予 15 元至 30 元的津贴，伙食"以吃小厨房为原则"，窑洞要做到"一人独住，且保证内部阳光空气之足够"②，等等。对于他们的待遇，例如当时的甲类人员：

津贴：每月 15～30 元；

伙食：以吃小厨房为原则；

窑洞：一个独住，且保证内部阳光空气之足够；

衣服：每年特制棉单衣各一套；

书报：由各机关提出名单，交统战部审查，通知出版发行机关发给之；

勤务员及马匹：以尽量便利其工作为原则。③

这就充分保证了他们能够全身心投入研究，他们许多重要的哲学社会科学著作在延安时期问世，提高了马克思主义哲学社会科学的研究水平。

解放战争时期，随着解放区的不断增加，需要哲学社会科学工作者参与到解放区的建设中来。抗战时期，毛泽东在党的七大的政治报告《论联合政府》中指出："在八年抗日战争中，广大革命知识分子对于中国人民解放事业所起的作用，是很大的。在今后的斗争中，他们将起更大的作用。"④ 1948 年 1 月，毛泽东提出，中国知识分子的绝大多数"是可以参加革命或者保持中立的"，"必须分别情况，加以团结、教育和任用"⑤，这是对当时党的知识分子政策的高度概括。任弼时在 1948 年 1 月指出，知识分子的事业"是一种脑力劳动"，"对于这些脑力劳动者，民主政权应采取保护他们的政策，并且应当尽量争取他们为人民共

---

① 奈尔."吃"在延安. 解放日报，1942-03-01.

② 陕甘宁边区财政经济史编写组，陕西省档案馆. 抗日战争时期陕甘宁边区财政经济史料摘编：第 6 编. 西安：陕西人民出版社，1981：605.

③ 武衡. 延安时代科技史. 北京：中国学术出版社，1988：478-479.

④ 毛泽东. 毛泽东选集：第 3 卷. 2 版. 北京：人民出版社，1991：1082.

⑤ 毛泽东. 毛泽东选集：第 4 卷. 2 版. 北京：人民出版社，1991：1270.

和国服务"①。1948 年 3 月，毛泽东又明确指出，一切受迫害、受限制的知识分子，同"一切体力劳动者（如工人、农民、手工业者等）"一样，都属于"劳动人民"②。毛泽东依据马克思主义阶级分析法，对当时中国知识分子阶级属性所做的正确界定，为党制定正确哲学社会科学工作者政策奠定了重要理论基础。

（二）党的领导人对哲学社会科学的重视与指导

1. 党的领导人对哲学社会科学的高度关注

新民主主义革命时期，党的领导人对哲学社会科学的发展及其作用给予了高度关注。1929 年 12 月，毛泽东在红军第九次代表大会决议案中，针对党内教育问题，为提高党内的政治水平，肃清党内各种偏向，提出加强党的指导的系列方法，如"革命的目前阶段和它的前途问题""游击区域社会经济的调查研究""政治分析""群众工作的策略和技术""社会经济科学的研究""马克思列宁主义的研究"等，其中，对于唯心观点纠正方法，就是：

（一）教育党员用马克思列宁主义的方法去作政治形势的分析和阶级势力的估量，以代替主观主义的分析和估量。（二）使党员注意社会经济的调查和研究，由此来决定斗争的策略和工作的方法，使同志们知道离开了实际情况的调查，就要堕入空想和盲动的深坑。（三）党内批评要防止主观武断和批评庸俗化，说话要有证据，批评要注意政治。③

这充分彰显了我们党对哲学社会科学研究重要作用的高度重视。

在全民族抗战时期，党的领导人更加强调哲学社会科学研究在抗战事业中的重要作用。1938 年 10 月，毛泽东在中共六届六中全会上的报告，不但总结了抗战以来的斗争经验和纠正党内的一些错误，而且对于哲学社会科学在中国发展的重要性，从抗战事业的高度给予了充分重视，指出要以哲学社会科学研究来指引中共领导革命事业的发展。毛泽东在政治报告《中国共产党在民族战争中的地位》中强调党的干部在哲

---

① 任弼时. 任弼时选集. 北京：人民出版社，1987：430−431.
② 毛泽东. 毛泽东选集：第 4 卷. 2 版. 北京：人民出版社，1991：1287.
③ 毛泽东. 毛泽东文集：第 1 卷. 北京：人民出版社，1993：84−85.

学社会科学研究中的重要作用，"干部应当着重地研究这些，中央委员和高级干部尤其应当加紧研究。指导一个伟大的革命运动的政党，如果没有革命理论，没有历史知识，没有对于实际运动的深刻的了解，要取得胜利是不可能的"①。针对哲学社会科学学习与研究的具体内容，毛泽东要求党员干部重点学习马克思主义理论和中国历史，将马克思主义理论作为革命的科学来学习与研究，"不但应当了解马克思、恩格斯、列宁、斯大林他们研究广泛的真实生活和革命经验所得出的关于一般规律的结论，而且应当学习他们观察问题和解决问题的立场和方法"②。对于学习与研究中国历史，要用马克思主义方法进行批判性总结，强调"从孔夫子到孙中山，我们应当给以总结，承继这一份珍贵的遗产"③。在这次中央全会上，毛泽东正式提出了"马克思主义中国化"这一科学概念，强调哲学社会科学研究要具有中国特色、中国作风和中国气派。

哲学社会科学和自然科学在社会发展中各有不同的作用，1940年8月，周恩来在《抗战中的文化工作和文化运动》中指出："我们应当从各方面重视文化运动，具体地加以帮助，使军事与文化两条战线并进。"④ 1941年8月，为庆祝陕甘宁边区自然科学研究会第一届年会召开，朱德在《把科学与抗战结合起来》中指出："马列主义是反对黑暗与落后，尊重科学与文明的。……现在中华民族正处在伟大的抗战建国过程中，不论是要取得抗战胜利，或者建国的成功，都有赖于科学，有赖于社会科学，也有赖于自然科学。"⑤ 对于推动哲学社会科学研究的条件，朱德指出："只有抗战胜利，民主成功，中国的科学才能得到繁荣滋长的园地。……不能想象，在黑暗的独裁专制之下，科学会有前途。"⑥ 1942年2月，毛泽东在《整顿党的作风》中提出："自从有阶级的社会存在以来，世界上的知识只有两门，一门叫做生产斗争知识，一门叫做阶级斗争知识。自然科学、社会科学，就是这两门知识的结晶，哲学则是关于自然知识和社会知识的概括和总结。"⑦ 党的领导人对于

①② 毛泽东. 毛泽东选集：第2卷. 2版. 北京：人民出版社，1991：533.

③ 同①534.

④ 中共中央文献研究室. 周恩来文化文选. 北京：中央文献出版社，1998：24.

⑤ 朱德. 朱德选集. 北京：人民出版社，1983：76.

⑥ 同⑤77.

⑦ 毛泽东. 毛泽东选集：第3卷. 2版. 北京：人民出版社，1991：815-816.

哲学社会科学发展及其对革命事业重要作用的高度重视（见表1-2），有效调动了全党上下尤其是进步哲学社会科学工作者对社会科学研究的热情，推动了该时期哲学社会科学体系的初步构建。

表1-2　党的领导人对哲学社会科学的主要阐释作品（1919—1949）

作品	作者	时间	出处
《教育改造与社会改造》	恽代英	1921年	《恽代英全集：第4卷》
《在新民学会长沙会员大会上的发言》	毛泽东	1921年1月	《毛泽东著作选读（上册）》
《文化运动与社会运动》	陈独秀	1921年5月	《陈独秀文章选编》中
《怎样研究社会科学》	恽代英	1924年3月	《恽代英全集：第6卷》
《学术救国》	恽代英	1924年4月	《恽代英全集：第6卷》
《论我们的宣传鼓动工作》	张闻天	1932年11月	《张闻天选集》
《在延安在职干部教育动员大会上的讲话》	毛泽东	1939年5月	《毛泽东文集：第2卷》
《邓小平等关于大量吸收知识分子参加军政工作给所属各部的指示》	邓小平	1941年4月	《建党以来重要文献选编：第18册》
《把科学与抗战结合起来》	朱德	1941年8月	《朱德选集》
《关于陕甘宁边区的文化教育问题》	毛泽东	1944年3月	《毛泽东文集：第3卷》
《开展大规模的群众文教运动》	李维汉	1944年11月	《李维汉选集》
《对马列学院第一班学员的讲话》	刘少奇	1948年12月	《刘少奇选集：上卷》
《新民主主义的文化教育》	周恩来	1949年8月	《周恩来文化文选》

2. 党的领导人亲自从事并指导哲学社会科学研究

在新民主主义革命时期，党的领导人充分发挥榜样示范作用，亲自从事哲学社会科学研究。李大钊的《我的马克思主义观》《史学要论》，陈独秀的《马克思的两大精神》《马克思学说》《关于社会主义问题》，李达的《社会学大纲》，瞿秋白的《社会哲学概论》《社会科学概论》《现代社会学》，毛泽东的《中国社会各阶级的分析》《实践论》《矛盾论》《中国革命战争的战略问题》，蔡和森的《社会进化史》，等等，成为推动哲学社会科学研究与学习的重要经典著作。

中国共产党成立后，伴随着马克思主义在中国的深入传播，我们党的领导人开始把唯物史观作为全党学习与研究的重要哲学基础。1919 年，《新青年》连载李大钊的《我的马克思主义观》，其阐述了马克思主义唯物史观、剩余价值学说和阶级斗争理论，对马克思主义做了比较完整的介绍，推动了马克思主义在近代中国的传播与研究。陈独秀的《马克思的两大精神》，是他在纪念马克思诞辰和中国社会主义青年团成立大会上的演讲，最早载于 1922 年 5 月 23 日的《广东群报》，体现出了陈独秀对马克思主义科学精神和实践精神的把握，著作内容主要包括"实际研究的精神"和"马克思实际活动的精神"，注重以马克思的实际研究精神去研究当下社会状况。陈独秀已认识到马克思主义的科学性质，强调不仅要研究马克思主义学说，重在将其学说应用于社会实践。他的《关于社会主义问题》首次提到"社会主义"概念，集中阐述了陈独秀对社会主义的认识，表达了我们为什么相信社会主义、我们相信何种社会主义及社会主义如何在中国进行三方面的内容，对于当时人们认识社会主义、弄清社会主要矛盾和革命任务具有重要理论指导意义。《社会哲学概论》是瞿秋白系统介绍马克思主义的著作，对唯物辩证法基本规律做了深刻阐述，给中国社会科学研究提供了强大哲学思想武器，推动了马克思主义辩证唯物论在中国的研究与传播。

毛泽东极为关注哲学社会科学在近代中国革命中的作用，倡导以马克思主义观点研究近代中国革命与社会发展中的重大问题。在《中国社会各阶级的分析》中，毛泽东以马克思主义唯物史观为方法论指导分析中国社会，认为必须从经济地位出发分析中国社会各阶级。例如，他指出，中国的地主阶级和买办阶级"是附属于帝国主义的"，"是极端的反革命派"[①]。民族资产阶级在经济上的两面性决定了其政治态度上的两面性，即"赞成反帝国主义反军阀的革命运动"和"怀疑革命"[②]。毛泽东从经济基础分析各个阶级的政治立场，是马克思主义唯物史观在中国革命实践中的灵活运用。

毛泽东为中国哲学发展做出重要贡献，在《实践论》中，毛泽东将"辩证唯物论的知行统一观"解释为"实践和认识之每一循环

---

① ②　毛泽东. 毛泽东选集：第 1 卷. 2 版. 北京：人民出版社，1991：4.

的内容，都比较地进到了高一级的程度"①。在从事研究过程中，毛泽东十分重视社会调查工作，1926 年，他在湖南湘潭西乡通过调查研究，撰写《中国佃农生活举例》调查报告，深刻揭示了中国佃农悲惨的"比牛还苦"的现实生活，该调查报告当时作为"中央农民运动讲习所"的教材。后来在井冈山时期做过多次较大的调查研究，从 1927 年 11 月做永新、宁冈两县的系统调查，到 1930 年 5 月的寻乌调查、1931 年 1 月的兴国调查，再到 1933 年 11 月主持长冈乡调查和才溪乡调查，等等。毛泽东将是否进行社会调查提到指导中国革命的高度，同时也对该时期中国哲学社会科学研究良好学风的形成产生了重要影响。

除亲自研究外，毛泽东还经常鼓励和指导哲学社会科学工作者，围绕着学术研究同他们积极进行理论互动，尤其在延安时期，由于局部环境的相对稳定，使得这种理论"互动"更为频繁。主要通过研读学术著作、互通书信、参加各种学习组和研究会等途径相互交流，互动内容涉及哲学、史学、文艺理论等方面。毛泽东与艾思奇探讨哲学，与何干之探讨历史，与陈伯达探讨古代哲学，与范文澜谈经学等。毛泽东先后多次与何干之、周扬、潘梓年、萧三、吴玉章、范文澜、周文、萧军、胡乔木、郭沫若等人通过书信形式探讨马克思主义哲学、史学及文艺理论等问题，他们之间的理论探讨进一步促进了哲学社会科学的宣传与研究。

1939 年 1 月，毛泽东充分肯定了何干之从事民族史研究的方法，他指出：

> 我们同志中有研究中国史的兴趣及决心的还不多，延安有陈伯达同志在作这方面的研究，你又在想作民族史，这是很好的，盼望你切实地做去。我则有志未逮，我想搜集中国战争史的材料，亦至今没有着手。我的工具不够，今年还只能作工具的研究，即研究哲学，经济学，列宁主义，而以哲学为主，将来拟研究近代史，盼你多多指教。②

毛泽东还提出了进一步完善的建议，希望两本新书出版时，"盼各

---

① 毛泽东. 毛泽东选集：第 1 卷. 2 版. 北京：人民出版社，1991：297，296.
② 毛泽东. 毛泽东书信选集. 北京：人民出版社，1983：136.

付我一本"①。陈伯达在马克思主义哲学研究方面取得了很大成绩，当年陈伯达在发起"新启蒙运动"特别是在他的成名作《真理的追求》一书出版之后，就开始引起远在延安的毛泽东的注意②。1939 年 2 月，在读完陈伯达所写《墨子的哲学思想》后，毛泽东给陈伯达写信，肯定了文章的贡献，并提出了自己的意见：

> 伯达同志：《墨子哲学思想》看了，这是你的一大功劳，在中国找出赫拉克利特来了。有几点个别的意见，写在另纸，用供参考，不过是望文生义的感想，没有研究的根据的。③

毛泽东认为这篇文章的题目"似改为'古代辩证唯物论大家——墨子的哲学思想'或'墨子的唯物哲学'较好"④。随后，陈伯达连续写出《孔子的哲学思想》《老子的哲学思想》等有关中国古代哲学研究的著作。

1940 年 9 月，毛泽东看到范文澜给延安新哲学会作中国经学史的演讲的提纲后，专门写信鼓励范文澜：

> 提纲读了，十分高兴，倘能写出来，必有大益，因为用马克思主义清算经学这是头一次，因为目前大地主大资产阶级的复古反动十分猖獗，目前思想斗争的第一任务就是反对这种反动。⑤

在党的领导人的示范和指导下，新民主主义革命时期的哲学社会科学工作者在各自研究领域取得了显著成就，产生了艾思奇、郭沫若、翦伯赞、吕振羽等一批大师级学者，为马克思主义哲学社会科学体系的构建提供了重要人才支持。

总之，近代以来西方哲学社会科学伴随着船坚炮利传入中国，推动了我国哲学社会科学各学科的逐步形成。五四新文化运动以来，哲学社会科学工作者开始重新审视西方文化，尤其在一战的影响下，他们开始反思并逐步放弃对西方社会制度的期盼，转而认同并接受了马克思主义，并对马克思主义进行了选择性译介和传播，这对哲学社会科学的本土化进程产生了重要影响。与自由主义、文化保守主义等思

---

① 毛泽东. 毛泽东书信选集. 北京：人民出版社，1983：137.

② 叶永烈. 陈伯达传：上. 北京：人民日报出版社，1999：168.

③④ 同①140.

⑤ 同①163.

潮的本土化主张相比，马克思主义派的本土化主张体现了时代性与民族性的统一，更符合中国社会发展的实际。而中国共产党的领导则为我国哲学社会科学本土化提供了有力政治保障，以上这些因素共同构成了新民主主义革命时期中国马克思主义哲学社会科学发展的重要社会历史语境。

第二章　中国马克思主义哲学社会科学体系建构的学术阵地

新民主主义革命时期，中共领导建立的出版管理机构、教育与研究机构、学术团体、学术报刊等，成了马克思主义哲学社会科学建构的重要依托和学术阵地，也是推动马克思主义哲学社会科学发展的重要方式，对马克思主义哲学社会科学发展及其体系建构发挥了重要理论指导和研究平台作用。该时期，伴随着马克思主义在中国的深入传播和中共对新民主主义革命实践的不断探索，以马克思主义为指导的中国特色哲学社会科学体系得到初步建构与发展。

一、中国共产党哲学社会科学出版政策与出版管理机构

自建党伊始，中共就非常重视哲学社会科学领域的出版宣传工作，在民主革命不同时期，先后领导制定了许多关于出版发行与宣传哲学社会科学的方针政策（详见"附录1　中国共产党领导马克思主义哲学社会科学发展方针政策部分统计表（1919—1949）"），把出版工作视为党在战争年代配合武装斗争的另一条重要战线。在出版机构方面，该时期党先后领导成立了人民出版社、解放社、新华书店等上百家专业出版社。这些出版机构出版了大量哲学社会科学著作及其他大量革命进步书刊。

（一）建党初期和大革命时期哲学社会科学出版机构的起步与探索

在新民主主义革命时期，中共领导成立的哲学社会科学出版机构主要包括出版管理机构和出版发行机构两大类。1921—1927 年的建党初期和大革命时期，是中共创办哲学社会科学出版发行机构的起步与探索阶段。其间，中共通过代表大会制定各种出版宣传政策，确立出版组织原则，建立出版管理机构，出版发行哲学社会科学著作和其他进步革命书刊，大力宣传中国共产党的政治纲领及其革命主张。在中共领导下，先后成立了新青年社、人民出版社、上海书店等发行机构，积极向广大群众进行理论宣传和教育，为哲学社会科学著作出版奠定了重要组织基础。

1. 中共哲学社会科学出版政策制定与出版管理机构的初步建立

根据当年共产国际的指示，中国共产党成立初期的主要任务之一，就是宣传马克思主义。1921—1927 年，中共先后颁布了系列关于出版物发行、出版管理、出版监督及编辑机构等方面的决议案、指示和规定，推动党的早期哲学社会科学出版政策机制的形成（见表 2-1）。同时，组建成立了系列中央出版管理机构。

表 2-1　中国共产党关于哲学社会科学发展的方针政策部分统计表（1919—1927）

文件	时间	出处
《中国革命党应该补习的功课》	1920 年	1920 年 1 月 3 日《星期评论》"新年号"
《中国共产党第一个决议》	1921 年	译自中共驻共产国际代表团档案的俄文稿
《中国共产党第二次全国代表大会宣言》	1922 年 7 月	1926 年《中国共产党五年来之政治主张》
《党内组织及宣传教育问题议决案》	1924 年 5 月	1924 年 5 月 20 日《中国共产党党报》第三号
《对于宣传工作之议决案》	1925 年 1 月	《中国共产党第四次大会议决案及宣言》
《宣传问题议决案》	1925 年 10 月	《中国共产党扩大执行委员会议决案》
《关于宣传部工作议决案》	1926 年 7 月	《中国共产党第三次中央扩大执行委员会议决案》

从哲学社会科学出版管理部门的设置看，该时期建立了中央执行委员会、中央机关报编辑委员会、中央出版局和中央出版局发行科等出版管理机构，使中共早期哲学社会科学出版管理机构的设置经历了一个从无到有和逐步完善的发展过程。

（1）中央执行委员会。

在马克思主义经典作家报刊思想的影响和指导下，1921 年中共一大明确将宣传马克思主义理论作为重要任务①。1921 年 11 月，中共中央局发出《中国共产党中央局通告》，对哲学社会科学等进步书籍的出版工作做出具体指示。由此，哲学社会科学著作的出版开始进入有组织有计划的实施轨道。1922 年 7 月，中共二大召开，规定出版工作主要由中央执行委员蔡和森负责。9 月，根据共产国际指示，中央决定发行党的重要出版物——中共中央机关报《向导》，由陈独秀领导其筹备出版。

（2）中央教育宣传委员会。

1923 年中共三大通过《中国共产党中央执行委员会组织法》，规定中共首个哲学社会科学著作出版发行管理机关为中央执行委员会，作为党的最高指导机关，它还兼负责党的出版工作。中央执行委员会负责"发行用本党名义之出版物"②。随着形势变化，中共中央将哲学社会科学著作出版工作纳入党的宣传教育工作之中。1923 年 11 月，中共颁布《教育宣传问题议决案》，规定哲学社会科学著作出版物的出版问题由教育宣传委员会管理。"共产党员人人都应是一个宣传者"，"至于材料，可以取之于 C. P.（The Communist Party of China，中国共产党）、S. Y.（The Socialist Youth League of China，中国社会主义青年团）之

---

① 知识分子出身的中共一大代表十分重视党的宣传教育工作，中共一大召开之际，全国 50 名党员中，仅湖北有两名失业工人。中共一大代表的职业，在当时都属于知识分子，从事文化教育和新闻等工作：长沙代表毛泽东是湖南师范第一附属小学的主事，相当于小学校长，何叔衡是该校教师；上海代表李汉俊和李达是商务印书馆编译；北京代表张国焘是北京西城区文化补习学校的数理教师，刘仁静是英语教师；武汉代表董必武是武汉中学校长，陈潭秋是英语老师；山东代表王尽美是济南一师学生，邓恩铭是济南一中学生；广州代表陈公博是广东法政专科学校教授，包惠僧由陈独秀通过《新青年》发行人苏新甫介绍到报馆工作；日本代表周佛海是日本第七高等学校（相当于中国大学的预科）中国留学生。

——张静如. 中国共产党全国代表大会史丛书：从一大到十七大：第 1 册. 沈阳：万卷出版公司，2007：97-98.

② 中共中央文献研究室，中央档案馆. 建党以来重要文献选编（1921—1949）：第 1 册. 北京：中央文献出版社，2011：268.

出版物。出版物及团体内的宣传教育方法亦另定暂时的办法，见教育宣传委员会的组织法。"① 1923 年 10 月，中共中央成立中央教育宣传委员会，由蔡和森任中央教育宣传委员会书记。作为中共领导制定的第一个宣传工作的专门法规，《教育宣传委员会组织法》对人员构成、机构设置、任务职责等进行了明确规定（详见"附录 2　教育宣传委员会组织法（1923 年 10 月）"）。

　　该组织法规定，中央教育宣传委员会由编辑部等多个主要部门构成，由党中央直接指导。在这些主要部门中，编辑部负责《前锋》月刊（中国及世界的政治经济的研究宣传机关）、《新青年》季刊（学理的马克思主义的研究宣传机关）、《向导》周刊（国内外时事的批评宣传机关）与《党报》（不定期期刊，党内问题讨论及发表正式的决议案、报告等）的编辑出版工作。函授部负责开设"经济学及社会进化史""社会学及唯物史观""国际政治及帝国主义"等哲学社会科学课程。通讯部职责是"编译一切与运动及主义有关之文件及材料"②，该部分为英文股、俄文股、法文股、德文股和日文股等，"各股译员每月所翻译之材料目录及其来源用处等项，都须报告主任以备查核统计"③。印行部的主要职责在于负责印刷和发行刊物及讲义等出版品，这样一来，中央教育宣传委员会的编辑部和印行部成为负责宣传和出版哲学社会科学著作的专门机构。

　　（3）中央机关报编辑委员会。

　　1924 年 5 月，中共中央通过《党内组织及宣传教育问题议决案》，决定在中央及地方设立工作部门，以负责本党党务组织、宣传、教育和工农运动，指出"中央及区亦应分设宣传、组织、工农等部分担责任"④。该议决案强调要着力加强党的宣传工作，规定中央设主持一切机关报的编辑委员会即中央机关报编辑委员会，作为专门从事党报工作的出版管理机构，指出"中央机关报编辑委员会同时指导各地参与国民党报纸的同志。中央机关报编辑委员会应当是真正工作的集合体，指导并训练政治及策略问题的全党思想"⑤。

---

　　①　中国社会科学院新闻研究所. 中国共产党新闻工作文件汇编：上卷. 北京：新华出版社，1980：4.

　　②③　同①8.

　　④⑤　同①14.

（4）中央出版科与中央发行部。

为加强党的宣传工作，1924 年 5 月，成立中共中央出版局。1925 年 1 月，中共四大通过《对于宣传工作之议决案》，对中央领导机构有了新要求，指出 "中央应有一强固的宣传部负责进行各事"①，随后正式建立中央发行部，以 "统一领导全国党的刊物出版与发行工作"②。9 月，成立中共中央出版发行部（亦称中央出版委员会），由王若飞兼任部长。11 月，《中共中央通告第二十二号》（关于出版分配的）提道，各省委应有关于出版分配的组织，发行刊物须向购买者收取刊费等。以此为基础，中共哲学社会科学出版管理机构进一步发展健全。

（5）中央编译委员会与中央编辑委员会。

1925 年中共四大通过《对于宣传工作之议决案》，决定成立中央编译委员会，主要负责编译党内外信息材料，指出中央编译委员会应编译关于列宁主义、国际政策、政治经济状况等方面资料。中央编译委员会的成立，标志着党的出版管理机构建设进入具体阶段。10 月，中央执行委员会通过《宣传问题议决案》，提出应该在中央建立相应组织机构，负责翻译有关书籍，指出 "翻译马克思主义的书籍——是文字上的宣传和鼓动的根本职任"③。

1926 年 7 月，中央通过《关于宣传部工作议决案》，提出须设立编辑委员会，由《新青年》《向导》的主任编辑组成。同年秋，中央编辑委员会在上海成立，主要职责是 "定期对中央机关各出版物进行审查，以使中央对各地方出版物能有具体指导；增设消息科，负责将现有中外报纸杂志每星期每月编成言论及消息记录，交给中央各部各机关报编辑部；设立图书馆，负责将重要的中西书籍分类按期编成目录，并收集中央及各地一切刊物"④ 等。

（6）中央党报委员会。

1927 年 5 月，中央成立出版科，同时，成立中央党报委员会，主要

---

① 中共中央文献研究室，中央档案馆. 建党以来重要文献选编（1921—1949）：第 2 册. 北京：中央文献出版社，2011：256.

② 中共中央组织部，中共中央党史研究室，中央档案馆. 中国共产党组织史资料：第 1 卷. 北京：中共党史出版社，2000：43.

③ 同①530.

④ 中共中央宣传部办公厅，中央档案馆编研部. 中国共产党宣传工作文献选编（1915—1937）：第 1 册. 北京：学习出版社，1996：732-737.

负责对党所创办和经营的党报和机关报刊的管理。"机关报之党报委员会，由政治局委任之。政治局之下应设一特别的出版委员会，专掌传播党的机关报及中央一切宣传品的责任。"① 同年 11 月，中央决定中央党报委员会由瞿秋白兼任主任，委员包括"瞿秋白、邓中夏、黄平、毛泽东、周恩来、恽代英、罗章龙、尹宽、夏曦、郑超麟、蔡和森、周以栗、王一飞、王若飞、陆定一、刘伯庄、李富春、夏之栩、罗亦龙、任旭、李立三、刘昌群、罗绮园"② 等。除了中央党报委员会外，该时期还成立了中央出版局和中央出版局发行科，负责书籍报刊的出版发行业务。

2. 中央出版发行机构的建立

当年在共产国际指导下，中共自筹备和成立初期就重视哲学社会科学的出版发行工作，开始领导创办出版发行机构，出版包括马克思主义经典著作在内的哲学社会科学著作和革命进步书刊。

1920 年毛泽东在湖南创办我国历史上第一个以宣传马克思主义为宗旨的书报发行机构——"文化书社"，恽代英在武汉创办"利群书社"，以"利群助人，服务群众"为宗旨，发行包括马克思主义著作在内的各种进步哲学社会科学著作，推动了哲学社会科学著作在武汉地区的传播。此外，还有王乐平在济南创办"齐鲁书社"等。1920 年 9 月，《新青年》杂志从第八卷第一号起，成立"新青年社"，成为较早成立的公开出版发行哲学社会科学著作的机构。该社由陈独秀负责，李达、沈雁冰、陈望道都参加过编辑工作。新青年社独立出版报刊和哲学社会科学著作，把宣传马克思主义与社会主义放在首位，除继续出版《新青年》杂志外，还出版了"新青年丛书"，涵盖了政治、哲学、历史、经济等主要领域，主要有《哲学问题》（（英）罗素著，黄凌霜译）、《社会主义史》（（英）克卡朴著，李季译）、《欧洲和议后之经济》（（英）坎斯著，陶孟、沈性仁译）、《工业自治》（（德）柯尔施著，张慰慈、高一涵译）、《阶级斗争》（（德）柯祖基著，恽代英译），以及《劳动界》、《伙友》和《京汉路工人流血记》等多种书刊③。后由于帝国主义和反动军阀破坏，新青年社于

---

① 中共中央文献研究室，中央档案馆. 建党以来重要文献选编（1921—1949）：第 4 册. 北京：中央文献出版社，2011：256.

② 中共中央组织部，中共中央党史研究室，中央档案馆. 中国共产党组织史资料：第 2 卷：上. 北京：中共党史出版社，2000：72-73.

③ 曹予庭. 党在早期设立的出版发行机构//中国出版工作者协会. 中国出版年鉴. 北京：商务印书馆，1981：363.

1921 年迁往广州。

除了新青年社外，1921 年 6 月，新文化运动中的知名人士陈独秀、李大钊、李达、沈雁冰、周建人、陈望道、邵力子等 15 人在上海组织成立"新时代丛书社"，"社址在上海法租界贝勒路树德里 108 号（今兴业路 76 号），这里原为李汉俊和其兄李书城的寓所，也就是中共召开'一大'的会址"①，该社从 1922 年开始出版哲学社会科学进步书籍。1921 年 7 月，中共一大后相继成立了包括中央宣传部、中央执行委员会以及中央出版发行部等在内的各种中央机构，领导哲学社会科学出版工作。其中，中央宣传部是党内最早的一个领导出版工作的机构，李达担任宣传主任。在中央统一领导下，成立了包括人民出版社在内的多个出版机构，这些出版机构大多处于地下秘密工作状态，为出版发行哲学社会科学著作做出了积极贡献。

（1）人民出版社——党成立后创办的第一个出版社。

1921 年，李达领导成立中央最早领导出版工作的业务机关——人民出版社，专门负责翻译出版马克思主义经典著作和其他哲学社会科学著作。1921 年 11 月，《中国共产党中央局通告》要求在次年 7 月以前，出版"马克思全书" 15 种、"列宁全书" 14 种、"康民尼斯特丛书"（"共产主义者丛书"） 11 种，其他 9 种②。

在当时的严峻形势下，人民出版社为避免反动政府破坏，便欲在上海秘密出版发行进步哲学社会科学著作，在出版物上刊印了"广州人民

---

① 周子东，傅绍昌，杨雪芳，等. 马克思主义在上海的传播（1898—1949）. 上海：上海社会科学院出版社，1994：114.

② "马克思全书"主要包括：《马克思传》《工钱、劳动与资本》《价值价格与利润》《哥达纲领批评》《共产党宣言》《法兰西内乱》《资本论》《剩余价值论》《经济学批评》《革命与反革命》《自由贸易论》《神圣家族》《哲学之贫乏》《犹太人问题》《历史法学派之哲学的宣言》；"列宁全书"主要包括：《列宁传》《国家与革命》《劳农会之建设》《无产阶级革命》《现在的重要工作》《劳工专政与宪法会议选举》《讨论进行计划书》《写给美国工人的一封信》《劳农政府之成功与困难》《共产主义"左派"幼稚病》《帝国主义：资本主义的末局》《第二国际之崩坏》《共产党礼拜六》《列宁文集》；"康民尼斯特丛书"主要包括：《共产党底计划》《俄国共产党党纲》《共产主义与无政府主义》《世界革命计划》《共产主义入门》《共产主义》《创造的革命》《致权力之路》《第三国际议案及宣言》《共产主义与恐怖主义》《国际劳动运动中之重要时事问题》；其他九种主要包括：《马克思学说理论的体系》《空想的与科学的社会主义》《伦理与唯物史观》《简易经济学》《多党底理论》《俄国革命记实》《多数党与世界和平》《马克思经济学》《家庭之起源》。

——人民出版社通告. 新青年，1922，9（5）.

出版社"的字样，社址写成"广州昌兴新街二十六号"①，书的译者和编者一般都不用真名实姓，在上海和广州从事出版发行工作。1923 年人民出版社归并到广州新青年社，其出版经费主要来自共产国际的拨款。人民出版社尽管存在时间短，但在我国哲学社会科学著作出版史上却是第一次有组织、有计划地系统翻译出版包括马克思主义经典著作在内的哲学社会科学著作，推动了哲学社会科学在我国 20 世纪初期的发展。

（2）上海书店——第一个向全国发行革命书刊的机构。

1923 年新青年社因经费等问题从广州迁回上海，易名为上海书店。据曾在上海书店主持工作的徐白民回忆：

> 党在上海本来有一个公开的发行机构，那就是新青年社，社址在法租界大自鸣钟对面，被法捕房封闭以后，就迁到广州去。可是在广州究嫌偏僻，各方面都感到不便，这时实有迁回的必要；只是迁回来不能再用原来的名称，也不能再设在租界里，因此决定另起炉灶，地址在华界，但须顾到交通的便利。大约过了一个月，在小北门找到了一座店房，一楼一底，还有一间过街楼，倒很实用，交通也算便利。店址确定后，就办租赁手续，一切都顺利地解决。于是中央取了一个店名，叫做上海书店。②

因此，为便于公开经营，新青年社改为"上海书店"，以上海为中心，书店建立了马克思主义和社会主义书籍发行网络。该书店很快在国内外建成了庞大发行网，其分社有长沙文化书社、南昌明星书店、湘潭书店、广州国光书店、太原明星书店、潮州韩江书店、安庆新皖书店、重庆新署书店、青岛书店、宁波书店、巴黎书报社、海参崴五一书店、香港代销处，随后还创办了自己的印刷所——国民印刷所③。这样一来，以上海书店为中心，逐步形成了一个广泛传播哲学社会科学著作的发行网。1925 年 6 月，书店建立了党的第一个印刷机构——崇文堂印务局（国华印刷所）。1926 年，军阀孙传芳编制莫须有

---

① 中共中央马克思恩格斯列宁斯大林著作编译局马恩室. 马克思恩格斯著作在中国的传播. 北京：人民出版社，1983：22.

② 张静庐. 中国现代出版史料：甲编. 北京：中华书局，1954：61-62.

③ 庄前生. 马克思主义经典文献的出版和传播研究. 北京：中国社会科学出版社，2010：64.

罪名，封停了上海书店。

（3）汉口长江书店——公开的哲学社会科学出版发行机构。

1926年2月，上海书店被查封，中国共产党希望重新建立一个公开的出版发行机构。同年10—11月，中共在武汉创办汉口长江书店，该店一度成为全国进步书刊的公开出版发行中心，是当年国内出版发行哲学社会科学书籍最多的机构。1927年7月，汉口长江书店被军队查抄而被迫停业，中国共产党的出版工作转入地下。此外，中共还在广州平民书社基础上建立国光书店，包括当时的生活书店、商务印书馆、神州社等书店，在发行马列书籍等进步书刊方面做出了重要贡献。

党在早期设立的哲学社会科学出版发行机构，主要宣传党的方针、政策，利用各种形式出版多样书刊，并注意书籍的排印与装帧。在书刊销售方面，巧妙采取了多种灵活方法，如：

> 马克思的思想是现在一切社会主义政党的纲领，马克思的学说是现在研究社会科学的指针，此则不论赞成或反对，盖已为世界所公认。本局为纪念此伟大哲人，凡三个月内，购上述各书者，概以八折计。①

3. 哲学社会科学著作的出版发行

中共成立后，新青年社、人民出版社、上海书店、汉口长江书店等机构相继出版了大量哲学社会科学著作。

例如，在出版马克思主义经典著作方面，该时期出版的马克思主义书籍达160多种，为马克思主义在中国的传播和马克思主义中国化奠定了良好基础，出现了"经典原著出版与中国民众知识水平相结合的生动局面"②。具体言之，当年这些革命书店出版发行的马克思主义经典著作主要有：

如前所述，人民出版社成立后计划编辑出版"马克思全书"15种、"列宁全书"14种、"康民尼斯特丛书"11种，还有其他单行本理论书籍9种，共计49种，但由于军阀破坏，最后只出版了16种：

---

① 欢迎购买马克思著作. 今日，1922，1（4）.

② 孙家丽. 党的出版政策、机构与效应：1921—1927年. 重庆社会科学，2013（4）：91.

包括"马克思全书"三种：《共产党宣言》（陈望道译）、《工钱、劳动与资本》（袁让译）、《〈资本论〉入门》（李漱石译）；"列宁全书"五种：《劳农会之建设》（李立译）、《讨论进行计划书》（成则人译）、《共产党礼拜六》《劳农政府之成功与困难》（李墨耕译）、《列宁传》（张亮译）；"康民尼斯特丛书"四种：《共产党底计划》（张空明译）、《俄国共产党党纲》（张西望译）、《第三国际议案及宣言》（成则人译）、《国际劳动运动中之重要时事问题》（李墨耕译）以及《李卜克内西纪念》《两个工人谈话》《太平洋会议与吾人之态度》《俄国革命纪实》等四种小册子。①

1923年，为纪念马克思105周年诞辰，人民出版社编辑出版了我国第一本《马克思纪念册》，封面套红，印有马克思的半身像，内含《马克思诞生一百零五周年纪念日敬告工人与学生》纪念文章等。

上海书店主要是统一和扩大了哲学社会科学的宣传工作，最早出版发行的是瞿秋白著的上海大学讲义——《社会科学讲义》②，还重印了山川均著的《资本制度浅说》（施存统译）及刘宜之著的《唯物史观浅释》。除此之外，还出版了"中国青年社丛书"六种、"向导丛书"四种，主要包括《唯物史观》《关税问题与特别会议》等十种著作。上海书店还出版了《唯物史观浅释》（刘宜之著）、《马克思主义浅说》（任弼时等著）、《反帝国主义运动》（恽代英编）和《哥达纲领批判》（柯伯年译）等十余种新书，其中，《哥达纲领批判》是柯伯年为配合党的宣传工作需要翻译的。

汉口长江书店共出版新书47种，包括《马克思主义浅说》（山川均著，施存统译）及刘宜之著《唯物史观浅释》《无产阶级之哲学：唯物论》等，也重印马列图书如斯大林著的《列宁主义概论》（《论列宁主义基础》）及"马克思全书""中国青年丛书""列宁全书""新青年丛书"等。其中，"新青年丛书"由瞿秋白主编，该丛书的选题主要是列宁、布哈林、斯大林等权威理论家的著作，系统介绍马克思主义理论，主要

---

① 曹予庭. 党在早期设立的出版发行机构//中国出版工作者协会. 中国出版年鉴. 北京：商务印书馆，1981：364.

② 当年上海书店的出版物比较注意版式设计和印刷质量，如《社会科学讲义》用道林纸或白报纸印刷，有16开本的，也有32开本的，用彩色丝线装订。有平装本和精装本两种，封面上印有要目和提要，便于读者阅读。

包括了《列宁主义概论》（斯大林著，瞿秋白译）、《劳农政府之成功与困难》（列宁著，墨耕译）、《资本主义的稳定与无产阶级革命》（布哈林著，陆定一译）等12种。

国光书店出版发行了大量经典著作和宣传中共方针政策的进步革命书籍，主要有《共产党宣言》（陈望道译），《中国民族运动与劳动阶级》（赫莱尔著、东篱译），《马克思主义浅说》（中国青年社编），《唯物史观浅释》（刘宜之著），《马克思学说》（陈独秀著），《资本制度浅说》（山川均著、施存统译），《帝国主义浅说》、《省港罢工概论》（邓中夏著），《社会进化简史》（于树德著），《湖南农民革命》（毛泽东著）等。

此外，生活书店、商务印书馆、昆仑书店、华兴书局、神州社等，也相继出版了《费尔巴哈论》《反杜林论》《家庭、私有制和国家的起源》等许多经典著作。

（二）中央苏区时期哲学社会科学出版机构的初步完善

1927年大革命失败后，中共领导的革命活动被迫转入农村，先后建立了中央革命根据地和几十个地方革命根据地，亦称"中央苏区"。当前国内学界对中央苏区时间段定义不一，如有的学者认为，中央苏区（亦称中央革命根据地）是中共在创建红色根据地上首次局部执政时期，是从1927年10月到1934年10月。有学者认为，"苏区时期即指从1929年1月毛泽东、朱德率红军挺进赣南闽西始至1934年10月红军开始长征这个时间段"①。还有学者认为，中央苏区时期是从1927年大革命失败后到1937年全民族抗日战争爆发，共10年的历史，并将其具体划分为奠基开创阶段（1927年8月到1929年12月）、初步形成阶段（1930年1月到1930年10月）、正式建立阶段（1930年11月到1931年11月）、鼎盛发展阶段（1931年12月到1933年8月）、最终丧失阶段（1933年9月到1934年10月）和游击战争阶段（1934年10月到1937年10月）等六个阶段②。1931年11月，中华苏维埃共和国成立

---

① 张品良. 中央苏区出版物与马克思主义大众化传播//《新闻学论集》编辑部. 新闻学论集：第26辑. 北京：光明日报出版社，2011：239.

② 余伯流，凌步机. 中央苏区史. 南昌：江西人民出版社，2001：2-8.

后，苏区新闻出版事业迅速发展①。哲学社会科学出版机构的设立和书刊出版发行，都是同党领导的革命斗争紧密联系在一起的。

1. 中共关于出版哲学社会科学著作的方针政策

中央苏区时期，在哲学社会科学著作出版中，马列著作依然占重要分量。中共有组织有计划地翻译和出版马列著作，积极发行马克思、恩格斯、斯大林、布哈林及其他马克思主义、列宁主义领袖的重要著作②。当年瞿秋白、向忠发把懂英文和俄文的同志组织起来，成立了一个翻译组，翻译组的成员主要有沈泽民、张闻天、吴黎平等人，翻译了《法兰西内战》《两个策略》等经典著作。

1929 年 6 月，《中共中央政治局向六届二中全会的工作报告纲要》指出"马克斯列宁主义书籍的编译，也已开始出版，因此党在群众中的政治有相当的扩大"③。强调党必须有计划地加强马克思列宁主义的理论教育，翻译介绍马克思列宁主义的论著，用马克思列宁主义的理论解释共产国际与中国党的纲领与重要决议案，并且从各种实际政治的社会的问题引证解释马克思列宁主义的理论。党为此要编译各种理论的书籍小册子，要求党的理论刊物经常担负介绍马克思列宁主义的理论，并指导在实际问题中如何应用马克思列宁主义。文件还规定在中央宣传部属下建立翻译科、材料科、出版科、编辑委员会等。12 月，古田会议要

---

① 中央苏区新闻出版史是近年来国内学界研究的热点，主要表现在以下几方面：一是将中央苏区新闻传播置于中国新闻史的发展脉络中加以考察，以方汉奇的《中国新闻事业通史》、张静庐的《中国现代出版史料》为代表；二是专门对苏区新闻传播史进行考察的专著，如严帆的《中央革命根据地新闻出版史》（1991）及《中央苏区新闻出版印刷发行史》（2009）、洪荣华的《红色号角：中央苏区新闻出版印刷发行工作》（1993）、程沄的《江西苏区新闻史》（1994）等著作对此进行了较为全面的介绍和研究；三是将中央苏区新闻传播实践置于苏区史特别是中央苏区史的大格局中加以考察，这方面研究成果很丰富，其中以余伯流、凌步机合著的《中央苏区史》（2001）最为厚重，这类著作重点突出了苏区新闻传播在苏区各项工作和建设中的宣传和组织作用；四是在著名共产党领导人的研究中考察苏区新闻传播的著作，这类研究集中在红色报刊的社长、主编和著名作者上，分析他们对报刊的贡献，如《周恩来刘少奇朱德陈云与新闻出版》等。

——熊国荣. 革命与传播：对中央苏区新闻传播史的考察. 赣南师范学院学报，2011，32（1）：126.

② 中共中央文献研究室，中央档案馆. 建党以来重要文献选编（1921—1949）：第 5 册. 北京：中央文献出版社，2011：487.

③ 中共中央文献研究室，中央档案馆. 建党以来重要文献选编（1921—1949）：第 6 册. 北京：中央文献出版社，2011：246.

求加强马克思列宁主义的研究。1931 年 4 月，党中央发布《中共中央关于苏区宣传鼓动工作决议》，要求"必须经常做公开的共产主义的宣传"①。

1931 年 11 月，中华苏维埃共和国临时中央政府宣告成立后，中共更加重视哲学社会科学著作的出版。中央苏区通过的《党的建设问题决议案》对马列主义宣传工作等做出了具体规定，要求全党注意马克思主义的基本理论教育工作。后来中央又连续颁布系列有关宣传的决议、议案和训令等，如在《中华苏维埃共和国中央教育人民委员部训令》《中国农业工人工会第一次全国代表大会决议案》《中央关于苏区赤色工会的任务和目前的工作决议》等文件中，都提出要广泛宣传马克思列宁主义等。在中央的具体指示和号召下，苏区各级政府机关成立出版机构，翻印和出版哲学社会科学著作。

2. 中央出版管理机构的完善

该时期的中央出版管理机构主要是中共中央党报委员会，其建立在中共出版史上可谓意义重大。1927 年 5 月，中央决定成立中共中央党报委员会，主要负责对党创办的党报和各种理论刊物的管理。在《党的组织问题议决案》中指出，中央临时政治局负责党的出版与发行工作。1928 年 7 月，中共六大规定党报委员会与宣传部共同对中央政治局常委负责，均直属中央政治局②。1929 年 6 月，中共六届二中全会通过《宣传工作决议案》，提出"党报委员会在中央以政治局全体委员充当，在省委及地方党部应以全体常委充当"③。1930 年 2 月，中央决定"在政治局之下设立党报委员会及编辑委员会"④。1931 年初，中央局在上海设立党报编辑委员会。

1933 年 1 月，中央党报编辑委员会改称中央党报委员会，具体编审《党的建设》《斗争》报。1934 年 1 月，中央党报委员会下设编辑部，指导苏区各级党报工作。该时期成立的中央出版局为中共领导出版事业的管理机关，中共中央党报委员会在抗战时期成为中央的出版领导机构。

---

① 江西省文化厅革命文化史料征集工作委员会，福建省文化厅革命文化史料征集工作委员会. 中央苏区革命文化史料汇编. 南昌：江西人民出版社，1994：41.

② 中共中央组织部，中共中央党史研究室，中央档案馆. 中国共产党组织史资料：第 2 卷：上. 北京：中共党史出版社，2000：73.

③ 中央档案馆. 中共中央文件选集：第 5 册. 北京：中共中央党校出版社，1990：272.

④ 同②74.

3. 中央出版发行机构的健全

在中央苏区时期，中共领导建立了一整套哲学社会科学出版管理体系和机制。

（1）中央苏区哲学社会科学主要编译与出版机构。

该时期建立的现有史料可查的出版机构主要有：中央出版局、中央教育人民委员部编审委员会、工农红军总政治部出版发行科、中央教育人民委员部编审局、艺术局、工农剧社编审委员会、工农美术社、马克思主义研究会编译部、马克思共产主义学校编审处、中央革命军事委员会编译委员会等20多个，它们的主要职责是出版发行进步哲学社会科学著作。具体来讲，该时期建立的编译与出版机构如下[①]：

中央出版局。全称是"中华苏维埃共和国临时中央政府中央出版局"，1931年底成立，内设编审部等。经常自己编纂书籍出版，如1932年6月出版过布哈林的《农民问题》及后来出版的《论清党》等，都署名"中央出版局"。

中央教育人民委员部编审委员会。由徐特立任主任，1932年6月初设在瑞金叶坪村，与教育部合署办公，主要负责苏区哲学社会科学著作和学校教育图书编纂工作。

中央革命军事委员会出版局。1932年1月成立，王稼祥任总政治部主任，负责出版马克思主义军事著作和中国共产党的政治理论书籍。目前发现的出版物如《政治工作的基本原则》等，标有"中革军委出版局出版"字样。

中央革命军事委员会编译委员会。约于1932年底成立，是中央军委为加强翻译外国军事著作而设立的专门编译机构，主要是翻译出版苏联等国家的军事论著，主要出版物有《游击队怎样动作》《赤卫军训练教材》《架桥教范草案》等。

马克思主义研究会编译部。1933年4月，中央苏区马克思主义研究会成立，这是由政治局常委张闻天倡议发起的学术团体，设有组织部、研究部和编译部，成为一个颇具规模的马克思主义理论研究与宣传机构。其中，编译部的任务是编辑总会《通讯》，翻译与出版马克思主义原著，出版过《共产党宣言》（附《雇佣劳动与资本》）及张闻天的

---

① 严帆. 中央苏区新闻出版印刷发行史. 北京：中国社会科学出版社，2009：283－296.

《中国经济之性质问题的研究》等社科著作。

马克思共产主义学校编审处。董必武兼任负责人，于 1933 年 3 月成立，其重要出版物有《共产党宣言》《论清党》《中国革命基本问题》等经典著作。

中华苏维埃共和国中央军事政治学校编审出版科。1931 年 12 月成立，为政治部的下设机构，负责学校各项教材课本的编辑出版，出版物有《红军哨音、灯号、旗语通讯》《中国工农红军军用号谱》等，署名"中华苏维埃共和国中央军事政治学校"。

工农剧社编审委员会。负责剧本、歌曲编写审定的组织，隶属中央政府教育部领导，于 1933 年 3 月成立，出版发行的剧本有《我：红军》《滚出去》《战斗的夏天》《武装保卫秋收》等。

（2）中央苏区哲学社会科学主要发行机构。

该时期，中共领导建立的哲学社会科学发行机构主要有：中央出版局总发行部、中共中央局发行部、闽西列宁书局、青年实话总发行所、青年实话书店及红色书店等等，负责发行进步社会科学书刊。

其中，中央出版局总发行部的前身为《红色中华》报社发行科，于 1932 年 4 月成立，主要发行报纸、图书和期刊，对外用"中央发行部"的名义。当年发行的马克思主义经典著作如《三个国际》《殖民地与半殖民地革命运动大纲》等，都印有"中央出版局出版""总发行部发行"。中央局发行部于 1933 年上半年组建，又称中央发行部，除了发行图书和《红色中华》外，还发行《斗争》《布尔塞维克》等，当年翻译出版的《二月革命至十月革命》《中国革命基本问题》《列宁主义问题》等，均印有"中央局发行部发行"字样。闽西列宁书局组建于 1931 年春，在长汀县城利用当地"毛铭新印刷所"创办苏区第一个出版发行机构——闽西列宁书局，书局设有印刷所、编辑部、发行部、会计科和事务股，负责出版 300 多种图书，发行了大量马克思列宁画像，印发了《共产党宣言》布告及各种革命小册子、传单，广泛传播马克思主义。

此外，工农红军学校发行所与工农红军卫生学校发行部，皆隶属于所在学校领导，也负责发行一些革命书刊等等。

4. 中央苏区马克思主义经典著作的出版发行

如前所述，该时期中央非常重视马克思主义经典著作编译和出版，专门成立了马克思主义经典著作翻译和出版机构，尽管条件比较艰苦，

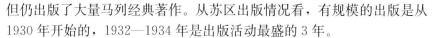

但仍出版了大量马列经典著作。从苏区出版情况看，有规模的出版是从1930年开始的，1932—1934年是出版活动最盛的3年。

有研究者考证，在1931—1934年出版的图书达389种（年均出版图书97种）。在如此繁多的图书中，仅马列原著就有10种之多，为苏维埃政权的建立和巩固做出重要理论贡献。如马克思、恩格斯的《共产党宣言》（1932年2月出版），列宁的《共产主义运动中的"左派"幼稚病》（1932年7月出版）、《三个国际》（1932年4月出版）、《列宁主义问题》（1934年1月出版）[①] 等。

具体地讲，根据当前学界研究，中央苏区出版发行的马克思主义经典著作主要有[②]：

（1）马克思、恩格斯的著作。

主要有：《共产党宣言》，最早的是1932年2月出版，全书约三万字，由一个简单的引言和四章组成，第一章"资产阶级和无产阶级"，第二章"无产阶级和共产党人"，第三章"社会主义的和共产主义的文献"，第四章"共产党人对各种反对党派的态度"。该书曾多次在苏区再版，直至1934年6月红军长征前几个月，苏区《红色中华》《斗争》等报刊还在刊登征订广告。

《共产党宣言》（附《雇佣劳动与资本》）[③]，由中央苏区马克思主义研究会编译部翻译出版，1934年2月印行，该书为32开铅印本，封面竖排，文字依次为：马克思、恩格斯著，共产党宣言，附雇佣劳动与资本。它较苏区《共产党宣言》第一个版本增加了《雇佣劳动与资本》

① 江西省文化厅革命文化史料征集工作委员会，福建省文化厅革命文化史料征集工作委员会. 中央苏区革命文化史料汇编. 南昌：江西人民出版社，1994：405-406.

② 严帆. 中央苏区新闻出版印刷发行史. 北京：中国社会科学出版社，2009：301-304；胡为雄. 马克思主义著作在中国的百年翻译与传播. 中国延安干部学院学报，2013（2）：77-79.

③ 这次出版的《共产党宣言》参照了1930年3月上海出版的"社会科学丛书"中《马克思主义的基础》一书的编排，全书按时间顺序，把宣言的原理和序编在一起，共包括《一八四八年共产党宣言》、《恩格斯共产主义原理》（恩格斯的共产党宣言初稿）、《一八七二年恩格斯马克思宣言合序》、《恩格斯一八八三年序》、《恩格斯一八九〇年序》、《马克思雇佣劳动与资本》、《恩格斯两封未发表的信》七篇文章。有研究者考证，该翻印本中《一八四八年共产党宣言》的译文既不同于陈望道的译本，也与1930年以上海社会科学研究社名义出版的《马克思主义的基础》译本不一样，不仅译文不同，文章编排也不一样。因此，可以断定该翻印本是由马克思主义研究会编辑的。
——刘维菱. 《共产党宣言》在中央苏区的第一个翻印本. 江西文物，1990（4）：103.

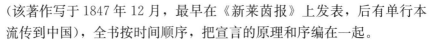

（该著作写于 1847 年 12 月，最早在《新莱茵报》上发表，后有单行本流传到中国），全书按时间顺序，把宣言的原理和序编在一起。

（2）列宁的著作。

主要有：《国家与革命》，中央出版局 1931 年 5 月印行。《三个国际》，中央出版局 1932 年 4 月出版，阐述了 1864 年 9 月成立的第一国际即国际工人协会、1889 年 7 月成立的第二国际、1919 年 8 月成立的第三国际即共产国际这三个国际，介绍了共产党组织的兴起、发展和基本情况，揭示了革命必然向前发展并最终取得胜利的规律。该书由中央总发行部发行。《无产阶级革命和叛徒考茨基》，1932 年 7 月由中央出版局出版，铅印，32 开本，1932 年 7 月 14 日《红色中华》第 27 期刊登的新书启事中有此书书目，每本售价 0.2 元。《第一国际到第三国际》，中央出版局 1932 年 7 月出版，铅印，32 开本。《社会民主派在民主革命中的两个策略》，中央出版局 1932 年 7 月出版，同时以《两个策略》为书名出版。《论清党》，1932 年六七月由中央出版局出版，铅印，32 开本，此著作原名为《关于清党》。《"左派"幼稚病》，中央出版局 1932 年 7 月出版，铅印，32 开本，原著题为《共产主义运动中的"左派"幼稚病》。《两个策略》，1932 年六七月由中央出版局出版，铅印，32 开本，原题为《两种策略》。《关于我们的组织任务》，1934 年 8 月由中共苏区中央局翻译出版，铅印，32 开本，中央局发行部发行。《二月革命至十月革命》，1933 年 9 月由中共苏区中央局翻译出版，铅印，32 开本，中央局发行部发行。

（3）斯大林的著作。

主要有：《列宁主义问题》，1934 年 1 月 21 日由中共苏区中央局出版，中央印刷厂印刷，中央局发行部发行，铅印，32 开本。书中选编了斯大林 1924 年以来的十余篇著作，系统阐述了列宁主义基本原理和无产阶级专政的任务。《红色中华》报第 145 期刊登的启事对此书有介绍，1934 年 3 月，中央出版局将此书予以再版发行。《为列宁主义化而斗争》，1932 年 6 月出版，中共苏区中央局出版，中央印刷局印刷，中央总发行部发行，铅印，32 开本。《斯大林论列宁》，蔡乾译，1933 年 12 月 15 日出版，青年实话编辑委员会出版发行。此书系"青年实话丛书"之一，石印，64 开本，封面印有彩色花纹图案，初版一万册，书中主要收录了斯大林有关列宁主义思想的论述 100 多条。《斯大林同志

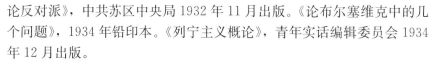

论反对派》，中共苏区中央局 1932 年 11 月出版。《论布尔塞维克中的几个问题》，1934 年铅印本。《列宁主义概论》，青年实话编辑委员会 1934 年 12 月出版。

（4）介绍马列主义学说或国际共运的著作。

主要有：《国际纲领》（中央出版局 1932 年 11 月出版）、《马克思主义政治经济学》（中国工农红军学校翻译，1933 年 5 月出版）、《马克思主义与列宁主义》（中共苏区中央局 1933 年 3 月印行）等等。

5. 国统区哲学社会科学出版发行机构

除中央苏区外，在党的有组织、有计划的领导下，该时期国统区进步文化人士也秘密创办了无产阶级书店、华兴书局、启阳书店、江南书局、泰东图书局、平凡书店、生活书店、乐群书店、昆仑书店和北方人民出版社等许多出版发行机构①，积极从事进步哲学社会科学著作的出版。

在中国出版史上，二三十年代具有特殊的意义：民族矛盾进一步激化，阶级对抗和政党权争一天天白热化。那时上海的优势得天独厚，张作霖可以在北京捕杀李大钊，蒋介石可以在南方限制异

---

① 根据相关资料统计，在 1927—1930 年，先后成立的书局书店，资料可查者有：上海长江书店（1927 年 4 月）、新月书店（1927 年 5 月）、自由书店（1927 年 5 月）、现代书局（1927 年 7 月）、光明书局（1927 年 10 月）、真善美书店（1927 年 11 月）、嘤嘤书屋（1927 年 11 月）、春野书店（1927 年 12 月）、新亚书店（1927 年）、中央书店（1927 年）、昆仑书店（1928 年 1 月）、大江书铺（1928 年 9 月）、第一线书店（1928 年 9 月）、乐群书店（1928 年 10 月）、春潮书店（1928 年 11 月）、金屋书店（1928 年 12 月）、朝花社（1928 年 12 月）、南强书局（1928 年）、秋阳书店（1928 年）、新生命书局（1928 年）、明日书店（1928 年）、红黑出版社（1929 年 1 月）、平凡书局（1929 年 8 月）、西门书店（1929 年 10 月）、华通书局（1929 年 12 月）、华兴书局（1929 年）、辛垦书店（1929 年）、儿童书局（1930 年 2 月）、龙门书局（1930 年 7 月）、上海联合书店（1930 年 8 月）、黎明书局（1930 年）、中学生书店（1930 年）、新中国书局（1930 年前后）等 30 余家。1931—1937 年，上海新成立的出版社，有湖风书局（1931 年 9 月）、女子书店（1932 年 3 月）、生活书店（1932 年 7 月）、笔耕堂书店（1932 年 9 月）、春明书店（1932 年 9 月）、天马书店（1932 年 10 月）、作者书社（1932 年 10 月）、大华书店（1932 年）、大众书局（1932 年）、汉文正楷印书局（1932 年）、教育书店（1934 年 2 月）、上海杂志公司（1934 年 5 月）、竞文书局（1934 年 12 月）、文化生活出版社（1935 年 5 月）、新知书店（1935 年 9 月）、中国图书杂志公司（1935 年）、中国文化服务社（1935 年）、读书生活出版社（1936 年 1 月）、艺术书店（1936 年 1 月）、上海新文字书店（1936 年 5 月）、引擎出版社（1936 年）、海燕书店（1937 年）等等。

——宋原放. 中国出版史料：现代部分：第 2 卷. 济南：山东教育出版社，2001：97-99.

党，但对于外国租界和各种社会势力把持的上海似乎都显得鞭长莫及。于是，不但"商务""中华""开明"这样以文化积累和开启民智为本的书局得以繁荣，就是那些呼号救亡鼓吹进步的激进的灵魂们也在这里找到了栖身之所。这班刚出校门的学生头一天还在上海滩上游荡犯愁找不到工作，第二天，已经变成某个书店的老板或某份杂志的主编了。这些人有钱出钱，有力出力，找关系，借钱，凑股份，租店铺，办杂志，开书店。于是《生活》周刊、《读书生活》、《中国农村》办起来了；于是生活书店、读书出版社、新知书店出世了。先是二三个、三五个，后来是越来越多，最后是一大群一大群的先锋知识青年聚集在一起，他们呼风唤雨，改造着社会也发展着自己，奏出了那个激荡时代的最强音！造就了一大批在中国 20 世纪出版界、文化界、知识界叱咤风云的名字：邹韬奋、胡愈之、徐伯昕、胡绳、李公朴、艾思奇、黄洛峰、郑易里、钱俊瑞、徐雪寒、薛暮桥、沈静芷……在他们背后和周围的辉煌人物更加数不胜数了。①

20 年代末到 30 年代初，上海的书店如潮水般涌现出来，像北新、开明、亚东、泰东、光华、春野、新月、现代等；不久又新开了近十家，如金屋、阳春、晓山、人间、爱的、真善美、嘤嘤、爱文、南华等。就在横浜路一条小街上接连挨着好几家书店。②

除了原有的大书局外，这些

新设的中小书局，兴迭更替，生命力顽强；书刊出版的数量，更是逐年攀升，至［全面］抗战前夕达到历史的最高峰，其中不少出版物质量上乘，对当时及后世产生了巨大的影响。③

这些书店利用优越的条件积极出版进步哲学社会科学书刊，如1928 年无产阶级书店出版了《列宁论组织工作》等马克思主义书籍。1929 年中共又秘密成立华兴书局，出版发行马克思主义理论书籍和介绍苏联革命的图书，这一年社会科学出版物风行一时，马克思主义著作和社会科学译著开始大量出版发行。1930 年华兴书局翻译出版了一批

---

① 三联书店史料集编委会. 生活·读书·新知三联书店文献资料集：上册. 北京：生活·读书·新知三联书店，2004：177-178.

② 宋原放. 中国出版史料：现代部分：第1卷. 济南：山东教育出版社，2001：187.

③ 王余光，吴永贵. 中国出版通史：民国卷. 北京：中国书籍出版社，2008：81.

马克思主义经典著作和有关俄国革命的书籍，促进了马克思主义的深入传播。后来华兴书局相继改名"启阳书店""春阳书店"①，继续出版发行大量马列著作。

1931年9月，中央在北方地区沿用人民出版社名号成立了"北方人民出版社"，继续从事进步哲学社会科学出版发行工作。"1931年9月，北方出现了人民出版社。这个出版社后于广州的人民出版社十年，其传统的精神与实质，是连续的、一贯的。"②北方人民出版社主要任务是将党以前的人民出版社、新青年社、上海书店、华兴书局、启阳书店等"出版机构的优良出版物，加以重新校订和编排"③，"但白色恐怖已十分严重后，被反动公安局检扣了不少"④。北方人民出版社重印和新编图书中比较重要的有《马克思主义的基础》《共产党宣言》《雇佣劳动与资本》《各时代社会经济结构元素表》《社会科学概论》《两个策略》《国家与革命》《共产主义运动中的"左派"幼稚病》《二月革命至十月革命》《俄国革命中之农业问题》《革命与考茨基》《论反对派》等，此外，北方人民出版社还出版发行了带有指导性的纲领和党的文件决议案等书籍。

江南书局、新知书店、生活书店、读书生活出版社等也翻译出版了许多哲学社会科学著作。生活书店出版过一套"青年自学丛书"，共30种，绝大部分是宣传马克思主义基本知识的，发行总数在100万册以上。新知书店创建于1935年秋，其方针之一是宣传马克思列宁主义，专门出版社会科学书籍进行革命宣传。读书生活出版社创立于1936年，其在传播马克思主义方面的最大成就是组织和支持郭大力与王亚南合译《资本论》全书，"由读书生活出版社与他们签订约稿合同，每月支付他们每人80元的预付版税，为此，出版社特意提出2000元在银行开立专门的账户。正是由于这样的支持，郭、王两人得以完成《资本论》翻译的这一巨大工程，最后，到1938年11月由读书生活出版社出版了《资本论》的全译本"⑤。中共还通过各种秘密关系和销售渠道，在开明书

---

① 中共中央马克思恩格斯列宁斯大林著作编译局马恩室. 马克思恩格斯著作在中国的传播. 北京：人民出版社，1983：290.

② 张静庐. 中国现代出版史料：乙编. 北京：中华书局，1955：18.

③ 同②19.

④ 张静庐. 中国出版史料：补编. 北京：中华书局，1957：300-301.

⑤ 周子东，傅绍昌，杨雪芳，等. 马克思主义在上海的传播（1898—1949）. 上海：上海社会科学院出版社，1994：226.

店、新生命书店、亚东图书馆等处公开出版进步哲学社会科学著作，如"《哲学的贫困》《社会主义从空想到科学的发展》《政治经济学批判》《资本论（第一卷）》《哥达纲领批判》《路德维希·费尔巴哈与德国古典哲学的终结》《反杜林论》《家族、私有财产与国家的起源》（《家庭、私有制和国家的起源》）《自然辩证法》《路易·波拿巴的雾月十八日》《德国的革命与反革命》《法德农民问题》《共产主义运动中的"左派"幼稚病》《唯物主义与经验批判主义》《帝国主义论》"[①] 等。

当年这些中小型出版机构看到了哲学社会科学中的马克思、恩格斯著作在中国热销的商机，冒着很大的政治风险出版许多哲学社会科学书籍。它们规模虽小，图书流量却很大，在出版界形成不容忽视的重要力量。据 1930 年统计，一本 32 开 100 页左右的书，以 2 000 册计算，初版发售时的成本（见表 2-2）较低，如果是重版书，利润就更加丰厚了。当年神州国光社出版了大量左翼社科书籍，发行《读书》杂志，推动"中国社会史论战"，使"'神州'因此由一个暮气沉沉的古老书店，一变而为一个声势浩大的新书店，在当时上海出版界中，确算一个创举"[②]。

表 2-2 初版发售成本核算情况

项目	支付（元）	收入（元）	说明
稿费	120		字数 4 万，以每千字 3 元计算
印刷费	171.25		纸张用 60 磅道林纸 84 元，排工 33.75 元，印工 15.5 元，订工 10 元
发行费	280		广告、批扣及其他开支按书价的四成计算
卖书费		700	每本按一般市价 0.35 元计算，2 000 本则为 700 元
利润	128.75		

资料来源：姚福申. 中国编辑史. 上海：复旦大学出版社，2004：381.

---

① 周子东，傅绍昌，杨雪芳，等. 马克思主义在上海的传播（1898—1949）. 上海：上海社会科学院出版社，1994：195.

② 全国政协文史资料委员会. 中华文史资料文库：第 16 卷. 北京：中国文史出版社，1996：530.

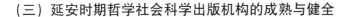

（三）延安时期哲学社会科学出版机构的成熟与健全

延安时期①的"红色出版"是在沦陷区出版业严重萎缩、国统区对进步出版业严酷摧残的条件下逐步发展起来的，该时期是新民主主义革命时期中共哲学社会科学出版业发展的繁盛时期，中央多次阐明出版工作的重要性，对出版工作做出了系列具体指示（见表2-3）。1938年10月，毛泽东在中共六届六中全会上指出，"必须动员报纸、刊物……及其他一切可能力量，向前线官兵、后方守备部队、沦陷区人民、全国民众，作广大之宣传鼓动"②。1939年5月，中央强调要翻译出版马列主义书籍，宣传马列主义。1940年10月，中宣部强调要编审和出版哲学社会科学各种书籍、教材及宣传品。同月，中宣部和中央文化工作委员会联合发布《正确处理文化人与文化团体的问题》，指出文化团体要"介绍、研究、出版、推广各种文化产品；……组织文化人向各地报章杂志写稿；介绍并递寄他们的作品或译著到全国性大书局出版"③等。1942年中央又颁布《关于统一延安出版工作的通知》，详细规定了出版工作事宜。由此，陕甘宁边区的"红色出版"迅速发展起来。

表2-3　中国共产党关于哲学社会科学发展的
方针政策部分统计表（1937—1949）

文件	时间	出处
《中共中央书记处关于干部学习的指示》	1940年1月	1940年4月25日《共产党人》第五期

---

① 有关延安时期的起止时间问题，目前国内学术界有不同的看法。广义上讲，延安时期是从1935年遵义会议到1949年中华人民共和国成立的14年，即新民主主义革命的后14年。狭义而言，延安时期是指1935年10月19日党中央率领工农红军到达陕北至1948年3月23日党中央离开陕北。实际上中共中央在陕北不足13年，但人们习惯称"陕北13年"或"延安13年"。还有研究者认为，延安时期应从1937年1月党中央由保安迁至延安算起，到1947年3月国民党进攻占领延安止，即党中央驻地在延安的时期。该时期无论是从地域上，还是从中国共产党在局部执政时期颁布的政策措施上，均可视为一个较为独立的历史时期。从课题研究角度出发，该部分采用了广义"延安时期"的观点，即新民主主义革命的后14年。

② 中共中央文献研究室，中央档案馆. 建党以来重要文献选编（1921—1949）：第15册. 北京：中央文献出版社，2011：610-611.

③ 张闻天. 张闻天选集. 北京：人民出版社，1985：291-292.

续表

文件	时间	出处
《抗战时期文化工作的方针》	1940 年	《周恩来文化文选》
《中共中央宣传部、中共中央文化工作委员会关于各抗日根据地文化人与文化团体的指示》	1940 年 10 月	1940 年《共产党人》第十二期
《中国思想界现在的中心任务》	1943 年 5 月	1943 年 5 月 5 日《解放日报》
《中共中央宣传部关于执行党的文艺政策的决定》	1943 年 11 月	1943 年 11 月 8 日《解放日报》
《群众需要精神粮食》	1944 年 1 月	1944 年 1 月 20 日《解放日报》

1. 中央哲学社会科学出版管理机构的健全与完善

在全民族抗战时期，中央组织机构恢复和完善了专门负责出版管理的中央机构。当时的中央出版管理机构主要包括中央党报委员会、中共中央出版发行部、中共中央出版局及其他中央出版管理机构，在领导与管理出版哲学社会科学著作方面发挥了积极作用。

（1）中央党报委员会。

该时期中央党报委员会的产生与发展，在党的哲学社会科学出版史上意义重大。如前面介绍，它最早是成立于 1931 年初的党报编辑委员会，1933 年该编辑委员会改称"中央局党报委员会"，亦称"中央党报委员会"。

1937 年 1 月，中央进驻延安，为加强抗日救国和马列主义宣传，由张闻天、周恩来等人重新组成中央党报委员会，成为中央的出版领导和出版管理机构，地址先设在延安城南大街等地，后迁至延河边清凉山。"该会的任务有三项：编辑出版中央理论刊物《解放周刊》；管理新华社和《新中华报》；负责马列著作和革命理论书籍的出版发行工作。"①党报委员会创办中央机关刊物《解放》周刊，张闻天任主编。初期设资料科、发行科和中央印刷厂，资料科科长涂国林，科员有陈克寒、黄植、减剑科；发行科科长徐汉光，科员施月琴。中央党报委

① 郑士德. 中国图书发行史（增订本）. 2 版. 北京：中国时代经济出版社，2009：509.

员会出版宣传马列主义和党的方针、政策等方面报刊书籍。中央党报委员会出版的"马恩丛书"及中央领导人的著作，均印明"解放社出版，新华书店发行"。1939 年 1 月，中央书记处会议决定调整党报委员会，增加委员徐冰、杨松、萧向荣、吴亮平、吴敏（杨放之）、华少峰（华岗），主任由张闻天兼任。1942 年 3 月，中央政治局会议决定改组。1943 年 3 月，随着中央宣传委员会的成立，中共中央党报委员会撤销。

（2）中共中央出版发行部。

全民族抗战时期，为了传播马克思、列宁主义及党的路线、方针、政策，1939 年 3 月，《中央关于建立发行部的通知》发布，决定"从中央起至县委止一律设立发行部，必要时区委亦应设立发行部"[1]。1939 年 6 月，筹建中央发行部，设有组织科（科长为蔡志远、陈文宪）、发行科（科长为王少卿、向叔保）和会计科（科长为谢珂）三个科，共 20 人。9 月，中央发行部改名为中共中央出版发行部，设有出版处（处长为祝志澄，祝还兼任中央印刷厂厂长）、发行处（处长为向叔保，副处长为陈文宪、徐光）、总务处（处长为减晓真）和秘书处（处长由褚苏生兼任）四个处，当时新华书店、中央印刷厂等重要发行、印刷部门均由中央出版发行部直接管理。

（3）中共中央出版局。

为加强对出版工作的管理，1941 年 12 月，中央机构决定实行精兵简政的政策，在《陕甘宁边区第二届参议会提案》中规定，"应实行简政主义，充实政府机构，以人少事精，胜任职责为原则，避免机关庞大，冗员充塞，浪费人力、财力等现象"[2]，把中央出版发行部改制为中央出版局，下设出版科、发行科和指导科。中央出版局的主要职能是领导和管理解放社、新华书店总店、中央印刷厂等延安出版部门，对当时各根据地也负有业务上的指导责任。

1942 年 4 月，中央在《关于统一延安出版工作的通知》中强调，中央出版局的具体工作包括承印与出版各种报纸、杂志、书籍，协调与

---

① 中国社会科学院新闻研究所. 中国共产党新闻工作文件汇编：上卷. 北京：新华出版社，1980：88.

② 《陕甘宁边区政权建设》编写组. 陕甘宁边区的精兵简政（资料选辑）. 北京：求实出版社，1982：7–8.

统一管理延安各编审机关的出版计划，指导各根据地出版发行工作，等等。

当时陕甘宁边区的图书编审机构，如中央军委编译局、马列学院编译部等编辑审定的图书也都交中央出版局出版。抗战胜利后，中央出版局撤销，有关工作机构并入中央宣传部，部长陆定一，出版工作设立的工作机构包括出版科和发行科，许之桢、张仲实、尹达先后负责出版工作，刘思让负责发行工作，到1947年3月随党中央撤出延安告一段落。1948年，中央重新设立了中央宣传委员会作为边区图书出版发行的辅助管理机构。

（4）其他中央出版管理机构。

主要包括中央宣传部、中央宣传委员会、中央文化工作委员会、中央出版委员会和中央编辑委员会，它们在行使出版管理职能方面也发挥了重要作用。

中央宣传部是主管党的意识形态的最高机关。为管理出版工作，中央宣传部还设置专门出版管理机构——中共中央宣传部编辑所，从事书籍编辑工作，"中共中央宣传部内设编辑所，翻译及编著马列主义著作、苏联及其他外国的著作，编著中国历史、文化教育的著作及课本"①。

中央宣传委员会是中央政治局和中央书记处的助理机关，负责统一管理中央宣传部、解放日报社、新华社、出版局和文委等部门的工作，为宣传出版工作的开展发挥了积极作用。中央文化工作委员会是中共中央领导各根据地的文化团体组织，虽不具备严格意义上的出版管理机构性质，但也有出版管理的职能，"该委员会的主要任务之一是指导各根据地文化团体介绍、研究、出版、推广各种文化作品，组织文化人向各地报章杂志写稿，向书局推荐他们的著述或译作"②。中央出版委员会和中共中央编辑委员会都是临时性非常设出版管理机构，前者主要任务是制订中央出版计划并交由中央出版局执行，后者主要是研究出版党内刊物等问题。

---

① 中共中央组织部，中共中央党史研究室，中央档案馆. 中国共产党组织史资料：第3卷：上. 北京：中共党史出版社，2000：36-37.

② 叶再生. 中国近代现代出版通史：第3卷. 北京：华文出版社，2002：782.

2. 马克思主义哲学社会科学著作编译机构的组建

为促进马克思主义哲学社会科学著作的出版发行，延安时期中央先后设立了马列学院编译部、军委编译处等编译机构①，以集中力量编译大批马克思主义经典著作。

（1）马列学院编译部。

为解决马克思主义经典著作译本短缺问题，1938 年 5 月，中央在延安设立了第一个编译马列经典著作的专门机构——马列学院编译部②，专门负责马列主义著作的编辑和翻译工作。由张闻天任院长，他和张仲实先后兼任编译部主任，"最初在编译部搞翻译工作的有何锡麟、柯柏年、景林、赵非克和王实味"③ 等一批专业编译人才。参加翻译工作的有授课教师及"当时担任党内领导职务的同志，以及来自国统区的教授学者等等"④，如吴理屏、王思华、王学文、成仿吾、吴文焘、

① 我国的翻译出版机构由来已久，早在明末清初时期，西方经典书籍主要由传教士和士大夫合译。后来成立一些翻译出版机构，主要有：（1）广智书局。该书局翻译的多为日文著作，如《英国宪法史》《埃及近代史》《俄罗斯史》《世界近代史》《希腊独立史》《俄蚕食亚洲史略》《东亚将来大势论》《近世社会主义》等。（2）作新社。1901 年创办于上海，后于北京、扬州等地设分社，创办人是著名学者戢翼翚和日本著名女教育家下田歌子。该社是晚清中国最早使用铅印技术的出版机构，重点出版社会科学著作，如《各国宪法大纲》，该书收录了英、法、德、日等国关于宪法、君主、立法的名著。作新社不但出版著作，还办报纸，如上海作新社于 1902 年创办《大陆报》，北京作新社于 1907 年创办《震旦学报》等。作新社在中国出版史上的最大贡献，是使中国第一次有了洋装书，第一次用了新式版权页。（3）文明书局。1902 年由廉泉、俞复、丁宝书等人在上海集资创办，初设在南京路，后迁至福州路辰字 354 号，与商务印书馆贴邻。在商务印书馆成立前，文明书局是中国编辑和出版教科书最多的出版社。（4）译书汇编社。该社编有《译书汇编》月刊，《译书汇编》是中国留日学生于 1900 年 12 月在日本东京创办的带有革命倾向的刊物。该刊"专以编译欧美法政名著为宗旨"，发表了孟德斯鸠的《万法公理》、斯宾塞的《政治哲学》、卢梭的《民约论》等。此外，还有会文学社、商务印书馆等编译出版机构。

——韦明铧. 钩沉作新社. 扬州晚报，2007-07-07；高奋. 辛亥革命前国内重要翻译机构的出版活动与西学的传播. 中国出版，2011（19）：28-29.

② 1938 年 5 月 5 日，为纪念马克思 120 周年诞辰，中共中央在延安创办马列学院，院长为张闻天，学院分成两部分，一部分培训干部，另一部分成立编译部。马列学院是中国共产党创办的第一所专门学习和研究马列主义理论的高级学校，此后相继改为马列研究院和中央研究院，作为培养党的理论干部的高级研究机构，直属中共中央宣传部。

③ 中共中央马克思恩格斯列宁斯大林著作编译局马恩室. 马克思恩格斯著作在中国的传播. 北京：人民出版社，1983：298.

④ 同③301.

何思敬、许之桢、曹汀（军委编译处）、赵毅敏、徐冰①、张仲实、艾思奇、吴敏及陈洁等也积极参加编译工作。

编译部主要任务是编译"马恩丛书"和《列宁选集》以及斯大林著作，编译任务十分繁重，但编译人员生活待遇较一般人要高些，"张闻天同志规定每人每天要译一千字，每一千字给一块钱的稿酬。不过，如果以后译文在延安以外地区出版发行（如重庆，重庆大量印延安出的书，因为延安出的书在国民党统治区很有销路），翻译者得了稿酬之后应把马列学院付的稿酬费还给公家"②。当时翻译条件艰苦，据何锡麟回忆：

> 翻译条件很困难，主要是图书资料少，特别是工具书少。当时毛主席的图书馆也不大，我们要查大英百科全书等也找不到。当时只有一些历史书籍和类似年鉴之类的书。我只有一本商务印书馆出版的《综合英汉大词典》，搞德文的同志也仅有一本字典。即使有人能带到解放区来一两本字典，那也是很小的，当时每人要有一部顶用的字典就相当不错了，因此翻译中碰到难句子，有时一两天也搞不出来。当时我们翻译工作的定额是一天一千字，一年三十六万字。一千字的稿费一元。③

翻译材料主要来自苏联，有俄文、英文、德文、法文、日文等版本，其编译成果由解放社出版发行。当年来自国统区的张仲实负责校订从英文译出的《列宁选集》20卷本译稿，编译部的王实味当时翻译了许多马列著作，延安解放社出版的"马恩丛书"中的《德国的革命与反革命》《雇佣劳动与资本》《价值、价格与利润》等，18卷本《列宁选

① 徐冰（1903—1972），原名邢萍舟，笔名西萍，河北南宫人。1923年赴德留学，1924年在柏林加入中国共产党。1925年在德国积极参加响应上海五卅运动的爱国活动，与朱德等被德国当局逮捕，不久被驱逐出德国，转赴苏联入莫斯科中山大学学习。1928年回国后到上海，在中共中央秘书处任翻译，从事党的地下工作。1931年6月，与浦化人从中央机关转移出大批党的文件资料，避免了向忠发被捕叛变后的损失。1932年秋被叛徒出卖遭国民党当局逮捕入狱，次年经党组织营救出狱，后到北平继续从事党的地下工作。曾编辑《世界论坛》《中外论坛》等进步刊物，进行抗日救亡宣传。1937年初到延安，全民族抗日战争爆发后，任中共中央党报委员会秘书长、解放社编辑，参与编辑《解放》周刊、《新中华报》。与成仿吾合译过《共产党宣言》《哥达纲领批判》等马克思主义经典著作。
——廖盖隆. 中国共产党历史大辞典：总论：人物. 北京：中共中央党校出版社，2001：419.
② 中共中央马克思恩格斯列宁斯大林著作编译局马恩室. 马克思恩格斯著作在中国的传播. 北京：人民出版社，1983：31.
③ 同②128.

集》他译出的两卷半中的《什么是革命之友》《中央委员会告共产主义同盟书》《共青团的任务》等①。编译部有两大工作重点，第一是"马恩丛书"，第二是《列宁选集》，出版了大量马克思、恩格斯和列宁的经典著作。"《斯大林选集》首先在1939年3个月内出齐5卷。'马恩丛书'共10卷，从1938年到1942年出齐。《列宁选集》共20卷，从1938年开始出书，直到1947年3月撤离延安以前，第20卷已在延安译出，并付排打好纸型，但未及印出，由中宣部出版科副科长张仲实经手将纸型埋在瓦窑堡永坪，后来被蒋军挖出来烧掉了。"② 该时期出版的这些译著为全党学习马列主义理论提供了重要保证，使得马克思主义经典著作的编译得到了长足进展，同时，为中共研究和推动哲学社会科学体系构建做出了重要贡献。

（2）军委编译处。

为配合党内军事理论学习，用马列主义战略思想指导抗战，1938年，中央军委专门建立由叶剑英指导，曾涌泉、何思敬、曹汀、焦敏之等参加翻译的军委编译处。1942年马列学院编译部与军委编译处合并为编译局，毛泽东致信中宣部副部长何凯丰说：

> 整风完后，中央须设一个大的编译部，把军委编译局并入，有二三十人工作，大批翻译马恩列斯及苏联书籍，如再有力，则翻译英法德古典书籍。我想亮平在翻译方面曾有功绩，最好还是他主持编译部，不知你意如何？不知他自己愿干否？为全党着想，与其做地方工作，不如做翻译工作，学个唐三藏及鲁迅，实是功德无量的。③

1945年4月，毛泽东在中共七大会议上的口头政治报告中指出：

> 我们整风讲实事求是，反教条主义，这样一反，好像理论工作者就不那样吃得开了。我们应该重视理论工作者，应该重视理论。列宁说过："没有革命的理论，就没有革命的运动。"因此我们党内要学习理论。从前我在六中全会上讲过，我们党的理论水平是很低的，现在比较过去是高了一些，但是还不够。现在我们党当然有些进步，但从中国革命运动的要求来说，我们的理论水平还不

① 朱鸿召. 延河边的文人们. 上海：东方出版中心，2010：146.

② 宋原放. 中国出版史料：现代部分：第2卷. 济南：山东教育出版社，2001：299.

③ 毛泽东. 毛泽东书信选集. 北京：人民出版社，1983：202.

够。……什么是理论？就是有系统的知识。马列主义的理论，就是以马克思主义为基础的有系统的知识。①

毛泽东还进一步指出：

> 作翻译工作的同志很重要，不要认为翻译工作不好。我们现在需要大翻译家。我是一个土包子，要懂一点国外的事还是要靠翻译。我们党内能直接看外国书的人很少，凡能直接看外国书的人，首先要翻译马、恩、列、斯的著作，翻译苏联先进的东西和各国马克思主义者的东西。还有历史上的许多东西，虽然不是马克思主义的，但带有进步意义的，还有一些民主主义者的东西，我们都要翻译。②

粗略统计，军委编译处翻译的作品以恩格斯的为主，还包括马克思、列宁的军事著作，至少翻译出版了十来种。如 1938 年吴黎平、刘云（张闻天）翻译了马克思著作《法兰西内战》，1938 年 8 月，杨松、袁维节翻译列宁的《社会主义与战争》在《解放》第 85、86 期发表。1939 年 10 月，《八路军军政杂志》发表焦敏之翻译的《马克思列宁主义论战争与军队》等，这些著述为把马克思主义军事理论转换成中国语言、中国作风和中国气派做出积极贡献，深化了中共对马克思主义军事理论的研究。

（3）其他编译机构。

除了马列学院编译部、军委编译处外，还有延安新哲学会、鲁艺文学院编审委员会等。这些高校设立的编审委员会，除了编写和审查当时学校编写的干部教育用书外，也编译了部分马克思主义经典著作。例如，延安新哲学会曾组织翻译和校正了部分马克思主义经典著作。

为提高马列主义经典著作的翻译质量，1943 年 5 月，《中央关于一九四三年翻译工作的决定》（简称《决定》）指出：

> 翻译工作尤其是马列主义古典著作的翻译工作，是党的重要任务之一。延安过去一般翻译工作的质量，极端不能令人满意。为提高高级干部理论学习，许多马恩列斯的著作必须重新校阅。为此特指定凯丰、博古、洛甫、杨尚昆、师哲、许之桢、赵毅敏等同志组织一翻译校阅委员会，由凯丰同志负责组织这一工作的进行。今年

---

① 毛泽东. 毛泽东文集：第 3 卷. 北京：人民出版社，1996：341-342.
② 同①342.

要首先校阅党校所用全部翻译教材及译完西方史两册，以应急需。希望参加这一委员会的各同志把这一工作当作对党最负责并必须按时完成的业务之一部分。①

《决定》反映了党对马列著作翻译的高度重视，为翻译的准确性提供了重要制度保证。在新中国成立前成立中共中央俄文编译局，专门从事对俄文经典著作的翻译。中共中央俄文编译局的成立，标志着马克思主义经典著作编译事业进入了一个全新的时代。

3. 根据地哲学社会科学出版发行机构的健全

延安时期，中共哲学社会科学出版业务机构大致可分为三大门类：专营哲学社会科学图书的出版机构、专营书报刊编辑出版的报刊社和兼营哲学社会科学图书编辑出版的机关团体学校等。

（1）专营哲学社会科学图书的出版机构。

该类出版机构是专业图书出版发行机构，主要有解放社、新华书店等。1938年，中央在延安创办延安解放出版社，其前身是《解放》周刊社，"从1938年起，《解放》周刊社正式用'解放社'的名义出刊物和书籍"②，它是中央在抗战期间设立最早、第一个大型的出版哲学社会科学图书最多和影响最大的综合性重要出版机构。解放社除了编印出版《解放》周刊外，还出版了许多中央领导同志的著作和学术文化团体译著，尤其在翻译引进马克思主义经典著作方面发挥了重要作用，出版了"两大丛书"和"两大选集"等，在著作上均印明"解放社出版、新华书店发行"。解放社所出版的图书在国内享有极高声誉，"当时不仅供应陕甘宁边区和其他各根据地，还秘密供应国民党统治区或印刷发行，甚至远销国外"③。

另一个重要哲学社会科学出版机构为新华书店，1937年4月，中共中央党报委员会发行科以"陕西延安新华书局"名义成立"新华书店"，它是集图书出版、印刷、发行于一体的机构。延安解放社出版的哲学社会科学著作和中共领导人毛泽东等人的著作，版权页上都印着"总经销：新华书店"或"发行者：新华书店"的字样。此后，新

---

① 中共中央文献研究室，中央档案馆. 建党以来重要文献选编（1921—1949）：第20册. 北京：中央文献出版社，2011：328.

② 宋原放. 中国出版史料：现代部分：第2卷. 济南：山东教育出版社，2001：298.

③ 中国近代现代出版史编纂组. 新民主主义革命时期出版史学术讨论会文集. 北京：中国书籍出版社，1993：233.

华书店在各个抗日根据地发展起来①。1947 年 3 月，国民党军队进犯延安，新华书店总店随中央党政机关战略转移。新华书店诞生于抗日烽火之中，到 1949 年时全国解放区已有新华书店分店、支店 735 处，印刷厂 29 个，拥有近万人的专业出版队伍，成为图书发行工作的中流砥柱。

除了解放社、新华书店外，还有延安华北书店、光华书店、西北抗敌书店、大众读物社等，它们都是新华书店的重要补充，也出版了许多哲学社会科学书刊，为宣传抗战、传播马克思主义经典著作和党的方针政策发挥了重要作用。

（2）专营书报刊编辑出版的报刊社。

主要有八路军军政杂志社和解放日报社等。1939 年 1 月，八路军政治部在延安创办《八路军军政杂志》月刊，在此基础上成立八路军军政杂志社，除了出版马列主义经典作家有关军事著作外，还出版了党的领袖人物的军事著作和其他哲学社会科学理论书籍。如当时的八路军军政杂志社出版过一套"抗日战争丛书"，包括《马克思列宁主义论战争与军队》《恩格斯军事论文选集》等。除了八路军军政杂志社外，解放日报社在出版图书方面也发挥了重要作用。

（3）兼营哲学社会科学图书编辑出版的机关团体学校。

当时的机关团体有中共中央，编有《中共中央抗日文件汇编》《中国共产党抗战以来重要文件汇编》等；中共中央书记处先后出版过《六大以前》（上下册）、《中国共产党章程》及刘少奇的《关于修改党章的报告》等；中央边区中央局出版过列宁的《二月革命至十月革命》；八路军留守兵团政治部，1943 年出版朱德的《中国共产党与中华民族》等书。

---

① 全民族抗战期间新华书店在各根据地的建立情况大致如下：1940 年 3 月，晋西北新华书店在山西兴县成立；1940 年 9 月，《新华日报》华北分馆在山西黎城设立新华书店门市部；1941 年 1 月，华北新华书店在山西辽县麻田镇建立门市部；1941 年 5 月，新华书店晋察冀分店及其陈庄门市部在河北灵寿县陈庄成立；1941 年 7 月，晋察冀边区冀中行政区成立冀中新华书店；1941 年 12 月，新华书店冀查热支店成立；1942 年华北新华书店总店在山西辽县岭南村成立；1942 年 1 月，中共关中地委在马兰设立关中新华书店；1942 年晋察冀边区北岳行政区成立北岳新华书店；1942 年 5 月，中共陕甘宁边区中央局在延安成立陕甘宁边区新华书店，并在延安南门外新市场开设门市部；1944 年春，冀鲁豫新华书店在濮县盛辛店成立；1944 年 5 月，新华书店总店在延安东关设立门市部；1944 年 7 月，山东新华书店从山东大众日报社分出，单独经营，地址在山东莒南县净埔子村；1945 年 8 月，晋绥新华书店先后派人随军建立了晋中新华书店、晋南新华书店及绥蒙的丰镇、集宁新华书店。

——吴永贵. 中国出版史：近现代卷：下. 长沙：湖南大学出版社，2008：379.

学校有中国人民抗日军政大学（包括抗大政治部、抗大政治部出版科）、马列学院、陕北公学、中国女子大学、鲁迅艺术学院、军事学院和延安大学等学校，"这些高等学校，为了教学的需要亦曾编印了许多教材、政治理论读物，成为延安根据地出版活动的一个组成部分"①。此外，还有马列学院编译部、军委编译处、鲁艺文学院编审委员会、民族问题研究会、边区文化教育研究社、《解放日报》文化供应部、边区音协编译出版部、敌情编委会、印工合作社等机关团体②，也负责对图书的编辑、校对或者审查，属于专门的哲学社会科学出版业务机构。

该时期由中共领导哲学社会科学的发展盛况，从当时的出版状况可见一斑。陕甘宁边区的哲学社会科学出版带有鲜明的党性特征，主要包括图书与报刊两大门类。据粗略统计，从 1937 年党中央进驻延安到 1947 年 3 月最后撤离，延安先后出版了 20 多种报刊和 400 多种书籍③。在图书方面，抗战时期延安出版的图书种类繁多，据延安中央印刷厂印刷记录和中央出版发行部副部长王林回忆录中提到的哲学社会科学著作有 321 种，主要包括马列经典著作、领袖人物著作、党的政策文件、党的历史文献、抗战文艺作品、哲学社会科学读物、时事政治读物、学习文化用书、各种宣传品及各类通俗读物等（见表 2-4），具体分类如下：

表 2-4　全民族抗战时期延安哲学社会科学图书出版统计情况

类别	种类	出版册数	所占比例
马克思列宁主义、毛泽东思想	6 类 21 种	286	32.79%
哲学	9 类	12	1.37%
政治、社会科学	8 类	120	13.76%
经济	9 类	19	2.17%
军事	10 类	83	9.51%
法律	6 类	24	2.75%
文化教育	6 类	68	7.79%
艺术	暂缺	暂缺	暂缺

---

① 中国近代现代出版史编纂组. 新民主主义革命时期出版史学术讨论会文集. 北京：中国书籍出版社，1993：236.

② 郑士德. 中国图书发行史（增订本）. 2 版. 北京：中国时代经济出版社，2009：512-513.

③ 赵晓恩. 延安出版的光辉：《六十年出版风云散记》（续编）. 北京：中国书籍出版社，2002：23.

续表

类别	种类	出版册数	所占比例
语言文字	1 类	4	0.45%
文学	20 类	68	7.79%
历史	5 类	162	18.57%
地理	1 类	2	0.22%
自然科学	1 类	5	0.57%
医药卫生	1 类	16	1.83%
工程技术	0	0	0
农艺	1 类	3	0.34%
综合参考	暂缺	暂缺	暂缺

资料来源：中国人民大学图书馆. 解放区根据地图书目录. 油印本（内部资料）. 北京：中国人民大学图书馆（馆藏），1961：269.

其中，由陕甘宁边区出版的哲学社会科学著作主要涉及马克思主义哲学、经济学、文艺及军事理论等方面，由解放社、八路军军政杂志社等机构出版。此外，还有中国工人社、延安抗战书店、延安文明书局、延安书店等也参与出版发行了很多马列主义理论书籍（表2-5 为1939年出版的部分马恩译著）。

表2-5　1939年延安出版的部分马恩译著

著作	著者	译者	出版社
《哥达纲领批判》	马克思	何思敬、徐冰	解放社
《恩格斯军事论文集（第一册）》	恩格斯	焦敏之	八路军军政杂志社
《德国的革命与反革命》	恩格斯	柯柏年	解放社
《〈资本论〉提纲》	恩格斯	何锡麟	解放社
《政治经济学论丛》	马克思、恩格斯	王学文、何锡麟	解放社
《马恩通信选集》	马克思、恩格斯	艾思奇、柯柏年	解放社
《拿破仑第三政变记》	马克思	柯柏年	解放社
《暴力在历史中的作用》	恩格斯	曹汀	八路军军政杂志社

资料来源：张静庐. 中国出版史料：补编. 北京：中华书局，1957：448-449.

总的来讲，当时各类出版机构出版的哲学社会科学著作种类繁多，其中，在马列著作方面，哲学著作主要有《费尔巴哈论》（张仲实译）、《论战斗的唯物论底意义》（柯柏年译）、《列宁关于辩证法的笔记》（艾思奇译）、《辩证唯物论与历史唯物论（上册）》（沈志远译）等，经济学著作主要有《〈资本论〉提纲》（何锡麟译）、《价值、价格与利润》（王实味译）、《政治经济学论丛》（王学文、何锡麟译）、《政治经济学大纲（初稿）》（王学文、王思华、何思敬译）等，军事著作主要有《恩格斯军事论文集》（焦敏之译）、《新德意志帝国建设之际的暴力与经济》（曹汀译，何思敬校）、《拿破仑第三政变记》（柯柏年译）、《社会主义与战争》（杨松、袁维译）、《国家与革命》（博古译）等，文艺理论著作主要包括《马克思恩格斯列宁论文艺》（曹葆华、兰天译）、《马克思主义与文艺》（周扬译）、《党的组织和党的文学》（戈宝权译）等等。

4. 国统区党的哲学社会科学出版发行机构

延安时期，除中共在根据地领导创办的教育机构外，国统区一些教育机构也为该时期哲学社会科学发展做出贡献，最具代表性的如西南联大。该校哲学社会科学领域大师云集，如闻一多、朱自清、陈寅恪、冯友兰、汤用彤、金岳霖、沈从文、费孝通等，他们积极从事哲学社会科学学术研究，极大丰富了马克思主义哲学社会科学体系宝库。

该时期中共在国统区领导建立了一些出版发行机构，这些机构主要负责国统区哲学社会科学著作的出版与发行。国统区的出版发行机构当时在长江局和南方局领导下，主要分为两类：

一是党在国统区公开设立的哲学社会科学出版发行机构，主要有新华日报馆和群众周刊社。

1937 年 12 月，《群众》周刊在武汉创办，"是中国共产党在国民党统治区唯一公开出版的理论刊物，大量地介绍中国共产党的抗战主张、抗战路线、抗战政策、抗战英雄、抗战事迹，这对全国人民了解中国共产党、熟悉中国共产党，进而支持中国共产党发挥了非常重要的作用"①。1938 年 1 月，《新华日报》于汉口创刊，由中共中央长江局直接领导。新华日报馆不仅编印报纸，同时还出版革命进步书刊，编印出版"马列丛书""时事丛书"等，发表了许多阐释马克思主义理论或用马克思主义观点分析中国实际问题的文件和文章。该报馆先后设立山西、重庆、广州、西安四个分馆，武汉失守前，新华日报馆迁重庆，在南方局领导之下。群众周刊社设在新华日报馆内，由潘梓年兼任社长②。对于发行的哲学社

① 张红春.《群众》周刊与中国共产党的抗战政治动员研究. 北京：中国社会科学出版社，2016：173.

② 魏明生. 中共中央南方局在重庆的组织机构档案. 史料与研究，1989（3）：78.

会科学著作，国民党中宣部曾对 1937 年 7 月到 1938 年 2 月武汉地区所有公开发行的书刊进行审查，宣称"无论书籍刊物，皆共党及左倾色彩占绝大多数，尤以书籍为最。有关中共若将左倾及人民阵线者加在一起，已超过总出版量的二分之一以上，影响亦殊骇人"①。国统区出版了郭沫若的《青铜时代》、邓初民的《中国社会史教程》等哲学社会科学论著。对于中共进步哲学社会科学书刊广泛发行的缘由，当年国民党五届中央八次会议在《组织中央出版管理局以加强出版扩大宣传案》中指出：

> 尝于书肆及邮检时查获该党书籍刊物，印刷之精美，装潢之美丽，价格之低贱，数量之众多，即普通之各大书局所出版者，亦有望尘莫及之叹。故该党每出一书刊，甚至穷乡僻壤，亦可发现其踪迹。度其原因，不外该党出版事业，为其主要宣传工作，决不计及盈亏，其党中所开支之经费，直同作战之军费。故一书之编印发行，只问其是否合乎青年群众之需要，而不问其成本与售价之是否相合，抑且大量印刷，广为推行，宜其无微不至，无孔不入。反观本党书籍刊物坊间出售者固亦不少，但往往纸质粗劣，印刷欠佳，不堪入目，而定价又较昂，自不能引起读者之欢迎。②

二是在国统区中共领导下的新知书店、生活书店、读书生活出版社、中国出版社、言行社、神州国光社、珠林书店、海潮出版社等民营出版机构。

这些书店都积极宣传马克思主义，传播抗日思想。新知书店是钱俊瑞、姜君辰、薛暮桥、孙冶方、徐雪寒等人于 1935 年秋发起创办的，该店坚持宣传马克思列宁主义，专门出版哲学社会科学书籍。党中央长江局从 1938 年起在武汉委托新知书店用"中国出版社"名称在国统区出版包括马克思主义经典著作在内的进步哲学社会科学书刊。生活书店是由邹韬奋领导创办的，张友渔、徐伯昕、吉少甫、仲元秋等先后在生活书店任总编辑、经理等职，该店也大量出版抗战图书，并"供应武汉、广州、桂林、南昌、西安、昆明等大城市，仅 1939 年一年就出版新书和重版书 123 种"③。它先后出版恩格斯的《费尔巴哈论》、斯大林

---

① 张克明. 抗战初期武汉出版界实况. 湖北出版史料，1988（3）：13.

② 中国第二历史档案馆. 中华民国史档案资料汇编：第五辑第二编文化（一）. 南京：江苏古籍出版社，1998：292.

③ 高信成. 中国图书发行史. 上海：复旦大学出版社，2005：367.

的《论民族问题》（张仲实译）、《德国的革命与反革命》（柯柏年等译）等。生活书店出版的进步革命书刊一度引起国民党的警觉。读书生活出版社是由李公朴于 1934 年创刊的读书生活杂志社发展而来，其在上海先后出版发行了几十种马列主义经典著作，如《〈资本论〉通讯集》《〈资本论〉的文学构造》《民族问题大纲》《卡尔·马克思》《列宁传》《斯大林传》等①。"三店迅速地在国统区大后方各大城市建立起发行机构，生活书店有 55 处，读书、新知的也为数不少"②。总之，在延安时期，生活、读书、新知三书店编印发行了大量马列主义经典著作和抗日救亡读物，总共出版哲学社会科学著作 1 600 多种。

此外，言行出版社、神州国光社、珠林书店、海潮出版社等在该时期也出版或再版或重印了《德意志意识形态》《自然辩证法》《中国问题评论集》《恩格斯等论文学》等系列马克思主义经典著作，为马列著作的传播做出了重要贡献。

在国统区，中共南方局领导哲学社会科学工作者支持进步文化运动，团结国统区广大新闻出版界积极开展反禁查斗争，与国民党文化统治政策抗争，党领导的哲学社会科学得到蓬勃发展。中共南方局根据中央精神，组织新华日报馆和群众周刊社，抨击国民党反动出版审查政策。1938 年 10 月，毛泽东在《论新阶段》中阐述了中国抗日民族统一战线的若干特点，指出"深刻地研究与认识上述这些特点，才能采取恰当的政治上的政策与工作上的态度。不是头痛医头、脚痛医脚地应付政治问题与工作问题，而是站在科学的基础上正确地解决问题，抗日战争的胜利与抗日民族统一战线的巩固与扩大，是需要这种科学基础的"③。

马克思主义哲学社会科学的建立和发展过程，伴随着对各种错误思潮的论战与批驳。延安时期，中共领导马克思主义者同各种反马克思主义及非马克思主义错误思潮展开了激烈的思想斗争，在与反抗战、反团结、反进步的思想斗争中争夺文化战线的领导权，抵制和打击了国民党政府推行的文化专制政策，加强了中共领导的文化革命统一战线，巩固了党的正确思想舆论阵地。1937 年 5 月，刘少奇在《争取全国民主统

---

① 高信成. 中国图书发行史. 上海：复旦大学出版社，2005：367—368.
② 赵晓恩. 以延安为中心的革命出版工作（四）. 出版发行研究，2001（4）：73.
③ 中共中央文献研究室，中央档案馆. 建党以来重要文献选编（1921—1949）：第 15 册. 北京：中央文献出版社，2011：609.

一与党在统一战线中的领导权》中要求："我们必须在政策上、原则上、理论上加强对于国民党及各派的批评，加强对群众的共产主义精神的教育。"①

5. 马克思主义哲学社会科学著作的多渠道发行

发行是哲学社会科学著作出版的重要组成部分，1942年毛泽东到中央印刷厂和新华书店视察，强调了出版发行工作的重要性。边区的哲学社会科学出版物影响范围广泛，除了在陕甘宁边区发行外，还通过各种秘密渠道被输送到各个敌后抗日根据地及重庆、武汉、桂林、昆明、兰州等国统区，在沦陷区及海外也有少量发行。

> 雾锁千嶂夜未央，众星拱月斗寒霜。
>
> 万佛洞内机喷瀑，宝塔山前骡列行。
>
> 出版唯嫌时日短，发行偏喜路途长。
>
> 由知巨手指航向，决胜非徒在战场。②

这是苏生（时任中共中央出版发行部秘书长）所作，是对当时哲学社会科学出版发行工作的真实写照。

（1）陕甘宁边区哲学社会科学出版物的发行。

在陕甘宁边区内部哲学社会科学图书发行方面，新华书店、青年书店、光华书店和西北抗敌书店等发挥了重要作用，它们在各个县设立支店和代销点，通过八路军兵站、警备区通讯站、门市、邮购、送书下乡及开设代销点等发行方式，把各类哲学社会科学图书发行到边区的各个分区和县③。

---

① 刘少奇. 刘少奇选集：上卷. 北京：人民出版社，1981：79.

② 朱根勋. 古今靖江诗抄. 北京：中国文史出版社，2003：88.

③ 全民族抗战时期边区实行供给制，大部分出版物由内部分配，供给首长、机关、部队和学校，以及分配到各根据地和国统区党的组织，只有很少一部分供门市销售和邮购之所需。供给制是我们党在特定历史环境下实行的一种重要分配制度，它在特定历史阶段中发挥了重要作用。当前国内党史学界对供给制问题研究主要侧重于新中国成立后阶段，如杨奎松的《从供给制到职务等级工资制：新中国建立前后党政人员收入分配制度的演变》、罗平汉的《人民公社供给制探析》、辛逸的《简论大公社的分配制度》等著述是这方面的代表性研究成果。而对民主革命时期特别是延安时期的供给制问题，党史学界的研究则非常薄弱，主要体现在：（1）对供给制实行原因、创建、恢复与完善等问题的研究不够深入；（2）对供给制实施范围与供给标准等方面史料挖掘得不够全面；（3）对供给制地位和作用的研究有待拓展等。对于该方面问题的详细探讨，可参见：王海军. 延安时期的供给制探析：以陕甘宁边区为中心. 中共党史研究，2010（11）.

青年书店是中共在延安时期建立的最早的公开图书发行机构。1937年4月，《解放》周刊创刊，中共中央党报委员会下设的发行科对外以"新华书局"的名义工作，主要承担《解放》周刊及各种图书的发行工作。7月，中共中央党报委员会发行科决定将"新华书局"改为"新华书店"，发行马列著作和毛泽东著作，宣传党的方针政策，当时解放社出版的哲学社会科学著作等书的版权页上都印着"总经销：新华书店"的字样。1939年9月，延安新华书店单独建制，隶属于中共中央出版发行部，它是集图书出版、印刷与发行于一体的机构，其主要任务："一是为西北局宣传部直接给各专区、县分发内部刊物和其他宣传品；二是将报刊分发给专区、县机关、学校；三是对地区、县新华书店进行业务上的联系和指导"①。

新华书店在延安正式开业后，又在陕甘宁边区的绥德、关中、庆阳等地建立分店，在各县建立支店和分销处，由当地党委宣传部负责管理。面临复杂的战争环境，新华书店总店针对延安、陕甘宁边区采取了不同的发行方式：或直接派人送书上门，或通过边区通讯站寄发，或通过外县转运，或提供样书供翻印，或通过邮局寄发，或通过军车运送，或开办邮购，或组织下乡团体、小贩代销等。"新华书店成立后短短3年间，共发行延安出版的各种书籍160余种，50余万册，报刊10种，上百万册；还发行了大后方的进步书刊和苏联出版的书籍300余种，报刊70余种"②。

为扩大哲学社会科学图书在边区的发行，新华书店还开展了"书报下乡"活动。1943年3月，为开展书报下乡工作，征求邮购代办户，书店"号召做文化宣教工作的同志——包括工厂、农村、部队工作的知识分子和各报社的通讯员同志，都来参加这一工作，帮助广大读者来函代购书报。凡邮代购买每种书籍五本以上者，一律给九折优待。邮代服务成绩优良者给以奖励"③。当时的赤水、子长等县新华书店在下乡推销群众读物中走在前列。当时的赶庙会摆书摊、组织图书货郎串乡等，成为群众欢迎的好方式。

（2）陕甘宁边区对敌后抗日根据地哲学社会科学出版物的发行。

① 常紫钟，林理明. 延安时代新文化出版史. 西安：陕西人民出版社，2001：467.

② 文东. 红色发行机构：新华书店. 中国图书商报，2001-07-05.

③ 张良. 书报下乡. 解放日报，1943-03-31.

敌后抗日根据地地处山区，交通闭塞，经济文化落后，"敌人已将我们过去的文化中心变为文化落后区域，而我们则要将过去的文化落后区域变为文化中心"①。敌后抗日根据地的图书发行过程较为复杂，在运输图书的过程中，有时中央派出的护送部队会经过日军的封锁线。

通过部队兵站或党的秘密运输线，把延安出版的图书样本和纸型运到各抗日根据地，在当地翻印发行。如山东根据地翻印的图书，底本主要来自延安，"其中有马恩列斯的著作、毛主席著作、中央领导同志的著作和中共中央文件"②。为了扩大宣传，党中央鼓励各根据地翻印图书，由延安提供样本，或者打好纸型和清样③。"开'七大'时，毛主席和朱总司令的两个报告，是通过美军观察组的飞机运送《解放日报》的清样到晋察冀边区等地，使各地能以最快的方式排印出版。"④ 新华书店在各根据地建立了一系列分店，使得书店在全国范围内形成了较为齐全的发行网络。

晋察冀边区作为敌后模范抗日根据地和统一战线的模范区，在1938—1942年翻印了许多延安解放社的哲学社会科学出版物。晋冀鲁豫边区是华北最大的一个抗日根据地，1938年中央创办《新华日报》华北版，新华日报馆在出报的同时着手出版书刊，以翻印延安的哲学社会科学出版物为主。晋绥边区是延安的大门，1940年中共中央出版发行部巡视组的向叔保等到晋绥边区，设立出版发行部，开始油印革命进步书刊等。

除此之外，陕甘宁边区中央出版发行部还委派了大量工作人员到

① 毛泽东. 毛泽东选集：第2卷. 2版. 北京：人民出版社，1991：473.
② 宋原放. 中国出版史料：现代部分：第2卷. 济南：山东教育出版社，2001：395.
③ 吴永贵. 中国出版史：近现代卷：下. 长沙：湖南大学出版社，2008：381.
④ 同②305. 早年的出版物（1930年前），由于条件限制，主要是油印，有些劳动券或重要著作才采用石印；后来印刷条件有所改善，铅印、石印逐步增加。但铅印一般还限于印制马列主义经典著作，苏区中央政府法规、条例、章程，重要的政纲、文献，中共中央主要领导人的重要文章，重要而且印数较大的著作，以及中央党政军群机关办的机关报等。劳动券、银票、红票（纸币）、公债券、股票、储金券等，皆采用石印。课本、教材基本采用石印，个别铅印，也有少量油印，个别甚至手抄。文化、艺术方面小册子较多，基本采用油印；画集、地图等皆用石印。报纸的印刷方式是油印、石印、铅印三种方式并存，中央党政军群机关主办的报刊，基本上采用铅印或石印；军队办的报刊因流动性大，油印的较多。
——叶再生. 出版史研究：第3辑. 北京：中国书籍出版社，1995：35.

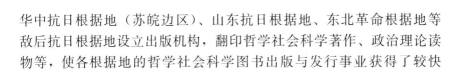

华中抗日根据地（苏皖边区）、山东抗日根据地、东北革命根据地等敌后抗日根据地设立出版机构，翻印哲学社会科学著作、政治理论读物等，使各根据地的哲学社会科学图书出版与发行事业获得了较快发展。

（3）陕甘宁边区对国统区哲学社会科学出版物的发行。

全民族抗战时期国民党在意识形态领域实施文化专制主义，先后公布《战时图书杂志原稿审查办法》及《修正抗战期间图书杂志审查标准》等系列反动法令，要求所有哲学社会科学出版物必须送中央图书杂志审查委员会审查。当时国民政府为了限制陕甘宁边区的图书进入国统区，采取严酷手段打击陕甘宁边区对外的图书发行工作。为应对国民党严酷的图书检查制度，我们党在文化出版领域同国民政府展开了针锋相对的斗争①。

该时期，主要由延安新华书店总店全面负责向全国尤其是国统区发行图书的任务。当时，新华书店向国统区发行图书最主要的途径，是和设在国统区的党的《新华日报》营业部及生活书店、读书生活出版社、新知书店②等革命进步书店以及在西安、重庆、桂林等地的书业界建立业务关系，将协同和支援各敌后抗日根据地、建立新华书店，与翻印延安出版物联系起来，基本上形成一个全国性的图书发行网络。

对国统区的图书发行，我们党根据实际情况采取了灵活的发行方法。为对付国民党严酷的审查，有些书伪装发行。当时生活书店、读书生活出版社、新知书店为党在国统区出版马克思主义经典著作和宣传马

---

① 对于国共两党之间在书刊发行领域的查禁与反查禁斗争问题，将在后面章节专门展开详细探讨。本部分只简要介绍当时边区在国统区书刊发行的主要方法，而对于国民党的严厉查禁等其他问题本章并不涉及。

② 新知书店成立的宗旨是宣传马克思列宁主义，专门出版社会科学书籍，出版的第一本书是钱俊瑞、章乃器、朱楚辛等集体著作的《中国货币制度往那里去?》。抗战时期是新知书店大发展时期，当年长江局派凯丰领导新知书店和中国出版社的工作，凡中国出版社出版的书稿的编辑费和稿费，一律转为新知书店的股金。当时中国出版社曾出版了《共产主义运动中的"左派"幼稚病》《论反对派》《国家与革命》《列宁主义问题》《吴玉章抗战言论选集》等书，还有胡绳著的《辩证法唯物论入门》、翦伯赞著的《历史哲学教程》以及《列宁的故事》、《社会科学基础教程》、《中国现代革命运动史》和一些抗战小册子。

——徐雪寒. 新知书店的战斗历程. 历史研究，1982（5）：76.

克思、列宁主义的哲学、政治、经济、军事等学说发挥了巨大作用①，使得哲学社会科学书刊得以广泛流通。例如，1939 年 11 月，读书生活出版社出版了欧阳凡海译的《马恩科学的文学论》与何封译的《卡尔·马克思：人、思想家、革命者》，其中，《卡尔·马克思：人、思想家、革命者》一书包括"列宁的《卡尔·马克思》《恩格斯致左尔格》《马克思墓前演说》及马克思的《六月革命》《1948 年的革命与无产阶级》"②等文章。新知书店曾以中国出版社名义在国统区重印马列主义经典著作，当时"许多书籍的出版，采取从延安将纸型或原稿送往武汉〔的方式〕，在延安和武汉几乎同时出版"③。新知书店用中国出版社名称，先后在汉口、重庆、香港、上海出版哲学社会科学图书，"中国出版社在近 10 个月的时间里，出版了几十种书籍，使马列著作、毛泽东著作在国统区广泛发行"④。

利用国统区党的《新华日报》和《群众》周刊对边区出版的哲学社会科学图书进行宣传，也是党中央向国统区发行哲学社会科学图书的重要手段。当年的新华日报馆既是公开合法的新闻机构，又是出版发行机构，编印出版了《共产党宣言》、《社会主义入门》、《斯大林选集》（5 卷本）、《列宁选集》（16 卷本）、《论党的布尔什维克化的十二个条件》、《列宁主义问题》、《马恩论中国》、《社会主义从空想到科学的发展》等经典著作。《新华日报》还发表如《延安出版界近况》等文章，介绍延安《新中华报》、《解放》周刊、《八路军军政杂志》等延安主要出版物。1945

---

① 除了出版经销马列著作外，这些书店还发售国内外著名的文学作品。外国作品有《母亲》《童年》《静静的顿河》《铁流》《毁灭》《钢铁是怎样炼成的》《战争与和平》《复活》《时间啊，前进》《前线》《圣诞节的故事》《普希金文集》《简·爱》《安娜·卡列尼娜》等；国内作品有：鲁迅的《鲁迅全集》《且介亭杂文》《阿 Q 正传》和译作《小约翰》《桃色的云》，郭沫若的《创造十年》《青铜时代》《反正前后》《沫若文选》《漂流三部曲》《沫若诗集》《十批判书》《甲申三百年祭》和著名历史剧本《屈原》《孔雀胆》《虎符》《沫若小说戏曲集》等，邹韬奋的《经历》《患难余生记》《事业管理与职业修养》，瞿秋白的《饿乡纪程》《海上述林》，茅盾的《子夜》《蚀》《虹》《幻灭》《追求》《三人行》，巴金的《家》《春》《秋》，等等。
——左明德. 抗日战争时期《新华日报》及图书出版发行的封锁与反封锁斗争//中共党史研究室. 中共党史资料：第 39 辑. 北京：中共党史出版社，1991：156.
② 周子东，傅绍昌，杨雪芳，等. 马克思主义在上海的传播（1898—1949）. 上海：上海社会科学院出版社，1994：245.
③ 宋原放. 中国出版史料：现代部分：第 2 卷. 济南：山东教育出版社，2001：4.
④ 同②.

年 8 月，《新华日报》还刊登了新书广告："艾青著《献给乡村的诗》，重庆北门出版社出版。黄炎培著《延安归来》，国讯书店出版，凡关心民主团结的人士值得一读！黄炎培著《延安五日记》，国讯书店出版。"①

二、马克思主义哲学社会科学教育机构

教育机构作为哲学社会科学教学与研究的重要平台，对该时期哲学社会科学知识普及、学术发展以及体系建构等方面，发挥了十分重要的历史平台作用②。哲学社会科学的教育机构既包括比较规范的学校教育，也包括一些不甚正规的补习学校等。其中，以中共领导创建的培训学校和专门从事理论研究的机构为主，如中国共产党在不同历史时期建立的各类政治院校与军事院校等等。随着中国革命形势的不断好转，根据地获得巩固和发展，中国共产党创办的职业教育、正规教育、社会教育等各级各类教育机构也逐渐齐全，推动了马克思主义哲学社会科学的发展。

（一）哲学社会科学教育机构的起步（1919—1927）

党的创建时期和大革命时期，是中共领导哲学社会科学教育机构建设的起步阶段。受严峻革命形势的影响，该时期创办的正规学校很少，学校教育主要以夜校、党校、平民学校等简单的教育形式为主，马克思主义哲学社会科学研究阵地还未像后来延安时期一样真正形成规模化发展态势。这一时期虽未直接提出"马克思主义哲学社会科学"这一科学概念，但该命题其实在具体革命实践中已经得到我们党的高度重视，并在领导的革命实践中得以发展。当时我们党通过建立各类工人劳动补习所、各级党校等，积极开展马克思主义理论教育。1920 年 9 月，我们党领导创办的上海外国语学社，是党的历史上第一所专门从事干部教育和培训的学校。1922 年 10 月，国共合作创办上海大学，开始大量培养新型革命理论人才等，这些教育和研究机构推动了马克思主义哲学社会

---

① 艾克恩. 延安文艺运动纪盛. 北京：文化艺术出版社，1987：616.

② 由于本书主要集中探讨"马克思主义学派"对中国本土化哲学社会科学体系建构的历史贡献，因此，该部分在涉及教育机构时，重点立足于中共创办的教育机构，较少涉及国民政府主办的教育机构。

科学的发展，为中国马克思主义哲学社会科学初步创立奠定了重要理论基础和人才基础。

1. 领导建立补习学校、俱乐部和各类党校，初步开展马克思主义理论教育

中国共产党成立前，早期马克思主义者从革命实践出发，初步提出了发展马克思主义哲学社会科学的基本主张。他们通过领导创办劳动补习所、党校和俱乐部等方式，在工人中广泛传播马克思主义。在党的创建时期和大革命时期，中共通过开办各类初级和高级党校，在广大党员中系统传授马克思主义哲学社会科学理论。此外，社会主义研究会、马克斯（思）学说研究会、马克思主义研究会、共产主义同志会等社团的学术研究，也为马克思主义哲学社会科学的发展提供了重要理论指导。

建党初期和第一次国共合作时期，是中国共产党领导哲学社会科学阵地建设的初始阶段。中国共产党通过发布系列指示、决议和通知，对成立各类学习和教育培训机构发布了许多重要指示。

1921 年，在《中国共产党关于（奋斗）目标的第一个决议》中就提出了马克思主义理论教育的基本方针，专门设有"工人学校"一节。1923 年 11 月，成立中央教育宣传委员会，由蔡和森任书记。1924 年 5 月，中央指出应当重视并加强"党内教育工作"，强调党内教育的问题非常重要，而且要急于设立党校，养成指导人才①。1925 年 1 月，中共四大决定设立党校、工人补习学校、马克思列宁主义研究会等，以重点加强党内的马列主义理论教育和时事政策教育②。1925 年 10 月，中共中央扩大执行委员会会议决定开办"各地委之下的普通的党校"和"区委之下的高级党校"两种形式的党校，并对各类党校的学员要求及毕业期限做出了"一个月或一个半月"和"不要过三个月"的详细规定。

在中央的积极推动下，1925 年夏至 1926 年 11 月，全国各地中共党组织相继创办了初级和高级党校。如在 1926 年 1 月，中共江浙区委下发《上海区域宣传部最近工作计划》，明确提出创办党校和党训班以进行马克思主义教育的革命任务，正式成立了中共江浙区委党校（中共

---

① 《中国共产党编年史》编委会. 中国共产党编年史（1917—1926）. 太原：山西人民出版社，北京：中共党史出版社，2002：236.

② 同①238.

历史上第一个省级党校）。党校共组织了四期培训班，由党员罗亦农、瞿秋白、彭述之、王一飞等担任授课教员，围绕着第三国际的政策、共产党与无产阶级的解放、农民问题及中国农民运动之发展、马克思主义概论、经济学、阶级斗争史、列宁主义、辩证唯物论等专题①，用通俗易懂的语言向工人讲解《哥达纲领批判》《共产党宣言》《社会主义从空想到科学的发展》等马克思主义经典著作，初步提高了工人的马克思主义理论素养。1926 年 2 月，中共中央做出关于开办最高党校问题的决议，"决定在北京及广州各办一所长期党校"②。同年 7 月，中央通过《关于宣传部工作议决案》，由中央宣传部负责编译 "（甲）理论的译著，应先定一最小限度的计划，大致应当编译可以继续共产主义 ABC 的书籍。（乙）党校的教本及普通的党员教育的大纲"③，这些教材就包括了《革命常识》《党务常识》等政治理论常识，并要求各地每月向党组织报告工作时应将党校的工作成绩（如办理各种训练班及教材办法成效等）作为其重要报告内容。该阶段中共通过各类学校有组织、有计划地学习社会科学知识，为党员了解革命理论创造了有利条件，对于提高广大党员干部的马克思主义理论觉悟发挥了重要作用，也为后来党的理论宣传与研究工作培养了优秀理论人才。

中共以各类初级和高级党校为平台，积极创造党内理论学习条件，在广大党员中系统传授我们党领导制定的中国革命的路线、方针和策略，逐渐普及马克思主义基本理论，使党员干部的理论教育逐步得到了提升和强化。

该时期中国共产党领导创办的包括工人劳动补习所、识字班、工人俱乐部、夜校、党校等在内的各种类型的教育培训机构，主要开设社会科学知识课，系统讲授马克思主义哲学社会科学，普及马克思主义基础理论。除了上述一般性教育培训外，中共还领导创办了一些比较正规的新型教育院校，如上海外国语学社、湖南自修大学、上海大学、安源党校等，以加强党内学习教育为其主要目标。

---

① 中共江苏省委党校史志编纂委员会. 中共江苏省委党校史志. 南京：江苏人民出版社，2010：4-6.

② 开办最高党校问题. 校刊（第六期），1926-05-01.

③ 中共中央文献研究室，中央档案馆. 建党以来重要文献选编（1921—1949）：第 3 册. 北京：中央文献出版社，2011：287.

1920 年夏，上海共产党发起创建的上海外国语学社①主要是培养干

---

① 　自 20 世纪 70 年代以来，一部分专家学者开始关注上海外国语学社，并且开始收集相关方面的资料进行研究。在书籍方面，1989 年中国人民大学出版社出版的《中国共产党干部教育研究资料丛书》，收录了人民出版社出版的《"一大"前后》、中国社会科学院青少年研究所青运史研究室编的《青运史资料与研究》（1982、1983）、上海党史资料丛刊编辑部编的《党史资料丛刊》（1980）以及中国革命博物馆党史研究室编的《党史研究资料》（1980）等书中关于社会主义青年团和上海外国语学社的人物回忆录和文章，是关于上海外国语学社资料比较齐全的一本书。史料的挖掘和公布是深化上海外国语学社研究的基础。这一时期，史料方面的文章比较丰富。王迪先写的《关于上海外国语学社和赴俄学习的几个问题》考证了当年四川青年去上海外国语学社的时间为 1921 年 2 月下旬，人数是 17 人，以及廖划平、杜小马、徐敦让等人都曾参加赴俄学习。陈少康在《鲜为人知的俄语女教师：外国语学社教员王元龄》一文中揭开了王元龄的身世以及当年所从事的俄语教学活动；沈海波写的《中国社会主义青年团 1921 年 5 月解散的问题：兼论外国语学社结束的时间》一文认为"文件所谓'暂时解散'，应指 1921 年 5 月临时团中央外国语学社遭搜查及大批团员骨干赴苏学习而暂时停止工作，而外国语学社的结束时间，则应在 1921 年'五一'前后"。在《丁玲不是外国语学社的学生》（作者不详）一文中，作者通过考证证实了丁玲并没有参加上海外国语学社的学习，也不是上海外国语学社的学生。这些史实考证为学者研究上海外国语学社提供了更加清晰的脉络，也让人们更加清楚地了解了这一段历史。20 世纪 90 年代以来，在文章方面，既有研究性论文也有史料挖掘的回忆性文章。研究性论文有三篇：陈绍康、刘荣珠写的《略论外国语学社几个特点与人才的作用》论述了上海外国语学社创立时的社会背景具有时代特点；上海外国语学社工作与活动具有开创性与多样性以及上海外国语学社处在"租界"的特殊环境与条件下，中俄两国革命者不怕干扰与困难显示了团结一心合力办学的特点。肖洛等的《试论外国语学社对刘少奇思想的影响》则认为上海外国语学社是刘少奇接受马克思主义和走上革命道路的地方，刘少奇在上海外国语学社的革命实践中认识了马克思主义与工人运动相结合的革命真理，并对他在新中国成立后提出两种教育制度和劳动制度打下了思想和理论基础。另外，张玉涵的《浅谈建党时期党在上海的革命干部学校》把上海外国语学社与平民女校、上海大学进行了对比，认为这几所学校虽然是早期党领导办学的最初摸索，但也积累了一些如何培养革命干部的可贵经验。这些文章都对上海外国语学社在当时所发挥的对人才培养的作用给予了高度的评价，它使很多有志青年转变了旧有的世界观，接受了马克思主义这个强大的思想武器，走上了革命道路。关于史实回忆以及考证方面的研究也有一些成果。柯庆施的女儿柯六六写的《柯庆施就读上海外国语学社前后》，以柯庆施的回忆介绍其当年在上海外国语学社的学习情况以及在莫斯科参加的一些活动。朱政着重介绍了上海外国语学社的世界语老师斯托比尼在上海外国语学社期间一边传播世界语，一边宣传共产主义理论，为中国人民的革命事业做出了卓越贡献。慕水则做了一份上海外国语学社的师生名录，除事迹不详者仅列其姓名外，其余的人均以姓名、生卒、字（曾用名）、简历的方式一一做了介绍，这份师生名录是至今对上海外国语学社人员记载人数最多也是最全的一份。纵观这一阶段的成果，学者们在求真务实基础上下功夫，广泛搜集、深入挖掘史料，在对史料扎实研究的基础上去再现历史的真实；研究领域大大拓展，研究方法更加多样化，研究视角更新颖，如将上海外国语学社放到教育史中进行对比研究。

　　——张富强，刘丽梅. 上海外国语学社研究综述. 上海党史与党建，2011（6）：21-23.

部，教给他们基本的外语知识，以帮助他们初步学习和掌握马克思主义理论。该社成为中共创办的第一所培养干部的外国语学校。社址设在上海法租界霞飞路新渔阳里6号，社长杨明斋，秘书俞秀松；俄文教员是杨明斋、库兹涅佐娃，以及王元龄；日文教员是李达，法文教员是李汉俊，英文教员是袁振英。有时陈独秀、沈雁冰也去讲课。上海外国语学社成立后，《民国日报》1920年9月28日至10月2日连续刊登公开招生广告：

> 本学社拟分设英法德俄日本各班，现已成立英俄日本语三班。除星期日外每日每班授课一小时，文法读本由华人教授，读音会话由外国人教授，除英文外各班皆从初步教起。每人选习一班者月纳学费银二元。日内即行开课，名额无多，有志学习外语者请速向法界霞飞路新渔阳里六号本社报名。此白。[1]

上海外国语学社的学员主要来自全国各地共产主义小组，如任弼时和萧劲光是湖南共产主义小组负责人毛泽东介绍来的。这些学员毕业后，一部分人被送往苏联学习，很多学员后来成为党和国家的重要领导干部，如刘少奇、任弼时、彭述之、蒋光慈、王一飞、任作民、柯庆施、罗亦农、萧劲光等。在上海外国语学社，学生们除了学习英文、法文、德文、日文和俄文等各语种外，学社还发了陈望道翻译的《共产党宣言》作为必修课。据当年学社社员曹靖华[2]回忆：

[1]　《民国日报》，1920年9月28日。

[2]　曹靖华（1897—1987），原名曹联亚，河南省卢氏县人，中国现代文学翻译家、散文家、教育家，北京大学教授。1919年在开封省立第二中学求学时，投身于五四运动。1920年在上海外国语学社学俄文，加入社会主义青年团，并被派往莫斯科东方大学学习，1924年加入文学研究会，1927年4月，重赴苏联，1933年回国，在大学任教并从事文学翻译工作。先后在北平大学女子文理学院、东北大学、中国大学等校任教。1939年去重庆，任中苏文化协会常务理事，主编"苏联文学丛书"。1948年赴北平清华大学任教。1956年加入中国共产党。曾任中国文联委员，中国作家协会书记处书记、顾问，中国苏联文学研究会名誉会长，中国翻译工作者协会顾问等职。1959—1964年，任《世界文学》主编。1987年获苏联列宁格勒（今彼得格勒）大学荣誉博士学位。同年8月，获苏联最高苏维埃主席团授予各国人民友谊勋章。在国民党反动统治下，曹靖华曾化名亚丹、汝珍、郑汝珍等，和鲁迅通信，介绍苏联革命文学，代鲁迅搜集苏联优秀版画和革命书刊，来往密切，同鲁迅结下了深厚的友谊。自20世纪20年代起，热心从事俄苏文学介绍翻译，所译多属名著，达数百万字。其中有长篇小说《铁流》《城与年》《我是劳动人民的儿子》等，剧本《侵略》《契诃夫戏剧集》、儿童文学《盖达尔选集》等。20世纪60年代起开始散文创作，出版有《花》和《曹靖华散文选》等4部散文集。

——曹靖华同志生平. 新文学史料，1988（1）：2-6；张富强，刘丽梅. 上海外国语学社研究综述. 上海党史与党建，2011（6）：21-23。

1920 年，我们在上海外国语学社学习，地点是渔阳里六号。我同刘少奇、任弼时、萧劲光、蒋光慈、王一飞等都是同班同学。那时，我们几十人在一个大教室上课。课外分成三个小组，即安徽、湖南、浙江等。刘少奇、任弼时等是湖南的，王一飞是浙江的。我是河南的，只我一个，不能成组，所以编入安徽小组。因为我曾在安徽大通小学教过书，另外，我在河南开封二中时，曾组织过一个青年学会，办了一个《青年》半月刊。青年学会不分性别、省别，都可参加。蒋光慈是芜湖五中学生，是安徽人，也参加了。所以，把我编入安徽组。按地区分组，在语言、生活习惯上都方便些。三个组上课在一起，课外不来往。……我们在外国语学社自己看《共产党宣言》和《新青年》、《时事新报》副刊《学灯》、《民国日报》副刊《觉悟》等，五一节时，还参加青年团组织的撒传单等活动。当时，我们都不学俄文，从当时的各种情况看，要去莫斯科留学是不可能的事，所以我们认为学几个字母没用。我们在中学大都学过英语，能对付着看一点报纸新闻，不如驾轻就熟，提高自己的英语水平，还可看报纸、写文章。这是很现实的一种想法。①

在长沙共产主义小组成立前后，毛泽东和一些早期共产主义者共同创办群众学校。1920 年 9 月，毛泽东在湖南一师组织创办崇新学社，倡导马克思主义研究，组织工人学习无产阶级革命理论。各类学校在教学过程中注重普及哲学社会科学文化常识，传播无产阶级革命理论，介绍马克思主义基本常识。

为了使广大党员干部能更好地学习马克思主义理论知识，1921 年 8 月，毛泽东与何叔衡等人在船山学社创办中国共产党的一所最早的干部学校——湖南自修大学，毛泽东起草了《湖南自修大学创立宣言》②，

---

① 钟子硕，李联海. 曹靖华访问记. 新文学史料，1986（1）：26.

② 自修大学的宗旨是："采取古代书院与现代学校二者之长，取自动的方法，研究各学术，以期发明真理，造就人才，使文化普及于平民，学术周流于社会。"毛泽东在《湖南自修大学创立宣言》中，对"发明真理，造就人才"这一宗旨做了详细阐发。指出：书院与学校均有极严格的程限，使一些本为优才的有志青年因入学考试见遗而断了向学的路，自修大学则是凡有志向学者均可入学。书院与学校使学为少数"学阀"所专，自修大学则打破学术秘密，务使公开，使每人都可取得一部分。读书院和学校非阔家不行，自修大学则不须多钱，可以求学。

宣称学校的宗旨是"发明真理,造就人才"。1923 年 4 月,学校创办校刊《新时代》,刊登了毛泽东的《外力、军阀与革命》和李达的《何谓帝国主义》等许多关于研究马克思列宁主义理论和解决中国革命实际问题的重要理论文章。湖南自修大学是中共历史上第一所培养革命干部的新型教育机构,为中国革命培养了大批革命理论骨干,如何叔衡、毛泽民、郭亮、夏羲、夏明翰等。学校学习方式主要以学生自修为主,同时辅之以教师讲授。学习的书籍大部分为马列主义经典著作,主要有《共产党宣言》《价值、价格与利润》等等。在教学方法上,主要有三种,一是"聘请国立大学教授及其他国内外学者,担任定期通函指导";二是特别授课;三是特别讲座,随时会请名人到校讲学①。中共早期领导人李达、邓中夏、恽代英都曾到校讲学,探讨以马克思主义为指导的哲学社会科学问题。湖南自修大学倡导理论联系实际的学风,引导学员研究"将来,国家如何改造,政治如何澄清,帝国主义如何打倒,武人政治如何推翻,教育制度如何改革,文学艺术及其他学问如何革命、如何建设等等问题"②。

该时期中国共产党的全部工作重心是领导工人运动,并在领导工人运动实践中大力加强思想文化战线方面的建设,积极宣传与普及马克思主义哲学社会科学理论。1922 年,毛泽东、李立三创办了安源路矿工人补习学校(夜校),设立补习部、子弟部、妇女职业部以及阅报室、图书馆,备有《工人周刊》《劳动周刊》《大公报》等报刊,后又创办了安源路矿工人俱乐部。

> 学校于民国十一年一月成立,校址设于安源五福巷,这便是第一个工人补习学校。斯时工人夜晚至校补习者有六十余人,其中以路局工人为多。李等于教课之中,即略事宣传"工人在世界上之地位及有联合起来组织团体与资本家奋斗以减少痛苦解除压迫之必要与可能",此外并常与各处工友接洽连络。二月之久,工友因此而觉悟者甚多;且辗转传播,来与李等接谈者日众,最

---

① 张允侯,殷叙彝,洪清祥,等. 五四时期的社团(一). 北京:生活·读书·新知三联书店,1979:78.

② 中共中央文献研究室. 毛泽东年谱(1893—1949):上卷. 修订本. 北京:中央文献出版社,2013:111.

后乃共集议组织俱乐部。三月十六日开第一次筹备会，推出筹备主任；四月一日开第二次筹备会，即由发起人李能至、朱少连等十人联名呈请萍乡县立案，并请出示保护，当蒙批准出示在案。因官厅之保护与发起人之宣传，俱乐部遂稍形发达，乃迁入牛角坡五十二号。四月十六日开第三次筹备会时部员已达三百余人，遂选举李能至为正主任，朱少连为副主任，并选出评议、干事若干人。五月一日劳动节，俱乐部遂宣告成立。当日举行大游行，并散发传单，向社会及工友表明俱乐部成立之意义，晚间并演新剧及他种游艺，借娱群众。①

为提高工人文化水平，俱乐部积极进行革命启蒙教育，极大提高了安源路矿工人的马克思主义理论水平和革命政治觉悟。俱乐部发布萍乡安源路矿工人罢工宣言，领导组织了安源路矿工人大罢工。

这一时期是中共领导各级地方党校发展的起步阶段，这些党的教育机构主要围绕反帝反封建而深入学习与研究马克思主义哲学社会科学，为此初步形成一个稳固的党的理论宣传和教育阵地。经过各类学校的系统教育，党员干部对哲学社会科学基本知识有了深入认识和了解，这对后来的马克思主义理论研究与普及发挥了重要推动作用，为当时马克思主义哲学社会科学的初步发展做出重要理论贡献。

2. 国共合作创办上海大学，加强高校阵地的马克思主义理论教育

为推动马克思主义哲学社会科学理论，于右任、瞿秋白、陈望道、蔡和森等国共两党理论家应革命形势发展需要，于1922年10月共同创办上海大学，在青年学生中传播进步革命理论。于右任担任校长，时任《民国日报》副刊《觉悟》主编的邵力子担任总务长，邓中夏担任教务长。当年社会上曾流传着"五四运动有北大，大革命时期有上大""文有上大，武有黄浦"等说法。上海大学"以改造社会为职志"，"注重养成勤朴、耐劳、诚实、坚毅、公正而富有进取改革之精神"②。学校利用暑假时间举办夏令讲学会，内容涉及哲学社会科学基本理论知识，如瞿秋白讲社会科学概论，施存

① 安源路矿工人俱乐部罢工胜利周年纪念册. 群众社编印，1923-10-10.

② 黄美真，石源华，张云. 上海大学史料. 上海：复旦大学出版社，1984：72.

统讲社会进化史，李春蕃讲帝国主义等①，增强了学生对哲学社会科学基本理论的理解。

上海大学以传播和普及马克思主义理论著称，用马克思主义理论武装学生头脑，培养中国革命运动所需要的人才。1923年，上海大学在邓中夏主持下制定出台了《上海大学章程》，在于"养成建国人才，促进文化事业"②。全校设立社会科学系、中国文学系、外国文学系以及生物系四个系，主要教授有蔡和森、瞿秋白、张太雷等。恽代英当年曾在外语系教授英文《三民主义》。上海大学的社会科学系在当时全国高校中有着独特优势，北京的燕京大学、上海的沪江大学都有社会学系，但这些社会学系主要是传播资产阶级社会学说，唯上海大学的社会学系独树一帜，致力于传播马克思主义的社会学。"社会学系在上海大学是学生最多，共产党员、共青团员也是最多的一个系。"③ 该系由瞿秋白担任系主任，开设了专门讲解《资本论》《家庭、私有制和国家的起源》《社会主义从空想到科学的发展》《共产主义运动中的"左派"幼稚病》等诸多马列主义著作的课程。教师主要讲授马列主义社会科学基本理论，如瞿秋白讲授社会哲学课程，施存统讲授社会思想史课程，萧朴讲授唯物辩证法，李季讲授马克思主义政治经济学等。自1923年4月起，上海大学开始举办特别讲座（星期演讲会），李大钊、瞿秋白、吴玉章、恽代英等多次受邀为师生讲座，"记得瞿秋白第一次来讲课时，大家热烈得不得了，都等候在门口欢迎他。他的讲题是《新经济政策》，介绍俄国的情况，大家闻所未闻"④。特别讲座引导学生更好地联系中国实际去认识社会，寻求以科学理论作为解决问题的正确方法。当年上海大学社会科学会根据社会学系的讲义，编辑出版了《社会科学讲义》，其中包括"社会哲学概论（瞿秋白）、现代社会学（瞿秋白）、社会思想史（施存统）、社会运动史（施存统）、社会问题（施存统）、现代经济学（安体诚）、唯物史观（董

①　张腾霄. 中国共产党干部教育研究资料丛书：第2辑. 北京：中国人民大学出版社，1989：199.

②　黄美真，石源华，张云. 上海大学史料. 上海：复旦大学出版社，1984：61.

③　周子东，傅绍昌，杨雪芳，等. 马克思主义在上海的传播（1898—1949）. 上海：上海社会科学院出版社，1994：144.

④　上海市委党史资料征集委员会，王家贵，蔡锡瑶. 上海大学（一九二二——一九二七年）. 上海：上海社会科学院出版社，1986：113.

亦湘）、社会科学概论（瞿秋白）、民族革命讲演大纲（董亦湘）、现代民族问题讲案（瞿秋白）"[1] 等主要内容，对哲学社会科学基本理论知识的普及发挥了重要作用。

当年被帝国主义和国民党称为"赤色大本营"的上海大学，其办学方向和教育方针紧跟中国革命实际，例如，瞿秋白主张学校教育要契合当时的时代性与革命性，倡导学校的课程设置要培养革命所需要的人才。当时的社会科学系和其他学系、美术专科及附中的教师，主要以共产党员和先进知识分子为主，如田汉、邵力子、丰子恺、沈雁冰、蒋光慈、杨贤江、郑振铎等。上海大学校内共产党、共青团或国民党左派等进步革命组织发展迅速，有力推动了国民革命运动的发展。孙中山、李大钊、廖仲恺、汪精卫、刘仁静、胡汉民、戴季陶等曾来校演讲，推进了上海大学的发展。上海大学的哲学社会科学进步书刊遍及校园，如马克思主义经典著作、孙中山的著作、中国国民党第一次全国代表大会宣言、瞿秋白等编著的《社会科学讲义》、蔡和森编著的《社会进化史》以及《向导》周报、《新青年》季刊等书刊资料，备受全校师生推崇，有力推动了马克思主义哲学社会科学知识的普及。学校充分利用各种学生进步社团，深入普及马克思主义哲学社会科学基本理论。经过较为系统的学习，提高了上海大学广大师生的马克思主义理论水平，为革命培养出大批社会科学理论的研究者和革命思想的传播者，为马克思主义哲学社会科学发展做了重要理论人才储备。

（二）哲学社会科学教育机构的初步发展（1927—1937）

土地革命战争时期是哲学社会科学教育机构的初步发展阶段，随着中国革命形势的不断向前推进，中国共产党对推动马克思主义哲学社会科学工作的重视程度进一步加强。在探索中国马克思主义哲学社会科学发展过程中，中国共产党延续了大革命时期的有益经验，继续通过创办各种形式的训练班、党校、夜校、政治和军事院校等教育机构，在军队和人民群众当中推进马克思主义理论教育，既提高了工农大众的政治理论水平，又普及了马克思主义哲学社会

---

[1] 张腾霄. 中国共产党干部教育研究资料丛书：第 2 辑，北京：中国人民大学出版社，1989：310—338.

科学知识，不断推动了这一时期中国马克思主义哲学社会科学的进一步发展。

1. 创建各类政治院校，提高地方干部马克思主义理论水平

1931 年 4 月，中共中央通过了《关于苏区宣传鼓动工作决议》，该决议指出，必须把干部的培养当作苏区各中央分局中心任务之一，坚决同那种一切依靠中央派人的观念做斗争，"在各苏区中央分局所在地，必须设立一个以上的党校，培养党、苏维埃与职工会的中等干部"①。根据决议相关要求，各根据地陆续兴办了一批党校、政治学校和地方专业技术学校，如仅在中央苏区就建立了苏维埃大学、马克思共产主义学校、商业学校、银行专修学校等教育机构。1933 年，苏区马克思主义研究总会在瑞金成立，其主要作用是统一规划和指导党的理论干部从事社会科学理论学习与研究。随后，中央机关各部门都成立马克思主义研究分会，建立政治及专业技术院校，组织干部研究中国新民主主义革命基本理论问题，为马克思主义哲学社会科学发展储备了重要组织力量。总体来看，该时期我们党在根据地主办的院校主要包括以下几类。

（1）组织短期训练班。

在土地革命战争时期，受战争环境影响，党员队伍中农民和小资产阶级的马克思主义理论水平整体不高，为进一步提升他们的马克思主义理论水平，1928 年，中共六大通过了《宣传工作的目前任务》，对于革命理论教育提出了具体要求："为增高党积极分子的理论上的认识起见，必须组织速成科（同时保守……一切秘密条件），时间与人数视环境决定之。此等速成科的任务乃为研究无产阶级革命基本问题与列宁平生及其学说等等。"② 根据《宣传工作的目前任务》的指示精神，各地党组织根据革命活动要求，积极举办短期训练班，开展各类短期教育培训。这类短训班"一般学习的时间比较短，一天两天、三五天或半个月时间不等，对党员分期分批进行训练。学习目的比较明确，学习内容也比较单一，有时集中解决工作中遇到的问题，有时结合上级指示来解决党员

---

① 中共中央文献研究室，中央档案馆. 建党以来重要文献选编（1921—1949）：第 8 册. 北京：中央文献出版社，2011：337.

② 中共中央文献研究室，中央档案馆. 建党以来重要文献选编（1921—1949）：第 5 册. 北京：中央文献出版社，2011：487.

的思想认识问题。由教员讲授、学员讨论是主要的学习方式，有时还要通过测验来巩固和提高学习的效果"①。

其他各根据地也积极组织理论教育和培训，以更好地推动革命运动的发展。1928年，中共湘赣边界特委在宁冈县（现已撤销）茅坪和象山庵举办党、团训练班，培训基层革命骨干，参加者为井冈山地区各县党的活动分子。在赣西南、赣东北、湘鄂赣等苏区开创之初，亦举办各类短训班培训干部。有分系统办的土地训练班、裁判训练班、工人干部短训班、妇女干部短训班等；有分省、县、区级举办的短训班，由上一级短训班培训下一级干部及下级短训班教员。短训班每期一般为三至四周，课程有政治常识、党的建设、苏维埃政权建设等社会科学理论，并组织学员开展实践活动。基层党支部则举办流动训练班，利用业余时间围绕党的中心工作进行实践教学②。

（2）组建工农干部学校。

1930年上半年，赣南革命委员会在于都县创办工农干部学校。下半年，赣东北苏区在妇女干部训练班的基础上开办省三八女子职业学校，即卢森堡训练团，这是以德国共产党妇女运动家卢森堡的名字命名的一所培养党的妇女干部的学校③。1931年8月，创办共产主义学校（党校），主要是选调县委和省委各部委、区委书记和区苏维埃政府主席以上干部来校学习。中华苏维埃共和国临时中央政府成立后，人民委员会于1932年1月开办"县苏工作人员训练班"，中央及中直有关部门也开始创办中、高级干部学校，促使党员干部的马克思主义理论水平不断获得提升。

（3）马克思共产主义学校。

1933年1月，苏维埃中央政府和苏区中央局等决定合办苏维埃党校。1933年3月13日，是马克思逝世50周年纪念日，中央党校的前

① 王炎. 党内思想政治教育制度建设的历史进程与经验研究. 北京：中央编译出版社，2016：48.

② 冯俊. 干部教育培训改革与创新研究. 北京：人民出版社，2011：136-137.

③ 方志纯. 赣东北苏维埃创立的历史. 北京：人民出版社，1980：45. 卢森堡训练团是土地革命战争时期中国共产党领导下的妇女干部学校。1932年在闽浙赣革命根据地的横峰县葛源区建立，前后两期共培训妇女干部700余人，每期学习2~3个月，学员学习政治、文化、军事课程，讲授"妇女运动史"，该校后来改为"三八女子学校"。

身——马克思共产主义学校在瑞金洋溪正式开学①，校长为任弼时（任弼时到湘赣边区任苏区中央局书记后，校长由中央宣传部部长张闻天兼任，副校长为杨尚昆和董必武）。学校根据培养目标并结合干部实际，涵盖了高中初三个办学层次，分设高级班和初级班。学校的班次和学习科目是：党校共分 3 个班：1）新苏区工作人员训练班。学额原定 80 人，主要的是造就新苏区与白区的工作人员，学习时间定两个月毕业。2）4 月的训练，分党、团、苏维埃、工会工作 4 班，每班 50 人。3）高级训练班。以 6 月为限，学额 40 人。由各省委、省苏及省工会派送。党校科目，各班不同，主要的是马克思列宁主义的基本原理与党的建设、苏维埃的建设、工人运动、历史、地理和自然科学常识等②。学校采取以自修为主与重点讲解相结合的方针，主要是学习马克思列宁主义基本原理和党的建设的理论与政策等，当时毛泽东、刘少奇、周恩来等曾担任高级班国际共运、党的建设、中共党史等重要课程的讲授。学校组织学生在本校或者去红军学校俱乐部等地听学术报告。例如，《劳动法》《目前红军建设中的几个基本问题》《巴黎公社》《中华苏维埃政权

---

① 马克思共产主义学校首开中央党校的办学历史，该校为中央党校的前身，从 1933 年 3 月创办到 1934 年 10 月红军长征时停办，它在约一年半的办学时间内共计培养了 300 多名苏区党政军和群众团体干部，在紧张动荡的战争形势下造就了一批具有较高马列主义水平与实践斗争经验的重要干部人才，为中国共产党"从苏区与红军的党走向建立全中国的党"做出了重要历史贡献。1935 年，马克思共产主义学校随中国工农红军长征到达陕北后改称为中央党校，1937 年迁入延安，1942 年后毛泽东兼任中央党校校长，彭真任副校长，确立了理论联系实际的方针和实事求是的校风。毛泽东著名的《整顿党的作风》就是 1942 年 2 月在中央党校开学典礼上的演说，1942 年延安整风运动也是从中央党校开始推向全党的。从 1942 年 2 月到 1944 年初，中央党校先后成立了六个部：一部的学员是党的地委和军队旅级以上干部、少数地委以下干部，二部的学员是党的县团级干部，三部学员主要是知识分子，四部学员是由军事学院合并来的学员和文化水平较低的工农干部，五部学员是以陕甘宁边区的县、区级干部为主，也有一部分经过长征的团、营干部，六部学员是从敌后和国民党统治区来的县、区级干部及青年知识分子。学员达 3 000 多人。1947 年，中央党校随中央撤离延安。1948 年中央决定创办高级党校，名为马列学院，刘少奇兼任院长。新中国成立后，马列学院迁往北京。1955 年改称中共中央直属高级党校。"文化大革命"期间停办。1977 年复校，定为现名。党的十一届三中全会前后，在胡耀邦主持中央党校工作期间，中央党校推动了真理标准问题大讨论，为恢复党的实事求是思想路线、实现全党工作重心的转移发挥了重要作用。

——张锋. 党政干部教育的摇篮. 学习时报，2020-04-10；《西安百科全书》编委会. 西安百科全书. 西安：陕西人民教育出版社，1993：289.

② 纪念科学社会主义之父！马克思共产主义学校三月十三日开学. 红色中华，1933-03-12.

的现在与未来》等学术报告，分别由唐开元、博古、董必武和张闻天主讲。当时党组织在领导编写和讲授马克思主义理论时，力求简单易懂。例如，为说明马克思主义关于劳动价值和剩余价值理论，在当时的语文课有新编《三字经》，以形象化的语言传播马克思主义关于剥削阶级榨取工人"剩余价值"的道理。

> 天地间，人最灵。创造者，工农兵。男和女，都是人。一不平，大家鸣。工人们，劳不停。苦工做，数百文。稍不是，棍棒临。①

马克思共产主义学校出版了《共产党宣言》《列宁主义概论》等数十种马列著作，开设的各种不同层次学习班也主要学习马克思主义基本原理、党的建设、西方革命史等哲学社会科学课程，在推动党领导下的哲学社会科学发展方面做出了重要探索②。

（4）苏维埃大学。

为造就苏维埃建设的各类高级干部，1933 年 8 月，中华苏维埃共和国在各人民委员会开办的干部训练班基础上创办苏维埃大学，毛泽东

---

① 张品良. 中央苏区出版物与马克思主义大众化传播. 新闻学论集：第 26 辑. 北京：光明日报出版社，2011：247.

② 当年《红色中华》刊登的有关马克思共产主义学校的消息和报道有：1933 年 3 月 12 日《纪念科学社会主义之父！马克思共产主义学校三月十三日开学》、1933 年 3 月 15 日《马克思共产主义学校开学了》及"马克思共产主义学校启事"、1933 年 4 月 2 日海报《党校第二次讲演》、1933 年 4 月 14 日《马克思主义研究会成立》、1933 年 4 月 26 日《纪念"五一"的准备》、1933 年 5 月 5 日《党校全体学生号召延期归还二期公债》、1933 年 5 月 14 日《募了一次又一次》、1933 年 6 月 20 日《马克思共产主义学校新苏区班毕业》、1933 年 8 月 16 日《"八一"慰劳红军的热潮》、1933 年 8 月 19 日《预购经济建设公债》、1933 年 8 月 22 日《党校成立国家职工会支部》及"马克思共产主义学校启事"、1933 年 8 月 25 日《热烈推销经济建设公债》、1933 年 9 月 3 日《党校四（月）班举行毕业典礼又涌现出一大批党的干部》、1933 年 10 月 12 日"马克思共产主义学校庆祝北面红军伟大的胜利致电朱总司令、周总政委"、1933 年 10 月 15 日《风起云涌的合作运动》、1933 年 11 月 23 日"马克思主义研究会通告"、1934 年 3 月 15 日《热烈响应本报号召：党校和瑞金县苏每人每天减少二两米》、1934 年 3 月 20 日《中共中央机关外籍同志，给本报节省运动号召的回答》、1934 年 6 月 21 日《响亮回答前方红军的要求》、1934 年 7 月 19 日"马克思共产主义学校启事"、1934 年 7 月 26 日"马克思共产主义学校启事"、1934 年 10 月 3 日《苏区教育的发展》等。其中最长的一篇是 1933 年 6 月 20 日第 87 期关于马克思共产主义学校新苏区班毕业典礼的通讯，约 1 000 字。最短的是第 240 期《苏区教育的发展》，只在文中提到"马克思共产主义大学"的名字。

——谢武军.《红色中华》"眼"中的马克思共产主义学校. 学习时报，2013-07-08.

兼任校长，学校开设各种马克思主义理论课程。规定凡年 16 岁以上，有半年以上斗争历史，工作表现突出者，经地方苏维埃政府推荐，均可入学。学校设特别班（本科）和普通班（预科），特别班分国民经济、财政、司法等专业班，学制半年；普通班时间不定，主要是对文化低的学员进行补习。全体师生加入赤卫军，开展军事训练。1934 年 4 月，为纪念沈泽民烈士，该校更名为"国立沈泽民苏维埃大学"。7 月，苏维埃中央政府人民委员会决定将"国立沈泽民苏维埃大学"与党校合并。1934 年 7 月，该校并入马克思共产主义学校。至此，在苏区党员干部正规学校教育格局上，形成了以马克思共产主义学校、苏维埃大学、红军大学为标志的各类高、中等干部学校教育培训体系①。

（5）苏区中央农业学校。

1933 年党在瑞金东山寺开办第一所半工半读的干部学校——苏区中央农业学校，校长由徐特立兼任，设立该校的目的是"培养农业建设的中下级干部；搜集苏区农民群众经验和农事试验的经验，加以科学的整理，广泛进行一般农业技术传播等"②。徐特立为学校编写了《农业常识》课本，内容紧密结合苏区农业生产实际。中央农业学校课程有政治常识（包括苏维埃建设的实际问题）、科学常识（包括气象知识、植物生理和病理常识、简易测量、算术知识）和农业知识等方面内容。学校附设农事试验场和农产品展览所，使教学与农业科研、技术推广密切结合。"中央农业大学十分重视对学员的政治教育，给他们讲授最基本的政治常识及苏维埃建设的实际问题，培养学员的马克思主义观。"③

此外，中央有关部门还创办商业学校、中央教育干部学校等院校。1933 年左右创办的省级干部学校，还有湘鄂赣省委党校、江西省苏维埃干部学校及各省的团校、妇女干部学校、工农业余教育学校等，进一步加大了对党员干部的培训。

1930 年起，根据地开展工农业余教育，主要目标是扫除根据地文盲，兴办夜校和各类业余补习学校等。这些学校大都利用夜间上课，教

---

①　王炎. 党内思想政治教育制度建设的历史进程与经验研究. 北京：中央编译出版社，2016：50.

②　赣南师范学院，江西省教育科学研究所. 江西苏区教育资料汇编·教育类型和办学形式：第四册. 南昌：江西高校出版社，1985：64.

③　王泉. 中国共产党干部教育创新研究. 北京：人民出版社，2011：138.

材来源多样化，既有各级苏维埃政府教育部门编印的课本，也有教员根据革命实际自己编写的辅助教材和专业识字课本，如《看护识字课本》《土地耕种识字本》《消费合作社识字课本》《医药识字课本》等。教材紧密联系根据地的斗争、生产和群众生活，通俗易懂，便于群众接受和学习。1931 年 1 月，据不完全统计，湘赣全省就有工农夜校 807 所，学生 2.37 万人；女子半日制学校 204 所，学生 4 045 人；12 个县，平均每 500 人就有一所半日制学校。1932 年 9 月，江西省胜利、会昌等 14 个县，有夜校 3 298 所，学生 5.23 万人。1933 年 7 月，兴国、万秦等 13 个县有夜校学生 6.81 万人，其中妇女占 9%；兴国县长冈乡 4 个村有 9 个夜校，全乡 16～45 岁的青壮年 412 人，大部分都进了夜校，少数 45 岁以上的人也到夜校学习，闽浙赣省 1933 年工农补习夜校达 310 所①，等等。

此外，基于办学条件，当时还组织实施了各类识字班（组）、识字牌②等学习形式，于 1930 年以后在苏区各乡村普及。各类识字班（组）以就近便利为原则，五六家划为一组，3～10 人成立一个识字班（组），每班（组）选一个稍识字者为组长，负责教群众识字。1931 年 1 月，湘赣苏区已有识字班 2 500 余个、识字牌 2 300 多个，全省扫除文盲 30%，约 16.48 万人识了字。1932 年，江西省胜利、会昌等 14 县有识字班 1.98 万个，组员 8.79 万人；1933 年冬，据不完全统计，于都、胜利两县 95% 以上工农出身的区、乡苏维埃政府干部摘掉了文盲帽子，其中 70% 以上的人达到初小三四年级文化水平。1934 年初，江西胜利等 14 个县有识字班 32 388 个，学员 155 371 人；其中兴国县就有识字组 3 387 个，组员 22 529 人，妇女占 60% 以上，文盲已减少到全部人口的 20% 以内。闽浙赣省弋阳县原占人口 95% 的文盲，减少了 82%③。

---

① 廖义军. 试论中国共产党领导农村革命根据地的文化建设及意义. 湖湘论坛，2016，29（2）：26.

② 识字班（组）没有固定教室，在乘凉时，田埂旁、灶头边，一二人、八九人，都可教学。起初划地为字，从生活需要和工具名称教起，先易后难。后来各备一个簿子，将每日所学的字记于识字簿。识字牌为一长方形木板，一般由列宁小学教师负责，写上二三个生字，绘上图，挂在路旁、屋壁等引人注目的地方，二三天一换，月终复习。由儿童团员负责挂在交通路口的识字牌，则要求来往行人认字后才放行，又称"识字站"。

③ 《江西省苏区志》编纂组. 江西省苏区志. 北京：方志出版社，2004：291.

同时，中央各部门还开办列宁团校等政治院校。早在 1931 年，团中央通过《团在苏区中的任务决议》，提出创办团校问题。《决议》指出，应该在 2 个月内开办苏维埃区域内的团校。第一期学生可以从 100～150 人，3 个月毕业。团校的目的在于准备团的中下级干部。苏区中央局应该准备团校的教授大纲及指定负责人，以后应该继续办下去并扩大它①。1932 年 12 月，列宁团校第一期在江西瑞金举行开学典礼。任弼时在会上发表讲话，顾作霖兼任列宁团校校长。列宁团校第一期学习时间为 2 个月，学习课程有党史、团史、政治、地理常识和游击战术等。教员由中共苏区中央局的领导同志担任，任弼时讲党史，顾作霖讲团史，徐特立讲地理常识，陆定一讲政治常识，总参王科长讲游击战术，毛泽东讲中华苏维埃运动史②。1933 年 2 月，毛泽东讲中华苏维埃革命运动历史，提出要把马列主义同中国革命的具体实践相结合。毛泽东指出：

> 历代农民战争为什么总是失败？除了没有建立一个好的政党外，流寇主义则是一个十分重要的原因，他们东奔西闯没个落脚地，最后还是失败了。所以，我们要十分重视建立、巩固和壮大革命根据地。

他勉励大家：

> 在工作上、学习上要起模范作用，做党的助手，扎扎实实做好苏维埃、红军的青年工作，调动广大青年的积极性，为革命战争服务。③

列宁团校和党员干部学校在学习过程中使用的学习材料主要是当时根据地印发的马克思主义原著或其他一些社会科学方面的教科书，如《苏维埃运动》《中国革命史》《政治常识讲义》《苏联党史》《列宁主义原理》等，通过各类政治院校广泛宣传和学习马克思主义理论，推动了马克思主义哲学社会科学的不断发展。

---

① 中国共产主义青年团，中央委员会办公厅. 中国青年运动历史资料：第 9 册. 重印版. 北京：中共党史资料出版社，1981：60.

② 王连弟. 列宁团校的创建：兼论中央团校建校日的确认. 青年发展论坛，2019，29 (1)：9.

③ 郑洸. 共青团历史上的人和事（内部印行）. 2004：84.

2. 党在国统区领导创办各类学校，普及哲学社会科学理论

在国统区，党领导社会科学理论工作者通过成立的"社联""左联"等机构，积极采取各种方式研究与宣传马克思主义社会科学理论。1936年10月，张闻天在白区工作训练班上做了《关于白区工作中的一些问题》讲话，指出党内有不少干部没有机会学习马克思主义的理论。这些干部也千万不应该看轻理论学习。1937年5月，刘少奇要求"学习马克思列宁主义的理论，学习马克思列宁主义的方法"[①]。从党员干部理论学习实际需要出发，中国共产党在国统区领导了"新兴社会科学运动"，积极倡导和支持马克思主义宣传与理论研究，推动了哲学社会科学的发展。

当年中共在国统区领导成立了众多哲学社会科学研究团体，其中，"社联"与"左联"合作创办的各类学校和补习班成为我们党宣传与研究马克思主义最为重要的理论研究阵地。在党的领导下，1930年5月，"社联"在上海成立，当时的哲学社会科学工作者先后创办了《社会科学战线》《文化斗争》《读书生活》《正路》《新思潮》等进步刊物，艾思奇作为"社联"主要成员，在《正路》期刊上发表了自己第一篇哲学论著《抽象作用与辩证法》。"社联"开展的许多学术活动遭到了国民党当局文化专制政策的"围剿"，许多进步书刊惨遭查禁。1933年下半年开始，"社联"开始依托国统区其他刊物如《申报》《东方杂志》《中华月报》等宣传马克思主义，"社联"的骨干成员还翻译出版许多马克思主义经典著作，据不完全统计，从1927年8月到1937年6月，翻译出版的马恩列斯的著作达113种。像《资本论（第一卷）》《反杜林论》等著作的第一种中译本都是这些人的成果，在马克思主义哲学、新闻学、政治学、文学、社会学、历史学等学科领域取得重要成就，在哲学社会科学各学科领域涌现出李达、艾思奇、王亚男、郭大力等一批优秀理论工作者，有力推动了马克思主义哲学社会科学的发展。

在此期间，许多"社联"与"左联"成员，如王学文、朱镜我、邓初民、李达、张友渔、侯外庐、吕振羽、许德珩、齐燕铭、马哲民、王思华、沈志远等进步哲学社会科学工作者，经常到上海法政学院、上海艺术大学、中华艺术大学、暨南大学、国立北平大学、中法

---

① 刘少奇. 刘少奇选集：上卷. 北京：人民出版社，1981：71.

大学等校兼课，"目的就是宣传介绍马列主义，传播革命的火种"①，他们讲授马列主义政治经济学，宣传辩证唯物主义和历史唯物主义，介绍马克思主义革命理论，扩大其在学生中的影响，使讲坛成为推动哲学社会科学发展的又一重要阵地。

　　上海法政学院是他们常去讲学的一个重点学校，当年的张庆孚、吴亮平、刘芝明、王学文等都在这个学院讲过课。此外，他们还在中华艺大、上海艺大、群治大学、中国公学等学校教过社会科学理论课。通过讲课，传播了马克思主义理论，影响和团结了一大批进步学生。譬如当年的邓拓就是上海法政学院的学生，在授课老师的影响下迅速成长为社会科学研究骨干，并加入"社联"，成长为20世纪30年代左翼文化理论战线上的重要骨干成员。朱镜我先后在上海艺大、中华艺大、上海法政学院、群治大学和党办的华侨大学等校兼任教授，讲授政治经济学、社会主义发展史等哲学社会科学理论，为传播马克思主义和培养马克思主义理论家发挥了重要作用。吴黎平、刘芝明等也先后到上海法政学院、上海艺大、中国公学、群治大学等讲过课。李达也在多所院校任教，1930年到1932年2月，他在上海暨南大学、上海法政学院讲授马克思主义哲学和经济学。当年李达的讲授旁征博引，深受学生欢迎。邓初民②在暨南大学任教，以教书为职业，积极从事马克思主义理论传播。据当年在上海外国语学社学习的萧劲光回忆，"我们除学习俄文外，每星期天还学习马列主义，主要是请人来讲。复旦大学的教授陈望道，

---

① 史先民. 中国社会科学家联盟资料选编. 北京：中国展望出版社，1986：81-82.

② 邓初民（1889—1981），湖北石首人，我国著名社会科学家，是传播马克思主义的先驱者之一，他在社会科学领域涉猎的方面包括政治学、历史学、哲学以及文化、教育、思想、道德等。1913年留学日本东京政法大学，1917年毕业回国。1919年在山西进山中学和外国语学校执教，办《新道路》，宣传进步思想。1925年2月，应聘到湖北省立法科大学任教务长，并在董必武主持的国民党省党部工作。1928年1月，到上海，在暨南大学、法政大学、中国公学等校任教。1930年任中国社会科学家联盟主席，1933年到广州任中山大学文学院社会科学系教授。全民族抗战爆发后到武汉受聘朝阳学校教授，1945年加入中国人民救国会和中国民主同盟。新中国成立后，历任山西省政府副主席、副省长，山西大学校长，著有《新政治学大纲》《民主的理论与实践》《世界民主政治的新趋势》《中国社会史教程》等，全面系统论述了政治学的性质、概念、研究方法及其在社会科学中的地位，为建立马克思主义政治学理论体系做出了重要贡献。

　　——何东，杨先材，王顺生. 中国革命史人物词典. 北京：北京出版社，1991：89-90；史先民. 中国社会科学家联盟资料选编. 北京：中国展望出版社，1986：176.

他主要讲他翻译的《共产党宣言》。除了陈望道，李达、李汉俊也兼授些革命理论课"①。这些学校在宣传与研究以马克思主义为指导的哲学社会科学理论、传播先进哲学社会科学思想文化及培养党的干部等方面做出过重要贡献。

哲学社会科学工作者为传播马克思主义革命理论，除了在大学讲课外，还利用暑期休假时间积极创办各种学校和补习班，教导学生学习哲学社会科学知识。他们先后创办了泉漳中学、上海华南大学、浦江中学、中华艺大等学校，这些学校在普及马克思主义哲学社会科学方面发挥了重要作用。在这些学校被国民政府查封后，改为创办"文艺暑假补习班"（也称暑期学校）。补习班的课程主要为社会科学和文学两方面，社会科学方面由王学文负责，文学方面由冯雪峰负责，主要教育青年学生学习马克思主义基础理论。补习班结束后又创办了一个"现代学艺研究所"，主要由"社联"成员讲授马克思主义哲学、经济学等。据学员回忆，"社联"学员讲课时，讲堂常常坐不下，教室外面都有人站着听②。此外，他们还在工厂举办许多识字班，在工人中普及社会科学理论基础知识，等等。

通过学校和补习班教育，学生逐步接受了马克思主义。由于恶劣政治环境的限制，这些学校存在时间不长，但其在对哲学社会科学的学习和普及方面发挥了重要推动作用，促进了国统区马克思主义的传播和学习。

3. 军队中开展马克思主义理论教育

该时期随着国内革命形势的发展，红军队伍中迫切需要大批理论干部，因此，军队大力加强马克思主义理论教育。1929 年 12 月，毛泽东在红军第九次党代会决议案中，指出了红四军党内存在各种非无产阶级思想，其根源除了与党员中的阶级成分如大部分是农民和其他小资产阶级的出身有关外，还有一些重要原因就是党的领导机关对错误思想缺乏斗争经验，缺乏对党员的马克思主义思想理论教育。因此，党所面临的重大任务之一，就是提高军队的思想政治觉悟。根据《古田会议决议》要求，中共在军队系统开展马克思主义理论教育，相继领导创办了中国工农红军学校、红军第一步兵学校、瓦窑堡红军干部学校、地方武装干

① 陶柏康，谭力. 中国共产党与左翼文化运动. 上海：上海人民出版社，2011：118.
② 史先民. 中国社会科学家联盟资料选编. 北京：中国展望出版社，1986：69.

部学校等军事指挥和专业技术学校，在这些干部院校开设了系列马克思主义哲学社会科学理论课程，讲授《共产党宣言》《资本论》《国家与革命》《共产国际》《社会主义运动史》等著作。

在领导推动根据地各项建设中，中共加强了党员的革命理论教育，设法提升党员马克思主义理论素养。例如，闽浙赣根据地重视马克思主义理论教育，红军彭杨军事政治学校开设政治、文化、军事等课程，先后招收两期学员。中央红军学校成立于1931年，简称"红军学校"或"红校"，学校的政治课主要是政治常识、党的建设和社会发展史①。我们党在军事政治院校通过普及马克思主义哲学社会科学基本知识，有效提高了军队的政治理论水平。

中国工农红军学校的办学宗旨是培养党内高级军事政治干部，学校开设的具体课程有马克思主义理论基本知识、中共政策和革命形势等。为配合理论学习，学校编辑出版《革命与战争》《红色战场》《红色周刊》等有关社会科学方面的理论刊物，朱德、周恩来、叶剑英、刘伯承、彭德怀等红军高级干部，经常在这些刊物上刊登理论文章。

"红军大学"原称"红军高级军事学校"，是培养中共高级军事政治干部的学校，于1933年3月在通江城文庙成立，后改称红军大学，1934年与彭杨军事政治学校合并为中央红军干部团。当年徐向前、陈昌浩等都在红军大学讲过政治理论课。通过对党员干部和军人的马克思主义理论教育，红军队伍中的马克思主义理论水平得到了不同程度的提升，为哲学社会科学在军队的发展奠定了重要基础。

（三）哲学社会科学教育机构的基本成熟（1937—1949）

延安时期是我们党的思想政治理论学习教育卓有成效的一个历史时期，其间，我国哲学社会科学研究逐步走向系统化和规范化。该时期，伴随着大批哲学社会科学工作者和进步青年学生会聚延安，中共同以往历史时期一样极为重视哲学社会科学发展，领导建立了众多政治、军事、专业技术院校和研究机构，如著名的中共中央党校、中国人民抗日军政大学、延安马列学院（后改组为中央研究院）、陕北公学、延安大

---

① 湘鄂赣革命根据地文献资料选编组. 湘鄂赣革命根据地回忆录. 北京：人民出版社，1986：149.

学和青年、民族、妇女干部学校等相关教育与研究机构①，以此为马克思主义理论教育和学习阵地，系统讲授马克思主义理论和哲学社会科学知识。这些学校都将马克思主义理论课程作为教学重点，全方位普及马克思主义哲学社会科学理论，进一步推动了马克思主义在知识分子和广大青年学生中的深入传播，有力促进了该时期马克思主义哲学社会科学走向初步成熟，为新中国成立后党领导哲学社会科学工作的进一步发展积累了丰富历史经验。

1. 创办各类政治学校，提高党员干部理论水平

1935 年 11 月，马克思共产主义学校正式定名为中共中央党校，董必武任校长②，中共中央党校干部主要学习和研究抗日民族统一战线理论、党的建设理论、根据地经济建设理论等方面的内容。中央党校作为中国共产党培育干部的最高学府，培养了大批优秀马克思主义哲学社会科学工作者和理论研究骨干，为推动马克思主义理论宣传和研究以及中国哲学社会科学事业发展做出重要贡献。

陕北公学是抗战时期中共创办的一所重在培养抗战干部的革命学校，该校于 1937 年 7 月筹备成立，8 月开始招收学员，11 月 1 日正式开学。学校校长成仿吾，教育长邵式平，教员有何干之、陈唯实等③。陕北公学重视马克思主义革命教育，教学内容主要包括政治教育、军事教育、劳动教育等。开设的课程主要包括中国革命史、马列主义、辩证唯物主义、政治经济学、党的建设等理论课程，在培养党的理论干部方

---

① 延安时期，中共中央根据革命形势发展以及革命斗争需要，在陕甘宁边区先后创建了 30 余所学校，通过学校正式教育号召广大学员进行马克思主义理论的学习。这些学校大致分为四类，一类是以培养军事工作干部为主，比如陕甘晋红军军政学校、中国人民抗日军政大学等；一类是以培养政治、经济、文化、教育等各类专业人才为主，比如延安大学、陕北公学等；一类是以培养研究和宣传马克思主义以及做好党群工作干部为主，比如中共中央党校、陕甘宁边区党校等；一类以培养艺术和科技人才为主，比如鲁迅艺术学院、自然科学院等。这些学校的具体培养目标各有不同，但都贯彻了中央关于马克思主义教育指示精神，重视对学员的马克思主义理论教育。在全民族抗战初期，所有学校都办有非正规教育，以训练班的形式招生，对基层的优秀党员和干部进行短期培训。在全民族抗战后期，形势稳定，延安大学将鲁迅艺术学院、新文字干部学校、行政学院等并入，开始办正规教育，使马克思主义理论教育更加系统化，也更具成效。

——张丽丽. 延安时期党的马克思主义理论教育及其启示. 石家庄：河北师范大学，2012：18-19.

② 中央党校教务部. 党校教育研究资料. 北京：中央党校教务部，1993：4.

③ 李维汉. 回忆与研究：上. 北京：中共党史资料出版社，1986：396-397.

面也做出了重要贡献。

解放战争时期，中共领导建立的干部学校主要有马列学院、华北大学和华北人民革命大学等，强调加强学习新民主主义革命理论和毛泽东思想基本知识，关注党在解放战争时期的革命纲领及政策，开设的课程主要包括国际共运、辩证唯物主义、历史唯物主义、政治经济学和社会发展史等。

2. 成立研究哲学社会科学理论专门院校——延安马列学院

为深入推进党员干部学习和研究马克思主义，丰富他们的哲学社会科学理论知识，1938 年 5 月，我们党成立了专门学习、研究和宣传马克思主义哲学社会科学理论的学校——延安马列学院（简称马列学院），马克思主义理论家张闻天担任院长。学院的主要任务是在党员干部中开展马列著作方面的研究和教学，加强党内革命理论教育，增强党员干部的哲学社会科学知识。学院设有政治经济学、中国问题、哲学、马列主义、历史研究室等相关研究机构，专门从事马克思主义哲学社会科学的研究与教学。延安马列学院是新民主主义革命时期中国共产党领导建立的马克思主义理论学习和哲学社会科学研究水平最高的学府，"所有经过马列学院及中央研究院学习和锻炼的干部，以后在各个时期的艰苦斗争中，在各条战线的广泛实践中，可以说，都起了应起的骨干作用"[1]，"马列学院是高级党校，将来还打算在东北办一个分校……这是提高理论水平的重要办法"[2]。

对党的干部进行较为系统的马克思主义哲学社会科学理论教育，是中共开设马列学院的主要现实动因。在当时极为简陋和有限的办学资源条件下，广大党员干部的马克思主义理论学习取得了显著成效。学院设立的马克思主义经典著作编译室，在马克思主义哲学社会科学建设中发挥了重要作用。如前面所介绍，编译室翻译了包括《列宁选集》《共产党宣言》《资本论》《列宁主义基础》等在内的大量马克思、恩格斯和列宁的重要著作。除此之外，马列学院非常重视对中国化马克思主义理论的学习和研究，党员干部积极学习了以毛泽东同志为主要代表的中国共产党人的一些经典著作，丰富了他们的哲学社会科学理论知识。

学院主要开设六门哲学社会科学课程："政治经济学、哲学、马列

①　吴介民. 延安马列学院回忆录. 北京：中国社会科学出版社，1991：1.
②　刘少奇. 刘少奇选集：上卷. 北京：人民出版社，1981：412.

主义基本问题、党的建设、中国现代革命运动史、西洋革命史。"① 当年讲授这些课程的既有哲学社会科学领域的著名专家学者，也有党内领袖人物。例如，讲授马列主义基本问题的是著名翻译家吴亮平，讲授政治经济学的是著名马克思主义经济学家王学文，讲授哲学的是著名马克思主义哲学家艾思奇等②。毛泽东、陈云、刘少奇等中央领导同志也常到学院讲课、做报告，一两个星期在院内大礼堂有中央领导同志毛主席、陈云等，做有关政治形势和党的建设任务等方面的报告③，刘少奇在此做过开学报告，阐述学习马克思主义理论的必要性④。在极其困苦的环境下，马列学院为中国共产党及其领导下的中国革命事业培养了一大批优秀的哲学社会科学理论工作者，他们为中国革命和后来的社会主义建设事业做出了卓越历史贡献。

总体而言，在整个新民主主义革命时期，中国共产党领导创办的工人补习学校、党校、政治军事院校等各种类型的教育机构，为马克思主义哲学社会科学发展及其体系建构创造了重要条件。通过教育机构系统进行马克思主义理论教育，培养了大批具有较高研究水平的哲学社会科学研究者，为新中国成立后中国特色哲学社会科学的发展做好了重要理论人才储备。

三、马克思主义哲学社会科学学术团体

学术团体是指在新民主主义革命的不同历史时期，主要由我们党领导和建立的，包括各类研究会、研究小组、讲学会和读书会等在内的各种学术研究组织，其主要活动是学习、研究和宣传以马克思主义为指导的哲学社会科学知识。学术团体是推动哲学社会科学研究与发展的一个重要渠道，新民主主义革命时期，中共通过组建社会科学各种学术团体，培养了一支研究哲学社会科学理论的专家队伍，促进了

---

① 吴介民. 延安马列学院回忆录. 北京：中国社会科学出版社，1991：7.
② 许启贤. 中国共产党思想政治教育史. 2版. 北京：中国人民大学出版社，1999：177.
③ 张化东. 张化东回忆录. 北京：北京出版社，1996：33.
④ 中央党校教务部. 党校教育研究资料：中共中央党校培养干部和教学工作的历史发展概述（1933—1992年）. 北京：中央党校教务部，1993：15.

哲学社会科学在中国革命实践中的具体运用和发展。学术团体作为哲学社会科学发展的重要平台，其对马克思主义哲学社会科学体系建构发挥了重要促进作用。

（一）哲学社会科学学术团体初创阶段（1919—1927）

五四时期的进步知识分子和随后成立的中国共产党，重视学术团体在哲学社会科学发展过程中的重要作用，先后领导组建了许多马克思主义学术团体。这些学术团体培养了一支研究哲学社会科学理论的专家队伍，对哲学社会科学在中国的早期发展发挥了极为重要的推动作用，有力推动了马克思主义哲学社会科学的初步创立。

五四时期是中国社会新旧文化交替发展的重要历史时期，思想文化领域异常活跃，各种社会思潮交相辉映，他们之间主要是通过学术研究团体进行宣传和交流。该时期组建的学术团体主要有北京的社会主义研究会、马克思学说研究会、觉悟社、少年中国学会、共产主义同志会、长沙新民学会的俄罗斯研究会等等。

1919 年 7 月，由张西曼等人在北京大学秘密组织成立了国内最早研究马克思主义的学术团体——社会主义研究会，主要成员有李大钊、陈独秀、毛泽东、周恩来、张国焘、邓中夏和瞿秋白等，并在天津、上海、长沙、广州等中国各大城市及日本东京设分会，积极从事马克思主义哲学社会科学方面的学习和研究。1920 年 3 月，在李大钊倡导下，联合邓中夏、罗章龙、黄日葵、刘仁静、何孟雄等 19 人成立了北京大学马克思学说研究会，这是中国最早有组织地研究与学习马克思主义的专业学术研究团体。马克思学说研究会的主要学习活动有：

> 搜集有关马克斯学说的各种文本的书籍，以备阅览；每星期六晚举行讨论会；每月终举行讲演会一次；进行分组专题研究；编译、刊印《马克斯全集》和其他有关的论文。[①]

研究会建立了中国第一个收藏马克思主义著作的图书室，被称为"康慕尼斋"（共产主义室），收藏关于马克思学说的各种中外文书籍 63

---

① 马恩列斯研究资料汇编：第 1 集：下. 北京：中国社会科学院马列所编辑出版部，1980：159.

种，包括《共产党宣言》《哲学的贫困》《国家与革命》《雇佣劳动与资本》等。研究会把学习和翻译《共产党宣言》作为重要任务，设立《共产党宣言》研究组，每周一、四、五晚上请会员讲授。研究会的翻译室下设英文、德文与法文三个翻译组，德文组的成员有李梅羹、王有德、罗章龙、宋天放等，英文组的成员有高尚德、范鸿劼、李骏等，法文组的成员有王复生等。据罗章龙回忆，"我们德文组先后翻译了《马克斯传》①《共产党宣言》《资本论》第一卷初稿，我参加了这些工作，并为执笔人"②。其中，《共产党宣言》中文油印本是在国内面世的首个中文全译本，但"由于当时不便公开，同时恐译文不尽准确，只在内部传阅学习"③。研究会除了学习和翻译马克思主义经典著作外，还定期举行演讲会、辩论会和专题研究讨论会，通过纪念活动积极学习马克思主义。其中，演讲会是每月召开一次，请名人学者担任讲员。据当年参加研究会的朱务善回忆：

> 我记得我们辩论过一个问题，就是"社会主义是否适宜于中国"。参加这个辩论的人很多，包括有好几个大学的学生和教员，辩论了两次。听众先后达数百人之多。这样的辩论会，我们常常以马克思学说研究会的名义，约请李大钊同志作评判员。这种办法当然有利于我们的宣传。后来，马克思学说研究会不但在北京大学，而且在北京各高等学校中成为宣传马克思主义的唯一中心。在马克思学说研究小组中，我们接受了很多很多的先进青年到我们共产党的行列中。④

马克思学说研究会存在时间较长，直到 1925 年 11 月，它有组织地宣传了马克思主义，团结教育了广大进步青年，为革命培养了大批干部，扩大了党在群众中的影响。对此，当年马克思学说研究会重要成员罗章龙也做出高度评价，"当年马克思学说研究会所进行的这些工作，

---

① 该书为德国威廉·里布列希（今译威廉·李卜克内西）的著作，该著作可谓当时马克思传记的重要代表作，由戴季陶依据日本《社会主义研究》第 1 号刊发的志津野又郎的译文转译，并于 1920 年元旦在《星期评论》上刊登。

② 罗章龙. 椿园载记. 北京：生活·读书·新知三联书店，1984：89.

③ 同②90.

④ 中国社会科学院现代史研究室，中国革命博物馆党史研究室. "一大"前后：中国共产党第一次代表大会前后资料选编（二）. 北京：人民出版社，1980：90.

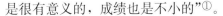

是很有意义的，成绩也是不小的"①。

继北京的马克思学说研究会之后，1920年5月，陈望道、邵力子、沈雁冰、李达、李汉俊等在上海组织成立马克思主义研究会。该会是一个秘密组织，马克思主义研究会是对外的公开名称，对内叫"共产党"，陈独秀任书记。此外，1922年邝摩汉在北京与胡鄂公、熊德山成立共产主义同志会（亦称"马克思主义研究会"），并创办《今日》杂志，宣传马克思主义。该研究会的宗旨，是"研究马氏主义，并阐扬其学说之真精神"，指出"我们很相信马克斯（思）主义，是我们应该确定的主义"，"马克斯（思）主义是科学的社会主义。我们看他所采取的革命的方法，也确是有条理的。马克斯（思）主义主张无产阶级专政，变更经济的组织，以达到共产主义的社会""马克斯（思）主义研究会，就是在我们承认马克斯（思）主义的伟大的精神以后，仍然要深刻地、精细地研究"②。为此，《今日》杂志上刊登了大量马克思主义经典译著。此外，毛泽东在湖南长沙创办俄罗斯研究会，主要会务是公开研究、宣传俄国十月革命和马克思列宁主义。还有王尽美在济南成立的励新学会、王佑木在成都成立的马克思主义读书会及在此基础上成立的中国社会主义青年团四川支部等，这些团体和研究会在宣传马克思主义方面做出了重要贡献，为中国哲学社会科学的发展指明了重要方向。

1921年中国共产党成立后，更加强调设立学术研究团体的重要性，高度重视学术团体在推进马克思主义哲学社会科学发展中的作用，积极引导广大民众学会用马克思主义理论分析解决实际问题。《中国共产党关于（奋斗）目标的第一个决议》中的第四部分"研究劳工组织的机构"强调，研究机构根据实际情况需要分为四个具体研究小组，分别研究工人运动史、组织工厂工人的方法、卡尔·马克思的经济学说、各国工人运动之现状等方面的内容，这些研究小组研究的理论成果可以推广应用③。在该决议中强调的要积极研究各国工人运动史及卡尔·马克思经济学说等方面内容，实际上就

---

①　罗章龙.椿园载记.北京：生活·读书·新知三联书店，1984：71.

②　马克斯（思）主义研究会宣言.今日，1922，2（2）.

③　中国社会科学院现代史研究室，中国革命博物馆党史研究室."一大"前后：中国共产党第一次代表大会前后资料选编（一）.2版.北京：人民出版社，1985：16-17.

是号召研究无产阶级革命理论和政治经济学，以推动我国哲学社会科学发展。

自1923年4月起，上海大学开始举办特别讲座（星期演讲会），"预请硕学多人陆续担任主讲，因学术为公，故校外愿来听讲者，亦一律欢迎，无须入场券"①。李大钊、瞿秋白、吴玉章、恽代英等多次受邀为师生讲座，据当年亲历者回忆，"记得瞿秋白第一次来讲课时，大家热烈得不得了，都等候在门口欢迎他。他的讲题是《新经济政策》，介绍俄国的情况，大家闻所未闻"②，这些特别讲座有助于学生树立正确的马克思主义观。1924年夏，上海大学联合交通大学、复旦大学和东吴大学组织成立上海夏令讲学会，积极宣传马克思主义基本理论和中国革命问题。在当时的各种演讲中，中国共产党党员发挥了重要引领和示范作用，积极宣传和普及关于中国革命和哲学社会科学的基本问题，如恽代英的《中国政治经济状况》、瞿秋白的《新经济政策》、萧楚女的《中国农民问题》、杨贤江的《教育问题》和《青年问题》、董亦湘的《唯物史观》、李春蕃的《帝国主义》、邓中夏的《中国劳动问题》、施存统的《劳动问题概论》等。当年上海大学还成立了社会问题研究会、三民主义研究会、中国孤星社等学术研究团体，积极研究和探索马克思主义哲学社会科学。上述各类马克思主义学术团体的成立，对于引导人们自觉运用马克思主义立场、观点和方法分析解决哲学社会科学现实问题发挥了重要作用。

除了研究会、读书会外，该时期的哲学社会科学工作者还组织成立各种学社和书社，主要有北京的互助社，上海的社会主义研究社③，长沙新民学会的文化书社，南昌的改造社，武昌的利群书社，济南的励新民社、齐鲁书社，及天津的觉悟社，等等。

1920年8月，毛泽东在长沙组织文化书社，并在各省设立分社，

---

① 上海大学特别讲座布告. 民国日报，1923-11-10.

② 上海市委党史资料征集委员会，王家贵，蔡锡瑶. 上海大学（一九二二——一九二七年）. 上海：上海社会科学院出版社，1986：113.

③ 该社集研究与出版马克思主义经典著作于一体，除了出版陈望道译的《共产党宣言》中文全译本外，还出版了《工资劳动与资本》（袁让译）、《社会主义史》（李季译）、《科学的社会主义》（郑次川译）、《唯物史观解说》（李达译）、《马格斯资本论入门》（李汉俊译）、《苏维埃政权的当前任务》（李立译）以及《〈资本论〉第一卷德文版序言》（费觉天译）等马克思主义经典著作20多种，为马克思主义传播做出积极贡献。

销售包括《社会主义从空想到科学的发展》《共产党宣言》《社会主义史》《阶级斗争》等在内的马克思主义哲学社会科学著作。此外，恽代英、林育南、李求实、萧楚女等人在武汉组织创办利群书社，大量销售《共产党宣言》《共产主义 ABC》等进步书刊。周恩来、邓颖超、郭隆真等在天津创办觉悟社和新生社，出版《觉悟》杂志，他们邀请李大钊等到天津介绍马克思主义，引导大家学习马克思主义著作。还有袁玉冰、方志敏、黄道等人在江西发起和组织成立改造社等等。

（二）哲学社会科学学术团体发展阶段（1927—1937）

土地革命战争时期，以建立中央苏区马克思主义研究会为代表，中国共产党在苏区和国统区组建大批学术团体，依次推进马克思主义哲学社会科学进一步发展。1931 年 11 月，中华苏维埃共和国成立后，苏区哲学社会科学事业在曲折中不断向前发展。该时期，马克思主义哲学社会科学学术团体建立和马克思主义著作等进步书刊的出版发行，都是同我们党领导革命斗争紧密联系在一起的。

1. 建立进步研究团体，领导马克思主义哲学社会科学研究

在国统区，中共领导下的"左联""社联"等进步左翼文化团体，在严酷的阶级斗争环境下秘密组织各种读书会、理论研讨会或研究会，积极从事马克思主义哲学社会科学研究，关注和探索关乎近代中国革命发展的基本理论。

"社联"是 20 世纪 30 年代中共在上海领导成立的马克思主义哲学社会科学研究团体，宗旨是坚持以"革命的马克思主义"为指导，从事"革命理论的研究与发挥"，"促进中国工农革命的胜利"①。"社联"团结广大哲学社会科学工作者，如朱镜我、吴亮平、杜国庠、潘汉年、李一氓、邓初民、柯柏年、邓拓、胡乔木、艾思奇等，为新兴社会科学运动的深入推进及马克思主义哲学社会科学的发展做出卓越贡献。

"左联"是于 1930 年 3 月在上海成立的一个文学社团，它以马克

---

① 史先民. 中国社会科学家联盟资料选编. 北京：中国展望出版社，1986：2.

思主义文艺理论为指导，与国民党争夺马克思主义意识形态宣传阵地，其代表人物有茅盾、冯雪峰、柔石、丁玲、鲁迅等。"左联"内部设有中国共产党的"党团"组织，以加强对"左联"政治与组织层面领导，当年潘汉年、冯乃超、冯雪峰、阳翰笙、丁玲等人先后担任党团书记。在组织上，"左联"接受中共中央宣传部文化工作委员会领导。"左联"在哲学社会科学领域培养了一支革命文艺大军，粉碎了国民党当局的反革命文化"围剿"，为建设人民大众的革命文艺做出卓越贡献。"左联"明确提出无产阶级革命文艺的性质和任务，认为革命文艺是新兴阶级作为解放斗争的武器。"左联"促进了马克思主义文艺理论在中国的研究和传播，推动了中国化马克思主义文艺理论的形成与发展。

"左联""社联"等左翼文化团体经常通过读书会形式联合哲学社会科学尤其是左翼文学理论领域的进步知识分子，讨论和研究与时局有关的哲学社会科学理论问题。据当年参加过读书会的人回忆，他们在读书会上，读到的马列主义理论著作有《史的唯物论》《社会主义从空想到科学的发展》《社会主义概论》《反杜林论》《共产主义 ABC》《共产党宣言》《共产主义运动中的"左派"幼稚病》《国家与革命》《无产阶级革命和叛徒考茨基》《两个策略》《哲学的贫困》等[1]。当时为组织和推动国统区青年学生深入学习和研究哲学社会科学理论，在"左联"与"社联"的领导下，上海许多大学的左翼文化工作者积极引导学生学习哲学社会科学如中国革命史、政治经济学、社会发展史等方面的理论知识。

为推动国统区青年学生深入学习和研究马克思主义哲学社会科学理论，1930 年冬，"社联"着手建立了中国社会科学研究会（"社研"）作为自己的外围组织，在上海的劳动大学、复旦大学等许多高校建立支部，在社区建立工人读书班，普及马克思主义社会科学知识。

北平教育劳动者联盟（简称"教联"）在推进哲学社会科学发展方面也发挥了不可低估的作用，主要成员有范文澜、李达、吕振羽、齐燕

---

① 中共北京市委党史研究室，中共天津市委党史资料征集委员会. 北方左翼文化运动资料汇编. 北京：北京出版社，1991：24.

铭、王思华、杨绍萱、陈启修（陈豹隐）、张友渔①、陈翰笙、许德珩等，他们在北方许多中学和大学讲坛上开设马列主义政治经济学、历史哲学等课程。如在 1934 年，李达在国立北平大学同时开设西洋政治思想史、社会学（辩证唯物论与历史唯物论）等等。

2. 建立马克思主义学术研究团体，提高干部马克思主义理论水平

1933 年 4 月，中共建立马克思主义学术研究团体——中央苏区马克思主义研究会，宗旨是"加强一般干部的马克思列宁主义理论的准备，造成必不可少的理论基础"②。研究会设有编辑部，相继出版《共产党宣言》（附《雇佣劳动与资本》）、《列宁主义问题》等一批哲学社会科学著作。此外，研究会还制定《马克思主义研究会的组织和工作大纲》，规范各级研究会的组织结构和工作程序。该研究会的分会遍布苏区党政军和群众团体，主要有中央局分会、马克思主义研究会江西分会、直属队分会等。马克思主义研究会主要是开展学术演讲，组织研究、学习马列著作，提出要把马克思主义研究会普及到各省县区、各党政机关中去，务必使每个革命者都能对马克思主义有更为深刻的了解。

1933 年 4 月至 1934 年 7 月，马克思主义研究会总会经常举办演讲和讨论会，中共领导人经常到会讲解哲学社会科学，如张闻天主讲中国苏维埃运动、董必武主讲巴黎公社、博古主讲十月革命的经验与教训等。1933 年 11 月，马克思主义研究会成立文化研究组，其成立文化研究小组的主要目标是"创造与培养我们广大工农大众自己的文艺作家与

---

① 张友渔（1898—1992），山西灵石人，中国著名法学家、政治学家和新闻学家。1918 年入太原省立第一师范学校学习，在五四时期，当选为山西省学生联合会执行委员，并为新觉悟社成员之一。1923 年考入北京法政大学，开始为报社撰稿，不久加入中国国民党。1927 年 6 月，加入中国共产党，主办党的合法斗争报纸《国民晚报》，任新闻特别支部书记、中共北平市委秘书长。1931 年任《世界日报》主编，民国大学新闻系主任，从事上层文化人士的统战工作。1936 年负责中共华北联络局北平小组工作，1941 年皖南事变后到香港、桂林从事统战工作和文化工作，曾任《华商晚报》主笔。回重庆后，任中共南方局文委秘书长，《新华日报》社论委员会成员、代理总编辑。重庆谈判时任中共代表团顾问。1946 年任四川省副书记兼宣传部部长、《新华日报》（重庆版）社长。1949 年调任天津市副市长，新中国成立后，历任北京市副市长，中国科学院哲学社会科学部副主任、法学研究所所长，中国社会科学院副院长、顾问，全国人大法律委员会副主任委员等。1982 年任宪法修改委员会副秘书长，参与 1982 年宪法的起草工作。

——何东，杨先材，王顺生. 中国革命史人物词典. 北京：北京出版社，1991：375 - 376.

② 苏区马克思主义研究会成立. 红色中华，1933-04-19.

理论家"①，推动了马克思主义经典作家文艺理论在苏区的推广和普及。当年文化研究组理论研究水平的提升为后来中共马克思主义文艺理论的建构奠定了重要理论基础。总之，这些学术团体理论学习和研究能力的提升，进一步提高了苏区党员干部的马克思主义理论水平，为马克思主义哲学社会科学发展做好了重要理论和人才储备工作。

在国统区，中国共产党秘密组织各种层次的读书会、理论研讨会或研究会，积极传播马克思主义。当年中国共产党党员王振乾组织了汇文中学读书会，学习马克思主义唯物辩证法和科学社会主义理论，积极研究关乎中国革命的重大理论与实践问题，其在领导与组织学习马克思主义经典著作方面取得了很大成效，参加学习的王振乾、张学思、陈北辰等，后来都成长为党的高级干部。上海交通大学的左派文化工作者每周都要召开读书讨论会，学习马克思主义哲学、政治经济学、社会发展史和革命史等哲学社会科学方面的内容，学习的书籍有恩格斯的《路德维希·费尔巴哈和德国古典哲学的终结》、普列汉诺夫的早期哲学著作、布哈林的《共产主义 ABC》、河上肇的《经济学大纲》等，"学习的方法基本是大家事先作读书准备，预订一人为主要发言者，然后大家展开讨论"②。国统区组织成立的这些秘密研究团体，同当时根据地的马克思主义学术研究团体遥相呼应，在推动国统区广大进步青年学习与宣传马克思主义哲学社会科学方面产生了积极历史影响。

当年"社联"也组织了很多读书会。后来成为我国著名经济学家的许涤新，仍清晰记得当年杜国庠认真指导他们研读恩格斯《反杜林论》的情形。著名翻译家林淡秋也经常谈到艾思奇给他们做报告和胡乔木辅导他们小组学习恩格斯《自然辩证法》的事情③。除了在上海，中共领导左派文化组织还在北平、广州等各大中学校建立各种读书会，吸引广大青年学生学习马克思主义哲学社会科学理论。据当年参加过读书会的党的理论家张磐石回忆，当时读书会把学习马克思主义与党的政治知识作为他们的主要任务，还给进步期刊和报纸写文章，探讨和研究中国革命的性质、动力、对象和任务，除此之外，"自己也办了很多刊物，宣

---

① 马克思主义研究会成立文化组. 红色中华, 1933-11-20.

② 徐素华. 中国社会科学家联盟史. 北京：中国卓越出版公司，1990：61.

③ 史先民. 中国社会科学家联盟资料选编. 北京：中国展望出版社，1986：107.

传反对帝国主义、反对封建主义的革命思想，反对国民党和托陈取消派"①，读书会积极促进了马克思主义哲学社会科学理论的宣传和普及。由于以"左联"与"社联"为代表的左翼文化团体的积极活动，马克思主义社会科学理论研究推动了哲学社会科学各学科在国统区的发展。

（三）哲学社会科学学术团体初步成熟阶段（1937—1949）

在延安时期，随着革命形势的新变化，中共更加重视哲学社会科学的发展，积极制定实施相关方针政策，为学术团体研究哲学社会科学提供重要政策引导和制度保障。在局部执政实践过程中，为深入推动对哲学社会科学的学习与研究，我们党领导成立了涉及马克思主义、哲学、政治学、历史学、军事学、社会学等多个门类的学术团体和研究机构，比较具有代表性的如社会科学研究会、延安新哲学会、中国现代史研究会、政治经济学研究会、中国问题研究会、延安抗日战争研究会、民族问题研究会、延安时事问题研究会、中山文化教育馆、军事委员会国民经济研究所、党建研究会、社会调查所、乡村建设研究院、马列主义研究会和哲学研究会等等，积极活跃在这些学术团体中的哲学社会科学工作者主要有：艾思奇、陈伯达、何思敬、王实味、陈昌浩、廖盖隆、范文澜、何干之、杨松、叶蠖生、王学文、葛一虹、于若木、王思华、谢华、胡华、艾克恩等等，形成了以艾思奇、陈伯达、陈唯实、张如心等为代表的一支实力雄厚的哲学社会科学研究队伍。延安时期研究哲学的代表人物大都没有受过正规的系统哲学教育，而是通过自学走上哲学研究之路，他们的哲学概念虽然主要来自苏联哲学，但都倾向于哲学研究为实践服务②。

这些学术团体和研究小组既研究哲学社会科学基本理论问题，又关注中国革命的现实问题，使哲学社会科学理论的学习和学术研究开创了规范化和制度化的良好局面，哲学社会科学界以此为平台积极开展研究和学术交流，促进了该时期马克思主义哲学社会科学的深入创建和大力发展。中共依托各种研究小组和学术研究团体，更加深入推动了对哲学社会科学的学习研究与宣传普及。哲学社会科学界以此为

① 张磐石. 我所了解的北平左翼文化运动. 北京党史资料通讯，1984（21）：38.
② 梁星亮，杨洪. 中国共产党延安时期政治社会文化史论. 北京：人民出版社，2011：318.

研究平台，积极开展研究和学术交流，各种学术研究会纷纷出版大量哲学社会科学成果①，在全党形成了重视马克思主义哲学社会科学研究的浓厚氛围。

1. 组建马克思主义哲学社会科学专门研究机构

1939 年 4 月，为进一步加强对哲学社会科学的理论学习以及提高广大党员干部的马列主义水平，中共中央成立了专门从事马克思主义哲学社会科学理论研究的重要学术团体——马列主义研究会，研究会由王明、吴亮平负责，会员主要包括马列学院研究室研究员和中央党校、马列学院的马列主义教员等共 23 人，马列主义研究会的研究领域主要包括马列主义基本问题、马列主义军事理论、马列主义文艺理论等。为深入提高各院校教员政治经济学水平，1939 年春中共成立政治经济学研究会，由王学文负责，王思华任主任，马列学院研究室研究员及各校教员共 20 人参加。到 1940 年秋，先后召开两次政治经济学会议，政治经济学研究会重点学习和研究《资本论》，曾对"固定资本与恐慌的关系"等许多经济学基本理论问题展开热烈争论。

1940 年 10 月，《中共中央宣传部、中共中央文化工作委员会关于各抗日根据地文化人与文化团体的指示》颁布，规定"各种不同类的文化人（如小说家、戏剧家、音乐家、哲学家等），可以组织各种不同类的文化团体，如文学研究会、戏剧协会、音乐协会、新哲学研究会等"②，对文化团体的组建与领导提出了具体要求。1941 年 5 月，毛泽东在《改造我们的学习》中严厉批评了脱离革命实际的教条主义，倡导要学会运用马克思主义立场、观点和方法，来具体地研究中国的现状和历史，具体分析和解决中国革命问题。在毛泽东倡导下，1941 年 7 月，中央在原来马列学院基础上成立马列研究院，要求广大党员干部学习与研究马列主义，"要走出机关，走出教室，走出书斋，到丰富的实际生

---

① 当时出版的代表性哲学社会科学成果主要有：范文澜主持编写的《中国通史简编》，中国文化思想研究室和中国政治研究室合作编辑的《马恩列斯思想方法论》，中国文艺研究室编写的《中国新文学史纲》，抗日战争研究会的"抗日战争丛书"，延安时事问题研究会编辑的时事问题丛书《战争中的日本帝国主义》《日本帝国主义在中国沦陷区》，中国现代史研究会的《中国现代革命运动史》，社会科学研究会的《社会科学概论》，历史研究会的《近代世界革命史》《陕甘宁边区实录》等。

② 中共中央文献研究室，中央档案馆. 建党以来重要文献选编（1921—1949）：第 17 册. 北京：中央文献出版社，2011：583.

活中去"①，倡导党员干部学会运用马列主义世界观研究新民主主义革命的现实问题。8月，中共中央发出《关于调查研究的决定》要求各级干部学校了解抗战发展情况并进行抗战政治教育，而且在政治学习教育过程中要与学习马列主义理论紧密联系。在加强调查研究方面，《决定》提出六条意见，如在中央设置调查研究机关，收集国内外政治、军事、经济、文化及社会阶级关系各方面材料加以研究等。为推动对中国抗战实际问题及中国历史相关问题的研究，更好地贯彻《决定》精神，9月，中央将"马列研究院"改名为"中央研究院"，作为"培养党的理论干部的高级研究机关"②。中央研究院设有九个研究室，各研究室主任由党内马克思主义理论家、国内文化界知名人士担任或党的高级领导人兼任，他们是柯柏年（国际问题研究室）、欧阳山（中国文艺研究室）、王思华（中国经济研究室）、张如心（中国政治研究室）、艾思奇（中国文化思想研究室）、范文澜（中国历史研究室）、李维汉（兼）（中国教育研究室）、李维汉（兼）（中国新闻研究室）、师哲（兼）（俄语研究室）。各研究室成员大都具有抗大、陕公、党校学习的经历和教育背景，具备研究哲学社会科学理论的重要条件。

中央研究院分科设室，学习与研究相结合，在专家指导下从事哲学社会科学方面研究和著述。各研究室都制定三年研究规划、一年或半年的执行计划（详见"附录3　原延安中央研究院各研究室的计划"）。通过这些详细且周密的计划，中央研究院各研究室都开展了许多研究活动，取得了众多有分量的马克思主义哲学社会科学研究成果，促进了马克思主义哲学社会科学的初步成熟。该研究院在中国共产党领导的马克思主义哲学社会科学发展史上具有无可替代的重要地位。各研究室将哲学社会科学研究和中国抗战的具体实际相结合，为哲学社会科学的本土化做出了重要贡献。他们积极开展研究工作，运用马克思主义方法论具体分析近代中国现实问题，在马克思主义哲学社会科学理论研究方面取得了许多重要研究成果。例如，文化思想研究室同政治研究室合编《马恩列斯思想方法论》，文艺研究室编写《中国新文学史纲》，历史研究室

---

① 董纯才，张腾霄，皇甫束玉. 中国革命根据地教育史：第2卷. 北京：教育科学出版社，1991：155-156.

② 中共中央文献研究室，中央档案馆. 建党以来重要文献选编（1921—1949）：第18册. 北京：中央文献出版社，2011：762.

编写《中国通史简编（上册）》，教育研究室着重研究马克思列宁的基本理论。除此之外，各研究室还结合抗战实际编写了敌、我、友三方面教育情况的资料书①，这些研究著述对马克思主义社会科学的宣传与教育发挥了重要作用。学院和研究院培养大批干部人才，"所有经过马列学院及中央研究院学习和锻炼的干部，以后在各个时期的艰苦斗争中，在各条战线的广泛实践中，可以说，都起了应起的骨干作用"②。

此外，为进一步提高高级干部理论水平，1941年，中央相继成立中央研究组和高级研究组，中央研究组以中央委员为范围，由毛泽东担任中央研究组组长。高级研究组以中央、各中央局、中央分局、区党委或省委委员、八路军新四军各主要负责人、各高级机关干部、各高级学校教员为范围，中央研究组指导各高级研究组工作。毛泽东在起草的《致中央研究组及高级研究组》的信中提出了研究的具体要求："本组研究方针，以理论与实际联系为目的"③。

2. 中央积极倡导组建各种研究小组

延安时期，为深入推动马列著作学习，有效组织开展哲学社会科学研究，中央倡导组建经济、党建、政治、社会等各种专题研究小组和马克思主义学习小组。这些马克思主义学习小组平均每半月开一次讨论会。在理论讨论会上，仅采取友好热烈的讨论态度，不采取"戴大帽子"④的不恰当方式，"在讨论会上，同志们都大胆发言，各抒己见。有的联系自己的实践，进行争论。民主探讨空气活跃，有的争论虽然激烈，但都能摆事实，讲道理，平等争论，没有盛气凌人或以大帽子压人，打击整人的专横作风"⑤。这种理论研讨的方法与要求，对后来党内开展马克思主义理论学习提供了重要借鉴。当时研究小组学习的马克思主义经典著作有《社会主义从空想到科学的发展》《共产党宣言》《国家与革命》《联共（布）党史简明教程》《共产主义运动中的"左派"幼稚病》《政治经济学》《哲学概论》等。当时张闻天领

---

① 温济泽，李言，金紫光，等. 延安中央研究院回忆录. 北京：中国社会科学出版社，1984：7-9.

② 吴介民. 延安马列学院回忆录. 北京：中国社会科学出版社，1991：1.

③ 毛泽东. 毛泽东书信选集. 北京：人民出版社，1983：189.

④ 中共中央文献研究室，中央档案馆. 建党以来重要文献选编（1921—1949）：第14册. 北京：中央文献出版社，2011：304.

⑤ 同②106.

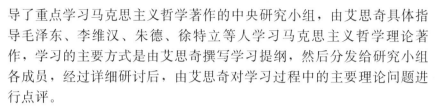

导了重点学习马克思主义哲学著作的中央研究小组，由艾思奇具体指导毛泽东、李维汉、朱德、徐特立等人学习马克思主义哲学理论著作，学习的主要方式是由艾思奇撰写学习提纲，然后分发给研究小组各成员，经过详细研讨后，由艾思奇对学习过程中的主要理论问题进行点评。

张闻天还组织领导了由王思华、王学文、何思敬等部分党内理论家参加的《资本论》研究小组，小组每隔一周讨论一次，在整整一年中全部学完《资本论（第一卷）》。这个由张闻天领导的《资本论》研究小组，"因为学得好，在当时曾受到毛泽东的表扬"①，这为当时学习与研究马克思主义理论的其他研究小组树立了良好典型。当年毛泽东还组织了一个哲学研究小组，每周一次会议，研究小组在学习马列哲学社会科学著作过程中，积极讨论《辩证法唯物论》等马克思主义哲学著作中的许多问题。为督促各个研究小组学习马克思主义理论，中央还建立了定期检查制度，通过检查来推广一些比较好的学习经验。中宣部在1940年通过的《关于提高延安在职干部教育质量的决定》中强调，要注意积极检查各个独立研究小组（或研究会）的具体学习情况，向其他团体传播这些研究小组（或研究会）的优秀学习经验，并在马列主义理论水平较高的党员干部中推广②。这种定期检查制度，使广大党员干部学习马克思主义理论制度化，为当时学习与研究马克思主义哲学社会科学提供了宝贵经验指导。

3. 建立众多学术团体，提高全党马克思主义理论研究水平

延安时期，中国共产党积极领导建立了众多涉及马克思主义哲学、历史、军事、经济、政治等各个门类的学术团体研究会和研究小组，其代表性的主要有延安时事问题研究会、社会科学研究会、中国现代史研究会、延安抗日战争研究会、历史研究会等等。这些研究会编著出版了很多研究哲学社会科学的理论著作，如社会科学研究会集体编著的《社会科学概论》，中国西北工作委员会编的《抗战中的陕西》《抗战中的甘宁青》《抗战中的绥远》，历史研究会编的《中国通史简编》（范文澜主编，参加的有尹达、金灿然、叶蠖生等），该书"被史学家誉为最早运

---

① 吴介民. 延安马列学院回忆录. 北京：中国社会科学出版社，1991：16.

② 中共中央文献研究室，中央档案馆. 建党以来重要文献选编（1921—1949）：第17册. 北京：中央文献出版社，2011：605.

用马克思主义系统地论述中国历史的完整的通史著作之一，影响颇大"①。特别是当时延安知识分子参加的社会科学研究会，深入马克思主义哲学社会科学理论研究，从根本上改变了过去研究分散的状况，使马克思主义哲学社会科学体系的建构步入了有组织和有计划的发展轨道。

　　1938年3月，毛泽东组织成立了"克劳塞维茨《战争论》研究会"，该研究会除了由何思敬负责翻译卡尔·冯·克劳塞维茨的《战争论》②外，还专门请何思敬讲解克劳塞维茨的"战略学"等相关内容等。1938年秋，又成立了延安新哲学会，由艾思奇、何思敬负责主持，新哲学会主要研讨和传播马克思主义哲学，会员有来自马列学院、中央直属机关等机构的党员干部共80多人。1938年9月30日，艾思奇、何思敬、陈伯达、张如心、吴黎平、周扬、柯柏年等人，联名在延安《解放》周刊上公布了《新哲学会缘起》，介绍了发起新哲学会的主要目的，号召团结广大的哲学家、社会科学家、自然科学家、历史学家等集体的力量，积极深入地研究马克思主义哲学在中国的发展及其在抗战和新中国成立中的具体运用，要积极研究包括马克思主义在内的一切其他的社会科学③。《新哲学会缘起》进一步促进了马克思主义哲学中国化。

---

　　①　宋原放. 中国出版史料：现代部分：第2卷. 济南：山东教育出版社，2001：302.

　　②　卡尔·冯·克劳塞维茨（Carl von Clausewitz，1780—1831），出生于普鲁士一个贵族家庭，为著名将军和军事战略作家。曾入柏林军官学校，多次参加对法国的战争。1818年担任柏林军官学校校长，升为将军。他在常年战争中积累了丰富战斗经验，运用辩证的方法研究战争理论，其名作《战争论》分为八章，依此为：论战争的性质、论战争理论、战略概述、战斗、军队、防御、进攻、战争计划。《战争论》奠定了现代军事战略的理论基础，阐发了战争哲学，发展了总体战概念，提出"战争是政治的另一种形式的继续"的重要思想，当年恩格斯和列宁曾对该书给予高度评价。《战争论》较早的中译本是1911年出版的，当时被译为《大战学理》。据考证，毛泽东在1938年读的《战争论》，很可能是柳若水根据日译本转译的横排白话文本，该书由上海辛垦书店1934年5月出版，到1940年11月，学术出版社又出版了傅大庆根据俄译本转译的《战争论》，分为上、下两册，译者托人把这套书送往延安。毛泽东在《论持久战》里对《战争论》进行了批判继承，进一步发挥和发展了克劳塞维茨的战争目的论，联系攻防辩证地阐述了保存自己、消灭敌人的关系等。毛泽东首次将战争目的明确概括为保存自己、消灭敌人。当时在毛泽东的倡导下，延安学术界掀起了翻译和评价《战争论》的高潮。据有关史料记载，蒋介石也曾专心研究克劳塞维茨的《战争论》，但经过三年解放战争的较量，最终被中国共产党指挥的人民军队打败。

　　——陈晋. 毛泽东读书笔记解析：上册. 广州：广东人民出版社，1996：256；夏征难. 毛泽东研读克劳塞维茨《战争论》新诠. 党的文献，2006（2）：42-44.

　　③　新哲学会缘起. 解放，第53期，1938-09-30.

1940 年 6 月，毛泽东、艾思奇、张闻天、陈伯达等人参加了延安新哲学会举行的第一届年会，毛泽东在讲话中强调了哲学工作者加强理论研究的重要性，张闻天要求延安新哲学会除了要更多地研究中国革命的实际问题外，还要反对反辩证唯物论的各种错误思想，强调新哲学会的研究与实践斗争要更密切地联系起来。艾思奇在报告中提出了新哲学会要积极加强研究工作，注意关乎抗战的政治、军事、文化等方面专门问题的研究。通过新哲学会，进一步推动了广大党员干部积极学习马克思主义哲学。

此外，从 1939 年春到 1940 年 5 月，又先后成立了政治经济学研究会、中国问题研究会、党建研究会和哲学研究会等，深入研究马克思主义理论和中国革命现实问题，如政治经济学研究会重点学习和研究《资本论》，内容包括价值与使用价值、商品生产等相关内容。中国问题研究会研究的主要问题有中国社会性质、中国革命的对象、动力、任务、性质及农民问题等新民主主义革命系列重大理论与实践问题等。除众多学术团体外，研究小组也成为推动马克思主义哲学社会科学理论深入学习的一种有效方式。中央倡导组建各种研究小组开展讨论，毛泽东曾组织哲学研究小组，讨论《辩证法唯物论》等马克思主义哲学著作，为毛泽东撰写《实践论》《矛盾论》等本土化马克思主义哲学著作提供了重要理论参考。

此外，在国统区，南方局还成立了文化工作委员会（简称"文委"），下设国际问题研究组、文艺研究组和敌情研究组，"文委"成员有沈雁冰、舒舍予、陶行知、邓初民、翦伯赞等进步文化工作者，在哲学、历史、经济、文艺理论以及文学创作等方面取得了重要研究成果。"文委"还跳出学术研究的范围，积极推动了国统区马克思主义哲学社会科学研究和文化运动的迅速发展。

该时期尽管阶级矛盾、民族矛盾尖锐，但学术团体和研究小组成员都积极学习、研究和宣传马克思主义理论，有力推动哲学社会科学研究不断走向深入。总体而言，在整个新民主主义革命时期，中国共产党在领导马克思主义哲学社会科学体系建构过程中，通过组织成立马克学说研究会、中央苏区马克思主义研究会、中国社会科学研究会、社会科学研究会、马列研究院、马列主义研究会及延安新哲学会等各种学术研究团体，成功探索出一条为实践证明了的学习与研究马克思主义哲学社会科学理论的有效途径，为中国马克思主义哲学社会科学发展及体系建构奠定了重要基础。同时，也为新中国成立后尤其是改革开放以来中国共产党领导学习与研究马克思主义提供了新的视角和宝贵经验。

中共领导成立的学术研究团体从根本上改变了过去建党初期那种哲学社会科学学习零散和分散的状况，从而使马克思主义哲学社会科学理论学习和研究步入有组织和有计划的发展轨道。在这些学术研究团体的具体指导下，全党形成了学习和运用哲学社会科学的浓厚氛围，培养出一支优秀马克思主义理论研究队伍，为马克思主义哲学社会科学体系建构提供了重要智力支持和理论支撑。

四、马克思主义哲学社会科学学术报刊

哲学社会科学学术报刊是党领导建立的以介绍、传播和研究马克思主义哲学社会科学理论为主要目的的重要学术阵地，也是广大哲学社会科学工作者了解、学习与研究党的理论与方针政策的主要渠道，其对中国马克思主义哲学社会科学体系建构发挥了重要桥梁作用。新民主主义革命时期，中共创办革命报纸杂志，用马克思主义理论武装工农群众，进而推动哲学社会科学发展。中共领导下的学术报刊种类繁多，如创造社主办的《创造月刊》《文化批判》，"社联"机关刊物《社会科学战线》《研究》，"左联"机关刊物《萌芽月刊》《拓荒者》《巴尔底山》等，充分彰显了学术报刊在哲学社会科学界的巨大影响力，成为推动马克思主义哲学社会科学发展的重要理论阵地。

（一）哲学社会科学学术报刊初创阶段（1919—1927）

革命战争年代，报刊是中国共产党传播与发展哲学社会科学的重要理论阵地。毛泽东在中国共产党成立之前，就创办并主编了湖南省学生联合会机关报《湘江评论》，利用报刊平台宣传其政治和社会主张。中国共产党成立之后，将办报看成党的重要工作方式之一。毛泽东说："过去我们学会了一种工作方式，就是开会……如果你们再把办报这种工作方式采用起来，那末许多道理和典型就可以经过报纸去宣传。"①

　　报纸杂志也是广大哲学社会科学工作者学习与研究哲学社会科学理论的重要平台，据统计，在五四前后全国"400 余种报刊中，不同程度具有社会主义倾向的报刊就有 200 多种"②。其间，中共针对党报党刊建设颁布了一系列通告、指示和规定，先后领导创建大批报纸杂志，对哲学社会科学的初步创建发挥了重要引领作用。

　　1. 五四时期哲学社会科学报刊的创办

　　五四时期各种进步哲学社会科学刊物种类众多，据不完全统计，仅在 1919 年下半年，全国各地新创办的、具有宣传马克思主义倾向和社会主义文章的报刊达 220 多种，其中，仅北京宣传马克思主义和社会主义的刊物就有三四十种。报纸以上海的《民国日报》《东方杂志》《申报》《晨报》等为代表，刊物主要有《每周评论》《新青年》③《少年中国》《新社会》《觉悟》《共产党》等等。仅在《每周评论》上，就刊发了陈独秀的 150 多篇文章和李大钊的 55 篇文章，成为抨击帝国主义对

　　① 毛泽东. 毛泽东文集：第 3 卷. 北京：人民出版社，1996：112.

　　② 朱磊. 中国共产党文化领导权问题研究. 北京：中国社会科学出版社，2019：49. 五四时期的报刊种类众多，在当时出版的 400 多种刊物中，主要分为以下四大类：第一类是具有明显马克思主义倾向的，如《新青年》《每周评论》《湘江评论》《新时代》《新海丰》《珠江评论》《新江西》《共产党》《先驱》《少年》《青年周刊》等；第二类是具有各种不同程度革命要求的进步刊物，如《国民》《新潮》《晨报副刊》《星期评论》《少年中国》《少年世界》《星期日》《天津学生联合会报》《觉悟》《建设》等；第三类是在思想观点上相当混乱，但迫于形势，为时代潮流所驱使，或为取悦于读者，打开销路起见，也刊登一些反映新思想甚至反映马克思主义观点的文章，如商务印书馆的《东方杂志》《劳动》《进化》《奋斗》《互助》《工余》《新湖北》等；第四类是反马克思主义和新文化运动的，如《解放与改造》《独见》《今日》等等。

　　——蔡灿津，等. "五四"时期马克思主义在中国的传播//马恩列斯研究资料汇编：第 1 集：下. 北京：中国社会科学院马列所编辑出版部（内部资料），1980：173-174.

　　③ 《新青年》从创刊到 1926 年停刊，前后历时八年，经历了由旧民主主义革命向新民主主义革命的转变过程。这八年按革命进程分为三个时期：(1) 1915 年至 1918 年，以宣传科学与民主、反对封建专制为宗旨，发动批孔和文学革命运动，成为新文化运动的旗帜和宣传新思想的阵地。(2) 1918 年 10 月至 1920 年 8 月，以宣传马克思主义为要务。1919 年李大钊把自己主编的第 6 卷第 5 号办成马克思研究专号，标志着该杂志在五四运动前后已成为宣传马克思主义的主要阵地。(3) 1920 年 9 月至 1922 年 7 月，由民主主义刊物变为社会主义刊物。1920 年夏，陈独秀到上海等筹建共产主义组织，《新青年》随之南下，自第八卷第一号改组为上海共产主义小组的机关刊物。在编辑出版业务上，《新青年》自第四卷起，率先使用白话文和新式标点符号。1921 年 7 月成为新成立的中国共产党的中央理论刊物。

　　——黄镇伟. 中国编辑出版史. 苏州：苏州大学出版社，2003：313-314.

中国残暴压迫和传播哲学社会科学理论的重要阵地。

瞿秋白曾指出："五四运动之际，《新青年》及《星期评论》等杂志，风起云涌的介绍马克思的理论。"① 其中，1919 年 5 月，李大钊在负责的《新青年》第六卷第五号上推出马克思研究专号，刊载了大量马克思主义译著和研究著述，主要有凌霜（黄文山）的《马克思学说批评》，顾兆熊（孟余）的《马克思学说》，起明译的《俄国革命之哲学的基础》，渊泉的《马克思的唯物史观》和《马克思奋斗的生涯》，陈启修的《马克思的唯物史观与贞操问题》，李大钊的《我的马克思主义观》（分上、下两篇，下篇载于后期第六号上），刘秉麟的《马克思传略》及克水的《巴枯宁传》等。第九卷第六号介绍了《共产党宣言》《法兰西内战》《哥达纲领批判》《资本论》《哲学的贫困》等著作内容，还有各地共产主义小组创办的《劳动界》周刊、《劳动者》周刊、《劳动音》周刊等。《新青年》杂志在宣传马克思主义时，也比较系统地介绍了列宁主义。在九期刊物中，共译载列宁著作 9 篇，在 1925 年 4 月 22 日，专门出版了列宁纪念专号，发表了斯大林著、瞿秋白译的《论列宁主义基础》，译文题为《列宁主义概论》。《新青年》还大量介绍国际无产阶级革命运动和俄国无产阶级革命的经验，"我们虽不迷信政治万能，但承认政治是一种重要的公共生活；而且相信真的民主政治，必会把政权分配到人民全体"②。

《每周评论》是五四时期发挥过重要革命宣传作用的革命政治刊物，由李大钊于 1918 年 12 月创刊，陈独秀任主编，它"在一定程度上说是专门为进行政治斗争而出版的"③。它的版式是"四开张的小型报纸，每星期日出版一张，分四版，用老五号字排印，每期约一万三千字"④。《每周评论》对 20 世纪初期的社会主义思想宣传发挥了重要作用，刊发了大量关于马克思主义经典著作的译文。

《民国日报》副刊《觉悟》经常译载马克思主义哲学社会科学著作，如《共产党宣言》（陈望道译）、《俄罗斯革命和唯物史观》（施存统译）、

---

① 瞿秋白. 瞿秋白文集：政治理论编　第 4 卷. 北京：人民出版社，1993：414.

② 中国社会科学院现代史研究室，中国革命博物馆党史研究室. "一大"前后：中国共产党第一次代表大会前后资料选编（一）. 2 版. 北京：人民出版社，1985：62.

③ 张静庐. 中国现代出版史料：丁编：上卷. 北京：中华书局，1959：40.

④ 同③42.

《无政府主义和科学的共产主义》（施光亮译）等，1920 年以后《民国日报》副刊《觉悟》还刊发了恩格斯的《科学的社会主义》，列宁的《农税底意义》、《从战争到和平》、《帝国主义论》、《国家与革命》的第一章"阶级的社会与国家"① 等。当时柯柏年就是从《觉悟》上翻译马克思主义著作而开始其翻译家生涯的。

> 为了研究马克思主义，我还向专门出版马克思主义著作的芝加哥克尔书局（Charles H. Karr and Co.）购买了一批包括英译本《资本论》在内的书。此外，我还经常向纽约的兰德社会科学学校（Rand School of Social Sciences）附设的书店购买美国出版的各派社会主义著作。每当订购的英文新书一到手，我就如获至宝，埋头苦读，急于寻找能解答我头脑中问题的答案。②

当年毛泽东在《湘江评论》的创刊宣言中，旗帜鲜明地表达了彻底反封建、反军阀和反帝国主义的政治思想：

> 自"世界革命"的呼声大倡，"人类解放"的运动猛进，从前吾人所不置疑的问题，所不遽取的方法，多所畏缩的说话，于今都要一改旧观，不疑者疑，不取者取，多畏缩者不畏缩了。这种潮流，任是什么力量，不能阻住。任是什么人物，不能不受他的软化。

> 世界什么问题最大？吃饭问题最大。什么力量最强？民众联合的力量最强。什么不要怕？天不要怕，鬼不要怕，死人不要怕，官僚不要怕，军阀不要怕，资本家不要怕。③

《湘江评论》在创办后短短一个多月时间里，"共出版了五期，每期发行五千份，每份有一万二千多字的文章"④。这些刊物扩大了马克思主义哲学社会科学的影响，提高了群众的思想觉悟。1919 年到 1921

---

① 田子渝，等. 马克思主义在中国初期传播史：1918—1922. 北京：学习出版社，2012：72.

② 中共中央马克思恩格斯列宁斯大林著作编译局马恩室. 马克思恩格斯著作在中国的传播. 北京：人民出版社，1983：29.

③ 中国社会科学院现代史研究室，中国革命博物馆党史研究室. "一大"前后：中国共产党第一次代表大会前后资料选编（一）. 2 版. 北京：人民出版社，1985：58.

④ 中国革命博物馆，湖南省博物馆. 中国现代革命史资料丛刊：新民学会资料. 北京：人民出版社，1980：553.

年，《新青年》《共产党》《曙光》等系列报刊，登载或单行出版的哲学社会科学著作有《雇佣劳动与资本》《〈政治经济学批判〉序言》等。其中，《共产党》月刊在 1920 年第 1 号（创刊号）登载了《列宁的历史》及《列宁的著作一览表》等材料，这是中国报刊第一次介绍列宁的重要著作，共 19 种，包括《俄国社会民主党人的任务》《社会民主实业史略的大纲》《俄罗斯的新问题》等。此外，还有介绍和阐释马克思主义的论著，如马尔西的《马克思经济学说》《资本论入门》，考茨基的《阶级斗争》及克卡朴的《社会主义史》等。

此外，早期国民党人也同样为马克思主义哲学社会科学宣传和研究做出积极贡献，据统计，"戴季陶等负责的《星期评论》从 1919 年 6 月到 1920 年 6 月一年的时间，刊登这方面的文章 50 余篇，与同时期的《新青年》相比，无论在数量上还是质量上都毫不逊色"①。由原进步党机关报《晨钟报》改建的《晨报》，专门增辟了"马克思研究"专栏。《建设》第一卷第五号发表了胡汉民的《唯物史观批评之批评》，介绍了马克思主义唯物史观，并把《路易·波拿巴的雾月十八日》《资本论》《神圣家族》《共产党宣言》《哲学的贫困》《雇佣劳动与资本》《〈政治经济学批判〉序言》等著作中有关唯物史观的论述介绍给国内读者。《今日》杂志开辟马克斯特号，宣称"本志是研究马克斯学说的机关，差不多每期都有他的文章"②。

2. 建党初期，发布决议重视进步报纸杂志的创办

中共早期出版与宣传政策的制定离不开马克思主义的指导。马克思主义经典作家认为，报刊的一个重要功能就是进行政治教育，争取政治上的同盟者同反动政府进行针锋相对的斗争。1849 年 2 月，马克思在法庭上驳斥普鲁士政府对《新莱茵报》的控告时指出，"报纸是作为社会舆论的纸币流通的"③。列宁要求党所领导的报纸都要成为"完全的

---

① 田子渝. 马克思列宁主义在中国早期传播研究的若干启示. 湖北大学学报，2001（4）：2.

② 卷头语. 今日，第 1 卷第 4 号，1922-05-15. 该杂志自创刊以来，持续刊载了熊德山、邝摩汉、李湘焕等知识分子翻译的马克思、恩格斯和列宁的经典著作，如《俄国现时经济的地位》（今译《论粮食税》，1 卷 1 号），《哥达纲领批评》（今译《哥达纲领批判》，1 卷 4 号），《马克思的诗》（1 卷 4 号），《国家底起源》《未开与文明》《历史以前底文化阶级》（今译《家庭、私有制和国家的起源》，3 卷 2 号），等等。

③ 马克思，恩格斯. 马克思恩格斯文集：第 2 卷. 北京：人民出版社，2009：179.

党报"①，都要无条件服从党的领导，坚持党的立场，执行党的路线和宣传党的政策。同时，列宁还强调加强党对新闻的领导控制地位，在新闻与党的关系上，新闻事业必须受到党和政府的严格管理和监督，等等，这些重要思想对中共早期出版发行政策的制定和学术报刊出版组织机构的创建具有重要理论指导意义。

在建党初期，中共积极创办革命报纸、杂志，用马克思主义理论教育工农群众。早期共产党人将《共产党》《新青年》《青年周刊》《先驱》等作为宣传马克思主义的理论阵地，在进步刊物上刊登部分马列主义经典著作的译文。

当年《新青年》成为我们党宣传哲学社会科学的重要理论阵地。1924 年 12 月，《新青年》的"国民革命号"集中发表《中国战争》《民族与殖民地问题》《革命后的中国》《落后的欧洲与先进的亚洲》《亚洲的醒悟》等五篇列宁的有关民族殖民地问题的文章②。1925 年 4 月，《新青年》的"列宁号"还译载列宁三篇文章：《专政问题的历史观》《社会党国际的状况和任务》《第三国际及其在历史上的地位》③ 等。《新青年》发表的这些理论文章，使广大党员干部群众加深了对民族殖民地问题、社会党国际及第三国际等哲学社会科学理论知识的理解，进而推动哲学社会科学不断向前发展。

该时期中央为促进报刊的创办与党的哲学社会科学理论宣传，深入推动哲学社会科学发展，发布了系列相关决议。1924 年 5 月，中共中央颁布《党内组织及宣传教育问题议决案》。1925 年 1 月，发布《对于

---

①　从历史发展看，任何一种思想理论体系都是在一定社会背景之下，吸收和借鉴古今中外优秀思想理论成果形成的。在新民主主义革命时期，中国化马克思主义新闻思想的形成与发展同样有着深刻历史背景和重要理论渊源。它既学习和汲取马克思、恩格斯的新闻思想，又积极吸收和借鉴了近代中国资产阶级先进报刊的思想。例如，在近代中国史上首次提出"党报""机关报"概念的是梁启超，作为近代中国资产阶级新闻思想的奠基人，他认为报馆"其有助耳目喉舌之用，而起天下之废疾者，则报馆之为也"。他把报刊的功能比喻为人的"耳目喉舌"，这为新民主主义革命时期的中共所继承和发展，强调新闻媒体为党的"喉舌"，为党的方针政策服务。以孙中山为代表的资产阶级革命派，推崇报刊的党派性，主张办机关报。他认为，政党为体，党报为用，有体有用，方可发挥政党宗旨和作用，这些思想同样为新民主主义革命时期的中共所批判继承和发展。

——梁启超. 饮冰室合集：文集：第 1 册. 北京：中华书局，1989：28-32.

②　新青年，1924，9（4）.

③　新青年，1925，10（1）.

妇女运动之议决案》。1926年7月，由中共中央执行委员会扩大会议制定的《关于宣传部工作议决案》，专门针对党的出版物中央政治机关报——《向导》、中央理论机关报——《新青年》、中央通俗机关报——《劳农》及《党报》等问题提出了诸多指示，例如，"（丙）中央通俗的机关报——《劳农》（或《工农》），亟须添设，先办月刊，以后设法改为周刊"①。

3. 领导创办进步报刊，加强马克思主义哲学社会科学理论宣传

1922年9月，根据中共二大决议精神，中央在上海创办《向导》，这是由陈独秀直接领导的"党的第一个机关报"②。该刊物以反帝反封建作为自己的办刊宗旨和主要任务，将中共二大提出的反帝反封建的民主革命纲领和民主联合战线推向全国。《向导》发刊词明确宣称：

> 所谓近代政治，即民主政治、立宪政治，是怎样发生的呢？他的精髓是什么呢？老老实实的简单说来，只是市民对于国家所要的言论、集会、结社、出版、宗教信仰这几项自由权利，所以有人说，宪法就是国家给予人民权利的证书，所谓权利最重要的就是这几项自由。……这几项自由，已经是生活必需品，不是奢侈品了。在共和名义之下，国家若不给人民以这几项自由，依政治进化的自然律，人民必须以革命的手段取得之。

发刊词又着重强调：

> 现在的中国，军阀的内乱固然是和平统一与自由之最大的障碍，而国际帝国主义的外患，在政治上、在经济上，更是钳制我们中华民族不能自由发展的恶魔。……因此我中华民族为被压迫的民族自卫计，势不得不起来反抗国际帝国主义的侵略，努力把中国造成一个完全的、真正独立的国家。③

《向导》在宣传哲学社会科学理论方面发挥了重要作用。蔡和森担任《向导》首任主编，编委会有李大钊、张国焘、高君宇、罗章龙等人，

---

① 中共中央文献研究室，中央档案馆. 建党以来重要文献选编（1921—1949）：第3册. 北京：中央文献出版社，2011：286.

② 张静庐. 中国现代出版史料：丁编：上. 北京：中华书局，1959：80.

③ 本报宣言. 向导，1922（1）.

陈独秀、赵世炎、瞿秋白、恽代英为刊物主要撰稿人。《向导》是中共中央第一个全国性政治评论刊物，"它经历了第一次大革命的整个历史过程，也是这一时期中共的主要喉舌，具有鲜明的政治色彩和时代特点。《向导》突出地介绍和宣传了马克思、列宁有关中国问题、中国革命的论述和列宁关于民族与殖民地革命的理论"①。《向导》的宣传所收到的效果，"充分说明了马克思列宁主义思想的威力，说明了党的报刊强有力的宣传、动员、组织的作用"②。当年陈独秀在《向导》先后发表评论文章约有 200 多篇，占其总量的 30％③。为进一步推进对马克思主义哲学社会科学的学习研究，1924 年 11 月，中央决定向其他地区如国统区赠阅《向导》，以调动他们阅读报刊和学习哲学社会科学的积极性。

1924 年 5 月，中共中央成立出版科，专门负责党报党刊的出版发行，张伯简任出版部书记。1925 年 1 月，通过的《对于宣传工作之议决案》指出，"党报"是中共秘密组织用以教育党员的重要机关，要集中力量办好《新青年》《向导》《中国工人》等刊物，《议决案》还确认党报党刊是党宣传马克思主义及党的基本知识的重要工具。

当时党的机关刊物《向导》和理论刊物《新青年》以及其他进步刊物如《少年》《先驱》《前锋》等，专门开辟专栏介绍和宣传马克思主义哲学社会科学理论，登载系列译介马列著作等哲学社会科学的理论文章。这些报刊既是党宣传马克思主义哲学社会科学理论的重要阵地，又是广大党员干部学习和研究马克思主义哲学社会科学理论的重要载体，为马克思主义哲学社会科学的发展创造了良好条件。

此外，这一时期由中国共产党独立创办或以中国共产党为主领导创办的报刊，有中华全国铁路总工会的机关报《工人周刊》、中国劳动组合书记部的机关报《劳动周刊》、中华全国总工会的机关刊物《中国工人》、中国共产党历史上的第一份日报《热血日报》等等。哲学社会科学界以报刊为阵地，积极传播马克思主义和党的革命理论，推动了马克思主义哲学社会科学理论研究。

---

① 周子东，傅绍昌，杨雪芳，等. 马克思主义在上海的传播（1898—1949）. 上海：上海社会科学院出版社，1994：131.

② 张静庐. 中国现代出版史料：丁编：上. 北京：中华书局，1959：80.

③ 张之华. 《向导》研究与辨析. 新闻与传播研究，1993（1）：164.

党重视报纸杂志在马克思主义理论宣传中作用的发挥，在此期间出版的《共产党》《新青年》《中央政治通讯》《前锋》等报刊，既宣传了党的方针政策，又动员和组织了广大群众。大革命失败后，国民党为加强对哲学社会科学的管控，主办了《文化建设》《文化先锋》《文艺先锋》等刊物。从刊物出版管理部门的设置看，该时期中共建立了中央执行委员会、中央机关报编辑委员会、中央出版部、中央教育宣传委员会和中央出版局发行科等出版管理机构，使中共早期出版管理机构的设置经历了一个从无到有和逐步完善的发展过程。当时国统区许多进步哲学社会科学工作者，如茅盾、冯雪峰、臧克家、老舍等积极在进步刊物上发表文章，推动了国统区哲学社会科学的研究与宣传。

（二）哲学社会科学学术报刊发展阶段（1927—1937）

土地革命战争时期，中共对学术报刊在哲学社会科学体系建构过程中作用的重视程度进一步增强。该时期全国涌现出办刊办报的热潮，如1934年被称为"杂志年"。在此期间，中共继续领导创办《布尔塞维克》《党的建设》等刊物，还出版各类左翼文化报刊资料，大力传播马克思主义哲学社会科学知识。这些报刊在当时成为中共学习、宣传和研究马克思主义哲学社会科学的主战场和主阵地，推动该时期马克思主义哲学社会科学的进一步构建与发展。

1. 创办系列哲学社会科学报刊，加强马克思主义理论教育

该时期党领导创办的进步哲学社会科学刊物可谓是种类繁多[①]，这些刊物中，有苏区中央局创办的《战斗》周刊、《斗争》、《实话》、《布尔塞维克》、《党的建设》，有中华苏维埃政府主办的《红色中华》《突击》《工农报》，有中央革命军事委员会出版的《苏维埃》《通讯》《红星报》，有共青团中央出版的《青年实话》《列宁青年》等。在这些刊物

---

① 　对于中央苏区出版报刊数量问题，学术界观点不一，有学者认为，苏区创办出版了160余种报刊，目前保留下来的实物报刊约有130余种。还有的认为，《中央革命根据地新闻史》中收录的350种图书，后经《中国共产党江西出版史》《中华苏维埃共和国辞典》《江西苏区文学史》等做了增补，最终统计出：从1927年12月到1935年初，苏区编印出版图书共542种，其中报刊约200余种。这些图书中除毛泽东著作、党和苏维埃建设、工会共青团建设、军事理论、文化教育、政治理论读物等外，光是出版的马列原著就有15种之多。

——严帆. 中央革命根据地新闻出版史. 南昌：江西高校出版社，1991：78；彭家璋，等. 江西苏区图书出版物研究. 党史文苑，2007（2）：12.

中，创刊于 1931 年 7 月至 1934 年 7 月的哲学社会科学期刊主要有：《列宁青年》《红色中华》《青年实话》《政治工作》《红色江西》《革命与战争》《斗争》《时刻准备着》《红星报》《红色湘赣》《党的建设》等。各种报刊登载大量介绍马克思主义哲学社会科学及苏区党政军领导人的理论文章，还经常刊载马列主义著作译文，向根据地军民介绍和宣传马克思主义，以指导苏区革命斗争实践，这些报刊在传播马克思主义哲学社会科学理论方面做出了重要贡献。

苏区中央局创办的《布尔塞维克》是土地革命战争时期中共中央创办的第一份理论机关报，也是继中央理论刊物《向导》之后的又一党中央重要机关刊物。《布尔塞维克》于 1927 年在上海创办，1932 年 7 月被迫停刊。作为中共中央机关综合性刊物，《布尔塞维克》以中国共产党独立的政治面貌开展工作，以注重理论宣传为其办刊特色。刊物主要内容涉及马克思主义理论、国际政治、中国革命、工人运动、农村运动、地方通讯等方面哲学社会科学知识。同时，该刊物还开设了"寸铁""读者的回声"等专栏，积极介绍和宣传党的革命路线、方针和政策。

《布尔塞维克》从创刊伊始，就注重宣传哲学社会科学，在其第 2 卷第 3 期和第 7 期上发表过《工农革命民权独裁》（郑超麟译，现译《无产阶级和农民的革命民主专政》）、《多数派与小资产阶级》（祚孚译，现译《布尔塞维克党和小资产阶级》），在第 7 期上还刊登过列宁的《工人政党土地政纲之复审》《论党的改组》《俄国革命中所产生的新国家形式》等许多著作。在《布尔塞维克》上发表的理论文章，大量引用马克思、恩格斯、列宁的观点，系统介绍了马克思主义理论，阐述了中国革命性质问题、关于武装斗争和建立苏维埃政权问题等。《布尔塞维克》坚持马克思主义原则立场，同各种反动思潮进行了坚决斗争，推动了马克思主义哲学社会科学知识的传播。

苏区中共机关报《斗争》于 1933 年 2 月创刊，1937 年 3 月停刊，前后共出 73 期，其发表党的文献和哲学社会科学署名文章共计 300 余篇，有许多是马克思主义经典作家关于中国革命论述的翻译论著，其中有《波斯和中国》《中国革命和欧洲革命》《论国家》等。该刊物的创办可分为两个时期：第一时期为 1933 年 1 月到 1935 年红军长征前；第二时期从 1935 年 11 月到 1937 年 3 月。作为"《红旗附刊》的替身"，共出版 181 期。在第一个时期，《斗争》分别在上海和江西瑞金出版了两种版本，上海版为油墨印刷，共79期；苏区版为铅字印刷。《斗争》积极宣传党的方针政策，揭露日本帝国主义侵华罪行和国民党的反动统治，驳斥国民党对马克思主义和中国共产党的污蔑，总结白区工人斗争的经验教训、指导工人运动，报道革命根据地和红军情况、指导革命根据地建设，批评所谓"罗明路线"，揭穿国民党"伍豪启事"的阴谋诡计等。在第二个时期，刊物主要进行了以下工作：转载马恩列斯的文章，介绍苏联情况；发布中央决议，指导各地工作；反对王明"左"倾教条主义错误；发表毛泽东的两篇调查报告和多篇重要文章；总结中央根据地经验，指导其他革命根据地建设；开展批评和自我批评；正确分析西安事变；刊载鲁迅、茅盾等向中央的电信，剖析梁漱溟、胡适的一些不当言论；刊载季米特洛夫代表共产国际关于中国共产党成立十五周年的纪念文章；等等。这些工作，对宣传马克思主义、统一全党思想、指导正确认识和处理国内外矛盾、引导革命走向胜利起了重要作用[1]。《斗争》在马列主义著作的译载以及马克思主义哲学社会科学学习教育方面发挥了重要作用。例如，在1934年7月21日发行的第68期上，《斗争》就刊载了马克思1853年6月为美国《纽约每日论坛报》写的社论《中国革命和欧洲革命》和恩格斯1857年5月为该报写的重要评论《波斯和中国》的全译文。据不完全统计，该刊刊载的列宁著作有：《新的任务和新的力量》（第17期）、《革命军队的任务》（第25期）、《给圣彼得堡委员会战斗委员会》（第26期）、《为战胜高尔察克告工农书》（第37期）、《游击战争》（第41期）、《怎样组织竞赛》（第45、48期）和《论国家》（第51期）。在这一阶段，全国各地出版的党和团的其他刊物如《红旗》、《上海报》、《红旗日报》（由前两种刊物合并改组而成）、《红旗日报》副刊《实话》、《北方红旗》、《中国苏维埃》周报、《红色中华》、《青年实话》、《转变》、《列宁青年》等，也都大力进行了列宁主义的宣传[2]，深入推动了哲学社会科学在中国的发展。

此外，《青年实话》除选登马恩列斯著作外，还编写《列宁革命事迹简介》《马克思的事迹》《列宁与共产主义运动》等通俗马克思主义理论读本，出版列、李、卢纪念专号和马克思纪念专号，并在"问题解

---

① 方克立. 中共中央党刊史稿：上. 北京：红旗出版社，1999：314-352.

② 宋原放. 中国出版史料：现代部分：第1卷. 济南：山东教育出版社，2001：121.

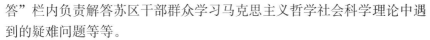

答"栏内负责解答苏区干部群众学习马克思主义哲学社会科学理论中遇到的疑难问题等等。

《列宁青年》也发表了较多宣传马克思主义哲学社会科学的文章，1929 年 5 月 1 日出版的第 1 卷第 14 期，刊载了多篇宣传马克思主义的理论文章，其中，《"五一""五五"纪念宣传大纲》中有以下几节内容："马克斯是科学社会主义的鼻祖""马克斯又是实际革命的行动家""马克斯主义的精髓，无产阶级革命与无产阶级专政""马克斯主义与一切改良主义的不同""坚决地反对马克斯主义不适合中国国情的谬论""马克斯主义列宁主义与殖民地半殖民地的民族革命运动""马克斯主义与三民主义""我们应加紧学习马克斯主义列宁主义推进中国革命斗争"①等等。

2. 领导创办左派刊物，传播哲学社会科学理论

在国统区白色恐怖日益加剧的情况下，党领导下的左派文化运动逐渐发展起来。在"社联""左联""剧联""教联""电联"等八个革命团体的基础上，成立了"文总"（全称"左翼文化总同盟"），其领导核心是党的"文委"（全称"文化工作委员会"）。在"文总"和"文委"领导下，以"社联""左联"为代表的左翼文化团体创办大量报刊，积极宣传与研究哲学社会科学理论。其中，"社联"创办的刊物有《新思潮》《新思想》《文化斗争》《社会科学战线》《社会现象》《研究》《书报评论》《社会科学讲座》等，"左联"创办的刊物有《巴尔底山》《新地月刊》《文艺新闻》等。当年"社联"成立后，曾计划出版机关杂志《社会科学战线》，发表中国社会科学运动的指导理论。该刊物只出了一期，"社联"就将《新思潮》作为机关刊物。1930 年《新思潮》出版中国经济研究专号，刊发了系列哲学社会科学工作者的经济理论研究文章，发起关于中国社会性质问题论战。在这一时期进行的有关中国社会性质问题论战、中国社会史问题论战和中国农村社会性质问题论战中，中共组织领导党内理论工作者、进步文化人士及青年学生，充分利用《新思潮》等报刊载体，提升了唯物辩证法在哲学社会科学研究中的指导地位，促进了哲学社会科学学术体系的形成，为马克思主义哲学社会科学体系建构奠定了重要方法论和认识论

① 周子东，傅绍昌，杨雪芳，等. 马克思主义在上海的传播（1898—1949）. 上海：上海社会科学院出版社，1994：190.

基础。

在国统区，广大哲学社会科学工作者还依托"左联""社联"等组织创办了许多革命进步期刊，除"社联"机关刊物《新思想》《社会科学战线》《研究》外，还有朱镜我和潘汉年创办的《文化斗争》周刊、艾思奇主办的《读书生活》、李一氓和阳翰笙合编的《流沙》月刊、许涤新主办的《社会现象》、沈志远主编的《新文化》、鲁迅与冯雪峰主编的《萌芽月刊》、朱镜我主编的《文化批判》和《新思潮》等一批非常有影响的哲学社会科学理论刊物。

哲学社会科学工作者创办的这些刊物，从内容上来说主要侧重于宣传马克思主义哲学社会科学理论，批判资产阶级的各种错误观点，用马克思主义立场、观点和方法分析中国社会性质和中国社会现实问题。如1928年1月，由王学文、彭康、朱镜我等人创办的《文化批判》月刊，主要撰稿人有冯乃超、李初梨、彭康、朱镜我、李铁声等人，相继发表了《辩证法的唯物论》《科学的社会主义观》《意识形态的变革与唯物辩证法》《唯物史观的构成过程》等诸多文章，从政治、经济、历史、文化等方面阐述马克思主义理论，批判封建主义、资本主义和帝国主义思想文化，在当时思想理论界产生了重要影响，"很多进步青年受到国民党的迫害，看到这一杂志很高兴，当时影响很大"[①]。《新思潮》月刊主要撰稿人有王昂（王学文）、潘东周（潘文郁）、吴亮平、李一氓等，该刊每期都刊登介绍马克思主义著作的文章或资料，如1930年发表《资本主义底运动法则》（王昂）、《列宁小传》（谷荫）、《马克思主义之精粹》（吴亮平）、《帝国主义与中国经济》（向省吾）、《"马克思主义之批评"的批评》（郑景）[②] 等文章，专文介绍《资本论》《国家与革命》等经典著作。李一氓在《流沙》半月刊第二期发表《社会科学与社会科学名词》，解释了"唯物史观""无产阶级专政""阶级斗争""共产主义""知识阶级""价值""使用价值""交换价值"等名词，介绍了马克思主义的一般概念理论。1930年8月，朱镜我和潘汉年创办《文化斗争》周刊，该刊的具体工作是"发扬马克思列宁主义的理论"[③]。1931年1

---

① 中国社会科学院文学研究所，《左联回忆录》编辑组. 左联回忆录. 北京：中国社会科学出版社，1982：142.

② 史先民. 中国社会科学家联盟资料选编. 北京：中国展望出版社，1986：201-206.

③ 徐素华. 中国社会科学家联盟史. 北京：中国卓越出版公司，1990：92.

月，由柯柏年主编的《书报评论》创刊，主要介绍马克思主义，该刊物在当时也有一定影响，办了五六期后被查禁。1932 年 4 月，他又主编"社联"机关刊物《研究》月刊，指出要以马克思主义理论剖析中国社会问题。李正文、刘一樵等人积极在刊物上发表《唯物论辩证法讲座》《政治经济学讲座》文章，他们从日文翻译的《唯物史观讲座》和《世界史讲座》，"发行不到三天，一千本就被抢购一空"①。

该时期许多刊物如《萌芽月刊》《拓荒者》《文艺研究》《文艺群众》《北斗》《朝花旬刊》《巴尔底山》等，相继刊登了马克思主义经典作家文艺论著的部分译文。1928 年 10 月，《创造月刊》第 2 卷第 6 期刊登了卢那察尔斯基的《关于马克思主义文艺批评底任务之大纲》（朱镜我译）。1930 年 2 月，《拓荒者》第 1 卷第 2 期刊载了列宁的《论新兴文学》（后来所译的列宁的《党的组织和党的文学》，成文英（冯雪峰）译），列宁在文章中提出的文学应该为"千千万万劳动人民服务"② 的观点开始在中国文艺界传播。1937 年 2 月，马克思、恩格斯合著的《德意志意识形态》第 1 卷部分内容，以《社会意识形态概说》（荃麟摘译）为题，在南京《时事类编》第 5 卷第 3 期上发表。

国统区进步知识分子创办《社会科学讲座》和《文艺讲座》，其中，《社会科学讲座》用马克思主义剖析中国革命实际问题，其第 1 卷③内收社会科学译著 12 篇，朱镜我、吴黎平、林伯修、王学文、柯柏年、郭沫若、潘东周、冯乃超、柳岛生（杨贤江）、李德谟（李一氓）等人，在《社会科学讲座》编译了许多经典著作。《社会主义》是吴黎平第一

---

① 上海市哲学社会科学学会联合会. 中国社会科学家联盟成立五十五周年纪念专辑. 上海：上海社会科学院出版社，1986：163.

② 列宁. 论新兴文学. 成文英，译. 拓荒者，1930，1（2）.

③ 《社会科学讲座》第 1 卷，32 开本，正文 378 页，其中列宁的《帝国主义论》的外文参考书目就有 12 页。《社会科学讲座》的排印格式、印刷水平和纸张（道林纸）也较好，重点介绍马克思主义理论；中文目录之后，附有英文篇目，这在左派文化刊物中是罕见的。《社会科学讲座》的英文书名公开写为 Under The Banner of Marxism（《在马克思主义的旗帜下》），并写出译文原作者名字 K. Marx、F. Engels、N. Lenin。而中文的篇目，只有朱镜我的一篇用了《马克思主义的基础理论》，其余都用了一般性题目，并且不表明译文和原文的作者——马克思、恩格斯、列宁等。在它的版权页上，编辑者和出版者都写成"社会科学讲座社"，以光华书局为发行者。

——上海市哲学社会科学学会联合会. 中国社会科学家联盟成立五十五周年纪念专辑. 上海：上海社会科学院出版社，1986：228.

次翻译恩格斯《反杜林论》中"社会主义"的部分，《反杜林论》中这部分共有五章，吴黎平的译文只刊登了其中的第一、二两章"历史概述"和"理论概述"。同时，还刊登《经济史底阶级性》（柯柏年译）、《经济学方法论》（郭沫若译）、《社会方法论的问题》（冯乃超译）等。在《文艺讲座》中刊登的有朱镜我译的《经济学入门》、陈豹隐译的马克思《剩余价值学说史》、郭沫若译的《经济学批判》和李一氓译的《帝国主义与世界经济政治》等等。

此外，进步哲学社会科学工作者在创办哲学社会科学报刊的同时，还出版了许多哲学社会科学理论研究著述，从更深程度上系统、完整地阐发了马克思主义哲学社会科学理论。当年的李达、艾思奇、朱镜我、沈志远、吴亮平、许涤新、王学文、柯柏年、张如心、陈唯实等人，为马克思主义哲学社会科学理论的系统研究做出了重要贡献，如沈志远的《现代哲学的基本问题》，瞿秋白的《唯物论的宇宙观概说》《马克思主义之概念》，张如心的《辩证法学说概论》《无产阶级的哲学》《苏俄哲学潮流概论》，李达的《社会学大纲》《经济学大纲》，艾思奇的《哲学讲话》《哲学与生活》，吴亮平的《辩证唯物论与唯物史观》，陈唯实的《通俗辩证法讲话》《新哲学世界观》① 等，在当时产生了较大影响，推进了马克思主义哲学社会科学的研究和运用。

在这些马克思主义哲学社会科学研究著述中，影响较为深远的是李达、艾思奇、沈志远、朱镜我等人的哲学、经济学方面的著作。在哲学方面，李达的《社会学大纲》研究辩证唯物主义和历史唯物主义，代表了国内马克思主义哲学社会科学理论研究的最高水平，该书对我国马克思主义哲学社会科学理论研究是一个重要贡献。

艾思奇在马克思主义哲学方面研究成就显著，从 1934 年到 1937年，艾思奇写了《思想方法论》《哲学讲话》《民族解放与哲学》《哲学与生活》《现代哲学读本》等哲学专著。在《哲学讲话》中，艾思奇深入浅出地阐述了马克思主义哲学基本原理，用民族化语言把马克思主义"四大理论板块"做了详细说明，成为全国大众读者学习马克思主义哲学的必读书目。

---

① 中国社会科学院哲学研究所. 中国哲学年鉴（1983 年）. 北京：中国大百科全书出版社，1983：480-488.

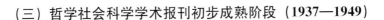

（三）哲学社会科学学术报刊初步成熟阶段（1937—1949）

延安时期，随着全党对马克思主义认识的不断加深和广泛传播，广大哲学社会科学工作者更加充分认识到了学术刊物这一阵地，对于深化哲学社会科学研究与普及的重要意义，当时有哲学社会科学学者指出，"社会科学既已相当发达，必须藉着报章杂志的帮助，然后社会科学家的思想，方得介绍"①。该时期，中共领导出版了更多宣传马克思主义哲学社会科学和党的方针政策的红色报刊②，主要有《解放日报》《共产党人》《新华日报》《解放》周刊和《八路军军政杂志》等，刊登了大量关于马克思主义哲学社会科学方面的理论学习文章。其中，《解放》周刊（后改为半月刊）是中共中央的政治理论机关刊物，是"中国共产党的喉舌，而且也是全中国民族、人民的喉舌"③。《八路军军政杂志》主要刊登经典作家有关军事理论的译著，所有这些报刊在当时成为中共学习、宣传和研究马克思主义哲学社会科学理论的主战场。许多哲学社会科学工作者亲自主持了刊物的编辑出版，如邓拓主编《晋察冀日报》、潘梓年主编《群众》、沈志远主编《理论与现实》等。当时哲学社会科学工作者撰写的大量马克思主义理论研究文章主要通过这些媒介发表。如艾思奇的《哲学是什么》就是以连载的方式在《中国文化》上发表，风靡当时的《联共（布）党史研究提纲》连载在《解放》周刊上。这一时期，解放区兴办的《新经济》周刊、《财政评论》、《政治季刊》、《星期评论》、《读书通讯》、《大公报》、《三民主义周刊》、《今日评论》等几十种先

---

① 张道藩. 抗战四年来的文化运动：下集. 民国刊本，1941：17.

② 据不完全统计，延安时期中国共产党编辑出版的报纸有几十种之多，如《红星报》《解放日报》《新华日报》《新中华报》等。此外，还有各种地方性、行业性的报纸，如北方局的党内刊物《党的生活》、《晋察冀日报》和《新华日报》（华北版），山东分局的《大众日报》，晋绥分局的《抗战日报》和华中局的《江淮日报》，等等。各地部队政治部主办的各类小型报纸，甚至延安整风时期的大字报、墙报等，都是宣传马克思主义的一种方式。中国共产党主持出版的刊物也极为丰富，主要有《解放》《中国文化》《共产党人》《中国青年》《中国工人》《中国妇女》《群众》《读书月报》《理论与现实》《读书生活》《八路军军政杂志》等。1939 年 1 月，八路军政治部在延安创办《八路军军政杂志》，该刊在提高军队抗战力量，宣传党的抗日主张及军事经验方面发挥了重要作用。八路军军政杂志社是抗日根据地的军事专业图书出版社，除了出版马列主义经典作家有关军事的著作外，还出版了党的领袖人物的军事著作和其他政治理论书籍。

③ 《解放》两周年纪念. 解放，第 70 期，1939-05-01.

进刊物，呈现出"百花齐放、百家争鸣"的繁荣局面，为社会科学的学术争鸣提供了坚强阵地，巩固了马克思主义在意识形态领域的指导地位，在宣传马列主义和中共路线方针政策方面发挥了重要作用。另一方面，为配合解放区阵地建设，中共在国统区设立的公开合法出版机构新华日报馆等，成为中共在大后方出版发行进步书刊的重要阵地①，为加强对哲学社会科学研究的领导和争夺抗日文化运动领导地位创造了有利条件。

1. 制定和实施哲学社会科学著作的编译与出版政策

这一时期，中共中央多次阐明了出版工作的重要性，对哲学社会科学著作的出版发行做出了一系列具体指示，推动了延安时期党的出版事业的繁荣发展。1938 年 10 月，毛泽东在六届六中全会上指出，"必须动员报纸、刊物……及其他一切可能力量"②。1940 年 10 月，中宣部强调要编审和出版各种书籍、教材及宣传品，同月，《中共中央宣传部、中共中央文化工作委员会关于各抗日根据地文化人与文化团体的指示》发布，指出文化团体要"介绍、研究、出版、推广各种文化作品……介绍并递寄他们的作品或译著到全国性大书局出版"等③。1942 年 4 月，中央又颁布《关于统一延安出版工作的通知》，详细规定出版工作事宜④。由此，陕甘宁边区的"红色出版"迅速发展，有力推动了该时期马克思主义哲学社会科学的发展。

总体来看，中央对哲学社会科学著作编译与出版政策的制定实施主要有以下举措，一是健全与完善中央出版管理机构。二是组建经典著作编译机构。重视经典著作的翻译是党领导发展马克思主义哲学社会科学的重要前提，为了促进马克思主义经典著作的出版发行，中央设立专门编译机构。三是健全根据地出版发行机构，大力出版马克思主义经典著作，以上所有这些举措有力推动了该时期哲学社会科学的研究和普及。

2. 创办众多报刊，为抗战事业提供智力支持

革命报刊作为党和政府的"喉舌"，是革命根据地马克思主义理论

① 王海军. 抗战时期国共两党在书刊发行领域的博弈. 中共党史研究，2014（4）：8.

② 中共中央文献研究室，中央档案馆. 建党以来重要文献选编（1921—1949）：第 15 册. 北京：中央文献出版社，2011：610.

③ 中共中央文献研究室，中央档案馆. 建党以来重要文献选编（1921—1949）：第 17 册. 北京：中央文献出版社，2011：583.

④ 中共中央宣传部办公厅，中央档案馆编研部. 中国共产党宣传工作文献选编（1937—1949）：第 2 册. 北京：学习出版社，1996：367.

宣传的先导力量，也是马克思主义哲学社会科学研究的重要阵地。这一时期，中国共产党领导出版了许多宣传马克思主义哲学社会科学和党的革命政策的红色报刊。《解放日报》的前身是《红色中华》①，于 1936 年 1 月在陕北瓦窑堡复刊。1937 年 4 月，党中央机关刊物《解放》周刊在延安创刊，后改为半月刊，设有时评、论著、翻译、通讯、文艺等专栏，积极宣传中国共产党抗日民族统一战线理论与政策，普及推广马克思主义哲学社会科学基本知识。1939 年 4 月，全国青年联合会延安办事处宣传部主办《中国青年》杂志；1939 年 10 月，中共中央机关刊物《共产党人》创刊。1940 年 2 月，由中共中央职工运动委员会主办的《中国工人》月刊创刊，1940 年 2 月，陕甘宁边区文化协会机关刊物《中国文化》在延安创刊。

《解放日报》于 1941 年 5 月在延安创刊，是中共政治理论性刊物。该刊物是中共中央机关刊物，是全民族抗战时期根据地出版的第一份铅印对开大型报纸，也是自全民族抗日战争时期到解放战争初期革命根据地最重要的报刊，由博古任社长，杨松担任总编辑。当年毛泽东起草了创办《解放日报》的通知：

> 五月十六日起，将延安《新中华报》《今日新闻》合并，出版《解放日报》，新华通讯社事业亦加改进，统归一个委员会管理。一切党的政策，将经过《解放日报》与新华社向全国宣达。《解放日报》的社论，将由中央同志及重要干部执笔。各地应注意接收延安的广播。重要文章除报纸刊物上转载外，应作为党内、学校内、机关部队内的讨论与教育材料，并推广收报机，使各地都能接收，以广宣传，是为至要。②

1942 年 9 月起，《解放日报》兼作中共中央西北局机关报。在创刊

---

① 《红色中华》于 1931 年 12 月 11 日创刊，是中国共产党在革命根据地创办的第一张中央铅印大报。该报通常刊登中央政府重要文告和主要领导人的重要讲话，使党的方针政策及时贯彻到苏区人民群众中去。积极组织指导苏区人民参加苏维埃政权建设，大力报道红军胜利消息。《红色中华》辟有"社论""要闻""党的生活""赤色战士通讯""红色小辞典"等栏目，还有文艺副刊《赤焰》。为加强通讯员工作，开展通讯员业务训练，该报还开设"写给通讯员"专栏。《红色中华》在瑞金时期共出了 240 期，发行量约 4 万份。1934 年 10 月 3 日因长征开始，暂时休刊。1936 年 1 月，在陕北瓦窑堡复刊，限于物质条件，改为油印。西安事变后，根据中共中央决定，于 1937 年 1 月 29 日改名为《新中华报》。

② 中共中央文献研究室. 毛泽东年谱（1893—1949）：中卷. 修订本. 北京：中央文献出版社，2013：297.

以后的半年里，基本上是以大量的版面刊发国际上的一些诸如"英内阁局部改组"之类的新闻报道和一些关于国际时事热点的社论社评，而对于党的大政方针、理论创新、革命通讯、党内整风等重要活动关注较少。解放日报社还出版了《苏德战争以来重要文献》《论战局》《驳蒋介石及其它》等政治理论书籍。1942年3月，《解放日报》改版，随后发表了《致读者》的社论，提出要把报刊真正办成战斗的党的机关报，要彻底贯彻"四性"标准，即党性、群众性、战斗性和组织性，目的是使该报成为"真正战斗的党的机关报"。改版以后的《解放日报》逐渐克服了教条主义和党八股的文风，按照"四性"原则发表具有思想性的理论文章，在很大程度上纠正了该时期马克思主义哲学社会科学研究中存在的理论脱离实践、脱离群众的不良学风。

此外，《共产党人》、《新华日报》、《群众》、《解放》周刊和《八路军军政杂志》等党刊，发表了一系列社论社评，刊登了大量关于马克思主义哲学社会科学理论的介绍和学习文章，以团结党外更多的哲学社会科学工作者。当年周恩来曾指示《新华日报》发表马寅初的大量文章，充分体现了党报党刊在党领导马克思主义哲学社会科学中的重要阵地作用。创刊于1937年的《解放》发表了吴玉章的《研究中国历史的意义》、艾思奇的《关于辩证法伦理学认识论的一致性》等文章。《中国文化》相继发表艾思奇的《哲学是什么》（哲学讲座）、范文澜的《关于上古历史阶段的商榷》等文章。此外，胡乔木、郭沫若、成仿吾、徐特立等人都曾在《中国文化》上发表过文章[①]。所有这些报刊在当时都成为中共学习、宣传和研究马克思主义哲学社会科学理论的主战场，党报党刊在对哲学社会科学工作者的统战工作中也发挥了重要作用。

3. 深入创办《晋察冀日报》等系列报刊，推动解放战争胜利发展

该时期为适应革命形势转变，中共在新解放区积极创办新报刊。1937年12月，晋察冀军区出版《抗敌报》。1940年11月，《抗敌报》改名为《晋察冀日报》，由邓拓任社长兼总编。1948年6月，《晋察冀日报》和晋冀鲁豫《人民日报》（1946年5月，于河北省邯郸市正式出版）合并为华北局《人民日报》。此外，中共中央山东分局机关报《大众日报》以及《烟台日报》、《新威日报》、《新华日报》（华中版）、《吉

---

① 齐卫平，周颖秋. 延安时期《中国文化》若干问题的研究. 中国延安干部学院学报，2013，6（3）：7.

林日报》、《东北日报》等其他地区的一大批报刊也相继创办，为推动解放战争胜利发展做出重要贡献。在此期间，为了全面准确宣传党的理论主张和方针政策，由《晋绥日报》发起，从1947年6月，解放区党报党刊界还发起了反"客里空"运动①，号召以反"客里空"为契机开展一个普遍的学习运动，认真反思新闻报道工作中存在的失实问题和右倾作风问题。人民解放战争转入战略进攻后，解放区报刊事业获得了新的更大发展，除原来的一些机关报重新开印外，《内蒙古日报》、《新民主报》以及由《晋察冀日报》和晋冀鲁豫《人民日报》改组而成的中共中央华北局机关报《人民日报》纷纷创刊。

此外，在新民主主义革命时期，除共产党、国民党主办的学术报刊外，其他党派和团体主办的刊物也对马克思主义哲学社会科学发展产生了重要影响。当年由自由主义知识分子主办的《新月》月刊②，撰稿人

①　"客里空"是一个虚构的文学典型人物，出自1942年9月苏联作家考涅楚克发表的话剧《前线》。这部话剧在苏联反法西斯战争中产生过重要影响。1944年春，诗人萧三把自己翻译成中文的《前线》交给毛泽东阅读，毛泽东读后立即推荐给《解放日报》并于5月起连载。随着革命形势迅猛发展、解放区土地改革深入进行，受新闻从业者自身素质制约等诸多因素的影响，在报纸宣传报道中，夸大成绩、隐瞒缺点的个人主义、主观主义倾向也有所发展。一些新闻报道对于土改中阶级斗争的复杂性、激烈性视而不见，这与广大基层群众所亲身体验的土改存在极大差距。随着这种失实的新闻报道的增多，广大农民群众逐渐对报纸产生了不信任的情绪。1947年4月，党中央新组成的工作委员会在刘少奇等的领导下渡过黄河到达晋绥边区，开始了解土改进行中的情况和问题，发现了有些报纸新闻报道中不真实的问题。1947年6月15日，《晋绥日报》用一整版篇幅刊登《前线》剧本中有关"客里空"的情节，并在"编者按"中说："我们的编者作者应该更加警惕，并勇敢地严格地检讨与揭露自己不正确的采访编写的思想作风，更希望我们每一个读者都起来认真、负责、大胆地揭发'客里空'和比'客里空'更坏的新闻通讯及其作者，在我们的新闻阵营中肃清'客里空'。"解放区新闻界反"客里空"运动由此揭开帷幕。1947年9月18日，《晋绥日报》在创刊7周年纪念之际，与新华社晋绥总分社联名发表《关于"客里空"的检查》，连载4天，将检查的重点指向报社的领导人员，提出把肃清"客里空"与检查端正领导作风结合起来。这场由《晋绥日报》发起的解放区新闻战线的反"客里空"运动，发扬了批评与自我批评的优良传统，检查、纠正了新闻报道失实现象，维护了新闻真实性原则。当然，反"客里空"运动在反对"右"的错误倾向时也助长了"左"的错误倾向，片面强调"走贫雇农路线"，而"左""右"两种倾向都必然导致说大话、说瞎话。"客里空"盛行，降低了党报的威信。所幸的是，这一情况迅即为党中央所觉察而得到纠正。

——党史上的反"客里空"运动. 北京日报，2013-10-28.

②　1928年3月10日，由新月社主办的《新月》月刊创办于上海。徐志摩、胡适、梁实秋等任编辑。1927年春，原新月社骨干胡适、徐志摩、余上沅等在上海筹办新月书店，次年创办《新月》月刊，新月社重新开始活动。新月书店还编辑出版了"现代文化丛书"及《诗刊》《新月诗选》等。1933年6月，《新月》杂志出至第4卷第7期停刊，新月社宣告解散。

多为学者教授，如徐志摩、胡适、梁实秋、闻一多、罗隆基、潘光旦等来自文学、政治学、哲学、社会学等领域的知名学者，对中国马克思主义哲学社会科学发展做出了一定贡献。

五、学术平台对马克思主义哲学社会科学发展及其体系建构的重要作用

在新民主主义革命时期，教育机构、学术团体、学术报刊在中国的创办，对马克思主义哲学社会科学发展及其体系建构产生了多方面历史影响，主要表现在深入推动了马克思主义哲学社会科学理论在中国的广泛运用与传播，为中国化马克思主义——毛泽东思想的形成与发展提供了宝贵养料和丰富素材，为创立马克思主义新兴社会科学奠定了坚实理论基础等等。

（一）推动哲学社会科学理论大众化普及，提高了广大民众政治觉悟与革命意识

建党以来，教育机构、学术团体与学术报刊的创办，对马克思主义哲学社会科学理论的大众化普及发挥了重要推动作用，"必须使社会科学的知识和理论同广大群众的日常生活与具体需要融合起来，必须使社会科学真正变成大众所有的精神武器"[1]。在新民主主义革命时期推进马克思主义哲学社会科学发展的过程中，尤其以中央苏区时期和延安时期最具代表性，中共通过在根据地和国统区普及马克思主义基本理论，尤其是关于社会主义、唯物史观、剩余价值、阶级斗争等方面重要理论，为新民主主义革命胜利奠定了重要思想理论基础。

马克思主义唯物史观为我国哲学社会科学发展提供了重要方法论指导。哲学社会科学工作者在著述中强调唯物史观的重要性。该时期马克思主义哲学社会科学的大众化普及，主要借助于各种报纸杂志、社团、研究会等平台。当时初步介绍与唯物史观相关的经典著作，如《资本论》《家庭、私有制和国家的起源》《政治经济学批判》等节译本，被大

---

① 张静庐. 中国现代出版史料：丙编. 北京：中华书局，1956：35.

量刊发在《晨报》《新青年》《每周评论》《国民》等各大报纸杂志上，其中，《新青年》成为宣传马克思主义社会科学理论的主要阵地。由北京新知书社创办的《今日》也"差不多每篇文章"① 都在宣传马克思主义。据粗略统计，"《今日》发表明确宣传马克思主义的文章73篇，约占总篇数的62%"②。在传播马克思主义唯物史观、无产阶级革命文学与马克思主义经济理论等方面，《今日》发挥了重要平台作用，其发表的《唯物论与唯物史观》《马克斯的唯物哲学》《唯物的中国史观》等哲学社会科学理论文章，重点介绍了《共产党宣言》《〈政治经济学批判〉序言》《哥达纲领批判》等经典著作的基本观点。《每周评论》从第1期到第25期，对唯物史观在中国的传播也发挥了重要作用。李大钊在《新青年》发表的《我的马克思主义观》中，摘译了《〈政治经济学批判〉序言》《哲学的贫困》《共产党宣言》中有关唯物史观的重要论述。此外，还有少年中国学会创办的《少年中国》、四川的《星期日》、李达创办的《共产党》月刊、天津的《觉悟》、湖南学生联合会创办的《湘江评论》、浙江的《教育潮》等等，都介绍了唯物史观理论，成为推动我国哲学社会科学发展的重要方法论遵循。马克思主义经典作家阐释唯物史观时使用的概念术语，如"唯物史观""生产关系""生产力""经济基础""阶级""上层建筑""阶级斗争"等，开始为中国人所了解和运用。

剩余价值理论是马克思主义政治经济学的基石。当年许多报刊发表的文章和译著积极传播马克思主义政治经济学，如《晨报》发表的《劳动与资本》《马克思主义》等文章，均有专门介绍政治经济学的内容。李大钊认为，马克思经济学的重要价值在于剩余价值论的发现，指出剩余价值论是马克思主义经济学的"根本观念"③。当年知识分子以各种通俗易懂的方法积极向大众传播和介绍剩余价值理论。例如，《劳动界》用浅显的语言和生动的事实解释马克思的劳动创造价值和资本家剥削劳动者剩余价值的理论：

> 每一个擦背的，擦好一个客人，客人要花一角钱，擦背的只得

---

① 卷头语. 今日，1922，1 (4).

② 田子渝，等. 马克思主义在中国初期传播史：1918—1922. 北京：学习出版社，2012：472.

③ 李大钊. 我的马克思主义观. 新青年，1919，6 (5).

四个铜子。算是一角小洋换十一个铜子，还有七个铜子，归老板去了。工人一天至少擦七八个背，至多擦到二十个，牵扯算一个工人一天擦十四个，得到五十六个铜子；老板在每个工人头上，每天要分到九十八个铜子，差不多要分去工人做出来的钱三分之二①，……资本家要我们做一元的工，他只能给我们一角，其余九角他都得了去。②

中央苏区时期，中央高度重视哲学社会科学理论的普及，通过决议、训令、指示等方式，进一步传播了马克思主义理论。1929 年 6 月，中共六届二中全会通过的《宣传工作决议案》指出，要提高党员理论水平，使"党必须在群众中扩大马克思列宁主义的宣传"③。为让苏区更多群众认识和了解马克思主义，中央规定宣传马克思主义要贴近群众，贴近现实。当年中共在苏区普及哲学社会科学理论过程中，采取多样化宣传方式，主要通过报刊、基础理论书籍等方式。除此之外，还通过"散发传单、张贴标语、绘制漫画、演唱山歌、表演戏剧等好懂易记、声情并茂、老少皆宜的传播方式，把抽象的理论简练化、通俗化、生活化、形象化与生动化，把马克思主义抽象理论转变为大众生活与斗争的普通道理，使之被受众掌握"④。在图书报刊传播方面，各级组织机构编辑出版了大批马克思主义哲学社会科学通俗理论读物。例如，中国工农红军学校政治部出版了《马克思主义政治经济学》《马克思主义浅说》，红军总政治部编辑出版了《阶级与阶级斗争》《帝国主义与中国》等，作为部队哲学社会科学理论教育的重要教材。

文艺宣传也是苏区时期经常采用的另一种主要宣传载体，通过对戏剧、音乐等传统文艺进行改造，在与马克思主义哲学社会科学理论相结合中赋予其新的时代内涵。当时比较受普通老百姓欢迎的宣传方式有标语、传单等，寓马克思主义哲学社会科学理论于通俗易懂的传播方式之中。当时标语宣传内容众多，大多都涉及马克思主义、阶级斗争等方面内容，如："拥护全世界苏维埃政府""只有苏维埃才能救

---

① 玄庐. 弟兄们，想想看. 劳动界，1919（5）.
② 劳工要有两种心. 劳动界，1920（18）.
③ 中央档案馆. 中共中央文件选集：第 5 册. 北京：中共中央党校出版社，1989：255.
④ 张品良. 中央苏区马克思主义大众化的传播学研究. 新闻与传播研究，2010，17（2）：5-9.

中国""白区与苏区的一切工农劳苦民众们一致联合起来""实行共产主义""共产党是工人农民的政党""全世界无产阶级联合起来""红军是工人农人的军队""建立工农兵代表会议政府""红军是工农革命的先锋队"① 等等。

这些宣传标语，有的用红色毛边纸印，有的用蓝色或黄色，"为了增强宣传效果，一些标语在四角或上下边沿还绘印有镰刀斧头和花纹等图案。标语一般用行书字体和正楷或隶书字体三种。字迹精美，不少是书法珍品"②。宣传标语大大提高了苏区老百姓的革命觉悟，毛泽东也指出：

> 打倒帝国主义，打倒军阀，打倒贪官污吏，打倒土豪劣绅，这几个政治口号，真是不翼而飞，飞到无数乡村的青年壮年老头子小孩子妇女们的面前，一直钻进他们的脑子里去，又从他们的脑子里流到了他们的嘴上。③

通过宣传，通俗哲学社会科学理论成为广大民众认识与改造社会的行动指南，他们的革命意识、阶级觉悟和民族觉悟普遍提高，开始懂得阶级、政党、国家等政治概念，向往社会平等。

延安时期，在对哲学社会科学理论的普及过程中，除了出版哲学社会科学通俗理论读物外，也像中央苏区时期一样，通过秧歌、戏剧、诗歌、文学等各种方式普及哲学社会科学理论，实现马克思主义哲学社会科学理论大众化。马克思主义哲学社会科学是一个完整严密的理论体系，必须经过通俗化才能深入大众。

哲学社会科学工作者借助大量文艺社团和文学刊物建构自己的哲学社会科学理论话语平台，积极传播关于马克思主义理论方面的社会科学知识。"在抗战以前，社会科学的大众化早已为一些前进的社会科学家所提倡，并且也有些微的成绩表现出来。"④ 哲学社会科学工作者从事理论研究的重要话语平台除了文学团体外，还有许多艺术团体，为哲学社会科学理论的发展与繁荣做出了重要贡献。据粗略统计，全民族抗战时期延安成立的作为领导机构的各种文艺协会有 6 个，文艺团体有 70

---

① 大张旗鼓宣传中国共产党的革命思想. 红色中华，1930−06−16.
② 严帆. 中央苏区新闻出版印刷发行史. 北京：中国社会科学出版社，2009：54−55.
③ 毛泽东. 毛泽东选集：第 1 卷. 2 版. 北京：人民出版社，1991：34.
④ 张静庐. 中国现代出版史料：丙编. 北京：中华书局，1956：34.

多个。

为了普及马克思主义哲学社会科学理论，广大哲学社会科学工作者还深入基层，积极开展"文章入伍""文章下乡"等活动。1937 年 8 月，以丁玲为主任、吴奚如为副主任的西北战地服务团从延安出发，进入华北前线。1938 年 5 月，抗战文艺工作团分 6 个组深入华北前线。1938 年至 1939 年，鲁迅艺术学院分别派遣鲁艺木刻工作团、实验剧团和文艺工作团等专业文艺团体到前线去开展工作。1943 年 11 月，西北局宣传部决定派鲁迅艺术文学院①秧歌队到绥德分区，边区文协的民众剧团到关中分区，西北文工团到陇东分区，留守兵团政治部的青年艺术剧院和部队艺术学校剧团到三边分区，延安平剧研究院到周边各县等普及文艺理论。在上前线和下乡活动中，哲学社会科学工作者的理论创作真正和抗战实际相结合。通过撰写理论著述，积极宣传阶级斗争、民族独立和群众路线等内容，探索出一条独特的马克思主义哲学社会科学大众化新道路。

总之，马克思主义的普及深化了对哲学社会科学理论的学习，使广大中国民众初步理解并接受了哲学社会科学基本理论，提高了他们对先进革命理论的认知，唤醒了他们的政治觉悟和革命意识。

（二）促进了马克思主义哲学社会科学理论的学理性研究和运用

新民主主义革命时期，我国广大进步哲学社会科学工作者借助报刊和学术研究平台，积极撰写有关马克思主义哲学社会科学理论研究的著述，从学理层面对哲学社会科学做出系统理论阐释，这些理论著述成为哲学社会科学体系建构的重要文本来源。

在建党初期，以李大钊、蔡和森、瞿秋白、任弼时、李达等为代表的先进马克思主义者，在翻译马克思主义经典著作时，撰写了大量马克思主义哲学社会科学研究著作和文章。尤其在唯物史观研究方面，以《社会进化史》（蔡和森著）、《史学要论》（李大钊著）、《现代社会学》（李达著）、《社会哲学概论》、《马克思主义之意义》（瞿秋白著）及《马克思主义概略》（任弼时著）等研究著述为代表。李大钊是传播马克思主义唯物史观的先驱，在中国第一个比较系统介绍了唯物史观原理，并

---

① 1940 年后，鲁迅艺术学院更名为"鲁迅艺术文学院"。

以此为指导来研究中国历史。瞿秋白的《社会哲学概论》等著作，最早提出"互辩律的唯物论"概念，对社会基本矛盾和阶级斗争等问题做了论述，对辩证唯物主义在中国的传播与运用发挥了重要作用。有研究者指出："迄今为止我国学界一致认为 1924 年瞿秋白在《社会哲学概论》《现代社会学》《社会科学概论》（简称'三讲义'）等讲义［中］第一次将辩证唯物主义传播到我国。"① 李达著的《现代社会学》，比较系统地论述了社会本质、社会构造、社会动力、社会变革、社会基本矛盾和国家等系列理论问题。还有任弼时的《马克思主义概略》，研究和介绍了"辩证法""阶级斗争与无产阶级专政""唯物论哲学""价值论与剩余价值""共产主义社会"等马克思主义原理。

土地革命战争时期，大批先进知识分子积极撰写哲学社会科学理论研究著述。他们推崇对辩证唯物主义和历史唯物主义的研究与传播②，强调以唯物辩证的科学方法阐释唯物史观并与社会实践相结合，成为该时期马克思主义学术研究的主要特点，唯物辩证法风靡全国，其力量之大，为 22 年来的哲学思潮史中所未有③。

在马克思主义哲学社会科学理论研究著述中，李达的《社会学大纲》强调辩证唯物主义和历史唯物主义的紧密联系，提出了"实践的唯物论"命题。该书"特别注意吸收列宁哲学思想和苏联哲学研究的成果，吸收苏联革命和建设的经验。《大纲》对列宁在辩证法、认识论和唯物史观上的贡献作了深入的研究"④。毛泽东多次阅读该书，并做了详细批注。艾思奇写了《哲学讲话》《民族解放与哲学》《哲学与生活》等许多哲学研究专著和《从新哲学所见的人生观》《廿二年来之中国哲学思潮》《论黑格尔哲学的颠倒》等哲学论文，在当时也产生了很大影响。艾思奇的《大众哲学》付印不久，毛泽东就写信给当时在西安做统战工作的叶剑英、刘鼎说：

---

① 田子渝，等. 马克思主义在中国初期传播史：1918—1922. 北京：学习出版社，2012：162.

② 在《路德维希·费尔巴哈和德国古典哲学的终结》中，恩格斯全面阐述了辩证唯物主义和历史唯物主义的基本观点，如存在决定意识、辩证的发展观、生产方式的运动是一切社会发展的最终原因、阶级斗争是阶级社会发展的直接动力、生产力决定生产关系、生产关系的总和即经济基础决定上层建筑、人民群众是历史前进的动力等等。

③ 艾思奇. 艾思奇文集：第 1 卷. 北京：人民出版社，1981：66.

④ 庄福龄. 中国马克思主义哲学传播史. 北京：中国人民大学出版社，1988：356.

要买一批通俗的社会科学自然科学及哲学书，大约共买十种至十五种左右，要经过选择真正是通俗的而又有价值的（例如艾思奇的《大众哲学》，柳湜的《街头讲话》之类），每种买五十部，共价不过一百元至三百元，请剑兄经手选择，鼎兄经手购买。在十一月初先行选买几种寄来，作为学校与部队提高干部政治文化水平之用。在外面的人，一面工作，一面要提倡看书报。[①]

在该著作中，艾思奇完全借用中国的语言风格、历史典故及社会日常生活事例，来阐释深奥的哲学问题。李公朴认为艾思奇是用最通俗的题材解读深奥的理论，"为推进马克思主义哲学理论竭尽全力"[②]。该著作在全国广为流传，除了在党内有很大影响外，还拥有青年学生及大学教授如闻一多、朱自清等广泛的读者群。

沈志远在马克思主义哲学社会科学理论研究方面出版著作多部，1933年9月，编著出版《新哲学辞典》，收录了许多马克思主义哲学概念。从1934年5月开始，相继出版了《新经济学大纲》《计划经济学大纲》《黑格尔与辩证法》《现代哲学的基本问题》《近代哲学批判》《世界经济危机》等马克思主义研究著述。此外，邓初民在研究与宣传马克思主义政治学方面做出重要贡献，他主编的《政治科学大纲》，以马克思主义立场、观点和方法，科学阐释了国家、阶级、政党等方面内容，该著作是中国人初步研究和介绍马克思主义政治学的开端。

延安时期，研究与宣传马克思主义，建立以马克思主义为指导的哲学社会科学理论，是中共领导抗战取得胜利的重要理论前提。延安哲学社会科学工作者通过出版哲学社会科学研究著作，发表重要理论研究文章，在学校讲授马列课程及通过各种研究会深入相关理论专题研究等方式，推动了马克思主义哲学社会科学理论的学理性研究与应用，发挥了重要"中介"作用。

延安哲学社会科学工作者对马克思主义进行了较为深入的研究，除了前面介绍的翻译出版马克思主义经典著作外，他们还发表和出版了许

① 毛泽东. 毛泽东文集：第1卷. 北京：人民出版社，1993：453.

② 艾思奇文稿整理小组. 一个哲学家的道路：回忆艾思奇同志. 昆明：云南人民出版社，1981：100.

多哲学社会科学研究著述①。这些哲学社会科学研究著述主要涉及马克思主义哲学、政治经济学等各个领域，如艾思奇写的关于马克思主义哲学中国化的著述有《如何研究哲学》《哲学研究提纲》《怎样研究辩证法唯物论》《哲学是什么》《抗战以来的几种重要哲学思想述评》《关于唯物论的几段杂记》《辩证法唯物论梗概》等。胡绳写的马克思主义研究方面的文章，有《新哲学的人生观》《哲学漫谈》《胡适论》《论近两年来的思想和文化》《辩证法唯物论入门》《思想方法》《谈思想和思想自由》《论英雄与英雄主义》等。此外，还有陈伯达、张如心、和培元等人，也发表了大量哲学社会科学研究著述，他们的研究为马克思主义哲学社会科学的建构奠定了深厚理论基础。

延安哲学社会科学工作者通过出版研究著述②，推动了马克思主义哲学社会科学的深入发展。杨松等编著的《社会科学概论》、陈昌浩著的《近代世界革命史》、艾思奇与吴黎平编著的《唯物史观》、吴黎平著的《论民族民主革命》、和培元的《陕甘宁边区实录》及周扬的《马克思主义与文艺》等著述，都是立足于中国现实，运用中国语言对马克思主义哲学社会科学的系统介绍和研究。其中，和培元的《陕甘宁边区实录》以马克思主义为指导，详细介绍了陕甘宁边区的政权组织、统一战线政策、群众团体、抗战动员、学校以及留守兵团的政治工作等基本情况，于1939年由解放社出版。周扬翻译并编写的《马克思主义与文艺》，选辑马克思、恩格斯、列宁等经典作家对文艺的论述，该书被认

---

① 国内有研究者认为，延安时期知识分子翻译国外的经典多，自己的理论著述少。在很少的著述中，也是"述"多"著"少，多为经典著作的解释和注论。学院式、讲义式的著作多，真正深入研究中国政治、经济、历史及革命问题的著作少。笔者认为并非完全如此，在当时历史条件下知识分子还是发表和出版了许多研究马克思主义的理论著述。受客观条件限制，有些研究著述可能是带有阐释性的，但我们不能因此否认或低估他们在研究马克思主义哲学社会科学理论方面的探索和贡献。

——冯建辉. 延安时期理论繁荣的历史思考. 北京党史研究，1998（4）：6.

② 除了哲学社会科学工作者群体的研究著述外，当时领袖人物群体研究哲学社会科学的著作也大量出版。如以解放社和新华书店名义出版的毛泽东著作有《中国革命和中国共产党》《新民主主义论》《农村调查》《改造我们的学习》《整顿党的作风》《整风文献》《在延安文艺座谈会上的讲话》《中国革命战争的战略问题》《实践论》《矛盾论》等。除了出版毛泽东的著作外，1937—1938年，延安解放社还出版了刘少奇的《关于修改党章的报告》《论共产党员的修养》《抗日游击战争中各种基本政策问题》及张闻天的《十年来的中国共产党》、陈云的《怎样做一个共产党员》。1938—1940年解放社又相继出版了聂荣臻的《抗日模范根据地晋察冀边区》、朱德的《论抗日游击战争》、罗瑞卿的《抗日军队中的政治工作》等著作。

为是新中国成立前马克思主义文艺理论观点在中国传播和发展的集大成者。

延安时期哲学社会科学工作者在学术研究过程中，坚持运用马克思主义哲学范式分析和解决中国革命实际问题，体现了马克思主义哲学的科学性和革命性。该时期以艾思奇、陈伯达、和培元、陈唯实、杨松及张如心等为代表的哲学社会科学工作者，把马克思辩证唯物主义基本原理与中国实践相结合，系统阐述"中国化"问题，积极推动马克思主义哲学理论中国化问题研究，为马克思主义中国化理论的最终确立储备了重要学理性资源。如陈伯达的《关于马克思主义的若干辩证》、张如心的《论布尔塞维克的教育家》及艾思奇的《哲学的现状和任务》等文章，对马克思主义哲学理论中国化问题进行了详细探讨，在该方面，尤其以艾思奇的理论贡献最为突出。一方面，他们强调要加强对新哲学和辩证唯物论的研究。另一方面，哲学研究要注重实践，要坚持实践第一的观点。艾思奇认为马克思主义在内容上、事实上是国际主义的，并指出马克思主义是把实践放在第一位的，要把国际主义内容运用到中国来就必须经过实践环节，形成中国自己的马克思主义哲学社会科学理论。

（三）为创立马克思主义新兴哲学社会科学奠定坚实理论基础

民主革命时期的哲学社会科学工作者在革命的学术实践过程中，积极推动了中国新兴社会科学运动的发展，尤其在土地革命战争时期，他们介绍和研究哲学社会科学，逐渐形成了一场以介绍和研究马克思主义哲学社会科学理论为中心的新兴社会科学运动，有力推动了中国哲学社会科学的建立和发展，为创立中国化马克思主义哲学社会科学打下了坚实理论基础。

马克思主义唯物史观对新兴哲学社会科学的建立与发展具有重要理论指导意义。在当年进步知识分子翻译的《1844年经济学哲学手稿》《〈黑格尔法哲学批判〉导言》《关于费尔巴哈的提纲》《神圣家族》《哲学的贫困》《共产党宣言》《〈政治经济学批判〉序言》等经典著作中，系统构建了唯物史观理论。唯物史观蕴含的全新话语体系，在学术领域引发了一场变革，对哲学、史学、文学、社会学、经济学、政治学、法学等都产生了重要影响。在唯物史观指导下，一批新的人文社会学科逐步建立与发展起来，使20世纪上半期成为中国哲学社会科学发展的黄金时期。

该时期新兴哲学社会科学的发展，主要体现在哲学、历史学、文艺学、经济学、社会学、新闻学、政治学、法学等相关学科。例如，在马克思主义新哲学领域，建党初期，李大钊、蔡和森、瞿秋白等先进知识分子撰写了大量哲学研究著作和文章，推动了哲学的学理性研究。

土地革命战争时期是我国马克思主义哲学发展史上的一个重要时期，以艾思奇、李达、胡绳、吴黎平、沈志远等为代表的进步知识分子，着重宣传介绍马克思主义辩证唯物论，并以之指导我国革命实践和科学研究。这些进步知识分子在翻译马克思主义经典著作的过程中，为创立中国化马克思主义哲学体系做出了重要贡献。他们写的《哲学与生活》《哲学讲话》（艾思奇），《无产阶级的哲学》《辩证法学说概论》（张如心），《马克思主义之概念》《唯物论的宇宙观概说》（瞿秋白），《辩证唯物论与唯物史观》（吴黎平编译），《现代哲学的基本问题》（沈志远），《通俗辩证法讲话》（陈唯实）等著述，推动了我国马克思主义哲学学科的发展。

延安时期，由马列学院编译部编译出版的"马恩丛书"、《列宁选集》等哲学著作，使中共对马克思主义哲学理论的研究进一步深化。当时知识分子遵循经典著作中的基本原理和精神，宣传和介绍马克思主义哲学理论，使我国哲学理论的研究开始面向实际。他们出版的哲学研究著述如艾思奇的《哲学研究提纲》、艾思奇和吴黎平编著的《唯物史观》等，都是对马克思主义哲学的系统研究，推动了我国哲学的学理性发展。

在推动马克思主义哲学中国化过程中，一方面，1938年秋成立了延安新哲学会，主要任务是研究和介绍马克思主义新哲学。另一方面，延安知识分子探讨了哲学中国化内涵、重要原则及实现途径等方面理论问题。例如，关于马克思主义哲学中国化的重要原则，艾思奇认为须遵循以下原则：第一，要站稳马克思主义立场。第二，要用马克思主义具体地、客观地研究中国社会。第三，坚持实践第一的观点。艾思奇强调把握马克思主义既要与中国传统哲学思想相结合，又要与抗战实践相结合。进步哲学社会科学工作者对马克思主义哲学中国化命题的理论探索，有力推动了马克思主义新哲学学科在我国的建立。

在马克思主义经济学领域，以陈翰笙、钱俊瑞、薛暮桥、狄超白、吴大琨、王寅生、张锡昌、刘瑞生、陈洪进等为代表的经济学家，以马克思主义为指导，在批判改造旧经济学说、建立和发展新经济学方面较有建树。李达、王学文、何干之和王亚南等，都为我国马克思主义经济学建立做出了重要理论贡献①。

在马克思主义教育学方面，进步知识分子积极宣传马克思主义教育思想，以之抨击国民党的党化教育和资产阶级教育理论，在此基础上，深入探讨社会主义教育制度和无产阶级教育理念。这方面的代表作主要有杨贤江的《新教育大纲》《教育史 ABC》等。其中，《新教育大纲》是我国第一部系统运用马克思主义观点阐明教育学原理的著作。此外，在马克思主义政治学和马克思主义法学方面，"社联"主席邓初民编写的《政治科学大纲》（后改为《新政治学》，并修改补充为《新政治学大纲》），"作者从马克思、恩格斯、列宁的经典著作中探索有关政治学的指导思想，考察了政治科学的历史发展，研究了政治学的对象，明确了国家是阶级统治的工具，科学地阐释了国家的起源及其本质"②，开创了中国政治学研究的先河。

（四）为中国化马克思主义——毛泽东思想形成与发展提供宝贵养料和丰富素材

中共创办的众多教育机构、学术团体、报刊，系统介绍、宣传和研究马克思主义哲学社会科学理论。报刊上刊载的众多经典著作及理论研究文章，成为毛泽东思想的重要来源。

思想是行动的先导，理论是实践的指南。中国共产党是一个重视理论研究和理论创新的党，建党以来中共一直都非常注重学习、研究和运用马克思主义。从历史与理论的发展脉络看，马克思主义中国化两大理论成果——毛泽东思想和中国特色社会主义理论体系的形成，都是建立在一定历史文化基础之上、结合中国具体实际、吸收和借鉴马克思主义理论的结果。

在新民主主义革命时期，教育机构、学术团体和报刊的创办，对中

---

① 饶良伦. 土地革命战争时期的左翼文化运动. 哈尔滨：黑龙江人民出版社，1986：34.

② 上海市哲学社会科学学会联合会. 中国社会科学家联盟成立五十五周年纪念专辑. 上海：上海社会科学院出版社，1986：78.

国共产党革命实践与革命理论产生了重要影响。中共领导进步哲学社会科学工作者运用马克思主义研究中国革命实际问题，从《共产党宣言》《反杜林论》《关于费尔巴哈的提纲》《哲学的贫困》《社会主义从空想到科学的发展》《国家与革命》《共产主义运动中的"左派"幼稚病》等系列重要经典译著中，汲收中国革命所需要的理论元素，从而为毛泽东思想的形成与发展提供了宝贵养料和丰富素材。

中共在领导广大党员干部学习、宣传和研究马克思主义的过程中，倡导结合中国实际，进行新的理论创造。当年李汉俊、李大钊、施存统等早期共产党人提出了要产生中国自己的马克思主义的思想，认为"马克思底共产主义，一定可以在中国实行的，不过如何才能实行，却全靠我们底努力了"①。毛泽东运用马克思主义分析中国实际，写出了《中国社会各阶级的分析》《反对本本主义》《矛盾论》《实践论》《中国革命和中国共产党》《〈共产党人〉发刊词》《新民主主义论》《整顿党的作风》《反对党八股》等系列经典著作。其中，有对中国革命总体形势做出详细分析的作品，也有对中国革命中某些具体领域如军队建设、军事战略、党的建设、政权问题等进行专题阐述的文章，从各方面阐释了新民主主义革命基本理论问题，探索适合中国国情的革命道路。例如，在《中国社会各阶级的分析》中，研究了中国革命同盟军问题。在《反对本本主义》中，以马克思主义哲学思想为指导，突出实践的观点，提出"没有调查，就没有发言权"的科学论断。延安时期，毛泽东仔细研读了马克思主义经典著作，留下了两万多字的批注，为《实践论》《矛盾论》《辩证法唯物论（讲授提纲）》的写作做了直接理论准备，为毛泽东哲学思想体系的形成和发展奠定了坚实的理论基础。

可见，在新民主主义革命时期，毛泽东思想的形成与发展，与在马克思主义中国化进程中翻译与传播的哲学社会科学理论文献密不可分，它们在理论体系上是一脉相承的。马克思主义经典著作蕴含着统一战线理论、阶级斗争理论、阶级分析理论、妇女解放理论、党的建设理论、党群关系理论、无产阶级专政理论及解放和发展生产力理论等，成为毛泽东思想的重要理论来源之一，毛泽东思想正是在这些重要理论基础上形成和发展起来的。

---

① 存统. 马克思底共产主义. 新青年，1921，9（4）.

　　总之，新民主主义革命时期进步哲学社会科学工作者通过教育机构、学术团体、报刊等各种平台，积极撰写马克思列宁主义哲学社会科学理论著述，为毛泽东思想的形成提供了重要文本来源。毛泽东思想的"根"和"源"，都是马克思列宁主义，因此，毛泽东思想是中国化的马克思列宁主义。

第三章　中国马克思主义哲学社会科学体系建构的历史逻辑

从马克思主义哲学社会科学发展的历史逻辑来看，其肇始于19世纪末20世纪初，它的初始形态是带着"西学"标签而进入中国的"社会科学"。国内学界普遍认为，严复、郑观应、薛福成、马建忠等早期维新派的译介活动是西方社会科学知识传入中国的逻辑起点。在19世纪末维新变法运动期间，维新派在国内教育领域改革过程中逐步推进西学，随之而来我国本土化的政治学、社会学、新闻学、哲学等学科开始得到了缓慢发展。在20世纪初五四新文化运动时期，马克思主义开始为国人所选择，并在主流意识形态中得以确认，逐渐成为中国社会的主导思想，中国早期哲学社会科学工作者在马克思主义科学理论指导下，以近代中国政治、经济、文化、社会等为研究对象，在政治学、哲学、新闻学、史学、社会学、法学等学科领域进行了初步探索，使马克思主义哲学社会科学进入初创阶段。大革命失败后，在中国共产党的领导和组织下，根据地和国统区的哲学社会科学工作者在学术领域辛勤耕耘，产生了一批有影响的哲学社会科学理论成果，马克思主义哲学社会科学进入较为深入的发展阶段。延安时期，抗日救亡成为时代发展主题，广大哲学社会科学工作者围绕该时代主题进行理论研究，使马克思主义哲学社会科学的发展进入初步成熟阶段，这为新中国成立70多年来我国哲学社会科学学科体系、学术体系与话语体系的建构奠定了深厚学理基础。

一、早期探索阶段的马克思主义哲学社会科学（1919—1927）

从马克思主义发展史的角度来看，1919—1927 年党的创立和大革命时期，是马克思主义在中国传播的重要历史时期，在其影响下，该时期也是马克思主义哲学社会科学发展的初创阶段。伴随十月革命和五四新文化运动后马克思主义在中国的广泛传播，中共认识到哲学社会科学对于革命事业的极端重要性，开始重视哲学社会科学的发展。当年早期马克思主义者初步运用马克思主义研究中国的哲学社会科学问题，充分发挥马克思主义对我国哲学社会科学的重要理论指导作用。

（一）马克思主义哲学社会科学理论的传播

马克思主义是马克思、恩格斯共同创立的指导无产阶级和人类解放的学说，诞生于 19 世纪 40 年代末的西欧并在当时的欧洲产生了巨大影响。直到 19 世纪末，马克思主义才逐渐传入中国并为中国人所认识和了解，尽管对其的了解是零碎和片段的。此后，以梁启超为代表的资产阶级改良派，以胡汉民、朱执信、马君武等为代表的资产阶级革命派及以张继、刘师培、何震等为代表的无政府主义者等，对马克思主义进行过初步研究和选择性介绍，以期从马克思的社会主义学说中找到医治资本主义弊病的药方，但并非要在中国发展社会主义，所以他们的主张始终没有在国内产生较大影响。

发生于 20 世纪初的十月革命和五四运动彻底改变了马克思主义在中国零星传播的局面。当年中国的国情与俄国相似，人口众多，生产力落后，封建剥削较为严重。十月革命让我们认识到既然俄国可以取得社会主义革命的胜利，那么中国也可以走这条道路。当时中国的先进知识分子开始初步学习运用马克思主义理论分析中国社会发展问题，决定以俄为师，走俄国革命的路。在此后爆发的五四运动中，一批具有初步共产主义思想的先进知识分子深刻认识到工人中蕴含的巨大力量，开始到工人中开展马克思主义宣传和组织工作，五四运动又促成了其与中国工人运动相结合，促使马克思主义在国内的影响急剧扩大。1921年中国共产党成立，在其第一个党章中明确将马克思列宁主义作为自己的指导思想。马克思主义开始在中国进入有计划、有组织的传播阶段。

1. 制定方针政策，促进马克思主义理论宣传

中国共产党成立后，根据共产国际的指示，将宣传马克思主义作为党成立初期的一项重要任务。从1921年至1927年间，中共先后颁布了一系列关于加强马克思主义理论宣传的决议案、指示和规定，增强了中共在早期对哲学社会科学的认识和理解。

中共一大通过的《中国共产党第一个决议》，专门就宣传问题做出明确规定，成立了专门监督宣传工作的领导机构——中央执行委员会，要求中央和地方党组织出版物必须坚持鲜明党性原则。关于马克思主义等革命进步书籍的传播问题，1921年11月，中共中央局发出《中国共产党中央局通告》，对马克思主义等革命进步书籍的出版工作做出了具体指示，要求在1922年中共二大召开之前，中央局宣传部须出版关于共产主义方面的书籍20种以上，进而大大推动了马克思主义理论的宣传。

随后，围绕促进哲学社会科学理论和党的革命思想传播，相继制定了《中国共产党中央执行委员会组织法》（1923年6月）、《党内组织及宣传教育问题议决案》（1924年5月）、《对于宣传工作之议决案》（1925年1月）、《中共中央通告第二十二号》（关于出版分配的）（1925年11月）和《关于宣传部工作议决案》（1926年7月）等文件，对加强马克思主义宣传、教育和出版管理等方面做出了详细规定。

2. 建立出版发行机构，加强马克思主义书籍出版

在中共成立之前，国内诸多出版机构出版马克思主义书籍、报刊。1920年2月，恽代英在武汉创办利群书社，主要经销发行包括马克思主义著作在内的各种革命进步书报杂志。为了宣传革命思想，该社经常组织读书报告会，由马克思主义研究会成员董必武、陈潭秋轮流作读书报告，深入推动了马克思主义和革命进步思想在

武汉地区的传播。1920 年 7 月，毛泽东在湖南创办了以宣传马克思主义为宗旨的书报发行机构——文化书社。此外，1919 年 10 月，王乐平在济南还创办了齐鲁通讯社（后改名为"齐鲁书社"）等。

　　1920 年 9 月，《新青年》杂志成立了由陈独秀负责的中国共产党最早的公开的出版发行机构新青年社，独立出版进步报刊和马克思主义著作，发售新青年社译印的《阶级斗争》《无产阶级之哲学：唯物论》《共产党宣言》《马克思资本论入门》等革命图书及《新青年》《共产党》《劳动者》等杂志。1921 年 6 月，陈独秀、李大钊、李达、李汉俊、邵力子、周建人、沈雁冰等人在上海组织成立"新时代丛书社"，该社从 1922 年开始出版《马克思学说概要》（施存统译）、《马克思主义和达尔文主义》（施存统译）、《社会主义与进化论》（夏丏尊、李继桢译）等马克思主义进步哲学社会科学书籍。1921 年中共建立后，更为重视出版发行机构的建设与哲学社会科学著作的出版。1922 年 7 月，中共二大决定由蔡和森负责出版工作。9 月，发行中共中央机关报《向导》。1923 年中共三大规定中央执行委员会为中共首个出版发行管理机关。1926 年 9 月，中央设立编辑委员会，定期对中央机关各出版物进行审查。1927 年 5 月，成立出版科和中央党报委员会，还成立中央出版局和中央出版局发行科，负责书籍报刊的出版发行等。

　　该时期出版了大量哲学社会科学著作和革命报刊，其具体情况如下：

　　（1）马克思主义经典著作。

　　该时期出版的马克思主义哲学社会科学著作种类繁多，主要有"马克思全书""列宁全书""康民尼斯特丛书"及其他单行本的进步哲学社会科学理论书籍等(前面章节已有详细介绍，此处不再赘述)，为马克思主义哲学社会科学体系的建构提供了重要理论文本。

　　（2）革命进步刊物。

　　在注重对马克思主义经典著作翻译出版的同时，中国共产党也极为重视革命进步刊物的出版工作。该时期中共出版的较有影响的刊物主要包括如下三种：

第一种：《共产党》月刊①。

于 1920 年 11 月在上海创刊，主编是李达。该刊的主旨是宣传马克思主义，批判议会政治和无政府主义，进行党的基本知识教育，为建党做了重要思想理论准备。该刊第一次在中国打出了"共产主义"的旗帜，坚决反对资产阶级的议会民主，指出"什么民主政治，什么代议政治，都是些资本家为自己阶级设立的，与劳动阶级无关。什么劳动者选议员到国会里去提保护劳动底法案，这种话本是为资本家当走狗的议会派替资本家做说客来欺骗劳动者的"②。1921 年 1 月，毛泽东对《共产党》月刊给予了充分肯定："颇不愧'旗帜鲜明'四字。"③

《共产党》宣传列宁主义，集中在"跟着俄国的共产党一同试验新的生产方法"④，号召夺取政权，实行"劳动专政的制度"。《共产党》反对无政府主义，创刊号即划清了与无政府主义者的界限，指出无政府

---

① 《共产党》月刊从 1920 年 11 月 7 日创刊，到 1921 年 7 月 7 日出版第 6 期后便停刊。《共产党》未设目录，也未详细划分栏目，大致有三部分：一是社论性质的"短言"，每期一篇，刊登在首页刊头下；二是论文，占的篇幅最多，有时十篇左右，少时五六篇；三是信息传递，设"世界信息"和"国内消息"两种。内容比较集中，主要是：（1）介绍俄国共产党、第三国际及各国共产党的情况。（2）介绍列宁的历史及其著作，如在第 4 期发表的 P 生（茅盾）节译的列宁著作《国家与革命》第一章的第一、二节，这是最早发表的列宁这部重要著作部分内容的中译文。第一期发表有列宁著作一览表。（3）介绍苏联有关教育、青年运动、妇女和儿童等情况。（4）阐述什么是共产主义，为什么要夺取政权，实行劳农专政，为什么要反对议会政治和无政府主义等。（5）介绍和宣传中国和世界的劳工运动，第 6 期发表了《中国劳动组合书记部宣言》等。当时正处在北洋军阀反动统治下，上海法租界巡捕房对《共产党》月刊也特别注意，所以《共产党》刊物不署主编人李达，也没有社址，实际上在当时历史条件下，也不像现在那样——办刊物即有正式社址，那时编辑等实际活动都是在李达住所上海法租界南成都路辅德里 625 号进行的。出于安全考虑，所有作者、译者都不署名。即使这样，还经常受反动当局迫害，1921 年 4 月 7 日出版的第 3 号上第 2 页起刊登的《告中国的农民》一文，其首页（第 2 页）文字被全部没收，该刊在这一页上用头号字刊登了"此面被上海法捕房没收去了"几个大字，以示抗议。当时办刊经费十分紧张，在最紧张的时候，从写稿、编辑到发行的几乎全部工作，都由李达一个人操办。《共产党》月刊发行量最高时达 5 000 份，这在当时是一个相当可观的数字。

——惠中. 中国树起的第一面共产主义旗帜：《共产党》月刊述评. 安徽师大学报（哲学社会科学版），1992（2）：18；马宁. 中国共产党历史上的第一个党刊：《共产党》月刊出版发行始末. 出版发行研究，2017（10）：106-108.

② 短言. 共产党，1920（1）.

③ 毛泽东. 毛泽东书信选集. 北京：人民出版社，1983：15.

④ 同②.

主义"是一个没有方法实现的空想"①，"无政府主义者诸君呀！你们本来也是反对资本主义，反对私有财产制的，请你们不要将可宝贵的自由滥给资本阶级……你们若非甘心纵容那不肯从事生产劳动的资本家作恶，也应该是你们的信条"②。

第二种：《向导》周报③。

《向导》积极开展无产阶级革命理论宣传，1925 年 11 月，第 135 期出版"十月革命特刊"，陈独秀发表了《十月革命与中国民族解放运动》一文，指出："工农解放民族解放这种双管齐下的苏俄十月革命，他自身的成功并影响到世界革命，后者更胜过前者。"④ 瞿秋白在《世界社会革命开始后之第八年》中也撰文指出："俄国的十月革命开始了世界的社会革命"。"俄国十月革命的胜利实是世界的社会革命的开始。"⑤ 文

---

① 短言. 共产党，1921（4）.

② 短言. 共产党，1920（1）.

③ 《向导》周报共发行 201 期，其版式与《共产党》月刊相似，也为 16 开；初期设置为 8 版，从 142 期起增至 12 版，后又增至 16 版；逢星期三出版，活字印刷，白报纸铅印。该报刊登的主要是政论性文章和时事评论，此外，还设有专登短小精悍战斗性杂文的"寸铁"专栏，还相继设立过"什么话""肉麻世界""通讯""读者之声""余录"等栏目。该报在上海、北京、广州、武昌、太原、长沙、济南、成都、杭州、南京、云南、福州、西安、南昌、重庆、开封……及巴黎、香港等地都设立过发行通讯处或分销处。该报初期印数约 1 万份，赠送，不收费。发行量最多时近 3 万份，少时仅 1 500 多份。出于革命斗争需要，《向导》从来不注明刊物发行人和编辑人姓名，编辑部的活动场所和社址都不公开。刊物上只刊登发行通讯处，初期为杭州马坡巷法政学校转安存真、北京大学第一院收发科转刘伯青，不久又增加特约订阅处"广州国光书店黄正"和"开封河南书店韩韵秋"等处，后来又在广州昌兴马路 28 号二楼设址。《向导》一出版，即遭封建军阀势力和帝国主义逼迫，从第 6 期起被迫迁往北京，后又迁至广州、上海、武汉等地坚持出版发行。1925 年 2 月，在李大钊、陈乔年策划下，曾在北京广安门大街广安市场后身广安西里 8 号设昌华印刷局，设备计有 16 页铅印机 2 部（其中一部是租用的）、2 号脚踏机 1 部、铸字机 1 部、铡铅刀 1 架、浇铅条 1 部。经理陈楚椷、厂长刘鉴堂，共有工人 35 名。白天对公开的顾客零活，夜里秘密印《向导》、《政治生活》和传单等宣传品。不久，被敌人怀疑，于是将印刷机迁移到北城花枝胡同 11 号，并改厂名为明星印刷局。据统计，陈独秀是《向导》周报的首席撰稿人，曾用独秀、田诚、只眼、致中等笔名发表国内外时事评论、政论多达 200 余篇，约占全部文章的 30%。此外，他还曾用实庵、实的笔名为"寸铁"写杂感、时评 416 篇。蔡和森主持《向导》编委两年零八个月，用和森、振宇等笔名撰写国内外时评、政论 160 多篇。瞿秋白主持编务一年多，以秋白、巨缘、双休、屈维它为笔名撰写政论、时评 65 篇，杂感 10 篇。彭述之主持《向导》编务 9 个月，以述之等笔名先后撰文 70 余篇。

——陈力丹. 马克思主义新闻学词典. 北京：中国广播电视出版社，2002：688.

④ 陈独秀. 十月革命与中国民族解放运动. 向导，1925（135）.

⑤ 瞿秋白. 世界社会革命开始后之第八年. 向导，1925（135）.

章强调世界无产阶级要"踏着十月革命所杀出来的一条血路而前进，必然要辅助弱小民族的解放运动"①。

同时，《向导》还积极向读者介绍列宁的民族解放论、民族政策等，并运用马克思列宁主义的观点介绍中国共产党的政策，批判各种错误观点，积极宣传革命理论。

第三种：《前锋》②。

《前锋》是 1923 年 7 月在广州创刊的中国共产党中央机关刊物，主编是瞿秋白。该刊以宣传推广国民运动为主要任务，指出：

> 我们知道我们半殖民地的中国，若不急速在此第二次大战前脱离半殖民地的地位，则战前战时的牺牲和战后的取偿必更甚于今日；我们知道不去掉军阀政治，不革新自强，决不能脱离半殖民地的地位；我们更知道不去掉利用军阀奸商和掌握关税运输权的外国势力，中国国民永远没有革命自强的机会。③

《前锋》主要篇幅发表政论性文章，设有"寸铁"和"通信"栏目。其内容集中在三个方面：一是研究国民革命运动，如有孙铎撰写的《中国国民运动之过去及将来》（第 1 期）、陈独秀的《中国国民革命与社会各阶级》（第 2 期）等文章；二是介绍西方列强对中国的侵略，发表有陈独秀的《一九二三年列强对华之回顾》（第 3 期）、刘仁静的《一九二四年的世界形势与中国》（第 3 期）、瞿秋白的《太平洋问题与美国钱袋里的中国》（第 2 期）等文章；三是介绍十月革命胜利后苏俄和被压迫民族的情况，有毛泽东写的《五年来的苏俄外交》（第 2 期）、麻喇加写的《荷属印度的社会运动》等文章。

3. 开办学校进行哲学社会科学理论教育

重视对党员进行哲学社会科学理论教育，是中国共产党的政治优势

---

① 瞿秋白. 世界社会革命开始后之第八年. 向导，1925 (135).

② 该刊铅活字直排，封底刊登有英文刊名和目录。在英文刊名（The VANGUARD）下印有红色的五角星光芒照耀下的镰刀和铁锤的图案，图号下是卷号、出版年月，再下面是目录。编辑者、印刷者署名广州平民书社，地址在广州昌兴马路 28 号二楼，后改为司后街 45 号。《前锋》为月刊，但拖期严重，第 2 期延后 5 个月直到 12 月 1 日才出版，第三期于 1924 年 2 月 1 日出版，也拖期了一个月。1924 年 2 月，《前锋》出版第 3 期后停刊。由于存世时间短，《前锋》只反映了中国共产党 1923 年下半年的政见和政策。

——余家宏，宁树藩，徐培汀，等. 新闻学简明词典. 杭州：浙江人民出版社，1984：288.

③ 本报露布. 前锋，1923 (1).

和优良传统，该时期中共对干部实施哲学社会科学理论教育的主要社会实践①表现在，先后创办了多所从事干部教育的学校（关于干部教育问题，在前面第二章已有详细介绍，该部分不再赘述），从事马克思主义理论教育，这些学校主要有上海外国语学社、湖南自修大学②、湘江学校、上海大学、黄埔军校、广州农民运动讲习所③、安源地委党校等，在当时党员干部中开展哲学社会科学理论教育与研究方面做出了突出贡献。

（二）马克思主义哲学社会科学理论的初步探索

重视哲学社会科学是中国共产党区别于其他任何政党的显著特点，也是中国共产党理论建设不断获得蓬勃生机活力的重要源泉所在。"以马克思的基本要义，解释社会上一切问题"，"讨论马克思社会主义之学术的及实际的一切问题"④。1923 年 11 月，中央通过的《教育宣传问题议决案》指出："各地有可能时，设社会科学的研究会。"⑤ 中央早期主

---

① 早在建党之前，上海共产党早期组织在陈独秀、杨明斋、俞秀松等人努力下，于 1920 年 9 月 28 日在上海法租界霞飞路渔阳里 6 号创办了"上海外国语学社"。这是中国共产党人为培训干部、输送革命青年赴俄学习而设立的第一所干部学校，其先后培养干部五六十人。刘少奇、罗亦农、汪寿华、任弼时、萧劲光、李启汉、王一飞、梁伯台、柯庆施、彭述之等人，都曾在上海外国语学社学习并赴俄深造。学社从成立到结束共活动近 10 个月，虽然时间不长，规模也不大，但其却开创了建立学校进行有组织、有计划开展马克思主义理论教育的先河，为中共的干部教育事业做出了原创性贡献。

——余伯流. 中国共产党早期干部教育新探. 中国浦东干部学院学报，2007（1）：90.

② 1921 年 7 月，中国共产党成立后，党的干部教育工作正式起步。中共一大通过的《中国共产党第一个决议》中明确提出创办"工人学校"的主张，认为"工人学校应逐渐变成工人政党的中心机构"。一大结束后，毛泽东回到长沙，同何叔衡、贺民范等人商议筹备创办"湖南自修大学"。该校是中国共产党成立后，由毛泽东主导创办的全国第一所研究、传播马克思主义和培养革命干部的新型干部学校。湖南自修大学的开办"开创了新教育制度之纪元"，却被湖南反动当局赵恒惕以"学说不正，有碍治安"之名查封。

——余伯流. 中国共产党早期干部教育新探. 中国浦东干部学院学报，2007（4）：91.

③ 农民运动讲习所是 1924 年 7 月在广州创办的，主任是澎湃。创办农讲所的目的是适应大革命潮流需要，培养、造就领导农民运动的骨干。毛泽东于 1926 年 5 月至 9 月，在广州主办第 6 期农讲所的成绩尤为突出。农讲所共开设 25 门课程，毛泽东主讲"中国农民问题"、周恩来主讲"军事运动和农民运动"、澎湃主讲"海丰及东江农运"、恽代英主讲"中国史概要"、张秋人主讲"各国革命史"、李立三主讲"中国职工运动"等课程。毛泽东还组织学员到海丰、韶关实习，组织 13 个农民问题研究会，出版《农民问题丛刊》。

——余伯流. 中国共产党早期干部教育新探. 中国浦东干部学院学报，2007（4）：91.

④ 创刊宣言. 人声，1922-02-07.

⑤ 教育宣传问题议决案. 中国共产党党报，1923（1）.

要领导人瞿秋白指出社会科学研究目的："《新青年》当研究中国现实的政治经济状况。研究社会科学，本是为解释现实的社会现状，解决现实的社会问题，分析现实的社会运动。"①

哲学社会科学具有鲜明阶级性，党的早期领导人如李大钊、陈独秀、瞿秋白等，运用马克思主义立场、观点与方法进行哲学社会科学研究，围绕中国社会发展诸问题对马克思主义哲学社会科学体系建构等做出了重要理论探索。

1. 李大钊在马克思主义哲学社会科学探索中的主要贡献

作为中国早期马克思主义者，李大钊是马克思主义哲学社会科学发展的重要奠基人，其为马克思主义哲学社会科学理论的初创做出了开创性贡献。李大钊对于马克思主义哲学、政治经济学、历史学、新闻学、政治学、法学等诸学科领域的探索，为中国马克思主义哲学社会科学在中国的发展与建立做出了重要理论贡献。其中，尤以李大钊运用马克思主义唯物史观对于中国经济发展道路、西方经济学思想、社会主义经济制度等方面的研究最为丰富，对马克思主义经济学理论研究产生了重要影响。

（1）以唯物史观为指导客观评述西方经济学。

在马克思主义经济学领域，李大钊主要围绕马克思主义经济学说和西方经济学思想进行了详细研究与探索。国内有研究者认为，李大钊对西方经济思想的评述有如下两个特点：一是以唯物史观为指导，力图反映西方经济思想发展的概貌，阐明从西方经济学到社会主义经济学发展的趋势；二是着重叙述西方各种社会主义流派的经济思想，为认识马克思主义经济学提供了思想史方面的研究资料。

（2）初步探究社会主义经济制度。

20 世纪 20 年代，中国马克思主义者进行的对社会主义经济问题的研究尚处于起步阶段。李大钊比较早地注意到社会主义的经济问题，他根据中国经济发展实际分析社会主义经济制度特征。当年李大钊对社会主义经济问题的探讨在中国马克思主义哲学社会科学初创阶段占有十分重要的地位。

在《社会主义与社会运动》一文中，李大钊从社会经济组织、劳动产品的分配方式及资本的占有情况等层面，分析社会主义经济制度完全

① 瞿秋白.《新青年》之新宣言. 新青年，1923，10（1）.

不同于资本主义经济制度，提出社会主义经济制度有其自身的制度特征，它"主张协作的生产，并得真正平均的分配，此为其目的"①。在《社会主义下的经济组织》中，李大钊把公有制视为社会主义经济制度的重要特征，认为"凡大资本的企业：铁路、矿山、轮船公司、承办运输事业、大规模的制造工业、大商店，收归国有""自国家银行以下所有的银行，均收归公有，而停止其从前的业务""小工商业及运输机关，亦渐次收归国有" "除去有土农夫所有的土地以外，土地亦收归国有"②。李大钊对社会主义经济制度的深刻认识对于中国共产党新民主主义革命理论的形成产生了重要影响，对于今天我们正确认识社会主义的制度优势依然具有重要启发意义。从马克思主义唯物史观的认识角度出发，李大钊强调经济建设的极端重要性，认为社会主义经济建设对于其上层建筑的巩固具有特别重要的意义。李大钊从矛盾运动的规律出发，深刻揭示了社会主义的根本任务，强调社会主义的目的在于创造共同的财富，使人民都能公平地享受幸福。

对于社会主义国家之间的竞争问题，李大钊认为竞争无处不在，突破了对传统社会主义理论的认识，强调社会主义的竞争是必要的，它有助于提高经济效益，这恰恰是经济规律的深刻反映。在《社会主义与社会运动》中，李大钊指出：

> 人咸以为实行社会主义之后，决不发生竞争。盖社会由竞争而进步，良好的竞争，是愉快而有味，无不可以行之。至于资本主义的竞争，使人类入于悲惨之境，此种竞争，自不可以。今社会主义毫无竞争，岂不令人枯死么？不知社会主义亦有相当的竞争，不过禁绝使社会上起极大之竞争，如现今的竞争使人犯罪等。故认社会主义为无竞争者误矣。③

对于发展社会主义社会生产力，李大钊强调要重视研究农业发展经验，社会主义国家的政府应加强对于经济规律问题的研究，"农部委员必集合农业专门家，组织高等会议，分部实行指导农民，以图农业生产的改进。工部委员及其他委员亦然"④。

---

① 李大钊. 李大钊文集：第4卷. 北京：人民出版社，1999：5.
② 同①266-267.
③ 同①4.
④ 同①268.

在社会主义分配制度方面，李大钊提出"公平的分配"的主张，因为这是由于采用了社会主义社会的生产形式。他认为社会主义主要任务是发展生产力，目标是实现经济现代化。

> 照其真正意义解释之，社会主义是由个人生产变为社会的生产，由手工的生产变为机器的生产，其进步是一线的，故社会主义不是破坏生产，是求进步的、适合的生产，即整理生产，使归统一，免呈纷乱之象。①

李大钊对社会主义经济制度进行了较为深入研究，虽然由于历史和时代的局限，他对社会主义经济制度的研究局限于计划经济层面，而且与我们今天进行的中国特色社会主义理论与实践有着很大不同，但他所设计的社会主义制度没有局限于传统经典作家所认为的社会主义理论模式，而是有他自己独特的理论认识。李大钊对于社会主义经济制度相关问题的理论探索，开创了近代以来在中国哲学社会科学领域中研究社会主义经济问题的先河，在马克思主义经济学学科建设史与理论发展史上，都具有重要开创性地位。

（3）探索中国经济发展道路。

李大钊认为，中国近代经济发展道路的艰难曲折是由经济落后等多方面原因所导致的。近代以来，西方国家的商品在其炮舰的保护之下打开了中国市场。西方国家通过租借中国沿海通商口岸、霸占中国铁路和控制中国关税等侵略手段，使中国广大国内市场沦为西方列强的附庸，造成了中国近代经济的落后和衰败。因此，李大钊在其《由经济上解释中国近代思想变动的原因》一文中认为，"中国的经济变动，乃是由于外力压迫的结果"②。中国虽然在明清之际出现了资本主义生产关系的萌芽，但由于国内封建势力的强大及西方资本主义的侵略，近代中国最终未走上正常资本主义的发展轨道，近代中国经济始终走在一条畸形曲折发展的道路上，该经济发展道路完全有别于西方国家。

20世纪初期，围绕中国经济发展道路，在各种"主义"争鸣的时代条件下，李大钊始终倡导中国走社会主义发展道路，认为资本主义发展道路并不适合中国。李大钊倡导社会主义的中国应该大力发展实业，

---

① 李大钊. 李大钊文集：第4卷. 北京：人民出版社，1999：4-5.
② 李大钊. 李大钊文集：第3卷. 北京：人民出版社，1999：144.

并提出了一系列大力发展实业的重要主张，体现了近代以来中国经济科学发展道路的必然选择。尽管当时他对于资本主义在中国发展的可能性认识不足，绝对否认资本主义生产方式的一些进步因素等，但其关于中国经济发展的理论探索，置于今天的时代条件下，依然具有重要时代价值。

除了对马克思主义经济学方面的探索，在历史学方面，李大钊在该时期也做出了重要学理探讨。学习和研究历史是马克思主义理论和中国实际相结合的重要环节，在中国化马克思主义历史学形成与发展过程中，唯物史观的中国化应用可谓是功不可没，"特别是马克思主义历史理论、社会形态发展理论、东方社会发展理论等的研讨与应用，彻底改变了传统史学的话语系统和治学范式，形成了一套崭新的唯物史观史学话语系统和治学范式"①。

建党初期，哲学社会科学工作者将马克思主义唯物史观运用于史学研究，李大钊的《史学要论》、蔡和森的《社会进化史》等都是这方面的代表作。李大钊的《史学要论》是我国第一部马克思主义历史学著述，主要探讨了马克思主义的史学理论体系和研究方法，并"把唯物史观作为一种考察以往历史的史学研究方法引进历史学领域，使唯物史观获得了方法论上的意义，为建立中国的马克思主义史学开辟了先河"②，同时，也标志着中国马克思主义史学理论的最初萌芽。李大钊认为，"马克思的历史观，普通称为唯物史观，又称为经济的历史观"③。在《史学要论》中，李大钊在近代以来首次对中国传统史学进行改造，初步确立了马克思主义科学史学理论，指出历史学就是"以经济为中心纵着考察社会变革的"④。由此，李大钊认为历史研究主要从三个方面着手，一是史学首先是对随时代不断发展变化的社会、人事变化推移过程加以考察；二是历史研究的特色，是就实际发生的事件——寻究其证据，以说明人事发展进化的真相；三是在考证零零碎碎的事实的基础上，将人事看作一个互为因果、互有连锁的整体去考察，从整体的历史

① 蔺淑英. 唯物史观在中国的传播与创造性运用（1919—1949）. 济南：山东师范大学，2011：147.

② 周子东，傅绍昌，杨雪芳，等. 马克思主义在上海的传播（1898—1949）. 上海：上海社会科学院出版社，1994：150.

③ 李大钊. 李大钊文集：第4卷. 北京：人民出版社，1999：379.

④ 同③380.

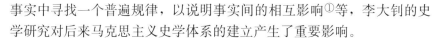

事实中寻找一个普遍规律，以说明事实间的相互影响①等，李大钊的史学研究对后来马克思主义史学体系的建立产生了重要影响。

2. 陈独秀在马克思主义哲学社会科学探索中的贡献

20世纪初期，逐渐锻炼成长为坚定马克思主义者的陈独秀积极传播唯物史观，在中国社会发展实践中将唯物史观与中国现实政治紧密结合起来，推动了当时人们对于唯物史观理论的朴素认识，对马克思主义哲学发展做出了重要贡献。

首先，科学阐述马克思主义唯物史观。

陈独秀结合近代中国社会发展实际，对唯物史观有其最为直接的体会和研究。对于物质基础与上层建筑之间的辩证关系，陈独秀避免了当时人们的机械性理解，他系统阐述了物质基础与上层建筑的辩证关系，强调物质基础的决定性作用，但同时也承认上层建筑对于物质基础的反作用。为此，陈独秀强调指出：

> 第一，唯物史观所谓客观的物质原因，在人类社会，自然以经济（即生产方法）为骨干。第二，唯物史观所谓客观的物质原因，是指物质的本因而言，由物而发生之心的现象，当然不包括在内。世界上无论如何彻底的唯物论者，断不能不承认有心的现象即精神现象这种事实（我不知适之所想象之彻底的唯物论是怎样）；唯物史观的哲学者也并不是不重视思想、文化、宗教、道德、教育等心的现象之存在，惟只承认他们都是经济的基础上面之建筑物，而非基础之本身。②

其次，充分强调马克思主义的实践性特征。

1922年5月，陈独秀指出，马克思主义的实践性主要体现在其既注重"实际研究的精神"，又具有"实际活动的精神"，这些"精神"决定了马克思主义是"科学性"和"实践性"的辩证统一。陈独秀认为马克思是"革命的社会主义者"，倡导将"科学的社会主义"——马克思主义灵活运用于中国社会发展实际，以更好地指导中国革命发展，强调"我们研究他的学说，不能仅仅研究其学说，还须将其学说实际去活动，干社会的革命"③，号召中国人要把马克思主义作为社会革命的原动力。陈独秀关于马克思主义

---

① 李大钊. 李大钊文集：第4卷. 北京：人民出版社，1999：390.

② 陈独秀. 陈独秀文集：第2卷. 北京：人民出版社，2013：509.

③ 同②250.

"两大精神"的阐述，揭示了马克思主义对新民主主义革命重要的指导地位。

最后，宣传马克思主义阶级斗争理论。

陈独秀对马克思主义阶级斗争学说的宣传，是立足于唯物史观的，强调唯物史观与阶级斗争之间存在着紧密联系。他认为，马克思和恩格斯的《共产党宣言》，其"精髓"正是"根据唯物史观来说明阶级争斗的"①。陈独秀从唯物史观发展的角度，科学解释阶级和阶级斗争理论，阐明了经济变动推动了资产阶级与无产阶级之间的阶级斗争，这是历史发展的客观必然性。陈独秀科学阐述马克思主义阶级斗争理论：

> 无产阶级是跟着有产阶级照同一的比例发达起来的……因为生活不安，对于有产阶级渐次增长阶级抵抗底觉悟，发生争斗，始于罢工，终于革命……有产阶级所造成的首先就是自身的坟墓，有产阶级之倾覆及无产阶级之胜利，都是不能免的事。②

作为近代中国马克思主义哲学的重要研究者，陈独秀对马克思主义哲学在中国的传播与发展所做出的理论贡献远不止上述方面。他在 20 世纪初期的革命实践中结合中国实际有效宣传了唯物史观，扩大了马克思主义哲学在近代中国革命中的影响，为本土化马克思主义哲学学科创建与发展奠定了重要学理基础。

3. 瞿秋白在马克思主义哲学社会科学探索中的贡献

作为中国共产党早期主要领导人，瞿秋白以马克思主义为指导对中国现状进行了比较深入的理论分析，他在阶级、阶级斗争、民族、政治、革命等基本理论研究方面取得了重要成就。

（1）深入探讨马克思主义民族理论。

民族与民族问题是中国革命理论的重要研究对象，瞿秋白深入结合中国实际，将马克思主义民族理论应用于分析中国的民族问题。他从马克思主义唯物史观出发探讨了民族的本质及其发展规律，强调民族是由经济基础所决定，认为民族是一定历史阶段的产物。1926 年，瞿秋白在《现代民族问题讲案》一文中指出，生产力发展既是民族消亡的决定性因素，也是国家消亡的必要条件③。瞿秋白还探讨了近代中国面临的第一

---

① 陈独秀. 陈独秀文集：第 2 卷. 北京：人民出版社，2013：240.

② 同①242.

③ 瞿秋白. 瞿秋白文集：第 3 卷. 北京：人民出版社，1989：489.

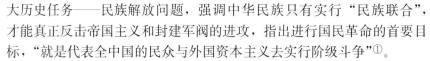

大历史任务——民族解放问题，强调中华民族只有实行"民族联合"，才能真正反击帝国主义和封建军阀的进攻，指出进行国民革命的首要目标，"就是代表全中国的民众与外国资本主义去实行阶级斗争"①。

（2）立足中国实际，科学揭示政治现象的产生及其实质。

瞿秋白立足于马克思主义唯物史观，深刻阐述政治、国家、民族、阶级之间的辩证关系。他将政治定位为最主要的上层建筑，指出政治将随着阶级的消灭而消灭。在对政治理论研究基础上，瞿秋白关注中国的政治现实，1923 年，瞿秋白在《现代中国的国会制与军阀》一文中认为，军阀、国会是反动势力，因为"中国的治者阶级是军阀，中国国会就代表他们，压迫劳动平民……中国的政客及选举费——中国式的'荷包'，由军阀担任"②。他从历史唯物主义出发，科学分析了中国军阀混战的政治背景。此外，瞿秋白运用政治学理论辩证评析三民主义理论体系，针对新三民主义在中国革命所产生的积极影响给予了充分肯定。

（3）科学考察近代中国社会各阶级。

马克思主义认为，阶级是社会经济发展到一定历史阶段的产物。瞿秋白运用马克思主义唯物史观，强调社会经济结构构成了阶级基础，应从社会经济结构考察阶级，因为阶级是由社会经济关系决定的。

关于社会各阶级的地位和作用，瞿秋白主张中国无产阶级应担负起领导民主革命的中心任务。他以马克思主义阶级斗争理论分析了中国无产阶级的领导地位及其所具有的革命性、彻底性和坚决性，初步探讨了新民主主义革命总路线问题。

瞿秋白从近代中国社会实际出发，以马克思主义阶级斗争为重要方法论指导，对无产阶级和资产阶级的关系及其历史作用进行了深刻论述。他通过对阶级斗争形势的分析，认为出于民主革命的客观需要，无产阶级与资产阶级需要进行某种程度的联合，以共同反对封建主义和帝国主义，强调无产阶级在革命过程中要担负起革命领导者的责任，提出无产阶级与资产阶级联合进行民主革命的过程中，要始终保持清醒的政治头脑，因为无产阶级与资产阶级的矛盾不会因为两个阶级的短暂合作而消失，依然客观存在着阶级之间的矛盾，这些重要思想丰富了新民主主义革命理论。瞿秋白关于阶级斗争与阶级合作的思想是对马克思主义

---

① 瞿秋白. 瞿秋白文集：第 3 卷. 北京：人民出版社，1989：387.
② 瞿秋白. 瞿秋白文集：第 2 卷. 北京：人民出版社，1988：46.

阶级斗争和阶级合作理论在近代中国革命中的正确运用，成为马克思主义阶级斗争理论中国化的重要表现。

瞿秋白从中国无产阶级的特殊性及中国民族革命发展的历史进程角度，详细考察了工人阶级在阶级斗争中的主导地位。对此，1925年，瞿秋白在《一九二三年之"二七"与一九二五年之"二七"》一文中指出：

> 中国的工人阶级处于军阀制度及帝国主义的两重压迫之下……这一时期，差不多可以说民族运动之中只有工人阶级的阶级斗争。因为工人阶级斗争的猛进，国内的民族革命运动便渐渐有兴起的势头，资产阶级也跟着抬起头来，军阀和帝国主义都不得不卖弄欺人的"左"倾政策，吴佩孚高唱甚么国是会议，各地的商会也有不少附和的。当时只有中国共产党主张召集一切民主派的联合会议，建筑反帝国主义的联合战线；因为中国工人的职工运动发展，已经表示民主战线中有实力的主力军。然而资产阶级及其他政党不能重视这工人阶级的政治力量，不是想望吴佩孚行仁政，便是只靠军事的行动。工人阶级不顾势孤力薄，仍旧继续奋斗，京汉总工会成立的尝试，便是那最后的示威。[①]

（4）探究新民主主义革命的总路线等基本理论。

在马克思主义唯物史观指导下，瞿秋白对新民主主义革命的主要对象、领导者、统一战线、武装斗争、革命性质、革命前途等系列重要理论问题进行了学理上的研究。"中国无产阶级的经济上政治上的斗争，能领导起中国大多数的农民和一般小资产阶级民众，能建立强固的革命中枢，而实行打倒资本帝国主义。"[②] 瞿秋白认为中国的国民革命必须由无产阶级来领导，无产阶级的领导地位是在革命斗争中历史形成的，应该在新民主主义革命斗争实践中锻炼自己的领导能力。他结合新民主主义革命实际，认为无产阶级要战胜强大的敌人，必须建立广泛的联合战线。同时，瞿秋白提出只有彻底解决农民土地问题，才能最大限度地激发农民的革命积极性，由此，土地问题成为国民革命的中心问题。

瞿秋白运用马克思主义暴力革命思想，阐明了在中国开展武装斗争的极端重要性。他在重视武装斗争的同时，充分肯定农民暴动在中国革

---

① 瞿秋白. 瞿秋白文集：第3卷. 北京：人民出版社，1989：1-2.

② 瞿秋白. 中国之革命的五月与马克思主义. 向导，1926（151）.

命进程中的特殊地位，为新民主主义革命理论增添了新的内容。

瞿秋白还运用唯物史观研究中国革命与世界革命的关系，认为中国革命具有反对世界资本主义的性质，是世界革命的重要组成部分。他强调国民革命是具有民主主义性质的，无产阶级领导的新民主主义革命决定了最终的革命前途必然走向社会主义。

二、成长发展阶段的马克思主义哲学社会科学（1927—1937）

1927—1937 年是马克思主义哲学社会科学体系建构的发展阶段。该时期哲学社会科学的建构紧密结合革命实践，伴随着唯物史观在近代中国社会较为深入的传播，马克思主义在中国哲学社会科学中的话语权威不断提升，最终确立了中国共产党在哲学社会科学领域的指导地位。同时，我国哲学社会科学工作者对中西文化关系的反思及"中国化"① 概念的广泛使用，都为马克思主义哲学社会科学体系的建构奠定了坚实的学

---

① 在近代中国史上，最早提出马克思主义中国化口号的是新启蒙运动的倡导者。传统上，学界普遍认为艾思奇是最早提出马克思主义中国化口号的人。但实际上，在艾思奇之前，李大钊、蔡和森、张太雷等党的早期领导人就曾阐述过该问题。1919 年李大钊就提出，"大凡一个主义，都有理想与实用两面。例如民主主义的理想，不论在哪一国，大致都很相同。把这个理想适用到实际的政治上去，那就因时、因所、因事的性质情形，有些不同。社会主义，亦复如是。""一个社会主义者，为使他的主义在世界上发生一些影响，必须要研究怎么可以把他的理想尽量应用于环绕着他的实境"。随后，蔡和森、张太雷、李达、恽代英等人也在文章中提出过这一思想。1922 年，商务印书馆出版的中国基督教教育调查会编的《中国基督教教育事业》指出，"要使教会学校更有效率，更加基督化，更加中国化"。1924 年，舒新城在《中华教育界》第 8 期上发表的《论道尔顿制精神答余家菊》，提出"使中国的教育中国化"。1926 年 1 月，《自然界》创刊号上的发刊词《发刊旨趣》就有"科学的中国化""佛教的中国化"等提法。1931 年 2 月，孙本文在中国社会学社第一次年会上发表的题为《中国社会学之过去、现在及将来》的演讲，提出"采用欧美社会学上之方法，根据欧美社会学家精密有效的学理，整理中国固有的社会思想和社会制度，并根据全国社会实际状况，综合而成有系统有组织的中国化的社会学"，是"今后之急务"。1933 年 3 月，陈序经在《独立评论》第 43 号发表的《教育的中国化和现代化》中提出"新教育的中国化"。1933 年 4 月，瞿秋白在《〈鲁迅杂感选集〉序言》中说："自从西洋发明了法西斯主义，他们那里也开始中国化了。"但此时的"中国化"还不具备文化反思基础上"中国化"之含义，更不可能体现"马克思主义中国化"之义。

——李大钊. 李大钊文集：第 3 卷. 北京：人民出版社，1999：3；张静如. 关于"中国化". 党史研究与教学，2006（5）：74.

理基础。

（一）"社会科学"概念的引入语境

"社会科学"一词曾被理论界解释为"社会的科学"（science of society），近代社会以来，相较于"自然科学"而言，"社会科学"一词的出现较晚。在"社会科学"产生和发展的历史逻辑来看，西方国家一些专家学者对其发展的贡献较为突出，早在 19 世纪末 20 世纪初，美国芝加哥大学政治学教授玛丽安娜（Marianna）就首先提出"社会科学"的研究方法①。

在近代中国，比较早出现"社会科学"的提法是在 20 世纪初期。"中国青年会组合总干事巴乐满君前往西山卧佛寺演讲中国当今急需种种之必要，此外尚有多数名人演说基督教与社会科学之关系，及中国教会之工作。"②中国的知识分子对于"社会科学"的认识深受西方学者的影响，试图立足于"自然科学"来解释"社会科学"，将"社会科学"看作是"自然科学"的衍生物，承认"社会科学"所具有的"科学性"，"拿自然科学的方法来解决社会科学。这便是科学的精神对于人生社会上发生的影响"③。1915 年 5 月，叶景莘在《大中华》④ 上发表文章，对包括"社会科学"在内的许多概念做了详细阐释。"社会科学"在西方的语境是"科学化"或者"自然科学化"，他们谈论"社会科学"时是将其与"自然科学"作为参照的，而且从其形成与发展的历史逻辑

---

① 王昆. 国共博弈与学术变迁：民国时期政治学学术话语的转换. 北京：中国人民大学，2018：160.

② 夏令会重组. 大公报，1914-05-09.

③ 杜威. 杜威博士演讲录：社会哲学与政治哲学. 高一涵，记. 新青年，1919，7（1）.

④ 《大中华》是一本以时事政治为主的综合性刊物，1915 年 1 月 20 日出版的《大中华》杂志创刊号，主编是梁启超，创刊号的《宣言书》由中华书局主持人陆费逵撰写，发刊词由梁启超撰写，该刊于 1916 年 12 月 20 日停刊，共出两卷，每卷各 12 期，共 24 期。创刊号中刊登了袁世凯就任大总统时的近照，还有大量辛亥中国陆军大操练时的照片，以及我国最早自主建设的京张铁路的大量照片，这些珍贵历史资料记载着当年许多不为人知的真实历史事件，为我们研究民国初期的历史提供了不可多得的实物证据，因其年份久远，再加上特殊的历史实物价值，是现存不多的罕见收藏品。《大中华》杂志创刊号开本大，是现在流行的大 16 开本，并且厚重，还有大量的照片和插图，足以显示其主办者的思想前卫和与时俱进。《大中华》杂志当时创办的目的有三点："一曰养成世界知识，二曰增进国民人格，三曰研究事理真相，以为朝野上下之南针。"

——宣言书. 大中华，1915，1（1）；刘建明. 宣传舆论学大辞典. 北京：经济日报出版社，1993：119.

看，"社会科学"的发展晚于"自然科学"①。

近代中国著名生物学家、翻译家和政论家周太玄②，也倡导社会科学应该借鉴自然科学研究方法，"所谓社会科学逐渐成立，亦颇采取自然科学对于自然的态度：实事求事，即事抽律"③。借鉴自然科学研究方法在当时很多社会科学学科中得到认可，"我们现在研究经济学上的事实"，"自然要采取博物学家研究自然科学的方法"④。

对于"社会科学"概念的引入和介绍，我国早期具有初步共产主义思想的哲学社会科学工作者发挥了重要历史作用。1920 年 4 月，陈独秀在《新文化运动是什么》中倡导用自然科学方法研究社会问题：

> 科学有广狭二义：狭义的是指自然科学而言，广义是指社会科学而言。社会科学是拿研究自然科学的方法，用在一切社会人事的学问上，像社会学、伦理学、历史学、法律学、经济学等，凡用自然科学方法来研究、说明的都算是科学；这乃是科学最大的效用。⑤

---

① 王昆. 国共博弈与学术变迁：民国时期政治学学术话语的转换. 北京：中国人民大学，2018：161.

② 周太玄（1895—1968），原名周焯，号朗宣，后改名周无，号太玄，生于四川省新都县（今新都区）。中国著名生物学家，在法国留学期间曾获蒙彼利埃大学教育硕士学位，后在巴黎大学研究院做研究生。因在细胞学和腔肠动物研究方面有卓越的成就，获得法国国家理学博士学位。他又是我国著名教育家、翻译家、政论家、社会活动家和诗人，曾写过 7 部科学著作，翻译过 11 部著作，此外还留下许多生物学论文和有关教育、妇女、哲学等方面的论述，以及诗论、诗作，被誉为学贯中西、博古通今的一代通才。1919 年 7 月 1 日，正式成立了"少年中国学会"，少年中国学会是五四时期影响最大的社团之一，它的会员遍布世界各国，尤以法国为最多。1921 年 8 月 27 日，"巴黎分社"成立，周太玄当选为书记。周太玄曾为《少年中国》杂志撰写《法兰西近世文学的趋势》和展望诗歌发展的理论文章《诗的将来》，并翻译了法国诗人德巴克斯的长诗《幸福》，又把被法朗士称为"法兰西近代一个最有价值的诗人"的保罗凡尔仑和他的诗作第一个介绍到中国来，我国著名诗人艾青早期的诗就曾受过这位法国诗人的影响。周太玄还有不少新诗发表在《少年中国》上，其中《过印度洋》（1919）影响最大。这首诗由著名作曲家赵元任作曲（1922），成为当时脍炙人口的歌曲。留下的生物学著作有《Chrysaora 生活史之研究》（由法国大学出版处印刷发行）、《动物心理学》（商务印书馆 1930 年初版）等共 7 部。译著共有 11 部，重要的有《古动物学》（1922 年上海中华书局出版）、《达尔文以后生物学上诸大问题》（1927 年北京朴社出版）、《人的研究》（1924 年中华书局出版）、《人的科学》（1945 年中华书局出版）、《物种》（1945 年商务印书馆出版）等。他还在报纸杂志上发表大量关于教育问题、妇女问题、宗教问题、哲学问题等方面的理论文章。

——邱沛篁. 新闻传播百科全书. 成都. 四川人民出版社，1998：608.

③ 周太玄. 日常生活与思想学术. 少年中国，1923，4（5）.

④ 我的工学主义观. 北京大学学生周刊，1920-01-11.

⑤ 陈独秀. 陈独秀文集：第 2 卷. 北京：人民出版社，2013：1.

陈独秀认为不但要重视科学，研究社会科学还要学会运用科学的研究方法：

> 现在新文化运动声中，有两种不祥的声音：一是科学无用了，我们应该注重哲学；一是西洋人现在也倾向东方文化了。各国政治家、资本家固然利用科学做了许多罪恶，但这不是科学本身底罪恶；科学无用，这句话不知从何说起？我们的物质生活上需要科学，自不待言，就是精神生活离开科学也很危险。哲学虽不是抄集各种科学结果所能成的东西，但是不用科学的方法下手研究、说明的哲学，不知道是什么一种怪物！杜威博士在北京现在演讲底《现代的三个哲学家》：一个是美国詹姆士，一个是法国柏格森，一个是英国罗素，都是代表现代思想的哲学家，前两个是把哲学建设在心理学上面，后一个是把哲学建设在数学上面，没有一个不采用科学方法的。用思想的时候，守科学方法才是思想，不守科学方法便是诗人底想像或愚人底妄想，想像、妄想和思想大不相同。哲学是关于思想的学问，离开科学谈哲学，所以现在有一班青年，把周、秦诸子，儒、佛、耶、回，康德、黑格尔横拉在一起说一阵昏话，便自命为哲学大家，这不是怪物是什么？西洋文化我们固然不能满意，但是东方文化我们更是领教了，他的效果人人都是知道的，我们但有一毫一忽羞恶心，也不至以此自夸。①

1922年，中共一大代表刘仁静②也尊崇自然科学研究方法，他在

---

① 陈独秀. 陈独秀文集：第2卷. 北京：人民出版社，2013：2.

② 刘仁静（1902—1987），字养初，又名亦宇、敬云，中国共产党早期领导人，祖籍湖北应城。1919年参加五四运动，1920年春，加入社会主义青年团，为北京共产党早期组织成员。1921年7月，出席中国共产党第一次全国代表大会，在一大的13位代表中，刘仁静是最年轻的一个，当时年仅19岁。与邓中夏等在北京大学发起成立了"马克思学说研究会"，潜心从事马克思主义的研究和宣传。1922年，他和邓中夏创办并主编社会主义青年团机关刊物《先驱》，同年9月，去莫斯科参加共产国际第四次代表大会，继又出席了少共国际第三次代表大会。1923年在上海任团中央书记，主编《政治生活》。为推动团的工作和激励青年的爱国热情，刘仁静做了大量工作，先后在《中国青年》《向导》《民国日报》等刊物发表近百篇激发青年积极向上的文章。后来，由于与团中央意见有分歧，刘仁静以参加北京大学毕业考试为由，离开了团中央，由任弼时接替团中央总书记职务。1926年去莫斯科列宁学院学习，参加托洛茨基派的活动。1929年8月，回国后组织托派"十月社"。1929年因参加托派活动，被开除出党。曾任三青团宣传处科员，国民党第十战区四团教官等。1935年被国民党逮捕，1937年出狱。1948年发表反共文章《评毛泽东的〈目前形势和我们的任务〉》。1950年在北京师范大学任教，1951年在人民出版社从事编译工作，翻译了《普列汉诺夫哲学著作选》等著作。"文化大革命"期间被捕，1966年至1978年被关押。1986年底，任人民出版社特约翻译、国务院参事。因车祸卒于1987年8月5日。

——王进，等. 毛泽东大辞典. 桂林：广西人民出版社，1992：309.

《先驱》发表文章，从社会科学和自然科学研究所遵循的共同方法角度，倡导基于自然科学标准的社会科学研究的重要性，"至于我们尊敬马克斯，我们也不过如自然科学家等敬牛顿、达尔文一样。因为他们都是根据着科学的方法在各科学的领域中发现了很重要的法则，裨益人类的"①。1923 年 6 月，《新青年》杂志发表瞿秋白《〈新青年〉之新宣言》一文，明确指出了社会科学应有的研究方法、社会科学的研究对象、社会科学研究所面临的主要挑战以及社会科学的研究意义等等。譬如，对于社会科学的研究对象，他认为应当研究中国的"政治经济状况""社会思想之渊源""世界观"等，对于社会科学的研究路向，他认为应当是"解释现实的社会现状，解决现实的社会问题，分析现实的社会运动"②。对于社会科学的研究对象，杨杏佛③指出社会科学必须"研究社会的本身"④。关于社会科学的研究方法，近代著名政治学理论专家杨

---

①　剑. 答六几和东苏. 先驱，1922（6）.

②　瞿秋白. 《新青年》之新宣言. 新青年，1923，10（1）.

③　杨杏佛（1893—1933），名铨，字宏甫，号杏佛，江西清江县（今江西省樟树市）人，祖籍江西玉山，近代经济管理学家，辛亥革命社会活动家，中国人权运动先驱，中国管理科学先驱。1910 年加入同盟会，1912 年 1 月，孙中山任中华民国大总统，他到南京任总统秘书处收发组组长。孙中山辞职后，他赴美国入康奈尔大学学习。毕业后，又转入哈佛大学学习。留学期间发起创办《科学》杂志，1915 年 1 月即在上海由商务印书馆印行。《科学》月刊是中国第一份综合性科学杂志。在《科学》月刊上签名的"缘起"人有胡明复、赵元任、杨杏佛、任鸿隽等。从《科学》创刊到 1921 年，杨杏佛任编辑长达 7 年之久，共主编 6 卷 69 期杂志。他不仅约稿、组稿、审稿，而且经常自己写稿、译稿。杨杏佛将最先进的科学成果介绍到中国，例如，《科学美国人》杂志在 1921 年 2 月 5 日刊登《爱因斯坦相对说》一文后，杨杏佛马上意识到"相对论"的重要价值，仅一个多月时间，他就将此文译成中文并发表在《科学》月刊上，这是国内介绍相对论最早的文章之一。1918 年回国，1920 年任国立东南大学教授。经常与共产党人恽代英接触，还利用业余时间到中国共产党创办的上海大学讲课。因遭校方忌恨，被迫离校，奔赴广州，投向革命。到广州后，任孙中山秘书。1924 年 11 月，随孙中山北上。1926 年 1 月，国民党上海特别市党部执行委员会秘密成立，杨杏佛被选为执行委员，主持策应北伐军工作。1927 年春，中国共产党在上海发动工人起义，杨杏佛出席国共会议。起义胜利后，当选为临时政府常务委员。"四一二"反革命政变后，认清蒋介石面目，以中国济难会名义极力接济和营救革命者，被国民党当局撤职。"九一八"事变后，为反对国民党政府非法逮捕和监禁爱国人士，与宋庆龄、蔡元培等著名人士于 1932 年 12 月在上海发起组织中国民权保障同盟，任总干事，并组织营救了不少被关押的共产党人和爱国人士。1933 年 6 月 18 日，杨杏佛与其子杨小佛驾车外出，被设伏特务枪杀于上海亚尔培路。

——李华兴. 近代中国百年史辞典. 杭州：浙江人民出版社，1987：668.

④　各省教育界杂讯. 申报，1924-08-09.

幼炯①强调须以社会科学理论为指导，强调归纳方法在社会科学研究过程中的重要作用：

> 我们就可以进而应用科学的法则，以解释一切社会现象，使民众对于环境生活有明白的认识。这便是今日中国社会科学者应有的努力。社会科学是根据科学的客观性，考察社会现象，用归纳的方法，综观社会现象之公律，而求结论的。②

"科学"的"社会科学"与"科学"的"马克思主义""社会主义"之间具有关联性③。倡导社会科学研究过程中的马克思主义方法论的运用，实现了对于国外学者所推崇的依附于自然科学的"祛魅"④。

---

① 杨幼炯（1901—1973），字熙清，号复斋，湖南常德清江人。他在政治学基础理论、政党与立法的历史研究、三民主义国家建设理论等方面均有建树。1923 年，杨幼炯从日本归国，入上海复旦大学政治系完成学业。后历任《神州日报》、中央通讯社总编辑，民智书局编辑所所长，中央大学、上海法政大学、中国公学、暨南大学教授，中山文化教育馆研究部主任、中央政治会议专门委员、"司法院"法官训练所教授、建国法商学院院长、《中华日报》总主笔等职，后去台湾。他在社会学、政治学基础理论方面著述颇丰，主要有《社会科学发凡》（1933 年上海大东书局出版）、《社会学述要》（1927 年上海泰东图书局出版）、《现代社会主义述评》（1933 年上海大东书局出版）、《政治学纲要》（1935 年上海中华书局出版）、《三民主义概论》（1928 年上海民智书局出版）、《三民主义建设原理》《三民主义的建设》（1928 年中央书店出版）、《国家建设原理》（1946 年重庆商务印书馆出版）、《政治建设论》（1942 年重庆独立出版社出版）、《权能划分及均权政制》（1946 年重庆正中书局出版）、《现阶段的建国论》（1946 年上海商务印书馆出版）、《各国政治制度》（1935 年上海中华书局出版）、《近代国际问题与中国》（1929 年上海泰东图书局出版）等。

——周家珍. 20 世纪中华人物名字号辞典. 北京：法律出版社，2000：569；王向民. 杨幼炯：政党建国研究之先驱. 中国社会科学报，2015-08-26.

② 杨幼炯. 民众思想与社会科学. 现代评论，1926，3（63）.

③ 王昆. 国共博弈与学术变迁：民国时期政治学学术话语的转换. 北京：中国人民大学，2018：165.

④ "祛魅"（disenchantment）一词是指对于科学和知识的神秘性、神圣性、魅惑力的消解，源于马克斯·韦伯所说的"世界的祛魅"（In the modern age we are witnessing the disenchantment of the world with the rise of science and the declining influence of religion.）。韦伯从宗教与社会关系层面的讨论中引申出"祛魅"的概念，详见：马克斯·韦伯. 经济与社会：第 1 卷. 阎克文，译. 上海：上海人民出版社，2010：137. 美国的大卫·格里芬（D. R. Griffin）在《后现代科学：科学魅力的再现》一书中认为，"这种祛魅的世界观既是现代科学的依据，又是现代科学产生的先决条件，并几乎被一致认为是科学本身的结果和前提。'现代'哲学、神学和艺术之所以与众不同，在于它们把现代性的祛魅的世界观当作了科学的必然条件……"

1919 年，杨匏安①指出，"自马克斯唯物的历史观既出，其于社会科学之意义，固在于指示社会生活的规则，此其所以为极有用之史学方法"②。

　　建党以来，中国共产党对于社会科学的学习、宣传与研究发挥了关键引领作用，倡导社会科学研究必须面向实际。1923 年中共三届一中全会通过的《教育宣传问题议决案》，要求设立"社会科学的研究会"，强调加强对社会科学的宣传和介绍，指出每一个共产党人应该是宣传者，平常口语之中须时时留意宣传，凡能与工人接触之党员当尽力用《前锋》《新青年》《向导》《社会科学讲义》等材料，使用口语，求其通俗化③。随着马克思主义在中国的传播和运用，中共强调马克思主义研究方法在社会科学研究过程中的使用。"研究马克思学说，是研究社会科学的朋友第一个需要。"④ 1929 年，《中央通告第四十三号：为全国学生总会开会事》强调指出，研究社会科学理论，特别是曾经领导俄国革命胜利的马克思列宁主义。

---

　　① 杨匏安（1896—1931），广东香山县南屏镇北山村（今属珠海市）人，原名锦涛，笔名匏安。中共党员，是中国共产党早期优秀理论家和革命活动家。国民党中央组织部秘书、代部长，中执委，中共中央委员，太阳社发起人，华南地区新文化运动和传播马克思主义的先驱。1919 年 11 月，在《广东中华新报》副刊连载《马克思主义》一文，这是华南地区最早系统介绍马克思主义的文章。1921 年，加入中国共产党，是广东最早的共产党员之一。入党后，积极参加革命斗争，帮助青年学习马克思主义，参加青年团的"社会主义讨论会"等活动，指导学生运动。1922 年 2 月 26 日，广东青年团创办《青年周刊》，由杨匏安撰写创刊《宣言》，署名"夕卩"。同年三四月间，杨匏安在《青年周刊》第 3 至 7 期连续发表长文《马克思主义浅说》，这是用白话文体通俗系统地介绍马克思主义三个组成部分的文章，比 1919 年的那篇《马克斯主义：一称科学的社会主义》写得更加深入浅出，标志着杨匏安已从革命民主主义者开始向马克思主义者转变。作为华南中国传播马克思主义的先驱，他的宣传活动，不但为当时华南爱国运动和新文化运动提供了新的思想武器，而且为日后广东共产党组织的建立做了思想准备。
　　——李华兴. 近代中国百年史辞典. 杭州：浙江人民出版社，1987：660；杨匏安. 华南传播马克思主义第一人. 人民日报，2018-07-25（4）；长江日报编辑部. 用生命诠释忠诚：首届中央监察委员会牺牲者寻访. 北京：人民出版社，2017.
　　② 杨匏安. 杨匏安文集. 北京：中央文献出版社，1996：169.
　　③ 中共中央文献研究室，中央档案馆. 建党以来重要文献选编（1921—1949）：第 1 册. 北京：中央文献出版社，2011：440.
　　④ 存统. 略谈研究社会科学：也是一个书目录. 中国青年，1924（26）.

（二）唯物史观与"新社会科学"

在土地革命战争时期，面对中国革命面临的新形势与新任务，广大哲学社会科学工作者开始问计于社会科学的相关学科，试图能够从中找到解决中国社会发展问题的方案。该时期与传统社会科学相比，"新社会科学"之"新"，在于将马克思主义的唯物史观运用到社会科学研究领域，这是与传统社会科学研究之根本区别所在。由此可见，"新社会科学"不仅是马克思主义与中国社会科学理论的结合，更是中国哲学社会科学研究范式与研究方法的一次重大创新。由于社会科学有了新的方法论指导，唯物史观是"新社会科学"最为根本的研究方法，即其"新"的体现，"马克思主义社会科学流派"在"新社会科学"运动中便逐渐发展壮大起来。

当前国内学术界对"新社会科学"的研究还需要进一步深入，例如，对于"新社会科学"的发轫，国内有研究者指出"20 世纪 20 年代中期，被时人称作'新兴社会科学'或'新社会科学'的马克思主义社会科学日渐兴盛，至 30 年代臻于壮大，形成一个对中国社会影响巨大的马克思主义社会科学流派"①。事实上，"新社会科学"这一重要概念，最早见于马克思主义研究者陈启修于 1924 年在《中国青年》上发表的《俄国的社会科学》一文中，在论述俄国社会科学教育政策时，详细阐述了"新社会科学"研究与学习的重要性。

> 新俄的社会科学教育政策，为俄政府主要政策之一，他们几可谓倾全力以赴之。他们的中学、劳动学校、普通大学，是拿新社会科学作主要科目的。他们全国的出版物中，这新社会科学的书，占了一半以上。他们对于智识阶级的待遇，除技术家外，以对于新社会科学者为优良。他们的新社会科学，是无产阶级执政的国家中的社会科学，他们认为是真的社会科学。他们主张从来的、旧的社会科学，是覆育于资产阶级（或权力阶级）之下，为资产阶级利益而说法的。所以无论如何，不能有合理的澈底的结论。他们认定旧社会科学的学理，是不合理的，是不澈底的，是

---

① 阎书钦.《"新兴社会科学"的兴起与马克思主义社会科学话语体系的构建. 中共党史研究，2015（4）：28.

虚论的。……所以他们主张要推翻旧社会科学，要以过去及现在的史实为基础，不要凭空想象。要如在自然科学上一样，力求理论的精密，不要藏头盖尾闪烁迷离。要把事实的判断放在第一位，价值的判断放在第二位。他们研究的期间，还只有四五年，所以不敢说已经有空前的名著。……若再假以岁月，我想新社会科学的势力，必定要风靡全世界的。说到这里，我想要求在（北大）经济、政治、法律、史学、哲学之书籍预算费中，提出五百元至一千元之款，请求充作购买俄文社会科学书之用。此种智识之输入，或且为北大之光辉，中国学界之异彩。俄国赤色教授会（即新社会科学教授团体）望蔡先生来此，以便沟通中俄学术界之交际，增加两国民间之好感。①

在"新社会科学"运动之前，国内的社会科学主要是以资本主义世界观为指导的"旧社会科学"，其本质是为资产阶级统治服务。而"新社会科学"则以马克思主义世界观方法论为指导，是为无产阶级革命服务的社会科学。陈启修在论述俄国社会科学教育政策时并未强调马克思主义应有的科学指导作用，从该层面意义上讲，陈启修对"新社会科学"缺乏更为深刻的学理性认识。著名史学家何干之在其著作《中国启蒙运动史》中，将"新社会科学"理解为"现代中国社会性质问题论争"②。著名马克思主义经典著作翻译家柯柏年③在其《怎样研究新兴社会科学》一书中，深刻分析了社会科学的研究方法和本质特征，他阐述道：

---

① 启修. 致北京大学同人书. 东方杂志，1924，21（7）.
② 何干之. 中国启蒙运动史. 上海：生活书店，1947：151-194.
③ 柯柏年（1904—1985），著名马克思主义经典著作翻译家。建党初期，他翻译的第一本马列原著是列宁的《帝国主义论》，后又相继翻译了《社会主义从空想到科学的发展》《哥达纲领批判》《农业税底意义》《国家与革命》《社会革命论》。其中，《哥达纲领批判》曾经被毛泽东定为党的领导干部必读书之一。1924 年，柯柏年加入中国共产党。在左翼文化运动期间，柯柏年参加了"社联"，负责编辑出版社联的刊物《研究》和《书报评论》，翻译了狄慈根的著作《辩证法的逻辑》，单独编写《社会问题大纲》和《怎样研究新兴社会科学》。抗战时期，翻译了《德国的革命与反革命》（王石巍合译，1939 年）等诸多经典著作。
——龚育之，逄先知，石仲泉. 毛泽东的读书生活. 北京：生活·读书·新知三联书店，2009：21；中共中央马克思恩格斯列宁斯大林著作编译局马恩室. 马克思恩格斯著作在中国的传播. 北京：人民出版社，1983：30.

在现在的资本主义世界中，社会科学可以分为两大敌对的阵势，一是布尔乔亚汜（即"Bourgeois"的音译，资产阶级）的社会科学，一是普罗列塔利亚特（即"Proletariat"的音译，无产阶级）的社会科学（我们简称之为新兴社会科学）。我们所应该研究的，是哪一种的社会科学呢？这个问题，换另一种说法，就是：哪一种社会科学所采用的方法是"唯物辩证法"呢？布尔乔亚汜的社会科学，其主要的任务，是要尽力建立和维护资本主义制度底理论上的基础，使布尔乔亚汜能够永远地统治社会。至于普罗列塔利亚特的社会科学，其主要的任务是推翻资本主义制度底理论上的基础，指出资本制度之必然倾覆。因为他们所负的任务根本不同，故它们所采用的方法自然就差异了。布尔乔亚汜的社会科学，它不能采用唯物辩证法，因为若用唯物辩证法来考察社会生活，就要否定资本主义制度之永远性了。它定然要用种种的方法，来主张资本主义制度之永远性。然而，资本制度只是人类社会进化之一个阶段。……但愿意这样观察社会生活的，只有新兴阶级——普罗列塔利亚特；能够以这种唯物辩证法去研究社会现象的，也只有新兴社会科学。因为只有新兴社会科学研究采用正确的方法去研究社会现象，故我们所应该研究的，是新兴社会科学。①

作为马克思主义理论研究专家，柯柏年在文中从研究方法与指导思想层面抓住了"社会科学"的根本，基于指导思想与发挥作用等方面的不同，他将社会科学划分为"布尔乔亚汜"的旧社会科学和"普罗列塔利亚特的社会科学"的新社会科学，突出强调了"唯物辩证法"既是"新社会科学"的本质特征，又是"新社会科学"的根本研究方法。受当时新兴社会科学运动社会风气所影响，指出"普罗列塔利亚特的社会科学"最终目的是研究"资本制度之必然倾覆"。

在"新社会科学"运动时期，理论界出版了许多关于社会科学知识普及与研究方面的著述，如《社会科学大纲》《新兴社会科学研究大纲》《社会科学概论》《关于物质史观》《新社会科学基础知识》《社

---

① 柯柏年. 怎样研究新兴社会科学. 上海：南强书局，1930：232-235.

会科学研究方法论》等，对社会科学的研究对象、指导思想、研究方法与本质特征等方面内容进行了较为详细的阐释，强调"新社会科学"的研究必须"以唯物论为出发点，辩证法为研究的法则"①，从而较为深入促进了"新社会科学"运动的发展。就连当年国民党机关报《中央日报》总编辑彭学沛在其《感想断片：德国经济学界近况》一文中，也肯定马克思主义的世界观与方法论对于社会科学研究的重要意义所在，认为"有志于社会科学者，不敲过马克思的门，则不能上研学的道路"②。社会科学研究会于 1932 年出版《新兴社会科学研究大纲》，强调了社会科学的阶级性，将唯物辩证法作为新社会科学研究的理论基础③。1939 年 9 月，王明之在《新社会科学基础知识》著作中，也强调了社会科学研究的"唯物辩证法"是"合乎实际的科学方法"④。可见，"新社会科学"在近代中国的发展有一个渐进过程，到了 20 世纪 40 年代，"新社会科学"开始在社会科学领域运用，未能完全为学术界所认知和接受。此外，虽然"新社会科学"这一概念形成于 20 世纪 20年代末，但伴随着 20 世纪初马克思主义在中国的广泛传播，当时的社会科学工作者认识到马克思主义理论对我国社会科学研究的重要性。

在"新社会科学"运动实践中，"社联"对"新社会科学"运动发挥了直接作用。"社联"成立后，积极领导创办《社会科学战线》，规定了该组织的使命和任务："中国社会科学家主要的任务，一方面坚决地与各种非马克思主义的理论斗争，揭破它反科学性，阐明革命的马克思主义的本质，他方面不客气地与各种假马克思主义的机会主义倾向斗争。"⑤ 当时中共在"社联"内部设置"党团"组织，党领导成立"中央文化工作委员会"（简称"文委"），直接领导"社联"工作，成为"新社会科学"运动的重要领导机构。"社联"纲领强调了其主要任务，在革命运动实践中既重视对马克思主义理论的研究与宣传，还重视对民族改良主义、自由主义、社会民主主义及机会主义等各类非马克思主

---

① 老丁. 新兴社会科学研究法刍议. 南宁初中生月刊，1937（1）.
② 彭学沛. 感想断片：德国经济学界近况. 京报（副刊），第 421 号，1926-6-1.
③ 科学研究会. 新兴社会科学研究大纲. 北平：科学研究会，1932：1-7.
④ 王明之. 新社会科学基础知识. 上海：三户书店，1939：21-26.
⑤ 中国社会科学家的使命. 社会科学战线，1930（1）.

思想的揭露与批判：

> 我们发起"中国社会科学家联盟"，我们的主要任务是：
>
> 一、以马克思主义的观点，分析中国及国际的政治经济，促进中国革命。
>
> 二、研究并介绍马克思主义理论，使它普及于一般。
>
> 三、严厉的驳斥一切非马克思主义的思想——如民族改良主义，自由主义，——及假马克思主义的理论——如社会民主主义，托洛茨基主义及机会主义。
>
> 四、有系统地领导中国的新兴社会科学运动的发展，扩大正确的马克思主义的宣传。
>
> 五、革命的马克思主义者，决不是限于理论的研究，无疑地应该努力参加中国无产阶级解放运动的实际斗争，在目前要积极争取言论，出版，思想，集会等等的自由，我们相信只有这样，正确的马克思主义社会科学运动，方能扩大与深入。
>
> 我们很诚挚的希望中国一切真正的马克思主义者，为无产阶级解放运动努力的人们，和我们一起，在革命的马克思主义的旗帜下，团结起来，来光大和发挥这个伟大的革命的理论，来促进中国工农革命的胜利。[1]

与此同时，由于"新社会科学"这一新生事物的出现，社会科学出版界出于经济利益、宣传新思想等诸方面考量，纷纷刊印各种类型"新社会科学"书籍（在第二章已有介绍），例如，新生命书局在当时就出版了大量此类书籍，"新生命的许多新兴社会科学的书籍，颇为一般读者所欢迎""随新兴社会科学的衰落，新生命书局亦曾沉闷过一时"[2]。因此，从某种程度上讲，"新社会科学"的兴起直接体现了马克思主义世界观和方法论对我国社会科学研究和中共领导革命事业的重要影响。为此，中国共产党重要领导人张闻天在其《抗战以来中华民族的新文化运动与今后任务》一文中明确指出："大革命失败后的新文化运动（新社会科学运动、社会主义文艺运动等），准备了并配合了十年的苏维埃

---

① 中国社会科学家联盟纲领. 思想月刊，1930（7）.

② 李衡之. 各书局印象记. 申报，1935-05-11.

的革命。"① 对社会科学的功能及其对革命事业发挥的重要作用，艾思奇认为，"马克思列宁主义理论，就包含着正确的社会科学理论""正确懂得社会变化和革命发展规律的共产党，在革命斗争中一定能够成功"②。

（三）同反动思潮展开论战，巩固马克思主义哲学社会科学理论阵地

马克思主义在同各种反马克思主义思潮斗争中不断获得发展和壮大，它"在其生命的途程中每走一步都得经过战斗"③，马克思主义理论著作在中国翻译和传播的历程证实了列宁这一科学论断。进步哲学社会科学工作者在编译和传播马克思主义经典著作过程中，以马克思主义理论为指导，从更深程度上系统研究中国革命诸问题，积极同各种"反马克思主义思潮"展开论战，在论战过程中把对哲学社会科学的研究不断推向深入。

"反马克思主义思潮"，主要是指以各种形式反对、攻击和歪曲马克思主义的错误思潮。早在五四时期，马克思主义者同反马克思主义者曾经展开了三次大的论战。一是关于"问题与主义"的论战，以李大钊为首的进步知识分子同胡适等人展开论战，扩大了马克思主义在中国的影响。二是关于社会主义的论战，在论战中早期马克思主义者有力批驳了梁启超、张东荪等人的错误谬论，明确了在中国走社会主义道路的基本主张。三是同无政府主义之间的论战，许多进步知识分子在论战中划清了科学社会主义和无政府主义的界限。通过这三次论战，他们进一步宣传了在中国坚持马克思主义和社会主义道路的科学思想。

土地革命战争时期，在中共领导下的哲学社会科学工作者运用马克思主义，严厉批判一切非马克思主义思想和假马克思主义谬论，"严厉驳斥一切非马克思主义的思想——如民族改良主义，自由主义及假马克思主义的理论——如社会民主主义，托洛茨基主义及机会主义"④。在20世纪30年代发生的关于唯物辩证法、社会性质与社会史的三大论

---

① 洛甫. 抗战以来中华民族的新文化运动与今后任务. 解放，第103期，1940-4-20.
② 艾思奇. 社会科学要研究什么. 解放日报，1943-03-23.
③ 列宁. 列宁专题文集：论马克思主义. 北京：人民出版社，2009：148.
④ 中国社会科学家联盟纲领. 新地月刊，1930，1（6）.

战，进步知识分子运用唯物史观批判了各种反马克思主义错误思想，使马克思主义深入哲学、社会科学各个领域，使历史唯物主义理论更加深入人心。

在这些具有深厚马克思主义理论素养的哲学社会科学工作者群体中，既有杜国庠①、何干之、邓拓等历史学家，也有吴亮平、王学文、

①　杜国庠（1889—1961），又名杜守素、林伯修、吴念慈、吴啸仙、林柏、杜惑，生于广东省澄海县（今汕头市澄海区）莲阳乡兰苑村。1907年赴日留学，1916年参加李大钊等人组织的丙辰学社，进行反袁世凯运动。在京都帝大，他听过日本最早的马克思主义理论家河上肇的政治经济学课，先后结识了彭湃、郭沫若等人，并几度与周恩来会晤，逐渐走上革命道路。1919年7月回国，经李大钊介绍到北京大学任教，并在北京政法专门学校、中国大学、朝阳大学、平民大学等校兼课。1925年8月后，杜国庠先后任澄海中学、金山中学校长，整饬校政，开设工农夜校，组织师生开展革命宣传活动。1927年"四一二"反革命政变后，被迫离校避匿乡间。1928年2月，在上海由钱杏村、蒋光慈介绍加入中国共产党。他是由共产党员建立的"太阳社"的成员。旅沪7年，杜国庠出版了大量译著，较重要的有普列汉诺夫的《艺术论》《史的一元论》，卢那察尔斯基的《文艺之社会底基础》，乌连诺夫（列宁）的《唯物论与经验批判论》（与柯柏年合译）。他还与柯柏年、王慎名（王鼎新）合编了《新术语辞典》和《经济学辞典》。1929年秋，直属中共中央宣传部的中央文化工作委员会（"文委"）成立，杜国庠是"文委"成员。1930年初参加筹组中国左翼作家联盟（"左联"）的工作。5月与潘梓年等发起成立中国社会科学家联盟（"社联"），10月中国左翼文化界总同盟（"文总"）成立，他是负责人之一。他还担任过中共中央宣传部干事，参与中国共产党机关报《红旗日报》的编辑工作。1931年春，"文委"派他随同宣侠父到驻淮阴的第二十五路军工作，设立社会科学研究室，传播革命思想。1932年初夏重回上海，继续参与领导左翼文化运动。1935年2月19日，他和"文委"其他成员被国民党逮捕，直到国共第二次合作，于1937年6月12日获释。全民族抗日战争时期，他到重庆后继续担任文工会委员，并专心研究学术，从先秦诸子特别是墨家、名家、荀子的思想，以至两汉经学、魏晋哲学、两宋理学、明清学术以及康梁思想，都有所论述，部分文章后来辑成《先秦诸子批判》一书；又与侯外庐等人拟定了《中国思想通史》的编写计划。1946年，他随中共代表团迁往上海，继续以文化人的身份从事研究和著述。当年7月，写了《先秦诸子思想概要》一书，对儒、墨、道、法、名等各家代表人物的思想加以缕析论述。1947年3月，他与侯外庐一起主编《文汇报》的副刊《新思潮》，并在《中国思想通史》三卷本中承担编写了20万字的内容。1949年8月，杜国庠以解放区民主人士首席代表的身份赴北平就任中国人民政府委员、省文教厅厅长（至1955年）。后又任文教办公室主任、中共华南分局宣传部副部长。1955年，中国科学院成立学部，杜国庠是哲学社会科学学部委员，并担任科学院广州分院院长。第一、二届全国人大代表，政协广东省委员会副主席。此外，他还兼任过多种社会团体和学术机构的领导职务。

——齐浣心. 杜国庠和他的三位挚友. 中华读书报，2016-10-19（7）；邱汉生. 忆杜国庠同志. 史学史研究，1985（4）：36；林洪，曾牧野，张难生，等. 遗泽永在 风范常存：纪念杜国庠同志诞辰一百周年. 广东社会科学，1989（1）：3-8.

许涤新①等经济学家，还有朱镜我等广大社会学家，他们从不同方面
阐述了对唯物辩证法、中国社会性质与中国社会史三方面理论问题的
基本观点。朱镜我主编的机关刊物《新思潮》刊载大量文章，使哲学
社会科学工作者积极投入中国社会性质和社会史问题的论战，严厉批
判新生命派、托陈取消派等的错误理论。当年发表的许多研究性文
章，如《中国资本主义经济的发展》、《唯物辩证法与严灵峰》（刘苏
华）、《中国劳动问题》（李一氓）等，在三大论战中产生了重要社会
影响。

在哲学领域，张东荪、叶青曲解辩证唯物主义和历史唯物主义。
从1930年起，张东荪等在《大公报》及《再生》杂志上发表《唯物
辩证法之总检讨》等系列攻击马克思主义的哲学文章，否定认识来源
于实践，否定唯物辩证法的基本规律，大肆宣传"不可知论"。叶青
（任卓宣）在《研究与批判》《二十世纪》等刊物上发表系列文章，攻
击马克思主义哲学，把马克思主义辩证法与黑格尔辩证法混为一谈。
以艾思奇、邓拓、沈志远等为主要代表的进步哲学社会科学工作者对
此给予了坚决驳斥，撰文阐述辩证唯物主义与历史唯物主义的客观存
在。1934年1月，艾思奇在《中华月报》上撰文《廿二年来之中国哲
学思潮》，文章以马克思主义为指导，从哲学观点上驳斥叶青等人关
于中国已是资本主义社会的谬论。邓拓、沈志远等在《读书生活》杂
志上发表文章，运用辩证唯物主义批驳张东荪、叶青等对马克思主义
的攻击，使辩证法成为一切学问的基础。在经济学领域，王学文、潘
东周等积极撰写文章，批判托陈取消派抹杀中国半殖民地半封建社会

---

①　许涤新（1906—1988），广东揭阳县人，青年时代就读于中山大学、厦门大学，1925
年加入中国共产主义青年团，1933年加入中国共产党，先后担任中国社会科学家联盟研究部
副部长、宣传部部长、党团书记，中国左翼文化总同盟组织部长。1935年因叛徒告密而被
捕入狱，在狱中坚持《资本论》研究。抗战全面爆发后获释，到武汉参与创办《群众》周刊
和《新华日报》，任《群众》周刊副主编。后到重庆任《新华日报》编委、党总支书记，中共
中央南方局宣传部秘书、经济组组长。1949年5月，上海解放后参加接管工作，历任上海军
管会接管委员会第一副主任、市人民政府秘书长等职。1952年底调任北京，历任中共中央统
战部秘书长、副部长，中央财经委员会第六办公室主任，国务院第八办公室副主任，中国科
学院副院长兼经济研究所所长等。著有《中国经济的道路》《官僚资本论》《论我国的社会主
义经济》等，主编《政治经济学辞典》《中国大百科全书·经济学卷》《中国资本主义发展
史》等。
　　——何东，杨先材，王顺生. 中国革命史人物词典. 北京：北京出版社，1991：224.

性质的错误观点。在文学领域，瞿秋白、鲁迅等严厉驳斥了新月派反对马克思主义、反对无产阶级革命文学以宣扬资产阶级的政治主张和文艺思想。此外，当时北方左翼文化工作者还展开了对所谓"反动的理论"的批判等。

认清近代中国的国情，是认清一切革命问题的基本根据。马克思主义中国化的首要条件是与中国国情相结合，而对中国国情的认识则直接决定着马克思主义中国化的程度和水平。中国社会性质论战是五四以来在思想文化领域马克思主义与其他各种错误思潮论战中最为重要的一次，进步哲学社会科学工作者在编译和传播经典著作过程中，运用马克思主义理论分析中国国情，在《读书月刊》《布尔塞维克》《中国经济》《读书杂志》等刊物上发表系列文章，深入分析中国社会性质，使近代中国半殖民地半封建社会性质和反帝反封建任务逐渐成为人民共识。正因为有了对中国社会性质的明确判定，哲学社会科学工作者才明确提出要建立反对帝国主义反对封建主义的文化。1929年11月，王学文、李一氓等在上海创办《新思潮》，发表了王学文的《中国资本主义在中国经济中的地位及其发展前途》、吕振羽的《中国社会形态发展的诸阶段》等系列文章，批驳托陈取消派和新生命派等的各种谬论。针对动力派认为中国社会是资本主义社会的观点，新思潮派主张中国社会是半封建社会。1930年9月，由朱镜我主编的《世界文化》创刊，载有朱镜我以"谷荫"为笔名撰写的《中国目前思想界底解剖》，批判了"戴季陶主义"、新生命派的谬论等各种错误思潮[1]。

哲学社会科学工作者最为关注的同样是对于中国社会性质的分析。对中国社会性质的科学认知，是我们党创立革命理论的现实依据。延安时期的哲学社会科学工作者又继续承接这一讨论，最终对近代中国社会性质达成共识，为新民主主义理论的形成提供了重要学理性依据。在科学认识近代中国半殖民地半封建社会基本国情基础上，哲学社会科学工作者对新民主主义革命性质、革命动力等方面认识更加科学。在对中国革命性质的认识方面，何干之明确强调是"反帝国

---

[1]　上海市哲学社会科学学会联合会. 中国社会科学家联盟成立五十五周年纪念专辑. 上海：上海社会科学院出版社，1986：220.

主义的民主革命"①，指出"在欧洲，反封建运动，是市民阶级的民主主义革命，但在殖民地，加上了反帝的任务。在本质上反帝反封建虽然不会改变民主主义的性质，但殖民地或半殖民地的民主主义，并非千篇一律地把过去的实践形式反覆一遍，它是有新时代的内容的。这新内容就是：欧美各国，民主主义革命是由市民所领导，但在中国，完成历史任务的不是上层分子而是千千万万的工人农民。革命的担当者不同，对于社会的转变，有极大的影响"②。在革命动力方面，何干之认为在反帝反封建的双重任务之下，革命的动力是团结了的民族资产阶级、小资产阶级、农民和工人，是"四阶级的联盟"③，并指出"工人是少数中的少数，这是事实。但如果有人根据这事实来否定工人是民族解放的组织者，那就大错了"④。对民主主义革命和社会主义的关系，何干之指出："必须先完成民主主义，才能过渡到社会主义。因为如果不先通过这种预备的工作，不先经过由民主主义到社会主义的过渡时期，最高级的经济制度，不能建立起来。"⑤ 由此来看，在马克思主义唯物史观指导下，延安哲学社会科学工作者最终形成了对革命性质、革命动力、革命领导权和革命前途等系列理论问题的正确认识。

在哲学领域，艾思奇、陈伯达和范文澜等哲学社会科学工作者同国民党反动文人所主张的各种错误思潮做斗争，捍卫马克思主义哲学在中国的指导地位。艾思奇在《廿二年来之中国哲学思潮》中批判了西方资本主义国家的主要哲学流派，如新康德主义和唯意志论等。在《抗战以来的几种重要哲学思想评述》中，又彻底批判国民党的反动哲学思想，尤其是陈立夫的唯生论，明确指出陈立夫的唯生论是以国民党为代表的大地主大资产阶级的世界观，与马克思主义辩证法唯物论是相矛盾和对抗的。针对当时国民党反动文人所散布的"马克思主义是舶来品，不适用中国国情"的谬论，陈伯达相继在《解放》周刊发表《老子的哲学思想》《孔子的哲学思想》《墨子的哲学思想》等系列

---

① 何干之. 何干之文集. 北京：中国人民大学出版社，1989：141.
② 同①95—96.
③ 同①147.
④ 同①154.
⑤ 同①140.

文章进行了反驳。

此外，在中国社会史论战中，也以哲学社会科学工作者的胜利而告终。通过论战，马克思主义的阶级分析方法、唯物史观逐渐为大多数人所认可和接受。同时，进步哲学社会科学工作者运用马克思主义理论武器，以马克思主义观点阐明中国社会性质、革命性质、革命对象和革命任务，严肃批判了各种非马克思主义和假马克思主义的错误观点，为新民主主义革命理论的最终提出做出了重要贡献。

（四）新启蒙运动对马克思主义中国化的推动

新启蒙运动，学术界又称为"新五四运动""第二次新文化运动"，是 20 世纪 30 年代由共产主义理论家和左翼文化界人士在北平、上海等地开展的一场新思想文化运动。该运动以弘扬五四精神为旗帜，主张批判继承中国传统文化，综合创新马克思主义文化观，它对中国共产党文化观的形成产生了重要影响。国内研究者认为，"新启蒙运动"概念最早是由邓演达于 1930 年提出的[①]，目的是要得到"人的觉悟与解放"[②]。今天国内学界所讲的"新启蒙运动"，则是指在中国共产党领导和影响下，一部分自由知识分子于 1936 年至 1939 年在北平、上海、重庆等地，为唤醒民族意识、激发爱国热情和挽救国难而发起的思想文化运动。

总体而言，新启蒙运动的兴起主要是针对在 20 世纪 30 年代国难当头、民族危机日益严重的情况下，迫切需要唤醒沉睡的民族意识，启发爱国主义革命热情，同时，也要强力反击国民党的文化统治和复古主义。新启蒙运动对广大知识青年有着极大的吸引力，作为新启蒙运动的倡导者，陈伯达批评了"盲从权威"和"迷信独断"，提出要系统梳理中国的旧传统思想，批评"盲从权威""简直就等于放走了最主要的敌人，同时也简直等于抛弃了最广泛的群众"[③]。

---

① 姚宏志. "新启蒙运动"概念的首倡者是邓演达. 中共党史研究，2011（6）：120.

② 邓演达. 南京统治的前途及我们今后的任务. 革命行动，1930（3）.

③ 陈伯达. 哲学的国防动员：新哲学者的自己批判和关于新启蒙运动的建议. 读书生活，1936，4（9）.

　　1935 年《文化建设》发表了一篇署名"愚公"的文章《中国的启蒙运动》。文章认为中国是"应该再来一次启蒙运动的"①。1936 年 9 月，陈伯达在《读书生活》发表《哲学的国防动员：新哲学者的自己批判和关于新启蒙运动的建议》一文，正式拉开了新启蒙运动的序幕。该文"可说是新启蒙运动最初的呼喊，也可说是新启蒙运动的奠基石"②，文章以唯物辩证法为思想理论武器，对中国旧传统、旧思想和旧宗教进行了全面系统的批判，因为"唯物辩证法风靡了全国，其力量之大，为二十二年来的哲学思潮史中所未有"③。该时期理论界发表了大量倡导新启蒙运动的文章，代表性的有柳湜④的《国难与文化》、朱光潜的《中国思想的危机》、艾思奇的《新启蒙运动和中国的自觉运动》等，同时，许多刊物如《新文化月刊》《读书月报》等开设新启蒙运动专栏，许多书店如南强书局、读书生活书店等也积极参与新启蒙运动，出版进步书籍，所有这些都有力推动了新启蒙运动的发展。1937 年 6 月，艾思奇编辑的《认识月刊》专门出版了《思想文化特辑》，集中讨论新启蒙运动，"艾思奇先生在《生活星期刊》双十特辑所发表的《中国目前的文化运动》就是紧接着陈先生的提出的一个响应"⑤。1938 年，何干之出版《近代中国启蒙运动史》一书，指出新启蒙运动包括四方面内容："（一）新启蒙运动是思想文化上的爱国主义运动；（二）新启蒙运动是思想文化上的自由主义运动；（三）新启蒙运动是理性运动；（四）新启蒙运动是建立现代

---

① 愚公. 中国的启蒙运动. 文化建设，1935，5（1）.

② 何干之. 近代中国启蒙运动史. 上海：上海生活书店，1937：208.

③ 艾思奇. 廿二年来之中国哲学思潮. 中华月报，1934，2（1）.

④ 柳湜（1903—1968），曾用名辰夫、乃夫、方直、罗斐、楚士，湖南长沙人，1916 年考入长沙县立师范，1921 年先后结识了毛泽东、李维汉等湖南党组织负责人。1928 年加入中国共产党，后被捕入狱，在多年的牢狱生活中他始终未露身份。1934 年柳湜获释后即前往上海，担任《申报》读书指导部主任，后与李公朴等创办《读书生活》半月刊。1940 年冬前往延安，任陕甘宁边区参议员、边区政府委员、教育厅厅长等职务。他主持制定的《1942 年教育工作计划大纲》，确定了边区教育工作的三项主要任务——一是建立正规的教育制度，二是提高各级学校的教育质量，三是继续推行新文字、扫除文盲，为边区教育事业做出了很大贡献。

　　——徐为民. 中国共产党人名词典. 沈阳：辽宁教育出版社，1988：189.

⑤ 同②403.

中国新文化运动。"① 1939 年 11 月，张申府出版了《什么是新启蒙运动》一书，认为新启蒙运动是"文化上的救亡运动"，是"民族主义的自由民主的思想文化运动"②。美国历史学家舒哲衡认为，"张申府相信哲学在国民抗战中会找到它的最终使命，而启蒙——这自 1919 年五四运动开始的知识分子的未完成的项目——现在有希望在全国范围内落实了"③。知识分子的这些编辑出版活动对新启蒙运动做了较为系统的总结和发挥。

纵观新启蒙运动，内容非常丰富。陈伯达倡导新哲学者应建立中国新启蒙学会，继续"五四的启蒙运动，反对异民族的奴役，反对礼教、独断、盲从，破除迷信，唤起广大人民抗战和民主的觉醒"④。柳湜认为，应当进行一个空前广大的全民族思想解放运动和广泛深入的文化运动。为避免"中国文化的空虚、贫弱"⑤，柳湜、陈伯达、何干之等人纷纷建言应建设新的文化，"为现代文化中国而奋斗"⑥。要发展教育文化事业，加强相关文化事业的研究，从各个方面为新民主主义文化建设

---

① 何干之. 近代中国启蒙运动史. 上海：生活书店，1937：412. 该论著关于新启蒙运动问题的研究，体现了两个鲜明特色：一是作者作为新启蒙运动的参与者，保存了大量第一手资料。二是对新启蒙运动的内容、特点和主旨等方面进行了初步概括和总结。该书既是新启蒙运动研究史上的开山之作，也是当时推进新启蒙运动的重要理论著作。此外，关于新启蒙运动研究比较有代表性的其他作品还有 1940 年 5 月和 6 月在《上海周刊》发表的万流（李平心）的文章《新民主主义的溯源与新启蒙运动的重估》和《论新民主主义文化的性质与任务》等。

② 张申府. 什么是新启蒙运动. 上海：生活书店，1939：1.

③ 舒哲衡. 张申府访谈录. 北京：北京图书馆出版社，2001：202. 舒哲衡（Vera Schwarcz），又译为维拉·施瓦支，女，生于罗马尼亚，犹太人。斯坦福大学历史学博士，著名汉学家，主要从事中国现代史研究，现任教于美国康涅狄格州威斯理安大学（Wesleyan University），她因研究中国五四运动而被中国学术界所熟知。除了历史研究之外，她还写作诗歌和短篇小说，著有《中国启蒙运动》、《张申府访谈录》（*Time for Telling Truth is Running Out：Conversations with Zhang Shenfu*，直译《说出真相的时间已经不多》）、《在断裂的时间之河架桥：论中国人和犹太人的文化记忆》（*Bridge Across Broken Time：Chinese and Jewish Cultural Memory*）、《漫漫回家路：一部中国日志》（*Long Road Home：A China Journal*）及诗集《一勺光》（*A Scoop of Light*）等。其中，《张申府访谈录》披露了一些关于中共早期组织和领导层的细节史料。

④ 陈伯达. 哲学的国防动员：新哲学者的自己批判和关于新启蒙运动的建议. 读书生活，1936，4（9）.

⑤ 柳湜. 柳湜文集. 北京：生活·读书·新知三联书店，1987：711.

⑥ 陈伯达. 思想无罪. 读书月报，1937（3）.

打好坚实基础。

柳湜、陈伯达、何干之、艾思奇、张申府①等新启蒙运动的倡导者，强调文化的民族性和大众化，提出了建设新文化的两大原则，在客观上进一步推动了马克思主义中国化事业的深入进行。

一是培养文化自信，正确处理好文化"古今中外"的关系。他们认为，要重估中西文化，既不能拒斥或全盘西化，也不能复古或毁弃传统文化，应该是批判性继承和借鉴性吸收，实现各种文化辩证有机的综合②。张申府提出"打倒孔家店，救出孔夫子"③，他们倡导文化的民族化和中西文化的辩证结合。主张要辩证分析传统文化，对其进行合理扬弃，通过批判、解析和重估，实现"破""立"结合，保卫民族文化，创造中国新文化，培养"民族的自觉与自信"。中国传统文化是中国共

---

① 张申府（1893—1986），名崧年，字申甫，河北献县人。其父张濂，二弟张崇年，三弟张岱年。他是中国共产党三个主要创始人之一，一生致力于东西方哲学研究。1908 年入读顺天高等学堂中学班，1912 年转入北京高等师范学校附属中学，1913 年考入北京大学预科，1914 年考入北京大学文科哲学系，后转入理科数学系。张申府与毛泽东同年出生（1893 年），并曾与毛泽东在北大图书馆共事。1918 年冬，张申府与陈独秀、李大钊三人联手创办了颇具影响的杂志《每周评论》，1921 年加入中国共产党，张国焘由他介绍进入北京共产党早期组织，他是周恩来加入中国共产党的介绍人，后又与周恩来一起介绍朱德加入中国共产党。张申府也是黄埔军校首位共产党人，1924 年 5 月，孙中山任命张申府为黄埔军校政治部副主任，后为代理主任。周恩来当黄埔军校政治部主任就是接他的班。张申府最早将钱锺书高度评价于报刊，并誉其为"国宝"。1925 年 1 月，中国共产党第四次全国代表大会在上海召开，张申府列席了会议，会上因讨论党的纲领时反对与国民党结盟而与蔡和森、张太雷等人发生争执，而后负气提出退党。1931 年，张申府被清华大学聘为哲学教授，讲授逻辑与西洋哲学史。"九一八"事变后，他积极投身于抗日运动，是"一二·九"运动的重要组织者和领导者。1938 年 7 月，国民党在汉口召开了国民参政会一届一次大会，张申府与"救国会"的沈钧儒等六人被聘为第一届参政员。1942 年加入民主政团同盟，并任中央党委。1946 年 1 月，他出席了在重庆召开的政治协商会议。张申府热衷于数理哲学，是中国积极译介英国哲学家伯兰特·罗素的第一人，也是中文界翻译维特根斯坦的第一人。新中国成立后，张申府在北京图书馆当了研究员，负责选书，采集古籍，并专心于文史资料的整理研究。因他掌握英、法、德多国文字，还负责引进外文典籍。张申府晚年曾回忆起自己的一生，坦言自己最后悔的事情有两件：第一件就是 1925 年他退出了自己参与创建的中国共产党，另外一件事情则是 1948 年因为在共产党连连击败国民党、胜利在望时发表了《呼吁和平》一文被民盟开除。

——中国抗日战争大辞. 武汉：湖北教育出版社，1995：689；刘继兴. 张申府鲜为人知的人生传奇. 羊城晚报，2014-11-08（B04）；秦立海，商俊霞. 中共建党前后的张申府. 文史春秋，2009（1）：15-21.

② 柳湜. 柳湜文集. 北京：生活·读书·新知三联书店，1987：855.

③ 张申府. 什么是新启蒙运动. 上海：生活书店，1939：7.

产党从历史上直接继承下来的文化条件，是中国的国情之一。"言国情者，必与历史并举，抑知国情与历史之本质无殊，所异者，时间之今昔耳。昔日之国情，即今日之历史；来日之历史，尤今日之国情。"①

　　中国传统文化是指导中国革命运动的必要条件。1938 年 10 月，毛泽东在《中国共产党在民族战争中的地位》中强调指出，对于中国的传统文化，我们应当给以总结和继承这一份珍贵的遗产，"这对于指导当前的伟大的运动，是有重要的帮助的"②。马克思主义与中国优秀传统文化相结合是"马克思主义中国化"命题的应有之义，知识分子对中国传统文化的整理、改造与提升，为马克思主义中国化的发展准备了重要方法论基础。陈伯达积极主张批判继承中国传统文化，积极创建无产阶级革命的新文化，提出"继续对于中国旧传统思想，旧宗教，作全面的有系统的批判"③，"对于过去中国最好的文化传统，应该接受而光大之。同时我们还要接受世界一切最好的文化传统和文化成果，我们还要在中国多方面地创造新文化。我们要为'现代文化的中国'而奋斗。如果不是这样，那末，我们就只简单地走到'整理国粹'的泥坑中去了。为'现代文化的中国'而奋斗，这是我们新启蒙运动的着重点"④。

　　对于西方文化，知识分子主张在马克思主义哲学指导下，科学借鉴西方文化中的优秀成果，重视对西方文化的理论研究。新启蒙运动倡导者对于中国文化有着较为清醒的认识，陈伯达指出，"现在的中国文化，和世界先进的国度比较起来，却是很落后的。中国文化的发展，绝对需要借助世界先进国度中的科学及其各种解放思想"⑤。同样，张申府也认为，"新启蒙运动应该是一个真正新的文化运动。所要造的文化不应该只是毁弃中国传统文化，而接受外来西洋文化。也不应该是固守中国文化，而拒斥西洋文化。乃应该是各种现有文化的一种辩证的或有机的综合"⑥"今日建立新的文化问题，就是如何可以使得中西两方可以合

---

①　李大钊. 李大钊全集：第 1 卷. 修订本. 北京：人民出版社，2013：206.

②　毛泽东. 毛泽东选集：第 2 卷. 2 版. 北京：人民出版社，1991：534.

③　陈伯达. 哲学的国防动员：新哲学者的自我批判和关于新启蒙运动的建议. 读书生活，1936，4（9）.

④　陈伯达. 思想无罪：我们要为"保卫中国最好的文化传统"和"争取现代化的中国"而奋斗. 读书月报，1937（3）.

⑤　陈伯达. 在文化战线上. 上海：生活书店，1939：60.

⑥　张申府. 五四运动与新启蒙运动. 读书月报，1937（2）.

拍，中国最好的东西可以保持而且光大下去，西洋最好的东西也可以真正地移植过来，融合起来"①。他们积极主张中国应该在继承优秀传统文化基础上，大力学习和借鉴西方文化，把西方文化中的有益成果学会并"移植"到中国来，"要在民主主义的精神之下结合成文化上的联合战线。不论是资本主义的文化要素也好，封建的文化要素也好，不论是实验主义也好，社会主义也好，只要你所发挥的是有用美点，都竭诚欢迎你到这运动中来"②。陈唯实提出新启蒙运动应当"尽量介绍世界各种革命学说，尤其是最科学的学说和革命成功的国家的新兴著作，翻译世界的各种名著，尤其是被压迫民族的各种革命理论"③。他们还比较中国与西方的文化运动，对此，陈伯达在新启蒙运动开篇之作《哲学的国防动员：新哲学者的自我批判和关于新启蒙运动的建议》一文中提出："有系统地介绍西欧的启蒙运动及其重要的著作，介绍世界民族解放运动的历史及其理论和世界的文化组织，思想界名流，发生关系，请求它们不断地援助中国民族解放的事业，援助中国人民的新启蒙运动。大量地介绍新哲学到中国来，并应用新哲学到中国各方面的具体问题上去。"④ 从陈伯达、张申府和陈唯实等人的观点中可以看出当时知识分子推动马克思主义中国化的全球视野和世界眼光。

二是新文化要走向大众，实现"大众化"。1935 年底，艾思奇的《哲学讲话》出版，开启了马克思主义哲学大众化的热潮。参与新启蒙运动的很多人倡导对哲学进行通俗化和大众化研究，艾思奇指出，要来一个"哲学研究的中国化、现实化的运动"⑤。艾思奇提出必须使"新文化的普遍性达到最大限度"⑥。他们倡导对下层社会民众和下层社会读者开展通俗教育以深入到群众中去，在实行全面对敌抗战中进行并完成大众的文化运动。

新启蒙运动的发起者积极倡导文化的大众化，希望通过大众化方式去建立马克思主义的新文化。陈伯达明确指出，"新启蒙运动的工作，

---

① 张申府. 什么是新启蒙运动. 上海：生活书店，1939：77-78.

② 艾思奇. 中国目前的文化运动. 生活星期刊，1936，1 (19).

③ 陈唯实. 抗战与新启蒙运动. 汉口：扬子江出版社，1938：41.

④ 陈伯达. 哲学的国防动员：新哲学者的自我批判和关于新启蒙运动的建议. 读书生活，1936，4 (9).

⑤ 艾思奇. 艾思奇文集：第 1 卷. 北京：人民出版社，1981：387.

⑥ 艾思奇. 什么是新启蒙运动. 国民周刊，1937，1 (8).

一方面是文化的大众化，另一方面则应是理论的深刻化"①。他们提出哲学上的争斗应该和一般的人民争斗结合起来，通过大众的启蒙，达到"在广泛的民众中去建立新文化"的目的，认为发动群众是实现团结抗日的重要途径。对于文化动员的大众化与国防化，艾思奇指出："第一是对文化的大众化的彻底的关心。文化落后的中国，大众化的运动是迫切地需要着的。尤其因为联合战线运动的最重要的基础是下层联合战线，要巩固下层联合战线，就必须使广大的下层民众更正确地理解联合战线的意义。第二，是文化各部门的国防化的动员。文化的国防化运动，显然和大众化运动是分不开的：没有大众化运动，国防化运动就不能深入民众，没有国防化运动，大众化运动也只是空洞无内容的东西，大众化的形式，国防化的内容，是目前文化界的实践总动员的完整的姿态。"②陈伯达也从文化动员的角度阐述"大众化"的内容、发展方向和具体实现形式，他提出"应该进行民主的大转变。该由个人的研究转变为集体的研究。应该由亭子间中，图书馆中，科学馆中的个人工作转向文化界的大众，转向作坊和乡间的大众"③，并就哲学、教育、文学、史学等方面"大众化""通俗化"提出了许多具体措施，"一个新的文化运动在达到尖峰的时候，一定是大众的要求和学术的成果之完整的融和"④。针对实现"大众化"的主要途径，陈伯达指出"唯一的道路就是思想的大解放，要扫清数万万同胞数千年来的愚昧，使他们能普遍走上救国的觉醒"⑤，在于"普遍地开明民智"⑥。

新启蒙运动是建立现代中国新文化的运动，对于启蒙运动的目的，陈伯达强调"启蒙是大众的，启蒙在现实的中国并未过去"，"我们的新启蒙运动就是要把四万万同胞从复古独断，迷信，盲从的愚昧精神生活中唤醒起来，要使四万万同胞过着有文化的，有理性的，光明的，独立的精神生活"⑦。为此，知识分子在新启蒙运动中积极主张把文化"大众化"和建立现代中国新文化结合在一起，指出新启蒙运动"就是'到

---

① 陈伯达. 在文化阵线上. 上海：生活书店，1939：57.
② 艾思奇. 目前中国文化界的动向. 现世界，1936（1）.
③ 陈伯达. 思想的自由与自由的思想：再论新启蒙运动. 认识月刊，1937（1）.
④ 张宗植. 文化的任务和大众化. 战时文化，1938，1（3）.
⑤ 同③.
⑥ 李达. 文化运动在北平. 读书月报，1937（2）.
⑦ 同③.

民间去'，是大变动前夜的文化运动，是在新的秩序行将产生，旧的秩序依然存在的过渡时期的一种文化运动"①。新启蒙运动积极倡导新哲学者在对马克思主义哲学研究过程中要面向社会，做到理论与实践的统一，"当此全面抗战时期，知识分子和文化人不能集中都市，不能只是会说不会做，这是大家应该行动的时候了，应该参加实际的抗战救亡工作，到各地担负起训练民众，组织民众，武装民众的责任来在抗战的阵线上发动广大的民众共同和敌人斗争，这种战斗的，实践的知识分子和文化人才是大时代所需要的人才"②。

新启蒙运动最重要的贡献是促进了马克思主义广泛而深入地传播，它把唯物史观和辩证唯物主义贯穿于其中，最终推动了马克思主义新哲学在中国的影响力急剧扩大并最终确立。"新哲学者乃是目前新启蒙运动的主力，动的逻辑之具体的应用，将成为目前新启蒙运动的中心，而且一切问题，将要借助于动的逻辑，才能作最后合理的解决。"③ 在这一过程中，延安的知识分子可谓是功不可没，早在陈伯达提出新启蒙运动口号时就明确要求"新哲学研究者应该站在这运动的前头"④。知识分子强烈主张打破国民党主导下的文化封闭状态，要求用马克思主义新哲学启蒙大众，重新认识和评价五四新文化运动。

他们以唯物史观和辩证唯物主义为指导，深刻反思五四新文化运动，把新启蒙运动看作是对五四新文化运动的继承（对新文化任务的继承）和发展（以马克思主义的唯物辩证法来主导这一运动）。早在1932年，王造时就发表《复兴新文化运动》一文，高度评价了五四运动，认为"新文化运动，的确是一大解放，使旧社会的思想与制度，都失却了尊严。五四运动，就是表现人民对于权威不客气的反抗"⑤。在高度评价五四新文化运动的同时，王造时还严厉谴责"党国以后，训政以来，什么都完了""新文化运动的影子没有了"⑥。到延安时期，知识分子比较成熟地运用马克思主义唯物史观反思五四新文化运动，如艾思奇认

---

① 艾思奇，吴清友，等．"新启蒙运动"座谈．读书月报，1937（1）．

② 陈唯实．抗战与新启蒙运动．汉口：扬子江出版社，1938：46．

③ 陈伯达．论新启蒙运动．新世纪，1936，1（2）．

④ 陈伯达．哲学的国防动员：新哲学者的自我批判和关于新启蒙运动的建议．读书生活，1936，4（9）．

⑤ 王造时．荒谬集．上海：自由言论社，1935：88．

⑥ 同⑤87—90．

为，"文化在中国，是非常庞杂而又极不平衡的。因为它是建立在中国这样的社会经济基础上，而中国的社会经济现象也正是非常庞杂而又不平衡的缘故"，因此，"在这半封建的基调里面，各种各样的文化要素掺杂着，于是就有了目前中国文化上的庞杂而不平衡的现象"①。艾思奇还强调，"新的思想文化时代在人类历史上出现，都有它的社会的根据"，正是从历史唯物主义的阶级分析观点出发，他把五四运动定性为"最典型的资本主义文化运动"②。何干之以唯物史观为指导，指出"中国思想的演进史，一方面可以反映着中国社会的变迁，它方面又可以作为中华民族自我觉醒的标志；同时，自周秦以至鸦片战争前中国文化思想的停滞，是中国封建社会停滞的反映"③。陈伯达运用唯物史观分析中国和世界近代史，认为"许多殖民地和半殖民地（如印度和中国）的自我觉醒，却又是它们在欧战中获得某些方面物质力量的发展所促成的"④，而战后中国对复古理论和孔教的批判（五四运动），也"正是发生在中国物质力量新发展的基础上的"⑤。

从某种程度上讲，新启蒙运动与之前的左翼文化运动有异曲同工之处，主要目的是宣传"辩证唯物论"，以实现马克思主义与当时中国的现实政治更加紧密的结合，其倡导文化发展路向的实质是马克思主义中国化，从而为中国共产党的新民主主义文化建设提供重要理论参考和借鉴。

三、初步建构阶段的马克思主义哲学
社会科学（1937—1949）

1937—1949 年是马克思主义哲学社会科学体系的初步成熟阶段。全民族抗战爆发后，在中国共产党制定和实施的正确知识分子政策影响下，艾思奇、范文澜、何干之、陈伯达、成仿吾、吴亮平等哲学社会科学各学科的著名学者齐聚延安，为哲学社会科学的初步成熟提供了重要智力支持。马克思主义中国化命题的提出及其与学术中国化的良性互动，进一步推动了中国马克思主义哲学社会科学体系的初步成熟。

---

① 艾思奇. 中国目前的文化运动. 生活星期刊，1936，1（19）.
② 艾思奇. 论思想文化问题. 认识月刊（创刊号），1937（1）.
③ 何干之. 新启蒙运动与哲学家. 国民周刊，1937（13）.
④⑤ 陈伯达. 论五四新文化运动. 认识月刊（创刊号），1937（1）.

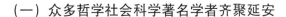

（一）众多哲学社会科学著名学者齐聚延安

1. 哲学社会科学工作者齐聚延安的主要原因

全民族抗战爆发后，众多学者齐聚延安，为推动马克思主义哲学社会科学体系的初步成熟做出重要贡献。这些来自全国各地的哲学社会科学工作者当时会聚延安，主要有如下三方面的原因：

首先，抗日救亡的感召。

在20世纪30年代，抗日救亡的严峻局势对知识分子的命运抉择产生了重要影响。从全民族抗战爆发开始，"几乎每一个有良知，有觉悟的中国知识分子，都像受雷击一般从惊恐中跃起，纷纷投入到抗日救亡中去"[①]。对当时大部分知识分子来讲，"是带着自由民主解放的理想奔向共产党的。只要你当年还有一点热血、一点良知，你就不会选择走另一条路"[②]。中国共产党当时强烈主张抗日，在中华民族面临生死存亡的严峻形势下，"老少前进的中国人脑筋里都有两个急待答复的问题，我怎样救国？我能怎样救国？这些问题使许许多多的中国青年去欧洲，去美国，去日本，也使千百个青年到广西，到山西，因为延安对于这些问题能给予具体的答覆，所以成千上万的青年到延安来"[③]。1939年，毛泽东在五四运动20周年纪念会上指出："全国各地，远至海外的华侨中间，大批的革命青年都来延安求学。今天到会的人，大多数来自千里万里之外，不论姓张姓李，是男是女，作工务农，大家都是一条心。"[④]

---

① 徐州师范学院编辑组. 中国现代作家传略：上. 成都：四川人民出版社，1980：128. 全面抗战时期知识分子奔赴陕甘宁边区，从时间上看主要经历了三个阶段：（1）全面抗战爆发前，始于1936年底，如丁玲、成仿吾、徐梦秋、危拱之、李伯钊等最早到达边区。抗大第二期学员于1937年1月正式开学，首次招收外来学员，其1 362名大学部学员就有知识青年学员609名。（2）从1937年下半年到1938年，该时期属于国共合作初期，知识分子到边区的外部环境尚好，是到边区的知识分子人数最多的时期，也是所来地域范围最广、阶层最丰富的时期，奔赴边区的知识分子主要是在该时期到来的。以抗大为例，该时期有来自全国各省市学员4 655人，占全校总人数的83.7%，是第二期学员总人数的3倍还多。（3）1939年以后，为抗战相持阶段，随着国共摩擦增多，来边区的知识分子人数大大减少，主要来自陕西、山西、河北、山东、河南等临近边区的省份。

——程朝云. 抗战时期知识分子奔赴陕甘宁边区研究：中国社会科学院近代史研究所青年学术论坛2001年卷. 北京：社会科学文献出版社，2002：152—153.

② 许纪霖. 最后的士大夫，最后的豪杰. 二十一世纪（香港），2004（4）.

③ 烟如. 他们为什么要去延安. 自学，1939，2（3）.

④ 毛泽东. 毛泽东选集：第2卷. 2版. 北京：人民出版社，1991：568.

当时的舆论宣传对大批知识分子奔赴延安发挥了积极推动作用，其中范长江的《中国的西北角》和埃德加·斯诺的《西行漫记》的影响尤为值得关注。如1937年春，柯华作为"燕大学生延安参观团"的成员来到延安，在校园中就曾看到斯诺在边区拍摄的纪录片。全民族抗战爆发后，800名燕大学生中就有200人奔赴了延安，由此也印证了舆论宣传的重要推动作用。

需要特别强调的是，当时知识分子尤其是青年学生奔赴延安并不是主要受意识形态的吸引，"大多数知识分子奔赴延安，与其说受到了马列主义理论和共产党组织的吸引，毋宁说是由于爱国热情"①。

其次，中国共产党在该时期根据形势发展，灵活调整了对待知识分子的政策②。

中国共产党知识分子政策的调整，也是影响当时国内知识分子政治走向的一个重要因素。该时期，中国共产党的知识分子政策整体上趋向成熟。1939—1941年，中共对知识分子的地位与作用达成共识。1940年10月，中央发出《关于各抗日根据地文化人与文化人团体的指示》，强调要充分发挥文化人对革命事业的重要作用。延安和各根据地的有关部门相继出台宽松、自由的文化工作政策。政策上的优待，主要体现为生活（衣食住用行）上的照顾。当时延安和中国其他各边区一样，物资供应情况非常紧张和困难。延安所有的机关、学校一律实行战时共产主义供给制③，吃、穿、用均由公家供给。

最后，对民主、自由、平等的不懈追求是现实因素。

---

① 宋平. 张闻天对于干部理论教育的贡献：重读《中央关于办理党校的指示》. 党校论坛，1988（00）.

② 关于该时期中国共产党知识分子政策问题，在第一章中的"中国共产党对马克思主义哲学社会科学的领导"部分已有较为详细介绍，此处不再赘述。

③ 全民族抗战时期的延安，物资匮乏，但共产党仍想方设法为知识分子提供生活和工作上的优待。当时实行共产主义供给制，一切消费品均由公家供给，主要包括伙食、生活用品和津贴三部分。自延安时期供给制逐渐制度化开始，供给标准体现出不同级别之间的分配差别，总共有十类四十种以上的分配标准。这种差别既有革命功绩的差异及工作职务、性质的不同的原因，也有为团结和开展国内统一战线的需要，以此来吸引或留住人才。当时红军出身的各级领导干部，一般每月津贴也就四五元，即使中央政治局委员津贴每月也仅十元，但知识分子的待遇则明显要高得多。后来到了新中国成立以后，随着国内环境的变迁，分配制度也有了很大变化，从民主革命时期带有平均主义色彩的供给制，逐渐发展成为等级差距较大的职务等级工资制。

——王海军. 抗战时期供给制探析：以陕甘宁边区为中心. 中共党史研究，2010（11）：68.

延安确是平等和民主的"乐园"，正如毛泽东所描述的那样，"延安的确不好，树木很少，经费不足；但是延安有民主政治，有政治自由"①。很多哲学社会科学工作者对延安的了解，都是通过《西行漫记》等作品。延安在中国共产党的管理下，确实"成为一个在政治、经济、军事和社会生活方面充满革命色彩的相对独立的世界"②。当时许多哲学社会科学工作者都有感于此，"那时的延安，洋溢着一种自由、活泼、生动、欢乐的气氛。自由的空气，和平民主的精神，是我们这些青年学子到延安后最重要的感受"③。何其芳到延安两个月以后，对延安也有了切身的理解，"我充满了印象。我充满了感动。然而我首先要大声地说出来的是延安的空气。自由的空气。宽大的空气。快活的空气"④。当时毛泽东对奔赴延安的哲学社会科学工作者，"都要亲自接见，并与他们亲切交谈"⑤。在社会生活方面，革新社会旧俗，主张男女平等，提倡革命道德，主张建立同志式的平等团结和互助友爱的新型人际关系。

在文化方面，我们党提倡自由研究，"这里有着学术研究的有利条件，自由研究，自由讨论有着完全的保障；物质条件虽然还是很不够，但是也有了必要的具备，尤其是理论空气的环境，安静的家居（窑洞）和规律而又活跃的生活，从这几点上来讲，延安正是研究学术的乐园哩"⑥。同时，中央提出要全力扩大与巩固抗日文化统一战线。1940 年1 月，张闻天在《抗战以来中华民族的新文化运动与今后任务》中，提倡"大胆地创作、写作、著述、介绍、翻译，来打破各种限制，打破各种陈旧的观点和标准，建立新观点、新标准，以发展学术，提高学术；组织各种文化的、研究的、考察的团体，提倡自由研究、自由思想、自由辩论的生动、活泼、民主的作风"⑦。来到延安的哲学社会科学工作者高举新民主主义文化旗帜，相比于国统区的专制独裁，这些方面让

---

① 毛泽东. 毛泽东文集：第 2 卷. 北京：人民出版社，1993：192.

② 汪云生. 试论 20 世纪 30 年代知识分子走向延安. 学术界，2005（4）：189.

③ 何方. 民主延安. 老年教育，2007（5）：11.

④ 何其芳. 我歌唱延安. 文艺战线（创刊号），1939（1）.

⑤ 中共中央党史资料征集委员会. 中共党史资料：第 11 辑. 北京：中共党史资料出版社，1984：207.

⑥ 弩秋. 陕甘宁边区的学术研究. 新华日报，1941-01-07.

⑦ 洛甫. 抗战以来中华民族的新文化运动与今后任务. 解放，第 103 期. 1940-4-20.

全国各地追求平等、自由、民主的知识分子热血沸腾，"延安没有盯梢的，延安吃饭不要钱，延安是自由、民主之地，抗日不受管束"①。于是，他们便纷纷冲破家庭束缚奔赴延安，寻求自己所追求向往的新生活。

2. 延安哲学社会科学工作者群体的主要来源

延安哲学社会科学工作者群体来源地多样化，他们奔赴延安大致经过以下多条途径：一是八路军在各地办事处（如西安、武汉、长沙、兰州、洛阳等地）介绍来的；二是经当地如陕、豫、川等中共地下党组织介绍的；三是各地党的负责人如四川的罗世文、豫西的刘子久、长江局的博古、周恩来等人介绍的；四是社会知名人士如李公朴、邹韬奋等人推荐的；五是一些群众团体组织介绍的；六是一些地方部队介绍的；七是持有当地救亡团体介绍证件的；八是哲学社会科学工作者自己来延安的。

（1）从中央苏区或其他根据地奔赴延安的哲学社会科学工作者。

当时从中央苏区到延安的有吴亮平、范文澜、冯雪峰、成仿吾、张如心、吕振羽、沙可夫、李伯钊（女）等人，他们早期受过马列主义教育，有革命的理想和丰富的政治经验。其中，成仿吾由鄂豫皖根据地进入中央苏区，通过长征到达延安，是当时中央党校唯一的政治教师，任中央党校高级班教员和教务主任，后来担任陕北公学校长。张如心于1931年8月到中央革命根据地参加中国工农红军，并参加中央红军长征。抗战时期历任军政学院教育长、中央研究院中国政治研究室主任、中共中央党校三部副主任及延安大学副校长等职。

被毛泽东称为"功盖群儒，其功劳不下于大禹治水"的吴亮平当时独立翻译出第一个中文全译本《反杜林论》，曾担任毛泽东和美国记者埃德加·斯诺的翻译。范文澜主要从事马列主义理论研究，为当时马列学院历史研究室主任，讲授中国历史等课程。

（2）从国统区或沦陷区奔赴延安的哲学社会科学工作者。

在奔向延安的哲学社会科学工作者中，包括左翼文化工作者在内，大多来自国统区和沦陷区。在民族危难之时，他们具有强烈爱国主义热情，积极投身到革命斗争的洪流中去。为满足根据地培养干部的需要，

① 石岩. 圣地洪流：知识分子在延安. 南方周末，2005-09-01.

一批理论家、学者和作家奉命从国统区或沦陷区的文化战场辗转到陕甘宁边区的讲坛。"卢沟桥事变之后，更掀起了国统区广大知识分子奔赴延安的高潮。"① 那些"从国民党统治区来的青年知识分子，……在他们的心目中，延安既然是革命圣地，就应是处处平等、自由、民主的典范"②。在前往陕甘宁边区的途中，有的哲学社会科学工作者"化装农民冲过日军的防线，在机枪射击中失去了他的伙伴，两度被游击队的领袖救出了危险，最后步行到上海，从上海经香港到内地，现在他又在向延安进发了"③。

1937 年 9 月，在中共中央安排下，著名哲学家艾思奇、历史学家兼经济学家何干之、文艺理论家周扬等 12 名知名学者从上海来到延安。在到延安前，艾思奇任上海《读书杂志》编辑，周扬在上海领导左翼文艺运动。对于当初来延安的原因，周扬曾回忆说："主要原因是组织决定我去……我和艾思奇、何干之这一批人就去了延安。"④ 他们来到延安后，艾思奇担任抗日军政大学主任教员，周扬历任陕甘宁边区教育厅厅长等职。在党组织安排下从国统区到延安的还有茅盾、柯仲平、柳湜、何思敬、张仲实、何其芳、陈学昭等人。柯柏年于 1937 年全民族抗日战争爆发后由上海转辗到达延安，担任马列学院西方革命史教研室主任。"红岩英雄"张露萍于 1937 年与李隆蔚、刘玉丰、彭为公等进步青年从成都出发，沿川陕公路到达陕西延安⑤。1940 年 5 月，在周恩来的安排下，茅盾和翻译家张仲实也到达延安，张仲实到延安前曾在新疆学院任政治经济系主任，兼任新疆文化协会副会长。金以恭与钱远镜来延安之前都是上海麦伦中学学生，其中，金以恭于 1937 年初投奔延安，后到浙江，因汉奸出卖而被敌人杀害。从武汉、广州、重庆、上海、香港等地辗转来延安的进步哲学社会科学工作者还有邹韬奋、草明、林默涵、欧阳山、韦悫、姚溱等等。

当时从沦陷区汇集到延安的哲学社会科学工作者也很多，全民族抗战爆发之后，"逃亡者以知识分子为最多。据统计，高级知识分子中的

---

① 朱文显. 知识分子问题：从马克思到邓小平. 成都：四川人民出版社，1999：295.

② 宋金寿. 延安整风前后的《轻骑队》墙报. 新文学史料，2000（3）：37.

③ 烟如. 他们为什么要去延安. 自学，1939，2（3）.

④ 艾克恩. 延安文艺运动纪盛. 北京：文化艺术出版社，1987：29-30.

⑤ 张露萍从抗大毕业后在中共南方局军事组工作，与青年张蔚林、冯传庆等人打入国民党重庆军统电讯总台，秘密建立党支部，后不幸被捕，英勇牺牲。

90％，一般知识分子中的半数以上，从敌人占领区迁徙到了抗战大后方和解放区"①。

皖南事变后，在国统区的萧军等人怀着重建民族国家的理想辗转到延安，与先到的东北作家雷加、马加（白晓光）、石光等聚合，形成了延安时期特有的"东北作家群"②。当年萧军经过千辛万苦才到达延安，东北大学电机系李东野等十几个人从东北流亡到关内的北平、济南和南京等地，积极参加"一二·九"运动，后经八路军南京办事处介绍投奔延安，参加抗大第三期学习。与从中央苏区或其他根据地奔赴延安的哲学社会科学工作者不同的是，从国统区或沦陷区来延安的哲学社会科学工作者大多拥有较高文化水平，他们对延安的哲学社会科学发展做出了重要贡献。

（3）从国外返回延安的哲学社会科学工作者。

当时从国外返回延安的知识分子也很多，如当时中共驻共产国际代表团成员杨松于1938年2月底从莫斯科返回延安，并在中央马列学院任教。萧三于1939年4月被批准回到延安，担任鲁迅艺术学院翻译部主任等职。

抗战时期的亡国危机也使华侨学子义无反顾回国，投入到救亡图存的洪流中去。有来自马来西亚、新加坡、泰国、印度尼西亚、菲律宾、缅甸、越南等东南亚和南、北美洲的爱国华侨青年64人③。当时的华侨青年主动回国历尽艰辛，"前赴昆明重庆，以致远抵陕北者，亦颇不乏人。于此可见青年侨胞对抗战情绪之热烈矣"④。其中一位叫吴醒柏的东南亚知识青年侨胞，"不顾家庭阻拦，先偷跑到香港。其父乘飞机追到香港，答应这个独生子一切条件，要他回去。最后他还是坚持到西

---

① 马嘶. 1937年中国知识界. 北京：北京图书馆出版社，2005：222.

② 延安时期东北作家群形成的标志是于1941年9月成立的"九一八"文艺社，他们的阵地是舒群、白朗参加编辑的《解放日报》文艺副刊（一百期以前为丁玲主编，以后为舒群主编），其成员主要有：白朗、白晓光、石光、李雷、耿耕、郭小川、纪坚博、高阳、梁彦、师田手、张仃、黑丁、舒群、雷加、蔡天心、罗烽、萧军、魏东明、高更等，基本上包括了在延安的全体东北作家（但其中也有非东北作家，如郭小川）。在当时的政治环境下，他们虽然结社，但既没有公开的组织纲领和宣言，也没有创作的范式，只是"乡土"观念下的作家群聚。
——沈卫威. 延安时期的东北作家群. 辽宁师范大学学报（社科版），1987（1）：48.

③ 中共中央党史资料征集委员会. 中共党史资料：第7辑. 北京：中共党史资料出版社，1983：53.

④ 沈云龙. 近代中国史料丛刊续编：第44辑. 台北：文海出版社，1977：68.

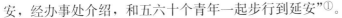
安，经办事处介绍，和五六十个青年一起步行到延安"①。

（4）来自陕北本地及延安学校教育培养的哲学社会科学工作者。

该时期来自陕北本地的哲学社会科学工作者中，比较具有代表性的主要有马健翎、杨醉乡②、柳青③等人。除了吸收本地哲学社会科学工作者，我们党还很重视通过学校教育来培养。1940 年 3 月，中央发出《关于开展抗日民主地区的国民教育的指示》，指出"各地党的领导机关及其宣传教育部，必须认真的把这一工作当做它们的中心任务之一"④。当时为了培养革命事业所需要的干部人才，我们党先后创办了许多干部培训性质的学校，如中国人民抗日军政大学⑤（1937 年春成立）、战时青年短期训练班（1937 年 7 月）、陕北公学（1937 年 9 月）、鲁迅艺术学院（1938 年 4 月）、马列学院（1938 年 5 月，1941 年 8 月，改组为中央研究院）、华北联合大学（1939 年夏）、中国女子大学⑥

① 朱鸿召. 延安文人. 广州：广东人民出版社，2001：37.

② 杨醉乡，陕北延川人，陕甘宁边区老戏剧艺术家，曾任边区抗战剧团团长、边区民众剧团副团长、陕甘宁边区文协秘书长等职，创作话剧《丰收舞》等节目。他是全民族抗战时期列宁剧团和抗战剧团的主要组织者和领导者之一，为大众化的革命文艺做了大量工作。在 1944 年 10 月举行的边区文教大会上，杨醉乡获得"群众艺术的先驱"奖状。

③ 柳青（1916—1978），原名刘蕴华，陕西省吴堡县人，边区著名小说家。1938 年 5 月至 1939 年 7 月，柳青在陕甘宁边区文协任"海燕"诗歌社秘书，民众娱乐改进会秘书，做机关党的工作，翻译西班牙小说《此路不通》。1940 年 10 月回到延安，在抗联工作，先后写出《误会》《牺牲者》《地雷》《一天的伙伴》《废物》《被侮辱的女人》《在故乡》《喜事》《土地的儿子》《三垧地的买主》等 10 多篇小说，生动描绘了抗日军民的英雄形象。

——中国现代文学词典：第 3 卷. 上海：上海辞书出版社，1990：586.

④ 中共中央文献研究室，中央档案馆. 建党以来重要文献选编（1921—1949）：第 17 册. 北京：中央文献出版社，2011：212.

⑤ 中国人民抗日军政大学是在红军大学的基础上发展起来的，红军大学，1931 年创办，是由叶剑英任校长和政委的红军学校发展而来的。1933 年 11 月，红军学校改编，与苏维埃大学军事政治部合并，组建成中国工农红军大学，是苏区的最高军事学校。由何长工担任校长兼政委，分设指挥、政治和参谋三系，主要培养营团级以上军事政治干部。1934 年 10 月，红军大学随中央红军长征，改名为"干部团"。1936 年 6 月，长征到达陕北后，改名为中国抗日红军大学，1937 年春又更名为中国人民抗日军政大学。

⑥ 在民国时期的高等教育中，女性教育分布总体特征是南多北少、东多西少，即主要分布在东部、东南沿海地区及中部和西南地区某些省份。全民族抗战时期，受到共产党革命理论的号召，全国各地知识女性纷纷涌入延安，这为延安女性教育的发展提供了重要条件。在党的积极推动下，1939 年 7 月，中国女子大学在延安王家坪成立，为宣传妇女解放思想和培训大量优秀妇女干部做出了重要贡献。

（1939 年 7 月）、延安自然科学院（1940 年 9 月）、泽东青年干部学校①（1940 年 5 月）、延安行政学院（1940 年 7 月）、八路军军政学院（1940 年 8 月）、八路军医科大学（1940 年 9 月）、陕北民族学院（1941 年 9 月）、延安大学（1941 年 9 月），等等。这些创办于全民族抗战初期的学校，主要是干部短期培训，学期一般为三到六个月，后随着形势的发展逐步向正规学校过渡。1944 年 6 月延安大学学员主要来源地见表 3-1。

表 3-1　1944 年 6 月延安大学学员主要来源地统计表

学员来源	行政学院	鲁艺	自然科学	母亲班	总计
大后方	71	187	51	64	373
陕甘宁边区	735	18	1	5	759
其他根据地	43	94	5	5	147
敌 占 区	6	15	2	0	23

注：此表所列地区系指工作地区而非指籍贯。

资料来源：《延安大学史》编委会. 延安大学史. 北京：人民出版社，2008：134.

中国人民抗日军政大学是当时国民政府唯一承认的学校，"1937 年 1 月开学的抗大第二期，就招收了 609 名知识青年。以后逐期增加，第三期（1937 年 8 月至 1938 年 4 月前后）招收知识青年 616 人"②。抗大第四期知识青年学习班共招收学员 5 562 人，据统计，"学员文化程度分别为：文盲 152 人，小学 594 人，初中 1 417 人，高中 1 440 人，专门学校 145 人，大学 428 人，研究院 11 人，留学生 25 人，其他 443 人"③。

陕北公学从 1937 年 7 月到 1941 年 8 月，先后共培养了 13 000 多名干部，其中主要是外来知识分子青年④。鲁艺从创建到并入延安大学

---

① 1940 年 1 月，中央决定在冯文彬、胡乔木所主持的安吴堡青训班基础上成立一所青年干部学校，1940 年 5 月正式创办，"该校为中国共产党直接领导下之学校，毛泽东同志是中国人民最敬爱的领袖，他的名字是中国人民解放的旗帜，把毛泽东的名字作为校名，即是要全体学生来努力学习毛泽东同志的理论、知识、学识、革命方法、伟大精神"。在建校初期，有学员 300 余人，泽东青年干部学校是中国共产党在新民主主义革命时期创办的第一所培养青年运动工作干部的高等学校，在中国青年教育史上占有重要地位。

——泽东青年干部学校正式举行开学典礼. 新中华报，1940-05-07.

② 程中原. 张闻天传. 北京：当代中国出版社，2000：492.

③ 石岩. 圣地洪流：知识分子在延安. 南方周末，2005-09-01.

④ 陕公纪念四周年，抗战以来造就万余干部. 解放日报，1941-08-05.

前，共举办了五届培训班，培养学生 685 人，其中文科专业 197 人，戏剧专业 179 人，音乐专业 162 人，美术专业 147 人，如文学系的学员有穆青、贺敬之、杨思仲、冯牧、马峰、孙谦等①。还有延安女子大学等各类院校以及安吴堡等战时青年训练班，也招收了大批知识青年。

3. 延安哲学社会科学工作者群体的教育背景

从教育背景来看，延安哲学社会科学工作者有的接受的是国外的现代教育，有的接受的是国内传统教育或高等教育，还有一些是毕业于国内初小、高小、初中、高中及专科学校等，接受教育的程度可谓广泛。1944 年 6 月延安大学学员教育程度见表 3-2。

表 3-2　　1944 年 6 月延安大学学员教育程度统计表

教育程度	行政学院	鲁艺	自然科学院	母亲班	合　计
初识字	7	0	0	4	11
初小	88	13	0	4	105
高小	115	40	0	4	159
初中	342	83	20	33	478
高中	211	111	19	22	363
专科	10	38	2	1	51
大学	81	27	18	6	132
留学	1	2	0	0	3
合计	855	314	59	74	1 302

注：上表行政学院数中包括医学系数在内。
资料来源：《延安大学史》编委会. 延安大学史. 北京：人民出版社，2008：135.

对于西学教育，毛泽东曾对此有深切感受，"我自己在青年时期，学的也是这些东西。这些是西方资产阶级民主主义的文化，即所谓新学，包括那时的社会学说和自然科学，和中国封建主义的文化即所谓旧学是对立的"②。那些有留学或高等教育背景的哲学社会科学工作者，精通外语，如吴亮平精通俄语，艾思奇精通日、英、德三种语言，成仿吾精通德、英、日、法、俄五种语言，郭沫若曾回忆成仿吾，"他很有语学上的天才，他对外国语的记忆力实在有点惊人"③，所

---

①　《延安大学史》编委会. 延安大学史. 北京：人民出版社，2008：106.

②　毛泽东. 毛泽东选集：第 4 卷. 2 版. 北京：人民出版社，1991：1469-1470.

③　郭沫若. 郭沫若文集：第 7 卷. 北京：人民文学出版社，1958：342.

有这些为他们后来在延安时期译介马列著作提供了重要条件。

当年奔赴延安的哲学社会科学工作者，有相当一部分是从海外留学归国的学生，他们在海外接受过西方国家的现代教育。例如，艾思奇、何干之、周扬、张如心、杨松、王学文等曾留学于西方许多国家。其中，王思华，又名王慎铭，1926 年赴法国、英国留学，其间着手翻译马克思的《资本论》。后于 1937 年 9 月赴延安，任中央研究院中国经济研究室主任，兼任西北财经办事处计委会副主任等。陈学昭，浙江海宁人，于1927 年留学法国，1935 年以《中国的词》一文获得法国巴莱蒙大学文学博士学位。1937 年她在武汉八路军办事处经董必武介绍并以《国讯》周刊特约记者身份去了延安，是当时去延安的知识分子中唯一的女博士，她写了《延安访问记》后从延安回到重庆。何干之，原名谭毓均，学名谭秀峰。广东台山人，1929 年东渡日本入早稻田大学和明治大学经济科。1934 年初，参加上海社会科学家联盟。1937 年"七七"事变后到延安，在陕北公学、华北大学等院校从事教育工作，并担任重要领导职务。周扬，原名周运宜，字起应。湖南益阳人，1928 年冬留学日本，1932 年任左翼作家联盟党团书记及中共上海中央局文化工作委员会书记兼文化总同盟书记。1937 年 9 月赴延安，历任陕甘宁边区教育厅厅长、鲁迅艺术文学院副院长、延安大学校长、《文艺战线》主编等职。王学文，原名王守椿，又名王昂，江苏徐州人。1910 年赴日本入东京同文书院学习，曾受教于日本著名马克思主义经济学家河上肇。李初梨，原名李祚利，四川省江津县（今江津市）人。1925 年入京都帝国大学文学部学习，1938 年任陕西省委宣传部副部长，曾任八路军驻陕办事处中共中央代表林伯渠的秘书、《新中华报》主编等职。

有的是在国内接受的高等教育，如胡乔木、于光远（均来自清华大学）、冼星海（曾先后就读于北京国立艺术专门学校和上海国立音乐学院，后去法国留学）、胡绳（曾入读北京大学）、范文澜（毕业于北京大学，后留学日本）、何其芳（毕业于北京大学哲学系）、和培元（毕业于燕京大学）、李锐（毕业于武汉大学机械系）、柯柏年（先后于上海沪江大学和上海大学学习）、王实味（曾就读于北京大学文科预科班）、柯仲平［北京政法大学（今中国政法大学）肄业］等都来自国内名牌院校。其中，胡乔木，本名胡鼎新，江苏盐城人。清华大学、浙江大学肄业，1935 年任中国社会科学家联盟书记、中国左翼文化界总同盟书记及中共江苏省临时工委委员。到达延安后于1941年任毛泽东秘书，中共中央政治局秘书。冼星海，澳门人，于1938年偕同未婚妻钱韵玲从武汉经西安，在西安毅然拒绝友人的高薪聘请而坚决去了延安。范文澜，浙江绍兴人，早年进北京大学学习国学，后赴日本留学，回国后在多所大学任教，在延安为马列学院历史研究室主任。柯柏年，广东潮安人，先就读于上海沪江大学，后转入上海大学学习。1937年转辗到达延安，1938年任马列学院西方革命史室主任，后任中央研究院国际问题研究室主任。柯仲平，云南宝宁（今广南）人，北京政法大学肄业，1937年11月来到延安，先在中央宣传部文化工作训练班学习，曾担任战歌社社长。这些知识分子都是同时代青年的佼佼者，据曾就读过清华大学哲学系的韦君宜回忆："我是'一二·九'那时候的学生。说老实话我当时在学校只是一个中等的学生，一点也不出色。真正出色的，聪明能干、崭露头角的，是那些当时参加运动投奔了革命的同学。如果他们不干革命而来这里学习，那成就不知要比我这类人高多少倍！"[①]

这些哲学社会科学工作者大部分深受五四启蒙思潮影响，他们经受了以民主与科学为特征的五四新文化运动的洗礼，继承了五四时期以来敢于批判、重视个性与崇尚解放的理念和精神，具有强烈的启蒙意识。到了延安后，他们在思想情感上走在时代前沿，具有强烈的民族责任感，积极将自己融入中国抗战事业与社会变革的进程中。

4. 哲学社会科学工作者群体的分布领域

延安的哲学社会科学工作者，他们在职业构成和个人背景方面较为复杂，就职业构成来说是全方位的，有科学家、文学家、艺术家、历史学家、哲学家、经济学家等，在当时比较有代表性的领域，大致分为以下类别：

（1）社会科学界。

主要代表人物有吴亮平、胡乔木、和培元、杨松、王思华、张仲实、张如心、李六如、田家英、李锐、冯文彬、于光远、宋平、陈伯达、艾思奇、何干之、何思敬、邓力群、秦川、李慎之、杨献珍、帅孟奇、任白戈、黄华、周小舟、蒋南翔、齐燕铭、廖承志、董纯才、柯柏年、朱光、徐一新、师哲、吴冷西、徐冰、高朗山、梅行、阎长林、许

---

① 韦君宜. 思痛录. 北京：北京十月文艺出版社，1998：6.

立群、王子野、傅钟、张际春、高敏夫、戈宝权、伍修权、李之琏等。

其中，经济学研究领域有王学文、钱俊瑞、于光远、王思华等，哲学方面的主要以艾思奇、陈伯达、陈唯实、张如心等人为领军人物，研究历史学的主要有范文澜、何干之、杨松、尹达、陈伯达、吴玉章、金灿然、叶蠖生、谢华等，尤其以范文澜、尹达、何干之等为突出代表。他们在历史研究方面著述丰硕，如在范文澜领导下编写的《中国通史简编》，研究队伍庞大，有尹达、叶蠖生、金灿然、谢华、伶冬、唐国庆、齐燕铭、吕振羽等名家参与。

（2）文学艺术界。

在延安哲学社会科学工作者群体中，文艺界也较为突出。当年在这些进入解放区的文化人中，"有一定创作成果的约有 407 人。这 407 名文艺家中，作家 227 人，占 55.8％，艺术家 180 人，占 44.2％。左翼文艺家占 407 名文艺家的半数以上，参加过各种文艺团体的文艺家 89 人，占有创作成果人员的 21.9％"①。例如，诗人有柯仲平、何其芳、高敏夫、公木、艾青等，作家有吴伯箫、茅盾、欧阳山、周立波、于黑丁、舒群、白朗、萧军、罗烽、周文、刘白羽、沙汀等，音乐家有冼星海、张寒晖、吕骥、贺绿汀、时乐濛、向隅、唐荣枚等，美术家有刘砚、华君武、蔡若虹、江丰、力群等，戏剧家有张庚、塞克、沙可夫、钟敬之、姚时晓、李丽莲等，电影艺术家有袁牧之、徐小冰、吴印咸、高朗山、程默，等等。

文艺界知识分子在延安组织了中国文艺协会、文学社团、戏剧团体、音乐美术社团等 70 多个团体，既进行文艺创作，又进行实践教学，使延安文艺呈现繁荣景象。

（3）新闻出版界。

延安时期中共新闻事业有了较快发展，涌现出一大批优秀新闻工作者，代表人物主要有杨松、廖承志、吴冷西、徐冰、胡乔木、陆定一、祝志澄、朱华民、李蔚然、王若水、胡绩伟、温济泽、毛泽民、秦川、穆青、梅益、向仲华、李初梨、张帆、杨西光、杜导正、冯雪峰、郭化若、萧三、吴亮平、钱俊瑞、丁浩川等等。

为反对国民党文化专制主义，延安时期中共领导的报纸杂志种类繁

---

① 刘增杰. 从左翼文艺到工农兵文艺：对进入解放区左翼文艺家的历史考察. 中国现代文学研究丛刊，2006（5）：108.

多，大致有几十种报刊，代表性的有《解放》周刊、《新中华报》（1941年改名为《解放日报》）、《中国青年》、《共产党人》、《新华日报》（华北版）、《中国工人》、《中国文化》、《八路军军政杂志》等，知识分子为延安新闻学事业的发展做出了重要贡献。此外，这些知识分子还为边区印刷事业的发展发挥了重要作用。1937年初中央进驻延安后，重新建立了早先成立于江西瑞金的中央印刷厂，厂长祝志澄，副厂长朱华民兼任党支部书记，赵鹤任工会主任。当年中央印刷厂的人员与设备主要由三部分组成①：第一部分是西安的长安晚报社和西北文化日报社带来的技工与设备，如西安长安晚报社社长李蔚然带来的两台四开铅印机及一部分铅字器材等；第二部分为毛泽民和祝志澄在上海招聘的两批工人与设备，他们专门从上海购买的一台一开机、一台四开机、两台铸字机和其他印刷器材，工人有周永生、李守培、刘立夫、高步发等人；第三部分是从中央红军和陕北根据地保安先后进厂的人员和设备，人员有祝志澄、朱华民、李长彬等30余人，设备包括石印机等。

（二）哲学社会科学工作者对马克思主义中国化命题的学理论证

在20世纪初期，李大钊最早提出了马克思主义和中国实际相结合的思想，直到中共六届六中全会之前，党内没有明确提出"中国化"②

---

① 延安清凉山新闻出版革命纪念馆. 万众瞩目清凉山：延安时期新闻出版文史资料：第1辑（内部资料）. 西安清凉山新闻出版革命纪念馆，1986：410.

② 在全民族抗日战争时期，"中国化"成为学术研究的潮流。当时许多专家、学者对这一问题从各个领域进行了不同程度的研究和讨论，他们发表的有关"中国化"问题的论著不胜枚举，如潘菽的《学术中国化问题的发端》、张申府的《论中国化》、嵇文甫的《漫谈学术中国化问题》、艾思奇的《旧形式运用的基本原则》和《旧形式新问题》、徐懋庸的《民间艺术形式的采用》、周扬的《对旧形式利用在文学上的一个看法》、陈伯达的《关于文艺的民族形式杂记》、何其芳的《论文学上的民族形式》、巴人的《中国气派与中国作风》、向林冰的《论"民族形式"的中心源泉》、胡风的《论民族形式问题》、郭沫若的《"民族形式"商兑》、茅盾的《关于民族形式的通信》和《文艺大众化问题》、沙汀的《民族形式问题》、潘梓年的《新文艺民族形式问题座谈会上的发言》和《民族形式与大众化》、唯明的《关于大众化的问题》、董纯才的《谈科学大众化》等等。"中国化"确是那个年代学术界的流行词，此外，"中国魂""中国味""中国精神""民族形式""大众化""中国风格""中国气派"等与"中国化"相类似的一些提法，出现频率也很高，从侧面反映了当时学术中国化的潮流。

——高九江，韩琳. 延安时期马克思主义中国化形成的文化条件. 延安大学学报（社会科学版），2010，32（1）：26；张立慧. 抗战时期的"中国化"思潮与马克思主义中国化. 郑州大学学报（哲学社会科学版），2006（6）：36.

或"马克思主义中国化"的科学概念。1938 年，毛泽东在中共六届六中全会提出"马克思主义中国化"的科学命题后，在国统区以张君劢①、叶青②等为代表的知识分子对马克思主义中国化进行了曲解。1938 年，张君劢发表《致毛泽东先生一封公开信》，建议毛泽东"不如将马克思主义暂搁一边，使国人思想走上彼此是非黑白分明一途，而不必出以灰色与掩饰之辞"③。叶青发表《论学术中国化》《马克思主义中国化问题》等文章，认为马克思主义不适合中国国情。针对于此，延安的陈伯

---

① 张君劢（1887—1969），原名嘉森，号立斋，别署"世界室主人"，江苏宝山（今上海宝山）人。近现代著名学者，早期新儒家代表之一。张君劢早年入上海江南制造局的广方言馆学习英文和数学、物理、化学等西学，于光绪二十八年（1902）中宝山县秀才。曾入上海震旦学院研读西方历史和哲学，后因学费问题改入南京江南高等学校就学。光绪三十二年（1906），由宝山县公费派送日本留学，入早稻田大学政治经济科，参加梁启超组织的政闻社。1915 年回国后曾任上海《时务新报》总编、段祺瑞所设的国际政务会书记长、冯国璋总统府秘书。1926 年与李璜合办《新路》杂志，1932 年与张东荪一起召集国家社会党筹建会，创办《再生》杂志。1934 年起历任国社党中央总务委员会、国民参政会参政员、中国民主政团同盟常委及民社党主席等职。他与梁漱溟、熊十力等积极倡导儒学的现代发展，主张超出门户之见，在新的世界潮流中实现儒学复兴。1938 年底，他在《再生》发表了一封致共产党领导人毛泽东的公开信，公然反对毛泽东提出的在抗日统一战线中"既统一、又独立"的独立自主原则。张君劢反对中国实行共产主义，同时，不满蒋介石不遵守《中华民国宪法》，1949 年后去了美国。

——中国第二历史档案馆，《中国抗日战争大辞典》编写组. 中国抗日战争大辞典. 武汉：湖北教育出版社，1995：662.

② 叶青（1896—1990），即任卓宣，原名启彰，中国国民党政要、政论家，四川南充人。早年赴法国勤工俭学，与周恩来、邓小平等一起组织共产主义运动，曾担任中共旅欧支部书记。1928 年被捕后叛变，积极反共。抗战时期相继担任国民党中央党部专门委员、中组部研究室主任、战时青年训导团研究室主任、三青团中央干事等职。该时期，叶青为巩固国民党政权，在舆论上极力从事反马克思主义、反中国共产党的活动。1941 年叶青在阅读了毛泽东的《论持久战》《论新阶段》《新民主主义论》等文章之后，在重庆出版的《抗战与文化》杂志撰写文章，率先提出"毛泽东主义"的概念。1942 年 2 月，张如心在《解放日报》发表《学习和掌握毛泽东同志的理论和策略》驳斥叶青，但接着叶青的说法，提出"毛泽东主义"，后王稼祥将之修订为"毛泽东思想"。至中共七大，刘少奇在报告中正式提出"毛泽东思想"。1949 年叶青去台湾，曾任中国国民党中央评议委员、台北政治大学教授、政治作战学校教授，1990 年在台湾去世，著有《胡适批判》《怎样研究三民主义》《三民主义之完美》《三民主义与社会主义》《三民主义底社会基础》《民生主义真解》《中国政治问题》等著述。

——方松华，忻剑飞. 叶青. 探索与争鸣，1987（5）：55-57；散木. 从共产党员到反共学者的叶青. 党史博览，2015（8）：22-27；中国第二历史档案馆，《中国抗日战争大辞典》编写组. 中国抗日战争大辞典. 武汉：湖北教育出版社，1995：208.

③ 张君劢. 致毛泽东先生一封公开信. 再生，1938（10）.

达、张如心、张仲实、杨松、艾思奇、和培元等哲学社会科学工作者，从马克思主义中国化的含义、基本原则、必要性、基本途径等角度进行了理论论证，为这一理论的发展提供了重要学理性基础。如张如心的《论布尔什维克的教育家》、陈伯达的《关于马克思主义的若干辩证》、杨松的《关于马列主义中国化的问题》、和培元的《论新哲学的特性与新哲学的中国化》及艾思奇的《哲学的现状和任务》《论中国的特殊性》等文章，他们对马克思主义中国化问题进行了详细探讨，其中，尤其以艾思奇的理论贡献最为突出。

1. 关于马克思主义中国化的必要性和可能性

马克思主义中国化命题提出后，叶青等人认为马克思主义不能中国化。他指出，源于欧洲的马克思主义"根本不适宜于中国""不能适宜就意味着不能应用"。他还彻底否认马克思主义的民族性，认为马克思主义就是世界上一致的国际主义，"国际主义与民族一样同为形式"①。对此，艾思奇在《论中国的特殊性》中指出，马克思主义是国际主义，指的是内容而不是形式，马克思主义是内容上的一般性、国际性和形式上的特殊性、民族性的统一。世界上有着众多的民族和国家，马克思主义是不能不依着各民族的不同的发展条件而采取不同的表现形式的②。艾思奇正确分析了中国出现马克思主义的条件，"自从中国共产党的成立，就可以说是马克思主义与中国革命实际相结合的开始"③；有着 20年民族民主革命的战争经验，中国共产党在革命实践中对成功的经验和失败的教训加以总结，就有可能产生中国式的马克思主义，并明确指出"马克思主义和辩证法唯物论是完全适合于中国的国情的"④。

一方面，马克思主义中国化是必要的。在《论中国的特殊性》一文中，艾思奇认为中国的马克思主义者已经认识到必须把马克思主义中国化，"就中国来说，这就是要把中国的特殊性，依据中国的特点使马克思主义在中国民族的特殊形式之下表现出来……要使国际主义在现在的条件下，得到具体的表现"⑤。艾思奇关于中国发展特殊性思想的表述，对毛泽东产生了很大影响，他认为各国具体的历史、具体的传统、具体

---

① 叶青. 论学术中国化. 时代精神，1939 (1).

②③ 艾思奇. 论中国的特殊性. 中国文化，1940 (1).

④ 艾思奇. 抗战以来几种重要哲学思想的评述. 中国文化，1941，3 (2/3).

⑤ 艾思奇. 艾思奇文集：第 1 卷. 北京：人民出版社，1981：486.

的文化都不同，应该区别对待，应该允许把马克思列宁主义具体化①。

另一方面，马克思主义中国化是可能的。对其可能性的现实原因和理论原因，艾思奇进行了详细分析，他指出："马克思主义之所以能够中国化，是由于中国自己本身早产生了马克思主义的实际运动，中国的马克思主义是在中国自己的社会经济发展中有它的基础，是在自己内部有着根源。"② 艾思奇还从三个主要方面有力论证了马克思主义中国化的可能性，他认为马克思主义中国化问题被提起、被强调是很自然的，"由于过去的某些痛苦的经验教训，由于抗战的艰巨任务当前，也由于新的条件（理论研究者与实际斗争的结合有了更便利的机会）。马克思主义中国化与辩证唯物论实际应用的问题之被提起、被强调，是很自然的"③。

马克思主义是科学革命理论，1940 年 7 月，杨松在《关于马列主义中国化的问题》中指出："马列主义发现了社会发展和政治斗争的规律；它是过去数千年人类思想发展之大成。资本主义社会的发展……日益证实了马列主义的正确性。"④

2. 关于马克思主义中国化的含义

艾思奇从更深层面阐释马克思主义中国化，"真正能使马克思主义中国化，也正是有着'创造'的作用了……马克思主义者所谓的精通马克思主义不仅是指马克思主义的理论研究，而同时是指要能在一定的具体环境之下实践马克思主义，在一定国家的特殊条件之下来进行创造马克思主义的事业。这里就一定有'化'的意思，也就有'创造'的意思"⑤。他还指出马克思主义中国化，就是"一方面要坚持马克思、恩格斯所发见［现］的关于社会发展的基本的科学规律，承认它有一般的指导的作用，而同时却一刻也不能忘记，这些规律在不同的国家，不同的民族中间，因着客观条件的差异，而有着各种各样特殊的表现形式。因此，当我们在中国的社会里来应用来实践马克思主义的时候，也必须注意到中国社会的特殊性，也必须要具体地来了解中国的社会"⑥。

---

① 吴冷西. 十年论战：上册. 北京：中央文献出版社，1999：450.

② 艾思奇. 艾思奇文集：第 1 卷. 北京：人民出版社，1981：484.

③ 同②552.

④ 杨松. 关于马列主义中国化的问题. 中国文化，1940，1（5）.

⑤ 同②481.

⑥ 同②477.

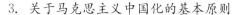

3. 关于马克思主义中国化的基本原则

艾思奇认为，马克思主义中国化需遵循下列原则：

第一，只有在坚持马克思主义基本原理基础上才能有中国化，"正因为我们要求马克思主义的中国化，所以就尤其要坚持马克思主义的基本原则和基本方法，正因为我们要具体地应用马克思主义到中国的现实的特殊条件上来，所以我们就尤其要站稳马克思主义的立场"①。杨松也认为，"只有我们把握着全人类社会、历史和思想的共同规律性，方能把握和发现中国社会、经济和思想发展的特殊性及全人类的共同规律性"，并认为"这是马克思列宁主义的正确方法，我们用这样的方法，就能去完成马列主义中国化，或说中国学术马列主义化，中国学术科学化的光荣伟大的历史任务"②。

第二，马克思主义中国化要用马克思主义具体地、客观地研究中国社会。"在中国应用马克思主义，或使马克思主义中国化，就是要坚决地站在马克思主义的观点上，在马克思主义基本原则和基本精神上，用马克思、恩格斯所奠定了的、辩证法唯物论的和政治经济学的科学方法，来具体地客观地研究中国社会经济关系，来决定中国无产阶级在中国民族革命斗争中的具体任务及战略策略。问题是在于要能正确地研究和把握中国社会的客观现实，并正确地决定革命的任务和战略策略，而不是在于从名词上来争执什么才叫做'化'，什么不是'化'的问题。"③

第三，马克思主义中国化要坚持实践第一的观点。马克思主义是马克思、恩格斯立足于欧洲资本主义国家实际并进行系统研究后得出的理论，它的基本原理是正确的。它的一些论断不可能适用于任何时代和任何国家，必须随着社会客观条件的变化而不断丰富、发展与完善。"马克思的整个世界观不是教义，而是方法。"④

在如何学习和运用马克思主义问题上，当时党内存在着两种截然不同的态度：一种是将马克思主义教条化、神圣化，表现在理论与实际相

---

① 艾思奇. 艾思奇文集：第1卷. 北京：人民出版社，1981：480.

② 杨松. 关于马列主义中国化的问题. 中国文化，1940，1（5）.

③ 同①.

④ 马克思，恩格斯. 马克思恩格斯选集：第4卷. 2版. 北京：人民出版社，1995：742.

分离；一种就是将马克思主义中国化，表现在理论与实际相统一。延安时期中共在马克思主义理论学习过程中，强调"应确立以研究中国革命实际问题为中心，以马克思列宁主义基本原则为指导的方针，废除静止地孤立地研究马克思列宁主义的方法"①。

4. 关于马克思主义中国化的实现途径

对于马克思主义中国化实现途径，一方面，艾思奇提出要真正把握辩证法的标准，反对两种不正确的倾向：教条主义和经验主义。实践马克思主义中国化，艾思奇认为要遵循三个步骤："第一步，要把握辩证法唯物论本身的基本观点，这只是研究的开始和准备。第二步，就要暂时丢开哲学公式，把所遇到的现实事物的本身作具体的考察。第三步，在辩证法唯物论的引导下，分析事实材料的各方面，并把握这一切方面的联系，这就是要把握辩证法唯物论法则的具体表现。"② 在这三个步骤中，第一步是从书本知识入手，把握辩证法的基本理论，在学习马列著作的同时，还要研究中国马列主义政党领袖们的著作。在进行第二步工作时，以"了解事实的全部内容"等。

另一方面，要与传统文化和抗战实际相结合。在结合中国传统文化特别是传统哲学思想和表现形式方面，艾思奇指出，只有熟悉中国传统的哲学思想和其表现形式，才能发扬中国哲学史上的唯物论和辩证法因素。艾思奇认为新哲学的通俗化运动没有适应激变的抗战形势，提出要把新哲学的通俗化引向新哲学的中国化、现实化，即把新哲学（马克思主义）与抗战的现实相结合，"辩证法唯物论是最和实践一致的哲学，在今日的中国，它是一切以抗战的实践为依归"③。在这方面，柳湜也认为，中国化"它的内容是历史的、民族的，同时是国际的。它是学术的、珍贵的，同时是战斗的，它是综合我们这个伟大民族数千年的历史和世界的历史，它是我们一切优良传统以及国际的一切优良的传统的一种交流，是代表今日人类最进步的立场，创造世界新文化一环的中国新文化为它的任务"④。

总之，延安哲学社会科学工作者对马克思主义中国化命题的理论探

① 毛泽东. 毛泽东选集：第3卷. 2版. 北京：人民出版社，1991：802.
② 艾思奇. 艾思奇文集：第1卷. 北京：人民出版社，1981：453-454.
③ 艾思奇. 艾思奇全书：第2卷. 北京：人民出版社，2006：492.
④ 柳湜. 柳湜文集. 北京：生活·读书·新知三联书店，1987：854.

索，推动了中国共产党领导革命事业不断向前发展。

（三）学术中国化与马克思主义中国化的良性互动

学术中国化运动①是 1939—1940 年间，中国共产党在重庆、延安等地发起的，它"上承新启蒙运动，下启新民主主义文化运动"②。在中国近现代思想发展史上，政治思潮与学术思潮存在着紧密互动关系。在马克思主义中国化与学术中国化的关系中，这二者之间的互动体现得尤为明显③。

在中国共产党成立之前，具有初步共产主义思想的哲学社会科学工作者就对"中国化"进行了学理性探索。1919 年，李大钊在《再论问题与主义》一文中就提出，把社会主义的理想与中国的实情相融合。1927 年大革命失败并未能阻止中国共产党人和哲学社会科学工作者对"中国化"问题的学理性探讨。毛泽东在该时期撰写了《中国社会各阶级的分析》《湖南农民运动考察报告》等，为后来"中国化"科学命题的提出打下了实践基础。土地革命战争时期，毛泽东先后撰写了《中国的红色政权为什么能够存在?》《井冈山的斗争》《关于纠正党内的错误思想》《反对本本主义》等，对马克思主义中国化革命道路从理论上做了深入探索。

与此同时，国统区哲学社会科学工作者对中国化问题也进行了理论探讨。当时社会学家孙本文等根据国内的社会实际，撰写《社会学原理》，对马克思主义社会学中国化进行了分析。1935 年，王新命等十位教授提出《中国本位的文化建设宣言》，提出中国本位的民族意识，探讨了文化如何"中国化"的理论问题。此外，艾思奇的《大众哲学》、陈唯实的《新哲学体系讲话》、胡绳的《新哲学的人生观》等，也对中

---

① "学术中国化运动"是近年来学界关注的热点，关于这方面的研究，代表性成果主要有：欧阳军喜：《论抗日战争时期的"学术中国化"运动》，《中共党史研究》2007 年第 3 期；姚宏志：《毛泽东与抗战时期"学术中国化"运动》，《安徽师范大学学报（人文社会科学版）》2015 年第 3 期；郑大华：《抗战时期"学术中国化"运动的再研究：纪念抗日战争胜利七十周年》，《浙江学刊》2015 年第 4 期；王朝庆、王刚：《论抗战时期艾思奇对"学术中国化"运动的贡献》，《毛泽东思想研究》2017 年第 1 期等。

② 欧阳军喜. 论抗日战争时期的"学术中国化"运动. 中共党史研究，2007（3）：69.

③ 崔凤梅，毛自鹏. 左翼文化与马克思主义中国化研究. 北京：人民出版社，2015：198.

国化问题进行了分析和论证。李达的《社会学大纲》得到毛泽东的青睐，香港学者对该书给予较高评价，认为该书"为中国第一部描绘了马克思主义整个体系的著作"①。该时期的哲学社会科学工作者注重对现实问题研究，在文学方面，兴起了文学大众化运动等。

国统区哲学社会科学工作者推动的学术中国化对中国共产党人产生了极为重要的影响，毛泽东正是在系统学习马克思主义经典著作与哲学社会科学工作者的学术论著之后，创作了《实践论》《矛盾论》等著作。在党的六届六中全会上，他正式提出"马克思主义中国化"命题，最大限度地推进了中国化马克思主义的发展。

无论从理论层面还是实践层面，学术中国化与马克思主义中国化是互动的。学术中国化运动缘于抗战现实需要，当年毛泽东强调要加强马克思主义理论学习，弄懂马克思主义，这种工作"有头等重要的意义"②。柳湜提出学术中国化要做到国际文化和中国现实的真正统一。学术中国化"最重要的意义和任务"，就是密切配合革命任务。在反侵略的同时反封建，反对理论上的教条主义，把中国化"贯通全学术领域"③。

学术中国化的本质就是马克思主义中国化，"是马克思主义哲学、史学、文学、经济学等各门社会科学通过具体化、通俗化实现中国化"④，这对推动马克思主义哲学社会科学体系建构发挥了非常重要的作用。

---

① 金观涛，刘青峰. 观念史研究：中国现代重要政治术语的形成. 北京：法律出版社，2009：224.

② 毛泽东. 毛泽东文集：第2卷. 北京：人民出版社，1993：224.

③ 柳湜. 论中国化. 读书月报，1939，1（3）.

④ 李方祥. 二十世纪三四十年代"学术中国化"与"马克思主义中国化"的思潮互动. 中共党史研究，2008（2）：67.

第四章　中国马克思主义哲学社会科学体系建构与学术争辩

　　科学理论的发展和进步思想的传播，总是伴随着同错误思潮的论战与博弈。

　　关于近代中国哲学社会科学学术话语权博弈的研究，是一个庞大而又复杂的系统工程。发生在当年学者之间、思潮之间、主义之间、学派之间与党派之间的理论碰撞可谓绚丽多彩，绽放出许多瑰丽而有价值的思想火花。由于历史文献资料收集与整理的局限，本章很难完整而客观地还原出当年哲学社会科学工作者"百家争鸣"的场景，仅择取其中重要部分进行研究梳理，以期为将来对该专题深入研究打下初步基础。

　　首先介绍一下本章的研究范式和行文逻辑。当前学界根据研究范式的不同，将马克思主义中国化研究分为两种：一是"政治实践式研究"，二是"文化学术范式研究"①。近代以来在哲学社会科学领域的学术论战

---

① 周全华在《马克思主义中国化学术史》一书中汇总并梳理了根据研究范式的不同，马克思主义中国化被划分的不同的"理论形态"，如"政治化理论形态"与"学术化理论形态"，"现实化形态"与"学术化形态"，"政治性意识形态研究"与"学术性意识形态研究"，"实践诠释"与"学理解读"，"政治层面研究"与"学术层面研究"，"政治意识形态领域"与"学院派学术领域"等，并将之概括为两种研究范式："政治实践范式研究"与"文化学术范式研究"。同时，根据学术路径的不同，将研究对象划分为两类：一是研究马克思主义政治理论与中国现实政治相结合，以同对政治领袖人物的研究相呼应，并直接研究政治领袖的实践活动和理论创新活动，如对中国化马克思主义的研究等；二是研究马克思主义的人文学术与中国学术的对接，力图实现马克思主义学术中国化。

具有政治与学术的双重属性，因此，研究学术论战与马克思主义哲学社会科学话语体系建构的"学术性意识形态博弈"与"政治性意识形态博弈"，这两种理论形态研究应当同时进行。在这两种理论形态研究中，前者是以中国共产党为主体，以革命实践经验为主要研究对象。在学术框架方面，一些专题如果单纯采用时段划分会产生逻辑叙述的割裂，因此，在宏观框架方面采用理论逻辑来划分，即根据不同主题内容来进行专题论述。在专题内部则主要按照时段，也就是历史逻辑进行梳理，但并不完全拘泥于时间逻辑。如第一节对近代中国思想界的概述，就是选择通过小专题的方式来介绍马克思主义哲学社会科学萌芽的历史背景和时代特征的。在研究方法方面，主要是采用文献研究方法。针对学术史研究特点，择取具有代表性的报刊书籍资料，整理当年代表性哲学社会科学工作者的主要学术观点以及理论脉络。此外，由于本章主要是关于学术论战的研究，比较研究法的运用也是重点之一，将论战双方的观点进行列举对比，以此论证只有中国共产党才是学术中国化的掌舵者和执行者。

一、"中西之争"：近代中国文化现代化发展与学术话语权的转移

鸦片战争后，在西方船坚炮利的裹挟下，中国被迫"走进"世界历史的视野，此后，中国的政治、经济、文化均发生了重大变化。当持续几千年的中国相对独立的历史发展脉络被打断后，不可能继续维持"闭关自守""自恃天朝"的局面，包括中国文化在内的中国社会发展若不融入西方世界文明体系，就会发展成为边缘文化而走向衰落。"与外界完全隔绝曾是保存旧中国的首要条件，而当这种隔绝状态通过英国而为暴力所打破的时候，接踵而来的必然是解体的过程，正如小心保存在密闭棺材里的木乃伊一接触新鲜空气便必然要解体一样。"① 该状态下的中国因西方国家的侵略而被迫"暴露"在外，传统文明在西方近代文明的冲击下临近"风化"，中国文化发展的现代化之路正是在这种近乎崩溃状态下开启的。

---

① 马克思，恩格斯. 马克思恩格斯文集：第2卷. 北京：人民出版社，2009：609.

（一）近代中国文化的"新陈代谢"

1. 近代中国文化的发展路径

近代以来，国家发展面临重大危机，国人亟须找到挽救国运的良方，以实现中华文明的再造与复兴。认识世界是改造世界的前提，正确分析世界形势和科学认识近代中国国情是救亡图存的基础。从清末起，以郑观应、林则徐、魏源、梁启超等为代表的新兴知识群体除了倡导学习西方科学技术外，在社会科学领域还尝试通过借助西方的学术体系和社会制度来解答中国的现实问题。

> 自三代至于近世，道出于一而已。泰西通商以后，西学西政之书输入中国，于是修身齐家治国平天下之道乃出于二。光绪中叶新说渐胜，逮辛亥之变，而中国之政治学术几全为新说所统一矣。①

部分中国知识分子主动接受以自由主义为典型代表的西方社会思潮，全盘引进西方学术话语体系，以期获得能够正确解决中国社会发展道路的方案。

近代国内的知识群体倡导对西方文化进行全盘西化的动机带有典型的"功利主义"色彩，这是源于为挽救民族危亡而进行"师夷长技以制夷"的策略妥协。马克思、恩格斯在《共产党宣言》中提道：

> 资产阶级，由于一切生产工具的迅速改进，由于交通的极其便利，把一切民族甚至最野蛮的民族都卷到文明中来了。它的商品的低廉价格，是它用来摧毁一切万里长城、征服野蛮人最顽强的仇外心理的重炮。它迫使一切民族——如果它们不想灭亡的话——采用资产阶级的生产方式；它迫使它们在自己那里推行所谓的文明，即变成资产者。一句话，它按照自己的面貌为自己创造出一个世界。②

1840年鸦片战争的爆发，使西方工业文明强硬而残酷地把我国源远流长的农耕文明从古代推到了近代。为达到长期掠夺目的，西方殖民者经常会在殖民地半殖民地国家推行他们所谓先进的社会制度，在原有历史发展进程被打破和原有社会制度被摧残的情况下，殖民地半殖民地

---

① 方麟. 王国维文存. 南京：江苏人民出版社，2014：741.
② 马克思，恩格斯. 马克思恩格斯选集：第1卷. 3版. 北京：人民出版社，2012：404.

国家为免国家灭亡而被迫去学习西方制度文化，从而加入西方文化的浸润之中。由此可见，鸦片战争所开启的中国社会发展道路的近代化，不是一种历史自然发展的过程，而是被迫进行被迫融入的过程，它完全是在历史外力带动之下的一种挣扎与探索，蕴含着民族危难的急迫心态和迫于找到解决国家发展道路的急切情绪。

亡国灭种的严峻形势，使近代国人努力寻求挽救国家发展的正确路径。当年的新文化运动先驱胡适曾讲过：

> 以数千年之古国，东亚文明之领袖，曾几何时，乃一变而北面受学，称弟子国。天下之大耻，孰有过于此者乎！①

鲁迅在《自题小像》（1903）中更是感慨："灵台无计逃神矢，风雨如磐暗故园。寄意寒星荃不察，我以我血荐轩辕。"② 反映出当时中国社会面临的发展危机，主要有三种呈现：

第一，战争背后的文化侵略导致中国文化边缘化，由此导致对传统文化的焦虑和认同危机。

鸦片战争以来，西方国家对中国进行军事侵略的直接结果，就是从《南京条约》开始的系列丧权辱国条约的签订，其实质是东西方两大文化体系的对抗竞争，军事强国的背后是文化强权，导致了中国文化的溃败。文化的溃败直接对社会体系带来了负面影响，这体现在国人对本民族文化的认识上由过去的盲目自信到当时的认同危机。伴随着军事贸易，西方国家的现代科技、民主制度彻底颠覆了国人传统观念中的"夷夏之辨"，结果导致文化自信的崩溃，其主要表现是当时国人对西方文明先进性的高度认可，主动学习西方资本主义文明，客观上带来了中国文化的边缘化。

所谓"近代化"，其本质是资本主义化而非封建化，就是对西方文

---

① 周质平. 胡适早年文存. 台北：远流出版公司，1995：353.

② 《自题小像》是现代文学家鲁迅创作的一首七言绝句。这首诗原无题目，诗题为作者好友许寿裳在其发表的《怀旧》一文中所加。1903 年，鲁迅在《浙江潮》上发表了《斯巴达之魂》，歌颂斯巴达人以生命和鲜血抗击侵略者，借以抨击清朝统治者的丧权辱国，唤醒中国人民斗争，并毅然剪掉象征封建传统和种族压迫的辫子，在一张剪掉辫子的照片背面题写了这首诗送与好友许寿裳。

——鲁迅. 鲁迅全集：第 7 卷. 北京：人民文学出版社，1981：126；吴欣. 鲁迅《自题小像》翻译小识. 华章，2011（29）：26.

化的盲信与崇拜，就是让中国文化全盘西化。"传统思想及伦理纲常至少有四个重要的建制性的凭借：科举、法律、礼仪及皇权，它们在20世纪初次第倒台，使得原来紧紧依托于它们的传统思想与纲常伦理顿失所依，从而也使广大的群众随着它们的消逝而茫然失措。"① 在文化认同危机下，国人开始深刻反思过去引以为傲的传统文化，在社会发展实践中引发了中国社会发展的巨大变动。

第二，对传统文化的信仰危机导致了国家的意识形态危机。

近代以来，在西方资本帝国主义国家的军事侵略下，经史子集所承载的儒家文明难以提供解决中国问题的现实思路，由此带来了知识分子的文化焦虑。在面对维新或者革命的道路选择背景下，他们强烈批判以儒家思想为代表的传统文化。他们提出的改革或革命举措，基本都是对西方国家政治制度的大力推崇，对以"仁""礼"为核心的传统文化宇宙观和价值观的无情批判，这就是当时新文化运动能够引起巨大社会影响的原因，对我国几千年以来的传统价值体系产生了强烈冲击。到五四前夕，在国内外各种"主义"思潮影响下，对传统文化的信仰危机导致了国家意识形态以及国民精神层面也出现了危机，进步知识分子急盼对传统价值体系进行深刻反思和重构。

第三，推进中国文化新陈代谢的路径方案。

当前学界认为，在近代中国拥有三条再造文明的路径方案，即完全性的、彻底性的新道路，如无政府主义或全盘西化思想；传统的、复古的、东方式的保守道路，如立宪派或保皇派；新旧混杂的改良或改革道路，如三民主义或基尔特社会主义。在马克思主义未完全确立其在我国历史发展的主导地位之前，上述三种道路在中国社会发展现实中进行过尝试实践，结果均以失败或以退出中国历史舞台而告终。五四新文化运动从其探索国家发展道路来讲有别于五四前的一些探索，它试图从改造文学、艺术、社会风俗等方面着手推进社会变革，在其探索过程中，辩证地看待传统文化，同时吸收借鉴外来文化，试图通过文化渠道探索中国的未来发展道路。

道路选择的前提是要明确近代中国文化的发展路径。由于地理位置、文化习俗等方面的差异，中国社会发展的历史轨迹完全有别于同时期的

---

① 王汎森. 中国近代思想与学术的系谱. 上海：上海三联书店，2018：265.

西方国家，中国一直在相对顺利的状态中向前发展，这种平稳状态直至19世纪中叶以来国门被彻底打开而结束，西方文化思潮大量涌入，对中国以儒家思想为代表的传统文化产生强烈冲击，造成了近代中国思想界"土洋混杂"。在短时间内，社会开始流行起莎士比亚和大小仲马，教会学校及新式学堂遍地开花，中国人的知识构成和思想方式在东西混杂的"矛盾生活"① 中被悄无声息地改变了。五四时期的中国知识界，"旧派"与"新派"的知识构成或许都是新旧混杂的"过渡派"，即使是在西式教育体系中成长起来的新青年们也承认在"安身立命之处"他们依然是真真切切"传统的中国人"②，正如时人汪叔潜所言，西洋文化"为吾中国此前所未有，故字之曰新""反乎此者，则字之曰旧"，在新旧之间，"二者根本相违，绝无调和折中之余地"。"如以为新者适也，旧者在所排除""旧者不根本打破则新者绝对不能发生""今试举一人或一事焉，欲辨别其孰为新孰为旧，几不可能。明明旧人物也，彼之口头言论，则全袭乎新；自号为新人物也，彼之思想方法，终不离乎旧"③。

李大钊曾指出："矛盾生活，就是新旧不调和的生活，就是一个新的，一个旧的，其间相去不知几千万里的东西，偏偏凑在一处，分立对抗的生活。"④ 在纷繁复杂的中国思想界，文化的发展很难在短时间内准确找到历史方位，"因此我很盼望我们新青年打起精神，于政治、社会、文学、思想种种方面开辟一条新径路，创造一种新生活"⑤。那么，"新"路径、"新"生活究竟"新"在何处？是完全抛弃传统而全盘西化，还是杂糅新旧，走改良道路？所有问题的关键最终聚焦于如何对待中国的传统文化，以合理而有效地推进中国文化的新陈代谢。

2. 传统文化转型与近代知识分子转变

在推动中国文化新陈代谢进程中，中国近代知识分子在努力建构中国文化并寻找中国文化的未来发展定位。20世纪初以来，随着社会的裂变与重组，中国传统知识分子生活在文化知识不断更新的时代，其原

① 李大钊. 新的！旧的！新青年，1918，4（5）.

② 曹伯言. 胡适日记全编. 合肥：安徽教育出版社，2001：404.

③ 汪叔潜. 新旧问题. 新青年，1915，1（1）.

④⑤ 同①.

有的文化体系濒临瓦解，而新的文化理念正在艰难建构。在一个裂变与重组的时代，东西文化发生激烈碰撞，使得当时的西学与国学、知识与思想、政治与文化的关系，需要打破传统的思维框架去重新认识和定义，这就带来了传统文化发展的转型与近代知识分子的转变。

春秋时期管仲划分"四民"（"士""农""工""商"），对后世产生了重要影响，中国封建社会的阶级结构和阶级观念一直以"四民观念"为主流。但到了近代，"四民"之间的阶级禁锢被打破，其中一个重要原因就是"知识"的大众化，科举制度的废除为此提供了重要契机。甲午战争失败后，康有为、梁启超等知识分子力陈清政府"非立即变法不足以救中国"，主张设立京师大学堂，推行西学。当年由梁启超草拟的《奏拟京师大学堂章程》，提出"兼容并包""中西并用"的举措。清政府在袁世凯、张之洞等督抚大臣联名奏请下，1904 年，清廷颁布《奏定学堂章程》，1905 年清廷正式下诏，宣布自 1906 年开始，全国停止会试，至此废除了中国历史上自隋唐以来绵延千年的科举制度。

> 科举制度原来是举国知识精英与国家功令及传统价值体系相联系的大动脉，切断这条大动脉，则从此两者变得毫不相干，国家与知识大众成为两个不相联系的陆块，各自漂浮。[1]

此外，清廷在全国推行学堂制度，颁布新学制，推进了知识大众化，打破了几千年来"士"对知识的垄断。废科举中断了"知识"与"仕途"之间的逻辑联系，知识的大众化使得知识精英的社会地位发生巨大变化，依次引起中国社会阶级结构的变动。

3. 传统文化的衰落导致中国社会出现信仰危机

信仰涉及人们对社会和国家精神价值的认可。对传统中国来说，共同的精神信仰主要是源于几千年来积渐形成的以儒家思想体系为核心的中国历史文化。

> 中国传统文化，与任何其他的文化一样，自己构成一个"精神的意义世界"（Universe of Meaning）。在这意义世界里面，儒家的基本价值观和宇宙观，一方面供给我们日常行为和判断的道德准绳，同时也构成一组指标系统，不但替我们相对于世界其他国家和

---

[1]　王汎森. 中国近代思想与学术的系谱. 上海：上海三联书店，2018：265.

社群作文化作自我定位，而且使我们对宇宙和人生有一全面的解释，从而在这架构内，认识生命的方向和意义。①

在20世纪初的文化认同危机之下，儒家思想文化地位下降，其表现是当时社会上对传统伦理纲常的强烈抵触，以"仁""礼"为核心的传统价值体系受到极大冲击。中国社会出现严重信仰危机，人们亟须找到新的价值观，探索中国文化发展的新方向，塑造新的信仰。

对中国近代知识分子来说，"入世"是国难之际的必然选择，在救国的急切压力下即使是佛教徒也积极参与各项社会活动②。因此，除少数文人外，佛教对广大知识青年的吸引力必然有限。在当年崇尚革命的时代，无神论是思想界的主流，不仅儒释道三家难以凝聚人心，对于伊斯兰教、基督教、天主教来讲也同样如此。

五四时代是崇尚新学（西学）与科学主义的时代。早年的西学派认为，西方思想是机械的、器物的，精神方面的问题需要从中国传统文化中寻求答案。但伴随着西方思潮的传入，人们对西学的认识逐渐深入，五四后期人们普遍认识到"西方思想，大体可分三系：一为宗教。二为科学。三为哲学"③，认为学问、道德或信仰是完全不同的对象。基督教作为西方精神世界的基础，它很难解决中国人精神世界的危机；倘若将西方宗教排除在外，仅仅是引进西方学术很难完全取代封建文化在中国传统社会所承担的地位。从梁启超《欧游心影录》④ 及张君劢1923

---

① 许纪霖. 二十世纪中国思想史论：上. 上海：东方出版中心，2000：12.

② 梁启超. 论佛教与群治之关系. 新民丛报，1902（23）.

③ 钱穆. 中国思想史. 台北：台湾学生书局，1985：1.

④ 《欧游心影录》是梁启超创作的游记体哲学著作，最初发表于1920年3月上海《时事新报》，后收入《饮冰室合集》时做了删减，改名《欧游心影录节录》。1918年，辞去段阁财长职务的梁启超，带随员刘崇杰、张君劢、蒋百里、丁文江、徐新六赴欧洲考察学习，历时一年多。《欧游心影》全面反映了梁启超对战后欧洲的观察，对西方文明的态度和看法，以及对中西两种文化的观点：认同和推崇西方文化的核心"自由精神"；反对西方把物质生活、科学凌驾于一切事物之上，但并不反对科学，更不是要放弃高度发展的物质文明；倡导个体本位的文化理论观；对欧洲文明的前途保持乐观。全书共分八章，有两部分内容：第一部分是发表对欧洲文化的观察和评论，以及对于中国文化建设的主张；第二部分是游历各地的见闻，涉及从上海到欧洲沿途观感、欧洲风情、战后欧洲生活状况、中西文化和政治的思考等方面内容。

——代兴莉. 梁启超《欧游心影录》文化思想考辨. 长沙：湖南师范大学，2009：3；梁启超. 欧游心影录. 北京：商务印书馆，2014：1；张德旺. 新编五四运动史. 哈尔滨：黑龙江人民出版社，2009：26.

年在清华大学《人生观》的演讲，可以看出当年的中国青年对人生价值以及精神信仰的纠结彷徨。于是，寻找精神信仰，便成为近代中国思想界孜孜以求的目标。

（二）"主义时代"的来临

1. "主义"及其传入

信仰是人们精神世界的重要依托。在 20 世纪初期，当出现信仰危机时，国破家亡的人们很难找到正确的理念。共同信仰的缺失带来政治上的混乱，而政治上的混乱则使中国社会一盘散沙。在近代中国，身处大变动时代的无论是知识精英还是政治精英，他们的共同目标都是迫切希望找到一个能够在社会发展实践中发挥效力或起指导作用的理念或思想。在此背景下，西方社会的各种"主义"以类似"普世"的面貌呈现于中国 20 世纪初的舞台上。

"主义"一词在中国古文献中很少出现，是地地道道的外来词汇。日本最早将西方"ism"译为"主义"，这种翻译的灵感或许来源于《史记·太史公自序》中的"敢犯颜色以达主义，不顾其身"①。在日本近代文献中，"主义"一词最早见于明治维新以来许多政治学者的马克思主义研究著作如《分权政治》《社会党论说》等，以及《东京每日新闻》等新闻报道之中。可见，"主义"一词的话语场景主要是存在（但不局限）于政治领域的。除此之外，"主义"也常常译为"道""论""术"等学术名词，用来表达某种理论的主张及概念。中国较早使用"主义"一词的是清末学者黄遵宪，他曾就任清政府的驻日公使。此后，在清末民初之际，"主义"已作为专有名词在中国思想界和政治领域内被广泛使用。"主义"对于近代中国来说之所以有强大吸引力，不仅在于它能够提供一套认识世界和分析问题的理论体系，同时，也提供了与之匹配的改造世界、解决问题的行动指南，并为人们描绘出未来世界与国度的理想蓝图。

在 20 世纪初期的近代中国社会，思想文化界各种"东""西"杂糅，各种各样的"主义"不胜枚举。这些主义有些是西方的，有些是中国本土的；有些是先进的，有些是劣质仿造的……尽管形形色色的"主

---

① 司马迁. 史记·太史公自序：第 10 册. 北京：中华书局，1982：3289.

义"混杂，但"主义"拥有一些共同的特质，这些特质在"主义时代"决定了中国思想文化界的学术氛围和发展方向。

第一，"主义"并非单纯的政治概念。它出现的场域横跨学术界和政界，无论是在新闻报纸上，还是在学术著作中，都能看到"主义"的身影，它融合了人们对政治愿景的描绘以及对宇宙真理的认知。人们在表达"思潮、思想、观念、体系、学说、作风、倾向、教派、流派、原则、阶级、方法、世界观、政策、主张"等概念的时候，"主义"一词被广泛而普遍地使用①。

第二，"主义"具有排他性。人们的政治主张或学术观点"在转化成各种'主义'之后，不但带有标明一种方针并矢志实行的意涵，不少政治性的主张在'主义化'之后马上'刚性化'，带有独断性、排他性，甚至是不容辩驳、你死我活的味道，其论述性质产生重大的转变"②。"主义"的排他性特质，是中国思想界尤其在 20 世纪初期出现大量思想论战的主要原因。

第三，"主义"的核心在"人"的实践。学术是人类解读自然界和社会发展规律的产物，它与人类社会的发展有着必然联系。学术的核心是"人"，它的认识主体是人，它的实践主体是人，所要解决的也是人类社会的生存发展问题。"如果说'人'偏向于个人，而'民'则偏向于团体或社会"③；近代中国学术的发展历程，必然是与中国社会的需要相契合。无论是马克思主义者还是三民主义者，都会强调"学以致用"，也就是学术一定要应用到社会实践当中，即"主义"的实践性。

第四，拥有"主义"的人被视为拥有较高的道德标准。时人曾将"主义"者的标准归纳为四点：

> A. 要有高尚纯洁的人格才可以讲主义。B. 要言行合一的才可以讲主义。C. 要不好同恶异的，才可以讲主义。D. 要明了社会历史及现实社会情状的，才可以讲主义。④

政治行为打上"主义"的名号仿佛就变得正义且充满公心，由此，

---

① ②　王汎森. 思想是生活的一种方式：中国近代思想史的再思考. 北京：北京大学出版社，2018：145.

③　胡一贯. 中国哲学的哲学. 文化先锋，1942，1（4）.

④　爱真. 怎样才可以讲主义？（下）. 国闻周报，1924，1（22）.

"主义"者成为政治精英们所追求的一种"身份外衣"。

源于西方话语体系的"主义"被视为对抗落后的、保守的封建陋习的工具，但同时它又被传统的中国人视为"道义"的新化身，与公理、真理、人性、进化论等概念相提并论，可见"主义"在人们心中具备天然正当性。在这种思维观念引导下，信奉和践行"主义"的政治行为也变得更具有公信力。加之当时中国民众的国民意识逐渐增强，对国家、社会的认识也随着政治觉悟的提升而逐渐清晰，构建一个符合大众的、公共的、国家的、社会利益的"中华民国"愈来愈成为人们的普遍追求和政治愿望，"主义"一词在当时政府卷宗和时人口头中出现的频率便越来越高①。

2. 五四时代的开启：从思想启蒙到社会革命

一种思想的形成与其所处的历史语境密切相关。五四时期的国民意识觉醒，其标志是当时知识分子对东西文明的评判。近代以来尤其是19世纪末以来，原本想建立西方民主政治体系的中国，由巴黎和会的外交失败意识到西方"民主"制度的腐朽，认识到西学与中国本土文化之间存在着天堑，从而破除了鸦片战争以来对西学的迷信。"中国民治主义和民族主义的开始，恰好在世界的民治主义和民族主义崩坏的时期。于是中国的社会思想和社会运动的倾向便有些'徘徊不定'不能自信的状况。"② 在国难当头的状态下，人们寻求一种"以某种抽象的原则来推演和涵盖解决具体问题的途径的思维模式……这种以抽象化的理念原则来简单涵盖'问题'的政治文化现象，可以说是自五四以来直到80年代末中国知识分子的共同心态特征"③。"抽象化的理念原则"就是"主义"，因此，对"主义"的选择就是对中国未来道路的选择。

自清末至五四前期，中国社会流传着各种"主义"。其中一些来源于西方国家，一些是以中国本土文化为本位的人们为对抗西方文明而进行"人工制造"的。因此，从某种意义上讲，这些"主义"之间的对抗是东西文化碰撞的一种具体表现，核心目的即探讨中国社会的未来发展道路。由于历史环境的影响，人们对中国的未来前景勾画了一个发展蓝

① 王汎森. 思想是生活的一种方式：中国近代思想史的再思考. 北京：北京大学出版社，2018：147-148.

② 屈维他. 自民治主义至社会主义. 新青年，1923，10 (2).

③ 李世涛. 知识分子立场：激进与保守之间的动荡. 长春：时代文艺出版社，2000：142.

图，就是民族独立、人民解放。基于该发展蓝图，民族主义、国家主义、社会主义被普遍视为"公理"与"正义"的化身。正如时人所说："社会主义，为吾侪所认定为人类相互关系当然之公理。欲根据此公理，改革现世之社会制度，而代以适宜之组织，以便人类之生活而谋其进步。"① 身处一个社会急需变革的时代，人们对社会发展美好前景的期盼驱使自己去寻找"主义"，探寻新的出路。

一战后西方列强在巴黎和会上对中国主权的染指，充分暴露了北洋政府的无能，在此背景下，社会上"过激主义"及"无政府主义"声名鹊起，中国社会出现了一股"反政治"的倾向。"反政治"倾向并非排斥一切政治行为和政治事件，它并不类似中国文化中陶渊明或"竹林七贤"那样的隐士心态，反而凸显的是儒家强烈的家国情怀。历史学者王汎森在《思想是生活的一种方式：中国近代思想史的再思考》一书中，系统总结了"反政治"心态造成的四种社会现象：第一，使得无政府主义得到一种新的活力；第二，因为政客、军人造成了无止境的混乱，所以当时有一种态度认为改变"政治"的责任，要由不涉及"政治"的青少年、劳动阶级来承担；第三，仇视政治活动；第四，摆脱晚清以来的英美派政治理想，重新寻找道路②。从当年历史可以看出，当十月革命及巴黎和会的消息传到中国后，试图通过改造文学、伦理、思想来建构新文明的文学革命和思想启蒙运动，并未随着对英美民主的失望而浸微浸消，反而转向更加激烈的以改造或革命整个"社会"为奋斗目标的"社会主义"。

在五四后期，《新青年》的传播主题发生了明显变化，不再仅仅局限于西式民主与科学，而是成为马克思主义在中国传播的主要平台，关键契机在于十月革命印证了"空想的"共产主义社会是可以实现的。知识分子在新文化运动以及五四前期对社会问题进行分析后，意识到社会是一个盘根错节的整体，只有将社会革命进行下去才能够解决和改造中国社会。而俄国布尔什维克将中国人所畅想的"大同社会"在现实世界中实现了，这对当时人们的认识产生了很大冲击。中国知识分子因巴黎和会而对西方道路产生怀疑，十月革命又启发他们开始找到另一条道

---

① 曹任远. 社会主义与吾国社会之改造. 新群，1919，1（1）.

② 王汎森. 思想是生活的一种方式：中国近代思想史的再思考. 北京：北京大学出版社，2018：169.

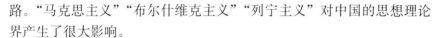

路。"马克思主义""布尔什维克主义""列宁主义"对中国的思想理论界产生了很大影响。

3."主义"与"党派"：政治精英的崛起

五四后期，"新文化"不仅成为一种信仰，更上升为改造社会、国家以及民族文化的革命力量。"主义"伴随着中国革命进入新阶段，逐渐实现了组织化和信仰化。梁启超在《敬告政党及政党员》中总结出政党的多种主要特征，例如：

（一）政党者，结合之团体也。党积人而成，此易见也。然必须为有意识之结合，而非无意识之集合。故锡以团体之名，团体者何？一种无形之人格也。凡团体，虽积分子而成，然自为一体以超然于各分子之上，自有其意思焉，自有其行为焉，为之分子者，常须屈其个体之意思行为以服从之，此团体之通性也。而政党实团体之一种，能如是则为政党，不如是则非政党。

（二）政党者，任意结合之团体也。不蒙他力之干涉，若恃威力以强人入党，其非政党明也。

（三）政党者，继续结合之团体也。政党常期诸永久，若以一时一事之目的而结合者，非政党也。例如以革一姓之命而结合者，虽含有政治上意味，然不为政党。

（四）政党者，相对结合的团体也。政党在英文 Party 译言部分，示相对之意，故凡言即见有两党以上同时存在，若滥用权力以蹙害他党使不能自存者，非政党也。

（五）政党者，为协同活动者也。

（六）政党之意见，以公共利害为基础。凡政党所主张，必须关于国家全体之利害。

（七）政党用光明之手段以求占优势于政界。政党之设，凡欲占优势于政界以行一党之主义，故凡从事于政党者，必期组织政党内阁，其主张不党内阁者，是与政党本意反也。虽然所求者不过占优势而已，而非谓取异己者之势而摧锄之使无余也。又欲占优势，必出于竞争，然竞争恒用光明稳健之手段，故用轨道阴谋以求胜敌者，绝非政党，等等。①

---

① 梁启超. 梁启超全集：第 8 集. 北京：中国人民大学出版社，2018：536-537.

梁启超在《敬告政党及政党员》和《政党论》等著述中，在论证政党合法性的时候，将"政党"与"朋党"进行了详细区分："夫我国历史上之所谓党，与今世欧美立宪国之所谓党，非同物也。一为朋党，一为政党，其名虽相类，而其实乃绝不相蒙"①。具体而言：

> 一曰政党惟能生存于立宪政体之下，而与专制政体不相容；二曰为政党者，既宜具结党之实，而尤不宜讳结党之名；三曰其所辩争者，当专在政治问题，而宫廷问题及个人私德问题、学术异同问题等，皆不容杂入其间。②

随着西方国家的"主义"和"政党"两种新政治概念的传入，人们认清了传统政治与现代政治的区别，并将有标榜"主义"的政治视为高尚、先进的政治活动。"主义"者结党的初衷是"全体国家之利害"，"主义"者是拥有"公心"而不为私利的，因此，政党政治被视为一种有益的政治形式，人们将是否奉行某种"主义"作为判断政党或其他团体及个人政治人格的一个重要准绳。政治行为打上"主义"的名号就变得可靠、正义且充满公心，"主义"者成为政治精英们必须具备的"身份外衣"。再加上同盟会宣告三民主义，中华民国临时政府的成立，人们发现制定"主义"—成立"政党"—参与"政治行为"—达成"政治目的"，这是一套可以复制和参考的现代政治模式，各种政治主张拥有了一个清晰可循的实践方向。因此，以"主义"为中心的新政治论述方式逐渐成为当时中国思想界的主流③。

由于知识精英社会地位的变化，政治精英开始主导学术话语权。在近代中国，最大的国情是如何挽救民族危亡、实现民族崛起，最大的时代课题是"中国向何处去"，无论是建构在西方自由主义基础之上的西方学术体系，或者是建构在马克思主义基础之上的新民主主义理论体系，还是建构在儒家文化基础之上的三民主义理论体系，都必须结合近代中国革命的实际需要给予科学的学术分析。

因此，只有将思想理论付诸革命实践进行检验，才能真正掌握思想

---

① 梁启超. 梁启超全集：第8集. 北京：中国人民大学出版社，2018：534.
② 梁启超. 梁启超全集：第6集. 北京：中国人民大学出版社，2018：317.
③ 王汎森. 思想是生活的一种方式：中国近代思想史的再思考. 北京：北京大学出版社，2018：151—156.

文化的正确发展方向。当时俄国十月革命取得胜利，其国内开始实行的政党政治也逐渐趋于成熟，这让国人充分认识到俄式"列宁主义""布尔什维克政党""革命军队"这三位一体的"俄国模式"是实现"主义"的正确路径。这给予国人很大鼓舞，由于中俄两国的历史文化传统、国情等情况的相似，很多人直观感觉到俄国的模式可以在中国复制和实施，也会取得中国式"主义"的胜利。1921年中国共产党的成立以及孙中山"以俄为师"，都是受到十月革命的直接影响。当政治精英建立严密的组织体系和现代化军队后，"主义"成为中国近代社会革命的主旋律。

受国内外环境的影响，五四前期中国社会对思想、文化、学理的期盼已让位给"主义"。前面讲到，"反政治"的社会氛围，使得青年学生及工人阶级这些爱国主义者的政治地位上升。在此背景下，当年以北京大学为首的高校中，大学社团对思想文化及学术研究的关注让位给了社会及政治，"主义"成为那时知识分子追求的主要目标。

> 将知识与行动绾合为一的论述之吸引人们的目光，也标示着时代的关怀与新文化运动时期之不同。信仰主义，即表示脱离了新文化运动时代个人觉醒与理想的观念，进入了集体行动的时代，而且在不断竞逐的过程中，只有以主义形式进入市场才可能生存。①

由此以来，"主义"者取代知识精英成为思想界主导者，说明学术话语权力已经发生了转移。

学术话语权力的转移，知识精英随之依附政治权威，成为政党进行政治宣传的主要喉舌。政党需要知识精英提供更专业的理论分析以提升意识形态的说服力，当年胡适在其杂文集《容忍与自由》② 中明确指出："没有不在政治史上发生影响的文化；如果把政治划出文化之外，

---

① 王汎森. 思想是生活的一种方式：中国近代思想史的再思考. 北京：北京大学出版社，2018：192.
② 《容忍与自由：胡适读本》选取了在当时引起很大反响的十九篇文章，分为三卷，第一卷，"我们需要什么样的文明"，选录了胡适对于思想文化和学术教育领域之思考。第二卷，"我们需要什么样的自由"，选录了胡适关于自由民主的文献。第三卷，"我们需要什么样的社会"，选录了胡适关于如何推动社会改革的文献。

那就又成了躲懒的，出世的，非人生的文化了。"① 文化的存续与发展离不开政治因素的影响。由于政党、政治家、政府已经成为学术话语权力的主导者，政治权威所倡导的学术思想必然体现政党意识形态和政治诉求。知识精英中一部分人依附于政治权威，一部分人选择建立远离政治的独立学术王国，还有一部分人则下沉到下层阶级中，与工农及市民阶层的联系日趋紧密。由此，学术话语权力的转移对中国思想界的发展有着重要影响。

二、"学术之争"：学术论战与中国马克思主义哲学社会科学的现代化转型

由于国内外各种因素的影响，在 20 世纪初期，中国思想界出现了"百家争鸣"的现象。来自国内外的各种"主义"思潮开始登上学术舞台，发生了多次大规模学术论战，主要围绕中外文化在中国社会发展中的地位与作用等方面展开。科学主义、传统主义（包括国粹派、玄学派、东方文化派、现代新儒家）、自由主义、马克思主义、三民主义等思潮，围绕东西文化、古今文化、科学与玄学等方面理论问题进行了广泛争鸣和讨论。文化问题解决的关键在于准确定位"中国文化向何处去"，如何认识和处理好自鸦片战争以来近代中国社会"东""西"杂糅的文化冲突。事实上，"西方"与"东方"、"激进"与"保守"、"革命"与"反动"等"两分性分析思维"，主宰了近代中国的思想文化界。

围绕"中国文化向何处去"问题，当年的思想文化界大致有两种观点：第一类轻视一般规律，偏重中国国情的特殊性，认为中华文明的演进主要依循自身特殊规律，该方面以"本位文化派""新儒家"等文化保守主义为代表；第二类看重文化的优胜劣汰，认为中国文化想要实现复兴与进步，应当学习西方新思想、新文化，学习它们的科学文化和实践经验，该方面以当时的科学派、西化派、社会主义派（其中包括布尔什维克主义者、基尔特社会主义者等）等为代表，主张接受西方学术

---

① 胡适. 我的歧路. 沈阳：万卷出版公司，2014：196.

体系。

在关于东西文化的争论中，学界达成了在中国建设现代性的共识：首先，若要将现代性落实于中国具体国情之上和现代化进程之中，需要在传统中发现现代性的因子，将西方现代精神赋予中国主体之上，以寻求东西文化互通契合之处。基于此，无论是中国本位文化派、西化派，还是马克思主义派，他们均认为当下最重要的历史任务是实现中华民族的复兴。其次，要将原本的学术思想讨论落实于具体建国方案的设计。最后，每种文化都有自己一般性或特殊性方面的特质，要承认东西文化各自的优秀之处，不可形而上学，全盘否认或肯定。

（一）东西文化论战

"西潮冲击，中国反应"成为中国近代史上不可忽视的历史现象。崇尚"谦虚好学"的中国文化逐渐领悟东西文化的交流并非仅仅是"中学为体、西学为用"，西方文明侵略性特质决定了在国人学习西方过程中必然会出现思想方式的西化。当人们意识到在看不见的思想文化层面存在着一场关于东西文化博弈的时候，中国已然陷入了思想危机之中。前文说到，思想危机下中华文明在世界范围内已成为边缘文化，中国人的文化自信正在逐渐崩塌，而新文化运动对传统文化的进攻又加剧了东西文化之间矛盾，两者孰轻孰重大讨论关系到中国文化的未来走向。

1. 20 世纪前后中国思想界对传统文化的再认识

关于"中国文化向何处去"的探讨，源于鸦片战争以来中国主权的逐步沦丧。由于西方国家科技进步，"西学东渐"问题再次成为中国思想学术界所关注的话题。自魏源提出"师夷长技以制夷"起，近代中国思想界多次兴起了关于中西文化的大讨论，中国思想界在"西化"与"本土化"左右两端反复权衡，核心问题始终是中国文化建设的道路选择问题。道路选择的前提是明确历史定位，要正确认识中国的过去、现在与未来。认识过去与现在，是展望未来的前提，理论的发现源于对历史的研究及对现状的分析。因此，探寻"中国文化向何处去"的答案，需要从过去、现在和未来进行多维度分析，根据不同认知和判断，会得出不同的结论。

以 1842 年《南京条约》签订为标志，中国社会性质开始发生了根本性变化，自此逐渐迈入了半殖民地半封建社会。中国从古代社会向近代社会的转变，并非是中国社会历史自然进化的结果，而是在西方国家军事侵略的外力作用下被迫进入近代社会发展进程的。因此，如何认识"传统"中国，成为中国能否正确实现从古到今转化的关键。中国古代历史拥有悠久的尊孔传统，自汉代董仲舒"罢黜百家、独尊儒术"起，儒家思想始终是官方与民间的主流意识形态和主流文化形态，在思想领域及文化领域，儒家思想是传统的代名词，它成为一些保守主义者坚守的文化阵地。正因如此，近代长达数十年关于东西文化道路的争论，都是从对儒学的守护与批判开启。

2. 20 世纪 20 年代前后中国思想界围绕东西文化展开的论战

在"人生观"演讲之前，张君劢还曾做过关于中国文化的演讲，其中说道：

> 然东西文化之本末各不同，如西洋人好言彻底，中国人好言兼容，或中庸；西洋好界限分明，中国好言包容；此两种精神，以后必有一场大激战。胜负分明之日，即中国文化根本精神决定之日。①

中国新文化究竟在哪里？中国新文化与世界的关系如何？这些问题的讨论贯穿整个 20 世纪上半叶，其中，五四新文化运动时期东方文化与西方文化的讨论可统称为"东西文化论战"，国内有研究者将其划分为四个阶段②：

第一阶段是新文化运动时期林纾对《新青年》的批判及《新青年》的回击，论战内容主要围绕汉字改革和文学革命展开，是桐城派等老派文人与新知识青年之间的矛盾；第二阶段是《新青年》陈独秀与《东方杂志》杜亚泉之间的中西文化论战，论战从单纯的文化层面深入社会制度和政治生活，是新青年同"老新党"间的论战；第三阶段是五四运动后期关于中西调和思想的论战，是新文化派同研究系的论战，所探讨的是中西文化能否调和发展的问题，目的是探寻中国文化的出路；第四阶

---

① 蔡尚思. 中国现代思想史资料简编：第 2 卷. 杭州：浙江人民出版社，1982：246.

② 许纪霖. 五四新文化运动中"旧派中的新派". 华东师范大学学报（哲学社会科学版），2019，51（1）：36.

段是 1922 年前后以梁启超《欧游心影录》与梁漱溟《东西文化及其哲学》① 为起因的东西文化论战，论战深入到文化根源的挖掘及文化发展规律的总结。

　　"东西文化论战"围绕"中国文化向何处去"这一主题展开，在现代化历史趋势下，中国人社会生活及思想方式逐渐西化，论战分歧的焦点是"以怎样的态度来对待西方文化和中国文化"（见表 4-1）。

表 4-1　以《新青年》与《东方杂志》为中心的"东西文化论战"部分文献资料统计

文献	作者	来源
《东西民族根本思想之差异》	陈独秀	《青年杂志》1915 年第 1 卷第 4 期
《文明与道德》	恽代英	《东方杂志》1915 年第 12 卷第 12 期
《法兰西人与近世文明》	陈独秀	《青年杂志》1915 年第 1 卷第 1 期
《新旧问题》	汪叔潜	《青年杂志》1915 年第 1 卷第 1 期
《国人之公毒》	远生	《东方杂志》1916 年第 13 卷第 1 期
《新旧思想之冲突》	远生	《东方杂志》1916 年第 13 卷第 2 期
《再论新旧思想之冲突》	伧父	《东方杂志》1916 年第 13 卷第 4 期
《静的文明与动的文明》	伧父	《东方杂志》1916 年第 13 卷第 10 期
《战后东西文明之调和》	伧父	《东方杂志》1917 年第 14 卷第 4 期
《近代西洋教育：在天津南开学校演讲》	陈独秀	《新青年》1917 年第 3 卷第 5 期
《旧思想与国体问题：在北京神州学会讲演》	陈独秀	《新青年》1917 年第 3 卷第 3 期
《复辟与尊孔》	陈独秀	《新青年》1917 年第 3 卷第 6 期
《质问东方杂志记者：东方杂志与复辟问题》	陈独秀	《新青年》1918 年第 5 卷第 3 期
《今日中国之政治问题》	陈独秀	《新青年》1918 年第 5 卷第 1 期
《答新青年杂志记者之质问》	伧父	《东方杂志》1918 年第 15 卷第 12 期

---

　　① 该书是梁漱溟的代表作之一，首次出版于 1921 年 10 月，由北京财政部印刷局出版。1922 年 1 月起，改由上海商务印书馆出版，至 1930 年先后印行八版。1987 年 2 月，商务印书馆为纪念建馆 90 周年，又根据小字本影印出版一次。在当时的东西文化论战中曾引起过思想学术界的重视，该书是梁漱溟新儒学思想体系的理论基础。全书共五章，主要包括本体论、认识论、文化观、历史观和伦理学思想。作者将西方的非理性主义和中国传统哲学思想相结合，对东西文化加以比较，极富开创性和启发性。自 20 世纪七八十年代起，随着海内外现代新儒学研究的兴起，此书再度受到人们的注意，并被视为现代新儒学的开山之作。现在以横排本重新问世，也主要是为适应人们了解和研究现代新儒学这一当代中国重要思潮的需要。

　　——梁漱溟. 东西文化及其哲学. 北京：商务印书馆，2010：1-4.

续表

文献	作者	来源
《中西文明之评判》	平佚	《东方杂志》1918 年第 15 卷第 6 期
《功利主义与学术》	钱智修	《东方杂志》1918 年第 15 卷第 6 期
《迷乱之现代人心》	伧父	《东方杂志》1918 年第 15 卷第 4 期

注：详见"附录 4 以《新青年》与《东方杂志》为中心的'东西文化论战'文献资料统计"。

文化保守主义者认为，第一，东西文化的差异在于"科学"与"民主"①，所谓西方化正是这两者的结晶。"假使西方化不同我们接触，中国是完全闭关与外间不通风的，就是再走三百年，五百年一千年也断不会有这些轮船，火车，飞行艇，科学方法和'德谟克拉西'精神产生出来"②。第二，中国文化应该走"调和中西"的道路。欧战之后西欧文明已经陷入混乱状态，因此"绝不能希望于自外输入之西洋文明，而当希望于己国固有之文明"③。他们认为，中西文化是可以互补的，杜亚泉所倡导的文化发展道路，是一面系统整理国故，一面吸收西方思潮，之后"以吾固有文明为绳索，一以贯之"④，这实际上就是"中体西用"的思想。第三，将东方文明称为"精神文明"，西方文明称为"物质文明"，不认同唯物史观将生产力看作文化发展最高动因的观点，不认同社会意识是社会存在的反映，认为"精神"的定义远大于"意识"，并且"精神是能决定经济现象的"，"德谟克拉西"的来源并非是马克思主义者认为的经济因素，而是有其"精神"方面的原因。梁漱溟的观点明显属于唯心史观，因此，他将中国基本"精神"看作是中国文化发展的主要动力。

从文化发展的路径层面讲，东方文化派将东西文化看作"东西差异"，并归结为两条不同发展路径，对近代中国接受新学理、新思想产生了一些不利影响，这实际上是将东方文化与西方文化放在两条并行的

---

① 梁漱溟在《东西文化及其哲学》中写道，"西方的学术思想，处处看去，都表现一种特别的采色与我们截然两样，就是所谓'科学的精神'"；"西方人的社会生活处处看去都表现一种特别色采，与我们截然两样的就所谓'德谟克拉西的精神'"。
　　——梁漱溟. 梁漱溟全集：第 1 卷. 济南：山东人民出版社，1989：362-370.
② 钟离蒙，杨凤麟. 中国现代哲学史资料汇编：第 1 集：第 5 册. 沈阳：辽宁大学出版社，1981：137.
③ 伧夫. 迷乱之现代人心. 东方杂志，1918，15（4）.
④ 蔡尚思. 中国现代思想史资料简编：第 1 卷. 杭州：浙江人民出版社，1982：356.

发展方向上，是对新文化运动的否定。新文化派运用西方进化论及唯物史观的观点对东西文化的异同进行分析，认为东西文化差异在于"古今之别"而不仅仅是"东西差异"。例如，胡适认为某一时代文化呈现是时间和环境的影响，无论中西都是向着"生活本来的路"走，"不过因环境有难易，问题有缓急，所以走的路有迟速的不同，到的时候有先后的不同"①。因此，新文化派支持用先进的西方文化取代落后的中国文化，但他们并非要消灭中国文化。由于社会意识具有相对独立性，在学习西方文化过程中，东西文化自然会形成一种"调和"。胡适指出，"调和是人类懒病的天然趋势，用不着我们来提倡"②；在急需具体的行动和实践的当下号召人们"恢复"无为的世界，以及在文章中宣传精神世界挽救物质世界，是一种历史的倒退。瞿秋白也认为，玄学与旧伦理"已不能适应经济的发达，所以是东方民族之社会进步的障碍"，为实现世界革命，中国文化的发展方向应当倡导科学和艺术"集合的和谐的""新文化的道路"③。新文化派的观点维护了启蒙运动的历史成果，为新文化、新思想、新主义在中国的传播与发展提出了科学解决办法。

（二）科学与"人生观"论战

科学与"人生观"论战（简称"科玄论战"），作为五四以来中国学术界规模最大的论战，其论战内容主要是围绕"理性与非理性的区别""科学、玄学④与哲学的概念""人文科学与自然科学的关系"等方面问

---

① 胡适. 胡适谈读书. 南昌：百花洲文艺出版社，2016：247.

② 胡适. 新思潮的意义. 新青年，1919，7（1）.

③ 屈维它. 东方文化与世界革命. 新青年，1923，10（1）.

④ 玄学，此处的"玄"字，源于《老子》中的一句话——"玄之又玄，众妙之门"。玄学本来是道家（道教）用语，又称"新道家"，亦称"形而上学"，是对《老子》《庄子》《周易》的研究和解说，是中国魏晋时期到宋朝中叶之间出现的一种崇尚老庄的思潮，也可以说是道家之学的一种新的表现方式，故又有"新道家"之称。玄学是魏晋时期取代两汉经学思潮的思想主流，即"玄远之学"，它以"祖述老庄"立论，把《老子》《庄子》《周易》称作"三玄"。道家玄学也是除了儒学外唯一被定为官学的学问，魏晋玄学的主要代表人物有何晏、王弼、阮籍、嵇康、向秀、郭象等。魏晋玄学是一种思辨性很强的哲学，它比较注重对抽象理论的探讨，而抽象理论则需要通过一系列哲学概念以及这些概念间的逻辑关系表现出来。因此魏晋玄学使中国哲学的概念以及这些概念间的关系的探讨大大发展起来，尽管许多概念在以前的思想中也使用过，但魏晋玄学家却给了他们以新的意义。在命题、理论及其方法上魏晋玄学有了极大发展，玄学至宋朝中叶被宋明理学取代。

——康中乾. 魏晋玄学对老庄"道"的革新. 中国哲学史，2015（4）：66.

题展开的。当时国内有诸多知名学者参与了这场论战，如梁启超、胡适、陈独秀、张君劢、张东荪①、吴稚晖②、瞿秋白等，根据论战的问

---

① 张东荪（1886—1973），原名万田，字东荪，曾用笔名"圣心"，晚年自号"独宜老人"。出生于浙江杭县（今杭州市），现代哲学家、政治活动家、政论家、报人。曾为研究系、中国国家社会党、中国民主社会党领袖之一，曾任中国民盟中央常委、秘书长。1918年3月4日，他在《时事新报》设《学灯》副刊，致力于宣传新思潮，与当年同是宣传新思潮的《新青年》齐名。1919年9月1日，他又创办《解放与改造》杂志，旨在致力于"改造中国与世界"。1921年曾参加过上海共产主义小组会议，不久，以介绍新思想新文化为名，与梁启超等人宣扬基尔特社会主义，挑起了关于社会主义的论战。大革命后，加入张君劢组织的国家社会党，出版《再生》杂志，宣传国家社会主义，编辑《自由评论》，参与蒋介石的文化"围剿"。1941年参加中国民主政团同盟（1944年9月改称中国民主同盟），先后任华北支部委员、主任委员。1944年9月，被选为中国民主同盟中央执行委员。1946年1月，作为民盟代表之一，出席重庆政治协商会议。1946年8月，国家社会党与民主宪政党合并，组成中国民主社会党，为主要领导人之一。在此前后，著文反对蒋介石的独裁统治，宣扬走"中间道路"。著作有《新哲学论丛》（商务印书馆1929年版）、《读〈东西文化及其哲学〉》（《时事新报》副刊《学灯》，1922年3月）、《出世思想与西洋哲学》（《东方杂志》第22卷第18号，1925年9月25日）、《中国之前途：德国乎？俄国乎？》（《解放与改造》第2卷第14号，1920年7月15日）、《初学哲学之一参考》（《东方杂志》第23卷第1号，1926年1月10日）、《科学与哲学》（《东方杂志》第22卷第2号，1925年1月25日）、《科学与哲学》（商务印书馆1924年版），等等。
　　——方松华，忻剑飞. 张东荪. 探索与争鸣，1987（5）：53-55；张家康. 张东荪退出中共上海发起组以后. 党史文苑，2013（11）：36.

② 吴稚晖（1865—1953），名敬恒，字稚晖，中国近代资产阶级思想家、政治家、教育家和书法家，联合国"世界百年文化学术伟人"荣誉称号获得者。出生在江苏武进的雪堰桥一带，早年参加康梁"公车上书"，要求清廷变法图强；后参加孙中山同盟会，一生追随孙中山，是孙中山遗嘱的起草人和见证人之一。作为国民党"四大元老"之一，孙中山看重他，汪精卫尊重他，蒋介石毕生待以师礼，蒋经国则称他是"生平最钦佩的人"。1902年加入上海爱国学社，曾参与《苏报》工作。1903年夏，《苏报》聘章士钊为主笔，章太炎、蔡元培为撰稿人，报道各地学生爱国运动，推荐、发表了邹容的《革命军》和章太炎的《客帝篇》《驳康有为政见书》《革命军序》等文，革命旗帜鲜明，一时欢迎如狂。清政府十分恐惧，派人勾结上海公共租界工部局捉拿邹容、章太炎、蔡元培、吴稚晖等人，吴稚晖被迫转道香港，留学英国。1905年，在法国参加中国同盟会，出版《新世纪》报，鼓吹无政府主义。1911年后，吴稚晖多从事新文化运动，提倡国语注音与国语运动。除了新文化运动外，他也为蒋介石的亲信之一，更被蒋介石之子蒋经国视为老师，所推行政策部分出自其手。1915年，参与组织留法勤工俭学会，1916年在上海任《中华新报》主笔。1919年，吴稚晖和李石曾曾发起组织勤工俭学会，创办里昂中法大学并发起留法勤工俭学运动。呼吁中国青年到海外以半工半读方式留学，5月，首批学生90多人抵达法国，学生中有周恩来、李立三、聂荣臻、陈毅等。1924年起，任国民党中央监察委员、国民政府委员等职。1927年支持蒋介石反共清党活动，1953年卒于台湾。
　　——叶勤. 吴稚晖. 民国档案，1990（1）：120-123；史飞翔. 民国奇人吴稚晖. 文史月刊，2011（10）：71.

题，最终形成了"科学派"、"玄学派"及"唯物史观派"三大阵营。在论战中可以发现中国学术界对西方科学的认识，已经不仅仅局限于最初的那种简单介绍及模仿，而是将西方的自然科学和人文科学上升到学理和人生观高度，充分表明了中国知识群体对西方学术体系的把握逐步深入，也标志着中国学术界的日趋成熟。

1. 科学与"人生观"论战的起因：张君劢"人生观"演讲

由于信仰的缺失以及一战后对西方文明的深刻反思，后五四时代中国思想界出现了一股文化保守主义思潮。文化保守主义者们试图融合西方的哲学思想和现代文化来重建"崩溃"的中国传统哲学，并以此建构具有现代精神的"新宇宙观"。这股风气必然引起科学信奉者们的反抗，最终引发了一场关于科学与"人生观"的论战（见表4-2）。

表4-2　"科学与玄学论战"部分文献资料

文献	作者	发表期刊
《人生真义》	陈独秀	《新青年》1918 年第 4 卷第 2 期
《科学的起源和效果》	王星拱	《新青年》1919 年第 7 卷第 1 期
《科学的真实是客观的不是?》	王星拱	《新潮》1919 年第 2 卷第 2 期
《人生问题发端》	傅斯年	《新潮》1919 年第 1 卷第 1 期
《人生问题》	吴康	《新潮》1919 年第 2 卷第 2 期
《非个人主义的新生活》	胡适	《新潮》1920 年第 2 卷第 3 期
《利害冲突背后的人性观冲突》	东荪	《解放与改造》1920 年第 2 卷第 3 期
《什么是科学方法?》	王星拱	《新青年》1920 年第 7 卷第 5 期
《唯我主义》	吴康	《哲学（北京）》1921 年第 2 期
《环境改造之哲学观》	王星拱	《哲学（北京）》1921 年第 4 期
《物和我》	王星拱	《新潮》1921 年第 3 卷第 1 期
《关于玄学科学论战之"战时国际公法"：暂时局外中立人梁启超宣言》	梁启超	《晨报副刊》1923 年 5 月 9 日
《玄学与科学：答张君劢》	丁文江	《努力周报》1923 年 6 月 5 日
《玄学与科学的讨论的余兴》	丁文江	《努力周报》1923 年 6 月 5 日

续表

文献	作者	发表期刊
《读丁在君先生的"玄学与科学"》	林宰平	《民铎杂志》1923 年第 4 卷第 3 期
《孙行者与张君劢》	适之	《努力周报》1923 年第 53 期

注：详见"附录 5 '科学与玄学论战'文献资料"。

科学作为冲击儒家经学最主要的"利刃"，在民初中国思想界拥有重要地位，它曾经引发中国思想界和学术界空前的范式革命。胡适曾讲过，"科学"这一名词"在国内几乎做到了无上尊严的地位；无论懂与不懂的人，无论守旧与维新的人，都不敢公然地对他表示轻视或戏侮的态度"①。然而，科学的人生观是建立在西方理性主义自然科学理论基础之上的，因此，科学的人生观应当为科学的人生观，"科学"在此并非形容词而是特定的名词概念，这种自然科学基础上的人生观，把人当作自然界中的一种生物，导致了科学人生观的推崇者们对人的社会属性有所轻视，这与中国传统哲学中"人"的概念相排斥。在中国传统哲学中，"人"具有超脱生命的意义，道家思想的核心是"天人合一"，人是自然的一部分，但它是主观的，是具有超脱性的，是与自然普通生物不同的；儒家强调伦理道德，推崇的是"修身、齐家、治国、平天下"的入世，更加重视人的社会属性。可见，西方科学的人生观与中国玄学的人生观（玄学在中国古代思想史上本就是哲学的代名词）有着极大的区别。因此，在西方思想传入中国之时，建立在西方思想基础之上的"西化派"对中国文化与中国社会的解读，必然会与中国传统学术产生理论碰撞。从表面上看这是科学派与玄学派的论战，但从深层次来看涉及东西方文化体系对人、人性以及科学的不同理解，这也是"科学"这一概念传入中国后必然会引发的学术论辩。打通科学、玄学、哲学这三个概念的壁垒，理顺它们之间的区别与联系，是中国本土学术现代化必须解决的理论问题，是中国思想界建构现代化人生观所必须经历的探索。

科玄论战的导火索是 1923 年张君劢在清华大学所做的关于"人生观"的演讲，他将"人生观"与"科学"做比较，以凸显人生观的特点：

---

① 张君劢，等. 科学与人生观. 合肥：黄山书社，2008：9.

第一，"科学为客观的，人生观为主观的。科学之最大标准，即在其客观的效力"①。科学是适用于全世界的，人生观则相反，是以"我"为中心的，因为主体不同而得出不同结论。诸子百家学说"凡此诸家之言，是非各执，绝不能施以一种试验，以证甲之是与乙之非。何也？以其为人生观故也，以其为主观的故也"②。

第二，"科学为论理的方法所支配，而人生观则起于直觉"③。科学研究方法主要有归纳与演绎两种，而人生观是没有固定的研究方法的，"无所谓方法，皆其自身良心之所命起而主张之，以为天下后世表率，故曰直觉的也"④。

第三，"科学可以以分析方法下手，而人生观则为综合的"⑤。科学可以把复杂的事物简单化，从而归纳总结出科学的结论；而人生观是关于整体性的概念，是无法将之细化分解的，如果加以分析，往往失去它的本质特征。

第四，"科学为因果律所支配，而人生观则为自由意志的"⑥。科学可以分析具有因果规律的社会现象与自然规律，但若没有因果规律可循，而是自由意志所支配的现象，则需要用人生观加以解释。

第五，"科学起于对象之相同现象，而人生观起于人格之单一性"⑦。也就是说，科学研究的是群体性的共性所引发的现象，对于个体的研究则不如人生观适用。

综上所述，张君劢认为，人生观的特点在于"曰主观的，曰直觉的，曰综合的，曰自由意志的，曰单一性的"⑧，这五点是科学所无法解决的问题，需要古今中外的思想家们贡献智慧，从而构成人类精神文明。他认为科学并非万能，它并没有办法解决"我"的精神世界的问题。精神世界是主观的，而科学是客观的，人应当重视"人生在宇宙间独往独来之价值"。西方世界侧重"以人力支配自然界"，中国文化侧重"内生活之修养"，因此，中外文化各有所长，但"凡此取舍之间，皆决之于观点。观点定，而后精神上之思潮，物质上之制度，乃可按图而索"⑨。

---

①②③　蔡尚思. 中国现代思想史资料简编：第2卷. 杭州：浙江人民出版社，1982：250.

④⑤　同①251.

⑥⑦　同①252.

⑧　同①253.

⑨　同①255.

张君劢关于"人生观"的演讲，包括同期梁启超所作《欧游心影录》与梁漱溟所作《东西文化及其哲学》，均反映了中国思想界对五四新文化运动的总结与反思，他们共同提出一个重要议题，即中国在经历传统文化崩溃与西方社会思潮涌入之后，应当如何选择和建构中国人的信仰问题。很显然，文化保守主义者们倾向于将信仰建构在中国固有文化之上，对西方科学主义思想抱有异议。张君劢与梁启超原本作为西学的主要倡导者，会对西方思想产生怀疑，原因在于他们对西方思想与西方社会了解的逐渐深入，以及欧战引发的西方文明危机所带来的冲击。现代哲学体系成熟、物质文明发达的欧洲文明尚且出现危机，中国人必然要重新思考物质与精神的关系。"欧洲文化既陷于危机，则中国今后新文化之方针应该如何呢？墨守旧文化呢？还是将欧洲文化之经过之老文章抄一遍再说呢？"[①]

传统文化的回流引发科学派丁文江[②]的强烈反抗。作为一直在西方学术话语体系中成长起来的科学家，丁文江拥有鲜明的自然主义的科学信仰，他本着要"提醒没有给玄学鬼附上身的青年学生"[③]的目的，言辞激烈地表示"科学"并非单纯的物质文明的呈现，它倡导拥有通向真

---

① 蔡尚思. 中国现代思想史资料简编：第 2 卷. 杭州：浙江人民出版社，1982：242-243.

② 丁文江（1887—1936），字在君，笔名宗淹，江苏泰兴人，地质学家、社会活动家、中国地质事业奠基人，五四新文化运动主将和《独立评论》创人。1887 年 4 月 13 日，出生于江苏省泰兴县（今泰兴市），丁氏先世曾宦游浙江，其父吉庵为邑中名士，生四子，文江居次。母单氏，自幼教其读书识字，十五岁时赴日本留学两年。1904 年赴英国留学；1906—1907 年曾旅游欧洲大陆；1907 年进入格拉斯哥大学攻读地质学，兼修地理学，受教于格里哥莱教授；1911 年完成学业。学习期间深受达尔文、赫胥黎等人的影响，养成了勇于探索的精神。作为中国地质学的开山大师，丁文江不仅建造了中国地质学的基础，还擘画了它健康发展的路径。在中国地质事业初创时期，丁文江淋漓尽致地发挥了"学术界的政治家"角色。他创办了中国最早的专门地质教育机构——地质研究所，他在该所确立了绵延至今的研究精神。在丁文江的领导下，中国地质学成绩卓著，早在 20 世纪 20 年代就获得了世界声誉。除地质学以外，丁文江在地理学、人种学、优生学、历史学、考古学、少数民族语言学等领域也有独特贡献，是一位典型的百科全书式的人物。丁文江还是一位有代表性的知识分子，他倡议创办《努力周报》，积极参与《独立评论》的编辑工作，是著名的"科学与玄学"论战的发起者。20 世纪 30 年代时他与翁文灏、曾世英合编了《中国分省地图》和《中华民国新地图》，著有《芜湖以下扬子江流域地质》《丰宁系的分层》《中国造山运动》等。
——胡适. 丁文江的传记. 合肥：安徽教育出版社，2006：1；翁文灏. 丁文江先生传. 地质论评，1941（Z1）：181-190；潘云唐. 丁文江. 中国地质，1985（9）：28；李根良. 丁文江对中国地质地理学的贡献. 徐州师范大学学报（自然科学版），1997（4）：52.

③ 丁文江. 玄学与科学. 努力周报，第 49 号，1922-04-12.

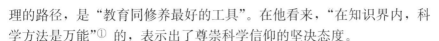

理的路径，是"教育同修养最好的工具"。在他看来，"在知识界内，科学方法是万能"① 的，表示出了尊崇科学信仰的坚决态度。

李泽厚在分析这场论战时总结说："这次学术讨论，思想意义大于学术意义，思想影响大于学术成果，它实质上仍然是某种意识形态之争。科学派实际上是主张科学来成为意识形态，玄学派则主张非科学的形而上学来作为意识形态。因而这是一场信仰科学主义的决定论还是信仰自由意志的形而上学的争论。"② 在 20 世纪 20 年代，各个学派尚处于理论探索和初步形成时期，无论是保守主义者、自由主义者还是马克思主义者，他们在人生观的讨论中大多局限于方向性的讨论。不过，论战终究维护了科学信仰的地位，并将"学术之争"深化到"思想之争"，寻求真正"科学的人生观"成为思想界的共识。

2. 科玄论战中的"三派""六系"及其主要观点

这场围绕"理性与非理性""科学与玄学""物质文明与精神文明"展开的科玄论战，可谓五四后中国思想界最大规模的一场论战，中国近代思想界的"三派""六系"几乎都参与其中。表 4-3 是邓中夏对于中国近代思想界"三派""六系"的归纳。

表 4-3　近代中国思想界"三派""六系"

三派	六系	说明
东方文化派（三系）	梁启超、张君劢、张东荪系	底子上虽然是中国思想，面子上却涂满着西洋的色彩
	梁漱溟系	受印度哲学影响的东方文化支持者，他们底子上"七分印度思想三分中国思想"
	章士钊系	曾经是中西文化调和论者，如今彻底逆历史潮流，反对现代化和工业化
科学方法派（二系）	胡适之、丁文江系	自然科学的宇宙观，机械论的人生观，进化论的历史观，社会化的道德观
	杨铨系	社会科学
唯物史观派（一系）	陈独秀、李大钊系	根据科学，亦应用科学方法……他们相信物质变动（老实说，经济变动）

资料来源：邓中夏. 中国现在的思想界. 中国青年，1923，1 (6).

---

① 丁文江. 玄学与科学. 努力周报，第 49 号，1922-04-12.
② 李泽厚. 中国现代思想史论. 北京：东方出版社，1987：58-59.

虽然邓中夏将梁启超归为东方文化派，但从具体观点看，梁启超既不完全赞同张君劢将人生观与科学割裂的做法，也不同意丁文江用科学来涵盖人生观的观点，陈独秀将他与范寿康① 称为"骑墙论者"②。在《人生观与哲学》一文中，梁启超将"人生观"与"哲学"做出以下定义：人类从心界、物界两方面调和而成的生活，叫"人生"。我们选一种理想来完成这种生活，叫作"人生观"（物界包含自己的肉体及己身以外的人类，乃至己身所属之社会等）。梁启超指出，根据经验的事实分析综合，求出一个近真的公例，以推论同类事物，这种学问叫作"科学"（应用科学改变出来的物质，或建设出来的机关等等，只能谓之"科学的结果"，不能与"科学"本身并为一谈）。他认为，张君劢将自由意志的范围扩大，并且存在谬误。在张君劢所定义的"自由意志"中，存在科学所能支配的"理智"，"自由意志是要与理智相辅的。若像君劢抹杀客观谈自由意志，这种盲目的自由，恐怕没有什么价值了"③。同时，丁文江的观点也并不完全在理，梁启超认为他将科学赋予了宗教色彩，"用科学来统一人生观，我更不相信有这回事"④。人类生活，除了"理智"还有极重的"情感"因素。总之，梁启超的观点为"人生观涉及理智方面的事项，绝对要用科学方法来解决。关于情感方面的事项，绝对地超科学"⑤。

----

① 范寿康（1896—1983），字允臧，上虞丰惠镇人。1913 年赴日本留学，毕业于东京帝国大学，获教育、哲学硕士学位。1923 年回国，在上海商务编译所哲学教育部任编辑，主编《中国教育大辞书》和《学艺》杂志，曾任学艺大学教务长、中山大学教授兼秘书长、上虞春晖中学校长、安徽大学教授兼文学院院长、武汉大学教授、文学院教育哲学系主任等教职。1933年 8 月至 1938 年 4 月，于国立武汉大学人文学院哲学教育系主讲"现代哲学""中国哲学史""哲学概论""希腊哲学研究"等课程，以通俗严谨的教学风格深得学生们喜爱。作为五四时期就开始介绍马克思主义唯物史观的学者，他在课程中讲授辩证唯物主义和历史唯物主义，受到进步同学的欢迎。在此期间，还兼任武汉大学《文哲季刊》主编、出版委员会委员和教授会主席等职。全民族抗日战争时期，任军事委员会政治部第三厅副厅长兼第七处处长，负责对日宣传工作，编辑《日寇暴行录》等揭露敌伪罪行的资料。抗日战争胜利后赴台湾，曾任台湾大学文学院哲学系教授兼图书馆馆长。1970 年退休，后任台湾开明书店董事长多年。1982 年 4 月，回到祖国大陆。1982 年 12 月，当选为第五届全国政协常委。著有《教育哲学大纲》《美学概念》《教育概念》《伦理学》《中国哲学史通论》《近代六大教育思想家》《朱子及其哲学》等。
——何家炜. 范寿康. 浙江档案，1989（9）：32；徐明远. 台湾国语运动发起人范寿康. 炎黄春秋，1999（4）：58-59.
②③ 陈独秀.《科学与人生观》序. 新青年，1923（2）.
④⑤ 梁启超. 人生观与科学. 晨报副刊，1923-05-29.

陈独秀在写《〈科学与人生观〉序》时阐述了他的观点。首先，科学可分为自然科学与社会科学。人生观和（社会）科学关系是十分显明的，张君劢所说的一些难以用（自然）科学解释的现象不应简单归于"主观的意志"，"这本是社会科学可以说明的，绝不是形而上的玄学可以说明的"①。因此，张君劢所认为的不存在因果关系的现象，实际上是有能够被社会科学分析的因果关系的，不能归于主观的、直觉的、自由意志的。陈独秀还阐明了社会意识是社会存在所决定的，陈独秀认为丁文江和张君劢都没能说明科学与人生观的区别。"我们相信只有客观的物质原因可以变动社会，可以解释历史，可以支配人生观，这就是'唯物的历史观'。"② 由此可见，在陈独秀看来，玄学派是唯心的历史观，只有打破对自由意志的迷信才能够解决社会、经济、教育等方面问题。树立正确的历史观，即要以科学的新哲学来确立我们的人生观，"新哲学一方面把人生问题的具体解决权交给社会科学，让这些问题配合着各种特殊的环境，特殊的条件，得到个别的圆满的解决，但另一方面也不放松哲学在人生问题上的指导权，要把我们的人生观看作我们正确的世界观、方法论和认识论在人生问题上的应用。——这是我们处理人生问题时，和旧哲学绝对不同的态度"③。

从梁启超、陈独秀等学者的观点来看，科玄论战最主要的问题实际上是科学与人生观的概念问题，在没有获得理论共识之前，绝大多数讨论者看似相悖的观念可能只是表述上的不同，无论是科学派、玄学派，还是马克思主义派，都没有将科学与哲学关系进行明确的论述与区分。随着 20 世纪 30 年代学术的逐步发展，马克思主义哲学、三民主义哲学及现代新儒家思想逐步成熟，新哲学概念逐渐清晰，它逐渐与玄学划清了界限。

（三）社会史论战：新史学的中国本土化

哲学社会科学"中国本土化"最重要的一点，是要应用马克思主义学说认识并改造中国社会。因此，如何认识中国社会性质、经济状况、阶级状况，是马克思主义学术中国化的前提。从 20 世纪 20 年代起，唯物史观和阶级分析法在中国思想界的地位逐年提升，随之在以唯物史观

①② 陈独秀.《科学与人生观》序. 新青年，1923（2）.
③ 胡绳. 新哲学的人生观. 上海：生活书店，1937：213.

为核心的新史学领域内爆发了一场大规模论战，论战的主要内容为如何认识中国历史以及如何认识中国现实社会。这场论战大致奠定了中国现代学术研究的基本范式，成为马克思主义学术体系的初步成熟时期。这场论战名为社会史论战，实际上涉及经济学、社会学、哲学、政治学等其他哲学社会科学领域，最终形成以唯物史观为核心，经济分析法、阶级分析法为"两翼"的学术研究思路。

1. 社会史论战的历史语境

社会史论战爆发的前提是唯物史观派史学在中国的诞生。20 世纪 20 年代是近代中国学科知识逐渐成形的关键时期，清末起西学的涌入以及五四新文化运动对传统学术体系的冲击，使得西方的分科概念和研究范式也随之传入中国，这些因素共同推动了近代中国知识的转型。当时很多新式教育逐渐被推行，海外知识分子大量归国，中央研究院等研究机构的设置，使得中国学术界逐渐拥有了现代化的框架。

中国作为历史文化非常悠久的国度，要想发展哲学社会科学，必然要深入研究中国的历史。近代知识分子对历史学研究的主要目的，是希望能够通过对浩繁史料的整理与分析，挖掘中国历史中蕴含人类历史发展共性的知识，分析我们中国历史与世界历史的关系，以此试图建立东西文化之间的关联，从而最终为中国现代化提供学术资源与理论支持。

中国传统史学经过漫长时期的发展与积累，形成了独特理论框架和学术体系，在诸多社会科学中，史学最容易与现代学术相承接。20 世纪初期，在中国社会需要建构新思想、新学术的历史阶段，中国传统史学走在了中国学术的最前列。1901 年和 1902 年，梁启超相继发表了被称为"新史学的宣言书"：《中国史叙论》和《新史学》①，批判传统史学，倡导新史学，举起了史学革命的大旗。他批判传统史学为历代统治者的"政治教科书"，倡导重写中国史。号召为全体国民写史，写全体

---

① 1901 年，梁启超在《清议报》上发表《中国史叙论》，1902 年在《新民丛报》上发表著名长文《新史学》。前者着眼于撰写"中国史"的具体构想，后者着眼于从理论上批判"旧史"。《新史学》全文六节：中国之旧史、史学之界说、历史与人种之关系、论正统、论书法、论纪年，它与《中国史叙论》在思路上多有异同，其基本思想前后连贯，二文在内容上互相补充，故宜结合起来考察，亦可见作者倡导"新史学"的旨趣所在。梁启超对西学有广泛的涉猎，他在这两篇文章中，运用西方学者的历史哲学（主要是近代进化论思想）和史学方法论，提出并阐述了一些重要史学理论问题。

国民的历史。随后国粹派、复古主义以及民初的反传统思潮兴起，如何认识传统中国成为学术界的主题之一，掀起了一场演讲古代历史（尤其是先秦史）的高潮，顾颉刚所发起"古史辨"运动①，倡导采用现代考

---

①　"古史辨"运动指的是五四时期因顾颉刚提出怀疑和打破旧的古史系统而引发的一场关于古书、古史、神话、传说的学术大讨论。1923 年，顾颉刚给友人钱玄同写了一封论古史书信——《与钱玄同先生论古史书》。在该文中，顾颉刚畅谈古史辨伪的思考与计划，大胆提出"层累地造成的中国古史"说，"时代愈后，传说的古史期愈长"，"时代愈后，传说中的中心人物愈放愈大"，我们"不能知道某一件事的真确的状况，但可以知道某一件事在传说中的最早的状况"，这三点可以说是"古史辨"的总纲。顾颉刚以"层累"的眼光考察古史系统，推翻了"自从盘古开天地，三皇五帝到于今"的历史"常识"谱系和神圣的偶像。此论一出，立刻在当时引起轰动。"古史辨"之"辨"乃"辨伪"，但它引起许多不同的意见，于是有了"辩论"。从"辨"到"辩"虽仅一字之变，却强化了"古史辨"的争鸣性质，也扩大了"古史辨"的影响范围。1924 年，这场古史论战不但没有中止，反而渐入佳境。在此后十余年中，胡适、柳诒徵、容庚、李玄伯、傅斯年、张荫麟、魏建功、缪凤林、周予同、陆懋德、钱穆、李镜池、罗根泽、刘节、郭沫若、范文澜、冯友兰、吕思勉、杨宽等学者，纷纷在"古史辨"中发表意见。其中有人明确支持顾颉刚，如魏建功、容庚等；也有人反对顾颉刚，比如刘掞藜的老师、"学衡派"领袖柳诒徵。在挑战与回应中，双方的态势可谓旗鼓相当。他们的论辩文字多收录于 1926—1941 年陆续出版的七册《古史辨》中。从《古史辨》第一册出版至今，尽管相关争论仍在持续，但是，由顾颉刚发起的打破旧古史系统以及其后长达数十年的积极讨论，的确为重建真实可信的中国古史开辟了道路。经过历史学、考古学等学科学者们的不懈努力，中国古史研究已经取得丰硕成果。"斩除思想上的荆棘"、以"求真"为目标的科学精神，成为现代中国史学研究的基本信念之一。当年梁启超的"新史学"与顾颉刚领导的"古史辨"运动之间有着较为密切的学术关联，在"古史辨"运动兴起之际，顾颉刚受梁启超《中国史叙论》《新史学》《历史上中国民族之观察》《中国地理大势论》等文启发，先是建构"层累说"，后又提出"打破民族出于一元的观念"与"打破地域向来一统的观念"两项推翻"非信史"的标准。"古史辨"运动进一步发展后，对"孔子与儒家"的问题进行了重点探讨，其中无论是顾颉刚对孔子真相的考察，还是冯友兰对孔子地位的估定，均可上溯到梁启超的《保教非所以尊孔论》《孔子》等相关论著。此后，"古史辨"运动转向"古书辨"，无论是胡适提出的"诸子不出于王官论"，还是罗根泽对诸子兴起原因的阐述，都或多或少地从梁启超《论中国学术思想变迁之大势》中汲取了相应的学术资源。因此，梁启超的"新史学"在"古史辨"运动中扮演了一个学术启蒙的角色。该时期胡适对新文化运动、"古史辨"运动的兴起都起了重要推动作用。五四以后，胡适一面重提"整理国故"口号，一面又办《读书杂志》和《国学季刊》两个发表辨伪成果的刊物。整理国故运动不仅提出了辨伪的任务，还提供了古史考辨的阵地，促成了古史辨派思想的酝酿和产生。这一运动因其本身所具有的怀疑性质，自然而然地成了现代疑古思想的原动力。胡适在"古史辨"运动中的作用，不仅因他本人在当时所处的地位，也在一定程度上映射了当时中国及它所代表的中国式传统文化在社会巨变中所处的位置。

——刘开军. "古史辨"运动的历史与回响. 中国社会科学报，2016-09-20（4）；李长银. 梁启超的"新史学"与"古史辨运动". 史学理论研究，2020（5）：87；代正，陈卫宗. 现代与传统的转向：胡适与古史辨运动. 湘潮（下半月）（理论），2007（11）：50.

古学和社会学的研究方法，打破了中国传统史学的禁锢，推翻了古史系统的神话色彩。在当时学术大家中，胡适、陈垣①、陈寅恪、王国维、傅斯年、郭沫若、陶希圣、吕思勉②等史学大师占了很大比重，足以窥见民初中国思想学术界史学研究的盛况。

　　自 20 世纪 20 年代后期至 30 年代末，国民革命运动陷入低潮，中国社会政治运动的热度被学术思想运动取代。面对大革命的失败，思想文化界开始思考并总结大革命中存在的问题，以及反思国人对本国国情及文化发展等认识方面的不足。该阶段发生了许多学术辩论，其中，科学与"人生观"的辩论是其中规模最大的一次论战。论战最终以出版论战文集为形式画上句号，但中国思想界并没有就"人生观""科学"的定义达成共识。因此，玄学反而乘势而起，借助研究人生观的热潮，印度哲学、道家哲学、新儒家等研究派系盛极一时。然而与此同时，"中国民众的命运与全世界被压迫者的命运在同一前途上看见了同一的曙

---

　　① 陈垣（1880—1971），字援庵，又字圆庵，汉族，广东广州府新会县人，中国杰出的历史学家、宗教史学家、教育家。陈垣先后创建广州光华医学专门学校、北京孤儿工读园、北京平民中学。曾任国立北京大学、北平师范大学、辅仁大学的教授、导师。1905 年，在孙中山领导的民主革命影响下，他和几位青年志士在广州创办《时事画报》，以文学、图画做武器进行反帝反清斗争。1926 年至 1952 年，任辅仁大学校长。1952 年至 1971 年，任北京师范大学校长。1949 年以前，他还担任过京师图书馆馆长、故宫博物院图书馆长。1949 年后，任中国科学院历史研究所第二所所长，历任第一、二、三届全国人民代表大会常务委员会委员。主要著作有《元西域人华化考》《校勘学释例》《史讳举例》《通鉴胡注表微》《火祆教入中国考》《摩尼教入中国考》《回回教入中国史略》等。陈垣与陈寅恪并称为"史学二陈"，二陈又与吕思勉、钱穆并称为"史学四大家"。他的许多著作成为史学领域的经典，有些被翻译为英、日文，在美国、德国、日本出版，毛泽东主席称他是"国宝"。
　　——陈智超. 史学家陈垣传略. 晋阳学刊. 1980（2）：59-71；柴德赓. 我的老师：陈垣先生. 文献，1980（2）：219-231.
　　② 吕思勉（1884—1957），字诚之，笔名驽牛、程芸、芸等，江苏省常州市人。中国近代历史学家、国学大师。与钱穆、陈垣、陈寅恪并称为"现代中国四大史学家"（严耕望语）。毕生致力于历史研究和历史教育工作，先后在常州府中学堂、南通国文专修科、上海私立甲种商业学校、沈阳高等师范学校、苏州省立第一师范学校、沪江大学、光华大学等校任教，曾担任光华大学历史系主任、代校长。早年还曾在上海中华书局、上海商务印书馆任编辑。1951 年入华东师范大学历史系任教，被评为历史学一级教授。吕思勉史学代表作有《白话本国史》《吕著中国通史》《秦汉史》《先秦史》《两晋南北朝史》《隋唐五代史》《吕思勉读史札记》《宋代文学》《先秦学术概论》《中国民族史》《中国制度史》《文字学四种》等。
　　——史仲文，胡晓林. 中华文化人物辞海 · 文化人物. 北京：中国国际广播出版社，1998：162.

光，历史的法则已现露于世界之前，中国人也看见科学底社会主义了"①。马克思主义唯物史观作为重要方法论指导，开始在中国思想界产生了巨大影响，为建构马克思主义哲学社会科学提供了重要理论指导。

对于马克思主义唯物史观在当时中国思想界所产生的重要影响，时人如此描述，"唯物辩证法风靡了全国，其力量之大，为二十二年来的哲学思潮史中所未有"②，"在1928—1932年这一短短时期中，除了'普罗文化'的口号外，便是唯物辩证法和唯物史观之介绍"③。在20世纪30年代中国思想界，不管是哲学家、历史学者、政治学者、经济学者、社会学者还是文艺工作者，都在慢慢接受辩证法唯物论，马克思主义学术话语和研究范式被学者们在学术研究中普遍运用，标志着马克思主义哲学社会科学发育的土壤逐渐成熟。何干之在后来指出：

> 1928年以后，中国在政治上打出了一条新的道路，在文化上又出现了新社会科学运动。那时以新哲学为中心，一方面介绍哲学的经典，一方面又介绍哲学的入门书……思想界出现了清一色现象。甚至原来敌视新哲学的人，也不能不以它为幌子，企图在幌子之下，达到招摇撞骗的目的。在这点上，新哲学的威力也就可想而知了。④

马克思主义唯物史观之所以能够在当时获得快速发展，主要原因如下：第一，一战后，随着十月革命的胜利，马克思主义的革命实践在俄国获得胜利，使得马克思主义的国际地位得到提升，这是"全世界及中国革命势力发展之结果"⑤；第二，"从思想嬗递的内在理路来看，此前流行的实验主义具有缺陷，拥有大片待填补的空白"⑥；第三，对于拥有漫长历史与复杂现实的中国来讲，唯物史观能够在纷繁复杂的现象中找到事物本质，找到社会现象背后的经济原因以及人类社会发展规律，

---

① 蔡尚思. 中国现代思想史资料简编：第3卷. 杭州：浙江人民出版社，1983：707.

② 同①714.

③ 谭辅之. 最近的中国哲学界. 文化建设，1937，3（6）.

④ 何干之. 何干之文集. 北京：中国人民大学出版社，1989：397.

⑤ 同①.

⑥ 陈峰. 民国史学的转折：中国社会史论战研究（1927—1937）. 济南：山东大学出版社，2010：35.

因此，更具备学术理论的逻辑性与社会实践的可行性。"自马克斯氏出，从来之社会主义于理论及实际上，皆顿失其光辉。所著《资本论》一书，劳动者奉为经典"，"此其所以称科学的社会主义者也。由发表《共产党宣言》书之一八四八年，至刊行《资本论》第一卷之一八六七年，此二十年间，马克斯主义之潮流，达于最高，其学说亦于此时大成"①。第四，在于马克思主义自身思想力量和理论力量的感召，"这种理论学说构成的内在整体性和传播发展的内在逻辑性，在实践中逐步展开、具体实现的集中表现，它符合人们的认知规律和理论学说的传播规律"②。唯物史观作为马克思主义的重要组成部分，它天然拥有信仰性，更能够吸引志同道合的同志构成牢固的社会组织。当年列宁曾在《马克思主义的三个来源和三个组成部分》一文中指出，"马克思的全部天才正是在于他回答了人类先进思想已经提出的种种问题。他的学说的产生正是哲学、政治经济学和社会主义极伟大的代表人物的学说的直接**继续**"③。20 世纪 20 年代国内有学者认为，马克思理论体系可分为三部分：

> 一是关于过去社会的唯物史观，也可以说是社会组织进化论；二是关于现在社会的经济学的批判，也可称作是资本主义的经济论；三是关于将来的社会主义的社会组织的政策论，也可以说是社会民主主义运动论。④

科学理论一旦产生，就会被迅速传播到包括中国在内的全世界各地。

> 没有哪一种哲学或理论，能在现代世界史上留下如此深重的影响有如马克思主义；它在俄国和中国占据统治地位已数十年，从根本上影响、决定和支配了十几亿人和好几代人的命运，并从而影响了整个人类的历史进程。⑤

总之，马克思主义唯物史观在中国的风靡，标志着马克思主义哲学

① 匏安. 马克斯主义：一称科学的社会主义. 广东中华新报，1919-11-11.
② 徐素华. 马克思恩格斯著作在中国的传播：MEGA² 视野下的文本、文献、语义学研究. 北京：中国社会科学出版社，2013：58.
③ 列宁. 列宁专题文集：论马克思主义. 北京：人民出版社，2009：66-67.
④ 刘叔琴. 唯物史观在历史哲学上的价值. 东方杂志（纪念号），1924，21（1）.
⑤ 李泽厚. 中国现代思想史论. 北京：东方出版社，1987：143.

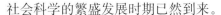

社会科学的繁盛发展时期已然到来。

2. 中国社会史论战的主要阶段

"中国社会史论战"从广义上来讲，可以分为中国社会性质论战、中国社会史论战、中国农村性质论战三部分。其中，中国社会性质论战、中国农村性质论战主要围绕中国当代社会的形态研究展开，以经济史研究为主，运用经济学、统计学、社会学等社会科学研究方法，探讨中国社会封建经济关系以及资本主义经济关系的发展比例和历史影响。中国社会史研究则是以古论今，纵向梳理中国社会历史演进过程，综合运用历史学、考古学、人类学等研究方法，以先秦历史研究为主，探讨中国古代社会形态的历史发展过程。

王宜昌[①]在《中国社会史论史》中，将中国社会史论战分为"回想时期"、"研究时期"和"论战时期"三个阶段[②]，嵇文甫[③]在为马乘风

---

① 王宜昌是 20 世纪 30 年代中国社会史论战的重要成员，他的问题意识和学术理路深受唯物史观和辩证法影响，采用马克思主义的社会史分期架构，在社会形态史和农村经济研究等方面皆有所创获，勾勒出一个独特的中国社会史体系，在一些具体问题上也提出了具有启发性的见解。在历史观方面，王宜昌主张历史发展是多重因素作用下的结果，既认识到地理因素对于社会历史发展的双重作用，又认识到文化、人力因素的作用；在方法论方面，王宜昌进一步扩大了史料范围，将理论纳入史料的范围，从而提出"三重证据法"。他十分重视理论的作用，强调历史研究要从"公式主义"出发。在社会史研究方面，王宜昌是第一个对中国社会史发展阶段进行细分的学者，他按照马克思的分期标准，提出"四阶段论"。在具体社会阶段研究上，王宜昌提供了一些新思考，如他主张从地域角度对奴隶社会进行探索，这一做法在当时独树一帜。此外，王宜昌还是最早提出"魏晋封建说"的学者。在农村经济研究方面，王宜昌作为农村性质论战的发起者与主将，其研究具有明显的批判风格。他从生产力入手，对农村经济研究方法和农村经济性质进行了细致考察。尽管王宜昌的学术研究存在"公式主义"倾向，这在一定程度上削弱了其研究的学术价值，但是其时常闪现的卓见也足以启发后学。

——马郡. 王宜昌的学术思想研究. 济南：山东大学，2017.

② 王宜昌. 中国社会史论史. 读书杂志，1932，2（2-3）.

③ 嵇文甫（1895—1963），字文甫，原名嵇明，出生于河南省汲县（今卫辉市）城关一个手工业者家庭。中国科学院学部委员，当代著名教育家、史学家、哲学家，郑州大学首任校长，历史学系创始人，中共早期党员。五四运动时期就投身于革命洪流，追求真理。新中国成立后他当选为政协代表、人大代表，历任河南省副省长、中南军政委员会委员、中科院哲学社会科学学部委员、河南大学及郑州大学校长等职，为开拓中国哲学史及古代思想史学术领域的研究，做出了重大贡献，著有《先秦诸子政治社会思想述要》《晚明思想史论》《中国社会史》等。

——张邃青. 忆嵇文甫同志. 史学月刊，1964（7）：7-9；蔡尚思. 嵇文甫同志的治学和为人. 文史哲，1985（6）：30-32.

《中国经济史》作序时，将二三十年代的这场论战分为"概说时期"、"论战时期"及"搜讨时期"①。综合两种说法，笔者将三阶段做以下划分：

第一阶段：1928—1930年派系对阵时期，"新生命派""新思潮派""动力派"三派之间的对阵。

"回想时期"，王宜昌称之为"回想玄学期"②，"回想"大革命失败的经验教训，反思革命时的方略，并以此重新认识中国社会性质和中国革命性质问题。论战起始点为1928年10月陶希圣③发表《中国社会到底是什么社会》，陶氏认为中国社会"宗法制度已不存在，宗法势力还存在着""封建制度已不存在，封建势力还存在着""中国社会是什么社会呢？从最下层的农户起到最上层的军阀止，是一个宗法封建社会的构造，其庞大的身份阶级不是封建领主，而是以政治力量执行土地所有权并保障其身份的信仰的士大夫阶级"④。这与当时学界所普遍认同"封建社会说""半封建半资本主义社会说"等观点不同，从而打响了社会

---

① 马乘风. 中国经济史. 中国经济研究会，1935：1-4.

② "一般智识的发展，是可以划分神学的，玄学的，和科学的三阶段的。我们同样可以划分1925—27前后底中国社会史论来属于此三阶段之中。1927以前是'从外方从上层来帮助'中国，而得到的神学的中国社会史论。1927以后底'回想'时期，是属于玄学时期的。从'研究'期到'论战'期，又是属于科学时期中的神学和玄学两小时期了。"

——王宜昌. 中国社会史论史. 读书杂志，1932，2（2-3）.

③ 陶希圣（1899—1988），字行，名汇曾，湖北黄冈人。早年北京大学法律系毕业，受其师黄右昌影响，后尚史学。在上海大学、复旦大学、清华大学、燕京大学等校任教并研究中国社会史学，主张历史研究必须源于史料，反对把方法当成结论，于1934年12月创《食货》半月刊及北京大学中国经济史研究室。1935年1月，陶希圣联合王新命、何炳松、萨孟武、樊仲云、武堉干、孙寒冰、黄文山等10位教授于上海《文化建设》第1卷第4期发表《中国本位的文化建设宣言》，声称中华民族在外来文化的冲击下已经失去存在的依据，因此，"要使中国能在文化的领域中抬头，要使中国的政治、社会和思想都具有中国特征，必须从事于中国本位的文化建设"。1941年太平洋战争爆发后去重庆，任蒋介石侍从秘书，起草《中国之命运》，任《中央日报》总主笔，成为国民党御用理论家。1949年赴台湾，是蒋介石重要幕僚。著作有《中国社会之史的分析》《中国社会与中国革命》《中国社会现象拾零》《中国政治思想史》《中国法制之社会史的考察》《清代州县衙门刑事审判制度及程序》《辩士与游侠》《孔子庙庭先贤先儒的位次》等。

——陈谦平. 首鼠两端的投机文人：陶希圣. 历史教学，1999（2）：52-53；刘春强. 五四运动与陶希圣的身份转型. 民国档案，2019（2）：74-79.

④ 陶希圣. 中国社会到底是什么社会. 新生命，1928，1（10）.

史论战第一枪，直至全民族抗战爆发论战才逐渐平息。

关于"中国社会是什么社会""中国革命是什么样的革命""中国社会阶级状况""中国历史分期"等问题的讨论，实际上从大革命时期就开始了。据陶希圣回忆，在 1926 年前后《双十月刊》《思想月刊》《独立评论》等刊物上就"中国社会是什么社会"曾引起过热烈讨论①，但真正引发各阶层关注的是《新生命》月刊。陶希圣回忆说：

> 十七年八月至十二月，我在《新生命》月刊发表的论文，以及在复旦大学与劳动大学发表的演讲，在社会上引起了各方的注意与兴趣。《新生命》月刊社主办发行的杨敬初劝我收辑起来，印成一本书出版问世。我主张初版二千册，杨先生一开头就印了七千册。万料不到那本小书自十八年一月在市场上发行，不到一个月就卖完了。于是第二版，第三版，第四版，每版两千册至五千册不等，至二十二年三月，印到第八版。②

这部书便是《中国社会之史的分析》，至今近百余年仍在不断再版，可见它在中国近代史学史中的影响之广。陶希圣在《中国社会之史的分析》序言中指出，"中国的革命，到今日反成了不可解的谜了。革命基础是全民还是农工和小市民？革命的对象是帝国主义和封建势力，还是几个列强和几个军阀？这些重要的问题都引起了疑难和论争，论争愈烈，疑难愈多。要扫除论争上的疑难，必须把中国社会加以解剖；而解剖中国社会，又必须把中国社会史作一决算"。并提出两点中心，"第一，中国社会是封建社会，还是资本主义社会？""第二，帝国主义势力

---

① 陶希圣在《潮流与点滴》中写道："湖北省党部改组委员会孔文轩、邓初民与几个同乡潜行到了上海之后，办了一个刊物，叫做《双十〔月刊〕》。这刊物出版不过几期，但是它发表的论文，提出了'中国社会是什么社会'这个问题，引起了热烈的讨论。左翼分子出版了一个月刊，最初叫做《思想》，后来屡次改名。这个刊物也发表一些长篇论文，力说中国社会是封建社会，或半封建半资本主义社会。两年之前，我在自己主编的《独立评论》周刊上，发表了一篇短文，指出中国社会两大阶层是士大夫阶级与农民。两年来的经历与思考，更加深了我对社会组织的认识与分析的能力。我在《新生命》月刊发表的论文，渐渐集中于这一问题的论断与争辩。"

　　——陶希圣. 潮流与点滴. 北京：中国大百科全书出版社，2009：101-102.

② 陶希圣. 潮流与点滴. 北京：中国大百科全书出版社，2009：102.

的侵入是否使中国社会变质，变质又达到什么程度？"① 这两大问题直接影响中国革命道路的选择，因此，从某种意义上讲，要找到中国革命的正确理论，必须对这两个问题进行全面深刻且科学的回答，这也正是社会史论战为何在二三十年代爆发的原因。《中国社会之史的分析》序言还对研究中国社会史的方法进行了总结，分别为概况的记述法、抽象法及统计法。

《中国社会之史的分析》以上面提到的两个中心问题为引，以八个章节从古至今分析了中国社会发展之史。在总论中陶希圣论述了中国社会性质，随后的章节分别论述了中国社会"士"阶层身份的变化、官僚政治的演变及崩溃、官僚军队的封建形态、中国社会民族问题及阶级问题、中国社会信仰问题等。此外，在绪论中，陶希圣对中国社会史研究的科研现状进行总结，首先提出了研究存在的困难，最主要的是可靠数据少、典籍存在变造伪造等史料问题。因此，陶希圣提出"现在是古史破坏的时期，建设翔实的古史却必待考证功夫完成以后"②。以此看，陶希圣的史学观点继承了古史辨的思想。随后于 1930 年，陶希圣继续推出《中国封建社会史》小册子，论述中国的地理及民族概况、中国封建社会的情况以及演绎中国封建社会的崩坏过程，从而分析中国社会是含有封建要素的前资本主义社会。

《新生命》的编辑作者大多认同陶希圣的看法，并以《新生命》及新生命书局为阵地，外加《前进》以及《东方杂志》《教育杂志》《妇女杂志》上中国社会的相关论文构成了社会史论战中的"新生命派"③。"新生命派"的主要人物为陶希圣，其他成员包括梅思平、朱伯康、梁园东、熊康生、戴行轺等人。"新生命派"的论调引发了中国学术界对中国社会中封建势力、民族资本及外国资本的研究。

除"新生命派"以外，加入中国社会性质讨论的还包括"新思

---

① 陶希圣. 中国社会之史的分析. 4 版. 上海：新生命书局，1930：1.

② 同①3.

③ "新生命派"：20 世纪 20—30 年代中国社会性质论战中的派别之一。以陶希圣、梅思平、熊康生、戴行轺等为代表，因其文章多发表于《新生命》月刊，建立新生命书局，故得名"周佛海、梅思平新生命派"。该派否认中国的半殖民地半封建社会性质，否认马克思主义适用于中国。

潮派"① 及 "动力派"②，他们分别以《新思潮》及《动力》为主要阵地。"新思潮派"最初的研究对象是武汉政府的土地问题，后来《新思潮》杂志于 1929 年 11 月创刊，并于第 5 期 "中国经济研究专号" 发表系列关于中国社会经济的文章，如王学文的《中国资本主义在中国经济中的地位及其发展前途》、向省吾的《帝国主义与中国经济》等。经济基础决定上层建筑，中国经济问题是所有关于中国革命根本问题研究中最为关键的一环，"新思潮派" 在经过对帝国主义和中国经济的关系、中国的经济状况、民族资本与外国资本在近代中国的发展等重要方面进行分析后，他们认为封建的半封建的经济在中国社会经济中占支配地位。外国资本虽然比例较小，但对中国社会的影响十分严重，它们利用资本财力支配中国的政治、经济发展。因此，他们判断中国为半殖民地半封建社会。《动力》杂志创刊于 1930 年 7 月，主要人物为李季、严灵峰、任曙、叶青及刘仁静等，他们认为资本在中国社会的影响很大，中国社会已然是资本主义社会。

　　该时期，为达到反封建的政治需要，史学界对中国社会史问题的研

　　① "新思潮派"：1927 年的大革命，封建势力已 "受了最后打击" "变成残余势力之残余"，新文化、新思潮方兴未艾。1929 年 11 月，《新思潮》在上海创刊，主编是王学文，撰稿人有李一氓、朱镜我、彭康、孔德、王学文等。该刊主要介绍马克思主义和苏联情况，在 1930 年的中国社会性质论战中发挥了重要作用，潘东周、王学文等因在该刊发表文章被称为 "新思潮派"。在 1930 年 4 月出版的 "中国经济研究专号" 上登载了潘东周的《中国经济的性质》、王学文的《中国资本主义在中国经济中的地位及其发展前途》等文章，批判托派和 "新生命派" 的观点，着重从帝国主义和中国经济的关系、民族资本在中国经济中的地位、农村土地关系等方面，分析了中国经济的性质，认为封建的半封建的经济在中国社会经济中占支配的地位，中国是半封建半殖民地社会。以《新思潮》为主要阵地的马克思主义学者，有力批判了否认近代中国是半殖民地半封建社会的各种错误认识。

　　——王慕民. 关于 "新思潮派" 的几点思考. 历史教学，2000（8）：22—27.

　　② "动力派"：中国的托洛茨基派，20 世纪 20—30 年代形成。代表人物有李季、严灵峰、任曙、陈邦国、叶青及刘仁静等。因以《动力》杂志为主要宣传阵地，故名。他们大都在留苏期间曾加入托派或接受托派观点，积极参与托陈取消派挑起的 "中国社会性质" 论战，配合托洛茨基、陈独秀的 "第三次革命" 论，否定中国的半殖民地半封建社会性质，认为帝国主义入侵破坏了封建经济，推动了资本主义经济发展，宣传中国已经是资本主义经济，"毫无疑义的是资本主义关系占领导" 的社会。任曙从对外贸易的发展来分析商品经济，断定中国 "在世界范围内已发展到资本主义国家了"（《中国经济研究·绪论》）。刘仁静则宣称中国是 "落后的资本主义"，旨在割裂马克思主义理论和中国革命实践的联系，攻击和反对中国共产党关于新民主主义革命的理论和路线，当时即遭到马克思主义的新思潮派的坚决批判。

　　——蒋大椿，陈启能. 史学理论大辞典. 合肥：安徽教育出版社，2000：89.

究主要集中于原始社会，对近代以来中国社会的发展历程研究不够充分。在研究方法上，他们虽然运用了唯物的历史研究法，但并未系统科学地理解和运用唯物史观，"他们底理论，都只是分析商业资本，即分析经济中的交换关系和分配关系，社会中的上层建筑而来的。他们没有深入于生产关系的分析，所以不会有科学的分析。而他们底对于社会上层建筑物的理解，只有使他们只把握落后的，破坏的，残存的封建势力了"①。

只有以马克思主义唯物史观为指导，深入研究生产力与生产关系，才能够真正开拓中国社会史研究的新方向。马克思主义史学家郭沫若在该领域的研究可谓是居功至伟，他虽未直接加入论战，但其著作《中国古代社会研究》却是论战中的主角之一。该书于 1930 年由上海联合书店首先出版，阐述了中国古代社会的发展过程，证实了中国历史的发展与马克思、恩格斯论述过的人类社会发展的共同规律相一致。该书是中国史学史上第一部真正运用马克思主义唯物史观研究中国上古时期的史学著作，突破了上古史研究中拘泥文献整理的局限，而是将古文字研究成果、近代考古成果融进史学研究范畴之中，尤其是利用了王国维、顾颉刚、罗振玉等著名学者在甲骨文、金文方面的研究，提出以唯物史观的科学方法"清算中国的社会"。这本书的性质"可以说就是恩格斯的《家族、私有财产及国家的起源》[《家庭、私有制和国家的起源》]的续篇"②。该著作用唯物史观研究方法，将中国封建社会的分界定于春秋时期，总结出中国历史上的三次社会革命：以卜辞及金文为标志的殷周奴隶制革命、以诸子百家为标志的周秦封建制革命及以科学的输入为标志的清末资本制革命。

在该阶段论战中，陶希圣的《中国社会之史的分析》（1929）、《中国封建社会史》（1930）以及郭沫若的《中国古代社会研究》（1930）等论著，引出了社会史论战所关注的基本问题，如亚细亚生产方法问题、中国社会性质问题、中国封建社会问题、中国古代社会形态问题等，奠定了中国社会史论战的论战主题及范围，以此引出中国近代思想界关于社会史问题大论争的高潮，即以《读书杂志》为平台的混战阶段。

第二阶段：1931—1933 年自由混战时期，以《读书杂志》为阵地

---

① 王宜昌. 中国社会史论史. 读书杂志，1932，2（2-3）.
② 郭沫若. 中国古代社会研究（外二种）. 2 版. 石家庄：河北教育出版社，2004：7.

的自由论辩。

近代史上的社会活动家王礼锡[①]在主编《读书杂志》期间，主持翻译并出版了大量马克思主义经典著作，刊印进步文艺作品。1931 年 4 月，《读书杂志》创刊，其刊物历任主编有王礼锡、陆晶清、胡秋原[②]，主要撰稿作者包括陶希圣、王亚南、朱伯康、周谷城、严灵峰、任曙、李麦麦、李季等。杂志创刊号《发刊的一个告白》，明确说明了刊物的定位："我们的内容包括三点：第一是讨论读书的门径，第二是发表读书的心得，第三是沟通海内外各方面读者个人与集体的联络。""凡在思想突进的时代，在思想界必然有极激烈的争辩，批评是争辩的先驱，也就是争辩的表现。中国目前是思想极复杂的时代，不过缺少诱发的导线，我们无偏袒的发表各方面的批评，来做诱发思想斗争的导线。"

> 我们不主观地标榜一个固定的主张，不确定一个呆板的公式去套住一切学问。资本主义的经济学说和社会主义的经济学说一般地忠实地介绍，革命文学作家的作品和趣味文学作家的作品一样的登载……因为我们不是宣传主张的刊物，而是介绍主张的刊物；我们这里不树立一个目标，而为读者忠实地摆出许多人们已经走过，正

---

① 王礼锡（1901—1939），字庶三，一字丽明，笔名王庶三、王博今，江西省安福县人，毕业于江西心远大学，是中国现代史上的爱国诗人、社会活动家，病故在抗日前线。1924—1932 年为王礼锡创作的第一个阶段，这一时期创作的诗歌，后来结集为《市声草》于1933 年由上海神州国光社出版，内容为《市声集》《风怀集》《流亡集》《困学集》四辑，真实记录了诗人的生活经历和思想轨迹。1932 年，王礼锡与陈铭枢、梅龚彬、胡秋原等创办神州国光社，与陆晶清合作主编《读书杂志》，出版了四辑"中国社会史的论战"专号，在国内外引起广泛反响。全民族抗战爆发后，在英参加组织全英援华会，任副会长。1939 年重庆"文协"派出作家战地访问团，任团长。写了许多日记，报道战地访问团的情况，后收入《作家战地访问团史料选编》一书。北上时，病故于洛阳。

——汪大均. 王礼锡论. 江西师范大学学报，1990（4）：57-63；中国现代文学馆. 中国现代作家辞典. 北京：新世界出版社，1992：666.

② 胡秋原（1910—2004），原名胡业崇，又名曾佑，笔名未明、石明、冰禅。湖北省黄陂（今武汉市黄陂区）木兰山下大胡家湾村人，著名史学家、政论家和文学家。中国国民党党员，《中华杂志》发行人，中国统一联盟名誉主席，曾任上海东亚书局编辑，同济大学教授，《文化批判》《思索月刊》总编辑，福建《民国日报》社长。生平著作达 100 多种 3 000 余万字。1989 年，美国传记学会将胡秋原列入《国际著名领袖人名录》，并颁发奖状。2004 年 5 月 4 日，94 岁的胡秋原荣获"中华文艺终身成就奖"。

——金绍先，李华飞. 学者、教授、政论家胡秋原. 文史杂志，1988（4）：20-22.

在走着，或正想去走的许多途径。①

1931年8月，《读书杂志》出版"中国社会史的论战"专号第一刊，在学术界引起较大反响。随后1932年3月、8月以及1933年4月陆续出版第2—4辑，这4辑"论战专号"的出版引发学术界关于中国社会史的广泛讨论，掀起中国社会史论战的高潮。在《读书杂志》上发表史论的除了陶希圣、李季、严灵峰等知名学者外，其他学者也在上面发表文章，参与广泛讨论，极大地推动了新史学的发展与普及。1933年9月，《读书杂志》被查封，激烈的社会史论战逐渐平静。

当时很多史学工作者对陶希圣、郭沫若、严灵峰、任曙等人的著作进行了学术批判，受到批判的著作主要有郭沫若的《中国古代社会研究》、李麦麦的《评郭沫若〈中国古代社会研究〉》、梁园东的《中国社会各阶段的讨论》、陈邦国的《中国历史发展的道路》、王伯平的《中国古代社会研究之发轫》等等。他们主要集中于批判郭沫若对马克思主义"孔步亦步，孔趋亦趋"②的教条化套用。陈邦国在《中国历史发展的道路》一文中批评道："研究中国历史，不能够呆板的把西洋史译成中文……他的发展是受着特殊的自然环境与社会条件所限制，与其他各国不尽相同。"③胡秋原在其《中国社会：文化发展草书》一文中，批评郭沫若在史料运用方面沉迷于卜辞，"全部著作都受了甲骨金石的束缚而不能自由开展"④。

此外，朱新繁的《关于中国社会之封建性的讨论》、王宜昌的《中国封建社会史》等著述，还对陶希圣的封建制度理论及封建社会划分提出批评，如王宜昌在其《中国封建社会史》中认为，陶希圣"因袭欧洲学者解剖欧洲社会所得的结论，而漫加演绎"⑤；刘梦云（张闻天化名）的《中国经济之性质问题的研究》、刘镜园的《评两本论中国经济的著作》等文章是批判严灵峰、任曙二人的中国资本主义理论的，如刘镜园在《评两本论中国经济的著作》中认为，任曙的《中国经济研究》"虽然自己认为是用马克思主义的方法，即唯物的辩证法，但实际他是很偏

---

① 读书杂志发刊的一个告白. 读书杂志，1931，1（1）.
② 李季. 对于中国社会史论战的贡献与批评. 读书杂志，1932，2（2-3）.
③ 陈邦国. 中国历史发展的道路. 读书杂志，1931，1（4-5）.
④ 胡秋原. 中国社会：文化发展草书. 读书杂志，1933，3（3-4）.
⑤ 王宜昌. 中国封建社会史. 读书杂志，1933，3（3-4）.

的，只看见现象之一部分而未窥其全""任君对于将来中国革命的了解是不正确的，……任君以为中国各派，保守派，改良派，革命派都没有抓着问题的中心，实际是各派都抓着问题的中心，不过因阶级的立场，而提出的解决方案不同。只有任君才没有抓着问题的中心，否认帝国主义妨碍中国工业发展，否认中国问题的中心是民族解放与土地革命，因此得出一些安那其的结论"[①]。严灵峰的《中国经济问题研究》"证明中国是资本主义关系占统治地位和驳斥那种认为封建关系占统治地位的意见，其理论根据和事实分析都比任君进步。可是他的著作有两个缺点：第一，他不注意指出中国现有的封建剥削形式……第二，严君亦不甚注重帝国主义妨碍中国生产力之发展"[②]。

该阶段的中国社会史论战，无论是对史学理论、历史材料的运用，还是对中国社会史学术史的梳理，论战学者们均有独到的理论见解，激发了中国学术界对新史学的研究兴趣，推广了新史学的理论知识，"从前划分社会发展阶段的标准很不一致，有的根据交换关系，有的根据政治形态，信手捏来，并没有确定见解。到现在，不论真正的理解程度如何，总都知道拿出生产方法作为划分社会史阶段的利刃了"[③]。

第三阶段：1933—1937 年研究深入时期，逐渐倾向社会经济史研究。

1934 年 12 月，陶希圣主编的社会经济史刊物《食货》半月刊[④]创

---

① ②　镜园. 评两本论中国经济的著作. 读书杂志，1931，1（4-5）.

③　马乘风. 中国经济史. 中国经济研究会，1935：3.

④　1934 年 12 月，《食货》半月刊起初是在顾颉刚的热心倡议下积极筹办的，是民国时期第一份研究中国古代社会经济史的学术专刊，陶希圣担任主编，由上海、南京、北平、武昌新生命书局发行，其发行量一度高达 4 000 份，成为当时中国社会经济史研究论文的主要发表园地。从 1927 年到 1934 年，社会史论战热烈的争论氛围持续不断。陶希圣作为论战主要人物，在 1934 年以后突然转向，由活跃转向沉潜。在《食货》创刊号上，陶希圣于《编辑的话》中提出："中国社会史的理论争斗，总算热闹过了。但是如不经一番史料的搜求，特殊问题的提出和解决，局部历史的大翻修，大改造，那进一步的理论争斗，断断是不能出现的。"在1934 年以前，社会史论战趋于激烈，《食货》自 1934 年底创办以后，虽然对社会史论战的问题有所关注，间或发表李季等人的相关文章，但总的趋势是偏于历史资料的梳理，对中国历史发展规律等宏观问题逐渐疏离。《食货》半月刊汇聚了当时中国社会经济史研究领域的一流学者，并以此形成了学术队伍。他们系统搜集和整理中国古代社会经济专题史料，包括二十四史、地方志、档案、账簿等，开辟了中国古代社会经济史研究的新领域，诸如寺院经济、赋役制度、宗族制度、都市经济等等。

——童杰.《食货》创刊背景及其影响. 中国社会科学报，2020-11-17.

刊，到 1937 年 7 月停刊，总共发行 6 卷 60 余期，内容主要涉及先秦至清末中国社会经济领域相关研究。《食货》半月刊创刊号扉页刊载了《食货学会会约》：

> 一、为研究中国经济社会史，发起食货学会。二、凡是志愿或正在研究中国经济社会史的师友们，皆得任意为本会会员。三、各大学史学系经济系社会系师友愿参加本会时，无须另觅介绍。此外的人，经本会征求或经会员介绍，即为本会会员。四、会员得任意脱会。五、本会不举行具有形式的任何会议，以《食货》半月刊为相互报告及讨论机关。（A）会员已在研究的题目，由半月刊发布消息。二人以上所任题目相同时，请求共同进行的方法。（B）会员并得随时提出未经研究题目，由半月刊发布，征求研究人。提出题目时，应说明要点及已知的材料，并列举未知的项目。如能附加书目更好。（C）会员研究心得及成绩，或作成论文或写出纲要，由半月刊发表。（D）进行研究所用的技术及方法，在半月刊公开，以便讨论。（E）会员知有外国或本国有关中国经济社会史的书籍论文，随时介绍于半月刊发布。（F）会员研究的心得成绩，互相通知，互相批评，不限于以上所举的方法。六、会员除前条说明外别无义务。除任意订阅半月刊外，不纳会费。七、本会发达到了有具体组织的必要或举办别项研究事业时，再以法定团体的程序，成立组织，本规约便行废止。①

此外，《食货》还刊登了部分国外经济史研究译著，在社会经济史研究领域引领着当时学术界的前沿。作为中国社会史论战的延续，《食货》整体学术氛围较为客观冷静，重在搜集整理史料和考古成果，反思前期论战的不足与过失之处。

在论战高潮时期，陶希圣仅撰写《中国社会形式过程发达的新估定》和《汉儒的僵尸出祟》两篇文章，对论战情况进行了深刻分析和反思，这在《食货》半月刊和《读书杂志》上得以呈现。对于中国社会史研究，他认为一是要重视对史料的研究，不要为公式牺牲材料。"公式主义者大有反对材料而重视公式的毛病，……公式主义者即为教条主义者，他们生搬硬套马恩对于西方社会历史分期的研究成果，纯粹模仿西

---

① 食货学会会约.《食货》创刊号，1934-12-1.

方道路""我的糊涂，正是由于材料太少，即理论所依据的经验太少。如果材料多了，便不至于乱争盲斗了"①。二是建议提高社会史研究深度，拓展研究视野，不要仅仅局限于宏观研究，要运用具体史料深入分析研究具体问题。

《食货》半月刊非常注重对中国经济史的相关研究。作为北京大学教授，陶希圣将中国经济史研究室作为《食货》半月刊的理论支持机构。同时，还编译、介绍国外经济史领域的专著，大量刊登国内外中国经济史研究成果，定期发布《中国经济社会史重要论文分类索引》，引领中国社会史学科发展。《食货》半月刊反思并继续推进中国社会史论战，调整中国社会史研究的方向歧路，突破《读书杂志》时期宽而泛的研究思路，扎根史料以研究具体时代具体问题，如《五代的庄田》《宋代都市的夜生活》《唐宋时代四川的蚕市》等等。此外，为了找到中国革命与中国现代化的出路，强调要加强对中国社会的了解和研究，《食货》半月刊继续推进中国社会形态的研究，刊登了多篇围绕奴隶社会、封建社会、商业资本主义展开论辩的文章，出版"社会形态发展史"专号，这些论题均为中国社会史研究的继续。

关于农村社会性质的论战，是中国社会经济史研究的一个重要方面，在广义上也属于社会史论战的范畴，属于中国社会史论战逐渐深入的阶段。在近代中国，由于农村与农业在中国社会居于主导地位，而关于中国社会的研究绕不开农村问题，因此，由中国社会性质的论战衍生出了农村社会性质论战。论战的开端为王宜昌（《农村经济统计应有的方向转变》）、张闻天（《中国农村经济的现阶段》）、薛暮桥（《研究中国农村经济的方法问题》）及钱俊瑞（《现阶段中国农村经济研究的任务》）等人发表的系列关于农村社会经济问题的文章，引发了围绕农村经济展开的论战。论战大致分为两个派别：一是以《中国经济》为阵地的"南京中国经济研究会"，任曙、严灵峰、王宜昌认为，在中国农村经济中，资本主义已取得支配地位，论述帝国主义在农村土地问题、雇佣关系、阶级关系等方面处于主导地位，最终得出中国已经进入资本主义社会的论断。二是以《中国农村》为阵地的"中国农村经济研究会"，主要成员为薛暮桥、吴觉农、钱俊瑞等，其主要观点为封建地主土地所有制下

---

① 陶希圣. 中国社会形式过程发达的新估定. 读书杂志，1933，3（3—4）.

的中国农村生产关系正在逐步殖民地化，中国社会性质为半殖民地半封建社会。中国农村经济研究会在中国左翼文化界总同盟领导下，运用马克思主义理论探寻压迫中国农民的主要根源。此外，孙冶方在《财政资本底统治与前资本主义的生产关系》一文中，深刻分析了国际财政资本与半殖民地殖民地的经济关系。中国农村经济研究会组编了本次论战的主要文章，被上海新知书店于 1935 年辑录成《中国农村社会性质论战》一书。

3. 中国社会史论战中的"政治"与"学术"

中国社会史论战的缘起，是知识精英出于对近代中国现实政治的关怀与对民族革命运动的忧虑，其赋予论战鲜明的政治特点。以马克思主义唯物史观为基础的新史学与中国社会革命共享一套话语体系，唯物史观的话语体系并不仅仅局限于史学领域，它本身不仅是学术理论，同时也是政治理论。"唯物史观派史学产生于一场巨大的社会革命之中，并在相当长一段时间内自觉地介入了这场社会革命，所以从一开始，它就不带有纯学术的品格，它也不是一个纯学术流派。"① 论战具有鲜明的政治目的和政治立场，所有参与者都带有不同党派所赋予的政治目的，王伯平在《中国古代社会研究之发轫》一文中指出："研究中国历史发展中之古代阶段与现在各政治派别施行之政策是有密切的联系的。"②

"经世致用"思想是中国知识分子历来研究学术的根本出发点，中国社会史论战的发起与所涉及的问题均与政治紧密相关。1927 年大革命的失败促使中国学者去反思与探寻中国社会及中国历史的状态，了解中国文化、把握中国现实、紧扣历史动向，成为当时中国知识分子学术研究的当务之急。无论是中国社会史论战中对中国历史及中国社会性质的探究，还是科学与"人生观"对中国人精神出路的探寻，均是"经世致用"的体现。从论战的诸多论题看，以中国社会性质所衍生出的中国资本主义经济关系问题、中国农村经济问题、中国社会结构问题等相关理论问题的研究，都与当时的哲学社会科学工作者所关心的问题紧密联系。王亚南指出：

① 陈峰. 民国史学的转折：中国社会史论战研究（1927—1937）. 济南：山东大学出版社，2010：8.

② 王伯平. 中国古代社会研究之发轫. 读书杂志，1932，2（7—8）.

　　玄科之战，是五四运动后，科学精神逐渐伸张起来必然的结果；中国社会性质问题的论战，是近年来革命碰壁，致一般人怀疑革命，因而回头探究革命对象之必然的结果……目前政治上的纷扰，一般直接感到切肤之痛的学士，已在苦闷地摸索了，他们正切望有一种清新的理论出来，作他们思想的向导，作他们将来从事实际活动的指标。[1]

　　该论战是"经世致用"思想指导下近代中国革命实践的需要，"各党各派要决定本党本派的政纲，打击敌党敌派的政纲，就不得不发掘中国社会结构的内层"[2]。

　　中国社会史论战不仅是一场史学领域的学术论辩，更是哲学社会科学的学术革命。马克思主义理论体系是马克思研究和批判全部人类思想成果的产物，马克思主义唯物史观本身蕴含了诸多社会科学的内容，因此，无论是马克思主义经济学、马克思主义政治学还是马克思主义社会学，均要以唯物史观为依托。

　　将马克思主义引入中国学术体系是中国近代学术史的一件大事，在中国传统学术体系的"经""史""子""集"中，经学、儒家学术体系的发展遭受挫折，中国社会史论战则是用马克思主义理论刷新了人们对历史演进过程的认知，从儒家道德史观向唯物史观的转变，使人们深刻认识到经济关系及人民在历史发展进程中的关键作用。同时，经济史研究的崛起改变了史料考据研究法在中国史学学科中的独占地位。《食货》半月刊改变了 30 年代史学学科普遍存在的空谈宏观理论而疏于具体问题研究的现状，对论战议题按照专题进行分类、细化，在兼顾宏观性探讨中国社会性质问题、中国社会形态变化等大历史问题的同时，将视野瞄准历史专题研究，将史料进行细分、整理、归类，进而推动了中国现代史学的深入发展。

（四）"中国本位文化"与"全盘西化"：近代中国学界对现代化的思考

　　"全盘西化"与"中国本位"之间的论战是五四时期"东西文化论

---

① 王亚南. 封建制度论. 读书杂志，1931，1（4-5）.
② 何干之. 何干之文集. 北京：北京出版社，1993：210.

战"的继续。国民政府一贯将弘扬民族主义当作提高人民感召力及强化党治的政治手段，试图将三民主义儒家化，将意识形态复古化，进而利用民族情绪整合社会力量以完成其统治目的。当时"文化建设协会"及其《文化建设》月刊，以及国民党王新命等 10 位教授的《中国本位的文化建设宣言》，均为国民党加强思想统治的体现。

《中国本位的文化建设宣言》对五四新文化运动的公开清算，引发了部分文化保守主义者的支持及"西化"派的强烈抨击，各界学者纷纷发表文章加入讨论。这场论战不仅是讨论东西文化异同及融合的问题，还涉猎了文化的本土性与世界性的关系、文化与政治的关系、文化西化与现代化的关系等问题。实际上中国学界就西化与中国本位之间达成共识，即用"现代化"代替"西化"，吸收西方的文化因素并非简单的"中体西用"，而是要使中国文化成为具有现代性的文化。相关文献见表 4-4。

表 4-4 "全盘西化"和"中国本位"论战文献资料

文献	作者	文献来源
《文化中前进一步底问题》	叶青	《二十世纪》1931 年第 1 卷第 3 期
《开展西北文化与建设新中国》	戴季陶	《新亚细亚》1932 年第 4 卷第 6 期
《对于尊孔的意见》	陶希圣	《清华周刊》1934 年第 42 卷第 3/4 期
《信心与反省》	胡适	《独立评论》1934 年第 103 期
《社评：尊孔平议》	韦波	《三民主义月刊》1934 年第 4 卷第 6 期
《中国本位的文化建设宣言》	王新命等	《文化建设》1935 年第 1 卷第 4 期
《中国本位的文化建设宣言批评：谈"中国本位"》	潘光旦	《文化建设》1935 年第 1 卷第 5 期
《评"中国本位的文化建设宣言"》	何子宽	《时事公论》1935 年第 2 卷第 1 期
《中国文化建设协会北平分会读书运动宣言》	无	《读书季刊》1935 年第 1 卷第 1 期

续表

文献	作者	文献来源
《文化与中国文化之建设》	陈立夫	《中国文化建设协会会报》1935 年第 1 卷
《专论：现代的中国怎样要孔子？》	张东荪	《正风半月刊》1935 年第 1 卷第 2 期
《再谈读书》	陶希圣	《读书季刊》1935 年第 1 卷第 2 期
《试评所谓"中国本位的文化建设"》	胡适	《独立评论》1935 年第 145 期
《答陈序经先生》	胡适	《独立评论》1935 年第 160 期
《关于全盘西化答吴景超先生》	陈序经	《独立评论》1935 年第 142 期

注：详见"附录 6——'全盘西化'和'中国本位'论战文献资料"。

1. 本位文化派及其主要观点

本位文化派，即"中国本位的文化建设派"，简称"本位派"，包括《中国本位的文化建设宣言》的主要倡导者陶希圣、何炳松、萨孟武、王新命等 10 位教授，以及支持者张东荪、陈立夫、太虚法师、张申府等人，其主要舆论阵地为《文化建设》月刊。代表性文章有 1935 年 1 月发表的《中国本位的文化建设宣言》，以及同年 5 月发表的《我们的总答复》。这两篇代表性文章的主要观点如下：

中华民族最大的危机是什么？在文化领域中，我们看不见现在的中国了，这是本位文化派所总结出的原因。与东方文化派以及国民党力行哲学、唯生论的思想类似，本位文化派将文化的复兴视为民族复兴、民族独立与社会进步的关键力量。在世界舞台上，中国文化话语权的丢失，导致"中国政治的形态、社会的组织和思想的内容与形式，已经失去它的特征"①。因此，中国现阶段必须加强本位文化建设，突出中国文化的特质，进而推动中国政治话语、社会风气以及国民精神的复苏，让中国声音能够出现在世界上，进而争取中国国际地位的提升。

本位文化派从五个方面阐述"中国本位文化"的含义及特征：

第一，中国本位文化是能够满足中国现阶段特殊需要的文化。它有

---

① 王新命，何炳松，武堉干，等. 中国本位的文化建设宣言. 文化建设，1935，1 (4).

其地域和时代的特殊性；根据时间地点的转移，中国社会产生不同的需要，中国现阶段自然有它特殊的需要，"我们所揭橥的中国本位文化建设，就应以这种特殊需要为基础"。特殊需要就是，"在纵的方面不主张复古，在横的方面反对全盘西化，在时间上重视此时的动向，在空间上重视此地的环境，热切希望我们的文化建设能和此时此地的需要吻合"①。

第二，中国本位文化是对中国固有文化去粗取精的、经过提炼的文化。建设本位文化需要对中国文化有全方位的认知，取其精华，去其糟粕，但绝对反对复古主义。"徒然赞美古代的中国制度思想，是无用的；徒然诅咒古代的中国制度思想，也一样无用；必须把过去的一切，加以检讨，存其所当存，去其所当去；其可赞美的良好制度伟大思想，当竭力为之发扬光大，以贡献于全世界；而可诅咒的不良制度卑劣思想，则当淘汰务尽，无所吝惜。"② 建设本位文化，要勇于抛弃封建社会的渣滓和残骸，才能奔向未来光明的道路。

第三，根据建设现代化中国的需要，要择优吸取西方文化。建设中国本位文化，并非要摒弃西方文化，而是"须吸收其所当吸收，而不应以全盘承受的态度"③；"现代的中国人既不容迷恋过去的残骸，也不容崇拜异地的偶像。外来文化若为我们营养的资料，自当尽量吸收，但必须根据此时此地的需要，加以一番审慎的选择。"④ 西方文化自身存在矛盾之处，中国无须全部"拿来"。

第四，中国本位的文化建设，既不做东西文化的杂糅，也不做"物质文明""精神文明"的分离。建设本位文化"不是抱残守缺的因袭，不是生吞活剥的模仿，不是中体西用的凑合，而是以此时此地整个民族的需要和准备为条件的创造"，其目的是中国能够转变失去文化的现状，提高国际地位，与国际上其他国家"并驾齐驱于文化的领域"⑤。他们强调建设中国的本位文化，并不是用中国精神文明支配西方物质文明的"中体西用"，本位文化派并不认为物质文明与精神文明之间存在毫无关系的隔阂。"物质和精神是一个东西的两方面，根本不能分离。我们不

---

① 王新命，何炳松，武堉干，等. 我们的总答复. 文化建设，1935，1（8）.

②③ 王新命，何炳松，武堉干，等. 中国本位的文化建设宣言. 文化建设，1935，1（4）.

④⑤ 同①.

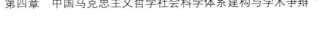

能说中国仅有精神的文明，亦不能说西方仅有物质的文明。说到体用：有什么体便有什么用，有什么用必有什么体。"①

第五，中国本位文化建设的现实目标，是"人民的生活需要充实""国民的生计需要发展""民族的生存需要保障"②。要提升民族自信力，"我们在文化上建设中国，并不是抛弃大同的理想，是先建设中国，成为一整个健全的单位，在促进世界大同上能有充分的力"③。这种力的内核，就是文化的复兴。

总之，本位文化派的基本主张是"不守旧；不盲从；根据中国本位，采取批评态度，应用科学方法来检讨过去。把握现在，创造将来"④。

2. 全盘西化派及其主要观点

"全盘西化派"，简称"西化派"，其阵营最主要的人物为胡适和陈序经⑤，也包括梁实秋、熊梦飞等人。他们绝大部分都抨击中体之弊端而主张学习西方文化的精神，吸收西学之"体"，因此被统称为"全盘西化派"或"充分世界化派"⑥，他们的主要舆论阵地为胡适主编的《独立评论》。由于胡适与陈序经的观点有相当大的差异，因此在归纳"西化派"主张之时，需要将两者分而述之。

为什么中国需要实行"全盘西化"而不是"中国本位化"，胡适的理由如下：

---

① ②　王新命，何炳松，武堉干，等. 我们的总答复. 文化建设，1935，1 (8).

③ ④　王新命，何炳松，武堉干，等. 中国本位的文化建设宣言. 文化建设，1935，1 (4).

⑤　陈序经（1903—1967），字怀民，广东文昌县（今海南省文昌市）人，著名历史学家、社会学家、民族学家、教育家。曾就读于复旦大学，曾任岭南大学校长、中山大学副校长、暨南大学校长、南开大学副校长。1934 年 11 月，在《广州民国日报》发表《中国文化之出路》一文，在全国引发一场激烈的文化大论战。陈序经毕生从事社会学的教学和研究，尤其重视文化研究，提倡在中国创立"文化学"。他认为，在中国，想从东西文化的研究中寻找一条救国道路的人有三种不同的主张，一是主张全盘接受西方的文化，二是主张复返中国固有的文化，三是主张折中的办法。对此，他指出折中派和复古派都没有出路，主张要中国文化彻底的西化。陈序经一生著作等身，主要有《中国文化史略》《文化学概观》《南洋与中国》《社会学的起源》等。

——启良. 重评陈序经. 浙江社会科学，1998 (6)：111－116；彭梅蕾. 陈序经. 暨南学报，2006 (5)：18.

⑥　虽然被称作"全盘西化派"，但真正主张全盘西化的只有陈序经等极少数人，主张西化的绝大部分学者很少使用"全盘西化"来概括自己的主张。

第一，胡适"全盘西化"的立场源于他对中国文化的判断。在胡适看来，中国古代文化遗产并非人们所普遍认为的那样丰富，而是太贫瘠了。希腊罗马在文学、雕刻、科学、政治方面的成就，非中国古代文化所能企及，"那五千年的精神文明，那'光辉万丈'的宋明理学，那并不太丰富的固有文化，都是无济于事的银样镴枪头"①。在这种固有文明上所建立的民族信心，是经不起外力冲击的，如今中国遇到如此的危急时刻，人们需要的是勇于反省，而不是将信心建立在不甚可靠的"祖宗之光荣"上，"我们的前途在我们自己的手里。我们的信心应该望在我们的将来"②。而孙中山所提倡的、能够挽救中国民族性的固有文化及固有德性，乃是"几个人类共有的理想，并不是我们这个民族实行最力的道德"，甚至"仁爱"的"实行"上，中国人仍然需要学习外国。"忠孝信义爱和平，都是有文化的民族共有的理想……若没有切实的办法，没有真挚的热心虽然有整千万册的理学书，终无救于道德的低浅。"③

第二，胡适"全盘西化"的立场根源于他对"文化"概念的理解。在胡适看来，中国本位文化派是时髦的"复古派""他们的保守心理都托庇于折中调和的烟幕弹之下"④。胡适认为他们没有认识到文化变动的性质：

首先，文化本身具有保守性。"凡一种文化既成为一个民族的文化，自然有他的绝大保守性，对内能抵抗新奇风气的起来，对外能抵抗新奇方式的侵入。这是一切文化所公有的惰性，是不用人力去培养保护的。"⑤ 也就是说，保守主义者无须刻意维护固有文化的地位，因为固有文化拥有自我抵抗外力侵入的能力。

其次，东西文化的碰撞，是一个优胜劣汰的过程。"凡两种不同文化接触时，比较观摩的力量可以摧陷某种文化的某方面的保守性与抵抗力的一部分。其被摧陷的多少，其抵抗力的强弱，都和那一个方面的自身的适用价值成比例：最不适用的，抵抗力最弱，被淘汰也最快，被摧陷的成分也最多。"⑥ 文化碰撞的胜负之分，关键在于谁拥有适用度，能够符合现实的需要。

---

①② 胡适. 信心与反省. 独立评论，1934（103）.

③ 胡适. 再论信心与反省. 独立评论，1934（105）.

④⑤⑥ 胡适. 试评所谓"中国本位的文化建设". 独立评论，1935（145）.

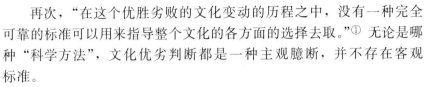

再次，"在这个优胜劣败的文化变动的历程之中，没有一种完全可靠的标准可以用来指导整个文化的各方面的选择去取。"① 无论是哪种"科学方法"，文化优劣判断都是一种主观臆断，并不存在客观标准。

最后，中国固有文化的特征顽固存在于社会各方面。"文化各方面的激烈变动，终有一个大限度，就是终不能根本扫灭那固有文化的根本保守性。"② 这种保守性，就是"本位主义"的实质，"就是在某种固有环境与历史之下所造成的生活习惯：简单说来，就是那无数无数的人民。那才是文化的'本位'"③。因此，本位主义派所危言的"中国文化的消失"是并不存在的，反而应当焦虑这种过于顽固的文化惰性。"中国今日最可令人焦虑的，是政治的形态，社会的组织，和思想的内容与形式，处处都保持中国旧有种种罪孽的特征，所以无论什么良法美意，到了中国都成了逾淮之橘，失去了原有的良法美意。"④ 中国的"特征"不仅没有消失，而是无处不在⑤。

第三，胡适"全盘西化"立场，源于他对创造新文化的期盼。文化的进步在于创造，而"一切所谓创造都从模仿出来"⑥。胡适认为中国现阶段最大问题，在于国人在民族主义情绪支配下而存己排异，"懒人不肯模仿，所以绝不会创造。一个民族也和个人一样，最肯学人的时代就是那个民族最伟大的时代"⑦。如果说在刚迈入世界文化阶段就大谈"折中"主义，那它本质就是保守主义烟雾弹。胡适举出日本的例子，"日本民族的长处全在他们肯一心一意的学别人的好处，……他们学别国的文化，无论在那一方面，凡是学到家的，都能有创造的贡献"⑧。相比之下，中国对西方文化冲击既学习又怨恨的复杂心态，决定了中国人心知中外国家综合国力之悬殊却始终缺乏反省。

陈序经对"全盘西化"的诠释如下：

一方面，东西文化对比之下，西方文化更"优美"，更合于时势。陈序经认为，东方文化是趋于死亡、正在消灭之中的文化，而西方文化则是趋于世界主流的文化，"死的国故，且要西洋方法来注射，始能复

①②③④⑤　胡适. 试评所谓"中国本位的文化建设". 独立评论，1935 (145).

⑥　胡适. 三论信心与反省. 独立评论，1934 (107).

⑦⑧　胡适. 信心与反省. 独立评论，1934 (103).

活，试问中国还有什么东西，是不要西化而始能复活呢？""中国文化根本上既不若西洋文化之优美，而又不合于现代的环境与趋势，故不得不彻底与全盘西化。"① 既然很难在实践中做到择优吸取，又不能破坏文化内部复杂的连带关系，那不如实行通盘西化，即使会将西方文化之弊端照单全收，但他认为"文化本身是分不开的。何况西洋文化，无论在那一方面，都比中国的文化进步"②。

另一方面，全盘西化与中国文化惰性是此消彼长、互不相容的两件事物。陈序经认为："全盘西化论，在积极方面，是要使中国的文化能和西洋各国的文化，立于平等的地位，而'继续在这世上生存'；消极方面，就要除去中国文化的惰性。所以若能全盘西化，则惰性自然会消灭。盖所谓惰性，无非就是所谓中国固有的文化。"③ 西化的逐渐深入，中国文化的惰性就会逐渐减少。

3. "西化派"与"本位派"的理论共识

"西化派"与"本位派"在论战过程中相互趋同，一些"西化派"代表性人物逐渐趋同于"现代化"的表述和判断，并提出一些中国现代化道路的具体主张，从局限于文化的建设发展为对全方位的建设的筹划。总的来说，这场论战双方均加深了对本国文化和西方文化的认识，从两个极端逐渐趋向折中的合流。

对于大多数"西化派"来说，他们逐渐意识到"全盘西化"在实际操作中很难实现，"全盘西化"的统一论调逐渐细分为"大部分西化""尽量西化""充分西化""现代化""充分世界化"等不同层面的表述，如严既澄认为，应当用"现代化"取代"西化"，中国现阶段应当去学习世界文化的"通性"，然后再保护本国文化的"特性"。也就是说，当中国实现现代化之后，可以保留其中符合现代性的文化"特性"，摒弃与现代性相悖的"特性"④。严既澄所讲的"通性"，实际上就是指普适性。胡适也认为"充分世界化"的说法比"全盘西化"更为妥帖。他将"全盘西化"更改措辞为"尽量西化"，试图让更多的人接受"西化"的号召⑤。

---

① ② 陈序经. 关于全盘西化达答吴景超先生. 独立评论，1935（142）.

③ 陈序经. 再谈"全盘西化". 独立评论，1935（147）.

④ 严既澄. "我们的总答复"书后：向"中国本位文化建设宣言"的十位起草者进一言. 大公报，1935-5-22/23.

⑤ 胡适. 充分世界化与全盘西化. 大公报，1935-06-21.

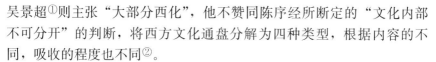

吴景超①则主张"大部分西化",他不赞同陈序经所断定的"文化内部不可分开"的判断,将西方文化通盘分解为四种类型,根据内容的不同,吸收的程度也不同②。

"本位派"在与"西化派"的辩论中也在逐渐修正自己的观点。张申府在哲学年会发表《我所认识的辩证法》一文,提到中国学术界现在有两件大事,一则为中国本位文化建设的讨论,另一则是对于新哲学的呼声。他将人类思想发展分为三个时期,"一、有灵论时期,二、机械论时期,三、辩证论时期",现在,已经迎来了"辩证论时期",也就是新哲学时期。因此,对中西文化的态度也应当具有辩证的意味。"我相信中国本有好的东西,我相信对于建设中国本位的文化,原则上是不能非议的。但是我却觉着,要做成这项建设,一方固须对于西方文化有个彻底了解,一方也须对于中国本来文化有个根本认识。"③ 正因为中西文化中都有好的一面,因此中国更需要建设一般哲学,即"世界观人生观或人生理想",也就是意识形态建设。其原则为"庶几于古既有所承,同时不违反这个时代"④,即建设承接中国民族文化之魂,又不违反时代大势的新哲学。随后,熊十力也撰文指出,在没有产生新哲学的当下,中国本位文化建设的号召,是言之过早的。"愚意欲新哲学产生,必须治本国哲学与治西洋哲学者共同努力。"⑤ 也就是说,中国的新学术应当是兼顾中西的、"一般"性的哲学。

无论是西化还是本土化,两派想要解决的问题以及目的是一致的,

　　① 吴景超(1901—1968),中国社会学家,生于安徽歙县。1915 年考入清华学校,1923年赴美留学,先后在明尼苏达大学、芝加哥大学攻读社会学,并获得学士、硕士、博士学位,1928 年回国,任南京金陵大学社会学教授兼系主任,1931 年任清华大学社会学系教授,并开展城市经济调查。任教清华大学期间,与孙本文、许仕廉、吴泽霖等人一道发起成立"中国社会学社",于 1936 年学社第五届年会时当选为理事长。1935 年在国民政府行政院任职,1947 年返回清华大学社会学系任教,1952 年后长期执教于中国人民大学经济系,1957 年被划为右派分子,历经磨难后于 1968 年去世,1980 年改正。吴景超是中国 20 世纪上半叶研究都市社会学最主要代表人物,与闻一多、罗隆基一同被誉为"清华三才子"。主要著作有《社会组织》(1929)、《都市社会学》(1929)、《社会的生物基础》(1931)、《第四种国家的出路》(1936)、《劫后灾黎》(1947)。吴景超在其代表作《第四种国家的出路》中,提出了"发展都市以救济农村"的理论。

　　——周叔俊. 社会学家:吴景超. 中国人民大学学报,1990(6):121-122.

　　② 吴景超. 答陈序经先生的全盘西化论. 独立评论,1935(147).

　　③④　张申府. 我所认识的辩证法. 大公报,1935-04-15.

　　⑤　熊十力. 文化与哲学. 大公报,1935-04-23.

因此在论辩过程中两派逐渐达成某种程度上的理论共识：为实现中华民族及民族精神的存续，中国人应对本国文化与西方文化做全方位的了解与研究，不要轻易全盘否定或肯定，而应当在认同中国民族精神的前提下，掌握西方文化及精神内核的优美之处，以文化为着力点推进中国文化全方位现代化与世界化。这场围绕"全盘西化"与"中国本位文化"的论战，是五四前后东西文化论战的延续。从"国粹"到"本位"再到"中国化"，从"全盘西化"到"部分西化"再到"现代化"，中国知识分子普遍达成了要继承五四新文化运动的启蒙精神，继续推进新学术、新启蒙运动的共识，对现代化建设逐渐有了清晰的认识及目标，对推动我国哲学社会科学的发展发挥了重要影响。

三、"话语之争"：国共两党学术话语权争辩

自 20 世纪 20 年代起，中国社会迎来了"主义时代"。在此之前，"主义"在中国社会曾经引起很大争论，即著名的"问题"与"主义"论战。这场论战以胡适和李大钊为代表，围绕"问题"与"主义"展开，成为近代中国思想文化史上的一个标志性事件。这次论战不仅是两种学术研究方法的争辩，更是反映了两种社会发展道路的分歧，开启了中国近代思想文化史上长达 30 年的关于"中国命运"的讨论。由于身处"主义时代"，"道路"的抉择实际上就是不同"主义"之间的较量。

作为"主义"的主要载体，政党之间的意识形态博弈成为不同党派文化论战的主要表现。在近代思想及生活中，文化和政治互相渗透互相影响，人们将重建社会秩序和文化秩序看作现代化建设的"一体两面"。对于大部分知识青年而言，中国社会问题本质是中华民族如何复兴的问题，社会的政治、经济和教育的发展，都依赖思想文化问题的解决，正确的思想文化会引领正确的信仰、信念、道路和行动，鉴于此，知识层面的"学理"让位给意识形态层面的"主义"，是历史和社会发展的必然。

（一）五四前后围绕马克思主义展开的三次论战

五四时期是马克思主义在中国早期传播的关键时期。当前学界关于五四运动的时间界定在学理上还未形成统一的认识。在该专题论述中，笔者将"五四前后"时间范围界定在 1915 年 9 月《青年杂志》（第 2 卷起

改名《新青年》的创刊到 1924 年"科玄论战"这九年，主要依据有三：第一，陈独秀以创办《青年杂志》发起的新文化运动，从其主张上来看是五四运动的先声，而 1923—1924 年关于科学与人生观之争的"科玄论战"则是对五四精神的延续与反思，是 20 世纪第一次思想启蒙运动的开端与结尾；第二，从思想史发展的走向上看，1924 年后新知识群体的关注重心再次回到政治上，思想和行动的主题也由"个人""自我""世界"逐步发展为"组织""党派""民族"；第三，从对传统文化的态度上看，1915 年新文化运动是对旧信仰、旧思想、旧文学的进攻，而 1923 年前后以胡适为代表的整理国故运动及张君劢"人生观"演讲则代表着传统的回归。其中，以中国共产党的成立为界，将 1915—1921 年称为"前五四时期"，1921—1924 年为"后五四时期"。这九年是中国思想界的激变时代，剧烈的变动必然引发一次次思想的碰撞。新文化运动以来，"古"与"今"、"劳农阶级"与"资产阶级"、"国故"与"西学"、"世界"与"民族"、"统治"与"自治"等元素围绕着"中国向何处去"的中心问题上下盘旋，逐渐形成了一个个思想派系和理论阵营。虽然百年后的今天很难全景呈现当年百家争鸣的情景，但通过报刊中的一篇篇激情四射的文字，能够深刻体会到当年激烈的思想论争。

马克思主义最早作为一种"新学理"传入中国时，包括胡适、梁启超、孙中山、戴季陶、胡汉民等在内的知名学者对其均有所介绍，尤其对其中唯物史观等原理的学术价值予以充分肯定。十月革命后，马克思主义作为意识形态的力量展现出来，其彻底的革命性引起了社会强烈反响，进而引发了三次围绕马克思主义展开的论战，分别为"问题"与"主义"论战、无政府主义论战以及基尔特社会主义①论战。

---

①　基尔特社会主义亦称"行会社会主义"（基尔特，英语 guild 音译，即"行会"之意），是 20 世纪初英国工人运动中出现的一种资产阶级改良主义思潮。基尔特社会主义否定阶级斗争，鼓吹在工会基础上成立专门的生产联合会来改善资本主义；只承认改善工人出卖劳动的条件，但不推翻现存制度，意图通过改良从资本主义和平过渡到社会主义。其主要代表人物有彭提、霍布逊、柯尔施等，柯尔施的代表作是《劳工世界》《工业自治》。1906 年彭提出版《基尔特制度的复兴》一书。几年以后，霍布逊、柯尔施等开始改造彭提在书中提出的理论，融基尔特思想、现代资本主义、无政府工团主义以及社会主义于一体，形成了"基尔特社会主义"，并开始在英国工人团体中流行开来。五四时期，经梁启超、张东荪等研究分子的鼓吹，它作为社会主义流派之一传入中国，曾在中国思想界占有一定势力。后来，在中国早期马克思主义者与基尔特社会主义者论战后，它逐步败下阵来，至 1922 年 6 月后，在中国便无人提及。
——韩承业. 基尔特社会主义探析. 历史教学，1990（5）：16-19；杨阳. 试析基尔特社会主义在中国的传播. 广西社会科学，2009（6）：83-86.

1. "问题"与"主义"论战

1919 年 7 月，胡适在《每周评论》杂志发表《多研究些问题，少谈些"主义"！》一文，该文引发了思想界关于"问题"与"主义"的论战，论战的焦点在于怎样理解和认识"主义"。胡适之所以批判当时社会上盛行的"主义"，根源在于各种"主义"泛化。来自国外良莠不齐的各种"主义"在 20 世纪初期的中国被当作拯救国家和改造社会的良方，引起国民对"主义"的盲目崇拜，在宣传中未加以科学选择，忽视了对"主义"本身是否适合中国国情的认识和研究。

针对这种非理性现象，胡适在《多研究些问题，少谈些"主义"！》一文中详细阐述了他对"主义"泛化的危险性的焦虑。他指出，社会上流传的"主义"多数为一种具体的主张，然而为了传播的便利，主张被抽象概括为一两个字，称为"某某主义"。"'主义'的弱点和危险就在里面。因为世间没有一个抽象名词能把某人某派的具体主张都包括在里面"，胡适将"主义"的最大危险总结为"能够使人心满足"[①]，是因为在充满急切、过激、沮丧、矛盾的社会氛围里，人们容易沉迷包治百病的"根本解决"，反而忽视了去脚踏实地解决社会问题。胡适并非是真正反对和抵触"主义"，从他发表的《三论问题与主义》《四论问题与主义》《新思潮的意义》《实验主义》等文章看，胡适本人并非反对"主义"的存在，不仅如此，他自始至终是引入新学理和新社会思潮的倡导者与领路人，就"主义"如何在中国落地生根的问题提出了大量发人深省的指导和建议，他所反对的是将一切社会问题抽象归为"主义"所解决的范畴之内，反对在缺乏研究和实验的情况下盲目追崇"主义"和"根本解决"[②]。

李大钊在认真思考胡适的文章后，写《再论问题与主义》，认为必须"先有一个共同趋向的理想、主义，作为实验自己生活上满意不满意的尺度（一种工具）"[③]，因此，"我们的社会运动，一方面固然要研究实际的问题，一方面也要宣传理想的主义"[④]。认为这两者之间是"交相为用""并行不悖"的。"主义"是理想信仰，也是实际应用，"大凡一个主义，都有理想与实用两面"，"主义"被拿来做工具而应

①② 胡适. 多研究些问题，少谈些"主义"！. 每周评论，1919（31）.
③④ 李大钊. 再论问题与主义. 每周评论，1919（35）.

用于实践的时候，"他会因时、因所、因事的性质情形生一种适应环境的变化"①。李大钊认同胡适所抨击的社会上存在空谈"主义"和追崇"根本解决"的现象，认同具体的问题研究和准备工作是必不可少，但是他强调说在生机断绝的现实环境下，如果不追求"根本解决"，是断然没有任何理论工具的实验条件的。我们需要做的是在遇到根本解决问题的时机之前，努力积聚力量做"相当的准备活动"②。

其实这两条道路选择反映了两种思维模式，一种是实验主义的演化思维，一种是革命的抽象思维。胡适认为"主义"的起源是具体的主张而非抽象的理想，提出类似马克思主义等"主义"应当作为研究问题的学理、方法，知识分子和舆论家们应当"把一切'主义'摆在脑背后，做参考资料"③，不能因为"主义"有几分普遍性就"盖章"它是抽象的理想。因此，胡适提倡在不涉及政治理想的前提下，进行"文化改良"，步骤即"研究问题，输入学理，整理国故，再造文明"④。这是五四前期胡适所坚持的挽救民族文化、复兴中华文明的道路。虽然他提倡并推广实验主义，但是在胡适看来实验主义"只是一个研究问题的方法"⑤，不像别的"主义"那样成为舆论家"逞口舌之快"的工具，也就是说，"主义"（尤其是马克思主义）应当被控制在学理范围之内，而不应凌驾在学术之上。

在革命时代，后者成为中国思想界的主流，原因在于人们往往希望利用"别国别时代的经验总结"来推测出一种可以复制和参考的"普遍性"，即在亡国愁绪中寻求一种"以某种抽象的原则来推演和涵盖解决具体问题的途径的思维模式"⑥。在这种思维模式下，胡适认为，"一旦人们认定某种抽象的主义（或理念）是合理的，有功效的，只要符合这种理念原则的制度一旦建立，那么，从官僚腐败、国民道德水准低下，直到各种社会弊政和令人困扰的实际问题，也都能迎刃而解"⑦。"主义崇拜"是20世纪上半叶中国社会的一大现象，经历"问题"与"主义"论战后，中国社会对"主义"的认知发生了深刻变化，愈来愈重视"主

---

① ②　李大钊. 再论问题与主义. 每周评论，1919（35）.

③　胡适. 多研究些问题，少谈些"主义"！每周评论，1919（31）.

④　胡适. 新思潮的意义. 新青年，1919，7（1）.

⑤ ⑥ ⑦　胡适. 我的歧路. 努力周报，1922（7）.

义"在社会革命中的作用，愈来愈重视"主义"对未来世界的设计，"主义"亦由此愈来愈明显地被意识形态化。

2. 社会主义阵营内部关于马克思主义基本理论的论争：无政府主义论战与基尔特社会主义论战

五四新文化运动以来，各种新思潮涌入，要求进行社会改造的呼声越来越大。前文说过，"社会主义"阵营杂糅混乱，马克思、列宁、伯恩施坦、巴枯宁、蒲鲁东、克鲁泡特金……诸多思潮派系盘根交织。

在五四前期，中国思想界在接受和传播马克思主义时曾出现一些误读和歧义。比如《每周评论》的社论介绍："国家社会主义……此派为马格斯 Marx 辈所主张，他所主张的阶级战争，是要劳动者把资本家推翻"，"交通机关和转运事业概归国有，用国家资本组织一国家银行，有总理一切营业的权"[①]。可见当时思想界虽然错误地将马克思主义纳入国家社会主义阵营，但也抓住了马克思主义的两大特征，即无产阶级专政和公有制经济。

随着传播及研究的深入，人们对"社会主义"的认识逐渐加深，当时的社会主义阵营大致发展为三大派别：以唯物史观和阶级斗争理论为核心的马克思主义派，混合英美民主、自由理论的基尔特社会主义派，兼受克鲁泡特金等西方无政府主义思潮及儒家德治、道家黄老等中国传统政治理想影响的无政府主义派。由于思想分歧越来越明显，1920年前后围绕社会主义道路的发展方向问题，爆发了两场激烈的论战——无政府主义论战和"社会主义"论战。

无政府主义与马克思主义的论战发轫于1919年，在当年的2月及5月，黄凌霜先后发表了《评〈新潮〉杂志所谓今日世界之新潮》《马克思学说的批判》两篇文章，将马克思主义错误定位为"集产主义"，将无产阶级专政理解为"私权""压制个人自由"的存在。起初无政府主义者只不过将马克思主义看作"社会主义"诸多流派的一支做简要评判，以便介绍和推出无政府主义的主张和思想。但随着马克思主义传播的深入，以及早期马克思主义者逐渐成长起来后，马克思的阶级斗争理论、唯物史观、剩余价值理论以其真理魅力改变了人们对"社会主义"的想

---

① 若愚. 无政府主义与国家社会主义. 每周评论，1919（18）.

象和认知，"无政府主义≈社会主义"的思维定式被打破，引起无政府主义者的警惕。1920年上半年，无政府主义者黄文山①、区声白②、朱谦之③、易家钺等人，以《奋斗》为主要阵地，掀起了马克思主义派和无政府主义派的论战。

---

① 黄文山（1901—1988），号凌霜，通称黄凌霜，广东台山人。1921年获北京大学文学学士学位。中国无政府主义代表人物、近代思想家、文化学者。著有《社会进化》《黄文山学术论丛》《文化学体系》《当代文化论丛》《文化学及其在科学体系中的位置》《中国古代社会史方法论》等。

② 区声白（1892—1945），世界语者，无政府主义者，广东南海佛山镇（今佛山）人。1919年创办无政府主义杂志《工余》。1920年毕业后到岭南大学讲授中国文学史，并利用《民声》《工余》等杂志，进行无政府主义和世界语的宣传。次年赴法国里昂大学留学，加入国际性世界语组织"全世界无民族协会"。1921年中国共产党成立之后，区声白与陈独秀之间曾就无政府主义问题展开论战。为此，陈独秀主编的《新青年》第9卷第4号特别办了一期关于"无政府主义讨论"的专辑，发表了陈独秀同其讨论的六封长信，构成了中国现代史上一次著名的笔战。1926年在广州与黄尊生等创办世界语师范讲习所和广东大学世界语学会。1938年广州沦陷后，附于汪伪，曾任伪广州市社会局课长，著有《无所谓宗教》等书。

——张静如. 五四以来历史人物笔名别名录. 西安：陕西人民出版社，1986：168；邱沛篁. 新闻传播百科全书. 成都：四川人民出版社，1998：188；王红霞. 试论陈独秀和区声白关于无政府主义的论战. 四川理工学院学报（社会科学版），2007（3）：68-72.

③ 朱谦之（1899—1972），福建人，中国当代著名哲学家、东方学家、文化学家、宗教学家、中外思想文化比较学家。生于世代业医家庭，幼时父母双亡，由姑母抚养成人。民国初，入省立第一中学学习，熟读经史，曾自编《中国上古史》，并发表《英雄崇拜论》等小册子，因而知名于乡里。后入北大哲学系攻读，直至毕业。当时北京大学由蔡元培主持，学术气氛比较自由，朱谦之深受熏陶。他思想活跃，关心国家前途，勤奋学习，打下深厚功底。在北大，著有《老子校释》《日本的朱子学》《日本的古学和阳明学》等。斯诺在《西行漫记》中记述毛泽东在北京大学当图书馆助理员时说道："我常常和一个北大学生，名叫朱谦之的，讨论无政府主义和它在中国的可能性。"1929年东渡日本，从事历史哲学研究，回国后任暨南大学教授。从1932年起在中山大学工作，曾担任中山大学历史系主任、哲学系主任、文学院院长等职。1950年院系调整中，被调往北京大学哲学系任教授，1964年调往中国科学院哲学社会科学部世界宗教研究所任研究员。朱谦之在学术界被人称为"百科全书式的学者"，这是因为他的教学研究工作十分广泛，涉及历史、哲学、文学、音乐、戏剧、考古、政治、经济、宗教和中外交通文化关系等各种领域，有些领域在我国还属于开拓性研究。著名学者王亚南曾称誉："朱先生时代感非常强烈，而且搜集之富，钻研之精，涉猎之广，读其书，知其生平者，均交口称道。"朱谦之主要著作包括《中国哲学对欧洲的影响》《中国景教》等。

——张岱年. 中国哲学大辞典. 上海：上海辞书出版社，2010：686；蒋大椿，陈启能. 史学理论大辞典. 合肥：安徽教育出版社，2000：166；黄夏年. 怀念朱谦之先生. 中华读书报，2019-07-31（7）.

1920 年，中国思想界还爆发了另一桩围绕马克思主义展开的论战，即社会主义论战。当年罗素①来华演讲以及张东荪写作《由内地旅行而得之又一教训》的时评，提出了中国现阶段应当"增加富力"的感慨，激起了中国思想界关于社会主义的大讨论。《改造》《新青年》开辟了关于社会主义讨论的专栏，研究系梁启超、张东荪、蓝公武②等，以及马克思主义派李大钊、陈独秀、李达、恽代英、瞿秋白，以及江亢虎③、蔡元培、李季等思想界知名人物纷纷发表文章，阐述自己对社会主义问题的认识。时人大多认为社会主义是社会进化的必然趋势，如张东荪认为社会主义是"最后的标的"④，梁启超也说过"确信此主义必须进行"⑤，但是中国究竟如何进化到社会主义，是实行基尔特社会主

---

① 伯特兰·阿瑟·威廉·罗素（Bertrand Arthur William Russell，1872—1970），英国哲学家、数学家、逻辑学家、历史学家、文学家，分析哲学的主要创始人，世界和平运动的倡导者和组织者。主要作品有《西方哲学史》《哲学问题》《心的分析》《物的分析》等。罗素出生于曼摩兹郡一个贵族家庭，1890 年考入剑桥大学三一学院，后曾两度在该校任教，1908年当选为皇家学会会员，1950 年获诺贝尔文学奖，并被授予英国嘉行勋章。1967 年组织了斯德哥尔摩战争罪犯审判法庭，谴责美国在越南的政策，1970 年在威尔士家中去世。罗素不仅在哲学、逻辑和数学上成就显著，而且在教育学、社会学、政治学和文学等许多领域都有建树。他前后期哲学思想变化很大，早期信奉新黑格尔主义，深信绝对、共相的存在，把数学视为柏拉图理念的证据。后来与摩尔一起叛离了绝对唯心主义，转向新实在论。
　　——罗肇鸿，王怀宁. 资本主义大辞典. 北京：人民出版社，1995：188.
② 蓝公武（1887—1957），字志先，生于江苏省吴江县（今吴江市）同里镇。幼读私塾，后赴日本留学。1911 年毕业于东京帝国大学哲学系，1912 年回国后，师从梁启超，与张君劢、黄远庸合办《少年中国周报》，时人称之为"梁启超门下三少年"，或称"新中国三少年"。1913 年赴德国留学，于第一次世界大战爆发前回国。经梁启超推荐，以进步党代表身份当选为北洋政府参议院议员，是当时最年轻的议员。1917 年后任《国民公报》社长、《晨报》董事，1923 年起先后在北京大学、中国大学任教，讲授马克思的《资本论》。抗日战争胜利后，任察哈尔省人民政府教育厅厅长、北岳行署民政厅厅长。1948 年 9 月，任华北人民政府副主席兼民政部部长。1949 年后，任最高人民检察署副检察长兼政务院政法委员会委员，曾任全国人大常委会委员，译有康德《纯粹理性批判》。
　　——盛平. 中国共产党人名辞典（1921—1991）. 北京：中国国际广播出版社，1991：186.
③ 江亢虎（1883—1954），原名绍铨，号洪水、亢庐，祖籍安徽省旌德县江村，生于江西省弋阳陶湾一个仕宦之家，"中国社会党"领袖，亦是著名学者，主要著作和文集有《洪水集》《缚虎记》《新俄游记》《台游追记》《南洋巡回记》《天宪管窥》《中国近代元首印象记》《中国社会改革》等。
　　——李华兴. 近代中国百年史辞典. 杭州：浙江人民出版社，1987：206.
④ 张东荪. 一个申说. 改造，1921，3（6）.
⑤ 梁启超. 复张东荪书论社会主义运动. 改造，1921，3（6）.

义、马克思派社会主义还是无政府主义，中国思想界并没有达成一致。罗素在华关于社会主义的演讲，不仅没有驱散中国未来道路上的迷雾，反而加重了人们心中的疑惑，进而引发了一场关于两条不同道路的论战，一是德国（英国）式改良民主道路，一是俄国式暴力革命道路。两条道路的分歧实际上反映了中国知识阶层对社会革命的两种态度，一种是基于贫乏现实而在实践上的犹豫不决，一种是基于民族存亡而诞生的革命激情。论战的焦点问题是"社会主义应否实行于今日中国的问题"①，本质核心则是中国能否跨越资本主义发展阶段的问题。

两场论战反映出后五四时代人们对社会革命的矛盾心理，这种心理的矛盾呈现，实际上延续了"问题"与"主义"论战的思路：如何对待现实国情和"主义"。无政府主义代表了"主义"的空想状态，它反映的是欧战后中国人希冀以社会革命的方式超越和规避资本主义发展阶段的急切心理，因为他们熟知卷入世界资本主义体系后中国将面临更严重的民族和国家危机。无政府主义者推崇社会和个人，反对政府和国家；崇尚绝对自由，在经济上反对任何形式的集中，在组织上坚持绝对的个人主义，在政治上反对任何形式的强权。无政府主义者模糊了"主义"的最终目标和实施手段，没有正确认识和处理好"主义"的工具作用和理想作用。20 世纪初期部分无政府主义论战文章见表 4-5。

表 4-5　20 世纪初期无政府主义论战部分文章统计表

文章	作者
《社论：无政府共产主义与国家社会主义》	若愚
《无政府主义批评》	陈伯隽
《克鲁泡特金的"无治主义略说"》	延陵
《"无强权主义的根据"及"无强权的社会"略说》	叶麟
《自由与秩序》	李大钊
《随感录：（一一五）中国式的无政府主义》	独秀
《通信：一封答复"中国式的无政府主义"者的信》	光亮
《随感录：（一一六）下品的无政府党》	独秀

---

① 费觉天. 关于社会主义争论之总批判. 评论之评论，1921，1（3）.

续表

文章	作者
《讨论无政府主义》	区声白 陈独秀
《谈话：无抵抗主义底我见》	张闻天
《评论："中国式无政府主义"质疑》	冰
《言论：共产主义与无政府主义》	重远
《评论：共产主义者所应取的态度》	凯旋
《无政府主义之批评》	室伏高信 伯隽
《通信：无产阶级专政》	凌霜草 独秀
《拟无政府主义者同盟大会组织大纲》	吴鑫
《无政府主义运动》	狄克博
《无政府主义者对于国家的观念》	倩吾
《可怜的无政府主义者》	泽民
《无政府主义》	姚善裕
《新空气：无政府主义》	华林

　　与之相反，基尔特社会主义者则是片面强调现实国情的严重性及社会发展阶段的不可逾越性。在基尔特社会主义者看来，现阶段的社会主义革命既无阶级基础，亦无物质基础，更甚者当前爆发的社会主义革命也必为伪社会主义。因此，基尔特社会主义者认为，在社会主义时代的道路上资产阶级可以作为"过渡之事物"①存在，社会主义者在矫正方向的前提下可以允许资产阶级"徐图健实"②。这种观点反映了基尔特社会主义者对共产主义理想的疑虑，暴露了他们资产阶级改良派的本质。

　　经过这两次论战，马克思主义同非科学的社会主义划清了界限。经过无政府主义论战，马克思主义者扫清了思想上的空想因素，并初步意识到封建小农思想对马克思主义中国化的消极影响。同时，马克思主义者汲取了无政府主义者的一些有益因素，如对基层社会的重视以及对国家政权的反思。经过社会主义论战，马克思主义者调整了革命纲领，于1922年中共二大制定出了新民主主义革命的最高纲领和最低纲领。社会主义论战明确了马克思主义必须要切合中国具体实际的根本原则，坚

---

　　①② 梁启超. 复张东荪书论社会主义运动. 改造，1921，3（6）.

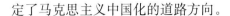

定了马克思主义中国化的道路方向。

（二）国共两党三民主义论战与学术话语权建构

大革命时期，在"对外谋民族解放，对内谋政治自由"① 的共同诉求下，国共两党实现了第一次合作。十多年后，在日本帝国主义的武力威胁之下，"民族大义"再次成为国共合作的政治基础，国共两党的阶级隔阂得到缓和，在国内民主进步力量推动下重新展开合作。但这种合作共存关系是建立在"联合抗日"的先决条件下的，随着国内外局势的好转以及战争胜利曙光的出现，合作的基础随之渐渐消融，两党阶级矛盾与政治对抗再次凸显，战场硝烟未至，意识形态的战争已悄然而至。

三民主义论战是全民族抗战前后国共两党围绕三民主义展开的意识形态博弈，既包括围绕政治利益展开的话语争夺，也包括哲学社会科学领域的学术争辩。国共两党阶级立场、政治立场和学术立场的本质差异，决定了围绕三民主义与马克思主义展开的意识形态博弈是一贯始终的。随着战争局势发展以及国共关系的变化，政治和学术在意识形态博弈中所占比例同期更迭，由此大致分为三个历史阶段：

1. 围绕马克思主义和三民主义共通性的论战（1936—1937）

日本帝国主义的步步紧逼，促使中国人民的民族意识空前觉醒。在国内反战抗日的呼声中，蒋介石的"不抵抗主义"难以实施，建设抗日民族统一战线成为不可抵抗的民心所向，社会各界精英均发出一致抗日的呼声。1936 年 7 月，蒋介石在国民党五届二中全会上表示，保持领土和主权完整是国民党政府的外交底线。此时起，国民党对日态度逐渐强硬，并开始着手准备抗战的相关工作。8 月，中共中央在《中国共产党致中国国民党书》中，表示愿与国民党迅速订立抗日救国的具体协定。9月，中共中央政治局会议通过《中共中央关于抗日救亡运动的新形势与民主共和国的决议》，标志着中共对蒋政策的正式转变，由"反蒋抗日"变更为"逼蒋抗日"，体现出中共在民族危机不断加深历史环境下的政策转变。1938 年 3 月，国民党临时全国代表大会通过《抗战建国纲领决议案》，其中明确宣布："确定三民主义暨总理遗教为一般抗战行动及建国

---

① 陈独秀. 给戴季陶的一封信. 向导，1925（129）.

之最高准绳。"① 最终确立了以三民主义作为统一战线的政治基础。

鉴于 1927 年国共破裂的惨痛教训，以及十年对峙积压的阶级仇恨，要促成抗日民族统一战线，务必找到一个共同的理论基础和政治目标。由于孙中山的历史地位以及国共合作的历史渊源，三民主义再次成为国共合作的纽带。基于此，考虑到在民族危机形势下三民主义仍然具备革命性和现实合理性，中共明确提出在国共合作中坚持拥护革命的三民主义这一基本立场，但同时也强调国共合作应当吸收大革命时期两党合作失败的教训，采用"新的内容和新的形式"②，即采用辩证态度去对待三民主义和国共合作，既要拥护三民主义的旗帜地位，又要坚持马克思主义作为信仰在国共合作中的独立地位，奠定了全民族抗战期间两大主义既要寻求共存又要坚持斗争的基调。代表性文章包括董必武的《共产主义与三民主义》、王稼祥的《关于三民主义与共产主义》、艾思奇的《孙中山先生的哲学思想》、秦邦宪的《国际主义和革命的民族主义》等等，主要从历史、革命精神、民族文化、阶级合作等角度出发，论述统一战线中两大主义独立共存的理论基础，同时阐明中共拥护革命三民主义的政治态度。

首先，阐明拥护三民主义的政治态度，驳斥国民党的系列反共言论，敦促国民党恢复三民主义革命精神。

革命的三民主义，就是赞同"联俄、联共、扶助农工"三大政策，是《中国国民党第一次全国代表大会宣言》中的三民主义，是区别于戴季陶儒家化的三民主义和蒋介石法西斯化的三民主义。革命的三民主义之所以得到中国共产党的拥护，是因为从革命史和思想史角度看，马克思主义与"发展了的三民主义"是五四新文化运动培育出的"最大的两株文化树"③，是中华民族自强不息的民族精神。在大革命时期，国共两党曾经有过一段共同合作的革命历史，"孙中山先生的革命的三民主义，曾经因为孙先生与共产党合作加以坚决执行而取得人民的信仰"④。因此，在民族矛盾成为主要矛盾的历史时期，共产党对孙中山革命的三

① 荣孟源. 中国国民党历次代表大会及中央全会资料：下册. 北京：光明日报出版社，1985：66.

② 蔡尚思. 中国现代思想史资料简编：第 4 卷. 杭州：浙江人民出版社，1983：2.

③ 艾思奇. 艾思奇全书：第 2 卷. 北京：人民出版社，2006：682.

④ 毛泽东. 毛泽东选集：第 1 卷. 2 版. 北京：人民出版社，1991：259.

民主义是拥护、赞同，并愿为之奋斗。从革命理想看，在民族战争期间两大主义都把挽救民族危亡、建立民主制度作为当时阶段的主要任务。最重要的是，"发展了的三民主义"认同共产主义为民生主义的最高理想，并对无产阶级劳苦群众抱有社会主义的同情，这是中国共产党拥护三民主义的理论基础和政治基础。正如毛泽东所说："对于中国共产党人，为本党的最低纲领而奋斗和为孙先生的革命三民主义即新三民主义而奋斗，在基本上（不是在一切方面）是一件事情，并不是两件事情。"①

其次，客观辩证地分析三民主义与马克思主义之间的关系以及两者在统一战线中共存的理论依据。

董必武曾指出，"孙中山先生的三民主义是博大而欠精深的一部著作"②，这是中国共产党必须对三民主义进行区分的根本原因。三民主义与马克思主义在统一战线中能够共存的理论依据，一是国共两党在抗战期间的政治目标一致。在那个历史阶段建立社会主义社会和共产主义社会的目标是很难实现的，因此，中国共产党"要抵抗日本帝国主义的侵略，要发动神圣的民族革命战争"以及推进"民主制度的建立""改善广大群众的生活"③，为实现社会主义而积累必要条件。二是在当时无产阶级政党所提倡的国际主义，与中国的爱国运动和民族解放运动并不矛盾，这是国共两党合作的基础之一。"国际主义者坚决地反对反动的民族主义与法西斯民族侵略主义。可是他丝毫亦不唾弃自己民族的光荣的传统。无产阶级革命者不仅是自己民族的宝贵史迹和革命传统的继承者，而且是自己民族将来的革命运动的决定者。"④

最后，反驳国民党对马克思主义的诋毁，维护马克思主义在统一战线中的独立地位。

孙中山的三民主义作为抗日民族统一战线的理论基础，其解释权成为当时国共两党争夺的焦点。抬升三民主义理论体系话语地位，为国民党推行"一个政党、一个主义、一个领袖"以及政治反共等提供理论依据和政治保障，这是国民党奉行的基本思路。1937年2月，国民党通过《关于根绝赤祸之决议案》，指出"今者共产党人于穷蹙边隅之际，

---

①　毛泽东. 毛泽东选集：第3卷. 2版. 北京：人民出版社，1991：1061.
②　蔡尚思. 中国现代思想史资料简编：第4卷. 杭州：浙江人民出版社，1983：5.
③　同②5.
④　同②86.

倡输诚受命之说。本党以博爱为怀，绝不断人自新之路，惟是鉴往思来，不容再误，非彼等精诚悔祸，服从三民主义，恪遵国法，严守军令，束身为中华民国良善之国民"，要求中国共产党"根本停止其赤化宣传"①。可见，蒋介石政府对国共合作的态度是既合作又反对，要求中共放弃共产主义信仰。中共理论家纷纷撰文，对国民党意欲取消共产主义的行为进行驳斥。中共方面认为，抗日民族统一战线是两党的党外合作，因此，想要让中国共产党放弃共产主义信仰是毫无理由的，即使是党内合作，中共也不必放弃共产主义。因为共产党人"老早就是信仰三民主义的"，中国共产党"是最坚决最忠诚地为实现三民主义中国而奋斗的"，但这与信仰共产主义并不冲突，"孙中山先生在世时曾经同意我们同时信仰共产主义……只要当前革命政纲取得一致，即构成了团结救国的基础"②，国共重新合作的基础是抗战救国，和信仰无关。

2. 围绕真假三民主义展开的论战（1938—1942）

1938 年抗战进入相持阶段后，中国共产党的社会影响力不断发展壮大，引起国民党的警惕，蒋介石以及国民党高层担忧中国共产党人以争夺三民主义话语权为跳板，进而与国民党争夺抗战领导权。为此，蒋介石多次在演讲中对三民主义进行理论宣传，同时加强党内理论研究工作。1939 年 1 月，国民党五届六中全会制定了"溶共、防共、限共、反共"的方针，并下达文件强调"应尽量运用民众力量，党政机关避免直接出面，尤其避免党派斗争之痕迹"③。该指示下达后，国民党知识分子集团陆续从学理方面展开了对马克思主义的歪曲解读。同年 5 月，蒋介石在中央训练团党政班做题为《三民主义之体系及其实行程序》的演讲，次年 7 月，对青年团中央干事会与监察会做题为《哲学与教育对青年的关系》演讲等。蒋介石关于三民主义的系列演讲，不仅继承了三民主义儒家化的思路，同时使其增添了一党独裁的法西斯因素，其目的在于从理论根源上消融中国共产党。此外，张君劢也提出"不如将马克思主义暂搁一边，使国人思想走上彼此是非黑白分明一涂，而不必出

---

① 中共中央党校中共党史教研室. 中国国民党史文献选编（1894—1949 年）. 北京：中共中央党校科研办公室，1985：240-241.

② 中共中央文献研究室，中央档案馆. 建党以来重要文献选编（1921—1949）：第 14 册. 北京：中央文献出版社，2011：68-69.

③ 西南政法学院法制史教研室. 中国法制史参考资料汇编：第 2 辑. 重庆：西南政法学院法制史教研室，1982：424.

以灰色与掩饰之辞。诚能如是，国中各派思想，同以救民族救国家为出发点，而其接近也自易易也"①。国民党以民族利害为由，希望中共放弃共产主义信仰。

在蒋介石的引导下，国民党内掀起研究三民主义的高潮，这与国民党掀起反共高潮的时间节点是一致的。可以说，当抗战进入相持阶段后，国共两党的阶级矛盾再次上升，国民党认为，中共的存在始终是国民党内部的悬梁之刃。其中，拥有前中共党员政治背景、并对共产主义和三民主义均有所研究的叶青，顺势成为蒋介石集团理论"溶共"策略的主要执行者。自1938年起，叶青就三民主义和共产主义孰优孰劣问题撰写了大量文章及理论书籍，如《三民主义底逻辑性》《三论怎样研究三民主义》《三民主义底哲学基础》等等，主办三民主义理论刊物《时代思潮》②，创办专门印制三民主义书籍的出版机关——时代思潮社。叶青及友人王赆非、吴曼君、丁逢白等③在抗战初期掀起的研究

① 蔡尚思. 中国现代思想史资料简编：第4卷. 杭州：浙江人民出版社，1983：144.

② 1939年4月，《时代思潮》创刊于重庆，曾停刊，1941年4月，迁江西泰和复刊，停刊于1944年3月第60期。其由时代思潮社编辑并发行，为半月刊理论刊物。该刊主要撰稿人有叶青、吴曼君、王赆非、王集丛、杨灿等，该刊特设"通信"一栏，讨论读者来信中反映的与三民主义有关的问题，讨论内容有三民主义与社会主义的比较、三民主义的哲理内涵、三民主义的研究方法及论著等问题。该刊是一份专门研究三民主义的理论刊物，其对三民主义的哲学基本原理进行了深入阐发，内容包括三民主义的哲学基础、进化论观点、历史观、思想演变等。此外，该刊将三民主义原理与国家政治、经济、文化、教育的关系结合起来进行阐述，内容包括孙中山和蒋介石等人的教育方法论、蒋介石的国家思想、三民主义党治论、三民主义国家的经济所有制和财政制度、三民主义的理论与地方自治的实际、三民主义的文学评论等内容，甚至三民主义的妇女论也在阐述范围之列。该刊极力鼓吹三民主义的理论合法性，载文《唯有三民主义是救国主义》，将三民主义捧到至高无上的地位。该刊同时也发表一些三民主义与马列学说、三民主义与社会主义、民生史观与阶级斗争等方面进行比较的文章，对社会主义和西方民主学说进行尖锐的批判。该刊所载重要文章有《三民主义底哲学基础》《怎样建设三民主义的文艺》《从中国各政党的比较说到国民党的将来》《三民主义地方自治的理论与实际》等，该刊作为研究三民主义理论的重要刊物，对于深入理解国民党三民主义思想具有重要参考价值。
——孔凡岭. 试论叶青的"三民主义". 齐鲁学刊，1990（3）：21-24；高军. 评叶青"三民主义". 史学月刊，1983（5）：68-73.

③ 当时吴曼君、王赆非等人写了大量关于三民主义的理论文章，如吴曼君的《国父的社会论》《民生史观之思想渊源》《丁逢白先生的事业》《国父底进化论》《介绍"民生主义真解"》《总裁的教育方针论》，王赆非的《总裁对于两种主义的批评》《民生主义与社会主义》《三民主义文化运动的认识》《国民党时期总理革命的历程》《兴中会时期总理革命的历程》《总理的嘉言懿行（上）》《三民主义与世界革命》等等。

"三民主义文化运动"①，并非单纯的学理研究和学术建构，其最终目的是满足国民政府的政治需要，通过"一次革命论"等论断实现三民主义对共产主义的理论覆盖。

叶青认为，大力推进三民主义理论研究是"消灭思想上的分野，政治上的派别，实践上的斗争的根本办法"②。不仅如此，想要抬高三民主义的理论地位，必然要重视共产党理论的研究。"检讨它的结果应该是批判。从而作为它底基础的共产主义之不合于中国需要，也就十分明了。"③ 想要用理论证明共产主义"不合于中国需要"，就必须进行三民主义理论建设，从主义的优劣方面论证中国"舍三民主义莫属"。为达政治目的，叶青撰写大量文章来论述"国民党主张之正确"以及"三民主义之正确"，企图通过"主义"的研究来赢取国民对国民党政府的信任④。

叶青等"三民主义理论家"对三民主义及共产主义的歪曲解读，是

---

① 全民族抗战时期的三民主义文化运动是由国民党政府推行，旨在用文化运动的形式"使全体国民更普遍更深刻的认识三民主义"，将三民主义灌输于人民，"自觉自动的为抗战建国而奋斗"的一场思想统治运动。国民党发起这场三民主义文化运动的目的不仅是抗战建国的需要，也是共产党领导的抗日革命根据地繁荣发展和新民主主义文化的广泛传播影响的结果。同时，在一定程度上，三民主义文化运动也贯穿着蒋介石本人执政思想及国民党的利益要求。1938年，叶青在西安演讲中首次提倡要开展三民主义文化运动，以对抗社会主义普罗文学运动。不久，蒋介石在中央训练团演讲和江西中正大学训词中也明确提出要开展以三民主义为内容的文化宣传教育运动，熊式辉则率先在江西成立三民主义研究院，大张旗鼓地开展三民主义文化运动。其在灌输国民党主流意识、统一思想方面取得了明显成效，此后影响到整个国统区全境。中央文化运动委员会在国民党五届十一中全会上被定为文化运动的领导机构，并在各省市成立了相应的机构统一开展活动。为扩大三民主义影响，力图达成三民主义的"行动化""思想化""学术化""制度化"。为实现这些目标，中央文化运动委员会组织了各种文化活动，包括名人演讲、座谈会、编印图书和期刊等，还举行了许多具体的运动以配合国民党抗战建国的需要。国民党发起这次三民主义文化运动的另一个目的是控制马克思主义的传播，反对共产党。为此，中共方面也采取了一系列的举措来应对这场文化运动。就学者们对文运会及其发起的三民主义文化运动的评价来看，普遍认为其提出的文化政策是专制的，这样的评价总体来说是恰当的。深入研究抗战时期这场三民主义文化运动会发现，这场文化运动所进行的一些具体活动确实有其积极意义，它对动员国统区人民抗战、丰富抗战时期的文学文艺作品等方面起到了一定的推动作用。但是其本身指导思想就已经不再是纯正的三民主义，专制的文艺政策也在很大程度上阻碍了抗日文化运动的发展。

——藤茜茜. 抗战时期"三民主义文化运动"研究. 长沙：湖南科技大学，2014.

② 叶青. 再论三民主义与社会主义. 血路，1939（52）.

③④ 蔡尚思. 中国现代思想史资料简编：第4卷. 杭州：浙江人民出版社，1983：758.

对社会主义理论地位的直接挑战，严重损害了中共在中国社会的话语权，引起中共知识分子的激烈驳斥。1939 年 5 月，中央书记处在《关于宣传教育工作的指示》中明确指出："力争以革命的言行相符的真正三民主义去对抗曲解的与言不顾行的假三民主义，以真正三民主义的姿态，去反对假三民主义者，即顽固分子。"① 为揭穿叶青托派伪马克思主义者的面目以及其假三民主义实质，击退国民党的理论反共声势，张闻天、吴亮平②、艾思奇、陈伯达等理论家们撰写大量理论研究文章，运用孙中山革命三民主义及马克思主义理论，揭穿叶青名为"建设"三民主义，实为"取消"三民主义的反动本质。

第一，明确真三民主义的概念及主要特征。

"我们历来认为三民主义乃是半殖民地半封建的中国，经过反帝反封建的统一战线政策（孙中山先生当时具体规定为联俄、联共、唤起农工的三大政策）以争取民族独立、民权自由、民生幸福的民主共和国的胜利的政治纲领，这个纲领曾经孙中山先生亲自具体的规定于国民党第

---

① 中共中央文献研究室，中央档案馆. 建党以来重要文献选编（1921—1949）：第 16 册. 北京：中央文献出版社，2011：306.

② 吴亮平（1908—1986），曾名吴黎平，浙江奉化人。中国著名的无产阶级政治活动家、马克思主义理论家和翻译家。大夏大学（今华东师范大学）肄业，曾任上海学联总务部部长，参加了五卅运动。1925 年加入中国共产主义青年团，同年赴苏联莫斯科中山大学学习，后留校任教。1927 年转入中国共产党，1929 年回国后在中共中央宣传部主编《环球》周刊，并参加中央文化工作委员会的领导工作。1930 年首次将《反杜林论》全书译成中文，1930 年 2 月，在中共法南区委工作，同时在上海法政大学授课，积极投入关于中国社会性质的论战，在《新思潮》等进步刊物发表《反对派对中国问题的错误》《农村革命与反帝国主义斗争》等文章，批驳托派及各种反马列主义派别在中国革命问题上的错误理论。1932 年到江西瑞金，任中华苏维埃共和国临时中央政府国民经济部部长。1934 年参加长征，任中国工农红军第一军团地方工作部部长、第三军团宣传部部长。到陕北后，任中共中央宣传部副部长。1936 年负责接待美国记者斯诺访问陕北，并担任毛泽东同斯诺谈话的翻译。毛泽东把吴亮平翻译《反杜林论》和接待斯诺两件事连起来赞扬吴亮平："功盖群儒，其功劳不下于大禹治水。"大禹是用疏导的办法来治水，吴亮平把《反杜林论》从国外介绍到中国来，把中国共产党、红军、中国革命的情况，通过斯诺介绍到全世界去。这样一来一往，一进一出，此过程就像大禹治水一样。后任《解放》周刊编辑，中共中央晋绥分局委员，中共抚顺市委、东安地委书记。新中国成立后，历任中共上海市沪西区委书记、中共中央华东局企业管理委员会副书记、化学工业部副部长、中国科学院哲学社会科学部领导小组成员、中共中央党校顾问，是中共七大代表、中顾委委员、第五届人民政协常委。著有《社会主义史》《辩证唯物论与唯物史观》《从资产阶级民主革命到社会主义革命》等。

——张岱年. 中国哲学大辞典. 上海：上海辞书出版社，2010：686；奉化唯一走过长征的革命先辈吴亮平. 奉化日报，2016-10-21.

一次全国代表大会的宣言与纲领中。"① 可见，真三民主义的基本特征是拥有孙中山的革命精神，支持三大政策，符合国民党第一次全国代表大会的宣言与纲领。

第二，指出三民主义与共产主义的区别与互通之处。

在阶级性、科学性和革命彻底性上，共产主义与三民主义有其本质区别。中国共产党所信奉的马克思主义并非教条，而是具体的行动指南，它不仅拥有最高阶段的纲领，同时也具备初级阶段的纲领，"而这个纲领同孙中山先生的三民主义的政治纲领，虽则也有区别的地方，但是在大体上是一致的"②。然而国民党内部叶青、周佛海、汪精卫等人，反而在"修正"三民主义，阉割三民主义，将三民主义法西斯化，变为"反共"的理论工具，这些人是实际上的反三民主义者。

第三，申明坚决拥护革命三民主义的基本立场。

中国共产党始终坚持拥护革命的三民主义，反对国民党部分反动派人士一切"断章取义肢解与曲解"三民主义，主张"把握住孙中山先生三民主义的基本的革命精神，基本的革命主张与方法，在革命现阶段的不同历史时期内把它发扬光大起来"③。具体表现为四个方面：

> "必须严格的分别清楚孙中山先生的真三民主义同汪精卫的伪三民主义"；"必须纠正把三民主义修正为不彻底的一民主义及曲解它为'反共防共'的思想武器的错误办法"；"必须在实际行动上实行三民主义的具体的革命的政治纲领"；"必须实行与坚持孙中山先生联俄、联共、扶助农工三大政策。"④

本阶段论战最重要的理论成果是 1940 年毛泽东发表的《新民主主义论》，其中明确将民主主义区分为旧民主主义与新民主主义两大概念，并且对三民主义有了科学的认知，是国共两党三民主义话语权博弈中的重磅出击，并总结出一条新民主主义革命的道路，这部著作成为蒋介石发布《中国之命运》的政治动因之一。

3.《中国之命运》论战（1943—1945）

该时期中国共产党及其军队在抗战过程中获得极大发展，延安整风

---

① 蔡尚思. 中国现代思想史资料简编：第 4 卷. 杭州：浙江人民出版社，1983：191.

②③ 同①193.

④ 同①197-198.

运动以及新民主主义理论的成熟，使延安在思想组织上空前团结，成为蒋介石抗战建国计划中的"绊脚石"。皖南事变更让他意识到中共的存在已经达到了不可忽视的程度，国民党必须就中国未来道路问题对全民做出正式宣告。借助不平等条约废除的舆论利好，1943年3月，蒋介石在陈布雷、陶希圣的辅助下撰写并出版《中国之命运》一书，全面阐述了国民党对政治、文化以及国家未来命运的认识与筹划，宣告"中国之命运"归于国民党，进而在中国社会激起一阵巨浪。

从内容上看，《中国之命运》不仅是一本简单的政府形象宣传手册，它还充分体现出国民党及蒋介石本人对中国古代史、近代革命史以及中国国内现状的理解与认识，集中展现了蒋介石三民主义理论体系的方方面面，从文化和历史的角度论述中国命运的抉择为何要归于国民党。其主要内容分为九个章节（包括结论）四个部分：一是梳理中华民族的成长与发展脉络，提出复兴民族文化与民族精神的号召；二是回顾近代以来中国革命的基本历程，宣告国民政府的政治合法性；三是宣扬国民政府战后建国的基本方略，论述革命建国的基本问题；四是宣告中国之命运归于国民党，宣称"一个信仰、一个领袖、一个政府"[1]，声言"凡反对三民主义者即反革命"[2]。

通过《中国之命运》，蒋介石想要达成以下方面目的：

首先，庆祝不平等条约废除，鼓舞民族精神和抗战信心，增加国民党政治筹码。

"不平等条约"的废除是蒋介石写作《中国之命运》的历史契机。从清末起，实现民族独立、废除不平等条约一直是历代革命家们所追求的目标，三民主义中的"民族主义"一贯将"废约"放在重要地位。1942年1月，反法西斯同盟成立之际，蒋介石决定借此机会废除不平等条约，扭转中华民国在国际上的地位。他在日记中写道："在大战期中，必须要求美、英对我不平等条约，无条件的自动宣告废除。"[3]当1942年"双十节"英美宣布放弃在华治外法权的时候，全国上下一片

[1]　荣孟源. 中国国民党历次代表大会及中央全会资料：下册. 北京：光明日报出版社，1985：488.

[2]　中国第二历史档案馆. 中华民国史档案资料汇编：第五辑第二编文化（一）. 南京：江苏古籍出版社，1998：1.

[3]　秦孝仪. 总统蒋公大事长编初稿：卷5（上）. 台北：中正文教基金会，2002：9.

欢腾。但是国民政府不仅想要完成一个历史使命，对于一个政治党派而言，它需要将废约问题进行政治化解读，从而达到巩固政权的目的。1943 年 1 月，《中央日报》连续发表社论《这是谁的成功》《五十年来奋斗的成果》，其中写道："如果没有本党，没有总理与总裁，世界尽管如何变化，不平等条约依然存在。"① "天不赐给我们先知先觉的国父与英明伟大的总裁，谁来领导我们奋斗？没有精深博大的三民主义，还有什么配来唤起民众共同奋斗？"② 因此，在《中国之命运》中蒋介石一再申明，"国民政府对于撤废不平等条约所取得的独立自由的地位，和中国以后对世界的态度，不认为是权利，而认为是义务与责任"③，这部著作明显夸大了国民党对这一事件政治价值的宣扬。

蒋介石在书中将不平等条约的危害性进行了全方位扩大化解读，认为它不仅是政治外交失败的产物，更成为导致中华民族衰微的种种因素的集合象征。因此，以不平等条约为由，蒋介石将中国近代社会的政治、经济、文化、哲学等多方面问题进行批判，自然能够获得政治上的加成。借由对中国历史、中国文化与中国政治的分析，《中国之命运》提出了两个政治命题：哪个党、哪个主义才能救中国，哪条道路才是中国命运的归宿。蒋介石运用大量篇幅回顾近代革命史，以不平等条约的签订与废除为脉络，以辛亥革命与废除不平等条约作为两大政治筹码，将民族文化与三民主义文化捆绑，将中国命运与国民党的政治命运捆绑，进而得出中国命运归于国民党的结论。道路必然是唯一的，因此，中国共产党的新民主主义道路必然成为被批判的对象。

其次，塑造并宣传三民主义理论体系，输出三民主义的意识形态。

政治价值的实现需要理论价值支撑，在《中国之命运》一书中，蒋介石运用大量篇幅论述三民主义和孙中山是中国"道统"的继承者，是中华民族精神的继承者。在书中开篇第一章"中华民族的成长与发达"中，蒋介石指出："我们中华民族对于异族，抵抗其武力，而不施以武力，吸收其文化，而广被以文化。这是我们民族生存与发展过程里最为显著的特质与特征……版图破碎，即为民族生存的割裂，亦即为民族文

---

① 这是谁的成功. 中央日报（重庆），1943-01-14.
② 五十年来奋斗的成果. 中央日报（重庆），1943-01-16.
③ 蒋介石. 中国之命运. 南京：正中书局，1943：122.

化的衰落。""至于各宗族历史上共同的命运之造成，则由于我们中国固有的德性，足以维系各宗族内部的感情，足以感化各宗族固有的特性。"① 这一能够维护民族生存、能够巩固民族稳定的"德性"，是"中国国民道德的教条，是忠孝仁爱信义和平，而中国立国的纲维，为礼义廉耻"②。在国家危亡、民气消沉的今天，能够振兴民族精神、复兴民族文化者，只能是继承"道统"的孙中山。"若非有我国父倡导三民主义，领导国民革命，则中华民族五千年的命脉，必已在日寇蚕食鲸吞之下，为朝鲜之续。"③ 正是因为孙中山继承了中国传统德性，担负起中国命运，团结全体国民一起奋斗，才能达成废除不平等条约、建立平等互惠新约的目标。

蒋介石认为，中华民国的成立以及不平等条约的废除并不代表革命的胜利，部分国民惑于"革命军起，革命党消"的说法，认为革命手段不再适用，一些政客沉浸在权势之中醉生梦死，极大损害了"党国"利益。加之"一般国民，尤其是智识阶级文人学士，一面受军阀的压迫，一面受帝国主义工具反革命派的宣传，混淆是非，颠倒黑白，因之多不能够了解国父的主张，更不信奉三民主义……更不能够认识中国国民党与整个国家，全体国民的生命，有不可分离的关系，这也是要付绝大的责任"，因此，"国民的心理建设，是革命成功的根本。心理建设的要义，就是要党中同志和一般国民明白'知难行易'的道理"④。关于"知难行易"前文有所论述，这里不再详谈。不过可以看出《中国之命运》的指导思想就是三民主义哲学，就是"知难行易"的力行哲学。

最后，以复兴中国固有文化为旗帜，通过打压自由主义、共产主义，宣扬"一个政党、一个主义、一个领袖"。

《中国之命运》从倡导学习中国传统文化，维护中国文化独立自主的角度对共产主义学说进行批判。认为近代中国人学习"西洋社会科学名著""西洋社会政治学说"促进了"中国的应用科学、自然科学、社会科学"的长足进步，然而"在不平等条约压迫之下，中国国民对于西洋的文化，由拒绝而屈服；对于固有文化，由自大而自卑"，进而抵触

---

① 蒋介石. 中国之命运. 南京：正中书局，1943：5.

② 同①6.

③ 同①5—11.

④ 同①158—159.

中国传统哲学和民族信仰，并"自认为某一外国学说的忠实信徒"。蒋介石特别指明"自由主义与共产主义的思想……他们对于中国文化，都是只求其变而不知其常的"，自诩为自由主义者和共产主义者的人们"对于西洋文化，都是只仿其形迹，而不求其精益以裨益中国的国计民生的……在客观上是与我民族的心理和性情，根本不能相应的"①，也就是说，信仰外国学说等于屈服于西方文化，带来了西方文化入侵的危机，是振兴民族精神的最大隐患。同时，西方学术思想对中国的经济建设也有很大影响，"自由主义与共产主义的思潮"作为外国思想"平分了当时经济学界"，它们"对于民族的工业，毫无爱护的心理"，将利己主义、阶级对立和阶级仇恨灌输给工人及新青年们，"阻碍生产的进步"②。

此外，书中将中共以及抗战根据地定义为"变相的军阀和新式的封建"和"封建割据"③，并且对中共的武装割据进行了政治和道义上的指控："你看列强苏联和英美各国尚且都希望我们民族解放进步，国家独立自由，所以他们在中国百年来所有无限的权利，和无上的势力——就是根深蒂固的不平等条约，到了今天都已自动地先后放弃了。为什么我们国内的党派，倒反而不肯放弃他武力割据的恶习，涤荡他封建军阀的观念，那还能算是一个中国的国民？更如何说得上是'政党'，世界上哪一个国家的政党，有从事武力和割据的方式，来妨碍他本国的国家统一，而阻碍他政治进入轨道的？这样还不是反革命？"④ 通过将中共与列强捆绑，将根据地与妨碍统一捆绑，将马克思主义与崇洋媚外捆绑，蒋介石将国民党置于政治舆论的高地，对中共的根据地、人民军队、主义思想进行了全方位的指控。

《中国之命运》对中共的批判引发了国民党知识分子集团对共产主义的全面攻讦，他们借共产国际解散时机肆意传播共产主义"破产论"，借蒋介石在《中国之命运》中的唯心主义思想攻击唯物史观，借《中国之命运》中的大一统思想抨击陕甘宁边区政府，借《中国之命运》将大革命失败的责任推卸给中国共产党等，蒋介石及其知识分子集团从学理

---

① 蒋介石. 中国之命运. 南京：正中书局，1943：71-73.

② 同①94.

③ 同①185.

④ 同①199.

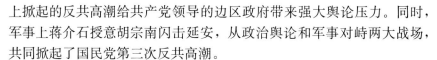

上掀起的反共高潮给共产党领导的边区政府带来强大舆论压力。同时，军事上蒋介石授意胡宗南闪击延安，从政治舆论和军事对峙两大战场，共同掀起了国民党第三次反共高潮。

为维护抗日民族统一战线，在不放弃备战的前提下，我们党选择以舆论及政治的方式进行反击。陕甘宁边区政府机关报《解放日报》大量公开发表政府文件及重要社论，如《中国共产党抗击的全部伪军概况》《根绝国内的法西斯宣传》《请重庆看罗马》《纪念孙中山批判蒋介石》《国共两党抗战成绩的比较》等等。同时，延安哲学社会科学工作者群体纷纷发文，从学理分析的角度对蒋介石反动集团予以坚决反击，如陈伯达的《评〈中国之命运〉》[①]、吕振羽的《国共两党和中国之命运》、范文澜的《谁革命？革谁的命》《斥所谓"中国文化的统一性"》、艾思奇的《〈中国之命运〉：极端唯心论的愚民哲学》等等。

首先，批判蒋介石唯心史观，宣告人民才是历史的创造者，中华民族存续的关键在于人民。

---

① 《评〈中国之命运〉》是陈伯达一生中最重要的著作之一，1943 年 7 月 21 日于《解放日报》上发表，周恩来指示用内部电报把文章拍送重庆，在国民党统治区印小册子发行。1980 年美国斯坦福大学出版社出版的《毛主义的崛起：毛泽东、陈伯达及其对中国理论的探索（1935—1945）》的第八章，详细论及《中国之命运》及《评〈中国之命运〉》。《评〈中国之命运〉》这篇文章对于批判蒋介石、宣传毛泽东思想起过重要作用。文章十分鲜明地提到了"毛泽东的思想"，"中国共产党的思想，是毛泽东的思想，是中国化的马克思列宁主义。它在马克思列宁主义这一个思想上，不但和苏联共产党的思想相同，而且也和全世界各国共产党思想相同"。陈伯达的《评〈中国之命运〉》是毛泽东亲自决定发表的，就在《评〈中国之命运〉》发表于延安《解放日报》的当天，即 1943 年 7 月 21 日，毛泽东便给当时任中共中央南方局副书记兼宣传部部长、统战部部长的董必武发去电报，全文如下："此次反共高潮之近因，一由于国际解散，二由于相信日将攻苏，故蒋企图以宣传攻势动摇我党，以军事压迫逼我就范。乃事机不密，为我党揭穿，通电全国，迎头痛击，于是不能不竭力否认（如胡、徐等复电），尽量敷衍（如对周、林），并稍示和缓（边境已有两个师后撤）。但实际上目前军事准备决不会放松，政治压迫亦必会加紧（如七七封锁新华，日前检查渝办）。我为彻底揭穿其阴谋并回答其自皖变以来的宣传攻势计，除已发之通电及解放社论外，并于本日公布陈伯达驳斥蒋著《中国之命运》一书，以便在中国人民面前从思想上理论上揭露蒋之封建的买办的中国法西斯体系，并巩固我党自己和影响美英各国、各小党派、各地方乃至文化界各方面。为此目的，望注意执行下列数事：一、收到此文广播后，设法秘密印译成中、英文小册子，在中外人士中散布。二、在渝办、报馆中，以此文作为课本，进行解释讨论。三、搜集此文发表后的各方面影响，并将国民党回驳此文的文章择要电告，并全部寄来。四、新华尤其群众可用其他迂回办法揭露中国法西斯的罪恶（思想、制度、特点和行为）。五、其他技术问题由恩来电告。"
　　——毛泽东. 毛泽东文集：第 3 卷. 北京：人民出版社，1996：49-50.

　　《评〈中国之命运〉》运用马克思主义唯物史观批判了蒋介石的唯心史观，指出蒋所推崇的、封建贵族们所倡导的"忠孝仁爱信义和平和所谓孝悌忠信礼义廉耻"的"德性"，实为"驾驭人民"的法宝。满族等少数民族之所以能够被汉族同化，并非简单因为中国传统文化的"固有德性"，而是由于"他们在内地和汉民族混居，汉民族在经济上、在文化上、后来并且在政治上，都比较他们先进，比较他们占优势，而在人口数量上也较优势"①，因此人民才是民族组成和民族兴衰的基础。"中国和外国的一切大地主大资产阶级总是盗窃'民族'为私有"，利用民族主义为自己树立政治正义的旗帜，这种行为是背离科学的历史观的②。针对《中国之命运》将不平等条约视为国家命运垂危的根源的说法，《评〈中国之命运〉》指出：

　　　　这是倒果为因的说法，中华民族为什么会被钉上不平等条约的枷锁？这难道不是因为万恶的满清黑暗专制政治，使得民气不得发挥，人民不得奋发起来抵抗侵略者才产生出来的一种结果吗？③

　　总之，不平等条约并不是民族落后的根源，而是结果。

　　其次，维护五四新文化运动的革命性和进步性，正确解读中国近代思潮兴起的原因及历史意义。

　　蒋介石在《中国之命运》中假借批判不平等条约，将西方学术思想放置于中国传统文化的对立面，将中国人民学习西方思想的缘由局限于西方压迫下的卑躬屈膝。对此，中共方面强调，"五四运动，是中国民族自我觉醒的伟大纪元。没有五四运动，就没有大革命，没有土地革命，没有六年来的大抗战"④。中国文化思想的分歧不应以"外国""本国"为划分，而应以内容划分，一种是"民众的、革命的、光明的"，一种是"反民众的、反革命的、黑暗的"⑤。以倡导中国固有文化为旗帜的国民党，实际上在《三民主义半月刊》《中央周刊》等学术刊物上大肆宣扬法西斯主义；而中国共产党则在毛泽东的领导下将马克思主义中国化，形成了中国化的马列主义——新民主主义理论，是一个"十全十足的'为中国而学亦为中国而用'的中国人自己的革命政党"⑥。

　　最后，深刻揭示了唯"诚"理论的"极端唯心论的愚民哲学"本质。

　　中共准确指出蒋介石所推崇的"诚"及"公心"，实际上仍然局限

_____

　　①②③④⑤⑥　陈伯达. 评《中国之命运》. 解放日报，1943-07-21.

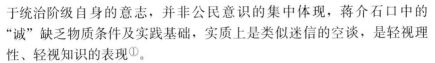

于统治阶级自身的意志，并非公民意识的集中体现，蒋介石口中的"诚"缺乏物质条件及实践基础，实质上是类似迷信的空谈，是轻视理性、轻视知识的表现①。

《中国之命运》利用不平等条约废除这一外交事件作为提升政党话语权的政治筹码，利用中外之间的民族矛盾模糊国内阶级矛盾，通过解读中国历史和中国革命史的方式试图重新定位国共关系，充分暴露了国民党政治独裁和文化专制的本质。"没有国民党就没有中国"还是"没有共产党就没有中国"之间的对辩，本质上就是蒋介石三民主义与中国化的马克思主义两条道路的博弈。《中国之命运》的出台实际上就是将两党主义之间的矛盾摆在明面，宣告了国共合作在理论意义上的结束。

（三）"主义时代"国共两党的哲学话语权博弈

在"主义时代"，中国思想界的哲学斗争同时也反映着政治党派之间的斗争，反映各阶级之间不同的思想倾向与世界观的相互碰撞。随着全民族抗战的爆发，代表不同阶级利益的政党在民族矛盾面前结成抗日民族统一战线。由于统一战线内部阶级矛盾仍然存在，在维护统一战线的政治前提下，思想战线的斗争并未中断，各党派的思想体系也在不断发展。1941 年 3 月，艾思奇在《抗战以来的几种重要哲学思想评述》中归纳总结出思想战线上的六种重要哲学思想，分别为：辩证法唯物论，唯生论和"力行哲学"，"中"的哲学，国家社会党的哲学，中国青年党的哲学，张申府的哲学②。这些哲学思想是以阶级党派作为划分依据的，它们的发展与对抗，与其所代表的阶级政党的活动密切相关。因此，国共两党之间围绕马克思主义哲学与三民主义哲学的论战，也与国共两党关系的变动相配合，基本与政党的政治步调一致。

孙中山逝世后，戴季陶通过将孙中山哲学"道统化"的方式，将孙中山描述成儒家道统继承人，抬升三民主义在中国思想史上的理论地位，用道统的延续证明国民党政权的合法性。"道统化"思路在 20 世纪 30 年代国民党官方哲学——"民生史观"与"力行哲学"及"唯生论"中得到充分发展，同时，试图通过曲解、庸俗化马克思主义哲学的方式，削弱、打击中国共产党的学术话语权。

<hr>

① 蔡尚思. 中国现代思想史资料简编：第 4 卷. 杭州：浙江人民出版社，1983：239-259.
② 艾思奇. 抗战以来的几种重要哲学思想评述. 中国文化，1941，3（2/3）.

1. 围绕民生史观的论争

无论是戴季陶的《民生哲学系统表》《孙文主义之哲学的基础》，还是蒋介石的《三民主义之体系及其实行程序》、叶青的《唯物史观与民生史观》，均将民生史观视为三民主义哲学的根本。由于民生主义与共产主义在理论上存在共通之处，围绕民生史观展开的哲学论战，始终是国共两党学术论争的焦点。

关于民生哲学，戴季陶认为："先生的三民主义原理，全部包含在民生主义之内，其全部著作，可总名之曰民生哲学。"[1] "先生一生的精神，全都是注在民生主义。"改善民生是孙中山革命的根本目的，"民生主义，实在是三民主义的本体。三民主义并不是三个部分，就本体上看，只有一个民生主义；就方法上看，才有民族、民权、民生三个主义"[2]。蒋介石认同戴季陶的解读，他将民生史观诠释为唯物史观与唯心史观外的新类型的历史观。唯物史观与唯心史观是两大哲学派别，然而前者完全依赖经济方式的转移，是经济史的代名词；后者过于强调精神的作用，是一部精神活动史。而孙中山则认为"人类生存的意志和努力"才是推动社会进化的动力，同时"人类全部历史即是人类为生存而活动的记载，不仅仅是物质，也不仅仅是精神"，也就是说民生史观是可以兼顾"物质"与"精神"方面的意义诠释，进而能够说明"人生的全部与历史的真实意义"[3]。

围绕民生哲学展开的学术争辩，主要有三大论题：第一，关于社会历史进化动力的论辩；第二，关于最高理想的论辩；第三，关于历史主体的论辩。

（1）关于社会历史进化动力的论辩。

孙中山认为，"历史的重心是民生"[4]，也就是"国计民生"，指"社会的生存、国民的生计、群众的生命"，它们归根结底都是社会问题。在孙中山看来，民生主义"就是社会主义，又名共产主义，即是大同主义"[5]。在世界上，物质文明进步、商业文明发达导致人类生产力

---

① 蔡尚思. 中国现代思想史资料简编：第2卷. 杭州：浙江人民出版社，1982：609-610.

② 同①598-599.

③ 蔡尚思. 中国现代思想史资料简编：第4卷. 杭州：浙江人民出版社，1983：327-328.

④ 孙中山. 孙中山选集（下）. 北京：人民出版社，2011：843.

⑤ 同④832.

大幅度提升，资本主义国家的经济获得巨大发展，然而中国社会仍然存在很严重的温饱问题，因此，需要民生主义以改善国民生计，"中外古今所有革命的事业唯有依于人类求生存的天性而出发，才能够解决当前问题，增进人群幸福，促进世界大同"①。因此，民生史观以人类生存的需要作为社会进化的动力。从中可见，孙中山的哲学思想有着朴素唯物主义因素，然而，孙中山逝世后，蒋介石却通过将三民主义儒家化的方式，提高了唯心论在民生哲学中的理论地位，将之发展为物质、精神二元论哲学。蒋介石在《三民主义之体系及其实行程序》中，认为"惟有以民生哲学为基础的民生史观，或以民生史观为出发点的民生哲学，不偏于精神，亦不偏于物质，惟有精神与物质并存，才能说明人生的全部与历史的真实意义"②。那么这个精神就是"天下为公"的思想，是中国传统政治伦理思想，是继承中国道统的正统思想。艾思奇分析道，"中山先生所理解的精神，绝不离开物质，而是以物质现实为依据，在物质现实的基础上产生出来的东西，这样的精神，也正是唯物论的精神"③。蒋介石三民主义儒家化的本质，是将精神信仰取代哲学的学术思想，片面强调精神在革命中的意义，将"民生哲学"歪解为愚民的唯心哲学。

（2）关于最高理想的论辩。

在中国的传统思想体系中，哲学与儒家经典联系紧密。孙中山从小接受的是儒家传统思想教育，作为一名民族主义者，他始终对中国传统儒家思想怀有很深的情感。在论及三民主义的概念含义及革命理想时，孙中山强调："我们三民主义的意思，就是民有、民治、民享。这个民有、民治、民享的意思，就是国家是人民所共有，政治是人民所共管，利益是人民所共享"，真正的民生主义"就是孔子所希望之大同世界"④。可见，孙中山的三民主义是以全人类发展为最高理想的，也就是所谓的"天下为公"。

由于孙中山在解释民生主义概念时援引了"共产主义""马克思""乌托邦""阶级斗争"等相关概念，加之"大同社会""乌托邦"又是早期空想社会主义者惯常使用的语汇，所以孙中山逝世后国共两党就共

①　蔡尚思. 中国现代思想史资料简编：第4卷. 杭州：浙江人民出版社，1983：327.

②　同①328.

③　艾思奇. 孙中山先生的哲学思想. 解放，1938（33）.

④　孙中山. 孙中山选集（下）. 北京：人民出版社，2011：875.

产主义与民生主义的关系问题产生了多次理论摩擦。戴季陶认为，共产主义与三民主义均将建设"大同世界"作为理论的最终目的，但是两者的实行程序和实行方式并不相同。他援引孙中山"马克斯是社会病理学家，不是社会生理学家"的言论，反对以阶级斗争来消灭贫富差距。"三民主义之实行的方法，在以全民族之共同的努力，完成国民革命，集中国民革命的势力，以国家资本主义，为建设民国之基础。"① 这就是"军政、训政、宪政"三步走，待到"全国各省县都已经完成地方自治，人民都已誓行革命主义，完毕革命义务"的时候，就是人民"经过行使四权的训练"的时候，这时可以进入宪政时期，"成立国民大会，选举政府，完全依照《五权宪法》与《建国大纲》所规定，政权为全国人民所共有，治权为全国人民公意所选托，而后第一步达到建国完成的目的，进一步实现世界大同之理想，而后总理全部三民主义的目的乃可完全告成"②。国民党"大同社会"理想的本质为资产阶级的改良思想，完全不同于中共以阶级斗争的方式实现"消灭剥削、消灭压迫"。

（3）关于历史主体的论辩。

该论题的本质是国共两党如何认识群众的问题。孙中山在《军人精神教育》③ 中将人类划分为"先知先觉，后知后觉，不知不觉"三种。对"先知先觉"的理解，艾思奇认为，"中山先生决没有说先知先觉者的知识是完全由天然生成的"，"先知先觉的认识，乃是对物质世界的

---

① 蔡尚思. 中国现代思想史资料简编：第2卷. 杭州：浙江人民出版社，1982：610.

② 蔡尚思. 中国现代思想史资料简编：第4卷. 杭州：浙江人民出版社，1983：341.

③ 这是孙中山论述物质和精神关系的一篇讲话。1921年12月10日，孙中山在桂林对滇、粤、赣三军官佐发表了这篇讲话，收入胡汉民所编《总理全集》第二集。孙中山在讲话中指出，革命虽然还没有成功，但它"顺天应人"，合乎世界潮流，是一定会成功的，完成革命要靠"革命精神"。孙中山力图从哲学上"物质与精神"的关系方面论述"革命精神"问题。他指出宇宙现象，大致不外物质与精神二者。在二者的关系中"物质"是"体"，"精神"是"用"。但实际上二者是相辅为用，合而为一。"世界上仅有物质之体，而无精神之用者，必非人类"，"人者有精神之用"。孙中山在讲话中总结革命的经验，得出结论说革命虽然必需物质和武器，但"能使用此武器者，全恃人之精神"。他由此论证了革命人生观的重要性，指出革命军人要有革命的"智""仁""勇"，必须发扬"革命精神"，为"打破旧世界"，"造成新世界"，实现"天下为公"的"大同世界"而献身。这篇讲话，通过对物质与精神"体""用"关系的论证，强调了人的主观能动作用，用以动员和鼓舞人们为革命而发扬英勇献身的精神，但它也有过分夸大精神作用的倾向。

——孙中山. 孙中山先生演讲集. 上海：民智书局，1926：115-154；孟俭红. 孙中山军人精神教育思想分析. 西安政治学院学报，2007（2）：24-27.

认识，他虽然有过人的发明和发现的天才，然而过人的也只是天才、只是智，只是特别敏锐的观察和发现的'能力'而已，至于他的发明发现的内容，他的'知'，'认识'，仍是根源于现实的物质世界，仍是'要随事务之增加而同时进步'"①。可见，虽然孙中山过分夸大了精英分子的作用，但是他对于人类实践活动的认识仍然保持着朴实的唯物论见解。然而三民主义哲学发展到蒋介石《中国之命运》时，俨然成为歌颂历史人物、歌颂英雄、歌颂领袖的英雄史观，成为利己主义的愚民哲学。"'国家''民族'是少数人垄断的，所以'公'也是少数人垄断的。"② 这就充分暴露了蒋介石三民主义"天下为公"的虚伪面目。

2. 蒋介石"力行哲学"批判

"力行哲学"是在孙中山"知难行易"思想、儒家道德思想以及中国传统哲学的基础上建立的。蒋介石在《力行哲学：附三民主义之哲学的基础》《中国之命运》中，对"力行哲学"做了大量理论阐释。他指出三民主义的哲学基础是"民生哲学"，以此为基础的民生史观既不同于唯物史观，也不同于唯心史观，而是"惟精神与物质并存"③。革命的原动力为"诚"，国民要跟随"党"的领导，按序执行军政、训政、宪政三时期的具体工作④。建构属于三民主义的完整哲学体系，是蒋介石文化事业的关键一环，他曾说"要拿我们三民主义的哲学观与世界观，从新建立各种学术的系统"⑤。然而"力行哲学"弱化了"知难行易"思想中的唯物主义因素，使国民政府的政策充斥着重德治、轻法制的特点，同思想界崇尚现代化和法制化的学术风气相背离，最终采取了独裁统治方式维护其文化权威。

马克思主义哲学派对"力行哲学"的批判是与三民主义论战同期进行的，是三民主义论战的一部分。从论战爆发原因、过程及影响看，这次学术论战充分展示出两党不同的理论信仰和价值标准，还有不同的世界观、文化观，这决定了两党在面对中国现实问题和中国传统文化时拥有不同的政治态度和文化态度，因此，这场学术论战具有浓厚的政治博弈氛围。

① 艾思奇. 孙中山先生的哲学思想. 解放, 1938 (33).

② 艾思奇.《中国之命运》：极端唯心论的愚民哲学. 解放日报, 1943-08-11.

③④ 蒋介石. 三民主义之体系及其实行程序. 青年中国季刊, 1939 (1).

⑤ 蒋介石. 哲学与教育对于青年的关系. 训练月刊, 1941 (3).

3. 关于"中国特殊性"论争

五四新文化运动后，中国思想界一度将"西化""世界化"作为思想界的主流精神。20世纪30年代末，民族矛盾上升为中国社会的主要矛盾，中国思想界中一股"中国化"的潮流兴起。从"西化"到"中国化"的变化，展现出20世纪30年代末中国思想文化现代化的逻辑转向，一方面是因为从五四时期起，推行新文化已有二十年，人们逐渐意识到西方文化需要中国主体消化并转化后方能实现与中国文化相融合；另一方面，是因为文化的作用在民族战争中愈发凸显。民族文化崛起的风向被国共两党精准把握，无论是共产党还是国民党，在全民族抗战爆发之后都将民族文化的复兴当作文化建设的重中之重。究竟谁能够成为"中国化"这面旗帜的掌控者，这一问题不仅是思想文化领域的学术话语权之争，同样也是一场党派之间的政治博弈。

"学术中国化"是马克思主义者率先发起的。1938年毛泽东在六届六中全会上提出"马克思主义中国化"号召后，延安、重庆、上海等地的马克思主义者以《读书月报》《理论与现实》《新知》等学术刊物为主要平台，发表潘梓年的《新阶段学术运动的任务》、柳湜的《论中国化》、潘菽[①]的

[①] 潘菽（1897—1988），字水叔，早年称潘淑，原名有年。1897年7月13日，生于江苏省宜兴县陆平村。1920年毕业于北京大学哲学系，1921年留美主修心理学，1923年获印第安纳大学硕士学位，1926年获芝加哥大学博士学位。1927年回国后任中央大学理学院心理系教授、系主任。新中国成立后，先后任南京大学教务长，校务委员会主席，第一任校长，并兼心理系主任。1955年至1984年连续被推选为中国心理学会理事长。与此同时，一直担任中国科学院心理研究所所长。潘菽不仅是一位卓越和渊博的心理学宗师，也是我国学术界一位杰出的革命科学家和社会活动家。他早年在北大读书时，积极参加五四运动，是被捕的32名爱国青年之一。抗战期间，他在中国共产党统一战线政策影响下积极投身于抗日救国运动。1937年至1946年，他随中央大学内迁重庆，在完成教学工作的同时，以极大的热情从事抗日民主爱国斗争。在1937年5月，他不顾个人安危，以知名教授身份及个人生命、家庭财产保释心理系学生季钟朴（中共的外围成员）出狱。抗战期间在重庆，他曾协助潘梓年（新华日报社负责人），在贯彻中共"团结后方高层知识分子"政策方面做了大量工作。他带头秘密组织了"自然科学座谈会"，并在此基础上，发起组织中国科协和九三学社。1946年5月4日，在成立大会上，潘菽当选为九三学社中央理事。国共重庆谈判时，潘菽、梁希、涂长望等8人在嘉陵江畔张治中寓所受到毛泽东主席的亲切接见。20世纪40年代中后期，他多次掩护中共地下党和党的外围组织进行活动。例如，将新青社的红色书箱（供社员和进步同学阅读的进步书刊和党的文件等）贴上"潘菽书籍"的标签，放在心理系图书一起，由重庆运抵南京。1949年春，曾应邀秘密赴北平参加政协会议，新中国成立后，他与潘梓年、潘汉年兄弟三人，被称为"宜兴三杰"。著有《心理学概论》(1929)、《社会的心理基础》(1930)、《中国古代心理学思想研究》（合编，1983)、《心理学的应用》(1935)、《教育心理学》(1980)，曾开设过西方心理学派、意识问题等专题课。在20世纪30年代，他开始介绍苏联心理学派并阅读列宁的《唯物论与经验批判论》，确认苏联早期柯尼洛夫开创的辩证唯物论心理学，将是心理学发展的正确方向。

——南雍骊珠：中央大学名师传略再续. 南京：南京大学出版社，2010：391-396；潘菽同志生平. 心理学探新，1988 (2)：1-3.

《学术中国化问题的发端》、侯外庐的《中国学术的传统与现阶段学术运动》、嵇文甫的《漫谈学术中国化问题》等大量关于阐述学术中国化的文章。

何谓学术中国化，潘梓年①作为该运动的主要发起者，将之定义为：

> 把目前世界上最进步的科学方法，用来研究中华民族自己历史上、自己所具有的各种现实环境上所有的一切具体问题，使我们得到最正确的方法来解决这一切问题。就是说，要使世界上已经有了的科学，不是始终只能由我们借来陈设一下的东西，而要把它成为自己能用、自己所有的东西；把世界已经有了的科学，化为中国所有的科学。②

该定义强调，研究"具体问题"要用"科学""最正确的方法"，结合中国"现实环境"来解决一切问题，即具体问题具体分析。这一观点基本代表了马克思主义者对"学术中国化"的定义。嵇文甫在此基础上对"中国化"的含义做了更全面的分析：

> 第一，"中国化"不同于国粹论，它是以吸收外来文化为其前提条件的；第二，"中国化"不同于中体西用，它是融化不是拼凑，是化合不是混合，是世界性的文化，经过中国民族的消化，而带上一种特殊的中国味道；第三，"中国化"不同于中国本位文化论，

---

① 潘梓年（1893—1972），江苏省宜兴县人，又名宰木、定思、弱水、任庵等。中国近代著名哲学家和杰出的新闻斗士，潘汉年堂兄。1923年，潘梓年从北京大学哲学系毕业后到保定中学任教。1927年加入中国共产党，接着被派回宜兴重建党组织。他利用县教育局局长的公开身份积极开展工作，在家乡发动过宜兴暴动。1927年9月，潘梓年调赴上海，在北新书局主编《北新》《洪流》等进步刊物和中共江苏省委主办的《真话报》。1929年6月，潘梓年出任中共中央宣传部文化工作委员会第一任书记，他成了当时中共革命文化运动的最高领导人。同时，他还于1930年秋兼任中共中央主办的《红旗日报》上海地区总采访。1930年，他开始投笔从政，由新闻文化人向职业革命家转变。1930年任社会科学家联盟负责人，后调任左翼文化总同盟书记兼文化工作委员会领导人。1932年春，主持丁玲、田汉等人的入党仪式。创办了《新华日报》，并被毛泽东钦点为第一任社长，因此被称为"中共第一报人"。1954年调中国科学院筹建社会科学部和哲学研究所，任中国科学院哲学社会科学部副主任，兼哲学研究所所长，筹备出版《哲学研究》。创办了《自然辩证法研究通讯》，推动了全国的哲学研究。著有《物质与精神的关系》《大家来学点哲学》《逻辑与逻辑学》《文学概论》《辩证法是哲学的核心》等。
——周云之．潘梓年传略．晋阳学刊，1983（1）：94-103；李怀苍．中国近现代兄弟报人一瞥．军事记者，2004（2）：59-60；潘梓年同志生平简介．新闻研究资料，1993（2）：126-129。

② 潘梓年．论新阶段学术运动的任务．理论与现实，1939，1（1）．

"中国化"是把世界性的文化"中国化"，这"化"了的东西，虽然带着特殊的中国味道，但本质上仍然是世界性的。①

可见，"中国化"是世界性和民族性的辩证统一，它代表了中国共产党既不保守又不激进的文化态度，符合思想界的主流认识。一方面，它保证了维护五四以来崇尚"民主""科学""进步"的现代化精神，另一方面，它又与民族主义情绪下的中国知识青年的精神诉求相一致。因此，中国共产党对中国文化的认识，以及建设新民主主义文化的号召，获得了思想界进步知识分子的广泛认同。

与马克思主义者以及部分进步学者的认识不同，国民党理论家更多强调文化的民族特性，并将"中国化"后的学术与其原始形态割裂，以此达到污蔑和消灭"中国化的马克思主义"的目的。叶青在《论学术中国化》一文中同样对"中国化"做出自己的定义，叶青认为西方学术在"中国化"之后会"变其形式"，被改造成为"一个新东西"②。叶青强调中国的特殊性，强调民族形式对学术思想的重要性，这一点并没有错。但是他认为没有形式的学术即为"空洞的"，这实际上削弱了学术思想的普遍科学性，是对科学规律的否定与质疑，是对学术概念的片面化理解。正如艾思奇所言，"特殊性和一般原是分不开的，在现实世界的一切事物发展中，没有绝对的特殊，也没有绝对的一般"，因此叶青夸大中国的"特殊性"、反对人类社会发展"一般性"规律的论述，实际上是"反对正确地来把握中国的特殊性，反对真正把握特殊性的科学方法"③。此外，叶青将"学术中国化"与"中国本位文化"运动曲解为同一性质、同一诉求的运动，其目的在于消灭"学术中国化"运动存在的意义，进而打击马克思主义中国化运动。他以马克思主义本质上是西方学术为由，将缺乏民族形式的"马克思主义"污蔑为抽象的、空洞的主义，将马克思主义中国化污蔑为中国的苏俄化，体现了他企图消灭马克思主义的本质诉求。

叶青对中国"特殊性"的观点，实际上是借抗日战争期间民族主义高涨的契机，打着民族主义旗号的文化保守主义。近代中国文化保守主义并不单指国粹派及新儒学，它在不同时期有不同的表现方式，"随着

---

① 嵇文甫. 漫谈学术中国化问题. 理论与现实，1940，1（4）.

② 叶青. 论学术中国化. 时代精神，1939（1）.

③ 蔡尚思. 中国现代思想史资料简编：第4卷. 杭州：浙江人民出版社，1983：231.

革命发展的阶段的不同，随着客观条件的不同，这种思想也以不同的形式来和进步的革命思想与革命势力实行对抗"①。从玄学派到国粹派、"国情论"，再到叶青所谓"把握特殊性"，即使它的外表被一些新学术名词和爱国主义所装饰，甚至假借三民主义个别词句，它仍然摆脱不了根深蒂固的反自由、反进步、反科学的反动精神内核。

在学术"主义化"时代，党派之间的学术论战自然夹杂着谋求党派利益的政治诉求。国共两党围绕意识形态展开的话语权博弈，本质上是两党理论家为论证其政治合法性以及谋求政治权威性的舆论宣传。在政治诉求驱使下，国共两党均格外重视意识形态建设，制定政策、编译出版大量学术书籍。

客观地讲，革命史化、政治史化是哲学社会科学发展史中的一大缺陷，这是中国近代革命的具体历史条件所决定的，是"主义"时代难以跨越的历史局限。革命的急切让很多学理性互动草草了结，忽视了来自马克思主义学派外部一些具有参考意义的理论质疑和学术挑战。在推进中国特色社会主义文化建设和坚定文化自信的今天，推进马克思主义与中国文化的良性互动，建构马克思主义哲学社会科学体系，20 世纪学术争辩中的思想灵感与理论资源值得我们重新去研究和评估。

---

① 蔡尚思. 中国现代思想史资料简编：第 4 卷. 杭州：浙江人民出版社，1983：223.

第五章　中国马克思主义哲学社会科学著作发行与国共两党博弈

在新民主主义革命时期，国民党专制政府实施文化统治，对中共领导出版发行的进步哲学社会科学著作实施全面查禁。从某种程度上讲，该时期国民党推行文化专制政策、查禁进步哲学社会科学著作的过程，既是中共领导进步文化力量进行反查禁斗争的过程，又是国共两党争夺新民主主义文化运动领导地位的过程。为应对国民党对哲学社会科学著作的严酷查禁，中共在文化出版领域领导书刊经营机构和进步文化力量，采取各种灵活方式进行反查禁斗争，从而进一步扩大了以进步哲学社会科学著作为代表的党的"红色书刊"在国统区的影响力。

对于该章要探讨的问题，这里需要说明两点：一是关于纵向研究阶段方面，该部分内容主要涉及土地革命战争时期和全民族抗战时期两个历史阶段。在新民主主义革命时期，国共两党在哲学社会科学著作发行过程中查禁与反查禁斗争的博弈，主要集中于土地革命战争时期和全面抗战时期的国统区。解放战争时期由于国共双方忙于内战，主要侧重于军事战线的较量，故在文化战线领域并没有像前两个历史时期那样明显。因此，本部分内容主要集中于土地革命战争时期和全民族抗战时期这两个主要历史阶段。二是关于横向研究对象方面，国共两党在哲学社会科学著作发行领域的查禁与反查禁斗争，除了哲学社会科学著作外，还涉及其他各种革命进步书刊等，故在此首先给予说明。

一、建立和完善庞大的哲学社会科学著作审查系统

早在 20 世纪初期，国内积极宣传马克思主义的进步书刊在传播之初即被北洋政府视为"禁书"而加以严格检查和控制①。随后国民政府颁布《出版法》《管理新闻营业条例》《报纸法》等反动法规，严禁革命进步书刊的出版发行。1927 年南京国民政府建立后，大力加强文化统治，除在军事上"围剿"革命根据地外，还在文化领域实施文化专制政策而进行文化"围剿"②，将全国所有文化出版纳入其一党管制之下。

国民政府从建立开始，先后成立图书杂志审查委员会和战时新闻检查局等系列专门图书监管机构，颁行许多严格的审查法规，对包括宣传马克思主义在内的进步哲学社会科学著作进行全面查禁和扼杀。1928 年 2 月，国民党颁布《制止共产党阴谋案》，宣布所有宣传马克思主义的书籍报刊及出版发行机构等，都在"查禁"范围之内。1929 年《宣传品审查条例》规定，宣传书刊的审查机关是中央宣传部及各地方党部，最终决定权归中央宣传部。到了全民族抗战时期，为加强

---

① 当年北洋政府曾查禁"宣传过激主义"图书 83 种，如《进化与革命》《列宁之解剖》《国家与革命》《列宁事略》《马克思资本论》《革命思想在革命中》《法律与强权》《无政府党之元素》《社会主义讨论集》《蒲鲁东巴枯宁合传》《社会主义讲演集》《社会世界》《中国社会党之源流考》《改造论》《俄社会党及其机关报》《国家主义与无政府主义》《社会科学》《无政府个人主义》《社会主义与共产主义》《经济学之矛盾》《未来之大革命》《社会交换原理之研究》《托尔斯泰之劳动主义》《国际社会党之组织》《克鲁泡特金之无政府共产学说》《中国无政府共产党之小史》《联合主义、社会主义与反对神学主义》等等。

——中国第二历史档案馆. 中华民国史档案资料汇编：第三辑文化. 南京：江苏古籍出版社，1991：527-530.

② 当年国民党出版《汗血周刊》，有一期是"文化剿匪专号"，还有一篇文章称之为"文化围剿"。国民政府依靠强大的国家机器，禁止传播共产主义，认为马克思主义是"舶来之说"，不符合中国历代圣贤所训示的传统思想；马克思主义的阶级斗争学说，是公开提倡"暴乱"，和中国历来遵循的仁义道德、和平揖让的精神不合；马克思主义讲的阶级斗争只适合于西方资本主义国家，而不适合于只有"小贫"和"大贫"之差的中国。

——周子东，傅绍昌，杨雪芳，等. 马克思主义在上海的传播（1898—1949）. 上海：上海社会科学院出版社，1994：182.

对图书杂志的审查，除了国民党中央宣传部①外，还有：中央宣传部国际宣传处（负责西文电讯、西文杂志，检查标准与战时新闻局和中央图书杂志审查委员会的相同）、军令部战讯发布组（负责战讯审查，根据战时新闻禁载标准、军事禁载部分及指示办理）、内政部地图审查委员会、教育部国立编译馆、行政院非常时期电影检查所和各地警察机关（负责传单标语及其他出版物）②等。在全民族抗战爆发前，国民党中宣部是新闻管制机关的中心，同时又是国民党最高新闻决策机关，抗战之后其检查功能则主要由中央图书杂志审查委员会和战时新闻检查局承担。

（一）中央图书杂志审查委员会

中央图书杂志审查委员会是由国民政府行政院组织设立的全国最高图书杂志审查机构，在 1934 年通过《中央宣传委员会图书杂志审查委员会组织规程》中，为"审慎取缔出版刊物，增进审查效能，并减除书局与作家之损失起见"，规定"由中央宣传委员会通告各出版机关，将出版书刊稿件送本会审查"③。同年 6 月，在上海成立了国民党中宣部图书杂志审查委员会④。该委员会成立后，国民党中央宣传委员会即通告各出版机构，将出版书刊稿件送其审查，事实上成为国民党当局审查

---

① 国民党中央宣传部于 1924 年 1 月成立，国民党中央执行委员会宣传部是国民党关于新闻事业管理的最高机构，其基本架构包括普通宣传、特种宣传、国际宣传、微审、出版、总务六科，附属单位还有中央图书馆、中央日报社和中央通讯社，最初主要是针对国民党内部的宣传工作。1932 年 1 月，国民党中央决定扩大部会组织，中央宣传部改组成为中央宣传委员会，其下属科股也有了较大调整，下设指导、新闻、国际、文艺、编审、总务六科，1935 年 12 月恢复原称。

② 张钊. 抗战期间国民党政府图书审查机关简介. 出版史料，1985（4）：134.

③ 中央宣传委员会图书杂志审查委员会组织规程. 中央日报，1934-04-18.

④ 国民党将图书杂志审查委员会设立在上海出于多方面考虑。首先，上海是当时全国经济和文化中心，也是全国的出版中心，这里聚集着三四百家出版单位和书店，聚集着全国半数左右的文化名人——作家、学者和翻译家。其次，文化"围剿"和反"围剿"斗争集中于此。这里存在"社联""左联""剧联""文总"等革命文化团体。最后，上海当时是对外、对内开放的城市，经济上如此，文化上亦如此。国外的种种文化思想和社会思潮，是通过上海辐射到全国各地而产生影响的。当年许多马克思主义经典著作大多是从日文英文转译的，而日文英文翻译的基地在上海。为此，国民党政权进行文化统治，首先要从上海抓起。

——倪墨炎. 图书杂志审查委员会从产生到消亡. 出版史料，1989（1）：93.

图书杂志出版物的一个专门机构，后由于 1935 年 8 月 "《新生》周刊事件"①，该委员会最终暂停工作。

全民族抗战时期，中央图书杂志审查委员会重新建立并得以完善。1938 年 7 月，国民党以 "为适应战时需要，齐一国民思想"② 为名，筹备成立中央图书杂志审查委员会，作为全国最高图书杂志审查机关，负责对哲学社会科学图书杂志的审查。在组织上，委员会设 "委员七人至九人，由中央宣传委员长聘任之，并指定三人为常务委员"，设秘书一人，由委员兼任，承委员会及常务委员之命，办理本会一切事务，并分设 "总务、文艺、社会科学三组，每组设组长一人，副组长一人，干事若干人。除由中央宣传委员会函党政机关调用外，得设专任干事、录事若干人，办理会中文书、会计、庶务等事务"③。《战时图书杂志原稿审查办法》规定，中央图书杂志审查委员会的任务是 "承中央执行委员会宣传部、军事委员会政治部、行政院、内政部、教育部及中央社会部之指导，掌理全国图书杂志原稿审查及各地方图书杂志审查委员会之指导与考核事宜"④。各省图书杂志审查处，"掌理调查、检查、指导、考核文书事务"⑤ 等。中央图书杂志审查委员会是国民党当局推行文化专制政策的重要工具，主要依据《修正抗战期间图书杂志审查标准》和《战时出版品审查办法及禁载标准》审查稿件，对于送审的哲学社会科学图书杂志原稿，"其言论完全谬误者，停止印行。一部分不妥者应遵照指示之点，修改或删削后方准出版"⑥，当中央图书杂志审查委员会 "对于图书杂志之审查意见如有不同时，应以中央宣传部代表之

---

① 在土地革命战争时期，国民党就建立了中国国民党中央宣传委员会图书杂志审查委员会，作为审查图书杂志的专门机关，实行原稿审查的办法，严厉查禁鲁迅、郭沫若、茅盾等进步作家著作和大量革命进步书刊。该委员会于 1934 年 4 月成立，1935 年因上海《新生》周刊登载《闲话皇帝》一文，引起日本帝国主义的 "严重抗议" 而被迫撤销，其后图书杂志的审查职能由国民党党部机关转移到国民政府内政部。
　　——倪墨炎. 图书杂志审查委员会从产生到消亡. 出版史料，1989 (1)：91-97.
② 中国第二历史档案馆. 中华民国史档案资料汇编：第五辑第二编文化 (一). 南京：江苏古籍出版社，1998：549.
③ 同②4.
④ 同②551.
⑤ 同②564.
⑥ 同②550.

意见为主"①。

此外，在湖南、宁夏、武汉等各地成立地方图书杂志审查处，审查"除自然科学、应用科学之无关国防者及各种教科书之应送教育部审查者"② 之外的一切稿件。"各省市政府应成立各省市图书杂志审查处（以下简称各省市审查处），隶属于中央审查委员会，办理各该省市之图书杂志审查事宜。各省文化发达之县市政府，于必要时得在各省市审查处指导之下，酌设各县市图书杂志审查分处，其组织通则另定之"③。

（二）新闻监管机构

1927 年以来，国民党建立的新闻监管机构主要有中央新闻检查处和军委会战时新闻检查局，主要负责对全国新闻检查的监管。

中央新闻检查处是国民党较早建立的新闻检查机构，通过新闻检查处及下属各检查所、检查室的工作，国民政府由此建立并形成一个庞大的新闻检查网络。战时新闻检查局的前身是 1935 年成立的中央检查新闻处，改隶军事委员会，1937 年改隶中央宣传部。1939 年 6月，为适应抗战期间新闻检查工作的需要，"统制新闻，集中意志，以协助抗战建国大业之任务"④，国民党专设军委会战时新闻检查局，统一全国新闻检查大权。下设指导、情报及事务三科，其中，情报科"掌理关于情报之搜集与编纂、报社之调查统计及与各机关情报交换事项"⑤。

战时新闻检查局成立后，首先对全国新闻检查机构进行升级和调整，设有特级新闻检查处、甲级新闻检查所、乙级新闻检查所及新闻检查室等⑥。这样国民党建立起了一个从中央到县、市一级的立体式战时新闻检查网络，强化了新闻出版检查制度。

此外，还有两个与战时新闻出版管制相关的机构：国民党中央出版事业管理委员会和军委会第三厅。据 1939 年公布的《国民党中央出版

---

① 中国第二历史档案馆. 中华民国史档案资料汇编：第五辑第二编文化（一）. 南京：江苏古籍出版社，1998：549.

②③ 同①561.

④ 同①426.

⑤ 同①386.

⑥ 同①483.

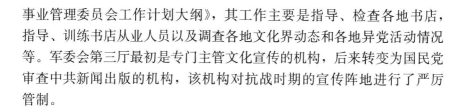

事业管理委员会工作计划大纲》，其工作主要是指导、检查各地书店，指导、训练书店从业人员以及调查各地文化界动态和各地异党活动情况等。军委会第三厅最初是专门主管文化宣传的机构，后来转变为国民党审查中共新闻出版的机构，该机构对抗战时期的宣传阵地进行了严厉管制。

二、制定与颁布严格的哲学社会科学著作审查法规

在北洋政府时期，反动政府通过制定法律，防范与禁止哲学社会科学著作等进步书刊的发行与传播。当年步兵统领王怀庆称马列主义即"过激主义"在中国的传播，"其祸甚于洪水猛兽"，请求运用严酷的法律对其"进行干涉，从严查禁，不准传播，以遏乱萌"①。北洋政府通过颁布《著作权法》《出版法》《戒严法》《报纸条例》《治安警察法》等反动法令，对当年宣传马列主义的革命进步书刊进行查禁，如《社会主义讨论集》《马克思资本论》《列宁之解剖》《列宁事略》《国际社会党之组织》《战争与资本主义》《国家与革命》《社会主义与共产主义》《托罗斯基自述》《中国无政府共产党之小史》② 等等。面对反动政府严厉的查禁政策，进步出版业仍不断向前发展。

（一）土地革命战争时期哲学社会科学著作审查法规的制定与颁布

在土地革命战争时期，国民党对中共实施军事"围剿"和文化"围剿"。为推行其一党专制独裁统治，颁布了系列反动审查法规，用三民主义作为思想钳制的唯一工具，主张以"纯正的三民主义"来统一思想。1928 年 2 月，国民党中执委第四次会议召开，"这次会议是在'共同一致反对共产党，同心协力铲除共产党的理论'的旗帜之下召开的，是一次'统一思想'的会议，是企图从思想上和理论上肃清共产党和共

---

①　中国第二历史档案馆. 中华民国史档案资料汇编：第五辑第二编文化（一）. 南京：江苏古籍出版社，1998：539.

②　同①528-530.

产主义的会议"①。

为钳制进步革命思想，国民党先后颁布了《审查宣传品条例》（1927年1月）、《宣传品审查条例》（1929年1月）、《出版法》（1930年12月）、《查禁伪装封面的书刊令》《取缔各种匿名出版物令》《宣传品审查标准》（1932年11月）、《新闻禁载标准》（1933年10月）及《图书杂志审查办法》（1934年6月）等系列反动法规，严禁共产主义和一切非三民主义思想的哲学社会科学著作的出版与发行。

在这些反动法规中，1929年1月颁布的《宣传品审查条例》（详见"附录7　国民党中宣部的宣传品审查条例（1929年）"），认定存在"宣传共产主义及阶级斗争""挑拨离间分化本党"等情况为"反动宣传品"②。4月，国民政府训令各部查毁共产党进步哲学社会科学著作，"国民政府训令直辖机关，声称共产党刊物到处寄递，'且有假托本党刊物名义与式样，或用小说名称印成封面而内容则纯系宣传共党谬论，企图掩饰，冀便流传各情事'，饬各机关对于寄递各刊物一体注意检查，一经查出，即予扣留烧毁"③。6月，国民党拟定《取缔销售共产书籍的法令》和《取缔销售共产书之办法》，要求各地党部宣传部随时审查区域内书店销售的革命进步书籍，如发现有共产书籍，则立即报告该地高级党部，并随时呈送上级党部。

1930年国民党颁布《出版法》④，宣布对报纸杂志和哲学社会科学图书实行原稿检查。《取缔销售共产书籍的法令》则直接禁止共产党报刊及其他宣传品的出版发行。同时，在1930年发布的《审查全国报纸杂志刊物总报告》中，第四部分是关于社会科学书籍方面的规定，尤其针对宣传马克思主义的译著，指出：

---

①　国民党大出棺材. 布尔塞维克，1928，1（17）.

②　中国第二历史档案馆. 中华民国史档案资料汇编：第五辑第二编文化（一）. 南京：江苏古籍出版社，1998：75.

③　罗元铮. 中华民国实录·内战烽烟：第二卷（上）. 长春：吉林人民出版社，1997：1361.

④　该法六章包括附则共四十四条，与北京政府1914年袁世凯执政时期颁行的共二十三条的《出版法》相比，条文更详细，具有浓厚党化色彩。1937年7月，国民政府公布了修正后的《出版法》（《修正出版法》），比1930年的《出版法》多了十条，共五十四条，涉及面更广，细节更为详尽。《修正出版法》及其实施细则出台后即引起了出版界的强烈反对，国民政府迫于压力并未真正实施。

"马克思的学说，在过去时期，欧洲亦曾风行一时，但是到了现在，凡马克思所预料的，经事实证明，都是不确，其主义，亦未能解决社会问题，……但是在我国一班所谓新主义的学者，文娟式的作家，及各投机的小书店，则尽量搜罗，翻译出版。甚至遇有一种原本到沪，为捷足者所知，就到各西书店全数收买，赶急翻译，等到译文发行，再将原本出售，或径写信到各国去托人搜罗几十年前关于马克思主义的书籍，翻译出来，就在译者序言中，或在报纸广告上，大吹特吹，说这是欧洲的绝本，现在为他一家独得翻译出版了。又常有一种原本，数家翻译，各立名字，混人眼目，以事竞争，徒使购者上当。此类书籍，因为各书店谋早出版，常请数人合译，以至内容错误百出，文字乖离，意思矛盾，这都不是他们所顾及的；只要书面眩目，名目新奇，定以骗人，有利可图而已。"希望"共产邪说之风，亦可以渐次消灭也"①。

（二）全民族抗战时期哲学社会科学著作审查法规的制定与颁布

全民族抗战时期，国民党在意识形态领域继续推行文化专制主义，宣称"一个信仰、一个领袖、一个政府"②，声言"凡反对三民主义者即反革命"③，对于"所有思想庞杂，淆乱人心之谬论，固应严加取缔，以杜流传"④。在国民政府实行严格新闻统制政策下，全国新闻出版事业制定和颁布了一系列法规和法令，通过这些法规，逐步建立起"以党治国""党化新闻"的新闻统制制度。在全民族抗战初期，国民政府对哲学社会科学著作出版采取了较为宽松的政策，但1938年抗战进入相持阶段后，国民党要求在全国实行"战时出版管制"。1941年4月，孔祥熙等在国民党五届中央八次会议提出的《组织中央出版管

---

① 陈之符. 从国民党的内部报告看其文化专制统治. 出版史料，1990（3）：93.

② 荣孟源. 中国国民党历次代表大会及中央全会资料：下册. 北京：光明日报出版社，1985：488.

③ 中国第二历史档案馆. 中华民国史档案资料汇编：第五辑第二编文化（一）. 南京：江苏古籍出版社，1998：1.

④ 同③602.

理局以加强出版扩大宣传案》中指出，"惟自抗战以来，某党尝假抗战美名，乘机窃起，肆意挑拨离间，曲解三民主义，迷惑青年群众，数年之间，其出版书籍，多如汗牛充栋"①。为此，国民党严禁革命进步书刊的出版发行。

该时期，国民政府同样颁布了系列专门针对进步哲学社会科学著作审查与新闻检查的反动法令和法规。从1938年至1945年间，发布的有关哲学社会科学著作审查法令、法规达200余种。其主要反动法令有：《战时图书杂志原稿审查办法》《修正印刷所承印未送审图书杂志原稿取缔办法》《修正抗战期间图书杂志审查标准》《图书杂志查禁解禁暂行办法》《调整出版品查禁手续令》《修正战时图书杂志原稿审查办法》《剧本出版及演出审查监督办法》《图书送审须知》《审查处理已出版书刊细则》《统一书刊审检办法》《杂志送审须知》《战时新闻禁载标准》等等。这些法令禁止宣传三民主义以外之一切主义，视"恶意诋毁及违反三民主义与中央历来宣言纲领政策者"② 等为反动言论，要求所有出版物都必须送中央图书杂志审查委员会审查。通过制定严格的强制查禁办法，进一步加强了其在哲学社会科学领域的专制统治。

在解放战争时期，国民党又颁布了《戡乱时期危害国家紧急治罪条例》《管理收复区报纸、通讯社、杂志、电影、广播事业暂行办法》《惩治叛乱条例》等系列涉及控制舆论的法令等。

在这些反动法规中，尤其以《战时图书杂志原稿审查办法》《修正抗战期间图书杂志审查标准》《战时出版品审查办法及禁载标准》最为重要。1939年4月，国民党通过《修正印刷所承印未送审图书杂志原稿取缔办法》，规定对承印未送审图书杂志原稿者惩处的办法，如"警告""没收承印该项图书杂志印刷费之一部或全部""除没收全部印刷费外，再处罚该印刷所五十元以上三百元以下之罚款""封闭"③ 等手段。还通过了《检查书店发售违禁出版品办法草案》，针对发售违禁出版品的书店规定了处理办法，如警告并没收该项禁售出版品

---

① 中国第二历史档案馆. 中华民国史档案资料汇编：第五辑第二编文化（一）. 南京：江苏古籍出版社，1998：292.

② 同①553.

③ 同①557.

（有底版者予以扣押）、封闭书店①等。1944 年国民政府公布的《战时出版品审查办法及禁载标准》和《战时书刊审查规则》，在审查办法上又做出新的调整：对出版品采取事前审查和事后审查两种，凡是书刊不涉及军事、政治与外交的，均由著作人或发行人自行审查，自负刑责；也可自愿送审，交由审查处检查②；等等。国民党通过这一系列反动法规，企图扼杀和摧残进步革命文化，维护自己的专制统治。

三、国民党对哲学社会科学著作的严酷审查与查禁

国民政府时期，国民党为维护其文化专制统治，对中共领导发行的进步哲学社会科学著作进行过两次大规模查禁。一次发生在 1934—1935 年间，据不完全统计，单上海查禁出版的就有 149 种图书，牵涉到 25 家书店、28 位作家，这对当年中共领导的进步文化事业造成了非常恶劣的影响。另外一次是在全民族抗战时期，持续时间较长，对包括马克思主义经典著作在内的革命进步书刊进行了更为严酷的查禁。民国历史不过 38 年，而在这 38 年所禁之书，据粗略统计，其种数达 5 000 种之多③，查禁量之大，可谓触目惊心。

（一）土地革命战争时期国民党对进步哲学社会科学著作的严酷审查

北洋政府时期，马克思主义进步哲学社会科学书籍就被封杀。1919—1926 年，北洋军阀采取了多种卑鄙手段，大肆查禁进步革命书刊（见表 5-1）。他们重审执行《出版法》，继续实行邮电检查"赤党"宣传品。严格控制印刷机构，成立检查机构，如当时京师警察厅成立检查事务所，检查邮电和印刷品。

---

① 中国第二历史档案馆. 中华民国史档案资料汇编：第五辑第二编文化（一）. 南京：江苏古籍出版社，1998：558.

② 同①572.

③ 张克明. 民国时期禁书目录述评. 档案资料与研究，1990（2）：61.

表 5-1　北洋政府查禁革命书刊目录部分统计（1921—1926）

查禁日期	书刊名称	著译人	查禁机关	查禁缘由	书刊出版地
1921 年 10 月 28 日	《好世界》		内务部	提倡共产主义	
1922 年 2 月 17 日	《先驱》半月刊		京畿卫戍司令部	鼓吹社会共产主义	北京
1922 年 5 月 2 日	《大江报》		赣督	煽动劳工，宣传共产主义	南昌
1922 年 6 月 9 日	《劳动周刊》	中国劳动组合书记部	上海公共租界工部局	煽动邮务工人罢工	上海
1922 年 7 月 11 日	《斗报》		交通部	鼓吹社会主义	天津
1922 年 9 月 11 日	《中共宣言》		江苏督军	意存煽乱	上海
1922 年 10 月 9 日	《中国共产党双十节告知国人书》	中共北京地委	京师警察厅	宣传过激主义	北京
1922 年 11 月 24 日	《新俄罗斯报》	普利爱	交通部	系过激党机关	上海
1923 年 5 月 18 日	《向导》		交通部	词语狂谬	
1923 年 10 月 4 日	《互助月刊》		京畿卫戍司令部	鼓吹社会主义	
1924 年 6 月 13 日	《劳动旬刊》《劳动周刊》		国务院	宣传过激	
1926 年 8 月 26 日	《中华全国总工会通告》《中华全国总工会对于政府出师宣言》		交通部	语言悖谬	

资料来源：张克明. 北洋政府查禁书籍、报刊、传单目录（1912 年 7 月到 1928 年 3 月）（续）. 天津社会科学，1982（6）：68—70.

1919 年 4 月，反动军阀江苏省省长齐耀琳发布《训令》说，"近阅坊间出版之著作物，间有主张破除吾国旧有伦教，毁裂吾国固有文学，以期改造社会者。……为特令各县知事转告各校校长，对于主张悖谬之出版物，严禁购阅，以黜邪说，而极品学"①。当年陈望道译完《共产党宣言》后，一再受到当局盯梢、监视等无休止的迫害。1921 年春，设在上海的新青年社遭到巡捕房查处封闭，后被迫迁往广州。正排印的《新青年》第八卷第六号，"所有稿件尽被辣手抓出"②。1921 年 4 月，京畿卫戍司令王怀庆在致国务院咨呈中提出，"前因探闻北京大学校刊发一种报纸，系鼓吹社会共产主义，会函请教育部严行取缔查禁，嗣准复称，已由部自行查禁在案"③。1922 年 1 月，北平创刊的中国社会主义青年团第一个机关刊物《先驱》半月刊，自创刊始就遭到北洋军阀的破坏。当时京畿卫戍司令部认为，《先驱》半月刊"内容多系鼓吹社会共产主义，该月刊甫经出版，若不赶速从严取缔，厉行严禁，深恐滋蔓难图，危害地方"④。这样在反动政府干扰与破坏下，《先驱》半月刊"常常不能如期出版，横遭禁售，只能从第 4 期起转至上海出版"⑤。1923 年五六月，直隶警务处、京师警察厅严密调查《工人周刊》，认为它"鼓吹劳农革命"⑥，请求内务部准许查禁。内务部随后发布咨文称"查此项印件，实含过激主义，关系地方治安颇大，除指令转饬各警察机关严密查禁并分咨外，相应将周刊抄函照刷一纸，一并咨请分行各省一体禁止"⑦。1926 年 4 月，京畿卫戍司令王怀庆强行实施 17 条严厉残酷的保安办法，规定"宣传赤化，主张共产者，不分首从，一律处以死刑"⑧。北洋政府司法部颁布"取缔过激思想"的法令，将对宣传者判处"十年以上，十五年以下的有期徒刑"⑨。他们还极力破坏中共的出版发行机构，对之进行暴力封闭，如 1926 年 2 月以印刷

---

① 张静庐. 中国现代出版史料：甲编. 北京：中华书局，1954：47.

② 编辑室杂记. 新青年，1921，9 (1).

③ 同①49.

④ 中国第二历史档案馆. 中华民国史档案资料汇编：第三辑文化. 南京：江苏古籍出版社，1991：539.

⑤ 中国近代现代出版史编纂组. 新民主主义革命时期出版史学术讨论会文集. 北京：中国书籍出版社，1993：392.

⑥ 同④550.

⑦ 同④551.

⑧ 中共北京市委党史研究室. 北京革命史大事记 (1919—1949). 北京：中共党史资料出版社，1989：88.

⑨ 梁寒冰，魏宏远. 中国现代史大事记. 哈尔滨：黑龙江人民出版社，1984：66.

过激反动书报为由封闭了上海书店，使中共的进步出版事业被迫转入地下。

　　1927 年南京国民政府建立后，国民党依然采取多种不正当手段查禁进步哲学社会科学著作，主要涉及四方面内容：（1）中共的出版物和宣传马列主义及苏联革命历史的著作。（2）"左联"等文化团体的书刊及左翼作家的著作。（3）一些宣传抗日救亡的书刊。（4）改组派、国家主义、无政府主义派等派别出版的书刊等①。1929 年 7 月，国民党中央秘书处编制了一份《查禁反动刊物表》和《共产党刊物化名表》，罗列了 200 多种刊物，其中明显属于共产主义的哲学社会科学书籍有 60 多种，如《共产党宣言》《中共六大决议案》《布尔塞维克》《列宁青年》等，这些被查禁的出版物都被冠之以"蛊惑人心""煽动阶级斗争""鼓吹暴动"等"罪名"。当年查禁的进步哲学社会科学书刊，如《马克思主义的民族革命论》《马克思学说体系》《社会科学讲座》《历史的唯物论》《俄国革命运动史》《世界史纲》《社会科学教科书》等等，"大都是以社会科学而穿上列宁主义的外衣"②。表 5-2 是 1930 年 7—9 月国民党中宣部查禁的部分马克思主义经典著作。

表 5-2　1930 年 7—9 月国民党中宣部查禁的部分马克思主义经典著作

著作	著者	译者	出版发行机构	查禁原因
《宗教哲学社会主义》	恩格斯	林超真	文化书局	系分析空想社会主义与科学社会主义及宗教之立场
《国家与革命》	列宁		中外研究社发行	散布反动言论
《农民问题》	恩格斯	陆一远	远东图书公司发行	主张农民加入共产革命
《社会主义的基础》	马克思	巴　金	山城书店	散布反动言论
《马克思学说体系》		高希圣	平凡书局	提倡共产主义，鼓吹阶级斗争
《历史的唯物论》	布哈林	梅　根依　凡	南强书局	提倡阶级斗争

---

① 吴永贵. 中国出版史：近现代卷（下）. 长沙：湖南大学出版社，2008：339.
② 张克明. 国民党中宣部审查 1930 年 7 至 9 月份出版物总报告（节录）. 民国档案，1991（3）：40.

续表

著作	著者	译者	出版发行机构	查禁原因
《宗教及正义善的观念之起源》	拉法格	熊德山 张定夫	昆仑书局	站在马克思唯物论的立场叙述宗教之错误
《转型期经济学》	布哈林	向省吾	乐群书局	主张阶级斗争

资料来源：张克明. 国民党中宣部审查 1930 年 7 至 9 月份出版物总报告（节录）. 民国档案，1991（3）：32-35.

　　1932 年国民政府颁布《宣传品审查标准》，列出《共产党宣言》《反杜林论》《列宁主义概论》等 672 种查禁书目。1934 年公布《图书杂志审查办法》。在上述这些反动法规中，对进步革命书刊做出了更为严格的限制，规定凡是宣传共产主义、马克思主义就是"反动"，并以"鼓吹阶级斗争""危害中华民国"等罪行加以查禁和封杀。

　　据不完全统计，仅 1931 年被查禁的进步哲学社会科学著作就有228 种，包括《马克思与恩格斯的农民运动》、《马克思与恩格斯》、《马克思传及其学说》以及列宁的《战斗的唯物论》等。当年国民党以"宣传阶级斗争鼓动暴动""宣传共产主义""宣传苏俄革命""鼓吹无产阶级革命""含有反动意识""鼓吹阶级斗争""左倾"等理由，先后取缔大量马列著作，如《列宁主义概论》《共产国际纲领》《唯物史观 ABC》《政治经济学》《帝国主义与战争》《马克思主义的基本问题》① 等等。

　　除了严禁查扣进步革命书刊外，国民党还迫害文化界、出版界进步人士，查封进步书店，甚至动用暴徒袭击和捣毁如神州国光社、良友图书公司等文化传媒机构。1929 年 6 月国民党中央秘书处抄送《关于取缔销售共产书籍各书店办法》致国民政府文官处函，提道"查此类书籍，大都在租界内各小书坊寄售，彼辈只知惟利是图"②，并做出关于对此类书籍的取缔办法（见表 5-3）。

---

① 张静庐. 中国现代出版史料：乙编. 北京：中华书局，1955：173-189.

② 中国第二历史档案馆. 中华民国史档案资料汇编：第五辑第一编文化（一）. 南京：江苏古籍出版社，1994：287.

表 5 - 3　关于调查书店印刷销售及印刷共产书籍周报表（1929 年 8 月 22 日）

查获日期	周报名称	内容	编辑者	发行地点	销售书店名称及地点	承印印刷所名称及地点	备考
8 月18 日	《民主周刊》	谩骂中央迹近反动	民主周刊社	启智书局	各小报摊	未详	原刊另呈中宣部
8 月18 日	《青 年 先锋》	诋毁党国意在反动	青年先锋社	启智书局	各小报摊	未详	原刊另呈中宣部
8 月18 日	《革 命 战线》	措辞荒诞蓄意反动	中国国民党各省市党部	启智书局	各小报摊	未详	原刊另呈中宣部
8 月18 日	《海 风 周报》	妄鼓邪说迹近反动	海风周报社	泰东图书局	各小报摊	泰东印刷所	已通令查禁，仍秘密发行
8 月18 日	《民 意 周刊》	宣传共产	民意周刊社	民意周刊社	各小报摊	未详	已通令查禁，仍秘密发行
8 月20 日	《民 心 周刊》	宣传共产	民心周刊社	民心周刊社	各小报摊	未详	已查禁仍秘密发行

资料来源：中国第二历史档案馆. 中华民国史档案资料汇编：第五辑第一编文化（一）. 南京：江苏古籍出版社，1994：291.

当年一些计划翻译出版的马克思主义著作集和革命书刊，如"社联"成员吴觉先等为纪念马克思逝世 50 周年而编译的《马克思译文集》就因此而未能出版，沪滨书店计划编译出版的《马克思文选》（共 10 册）及其他一些书店准备出版的单行本也遭扼杀①。1929 年 2 月，国民党查封了创造社出版部。1930 年 8 月，封闭了平凡书店。11 月，上海江南书店出版了恩格斯的《反杜林论》后，译者吴黎平就被国民党逮捕。1931 年国民党查封了出版革命进步书籍的华兴书局及北新书局、现代书局，还指使暴徒恫吓、捣毁销售进步书籍的光华书局、良友图书印刷公司、神州国光社等店铺。1932 年 9 月，北平国际学社出版了王思华、侯外庐合译的《资本论》第一卷上册，侯外庐即被国民党宪兵团以"宣传与三民主义不相容的主义"为借口逮捕。此外，国民党当局在

---

① 中共中央马克思恩格斯列宁斯大林著作编译局马恩室. 马克思恩格斯著作在中国的传播. 北京：人民出版社，1983：289.

查禁进步书刊、迫害革命进步人士的同时，还组织了一批御用文化团体，出版发行书刊，为其政权服务。

（二）全民族抗战时期国民党对进步哲学社会科学著作的严酷审查

全民族抗战时期，国民党中宣部、中央图书杂志审查委员会和战时新闻检查局等各级书刊审查机构，依据相关反动法规，对国统区的战时出版品进行严密审查①。当时的战时出版品主要是指新闻报纸、图书、杂志、电影片及戏剧剧本②等，由于战时报纸的主要内容大多为呼吁抗日救亡，因而国民政府并没有过多纠缠于对报纸的查禁，而是把重心放在图书杂志上。国民党新闻审查机构对于图书报刊的审查极为频繁和严厉，"审查手续异常迅速，虽洋洋巨著，至多不过两天，故出版界咸认为有意想不到之快，予以便利不少"③。在 1942 年 9 月至 1943 年 7 月不到一年的时间内，重庆图书杂志审查委员会就查禁了《通俗社会科学二十讲》《中国政治史讲话》等哲学社会科学书刊 126 种，"蒋政府的审查制度是十分野蛮的，并且是漫无标准的。在这个野蛮的毒网的长期笼罩下，报纸上只能出现着同样的说谎，出版物的质量只能日益低落"④。

该时期国民党对中共领导出版发行的包括马克思主义经典著作在内的进步哲学社会科学著作的查禁，比土地革命战争时期更为严重和严厉，主要体现在以下方面：

---

① 除了国统区的国民党政权外，在抗日战争时期的沦陷区，日伪政权为了巩固既有统治，也积极地在文化领域实行奴化方针政策。作为文化事业重要组成部分的出版发行业，便作为主要宣传阵地被日伪控制起来。为了达到自己的目的，日伪在出版界实行出版管制政策，通过建立出版管理机构、颁布出版法规、检查出版物、查封进步出版机构、迫害进步出版人士等多种干预方式，向沦陷区的中国出版发行业进行直接的渗透和统治，以断绝马列主义经典著作、抗日救亡书刊等进步读物对他们既定目标的阻挠。譬如，在北平成立的汉奸政权——中华民国临时政府，就在日本特务机关长喜多诚一的操纵下，于 1938 年春平、津等城市的书店进行了大清查，重点查禁抗日书刊和宣传马克思主义的书刊。伪北平市警察局还向书业公会发布了《检扣书籍刊物一览表》，共禁售书刊 786 种。该表后面还有附注："不在此单以内的书，若有一二句有碍邦交之文字，亦在禁止之列，请格外注意，自行严密检查为要"。
——郑士德. 中国图书发行史. 增订本. 北京：中国时代经济出版社，2009：568.
② 中国第二历史档案馆. 中华民国史档案资料汇编：第五辑第二编文化（一）. 南京：江苏古籍出版社，1998：569—570.
③ 中央图书杂志审查委员会工作紧张. 中华日报，1935-09-25.
④ 张静庐. 中国现代出版史料：丙编. 北京：中华书局，1956：93—94.

第一，严厉的审查标准。

对于图书报刊的审查标准，1938 年 7 月，国民党第五届中央执委会通过的《修正抗战期间图书杂志审查标准》，将之分为"谬误言论"与"反动言论"两种标准（详细内容可见"附录 8　国民党修正抗战期间图书杂志审查标准(1938 年 7 月 21 日)"），共 15 条。例如，"曲解、误解、割裂本党主义及历来宣言、纲领、政策与决议案者""妨碍善良风俗及其他之颓废言论"等，被视为"谬误言论"，"鼓吹偏激思想，强调阶级对立，足以破坏集中力量抗战建国之神圣使命者"等，则被视为"反动言论"①。据图书杂志审查委员会统计，1927 年至 1937 年间，被国民政府查禁的包括共产党、国民党改组派、国家主义派等出版的报刊书籍共 2 000 余种。而自 1938 年 1 月到 1939 年 8 月期间，"因触犯审查标准而由本部及中央图书杂志审查委员会通行查禁及停止发行之书刊总数为 253 种，其中 90％以上为共产党危害抗战利益之宣传品"②。例如，1938 年 12 月，毛泽东等著的《十年来的中国共产党》被图书杂志审查委员会查禁，理由是"该书立论态度完全以派系私利为立场，并于行文间多方恶意的抨击本党，诋毁政府与诬蔑领袖"，"足证该书内容实属触犯审查标准甲项第三条及乙项第二条之规定，故查禁"③。《世界与中国的青年运动之路》被查禁的理由是"宣传赤化与篡取政权之阴谋"④。《论政党》被查禁的理由是"系派系为立场，强调阶级对立，且主张以无产阶级的力量消灭各阶级，殊属偏激，不合抗战要求"⑤。此外，国民党中宣部颁布了《通俗书刊审查标准》，把通俗书刊分为"合格之标准""修改之标准""取缔之标准"⑥ 三种。

国民政府规定图书报刊的禁载标准繁多，禁载"违背或曲解三民主义及本党政纲、政策者"，禁载"诬蔑中央者"⑦ 等，其禁载内容可谓包罗万象，还有"禁止新华日报刊用'陕甘宁边区'字样""禁止各报

---

① 中国第二历史档案馆. 中华民国史档案资料汇编：第五辑第二编文化（一）. 南京：江苏古籍出版社，1998：552-553.

② 同①713.

③ 同①580.

④ 同①581.

⑤ 同①586.

⑥ 同①554-555.

⑦ 同①401.

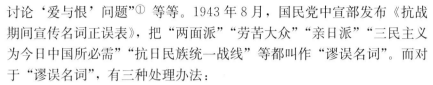

讨论'爱与恨'问题"① 等等。1943 年 8 月，国民党中宣部发布《抗战期间宣传名词正误表》，把"两面派""劳苦大众""亲日派""三民主义为今日中国所必需""抗日民族统一战线"等都叫作"谬误名词"。而对于"谬误名词"，有三种处理办法：

（1）禁止使用者，如"抗日政权""百团大战""争取民主""新文学""争取抗战自由""民族失败主义"等 22 个为"禁用名词"。1939年 10 月，蒋介石致电新闻检查局，"查近来报上常有记载'百团大战'字样，如十九日《新华日报》所载晋西通讯即载此事。此项名词及有关之新闻，以后应绝对禁止登载"②，对于"'陕甘宁'及'晋察冀'不得加以边区或边区政府字样"③ 等。

（2）修改使用者，如"革命的三民主义""真正的三民主义"要改为"三民主义"，"妇女解放"要改为"妇女复兴"，"救亡运动"要改成"抗战工作"，"阶级"改为"阶层"，"劳苦大众"改为"民众"等。

（3）审慎使用者，如"资产阶级革命""沦陷区域"等。当年的《新华日报》被战时新闻检查局发现违检案件"层见迭出，而避免检查方法，亦别具心裁"，"最近经本局令准予以严重警告之处分者，已达四次之多。该报似此率意孤行，殊与检政前途大有妨碍"④。

第二，严密的审查程序。

对于进步哲学社会科学书刊的审查程序，根据国民政府《修正战时图书杂志原稿审查办法》的规定执行（详见"附录 9　修正战时图书杂志原稿审查办法（1940 年 9 月 6 日）"），具体来讲，审查程序主要分为两类：

第一类是原稿送审。规定凡是论述军事、政治及外交的图书报刊，须在出版前一律以原稿送所在地审查处审查，没有送审的禁止印刷和发行。在审查委员会刚成立初期，"图书原稿送审者较少，故成立后之第一个月，以全力处理中央宣传部及内政部交审之图书"⑤。国民党通过原稿审查对图书杂志进行限制和阻挠，据不完全统计，1938—

---

① 中国第二历史档案馆. 中华民国史档案资料汇编：第五辑第二编文化（一）. 南京：江苏古籍出版社，1998：485.

② 同①513.

③ 同①607.

④ 同①527.

⑤ 同①709.

1944 年中扣留的书文稿件（包括作者原稿和书刊清样稿）达 1 045 种①。

第二类是自愿送审。凡是图书报刊的内容没有涉及军事、政治及外交方面，可以不以原稿送审，由发行人、著作人自行负责审查。如果发行人、著作人自愿以原稿送所在地审查处审查的，审查处仍应接受审查②。对于图书杂志，不论为原稿送审或自愿送审，发行人、印刷人及著作人都应该在印刷后发行前四日，把两份呈送所在地审查，没有呈送的禁止发行。"凡以原稿送审之图书杂志，若原稿如有抵触禁载标准之处，审查处得指示进行删改修正后出版，必要时并得禁止印行"③。

第三，严酷的查禁手段。

国民党查禁书刊手段花样繁多，除上述介绍的"合法"审查外，还有强迫收买报刊、查封和销毁进步书刊、强行"接办"、杀害记者及捣毁报社营业处等严酷手段。

一方面，逮捕和残杀革命作家。1931 年 2 月，杀害李伟森、柔石、殷夫、胡也频等共产党员作家。1933 年 5 月，逮捕作家丁玲、潘梓年等④。1946 年 1—5 月，新闻界人员被残杀事件达 6 次，如"3 月 28 日参加南通欢迎执行组游行之《国民日报》记者孙平天，被蒋介石特务逮捕后，头部被铅丝扭入股间，残杀后尸首被抛入河中"⑤ 等。同时，国民党还强买和销毁报刊，捣毁书刊和报社营业处。

当时的许多进步报业也受到破坏，1939 年 4 月到 1940 年 4 月，新知书店有 9 处分店遭到国民党查封，被迫停业。根据当时曾参加《新华日报》工作的左明德回忆，1939 年 6 月，国民党重庆市执行委员会查抄《新华日报》等进步书刊 12 种共 501 册，7 月在西三街门市部查抄《毛泽东救国言论集》700 册。

> 一天下午，罗戈东同志和我在门市部服务，因我青年，缺乏同狡猾的敌人作斗争的经验，一个穿长袍的面带"善意"的人在门市部东翻西选似要急着买好书。他拿着《毛泽东言论选集》、《中国革

① 张克明. 抗战时期国统区的反查禁斗争（上）. 新闻出版交流，2001（5）：35.

②③ 中国第二历史档案馆. 中华民国史档案资料汇编：第五辑第二编文化（一）. 南京：江苏古籍出版社，1998：572.

④ 张静庐. 中国现代出版史料：乙编. 北京：中华书局，1955：54.

⑤ 张静庐. 中国现代出版史料：丙编. 北京：中华书局，1956：87.

命运动史》、《我们怎样打敌人》、《论反帝统一战线》和《解放》杂志等，向我要买。他还说这些书好，每种都要多买几本。我以为他是外州县来的书商，就打开书柜去取，他一看到藏书的地方，马上就露出真面目，亮出检查证，说要没收这些书刊。这次被没收走的《毛选》1 542 本、《解放》杂志 804 本、《论反帝统一战线》17 本、华岗写的《中国革命运动史》4 本、朱德的《我们怎样打敌人》49 本、《法西斯走狗》15 本。这次给我的教训是很大的。我感到十分难过。①

1941 年 1 月 16 日，湖南衡阳《开明日报》"于夜十二时被国民党武装特务打入，捕去总编辑、社会服务部、校对、会计等十一人，终被迫停刊"②。2 月 4 日，重庆新华日报馆营业部被国民党特务捣毁门窗。同日，"《新华日报》发表'本报重要启示'、时评'我们的抗议'及消息'法纪何在！本报横遭压迫，报差四人竟被捕杀，报纸亦遭无理没收'，严重抗议国民党政府一连串的迫害"③。同月，新知书店与读书生活出版社在贵阳合设的读书书店被查封，经理孙家林被捕。1945 年 1 月 23 日，重庆新华日报馆"两次被特务纵火，一次在上午十时，火头是由隔邻而来；一次系在下午四时半，火头由邻居楼下而来。均被门市部人员扑灭，未成巨灾，书刊损失一部分"④。为使上述卑劣手段合法化，1945 年 2 月，国民党特务机关正式决定对《新华日报》采取四种办法加以摧残："（一）使该报报丁'失踪'；（二）警告该报读者停止订阅，否则以失踪对待；（三）捣毁报社；（四）造谣污蔑，以图达到封闭该报之目的。"⑤ 为此，新华日报社社长潘梓年多次致函国民党当局，"本报工作人员出入时，遭不三不四人追踪，而最奇者，追随本报报差送达报纸登记订户住址。并勒令交出用户姓名，百端骚扰，使报差麻烦，读者愤怒……"⑥ "恳求澈查严办，并予保护"⑦。在潘梓年给国民

① 左明德. 抗日战争时期《新华日报》及图书出版发行的封锁与反封锁斗争//中共党史资料：第 39 辑. 北京：中共党史出版社，1991：164-165.

② 张静庐. 中国现代出版史料：丁编：上卷. 北京：中华书局，1959：345.

③ 同②346.

④⑤ 同②359.

⑥ 中国第二历史档案馆. 中华民国史档案资料汇编：第五辑第二编文化（一）. 南京：江苏古籍出版社，1998：507.

⑦ 同⑥505.

党中宣部的信件中，列举了被毁器物名单如下[①]：

捣毁玻璃门	六扇	菜匙	八只
钟	一只	脚踏车	一辆
门	一扇	写字台	两只
菜碗	四只	大菜台	一只
大衣	一件	椅子	三只
文具	四副	机器板	一块
柜台	两只	饭碗	八只
电灯	一只	棉袍	两件
机油	一听	玻璃板	两块

1946 年，《新华日报》发表以《为和平民主团结统一而奋斗》为题的社论，历数国民党迫害《新华日报》的罪行。1947 年 2 月，国民党重庆警备司令部派出军队包围新华日报社，将该报查封。在解放战争时期，被国民党查封的还有《民主报》重庆临时版、中苏合办的《时代周刊》《新生活报》《时代日报》，还有上海的《时代周报》《国讯》《世界知识》《大众晚报》《联合晚报》《新民晚报》《铁报》等等（见表 5 - 4）。

表 5 - 4　1948 年国民党摧毁共产党新闻事业部分罪行实录

报纸	发行地	迫害时间	迫害报刊罪行
《新民报》	南京	七月八日	因刊载军事新闻"为共军张目"，被内政部予以"永久停刊处分"
《大中报》	重庆	四月一日	被捣毁
《世界知识》	上海	四月八日	受警告
《华中日报》	武汉	六月二十七日	记者被治安当局邀去谈话，一去不返
《华西晚报》	成都	四月二日	总务主任失踪
《明道晚报》	贵阳	五十八日	被迫停刊三日
《广西日报》	桂林	九月十日	副刊编辑被捕
《中洲晚报》	开封	十月八日	省立女中校长率学生将报社捣毁

资料来源：张静庐. 中国现代出版史料：丁编：上卷. 北京：中华书局，1959：374 - 377.

---

① 中国第二历史档案馆. 中华民国史档案资料汇编：第五辑第二编文化（一）. 南京：江苏古籍出版社，1998：506.

另一方面，国民党还采取比较隐蔽的方式，强行"收买""接办"书刊社和报社，排斥异己记者等。

据档案统计，自 1938 年 3 月至 1945 年 8 月，国民党中宣部和图审会查禁的书刊，"有案可稽者达 2000 余种"①。图审会在审查过程中，编印了《查禁书刊一览表》②，其中绝大部分是马列著作、中共领导人著作等（见表 5-5）。

表 5-5　1938—1945 年国民政府查禁的部分马克思主义经典著作

著作	著者	出版者	查禁理由	查禁机关
《共产党宣言》	马克思恩格斯	黎明书店	宣传共产主义	图审会
《恩格斯和马克思的宣言》	恩格斯		无出版地点及时间	军委会特检处
《"左派"幼稚病》	列宁	南华出版社	触犯载禁标准	图审会
《社会主义入门》	马克思恩格斯	延安民族解放青年社	鼓吹阶级斗争，宣传共产主义	军委政治部
《德国农民战争》	恩格斯	生活书店	故不送审原稿	图审会
《社会主义与战争》	列宁	读书生活出版社	故不送审原稿	图审会
《斯太林言论选集》	斯太林	中国出版社	鼓吹阶级斗争，宣传共产主义	图审会
《为和平而奋斗的统一》	季米特洛夫	中国出版社	鼓吹阶级斗争，不合抗战要求	图审会
《马克思、列宁、斯大林论民族革命问题》			立论偏激，注重派系私利	中宣部

① 宋原放. 中国出版史料：现代部分：第 2 卷. 济南：山东教育出版社，2001：92-93.

② 其资料来源是：地方图审机关呈报的及图审会审查的，国民党各省市党部或地方图审机关历年报请查禁的，各地邮电机关及军统、中统查扣检送的，蒋介石侍从室交办的，等等。

——张克明. 民国时期禁书目录述评. 档案史料与研究，1990（2）：64.

续表

著作	著者	出版者	查禁理由	查禁机关
《第四国际与战争》	托洛斯基	生活书店	主张无产阶级斗争，与本党主义相违	军委员会政治部
《列宁主义初步》	雅洛曼洛	解放社	以派系私利为立场，鼓吹阶级谬论	图审会

资料来源：张克明. 抗日战争时期国民党政府查禁书刊目录（一）. 上海：学林出版社，1985：138-147.

（三）被查禁的哲学社会科学著作和其他革命进步书刊种类

据《第二次国内革命战争时期国民党政府查禁书刊编目》统计，1927 年 8 月到 1937 年 6 月，查禁书刊 2 000 余种。全民族抗战时期查禁书刊[①]，据不完全统计，1938 年，查禁书刊 124 种；1939 年，查禁书刊 218 种；1940 年，查禁书刊 315 种；1941 年，查禁书刊 415 种；1942 年，查禁书刊 353 种；1943 年，查禁书刊 139 种；1944 年，查禁书刊 173 种；1945 年 1—7 月，查禁书刊 21 种[②]。解放战争期间，查禁书目种类不少于 1 000 种。

在全民族抗战期间，"七七"事变至 1938 年 2 月底，中央宣传部审查书籍 258 册，其中直接有关共产党的书籍 110 册，有共产党的出版社 16 家，刊物 44 种[③]（详见表 5 - 6）。而 1939 年之后，国民党对共产党书刊审查更为严格，仅 1939 年 1 月在国民党编的《书刊查禁理由提要》

---

① 对于抗战时期的查禁书目，中外学者做了大量资料收集工作，如美国安妮·莱昂·海特编的《古今禁书》，收集了多种书目，张静庐辑注的《中国现代出版史料·丙编》和《中国出版史料·补编》，收集了近千种。此外，《中国禁书大观》《民国时期总书目》《中华书局图书录目（1912—1949）》《新民主主义革命时期影印革命期刊索引（抗日战争时期）》《中国共产党历史报刊名录（1919—1949）》《北京图书馆馆史资料汇编（1909—1949）》《中国学术译著总目提要》《新民主主义革命时期云南革命出版史料选编》《书衣百影：中国现代书籍装帧选》等书收集了许多查禁书目，以及张克明辑录的《抗日战争时期国民党政府查禁书刊目录》，学林出版社 1985 年版，第 138-147 页）也收集了部分查禁书目，为今后史学界深入研究该问题提供了丰富史料。

② 叶再生. 中国近代现代出版通史：第 3 卷. 北京：华文出版社，2002：448-449.

③ 中国第二历史档案馆. 中华民国史档案资料汇编：第五辑第二编文化（一）. 南京：江苏古籍出版社，1998：671-689.

中就有查禁与共产党相关的书籍如《抗日民族统一战线教程》《三民主义概论》《民族革命论》《社会主义入门》《新中国论》《斯大林言论集》《哲学与生活》等共 31 种①。在 1946—1949 年解放战争期间，国民政府查禁的书刊近 500 种。

表 5 - 6 国民党中央宣传部审查书籍刊物表册统计

（1937 年 7 月至 1938 年 2 月）

审查出版物	派别	书籍（刊物）数量	总数
书籍	中国国民党	22	258
	中国共产党	44	
	宣传共党	46	
	宣传共党之投机刊物	21	
	左倾	22	
	人民阵线	28	
	无色彩	70	
	其他	6	
刊物	中国国民党	31	135
	中国共产党	44	
	左倾	13	
	人民阵线	9	
	第三党	2	
	其他	36	

资料来源：中国第二历史档案馆. 中华民国史档案资料汇编：第五辑第二编文化（一）. 南京：江苏古籍出版社，1998：671，688.

这些被查禁的哲学社会科学著作大多是革命进步书刊，涉及政治、经济、历史、文艺等方面，既有马克思主义经典著作和中共领导人著作，又有进步作家及国内外其他进步人士的著作。具体来讲，主要有以下几大类：

---

① 中国第二历史档案馆. 中华民国史档案资料汇编：第五辑第二编文化（一）. 南京：江苏古籍出版社，1998：586-587.

1. 马克思主义经典著作

自 1927 年后，马恩列斯著作和共产党刊物是被明令取缔的。在土地革命战争时期，国民党查禁了包括《两个策略》《"左派"幼稚病》《共产主义 ABC》《马克思主义根本问题》《唯物史观与社会学》等在内的大量马克思主义经典著作和宣传马克思主义的革命进步书刊。全民族抗战初期，国民政府为争取苏联军援，对马克思主义经典著作在中国的传播尚采取宽松政策。

抗战进入相持阶段后，国民政府以"鼓吹阶级斗争，宣传共产主义""违背我国立国最高原则"等"罪名"查禁大批马列著作，如马克思、恩格斯的《共产党宣言》，列宁的《两个策略》《民族战争的经验与教训》《"左派"幼稚病》，斯大林的《论列宁主义基础》《列宁主义问题》《斯大林言论选集》，科萨列夫的《苏联青年生活和斗争》等，均被认为"触犯禁载标准"而遭到"通令查禁"。

2. 中共领导人著作

1927 年南京国民政府建立后，除了马列著作外，还严厉查禁共产党出版物和中共领导人著作，如《红旗》《武装暴动》《党的建设》《三民主义批判》《目前中国党的组织问题》等。到全民族抗战时期，由于中共领导人著作积极宣传抗战革命理论，是国民党查禁的重点。当时国民党图审会查禁取缔的中共领导人著作主要有：毛泽东的《论持久战》《论新阶段》《新民主主义论》《相持阶段中的形势与任务》等，毛泽东与张闻天的《抗日救国指南》，张闻天的《北方游击战争的战略》，周恩来的《国际形势与中国抗战》《抗战政治工作纲要》等[1]，查禁的借口是"违背抗战建国政策""言论偏激狭隘，足以引起友邦反感，妨碍国防外交""曲解本党主义及政策""鼓吹阶级斗争，宣传共产主义"[2]等。"对付共产党员之态度可分为两种，上层注重'理性之折服'，以'严正'对之，中下层则予以'事实上之教训'，以'严厉'对之，但对于思想不定之青年，则宜开诚感格，善为诱导，使之悔悟。"[3] 解放战争时期，自香港流传到国统区的进步书刊，如《中国革命和中国共产

---

① 张克明. 民国时期禁书目录述评. 档案史料与研究, 1990（2）：64.

② 中国第二历史档案馆. 中华民国史档案资料汇编：第五辑第二编文化（一）. 南京：江苏古籍出版社, 1998：622-626.

③ 孟广涵. 抗战时期国共合作纪实：上卷. 重庆：重庆出版社, 1992：662.

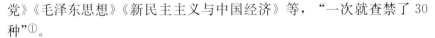

党》《毛泽东思想》《新民主主义与中国经济》等，"一次就查禁了30种"①。

3. 国际友人著作

全民族抗战时期，来自英国、美国、加拿大、越南、日本、印度等欧美亚各国的国际友人，以战地记者和医生的身份来到延安。如当时来自美国的埃德加·斯诺（Edgar Snow）、海伦·福斯特·斯诺（Helen Foster Snow）、安娜·路易斯·斯特朗（A. L. Strong）、伊斯雷尔·爱泼斯坦（I. Epstein）②、杰克·贝尔登（J. Belden）、西奥多·怀特（T. H. White）、乔治·海德姆（George Hatem）、哈里森·福尔曼（Harrison Forman）、阿格尼丝·史沫特莱（Agnes Smedley）等③。这些国际友人写了大量宣传抗战的著述，国民党对之进行了严酷查禁。国民政府查禁国际友人的著作主要有埃德加·斯诺的《西行漫记》④《毛泽东传》《一个美国人的塞上行》《红旗下的中国》，史沫特莱的《西战场的苦英雄》《前线消息》《国共合作后怎样发展统一战线》，海

①　张克明. 民国时期禁书目录述评. 档案史料与研究，1990（2）：66.

②　伊斯雷尔·爱泼斯坦是美国合众社战地记者，1938年4月，在台儿庄战役时，伊斯雷尔·爱泼斯坦广泛接触国民党官兵和民众，并在当地访问过第五战区司令长官李宗仁。后在汉口访问了叶挺将军，了解到新四军的性质及在对日作战中不可低估的重要性。通过采访，他明确告诉人们"新四军是人民的军队"，它"为人民而战"，"在长江沿岸建起了一个不可摧毁的抗战堡垒"。

——伊斯雷尔·爱泼斯坦. 人民之战. 上海：新人出版社，1940：267.

③　除此之外，还有美国记者德丁（T. Durdin）、斯蒂尔（A. T. Steele）、鲍威尔（J. B. Powell）、莫里斯（J. R. Morris）、高尔德（R. C. Gould）、罗伯森（D. Robotson）、詹姆斯（W. James）、金瑟（J. Genther）、王小亭（Nensreel Wang）、王公达（George Wang）、司徒华（J. Stewart）、甘宁生（R. Gtnnison）、海明威（E. Hemingway）、卢斯（H. R. LucC）、葛兰痕（B. Graham）、费虚（M. Fisher）、孟金八（Meneken）、范查理（Charles Fern）、爱斯克伦（K. Esklulld）、居里（E. Curie）、弗兰西斯·李（Franeis Lee）、奥沙利文（R. O. Sullivan）、托泽（A. W. Tozer）、霍替（E. Hauser）、爱金生（B. Atkinson）、麦更孜（D. Mackenzie）、毕生（T. Bission）、周耿（V. Jurkins）、武道（M. Votaw）、法斯华斯（C. Afarnsworth）、伊罗生（H. Isaacs）及欧泼尔（F. B. Oppe）等。

——张克明，刘景修. 抗战时期美国记者在华活动纪事（二）. 民国档案，1988（3）：132.

④　1937年10月，斯诺写出了被称为"关于中国苏维埃运动最可信的报道"——《红星照耀中国》（Red Star Over China），该书由英国维克多·戈兰茨公司出版，在数星期内就销售了10万册以上，两个月内连续印行5版。这部著作被译成中、法、德、俄、意、西、葡、日、蒙、瑞典、印尼、荷兰、哈萨克、希伯来、塞尔维亚等多种文字，成为世界上最为畅销的书籍之一，该书出版后立刻在全世界引起轰动。

伦·福斯特·斯诺①的《续西行漫记》（原名《红色中国内幕》）、《一个女记者的传奇》、《西行访问记》及爱泼斯坦的《边区印象记》等，查禁的理由是"为中共作夸大宣传""诋毁中央，污蔑领袖，蓄意分化民族团结""以派系私利为立场，歪曲革命史实，曲解三民主义，污蔑总理，诋毁本党"②等。尤其埃德加·斯诺的著作，由于揭露国民政府的腐败和反共本质而被查禁。除了上面所列举的外，还有以下几种：《红军四讲》（佚名译，新生出版社）、《西北新社会》（战士出版社）、《中国的红区》（救亡社）、《西北散记》（邱瑾译，战时读物编译社）、《西北角上的神秘区域》（上海明明书局）、《斯太林与中国的苏维埃》（解放青年社）、《光芒万丈的中国新战士》（郭文彬译，一心书店）、《长征两面写》（史诺、廉臣等著，大文出版社）、《二万五千里长征》（汪衡译，文摘社）及《第八路军将领印象记》（陈仁编译，自强书店）等③。

4. 国民党左派及知名进步文化人著作

在土地革命战争时期，国民政府还查禁了大量国民党改组派和进步文化团体的书刊和左翼作家的著作。1934 年 2 月，国民党中央宣传委员会发出密令，共查禁图书 149 种，禁书名单涉及鲁迅、郭沫若、巴金等大量左翼文化名人，如郭沫若的《幼年时代》《政治经济学批判》、巴金的《萌芽》、鲁迅的《二心集》等。当年改组派的《革命评论》《革命战线》《陈公博先生言论集》、中国国民临时行动委员会的《革命行动》等也不准流传④。全民族抗战时期，国民党图书审查机构还以"诋毁中央""以派系私利为立场""宣扬马克思之辩证法唯物论"等为借口，查禁了国民党左派宋庆龄及邹韬奋、胡愈之、艾思奇、柳亚子、黄炎培、范文澜等许多知名进步文化人的著作，如宋庆龄的《中国不亡论》《中国应何以自存》等，其中，《中国不亡论》被国民政府认为"内有诋毁

---

① 海伦·福斯特·斯诺，笔名尼姆·韦尔斯（Nym Wales），于 1936 年 10 月以美国记者和斯诺夫人的身份到西安，1937 年 5 月到达延安，成为访问延安的第八名外国人、第五名外国新闻记者和第二名外国女性。她在采访后写了《续西行漫记》（原名《红色中国内幕》），这是一本珍贵的历史文献，它真实描绘了陕甘宁边区人民的劳动生活、八路军官兵的英勇抗战和革命根据地的政权建设，记载了她与中国革命领袖毛泽东、朱德、彭德怀、聂荣臻等人的密切交往，热情讴歌了共产党领导下的人民战争，向全世界人民预告中国抗战必胜。

② 中国第二历史档案馆. 中华民国史档案资料汇编：第五辑第二编文化（一）. 南京：江苏古籍出版社，1998：630.

③ 张克明. 国民党政府对斯诺著作的查禁. 复旦学报（社会科学版），1985（1）：99.

④ 张克明. 民国时期禁书目录述评. 档案史料与研究，1990（2）：63.

本党之处"① 而遭查禁。

此外，许多知名进步文化人的著作，如邹韬奋等的《萍踪忆语》《抗战总动员》《大众集》《再厉集》，陶行知的《知行诗歌集》，胡愈之的《伏生国际论文集》，李公朴的《抗战教育的理论与实践》，马寅初的《中国之新金融政策》，章乃器的《中日问题讲话》等，以"诋毁中央""以派系私利为立场"等为由查禁。艾思奇的《思想方法论》《哲学与生活》《大众哲学》，潘梓年的《逻辑与逻辑学》等，查禁的理由是"宣扬马克思主义之辩证唯物论""派系私利立场""主张唯物论反对唯生论""鼓吹阶级斗争，宣传共产主义"② 等。范文澜的《中国通史简编》被查禁的理由是，该书内容"曲解史实，强调阶级意识，足以混淆听闻，动摇青年信念"③。陈伯达的《评〈中国之命运〉》被查禁的理由是"蓄意诋毁，立论荒谬，自不容其发售""内容荒谬，贻害匪浅"④。在解放战争时期，许多宣传中间路线的刊物，如《观察》周刊、《新路》周刊、《世纪评论》等，国民党当局也不放过。

5. 文艺作品及其他革命进步书籍

文艺作品主要有丁玲的《一颗未出膛的枪弹》、郭沫若的《前线抗战将领访问记》、巴金的《萌芽》、茅盾的《茅盾自选集》、鲁迅的《鲁迅散文集》、阿英的《不夜城》、巴人的《捉鬼篇》等，均以"立论派系立场""鼓吹阶级斗争"为由查禁。其中，尤其鲁迅等进步作家的著作，一律不准列入新编各种文选及国文教本之内。在全民族抗战期间非常活跃的话剧也大批被禁，仅1942—1943年1月中禁演的剧目就有100余种，如《草莽英雄》（阳翰笙）、《暴风雨中的七个女性》（田汉）、《石达开的末路》（陈白尘）、《桃花扇》（欧阳予倩）、《高渐离》（郭沫若）、《原野》（曹禺）、《风雪夜归人》（吴祖光）等⑤。

国民党还查禁了大批革命进步书籍，仅1938年12月，查禁的有23种之多，如《抗战总动员》《世界青年运动与中国抗战》《怎样争取最后胜利》《苏俄政治内幕的黑暗》《游击线上》《抗战中的陕北》《第二期抗

---

① 中国第二历史档案馆. 中华民国史档案资料汇编：第五辑第二编文化（一）. 南京：江苏古籍出版社，1998：609.

② 同①610.

③ 同①629.

④ 同①639-640.

⑤ 张克明. 民国时期禁书目录述评. 档案史料与研究，1990（2）：65.

战开展后敌人的狂论》等①。1939年1月查禁的革命进步书籍达31种之多，如凯丰的《抗日民族统一战线教程》《红区时论特辑》等②。

6. 革命进步报刊

全民族抗战初期，国民党在报刊标准方面有所放松，《救亡日报》等抗日进步报刊纷纷创立和出版。1940年6月，国民党当局制订《共党问题处理办法》，明确规定要禁止《新中华报》《解放》《新华日报》《群众》等报刊发行。国民党图审会以"标题欠妥""擅改标题"等为借口③，查禁《新华日报》等大批进步报刊，还有邹韬奋主编的《大众生活》、茅盾主编的《笔谈》、张铁生主编的《青年知识》、金仲华主编的《世界知识》及沈兹久主编的《妇女生活》等④。此外，还有《全民抗战》《救亡日报》《八路军军政杂志》等报刊也被查禁，使得全国进步报刊数量锐减。

此外，还有大量哲学社会科学其他方面的教材、学术著作及普通读物等等，也都在国民党的查禁范围之内。如《统一战线下的中国共产党》（国际时事研究会）、《高粱红了》（安娥）、《陕北印象记》（李黎初）、《中国历史》（敬之）、《中国现代革命史》（中国现代史研究会）、《中国经济史讲话》（钱亦石）及《中国通史简编》（范文澜）等等。其中，1942年查禁范文澜的《中国通史简编》，理由是该书"内容立论态度完全以派系私利为立场，曲解史实，强调阶级意识，足以淆惑听闻，动摇青年之信念，实触犯审查标准甲项第三条，及乙项第五条之规定，拟予查禁之处分"等⑤。

四、中共领导反查禁斗争的主要途径

新民主主义革命时期的查禁与反查禁斗争，贯穿于进步哲学社会科学著作出版过程始终。从某种意义上讲，该时期国民党查禁哲学社会科

---

① 中国第二历史档案馆. 中华民国史档案资料汇编：第五辑第二编文化（一）. 南京：江苏古籍出版社，1998：578-579.

② 同①586-587.

③ 同①520.

④ 同①627.

⑤ 同①629.

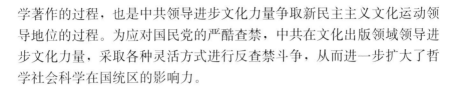

学著作的过程，也是中共领导进步文化力量争取新民主主义文化运动领导地位的过程。为应对国民党的严酷查禁，中共在文化出版领域领导进步文化力量，采取各种灵活方式进行反查禁斗争，从而进一步扩大了哲学社会科学在国统区的影响力。

（一）积极在报刊发表文章，抨击查禁，呼吁言论自由

针对国民政府的文化专制政策，中共借助于舆论的合法手段，在报刊上发表文章严厉抨击查禁。土地革命战争时期，面对国民党对进步哲学社会科学书刊的查禁和对进步人士的迫害，"国际革命作家联盟"发表《为国民党屠杀中国革命作家宣言》，坚决抗议国民党的恐怖政策。进步哲学社会科学工作者对国民党的严酷"围剿"毫不畏惧。1928 年 7月，《太阳月刊》被迫停刊，尽管如此，该刊编辑仍发文宣告：

> 强力虽能压抑我们于暂时……我们的力量，在压抑的底下是愈会增长的。……现在我们目击的西沉的太阳，不仅明天早晨能重现它的光明，黑夜里它也依然的负着它的使命前进。①

全民族抗战爆发后，尤其自 1938 年初国民党中宣部大规模查禁进步书刊始，全国各地报刊在中国共产党的影响和号召下不断发表文章，声讨当局对进步哲学社会科学书刊的查禁。1937 年 7 月，《解放》周刊发表语气强硬的评论，对国民党进行严厉抨击：

> 国民党各地方当局在南京中枢标榜其"保障正当舆论"之下，却对我们的《解放》加以无端的阻碍与故意的摧残，使正当的爱国言论，不能源源的传达于四方，这是多么可惜的一回事！……我们不独抗议当局如此不当地摧残《解放》，我们抗议当局对一切爱国言论毫无理由的禁止与压迫。我们要求立即取消这一切不正当的禁令。②

当时中共以多种形式在国统区创办报刊，如以党的名义公开创办的有《新华日报》《群众》《战时青年》等，以进步团体名义主办而实由中共领导的报纸有《救亡周刊》《星芒周报》《妇女呼声》《商务日报》等，

---

① 太阳月刊·停刊宣言. 太阳月刊（停刊号），1928-07-01.

② 本刊的被扣. 解放，1937（32）.

打着国民党的招牌而实由中共地方组织主办的有《新通报》《民族日报》《华西日报》《民主报》《新疆日报》等，由国共双方党员合办，而实际由中共控制的有《开明日报》《救亡日报》等，完全秘密出版的报刊有《党的生活》《先锋》《战斗》等①。其中，《新华日报》和《群众》杂志是我们党领导反查禁斗争的主战场，积极发表社论，抨击国民党查禁书刊反动政策，呼吁抗战言论自由。

1938 年 7 月，《新华日报》发表专论《反对查禁救亡书报》。在《修正抗战期间图书杂志审查标准》《战时图书杂志原稿审查办法》颁布后，《新华日报》社长潘梓年在《群众》发表《战时图书杂志原稿审查问题》，对《修正抗战期间图书杂志审查标准》和《战时图书杂志原稿审查办法》做了批判性分析，多次向国民党中宣部提出严重抗议，要求给予出版事业法律保障地位。1940 年 4 月，面对国民党当局对哲学社会科学图书报刊查禁的加剧，《新华日报》发表《文化界努力的方向》社论，要求立即废除关于书报杂志检查和禁止的法令。1942 年 2 月，《新华日报》又发表《论文艺界的动员》的社论，呼吁当局必须在抗战所许可范围内给以较多写作自由。1944 年 4 月，《新华日报》在《祝"文协"成立六周年》社论中，呼吁国民党当局给予作者言论、思想、著作、出版等民主自由权利②。

此外，《群众》杂志也发表《宣传的扩大与书报的查禁》社论，抨击国民党政府查禁宣传抗战、巩固抗日民族统一战线书刊的行径。1945 年 10 月，叶圣陶曾在重庆杂志联谊会《联合增刊》2 号发表《我们永不要〈图书杂志审查制度〉》的文章，对图书杂志检查制度的危害性痛加揭发和针砭，强调"我们不要这个制度，并不因为我的思想言论会经被禁被删，你的思想言论会经被禁被删，他的思想言论会经被禁被删。即使我的你的他的思想言论都没有被禁被删，将来也永不会经被禁被删，我们还是不要这个制度"，要求享有言论"发表的自由"③。

面对国民党对哲学社会科学图书报刊的严厉查禁，中共进行了坚决

---

① 王晓岚. 抗战时期中国共产党在国统区的办报活动与宣传策略（上）. 北京党史研究，1996（1）：19.

② 祝"文协"成立六周年. 新华日报，1944-04-26.

③ 叶圣陶. 我们永不要《图书杂志审查制度》. 联合增刊，1945（2）.

抵制和斗争。1944 年 9 月，中共要求"请政府停止对重庆中共《新华日报》之无理检查（例如禁登十八集团军及新四军的作战消息，禁登中共文件等），破坏该报发行，实行威胁订户，扣压邮寄等事情"①，等等。

（二）充分依靠党领导下的出版发行阵地

在根据地与国统区，党领导下的出版发行阵地在哲学社会科学著作出版方面互相补充和配合，根据地出版的进步书刊被生活、读书、新知三家书店组织到国统区出版，而生活、读书、新知三家书店出版发行的哲学社会科学著作也被介绍到解放区出版。

一方面，根据地哲学社会科学出版事业的发展，有力支持了国统区反查禁斗争的积极开展，成为国统区反查禁斗争的坚强后盾。

如前面所述，中央苏区时期，在极为艰苦环境下，中共仍出版了包括《共产党宣言》在内的多种马克思主义著作。在瑞金，曾用木版印刷了《共产党宣言》，北方人民出版社等重印已出版的马克思主义经典著作，如《马克思主义基础》等。据不完全统计，中央苏区共出版发行了 200 余种图书，其中有许多哲学社会科学著作。大批哲学社会科学著作的出版，为苏维埃政权建立和革命道路探索做出了积极理论贡献。

全民族抗战时期，面对国民党对哲学社会科学图书报刊的查禁，党领导成立了出版发行机构②，主要是新华书店、青年书店、光华书店等专营图书出版发行机构。当时陕甘宁边区出版的进步哲学社会科学图书报刊除了在根据地发行外，还通过各种秘密渠道被输送到重庆、成都、武汉等地。我们党根据实际情况灵活采取了各种不同的发行方法，为了便于输送和躲避国民党的严密查禁，中央出版发行部事先把哲学社会科学进步书刊打成清样或纸型，直接运到国统区出版发行。

另一方面，充分发挥国统区党领导下出版发行阵地的重要作用。新

---

① 中共中央文献研究室，中央档案馆. 建党以来重要文献选编：第 21 册. 北京：中央文献出版社，2011：501.

② 特别说明：关于全民族抗战时期根据地各种类型出版机构对进步哲学社会科学著作等进步书刊的具体发行事宜，在本书第二章有专门介绍，为避免重复起见，在此不再做过多陈述。

华日报馆和《群众》周刊是中共在国统区设立的两个重要出版机构，这是党在国统区公开合法的新闻出版发行机构，也是中共在大后方出版发行进步哲学社会科学书刊的重要阵地。

1937年上半年，国共双方就合作抗日问题进行了多次谈判，议题之一就是在国统区出版中共刊物。《群众》和《新华日报》以"巩固和加强抗日民族统一战线为自己的使命"①，积极揭露国民党的政治阴谋。当年的新华日报馆翻印和重排了《联共（布）党史简明教程》《共产党宣言》等译著。新华日报馆迁往重庆后，除了在重庆设有营业处外，还在全国其他各地设营业分处，积极翻印和发行延安出版的党报、党刊等。

此外，重庆的生活书店、读书生活出版社、新知书店及南方出版社等共产党领导的民营出版机构，在抵制国民政府查禁，秘密出版发行进步哲学社会科学书刊方面发挥了重要作用。当时集出版、发行于一体的三家书店在国统区大后方各大城市布点、办分社，建立起许多发行机构。生活、读书、新知三书店有计划地出版哲学社会科学著作。三家书店尤其为马克思主义在中国的传播做出重要贡献，其出版图书涉及多方面内容，主要有马列主义经典著作和介绍经典作家生平著作等。1937年由普列汉诺夫著、张仲实译的《社会科学的基本问题》在上海生活书店出版，1938年由纪华译的列宁《"左派"幼稚病》及《共产党党章》在汉口中国出版社出版等。新华日报社和三书店的出版物大批遭到国民政府的查禁，国民党当局企图吞并这三家进步书店，但在中共南方局领导下，妥善疏散安排人员。同时，将书店划分一、二、三线三条战线②，采取更改名称、变换方式、化名自营及投资合营等多种方式进行斗争，把精干力量和组织机构掩护下来继续出版发行重要书刊，在反查

---

① 方汉奇. 中国新闻事业通史：第2卷. 北京：中国人民大学出版社，1996：637.

② 当年国统区内的生活书店、新知书店、读书生活出版社等进步书店采取的"三线作战"方案，是根据周恩来的指示设立的。第一线出版机构处于斗争前列，如北平的朝华书店、广州的兄弟图书公司、成都的蓉康书局、重庆的沪光书局、昆明的茂文堂和上海的华夏书店等，这些一线出版机构主要出版宣传中共方针政策和马列主义读物。第二线机构是第一线机构被暴露或被查封后的退路，如韬奋出版社、峨眉出版社、士林书店、致用书店等，专门出版鲁迅研究等社科研究著作和其他学术著作。第三线机构是最隐蔽的，决不暴露，如骆驼书店等，专门印行古典和世界文学名著，如傅雷译的《贝多芬传》等。

——中国近代现代出版史编纂组. 新民主主义革命时期出版史学术讨论会文集. 北京：中国书籍出版社，1993：400.

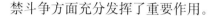

禁斗争方面充分发挥了重要作用。

（三）努力扩大文化统一战线队伍

国民党的文化统治严重阻碍中共领导进步文化的发展。我们党通过文化统一战线充分把各种力量联合起来，同国民党的文化专制政策进行了针锋相对的斗争。当年中共南方局以中华全国文艺界抗敌协会和军委会政治部第三厅为基础，同时，联合国民党军委会政治部文化工作委员会，团结大批出版界进步人士，进一步增强了同国民党文化专制斗争的力量。

一方面，积极统战和领导国统区文化界知名人士，如当年的邹韬奋、胡愈之、黄洛峰、李公朴、徐伯昕、钱俊瑞、徐雪寒等多次联名向国民政府提出改进文化出版事业的建议，成为国统区党领导反查禁斗争的重要堡垒。

早在1922年，上海书业公会就上书，要求北洋政府修改《著作权法》的部分条款。1926年，北京报界再次要求修改反动法规，北京政府被迫下令废除其反动的《出版法》，取得了现代史上出版界争取出版自由斗争的重要胜利。

在土地革命战争时期，出版界继续进行争取出版自由的斗争。中国左翼记者联盟在其纲领中指出，"否认现行的出版法及新闻法与各种国民党中央或地方机关新闻检查邮电检查等一切束缚压制新闻文化之发展的法令""粉碎并摘发一切反对新闻托拉斯国民党法西斯蒂各种各色官僚军阀的走狗报及其御用的走狗记者之欺骗与存在"①。1932年4月，商务、中华、昆仑等69家出版单位向国民党四届一次代表大会提交请愿书，要求废除《出版法》和《出版法实施细则》，争取言论出版自由。

全民族抗战时期，我国文化界、出版界知名人士汇集重庆，郭沫若以文化工作委员会主任的身份团结了大批地下党和非党的进步知名人士，如茅盾、邹韬奋、胡愈之、阳翰笙、冯乃超、夏衍、胡风、黄洛峰、徐雪寒、徐伯昕、巴金、叶圣陶、李公朴、沈志远、张申府、侯外庐、翦伯赞、张志让、周谷城等，共同推动文化艺术界革命活动，发展壮大文化统一战线力量。当时著名出版人邹韬奋强烈批评国民政府专制

---

① 张静庐. 中国出版史料：补编. 北京：中华书局，1957：304-305.

出版政策，并多次以国民参政员身份联合其他文化界知名人士在国民参政会上提出多个改进提案。1938 年 5 月，邹韬奋等在国民参政会上要求撤销图书杂志原稿审查办法，批评审查书报的严重弊端。7 月，《战时图书杂志原稿审查办法》实施后，邹韬奋在《全民抗战》上连续发表社论。9 月，国民参政会通过了邹韬奋等 22 位参政员联名提出的《改善审查书报办法及实行撤销增加书报邮寄费以解救出版界困难而加强抗战文化事业案》，提案指出，"欧美重视文化事业的国家，对于书报印刷品的寄费都特别予以优待，而我国在抗战期间需要大量精神食粮广播的时候，书报印刷品的寄费反而增加了好几倍，后来又有新的增加"[①]，强烈建议"查禁书报必须由负责机关将书单和理由通知出版者和作者，有不合审查标准的，应给他们申诉的机会。搜查时须出示证件，反公开颁布的查禁书单，不得任意取走未经查阅的书报，禁止阅看""检查书报须有统一机关执行""检查书报须根据出版法处理，不得横加苛虐，任意拘押人员"[②]。1941 年 11 月，沈钧儒提出提案，内容大致是将言论与结社、集会自由并论，以为抗战胜利后的国民大会做准备。所以不但言论出版的限制要取消，就连党派组织问题也要全部开放。

1943 年 11 月，王亚平、于玲、老舍等 53 名文化界知名人士，联名向国民政府呼吁图书审查标准应统一，图书审查机构不得扣留原稿，稿件由作者自行修改，对期刊登记，宜放宽限制。1944 年 5 月，重庆文化界举行集会，张申府、曹禺等 50 余人出席并公开发表《重庆文化界对言论出版自由意见书》，"特请求政府根本废除图书杂志审查制度，开放言论、出版、研究及公演之自由"[③]。最终迫使国民党颁布《战时出版品审查办法及禁载标准》和《战时书刊审查规则》作为答复，对原订审查制度做了一些改进。同月，老舍、郭沫若等 78 名文化人士又联名呼吁"取消图书杂志及戏剧演出审查制度""严令各地方当局切实遵守法令，保障言论出版自由"[④]。1945 年 2 月，重庆文化界 312 人联名提出废除一切限制人民自由活动之法令等六项具体意见等。同年，昆明

① 张静庐. 中国现代出版史料：丙编. 北京：中华书局，1956：50.

② 同①52.

③ 南方局党史资料征集小组. 南方局党史资料（六）：文化工作. 重庆：重庆出版社，1990：192-193.

④ 同③194.

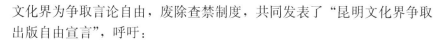

文化界为争取言论自由，废除查禁制度，共同发表了"昆明文化界争取出版自由宣言"，呼吁：

> "取消邮电书报检查，一切信件和出版品的流通，不受任何限制和阻挠"，要"尊重文化人的人身自由、言论自由，保障人民有批评以及反对政府的权利。言论演说、演剧、撰作批评，政府均不得加以干涉或阻挠"，"让我们立刻实现上述的主张，来建设新的时代，新的文化，新的民主的中国，永久的不可摇撼的世界和平。"①

另一方面，团结国统区广大新闻出版界，领导反查禁斗争的深入开展。当年中共南方局和八路军驻桂林办事处把桂系作为重点统战对象，联合了桂林三大民主团体之称的《救亡日报》（社长郭沫若，总编辑夏衍）、国际新闻社（范长江主持）和文化供应社（胡愈之以救国会代表名义与广西民主人士李任仁、陈劭先等合作创办）。新华日报社桂林营业处、南方出版社等也广泛联系延安、香港等地，秘密出版革命进步书刊。在新疆迪化（今乌鲁木齐），党与地方当局结成特殊文化统一战线，由茅盾、张仲实、杜重远等文化界名人主持新疆的新闻出版工作。

1939年9月，桂林18余家书店、出版社、杂志社及其他文化团体集会，要求撤销原稿审查。12月，生活、读书、新知三书店和救亡日报社联合25家同业举行集会，致电国民参政会，要求明令撤销原稿审查办法。1941年2月，邹韬奋致电国民参政会愤然辞去参议员，书店根据党的指示，采取措施，"（1）总管理处迁香港，只留少数骨干力量。（2）同各方面合作或单独建立其他名义的出版发行机构。（3）派干部经营商业，取得盈利接济出版工作"②。1943年秋，生活书店、新知书店、读书生活出版社联系20多家进步书店，在《新华日报》上发布争取出版自由的紧急呼吁。1943年12月，以生活书店、新知书店、读书生活出版社三店为核心，在重庆成立"新出版业联合总处"，它是由读书生活出版社（黄洛峰）、生活书店（薛迪畅）等多家机构组建的第一个联营书店，董事长为黄洛峰，国讯书店经理祝公健和尚丁先后担任董事。"新出版业联合总处"的成立，是中小进步出版业在党的领导下积极进

---

① 张静庐. 中国现代出版史料：丙编. 北京：中华书局，1956：71-72.

② 宋原放. 中国出版史料：现代部分：第2卷. 济南：山东教育出版社，2001：79.

行反查禁斗争的重要体现。1945 年 6 月，29 家出版单位强烈呼吁国民政府重视文化出版事业，限制书刊费用猛涨，设立出版业贷款机构等。

当时国统区新闻出版界还发起了"拒检运动"，1945 年 7 月，黄炎培、章伯钧等应邀访问延安，回重庆后黄炎培写了《延安归来》。出版《延安归来》前，采纳中共地下党员黄洛峰的建议，拒不送检并自行出版发行该书。于是，在 1945 年 8 月 7 日，该书出版发行。在黄炎培的组织推动下，重庆的《国讯》《宪政》《中华论坛》《民宪》《民主与科学》《再生》《新中华》《文汇周报》《国论》《中苏文化》《战时教育》等 16 家杂志社发表《拒检联合声明》。该行动得到新闻出版界大力支持，9 月 1 日，《新华日报》首发"为笔的解放而斗争"，并刊载"由废除新闻检查制度说起"的专论文章。"新出版业联合总处"积极参加"拒检"运动，重庆文化界著名人士郭沫若、黄炎培等撰文支持"拒检"斗争，最终迫使当局于 1945 年 9 月宣布撤销对新闻和图书杂志的审查。1945 年 12 月，重庆杂志界联谊会集会，一致通过《重庆杂志界关于政治协商会议的宣言》，宣誓为体现新闻出版自由的"五大主张"而坚决奋斗。1946 年 1 月，重庆的生活、读书、新知三单位联合文化生活出版社、群益出版社等 35 家出版单位，共同提出《出版业争取出版自由致政治协商会议意见书》。同月，成都新闻记者发出《呼吁言论出版自由书》，呼吁"报纸、杂志的出版、发行、迁移地址，应有绝对自由，不得巧立名目，加以限制"等①。3 月，上海成立"上海杂志界联谊会"，最初参加的有 40 余家，到 1947 年发展到了 80 余家，该会针对国民党政府的倒行逆施，多次联合发表声明，反对国民党文化专制主义。上海杂志界联谊会在其提交的《为抗议摧残言论出版发行自由宣言》中，提出了争取言论出版发行自由的六条要求。

面对各界人士的呼吁抗议，1946 年 10 月 1 日，国民政府被迫宣布废止《收复区管理报纸杂志通讯社暂行办法》、禁载标准及原稿审查等系列反动法令，中央图书杂志审查委员会随之寿终正寝。这样一来，反国民党迫害文化战线的斗争最终在中共领导下取得了彻底胜利。

（四）灵活运用各种隐蔽手段

中共在国统区领导反查禁斗争中，除上述公开合法斗争方式外，还

---

① 张静庐. 中国现代出版史料：丙编. 北京：中华书局，1956：120.

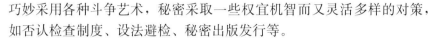

巧妙采用各种斗争艺术，秘密采取一些权宜机智而又灵活多样的对策，如否认检查制度、设法避检、秘密出版发行等。

1. 伪装进步书刊封面

在土地革命战争时期，为躲避国民党对进步哲学社会科学书刊的查禁，许多哲学社会科学著作采用伪装发行的办法①。对此，国民党中宣部在1930年发布《审查全国报纸杂志刊物总报告》，列举了"反动刊物的冒牌发行"：

> 反动刊物的发行，为避免查禁，常常采用"挂羊头卖狗肉"的政策。计七八九三个月来查禁的刊物，发现化名发行的有《共产国际纲领》化名《人口粮食问题》，《中国苏维埃》化名《民权初步》，《武装暴动》化名《艺术论》，《布尔塞维克》化名《新时代国语教科书》，《烈火》化名《叛逆》，《黑色青年》化名《监狱》等等。②

在国民党严酷文化专制政策之下，中共领导发行的哲学社会科学进步书刊只能采取这种伪装方式。1932年上海中外社会科学研究社再版《共产党宣言》华岗译本时采取了伪装书的形式，"书名为《宣言》，出版社署名为'上海中外社会科学研究社'。其内容包括《共产党宣言》正文及1872年、1883年、1890年序言"③。该时期其他"将书名改头换面"出版发行的马列著作和进步书刊也很多，如"《共产党宣言》的封面是《美人恩》，《马克思主义的民族革命论》曾用《民族革命论》出版，《共产主义ABC》曾化名《资本主义之解剖》，《共产国际对中国革命决议案》曾化名《中国革命论》"④，等等，这些"革命书刊的伪装

---

① 北洋政府时期，革命进步书刊也采取了类似办法进行反查禁：（1）出版地点伪装或创办自己的印刷厂，如党曾建立崇文堂印书局以摆脱印刷上的钳制。上海出版的《中华革新报》（周刊），曾孟鸣创办，但周刊上刊"日本长崎发行""发行兼编辑人吉田勇"字样。（2）封面伪装，如《万应救急方》遭查禁后，改换书名为《男女合读新四书》《民国还魂记》等。国民党的《中山丛书》伪装成《老残游记》发行，中共江浙区委赵世炎主编的刊物，取名《教育杂志》，迷惑敌人。（3）假托署名，如上海人民出版社出版的书印着"广州人民出版社印行"字样。（4）用袁世凯御用报纸《亚细亚报》包封反袁出版物邮寄。（5）出版物交日本邮局递寄国内设有日本客局之地区，以作"逃避之门"。（6）陈列多家书店，避免引起注意。当年上海书店橱柜里还有民智书局、亚东图书馆、新文化书社等单位的书刊。

——张克明. 北洋军阀政府查禁革命进步书刊述略. 出版史料，1989（3-4）：163-165.

② 陈之符. 从国民党的内部报告看其文化专制统治. 出版史料，1990（3）：101.

③ 宋原放. 中国出版史料：现代部分：第2卷. 济南：山东教育出版社，2001：108.

④ 新闻研究资料：总第14辑. 北京：中国展望出版社，1982：175-177.

一般只限于封面，而扉页则保持了其本来面目"①。

此外，党的早期进步哲学社会科学报刊也经常伪装封面或更改报名出版，在《共产党刊物化名表》中，罗列了六种进步期刊的原名和化名，如《少年先锋》用化名《闺中丽影》《童话》，《工人宝鉴》用化名《卓别麟故事》，《布尔塞维克》曾用过《中央半月刊》（仿国民党机关刊物）、《少女怀春》、《新时代国语教科书》、《经济月刊》、《中国文化史》、《虹》、《小学高级用新时代国语教科书》、《中国古史考》等伪装名称②，《红旗》的伪装封面有《新生活》《摩登周报》《晨钟》《平民》《真理》《快乐之神》《佛学研究》《红妮姑娘艳史》《一顾倾城》《经济统计》《出版界》等10多种，《列宁青年》用过《何典》《美满姻缘》《列强在华经济的政治的势力及其外交政策》《青年杂志》等伪装名称，《中国工人》曾用《爱的丛书》《红拂夜奔》《性的知识》《漫画集》《南极仙翁》等伪装书名出版③。还有《政治材料》化名《脑膜炎预防法》，《上海工人》化名《西厢记》《春花秋月》《苏东坡走马看花》《佛祖求道记》《观音得道》等，"在伪装形式上更别致些，一律用六十四开本小册子，封面有唱本风格的画图，名色繁多"④。

全民族抗战时期，为对付国民党检查，哲学社会科学著作依然使用封面伪装的方法。如毛泽东的《论持久战》《论联合政府》《中国革命和中国共产党》《整风文献》，封面曾分别伪装为《文史通义》《老残游记》《三国演义》《婴儿保育法》。据有研究者考证，当年毛泽东的《新民主主义论》有三种伪装本，第一种是封面书名《大乘起信论》，封面的右边印着两行小字为："阅毕送人，功德无量"，封面下署"北京佛教总会印"；第二种是封面书名为《中国往何处去》，右边有一行小字为"新知识丛刊第四期"，左下边署"钢铁出版社发行"；第三种封面署名为《中国往何处去》，但右上边的一行小字为"香港时代出版社时论丛刊之一"，左下边署"文风印刷所印行，荷里活道一三八号三楼"⑤。还有朱德的《论解放区战场》，以《大陆作战之新认识》面世；陈伯达的《评

---

① 张静庐. 中国现代出版史料：丁编：上卷. 北京：中华书局，1959：140.

② 同①139.

③ 杨旭，余衔玉. 反对国民党新闻专制的"拒检运动". 文史精华，2004（3）：14.

④ 同①140.

⑤ 中国近代现代出版史编纂组. 新民主主义革命时期出版史学术讨论会文集. 北京：中国书籍出版社，1993：413-414.

〈中国之命运〉》，封面是《中国之命运》；等等。1943 年延安《解放日报》针对蒋介石《中国之命运》刊载了许多批判文章，新华书店把批判《中国之命运》一书的文章除了印成小册子秘密发行外，还编印成书籍，利用国民党出版的《中国之命运》封面、开本、装帧伪装，发到国统区公开出售。当时国统区许多读者通过阅读来自延安的《中国之命运》，领会了共产党人的主张。国民党当局发觉后，虽严加缉查，却收效甚微。国民党政治学校的许多学生到图书馆借书，"有的借了蒋介石的书，有的则借了我们批判的书，讨论会上各持所读书中的观点，引起争论；持批判观点的人受到追查，结果，书竟是从学校图书馆借来的，只好不了了之"①。当年《新华日报》和它秘密出版的《解放日报选刊》和《海外呼声》，都是用国民党的或中间性质的报刊伪装包裹，分散邮寄。解放战争时期，以伪装方式出版的书刊也在国统区广泛流传，如《为美国对蒋军军事援助毛主席发表声明》的封面为《苦海明灯》，《中共文件汇编》以周作人《秉烛后谈》面世，《群众》周刊也以各种封面伪装，如《茶亭杂话》《野火烧不尽》《活不下去了》《七十一个老板的商店》②，等等。

　　同时，为进行反查禁斗争，还采用了变换开本的方式出版哲学社会科学进步书刊。1945 年出版的《文萃》原为 16 开本，被国民党查禁时于 1947 年被迫转入地下秘密发行，改为不定期的 32 开本，不用刊名而用书名。

　　　　这种书名因采用密切结合时局的大特写文章名称，更具吸引力，如臧大咬子系当时上海滩的一个人力车夫，因美国水兵乘车不付钱反将他活活打死，一时民情大哗，愤然支援，国民党政府反助纣为虐，不予主张正义。该刊大特写《臧大咬子申冤记》就特别引起读者欢迎。印数也比平时更多。这种改变刊名开本刊期的事例很多。③

　　2. 变换店名，转移阵地或创办"挂名书店"
　　为应对国民党文化统治，该时期进步书店经常变换店名或成立各种

　　①　宋原放. 中国出版史料：现代部分：第 2 卷. 济南：山东教育出版社，2001：313.
　　②　张克明. 民国时期禁书目录述评. 档案史料与研究，1990（2）：66—67.
　　③　中国近代现代出版史编纂组. 新民主主义革命时期出版史学术讨论会文集. 北京：中国书籍出版社，1993：399.

牌号的书店，从事进步哲学社会科学著作的出版和发行，如上海的中华书店、浦江书店、昆仑书店、江南书店、平凡书店、华兴书店、南强书局、水沫书店等，先后发行了大批哲学社会科学著作，华兴书店曾改名为"上海启阳书店"或"春阳书店"。读书生活出版社为躲避国民党当局检查，其出版的《资本论》《列宁论战争》《辩证唯物论辞典》等马列书籍，以"辰光书店""鸡鸣书屋""高山书店""富春书店""彗星出版社"等名义出版。进步哲学社会科学工作者还通过各种渠道争取在商务印书馆、开明书店、新生命书店、东亚图书馆、神州国光社、泰东书局等处公开出版《哲学的贫困》《政治经济学批判》《反杜林论》《自然辩证法》《法德农民问题》《德国的革命与反革命》《唯物主义与经验批判主义》等马克思主义著作①。

　　除了变换店名外，他们还采取转移阵地的方法，当年《新青年》在上海被查封后，就迁移到广州。上海书店在 1926 年被查封后，就转入地下，在上海宝山路设立宝山书店继续从事进步书刊发行事业。有时他们用假书店名号来出版发行，1932 年李达和王会悟等创办的"笔耕堂书店"即属此类，当年李达用这个挂名书店出版了他自己的名作《社会学大纲》等许多马克思主义社会科学书籍。吴黎平翻译的《反杜林论》，最初由上海江南书店出版，被查禁后，李达便使用"笔耕堂书店"重版了该书，把译者改名为"吴理屏"，印数比江南初版增加一倍②。1936 年6 月出版《资本论》第 1 卷中册、下册时，使用了一个根本不存在的"世界名著译社"，王、侯的中译本上册虚构为"国际学社"。当年的北方人民出版社，重印过上海华兴书局编辑出版的包括《共产党宣言》《雇佣劳动与资本》在内的《马克思主义的基础》一书，为了避免国民党的检扣和查禁，在书的封面、扉页或版权页上印有"人民书店""北国书社""新生书店""新光书店"等出版字样③。

　　3. 采用笔名方式，易换译著者姓名

　　进步知识分子在出版哲学社会科学著作时，封面上经常采用笔名方式。

---

　　① 周子东，傅绍昌，杨雪芳，等. 马克思主义在上海的传播（1898—1949）. 上海：上海社会科学院出版社，1994：194—195.

　　② 沙健孙. 中国共产党通史：第 3 卷. 长沙：湖南教育出版社，1997：549.

　　③ 张静庐. 中国出版史料：补编. 北京：中华书局，1957：300.

当年出版列宁的译著，经常采用"伊里奇""乌里扬诺夫""弗拉基米尔"或列宁的英译名 Lenin 等形式作为著者的署名，以迷惑检查机构和文化特务的耳目。把马克思译为"卡尔""嘉尔"或英文译名，恩格斯译成"因斯"，斯大林译成"约瑟夫"，把无产阶级、资产阶级译成"普罗列塔利亚""布尔乔亚"；或把封面加以伪装，译者用假名，如《资本论》第 1 卷译者王思华、侯外庐，在出书时署名"右铭""王枢"。①

1931 年 12 月，上海神州国光社出版郭沫若译著《政治经济学批判》，用"李季"笔名。被国民党称为"宣传赤化的暴徒"的蒋光慈，在出版马列译著先后用过"华希理""华维素""魏克特""陈情"等笔名。陈望道用过"陈佛突""陈晓风"等笔名，冯雪峰用的笔名有"洛扬""成文英""何丹仁""画室"等。瞿秋白在左翼文化运动时期用过"宋阳""何凝""易嘉""史铁儿""何苦""宜宾"等笔名。吴黎平翻译恩格斯的《反杜林论》出版时，吴黎平改名为"吴亮平""吴理评""吴理屏"等。鲁迅一生用了 130 多个笔名，仅 1933—1934 两年内就用了 60 多个笔名，"受了压迫之后，从去年六月起，另用各种的笔名，障住了编辑先生和检查老爷的眼睛"②。

4. 印成单页或小册子，通过秘密渠道发行

全民族抗战时期，国统区中共南方局根据中央精神，组织新华日报馆和《群众》杂志社把党的许多进步哲学社会科学书刊，如延安《新中华报》与《共产党人》的社论等印成单页或小册子，通过秘密发行网点及其他方法散发。当年《红星照耀中国》在出版发行时，除了全印本外，还把书中部分章节抽出来分成多个节译本和油印本出版，如《西北散记》（汉口战时读物编译社 1938 年）、《一个美国人的塞上行》（新生出版社 1938 年）、《西北角上的神秘区域》（上海明明书局出版）等，通过该方式，根据地的进步哲学社会科学书刊在国统区广为发行。

5. 进行"原样"刊登、"违检"等其他灵活方式

全民族抗战时期，国统区的《新华日报》和生活书店是国民党查禁的重点，常常遭扣押和删减，国民政府认为，"现行管制之报社，

①　宋原放. 中国出版史料：现代部分：第 2 卷. 济南：山东教育出版社，2001：121.

②　鲁迅. 鲁迅全集：第 5 卷. 北京：人民文学出版社，1957：307.

其最感困难者首为重庆之新华日报"，谎称该报"罔顾国家民族之利益，惟为篡夺政权而宣传"①。当年国民党新闻检查局"以新华日报为共党之主要刊物，自卅年度即根据所检扣之稿件，并参照其已发表之言论加以统计研究，分析其言论动向，并按期编印专册，分送党政有关各机关参考"②。为应对查禁，新华日报馆灵活运用各种方法同国民党周旋。

一是直接将受检后的稿件"原样"刊登。

送检稿件若被删减，编辑人员就在删减地方划红三角或写上"被删""被略""被略多少字或段"字样，或直接留白"开天窗"，并在标题中点出被删文字之大意。早在北洋政府时期，也采取"开天窗"的办法，如 1920 年 11 月创刊的《共产党》月刊，主编李达在被法巡捕房没收的空白处印出大字："此面被上海法捕房没收去了"③。皖南事变后，《新华日报》开了"天窗"写道，"许多工人和青年学生面对当天报纸痛哭。这天的报纸被人当作一个宝贵的历史文件保存着，销数骤增五倍，报价由一角钱一张涨到三十元一张，某英人出价八十元才买到一张"④。据统计，抗战时期《新华日报》一共"开天窗"21 次，深刻揭露了国民党扼杀出版自由的事实。

二是"摸清检查规律，钻检查人员的'空子'"⑤。

在长期与新闻检查机关接触中，报社掌握了一些规律，例如，何时送检较易通过，某些文章单独送审通不过而采取化整为零分几次送审容易通过等。还有，表面受检实则更换版面，或者抓住检查中的错误，据理力争。皖南事变发生后，国民党当局知道《新华日报》定有行动，遂派新闻检查官员进报社监督其排版。于是报社工作人员就安排了两个版面，一个给新闻检查官员看，一个送检印刷。

三是进行"违检"，拒不送审。

对肯定通不过审查的稿件先刊登出版，然后再接受当局处罚。《新

---

① 中国第二历史档案馆. 中华民国史档案资料汇编：第五辑第二编文化（一）. 南京：江苏古籍出版社，1998：504.

② 同①492.

③ 中国近代现代出版史编纂组. 新民主主义革命时期出版史学术讨论会文集. 北京：中国书籍出版社，1993：398.

④ 张静庐. 中国现代出版史料：丁编：上卷. 北京：中华书局，1959：345.

⑤ 宋原放. 中国出版史料：现代部分：第 2 卷. 济南：山东教育出版社，2001：90.

华日报》被多次发现"违检"案件。1940年12月，战时新闻检查局公布了关于《新华日报》重大"违检"与查处情况详细统计，对10月至12月在该报发表的《今年双十节应有的认识》《绥德通讯》《日寇和平攻势失败以后》《读蒋委员长对时局谈话》《日汪伪约的国际反响》《为谁战争》等6篇文章，以滥用"诱降""诱和"名词，"挑拨中国之内战""以显著地位公开宣传共产党占领区绥德、吴堡、米脂、清涧等县"等理由，给予了"予以严重警告"① 等处罚（详见表5-7）。

表5-7 1940年10—12月《新华日报》"违检"案件与处分情况一览表

案别	日期	文章	"违检"情况	处理办法
案一	10月10日	《今年双十节应有的认识》	指本党领导之辛亥革命为资产阶级民主革命	并第二案予以严重警告
案二	10月12日	《绥德通讯》	以显著地位公开宣传共产党占领区绥德、吴堡、米脂、清涧等县，所谓新政如何优良，如何进步，对于政府命官，如该区前任专员何绍南则制造谣言，肆意攻击	并前案予以严重警告
案三	11月11日	《日寇和平攻势失败以后》	滥用"诱降""诱和"名词	严重警告
案四	12月4日	《读蒋委员长对时局谈话》	"来挑拨中国内争""挑拨中国之内战""国内团结"（未遵删）	并第五案予以严重警告
案五	12月5日	《日汪伪约的国际反响》	"有人说日汪伪约所说的共同防共……这是我们须得认清的"（未遵删）	并前案予以严重警告
案六	12月13日	《为谁战争》	当此抗战期间，以此项标题刺激读者，显别有用心（未送检）	并第七案予以严重警告

资料来源：中国第二历史档案馆. 中华民国史档案资料汇编：第五辑第二编文化（一）. 南京：江苏古籍出版社，1998：528-529.

据国民党中央执行委员会秘书处档案统计，从1940年12月到1941年5月，在半年时间中《新华日报》的"违检"处罚详细情况如下（见表5-8）：

---

① 中国第二历史档案馆. 中华民国史档案资料汇编：第五辑第二编文化（一）. 南京：江苏古籍出版社，1998：528-529.

表 5-8 《新华日报》"违检"处罚情况统计表（1940 年 12 月至 1941 年 5 月）

时间	免登次数	删登次数	"违检"次数
1940 年 12 月	55	47	18
1941 年 1 月	70	50	46
1941 年 2 月	47	12	29
1941 年 3 月	25	18	23
1941 年 4 月	16	16	16
1941 年 5 月	51	13	22
合计	264	156	154

资料来源：中国第二历史档案馆. 中华民国史档案资料汇编：第五辑第二编文化（一）. 南京：江苏古籍出版社，1998：534.

五、中共领导反查禁斗争的历史影响

新民主主义革命时期，中国共产党在书刊发行领域领导的反对国民党文化统治的斗争，是我们党革命事业的重要组成部分，这场文化领域的斗争产生了多方面巨大而又深远的历史影响。

首先，反查禁斗争有力抵制和打击了国民政府推行的文化专制政策，使其扼杀进步革命文化的企图最终破产。

在该时期，中国共产党领导进步出版界利用公开和秘密手段进行反查禁斗争，在灵活多样的斗争策略下使国民党的查禁收效甚微。根据图审会第一科科长在签呈中报告，"本会（中央图审会）自廿七年十月至卅二年十二月列表取缔之书刊总共 1 620 种，除卅二年度取缔之书刊 206 种不计外，尚有 1 414 种。兹根据各省市审查机关廿九、卅、卅一、卅二等四个年度检查报告，详细统计，此 1 414 种中经各地查获没收者仅 559 种，其余 855 种，则虚有取缔之名，而毫无所获"[①]。中共南方局积极领导反查禁斗争，国统区革命进步书刊的发行仍如火如荼，在马列主义宣传和社会科学研究方面取得了很大成就，广泛传播了无产阶级

---

① 中国第二历史档案馆. 中华民国史档案资料汇编：第五辑第二编文化（一）. 南京：江苏古籍出版社，1998：168.

革命理论，推动了抗战文化的深入发展。

其次，积极推动了国统区和解放区文化出版事业的发展。

反查禁斗争发展了党的出版机构，培养和团结了一大批出版工作者。当年重庆创办了数以百计的出版机构，出书 8 000 多种。在上海，文化界救亡协会所办的《抗日救国》迅速问世，还有《抗战》等一大批抗日报刊先后出版。当时国统区的生活书店、新知书店、读书生活出版社为党的文化出版事业的发展发挥了重要作用，出版了大量马列经典著作、中共领导人著作及宣传党的方针政策和抗战文化的书刊。党中央长江局从 1938 年起在武汉委托新知书店用中国出版社名称，在国统区重印延安解放社的出版物，其先后在汉口、香港、上海出版的图书，也主要是马列主义经典著作、党的历史文献及领导人著作等。还有《解放》周刊，在发行书刊方面做出了重要贡献。

抗战期间许多出版物都是重要革命历史文献，对当今我们深入研究马克思列宁主义在中国的传播，对了解陕甘宁边区政治、经济、文化和社会生活等方面的情况，特别对于深入研究党的新闻传播史等，都有着极为重要的史料参考价值。

最后，反查禁斗争有力促进了国统区民主运动的发展。

抗战后期，中共在领导国统区进步出版界反查禁斗争中，由要求言论出版自由发展到要求推进政治民主。反对国民党文化专制的斗争，"使广大进步文化人认识到了争取政治民主对发展进步文化的重要性，并在后来自觉地将抗日文化运动纳入人民民主运动的轨道"①，将文化运动与民主运动这二者更好地结合起来，最终保证了新民主主义文化沿着正确轨道向前健康发展，等等。

---

① 唐正芒. 抗战时期大后方反对国民党文化专制政策的斗争. 湘潭大学学报（哲学社会科学版），1999（1）：28.

国家出版基金项目
NATIONAL PUBLICATION FOUNDATION

"十四五"时期国家重点出版物出版专项规划项目

马克思主义理论研究与当代中国书系

国家社科基金重大项目

学科、学术与话语

中国马克思主义哲学社会科学体系建构研究

（1919—1949）

下卷

王海军　著

中国人民大学出版社
·北京·

图书在版编目（CIP）数据

学科、学术与话语：中国马克思主义哲学社会科学
体系建构研究：1919—1949．下卷/王海军著．－－北
京：中国人民大学出版社，2022.5
（马克思主义理论研究与当代中国书系）
ISBN 978-7-300-30704-6

Ⅰ．①学… Ⅱ．①王… Ⅲ．①马克思主义哲学-哲学
社会科学-研究-中国-1919—1949 Ⅳ．①B0-0

中国版本图书馆 CIP 数据核字（2022）第 093321 号

国家出版基金项目
国家社科基金重大项目
"十四五"时期国家重点出版物出版专项规划项目
马克思主义理论研究与当代中国书系

学科、学术与话语：中国马克思主义哲学社会科学
体系建构研究（1919—1949）
下卷
王海军　著
Xueke、Xueshu yu Huayu：Zhongguo Makesi Zhuyi Zhexue Shehui Kexue
Tixi Jiangou Yanjiu（1919—1949）

出版发行	中国人民大学出版社		
社　址	北京中关村大街 31 号	邮政编码	100080
电　话	010－62511242（总编室）	010－62511770（质管部）	
	010－82501766（邮购部）	010－62514148（门市部）	
	010－62515195（发行公司）	010－62515275（盗版举报）	
网　址	http://www.crup.com.cn		
经　销	新华书店		
印　刷	涿州市星河印刷有限公司		
规　格	165 mm×230 mm　16 开本	版　次	2022 年 5 月第 1 版
印　张	31 插页 4	印　次	2022 年 11 月第 2 次印刷
字　数	490 000	定　价	218.00 元（上、下卷）

目　　录

图表目录

第六章　中国马克思主义哲学社会科学各学科发展及其主要影响

　　马克思主义唯物史观蕴含着全新话语系统，其对马克思主义哲学社会科学的建立与发展具有特别重要的理论指导意义。新民主主义革命时期，在马克思主义唯物史观指导下，马克思主义哲学社会科学，如哲学、史学、社会学、经济学、政治学、法学等学科体系逐步建立与发展起来。马克思主义哲学社会科学的逐步建立与发展，从某种意义上说，是 20 世纪 30 年代后期中国新民主主义革命发展的客观需要。在该领域，我国哲学社会科学工作者群体中的重要"领军人物"，如艾思奇、陈伯达、何思敬、和培元、陈唯实、张如心、杨超、何干之、吴亮平、王学文、董纯才、高士奇、于光远、张仲实、范文澜和柯柏年等人，积极介绍和研究新兴哲学社会科学，在当时的历史条件下结合我国革命和社会发展实践，把哲学社会科学研究与现实政治紧密结合，为马克思主义哲学社会科学中国化做出了独特的历史贡献。

　　本部分关于哲学社会科学各学科发展需要特别说明的是：主要以阐释马克思主义学派群体对于建构本土化哲学社会科学各学科的贡献为主，同时，也会涉猎其他非马克思主义派别，如当年国民党统治区高校的"学院派"等，尽管他们不一定认同马克思主义学说，但他们中很多人在从事相关学科研究与建设时，采用的却是马克思主义的立场、观点与方法，如在政治学科建设方面，采用的是马克思主义的政治分析方法等，他们也同样为建构马克思主义哲学社会科学做出了积极贡献。因此，他们在建构马克思主义哲学社会科学体系方面的主要贡献在本章中有所体现。当然，课题研究的重点，是聚焦于"马克思主义学派"所创造的中国特色的本土化哲学社会科学。

无论是理论层面抑或是实践层面，"马克思主义学派"对于中国哲学社会科学的探索不同于"学院派"和其他派别。"马克思主义学派"立足于近代中国社会发展实际，将我国哲学社会科学体系的建构与新民主主义革命基本问题紧密联系在一起。他们研究的这些有鲜明中国特色的哲学社会科学理论，确立了马克思主义学说在中国的根本地位与重要作用。从本土化哲学社会科学的研究对象和研究方法上来讲，以根据地为主的"马克思主义学派"之所以能够成功，在于他们坚持了阶级性与科学性的统一，紧密联系了中国革命与中国社会发展实际，把本土化哲学社会科学的研究对象从"抽象的理论"转移到"具体的理论"。进步知识分子对于马克思主义哲学社会科学理论的研究和实践，正是因为立足于中国革命实际，才能在哲学社会科学发展中占据主导地位，最终建构起马克思主义哲学社会科学体系。

一、哲学社会科学发展的源头活水：马克思主义经典著作的编译与传播

中国哲学社会科学的学科体系之建构，辩证唯物主义和历史唯物主义理论的编译与传播是其重要前提。重视对马克思主义经典著作的编译与传播，是中国共产党领导发展马克思主义哲学社会科学的核心篇章。在新民主主义革命时期，马克思主义哲学社会科学各学科的发展离不开其源头活水——马克思主义经典著作，其在中国的编译与传播是推动马克思主义哲学社会科学发展的重要基石。

进步知识分子在编译与传播马克思主义经典著作过程中重点宣传和介绍马克思主义理论体系，其主要内容包括马克思主义唯物史观、马克思主义政治经济学、科学社会主义、马克思主义政党理论和国家学说、无产阶级革命与专政理论、阶级斗争理论等。在马克思主义科学理论指导下，马克思主义的哲学、历史学、经济学、政治学、新文学、社会学、法学等学科逐步发展起来，为新中国成立后中国特色哲学社会科学学科体系的建构与发展奠定了坚实基础。

（一）马克思主义经典著作选择性编译与传播阶段（1899—1919）

准确地讲，马克思主义最早传入中国，始于经典著作在中国早期的选择性编译和传播。选择性传播是中国早期知识分子传播马克思主义经

典著作的一个鲜明特点，19 世纪末 20 世纪初，早期知识分子在特定历史语境下从各自阶级利益和政治需要出发，对马克思主义经典著作进行选择性译介，选取适合自己需要的内容并通过各种媒介进行传播。这种选择性传播决定了马克思主义经典著作自传入中国起，就开始了其本土化进程，并不断被赋予中国特性。在经历了选择、比较、博弈与重构等系列复杂过程后，最终被国人逐步接受并建构起中国独特历史语境下的马克思主义理论体系。

从 19 世纪末开始，中国早期知识分子就开始通过各种途径译介和传播包括《共产党宣言》《家庭、私有制和国家的起源》等在内的马克思主义著作部分片段，尤其把"红色中华第一书"——《共产党宣言》的编译和传播放在了突出地位。《共产党宣言》从发表至今 170 多年中，已被翻译成 200 多种语言文字，成为"全部社会主义文献中传播最广和最具有国际性的著作"①。从 19 世纪末始，马克思主义经典著作开始了在中国早期选择性传播历程，其编译与传播主体既有资产阶级改良派，也有资产阶级革命派和无政府主义者，还有早期马克思主义者，不同传播主体对经典著作在翻译内容和翻译动因方面皆存在一定差异。我国早期对马克思主义经典著作的翻译以多种语言文字为蓝本②，译自英文、

①　马克思，恩格斯. 马克思恩格斯文集：第 2 卷. 北京：人民出版社，2009：21.

②　国内有研究者考证了马克思主义经典著作中译本文本依据的变化历程，分为了以下几个阶段：（1）以日译本为主要文本依据的阶段，时间大致是 20 世纪初到 20 年代末。该阶段马克思主义经典著作的中文介绍和翻译，绝大部分是根据日译本转译的，其在中国的传播形式以片段摘译为主，中文全译本很少。（2）英文本、德文本、俄文本、法文本、日文本平分秋色的阶段，时间大致从 20 世纪 20 年代末到 30 年代中期。该阶段马克思主义经典著作基本上都有了中文全译本，同时出现了少量的专题集。（3）俄文本担当主角的阶段，时间大致从 20 世纪 30 年代中期到 40 年代末。该阶段由俄文本转译过来的马克思主义经典著作逐渐占据主要份额，专题集日益增多，所涉及的领域也在扩大，如哲学、军事、文艺、思想方法和工作方法等。（4）20 世纪 40 年代末到 70 年代末，该阶段俄文本担当主角的状况依然存在，但同时马克思主义经典著作中文本翻译的文本依据逐渐扩大，更多地参考了德文本、英文本，以及一些新发现和新公布的原始文本。该阶段出版的马克思主义经典著作单行本、专题集，其文本依据主要是以德文本为主。（5）20 世纪 70 年代末以来，马克思主义经典著作的原始文本逐渐成为马克思恩格斯著作中文本翻译的主要文本依据。国际上马克思主义经典著作原始文本保存管理机构的重新启动和整理编辑出版研究工作的重新开展，为我国马克思恩格斯著作原始文本的引进提供了有利条件，马克思恩格斯著作中文本的翻译出版在主要依据原始文本基础上，进行大量校订或重译工作，因此有了更加准确的中文译本。

——徐素华. 马克思恩格斯著作在中国的传播：MEGA^2 视野下的文本、文献、语义学研究. 北京：中国社会科学出版社，2013：4-5.

日文、德文、法文、俄文等译著。应当说明的是，其中有很大一部分以日文的有关译著为媒介。

1. 资产阶级改良派对马克思主义的传播

在资产阶级改良派之前，外国传教士就开始了对马克思主义著作在中国的引介。19 世纪末，传教士在传播宗教的同时，把《共产党宣言》的思想片段引介到中国，使他们成为最早向中国传播马克思主义的群体。1899 年英国传教士李提摩太①，在广学会②创办的刊物《万国公报》第 121—124 册上连续发表了由他节译颉德（Benjamin Kidd）所著《社会进化论》（Social Revolution）、蔡尔康笔述的《大同学》一文，指出"德国讲求养民学者，有名人焉。一曰马克思。一曰恩格斯"③。文章摘录了《共产党宣言》中的一句话，"马克思之言曰：纠股办事之人，

---

① 李提摩太（Timothy Richard，1845—1919），英国传教士。1870 年 2 月，英浸礼会派他来中国传教并习中文。1890 年，应李鸿章之聘，在天津临时任《时报》主笔。1891 年到上海接替韦廉臣为同文书会（广学会）督办（后改称总干事）。1891 年，经赫德提议，到上海任广学会会长。自译《泰西新史揽要》《列国变通兴盛记》《七国新学备要》等书，目的在于通过书刊"解除中国人的武装"。1895 年 10 月，在北京会晤康有为，并参加强学会，企图操纵维新运动，进而控制中国政局。多次向李鸿章等洋务大员建议，将中国变为英国的保护国。在《万国公报》发表《新政策》一文，鼓吹中国应将外交、军事、改革大权交给英美等帝国主义分子，"成立半数由外国人参加的内阁"。1898 年 9 月，赴北京准备任光绪帝顾问，因慈禧发动政变未成。他与李鸿章、张之洞、曾国荃、孙中山、梁启超等人有过接触，张之洞曾拨款 1 000 两资助广学会。他主持广学会期间，出版《万国公报》等十几种报刊及 2 000 多种书籍和小册子，成为近代中国规模最大的出版机构之一。1916 年，他辞去广学会总干事职务回国。他的主要译著有：《在华四十五年》《天下五大洲各大国》《七国新学备要》《百年一觉》《泰西新史揽要》《欧洲八大帝王传》《新政策》等 20 多种。

——李华兴. 近代中国百年史辞典. 杭州：浙江人民出版社，1987：216.

② 清末外国传教士、领事和商人于 1887 年在上海创设的最大的出版机构。它由 1884 年设立的"同文书会"改组而成，1894 年改称广学会，海关总税务司英人赫德为首任董事长，英国传教士韦廉臣、李提摩太先后任总干事。主要会员有英国的慕维廉、艾约瑟，美国的林乐知、丁韪良、李佳白，德国的花之安等。在北京、奉天、西安、南京、烟台等地设专门机构，组织会务活动。广学会出版的主要报刊有《万国公报》《中西教会报》《大同报》《女铎报》《福幼报》等，尤以《万国公报》影响最大。广学会出版的图书除供传教用的宗教书外，还包括历史、科学、政治、法律、商业、文学等各个方面。其中，较有影响的主要有李提摩太的《泰西新史揽要》、卜舫济编著的《基督本纪》及林乐知的《全地五大洲女俗通考》等。

——李华兴. 近代中国百年史辞典. 杭州：浙江人民出版社，1987：116.

③ 林代昭，潘国华. 马克思主义在中国：从影响的传入到传播：上册. 北京：清华大学出版社，1983：55.

416

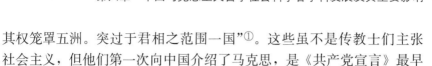

其权笼罩五洲。突过于君相之范围一国"①。这些虽不是传教士们主张社会主义，但他们第一次向中国介绍了马克思，是《共产党宣言》最早传入中国的译文②，引发了后人对《共产党宣言》的译介热情。此外，《大同学》在我国还第一次提到了《资本论》。当年广学会将《大同学》单独出版，"首版发行 2 000 册"③。

　　中国人最早提到马克思名字的是资产阶级改良派代表人物梁启超，1902 年，他在《进化论革命者颉德之学说》一文中，称马克思为"社会主义之鼻祖"④。当年改良派把马克思学说作为西方政治学派之一做了零星介绍，目的是向清政府施加压力，呼吁清廷行君主立宪政体。1902 年以后，改良派大量翻译、介绍国外论述社会主义的著述。1902年 12 月，上海《翻译世界》编译了日本著名学者村井知至的《社会主义》（罗大维译），将马克思译为卡尔，并介绍了剩余价值学说。改良派的出版机构广智书局翻译出版了《近世社会主义》，称"马陆科斯（马克思）者，一代之伟人，为社会主义定立确固不拔之学说"，"野契陆斯（恩格斯）"为马陆科斯的"有力同志"⑤。该著作阐述了马克思写作《哲学的贫困》的简单过程，书名译为《自哲理上所见之贫困》，并对马克思、恩格斯其他著作如《资本论》、《英国工人阶级的现状》（当时译名为《英国劳动社会之状况》）、《政治经济学批判》（当时译名为《经济学之评论》）和《共产党宣言》（当时译名为《共产主义宣言》）等书的基

　　① 林代昭，潘国华. 马克思主义在中国：从影响的传入到传播：上册. 北京：清华大学出版社，1983：44.

　　② 在日本，马克思主义著作的日语翻译最早出现于 1904 年 11 月，就是《共产党宣言》的日译本。该译本是由英文版翻译过来的，并不完整（缺少第 3 章），前面有恩格斯的 1888 年英文版序言。译文发表在 1903 年建立的作为反战和社会主义运动中心的 Heiminsha（朴素人民会）的机关报 Heimin Shinbun 周刊上。日文版《共产党宣言》在日本首次出版后的数年中，日文马克思主义著作的数量急剧增加。当年堺利彦（Sakai Toshihiko）发表了两篇译文，对马克思主义理论在日本社会主义者中的传播发挥了重要推动作用。1906 年他发表了柯卡普著的《社会主义史》一书中几个章节的日译文，其中有关于马克思的一章。译文首次向日本读者完整而准确地介绍了马克思主义政治经济学的基本原理和《资本论》对这些原理所做的解释。

　　——李博. 汉语中的马克思主义术语的起源与作用. 赵倩，王草，葛平竹，译. 北京：中国社会科学出版社，2003：84-85.

　　③ 中国近代现代出版史编纂组. 新民主主义革命时期出版史学术讨论会文集. 北京：中国书籍出版社，1993：28.

　　④ 中国之新民（梁启超）. 进化论革命者颉德之学说. 新民丛报，1902-10-28（18）.

　　⑤ 福井准造. 近世社会主义. 赵必振，译. 上海：广智书局，1903：2.

本内容做了简要概括。尤其推崇马克思的《资本论》，对之介绍篇幅最长，内容也较多。例如，介绍了《资本论》中关于资本生产的发展、劳动价值论及剩余价值论等方面内容：

> 彼述殖产界之变迁，为三种之时期。其第一期，为手工劳动者以自己之资本从事于各自生产之时期，是为资本势力未盛之时。其第二期，为资本者与劳动者之间生多少之分离，资本家依其利益，劳动者依自己之劳银而为生活之端，是为资本将盛之时。其至第三期，大工厂之大资本家。于工业界，有无限之势力，于土地，则资本与劳动者名为保其自由，实则系束于劳银之桎梏，其利益之全额，悉归资本主之所有，自己仅得仅少之奉给，而有满足之状态，是为资本极盛之时。①

赵必振在《近世社会主义》中四次提到《共产党宣言》，称之为"一大雄篇"。就现有史料看，《近世社会主义》是以直接叙述方式翻译《共产党宣言》内容最早的一段中译文。关于《资本论》的内容，主要涉及劳动价值论、剩余价值论及资本生产发展等系列基本理论，提出"主张反对资本的生产制度为不辞"②。

当年传教士传播经典著作的根本目的，并非主张在中国传播马克思主义，而是要推广基督教义，期冀以此来教化迂腐之民，规劝政府接受新学和改良来强国救世。为迎合改良主义思潮，他们将流行于欧美各种流派的社会主义介绍到中国，"把社会主义作为一种救世学说加以介绍，也只不过是给基督教的教义涂上一层社会主义的油彩而已"③。

与传教士简单地把经典著作笼统视为新思想不同，资产阶级改良派对马克思主义的选择性传播有着明确目的，即鼓吹西方资产阶级改良主义学说，呼吁清政府实行君主立宪，为实现其政治改良服务。他们以《共产党宣言》作为行动口号倡导改良，通过选择性译介，从中吸收自己所需要的东西。翻译内容主要集中在《共产党宣言》的发表背景、阶级斗争观点及"十项纲领"等方面。对《共产党宣言》发表背景的介绍有利于国人认可其维新思想的意义，对阶级斗争观点的介绍在于影射中

---

① ② 福井准造. 近世社会主义. 赵必振，译. 上海：广智书局，1903：110.

③ 高军，王桧林，杨树标. 五四运动前马克思主义在中国的介绍与传播：第 3 辑. 长沙：湖南人民出版社，1986：3.

国社会中的阶级对立，突出变法革新的必要性，对"十项纲领"的译介则体现了变革中国社会的具体手段和措施。他们在传播马克思主义过程中，很多地方按照自己的政治主张加以歪曲和篡改。他们并不理解马克思主义，也不打算在中国实现科学社会主义①。

2. 资产阶级革命派对马克思主义的传播

资产阶级革命派中最早介绍《共产党宣言》的是马君武②，1903 年他在《译书汇编》发表《社会主义与进化论之比较》，在援引"社会党"的"巨子所著最有名之书"的书目中，有《英国工人状况》（*The Condition of the Working Class in England*，1845）、《哲学的贫困》（*Misere de la Philosophie*，1847）、《共产党宣言》（*Manifeste of the Communist Party*，1847）、《资本论》（*Das Kapital*）、《政治经济学批判》（*Zur Kritik der Politischen Oekonomie*，1859）等五部马克思和恩格斯的著作，这是在近代中国报刊史上首次介绍马克思著作的目录，称"马氏之徒，遂谓是实与达尔文言物竞之旨合"③。

朱执信也较早介绍了马克思主义，他介绍马克思主义学说的译著无论在数量还是在内容上都比改良派前进了一步。1906 年 1 月，他以"蛰伸"为笔名在《民报》第 2 期上发表了据幸德秋水和堺利彦日译本

---

①　王海军. 马克思主义中国化进程中经典著作编译与传播研究：1919—1949. 北京：中国人民大学出版社，2019：129.

②　马君武（1881—1940），原名道凝，字厚山，号君武，祖籍湖北蒲圻，生于广西桂林，我国著名政治活动家、教育家。1900 年入震旦学院学习法文，并翻译《法兰西革命史》一书。1902 年留学日本，于日留学期间，他在《译书汇编》发表《社会主义与进化论之比较》。1905 年与孙中山等组建同盟会并担任秘书长，《民报》主要撰稿人，鼓吹革命，宣扬民主政治。1906 年夏，翻译《共产党宣言》的纲领部分，刊登于《民报》。他还第一个翻译出版了达尔文的《物种原始》。辛亥革命成功后，参与起草《中华民国临时政府组织大纲》与《中华民国临时约法》。1913 年年初，赴德国柏林大学研究院学习，后获得柏林大学工学博士学位，是中国获得德国工学博士第一人。后担任广西省省长，北洋政府司法总长和教育总长，为国民党元老级人物。马君武精通英、日、德、法等语言，涉及自然科学、社会科学许多领域，先后担任北京工业大学、中国公学、国立广西大学等学校校长。

——高正琴. 杰出的翻译家马君武先生. 社会科学家，1995（5）：66；唐仁郭. 广西乡贤马君武. 广西社会科学，1995（5）：68；唐志敬. 马君武评传. 广西社会科学，1998（3）：88；钟文典. 民主革命家马君武. 社会科学家，2001（6）：86；百度百科. 马君武.（2021-1-5）. https://baike.baidu.com/item/马君武/128927.

③　林代昭，潘国华. 马克思主义在中国：从影响的传入到传播：上册. 北京：清华大学出版社，1983：76.

摘译的《德意志社会革命家小传》①，指出：

> 前乎马尔克言社会主义而攻击资本者亦大有人，然能言其毒害之所由来，与谋所以去之之道何自者，盖未有闻也，故空言无所裨。其既也，资本家因讪笑之，以为乌托邦，固空想未可得蕲至也，是亦社会革命家自为计未审之过也。夫马尔克之为《共产主义宣言》也，异于是。②

他还简要回顾了《资本论》中的劳动价值论，介绍了中国人对《资本论》的理解和评价，并"探讨了马克思主义理论的两位创始人的唯物主义的阶级分析法"③，阐述马克思主义学说的价值。文章指出，马恩"相友善"于巴黎，一时"言共产主义者群宗之，万国共产同盟遂推使草檄，布诸世，是为共产主义宣言。马尔克之事功，此役为最"④。文章全译《共产党宣言》要点和"十项纲领"，指出"马尔克既草共产主义宣言，万国共产同盟会奉以为金科玉律"⑤。

> 所谓史者，何一非阶级争斗之陈迹乎。取者与被取者相戕，而治者与被治者交争也。纷纷纭纭，不可卒记。虽人文发展之世，亦习以谓常，莫之或讶，是殆亦不可逃者也。今日吾辈所出社会方若是。于此而不探其本原以求正焉，则掠夺不去，压制不息。阶级之争，不变犹昔。⑥

这是《共产党宣言》在中国最早的中文节译本，1912 年朱执信又翻译煮尘重治的《社会主义大家马尔克之学说》。

此外，宋教仁、廖仲恺、孙中山等人也对马克思主义经典著作的翻

---

① 日本学者幸德秋水和堺利彦等人在把英文版的《共产党宣言》翻译成日文时，首创性地把英文"Communist Party"翻译成为"共产党"。1906 年 3 月，朱执信在同盟会机关报《民报》第 2 号上发表《德意志社会革命家小传》，文章在依据日文的相关资料翻译介绍《共产党宣言》时，直接把日文中的"共产党"一词照搬过来，该概念的中译文由此也就约定俗成，被后来中国人所广泛接受和引用。据有的学者考证，类似直接从日文引用的马克思主义哲学术语有 70 多个，如哲学、主观、客观、唯物论、唯心论等等。

② 蛰伸（朱执信）. 德意志社会革命家小传. 民报，1906-1（2）.

③ 李博. 汉语中的马克思主义术语的起源与作用. 赵倩，王草，葛平竹，译. 北京：中国社会科学出版社，2003：89.

④⑤ 同②.

⑥ 同②. 该部分内容实际上是《共产党宣言》第一部分第一、二自然段的内容，其今译内容可详见《马克思恩格斯文集》第 2 卷第 31 页《共产党宣言》部分内容。

译和传播做出了积极贡献。1906 年 6 月，宋教仁以"强斋"为笔名发表《万国社会党大会略史》，摘译了《共产党宣言》最后一段，"世界者，人类共有之世界也。现世界之人类，统计不下十五万万，然区别之，得形成为二大阶级：掠夺阶级与被掠夺阶级是矣"①。8 月，渊实（廖仲恺）在《民报》第 7 期发表《社会主义史大纲》，翻译《共产党宣言》的介绍，指出"革命的社会主义遂如洪水时至泛滥大陆"②。在1907 年出版的《近世六十名人》中，刊登了马克思的肖像，这是我国最早见到的马克思肖像。孙中山也在他的许多著作中提及《共产党宣言》，赞扬马克思、恩格斯的科学社会主义。1912 年 10 月，他强调"马氏之资本公有，其学说得社会主义之真髓"③。有研究者认为，革命党人宣传社会主义有过三次高潮，"第一次是《民报》时代；第二次是民国初，孙中山四处演讲社会主义；第三次是十月革命以后，他们学习、宣传马克思主义的倾向越来越强烈"④。

　　资产阶级革命派颂扬马克思主义，仅仅是把它作为一种新的学说加以介绍。他们翻译和介绍马克思主义著作的出发点也很简单，是抱着预防资本主义流弊的主观愿望来提倡社会主义和马克思主义的，"他们想用各种万应灵丹和各种补缀办法来消除社会弊病"⑤，以更好地实现资产阶级统治。革命派在介绍科学社会主义方面比资产阶级改良派前进了一步，他们揭露了资本主义社会的弊病，对社会主义表示同情。同时，他们驳斥了资产阶级改良派对社会主义的污蔑，并与改良派展开辩论。他们同意马克思主义的阶级斗争观点，"阶级斗争学说**不是**由马克思**而是**由资产阶级**在**马克思**以前**创立的，一般说来是资产阶级**可以接受的**"⑥。他们认为，阶级斗争是客观规律，"盖阶级斗争原理即唯物史观之分体，自人类经过原始社会之后，因经济状况之变迁即于无形中而演

　　① 强斋. 万国社会党大会略史. 民报，1906-6（5）.

　　② 渊实. 社会主义史大纲. 民报，1906-9（7）.

　　③ 林代昭，潘国华. 马克思主义在中国：从影响的传入到传播：上册. 北京：清华大学出版社，1983：381.

　　④ 蔡丽. 马克思主义在中国初期传播的多元性探究：以共产国际、国民党人为对象的分析. 武汉：华中师范大学出版社，2014：24.

　　⑤ 马克思，恩格斯. 马克思恩格斯文集：第 2 卷. 北京：人民出版社，2009：21.

　　⑥ 列宁. 列宁选集：第 3 卷. 3 版修订版. 北京：人民出版社，2012：139.

成者也"①。他们主张的社会主义并非是科学的社会主义，他们从根本上否认马克思主义是唯一正确的科学体系，他们评价马克思和恩格斯为"开前起后之社会主义巨子"②，但拒绝接受马克思主义基本观点，认为共产主义在中国行不通，并不主张社会主义革命。他们还否认唯物史观，主张阶级调和等。

3. 无政府主义者对马克思主义的传播

1907 年 8 月，早期无政府主义者张继、刘师培③等人创办"社会主义讲习会"，其虽以宣传无政府主义④为宗旨，但在介绍马克思主义经典著作方面也做了一些贡献。刘师培及其妻何震主编的《天义报》和《衡报》载有《共产党宣言》的节译和介绍，1908 年《天义报》第 15

---

① 林云陔. 阶级斗争之研究. 建设，1920，2（6）.

② 林云陔. 社会主义与社会改良之现形. 建设，1920，2（6）.

③ 刘师培（1884—1919），字申叔，号左庵，江苏仪征人。1904 年春，呼吁创办新式学堂，鼓励出国留学。1905 年，刘师培参与编辑《警钟日报》。1906 年春，与陈独秀在安徽公学组织岳王会和黄氏学校，宣传革命，同时编辑出版《伦理学教科书》《中国文学教科书》《经学教科书》等书。1907 年春，东渡日本，参加同盟会东京本部的工作。当年受日本无政府主义思潮影响，刘师培夫妇发起成立"女子复权会""社会主义讲习会"，创办《天义报》和《衡报》，积极宣传和倡导无政府主义和社会主义理论。1915 年，与杨度等发起成立筹安会，作《联邦驳议》《君政复古论》，公开鼓吹复辟帝制。1917 年，应北大校长蔡元培之邀，任北大文科教授，讲授《汉魏六朝专家文研究》《中国中古文学史讲义》《文心雕龙讲录二种》等课程，1919 年病逝。

——文科国文学研究所启事. 北京大学日刊，1919-03-20；刘师培致公言报函. 北京大学日刊，1919-03-24；舒新城. 中国近代教育史资料：中册. 北京：人民教育出版社，1981：168.

④ 蒲鲁东的《什么是财产》一书首先提出今天被译成"无政府"或"无政府状态"的"安那其"（anarchy）这个词，阐述了"无政府主义"概念。无政府主义是一种同马克思主义根本对立的小资产阶级社会改造思潮，它反对一切权威，否认国家与社会，主张绝对个人自由，幻想不经过无产阶级革命和无产阶级专政而建立一个没有国家的、完全平等的社会，要求建立无政府社会。在 20 世纪初期，无政府主义作为一种社会思潮从日本传入我国，其标志性事件是 1902 年马君武翻译的《俄罗斯大风潮》，同时期中国的留日学生刘师培、张继、何震、黄凌霜、区声白、朱谦之等成为在中国传播该思潮的主要代表人物。他们创办《天义报》，积极宣传无政府主义思想主张。在五四时期，无政府主义在中国得到了快速发展，据统计，该时期成立的无政府主义团体有 90 多个，宣传无政府主义的刊物和小册子达 70 余种，影响涉及国内 14 个省市。马克思主义者同无政府主义者展开了激烈论战，主要围绕关于无产阶级专政问题、关于组织纪律与自由问题、关于生产与分配问题及关于斗争手段与建党问题，等等。通过同无政府主义者的论战，为马克思主义在中国的传播进一步扫清了障碍。

——田子渝，等. 马克思主义在中国初期传播史（1918—1922）. 北京：学习出版社，2012：222-226.

卷以实行共产制度为标榜，首次译载了（民鸣摘译）1888 年恩格斯为《共产党宣言》英文版作的序言。该译文以文言形式译出，文后附有《天义报》记者的跋，强调《共产党宣言》发明了"阶级斗争"学说。

此外，该报在 1908 年 2—5 月份出版的第 16—19 期合刊上，发表了《共产党宣言》第 1 章《绅士与平民》和刘师培介绍《共产党宣言》写作经过的序，这是中国报刊第一次把《共产党宣言》第 1 章全部译出。在《〈共产党宣言〉序》中，作者介绍了第一国际和《共产党宣言》的发表经过，指出"观此宣言所叙述，于欧洲社会变迁纤悉靡遗，而其要归，则在万国劳民团结，以行阶级斗争，固不易之说也"①。此外，《家庭、私有制和国家的起源》第 2 章《家庭》的几个片段的摘译文，也发表在《天义报》第 16—19 期合刊"女子问题研究"专栏里，这是恩格斯《家庭、私有制和国家的起源》在中国最早的中文摘译。

无政府主义者翻译和介绍马克思主义经典著作，是试图以无政府主义为理论指南②。早期无政府主义者反对马克思主义与无政府主义是相抵触的这个观点，他们从无政府主义立场出发对马克思主义做了歪曲，指出马克思主义的社会主义是"半面的社会主义"③。他们在译著中大量融进了自己的思想观念，他们反对在推翻资产阶级统治后建立无产阶级专政的国家。他们攻击马克思主义的国家学说，认为只要承认无产阶级"国家之组织"，"由是共产之良法美意亦渐失其真"④。他们创办的《天义报》并不赞同马克思主义学说，为适合自己政治意图需要而大肆批评"马氏学说之弊"⑤，宣扬"社会主义多与无政府主义相表里"，指出"社会主义以平等为归，既有政府，则必上有统治之人，下有分配之机关，均背于平等之旨。故由社会主义扩张之，

---

　　① 林代昭，潘国华. 马克思主义在中国：从影响的传入到传播：上册. 北京：清华大学出版社，1983：265.

　　② 研究东亚马克思主义思想发展最权威的专家之一 Martin Bemal 将中国无政府主义者对马克思主义感兴趣的原因归结为两点：一是远东的极端主义者苛求关于社会主义话题的任何信息，不管它们是如何异端；二是无政府主义在本质上是折中的。
　　——李博. 汉语中的马克思主义术语的起源与作用. 赵倩，王草，葛平竹，译. 北京：中国社会科学出版社，2003：90.

　　③ 同①423.

　　④⑤ 同①265.

必达无政府主义之一境"①。由此看来，无政府主义者对马克思主义的认识是极为模糊的，仅仅把它当成一种社会主义理论加以介绍，这种态度决定了他们也不可能正确介绍和真正接受马克思主义②。

4. 马克思主义在中国早期选择性传播的影响与思考

我们既要辩证地看待与评价早期马克思主义经典著作译文的翻译质量，又要全面、客观地评价早期传播者对传播经典著作所发挥的历史作用。

马克思主义著作在中国早期传播经历了曲折发展过程，客观地讲，早期知识分子对经典著作文本的翻译和理解还远不够尽善尽美。当然，要完美地译好经典著作也并非易事，即使是在各种翻译条件更加完备的今天。早在 1883 年 6 月 29 日，恩格斯在《致弗里德里希·阿道夫·左尔格》的信中曾指出，"翻译《宣言》是异常困难的，俄译本是目前我看到的所有译本中最好的译本"③。1885 年 10 月 13 日，恩格斯又在《致劳拉·拉法格》的信中指出，"《宣言》的翻译一直使我害怕"④。早期翻译主体既有专业的翻译者与宣传者，也有未经过专业学习与训练的个人与团体。例如，1903 年，赵必振在译著《近世社会主义》中摘译了《共产党宣言》的内容，译文与原文就有很大出入，并有严重歪曲与误译的情况。1918 年，李大钊摘译了《共产党宣言》中关于唯物史观的译文，也不同程度地存在着一些不确切甚至错误的地方，马克思主义经典著作部分语句的翻译至今在学界仍存在一些争议。

如前所述，马克思主义经典著作的传播主体有马克思主义者、非马克思主义者和反马克思主义者，其阶级成分复杂，目的各异。当时的改良主义者、无政府主义者和资产阶级革命派，虽然社会成分多样、翻译水平不一，后来也没有长期坚持马克思主义，但他们对经典著作的选择性编译与传播做出了积极贡献。当年的国民党人如孙中山、朱执信、宋教仁、胡汉民、戴季陶、蔡元培、廖仲恺、冯自由、汪精卫等，也积极

① 高军，王桧林，杨树标. 五四运动前马克思主义在中国的介绍与传播：第 3 辑. 长沙：湖南人民出版社，1986：284.

② 王海军. 马克思主义中国化进程中经典著作编译与传播研究：1919—1949. 北京：中国人民大学出版社，2019：135.

③ 马克思，恩格斯. 马克思恩格斯全集：第 36 卷. 北京：人民出版社，1975：46.

④ 同③361.

宣传马克思主义①。瞿秋白曾说："我们的前辈：陈独秀同志，甚至于李汉俊先生，戴季陶先生，胡汉民先生及朱执信先生，都是中国第一批的马克思主义者"②。戴季陶在早期还运用马克思主义经济学说、唯物史观来研究中国的社会政治问题，当年胡汉民专门运用唯物史观来分析中国的历史与现状，在《建设》杂志上发表《唯物史观批评之批评》，辑译了《神圣家族》《哲学的贫困》《共产党宣言》《雇佣劳动与资本》《路易·波拿巴的雾月十八日》《〈资本论〉第一卷附注》《〈政治经济学批判〉序言》《资本论》第 3 卷等著作中经典作家对唯物史观的论述，"这是当时对马恩著作最集中、最完整的节译，为唯物史观在中国的传播提供了当时所能提供的最详尽的原文"③。朱执信是资产阶级革命派中最早把马克思和恩格斯介绍给中国的人，"在同盟会中朱执信是真正研究马克思主义的人"④。当年毛泽东也曾说过："朱执信是国民党员，这样看来，讲马克思主义倒还是国民党在先。"⑤

总之，尽管早期国民党人中的很多人在后来走向了马克思主义的对立

---

① 对于早期国民党人传播马克思主义的主要内容，蔡丽在其《马克思主义在中国初期传播的多元性探究：以共产国际、国民党人为对象的分析》（华中师范大学出版社，2014）一书第5 章中有专门论述，主要围绕马克思和恩格斯的生平、唯物史观、政治经济学、阶级斗争理论、劳工运动、俄国革命与苏俄劳农政府、国际共产主义运动史等方面展开。作者认为，国民党人宣传马克思主义要比中国共产党人早，其内容与早期中国共产党人的传播有重叠之处，但亦有其独特的视角。对于早期国民党人传播马克思主义的主要作用，作者认为主要体现在三个方面：一是国民党人与共产党人在宣传战线上合作，共同主导了马克思主义的传播，使马克思主义在五四运动后期成为新文化运动的主流文化。二是国民党人运用马克思主义初步分析中国社会，企图解决国民党主导国民革命的基本问题。三是在三次论战中，多数国民党人虽然没有直接参加论争，但他们十分关注这三次思想交锋，并从侧面声援了共产党人的论争等。

② 瞿秋白. 瞿秋白选集. 北京：人民出版社，1985：310.

③ 周子东. 马克思主义在上海的传播：1898—1949. 上海：上海社会科学院出版社，1994：65.

④ 何香凝. 回忆孙中山和廖仲恺. 北京：中国青年出版社，1957：2.

⑤ 毛泽东. 毛泽东文集：第 3 卷. 北京：人民出版社，1996：290. 对于国民党人宣传马克思主义的缘由，有研究者认为主要原因有三：一是他们主要想从马克思主义和社会主义中吸收某些思想改造三民主义。唯物史观、剩余价值、阶级斗争的学说和三民主义都有某些契合点，所以受到国民党人士的欢迎和应用。二是受到十月革命的影响，孙中山关注列宁的事业，尤其注意苏维埃制度、军队建设和教育等方面，想从中汲取政治智慧。三是与苏俄对国民党的支持有很大关系，列宁东方战略的实施是以中国为中心的，他们将孙中山视为这个战略的伙伴，长期与之保持联系，把国民党视为中国唯一真正从事国民革命的集团和领导者等。

——田子渝，等. 马克思主义在中国初期传播史（1918—1922）. 北京：学习出版社，2012：394—395.

面，但他们在前期对马克思主义经典著作的积极译介对后来马克思主义者深入翻译经典著作是极有裨益的，正是在前期资产阶级知识分子选择性编译与传播的基础上，后来的马克思主义者才能将其在中国的传播深入推进。

（二）马克思主义经典著作初步编译与传播阶段（1919—1927）

从19世纪末到五四运动前，是马克思主义经典著作在中国编译与传播的初始阶段，该阶段对经典著作的翻译是不自觉的。但从1919年五四运动前后开始，先进知识分子对马克思主义著作的翻译和传播有着较为明确的革命目的，这主要体现在他们对马克思主义的认识与传播方面，该时期经典著作的编译和传播主要包括中国共产党的创立时期（1919年5月至1923年5月）和第一次国内革命战争时期（1923年6月至1927年7月）两个阶段。

在建党之初和大革命时期，马克思主义经典著作初步进入有组织、有计划编译和传播阶段。

1919年五四运动促进了经典著作在中国的传播，为中国共产党的建立做了重要思想理论准备。当时一大批早期马克思主义者，如李大钊、陈独秀、陈望道、李达、蔡和森、杨匏安、陈启修、李季、沈雁冰、沈泽民、张申府等，对经典著作的翻译和传播做出了重要贡献，他们用马克思主义作为观察国家命运的有力工具。该时期经典著作在中国的翻译出现了第一个高潮，其传播形式主要以片段摘译为主。编译主要依据日译本，大多是从日译本转译的，少量是从英文本、俄文本、德文本摘译的。

据统计，单从1921年中国共产党成立始至1927年大革命结束，该时期出版的马克思主义经典著作有31种（详见表6-1），涉及马克思主义哲学、政治经济学、军事、科学社会主义、文艺等领域，其主要代表性译著如下：

表6-1　1906—1927年马克思、恩格斯、列宁、斯大林著作中译本统计

年代	马克思、恩格斯	列宁	斯大林	马恩列斯合著	总计
1906—1916	2				2
1917—1921.6	4	4			8
1921.7—1927.7	6	23	2		31
总计	12	27	2		41

资料来源：张静庐. 中国现代出版史料：丙编. 北京：中华书局，1956：247.

特别说明，在本章"马克思主义经典著作初步编译与传播阶段"
"马克思主义经典著作曲折编译与传播阶段""马克思主义经典著作系统
编译与传播阶段""马克思主义经典著作深入编译与传播阶段"相关部
分内容中，关于马克思主义经典著作在哲学、经济学、军事、科学社会
主义、文艺理论等方面主要类别的划分，只是一种大致分类，因为每种
类型的代表性经典著作从内容上来看并不具备严格意义上的类别界限。
有的经典著作如《资本论》，它不仅仅是一部单纯的政治经济学著作，
还是对唯物史观进行证实的一部重要哲学著作。再如，《共产党宣言》
既是一部对马克思主义唯物史观做出重要论述的哲学著作，同时又是一
部围绕"社会主义必然取代资本主义"与"社会主义如何取代资本主
义"两个科学社会主义发展主题，对马克思主义科学社会主义进行较为
细致论述的科学社会主义著作。因此，针对本章马克思主义经典著作编
译与传播的主要类别，只是一种笼统的划分。

1. 马克思主义哲学著作

《共产党宣言》　马克思、恩格斯著，该时期有多个译本：

（1）成舍我摘译本。1919 年 4 月，《每周评论》第 16 号"名著介
绍"栏里发表署名为舍（著名报人成舍我①）的《共产党的宣言》，是
以白话文体摘译的《共产党宣言》第 2 章"无产者和共产党人"中关于
无产阶级革命及无产阶级专政的数段片段和十条纲领译文，突出介绍马
克思关于阶级斗争的学说。其按语强调，"这个宣言是马克思和恩格斯
最先最重大的意见。他们发表的时候，是由 1847 年的 11 月到 1848 年

---

①　成舍我（1898—1991），原名希箕，又名汉勋、访钦，后改用单名平，笔名舍我出自
《孟子》"舍我其谁"一典。成舍我原籍湖南湘乡，出生于南京，在安徽安庆长大。中国著名
报人、教育家，在中国新闻史上享有很高声望。曾就读于北京大学，1915 年以国民党党员身
份参加讨袁秘密活动。1917 年春，成舍我任上海《民国日报》副刊编辑，1918 年经李大钊介
绍入《益世报》从事兼职编辑。1919 年 5 月，在北京《益世报》上发表《安福与强盗》一文，
招致当时北洋政府所忌。报馆被封三天，总编辑潘云超被判处徒刑一年。成代行总编辑职务，
直到潘云超刑满出狱为止。成舍我先后在《每周评论》《新青年》发表译文《共产党宣言》
（摘译）及列宁的《无产阶级政治》。1924 年先后在北京、南京、重庆等地创办《世界晚报》
《世界日报》《世界画报》《民生报》《立报》，1933 年创办北京新闻专科学校。1935 年又在上
海创办《立报》，1938 年在香港出版《立报》。1945 年 11 月 20 日，北平复刊《世界日报》，曾
担任国民政府立法委员。1952 年从香港到台湾，任大学教授，1991 年在台北病逝。

——成幼殊，周海滨. 我与父亲成舍我. 名人传记，2012（4）：4-9；张建安. 成舍我一
生的追求. 江淮文史，2014（6）：129-135；李磊. 报人成舍我研究. 北京：中国传媒大学出
版社，2011：82-86.

的正月，其要旨在主张阶级战争"①。

（2）张闻天摘译本。摘译《共产党宣言》第 2 章中的十条革命措施，以《社会问题》为名刊载于 1919 年 8 月《南京学生联合会日刊》中的《社会问题》一文中。

（3）李泽章摘译本。1919 年 11 月，《国民》杂志第 2 卷 1 号刊登了李泽章译文《马克斯和昂格斯共产党宣言》，译出《宣言》第 1 章全文，文前译者加了序言。据许德珩回忆，译者已将《宣言》全文译完，因限于篇幅，只能分期发表。

（4）陈望道全译本②。五四运动推动了《共产党宣言》的广泛传播，在北京和上海出现了有组织研究和出版《共产党宣言》的全文译本，标志着它在中国的编译与传播实现了历史性转折。1920 年 8 月③，上海"社会主义研究社"正式出版发行陈望道译的《共产党宣言》④ 单

①　无产者和共产党人. 每周评论，1919-04-06（16）.

②　有研究者统计，该译本目前已经查找到的仅有 7 本，分别珍藏在国家图书馆、中国革命军事博物馆、上海档案馆、上海图书馆、上海鲁迅纪念馆、山东东营历史博物馆和浙江上虞档案馆。

③　对于陈望道译《共产党宣言》第一次出版的时间，当前学界还存在一些争议，主要有"4 月出版说"、"5 月出版说"和"8 月出版说"等。从目前查阅到的资料看，有研究者具体考证其出版时间应该为 1920 年 8 月。1919 年底，陈望道开始在家乡义乌分水塘村着手翻译，起先由于《星期评论》约译，打算译完后在《星期评论》发表，但他在 1920 年 3、4 月间译完后，5 月份上海，《星期评论》停办，故《共产党宣言》未能在《星期评论》上刊登。5 月，陈望道参加了共产党上海发起组建党活动，他便把译好的《共产党宣言》交由共产党上海发起组设法出版。这样一来，在共产党上海发起组的帮助下，该书得以在 1920 年 8 月出版。因初版印数不多，很快售完，所以于 9 月份再次印刷，印成了"9 月版"。

——伍仕豪. 陈望道翻译的《共产党宣言》出版时间略考//北京图书馆马列著作研究室. 马恩列斯研究资料汇编：第 2 集. 北京：中国社会科学院马列所编辑出版部（内部资料），1981：429.

④　当年《共产党宣言》的出版经费来自共产国际代表维经斯基的支持，为了让更多人了解该书，上海共产主义小组成员沈玄庐通过《民国日报》经理兼总编、《觉悟》副刊主编邵力子，在 1920 年 9 月 30 日《觉悟》副刊上发表了一篇新书广告式的书信体短文——《答人问〈共产党宣言〉底发行》，署名玄庐。该译本是用比小 32 开还稍小的白报纸印刷的小册子，长 18 厘米，宽 32 厘米，平装，封面除书名外，还自右至左横排印有几行小字："社会主义研究小丛书第一种""马格斯、安格尔斯合著""陈望道译"。封面印有水红色马克思微侧半身肖像，马克思曲臂而坐，目视左前方。像下自右至左印有"马格斯"三个字，全书无扉页，无序言，无目录，内文共 56 页，每页 11 行，每行 36 字，采用繁体字和新式标点，页侧印有"共产党宣言"的页边字。全书基本以意译为主，许多新名词和专用术语以及部分章节标题如"贵族""平民""宗教""社会主义""贫困底哲学"等俱用英文原文加括号附注，因此书中随处可见英文原文。

——钟斋. 较早把《共产党宣言》翻译成中文的中国人. 新湘评论，2011（2）：11.

行本，这是马克思主义经典著作以完整形式出版的第一个全译本。封面印有"社会主义研究小丛书第一种"字样，内容包括 4 章。陈望道当年翻译《共产党宣言》时躲在一间破旧的柴草棚里，克服了缺少资料和工具书等重重困难，夜以继日地"费了平常译书的五倍工夫"①，经过百余天苦斗才翻译出马克思主义的第一部中文译著。这个译本无序言，封面印有马克思 56 岁时的半身像，照片占封面 3/4 的面积②。《共产党宣言》单行本的出版，使经典著作在中国早期的传播进入了一个新的历史阶段。

(5) 李达摘译本。在《马克思学说与中国》中详细介绍了《共产党宣言》，摘译了许多段落，发表于《新时代》1923 年 5 月第 1 卷第 2 号。

(6) 刘宜之摘译本。摘译了《共产党宣言》第 2 章许多段落，1923 年发表在《唯物史观浅释》一书中。

《反杜林论》　恩格斯著，该时期有两个译本：

(1) 徐苏中摘译本。他摘译了《反杜林论》的第 3 编第二、三章，以"科学的社会主义与唯物史观"为题发表于 1920 年 12 月《建设》第 3 卷第 1 号。

(2) 瞿秋白摘译本。1923 年由上海新青年社出版。

《政治经济学批判》　马克思著，范寿康全译《〈政治经济学批判〉序言》，于 1921 年 1 月在《东方杂志》第 18 卷第 1 号上发表题为"马克思的唯物史观"的文章，依据河上肇日文翻译，阐述了马克思主义者关于生产关系、上层建筑、社会意识形式、物质资料的生产与社会革命之间的密切关系，共同推动了新的社会制度的诞生等。此外，还有刘宜之译述本，1923 年发表在《唯物史观浅释》一书中，附译者的译述和解说。

《马克思学说》　陈独秀编译，分四个专题："剩余价值"、"唯物史观"、"阶级斗争"和"劳工专政"，在"剩余价值"和"唯物史观"专题中摘译了《资本论》、《经济学批评》和《哲学的贫困》等主要内容，"阶级斗争"摘译了《共产党宣言》，"劳工专政"摘译了《法兰西内战》、《政治经济学批判》及《哥达纲领批判》中的若干关于唯物史观和

---

① 中共中央马克思恩格斯列宁斯大林著作编译局马恩室. 马克思恩格斯著作在中国的传播. 北京：人民出版社，1983：254.

② 永早，爱荣. 马克思著作在中国的翻译出版概述：纪念马克思逝世一百周年. 图书馆工作与研究，1983（1）：1.

阶级斗争的论述，指出"一切过去社会底历史都是阶级斗争底历史"①，1922 年 7 月发表于上海《新青年》第 9 卷第 6 号。

此外，该时期渊泉、李大钊、李达、施存统等人从《共产党宣言》《〈政治经济学批判〉序言》《哲学的贫困》《资本论》等马列经典著作中，摘译了许多关于马克思主义哲学片段的论述。

从 1919 年 4 月起《晨报》副刊连载渊泉的《近世社会主义鼻祖马克思之奋斗生涯》，该文指出马克思在而立之年写了"历史上学问上最有价值之《共产党宣言》"②。5 月至 11 月，《晨报》连续发表 5 篇论著，其中有日本河上肇的《马克思唯物史观》（二）（渊泉，即陈溥贤译），详细摘译了《共产党宣言》和《〈政治经济学批判〉序言》中唯物主义的观点及《〈政治经济学批判〉序言》中关于唯物史观的经典论述，并对《〈政治经济学批判〉序言》中难懂的词句，如"社会的物质的生产""社会生产""社会意识形态""人类历史的前史""社会革命""社会存在决定人们的意识"等做了详细注释，标志着唯物史观开始在中国传播。其译文非常接近白话文体，如"有产阶级不但是锻炼杀身的武器，并且养成一种使用这种武器的力出来，这就是现代的劳动者无产者了"③ 等。

李大钊是最早在中国传播马克思主义的拓荒者，他指出，我们应该"依马克思的唯物史观以研究怎样成了中国今日政治经济的情状"④。1919 年 10 月，李大钊发表了《我的马克思主义观》，论文首先介绍了《资本论》的基本内容，并介绍了社会组织进化论（马克思主义唯物史观）、资本主义的经济论（政治经济学）和社会主义运动论（科学社会主义）。文章指出，阶级斗争"恰如一条金线，把这三大原理从根本上联络起来"⑤。尽管该译文存在一些不足之处，但在当时扩大马克思主义影响方面发挥了积极作用。据统计，从 1918 年 7 月到 1921 年中共一大召开前，发表各类宣传马克思列宁主义的文章达 181 篇，为马克思主义传播做出重要贡献。

此外，李达翻译了《马克思经济学说》《唯物史观解说》和《社会

---

① 陈独秀. 马克思学说. 新青年，1922-07-01，9（6）.
② 渊泉. 近世社会主义鼻祖马克思之奋斗生涯. 晨报，1919-04-01.
③ 河上肇. 马克思的唯物史观（一）. 渊泉，译. 晨报，1919-05-05.
④ 中国李大钊研究会. 李大钊全集：第 4 卷. 北京：人民出版社，2006：397.
⑤ 中国李大钊研究会. 李大钊文集：第 3 卷. 北京：人民出版社，1999：19.

问题总览》三部著作，其中，《唯物史观解说》为荷兰人郭泰著，1921年5月，中华书局将其作为"新文化丛书"一种出版。1923年范寿康、施存统、仕鲁翻译了《马克思主义与唯物史观》，1924年瞿秋白编译了《社会哲学概论》，中间摘译了《〈政治经济学批判〉序言》《反杜林论》《哥达纲领批判》和《共产党宣言》等内容。1926年李春蕃（柯柏年）翻译了《唯物史观与马克思》等著作。这些马克思主义哲学片段的摘译，使中国进步知识分子更多地接触到了唯物史观和阶级斗争理论。

2. 马克思主义经济学著作

在翻译马克思主义经济学著作方面，袁振英、邝摩汉、袁让、陶孟和、李季（郭沫若）、李春蕃（柯柏年）、施存统等做出了重要贡献。

《雇佣劳动与资本》　马克思著，该时期有多个译本：

（1）食力译本。1919年5月9日至6月1日，北京《晨报》连载了食力译的《劳动与资本》（马克思的《雇佣劳动与资本》），依据河上肇的日译文转译，著者译为"马克思"和"燕格士"，文前附"河上肇序言"，这是我国第一次正式刊载的马克思重要经济学著作。

（2）袁让全译本。广州人民出版社1921年12月以《工钱劳动与资本》为名出版，32开，竖排平装本，印有"马克思全书第二种"字样，全书共分9章，该译本是根据恩格斯修订过的1891年柏林德文本并参照罗斯路卜译的1902年纽约英文本翻译的，书前有"译例"和译者序①。译著分析了价值和使用价值的区别，阐明了在资本主义雇佣制下积累起来的、物化的劳动支配的异化现象，揭示了资本的利益和雇佣劳动利益截然对立的实质。

此外，自1919年5月始，在李大钊主持下，《晨报》副刊②的"马

---

① 北京图书馆马列著作研究室. 马克思恩格斯著作中译文综录. 北京：书目文献出版社，1983：159.

② "四大副刊"是：《晨报》副刊《晨报副镌》、《民国日报》副刊《觉悟》、《时事新报》副刊《学灯》、《京报》副刊《京报副刊》。《晨报》副刊在李大钊主持下大量刊登马克思主义译著，为北京第一大报。此外，还有上海《民国日报》副刊《觉悟》，创刊于1919年6月16日，由邵力子主编，陈望道助编，作者有陈独秀、张闻天、李大钊、李达、瞿秋白、李汉俊、萧楚女、恽代英、张太雷、刘仁静、向警予、沈雁冰、方志敏、陈望道、任弼时和邵力子等，在1919—1925年共发表介绍马克思主义的文章约50篇。1921年5月15日—20日，发表施存统节译《共产党宣言》的《见于〈共产党宣言〉的唯物史观》，1925年2月19—29日发表丽英（即柯柏年）译的恩格斯原著《空想的及科学的社会主义》。《时事新报》副刊《学灯》，创刊于1918年3月4日，主编有俞颂华、宗白华、郑振铎等，发表过李大钊、陈望道、杨昌济等人的文章。北京的《京报副刊》创刊于1924年12月5日，由孙伏园主编，也为马克思主义的传播做出了贡献。

克思研究"专栏发表了《雇佣劳动与资本》《马克思的经济学说》《马克思的唯物史观》等译著。其中，《雇佣劳动与资本》是马克思著作在我国最早和最完整的中译文。

《工资、价格和利润》 马克思著，李季全译，陶孟和校对，1922年10月，在《东方杂志》第17卷发表，名为《价值、价格和利润》，后于1922年10月由商务印书馆出版，32开，竖排平装本，印有"世界丛书"字样，著者译成"马克斯"。

《资本论》 马克思著，该时期有多个译本：

（1）费觉天译本。载于1920年《国民》月刊第2卷第3号，篇名为《马克思底资本论自叙》，即《资本论》第1卷序言，文后有译者附言。

（2）徐苏中译本。摘译第1、3卷中关于唯物史观的若干片段，1920年8月以《见于资本论的唯物史观》为题登载于《建设》第2卷，描述了唯物史观与经济的关系。

（3）邝摩汉[①]译本。于1922年3—5月载北京《今日》杂志第1卷第2、3、4号，篇名分别为《绝对的剩余价值研究》《相对的剩余价值研究》《绝对的相对的剩余价值研究》。具体情况是：摘译马克思《资本论》第1卷第3编，于3月15日在《今日》第1卷第2号发表为《绝对的剩余价值研究》；摘译马克思《资本论》第1卷第4编，于4月在《今日》第1卷第3号发表为《相对的剩余价值研究》；摘译马克思《资

---

① 邝摩汉（1885—1932），原名邝振翎，字摩汉，号石龛，江西省寻乌县人，是国内早期马克思主义重要传播者与早期马列政党创建人、中国共产党早期党员、近代著名教育学家和社会经济学家。1911年邝摩汉与胡鄂公等组建共和会江西分会，从事推翻清廷的革命活动。辛亥革命后，邝摩汉致力于文化活动，曾担任《寸心》等多家报馆主笔。1917年邝摩汉赴日东京帝国大学留学，学习社会经济。受当时日本马列主义思潮影响，邝摩汉接受了共产主义，致力于翻译和传播日文版马克思主义著作。1919年翻译发表《社会主义之进化》与《经济原论》（河上肇），1920年2月在《新中国》第2卷第2期发表《阶级斗争与劳动组合之形势变化》，6月在《时事新报》发表译著《马克思剩余价值论》（河上肇）。回国后积极参加新文化运动，邝摩汉与胡鄂公、熊德山等人组建"中国共产主义同志会"（"马克思主义研究会"）。1922年2月，邝摩汉在北京与胡鄂公、熊德山联合创办宣传马克思主义的《今日》杂志，在《今日》杂志先后发表了《俄国现实的经济地位》《唯物的中国史观》《马克斯经济学说》《相对的剩余价值研究》《绝对的剩余价值研究》《绝对的相对的剩余价值研究》等系列马列译著。1924年邝摩汉与李大钊、胡鄂公、杜国庠等人合编《列宁逝世纪念册》。1925年前后，邝摩汉创办北京文化大学并担任校长。邝摩汉一生著述颇丰，著有《黄埔丛书》《经济概论》《中国经济概况》《经济学原理》等重要著作。
——何东、杨先材，王顺生.中国革命史人物词典.北京：北京出版社，1991：326.

本论》第 1 卷第 5 编，于 5 月在《今日》第 1 卷第 4 号发表为《绝对的相对的剩余价值研究》。通过对《资本论》第 1 卷的翻译，邝摩汉从剩余价值理论方面介绍了资本主义自由竞争时代无产阶级贫困的原因，指出资本主义制度中的社会生产"不但为商品的生产，且为剩余价值的生产"①。

《论粮食税》 列宁著，1922 年 2 月，邝摩汉在《今日》发表为《俄国现实的经济地位》。还有李春蕃节译本《农税底意义》（节译《论粮食税》部分内容），指出俄国革命胜利后国家经济生活中存在着"家长的生产（大都是原始的农人生活）；小商品生产；私有资本主义；国家的资本主义；社会主义"② 五种要素，于 1922 年 2 月在上海《民国日报》副刊《觉悟》译载。

《马克斯著作史》 胡南湖译，发表于 1922 年 7 月 15 日《今日》杂志第 2 卷第 1 号，书中翻译了马克思著作的书名，其中经济学著作主要有《赁银劳动与资本》（今译《雇佣劳动与资本》）、《自由贸易论》（今译《关于自由贸易的演说》）、《价值、价格及利润》（今译《工资、价格和利润》）、《经济学批评》（今译《〈政治经济学批判〉导言》）、《资本论》等，使中国读者第一次较为详细地了解了马克思主义经济学著作的概貌。

《马克思的经济学说》 考茨基著，渊泉翻译发表为《马氏资本论释义》，该译本详细介绍了马克思的经济思想，内容涵盖了商品、货币、价值、价格、生产价格、平均利润率等③。

此外，马克思主义经济学译著还有列宁的《过渡时代的经济》（《无产阶级专政时代的经济和政治》），袁振英译，刊登于 1920 年《新青年》上④，等等。

3. 马克思主义军事著作

该时期沈泽民、李春蕃、郑超麟、李大钊、张太雷、任弼时等知识分子，为适应大革命期间军事斗争需要翻译了大量马克思主义军事著

---

① 绝对的相对的剩余价值研究. 邝摩汉，译. 今日，1922，1（4）.

② 列宁. 农税底意义. 李春蕃，译. 觉悟，1922-02-12.

③ 邱少明. 文本与主义：民国马克思主义经典著作翻译史：1912—1949. 南京：南京大学出版社，2014：61-62.

④ 李博. 汉语中的马克思主义术语的起源与作用. 赵倩，王草，葛平竹，译. 北京：中国社会科学出版社，2003：97.

作，其中，尤其以列宁的军事著作在该时期的翻译最具有代表性，主要有：

《中国革命和欧洲革命》　马克思著，李大钊译（署名为"猎夫"），于1926年中共北方委员会机关报《政治生活》第76期发表，书名为《马克思观》。

《俄国的政党和无产阶级的任务》　列宁著，金侣琴译，1919年9月，北京《解放与改造》半月刊第1卷第1期刊载了《鲍尔雪佛克（今译布尔什维克）之排斥与要求》（即列宁在1917年写的《俄国的政党和无产阶级的任务》一文），该文章中列宁以答问的方式阐明了当时俄国的政治形势和俄国各个政党对它的估计。同年12月，郑振铎摘译了列宁的《俄国的政党和无产阶级的任务》，以《俄罗斯之政党》为题载于北京月刊《新中国》第1卷第6期[①]，介绍了俄国的主要政党。

《国家与革命》[②]　列宁著，该时期有多个不同章节译本：

（1）沈雁冰译本。沈雁冰（即茅盾）摘译第1章第1部分，于1921年5月在《共产党》第4号发表为《国家与革命》。

（2）柯柏年译本。他根据英译本翻译了列宁的《国家与革命》全文，于1927年1月在《岭东民国日报》上登载。

（3）江一之译本。他翻译的《国家论》，于1927年8月由上海浦江书店出版。

（4）张太雷译本。节译《国家与革命》第1章第1—3节和第4节前半部分等。

《马克思主义与暴动》（今译《马克思主义和起义》）　列宁著，郑

---

① 张静庐. 关于列宁著作最早介绍到中国来的年代问题. 人民日报，1961-03-12.
② 《国家与革命》是列宁的重要著作，是列宁在十月革命前夕写的一部阐述马克思主义国家政权学说和阐述国际无产阶级革命与俄国革命系列重大问题的著作，于1918年出版。该著作是列宁于1917年8、9月间秘密完成的，原计划写7章，最后一章《1905年和1917年俄国革命的经验》并未写出。当年列宁写此书的目的是批判第二国际和俄国修正主义派别的国家观点，因为第二国际和俄国修正主义派要修正马克思主义关于国家与革命的学说，反对暴力革命和无产阶级专政。由此而来，在该著作中，列宁详细阐述了马克思、恩格斯的国家学说，论证了无产阶级必须通过暴力革命打碎资产阶级国家机器，建立无产阶级专政的思想。《国家与革命》的第一个中文全译本，最早刊登在1927年1月15日出版的《岭东民国日报》的副刊《革命》上面，译者为柯柏年，该书由周恩来题名。

超麟①译，指出暴动成功须遵循三个条件，即必须依靠先进的阶级、民众和革命。

《列宁主义的革命战术》 列宁著，子云节译，节译《共产主义运动中的"左派"幼稚病》第 10 节的几点结论等，提醒中国读者学习列宁的"革命经验之谈"，不要"粗疏的看过他的内容，应当细心的体会，实际的应用"②。

此外，1921 年出版两部列宁的著作：《苏维埃政权的当前任务》（李立译）与《论无产阶级在这次革命中的任务》（沈泽民译）。列宁的《亚洲的醒悟》（《亚洲的觉醒》）与《革命后的中国》（《新生的中国》），仲宁译，皆发表于 1924 年 11 月的广州《新青年》第 4 号上。《中国战争》（今译《中国的战争》），任弼时 1924 年译。1926 年柯柏年译《唯物史观与马克思》（节译《卡尔·马克思》）和《一八四八年六月巴黎无产阶级之失败》（《1848 年至 1850 年的法兰西阶级斗争》中的《1848 年的六月失败》），分别于 1926 年 12 月发表于汕头《岭东民国日报》副刊《革命》第 3 卷第 3 期和第 4 期，等等。

4. 科学社会主义著作

早期马克思主义者是翻译与传播经典著作的重要力量，他们把它作为行动指南以实践其革命思想，在当时积极宣传和实践马克思主义科学社会主义理论。施存统、邓中夏、熊德山、李达等进步知识分子围绕"社会主义必然取代资本主义"和"社会主义如何取代资

---

① 郑超麟（1900—1998），福建漳平人。1919 年 11 月赴法国留学，次年参加中国共产党旅欧组织，并加入中国共产党，是中国早期共产主义者。1923 年赴苏联，入莫斯科东方劳动者共产主义大学。1924 年回国后负责编辑中央机关报《向导》。后于上海大学教授社会学，1926—1927 年参加上海工人三次武装起义的具体组织工作，后参加著名的八七会议，任中央宣传部秘书，负责编辑《布尔塞维克》杂志。曾与陈独秀、彭述之等组织"无产者社"，反对中共政治路线，后被开除党籍。郑超麟一生重视马克思主义理论和中国革命基本理论的宣传，利用《向导》阵地发表他翻译的马克思主义理论著作，如《共产主义 ABC》《俄国革命史》等，这些理论对当时的中国革命具有重要指导意义。

——戴晴. 巨石下的坚韧与顽强：纪念郑超麟先生. 同舟共进，2008（3）：41-43；靳树鹏. 郑超麟的翻译生涯. 文史精华，2001（2）：59；深切悼念郑超麟老先生. 新文学史料，1998（4）：91；何东、杨先材，王顺生. 中国革命史人物词典. 北京：北京出版社，1991：516.

② 列宁. 共产主义运动中的"左派"幼稚病. 子云，节译. 中国青年，1926（110-111）.

本主义"① 这两个科学社会主义发展主题，对马克思主义科学社会主义著作进行了较为细致的翻译。

该时期科学社会主义著作主要有：

《家庭、私有制和国家的起源》 恩格斯著，有多个摘译本：

（1）恽代英译本。摘译《家庭、私有财产与国家的起源》第 2 章，于 1920 年 10 月在《东方杂志》第 17 卷第 19—20 号发表为《英哲尔士论家庭的起源》，文前有译者注，指出"野人的人智，使他发明主要工具以尽自然产物之用；蛮人乃得知识，以耕畜加增自然产物；文明人更进而推广自然产物的利用，及制造与技术"②。恽代英还在译文前增加了一段说明："读马氏传的，无有不知他的。此篇节译其论家庭起源的意见。"③ 该译本由《东方杂志》上海图书馆收藏。

（2）熊德山④译本。摘译《家庭、私有制和国家的起源》的第 1、5、6、9 章的译文，于 1923 年 8 月发表于《今日》第 3 卷第 2 号，篇名分别为《历史以前的文化阶段》、《国家的起源》与《未开与文明》，由《今日》杂志上海图书馆收藏。

《社会主义从空想到科学的发展》 恩格斯著，该时期有多个译本：

（1）郑次川摘译本。摘译《社会主义从空想到科学的发展》第 3 章，本书将该章分为 8 个部分，每章都有标题，为竖排平装本，在附录部分为恩格斯作了传记，介绍了他对马克思主义的贡献。著者译为"恩格尔"，1920 年 8 月由上海群益书社以《科学的社会主义》为名出版。

（2）徐苏中摘译本。摘译了《反杜林论》第 3 篇第 2、3 章，于

---

① 顾海良. 科学社会主义的发展阶段及其主题的转换. 中国人民大学学报，2005（3）：2-10.

②③ 恩格斯. 英哲尔士论家庭的起源. 恽代英，译. 东方杂志，1920，17：19-20.

④ 熊德山（1891—1939），字子奇，亦名康年，湖北江陵人，著名马克思主义经典著作翻译家。清末留学日本，肄业于明治大学。回国后先后加入共进会和同盟会，与胡鄂公在保定成立共和会，响应武昌首义。1922 年与胡鄂公、邝摩汉等在北京组织成立"马克思主义研究会"宣传马克思主义，创办《今日》杂志并担任主编，同年加入中国共产党。1929 年与邓初民等人在上海创办昆仑书店，1930 年加入中国社会科学家联盟和中国互济会，1932 年任教广西大学，直至 1939 年逝世。熊德山先后翻译了《社会主义从空想到科学的发展》《家庭、私有制和国家的起源》《哥达纲领批判》等马列著作。

——张宪文. 中华民国史大辞典. 南京：江苏古籍出版社，2001：268；熊月之. 上海名人名事名物大观. 上海：上海人民出版社，2005：228.

1920 年 12 月以《科学的社会主义与唯物史观》为名发表于《建设》第
3 卷第 1 号，文前有译者序。

（3）柯柏年译本。他以"丽英女士"为笔名，根据马克思的女婿艾
维林的英译本，翻译了恩格斯的《社会主义从空想到科学的发展》，著
者译为"昂格斯"，文前有署名"存统"的简短说明，以《空想的及科
学的社会主义》为名于 1925 年的 2 月至 3 月在上海《民国日报》副刊
《觉悟》上连载，柯柏年对这本"科学的社会主义三大经典之一"[1] 的
全译，使中国共产党人能够学会运用唯物史观的基本原理认识和分析中
国社会的性质和阶级状况。

《马克思底共产主义》 1921 年施存统编译，摘译了《共产党宣言》
《法兰西内战》《哥达纲领批判》《社会主义从空想到科学的发展》四部
著作中关于科学社会主义的阐述，"大家都知道马克思是一个科学的社
会主义者，他的社会主义是有科学体系的。在他以前的社会主义，都是
空想的社会主义，没有科学的体系，自从他出来之后，社会主义才具有
了科学的体系，到了一个新纪元"，并指出马克思对"（一）为实现那个
当做理想的共产主义社会要怎样的'物质基础'，和（二）那个必要的
'物质基础'如何才能完成"[2] 这两个问题进行了详细阐述。

《列宁主义概论》 斯大林著，瞿秋白译，是根据《论列宁主义基
础》[3] 的主要内容编译的，指出"资本与劳动的冲突、帝国主义列强及
各国财政资产阶级内部的冲突和列强帝国主义者与殖民地弱小民族之间
的冲突"[4]，是列宁主义诞生的历史根源。列宁在著作中分析了资本主
义的新变化，把科学社会主义"研究到执行无产阶级革命及独裁制的种
种更具体的问题"[5] 之程度，该译著于 1927 年 1 月由长江书店出版，
这是斯大林著作在中国的第一个中文全译本，在运往上海途中，由于

① 恩格斯. 空想的及科学的社会主义. 丽英，译.《民国日报》副刊《觉悟》，1925－
02－19.

② 施存统. 马克思底共产主义. 新青年，1921，9（4）.

③ 《论列宁主义基础》是在列宁逝世后不久，1924 年 4 月初斯大林在斯维尔德洛夫大学
所做的一个演讲，后分 7 次刊登在《真理报》上。在该演讲中斯大林批评了托洛茨基等人对列
宁主义的曲解，阐述了列宁主义的基本观点。1927 年瞿秋白将该演讲翻译成中文，由长江书
店出版。《论列宁主义基础》是斯大林著作在中国最早的中文译本，中国共产党在新民主主义
革命的不同历史时期多次将其列为干部必读书目。

④⑤ 斯大林. 列宁主义概论. 瞿秋白，译. 新青年，1925（1）.

上海发生"四一二"反革命政变，只能改运至汉口发售，在途中被反动派向英舰告密，接着武汉又发生"七一五"反革命政变，1 万本新书遂尽数沉没在长江中。1928 年 1 月，汉口长江书店又翻印数千册，32 开，共 156 页。封面上的书名、著者名字均横排。封面上端用红字印着"全世界无产者联合起来！"。封面下端印着"新青年社丛书之一种"，扉页还印有献词："贡献这个译本给中国共产党第五次代表大会"。在 1927 年 12 月出版的《布尔塞维克》杂志第 9 期刊有启示广告等①。

《哥达纲领批判》 马克思著，有多个译本：

（1）李达译本。马克思的《德国劳动党纲领栏外批评》（即《哥达纲领批判》），载于 1923 年 4 月的《新时代》第 1 卷第 1 号上。

（2）熊德山译本。1922 年 5 月，以《哥达纲领批评》为名发表在《今日》第 1 卷第 4 号上，文前有译者附记，这是该著作在我国发表的最早的中译文。

（3）李春蕃译本。他参照 3 个英文译本翻译马克思的《哥达纲领批判》，包括恩格斯序言、马克思给白拉克的信和《对德国工人党纲领的几点意见》，于 1925 年 8 月由上海书店以"解放丛书社"名义出版，该译本出版后受到好评，1926 年 1 月再版印刷发行，此外，各地还有大量翻印的译本。

（4）彭学霈译本。载 1925 年《学灯》第 7 卷第 5 册，篇名为《德意志劳动党纲领批评》，包括恩格斯序言、马克思给白拉克的信、德国社会主义工人党纲领。该译文依据 1922 年德文本和法文本翻译②。

《帝国主义是资本主义的最高阶段》 列宁著，李春蕃根据英译本翻译，指出世界正处于垄断资本主义即帝国主义阶段，帝国主义的腐朽性加速了资本主义向社会主义的过渡，该译著先于 1922 年 5 月在上海《民国日报》副刊《觉悟》以《帝国主义》为名刊载，后以《帝国主义浅说》为名于 1925 年 12 月由上海新文化书社出版。

5. 马克思主义文艺论著

马克思、恩格斯、列宁、斯大林等经典作家没有专门系统的文艺著

---

① 曹予庭. 斯大林著作的最早中译本 // 北京图书馆马列著作研究室. 马恩列斯研究资料汇编：第 1 集：下. 中国社会科学院马列所编辑出版部（内部资料），1980：226.

② 北京图书馆马列著作研究室. 马克思恩格斯著作中译文综录. 北京：书目文献出版社，1983：122.

作，他们的文艺思想散见于其著作中。在党成立初期，李大钊、瞿秋白等人开始对马克思主义文艺理论做系统翻译与介绍。

早在五四运动前就有翻译和介绍马克思主义文艺理论的译著，主要有恩格斯的《〈共产党宣言〉序言》，民鸣译，日本《天义报》1908 年 1 月转载，该序言是恩格斯写的《〈共产党宣言〉1888 年英文版序》。《共产党宣言》，民鸣译，日本《天义报》1908 年 2 月转载，在其第 1 章中有大量关于文艺思想的论述。

该时期马克思主义文艺理论译著主要有：

《〈政治经济学批判〉序言》　马克思著，李大钊译，马克思的《〈经济学批评〉序文》（《〈政治经济学批判〉序言》），刊载于《我的马克思主义观》一文中，指出"作为社会意识形态部门之一的艺术的观点，这可以看作是已知的马克思主义文艺理论观点在中国的最早的介绍"①。

《托尔斯泰和当代工人运动》（即《列·尼·托尔斯泰和现代工人运动》）　列宁著，郑超麟译，发表在 1925 年 2 月 13 日《民国日报》副刊《觉悟》上，这是列宁文艺论著的第一篇中译文。

《论党的出版物与文学》（《党的组织和党的出版物》）　列宁著，一声（冯乃超）节译，该著作强调党的书刊应当成为无产阶级事业的一部分。对我国革命文艺的发展具有特别重要的意义，该文最初发表在 1926 年 12 月 6 日的《中国青年》第 144 期上。

此外，翻译的其他马克思主义文艺理论著作还有马克思的《马克思的诗》，李湘渔译，发表于 1922 年 5 月 5 日《今日》第 1 卷第 4 号；托洛茨基的《论无产阶级的文化与艺术》，仲云译，发表于 1926 年 3 月 14 日《文学周报》216—219 期等，《共产党宣言》译文中也有大量马克思和恩格斯阐述的社会意识形态学说及资本主义某些文艺现象等。

6. 马克思主义民族殖民地理论著作

《民族自决》　列宁著，袁振英译，是列宁在俄共第八次代表大会上《关于党纲的报告》的部分段落，该文是列宁著作首次被译成中文，于 1920 年刊登在《新青年》上②。

---

① 李衍柱. 马克思主义文艺理论在中国. 济南：山东文艺出版社，1990：274.

② 李博. 汉语中的马克思主义术语的起源与作用. 赵倩，王草，葛平竹，译. 北京：中国社会科学出版社，2003：97.

《列宁主义之民族问题的原理》 斯大林著，蒋光赤译，摘自阐述列宁主义原理的《论列宁主义基础》第 6 部分《民族问题》，指出在帝国主义时代，"波斯、土耳其及中国虽然非完全殖民地，但为帝国主义的武力所征服，遂成为依赖的国家"①，以《列宁主义之民族问题的原理》为题于 1924 年 12 月 20 日在上海《新青年》季刊第 4 号"国民革命号"上发表，这是斯大林著作最早的中译文。

《专政问题的历史观》（即《关于专政问题的历史》）与**《第三国际及其在历史上的位置》**（即《第三国际及其在历史上的地位》） 列宁著，郑超麟译，于 1925 年发表在广州《新青年》不定期刊第 1 号上。

（三）马克思主义经典著作曲折编译与传播阶段（1927—1937）

新民主主义革命时期，马克思主义经典著作被广泛翻译和出版，包括全集、文集、单行本等各种版本。据不完全统计，1921—1949 年，全国翻译出版的马列著作共 522 种。其中，从 1927 年 8 月到 1937 年 6 月，马克思主义经典著作的编译质量和出版数量都是党成立以来所无法比拟的，该时期中央苏区和国统区的进步知识分子翻译出版的仅马克思恩格斯著作就有 38 种，在译著数量上远远超过党成立初期（见表 6 - 2）。特别是国统区广大进步知识分子，如朱镜我、许德珩、李一氓、向省吾、艾思奇、郑易里、彭嘉生、陈启修、瞿秋白、李达、郭沫若、柯柏年、吴黎平、王学文、何思敬、侯外庐等广大社会科学工作者，在严酷的政治斗争环境下，为翻译、介绍马克思主义经典著作做出了重要贡献，推动了哲学社会科学的发展。

表 6 - 2　1921—1937 年马克思、恩格斯、列宁、斯大林著作中译本统计比较表

年代	马克思、恩格斯	列宁	斯大林	马恩列斯合著	总计
1921.7—1927.7	6	23	2	0	31
1927.7—1937.6	38	38	30	7	113
总计	44	61	32	7	144

资料来源：张静庐. 中国现代出版史料：丙编. 北京：中华书局，1956：247.

土地革命战争时期，开始有专题集、选集等新的传播形式，出现了

---

① 斯大林. 列宁主义之民族问题的原理. 蒋光赤，译. 新青年（季刊），1924（4）.

编译和出版马克思主义经典著作的热潮（见表 6 - 3 部分译著统计）。据
《新思潮》杂志统计，在 1928—1930 年间出版的马列著作有 40 多种，
马克思主义哲学、社会科学著作 120 多种。马克思、恩格斯的主要著作
在该时期几乎都有了中文全译本，有的甚至同时有多个中译本出版。当
年国统区和中央苏区进步知识分子编译的经典著作，主要涉及马克思主
义哲学、经济学、文艺理论等诸多领域。

表 6 - 3　1930 年马克思、恩格斯部分著作中译本年表

著作	著者	译者	出版者
《资本论》（第 1 卷第 1 分册）	马克思	陈启修	昆仑书店
《拿破仑第三政变记》	马克思	陈仲涛	江南书店
《经济学批判》	马克思	刘　曼	乐群书店
《反杜林论》	恩格斯	吴黎平	江南书店
《马克思主义之基础》	马克思、恩格斯	潘鸿文	社会科学研究社
《费尔巴哈与古典哲学底终末》	恩格斯	向省吾	江南书店
《马克思论文选译》（第 1 集）	马克思	李一氓	社会科学研究会

资料来源：张静庐. 中国出版史料：补编. 北京：中华书局，1957：445-446.

1. 马克思主义哲学著作

该时期翻译出版了大量马克思主义哲学著作，数量上远远超过建党
之初和大革命时期，朱镜我、李铁声、杜竹君、许德珩、李膺扬、郑超
麟、杨东莼、宁敦伍、向省吾、华岗、陈启修等做出了重要贡献。当时
的代表性哲学译著主要有：

《哲学的贫困》　马克思著，在该时期有多个译本：

（1）李铁声译本。依据法文本译其中的第 1、2 章，摘录了其中关
于唯物辩证法和唯物史观部分内容编译而成，1928 年 9 月，以《〈哲学
底贫困〉底拔萃》为题发表在《思想》月刊第 2、3 期上。

（2）杜竹君译本。杜竹君译为《哲学之贫困》，32 开，横排平装
本，依法文本翻译，包括正文、恩格斯为《哲学的贫困》德文第 1 版和
第 2 版写的序言，附录部分有马克思的《政治经济学批判》（第 2 章）
《论蒲鲁东（给约·巴·施韦泽的信）》和《关于自由贸易的演说》3
篇，1930 年由上海水沫书店再版。

（3）许德珩译本。1932 年 7 月，许德珩①译为《哲学之贫乏》，依据第 3 版法文原文、英文译本及日文译本翻译而成，为大 32 开竖排平装本，全译单行本，附有德文第 1 版序言和第 2 版按语。附录部分有《政治经济学批判》（第 2 章 B 部分）、《论蒲鲁东》和《关于自由贸易的演说》3 篇，东亚书局 1932 年出版。

（4）程始仁译本。于 1935 年载《辩证法经典》，篇名为《经济学的形而上学》，摘译了《哲学的贫困》第 2 章第 1 节和第 5 节后半部分②。

《路德维希·费尔巴哈和德国古典哲学的终结》 恩格斯著，至少有 5 种译本：

（1）林超真（即郑超麟）译本。从法文本翻译，依据俄文版校订，1928 年 3 月发表在由上海沪滨书局出版的《宗教·哲学·社会主义》一书中，译名为《费儿巴赫与德国古典哲学的末日》，为全译文，附序言，除了包括《费尔巴赫与德国古典哲学的末日》外，《宗教·哲学·社会主义》还收录了《空想社会主义与科学社会主义》（即《社会主义从空想到科学的发展》）等译著③。该译本 1929 年 10 月再版，12 月由上海亚东图书馆印行第 3 版，该版增补了普列汉诺夫为《路德维希·费尔巴哈和德国古典哲学的终结》俄文第 2 版写的序言，1934 年该书局再版。

（2）彭嘉生译本。1929 年 12 月由上海南强书局出版，书名为《费尔巴哈论》，是根据德文原文并参照英译本和日译本翻译的单行本，是

---

① 许德珩（1890—1990），字楚生（僧），江西九江人。他的夫人劳君展（1900—1976），湖南长沙人，早年参加过新民学会。许德珩于 1909 年入九江中学堂，1911 年投笔从戎，1913 年参加湖口讨袁之役。1915 年进入北京大学学习，1918 年 5 月，参与发起成立学生爱国会，创办《国民》杂志，同年又参加少年中国学会，后与邓中夏等成立北京大学平民教育讲演团。1927 年回国，任广州中山大学教授及黄埔军校政治教官等职，并参加中共外围组织中国社会科学家联盟的一些活动。1931 年 7 月，任北京大学教授，1933 年当选为中国民权保障同盟北平分会执行委员。抗战时期，被聘为国民参政会参政员，积极宣传抗日。1949 年 9 月出席中国人民政治协商会议。新中国成立后，许德珩曾担任全国人大常委会副委员长等职。1990 年在北京逝世，终年 100 岁。著有《社会学讲话》《中日关系及其现状》及《为了民主与科学》等。

——何东，杨先材，王顺生. 中国革命史人物词典. 北京：北京出版社，1991：225-226.

② 北京图书馆马列著作研究室. 马克思恩格斯著作中译文综录. 北京：书目文献出版社，1983：447.

③ 同②1118.

恩格斯著作第一次被译成中文出版。该译本为全译文，附序言，除正文外，以附录形式收有 5 篇马克思、恩格斯著作中唯物主义辩证法的论述：一是《费尔巴哈论纲》（即马克思的《关于费尔巴哈的提纲》）；二是《费尔巴哈论》补遗（即恩格斯的《自然辩证法》札记和片断）；三是《史的唯物论》（即恩格斯的《社会主义从空想到科学的发展》英文版导言）；四是《法兰西唯物论史》（即马克思、恩格斯《神圣家族》一书的摘译）；五是《马克思的唯物论及辩证法》（即恩格斯的《卡尔·马克思〈政治经济学批判〉的节译》）。该译著后来于 1932 年和 1935 年由上海南强书局多次再版。

（3）杨东莼、宁敦伍合译本。书名为《机械论的唯物批判论》，由上海昆仑书店 1932 年初版，署名为赫尔曼·唐克尔，附有普列汉诺夫写的注释，附录比正文篇幅大，共有 8 篇：一是《费尔巴哈提纲》；二是《费尔巴哈论补遗》，即《自然辩证法》札记部分中的《〈费尔巴哈〉的删略部分》一节；三是《史的唯物论》，即《社会主义从空想到科学的发展》一书的英文版导言；四是《法兰西唯物论史》，即《神圣家族》一书中《对法国唯物主义的批判的战斗》一节；五是《马克思的唯物论与辩证法》，即马克思《政治经济学批判》一文的第 2 节；六是《费尔巴哈论纲》原稿译文；七是《观念论的见解与唯物论的见解之对立》，即《德意志意识形态》第 1 卷第 1 章；八是《蒲列哈诺夫对费尔巴哈论的序文和评注》，包括普列汉诺夫为俄译本写的第 1、2 版序文和评注[①]。该译本出版时印制了两个版本，一个是《机械论的唯物论的批判》（灰色封面），一个是《费尔巴哈论》（黄色封面）。

（4）青骊、刘易斯译本。为横排平装本，书名为《费尔巴哈论》英汉对照，分 4 节，每节有标题，文前有序言，附录收入了马克思的《费尔巴哈论纲》等，1932 年 11 月由上海社会主义研究社出版。

（5）向省吾译本。书名为《费尔巴哈与古典哲学底终末》，依据德文版《马克思主义文库》第 3 卷而译，同时参照了日文版，1930 年 4 月由上海江南书店出版，为横排平装本，该书节译了《神圣家族》，题为《法国唯物论史》。

---

① 中共中央马克思恩格斯列宁斯大林著作编译局马恩室. 马克思恩格斯著作在中国的传播. 北京：人民出版社，1983：25.

《共产党宣言》①　马克思、恩格斯著，华岗译，根据《共产党宣言》的英文本翻译，并且采用了汉英对照的方式，英文在前，中译文在后。该译本除了正文内容外，还包括 1872 年、1883 年、1890 年的 3 篇序言，译文质量有所提高，文字更加顺畅，如最后一句话，陈望道译本的翻译是"万国劳动者团结起来呵！"，华岗的译本是"全世界无产者联合起来！"②。其中阐明的唯物史观、阶级斗争和资本主义社会的实质等重要观点成为当时革命青年斗争的重要理论武器，译著于 1930 年由上海华兴书局出版，初版书名为《宣言》，署名为"上海中外社会科学研究社"。

《自然辩证法》③　恩格斯著，该时期共有 3 个译本：

（1）陆一远译本。1928 年 11 月由上海春潮书局出版，为竖排平装本，书名是《人种由来说》，包括《人类进化的过程》（即《自然辩证法》中《导言》的一部分）、《劳动是猿到人类的进化过程中的产物》（即《自然辩证法》中《劳动在从猿到人转变过程中的作用》）。1929 年再版时书名改为《马克思主义的人种由来说》。

（2）成嵩译本。1930 年由上海泰东书局出版，书名是《从猿到人》，内容包括《人类进化的过程》（即《自然辩证法》中《导言》的一部分）、《马克思主义观点的达尔文主义》、《劳动在由猿进化到人的过程中的作用》（即《自然辩证法》中《劳动在从猿到人转变过程中的作用》）及序言。

（3）杜畏之译本。此为《自然辩证法》的第一个中文全译本，题为

---

① 该译本内容包括：《共产党宣言》《1872 年序言》《1883 年序言》《1890 年序言》及《共产党宣言》的英文本。华岗翻译的《共产党宣言》开创了"五个第一"：一是中国共产党成立后，出版的第一个《共产党宣言》全译本；二是中国共产党成立之后第一个以共产党员身份翻译的《共产党宣言》；三是该书附加的 3 个德文版序言第一次与我国读者见面；四是该译本附加的《共产党宣言》的英文全文，采用的是恩格斯亲自校阅的 1888 年英文版本，这也是我国第一次出版英文本《共产党宣言》；五是第一次采用英汉对照形式出版。该译本出版发行后销量很好，很快又再版两次，在 20 世纪 30 年代印刷多次。

——钟斋. 较早把《共产党宣言》翻译成中文的中国人. 新湘评论，2011（2）：12.

② 中共中央马克思恩格斯列宁斯大林著作编译局马恩室. 马克思恩格斯著作在中国的传播. 北京：人民出版社，1983：277.

③ 当年毛泽东认为恩格斯写得十分精彩的两篇短文，都是《自然辩证法》一书中的，一篇是《劳动在从猿到人转变过程中的作用》；一篇是从《〈自然辩证法〉导言》中节录的一段，另命名为《人类进化的过程》。

《自然辩证法》，依据俄文本翻译、德文本校正，1930 年 9 月由上海神
州国光社出版，到新中国成立前，该译本由神州国光社再版 5 次。

《德意志意识形态》 马克思、恩格斯著，该时期有多个版本：

（1）高语罕译本。1930 年由上海亚东图书馆初版，根据河上肇辑
的《辩证法经典》，节译了《德意志意识形态》第 1 章《A. 一般意识
形态，特别是德意志意识形态》部分段落，以《唯物的见解和唯心的见
解之对立》为名出版。

（2）杨东莼、宁敦伍合译本。在其附录中"摘译了《德意志意识形
态》第 1 卷第 1 章《A. 一般意识形态，特别是德意志意识形态》中的
一部分"①，篇名为《唯物的见解和唯心的见解之对立》，由上海昆仑书
店 1932 年初版，这是国内最早的以《马克思恩格斯文库》（第 1 卷）德
文原文（赫尔曼·唐克尔）为蓝本的《德意志意识形态》的节译本，以
附录形式节译了《德意志意识形态》的部分段落。

（3）荃麟摘译本。他节译了《A. 一般意识形态，特别是德意志意
识形态》当中的若干章节，于 1937 年 2 月以《社会意识形态概说》为
题在《时事类编》第 5 卷第 3 期上发表。

（4）程始仁译本。"摘译《德意志意识形态》第 1 章《A. 一般意
识形态，特别是德意志意识形态》部分段落"②，于 1930 年 4 月载《辩
证法经典》，篇名为《唯物的见解与唯心的见解之对立》。

《反杜林论》 恩格斯著，该时期有多个译本：

（1）吴黎平译本。这是他的第一个中文全译本③，根据德文原本，

---

① 北京图书馆马列著作研究室. 马克思恩格斯著作中译文综录. 北京：书目文献出版
社，1983：65-66.

② 同①66.

③ 作者当年翻译该书时，条件艰苦，"那时我一面挥汗译书，一面又要冒名代课，有时
还得提防国民党特务的跟踪。吃饭更是有一顿没一顿的。在这样的情况下，我用了 3 个月的时
间译完了《反杜林论》全书。交给当时进步的江南书店出版。那时书印得很快，大约是 1930
年 9 月付排，11 月就出版了。《反杜林论》中译本出版不久，我就被国民党特务逮捕了。被捕
后，我还庆幸自己译得很快，不然译作就有夭折的危险。1932 年我结束了两年的牢狱生活，
就离开上海去中央苏区。后来，有人告诉我，我译的《反杜林论》在险恶环境中，由于读者
的迫切需要和出版工作者的积极努力，居然再版翻印了几次。这对我是一个很大的鼓励和安
慰"。

——中共中央马克思恩格斯列宁斯大林著作编译局马恩室. 马克思恩格斯著作在中国的
传播. 北京：人民出版社，1983：40.

并参照俄文和日文两种译本翻译，详细阐明了马克思主义的三个重要组成部分。该书是 32 开横排本，分平装和精装本两种，全译文，书前有译者序言，1930 年 8 月由上海江南书店出版。1931 年 8 月上海江南书店再版，横排本，分平装和精装本两种。1932 年上海笔耕堂书店重印，32 开，竖排平装本，译者署名吴理屏，书前加印张仲实译的《〈反杜林论〉出版六十周年纪念》一文。该译本是在中国影响最大、流传最广的一个版本。

（2）钱铁如译本。1930 年 12 月，钱铁如以《反杜林格论》为译名的译本，由上海昆仑书店出版，只出版了上册，即该书的绪论和哲学篇。

（3）叶作丹译本。1930 年叶作丹摘译了《反杜林论》的部分章节，载于《马克思学体系》第 3 册，标题为《达尔文学说之基础的要素》，等等。

《唯物史观原文》　马克思著，李一氓为纪念马克思诞生 110 周年而编译，收录了马克思在《神圣家族》《哲学的贫困》《共产党宣言》《〈政治经济学批判〉序言》和《资本论》中有关唯物史观的论述，刊登于《流沙》1928 年 5 月特刊号上。

《共产主义运动中的"左派"幼稚病》　列宁著，吴凉译，以《"左派"幼稚病》为名于 1927 年 12 月由上海浦江书店正式出版发行，1930 年社会科学研究社重印。该著作是 1920 年 4 月列宁为批判国际共运中"左倾"思潮而写的，6 月出版了俄文单行本，7 月又相继出版了德文、法文和英文本。该著作主要总结了俄国三次革命和苏维埃国家成立初期的经验，阐述了马克思主义的战略和策略，丰富并发展了无产阶级革命和无产阶级专政的理论。

《马克思墓前悼词草稿》　恩格斯著，该时期有多个译本：

（1）厉译本。篇名为《恩格尔斯在马克思墓前的演辞》，在《出路》1928 年 10 月 20 日第 1 期上发表。

（2）易桢译本。篇名为《恩格尔斯 1883 年 3 月 17 日在马克思墓旁的演说（摘录）》，载社会科学研究会《马克思传及其学说》（1930 年 5 月）。

（3）林风译本。篇名为《恩格斯在马克思下葬时的演说》，载于 1933 年 5 月 11 日的天津《大公报》。

　　该时期翻译和出版了列宁哲学方面的专著或文集达 38 种，其中，1929—1932 年，翻译出版的列宁哲学著作就有 14 种。如 1929 年上海出版机构出版的列宁哲学著作中译本有：《帝国主义是资本主义的最高阶段》（1929 年刘野平译，书名译为《资本主义最后阶段·帝国主义论》）、《卡尔·马克思》（1929 年冯雪峰译，书名为《科学的社会主义之梗概》）、《两个策略》（1929 年陈文瑞译）、《国家与革命》（1929 年上海中外研究会第一次以单行本形式翻译出版）、《唯物论与经验批判论》（1930 年笛秋、朱铁笙译）、《俄国资本主义的发展》（1930 年彭苇秋等译）、《无产阶级革命和叛徒考茨基》（胡瑞麟译，1929 年华兴书局出版，书名为《革命与考茨基》）等。其中，《社会民主党在民主革命中的两种策略》是列宁于 1905 年 6、7 月份在日内瓦写的关于无产阶级政党在民主革命中的策略问题的一部科学社会主义著作。1929 年，上海中外研究会以《两个策略》（扉页题《社会民主党在民主革命中的两种策略》）为题出版了陈文瑞译的中文本①。1930 年，上海出版的列宁著作单行本有：《社会民主党在一九〇五年至一九〇七年第一次俄国革命中的土地纲领》、《唯物主义和经验批判主义》及《俄国资本主义的发展》上册②等。

　　此外，还有斯大林、普列汉诺夫的中译本，如 1933 年由扬子江书店出版，瞿秋白译、斯大林著的《列宁主义概论》（即《列宁主义问题》），是斯大林著作在中国最早的译本。1934 年，上海太平洋书店出版了由翦伯赞译的斯大林著作文选《苏俄集体农场》。1938 年，中国出版社出版了《斯大林言论选集》等。

　　在翻译和传播马列哲学著作过程中，进步知识分子特别注意宣传辩证唯物论，这在 20 世纪前期着重介绍唯物史观基础上又前进了一步。这些译著对马克思主义基本原理做出了比较准确的阐释，对我们党正确理解马克思主义并用之来总结中国革命经验教训和探索革命新道路提供了重要方法论指导。

---

　　①　陈晋. 毛泽东读书笔记解析：上册. 广州：广东人民出版社，1996：256. 后来在抗战时期，1940 年新华日报华北分馆亦出版了该书的中译本，书名为《在民主革命中社会民主党的两个策略》，延安解放社和辽东建国书店分别于 1943 年和 1946 年重印了该译本。

　　②　宋原放. 中国出版史料：现代部分：第 1 卷：上. 济南：山东教育出版社，2001：119.

2. 马克思主义经济学著作

马克思主义经济学在这一时期也被广泛翻译，主要有：

《雇佣劳动与资本》 马克思著，该时期有多个版本：

（1）朱应祺、朱应会合译本。书名为《工钱劳动与资本》①，32 开，竖排平装本，印有"马克斯研究丛书之五"字样，全书包括 3 章，是依据河上肇的日译本转译的。在该译本中，"雇佣劳动"被翻译成"工钱劳动"，该书被编入"马克斯研究丛书"，1929 年 5 月由上海泰东图书局出版。

（2）李一氓译本。根据英文本翻译，书名为《工资劳动与资本》，包括《雇佣劳动与资本》全文及 1891 年单行本导言，收在 1930 年 2 月由上海社会科学研究社出版的《马克思论文选译》（第 1 集）中。

（3）潘鸿文译本。书名是《马克斯雇佣劳动与资本》，分 9 章，每章都有小标题，收在 1930 年 3 月由上海社会科学研究社出版的《马克斯主义的基础》一书中②。

《资本论》③ 马克思著，该时期出现了多种译本：

---

① 此外，在《马克思论文选译》（一）（李一氓译，1930 年 2 月由上海社会科学研究社出版）、《马克思主义之魂》（潘鸿文编，1930 年 3 月由上海社会科学研究社出版）、《政治经济学论丛》（王学文等译，1939 年延安解放社出版）及《马克思恩格斯选集》（两卷集，苏联外国文书籍出版局出版）等文集、选集中，都收录了《雇佣劳动与资本》。1939 年 9 月，生活书店又出版了沈志远的译本。

② 北京图书馆马列著作研究室. 马克思恩格斯著作中译文综录. 北京：书目文献出版社，1983：159.

③ 《资本论》是马克思的一部划时代的经济学著作，是诠释马克思思想最重要的文本依据。马克思从 1843 年秋季研究经济问题起，到 1883 年 3 月逝世止，整整用了 40 多年时间从事《资本论》的写作。《资本论》第一个译本是 1872 年在圣彼得堡出版的俄文本，第二个译本是 1872—1875 年出版的法文本，该法文本全部经过作者校订和修改，共出了 44 个分册。《资本论》全书共 3 卷，运用了哲学、社会科学、经济学和自然科学理论与方法，阐述了资本生产过程、资本流通过程和资本主义生产的总过程。1867 年 9 月 14 日在汉堡出版了第 1 卷，恩格斯于 1885 年和 1894 年整理出版了《资本论》第 2 卷和第 3 卷。在发表后的 100 多年里，被翻译成几十种文字，出版了数以百计的版本。早在 1919 年 5 月，李大钊出版了纪念马克思诞生 100 周年专号，发表了《我的马克思主义观》及《马克思的经济学说》，扼要介绍了《资本论》的内容。

——高阳. 《资本论》法译本、英译本和中译本的比较//连真然. 译苑新谭：第 2 辑. 成都：四川人民出版社，2010：24；中共中央马克思恩格斯列宁斯大林著作编译局马恩室. 马克思恩格斯著作在中国的传播. 北京：人民出版社，1983：282.

（1）陈启修①（即陈豹隐）译本。原计划分 10 册出版，但最终只出版了第 1 卷第 1 分册《商品和货币》，1930 年由上海昆仑书店出版，为 32 开，横排精装本，后于 1935 年 3 月和 1938 年 5 月再版，主要依据德文原版，同时参照英译本与日文版校订，该版还收入了河上肇的《〈资本论〉在马克思经济学上的地位》和考茨基的《马克思经济学说在思想史上的地位》两篇文章。

（2）潘东周译本。1932 年潘东周翻译的《资本论》第 1 卷中的第 2、3、4 篇（第 4—13 章），分第 2、3 两册分别于 1932 年、1933 年由北平亚东书局出版，32 开，竖排本，有平装和精装两种。但该译本错误较多。

（3）侯外庐译本。史学家侯外庐②翻译了该书的第 1 卷和第 2、3卷的大部分，并于 1936 年出版第 1 卷全译本。

（4）侯外庐、王思华合译本。侯外庐、王思华（王慎明）合译的《资本论》第 1 卷 3 册，依据《资本论》德文第 4 版翻译，同时参考了考茨基校勘的德文本、经恩格斯校阅的 Moore and Aveling 的英译本、Eden and Cedar Paul 的英译本、Molitor 的法译本、高素之的日译本及

---

① 陈启修（1886—1960），又名陈豹隐、陈勺水、陈惺农，父亲陈品全，进士，曾任礼部祠祭司主事、广西省永淳县知县。陈启修 1886 年生于四川中江，著名马列著作翻译家，早年曾留学日本东京帝国大学，翻译了日本小林丑三郎的《财政学提要》，该译著开创了完全使用白话翻译经济著作的先河。1917 年回国后受蔡元培邀请担任北京大学法科教授，兼政治系主任，讲授财政学、统计学，他的讲义《财政学总论》《地方财政学》《统计学》由商务印书馆等出版。1923 年赴苏联和西欧考察，归国后参与领导国民革命运动，历任广州黄埔军校教官与农民运动讲习所教员、国立中山大学法科科务主席、武汉《中央日报》总编辑等，陈启修为中文《资本论》最早的翻译者。

——李友唐. 中国第一个翻译《资本论》的人：陈启修. 中华魂，2011（9）：43-45.

② 侯外庐（1903—1987），原名兆麟，山西平遥人。1922 年就读于北京法政大学法律系和北京师范大学历史系，1926 年主编秘密革命刊物《下层》，次年赴法勤工俭学。1930 年回国于哈尔滨法政大学任教，1932 年与王思华合译出版《资本论》第 1 卷，同年任北京大学教授，1938 年到重庆任《中苏文化》主编。1947 年在上海主编《文汇报》副刊《新思潮》，1949 年全国解放后，历任北京师范大学历史系主任、西北大学校长、中国科学院历史研究所副所长等职务，著有《中国古代社会与老子》《中国古典社会史论》《中国古代思想学说史》《中国封建社会史论》，主编《中国思想通史》《中国思想史纲》《中国近代哲学史》《宋明理学史》等。

——何东，杨先材，王顺生. 中国革命史人物词典. 北京：北京出版社，1991：553-554.

河上肇和宫川实的日译本①，先是分上、中、下三册陆续出版，后又把3册合订成第1卷于1936年以"世界名著译社"的名义出版，大32开，竖排本，有平装和精装两种，译者署名右铭（王思华）、玉枢（侯外庐）。据侯外庐回忆，"翻译《资本论》这部科学巨著，对我来说实在是艰难。我以德文1928年第4版为依据，找来英、法、日的译本为参考，一个词一个词地推敲着前进。若没有巨大的神圣动力，一个从德文字母学起的人，简直是无法坚持下来的"②，"初期的试译步步维艰，经常遇到一些困难，如不补课，便无法继续工作。每当这时，只好放下笔来学习，学懂了一些时，提笔再继续翻译。常令我停笔补课的问题多种多样。我在翻译《资本论》的过程中，通过自学补习过的知识，除德文、法文的语法之外，还广泛涉及西方古典哲学、政治经济学、莎士比亚的戏剧、歌德的诗、数学、机械学等等"③。

（5）吴半农译本。1934年5月，上海商务印书馆出版《资本论》第1卷第1分册译本，由吴半农翻译、千家驹校阅。大32开，竖排平装本，在书前有马克思的像、题词及《译者底话》和《校者底话》，书中附注释，书末附《正误表》。第1卷第2册和第3册及千家驹译的第2卷译稿交给商务印书馆，但慑于国民党当局压力未能出版。

（6）邹韬奋译本。载于《读书偶译》（1937年6月版）上，篇名为《唯物辩证法》，节译第2版跋的后半部分，文内有译者注。

（7）李一氓译本。载《马克思论文选译》第1集（1930年2月版），篇名为《资本积蓄的历史倾向》，即《资本论》第1卷第24章第7节。

---

① 徐素华. 马克思恩格斯著作在中国的传播：MEGA^2 视野下的文本、文献、语义学研究. 北京：中国社会科学出版社，2013：79.

② 中共中央马克思恩格斯列宁斯大林著作编译局马恩室. 马克思恩格斯著作在中国的传播. 北京：人民出版社，1983：284. 当年翻译这些著作历尽艰辛，后来侯外庐回忆道，"从1928年到1937年的十年，我的大部分时间在翻译这部名著中……甚至在监狱的一段时期我还为了继续这项工作而深造德文。……我有四年时间是用在翻译第二、三卷。其中大部分已经译出来，七七抗战起，我才搁笔停止这项工作，但不久接到延安转来杨松同志的话，让我把译事完成，并让我和生活书店交涉出版。这部分二、三卷的译稿，其中十分之七交南汉宸和续范亭二同志，连同一些书籍，在转运延安的途中遗失了；其中第二卷的前十六章，因遗忘装入运延安的箱子里，不得已带在身边，反而保护下来，这部分草稿已应北京图书馆的征求，交该馆收藏去了".

——侯外庐. 关于《资本论》翻译工作二三事. 文汇报，1957-03-20.

③ 中共中央马克思恩格斯列宁斯大林著作编译局马恩室. 马克思恩格斯著作在中国的传播. 北京：人民出版社，1983：70.

（8）高希胜、叶作舟等译本。摘译《资本论》语录，载于《马克思学体系》（1930年6月版）第1、3、4分册中①。

《政治经济学批判》②　　马克思著，该时期共4个译本：

（1）刘曼译本。译名为《经济学批判》，1930年3月由上海乐群书店出版，32开，横排平装本，内容包括正文、序言和导言（摘自《1857—1858年经济学手稿》，该译本中译为《经济学批判绪言》），书前有译者序和英译者序，书中有注释，这是第一次将全文译出并以单行本出版③。作者参照的是"1904年出版的Stone的英译本，并辅以宫川实的日译本，遇有难解处，均参考考茨基的德文本"④。

（2）郭沫若⑤译本。内容包括正文、序言和导言，除了序言、"资

---

①　北京图书馆马列著作研究室. 马克思恩格斯著作中译文综录. 北京：书目文献出版社，1983：484.

②　《政治经济学批判》是马克思公开发表的第一部政治经济学著作，于1859年由柏林敦克尔出版社出版。该著作共6个分册：资本，土地所有制，雇佣劳动，国家，对外贸易，世界市场。后来马克思把《政治经济学批判》的内容加以概括，写进了《资本论》第一卷第一篇中，称为《资本论》的"初篇"。

③　同①451.

④　马克思. 经济学批判. 刘曼，译. 上海：上海乐群书店，1930：4.

⑤　郭沫若（1892—1978），四川乐山市人，早年留学日本，1921年与郁达夫、成仿吾等建立文学团体创造社，创办《创造》《创造日》等刊物。同年8月出版第一部诗集《女神》，成为我国新诗运动的奠基者。1924年后开始接受马克思主义，翻译河上肇《社会组织与社会革命》，并提出无产阶级革命文学的主张。1926年出任广东大学文科学长，1927年3月，发表《请看今日之蒋介石》，揭露蒋制造的反共惨案。8月，参加南昌起义，并在周恩来等介绍下加入中国共产党。著有《中国古代社会研究》《甲骨文字研究》《卜辞通纂》《殷周青铜器铭文研究》等，成为运用马克思主义研究中国历史的开拓者。1944年发表《甲申三百年祭》，受到毛泽东的赞赏，该著作被列为解放区干部学习文件。1949年出席中华全国文学艺术工作者代表大会，当选为全国文联主席。9月，当选为中国人民政治协商会议第一届全国委员会主席。新中国成立后，历任中央人民政府委员、政务院副总理兼文化教育委员会主任、中国科学院院长兼哲学社会科学学部主任、历史研究所第一所长及中国科技大学校长等。他既是杰出的诗人、剧作家、考古学家、古文字学家、历史学家，又是著名翻译家。据不完全统计，他一生共翻译了300多万字的作品，涉及德、英、俄、美、法、日、印度、波斯等国的名家名著。他的译著涉及多领域，主要包括文学作品、文艺理论、马恩著作和科学著作，例如，在马恩经典著作方面，建党初期翻译的《社会组织与社会革命》，土地革命战争时期翻译的《政治经济学批判》《黑格尔式的思辨的秘密》及解放战争时期翻译的《艺术的真实》《德意志意识形态》等。在文学作品方面，翻译了《海涅诗选》《茵梦湖》《少年维特之烦恼》《浮士德》《赫曼与窦绿苔》《撒克逊劫后英雄略》等，郭沫若被誉为"中国当代马克思主义历史学开山祖"。

——何东，杨先材，王顺生. 中国革命史人物词典. 北京：北京出版社，1991：630-631；陆键东. 陈寅恪的最后20年. 北京：生活·读书·新知三联书店，2013：86.

本一般"的第 1 章和第 2 章"货币或单纯流通"外，最后还附有未写完的《〈政治经济学批判〉导论》。该译著于 1931 年由上海神州国光社出版，后来该译本都多次再版，1932 年 7 月及 1939 年 5 月以言行出版社的名义出版。

（3）李达译本。书名为《政治经济学批评》，1932 年由昆仑书店出版。

（4）彭嘉生译本。书名为《卡尔·马克思〈政治经济学批判〉》，1929 年 12 月由上海南强书局出版。

《法德农民问题》 恩格斯著，陆一远摘译，以《农民问题》为名于 1928 年 5 月由上海远东图书公司出版，横排平装本，节译了普列汉诺夫的序言，书后的附录是节译恩格斯的《〈德国农民战争〉第二版序言》的后半部分。

此外，还有列宁的《资本主义在俄国的发展》（彭苇秋等译）、《帝国主义论》（刘野平译）等经典经济学译著出版，宣传马克思、恩格斯、列宁关于商品经济、雇佣劳动、地租形式、商业资本等的论述，"其中最重要的是关于生产力、生产关系和生产方法（生产方式）的学说"①，为研究中国经济问题提供了重要理论依据。

3. 马克思主义文艺理论著作

在马克思主义文艺理论方面，瞿秋白、鲁迅、周扬、冯雪峰、胡风、郭沫若、沈雁冰、郑振铎等翻译了大量马列文艺著作，尤其是中国左翼作家联盟（"左联"）的成立，为翻译和研究马克思主义文艺理论，为马克思主义文艺理论的中国化做出了重要贡献。

该时期翻译的马列文艺理论著作主要有：

《艺术形成之社会的前提条件》 与 **《马克思论出版底自由与检阅》**
马克思著，洛扬（冯雪峰）根据日译本转译，分别发表于 1930 年 1—3 月《萌芽月刊》第 1 卷第 1 期和第 5 期上，摘译马克思《〈政治经济学批判〉导言》中《论文化的各种形态（科学、技术、艺术）的不平衡发展》，主要内容是关于艺术生产与物质生产发展不平衡问题的论述，译文题为《艺术形成之社会的前提条件——关于艺术的断片》，冯雪峰是较早翻译马列主义文艺论著的共产党员。

---

① 沙健孙. 中国共产党通史：第 3 卷. 长沙：湖南教育出版社，1997：563.

《现实——马克思主义文艺论文集》　马克思、恩格斯、拉法格等著，瞿秋白译，他将马克思、恩格斯、拉法格等论述文艺的信件整理、编译成书，这是我国传播马克思、恩格斯文艺思想的巨著。书中有恩格斯致玛·哈克奈斯和恩格斯致保·恩斯特的两封信，这是恩格斯档案中非常重要的两篇文献。

《恩格斯等论文学》　恩格斯等著，赵季芳编译，1937 年由亚东图书馆出版，收入恩格斯的《恩格斯论巴尔扎克》（包括恩格斯《致玛·哈克奈斯女士》）、《论文学》（即《致敏娜·考茨基》摘译），列宁论托尔斯泰的三篇文章——《托尔斯泰·俄国革命的一面镜子》《托尔斯泰与近代的劳动运动》与《托尔斯泰之死》（即《列·尼·托尔斯泰》）。

《艺术作品之真实性》　马克思著，郭沫若等从《神圣家族》德文本摘译，1936 年由东京质文社出版，这"是我国第一本从原文翻译的马克思的文艺论著"①。

《列宁回忆录》　韩起译，上海正午书局 1933 年出版，在列宁"论文化问题"中记载了艺术是属于人民的等系列重要文艺理论观点。

此外，恩格斯的系列文艺论著还有：《致哈克奈斯女士》，陆侃如从法文转译，发表于 1933 年 6 月 10 日《读书杂志》第 3 卷第 6 期；《与敏娜·考茨基论倾向文学》（《致敏娜·考茨基》），胡风从日文转译，1934 年 12 月 16 日发表于《译文》第 1 卷第 4 期；《易卜生论——给保尔厄斯特的信》，易卓译，1935 年 11 月 1 日载于《文艺群众》第 2 期；《作家论》，陈北欧译，其中的《易卜生论》即《恩格斯致保·恩斯特》，东京质文社 1937 年 1 月出版②，等等。

该时期列宁的文艺论著也大量翻译出版，主要有：《托尔斯泰论》（即《托尔斯泰——俄罗斯革命的明镜》），嘉生译，载于《创造月刊》第 2 卷第 3 期，1928 年 10 月出版；《托尔斯泰像俄国革命的一面镜子》，高廷发译，发表于《文学新地》1934 年 9 月 25 日；《托尔斯泰论》，克己、何畏译，思潮出版社 1932 年出版；《V. 亚陀拉茨基等：关于列宁论托尔斯泰的两篇文章的注释》，瞿秋白译，收录在 1936 年出版的《海

---

①　李衍柱. 马克思主义文艺理论在中国. 济南：山东文艺出版社，1990：282.

②　同①316-324.

上述林》上卷中，包含列宁《党的组织和党的出版物》的主要段落。此外，1933 年上海神州国光社出版了《列宁与艺术》，较为全面地介绍了列宁关于艺术的言论等①。

当时较多翻译马克思主义经典作家文艺论著的是瞿秋白，他于 1932 年编译的《共产主义与文化》《马克思文艺论的短篇后记》《马克思恩格斯和文学上的现实主义》《恩格斯和文学上的机械论》及《社会主义的早期"同路人"——女作家哈克纳斯》等著作，初步介绍了马克思、恩格斯、拉法格、普列汉诺夫等人的文艺理论思想。在翻译马克思主义文艺理论方面，郭沫若也做出了很大贡献。1936 年，郭沫若等人在抗战前夕把马克思、恩格斯有关文学艺术的部分论述译出，出版了《作家论》、《艺术作品之真实性》和《恩格斯等论文学》等译著②。

除译介马恩经典作家的文艺论著外，进步知识分子还把马克思主义文艺理论家，如普列汉诺夫、高尔基、李卜克内西、托洛茨基、拉法格、梅林、卢那察尔斯基、沃罗夫斯基等人的文艺论著翻译成中文，例如，1928—1929 年，鲁迅翻译了多篇普列汉诺夫关于艺术起源的论文，书名为《艺术论》，作为"科学的艺术论丛书"之一出版。还有仲云译的托洛茨基的《论无产阶级的文化与艺术》，鲁迅翻译的卢那察尔斯基的《文艺与批判》及沃罗夫斯基的《作家论》（又名《社会的作家论》），震瀛译的卢那察尔斯基的《苏维埃政府的保存艺术》，郑振铎译的高尔基的《文学与现在的俄罗斯》，沈雁冰译的《俄国文学与革命》，冯雪峰译的普列汉诺夫的《艺术与社会生活》，任国桢译的《苏俄文艺论战》，等等。受国际环境影响，苏联当时成为中国早期知识分子获取马克思主义文艺理论的唯一途径（只有极少数论著是从日文和英文渠道获得的）。因此，这些中国化马克思主义文艺理论（主要是学术话语形态）皆带有鲜明的苏联特征。

4. 科学社会主义与社会科学论著

《社会主义从空想到科学的发展》 恩格斯著，该时期有 3 个译本：

---

① 李衍柱. 马克思主义文艺理论在中国. 济南：山东文艺出版社，1990：283-284.
② 同①282.

（1）朱镜我[①]译本。书名为《社会主义的发展》[②]，1928年5月由上海创造社出版，为横排平装本，32开，本书分3章，有标题，每章还有细目，印有"社会科学丛书（1）"字样，书前有译者序言[③]，印行2 000册。同时，上海泰东图书局出版了该著作的另外一种版本的单行本。

（2）黄思越译本。1928年8月，上海泰东书局出版了黄思越译的《社会主义发展史纲》，分3章，每章都有标题，标题是由日译者加的，书前有日译者序，书后有中译者跋，叙述了该书传入东亚的情况等。

（3）林超真译本。书名为《空想社会主义与科学社会主义》，附有英文版导言和拉法格1880年的序，载于《宗教·哲学·社会主义》（1929年由上海亚东图书馆出版）。

---

①　朱镜我（1901—1941），原名朱德安，浙江鄞县人。1901年生于浙江鄞县，早年毕业于宁波甲种工业学校，1920年考取公费留学，先后就读于日本东京第一高等学校、名古屋第八高等学校、东京帝国大学社会系。1927年获文学学士学位，回国后在上海参加创造社，提倡无产阶级革命文学。1928年加入中国共产党，先后在上海艺术大学、华南大学任教。1930年3月，任中共中央文化工作委员会书记，与鲁迅、冯雪峰等发起成立"中国左翼作家联盟"。1934年任上海中央局宣传部部长，抗战时期回浙江重建共产党组织，推动抗日救亡运动，发展抗日民族统一战线。朱镜我为宣传介绍马克思主义做出了巨大贡献，他翻译了《社会主义从空想到科学的发展》《社会主义的发展》《经济学入门》《农业问题底理论的基础》等书籍，朱镜我还曾创作《我们是战无不胜的铁军》等著名歌词。
　　——何东、杨先材，王顺生. 中国革命史人物词典. 北京：北京出版社，1991：164-165；史先民. 中国社会科学家联盟资料选编. 北京：中国展望出版社，1986：162.

②　朱镜我的《社会主义的发展》为"初版本"，在此之前，先后有过该著作的中译文，如施仁荣译的《理想社会主义与实行社会主义》，连载于上海《新世界》半月刊1912年5—7月间，摘译了恩格斯原著的第1、2节和第3节的第一部分，但不是全译；郑次川译的《科学的社会主义》，1920年8月间由上海群益书社、上海伊文思图书公司出版，虽为单行本，但只翻译了第三部分，且有许多错误之处；徐苏中译的《科学的社会主义与唯物史观》，登在上海《建设》1920年12月1日第3卷第1号上，也是摘译原著的第3节；丽英女士（柯柏年）译的《空想的及科学的社会主义》，载于1925年2、3月间上海《民国日报》副刊《觉悟》，虽为全译，但不是单行本。朱镜我的《社会主义的发展》根据敦克尔编写的《社会主义的发展》并参照日译本和英文本翻译而成，用道林纸本和报纸本同时发行，印行2 000册。该"初版本"纠正了以前一些译文的错误和不足，使读者能得到比较正确的认识。
　　——朱时雨. 关于恩格斯《社会主义从空想到科学的发展》中文全译本. 出版史料，1980（2）：97-98.

③　北京图书馆马列著作研究室. 马克思恩格斯著作中译文综录. 北京：书目文献出版社，1983：330.

《家庭、私有制和国家的起源》 恩格斯著，该时期主要有两个译本：

（1）李膺扬译本。周佛海校，书名为《家族私有财产及国家之起源》，是恩格斯著作在我国出版的第一个中文全译本。该著作不仅为历史唯物主义提供了科学论据，而且阐明了阶级社会的形成及其特征，剖析了国家的起源和本质。译著为竖排平装本，著者译为"恩格尔"，印有"社会科学名著译丛"字样，除了正文外，书前有陶希圣于 1929 年 6 月写的序及译者序言，还有恩格斯写的 1884 年第 1 版序言和 1891 年第 4 版序言，"这本书的重要，是在以历史的唯物论来叙述民族学家所发现的材料，这本书的价值，是在民族学家所发现的事实能作历史的唯物论的证明。本书是民族学开山巨著与历史唯物论交流之产物"①。该译著于 1929 年 6 月由上海新生命书局出版，是该书局"社会科学名著译丛"之一，从初版到 1937 年，上海新生命书局共重印了 7 版②。

（2）齐荪译本。翻译了《家庭、私有制和国家的起源》第 1 版序言和第 9 章中的两个段落，于 1930 年 6 月刊载于《马克思学体系》，标题分别为《从血族的纽带到阶级社会》《国家的本质》③。

该时期，有关研究马克思主义较高质量的社会科学论著也相继翻译出版④，有研究者称这是"作为马克思主义传播逐渐走向成熟的标志"⑤。在这些有关马克思主义的较高质量的论著中，最具代表性的有

---

① 恩格斯. 家族私有财产及国家之起源. 李膺扬，译. 上海：上海新生命书局，1929：10.

② 北京图书馆马列著作研究室. 马克思恩格斯著作中译文综录. 北京：书目文献出版社，1983：206.

③ 同②206-207.

④ 这些社会科学论著主要包括：列宁的《国家与革命》《唯物论与经验批判论》《论游击战争》《帝国主义是资本主义的最高阶段》《新的任务与新的力量》《二月革命至十月革命》，普列汉诺夫的《近代唯物史论》《战斗的唯物论》《论一元论历史观之发展》《马克思主义的哲学问题》，布哈林的《历史唯物主义理论》《唯物史观与社会学》《共产主义 ABC》，德波林的《唯物辩证法和自然科学》《辩证法唯物论入门》《伊里奇底辩证法》《哲学与马克思主义》，米丁的《辩证法唯物论》《新哲学大纲》《辩证法唯物论辞典》《辩证唯物论与历史唯物论》《新兴哲学体系》，西洛可夫、爱森堡的《辩证法唯物论教程》，罗森塔尔的《新哲学教程》《革命辩证法的核心》《辩证认识论》《简明哲学辞典》，等等。

⑤ 唐宝林. 马克思主义在中国 100 年. 合肥：安徽人民出版社，1997：160.

苏联哲学家西洛可夫等撰写的《辩证法唯物论教程》①（李达、雷仲坚译）、米丁等的《辩证唯物论》（艾思奇、郑易里译，中译本用《新哲学大纲》作书名）和《辩证唯物论与历史唯物论》②（沈志远译），这三部译著被称为"30 年代三大马克思主义哲学中译名著"。其中，《辩证法唯物论教程》坚持马克思主义历史唯物论原则，突出阐述了马克思主义理论发展的列宁阶段，该书对唯物辩证法的研究代表了 20 世纪 30 年代马克思主义研究的最新成果。《辩证唯物论与历史唯物论》一书从辩证唯物论实践第一的观点出发，重视社会实践的意义，强调实践是认识的真理性标准，这种认识观对中共坚持理论联系实际有重要指导意义。《辩证唯物论》则是一本系统介绍马克思主义哲学的专著，主要"论述了辩证法唯物论的发展史"③。

此外，还有普列汉诺夫的《艺术论》（杜国庠译）与《艺术与社会生活》（冯雪峰译）、河上肇的《马克思主义经济学基础理论》（李达、王静、张粟合译）、杉山荣的《社会科学概论》（李达、钱铁如合译）、托洛茨基的《论无产阶级的文化与艺术》（仲云译）与《苏俄文艺论战》（任国桢译）等。

在马克思主义社会科学论著翻译方面，尤以李达的贡献较为突出。他先后独译或合译了 5 部马克思主义哲学著作，涉及马克思主义哲学、辩证唯物论和政治经济学等理论。他翻译的卢波尔的《理论与实践的社会科学根本问题》是当时国内最早系统介绍列宁哲学思想的译著，对中国马克思主义者研究列宁哲学思想具有重要指导作用。

5. 其他专题性著作

《艺术论》　马克思、列宁著，中外艺术研究社校印，1932 年再版。

---

①　《辩证法唯物论教程》是苏联西洛可夫、爱森堡等人集体撰写的著作，他们时称"少壮派哲学家"。1932 年 3 月，日本学者将其译成日文在日本出版。1932 年 9 月，我国著名哲学家李达及其学生雷仲坚将日译本转译成中文，由上海笔耕堂出版，为竖排本。至 1935 年 6 月，印行了 3 版。李达称该书是苏联最近哲学大论战的总清算，是辩证法唯物论的现阶段，是辩证法唯物论的系统说明。当年毛泽东曾读过该书 1935 年 6 月的第 3 版和 1936 年 12 月的第 4 版。

②　《辩证唯物论与历史唯物论》一书由苏联著名马克思主义哲学家马尔克·鲍里索维奇·米丁主编，于 1933 年出版。该书较为系统阐述了马克思主义基本原理，中译本由我国著名马克思主义研究专家沈志远翻译，于 1936 年 12 月由商务印书馆出版，全书共分 6 章 34 节。在抗战爆发前，毛泽东曾研读该书并详细做了批注，这对他创作《实践论》《矛盾论》等哲学著作有重要指导作用。

③　徐素华. 中国社会科学家联盟史. 北京：中国卓越出版公司，1990：77.

该书收录马克思《暴动的规律》（节译《德国的革命和反革命》部分段落）一文，还有列宁关于武装暴动的著作多篇，如《马克思主义与暴动》《局外人的建议》《给同志们的信》等。

《拿破仑第三政变记》 马克思著，陈仲涛译，包括《路易·波拿巴的雾月十八日》等，1930 年 5 月上海江南书店出版。

《革命与反革命》 恩格斯著，刘镜圆译，即《德国的革命和反革命》，1930 年 5 月上海新生命书局出版。

此外，还有《马克思与列宁之农业政策》，刘书宝编译，1928 年 3 月由上海太平洋书店出版。斯大林的《马克思主义与民族问题》，1933 年 3 月上海扬子江书店翻译出版，等等。

（四）马克思主义经典著作系统编译与传播阶段（1937—1945）

据不完全统计，1906—1949 年，马恩列斯著作中译本在中国共出版约 530 种（包括马恩著作 84 种，列宁著作 188 种，斯大林著作 210 种，按专题选编的马列文集 48 种），其中，全面抗战时期占 36.09％。1937—1945 年翻译出版的马克思、恩格斯、列宁和斯大林的著作共 192 种，译著数量上远远超过其他历史时期（见表 6 - 4），该时期"马恩列斯经典著作出版达到了中国革命史上空前的记录"[①]。从翻译内容上看以历史唯物主义著作为重点，主要以补译和重译为主。全面抗战期间翻译出版的著作主要包括：马恩著作 30 种，列宁著作 57 种，斯大林著作 80 种，马恩列斯合著 25 种[②]。

表 6 - 4　1921—1949 年马克思、恩格斯、列宁、斯大林著作中译本统计

年代	马克思、恩格斯	列宁	斯大林	马恩列斯合著	总计
1921.7—1927.7	6	23	2	0	31

---

① 张如心. 论创造性的学习. 解放，1941-07-18（131）.

② 张静庐. 中国现代出版史料：丙编. 北京：中华书局，1956：247. 在 1927 年之前，列宁著作在中国的传播比马克思和恩格斯著作多。1919—1922 年，中国先后出版了列宁 11 部著作，1922—1927 年，列宁的 30 多部著作被译成中文。相比较而言，1919—1927 年，马克思的著作出版了 10 部。1927 年之后，马克思、恩格斯译著数量急剧增长。1928—1930 年，新翻译出版的马克思恩格斯著作有 40 余种。

——张立波. 翻译与马克思主义中国化. 现代哲学，2007（2）：29.

续表

年代	马克思、恩格斯	列宁	斯大林	马恩列斯合著	总计
1927.8—1937.6	38	38	30	7	113
1937.7—1945.7	30	57	80	25	192
1945.8—1949.9	6	66	98	16	186
总计	80	184	210	48	522

资料来源：张静庐. 中国现代出版史料：丙编. 北京：中华书局，1956：247.

　　在全面抗战期间全国翻译出版的 30 多种马恩著作中，知识分子在延安翻译出版的就多达 18 种（其部分译著统计见表 6-5）。在这些译著中，产生重要影响的有《马克思恩格斯丛书》（10 卷）、《列宁选集》（18 卷）、《斯大林选集》（5 卷）及《联共（布）党史简明教程》等。他们还重新译校了《反杜林论》（吴亮平译）、《法兰西内战》（吴黎平、刘云译）、《共产党宣言》（成仿吾、徐冰译）、《社会主义从空想到科学的发展》（吴黎平译）及《哥达纲领批判》（何思敬、徐冰译）等。他们的翻译为把马克思主义转换成中国语言、中国作风和中国气派做出了重要贡献，深化了当时中共对马克思主义理论的学习和研究，巩固了马克思主义在哲学社会科学界的指导地位。

表 6-5　1939—1940 年延安知识分子翻译出版的马恩著作

年代	著作	著者	译者	出版社
1939 年（6 部）	《哥达纲领批判》	马克思	何思敬、徐冰	解放社
	《恩格斯军事论文集》（第一册）	恩格斯	焦敏之	八路军军政杂志社
	《德国的革命与反革命》	恩格斯	柯柏年	解放社
	《〈资本论〉提纲》	恩格斯	何锡麟	解放社
	《政治经济学论丛》	马克思、恩格斯	王学文、何锡麟	解放社
	《马恩通信选集》	马克思、恩格斯	艾思奇、景林、柯柏年	解放社

续表

年代	著作	著者	译者	出版社
1940 年 （3 部）	《拿破仑第三政变记》	马克思	柯柏年	解放社
	《英国工人运动》	恩格斯	吴文涛	中国工人社
	《暴力在历史中的作用》	恩格斯	曹汀	八路军军政杂志社

资料来源：张静庐. 中国出版史料：补编. 北京：中华书局，1957：448-450.

全面抗战时期的知识分子根据中国革命需要，对马列著作的翻译主要涉及马克思主义哲学、经济学、文艺及军事等领域。

1. 马克思主义哲学著作

在翻译马列哲学著作方面，主要成员有艾思奇、何思敬、和培元、王学文、于光远、张仲实、柯柏年、吴黎平等。他们翻译了大量马克思、恩格斯、列宁及斯大林的各种哲学名著，主要有：

《路德维希·费尔巴哈和德国古典哲学的终结》 恩格斯著，张仲实① 1937 年译，1937 年 12 月由上海生活书店出版发行，书名为《费尔

---

① 张仲实（1903—1987），原名张安人，陕西陇县人，著名马克思主义著作翻译家和马克思主义理论家。20 年代初，考入陕西省立甲种工业学校，曾兼任中共机关刊物《向导》及其他进步书刊的代销员。1926 年 10 月，党中央选拔张仲实去苏联莫斯科东方大学深造，后又转到中山大学编译班，开始接触到翻译工作。在此期间，他系统研读了马列主义理论，为后来从事马列著作的翻译和出版工作奠定了坚实基础。1930 年 9 月回国，以编辑《时事类编》刊物为起点，在上海从事新文化出版事业。1935 年任生活书店总编辑，后兼任理事会主席，其间翻译恩格斯《费尔巴哈论》和斯大林《论民族问题》等著作。1936—1938 年，他共翻译出版马克思列斯著作如《共产党宣言》《法兰西内战》《反杜林论》《辩证唯物论与历史唯物论》等 20 多种。抗战时期，张仲实在《抗战》三日刊《全民抗战》等刊物发表的有关抗战和国际问题的文章达 90 余篇，编著有关抗战读物《现代十国论》《抗战一周年》《救亡手册》《国际现势读本》《俄国怎样打败了拿破仑》等多种。该时期，张仲实曾任马列学院编译部主任等职。党的七大以后他还撰写了《毛泽东传》《朱德传》。解放战争时期，他编选了《马恩列斯毛论农民土地问题》。新中国成立后，历任中共中央宣传部出版处处长、国际宣传处处长、中共中央马恩列斯编译局副局长、顾问。在新中国成立后的 30 多年里，张仲实继续翻译了大批马克思主义经典著作。

——何东，杨先材，王顺生. 中国革命史人物词典. 北京：北京出版社，1991：382；张积玉. 马克思主义理论家翻译家张仲实传略. 宝鸡师院学报，1991（2）：1-10；张积玉，王拒春. 张仲实著译编年谱. 宝鸡师院学报，1987（3）：20-27；张仲实. 张仲实文集. 北京：中国文联出版公司，1993：1173-1219.

巴哈论》，竖排平装本，印有"世界名著译丛之二"字样。1938 年在汉口再版，该译本依据俄文本翻译，包括《路德维希·费尔巴哈和德国古典哲学的终结》《序言》和《关于费尔巴哈的提纲》。1938 年 4 月由上海生活书店再版，印有"世界名著译丛之二"字样。

《共产党宣言》　马克思、恩格斯著，抗战时期主要有 3 个译本：

（1）成仿吾、徐冰译本①　为竖排平装本，书前有马克思、恩格斯像，书中有注释，内容包括 1872 年、1883 年和 1890 年德文版的 3 个序言及正文 4 章，依据德文翻译，封面印有"马恩丛书第四种"字样，该译本是"解放区我党翻译出版的第一个《共产党宣言》全译本"②，由解放社出版，在解放区和国统区多次翻印发行，1947 年 11 月以中国出版社名义在香港出版。

（2）博古③校译本。依据俄文本翻译，对成仿吾、徐冰译本进行了

---

①　对于该著作的翻译，成仿吾有一段回忆："我第二次翻译《宣言》是 1938 年在延安与徐冰同志合作的。徐冰当时是《解放日报》编辑，我在陕北公学工作。这一年中央宣传部弄到了《宣言》的一个德文小册子，让我们翻译出来。于是我们把书分成两部分，我译前半部，徐冰译后半部。我们利用工作之余进行翻译，条件也很差，连像样的德文字典都没有找到。译出来后，我把全部译文通读了一遍就交了卷。1938 年 8 月这译本在延安曾经作为"马恩丛书"第 4 集出版过，在上海和其他敌占区也出版过，1938 年 8 月和 10 月由中国出版社印行，有横排和竖排两种。我在敌后解放区得到这个译本时，发现译文的缺点是很多的，但是没有机会校正了。后来博古同志根据俄文版出版了一种校译本，改正了某些缺点，但离开德文原著似乎远了些。1945 年我回延安参加党的'七大'，有时间对《宣言》作了较大的修改，可以说这是我第三次翻译《共产党宣言》。定稿后交给了解放社，胡宗南进攻延安时，这部修改稿可能遗失了。"

——中共中央马克思恩格斯列宁斯大林著作编译局马恩室. 马克思恩格斯著作在中国的传播. 北京：人民出版社，1983：121.

②　邱少明. 文本与主义：民国马克思主义经典著作翻译史：1912—1949. 南京：南京大学出版社，2014：156.

③　博古（1907—1946），原名秦邦宪，江苏无锡人，著名马克思主义理论家、宣传家和翻译家。1921 年入苏州省立第二工业学校学习，接触进步思想，积极参加学生运动。1926 年派赴莫斯科中山大学，系统学习马克思主义理论，后作为中山大学优秀学生被派往红色教授学院受训。1933 年迁到中央苏区，继续执行"左"倾错误政策，使苏区工作受到巨大损失，并直接造成第五次反"围剿"战争的失败。1934 年 10 月参加长征，1935 年在遵义会议上被调离最高领导岗位。1936 年参加西安事变谈判，1937 年任中共中央组织部长。抗战时期领导创办《解放日报》和新华社，并领导长江局、南方局、《解放日报》社和新华社等工作，积极翻译马列著作。博古翻译了《共产党宣言》《辩证唯物论与历史唯物论》等许多马列名篇，由其校译的《共产党宣言》广为流行，是新中国成立前影响最大的版本。

——何东，杨先材，王顺生. 中国革命史人物词典. 北京：北京出版社，1991：582-583.

重新校正，增加了该书 1882 年俄文版、1872 年德文版、1883 年德文版和 1890 年德文版 4 篇序言及正文 4 章，附有注释，注明校正本，书后有勘误表①。该译本于 1943 年 8 月由解放社出版，是解放战争时期的流行版本，被定为中央指定的 5 本"干部必读书"之一。

（3）陈瘦石译本。1943 年 9 月由商务印书馆印行初版，封面中央是书名《共产党宣言》，左上部有红星，红星下边是中国共产党党徽，右部是"陈瘦石译"字样。该书为竖排平装袖珍本，64 开，全书用铅字印刷，正文内容包含《共产党宣言》全文 4 章，书前有译者序言②。陈瘦石翻译的《共产党宣言》译本是中华人民共和国成立前国内出版的唯一一本由非共产党人翻译的版本。

《反杜林论》 恩格斯著，吴黎平译，1938 年 3 月，由上海生活书店再版，32 开，竖排平装本。1939 年 5 月，重庆生活书店重印，印有"世界名著译丛之三"字样，书前有张仲实译的《〈反杜林论〉出版六十周年纪念》一文和译者序言。在该译著出版 10 年之际，1940 年延安解放社出版《反杜林论》第一个订正本，32 开，横排平装本，书前有译者根据尤金的文章编译的《〈反杜林论〉内容大要》及 1940 年 7 月 7 日写的《〈反杜林论〉中译本出版十年小序》，文中有注。延安解放社多次再版或重印，该版是他根据德文原本，参考了 1938 年苏联新修订的俄文版和英文版校订的。

《联共（布）党史简明教程》 联共（布）中央特设委员会编著，陈昌浩译，1939 年由解放社出版，该译著对于中国辩证唯物论研究有很大影响。

《哥达纲领批判》 马克思著，何思敬、徐冰译，延安解放社 1939年版，为横排平装本，书名为《哥达纲领批判》，封面印有"马恩丛书10"的字样，本书主要包括下列文章：（1）对德国工人党纲领的几点意见；（2）恩格斯给奥·倍倍尔的信（1875 年 3 月 18—28 日）；（3）马克思给威·白拉克的信（1875 年 5 月 5 日）；（4）恩格斯给威廉·白拉克的信（1875 年 10 月 12 日）；（6）恩格斯的序言；（7）恩格斯给卡·考茨基的信（1891 年 2 月 23 日），还有列宁的《国家与革命》《马克思

---

① 北京图书馆马列著作研究室. 马克思恩格斯著作中译文综录. 北京：书目文献出版社，1983：150.

② 同①149.

主义论国家》中有关摘录①。

为加强对马克思主义哲学理论的专题研究，他们除了翻译马列著作外，还编译了一些专题集，如《马克思恩格斯关于唯物史观的书信》（艾思奇、景林译）、《马克思恩格斯及马克思主义》（王石巍、柯柏年译）、《马恩通信选集》（柯柏年、艾思奇、景林等译）及《马克思恩格斯列宁斯大林思想方法论》（延安中央研究院和中央政治研究室合编）等，这些专题集有的是部分译文的节译和摘译，有的是经典文摘，这种语录式节译和摘译适应了战时阅读的需要。例如，《马克思恩格斯及马克思主义》收集了关于马克思恩格斯生平和思想的文章共 34 篇，有列宁的《纪念恩格斯》《卡尔·马克思》《马克思学说的历史命运》《马克思主义的三个来源与三个组成部分》等。《马恩通信选集》主要包括《为无产阶级政党而斗争的书信》（收有 1864—1885 年 17 封信）、《关于唯物史观的书信》（收有 1848—1893 年 9 封信）、《论爱尔兰问题》（收有 1856、1869、1870 年 3 封信）及《论俄国》等，于 1939 年由解放社出版，这些书信选集集中反映了"马克思恩格斯对于哲学、经济学、工人运动以及国际上许多重大事件的一系列精辟见解，为研究马克思学说提供了许多珍贵的历史资料"②。《马克思恩格斯列宁斯大林思想方法论》由吴亮平、柯柏年、艾思奇、张仲实等参编，摘录了马克思、恩格斯、列宁、斯大林的有关著作，分为 4 章：一是马克思主义的历史特点；二是理论与实际；三是历史科学地创造；四是国际经验、民族特点、革命传统。书前有编者《例言》和毛泽东的《改造我们的学习》（作为序言）。据张仲实回忆，"1942 年一天，在毛泽东办公室参加了他召集的《马恩列斯论思想方法》一书编辑会议，到会者有艾思奇、吴亮平、柯柏年等。会议决定：大家分头找材料，由一个人整理编辑，最后送毛泽东审阅。后来毛泽东看了这份整理的初稿，认为不适用。他自己重新编辑最后成书。这就是后来流行的《思想方法论》"③。该书由解放社 1942

---

① 北京图书馆马列著作研究室. 马克思恩格斯著作中译文综录. 北京：书目文献出版社，1983：123.

② 徐素华. 马克思恩格斯著作在中国的传播：MEGA^2 视野下的文本、文献、语义学研究. 北京：中国社会科学出版社，2013：96.

③ 中共中央马克思恩格斯列宁斯大林著作编译局马恩室. 马克思恩格斯著作在中国的传播. 北京：人民出版社，1983：95.

年出版，后又由华北新华书店翻印发行，1949 年 2 月被党中央确定为 12 本"干部必读"之一。此外，还有《论战斗唯物论底意义》（柯柏年 1939 年译）、《辩证法唯物论教程》（李达、雷仲坚译）、《辩证唯物论与历史唯物论》（上册）（沈志远译）、《马恩列斯思想方法论》（吴文焘、成仿吾译）等。

在沦陷区和国统区，进步知识分子也翻译出版了许多马克思主义著作，主要有：

《德意志意识形态》① 马克思、恩格斯著，该时期有多个节译本：

（1）郭沫若节译本。书名为《德意志意识形态》，作者摘译《德意志意识形态》第 1 卷第 1 章《费尔巴哈。唯物主义观点与唯心主义观点的对立》。在以后的近 20 年里该节译本是我国《德意志意识形态》的主导版本，1938 年 11 月由上海言行社出版，32 开，竖排平装本，该书还收录了马克思手稿（未经恩格斯修改）《费尔巴哈论纲》及马克思、恩格斯像两幅。

（2）克士（周建人）译本。书名为《德意志观念体系》，摘译《德意志意识形态》第 1 卷第 1 章《费尔巴哈。唯物主义观点与唯心主义观点的对立》，是《德意志意识形态》的开头部分，1941 年由上海珠林书店出版，32 开，竖排平装本，有注释，依据英文本翻译。书后有附录《费尔巴哈论纲》（未经恩格斯修改），该版本根据英文翻译。

（3）张仲实译本。书名为《费尔巴哈。唯物观与唯心观的对立》，即《德意志意识形态》第 1 卷序言和《费尔巴哈。唯物主义观点和唯心主义观点的对立》，这是我国第一个以阿多拉茨基版英译本为蓝本的节译单行本。解放战争时期，又将《德意志意识形态》中一部分刊载于 1948 年版的《新哲学手册》中，篇名为《德意志观念统系》。

---

① 该译著全名为《德意志意识形态。对费尔巴哈、布·鲍威尔和施蒂纳所代表的现代德国哲学以及各式各样先知所代表的德国社会主义的批判》，是根据 1924 年德文版《马恩文库》第 1 卷译出的著作，包括《费尔巴哈论纲》（即《关于费尔巴哈的提纲》）、《德意志观念体系序文之初稿》（即《〈德意志意识形态〉第 1 卷序言》）、《费尔巴哈——唯物论与唯心论的见解之对立》（即《德意志意识形态》第 1 卷中《费尔巴哈。唯物主义观点和唯心主义观点的对立》的片段），总字数相当于后来收入《马恩全集》第 3 卷中的《德意志意识形态》的二十分之一。

——中共中央马克思恩格斯列宁斯大林著作编译局马恩室. 马克思恩格斯著作在中国的传播. 北京：人民出版社，1983：391.

《中国问题评论集》　马克思、恩格斯著，1938年11月由上海珠林书店出版，该书与《马克思恩格斯论中国》第2章相同，即马克思、恩格斯在《纽约每日论坛报》上发表的关于中国的17篇论文，包括《中国和欧洲的革命》（《中国革命和欧洲革命》）、《国会关于对华军事行动的讨论》（《议会关于对华军事行动的辩论》）、《中英冲突》（是《马恩全集》俄文第1版误收的文章）、《英人在华的暴行》（《英人在华的残暴行动》）、《英人对华的新侵略》（《英人对华的新远征》）、《波斯与中国》（《波斯和中国》）、《鸦片贸易》（第1篇）（《鸦片贸易史》）、《鸦片贸易》（第2篇）（《鸦片贸易史》）、《中英条约》（第1篇）（《英中条约》）、《中英条约》（第2篇）（《中国和英国的条约》）、《俄国在远东之成功》（《俄国在远东的成功》）、《新的对华战争》（第1～4篇）（《新的对华战争》）、《对华贸易》、《中国事件》（《中国记事》）①。

《读书偶译》　邹韬奋编译，1937年由重庆生活书店出版，收有《唯物史观的解释》《唯物辩证法》《恩格斯的自白》三篇文章。其中，《唯物史观的解释》摘了马克思《政治经济学批判》序言，《唯物辩证法》摘译了马克思《资本论》德文第2版跋等。

《巴黎公社》　马克思著，郭和译，1940年11月由海潮社出版。该书收入了马克思恩格斯著作4篇：一是恩格斯在德文版上第3版的序言（《卡·马克思"法兰西内战"一书导言》），二是国际工人协会总会关于战争的宣言（即马克思的《国际工人协会总委员会关于普法战争的第一篇宣言》），三是《国际工人协会总会宣言》（即马克思的《法兰西内战》），四是《国际工人协会总会关于普法战争的第二篇宣言》。附录里还有马克思致顾格曼的两封信。

此外，国统区还编译出版了"世界名著译丛"，如生活书店出版的"世界名著译丛"包括《社会主义从空想到科学的发展》、《价值、价格与利润》和《拿破仑第三政变记》以及钱亦石早年翻译的《德国农民战争》等等，"还有'青年自学丛书'、'战时大众知识丛书'、'战时社会科学丛书'和'中国文化社丛书'等等共十二种"②。

---

①　中共中央马克思恩格斯列宁斯大林著作编译局马恩室. 马克思恩格斯著作在中国的传播. 北京：人民出版社，1983：391-392.

②　同①320.

2. 马克思主义经济学著作

在政治经济学领域，知识分子主张马克思主义政治经济学中国化，运用马克思主义政治经济学原理剖析旧中国经济，建立以研究中国经济为主题的"中国经济学"。该领域代表人物有何锡麟、郭大力、沈志远、王学文等，他们翻译的代表性著作有：

《雇佣劳动与资本》 马克思著，有多个译本：

（1）王学文①、何锡麟、王石巍（王实味）译本。1939 年译，正文分 8 章，每章都有小标题，书名为《政治经济学论丛》，收入了《雇佣劳动与资本》《恩格斯的序言》（《卡尔·马克思〈雇佣劳动与资本〉1891 年单行本导言》）、《价值、价格与利润》、《〈政治经济学批判〉序言》和《马克思底〈政治经济学批判〉》等经济学著作（见表 6 - 6），1939 年 3 月延安解放社出版。

表 6 - 6 《政治经济学论丛》书目表

译著	《马克思恩格斯全集》	备注
《雇佣劳动与资本》	第 6 卷	
《恩格斯的序言》	第 22 卷	即《卡尔·马克思〈雇佣劳动与资本〉1891 年单行本导言》
《价值、价格与利润》	第 16 卷	即《工资、价格和利润》
《马克思底〈资本论〉》	第 16 卷	即《卡·马克思〈资本论〉第一卷书评——为〈民主周报〉作》

① 王学文（1895—1985），江苏徐州人，早年赴日求学，致力于马克思主义政治经济学研究，1927 年加入中国共产主义青年团，同年加入中国共产党，参加郭沫若等组织的创造社，发表大量文章宣传马克思主义。1928 年到上海后，在上海艺术大学、中华艺术大学、上海法政学院等校讲授政治经济学、经济思想史、金融学和社会意识学，在《思想月刊》《新思潮》《读者》《社会科学讲座》等杂志上宣传马克思主义政治经济学。1930 与鲁迅等发起成立中国自由运动大同盟，反对国民党专制独裁统治，争取言论、出版、结社、集会自由，同年加入中国社会科学家联盟和中国社会科学研究会。1937 年后到延安，在中共中央党校任教，后任马列学院副院长、中央军委总政治部敌工部部长、华东财经学院院长等。曾在延安校对《政治经济学论丛》（包括《雇佣劳动与资本》《价值、价格与利润》等）和《〈资本论〉提纲》，由延安解放社列入"马恩丛书"出版。新中国成立后，长期在中央宣传部工作，致力于《资本论》和现实经济问题研究，著有《中国资本主义在中国经济中的地位及其发展前途》《政治经济学研究大纲》等。

——何东，杨先材，王顺生. 中国革命史人物词典. 北京：北京出版社，1991：45-46；史先民. 中国社会科学家联盟资料选编. 北京：中国展望出版社，1986：188.

续表

译著	《马克思恩格斯全集》	备注
《节录〈资本论〉第二卷序言》	第24卷	即《资本论》第二卷序言摘译
《资本家的积蓄之历史的倾向》	第23卷	即《资本主义积累的历史趋势》
《〈政治经济学批判〉序言》	第13卷	即《〈政治经济学批判〉序言》
《马克思底〈政治经济学批判〉》	第13卷	即《卡尔·马克思〈政治经济学批判〉》

资料来源：中共中央马克思恩格斯列宁斯大林著作编译局马恩室. 马克思恩格斯著作在中国的传播. 北京：人民出版社，1983：393-394.

（2）沈志远译本。书名是《雇佣劳动与资本》，于1939年8月由重庆生活书店出版，32开，竖排平装本，封面印有"世界名著印丛之七"字样，正文分8章，正文前有《卡·马克思〈雇佣劳动与资本〉1891年单行本导言》，是依据1933年莫斯科出版的俄文版《马克思选集》翻译的。该译本出版后多次重印，为新中国成立前重印次数最多的译本。

《资本论》 马克思著，该时期有多个译本：

（1）郭大力、王亚南合译本。由郭大力、王亚南合译的《资本论》三卷本由读书生活出版社于1938年8、9月份全部出版，副书名为《政治经济学批判》。第1卷于1938年8月出版，大32开，横排本，分平装本（上下两册）和精装本（1册）两种，包括第1版序言、第2版跋、法文版序言、法文版跋、第3版序言、英文版序言、第4版序言及第1卷正文。第2卷于1938年9月出版，大32开，横排本，分平装本和精装本两种，包括序言、第2版序言和第2卷正文。第3卷也是于1938年9月出版，大32开，横排本，分平装本（两册）和精装本两种，包括序言和第3卷正文，书后附《译者跋》①。该译本是在以前多个译本基础上根据德文翻译的，是《资本论》在中国的第一个完整的中文全译本，印刷3 000部，"书面的设计按郭大力意见，尽量做到和德文原版一模一样"②，"这部《资本论》的装帧是细纹米色布封面，居中套印着'资本论'三字的红带，看起来庄重美观。它的出版，受到了广大读者的热烈欢迎，第1版2 000册很快售完，随后又付印了第2

---

① 北京图书馆马列著作研究室. 马克思恩格斯著作中译文综录. 北京：书目文献出版社，1983：485-486.

② 郑易里. 我国第一次出版《资本论》全译本的回忆// 中国出版年鉴社. 中国出版年鉴. 北京：商务印书馆，1981：368.

版"①。该版本不仅是第一个完整的中文全译本，而且在当时和后来，它是唯一的一部全译本，"译文质量也大大超过以前所有的中译本"②。《资本论》译著的出版使人们认识到资本主义制度为社会主义所代替的历史必然性，促进了中国经济学的发展。

（2）章汉夫、许涤新译本。载于1939年出版的《恩格斯论〈资本论〉》，包括《〈资本论〉第二卷序言拔萃》（节译《资本论》第2卷序言后半部分）、《〈资本论〉第三卷补》和《对〈资本论〉第三卷第二十七章的增补》。

（3）王学文、何锡麟、王石巍译本。主要节录《资本论》第2卷序言与《资本家的积蓄之历史的倾向》（即《资本论》第1卷第24章第7节《资本主义积累的历史趋势》），载于1939年3月的《政治经济学论丛》。

（4）彭迪先译本。1940年《理想与现实》第2卷第1期发表了彭迪先译的《马克思未发表的遗稿〈资本生产物的商品〉》，译者加了说明③。

《"资本论"通信集》 马克思、恩格斯著，郭大力译，上海读书生活出版社1939年出版，封面有马克思、恩格斯的合影。书前有译者序，"收入了25封马克思、恩格斯关于《资本论》的书信、恩格斯的《〈资本论〉述评》、马克思的遗稿《评阿·瓦格纳的〈政治经济学教科书〉》和恩格斯的遗稿《〈资本论〉第三卷补》等等"④。该书于1947年由重庆出版社再版，印有"资本论研究丛书"字样。

《恩格斯论〈资本论〉》 恩格斯著，该时期有两种译本⑤：

（1）章汉夫、许涤新译本。1939年1月由读书生活出版社出版，为竖排平装本，书名为《恩格斯论〈资本论〉》，包括了恩格斯的6篇著作：《卡·马克思〈资本论〉第一卷书评——为〈民主周报〉作》《卡·马克思〈资本论〉第一卷书评——为〈双周评论〉作》《〈资本论〉第二卷序言拔萃》《〈资本论〉第三卷补》《〈资本论〉第一卷提纲》《对〈资本论〉第三卷第二十七章的增补》。书前有编者的话和编者引言，书后

---

① 雍桂良.《资本论》在中国的出版与传播. 文献，1980（1）：247.

② 中共中央马克思恩格斯列宁斯大林著作编译局马恩室. 马克思恩格斯著作在中国的传播. 北京：人民出版社，1983：312-313.

③ 北京图书馆马列著作研究室. 马克思恩格斯著作中译文综录. 北京：书目文献出版社，1983：485-487.

④ 同②313.

⑤ 同③1060-1061.

有译后记，该书是根据 1936 年出版的英译本翻译的。1940 年由上海读书生活出版社再版，为 32 开，竖排平装本。

（2）何锡麟译本。王学文校，由解放社于 1939 年 11 月出版，32 开，横排平装本，印有"马恩丛书 9"字样，书名为《〈资本论〉提纲》，书前有编辑部绪言，书内有著者、译者、编辑部注释，书后有人名索引，本书收了《关于〈资本论〉的评论》《〈资本论〉第二卷序言》《〈资本论〉第三卷补遗》《〈资本论〉第三卷第二十七章补》4 篇文章。1949 年 1 月，由东北新华书店重印。

此外，还有《马克思主义经济学基础理论》（李达等译）、《价格、价值和利润》（王实味译）、《政治经济学大纲（初稿）》（王学文、王思华、何思敬译）、《农业工作论文集》（匡亚明 1941 年译）等。知识分子对马列经济学论著的翻译，为我们党对抗战时期中国经济发展的客观认识提供了科学依据。

为深入研究马克思主义经济理论，延安知识分子于 1939 年春组织成立了由王学文负责领导的有马列学院、抗大等教员参加的第一次政治经济学研究会，该会的研究重点是《资本论》。第二次研究会成立于 1940 年秋，王思华任主任，就"价值的独立化"和"固定资本与恐慌的关系"等问题进行研究讨论。

3. 马克思主义文艺理论著作

抗战时期的知识分子翻译了大量马克思、恩格斯、列宁等经典作家关于文艺的理论，这些译著主要包括《马克思恩格斯列宁斯大林论文艺》（曹葆华、兰天即王名衡译）、《马克思主义与文艺》（周扬译）、《党的组织与党的文学》（戈宝权译）与《德意志意识形态》（郭沫若节译）等，具体地说，主要有：

《马克思恩格斯列宁斯大林论文艺》　由曹葆华和兰天译、周扬[①]编校，

---

① 周扬（1908—1989），湖南益阳人。1927 年加入中国共产党，1929 年赴日留学，同中共组织失去联系，1931 年回国在上海从事文化工作，1932 年重新加入中国共产党。1933 年担任中共中央上海执行局文化工作委员会委员，1935 年夏担任上海执行局文委书记兼左联党团书记。1937 年时被调到延安，担任陕甘宁边区政府教育厅厅长、陕甘宁边区文协主任。1938 年 4 月主持成立延安鲁艺术文学院，任副院长，1939 年起任院长，领导培养了大批革命文艺工作人才。他长期从事马克思主义文艺理论和毛泽东文艺思想的研究和宣传，是中国现代著名的文艺理论家，主要著作如《马克思主义与文艺》等均收入《周扬文集》五卷本中。

——廖盖隆. 中国共产党历史大辞典：总论·人物. 北京：中共中央党校出版社，2001：362.

大部分是从英文转译的，少部分从日文转译，运用历史唯物论观点来分析文艺现象，内容包括列宁论托尔斯泰的 4 篇文章（曹葆华译）、马克思恩格斯关于文艺的 5 封书信（曹葆华、兰天译）及苏联学者写的马列艺术思想研究论文两篇（曹葆华译），书内有注释。

《马克思主义与文艺》 周扬翻译并编写，该书选辑了马克思、恩格斯、列宁等领导人对文艺的论述①。主要包括《无产阶级文艺》《文艺的特质》《意识形态的文艺》《文艺与阶级》及《作家与批评家》五辑，书后有附录 3 篇：《关于文艺领域上的党的政策》《苏联作家同盟规约》《鲁迅对于左翼作家联盟的意见》，解放社于 1944 年 5 月出版，为竖排平装本。毛泽东对周扬的《序言》给予了非常高的评价："此篇（指周扬为《马克思主义与文艺》一书写的编者序言，后来发表于 1944 年 4 月 8 日延安《解放日报》）看了，写得很好。你把文艺理论上几个主要问题作了一个简明的历史叙述，借以证实我们今天的方针是正确的，这一点很有益处，对我也是上一课。"②

该时期在国统区和沦陷区的知识分子，也先后翻译了多本马恩文艺论著，例如：

《马克思恩格斯科学的文学论》 欧阳凡海编译，该书选入了马恩的 4 封文艺书信即《马克思致拉萨尔的信》《恩格斯致拉萨尔的信》《恩格斯致玛·哈克奈斯》和《致保·恩斯特的信》，以及希尔莱尔的两篇文章：《马克思与世界文学》《恩格斯底现实主义论》，其中，《马克思致拉萨尔的信》是编译者依据日文重译的。该译著为文艺工作者学习马克思和恩格斯关于现实主义创作和批评的理论提供了重要思想理论基础，1940 年由读书出版社再版，在解放战争时期，读书出版社又多次再版。

《列宁论文化与艺术》（上册） 萧三编译，该书收录了《论文化与文化遗产》《艺术底阶级性与党性》两部分内容，汇集了列宁论文化与艺术的基本观点，根据莫斯科艺术出版社 1938 年版编译，于 1943 年由重庆读者出版社出版③。

---

① 该书出版前由毛泽东审阅，出版后在根据地、国统区及沦陷区等地大量发行，曾被香港谷雨社出版。当时为了应对国民政府的检查，书名改为《论文艺问题》，周扬化名为周觅，书中毛泽东的名字用"×××"代替。

② 毛泽东. 毛泽东书信选集. 北京：人民出版社，1983：228.

③ 李衍柱. 马克思主义文艺理论在中国. 济南：山东文艺出版社，1990：294.

4. 马克思主义军事著作

没有革命的理论，就不会有革命的运动。根据中央要求，革命军事干部必须学习马克思列宁主义的军事理论，把辩证唯物论与军事理论和技术紧密结合。在军事领域，以焦敏之[①]、曾涌泉、曹汀、柯柏年、何思敬、吴黎平、刘云、何石巍、李铁冰等为代表的知识分子，翻译出版了我国最早的马克思、恩格斯的军事著作，把马列主义的战略思想与抗战时期的中国实际紧密结合，在战争中发挥了重要理论指导作用。

《冲锋》和《军队论》　恩格斯著，焦敏之译，《冲锋》(《攻击》一文中的一个段落)和《军队论》，发表在八路军政治部创办的《八路军军政杂志》1939年第1卷第2~6期上，详细介绍了两军对峙并准备会战时使用的几种攻击方法等。

《恩格斯军事论文选集》(第一分册)　恩格斯著，焦敏之译、曾涌泉校，1939年12月，八路军军政杂志社将之作为"抗日战争参考丛书"第4种在延安出版，该选集是我国翻译出版第一本恩格斯军事论文集，主要收入恩格斯《军队》、《步兵》、《炮兵》、《骑兵》和《欧洲军

_____

①　焦敏之(1906—1980)，又叫焦有功，字敏之，山西忻县城内东街人，1906年出生，忻县高等小学九班学生。后考入上海大学，1925年在上海大学读书时加入中国共青团，1926年转为中共党员。1934年秋，焦敏之在太原与周北峰、杜任之创办了《中外编读》。以后焦在上海从事社会活动和写作工作，与文化界沈钧儒的救国会联系密切，写了《人民阵线在全世界》一书。1938—1939年，在延安抗大工作2年，任教员。1940年至1946年7月，在重庆为《新华日报》等报刊撰稿，并任苏联驻华大使馆新闻处中文部总编辑、新闻类编日报总编辑，及中苏文协研究委员会副主任。焦敏之著作、翻译甚多，仅出版的就有500多万字。其重要著作有《苏德战史》(1947年上海光明书局出版，郭沫若作序)、《近代国际关系史》(1948年上海棠棣出版社出版)、《世界古代史纲》等。翻译的有《恩格斯军事论文选集》《马列主义美学观》《恩格斯军队论》《马列主义论军队与战争》及列宁的《俄国资本主义的发展》(以上三种最早均为延安出版，新中国成立后又重新出版)、《中国经济地理》(据1953年俄文版翻译出版)、《文艺的基本问题》(1947年上海光明书店)，以及《苏联的集体农场》、《列宁论战争》(重庆老三联社)、《原始人的文化》、《马恩列斯论经济问题》、《苏俄地理基础》、《马克思主义美学观》、《中国经济地理》、《古代世界史纲》等等。其中，他翻译的《恩格斯军事论文选集》是我国翻译出版的第一本恩格斯的军事论文集，《马克思主义美学观》是我国最早的审美学译作，《原始人的文化》对研究我国史前社会史极有参考价值，深得历史学家翦伯赞的赞许。他翻译的莫洛特夫《在苏维埃代表大会上的政府工作报告》单行本被上海一杂志社列为1935年国内十大出版物之一。

——李文林. 翻译家焦敏之的人生历程. 文史月刊，2014(9)：9-15.

队》等 5 篇重要军事著作①，书中有俄文原注和译者注两种。

《暴力在历史中的作用》和《1870 年—1871 年普法战争》　恩格斯著，曹汀译、何思敬校，其中，《暴力在历史中的作用》于 1940 年以书名《新德意志帝国建设之际的暴力与经济》作为"抗日战争参考丛书"第十三种出版。《1870 年—1871 年普法战争》一书是从英文转译的，并附有译者序，同时，还节录了波尔克海姆所著《对于 1806—1807 年德意志铁血爱国者的回忆》一书恩格斯的序文和恩格斯给韦德梅叶尔的一封信，该书于 1941 年在延安作为"抗日战争参考丛书"第十六种出版。

《1848 年至 1850 年的法兰西阶级斗争》　马克思著，1942 年柯柏年译，书名为《法兰西阶级斗争》，内容主要包括《法兰西阶级斗争》和《〈1848 年至 1850 年的法兰西阶级斗争〉一书导言》。在《法兰西阶级斗争》中，马克思、恩格斯以唯物主义观点反思了 1848 年革命期间关于革命斗争的形势和策略，提出了无产阶级革命策略上的一些极其重要的原则等。书中有俄文版编者注和译者注，1949 年新华书店和解放社各地书店又多次再版和翻印。

《法兰西内战》　马克思著，该时期主要有两个译本：

（1）吴黎平、刘云（张闻天）译本。横排平装本，印有"马克思恩格斯丛书第五种"字样，包括马克思写的国际工人协会总委员会关于普法战争的两篇宣言、《卡·马克思〈法兰西内战〉》一书导言、《法兰西内战》，书后有马克思致路·库格曼论及巴黎公社的两封信和列宁论巴黎公社的摘录，书中有编辑部注和译者注。1938 年 11 月在延安出版，1939 年 2 月新华日报馆重印。

（2）郭和译本。32 开竖排平装本，该书包括《法兰西内战》、国际工人协会总委员会关于普法战争的两篇宣言、《巴黎公社宣言》等内容。书中有英、法、日译本注释，书后有俄译本注释。中译文根据日译本翻译，根据英文本和俄文本校订，于 1939 年 4 月由上海海潮社出版②。

《德国的革命与反革命》　恩格斯著，1939 年由生活书店出版，王右铭、柯柏年译，书名为《德国的革命与反革命》，有 3 篇附录：《中央

---

①　中共中央马克思恩格斯列宁斯大林著作编译局马恩室. 马克思恩格斯著作在中国的传播. 北京：人民出版社，1983：303.

②　北京图书馆马列著作研究室. 马克思恩格斯著作中译文综录. 北京：书目文献出版社，1983：103-104.

委员会致共产主义者联盟的信》《共产主义同盟史》《马克思与〈新莱茵报〉》。1939 年延安解放社重印，译者改为王石巍、柯柏年，印有"马克思恩格斯丛书第八种"字样，1949 年解放社各地又重印。

《德国农民战争》　恩格斯著，钱亦石译，1938 年 7 月由上海生活书店出版，竖排平装本，封面上有"世界名著译丛之五"字样，内容包括《德国农民战争》第 2 版序言、《德国农民战争》1870 年版序言的补充及《德国农民战争》（分 7 章），书前还有译者例言及附录。该译本参考了 1926 年英译本、1928 年日译本和俄译本①。

《马克思列宁主义论战争与军队》　八路军抗日战争研究会编译处编，焦敏之译。该书分为三部分：马克思列宁主义论战争与军队底学说基础、帝国主义与无产阶级革命时代底战争、帝国主义与无产阶级革命时代底军队，书中有译者注、著者注和编者注，1941 年 3 月华北新华日报馆出版②。

此外，该时期翻译的军事著作还有《拿破仑第三政变记》（1939 年柯柏年译）、《社会主义与战争》（1939 年杨松、袁维译）、《国家与革命》（1943 年博古译）等等。这些军事著作"在我国抗日战争期间首次问世，对宣传马克思主义对战争的观点和军事辩证法思想，起了重要的推动作用"③，对我们党的抗战战略、策略与方针政策的制定，提供了有力理论武器。

5. 科学社会主义著作

《家庭、私有制和国家的起源》　恩格斯著，张仲实译，1941 年由学术出版社出版，书名为《家族、私有财产及国家之起源》，印有"古典名著译丛"字样，为全译本，附第 1 版和第 4 版序言，书中有编者注。该译本依据俄文标准译本翻译，新增加了一个附录，即恩格斯 1892 年写的《新发现的一个群婚实例》。张仲实在翻译时曾参考了 1938 年明华出版社出版的《家族、私有财产及国家之起源》版本，该译本在解放战争时期由生活书店、光华书店等多次印刷。

---

① 北京图书馆马列著作研究室. 马克思恩格斯著作中译文综录. 北京：书目文献出版社，1983：60.

② 同①1100.

③ 宋原放. 中国出版史料：现代部分：第 1 卷：上. 济南：山东教育出版社，2001：101.

《社会主义从空想到科学的发展》 恩格斯著，该时期主要有两个译本①：

（1）吴黎平译本。于 1938 年出版，未署出版者，横排平装本，印有"马恩丛书 3"字样，书名为《社会主义从空想到科学的发展》，附有德文本初版序言、德文本第 4 版序言、英文版导言，书前有译者于1938 年写的《关于中译文本的几句话》，书中有著者注、俄文编者注和译者注，书后有正误表。后陆续由中国出版社、生活书店等出版。

（2）博古校译本。书名为《社会主义从空想到科学的发展》，附有德文本初版序言、德文本第 4 版序言、英文版导言，书后有正误表，书中有著者注、俄文编者注和中文译者注。在解放战争时期，各地新华书店多次重印。

《社会发展史略》 恩格斯等著，解放社编辑出版，于 1943 年 11 月印行。本书收入恩格斯、列宁等人著作 4 篇：《从猿到人过程中劳动的作用》《有阶级以前的社会》《资本主义以前的各种剥削方式》及《论国家》，1946 年以后，大众书店、各地新华书店等相继翻印过这本书。

《共产主义常识》 马克思恩格斯列宁斯大林著，解放社编，1945年由新华书店出版，分为 4 分册，即《怎样认识历史和时代》、《什么是共产主义》、《答复对共产主义的误解》和《革命者的修养》。该书收入马克思、恩格斯的《共产党宣言》第 2 章，其他 8 章为列宁斯大林著作，如《论国家》（列宁著）、《十月革命底国际性质》（斯大林著）、《无产者与共产党人》（马克思、恩格斯著）、《布尔什维克党是怎样形成的》（列宁著）、《无产者阶级和无产者政党》（斯大林著）等②，1948 年由东北书店翻印。

总之，全面抗战时期出版图书种类繁多，这些红色图书在宣传马列主义、毛泽东思想和党的方针政策，普及推广文化知识，以及活跃边区群众精神生活等方面发挥了积极作用。

（五）马克思主义经典著作深入编译与传播阶段（1946—1949）

解放战争时期，为真正提高全党政治理论水平，进一步增强广大党

---

① 北京图书馆马列著作研究室. 马克思恩格斯著作中译文综录. 北京：书目文献出版社，1983：331-332.

② 同①1063.

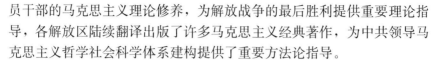

员干部的马克思主义理论修养，为解放战争的最后胜利提供重要理论指导，各解放区陆续翻译出版了许多马克思主义经典著作，为中共领导马克思主义哲学社会科学体系建构提供了重要方法论指导。

解放战争时期，经典著作出版、发行及传播工作以各大解放区为主要阵地。解放区与国统区的许多出版机构如解放社、生活书店、晋察冀新华书店、读书出版社、上海群益出版社、新华书店、中国出版社、时代出版社、华中新华书店、江南新华书店及一些杂志社如新哲学手册杂志社等，均出版和刊发了大量经典著作。

该时期陆续出版发行的马克思主义经典著作主要有：

1. 马克思主义哲学著作

《共产党宣言》　马克思、恩格斯著，乔冠华校译，1947 年为纪念《共产党宣言》发表出版 100 周年，中国出版社在香港正式出版发行了乔冠华对成仿吾、徐冰译本的校译本，"这个版本和抗战时期出版的成、徐译本在内容上没有任何增删，但译文本身由乔冠华根据英文重新做了校订"①，该译本是《共产党宣言》最全面和质量最高的翻译文本。

《自然辩证法》　恩格斯著，该时期有多个译本：

（1）陈晓时编译本。1949 年 4 月由上海书报杂志联合发行所正式出版发行。

（2）杜畏之译本。为新节译本，书名为《自然辩证法》，有恩格斯图像一幅，书前有译者序，书后附录二为译者写的《辩证法与相对论》，正文按照专题编排，按照俄文翻译，德文校正，为 32 开竖排平装本，1946 年 12 月由上海神州国光社出版，1949 年 10 月由上海文源出版社出版。

（3）于光远、曹葆华译本。书名为《从猿到人》，包括《劳动在从猿到人过程中的作用》《人底进化过程》（《导言》的一部分），书前有《译者的话》（写于 1949 年 8 月），本书依据苏联外国工人出版社 1935 年出版的德文版《马克思恩格斯全集》译出，并参考俄文版，1948 年 9 月由解放社出版，后陆续出版了 1949 年解放社天津版、华北大学重印版、中原新华书店版、西北新华书店版、大连新华书店版等许多版本。

（4）于光远译本。由景林校，32 开，竖排平装本，书名是《从猿

① 中共中央马克思恩格斯列宁斯大林著作编译局马恩室. 马克思恩格斯著作在中国的传播. 北京：人民出版社，1983：330.

到人过程中劳动底作用》（即《劳动在从猿到人转变过程中的作用》），1940年12月由延安民族解放青年社出版。

《哲学的贫困》　马克思著，有两个译本：

（1）周建人译本。包括《家庭、私有制和国家的起源》第2章后半部分及第9章的内容，著者译成"恩格尔斯"，1948年8月载于《新哲学手册》出版发行。

（2）何思敬译本。为全译单行本，竖排平装本，书名为《哲学底贫困》，附录有《关于劳动货币》（摘自马克思的《政治经济学批判》）、《关于自由贸易的演说》及马克思给安涅可夫和石槐舟的两封信。该书是译者在1942—1944年在延安中央党校期间翻译的，由于战争年代环境恶劣等原因，直到1949年9月新中国成立前夕才由解放社出版，很快就出现了解放社大连版（1949年11月）、解放社上海版（1949年11月）、中国人民大学版（1950年12月）等各种翻印版。

《黑格尔〈逻辑学〉一书摘要》　列宁著，有两个译本，一个是1949年11月由华中新华书店出版发行的，为平装本。另外一个译本是曹葆华译，何思敬校订，1949年12月由延安解放社正式出版发行。列宁在《黑格尔〈逻辑学〉一书摘要》里，概述了唯心主义辩证法集大成者黑格尔的"逻辑学"之理论原则、体系架构等。

《新哲学典范》与《新经济学典范》　恩格斯著，梁武译，1949年由上海文源出版社出版。其中，《新哲学典范》的内容是《反杜林论》的第1编：哲学；《新经济学典范》是其中的第2编：政治经济学等。

《反杜林论》　恩格斯著，吴黎平译校，1947年1月由生活书店出版，32开，竖排平装本。1949年12月，北京三联书店重印校正本，注明初版，32开，竖排平装本，印有"马列主义理论丛书"字样。

《路德维希·费尔巴哈与德国古典哲学的终结》　恩格斯著，张仲实译，为32开，竖排平装本，1949年9月由北平解放社出版，书名为《费尔巴哈与德国古典哲学的终结》，全译文，附序言和马克思的《费尔巴哈论纲》，书前有译者序言，文中有著者注、俄文版编者注和译者注①。1949年11月由上海解放社再版。

---

①　北京图书馆马列著作研究室. 马克思恩格斯著作中译文综录. 北京：书目文献出版社，1983：251.

《唯物主义和经验批判主义》[①]　列宁著，主要有两个译本：

（1）曹葆华译本。博古校，晋察冀新华书店于 1947 年出版，书名为《唯物论与经验批判论》，印 500 册；于 1948 年 5 月再版，总印 2 000 册。

（2）藩蕙田、陈晓时译本。1948 年 12 月由上海读书出版社出版发行。

《新哲学手册》。E. 朋司选辑，周建人编译，1948 年由大用图书公司出版，这是一部马恩哲学著作选辑，是从马克思、恩格斯哲学著作《德意志意识形态》（马克思、恩格斯著）、《反杜林论》（恩格斯著）、《家庭、私有制和国家的起源》（恩格斯著）、《哲学的贫困》（马克思著）、《居住问题》（恩格斯著）等书籍中摘录编辑而成的，其中，《家庭、私有制和国家的起源》是周建人摘译第 2 章后半部分与第 9 章，于 1948 年 8 月正式登载于《新哲学手册》。

此外，还有《国家与革命》，1949 年 8 月由解放社按照莫斯科外国文书籍出版局 1947 年中文版单行本排印，列为"干部必读"之一，等等。

2. 马克思主义经济学著作

《资本论》　马克思著，有多个译本：

（1）王亚南、郭大力译本。读书出版社于 1947 年出版修订本[②]，大 32 开，横排精装本，1948 年光华书店又重印一次，第 1 卷大 32 开，横排本，分平装本（两册）和精装本两种，这次再版时增加了彭迪先译的《〈资本论〉第 1 卷补遗》《资本生产物的商品》，还增加了附录马克

---

①　该著作从多个方面对经验批判主义做了分析批判，是列宁批驳经验批判主义哲学思潮和阐述辩证唯物主义认识论的一部重要哲学著作。该著作于 1908 年 10 月在日内瓦写成，1909 年 5 月由莫斯科环节出版社正式出版。该著作在国际上得到了广泛传播，先后被译为 20 多种文字。在中国，由笛秋和朱铁笙将它译成中文，由上海明日书店于 1930 年出版发行。1932 年上海神州国光社出版了傅子东的译本，1947 年华北晋察冀新华书店出版了曹葆华的译本，1948 年 12 月上海读书出版社又出版发行了藩蕙田、陈晓时的译本。

②　1947 年 2 月 20 日，国民党中央机关报《中央日报》刊登关于销售《资本论》的广告，在国民党内部引起轩然大波。对于此事件，当年《救国日报》发表评论，称"《中央日报》日销 10 万份，每份报有 100 人看，共有读者 1 000 万人，每人受《中央日报》的启示，都买一本被称为'宝典'和'结晶'的《资本论》，又传阅 50 个亲友，那么全中国老少男女都成了《资本论》的信徒"。当年中共地下党员黄洛峰对于此事件的促成起了重要作用，历尽曲折，通过中间环节以纯学术性著作及高校政治经济学课程为由，向《中央日报》花出 60 万元广告费。2 月 20 日，《中央日报》以头版头条刊出，这则广告造成了国民党内部一片混乱，而经办此广告的编辑则受到了严厉训斥。

——赵子云. 一则令蒋介石啼笑皆非的广告. 江苏地方志，2004（2）：29-30.

思、恩格斯的通信 10 封，恩格斯为《民主周报》作的《卡·马克思〈资本论〉第一卷书评》等，书前有马克思像。第 2 卷横排本，分平装和精装两种，这次再版增加了附录马克思、恩格斯的通信 5 封，书前有马克思像。第 3 卷为横排本，分平装和精装两种，这次再版时增加了恩格斯《〈资本论〉第 3 卷补》及附录马克思、恩格斯的通信 10 封，书前有马克思和恩格斯的画像①。这次共印 2 000 部，是当年解放区最早的版本。

（2）郭大力译本。即《剩余价值学说史》（即《资本论》第 4 卷的《剩余价值理论》），郭大力于 1940 年译，在马克思、恩格斯逝世后，由考茨基编辑，把它作为独立著作于 1949 年由三联书店正式出版发行，其蓝本为考茨基所辑之德文版本。

（3）彭迪先译本。即《〈资本生产物的商品〉（马克思未发表的遗稿）》，译者加了说明，作为《资本论》1947 年再版本的附册出版，32 开，横排平装本，署名为《〈资本论〉补遗勘误》，并附郭大力写的跋②。

（4）何锡麟译本。翻译了《〈资本论〉第三卷第二十七章补》及《〈资本论〉第三卷增补》等内容，载《〈资本论〉提纲》，于 1949 年 3 月出版。

《"资本论"通信集》 马克思、恩格斯著，秋实译，收入 25 封马克思、恩格斯关于《资本论》的书信，恩格斯的《〈资本论〉述评》，马克思的遗稿《评瓦格纳〈经济学教程〉》和恩格斯的遗稿《〈资本论〉第三卷补》，1947 年重庆读书生活出版社翻印。

《政治经济学批判》 马克思著，郭沫若译，1947 年 3 月由上海群益出版社正式出版发行，为竖排平装本，"这书的译文实在是生涩的很，主要的原因当然是我对于经济学不十分内行……所谓唯物史观的公式是包含在原序里面的。导言虽然不是全文，却异常地耐人寻味"③。1947 年至 1949 年又由东北、华北、华中等地的新华书店多次重印。1949 年 4 月，《政治经济学批判》在香港又印了 1 000 册。

《雇佣劳动与资本》 马克思著，沈志远译，1945 年 11 月由生活书店重印，注明"胜利后第 1 版"字样，为竖排平装本，印有"世界名著译丛之七"。1946 年 4 月，生活书店又出版，注明"胜利后第 2 版"，

---

① 北京图书馆马列著作研究室. 马克思恩格斯著作中译文综录. 北京：书目文献出版社，1983：486.

② 同①487.

③ 马克思. 政治经济学批判. 郭沫若，译. 上海：群益出版社，1947：3.

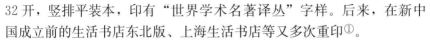

32 开，竖排平装本，印有"世界学术名著译丛"字样。后来，在新中国成立前的生活书店东北版、上海生活书店等又多次重印①。

《土地问题理论》上卷 列宁著，曹葆华译，1949 年 9 月由延安解放社出版发行，该译本中，列宁研究了土地问题的起源、本质以及在当时的俄国如何认识和考量国内的土地问题等。

《马恩列斯论经济问题》 本书收入了马克思、恩格斯、列宁、斯大林关于经济问题的著作 19 篇，其中收有马克思、恩格斯著作第一篇《共产党宣言》，列宁著作 7 篇，斯大林著作 10 篇，其他著作 1 篇，书内有注释，于 1948 年 8 月由香港新民主出版社出版②。

《马恩列斯毛论农民土地问题》 晋察冀新华书店 1947 年 7 月出版，晋察冀土地问题研究会编。本书按内容分为四个专题：一是封建制度下的农民，二是资产阶级与农民，三是无产阶级与农民，四是中国农民土地问题，书后把毛泽东的《湖南农民运动考察报告》《农村调查序言》作为附录收入。在解放战争时期，各大新华书店再版。

3. 马克思主义军事著作

《德国农民战争》 恩格斯著，钱亦石译、仲璧校，1947 年 8 月与 1948 年 2 月生活书店重印，依此注明"胜利后第 1 版""胜利后第 2 版"。1949 年 7 月印行"东北初版""东北再版"，并印有"马列文库之十一"的字样，解放社于 1949 年 5 月和 11 月重印两版③。

《法兰西内战》 马克思著，吴黎平、刘云译，1946 年 12 月由生活书店出版发行。

此外，还有《十月革命的准备与实行》，1949 年 9 月由上海时代出版社正式出版发行，该书收录了列宁 1917—1918 年初的重要文章、演讲和信札计 34 篇，等等。

4. 书信集、选集及各专题类著作

《致库格曼书信集》 马克思著，主要有以下两种译本：

（1）林超真译本。书名为《马克思致顾格尔曼的信》，依据法译本翻译，收有 1862 年 12 月 28 日—1874 年 8 月 10 日的书信 58 封，书内

① 北京图书馆马列著作研究室. 马克思恩格斯著作中译文综录. 北京：书目文献出版社，1983：159-160.

② 同①1077.

③ 同①61.

有译者注，1947 年 5 月由上海亚东图书馆正式出版发行。

（2）天蓝译本。书名为《致顾格曼博士书信集》，1948 年 4 月由东北书店牡丹江分店正式出版发行，为土纸本，143 页，平装，全书收录67 封信，书内有注释，当时印数为 4 000 册，里面包含有《马克思致顾格曼的信》①。

《列宁文选》两卷集　莫斯科外国文书籍出版局 1947 年初出版，解放社分 6 册进行翻印并于 1947 年出版发行。

《斯大林选集》第一卷　曹葆华译，1947 年晋察冀书店出版。后于1948 年中央设立《斯大林选集》翻译组，翻译斯大林著作，开始校译《斯大林选集》第一卷。

《联共（布）党史简明教程》②　联共（布）中央特设委员会编著，有两个译本，一个是 1949 年 3 月解放社校译和修订的译本。另一个是1946 年 12 月，中国出版社根据该社 1938 年出版的《联共（布）党史简明教程》中译本重新排印出新版，译文更加精练，合上下两册为一册，1949 年 4 月重印该版。

《马恩列斯论妇女解放》　张仲实译，1949 年 3 月新华书店出版发行。该书汇编了马克思主义经典作家的有关文摘，如《家庭、私有制和国家的起源》中的第 2、9 章，由张仲实译，《共产党宣言》第 2 节，书中有马克思、恩格斯、列宁、斯大林像 4 幅，书中有注释。1949 年 5 月后，全国各大新华书店均有出版。

该时期除了上述书信集和各专题类著作外，还有一些马克思主义理论家如里亚查诺夫、弗·梅林、迈耶尔和亚历山大洛夫·加拉等写的关

---

①　邱少明. 文本与主义：民国马克思主义经典著作翻译史：1912—1949. 南京：南京大学出版社，2014：232.

②　在解放战争时期，各根据地出版机构翻印了许多版本，专供当地使用。这些版本较为驳杂，很难一一进行梳理，例如：1948 年 10 月，上海时代报出版社翻印出书名为《联共（布）党史简明教程》（新译本）的教程。1948 年 10 月，山西华北新华书店先后翻印出书名为《苏联共产党（布尔什维克）历史》的 32 开平装本教程和书名为《苏联共产党（布尔什维克）历史》（简要读本）的 32 开精装本教程。1949 年 3 月，大连新中国书局翻印出作为"干部学习丛书：第一辑"之一的教程。1949 年 5 月，北平新华书店翻印出书名为《苏联共产党（布尔什维克）历史》的教程。1949 年 5 月，河南中原新华书店翻印出作为"十二种必读名著"丛书，即"十二种干部必读"之一的教程。

——朱宝强.《联共（布）党史简明教程》在中国的翻译、出版与传播. 党史研究与教学，2012（4）：52.

于马克思主义经典作家的重要传记，主要有：

《卡尔·马克思——人·思想家·革命者》　里亚查诺夫编，何封等译，本书共收入了马克思、恩格斯、列宁和其他人著作 15 篇，其中，马克思、恩格斯的著作有 5 篇：《卡尔·马克思》《马克思安葬演说词》《六月事变》《一八四八年的革命与无产阶级》《恩格斯致弗里德里希·阿道夫·左尔格（1883 年 3 月 15 日）》，列宁的著作 1 篇，即《卡尔·马克思》。书内有注释，苏南新华书店于 1949 年 6 月正式出版发行①。

《马克思传》　弗·梅林著，罗稷南译，由英文版转译，全书约 40 万字，于 1946 年由骆驼书店出版，1948 年该书店又重印。

《恩格斯传》　迈耶尔著，郭大力编译，这是第一本单独的《恩格斯传》的中译本，于 1947 年由读书出版社出版。

《斯大林传略》　亚历山大洛夫·加拉等著，译者王唯真，1949 年由时代出版社正式出版发行，该书"将苏联的伟大领袖斯大林的生平事迹以及对中国新民主主义革命的支持和帮助情况都做了大致的介绍，在当时产生了比较大的社会影响"②。

还有《列宁论马克思恩格斯与马克思主义》，1948 年 9 月出版，解放社选编；《论民族殖民地问题》，张仲实译，1949 年 5 月解放社出版；《论国家》，何锡麟③译，1948 年 12 月解放社出版；《干部必读》12 种，

---

① 北京图书馆马列著作研究室. 马克思恩格斯著作中译文综录. 北京：书目文献出版社，1983：1065.

② 邱少明. 文本与主义：民国马克思主义经典著作翻译史：1912—1949. 南京：南京大学出版社，2014：232.

③ 何锡麟（1915—2013），河南省濮阳县人，著名马克思主义翻译家、教育家，中共中央编译局原顾问。先后就读于南京金陵学校、北京汇文中学、燕京大学（1933 年就读于社会系），退学后主编秘密刊物《丧钟》。1934 年入北京大学经济系，1935 年 5 月参加革命，1936 年 1 月加入中国共产党，1937 年从白区到延安，曾在中共中央机关工作，先后担任北平社联书记、北平文总组织部长兼党团成员、中共北平市委文委委员、北平市委分学委主席等。1938—1945 年，在延安马列学院编译部、中共中央政治研究室、中共中央宣传部、中央外事组等部门从事翻译、宣传和理论研究工作。1946 年初至 3 月，先后任中共中央东北局社会部调查研究室主任、中共吉林省永吉地委宣传部长。1948—1964 年先后任吉林大学、东北大学（后改东北师范大学）教育长、北京师范大学党委书记兼第一副校长、南开大学副书记兼第一副校长，1964 年调任中国社会科学院世界经济研究所副所长，1978 年任中共中央编译局顾问等。主要作品：译有《马恩丛书》中的《资本论提纲》（恩格斯著）和《政治经济学论丛》（马克思、恩格斯合著），以及《列宁选集》（第 1、11、16、17 等卷，1939—1943 年在延安解放社出版）。

——何东，杨先材，王顺生. 中国革命史人物词典. 北京：北京出版社，1991：388.

共 8 卷①，每卷印 3 万册，解放社出版；等等。

在解放战争时期，上海的《群众》周刊、《周报》、《民主》周刊、《文萃》、《理论与现实》、《展望》周刊等，也相继刊登了大量马克思主义经典著作译文，为马克思主义在上海的传播做出了积极贡献。还有同时出版的列宁著作专题文集，如《论民族殖民地问题》、《列宁论苏维埃机关工作人员应如何工作》、《列宁论马克思恩格斯与马克思主义》和《土地问题理论》（上卷）等。在国统区出版的列宁著作主要有：《俄国资本主义的发展》、《唯物主义和经验批判主义》、《关于国家和阶级专政》和《列宁论青年的学习问题》等。

除了列宁的著作外，还出版了斯大林的著作，主要是关于经济建设方面的。如《苏联社会主义经济问题》，中央俄文编译局译。此外，许多书店多次再版斯大林的著作，如大连大众书店 1946 年出版《论列宁》，1948 年出版《辩证唯物主义与历史唯物主义》。1948 年上海时代书报出版社出版的《联共（布）党史简明教程》、外国文书籍出版社出版的《马克思主义与民族问题》和《斯大林论中国革命问题》（什之译）。北京新华书店出版、中共中央纪律委员会辑译的《论苏联宪法草案的报告·苏联宪法（根本法）》《论中国革命》。1949 年解放社出版《论列宁与列宁主义》，天津新华书店出版《新的环境和新的经济建设任务》，华北大学出版《斯大林论自我批评》②等。

解放战争时期，香港也是出版马克思主义经典著作的重要基地。当年受到国民党迫害的进步知识分子在中共秘密安排下从重庆、武汉、上海、广州等地撤退到香港，3 家书店也把总部迁到香港，翻印出版了解放区出版的马克思、恩格斯著作和《解放》杂志、《群众》周刊等。原解放区的"马恩丛书"中的译本，在香港作为"马列主义理论丛书"以

---

① 这 8 卷具体排列如下：第一卷：《社会发展史》《政治经济学》；第二卷：《共产党宣言》《社会主义从空想到科学的发展》；第三卷：《帝国主义论》《国家与革命》《共产主义运动中的"左派"幼稚病》《论列宁主义基础》；第四卷：《苏联共产党历史简要读本》；第五卷：《列宁、斯大林论社会主义建设》（上册）；第六卷：《列宁、斯大林论社会主义建设》（下册）；第七卷：《马恩列斯论中国》；第八卷：《马恩列斯思想方法论》。由解放社出版，华北新华书店总发行。为统一版本，每种书都要打 6 副纸型，除自留两副外，分送东北、华中、华东、华南各一副，使全国印的同一种书只有一个经过认真校订的版本。

② 庄前生. 马克思主义经典文献的出版和传播研究. 北京：中国社会科学出版社，2010：101.

中国出版社的名义出版发行。1947年中国出版社在香港出版了成仿吾、徐冰合译的《共产党宣言》，新民主出版社在香港出版了延安出版的《社会发展史》，香港谷雨社出版了周觅编写的《论文艺问题》即周扬编的《马克思主义与文艺》①。

总之，在解放战争时期翻译出版的马克思主义经典著作基本上都有了中文本，其中有多卷本，也有单行本。从上面翻译出版的经典著作来看，有些重要经典著作，如《共产党宣言》、《哲学底贫困》、《唯物论与经验批判论》和《家庭、私有制和国家的起源》等都有好几种版本，"《共产党宣言》就有东北新华、华北新华、太岳新华、胶东新华、晋察冀新华书店、冀鲁豫新华书店、中原新华、皖北新华、太行新华和华东新华等多种版本"②，为新中国成立后经典著作的广泛传播奠定了重要文本基础。

在解放战争时期，中共继续推进马克思主义中国化的理论探索。随着中国社会发展主题开始由革命向建设转换进程的加快，中共自身执政能力诸方面建设面临着很多挑战，例如，要加强党的制度建设和作风建设，克服党内存在的无纪律无政府倾向；要努力学会搞经济建设，克服"本领恐慌"；要继续全面贯彻党的群众路线，积极推进土改以赢得农民群众对革命事业的支持；等等。为使党真正成为新民主主义革命实践的领导核心，依然要继续学习马克思主义经典著作，从中汲取理论的指导。该时期马克思主义经典著作的编译和传播，为中共领导民主革命胜利奠定了牢固的思想理论基础。

第一，进一步推动了中共的思想理论建设和制度化建设。

马克思主义是我们党的指导思想，毛泽东指出，"没有一个按照马克思列宁主义的革命理论和革命风格建立起来的革命党，就不可能领导工人阶级和广大人民群众战胜帝国主义及其走狗"③。解放战争时期翻译出版的《国家与革命》《共产主义运动中的"左派"幼稚病》《共产党宣言》《黑格尔〈逻辑学〉一书摘要》《哲学的贫苦》《唯物主义与经验批判主义》《费尔巴哈与德国古典哲学的终结》等经典著作，对

---

① 中共中央马克思恩格斯列宁斯大林著作编译局马恩室. 马克思恩格斯著作在中国的传播. 北京：人民出版社，1983：330.

② 同①332.

③ 毛泽东. 毛泽东选集：第4卷. 2版. 北京：人民出版社，1991：1357.

于中共领导党员干部队伍建设，尤其是提高他们自身的马克思主义理论素养等，具有重要理论指导意义。此外，中共对这些马克思主义经典著作的学习，也有利于加强党自身的制度化建设，如通过尊重党员个人权利以加强党内民主建设；厘清请示报告制度以强化党的集中统一；提炼党委会工作方法以规整各级党委的工作制度和运行机制，实施代表大会及代表会议制度并健全党委制以激活党内民主、优化集体领导；等等，这对于即将走向全国执政的中国共产党而言具有特别重要的指导意义。

中共在对广大党员干部进行的马克思主义理论学习和教育中，强调"要着重讲唯物史观、劳动创造世界、剩余价值、阶级斗争等马列主义的基本观点和中国革命的基本问题，然后再去讲各种具体政策"①。1948年9月，毛泽东提出党员干部必须把学习当成一个政治任务来坚决完成，必须学习和研究《帝国主义论》《共产党宣言》《资本论》《联共（布）简明党史》《政治经济学》《列宁主义概论》等著作。刘少奇强调，"马克思主义的内容无比丰富，解决了世界上许多大的原则性问题，如民族问题、工人运动问题、秘密工作问题等等。所以马克思主义的理论书要认真学"②，我们"要用马克思主义的观点来分析历史现象"③。可见，通过对马克思主义经典著作的翻译和学习，为推动党的自身建设奠定了牢固的思想理论基础。

第二，使中共进一步掌握经典作家关于农民问题的理论，为积极推进土改和全面贯彻党的群众路线提供了重要的理论指导。

随着解放战争的胜利进行，为激发亿万农民支援革命战争的积极性，1947年7月，中央制定了《中国土地法大纲》，使新民主主义革命时期土地改革总路线进一步明晰化，随后在解放区掀起了轰轰烈烈的土地改革运动。为了给土改工作和研究土地问题提供理论指导，晋察冀土地问题研究会编辑了《马恩列斯毛论农民土地问题》（张仲实选编），由晋察冀新华书店出版，在"封建制度下的农民""资产阶级与农民""无产阶级与农民"等章节中摘录了马克思主义经典作家有关土地问题的论述，指出农民问题是中国革命的根本问题，只有全面贯彻党的群众路线，正确解决同盟军问题，中国革命才会赢得胜利。此外，曹葆华翻译

---

① 庄福龄. 中国马克思主义哲学传播史. 北京：中国人民大学出版社，1988：551.

②③ 刘少奇. 刘少奇选集：上卷. 北京：人民出版社，1981：417.

了列宁的《土地问题理论》（上卷），考察了土地问题的起源、本质以及在当时的俄国是如何认识和考量国内土地问题的等。1948 年《人民日报》刊载了列宁的《论依靠贫农》一文，"作为干部学习毛泽东同志《目前形势和我们的任务》及《土地法大纲》的参考"①，等等，这些都为中共顺利推进解放区的土地改革提供了重要方法论指导。

第三，马克思主义经典著作为中共领导新民主主义革命取得最终胜利提供了重要方法论指导。

在解放战争初期，中共察觉到国民党玩弄假和平、发动真内战的阴谋，认为国内革命战争不可避免，必须用暴力革命推翻国民党统治的旧的国家机器。当时为了克服革命队伍的无政府状态，"加强党的纪律，巩固已得的胜利，争取全国革命的胜利，毛泽东同志指示全党干部研究列宁《"左派"幼稚病》第一、二章"②，强调必须从《共产主义运动中的"左派"幼稚病》等经典著作中汲取重要理论知识。《共产主义运动中的"左派"幼稚病》是毛泽东读得最多、下功夫最大的马列著作之一，该书第 2 章是关于党的纪律问题的。毛泽东重读《"左派"幼稚病》第 2 章"布尔什维克成功的基本条件之一"，并在书的封面上写了一个批示："请同志们看此书的第二章，使同志们懂得必须消灭现在我们工作中的某些严重的无纪律状态或无政府状态。"③ 革命和建设都需要有严格的纪律作后盾，"要使部队能正确执行政策，就要严格部队的纪律，要靠纪律来保证政策的执行……只有大家互相督促，使遵守纪律成为群众自觉的行动，对违反政策和纪律的现象认真追究，政策和纪律才可以执行得好，胜利也就更快，将来建设起来也更快"④。为真正加强党的革命纪律，1948 年 6 月，中共中央决定重印并发行《共产主义运动中的"左派"幼稚病》第 2 章且撰写了前言，重点阐释了铁的纪律对解放战争的重要指导作用。《中共中央宣传部关于重印〈左派幼稚病〉第二章前言》指出：

> 现在重印列宁这一章著作，同志们——特别是一切负责的同志们，必须认真阅读，并参看前述毛泽东同志的著作和党中央的文

①② 张静庐. 中国现代出版史料：丙编. 北京：中华书局，1956：246.

③ 龚育之，逄先知，石仲泉. 毛泽东的读书生活. 北京：生活·读书·新知三联书店，2011：25.

④ 朱德. 朱德选集. 北京：人民出版社，1983：232.

件，为消灭现在工作中的某些严重的无纪律状态或无政府状态而进行必要的与适当的斗争。在目前的政治形势之下，展开这样一个斗争，使全党全军达到真正的统一，乃是完全必要的。[1]

在该时期编译和传播的马克思主义经典著作，如《国家与革命》《共产主义运动中的"左派"幼稚病》《列宁斯大林论中国》《联共（布）简明党史》《资本论》等，对中共关于自身所肩负重要历史使命的认识具有重要的理论指导作用。例如，通过对《国家与革命》中暴力革命观点的学习，使中共认识到只有真正通过暴力革命，才能推翻旧政府，建立新政府。早在苏区时期，毛泽东就指出：

> 巴黎公社所组织的政府，其失败原因之一，即不改旧制度。以为重新建设一切的中国现在的国民政府，若夺了政权，必定改革一切的，重新建设的。国家是一个阶级拿了压迫另一个阶级的工具。我们的革命民众若将政权夺在手中时，对反革命者要用专制的手段，不客气地压迫反革命者，使他革命化；若不能革命化了，或赐以惨暴的手段，正所以巩固革命政府也。[2]

为了运用马克思列宁主义的战略思想指导革命战争，当年的"《人民日报》《冀鲁豫日报》等，在1948年8月先后刊发了斯大林《论克劳塞维茨》一文"[3]。1949年在国民党政权已经覆灭、新政权准备建立之际，毛泽东根据列宁的《国家与革命》并结合中共自身实际情况，写了《论人民民主专政》，概述了马克思主义关于国家消亡的观点，说明了共产党领导的人民民主专政是国家消亡的重要条件，指出政党和国家机器等将逐步衰亡下去，从而走向更高级的人类社会。共产党及其领导的人民民主专政则是为着促使国家、阶级和政党消灭而创设的。

第四，为中共在革命胜利后领导国家经济、政治、文化等各方面建设提供了重要理论借鉴和指导。

解放战争后期，即将开启由城市领导乡村的新时期。在党的工作重

---

[1] 中央档案馆. 中共中央文件选集：第17册. 北京：中共中央党校出版社，1992：193.

[2] 龚育之，逄先知，石仲泉. 毛泽东的读书生活. 北京：生活·读书·新知三联书店，2011：21-22.

[3] 张静庐. 中国现代出版史料：丙编. 北京：中华书局，1956：246.

心转移到城市后，中共将面临培养党员干部管理国家和建设城市的繁重任务。1949 年 3 月，中共七届二中全会提出了关于党的工作重心由乡村转移到城市的思想，要求党员干部必须努力学会管理城市和建设城市，学会在城市同国民党进行政治斗争、经济斗争和文化斗争。同时，用极大的努力去学习生产技术和管理生产的方法。关于经济建设方面经验的学习，中共没有现成经验可循，只能从马克思主义经典著作中寻找解决问题的具体方法。为此，党的七届二中全会列出了"干部必读"书目，其中《政治经济学》《帝国主义论》《列宁斯大林论社会主义经济建设》《列宁主义基础》等许多经典著作都与经济建设有关，要求党员干部认真学习经济建设方法，克服"本领恐慌"。

因此，该时期的中共十分重视党员干部和人民群众的理论学习。当年刘少奇阐述了对工人进行马克思主义唯物史观和无产阶级世界观理论教育的问题，指出"凡啃住阶级观点、阶级立场、阶级斗争学说、唯物史观的，大都站稳了脚；反之，立场就不坚定，尽管讲政策，但一遇到严重困难就站不稳了，就不能坚定不移。这是屡试不爽的。在对工人进行教育时，应特别注意这一点"①。中共通过对马克思主义经典著作的学习，使广大党员干部初步认识和了解到经济建设等方面的理论，进一步提高了他们自身的理论素养。

二、哲学发展及其主要影响

马克思主义哲学在新民主主义革命时期的哲学社会科学体系建构过程中发挥着非常重要的引领作用，为历史学、经济学、法学、新闻学、政治学、社会学等其他学科体系的建构提供了重要方法论遵循，其以唯物辩证法指引着这些学科的学术体系、学科体系和话语体系的建构。从该层面上讲，马克思主义哲学学科为其他各门学科的建构与发展奠定了重要学理基础，是其他各门学科建构与发展的源头活水，有力推动了新民主主义革命时期中国马克思主义学术的发展。

自 19 世纪末以来，马克思主义哲学在中国的传播经历了曲折历程。

---

① 刘少奇. 刘少奇选集：上卷. 北京：人民出版社，1981：423.

从最初著作片段的译介到后来单行本著作的出版，从零星观点的传播到整个学说的介绍，马克思主义哲学经过近代中国社会的本土实践，成为中国共产党人认识世界和改造世界的有力武器（详见"附录10 哲学社会科学各学科文献资料部分统计（1919—1949）"之哲学学科部分）。

（一）早期探索阶段（1919—1927）：马克思主义哲学的介绍与初步运用

1919—1927 年是中国马克思主义哲学初步创立阶段，随着马克思主义在中国的译介和传播，李大钊、陈独秀、李达等早期马克思主义者，在革命实践中学会了初步运用唯物史观来研究和探索中国革命和社会发展道路。李大钊在介绍唯物史观的同时也宣传唯物辩证法、剩余价值学说和阶级斗争理论，开了马克思主义哲学中国化之先河。

该时期的代表性哲学著述主要有：李大钊的《我的马克思主义观》《物质变动与道德变动》《马克思的历史哲学》，陈独秀的《马克思学说》《新教育是什么？》，瞿秋白的《社会科学概论》《现代社会学》《自由世界与必然世界》，李达的《现代社会学》，范寿康的《认识论》《哲学初步》《马克思主义与唯物史观》，以及社会科学研究会编的《社会科学概论》，等等。

1. 对马克思主义唯物史观的科学诠释

在近代中国，中国进步知识分子研究哲学的根本出发点是经世致用，探求中国的发展道路，以期能从根本上解决"中国向何处去"问题，而马克思主义唯物史观恰能适合改造中国社会发展道路的需要。1919 年，李大钊在《新青年》上发表《我的马克思主义观》，被当前学界称为"五四时期唯物史观启蒙的处女之作"[1]。这篇文章初步梳理了唯物史观经典著作脉络，把马克思主义分为"历史论"、"经济论"和"政策论"，强调唯物史观是贯穿这三部分的"一条红线"。"离了他的特有的史观，去考他的社会主义，简直的是不可能。"[2] 文章强调指出：

> 马克思的唯物史观有二要点：其一是关于人类文化的经验的说明，其二即社会组织进化论。其一是说人类社会生产关系的总和，

---

[1] 李曙新. 中国共产党哲学思想史. 北京：中共党史出版社，2003：14.

[2] 李大钊. 我的马克思主义观. 新青年，1919-5，6（5）.

构成社会经济的构造。这是社会的基础构造。一切社会上政治的、法制的、伦理的、哲学的，简单说，凡是精神上的构造，都是随着经济的构造变化而变化。我们可以称这些精神的构造为表面构造。表面构造常视基础构造为转移。而基础构造的变动，乃以其内部促他自己进化的最高动因，就是生产力，为主动；属于人类意识的东西，丝毫不能加他以影响；他却可以决定人类的精神、意识、主义、思想，使他们必须适应他的行程。其二是说生产力与社会组织有密切的关系。生产力一有变动，社会组织必须随着他变动。①

此后，李大钊陆续发表了《物质变动与道德变动》《马克思主义的历史哲学与理恺尔的历史哲学》《马克思的历史哲学》等多篇宣传唯物史观的文章，在北京大学等高校开设"社会主义与社会运动""唯物史观"课程，进一步促进了马克思主义唯物史观在近代中国的传播。在《物质变动与道德变动》一文中，李大钊指出"道德既是社会的本能"，强调了宗教、哲学都是随着物质变动而变动的：

　　马克思一派唯物史观的要旨，就是说：人类社会一切精神的构造都是表层构造，只有物质的经济的构造是这些表层构造的基础构造。在物理上物质的分量和性质虽无增减变动，而在经济上物质的结合和位置则常常变动。物质既常有变动，精神的构造也就随着变动。所以思想、主义、哲学、宗教、道德、法制等等不能限制经济变化、物质变化，而物质和经济可以决定思想、主义、哲学、宗教、道德、法制等等。②

　　一切宗教没有不受生产技术进步的左右的，没有不随着他变迁的。上古时代，人类的生产技术还未能征服自然力，自然几乎完全支配人类，人类劳作的器具，只是取存于自然界的物质原形而利用之，还没有自制器具的知识和能力。那时的人类只是崇拜自然力，太阳、天、电光、火、山川、草木、动物等，人类都看作最重要的物件，故崇拜之为神灵。拜火拜物诸教均发生于此时。直到现在，蛮人社会还是如此。纽基尼亚人奉一种长［常］食的椰子为神，认

①　李大钊. 我的马克思主义观. 新青年，1919-5，6（5）.
②　李大钊. 物质变动与道德变动. 新潮，1919-12，2（2）.

自己的种族是从椰子生下来的，就是一个显例。①

马克思主义历史哲学，就是马克思、恩格斯共同创立的唯物史观。在李大钊的影响下，陈独秀也逐渐开始了向马克思主义的转变。1920年9月，陈独秀开始关注社会主义与中国的关系，提倡用社会主义"发达教育及工业"②。1921年8月，陈独秀在《答蔡和森（马克思学说与中国无产阶级）》的信中指出：

> 唯物史观固然含着有自然进化的意义，但是他的要义并不只此，我以为唯物史观底要义是告诉我们：历史上一切制度底变化是随着经济制度底变化而变化的。
>
> 我们因为这个要义底指示，在创造将来的历史上，得了三个教训：（一）一种经济制度要崩坏时，其他制度也必然要跟着崩坏，是不能用人力来保守的；（二）我们对于改造社会底主张，不可蔑视现社会经济的事实；（三）我们改造社会应当首先从改造经济制度入手。③

1922年4月，陈独秀在中国公学作《马克思学说》的演讲，在论及唯物史观时，他详细阐述道：

> 马克思的唯物史观学说虽然没有专书，但是他所著的《经济学批评》、《共产党宣言》、《哲学之贫困》三种书里都曾说明过这项道理。综合上列三书中所说明的唯物史观之要旨有二：
>
> 其一　说明人类文化之变动。大意是说：社会生产关系之总和为构成社会经济的基础，法律、政治都建筑在这基础上面。一切制度、文物、时代精神的构造都是跟着经济的构造变化而变化的，经济的构造是跟着生活资料之生产方法变化而变化的。不是人的意识决定人的生活，倒是人的社会生活决定人的意识。
>
> 其二　说明社会制度之变动。大意是说：社会的生产力和社会制度有密切的关系，生产力有变动，社会制度也要跟着变动，因为经济的基础（即生产力）有了变动，在这基础上面的建筑物自然也

---

① 李大钊. 物质变动与道德变动. 新潮，1919-12，2（2）.

② 胡为雄. 马克思主义哲学在中国传播与发展的百年历史：上. 南昌：百花洲文艺出版社，2015：167.

③ 任建树. 陈独秀著作选编：第2卷. 上海：上海人民出版社，2009：411.

要或徐或速的革起命来，所以手臼造出了封建诸侯的社会，蒸汽制粉机造出了资本家的社会。①

作为当时中国新文化运动的总司令，陈独秀对唯物史观的宣传与研究在当时产生了很大的社会影响。

此外，李达在湖南大学任教时，撰写了一部近 18 万字的教材——《现代社会学》，该书既是一部立足于唯物史观基础上的社会学著作，也是一部重要哲学著作，是马克思主义唯物史观中国化的重要标志。《现代社会学》由 1 个序言和 18 个章节构成，其章目包括社会学之性质、社会之起源、社会思想、社会之本质等诸方面。该书虽命名为"现代社会学"，实际上主要阐述了马克思主义唯物史观。李达认为，所谓"社会"，是指"各个人为谋满足欲望而加入生产关系之结合"，并揭示了社会精神文化与物质文化的关系：

> 社会生活之历程，即物质的生产历程，而物质的生产历程，完全受生产技术及生产力之支配。在物质的生产历程中，所谓精神文化，皆由物质的生产关系中产出，随生产力之发达而发达，随生产关系之变迁而变迁。社会之进步，亦即生产力之进步。此唯物史观的社会本质说之概要也。②

李达在该书中从马克思主义唯物史观出发，强调了生产力对生产关系的决定作用，指出："社会进化之原动力实为生产力，生产力继续发达，则经济组织继续进化，政治法制及其他意识形态亦随而继续进化，此社会进化之原理也。"③《现代社会学》无论从其研究方法，还是从其结构和内容看，其学术水平在当时中国学界应属于领先地位④，为马克思主义唯物史观在中国的传播做出了重要贡献。

2. 辩证唯物主义的系统介绍

党成立以来，在领导工农革命运动过程中急需马克思主义方法论的指导。在该历史时期，瞿秋白写的《社会哲学概论》、《社会科学概论》

---

① 任建树. 陈独秀著作选编：第 2 卷. 上海：上海人民出版社，2009：445.

② 李达. 李达文集：第 1 卷. 北京：人民出版社，1980：243.

③ 同②344.

④ 胡为雄. 马克思主义哲学在中国传播与发展的百年历史：上. 南昌：百花洲文艺出版社，2015：327.

和《现代社会学》著作，为当时在中国传播辩证唯物主义做出了开创性贡献，是马克思主义哲学在中国早期传播的里程碑。瞿秋白在著作中阐释了哲学的基本问题、物质与精神的关系、辩证法的基本特征和基本规律，以及历史唯物论的基本原理等诸方面问题，其核心内容是对辩证唯物主义的系统介绍。

第一，叙述了马克思主义哲学的根本问题。瞿秋白分析和论述了唯物主义和唯心主义产生与发展的过程，指出唯心主义的发展与宗教有关，而唯物主义是倾向于科学的。他在著作中提出了"我"与"非我"、"意识"与"实质"（即客观存在）的关系问题是"哲学中的根本问题"①，"凡以客观为出发的，——只要他是一贯的思想家，有这勇气一直推究下去，——他必成唯物论中之一派。而以主观为出发的，——便是唯心论中之一派"②，即唯物主义和唯心主义两派。对于唯心论，瞿秋白将之分为主观唯心论和客观唯心论两种，并指出存在着"以唯心唯物的调和论自足"的"折衷派"③。

第二，系统诠释了马克思主义唯物论物质与精神的辩证统一关系。对于物质与精神的关系问题，瞿秋白认为，"可以有无精神之物质，而不能有无物质之精神。……物质之存在无关于'精神'。精神现象却不能离开物质而存在，亦不能不受物质之束缚"④。他肯定世界的物质性，指出物质是世界上形形色色事物及现象的根本和本源，它是依赖于精神而独立存在的，精神现象则发生于物质现象。瞿秋白尤其强调精神对于物质的依赖性："我们的一切智识都从外物所给的经验得来的。就是纯粹抽象的算术亦是现实世界的反映。抽象的算术亦是以外界的空间及时间做对象的，——决不是心灵里凭空创造出来的。算术及其他科学都是应人类的需要而发生的。"⑤

第三，在马克思主义认识论方面，瞿秋白坚持物质决定意识、意识反映物质的思想，强调认识的不断深化过程。他坚持了认识过程中的唯物论与辩证法思想，把人的认识看作是一个逐步上升的过程，区分了感性认识和理性认识两个阶段，指出感性认识是理性认识的基础，理性认

---

① 瞿秋白. 瞿秋白文集：政治理论编：第 2 卷. 北京：人民出版社，1988：311.

②③ 同①312.

④ 同①442.

⑤ 同①347.

识是感性认识的深入发展。

第四，介绍了唯物辩证法的总体特征和基本规律。瞿秋白将辩证法译为"互辩法"，指出它是一切社会科学的方法论。"互辩法的考察一切现象，第一要看现象之间的不断的联系，第二要看他们的动象"①。"动象"就是发展，"世界上一切事物都在'动'与'变'之中，没有一种东西是停滞不变的"②。关于"联系"，瞿秋白认为，"宇宙的一切现象不断的互相联系，没有绝对与外界相隔离的东西"，"研究一切现象，应当看他们之间的联系，而不可以刻舟求剑的只见'绝对的分划'"③。

瞿秋白科学分析唯物辩证法"联系"与"发展"特点，指出"宇宙间的一切现象，既然是永久动的，互相联系着的；社会现象当然亦是如此。所以社会科学中的根本方法就是互辩的唯物主义"④，阐释了唯物辩证法在哲学社会科学研究中的重要作用。

此外，瞿秋白详细介绍马克思主义唯物辩证法的三大基本规律：一是质量互变规律，"宇宙及社会里的一切发展，——就是数量变更的渐渐积累，然而数量的变，到一定的程度，必定突变为质量的变"⑤。二是对立统一规律，"宇宙现象的根本便是'物质的运动'。动的本身便是矛盾；极简单的机械运动便是矛盾的历程"⑥"物的矛盾及事的互变便是最根本的原理，——没有矛盾互变便没有动；没有动便没有生命及一切现象"⑦。三是否定之否定规律，"宇宙及社会里的一切发展，——就是数量变更的渐渐积累，然而数量的变，到一定的程度，必定突变为质量的变"⑧"自然界、社会关系以及思想都是连环不断的'否定'。这是很重要的很广大的公律"⑨。瞿秋白着重强调了对立统一规律的重要地位，认为"宇宙的根本是物质的动，动的根本性质是矛盾——是否定之否定，是数量质量的互变"⑩，把对立统一规律作为唯物辩证法的最根

① 瞿秋白. 瞿秋白文集：政治理论编：第2卷. 北京：人民出版社，1988：451.
② 同①450.
③ 同①.
④ 同①451-452.
⑤ 同①355.
⑥ 同①354-355.
⑦⑧ 同⑤.
⑨ 同①356-357.
⑩ 同①357.

本的规律。他对于辩证法的诠释，为探索中国新民主主义革命理论提供了科学方法论指导。

该时期瞿秋白对辩证唯物主义在中国的系统介绍与传播，使马克思主义世界观深入人心，既能使当时的中国共产党人客观辩证地认识近代中国社会，又促进了中国马克思主义哲学体系在 20 世纪初期的初步建构与发展。

3. 运用马克思主义唯物史观分析中国社会发展实际

该时期的进步知识分子在实践中学会初步运用马克思主义唯物史观来分析和研究近代中国社会的实际问题。陈独秀在《新教育是什么?》一文中立足于唯物史观，强调物质基础在中国传统哲学发展过程中的重要作用，由此指出中国传统哲学思想是中国农业经济时代发展的历史产物。

> 孔子的学说思想何以不发生在印度或欧洲，而发生在中国? 反之，释迦、耶稣的学说思想何以发生在印度、欧洲，而不发生在中国……孔子的学说思想所以发生在中国也决非偶然之事，乃是中国的土地气候造成中国的产业状况，中国的产业状况造成中国的社会组织，中国的社会组织造成孔子以前及孔子的伦理观念。这完全是有中国的社会才产生孔子的学说，决不是有孔子的学说才产生中国的社会。[①]

毛泽东撰写的许多文章如《反对本本主义》《中国社会各阶级的分析》《湖南农民运动考察报告》等，是马克思主义唯物史观的典型体现，是中国马克思主义哲学初步发展的重要代表作。马克思主义认为，社会存在决定社会意识，毛泽东以马克思主义唯物史观为重要方法论指导，在《中国社会各阶级的分析》中指出大资产阶级与民族革命之目的完全不相容，因而是"极端的反革命派"[②]，这是因为一个阶级的经济地位决定着其政治态度。在《湖南农民运动考察报告》中，毛泽东立足于唯物史观，根据经济地位分析农民的政治态度，认为贫农"既无土地，又无资金，完全失去生活依据"[③]，由此决定了其为"农民协会的中坚，打倒封建势力的先锋"[④]。

---

① 任建树. 陈独秀著作选编：第 2 卷. 上海：上海人民出版社，2009：326.

② 毛泽东. 中国社会各阶级的分析. 中国农民，1926-2-1 (2).

③ 毛泽东. 湖南农民运动考察报告. 北京：人民出版社，1952：11.

④ 同③12.

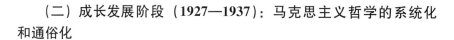

（二）成长发展阶段（1927—1937）：马克思主义哲学的系统化和通俗化

1927—1937 年是中国包括马克思主义哲学在内的社会科学的大力发展时期。以沈志远、陈豹隐、艾思奇、陈唯实、李达等为代表的进步知识分子，结合土地革命战争的实践，进一步推动了马克思主义哲学的通俗化进程；同时，批判了国民党理论家张东荪、叶青对马克思主义唯物辩证法的诬蔑，增强了马克思主义哲学在本土化哲学社会科学中的重要指导地位，形成了以马克思主义为指导，辩证唯物论与历史唯物论相结合的哲学体系。

该阶段代表性著述主要有艾思奇的《大众哲学》《哲学与生活》《现代哲学读本》、陈唯实的《通俗辩证法讲话》《通俗唯物论讲话》《新哲学体系讲话》《战斗唯物论讲话》、李达的《社会学大纲》、沈志远的《现代哲学的基本问题》、陈豹隐的《社会科学研究方法论》、高希胜的《社会科学大纲》，以及刘剑横的《自然科学与社会科学的关系》，等等。

1. 马克思主义哲学的深入研究

在土地革命战争时期，进步哲学社会科学工作者在国民党的白色恐怖中努力从事马克思主义理论研究。尤其在 1930 年党领导成立"社联"后，马克思主义哲学著作的系统化研究进入了一个崭新的阶段。

进步知识分子在该时期出版了众多哲学著作，他们在著述哲学著作过程中，尤其注重辩证唯物论在近代中国的实际应用。1934—1935 年，艾思奇在《读书生活》上连载《哲学讲话》，1936 年 7 月将其汇集成书，后改名为《大众哲学》，该著作对马克思主义哲学发展产生了非常重要的历史影响。1932 年，上海科学部编译部出版了陈豹隐的《社会科学研究方法论》，该著作强调《资本论》方法论是社会科学研究方法论的典范，该著作的研究方法和理论观点在 21 世纪的今天仍有重要学术参考价值。

该时期李达的《社会学大纲》，虽然书名中是为"社会学"，但其实更是一本重要的哲学著作。该书包括 5 篇内容，第 1 篇是讲唯物辩证法，第 2~5 篇是讲历史唯物论。李达在第 1 篇对该书的章节安排进行了说明：

第一、说明唯物辩证法的一般的基本特征，描画出科学的现代

> 世界观的一般轮廓；第二、说明唯物辩证法在社会–历史领域中的应用和扩张，指示出科学的社会学是科学的现代世界观的一个分枝；第三、说明社会之经济的构成，指出特定社会有机体的特殊发展法则及其由一种有机体进到别种高级有机体特殊转变法则；第四、说明在社会的经济构造上面建立的社会之政治的构造，说明国家的发展过程及其对于下层基础的关系；第五、说明社会的意识形态及其对经济构造的正确关系，在论理上再造出现实的各种社会的具体的轮廓。①

《社会学大纲》予以马克思主义哲学历史地位高度评价。同时，详细阐述了唯物辩证法在社会历史实践基础上对考察认识过程的指导作用，重视对立统一规律的重要性，尤其重视实践对于认识论的决定性作用。李达指出：

> 唯物辩证法在社会历史的实践的基础上考察认识过程，去理解主观与客观、认识与存在的统一。在物质的生产过程中，人类之主体的活动，与外界物质的对象相结合。……认识主体与认识客体的统一，是在社会历史的实践上实现的。所以，要理解人类的认识过程，必须在其与社会历史的实践的统一上去考察。②

李达的这部《社会学大纲》被毛泽东誉为中国第一本马列主义哲学教科书，其完整呈现了马克思主义唯物论、辩证法、认识论和唯物史观，推动了马克思哲学在中国的深入传播。

2. 马克思主义哲学的大众化传播

在 20 世纪 30 年代中后期，日本帝国主义的侵略使我国民族危机日益加深，在此严峻环境下，人民群众希望能够找到一种挽救民族危亡的有力思想武器。在当时的背景下，这种有力思想理论武器便是马克思主义哲学。让马克思主义掌握群众，让群众掌握马克思主义，把马克思主义这一理论武器送到群众手中，成为该时期进步知识分子亟待解决的时代课题。艾思奇、陈唯实、沈志远等哲学社会科学工作者在研究实践中，逐步找到一条马克思主义哲学大众化的新道路。

艾思奇的《大众哲学》以民族化通俗化语言架起了将哲学普及到人

---

① 李达. 李达文集：第 2 卷. 北京：人民出版社，1981：10.

② 同①211.

民群众中的桥梁。该著作对马克思主义唯物论、辩证法、认识论、唯物史观做了详细说明，"这本书是用最通俗的笔话，日常谈话的体裁，溶化专门的理论，使大众的读者不必费很大力气就能够接受……拿它去认识世界和改造世界"①。艾思奇在著作中通过对唯心论与唯物论的学理性分析，阐明了马克思主义唯物论的基本原则和辩证法规律。艾思奇注重以社会生活为依据，从社会日常生活中列举通俗易懂的事例来理解哲学，以通俗易懂的语言打破了传统哲学的抽象性和神秘性。这部著作在当时备受推崇，发行量极大，自 1936 年 1 月初版后，这部著作不到半年就出了 4 版，到 1938 年出到第 10 版，到 1948 年 12 月印行了 32版②，促进了中国马克思主义哲学的发展。解放战争时期，该书的作用和影响引起了国民党政府的恐慌。当年曾经做过蒋介石高级顾问的马璧教授对该书评价道：

> 一卷书雄百万兵，攻心为上胜攻城。蒋军一败如山倒，哲学犹输仰令名。——1949 年蒋介石检讨战败原因，自认非输于中共之军队，乃败于艾思奇先生之《大众哲学》。1975 年蒋经国尚提到《大众哲学》思想之威力。③

陈唯实④于 1936—1937 年，连续出版了四部哲学著作，在推动马克思主义哲学大众化普及方面做出了重要贡献，这四部著作是《通俗辩证法讲话》《通俗唯物论讲话》《新哲学体系讲话》《战斗唯物论讲话：新哲学世界观》。这四部哲学著作在讲解理论时把抽象的哲学原理与生动的社会生活事例相联系。例如，他在《通俗辩证法讲话》一书中提出

① 彭八生. 浅论艾思奇早期的主要哲学活动及思想. 湘潭师范学院学报（社会科学版），1994（2）：69.

② 许全兴，陈战难，宋一秀. 中国现代哲学史. 北京：北京大学出版社，1992：280.

③ 王丹一. 人民的哲学家：艾思奇纪念文集. 昆明：云南人民出版社，1997：124.

④ 陈唯实（1913—1974），原名陈英光，又名陈励吾、陈悲吾。1913 年出生于潮安县官塘乡，1934 年赴北平自修哲学，1935 年到上海参加由艾思奇等发起的新哲学大众化、通俗化运动，出版了多部哲学论著，并积极参加上海"社联"和上海文化界的抗日救亡活动。1938年初到山西民族革命大学任政治系副主任，同年 11 月到延安，先后于陕北公学、抗日军政大学任教，并任中央研究院特别研究员等职。1941 年 2 月，在"抗大"加入中国共产党。1945年 8 月，任北方大学教务处长，后任工学院院长。1948 年夏，北大和华北联大合并为华北大学，他先后任第二部和第一部的副主任。先后出版了《通俗辩证法讲话》《通俗唯物论讲话》《新哲学体系讲话》《新人生观》《革命哲学》等重要哲学著作。

——张岱年. 中国哲学大辞典. 上海：上海辞书出版社，2010：188.

了"辩证法之实用化和中国化"的主张，"对于唯物辩证法，最要紧的，是熟能生巧，能把它具体化、实用化，多用例子或问题来证明它。同时语言要中国化、通俗化，使听者明白才有意义"①。他在《通俗唯物论讲话》开篇中对辩证唯物论给予了很高的评价，强调指出"本书的一点企图，是要一般的读者，对于新唯物论哲学有了相当的认识、理解，确信了辩证唯物论是最科学的哲学，是现代的世界观，是正确的客观真理，是伟大的精神武器，是战斗的实践指南，是大家所必研究的一种真实学问的宝库"②。在《新哲学体系讲话》中，陈唯实着重强调了新哲学的重要特征：

> 玄学的哲学是抽象的，空洞的，神秘的，是少数人的哲学，他们巧弄虚玄，是错误的，虚伪的，欺骗的；新哲学是恰恰与之相反，是具体的，充实的，科学的，是大众所需要的文化，是正确的，坦白的，客观真理的发扬。所以要把新哲学内容尽量的具体化，并且要把讲话或文字的形式通俗化，使一般人都能听懂、看懂、理解它、接受它，这才不失为大众哲学的真正意义。有的是咬文嚼字，故意造作，公式主义的，把它神秘化，那是不对的。③

关于陈唯实哲学著作的特色，国内有研究者将其梳理为三个主要方面："一是理论通俗化、具体化，使高深的哲学理论为一般读者所明白地理解，创造了哲学通俗化、大众化的叙述体裁；二是内容具体化，运用日常生活中的事例来说明，深入浅出，通俗易懂，凸显了哲学与社会生活之间的紧密联系，这就使得他的著作具有日常生活哲学的特色；三是注重运用，将抽象的哲学原理同社会现实斗争联系起来，使人们明白在生活中如何运用哲学，从而有助于发挥哲学在指导社会生活、变革现实社会中的作用。④

1936 年，沈志远的《现代哲学的基本问题》出版，他强调哲学的大众化，详细阐述了新唯物论哲学的基本特征及其重要作用：

> 哲学在今日，跟一切科学理论一样，已经不是少数大学教授、

---

① 陈唯实. 通俗辩证法讲话. 上海：新东方出版社，1936：7.
② 陈唯实. 通俗唯物论讲话. 上海：大众文化出版社，1936：2.
③ 陈唯实. 新哲学体系讲话. 上海：作家书店，1937：序言，2.
④ 吴汉全. 中国马克思主义学术史：第 3 卷. 北京：人民出版社，2019：77.

学术家和特殊知识分子的"专利品"了。一切靠做活吃饭的大众，也有自己的新哲学，也有跟自己日常生活息息相关的哲学理论。这种哲学理论，不是死的、神秘奥妙的教条，像少数特权阶层所崇奉的经院学说那样；它是活的大众生活底精确真实的指导。这里所谈的哲学，正是这样的哲学，也就是所谓新唯物论底哲学。①

这部哲学著作通俗易懂，受到社会各界的热烈欢迎，在推动马克思主义哲学大众化方面同艾思奇的《大众哲学》一样，产生了重要历史影响。

3. "两论"对唯物论和辩证法的重要发展

1937 年 7 月、8 月，毛泽东在红军大学（后改名为抗日军政大学）讲授唯物论和辩证法，当初讲稿名称为《辩证法唯物论（讲授提纲）》。后来，毛泽东将其中的两节加以整理，以《实践论》和《矛盾论》（简称"两论"）为题公开发表。"两论"将马克思主义哲学运用到抗战的具体实践，阐明了中国共产党的思想路线，是中国革命经验的哲学总结，成为中国马克思主义哲学发展的一个重要里程碑。

《实践论》从辩证唯物主义观点出发，详细剖析了认识与实践的矛盾运动，结合中国抗战实际发展了马克思主义认识理论。《实践论》强调实践是检验认识真理性的标准，"真理的标准只能是社会的实践"②；指明了实践是认识的目的，"马克思主义的哲学认为十分重要的问题，不在于懂得了客观世界的规律性，因而能够解释世界，而在于拿了这种对于客观规律性的认识去能动地改造世界"③；强调了由认识到实践飞跃的重要性，"认识运动至此还没有完结"④；阐述了实践的根本性作用，"人的认识，主要地依赖于物质的生产活动……离开生产活动是不能得到的"⑤；指出实践是认识发展的动力，认识"是一步又一步地由低级向高级发展"⑥。该著作阐明了认识的过程，毛泽东将其概括为"实践-认识-实践"，将人类认识运动归纳为："实践、认识、再实践、

---

①　沈志远. 现代哲学的基本问题. 上海：生活书店，1948：自序，3.

②　毛泽东. 毛泽东选集：第 1 卷. 2 版. 北京：人民出版社，1991：284.

③④　同②292.

⑤　同②282-283.

⑥　同②283.

再认识，这种形式，循环往复以至无穷"①。

《矛盾论》集中阐释了辩证法中的对立统一规律，分别从两种宇宙观、矛盾的普遍性和特殊性、主要矛盾和矛盾的主要方面、矛盾的同一性和斗争性等方面，结合中国抗战实际进行了科学论述，从方法论角度批判了党内"左"倾和右倾错误思想。该著作对作为辩证法实质和核心的对立统一规律做了详细阐述。

> 和形而上学的宇宙观相反，唯物辩证法的宇宙观主张从事物的内部、从一事物对他事物的关系去研究事物的发展，即把事物的发展看做是事物内部的必然的自己的运动，而每一事物的运动都和它的周围其他事物互相联系着和互相影响着。事物发展的根本原因，不是在事物的外部而是在事物的内部，在于事物内部的矛盾性。……事物内部的这种矛盾性是事物发展的根本原因。②

毛泽东结合近代中国国情和抗战形势系统阐释了矛盾特殊性原理，从矛盾特殊性角度分析土地革命战争时期以来教条主义的主要错误根源，指出了矛盾特殊性的多种表现形式。毛泽东强调对立统一规律既是世界观，也是方法论，其不仅是"自然和社会的根本法则"，同时"也是思维的根本法则"③。毛泽东强调矛盾普遍性和特殊性"这一共性个性、绝对相对的道理，是关于事物矛盾的问题的精髓，不懂得它，就等于抛弃了辩证法"④。

对于主要矛盾和次要矛盾，毛泽东指出"矛盾着的两个方面"是不能平均看待的，因为"矛盾着的两方面中，必有一方面是主要的，他方面是次要的。其主要的方面，即所谓矛盾起主导作用的方面。事物的性质，主要地是由取得支配地位的矛盾的主要方面所规定的"⑤，毛泽东还详细阐释了各种矛盾在一定条件下可以互相转化的问题。

"两论"互相呼应，鲜明体现了认识论与辩证法的统一，"在继承马克思主义哲学的基础上开创了具有相对独立意义的科学体系"⑥。"两

① 毛泽东. 毛泽东选集：第1卷. 2版. 北京：人民出版社，1991：296.

② 同①301.

③ 同①336.

④ 同①320.

⑤ 同①322.

⑥ 李曙新. 中国共产党哲学思想史. 北京：中共党史出版社，2003：133.

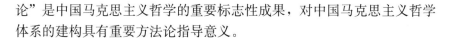

论"是中国马克思主义哲学的重要标志性成果，对中国马克思主义哲学体系的建构具有重要方法论指导意义。

（三）初步建构阶段（1937—1949）：马克思主义哲学中国化的深入发展

1937—1949 年是马克思主义哲学学科建设初步成熟时期，进步知识分子密切结合中国全面抗战实际，发表出版了大量著述，实现了马克思主义哲学由"大众化"向"中国化"的彻底转变，推动了中国哲学理论在该时期的深入发展。

该时期的代表性著述主要有：艾思奇的《哲学研究提纲》《哲学的现状和任务》《论中国的特殊性》，邓初民的《社会科学常识讲话》，艾思奇与吴黎平的《唯物史观》，陈伯达的《老子的哲学思想》《孔子的哲学思想》《墨子的哲学思想》，李季达的《怎样研究社会科学》，沈志远的《社会科学基础讲座》，侯外庐与罗克汀的《新哲学教程》，等等。

1. 马克思主义哲学"中国化、现实化"的提出

1938 年 4 月，艾思奇在《哲学的现状和任务》中指出：

> 现在需要来一个哲学研究的中国化、现实化的运动。过去的哲学只做了一个通俗化的运动，把高深的哲学用通俗的词句加以解释，这在打破从来哲学的神秘观点上，在使哲学和人们的日常生活接近，在使日常生活中的人们也知道注意哲学思想的修养上，是有极大意义的，而且这也就是中国化现实化的初步，因为如果没有几分（虽然很少），做到了中国化现实化，是不能够获得相当成果的。然而在基本上，整个是通俗化并不等于中国化现实化。因此它也没有适应这激变的抗战形势的力量，而另一方面，因为整个并没有做到中国化现实化，所以也不够充分的通俗化。①

艾思奇肯定了马克思主义哲学大众化的重要意义，指出"大众化"不等于"中国化"，认为哲学的中国化、现实化运动"不是书斋课堂里的运动，不是滥用公式的运动"②，而是要将马克思主义哲学应用于中国抗战实际，"不是要把固定了的哲学理论，当做支配一切的死公式"③。艾思奇强调将哲学研究与中国抗战实际紧密结合，这对马克思

---

①②③　艾思奇. 艾思奇文集：第 1 卷. 北京：人民出版社，1981：387.

主义哲学学科的建立与发展具有重要指导意义。

1938 年秋，艾思奇、何思敬、陈伯达、张如心、柯柏年、王学文、杨松、范文澜、和培元、张仲实、任白戈、吴亮平等一批哲学社会科学工作者，参加了延安新哲学会的成立工作。《解放》杂志刊发了《新哲学会缘起》，介绍了新哲学会的主要目的：

> 在哲学上、在理论上，我们更缺少较专门化的东西，这是抗战以来我们的理论工作中的一个很大的缺陷。新哲学会的发起，就是想把目前做得不很够的理论工作推进一步。我们反对脱离实践的贫乏空洞的"纯理论"的研究，但这不是说我们不需要专门更深化的研究。相反的，正是为着要使理论更有实际的指导力量，在研究上就不仅仅要综合眼前抗战的实际经验和教训，而且要接受一切中外最好的理论成果，要发扬中国民族传统中最优秀的东西……因为哲学只是最一般的方法论上的基础，只是各科学及一切实践经验的综合，所以我们并不仅仅就哲学而研究哲学，而且也要在哲学或方法论的具体化的发展的观点上，来研究一切抗战建国的经验教训，研究一切的其他的科学。①

新哲学会的成立，对推进马克思主义哲学学科的学术研究发挥了重要作用。如前面章节所介绍，当年新哲学成员艾思奇、和培元、杨松等人，对"马克思主义中国化"命题展开了论证，为其提供了学理支持。他们在学术中国化运动中将"马克思主义中国化"命题贯彻到哲学社会科学研究之中，最终为包括马克思主义哲学学科在内的本土化社会科学的创立与发展提供了重要学术支持。

2. 对马克思主义哲学与中国传统文化的密切关注与研究

马克思主义之所以能在中国开花结果，主要是因为它与中国传统文化存在某些"契合"之处。有研究者认为，马克思主义的理论价值和方法同中国传统文化的价值、心理和方法之间存在契合的因子，马克思主义中国化使这两者发生了现代性的整合，在中国革命和建设实践基础上发生了"视界融合"②。马克思主义自传入中国之后，就开启了其与中国的传统文化相融合的历史进程。"自从 30 年代后期，毛泽东发出'马

---

① 艾思奇，何思敬，任白戈. 新哲学会缘起. 解放，1938-09-30 (53).

② 何一成. 马克思主义中国化专题研究. 长沙：湖南人民出版社，2005：41.

克思主义中国化'的号召以后，马克思主义与中国传统文化的交融就从
早期的无意识状态进入到有意识或自觉的新阶段。"① 陈伯达、艾思奇、
范文澜、吴亮平等哲学社会科学工作者坚持继承性与批判性相统一，他
们以马克思主义为指导来研究中国传统哲学思想，推动了中国化马克思
主义哲学的发展。

陈伯达以马克思主义方法论为指导，对墨子的许多思想进行了深入
研究。他全面分析了墨子思想中唯物史观的主要体现：

> 原始地提出了生产是人类生活的基础，要求生产力的发展，这
> 是墨子哲学中之原始自发的唯物史观的重要因素之一；认为在无阶
> 级的社会中，将真正地使"国家富，财用足，百姓皆得衣饱食，便
> 宁无忧"——这是墨子哲学中之原始自发的唯物史观的重要因素之
> 二；认为"官无常贵，民无终贱"，劳力者也可以治人，这是墨子
> 哲学中之原始自发的唯物史观的重要因素之三；发现了商品在交换
> 中价值之同等的关系——这是墨子哲学中之原始自发的唯物史观的
> 重要因素之四。②

艾思奇也极为推崇墨子：

> 我们可以举墨子作为模范，他就是中国古代的一个最好的唯物
> 论的代表者，而在道德上他也留下了最光辉的遗业：对社会的兼爱
> 的思想，对个人的刻苦俭约；倘若说最好的道德就不外是能牺牲小
> 我，而以社会的最大的幸福为目标的话，那么唯物论者墨子的一切
> 思想行为在他的时代要算是最高尚的了。③

对于墨子的中庸思想，1934 年 8 月，艾思奇在《中庸观念的分析》
中充分肯定了墨子的中庸思想，"若把中庸当做事物存在的原理之一看，
那就用今日的哲学标准来衡量，它仍可以保持其一面的真理性"④。艾
思奇也指出了中庸观念的不足之处，"中庸主义就是将质量现象神圣化
了以后的一种观念论"⑤。

---

① 汪澍白. 二十世纪中国文化史论. 北京：中国青年出版社，1999：214.
② 陈伯达. 墨子的哲学思想. 解放，1940-08-15 (104).
③ 艾思奇. 艾思奇文集：第1卷. 北京：人民出版社，1981：408.
④ 同③69.
⑤ 同③72.

3. 以马克思主义哲学为方法论指导，分析中国抗战实际

抗日战争时期，以毛泽东为代表的中国共产党人自觉将马克思主义哲学作为重要方法论指导，科学分析中国的抗战实践。

毛泽东从马克思主义唯物辩证法出发，科学研究中国革命中的具体军事问题。对于战争与政治的关系，毛泽东指出，"战争就是政治，战争本身就是政治性质的行动，从古以来没有不带政治性的战争。"① 同时，毛泽东又指出战争不等于政治，政治不全是通过战争来解决的，"政治是不流血的战争，战争是流血的政治"②。毛泽东以联系和发展的观点研究战争，在《论持久战》《中国革命战争的战略问题》等著作中，毛泽东分析了抗日战争的系列军事理论问题。他在《论持久战》中驳斥了"中国必亡论"和"中国速胜论"的错误观点，通过对"能动性在战争中""战争和政治""抗战的政治动员""防御中的进攻""持久中的速决""运动战，游击战，阵地战""歼灭战，消耗战""乘敌之隙的可能性""抗日战争的决战问题"等的阐述，说明抗日战争持久战的性质；联系中日双方的经济、政治、地理和国际援助等要素分析双方军力，指出"战争过程中，只要我能运用正确的军事的和政治的策略，不犯原则的错误，竭尽最善的努力，敌之不利因素和我之有利因素均将随战争之延长而发展，必能继续改变着敌我强弱的原来程度，继续变化着敌我的优劣形势。到了新的一定阶段时，就将发生强弱程度上和优劣形势上的大变化，而达到敌败我胜的结果"③。毛泽东强调必须动员全中国人民，充分发挥人的主观能动性，"须加上主观的努力"，坚持遵循客观规律与发挥主观能动性相统一，发挥其"自觉的能动性"，才能取得抗日战争的胜利：

> 战争的胜负，固然决定于双方军事、政治、经济、地理、战争性质、国际援助诸条件，然而不仅仅决定于这些；仅有这些，还只是有了胜负的可能性，它本身没有分胜负。要分胜负，还须加上主观的努力，这就是指导战争和实行战争，这就是战争中的自觉的能动性。④

① 毛泽东. 毛泽东选集：第2卷. 2版. 北京：人民出版社，1991：479.
② 同①480.
③ 同①461.
④ 同①478.

在中国革命实践中，毛泽东领导确立了党的实事求是思想路线。1941 年 5 月，毛泽东在《改造我们的学习》中将成语"实事求是"赋予了丰富哲学内涵，为党确立了马克思主义的思想路线。他指出：

> "实事"就是客观存在着的一切事物，"是"就是客观事物的内部联系，即规律性，"求"就是我们去研究。我们要从国内外、省内外、县内外、区内外的实际情况出发，从其中引出其固有的而不是臆造的规律性，即找出周围事变的内部联系，作为我们行动的向导。①

在革命实践中运用马克思主义来解决中国革命问题时，一方面，要坚持唯物主义，从近代中国社会实际出发，力求把握客观事物固有的规律性；另一方面，要尊重辩证法，注意发挥人的自觉能动性，在详细占有材料的基础上引出规律性的认识，并用这种认识来指导实践②。经过毛泽东的科学阐释，"实事求是"成为马克思主义与中国传统文化相结合并进而应用于中国革命实践的鲜明例证。

三、历史学发展及其主要影响

历史学是哲学社会科学中最为重要的学科之一，在新民主主义革命时期的不同历史阶段，随着马克思主义辩证唯物主义和历史唯物主义历史观、方法论在史学研究中的初步应用，中国马克思主义史学体系逐渐建立（详见"附录 10　哲学社会科学各学科文献资料部分统计（1919—1949）"之历史学学科部分）。总体而言，中国马克思主义历史学在新民主主义革命时期的形成和发展，大致经历了以下三个阶段。

（一）早期探索阶段（1919—1927）：唯物史观的方法论指导与遵循

在马克思主义唯物史观指导下，马克思主义史学者结合中国革命运动和社会发展实践，积极进行社会发展史领域相关问题研究，在史学许多研究领域特别是近代史研究方面取得了大量丰硕成果，使得中国马克

---

① 毛泽东. 毛泽东选集：第 3 卷. 2 版. 北京：人民出版社，1991：801.
② 冯契. 冯契文集：第 7 卷：中国近代哲学的革命进程. 上海：华东师范大学出版社，2016：585-586.

思主义史学开始创建。

该时期中国马克思主义史学代表作主要有：毛泽东的《中国社会各阶级分析》《中国农民中各阶级的分析及其对于革命的态度》《国民革命与农民运动》，邓中夏的《省港大罢工略史》，彭湃的《海丰农民运动》，恽代英的《中国民族解放运动简史》《中国民族革命运动史》，李大钊的《史学要论》《史学思想史》《唯物史观在现代史学上的价值》《史学思想史讲义》《研究历史的任务》，蔡和森的《社会进化史》，等等。特别指出的是，李大钊的重要史学文章有：《我的马克思主义观》（1919）、《再论问题与主义》（1919）、《由经济上解释中国近代思想变动的原因》（1920）、《唯物史观在现代史学上的价值》（1920）、《研究历史的任务》（1923）等①，也是马克思主义史学的重要标志性文献。

1. 基本史学理论的唯物史观诠释

五四运动后，随着对传统史学的反思，马克思主义历史学科逐步创建。在马克思主义史学理论指导下，进步知识分子开始结合中国社会发展实际对历史与历史学进行唯物史观诠释。李大钊在该方面的贡献尤为突出，在《史学要论》中，李大钊对"什么是历史""什么是历史学""史学在科学中的地位""史学与其相关学问间的关系""现代史学的研究及于人生态度的影响"等基本史学理论问题进行了系统解答，强调历史学与文学、哲学、社会学的关系。对于史学的要义，李大钊认为：

> 史学的要义有三：（1）社会随时代的经过发达进化，人事的变化推移，健行不息，就他的发达进化的状态，即不静止而不断的移动的过程以为考察，是今日史学的第一要义。（2）就实际发生的事件，一一寻究其证据，以明人事发展进化的真相，是历史的研究的特色。（3）今日历史的研究，不仅以考证确定零零碎碎的事实为毕乃能事；必须进一步，不把人事看作片片段段的东西；要把人事看作一个整个的，互为因果，互有连锁的东西去考察他。于一般的历史事实的中间，寻求一个普遍的理法，以明事实与事实间的相互的影响与感应。在这种研究中，有时亦许要考证或确定片片段段的事实，但这只是为于一般事实中寻求普遍理法的手段，不能说这便是

---

① 姜义华，武克全. 二十世纪中国社会科学：历史学卷. 上海：上海人民出版社，2005：24.

史学的目的。①

李大钊在革命实践中，尤其关注历史研究。一方面，从唯物史观角度来阐释历史，认为历史就是社会的变革，社会的变革就是历史。马克思主义经典作家认为，社会变革是推动人类社会不断向前发展的主要动因。"历史不外是各个世代的依次交替。每一代都利用以前各代遗留下来的材料、资金和生产力；由于这个缘故，每一代一方面在完全改变了的环境下继续从事所继承的活动，另一方面又通过完全改变了的活动来变更旧的环境。"② 李大钊试图以马克思主义唯物史观为匙，来探讨历史的发展规律。他认为，"马氏似把历史和社会对照着想。他固然没有用历史这个名词，但他所用社会一语，似欲以表示二种概念：按他的意思，社会的变革，便是历史"③，指出历史就是人类的生活并为其产生的文化。马克思主义经典作家从唯物史观角度出发，通过对"社会变革"的研究深刻揭示了人类社会发展的普遍规律，最终得出资本主义必然灭亡、共产主义必然胜利的科学论断。

在马克思主义唯物史观指导下，李大钊将社会变革作为重要研究对象，强调历史是社会的变革并包含作为上层建筑的文化。他指出：

> 历史这样东西，是人类生活的行程，是人类生活的联续，是人类生活的变迁，是人类生活的传演，是有生命的东西，是活的东西，是进步的东西，是发展的东西，是周流变动的东西……历史就是人类的生活并为其产物的文化。因为人类的生活并为其产物的文化，是进步的，发展的，常常变动的；所以换一句话，亦可以说历史就是社会的变革。这样说来，把人类的生活整个的纵着去看，便是历史；横着去看，便是社会。④

由此可见，唯物史观是李大钊研究和定义"历史"的重要理论基石。

另一方面，李大钊在《史学要论》中，以马克思主义唯物史观界定"历史学"。

> 史学非就一般事物而为历史的考察者，乃专就人事而研究其生

---

① 李大钊. 李大钊文集：下. 北京：人民出版社，1984：726.
② 马克思，恩格斯. 马克思恩格斯选集：第1卷. 3版. 北京：人民出版社，2012：168.
③ 中国李大钊研究会. 李大钊文集：第3卷. 北京：人民出版社，1999：304.
④ 中国李大钊研究会. 李大钊文集：第4卷. 北京：人民出版社，1999：378-379.

成变化者。史学有一定的对象。对象为何？即是整个的人类生活，即是社会的变革，即是在不断的变革中的人类生活及为其产物的文化。换一句话说，历史学就是研究社会的变革的学问，即是研究在不断的变革中的人生及为其产物的文化的学问。①

有研究者认为，李大钊对历史学的界定深入扩展了史学研究的范围，使历史研究突破了传统研究局限于政治史范畴的束缚，促使研究发生了由主要关注"个人生存经历"到重点研究"国民的生存经历"的转变②。李大钊强调史学研究的主要对象和领域，应该为"国民的生存"："人以个体而生存，又于种种团体而生存；故人生有为个体的生存，有为团体的生存。人的团体的生存，最显著的例，即是国民的生存；今日史学所研究的主要问题，似为国民的生存的经历。"③ 当然，李大钊也强调了历史要研究的应该是"活的历史"，研究结合"个人生存经历"的必要性，批判了"史学是专研究关于团体的生活者，而不涉及个人的生活"的观点，"盖个人为构成团体的要素，个人的活动为团体生活的本源，个人在团体的生活中，实亦有其相当的影响，即亦有其相当的意义"④。李大钊倡导要建立历史科学，系统研究史学理论，"今日的历史学，即是历史科学，亦可称为历史理论。史学的主要目的，本在专取历史的事实而整理之，记述之；嗣又更进一步，而为一般关于史的事实之理论的研究，于已有的记述历史以外，建立历史的一般理论。严正一点说，就是建立历史科学。"⑤

可见，李大钊以唯物史观为方法论指导，对"历史""历史学"等概念进行了科学界定，既为马克思主义历史学研究界定了基本范畴，推动建立以唯物史观为指导思想的历史学的学科体系，同时也为后来推动历史研究的正规化、规范化与科学化奠定了重要学理基础。

除李大钊外，对唯物史观介绍和研究影响较大的还有蔡和森的《社会进化史》（1924），模仿恩格斯《家庭、私有制和国家的起源》的编纂方法，论述了家庭、财产制度、国家的产生，以及人类历史进化的普遍

---

① 中国李大钊研究会. 李大钊文集：第4卷. 北京：人民出版社，1999：386.
② 吴汉全. 历史·历史学·历史哲学：李大钊对历史学几个相关概念的马克思主义诠释. 江海学刊，2004（2）：36.
③ 同①386-387.
④ 同①387.
⑤ 同①388.

规律。瞿秋白《社会科学概论》（1924）等著作，依据布哈林《历史唯物主义》的体系阐述了生产力与生产关系、经济基础与上层建筑、阶级斗争等理论，他还是中国最早介绍唯物辩证法的思想家。李达翻译了荷兰人郭泰所著的《唯物史观解说》（1920），以及《俄国农民阶级斗争史》《唯物史观的宗教观》等一批著作，影响最大的一部著作是《现代社会学》（1926），该书按照马克思《〈政治经济学批判〉导言》中关于唯物史观的表述阐述了社会进化之原理①。

2. 对中国近代史与中共党史的探索

马克思主义在 19 世纪末传入中国时，唯物史观便开始了在近代中国的传播。当时中国人民正遭受西方列强的侵略与国内封建主义的压迫，中华民族面临的最重要历史任务是争取民族独立、人民解放，以最终实现国家富强和人民的共同富裕。这两项历史任务的实现，都需要在唯物史观指导下去完成。由此，马克思主义唯物史观成为当时知识分子传播的主要内容，从资产阶级知识分子到资产阶级革命派，争相翻译与传播马克思主义唯物史观。

1921 年中国共产党成立后，在马克思主义唯物史观的指导下，进步哲学社会科学工作者认真分析研究中国历史，以期为中国革命发展提供重要借鉴和科学理论指导。由于鸦片战争以来的道路探索历史与 20 世纪初中国的深刻社会变革有着密切联系，所以他们在进行历史研究时特别关注对备受侵略压迫的中国近代史方面的研究，在该领域取得了诸多重要研究成果②，尤以李大钊、李达、蔡和森等人的研究具有代表性。

作为中国共产党的早期领导人，李大钊的理论研究立足近代社会现实与中国革命发展实际。他在马克思主义唯物史观指导下撰写的《国际的资本主义下的中国》《孙中山先生在中国民族革命史上之位置》《由经济上解释中国近代思想变动的原因》等文章，就是以中国近代史上的重大问题为抓手，在分析近代中国社会基本国情与基本矛盾基础上，对近代以来中国经济、政治、思想文化等历史发展规律进行探讨，为当时中

---

① 姜义华，武克全. 二十世纪中国社会科学：历史学卷. 上海：上海人民出版社，2005：25-26.

② 这些重要研究成果有：李泰棻. 中国最近世史：全 2 册. 台北：文海出版社，1990；李泰棻. 中国近百年史. 全 3 册. 上海：商务印书馆，1924；孟世杰. 中国最近世史：全 4 册. 天津：天成印字馆，1926；等等。

国共产党领导的革命斗争提供了历史的借鉴。李大钊在中国近代史研究方面的贡献主要集中在两个方面，这为中国马克思主义历史学的建构提供了重要学理遵循。

一方面，是对近代中国社会主要矛盾和历史任务的理论探讨。该领域是李大钊研究近代史始终关注的问题，社会主要矛盾是由基本国情决定的，这二者之间存在着密切联系。对于近代中国的基本国情，李大钊指出："中国现在的特殊情形由来有两种：一种是外来的压迫，即受国际帝国主义、资本主义的支配；一种是国内武人军阀的压迫。"① 李大钊阐明了帝国主义和封建军阀对近代中国社会产生的严重影响，在此基础上深刻揭示了近代中国社会的主要矛盾。

关于近代中国社会发展面临的现状，李大钊认为主要就是西方列强和日本的侵略。

> 欧洲各国的资本制度一天盛似一天，中国所受他们经济上的压迫也就一天甚似一天。中国虽曾用政治上的势力抗拒过几回，结果都是败辱。把全国沿海的重要通商口岸都租借给人，割让给人了，关税、铁路等等权力，也都归了人家的掌握。这时的日本崛然兴起，资本制度发达的结果，不但西洋的经济力不能侵入，且要把他的势力扩张到别国。……中国是他的近邻，产物又极丰富，他的势力自然也要压到中国上。②

从 19 世纪中叶开始，西方列强通过军事侵略，强迫签订不平等条约，使中国逐步陷入了半殖民地半封建社会。国门被迫打开，中国传统社会经济结构发生了根本性改变，由于外国廉价商品的大量倾销，使得中国几千以来传统的农业经济和家庭手工业纷纷破产。

> 数年研究之结果，深知中国今日扰乱之本原，全由于欧洲现代工业勃兴，形成帝国主义，而以其经济势力压迫吾产业落后之国家，用种种不平等条约束制吾法权税权之独立与自主。而吾之国民经济，遂以江河日下之势而趋于破产。③

除了西方侵略势力外，李大钊认为，"国内武人军阀"也是严重阻

---

① 中国李大钊研究会. 李大钊文集：第 4 卷. 北京：人民出版社，1999：225.
② 中国李大钊研究会. 李大钊文集：第 3 卷. 北京：人民出版社，1999：143.
③ 中国李大钊研究会. 李大钊文集：第 5 卷. 北京：人民出版社，1999：235.

碍中国近代社会发展的一个重要因素。近代以来，"中国人民一方面遭受国际帝国主义者的压迫，另一方面又遭受中国军阀的压迫。外国帝国主义者在中国的权力决定了中国军阀的存在，因为后者是帝国主义列强的走狗。"① 在当时的中国社会，由于帝国主义国家在中国都有着特殊的经济利益，因此，不同的军阀依附于不同的帝国主义，"而且不仅仅是只有一个帝国主义。在帝国主义者方面，它只是根据自身的利益作它与中国军阀勾结的标准"②，"日本一直在帮助以张作霖为首的奉系军阀，英国和美国则支持以吴佩孚为首的直系军阀"③。由此，近代中国的社会性质和阶级关系，使帝国主义和中华民族的矛盾、封建主义和人民大众的矛盾成为近代中国社会的主要矛盾。

近代中国社会的主要矛盾从根本上决定了近代中国革命的根本任务。1922 年，中共二大宣言指出："帝国主义者之无穷操纵，因此内乱是有加无已的。真正的统一民族主义国家和国内的和平，非打倒军阀和国际帝国主义的压迫是永远建设不成功。"④ 李大钊阐释了中共二大的重要论断，指出了近代中国的革命任务，即"中国的民族运动应该是既反帝又反军阀"⑤。

李大钊在中国近代史研究上的另一方面的重要贡献，体现在他对中华民族革命史的研究上⑥。对于中华民族革命史问题，李大钊将研究重点放在一些重大事件和重要历史人物上，譬如，关于五四运动的研究、关于孙中山等重要人物的研究等。李大钊主要围绕五四运动的历史作用、五四运动参加者与组织者的重要历史地位、五四运动的精神等方面展开。对于五四运动精神，李大钊认为要"把'五四'运动的精神，牢牢记住，誓要恢复国家的主权，洗清民族的耻辱"⑦。关于对孙中山等人物的研究，李大钊肯定了孙中山在中国近代史上的重要地位和历史影响，尤其是孙中山对于国民党的组建及其在辛亥革命、国民革命运动中的重要历史贡

① 中国李大钊研究会. 李大钊文集：第 5 卷. 北京：人民出版社，1999：1.

② 同①7.

③ 同①12.

④ 中共中央文献研究室，中央档案馆. 建党以来重要文献选编（1921—1949）：第 1 册. 北京：中央文献出版社，2011：129.

⑤ 同①.

⑥ 吴汉全. 李大钊与中国近代史研究. 近代史研究，2003（2）：88.

⑦ 中国李大钊研究会. 李大钊文集：第 4 卷. 北京：人民出版社，1999：376.

献，等等。如在国民革命运动方面，李大钊高度评价了孙中山在国民革命运动中发挥的重要历史作用及其对国民革命的历史影响。李大钊指出：

> 孙中山先生所指导的国民革命运动，在中国民族解放全部历史中，实据有中心的位置，实为最重要的部分。他承接了太平天国民族革命的系统，而把那个时代农业经济所反映出来的帝王思想，以及随着帝国主义进来的宗教迷信，一一淘洗净尽。他整理了许多明季清初流衍下来以反清复明为基础的、后来因为受了帝国主义压迫而渐次扩大着有仇洋彩色的下层结社，使他们渐渐的脱弃农业的宗法的社会的会党的性质而入于国民革命的正轨。他揭破了……欺骗民众的奸计，使那些实在起于民族解放运动而趋入于立宪运动的民众，不能不渐渐的回头，重新集合于革命旗帜之下。他经过了长时期矫正盲目的排外仇洋运动，以后更指导着国民革命的力量，集中于很鲜明的反帝国主义的战斗。他接受了代表中国工农阶级利益的共产党员，改组了中国国民党，使国民党注重工农的组织而成为普遍的群众的党，使中国国民革命运动很密切的与世界革命运动相联结。[①]

在中国近代史和中共党史研究方面，蔡和森也有着很深的造诣。他在该时期比较有影响的著作有《社会进化史》《党的机会主义史》《中国共产党史的发展》等，其中，尤以《社会进化史》的理论成就最为突出。

《社会进化史》是蔡和森 1922 年在上海平民女子学校和上海大学讲授"社会进化史"的讲义，后经修改和补充于 1924 年由上海民智书局出版。《社会进化史》是 20 世纪 20 年代马克思主义唯物史观中国化重要理论成果之一，深刻影响了后来中国历史学的发展。该著作初步研究了中国社会发展史，参考借鉴了恩格斯的《家庭、私有制和国家的起源》、摩尔根的《古代社会》和列宁的《国家与革命》等著作中的唯物主义观点与研究方法，同时还吸收了恩格斯《劳动在从猿到人转变过程中的作用》一文的主要观点，并通过引用古希腊、雅典、罗马、日耳曼、埃及、中国等的大量史料，运用达尔文的社会进化论将马克思主义社会史中有关家庭、私有制、国家的论述具体化，揭示了人类社会的发展规律，阐明了资本主义灭亡和共产主义胜利的历史必然性。蔡和森通过对于"人类演进之程序"与"各种政治状态与经济状态之关系"的研究，得出了"近

---

① 中国李大钊研究会. 李大钊文集：第 5 卷. 北京：人民出版社，1999：90.

世社会之必然崩溃"的结论，具有明显为当时政治服务的特点。

《社会进化史》对马克思主义史学的中国化做出了重要理论贡献，其运用历史唯物主义方法分析了人类社会由野蛮到文明的历史发展过程，深刻论证了推动人类进化与人类社会发展的根本原因。蔡和森还以历史唯物主义观点阐述了家族、财产和国家三者起源与进化的过程，分"家族之起源与进化""财产之起源与进化""国家之起源与进化"三个篇章深入探讨人类历史进程。例如，在"财产之起源与进化"中，分别从个人财产之起源、氏族共产制、共产社会之风俗、土地财产最初之形态、村落集产制、秘鲁及印度之村落社会、村落社会在中国之遗迹、宗法家族与集合财产之性质及土地私有财产之起源等 14 个主要方面展开了深入剖析。在"国家之起源与进化"篇章中，蔡和森探讨了伊洛葛人之氏族社会、希腊人之氏族、雅典之国家、罗马之氏族与国家、克尔特与日耳曼的氏族、日耳曼国家之形成等，梳理了各国的历史发展脉络，强调每一阶段的历史发展都是由生产力、生产关系构成的生产方式决定的，"有史以前的社会是无阶级社会，是原始社会、氏族社会，有史以后的社会是阶级社会"①。该著作对中国社会发展史研究做出了重要贡献，为后来各个时期史学工作者关于中国社会史的研究，提供了重要研究思路与方法。

《中国共产党史的发展》是中国共产党内的最早一部党史研究专著，是蔡和森于 1925 年底至 1926 年 4 月，在莫斯科东方大学中共旅莫支部所做的中共党史报告，阐明了党史研究的目的、任务和对象，研究了党产生发展的条件、发展阶段、组织机构及路线方针政策、党内生活、党在革命运动中的地位和作用、经验教训以及革命发展规律等。该著作肯定了党成立以来的光辉历程：

> 吾党虽只有五年短的历史，而仍在幼稚的时代。可是就在五年中间已能领导中国无产阶级由经济的争斗走到政治的争斗，由日常生活的争斗，又走到一般的争斗了。俄国共产党不过二十余年的历史，西欧工人阶级的政党已有百年或数十年，但在我们五年历史过程中，已超过了他们长期的历史了。②

---

① 吴汉全. 中国马克思主义学术史概论：1919—1949：上册. 长春：吉林人民出版社，2010：338.

② 蔡和森. 蔡和森文集：下. 北京：人民出版社，2013：786.

该书除"绪言"外，还有"报告的意义"和"吾党产生的背景及其历史使命"两部分内容。整体而言，蔡和森的这个报告，"第一，说明了共产党的主观条件和客观条件及党的历史使命和党初期的工作；第二，说明党的政治状况、劳动运动的发展及党内部的政治生活状况和一般的政治状况；第三，说明党如何由小团体而形成大的政党，以及党成立五年来是如何领导中国革命运动的。"① 蔡和森在书中强调，必须用马列主义指导中共党史研究，指出：

> 我们都是马克思主义者，所以我们绝对不会把一个政党的产生当作是脑筋中幻想出来的或者是几个学者创造出来的。一个政党的发生，必有其阶级的、政治的、经济的背景的。②

蔡和森在著作中宣传了新民主主义革命理论，科学阐述了中国的社会性质，初步提出了新民主主义革命总路线，强调了武装斗争的重要性，批判了党内外无政府主义思想及共产党内"左"、右倾观点等各种非马克思主义思想，系统总结了中国共产党早期革命斗争的经验教训。该著作阐明了中共党史研究的目的、任务和对象，强调中共党史研究的目的是系统总结经验教训，掌握中国革命发展的历史规律。该著作作为第一部中共党史，不但将工运史、农运史、青运史等和中共党史结合起来研究，还将国民党史和中共党史结合起来研究③，奠定了以中国近代社会为研究背景的中共党史研究体系，具有较高的学术价值和史料价值，奠定了蔡和森在中共党史学史研究方面开拓者和奠基人的历史地位。

此外，资产阶级知识分子梁启超的《中国历史研究法》，涉及内容十分广泛。该书共6章，第1章论述了史的定义、意义和范围，第2章回顾并评价中国的旧史学，第3章讲如何改造旧史学、建立新史学，第4、5章专谈史料学，第6章阐述史实上下左右的联系。该著作与《中国历史研究法补编》，是梁启超在史学理论方面的代表作，也是中国近代资产阶级史学理论的经典著作，对该时期中国马克思主义史学的发展具有一定借鉴意义。

---

① 李良明. 蔡和森：中共党史学史的开拓者：读《中国共产党史的发展（提纲）》. 湘潮，2015（3）：132.

② 同①3.

③ 周一平. 蔡和森著《中国共产党史的发展》研究. 史林，1992（2）：42-43.

（二）成长发展阶段（1927—1937）：运用唯物史观对古代史和近代史研究的深入

该阶段在中国马克思主义史学工作者推动下，马克思主义史学得到了进一步发展。其发展的主要原因与当时思想理论界开展的"中国社会性质问题""中国社会史问题""中国农村社会性质问题"三大论战相关。当时的马克思主义史学工作者结合中国革命实践，运用马克思主义唯物史观，通过发表文章、撰写著作，阐述中国历史发展的基本理论问题，为中国革命发展提供了科学理论指导。以郭沫若、吕振羽、翦伯赞、何干之等为代表的马克思主义史学研究队伍，将唯物史观应用于中国史研究，在中国古代史研究、中国近代史研究、中共党史研究等方面实现了重大突破①。他们出版马克思主义史学研究著述，通过对中国历史发展的系统考察，探讨了中国社会及其历史发展规律，促进了中国本

---

① 20世纪对于中国近代史研究来说，是开端的世纪、转型的世纪、创新的世纪，更是收获的世纪。20世纪中国近代史研究发生了翻天覆地的变化，它从传统中国历史学中分离出来，由为半殖民地半封建社会服务的、代表统治阶级利益的资产阶级倾向的中国近代史研究，转向在新民主主义革命中产生的以马克思主义为指导的中国近代史研究。新中国成立以后，马克思主义中国近代史研究占据主导地位。在20世纪20—30年代，中国近代史研究的代表作主要有：颜昌峣：《中国最近百年史》，上海，太平洋书店，1929年；王蘧棠：《中国近百年史问题研究》，北平，华美印刷公司，1929年；高博彦：《中国近百年史纲要》，两册，北平，文化学社，1930年；魏野畴：《中国近世史》，上海，开明书店，1930年；陈怀：《中国近百年史要》，上海，中华书局，1930年；邢鹏举：《中国近百年史》，上海，世界书局，1932年；孟世杰：《中国近世史纲·分析表解》，北平，百城书局，1932年；李鼎声：《中国近代史》，上海，光明书局，1933年；朱其华：《中国近代社会史解剖》，上海，新新出版社，1933年；罗元鲲：《中国近百年史》，两册，上海，商务印书馆，1934年；杜冰波：《中国最近八十年来的革命与外交》，两册，上海，神州国光社，1933年；陈恭禄：《中国近代史》，两卷，大学丛书，上海，商务印书馆，1935年；陈恭禄：《中国近百年史》，上海，商务印书馆，1936年；何干之：《近代中国启蒙运动史》，上海，生活书店，1938年；韩启农：《中国近代史讲话》，上海，新知书店，1936年。这些公开出版的中国近代史读物大多是学校教材，部分是针对不同读者对象的通俗读物。不管是大中学校教材，还是针对不同层次读者的通俗读物，作者都有对读者进行中国近代史教育的明显目的性，都指出了帝国主义列强侵略中国的由来及其过程，希望读者了解近代中国历史发展的去向，希望对读者进行爱国主义教育。例如，颜昌峣在1929年出版的《中国最近百年史·自序》中开宗明义讲道："我国近百年来，外受帝国主义之压迫，内蒙清室官僚民国军阀之抑制，国权丧尽，利源外攫，使吾四万万民族生机沦于将烬，吾五千年光荣之历史，暗淡无色。幸近民族自决风起云涌，我国民运应时而兴，两三年间，打倒帝国主义、取消不平等条约之标帜，风靡全国。"

——张海鹏．中国近代通史：第1卷．南京：江苏人民出版社，2009：1-3．

土化马克思主义史学发展。

该阶段马克思主义史学发展的主要代表性著作有：郭沫若的《中国古代社会研究》，吕振羽的《史前期中国社会研究》《殷周时代的中国社会》，何干之的《中国社会性质问题论战》《中国社会史问题论战》《近代中国启蒙运动史》，华岗的《中国大革命史》，李鼎声的《中国近代史》，等等。其中，郭沫若的《中国古代社会研究》出版于1930年，收入郭沫若撰写的《〈周易〉的时代背景与精神生产》《〈诗〉〈书〉时代的社会变革与其思想上之反映》《中国社会之历史的发展阶段》《卜辞中的古代社会》《周代彝铭中的社会历史观》五篇文章①，开创了以唯物史观研究中国古代史的新纪元。吕振羽于1934年出版的《史前期中国社会研究》以唯物史观为指导，最早对史前社会进行了系统研究。这一时期，马克思主义史学在中国近代史研究领域也有一定的发展。其中较重要的著作有：瞿秋白的《中国共产党历史概论》（1930），邓中夏的《中国职工运动简史》（1930），华岗《中国大革命史：一九二五—一九二七》（1931），周谷城《中国社会之结构》《中国社会之变化》《中国社会之现状》（1930、1931、1933），李鼎声（李平心）的《中国近代史》（1933），何干之的《中国社会性质问题论战》（1937）和《中国社会史问题论战》（1937）等②。

1. 唯物史观指导下中国马克思主义史学的进一步发展

20世纪20年代末至30年代中期，思想理论界围绕中国革命与中国社会发展问题，爆发了中国社会性质问题、中国社会史问题和中国农村社会性质问题的论战。在论战中，史学研究者形成了关于中国社会性质问题的不同理解，何干之在《中国社会性质问题论战》中指出，"社会史，社会性质，农村社会性质的论战，可说是关于一个问题的多方面的探讨"③。在这里，何干之将社会性质、农村社会性质论战统称为中国社会性质问题论战，并将其与中国社会史问题论战并列。

1928年7月，党的六大通过的决议案强调了中国社会性质和由此

---

① 姜义华，武克全. 二十世纪中国社会科学：历史学卷. 上海：上海人民出版社，2005：27.

② 同①29.

③ 何干之. 何干之文集：第1卷. 北京：北京出版社，1993：186.

决定的中国革命的性质，指出 1927 年以后的中国社会是半殖民地、半封建社会，中国革命是反帝反封建的民主革命。这一正确判断遭到托陈取消派的攻击，托陈取消派，是中国共产党内打着托洛茨基主义旗帜反对党的路线、方针和政策的机会主义派别①，其核心理论观点集中反映在陈独秀于 1929 年 7—10 月致中央的五封信及"托陈取消派"纲领中，他们认为 1927 年蒋介石发动的反革命政变是资产阶级的胜利，其建立的反动政权是资产阶级政权。在《关于中国革命问题致中共中央信》（1929 年 8 月 5 日）中，陈独秀认为，资本主义经济在社会中占支配地位，由于中国经过 1925—1927 年的大革命，封建残余"受了最后打击"，已"变成残余势力之残余"②。在《告全党同志书》中，他还要求取消现阶段反帝反封建的革命任务，现在只能"为召集国民会议奋斗"③。陈独秀错误地提出了"二次革命论"，认为无产阶级现阶段任务是发展资本主义，然后再进行无产阶级社会主义革命。

"托陈取消派"对党领导的革命事业带来了严重负面影响。中国共产党号召开展对"托陈取消派"的斗争，1929 年 10 月，中共中央颁布《关于反对党内机会主义与托洛茨基主义反对派的决议》，系统批驳了他们的谬论，成为在当时思想理论界产生重大影响的"中国社会性质问题论战"。同年 12 月，李立三撰写的《中国革命的根本问题》严厉批驳了托派和陈独秀的观点。陶希圣在《中国社会到底是什么社会？》一文中，指出中国社会"是一个宗法封建社会的构造，其庞大的身份阶级不是封建领主，而是以政治力量执行土地所有权并保障其身份和信仰的士大夫阶级"④。"以中国共产党内关于中国社会性质争论为肇始，关于中国到底是什么性质社会的论战逐渐扩展到社会，在整个思想界引发了激烈争论，并且不断被引向深入，对于中国社会史和农村社会性质也展开了大辩论"⑤，最终形成"中国社会性质问题论战"。

在中国社会性质问题论战中，以马克思主义唯物史观为指导的中国

① 周子东. 三十年代中国社会性质论战. 北京：知识出版社，1987：17.

② 中国人民解放军政治学院党史教研室. 中共党史参考资料：第 5 册. 1979：378.

③ 同②400.

④ 陶希圣. 中国社会到底是什么社会？. 新生命，1928–11–1，1 (10).

⑤ 温乐群，黄冬娅. 二三十年代中国社会性质和社会史论战. 南昌：百花洲文艺出版社，2004：23.

近代史研究推动了中国马克思主义史学的进一步发展。论战在很多方面发展了马克思主义史学，促进了马克思主义历史学科的建构和学术研究。中国社会性质问题论战中形成的"半殖民地半封建社会"概念，成为此后马克思主义史学工作者研究近代中国社会性质与近代中国基本国情的一个最为基础的理论概念和学术范畴。对于近代中国社会性质，何干之在 1937 年出版的《〈中国社会性质问题论战〉序》中指出，中国是"帝国主义支配下的半殖民地化的半封建社会"①。就社会经济发展层面来说，王学文在其《中国资本主义在中国经济中的地位及其发展前途》一文中，认为处于"半殖民地"状态的"中国经济实在是帝国主义侵略下一个半殖民地的封建经济"②。这样一来，在论战中确立的"半殖民地半封建社会"概念最终为史学界所认可和接受。

马克思主义史学工作者对近代中国半殖民地半封建社会性质的深刻研究，引申出近代中国革命的主要任务与革命对象问题。刘梦云（张闻天）在其《中国经济之性质问题的研究》一文中，认识到帝国主义"不但不能帮助中国资本主义的独立发展，而且阻碍中国资本主义的独立发展，不但不消灭乡村中间的封建式的剥削，而且加紧了这种剥削"③。论战除了对帝国主义侵略的关注外，还进一步加深了马克思主义史学工作者对封建势力在近代中国社会反动地位和破坏作用的深刻认识，成为近代中国史研究的一个重要领域。论战还深化了马克思主义史学工作者对近代中国社会资本主义发展相关问题的认识，进一步丰富了近代马克思主义史学研究领域。当年王学文在《中国资本主义在中国经济中的地位及其发展前途》中提到，"就其发展的程度来说，所谓中国的资本主义经济，所谓中国的民族工业，还只限于资本主义工业初期时代的轻工业"④。资本主义虽然在近代中国得到一定程度的发展，但由于特殊国情和战争环境的影响，其并未在我国社会的经济生活中占据主导地位。

2. 社会史问题论战与近代中国马克思主义史学研究

中国社会史问题论战主要发生于 20 世纪 20 年代后期至 30 年代，马克思主义广泛传播为社会史论战提供了重要理论前提，论战是为了

---

① 何干之. 何干之文集：第 1 卷. 北京：北京出版社，1993：183.
② 高军. 中国社会性质问题论战（资料选辑）. 北京：人民出版社，1984：195.
③ 同②529.
④ 同②196.

能从历史的探索中进一步明确中国革命的发展方向。1929 年，陶希圣出版了《中国社会之史的分析》和《中国封建社会史》，论述了中国社会史的性质及研究方法，将讨论延伸到中国社会史领域。郭沫若出版了中国马克思主义史学著作《中国古代社会研究》，运用马克思主义的古代社会经济形态理论探讨中国历史发展进程。新生命派、新思潮派、中共干部派、"托陈取消派"及胡秋原、王礼锡、孙倬章、王亚南等其他学者广泛参与。1931—1933 年，社会史论战以王礼锡主编的《读书杂志》为阵地，先后刊出 4 辑"中国社会史论战专号"，将论战推向高潮。在论战中影响较大的除郭沫若外，还有翦伯赞、吕振羽、陶希圣、李季、胡秋原等史学工作者。论战围绕关于"亚细亚生产方式"问题、中国历史上是否存在奴隶制社会问题及中国封建社会的起讫时间和特征三个主要方面展开。1937 年，何干之在出版的《〈中国社会史问题论战〉前记》中指出："本书可以说是中国社会性质问题论战的续编。'前编'已经指出了现代中国社会是什么，我们应该怎样做。'后编'再指出过去中国社会是什么，以加强我们对于怎样做的决心。"①

对于"亚细亚生产方式"问题，马克思指出："大体说来，亚细亚的、古希腊罗马的、封建的和现代资产阶级的生产方式可以看做是经济的社会形态演进的几个时代。"② 吕振羽指出，亚细亚生产方式是亚细亚国家之封建主义的一个特色，后来又认为亚细亚生产方式是一种初期国家的奴隶制。郭沫若认为，亚细亚生产方式大致等同于奴隶制的族长制，是奴隶社会前的一个阶段。尽管马克思主义史学工作者在亚细亚生产方式对应的历史发展阶段上存在一些学术研究分歧，但都承认其是历史发展阶段上存在的一种社会历史形态。

中国历史上是否存在奴隶制社会的问题，其实质是马克思主义社会历史理论是否适合于中国。在奴隶社会起始问题上马克思主义史学工作者的认识存在一些分歧，例如，郭沫若认为，商代是原始共产制的氏族社会，西周是奴隶社会。吕振羽在《殷代奴隶制度研究》中认为，商代不是原始共产主义社会，商代进入了奴隶社会。马克思主义史学家肯定了奴隶社会在中国的存在，马克思主义社会历史理论也同

---

①　何干之. 何干之文集：第 1 卷. 北京：北京出版社，1993：264.

②　马克思，恩格斯. 马克思恩格斯选集：第 2 卷. 3 版. 北京：人民出版社，2012：3.

样适用于中国。

对于中国社会性质问题，当时存在一些错误认识，尤以陶希圣的"商业资本主义社会"的影响最大，在其《中国社会之史的分析》中，陶希圣认为"在春秋战国的时候有商业、有官僚，已足够证明当时封建制度的崩坏了"①。以王亚南为代表的广大马克思主义史学工作者坚持了马克思主义关于人类历史发展阶段的理论，在《封建制度论》一文中，王亚南分析了中国封建社会妨碍资本主义经济发展的四方面"要因"：一是"缺乏外来有力的刺激"；二是"传统思想妨害自然科学发达"；三是"没有奖励工业的政策"；四是"土地投资的普遍化"②。

中国社会史问题论战的实质是中国历史发展阶段与马克思主义人类历史发展基本规律是否一致。通过论战，逐渐确立了历史唯物主义在中国思想理论战线的支配地位，推动了马克思主义史学在中国的发展。通过史学工作者的不懈努力，《中国古代社会研究》（郭沫若）、《中国产业革命概观》（李达）、《中国资本主义史》（郭真）、《中国近代经济史》《中国现代经济史》（施复亮）、《近代中国经济史》（钱亦石）、《史前期中国社会研究》《殷周时代的中国社会》（吕振羽）、《经济史》（马哲民编）、《中国资本主义之发展》（朱新繁）、《中国商业史》（陈灿）等一大批马克思主义史学代表性学术成果问世。其中，《中国古代社会研究》是郭沫若尝试运用马克思主义唯物史观研究中国历史的开山之作，标志着中国古代史研究在当时取得了突破性进展。这部著作把中国历史归纳为这样几个阶段：西周以前是原始共产制，西周是奴隶制，春秋以后至近代是封建制，近代百年是资本主义制度。这样的表述，对中国历史做出一种全新而又极富启发意义的解释，的确是发前人所未发。另外，郭沫若应用马克思主义理论，结合古文献、古文字学与考古成果对中国上古史的研究，在史学研究中另辟蹊径，极富创造性③。同时，论战还拓展了马克思主义史学研究的新领域，扩大到先前较少涉及的"原始社会史、商周史、经济史、史

---

① 陶希圣. 中国社会之史的分析. 上海：新生命书局，1929：259.

② 王亚南. 封建制度论. 读书杂志，1931-08-01，1（4-5）.

③ 姜义华，武克全. 二十世纪中国社会科学：历史学卷. 上海：上海人民出版社，2005：27.

学理论和史学史等领域"①，进一步推动了近代中国马克思主义史学研究。当时活跃在中国古代史领域的马克思主义学者还有翦伯赞、邓云特（邓拓）、吴承仕等人。翦伯赞曾参与社会史论战，1935 年发表《殷代奴隶社会研究之批判》，1936 年发表《关于"亚细亚的生产方法"问题》《关于历史发展中之"奴隶所有者社会"问题》等论文；邓云特在 1935 年到 1936 年先后发表了《中国社会经济长期停滞的考察》《中国历史上手工业发展的特质》《再论中国封建制的"停滞"问题》等论文②。

（三）初步建构阶段（1937—1949）：中国马克思主义史学体系的基本形成

欲知大道，必先为史。延安时期马克思主义史学的中国化建设，体现了国内局势发展的需要。抗战爆发后，救亡图存成为鲜明的时代主题。国民政府在思想文化领域中倡导"尊孔复古"，其主要目的是通过复古教育来维护其一党专政局面。面对国民党的文化专制主义政策，中共进行坚决反击，要求史学家通过历史研究进行意识形态领域的斗争。1941 年 5 月，中央宣传部发出《关于展开对国民党宣传战的指示》，要求全党"争取社会的广大同情者和同盟军，来共同反对国民党的反共、投降，反对其反动的复古主义和一党专制主义"，呼吁文化工作者"以科学立场，解释共产主义和中共适合中国国情之需要"③。面对实践提出的新课题，延安知识分子把史学纳入革命和救亡轨道，运用马克思主义的立场、观点和方法研究抗战实践，把求真和致用相结合，以更好地凸现史学研究的价值。

延安时期的史学是当时除哲学外的另外一门重要"显学"。该时期马克思主义史学的大发展同样是"集体智慧的结晶"，尤其是以范文澜、何干之、吕振羽、杨松、陈伯达、尹达、金灿然、吴玉章、叶蠖生等为代表的马克思主义史家群体，坚持用马克思主义治史，通过史学研究建

---

　　① 吴汉全. 试论中共根据地时期的马克思主义学术建设. 湖南师范大学社会科学学报，2019（5）17.

　　② 姜义华，武克全. 二十世纪中国社会科学：历史学卷. 上海：上海人民出版社，2005：28.

　　③ 中央档案馆. 中共中央文件选集：第 13 册. 北京：中共中央党校出版社，1989：102.

构起对后来乃至当今依然有重要影响的具有鲜明中国特色的马克思主义史学理论体系和史学研究体系。

在这些马克思主义史家群体中，范文澜当年求学于北京大学，在著名音韵训诂学家黄侃、陈汉章及古文学派名师刘师培的指导下学习国学，先后阅读了大量如《文心雕龙讲疏》《诸子略义》《正史考略》等方面的史学作品。1940 年到达延安之后，他阅读了大量马列经典著作，"日常工作之外几乎都用于读马列主义经典著作，在书上圈圈点点摘警句，抄在纸片上，分类排列，反复阅读"①。当年毛泽东对范文澜的史学研究非常重视，给予了很多关怀和指导。在毛泽东的指导下，范文澜迅速成长为马克思主义史学家。陈伯达到延安后积极倡导以马克思主义治史，强调"十七年来中国共产党奋斗的历史，就是根据自己民族的特点，根据自己民族的许多历史斗争条件，来应用马克思主义，而为自己民族解放的事业，为中国人民解放的事业而奋斗的。中国共产党善于接受我们民族一切最好的文化思想遗产，这就增加着马克思主义在中国的无限价值，同时也正增加着我们民族一切最好的文化思想遗产的价值"②。吴玉章则认为历史研究是一门科学，"它是要发现整个人类社会发展变化的规律的科学，尤其要研究劳动者推进人类社会发展的规律的科学"③。他坚持马克思主义的群众史观，"自来每个革命的成功，必定是动员了广大民众，各阶层的革命力量"④。吴玉章积极倡导以马克思主义的辩证唯物主义和历史唯物主义来研究中国历史，"一切过去的历史，除了原始社会以外，都是阶级斗争的历史"⑤。这些先后到达延安的史学家为延安马克思主义史学的确立和发展注入了一股新的活力。

马克思主义史学的中国化以研究中国历史问题为主，而中国历史是一切中国问题的源头。延安时期，中央强调研究中国历史的重要性，指出了当时史学研究的空白，"特别重要的是中国共产党的历史和鸦片战争以来的中国近百年史，真正懂得的很少。近百年的经济史，近百年的

---

① 中共党史人物研究会. 中共党史人物传：第 44 卷. 西安：陕西人民出版社，1990：217.

② 陈伯达. 我们继续历史的事业前进：为纪念中国共产党成立十七周年而作. 解放，1938−07−01（43−44）.

③ 吴玉章. 吴玉章文集：下册. 重庆：重庆出版社，1987：1122.

④ 同③910.

⑤ 同③1122.

政治史，近百年的军事史，近百年的文化史，简直还没有人认真动手去研究"①。毛泽东对历史研究提出了具体要求，强调用马克思主义治史，注重马克思主义史学在中国现实中的作用，"现在我们党的中央做了决定，号召我们的同志学会应用马克思列宁主义的立场、观点和方法，认真地研究中国的历史，研究中国的经济、政治、军事和文化，对每一问题要根据详细的材料加以具体的分析，然后引出理论性的结论来"②。对于历史研究的步骤和方法，毛泽东强调分工合作，有组织地进行，"对于近百年的中国史，应聚集人材，分工合作地去做，克服无组织的状态。应先作经济史、政治史、军事史、文化史几个部门的分析的研究，然后才有可能作综合的研究"③。中央对马克思主义史学研究的重视和指导为马克思主义史学中国化提供了直接契机。

当时为了培养能够担负起领导革命重任的党员干部，中央专门发布了一系列有关干部教育的指示，对历史学习和研究提出了明确要求。1940 年 1 月，发布《中共中央关于干部学习的指示》，规定全党干部的初级课程有"中国近代革命史"，中级课程有"联共党史"，高级课程有"近代世界革命史"，还要求各中央局、中央分局、区党委应设法翻印中央出版的关于这些课程的教科书与参考资料，并编辑各种适合于下级党部用的教材与提纲④。1940 年 3 月，又发布《中共中央关于在职干部教育的指示》，"全党在职干部必须保证平均每日有两小时的学习时间，非因作战或其他紧急事故不可耽搁。各个环节的负责干部必须以身作则的保证之"，"凡环境许可的地方，可依类编成学习小组。学习小组每月开讨论会二次"⑤。1941 年 12 月，发布《中共中央关于延安在职干部学习的决定》，提出每个在职干部都应学习国文、史地、社会等知识，提高自身的文化、政治与理论水平。1941 年 12 月 17 日通过的《中共中央关于延安干部学校的决定》明确指出，"必须增加中国历史与中国情况及党的历史与党的政策的教育"，"应以联共党史为学习马列主义的基本教材"⑥，同时要求在各干部学校中，除了专业课应占 50％之外，文化课

---

① 毛泽东. 毛泽东选集：第 3 卷. 2 版. 北京：人民出版社，1991：798.

② 同①814-815.

③ 同①802.

④ 中共中央关于干部学习的指示. 共产党人，1940-04-25.

⑤ 中共中央关于在职干部教育的指示. 共产党人，1940-06-16.

⑥ 中共中央关于延安干部学校的决定. 解放日报，1941-12-26.

必须占 30％，这就高于政治课所占的 20％①。1942 年 2 月，制定了《中共中央关于在职干部教育的决定》，进一步要求高级及中级干部在学习政治科学时，应"以我党二十年奋斗史为实际材料"，在学习思想科学时应"以近百年中国的思想发展史为实际材料"，在学习经济科学时应"以近百年中国的经济发展史为实际材料"，在学习历史科学时"研究外国革命史与中国革命史"②，中央对史学研究的重视积极推动了当时马克思主义史学的研究。

在此阶段，中国马克思主义史学工作者依据占有的丰富历史材料，进行开创性学术创作，出版了以通史著作为代表的大批史学著作（详见表 6 - 7），标志着中国马克思主义史学体系的初步成熟。这些代表性史学著作主要有：范文澜的《中国通史简编》《中国经学史的演变》《中国近代史》，何干之的《近代中国启蒙运动史》，尹达的《中国原始社会》，吕振羽的《中国政治思想史》，叶蠖生的《中国苏维埃运动史稿》《三百年前农民起义军抗满联合阵线》，翦伯赞的《历史哲学教程》，郭沫若的《青铜时代》《十批判书》，张闻天的《中国现代革命运动史》，陈伯达的《三民主义概论》《中国古代哲学的开端》，李天随的《中国近百年史概述》，常乃惪③的《历史哲学论丛》，等等。

---

① 中共中央关于延安在职干部学习的决定. 解放日报，1941-12-12.
② 中共中央关于在职干部教育的决定. 解放日报，1942-03-05.
③ 常乃惪（1898—1947），字燕生，山西榆次人，毕业于北京高师，曾经在燕京大学、山西大学、四川大学、齐鲁大学任教。在五四运动时期，他便被推举为北京学联的教育组主任，与周长宪、黄口葵、孟寿椿等人共同主编北京学联主办的《国民杂志》。毕业后曾于燕京大学任教，加入鲁迅创办的"莽原社"，是《莽原》周刊的主要撰稿人之一。1916 年到 1917 年，不满 20 岁的常乃惪便与陈独秀发生过一场争论。在 1916 年署名"北京高等师范预科生晋后学常乃惪"的信中，常乃惪不同意陈独秀对孔子的强烈批判，认为孔子不是宗教，不是专制。1925 年 3 月，他加入青年党，任中央常委、宣传部部长，先后主持《醒狮》《国论月刊》《新中国日报》《青年生活》周刊，或任主笔，或任发行人。他的思想、文章也从此风靡一时，被誉为"梁任公第二"。特别是他提出的"生物史观"，用进化论解释历史与社会，创立"社会有机论"，是对青年党最重大的思想贡献，被视为与共产党的唯物论、国民党的唯生论鼎足而三，"如唯物史观是共产主义之理论基础，唯生观是三民主义之理论基础"，唯生史观"乃国家主义的理论基础"。对于中国社会、历史与政治，他认为最关键的是中国是否能成为世界各国中可以站在前列的"国家"。他认为思想与文化的更新需要一个新的民族国家作为基础，以所谓"生物史观"来看，中国的根本问题，就在于"仍然滞留在民族社会阶段，丝毫不曾进步，而来征服我们的，却都是些已经完成近代国家机构的国族社会的先进者"，所谓"国族社会"，即"在心理方面成立了国族意识，在生理方面也成立了近代国家的机构"。他在哲学、史学、社会学、文学上成就很大，著有《孔子与原始的儒家》《中国财政制度史》《生物史观与社会》《历史哲学论丛》《中国的文化与思想》《中国思想小史》《中华民族小史》《社会科学通论》《西洋文化简史》等。
——李村. 一世书生常乃惪. 书城，2014（2）：29.

表6-7　延安时期史家群体部分史学论著统计表

史学类别	代表作品	出版时间
通史	吕振羽《简明中国通史》	上册：1945 年； 下册：1945 年
	范文澜《中国通史简编》	上册：1941 年； 中册：1942 年
断代史	尹达《中国新石器时代》	1939 年
	杨松、邓力群《中国近代史参考资料》	1940 年
	尹达《中国原始社会》	1943 年
	范文澜《中国近代史》	1945 年
史学理论	艾思奇、吴黎平《唯物史观》	1939 年
	叶蠖生《对于学习中国历史的几点意见》	1941 年
	叶蠖生《抗战以来的历史学》	1941 年
	金灿然《中国历史学的简单回顾与展望》	1941 年
思想史	吕振羽《中国政治思想史》	1937 年
	何干之《近代中国启蒙运动史》	1937 年
	陈伯达《三民主义概论》	1938 年
	范文澜《中国经学史的演变》	1940 年
世界史	陈昌浩《近代世界革命史》	1939 年
经济史	何干之《中国社会经济结构》	1939 年
文化史	艾思奇《五四文化运动在今日的意义》	1939 年
军事史	延安时事问题研究会《抗战中的中国军事》	1940 年
国民党史	陈伯达《评〈中国之命运〉》	1943 年

　　资料来源：张书学. 中国现代史学思潮研究. 长沙：湖南教育出版社，1998；张剑平. 中国马克思主义史学研究. 北京：人民出版社，2009.

1. 马克思主义通俗史学

　　全面抗战时期，马克思主义通俗史学（包括新编历史剧）开始形成，在编

写历史课本和普及读物方面，范文澜、齐燕铭①、刘亚生②、佟冬③、金灿然④

---

① 齐燕铭（1907—1978），曾用名齐振勋、齐震、田在东，笔名齐鲁、叶之余等，北京人。1924 年入中国大学预科读书，1932—1937 年，追随当时著名学者吴承仕教授治史学和训诂学，并致力于文学史的研究。1938 年 2 月加入中国共产党，1940 年来到延安，任中央研究院历史研究室研究员，编写中国文学史，并在鲁迅艺术文学院兼课。1943 年在延安参与主持《逼上梁山》的创作，任导演兼饰林冲一角，毛泽东曾亲笔书函给予高度评价。1945 年年初，参与创作平剧《三打祝家庄》。1945 年后任中共赴重庆、南京代表团秘书长，中共中央城市工作部、统战部秘书长等职。

——周而复. 志洁行廉的战士：怀齐燕铭同志. 新文学史料，1982（1）：49-64；章绍嗣，田子渝，陈金安. 中国抗日战争大辞典. 武汉：武汉出版社，1995：326.

② 刘亚生（1910—1948），又名刘伟光、立贞，河北河间县台头人。1936 年加入中国共产党，同年奔赴延安。1938 年到八路军一二〇师第三五九旅，任王震旅长的秘书。1942 年刘亚生担任三五九旅政治部宣传科长，参加了著名的南泥湾大生产运动。1946 年 6 月，随中原军区部队突围，同年 8 月在陕南不幸被俘，先后关押在西安集中营、南京国防部保密局等处。在狱中他与敌人进行了英勇顽强的斗争，1948 年年底被敌人杀害于南京。

——复旦大学历史系资料室. 二十世纪中国人物传记资料索引：第 2 册. 上海：上海辞书出版社，2010：226；龚惠民. 不屈的战士：记革命烈士刘亚生. 工农兵评论，1976（6-7）：36.

③ 佟冬（1905—1996），字竹生，生于辽宁省辽阳县。1937 年加入中国共产党，1938 年被选送到延安学习，分配到中央马列学院历史研究室，从事中国历史研究工作。在随后的两年多时间里，佟冬与研究室其他成员共同完成了范文澜主编的《中国通史简编》的编写。后入八路军办事处，为军队领导同志讲授《资治通鉴》等。1946 年回东北，曾任辽东省委组织部组织科长、辽东省教育厅厅长。新中国成立后，历任东北工学院长春分院党委书记、东北人大历史系主任、人事处长、副校长。1961 年创办东北文史研究所，专门培养古文古史研究人才，任所长。1972 年任吉林省哲学社会科学研究所所长。1978 年任吉林省社会科学院院长兼党组书记。

——王云坤. 吉林省百科全书：下册，长春：吉林人民出版社，1998：336.

④ 金灿然（1913—1972），中国编辑出版家，山东鱼台人，青年时期就学于金乡县及济南等地，1932—1935 年，曾先后在聊城、济南等中、小学从事教育工作。1935 年秋，从山东来北京，在华北日报社做校对工作，于 1936 年考入北京大学历史系，直到 1937 年下半年，仍兼作《华北日报》的校对，以补助学习和生活费用。在此期间由于抗日战争全面爆发才中辍了学习。1937 年年底，从北京奔赴山西临汾，进入民族革命大学学习。1938 年，转赴延安，进中国人民抗日军政大学第三期学习，并加入了中国共产党。在抗大学习期满后，留校任教育干事。从 1939 年至 1944 年春，在延安马列学院学习并从事历史方面的研究工作。具有比较广博的历史知识，曾作为马克思主义史学家范文澜的得力助手，参加了《中国通史简编》一书的编写工作。1944 年夏到 1945 年冬，在延安中共中央党校任干事、副科长等职务。1946 年至 1948 年秋，被派任绥蒙地区地委宣传部部长、区常委宣传科科长，并参加领导过当地的土改运动。全国解放前夕，曾在中共中央宣传部工作。新中国诞生后，一直担任出版行政的领导工作。1949—1956 年期间，先后任出版总署编审局办公室主任、图书期刊司副司长、出版局副局长、文化部出版局局长等职。从 1958 年 5 月起，调任中华书局总经理兼国务院古籍整理出版规划小组成员，并负责小组办事机构的工作。

——中国出版工作者协会. 中国出版年鉴 1982. 北京：商务印书馆，1982：113.

与叶蠖生①一起编写了边区干部用的课本《中级国文选》（1943 年由华北新华书店出版），该文选收录了《毛泽东的少年时代》《孙中山的少年时代》《我和党有历史上不可分离的关系》等历史类文章，对于党的干部学习历史知识具有重要启蒙作用。为了让广大群众了解中国历史，许立群②编著了《中国史话》（1944 年由华北书店出版），目的在于"帮助广大的群众初步地学习中国的历史，以便进而学习这一斗争武器的掌握。因此本书内容和文字都力避艰深枯燥，尽量求其通俗化和趣味化"③。叶蠖生编写了《初级中学中国历史课本》（1945 年由陕甘宁边区新华书店出版），在选取史料时，"尽可能选择某一阶段政治经济发展的主要突出事件，普通史料尽量从略，希望能画出一个历史发展的概括轮廓，给予中学生易于接受的印象"④。在马克思主

① 叶蠖生（1904—1990），原名叶季龙，沭阳县叶上庄人。早年留学日本，在东京接触了许多中共党员，阅读了许多马列主义书籍，包括日本著名学者河上肇的《资本论大纲》等。原来就接触过进步思想的叶蠖生进一步受到了马列主义的熏陶，1932 年加入中国共产党，1937 年来到延安，先后在延安新华社、马列学院、中央研究院、中央党校、中央宣传部任编辑、历史研究室秘书和研究员等。1938 年，根据中央的决定，马列学院下面成立了历史研究室。1941 年出版了范文澜主编的《中国通史》上册，1942 年出版了中册，下册原计划分上、下两篇，上篇写旧民主主义革命史，下篇写新民主主义革命史。到 1945 年年末范文澜离开延安时，只写完《义和团运动》一章。范老留下的手稿由叶蠖生整理，于 1946 年在延安出版。经叶蠖生整理的这本书因写作体例和《中国通史简编》的上、中册不同，便改名为《中国近代史》上篇第一分册。1947 年新华书店出版了由"中国历史研究会"编写的《中国通史简编》，书中注明编辑为谢华、唐国庆、佟冬、尹达、叶蠖生、金灿然、范文澜 7 人，由范文澜主编。作为历史学研究者，叶蠖生堪称马克思主义的历史学家。党的七大以后，他从总结历史经验教训的角度，针对抗日统一战线方面的种种思想，于 1945 年 6 月，在《解放日报》每天以超过半版的篇幅，发表长篇文章《三百年前农民起义军抗满联合阵线》，该文是 20 世纪40 年代继郭沫若《甲申三百年祭》后的又一篇总结明末历史教训的重要历史论文。
——张静如. 五四以来历史人物笔名别名录. 西安：陕西人民出版社，1986：326；360 百科. 叶蠖生. [2021-01-05]. https://baike.so.com/doc/4217287-4418717.html.
② 许立群（1917—2000），原名扬承栋，笔名扬耳，江苏南京人。1936 年毕业于清华大学，1937 年加入中国共产党，曾任中共川东特委巡视员、青委组织部部长，中共中央青委科长、中央政治研究室研究员，胜利报社社长，辽西省教育厅副厅长。新中国成立后，历任共青团北京市委书记，共青团中央宣传部副部长，中共中央宣传部理论处处长、副部长、常务副部长兼《红旗》杂志副总编辑，中共中央马恩列斯著作编译局局长，中国社会科学院哲学研究所所长、名誉所长，中国社会科学院顾问等职，是第一届全国人大代表，第四、六、七届全国政协委员，第五届政协常委。长期从事理论宣传工作，著有《中国史话》《国事痛》等。
——张品兴. 中华当代文化名人大辞典. 北京：中国广播电视出版社，1992：388.
③ 许立群. 中国史话. 北京：华夏书店，1949：8.
④ 叶蠖生. 初级中学中国历史课本修订本. 北京：新华书店，1950：36.

义唯物史观指导下，许多历史著作语言简单明了，在语言使用方面做到通俗易懂，如用"女人是依娘家办事的，造成王家一门独揽政权，有和刘家争夺统治的可能。在经济上、政治上都成熟着新的政变的条件"①，来解释王莽篡权的可能性等。此外，还有尹启民的《中国历史讲座》、韩启农的《中国近代史讲话》、曹伯韩的《中国现代史常识》和《中国近百年史十讲》、贺敬之的《中国历史》及吕振羽在《群众》杂志上连续登载的《中国历史常识讲话》② 等。

新编历史剧和通俗史学读物作为马克思主义通俗史学的重要组成部分，在延安时期有了迅速发展。毛泽东认为：

> 历史是人民创造的，但在旧戏舞台上（在一切离开人民的旧文学旧艺术上）人民却成了渣滓，由老爷太太少爷小姐们统治着舞台，这种历史的颠倒，现在由你们再颠倒过来，恢复了历史的面目，从此旧剧开了新生面……你们这个开端将是旧剧革命的划时期的开端……③

当年的整风运动推动了延安史学工作者对传统艺术平剧的改造，他们用唯物史观来分析历史，使其更好地为革命战争服务。延安的史学工作者们也创作了许多新编历史题材剧，如《群英会》《失空斩》《定军山》《长坂坡》《武松》《坐楼杀惜》《白毛女》④ 《逼上梁山》《三打祝家庄》⑤

---

① 叶蠖生. 初级中学中国历史课本修订本. 北京：新华书店，1950：38.

② 桂遵义. 马克思主义史学在中国. 济南：山东人民出版社，1992：440.

③ 毛泽东. 毛泽东书信选集. 北京：人民出版社，1983：222.

④ 《白毛女》以西北战地服务团从晋察冀带回的民间故事为基础，以民歌、戏曲为基调，突出了"旧社会把人逼成鬼，新社会把鬼变成人"的反封建主题，在剧作、音乐、表演、舞蹈、美术等方面都有新的突破，将我国歌剧艺术推进到一个崭新阶段。当时为了《白毛女》的问世，先由邵子南写出一个诗剧，后重新由鲁艺投入众多名家：贺敬之、丁毅执笔，马可、张鲁、瞿维、焕之、向隅、陈紫、刘炽作曲，王大化、舒强导演，王昆、林白、张守维、李百万、陈强、李波、王家乙等饰演。1945年6月10日，《白毛女》在党的第七次全国代表大会上演出，获得极大成功，毛泽东和全体党代表起立鼓掌。6月11日，中央书记处传达了三条意见：一是该戏是非常适合时宜的；二是黄世仁应该枪毙；三是艺术上是成功的。该戏在当时的边区受到了群众的热烈欢迎。

——艾克恩. 延安文艺回忆录. 北京：中国社会科学出版社，1992：411.

⑤ 文化部党史资料征集工作领导小组，延安平剧活动史料征集组. 延安平剧活动史料集. 1985：214-229.

等。其中影响最大、最受欢迎的是由杨绍萱①、齐燕铭创作的《逼上梁山》和由李纶、任桂林、魏晨旭等人②集体创作的《三打祝家庄》。《逼

---

① 杨绍萱（1893—1971），笔名有广誉、亨林、大河等，河北滦县人。1925年毕业于北京师范大学教育系，先后任滦县中学校长和民族学院院长，1927年因撰写《李守常先生小传》被军阀逮捕。越狱后，先后任北平师范学校校长、天津法商学院和北京中国大学教授，从事进步学生运动，研究和宣传马列主义理论。1937年在汉口、西安参加抗日斗争，1938年奔赴延安，先后任马列学院编辑委员、中央党校研究员、延安平剧院院长、中央法律委员会委员。1943年和齐燕铭等创作著名新编历史剧《逼上梁山》。该剧在舞台上恢复了人民群众创造历史的本来面目，成为"旧剧革命的划时期的开端"的标志。新中国成立后，先后任《新戏曲》月刊编辑委员、中央文化部戏曲改进局副局长、艺术局副局长。1951年在中宣部从事历史研究时，发表《论戏曲改革中的历史剧和故事剧问题》。1954年起，任北京师范大学历史系教授，论著有《中国戏曲史》。

——中国现代文学词典：第3卷. 上海：上海辞书出版社，1991：226.

② 1944年7月，《三打祝家庄》创作组的主要成员有刘芝明、齐燕铭、李纶、任桂林、魏晨旭，其中李纶、任桂林、魏晨旭为剧本执笔人。

李纶（1916—1995），现当代剧作家，原名李维纶，亦名李伦，笔名艾玉、方红。山东泰安人，1935年毕业于山东省立曲阜师范，后在家乡农村当小学教员。1937年到陕北参加革命，先后在陕北公学、鲁迅艺术文学院戏剧系学习，结业后到鲁艺实验剧团、鲁艺旧剧研究班工作。1938年加入中国共产党，1939年转晋西北三五八旅文艺宣传队工作，次年任延安鲁艺平剧研究团研究科长，后任延安平剧院院务委员、研究员。1946年在山东解放区任省平剧实验剧团团长兼平剧研究室主任，1948年任东北平剧实验剧团团长。全国解放后历任东北人民政府文化部戏曲改进处处长，东北戏曲研究院院长兼东北戏曲改进会主席，东北文联常委、《东北戏曲新报》周刊总编辑，东北京剧实验剧团团长、中央文化部戏曲改进委员会委员、戏剧处处长、艺术局副局长、中国戏剧家协会常务理事、书记处书记，河北省文化局副局长兼中国剧协河北分会副主席，《河北文学戏剧增刊》主编。他在20世纪40年代初开始文艺创作活动，主要作品有剧本《难民曲》，历史京剧《三打祝家庄》（与人合作）、《仇深似海》、《明末之战》、《赤壁之战》（与人合作），戏剧论文集《杂谈戏曲改革问题》《戏曲杂记》，还有《谈历史剧的创作》《谈〈三打祝家庄〉》等论文和剧评。

任桂林（1915—1989），河北束鹿人。幼时学唱昆曲，1935年入山东省立剧院学习京剧。1937年在西安与刘仲秋等共同创办夏声戏剧学校。1939年起，任第二战区歌剧队副领队，其间创作并主演歌剧《即墨之战》与《郑成功》。1941年赴延安，任延安平剧院研究员。1944年受新编历史京剧《逼上梁山》成功的启示，与李伦、魏晨旭共同创作京剧《三打祝家庄》，获得成功。毛泽东观看演出后特地写信祝贺，认为该戏"很有教育意义"，它"巩固了平剧革命的道路"。1947年到晋察冀解放区，任华北联合大学平剧团剧场主任。1949年任石家庄市文教局副局长兼文联主任，后任中央文化部艺术局局长、中国戏曲研究院副院长、中国京剧院副院长、中国戏曲学校副校长，为中国剧协常务理事，创作有电影文学剧本《虎穴追踪》（与王应慈、王玉堂合作）。

——中国文学大辞典：第3卷. 上海：上海辞书出版社，1993：336；中国现代文学词典：第3卷. 上海：上海辞书出版社，1991：326.

上梁山》得到了毛泽东的由衷赞扬①，受到抗战军民的热烈欢迎。《三打祝家庄》被毛泽东誉为"巩固了平剧革命的道路"②，更在延安连续公演两个多月、七十多场。《三打祝家庄》剧本是为抗战服务的，"适当地学习历史上农民战争中里应外合打开敌占城市的经验，在当时已经成为一种迫切的政治需要。编演《三打祝家庄》剧本，就是为了适应这种宣传教育的需要而进行的"③，任桂林、魏晨旭等在创作时运用了马克思主义唯物辩证法。

> 《水浒传》上宋江三打祝家庄，两次都因情况不明，方法不对，打了败仗。后来改变方法，从调查情形入手，于是熟悉了盘陀路，拆散了李家庄、扈家庄和祝家庄的联盟，并且布置了藏在敌人营盘里的伏兵，用了和外国故事中所说木马计相像的方法，第三次就打了胜仗。《水浒传》上有很多唯物辩证法的事例，这个三打祝家庄，算是最好的一个。④

总之，这些通俗史学读物和新编历史剧，促进了马克思主义史学中国化的发展。

2. 通史编撰与断代史研究

在通史编撰与断代史研究方面，主要代表作有范文澜等著的《中国通史简编》（上、中册，1941 年、1942 年分别由延安新华书店出版）和《中国近代史》（上册，1947 年由新华书店晋绥分店出版）、杨松与邓力群主编的《中国近代史参考资料》（第 1 册，1940 年由延安解放社出版）、吕振羽编撰的《简明中国通史》（1941 年香港生活书店出版上册，1948 年大连光华书店出版下册）、吴玉章的《辛亥革命的经验教训》（刊登于《解放日报》1942 年 10 月 10 日）、周谷城的《中国通史》（1939）、邓初民的《中国社会史教程》（1941）、尹达撰写的《中国新石器时代》初稿（1939 年冬完成，50 年代收录于《中

① 毛泽东看了由杨绍萱、齐燕铭编导，中共中央党校俱乐部演出的平剧（京剧）《逼上梁山》后，专门写了一封信《致杨绍萱、齐燕铭》，提出表扬："看了你们的戏，你们做了很好的工作，我向你们致谢，并请代向演员同志们致谢！"
　　——毛泽东. 毛泽东书信选集. 北京：人民出版社，1983：222.
②③ 魏晨旭. "巩固了平剧革命的道路"：《三打祝家庄》的创作是在毛主席指示下进行的. 中国戏剧，1978（12）：8.
④ 毛泽东. 毛泽东选集：第 1 卷. 2 版. 北京：人民出版社，1991：313.

国新石器时代》)和《中国原始社会》,1943 年由作者出版社出版)等。对于断代史的撰写,当时主要集中于近现代史,是按照重大历史事件进行编排的,"(《中国近代史》上册)这是一本九年以前所写的书,现在看来,很不能满意。我早想把它整部拆散,按照近代历史发展的阶段,重新编写"①。

范文澜的《中国近代史》奠定了马克思主义近代史研究的框架,该书主要叙述了中国沦为半殖民地半封建社会的过程,阐明了中国人民反侵略反封建斗争的正义性。他在《中国通史简编》② 中,运用阶级斗争观点研究中国古代史,"倘说中国的旧史是依着'成王败寇'的观点而写,则延安版的历史恰取相反的观点,而凡是旧史上的'寇'差不多都翻身而成为阶级斗争的英雄了"③。此外,由张闻天主持编写的《中国现代革命运动史》,运用历史唯物主义方法详细介绍了从太平天国到国民大革命期间的中国近代革命,其研究的主要特点是把历史事件置于当时社会政治、经济环境下进行研究,剖析每个历史事件的起因、经过、经验与教训。例如,在分析大革命的经验教训时,反复强调武装斗争、土地革命、统一战线及坚持统一战线中的领导权④等等。

3. 中共党史研究

在中共党史研究领域,主要是毛泽东、张闻天等领袖人物发表了大量党史研究著作,为马克思主义史学中国化发展做出了重要理论贡献。该领域的主要理论成果有:毛泽东的《〈共产党人〉发刊词》(刊登于1939 年 10 月 20 日《共产党人》杂志)、《中国革命和中国共产党》(发表于 1940 年《共产党人》的第 4、5 期,1939 年毛泽东与延安史学工作者合写了《中国革命和中国共产党》的第 1、2 章,是对中国社会性质问题论战的总结)、《新民主主义论》(原题《新民主主义的政治与新民主主义的文化》,载于 1940 年 2 月《中国文化》创刊号,后改为《新

---

① 范文澜. 范文澜全集:第 9 卷. 石家庄:河北教育出版社,2002:4.

② 该著作出版后,在国统区遭到查禁。"国民党发出通令:范书宣传阶级斗争,混淆视听,可恨可恶,务必取缔。当禁止不住以后,少数反动文人又跳出来滥施攻击、漫骂。反动派显然估计到了它的作用。"

——近代史研究所. 范文澜历史论文选集. 北京:中国社会科学出版社,1979:2.

③ 赵超构. 延安一月. 上海:新民报社,1944:146.

④ 张闻天. 中国现代革命运动史. 延安:解放社,1937:39.

民主主义论》发表于 1940 年《解放》第 98、99 期合刊）、《如何研究中共党史》（1942 年 3 月 30 日，毛泽东在中央学习组所做的报告，收录于 1953 年《毛泽东选集》第 2 卷）、《学习和时局》（1944 年 4 月 12 日在延安高级干部会议和 5 月 12 日在中央党校第一部所做的讲演，收录于 1953 年《毛泽东选集》第 3 卷），以及在延安整风期间主持编辑、以中央书记处名义出版的三部历史文集，即《六大以来：党内秘密文件》（上、下两册，1941 年 12 月）、《六大以前：党的历史材料》（1942 年 10 月）和《两条路线》（1943 年 10 月）。《六大以来：党内秘密文件》汇集了从 1928 年 6 月到 1941 年 11 月期间的历史文献 519 篇，约 280 万字，包括党的会议纪要、决议、通告、声明、电报、指示以及党报社论、主要领导人的文章和信件，涵盖了政治问题、军事问题、锄奸问题、职工运动、青年运动、妇女运动等几大类别。《六大以前：党的历史材料》主要收集了中共早期领导人的署名文章 184 篇，《两条路线》在《六大以来：党内秘密文件》和《六大以前：党的历史材料》的基础上收录了 137 篇历史文献，按照大革命时期、内战时期和抗战时期的顺序进行编排。

此外，还有张闻天编著的《中国现代革命运动史》（1937 年延安解放社出版），主要以毛泽东的相关文章和三部历史文集为代表，该著作与马克思主义史学工作者的作品相比，带有更强的政治性。还有叶蠖生撰写的《中国苏维埃运动史稿》（1939 年，出版社不详）、任弼时主持编撰的《关于若干历史问题的决议》（1945 年 4 月 20 日中共六届七中全会通过），等等。

1942 年，毛泽东在《如何研究中共党史》中提供了标准研究模式，明确党史研究主要方法，即"古今中外法"，就是弄清楚所研究的问题发生的一定的时间和一定的空间，把问题当作一定历史条件下的历史过程去研究。"所谓'古今'就是历史的发展，所谓'中外'就是中国和外国，就是己方和彼方"[1]。毛泽东还强调，"处理历史问题，不应着重于一些个别同志的责任方面，而应着重于当时环境的分析，当时错误的内容，当时错误的社会根源、历史根源和思想根源……对于任何问题应取分析态度，不要否定一切"[2]。

---

①　毛泽东. 毛泽东文集：第 2 卷. 北京：人民出版社，1993：400.

②　毛泽东. 毛泽东选集：第 3 卷. 2 版. 北京：人民出版社，1991：938.

4. 史学理论

在史学理论方面，代表作有艾思奇和吴黎平合著的《唯物史观》（1939 年上海辰光书店出版）。该著作受到苏联党史研究模式的影响，把社会科学分为"无产阶级的社会科学"与"资产阶级的社会科学"，赋予唯物辩证法以"党性"原则：辩证法唯物论是无产阶级的哲学，是马克思主义方法论的基础。这一个哲学是唯物论的，也就是在一切实践斗争上、研究上要以客观的物质真理为依据，绝不粉饰现实，掩蔽真理；这一个哲学又是辩证法的，也就是更从彻底的发展观点上去看事情，绝不固执己见，压抑新生，所以这是最革命的世界观和方法论①。

此外，在史学理论研究方面，这一时期涉及史学理论的著作有：翦伯赞的《历史哲学教程》（1938）、侯外庐的《社会史导论》（1939）、蔡尚思的《中国历史新研究法》（1940）、吕振羽的《中国社会史诸问题》（1942）等②。还有一些文章如杨松的《关于马列主义中国化的问题》（刊登于 1940 年《中国文化》第 1 卷第 5 期）、叶蠖生的《对于学习中国历史的几点意见》（刊登于《解放》周刊 1941 年第 133 期）和《抗战以来的历史学》（刊登于 1941 年《中国文化》第 3 卷第 2、3 期合刊），以及金灿然的《中国历史学的简单回顾与展望》（发表于 1941 年 11 月 20 日的《解放日报》），等等，这些都是史学工作者在马克思主义史学理论研究方面的代表性研究成果。

5. 思想史研究

在思想史研究方面，主要有吕振羽的《中国政治思想史》（1937 年由上海黎明书局出版），该著作用马克思主义方法论进行思想史研究，"第一重要的，须要正确地掌握这一时代的经济情况和政治情况，正确地明了这一时代的生产方式，以及其矛盾之发展的根本形式——在其内部之矛盾的对立性，对立物的统一性——人类的思想便建立在这种基础之上，顺应着，发展着"③。

还有何干之的《近代中国启蒙运动史》（1938 年由上海生活书店出版），范文澜的《中国经学史的演变》（连载于 1940 年《中国文化》第

---

①　艾思奇，吴黎平. 唯物史观. 上海：辰光书店，1939：215-216.

②　姜义华，武克全. 二十世纪中国社会科学：历史学卷. 上海：上海人民出版社，2005：31.

③　吕振羽. 中国政治思想史. 上海：黎明书局，1937：4.

2卷第2、3期），以及陈伯达的《三民主义概论》（1938年由重庆中国文化社出版）、《中国古代哲学的开端》（发表于1939年第62期《解放》周刊）、《老子的哲学思想》（发表于1939年第63、64期《解放》周刊）、《孔子的哲学思想》（发表于《解放》1939年第69期）、《墨子的哲学思想》（发表于1939年至1940年第82、102、104期《解放》周刊），何思敬的《论孙中山先生底思想底研究问题》（发表于1940年《中国文化》创刊号），等等。

6. 世界史研究

在世界史研究方面，延安知识分子也取得了丰硕理论成果。一方面，他们翻译了许多苏联党史著作，如斯大林的《论联共党史课本》《联共党史研究提纲》（分别刊登于1937年第13、14期《解放》周刊）和联共（布）中央特设委员会编著的《联共（布）党史简明教程》（上、下册，1941年由胶东联合出版社出版）。其中，在《论联共党史课本》中，苏共强调以马克思主义来阐释联共党史，"他们应当在课本的每章（或每节）之前，加以一段关于本国经济政治情形简明的历史的解释""不但应当叙述事实来说明俄国资本主义时期中党和工人阶级内的各种趋势与派别，而且必须以马克思主义的解释""不仅仅当以简单的叙事口吻，来叙述各种倾向与派别间激烈斗争的事实，而且应当给这些事实以马克思主义的解释，说明布尔什维克对于反布尔什维克倾向派别的斗争，是原则性的为了列宁主义的斗争，在资本主义条件下，以及一般地说在存在有敌对阶级的条件下，党内的分歧与矛盾，是不可避免的"[1]，这种历史研究法直接影响到延安马克思主义史学者的史学研究。

另一方面，在他们编撰的中国史著作里面，也包含部分世界史方面的研究成果，例如，在徐懋庸、何干之等集体编著的《社会科学基础教程》里有"资本主义""帝国主义""苏联概述"等篇章。其中，"苏联概述"篇章，也明显受到苏联历史研究的影响，"托洛茨基分子不仅是在苏联，而且在世界各国进行其卑鄙无耻行为，特别是在中国，完全是受日寇的指使……我们为了中华民族的独立，消灭当前最凶恶的敌人——日寇，那末，我们同时也要消灭托派汉奸，这是争取抗战胜利的条件之一"[2]。在杨松与陈伯达编撰的《社会科学基础教程》里有"殖

① 斯大林. 论联共党史课本. 解放, 1937-08-16 (13).

② 徐懋庸, 何干之. 社会科学基础教程. 北京：新生书店, 1946：206-207.

民地半殖民地国家内民族革命"等内容。此外，还有陈昌浩编写的《近代世界革命史》，主要包括 1848 年法国革命、1848 年德国革命及 18—19 世纪欧美民族运动等相关内容。

7. 专门史研究

在专门史研究方面，主要涉及思想史、经济史、文化史、军事史、农民史、国民党研究、民族宗教研究等方面成果。如何干之的《中国社会经济结构》《中国社会性质问题论战》与《中国社会史问题论战》，艾思奇的《五四文化运动在今日的意义》，延安时事问题研究会编辑的《抗战中的中国军事》，陈伯达的《论农民问题》和《评〈中国之命运〉》，等等。在专门史研究中特别强调农民阶级在战争中的历史作用，"关于农民问题，本来是工人阶级斗争所关心的重大问题。工人阶级要顺利地、胜利地进行自己的斗争，需要自己的同盟军，而农民则恰好可以做工人阶级最好的同盟者。工人阶级如没有与农民联合，是很不容易成就自己的解放事业的"[1]。同时，也很重视农民阶级在近现代史中的地位，认为辛亥革命推翻清朝的成功，无疑是因有农民的参加和帮助，"九一八以后，东北各地义勇军进行了不屈不挠的抗日战争，其中的成分，最大部分就是由农民组成的"[2]。

延安时期的知识分子在民族宗教方面的研究也取得了很大成就，当时为了加强对民族方面的研究工作，西工委专门设立了民族方面研究室，对少数民族，重点是对抗日战争和陕甘边区有直接影响的蒙古族和回族两个民族的历史、政治、经济、文化等情况进行调查研究，做出合乎实际的结论，为党中央制定民族政策提供科学的依据[3]。这方面的代表作者主要有罗迈和刘春等。罗迈（李维汉）指出，回族与汉族及蒙、藏各民族，在平等原则之下共同联合抗日，并实现建立统一的新民主主义的新共和国的目的。刘春指出，蒙古族与汉族、回族及其他各民族在平等原则之下共同抗日，并实现建立统一联合的新民主主义共和国。延安知识分子当时对民族宗教的研究，为后来加深对该方面的研究奠定了重要理论基础。

中央在延安时期先后成立的马克思主义史学研究机构最大限度地整

---

① 陈伯达. 论农民问题. 上海：新知书店，1946：1.

② 同①21.

③ 李维汉. 回忆与研究：上. 北京：中共党史资料出版社，1986：423.

合了当时有限的史学资源，推进了马克思主义史学中国化的发展。马克思主义史学中国化集中体现了马克思主义史学与中国传统史学之间的动态整合，最终形成了中国化马克思主义史学。延安知识分子对中国化马克思主义史学理论体系的建构，最引人瞩目的是对史学研究方法论与价值论问题的探讨，从根本上改变了对传统史学的认识。对于史学研究的方法论问题，延安知识分子积极倡导用马克思主义治史，形成中国特色马克思主义史学研究的方法论。如金灿然认为今后研究中国历史的方向，"在于历史唯物论的中国化，要运用历史唯物论的基本原理分析研究中国固有的历史材料，把中国历史学带到真正的道路上"[①]。金灿然在《中国历史学的简单回顾与展望》一文中，从价值论的角度研究中国史学的发展方向，批评封建史学存在三大缺点："第一，他们都为封建统治者辩护。第二，注重个人，尤其是帝王的丰功伟业、言论行为，忽视广大群众的活动。第三，注重文物制度（上层建筑），忽视食货经济（下层基础）。"[②] 延安知识分子对史学研究方法论与价值论等相关问题的探讨，最终促进了中国史学由传统史学向马克思主义史学的根本性转变。

延安史学者以唯物史观为指导，探讨近代中国历史发展的一般规律和特殊规律，注重总结历史经验教训，强调史学研究为现实服务（为当时的抗战提供历史借鉴）。他们对中国近代政治史（范文澜）、近代经济史（陈伯达）、近代哲学史（艾思奇）、近代文学史（周扬）等各个领域进行了较为全面的研究，取得了许多理论研究成果。例如，范文澜的《中国近代史》提出的一些重要论断，代表了延安时期中国近代史领域综合研究的成就。延安时期的吕振羽、尹达、何干之等马克思主义史学家在获得了对中国社会历史发展的科学认识之后，还对中国思想史进行了系统研究，取得了许多学术研究成果，尤其在对一些具体问题的探索上如中国意识形态发展的历程和规律等方面提出了一些值得深入研究的问题，从而把中国思想史研究推向了一个新阶段。吕振羽的《中国政治思想史》紧密结合社会经济形态和阶级结构来分析中国政治思想的发展变化，"首先把中国史全部过程划分为各个社会阶段，各个阶段又划分为其发展过程的各时期；从各个社会阶段和时期的阶级阶层的构成上以

---

① ② 金灿然. 中国历史学的简单回顾与展望. 解放日报，1941-11-20.

及其相互关系的变化上，去研究政治思想的各流派"①。吕振羽首创用马克思主义进行思想史研究，并指出研究思想史的关键在于：第一重要的，须要正确地掌握这一时代的经济情况和政治情况，正确了解这一时代的生产方式，以及其矛盾之发展的根本形式——在其内部之矛盾的对立性，对立物的统一性——人类的思想便建立在这种基础之上，顺应着，发展着②。该著作是当时国内首部以唯物史观系统研究中国思想的著作，为中国化马克思主义思想史体系的初步建构做出了重要理论贡献。杨松在《关于马列主义中国化的问题》中指出，要用马克思列宁的历史唯物主义观点来研究历史，在整理中国历史前应该积累大量的世界历史知识以具备革命视角，使历史研究告别简单的改朝换代，而真正成为中华民族和中国人民的公民历史。同时，还要学会运用"把握着全人类社会、历史和思想发展的共同规律性"的科学理论与方法，来"把握和发现中国社会、经济、历史和思想发展的特殊性"，以能实现"中国学术科学化"③。对于唯物史观的研究方法，金灿然给予了很高的评价，他指出，"中国社会史论战的最大特点，便是参加的诸位先生都以掌握马克思主义的方法论自命，这便表示了，在研究中国历史——尤其是社会史上，唯物史观的方法已占了统治的地位。在这个光辉的方法论面前，封建的及资产阶级的历史方法已显得黯淡无光，失却了活力"④，唯物史观"这种科学的历史观输入中国，已有廿年左右的历史；近十多年来，它更依靠着革命的实践与理论的斗争，在中国史学界取得了压倒的支配地位。凡属严肃的治史学者，不管他的政治立场如何，无不或全部，或部分承认并运用这个学说于中国历史的研究"⑤。为此，叶蠖生在1941年也强调，"鲜明地、清楚地教训我们怎样把马克思、恩格斯所发明的历史科学方法具体的中国化，怎样运用这些方法来研究中国历史，来把握中国历史发展的法则"⑥，"唯物史观的科学方法还在不断地发展之中，它正走向独占中国的历史园地"⑦。难怪当时许多史学工作

---

① 吕振羽. 中国政治思想史. 北京：人民出版社，1955：2.

② 同①4.

③ 杨松. 关于马列主义中国化的问题. 中国文化，1940-07-25，1 (5).

④ 金灿然. 中国历史学的简单回顾与展望. 解放日报，1941-11-20.

⑤ 金灿然. 《中国通史简编》是怎样写成的. 解放日报，1941-12-13.

⑥⑦ 叶蠖生. 抗战以来的历史学. 中国文化，1941-08-20，3 (2-3).

者感叹道，"今日之研究社会科学者，已多趋于唯物派一途"①。在马克思主义史学中国化过程中，延安史学工作者以唯物史观的社会发展理论为指导，写出了许多影响甚远的马克思主义通史著作，如吕振羽的《简明中国通史》、范文澜的《中国通史简编》和《中国近代史》、邓初民的《中国社会史教程》等，构成了马克思主义指导下的中国通史研究体系。他们打破传统史学研究方法，在写作方法、编写体例、编写内容及写作形式等方面奠定了后来中国历史研究的理论框架，成为中国历史编纂学的经典范式。在写作方法上，延安知识分子开创了一个全新的通史体系，即"以人民群众为主体、以经济为骨干、以阶级斗争为动力"的框架。在编写体例上，他们以马克思主义经典作家提出的五种社会发展形态的更替来编写通史，从根本上打破了传统史学的编写体例。范文澜是最早系统运用斯大林《辩证唯物主义与历史唯物主义》提出的五种生产方式学说研究中国历史的马克思主义史学家。"他坚持中国历史经过原始社会，殷商是奴隶社会，西周到鸦片战争前是封建社会。"② 吕振羽的《简明中国通史》在编写体例上也打破了旧史体例，把中国历史划分成原始社会、奴隶社会、封建社会等几个发展阶段。"第二，社会发展有一定的规律，从低级的原始共产社会，经过奴隶社会、封建社会、资本主义社会，达到将来的共产主义社会。""将第二个要点用之于中国历史的研究，那便要在中国历史上找出适应于资本主义社会以前的各个社会历史阶段……从而证明，中国历史的发展有它的一般性（当然也有它的特殊性），打破一切民粹的国情论者的谬误观点。"③

在编写内容上，延安知识分子以人民为本，重点描写人民群众在革命斗争、生产发展方面的智慧和创造力，从根本上改变了传统史学"精英人物历史"的僵化框架，强调历史上农民起义和农民战争的"合法性"，注重对历史发展规律的研究。在写作形式上，由于当时"学术中国化"的影响，他们强调马克思主义原理同中国历史实践相结合，注重于历史研究的具体性，为中国史学的发展开辟了一个新的方向。吕振羽在撰写《中国政治思想史》时，"从各个社会阶段和时期之各种阶级及

---

① 陆愚德. 史学方法论大纲. 延安：独立出版社，1945：82.

② 罗志田. 20 世纪的中国：学术与社会：史学卷. 济南：山东人民出版社，2001：170.

③ 金灿然.《中国通史简编》是怎样写成的. 解放日报，1941-12-13.

阶层的构成上去论究政治思想的各流派，更把每个流派中各个思想家的思想作为其自己的一个体系去论究"①。范文澜的史学框架主导了中国马克思主义史学研究的方向，叶蠖生曾评价他的《中国通史简编》是"用新史观来编写整个中国的通史，还是仅此一部"②。《中国通史简编》从宏观上把握人类历史的演进，在价值立场上肯定推动历史的主人是劳动人民，指出历史上所谓三个著名的治世，事实证明不是"圣君贤相"施行仁政的结果，而是农民起义的产物③。他对帝王将相进行辩证的分析，既指出他们压迫人民的一面，又肯定他们在一定历史条件下对社会发展的主要历史贡献。该书出版后的 10 年间，先后用 8 种版本刊布，至于各版本重印、翻印的次数和发行的册数，更是无法统计，这对中国马克思主义历史编纂起了重要示范作用。

延安时期在马克思主义史学中国化过程中，知识分子紧密结合中国国情，把中国传统史学致用观改造成为马克思主义史学致用观，把革命和救亡作为其研究的根本出发点，从阶级斗争立场出发，强调史学是"论证政治目标的手段、从事革命活动的一个领域和进行理论斗争的有力武器"④。"我们研究历史，不是为了宣扬我们的祖先，而是为了启示我们正在被压抑中的活的人类，不是为了说明历史而研究历史，反之，是为了改变历史而研究历史"⑤，从学术导向上实现了学术价值与社会价值的紧密结合，"研究过去的历史，主要的是研究一定阶级社会的产生、发展和衰落的过程，研究阶级斗争，研究怎样消灭阶级以达到无阶级的社会"⑥。在当时的马克思主义史学作品中，基本上都贯穿了阶级斗争的思想情怀，如吕振羽的《中国政治思想史》，范文澜的《中国通史简编》《中国经学史的演变》《中国近代史》，艾思奇与吴亮平的《唯物史观》，张闻天的《中国现代革命运动史》，以及叶蠖生的《三百年前农民起义军抗满联合阵线》，等等。这种处于政治意识形态支配之下的"功利主义"倾向的治史方法，对新中国成立以后的史学研究产生了重要影响。这种史学研究方法，一方面，是受苏联史学的影

---

① 吕振羽. 中国政治思想史. 北京：人民出版社，1955：1.
② 叶蠖生. 对于学习中国历史的几点意见. 解放，1941-07-18（133）.
③ 范文澜. 中国通史简编. 北京：人民出版社，1949：13.
④ 张书学. 中国现代史学思潮研究. 长沙：湖南教育出版社，1998：112.
⑤ 翦伯赞. 历史哲学教程. 沈阳：东北新华书店辽东分店，1948：4.
⑥ 吴玉章. 吴玉章文集：下册. 重庆：重庆出版社，1987：1122.

响。当时党内学习的《联共（布）党史简明教程》带有极强的政治功利色彩，著作中的史实只是为政治提供解释，实际上是服务于政治斗争需要的，对延安史家群体把马克思主义史学中国化有一定的启迪作用。另一方面，这种史学研究方法与当时毛泽东治学方法的影响有关。毛泽东的《整顿党的作风》、《反对党八股》和《在延安文艺座谈会上的讲话》等文章确立了实用主义的文化观，"一切文化或文学艺术都是属于一定的阶级，属于一定的政治路线的。为艺术的艺术，超阶级的艺术，和政治并行或互相独立的艺术，实际上是不存在的"①。反对为学术而学术，主张学术应当是政治斗争的工具，历史研究必须为现实政治服务，这作为一项文化政策被长期沿用下来。当时马列学院之所以改组为中央研究院，就是为了与"教条主义"划清界限，作为培养党的理论干部的高级研究机关，重塑中国共产党的新的意识形态。

　　总之，延安时期是中国马克思主义史学学科发展史上的一个关键时期，延安马克思主义史学工作者群体为此做出了重要贡献，他们开始较成熟地运用唯物史观研究中国历史，呈现出科学性、革命性与学术性相互交融的历史特点（见表6-8）。延安史学工作者对马克思主义史学发展的成就涉及对经典著作的翻译介绍、中国历史及各种学术史的整理等方面，丰富和发展了马克思主义史学理论，将马克思主义史学中国化推进到新阶段。该时期出版的一批史学著作，风格新颖，有学术深度。如当时范文澜编写的《中国通史简编》，标志着马克思主义史学在中国开始建立起自己的科学体系。

表6-8　《解放》周刊发表的部分历史类著述统计表

期数	文章	著者
第13期	《论联共党史课本》《怎样研究联共党史》及《联共党史研究提纲》（第一章至第六章）	斯大林
第17期	《联共党史研究提纲》（第七章至第十二章）	斯大林
第33期	《纪念孙中山先生特辑》	陈伯达、艾思奇
第40期	《"五卅"血案十三周年》	陈伯达

----

① 毛泽东. 毛泽东选集：第3卷. 2版. 北京：人民出版社，1991：865.

续表

期数	文章	著者
第 43 期	《中国共产党十七周年纪念特辑》	洛甫、林伯渠、陈伯达
第 52 期	《研究中国历史的意义》	吴玉章
第 66 期	《中国古代哲学的发端》	陈伯达
第 133 期	《对于学习中国历史的几点意见》	叶蠖生
第 134 期	《怎样写历史》	师哲

资料来源：《解放》周刊第 113—134 期，1938—1940 年。

　　研究历史，可以了解社会发展的基本规律。延安时期的马克思主义史学者，"强调历史教育的功用，企图以祖国光荣史迹来增强民族自信心，来鼓励抗战精神"①。延安时期的马克思主义史学家群体后来成为我国史学界的主流，对中国特色历史学科的建设与深入发展产生了重要历史影响。于 1949 年 7 月成立的中国新史学研究会成员就有范文澜、尹达、吴玉章、金灿然、叶蠖生、杨绍萱等人。1951 年 7 月，中国史学会正式成立，郭沫若任主席，吴玉章、范文澜任副主席。于 1955 年 6 月成立的中国科学院四个学部中，哲学社会科学部的学部委员主体是来自延安的史学工作者，如陈伯达、胡乔木、周扬、艾思奇、胡绳、范文澜、尹达和张如心等。当前，马克思主义史学的发展处在新的机遇期，需要我们广大史学者以创新精神去推动史学的现代化建设。

四、政治学发展及其主要影响

　　政治学是该时期的重要显学，为当时的各派学者共同关注。有研究者认为，中国政治学虽兴起于清末，但真正形成系统的研究范式则在民国时期②。在当时政治学各学派中，马克思主义学派对于政治学的发展

---

　　① 叶蠖生. 抗战以来的历史学. 中国文化，1941-08-20，3 (2-3).

　　② 阎书钦. 亦学亦政：民国时期关于政治学研究范式的论争：兼论民国政治学的学术谱系. 武汉大学学报（人文科学版），2016 (6)：29.

做出了重要贡献，最终形成了中国特色的马克思主义政治学。马克思主义政治学学科，是指在马克思主义指导下探讨和研究社会政治现象及其相互联系和发展规律的科学。该学科体系包括马克思主义政治学构成的知识体系、政治学研究的学术体系、政治学研究队伍的学术共同体体系等内容。

在新民主主义革命时期，随着马克思主义哲学社会科学的创立与发展，哲学社会科学工作者结合近代中国国情，逐步建立起相应的马克思主义政治学谱系。该时期政治学的发展过程大致可划分为早期探索时期（1919—1927）、成长发展时期（1927—1937）、初步建构时期（1937—1949）三个历史阶段。在这期间，中国马克思主义者在唯物史观指导下，将马克思主义政治理论与中国新民主主义革命实际相结合，较为深入地研究马克思主义政党学说、外交政策、阶级理论、国家学说、革命理论、民族政策等系列理论问题，进一步推动了中国马克思主义政治学体系的构建（详见"附录 10 哲学社会科学各学科文献资料部分统计（1919—1949）"之政治学学科部分）。

（一）早期探索阶段（1919—1927）：马克思主义政治学的初创

20 世纪初期，作为马克思主义的重要组成部分，马克思主义政治思想在中国得到进一步传播①。在实践中它与中国民主革命的政治实际紧密结合，经由中国马克思主义理论工作者结合中国革命实际进行了独创性理论创造，初步建构了马克思主义政治学学科体系。当年以李大钊、陈独秀、邓初民、李达等为代表的马克思主义者坚持马克思主义政治立场，在革命斗争实践中大力宣传马克思主义政治理论，将马克思主义政治理论应用于中国革命实际，成为中国马克思主义政治学派重要创始人。他们以唯物史观为指导，结合革命斗争实践初步探讨了近代中国社会的政治状况和政治发展特点，从学术研究层面认真探讨国家、政

---

① 19 世纪末，马克思主义政治学说直接通过西欧资本主义国家，特别是法国和英国传入中国。如王韬的《普法战纪》（1873 年）记载了巴黎公社起义；《泰西民法志》（1898 年）是第一部介绍各种社会主义学说的中译本，其中介绍了马克思及其学说；《万国公报》上刊载的《大同学》（1899 年），也简要介绍了马克思主义的观点。1901 年以后资产阶级改良派办的《新民丛报》《政艺通报》《翻译世界》等报刊陆续登载过一些介绍马克思及其学说的文章。
——王邦佐，潘世传. 二十世纪中国社会科学：政治学卷. 上海：上海人民出版社，2005：20.

党、阶级、民族、革命等政治学核心内容，推动了马克思主义政治学学科在中国的初步创立。

这里需要特别说明的是，该时期的政治学专家群体除了李大钊、陈独秀、邓初民、李达、恽代英、陈独秀、谭平山、李剑农、杜国庠等马克思主义者外，还有程树德、何基鸿、陈启修、高一涵、张慰慈等非马克思主义学者，"尽管不一定认同马克思主义的阶级斗争学说，他们中有部分人接受了马克思主义的政治分析方法"①，他们对于推动中国政治学体系的建构同样做出了学术贡献。

该时期的代表性政治学著作主要有：恽代英的《政治学概论》，李大钊的《我的马克思主义观》《平民政治与工人政治》，陈独秀的《谈政治》《对于现在中国政治问题的我见》，《关于社会主义的讨论》《马克思学说》《社会主义批评》，谭平山的《中国政党问题及今后组织政党的方针》《农村的政治斗争》，傅宇芳的《马克思主义政治学教程》，等等。

1. 对马克思主义政治学理论的初步探索

作为中国马克思主义先驱，李大钊在推进马克思主义哲学社会科学中国化方面做出了极为重要的历史贡献，主要涉及马克思主义哲学、马克思主义政治学、马克思主义史学、马克思主义经济学、马克思主义社会学等诸多学科。

当年曾担任北京大学政治学教授的李大钊，是中国马克思主义政治学学科重要创始人之一。于北京大学任教期间，李大钊曾讲授过"现代政治"、"社会主义与社会运动"和"工人的国际运动"等有关政治学理论课程。李大钊提出了中国马克思主义政治学的重要概念、基本理论、研究范式等相关学理性问题，为政治学学科创建与学术体系研究提供了根本理论遵循。1919 年 5 月，李大钊在《我的马克思主义观》一文中，初步较为系统地阐述了马克思主义关于国家、政党、阶级、民族等的基本政治学理论。李大钊最早运用马克思主义唯物史观研究近代中国的政治学，他的政治学理论视域涉及指导思想、基本

---

① 例如，樊仲云用阶级观点分析近代政党的形成，把无产阶级社会革命党的殊荣戴在中国国民党的头上；萨孟武和杨幼炯则以阶级和经济观点解释近现代的国家转型等。
——王向民. 学科与学术：中国 20 世纪 30 年代政治学的建立. 政治学研究，2008（3）：72，75.

概念、基础理论、研究范式和研究方法等层面内容，包括无产阶级革命和无产阶级专政理论、政党学说、阶级斗争理论、党内民主、国家法制思想、民族理论和宗教政策等，为马克思主义政治学的发展奠定了重要理论基础，"为马克思主义政治学在中国的形成和发展做出了开创性的贡献"，由此，李大钊可谓是"中国马克思主义政治学的先驱"①。

该时期李大钊紧密结合近代中国政治实际，深入研究与宣传马克思主义政治学理论。马克思主义唯物史观认为，政治根源于经济，政治权力不过是用来实现经济利益的手段，政治作为上层建筑的一个组成部分，受经济基础即物质资料生产所制约。1886 年，恩格斯在《路德维希·费尔巴哈和德国古典哲学的终结》一文中指出：

> 在现代历史中至少已经证明，一切政治斗争都是阶级斗争，而一切争取解放的阶级斗争，尽管它必然地具有政治的形式（因为一切阶级斗争都是政治斗争），归根到底都是围绕着**经济**解放进行的。②

李大钊通过学习和研究马克思主义经典作家的《哲学的贫困》《〈政治经济学批判〉序言》《共产党宣言》等著作，相继发表了《我的马克思主义观》《普遍全国的国民党》《马克思的中国民族革命观》《平民政治与工人政治》等系列政治学文章，系统阐述了马克思主义政治学基本理论，在立足马克思主义唯物史观的基础上，指出"政治"作为上层建筑非常重要的一部分，其发展必然会受到经济基础与生产力状况的制约，这为中国马克思主义政治学科学界定"政治"的内涵提供了重要方法论指导。

马克思主义认为，社会各阶级、各社会集团的根本经济利益，会通过各阶级、各社会集团的政治观点来表达，其根本经济利益最终会通过一定的政治斗争来实现。因此，《共产党宣言》揭示"至今一切社会的历史都是阶级斗争的历史"③。马克思在《哲学的贫困》中指出："只有

---

① 张世飞. 李大钊：中国马克思主义政治学的先驱. 政治学研究，2010（4）：15.

② 马克思，恩格斯. 马克思恩格斯选集：第 4 卷. 3 版. 北京：人民出版社，2012：257-258.

③ 马克思，恩格斯. 马克思恩格斯选集：第 1 卷. 3 版. 北京：人民出版社，2012：400.

在没有阶级和阶级对抗的情况下，**社会进化**将不再是**政治革命**。而在这以前，在每一次社会全盘改造的前夜，社会科学的结论总是：'不是战斗，就是死亡；不是血战，就是毁灭。问题的提法必然如此。'"① 在马克思主义经典作家政治学思想的指导下，李大钊强调在中国进行阶级斗争的重要作用，重视工人阶级在革命中的先锋作用，直接从事工人运动，他在《阶级竞争与互助》中提出："这个阶级竞争说，是 Karl Marx 倡的，和他那经济的历史观很有关系"，并且认为，"我们为继续人类的历史，当然要起一个大变化……这最后的阶级竞争，是阶级社会自灭的途辙，必须经过的，必不能避免的"②。

马克思主义唯物史观与阶级斗争学说存在着密切联系，李大钊认为阶级斗争是推动社会变革的有力手段，其在政治制度变革中具有非常重要的历史作用，他提出：

> 这个明显的矛盾，在马氏学说中，也有自圆的说法。他说自从土地共有制崩坏以来，经济的构造都建立在阶级对立之上。生产力一有变动，这社会关系也跟着变动。可是社会关系的变动，就有赖于当时在经济上占不利地位的阶级的活动。这样看来，马氏实把阶级的活动归在经济行程自然的变化以内。③

马克思主义经典作家特别强调在阶级社会建立无产阶级专政的极端重要性，马克思指出："在资本主义社会和共产主义社会之间，有一个从前者变为后者的革命转变时期。同这个时期相适应的也有一个政治上的过渡时期，这个时期的国家只能是**无产阶级的革命专政**。"④ 在阶级斗争理论上，马克思认为，"新内容就是证明了下列几点：（1）**阶级的存在仅仅同生产发展的一定历史阶段**相联系；（2）阶级斗争必然导致**无产阶级专政**；（3）这个专政不过是达到**消灭一切阶级**和进入**无阶级社会**

---

① 马克思，恩格斯. 马克思恩格斯选集：第 1 卷. 3 版. 北京：人民出版社，2012：275.

② 中国李大钊研究会. 李大钊文集：第 2 卷. 北京：人民出版社，1999：336-337.

③ 中国李大钊研究会. 李大钊文集：第 3 卷. 北京：人民出版社，1999：31.

④ 马克思，恩格斯. 马克思恩格斯选集：第 3 卷. 3 版. 北京：人民出版社，2012：373.

的过渡……"① 李大钊继承了马克思关于建立无产阶级专政和阶级斗争理论等方面的重要思想，提出了应该组织一个"强固精密"的统一的"劳动家政党"即中国共产党的主张。他认为无产阶级专政是马克思的"新发明"，它是建立无产阶级民主政治的重要条件，"无产阶级专政，并不是布尔扎维派的新发明。1875 年，马克思论 Gotha Programme 的信里说过：'在资本主义者的社会与共产主义者的社会间，有一个由此入彼的革命的过渡时代。适应乎此，亦有一个政治的过渡时期。当此时期的国家，就是无产阶级专政'"②。列宁在领导十月革命取得胜利后，通过实施无产阶级专政来巩固社会主义政治秩序，捍卫刚成立的民主政权。1918 年，李大钊、陈独秀等连续发表了《今日中国之政治问题》《二十世纪俄罗斯的革命》《十月革命与中国民族解放运动》《俄罗斯革命之过去、现在及将来》《俄罗斯革命的过去及现在》等文章，强调俄国革命惹起世人的注意，并非单是一国政治变更，实在是世界的革命，是平民阶级对资本阶级的战争。他充分肯定了苏俄在十月革命胜利后实施的无产阶级专政的成功实践，"俄国的力量真是可怕，可敬。将来他的结果，虽然不能推敲出来，但是从一九一七年十一月以后，支持到现在，不知道经过多少艰难、困苦"，俄国的办法"虽然不能认为终极的理想境界，但他是革命的组织，是改造必经的阶段，自由的花是经过革命的血染，才能发生的"③。1922 年 11 月，李大钊在纪念十月革命的演讲中详细阐述了苏俄革命的新鲜经验："（一）无产阶级专政。（二）剥夺压迫阶级的言论出版权。（三）红军。（四）恐怖主义。"④ 这对于中国共产党领导的新民主主义革命的发展，具有重要借鉴意义。

在研究马克思主义政治学理论过程中，李大钊还非常关注对 20 世纪初中国社会政治相关问题的研究。基于马克思主义政治理论的指导，李大钊研究了当时中国社会政治中如社会问题、国民党现状、国民大会、中国工人阶级等诸多方面的实际问题，该领域的代表性文章主要有

---

① 马克思，恩格斯. 马克思恩格斯选集：第 4 卷. 3 版. 北京：人民出版社，2012：426.

② 中国李大钊研究会. 李大钊文集：第 4 卷. 北京：人民出版社，1999：266.

③ 同②93.

④ 同②233.

《五一纪念日于现在中国劳动界的意义》《社会问题与政治》《大英帝国主义者侵略中国史》《普遍全国的国民党》《要自由集合的国民大会》《青年与农村》《上海的童工问题》等。

恽代英①是我国杰出的无产阶级革命家，与瞿秋白、张太雷被称为"常州三杰"，他于1921年加入中国共产党。早在1920年他就翻译并发表了恩格斯的《家庭、私有制和国家的起源》部分章节。不久，又翻译并出版了考茨基的中期著作《阶级争斗》。1926年由中国国民党中央军事政治学校政治部出版的他的《政治学概论》，是他在黄埔军校的政治讲义②。当前学界普遍认为，该著作的出版标志着中国第一个马克思主义政治学体系的建立。全书共13 000余字，简明介绍了马克思主义政治学基本原理，共分为"政

---

① 恽代英（1895—1931），原籍江苏武进，出生于湖北武昌。恽代英是中国无产阶级革命家，中国共产党早期青年运动领导人之一，黄埔军校第四期政治教官。恽代英在学生时代积极参加革命活动，是武汉地区五四运动主要领导人之一，1920年创办利群书社，后又创办共存社，传播新思想、新文化和马克思主义。书社经销《共产党宣言》《共产主义ABC》等书籍和《新青年》《共产党》等刊物。书社每天吸引着许多追求进步的青年和群众，是武汉地区宣传马克思主义新思想的重要阵地。他于1921年加入中国共产党，1923年被选为中国共产主义青年团中央执行委员，任宣传部部长兼《中国青年》主编。第一次国共合作建立后，他和毛泽东、邓中夏、向警予等参加了国民党上海执行部的领导工作，编辑《新建设》月刊，宣传我党原则立场，批驳国民党右派的种种谬论。1926年任上海大学教授，同年8月，被选为中国社会主义青年团中央执委会候补委员、宣传部主任，创办和主编《中国青年》，它培养和影响了整整一代青年。在1927年中国共产党第五次全国代表大会上，他当选为中央委员，同年先后参加南昌起义和广州起义。1928年后，在党中央宣传部工作。1930年在上海被捕，1931年4月29日，恽代英被杀害于江苏南京，遗著被编为《恽代英文集》等。

——韩凌轩．恽代英年谱．烟台大学学报（哲学社会科学版），1991（2）：87-94；恽代英．救国为民显豪情．中国教育报，2021-04-04；恽代英留下的红色文化遗产．光明日报，2014-12-03（14）；陆巧玲，王智．恽代英对中国革命问题的探索及贡献．湖北省社会主义学院学报，2020（6）：65-68；360百科．恽代英．[2021-01-05]．https://baike.so.com/doc/6022805-6235802.html.

② 从20年代至40年代，国民党各类军事学校编印了不少政治学教材。黄埔军校系统（先后称中国国民党陆军军官学校、国民党中央军事政治学校、国民党中央陆军军官学校）教材为其大宗，如1926年12月潮州分校教员汪毅撰《政治学概论》、1937年3月该校特别训练班编《政治学概论》、1939年2月陈颐庆撰《政治学教程》、1940年12月杜久与张又新合撰《政治学教程》。柳克述于1938年12月出版的《政治学》亦属黄埔军校教材系统。

——阎书钦．亦学亦政：民国时期关于政治学研究范式的论争：兼论民国政治学的学术谱系．武汉大学学报（哲学社会科学版），2016（6）：30.

治 国家""国体 中央集权与地方分权""政体 人民参政的方式"
"人民的权利"和"党"五讲内容，大致形成了中国马克思主义政
治学体系的雏形。

恽代英运用马克思主义方法论分析近代中国政治问题。对于编著该
书的目的，恽代英指出，"现有各种政治学书籍""理论太过陈腐"，为
了"使学者可以得着许多近代的政治知识，了解本党对于各种政治问题
的主张"①。对于政治学的概念，恽代英认为，"自有历史（有阶级制
度）以来，政治总是统治阶级（压迫阶级）之治术（治理被压迫阶级
之术）"，对于政治的阶级性质，恽代英指出，"封建政治，是封建阶
级（君主、贵族）统治其他阶级之术；资本主义政治，是资产阶级统
治其他阶级之术；无产阶级专政的政治，是无产阶级统治其他阶级之
术。到没有阶级的时代（自由社会），政治则成为全民治理自己事务
之术——所谓全民政治。在这时候的政治，实际上仅等于现在经济事
业（公司、工厂等）委员会中之事务，是以治事为目的，不以治人
（镇压反对派势力）为目的的"②。对于政体问题，恽代英认为打倒军
阀后，中国不能实行君主专制政体，对此，他结合近代中国社会实际做
了详细分析：

> 有人说，中国仍旧应行君主制，他们以为十余年之纷争扰乱，
> 皆以全国未能定于一尊之故。这种人只看了十余年来伪共和政体之
> 缺点，却忘了二千余年君主专制之破产。在君主专制国家，君主孤
> 悬于上，自己既易专恣纵欲，耳目又易为奸佞所壅蔽。……居今日
> 而追慕君主专制之世，徒见其思想落后而已，且在此军阀割据之
> 时，欲求纳此多数军阀一于君主专制范围之下亦为事实上不可能的
> 事。袁世凯之倾覆，复辟之失败，与其说是人民势力，不如说是军
> 阀不愿使天下于一尊之结果。由此可知非打倒军阀，亦无实现君主
> 专制之可能。③

该著作对推动中国马克思主义政治学系统化与科学化建设，发挥了
重要开拓作用。

---

① 恽代英. 政治学概论. 上海：上海印书馆，1927：2.
② 同①6-7.
③ 同①12.

此外，张慰慈①所编的《政治学大纲》② 是他在国立北京大学讲授政治学的讲义③，其初版由上海商务印书馆于 1923 年出版发行。该书当时在中国政治学界影响较大，"在中国出版界所见之政治学书，除前

---

① 张慰慈（1890—1976），字祖训，江苏吴江人。1912 年留学美国，1917 年在美国艾奥瓦大学获得政治学博士学位，同年回国受聘为北京大学最早的政治学教授。此后，历任法政大学、上海东吴大学法律学院、中国公学政治学教授，安徽大学图书馆馆长，南京中国政治学会干事等职。1931 年，不惑之际的张慰慈弃学从政，先在财政部短暂过渡，后在铁道部做事。1938 年，张慰慈出任资源委员会购置室主任，1940 年代初在经济部、战时生产局等部门做事。可谓半生政治学家，半生政治活动家。1955 年后任上海文史馆馆员，直至去世。张慰慈与高一涵、陈启修等人是中国政治学研究的先驱，在民国时期政治学界具有举足轻重的地位。跟高一涵等"五四学人"一样，张慰慈既是专业政治学者，同时也发表时政评论。他在《新青年》《每周评论》《努力周报》《东方杂志》《现代评论》等杂志上发表了大量通俗性专业论文，论述题旨涉及宪法宪政、选举政治、政府形式、城市制度、俄国政治、妇女问题等。与胡适、高一涵所不同的是，这些文章大多是通俗化的学术论文而非单纯的时政评论，亦即通过介绍欧美各国政治社会的新变化，辅以历史与理论的解释，以期对国内政治有所启发。张慰慈是中国政治学研究的先驱，在政治学领域具有举足轻重的地位。其共出版专著、译著十来部，包括著作《政治概论》（商务印书馆，1923 年）、《英国选举制度史》（商务印书馆，1923 年）、《市政制度》（东亚图书馆，1925 年）、《政治学大纲》（商务印书馆，1930 年）、《政治制度浅说》（神州国光社，1930 年）、《政治学》（商务印书馆，1931 年）、《宪法》（商务印书馆，1933 年）等；译著《现代民治政体》（商务印书馆，1931 年）、《妇女论》（神州国光社，1930 年）等。
——张慰慈. 中国社会科学报，2015-10-12.
② 作为中国现代政治学初创时期的教科书，虽不可避免带有些许不足和瑕疵，需要我们审慎对待、辩证认识，但张慰慈在书中阐述的许多重要政治学原理和观点，至今仍然不失其学术价值。张慰慈学术视域开阔、学理脉络清晰，把政治学当成一门基础性的社会科学和自成体系的独立科学，力图将政治学的一般理论与中国政治的实践结合起来，在对政治学理论体系积极探索中，分析时政问题带有较强烈的时代感，且不乏现实关怀，注重观察中国政治和世界政治的发展态势与演变格局的即时变化。他的突出成就和独特建树，是在引介和阐发西方政治学说的基础上，尝试新思考、做出新解释、提出新创见，从而推进了西方政治学理论在中国的本土转化进程。重新发现张慰慈的闪光之处和梳理其学术遗产，亦对挖掘现代中国的学术文化资源有着重要意义。
——张慰慈. 政治学大纲. 北京：北京出版集团，2019：内容简介.
③ 该时期诸多论著系以教学讲义为基础编成，如陈筑山于 1928 年 5 月以其北京法政大学、朝阳大学和民国大学（1931 年更名为民国学院）讲义为基础出版《最新体系政治学纲要》，任和声于 1929 年 12 月以其山东省立民众教育学校讲义为基础出版《政治学概论》，李剑农于 1934 年 11 月以其武汉大学讲义为基础出版《政治学概论》，王希和（河南大学教授）于1936 年 3 月以其河南省政府及绥靖公署公务员学术研究班讲稿为基础出版《政治学要旨》（他又于 1947 年 12 月以此为基础出版《政治浅说》）。
——阎书钦. 亦学亦政：民国时期关于政治学研究范式的论争：兼论民国政治学的学术谱系. 武汉大学学报（哲学社会科学版），2016（6）：30.

举张慰慈先生之《政治学大纲》外，几乎没有像样的第二本。那末，张先生的大著，在中国总算是顶好的一本了"①。该著作是一部比较全面的政治学理论著述，系统介绍了政治学理论基础知识，是中国政治学学科建设的奠基性著作。全书共18章，围绕政治学的学科性质与政治学概念、政治学研究方法、国家性质、国家的物质基础——环境与土地、国家的起源、国家的进化、国家的历史基础与学理基础、主权与民权、宪法及其产生的方法、政府的分类、联邦制与国际联盟、政府的职务及其分配等主要方面展开，著作涵盖了现代政治学科的基本问题，拓展了政治学研究对象和范畴，为构建马克思主义政治学基本框架做出了重要理论探索。

2. "西风东渐"视域下马克思主义政治学经典著作的传播

"西风东渐"在我国有着悠久的历史，明末清初，西方传教士带来了西方国家除人文社会科学以外的先进科技成果，如数学、地理学、天文、历法、物理学等。鸦片战争以来，应国内资产阶级知识分子的请求，清政府设立翻译机构翻译西学，官方创办新式学堂，聘用外籍教员，通过各种途径派遣留学生到国外学习。在此背景下，除自然科学知识外，西方的人文科学如社会学、法学、经济学、政治学等通过各种途径逐渐传入中国，一定程度上推动了我国人文学科话语体系和学科体系的逐步确立。

在五四运动以前，随着马克思主义在中国的零星传播，西方社会科学学科分类体系开始在中国逐步建立②，这为五四以后马克思主义哲学

---

① 王冠中. 中国马克思主义政治学学科初建探析. 政治学研究，2008（3）：62.

② 就政治学而言，1884年郑观应的《考试》把"政事科"列为"文学六科"之一，但其内容仍然是传统的兵刑政务科；1897年张元济创办通艺学堂，在"文学门"中开设"政学"课程，这时的"政学"就是西方的政治学；1896年，孙家鼐建议设立京师大学堂，拟有"政学科"；1901年，张之洞、刘坤一在《筹议变通政治人才为先折》中，以日本"六科分立"为蓝本，提出大学分设经学、史学、格致学、政治学、兵学、农学、工学等科的"七科分学"的方案；1902年张百熙指定的《钦定京师大学堂章程》，将大学课程分为政治、文学、格致、农业、工艺、商务、医术等7大学科30科目；1903年由张之洞等人拟定、经清政府颁布实施的新学制及八科分学方案，标志着中西学术门类融合为一套以西方近代学科分立为标准建构的知识系统，政法科榜上有名；1903年，京师大学堂课程共分八科，其中就包括"政治科"，下设政治学、法律学二目，这是中国大学开设的第一门政治学课。民国后，政治学作为一门学科就一直存在。例如，1913年初，教育部公布的《大学令》《大学规程》对大学设置的学科及其门类做了原则性规定，政治学和法律学、经济学同属法科。

——王向民. 学科与学术：中国20世纪30年代政治学的建立. 政治学研究，2008（3）：69.

社会科学学术体系和学科体系的建立奠定了重要学术基础。例如，在政治学方面，1902 年，京师大学堂设立政治学门，分为大学预备课、大学专门分科和大学院三级。1903 年，京师大学堂开设中国大学第一门政治学课程——政治科①，政治学门课程设置已形成专门体系，分主课与补助课。主课有政治总义、大清会典要义、中国历代法制考、东西各国法制比较、全国人民财用学、国家财政学、各国理财史、各国理财学术史、全国土地民物统计学、各国行政机关学、警察监狱学、教育学、交涉法、各国近世外交史、各国海陆军政学。补助课有各国政治史、法律学原理、各国宪法民法商法刑法、各国刑法总论②。1905 年，京师大学堂政治学门改称法政科政治学门。1910 年 3 月，京师大学堂政治学门首次招收本科生。纵观近代中国政治学科的创办历程，"孕育于京师大学堂'仕学院'的政治学科课程，问世于 1899 年京师大学堂的政治专门讲堂，发展于 1909 年的独立专业本科教育，完成于 1913 年的第一届政治学专业本科毕业，确立于 1919 年北京大学政治学系的正式成立，前后历时长达 20 载"③。当年以梁启超为代表的资产阶级改良派大量翻

---

① 国内政治学界向来把 1903 年京师大学堂开设第一门政治学课程视为中国政治学之滥觞，学界持该观点的著述主要有：赵宝煦. 中国政治学百年历程. 东南学术，2000（2）；俞可平. 中国政治学百年回眸. 人民日报，2000-12-28；《中国大百科全书·政治学》"政治学"词条，中国大百科全书出版社 1992 年版。

② 王邦佐，潘世传. 二十世纪中国社会科学：政治学卷. 上海：上海人民出版社，2005：418-419.

③ 王浦劬. 近代中国政治学科的发轫初创及其启示. 政治学研究，2019（3）：6. 政治学专业教育的一个重要标志是大学政治学专业的设立以及政治学系科的成立。1899 年，京师大学堂仕学院设政治堂。1902 年，京师大学堂分大学预备科、大学专门分科和大学院三级。大学专门分科即本科，当时共设 7 科 35 目，其中政治科下分政治学、法律学两目。1910 年 3 月，首次招收本科生，此为全国高校政治学之滥觞。1919 年，京师大学堂改政治科为政治学系。辛亥革命后，随着现代教育的迅速发展，国内各大学也纷纷成立政治学系（门）或设立政治学专业，如 1919 年，山西大学在法科开设政治学门，招收四年制本科生；1921 年，东吴大学成立社会科学学部，包括政治学等三门学科；1923 年，复旦大学、南开大学开设政治学系；1924 年，中山大学设立政治学系；1926 年，清华大学、厦门大学成立政治学系；1927 年，河南中山大学设政治学系；1928 年，国立中央大学（南京大学前身）法学院政治系建立。据统计，到 1948 年为止，在当时全国 100 余所大学中已有 40 余所大学设立了政治学系，培养政治学专业人才。

——王邦佐，潘世传. 二十世纪中国社会科学：政治学卷. 上海：上海人民出版社，2005：417-418. 何子建. 北大百年与政治学的发展. 读书，1999（5）；赵宝煦. 中国政治学百年历程. 东南学术，2000（2）.

译、介绍包括马克思主义政治学说在内的西方国家各类政治学说，呼吁清政府学习西方国家以建立君主立宪政体。在研究与宣传马克思主义政治学方面，我国著名马克思主义政治学家邓初民做出了重要理论贡献，他在中国较早构建了马克思主义政治学的学科体系和理论体系，于 1928 年出版我国近代第一部系统研究马克思主义政治学专著《政治科学大纲》（后改为《新政治学》，以后又修改补充为《新政治学大纲》），"作者从马克思、恩格斯、列宁的经典著作中探索有关政治学的指导思想，考察了政治科学的历史发展，研究了政治学的对象，明确了国家是阶级统治的工具，科学地阐释了国家的起源及其本质"①等，该著作科学阐释了国家、政党、阶级、民族等基本政治学理论，奠定了中国马克思主义政治学理论体系，是研究马克思主义政治学的发端。

　　该时期在政治学理论研究方面，现代政治学的开拓者高一涵②做出了很大贡献。在五四时期，高一涵跟陈独秀、李大钊一起深入介绍和研究马克思主义政治学理论，并且加入了中国共产党。继李大钊在《新青年》上发表《法俄革命之比较观》之后，高一涵在《太平洋》（第 2 卷第 1 号，1919 年 11 月 5 日）上发表《俄国新宪法的根本原理》，介绍了革命后俄国的政治组织，并追溯与介绍了《共产党宣言》的主要精神。

---

　　①　上海市哲学社会科学学会联合会. 中国社会科学家联盟成立五十五周年纪念专辑. 上海：上海社会科学院出版社，1986：78.

　　②　高一涵（1885—1968），原名高水浩，别名涵庐、梦弼等，安徽六安人。幼习私塾，青年时期留学日本明治大学政法系，1916 年从日本毕业回国后，曾任北京大学编译委员，兼中国大学、法政专门学校教授，后来曾任武昌中山大学教授、政治系主任、法科委员会主任，以及上海法政大学教授、政治系主任和吴淞中国公学大学部社会科学院院长。1931 年后，先后担任国民政府监察院委员、两湖监察使、甘宁青监察使、国民大会代表。1932 年，高一涵与杭立武等 45 位政治学家，发起成立中国政治学会，并举行过三届年会。新中国成立后，曾任南京大学教授、政治系主任、法学院院长，曾担任南京市监察委员、江苏省司法厅厅长、江苏省政协副主席、民盟中央委员、全国政协委员等职。高一涵在《国立北京大学社会科学季刊》《法政季刊》等专业杂志上发表专题论文，并有《政治学纲要》《欧洲政治思想小史》《中国御史制度的沿革》等专著。高一涵的学术黄金期集中于 20 世纪 20 年代，当 1919 年钱端升官费留学美国、1920 年萧公权坐上"南京号"驶向"新大陆"之际，高一涵已经是国内政治学界之风云人物，他以《甲寅》《民彝》《新青年》《每周评论》《努力周报》《现代评论》等杂志为载体，发表大量思想译介、时政评论文章，其言语文笔中显示出政治学家的专业旨趣，达尔文进化论、克鲁泡特金互助论、杜威主义、联邦制、委员制、内阁制、专家政治等无不出现在其论题中。

　　——王向民. 高一涵：现代政治学的开拓者. 中国社会科学报，2015-03-29.

此后，高一涵在《新青年》《评论之评论》《国立北京大学社会科学季刊》《京报副刊》《向导》《现代评论》等刊物，相继发表系列政治学理论文章，如《日本近代劳动组织及运动》（《新青年》第 7 卷第 6 号，1920 年 5 月）、《共产主义历史上的变迁》（《新青年》第 9 卷第 2 号，1921 年 6 月）、《关于资本主义和社会主义的争论的我见》（《评论之评论》第 1 卷第 3 号，1921 年）、《福滨社会主义派的方法和理论》（《国立北京大学社会科学季刊》第 2 卷第 2 号，1924 年）、《唯物史观的解释》（《国立北京大学社会科学季刊》第 2 卷第 4 号，1924 年）、《马克斯的唯物史观》（《京报副刊》第 130 期，1925 年）、《武汉国民政府与共产党》（《向导》第 198 期，1927 年 6 月）、《我的共产嫌疑的证据：致现代评论记者》（《现代评论》第 6 卷第 146 期，1927 年 9 月），等等。其所著《欧洲政治思想小史》几乎一半篇幅留给了"社会主义派"，并专门写作过一本小册子《论共产党》，章节包括工人阶级、共产党、党是科学共产主义理论与工人运动的结合、党的组织结构的基本原则、支部、党员、干部、铁的纪律、组织的领导、党的宣传鼓动工作、党内两条战线的斗争、党与群众的关系等[1]。

　　20 世纪初以来，随着马克思主义政治学理论在中国的传播和研究，既为中国革命斗争提供了科学理论指导，也为中国马克思主义政治学的创立奠定了重要理论基础，给中国政治学的学科体系、话语体系与学术体系带来了深刻变革。

　　五四运动后，随着马克思主义唯物辩证法思想的传入，中国马克思主义政治学也具备了科学的唯物辩证法的方法论指导。如前所述，马克思主义政治学著作主要通过宣传马克思主义的报刊书籍等方式进行传播。五四时期，全国宣传马克思主义的新办报刊众多。受当时社会环境影响，这些报刊都积极介绍和宣传马克思主义政治理论，其中，尤其以《每周评论》《新青年》《觉悟》和《共产党》等为代表，这些革命政治学术刊物经常刊登政治学理论译著，推动了马克思主义政治学理论在中国的传播与普及。

　　《每周评论》《民国日报》在当时刊发了大量关于马克思主义政治学的经典著作，《民国日报》副刊《觉悟》也译载马克思主义政治学

①　王向民. 高一涵：现代政治学的开拓者. 中国社会科学报，2015-03-29.

著作，如当年曾刊发过列宁的《帝国主义概论》、《国家与革命》第一章《阶级的社会与国家》及《马克思政治学》①等著作，普及了马克思主义政党、国家、阶级等方面的相关理论。随着马克思主义政治理论的广泛传播，当时许多哲学社会科学工作者借助于讲坛等各种平台讲授马克思主义阶级斗争和无产阶级革命理论等方面的马克思主义政治学基本原理，如恽代英在中央军事政治学校和广州农民运动讲习所主讲"政治学概论"，瞿秋白在上海大学主讲"社会科学概论"，张太雷在上海大学主讲"政治学"等，深入推动了中国马克思主义政治学体系的建构。

3. 马克思主义政治学建构过程中的学术争论和学术批判

作为兼具科学性与真理性的马克思主义政治学理论，同其他进步社会理论一样，它的发展总是伴随着学术争论和学术批判，"马克思主义者不应该害怕任何人批评。相反，马克思主义者就是要在人们的批评中间，就是要在斗争的风雨中间，锻炼自己，发展自己，扩大自己的阵地"②。正如国内一些理论工作者所指出的那样，"在社会科学界有着许多学派的对立斗争，社会科学还没有发展到完全统一的境界。可是这样决不妨碍社会科学能够成立为客观的科学。因为就是在数学和自然科学方面，也并不是没有学派和各种学说的纷争的"③。中国马克思主义政治学在其发展过程中，与国内其他学术流派发生了各种论争。在这些论争当中，既包括马克思主义学术内部的论争，也包含与各种非马克思主义学术思想的论争，从某种意义上来说，这有助于中国马克思主义政治学的发展。当年在20世纪初期发生的"问题与主义"的论战、社会主义论战、无政府主义论战，还有在20世纪20年代末30年代初，思想理论界开展的关于中国社会性质问题、中国社会史问题、中国农村社会性质问题等各类论战，这些论战有助于中国马克思主义政治学学术理论的完善与学术体系的发展，当然，也有利于政治学以外的马克思主义哲学社会科学其他学科的发展和完善。

在这些学术论战中，"无政府主义"的论战是近代中国"西风东渐"

---

① 田子渝，等. 马克思主义在中国初期传播史（1918—1922）. 北京：学习出版社，2012：72.

② 毛泽东. 毛泽东著作选读：下册. 北京：人民出版社，1986：786.

③ 李平心. 平心文集：第1卷. 上海：华东师范大学出版社，1985：184.

历程的一个重要组成部分。无政府主义思潮源于西方国家，鼓吹个人绝对自由，反对一切权力和权威，幻想建立无政府社会。无政府主义在中国大致经历了辛亥革命前后与五四运动前后两个发展阶段，辛亥革命前后宣传无政府主义的著述和报刊较多，例如，1903 年张继编译的《无政府主义》、1904 年金天羽编的《自由血》、1907 年创刊于东京的《天义报》和巴黎的《新世纪》，还有中国资产阶级革命派创办的《民报》等，都极力介绍和宣传无政府主义。在五四运动前，无政府主义思潮的传播比较占优势，在知识分子和部分工人中都有一定程度的影响。当时为宣传无政府主义而成立的无政府主义团体有近 50 个，宣传无政府主义的刊物和小册子达 70 多种，涉及国内 14 个省市以及南洋等地区①。随着马克思主义传入中国，无政府主义者就把斗争矛头指向马克思主义，与马克思主义争夺意识形态领域阵地。从 1920 年开始，无政府主义与马克思主义开始了正面交锋，结局是无政府主义走向了衰落。当时中国马克思主义者如陈独秀、李达等，在《新青年》先后发表了《马克思派社会主义》、《谈政治》、《讨论无政府主义》和《社会主义批评》等文章，严厉批判了无政府主义。《共产党》月刊创刊后，从第 1 期到第 5 期都有批判无政府主义的文章，其中主要有《我们为什么主张共产主义？》《我们要怎么样干社会革命？》《短言》和《社会革命的商榷》等战斗檄文，陈独秀在《共产党》月刊创刊号《短言》中明确提出，"经济的改造自然占人类改造之主要地位。吾人生产方法除资本主义及社会主义外，别无他途"，宣布"中国要走十月革命的道路，建设社会主义和共产主义"，指出"既要反对第二国际式的议会道路，又要反对无政府主义"②。此外，《民国日报》《少年中国》《先驱》等报刊也发表了很多批判无政府主义的文章，"马克思主义的拥护者到处都与无政府主义的拥护者争论着、斗争着"③。

在中国马克思主义政治学发展过程中，除了"无政府主义"论战外，还有关于民主与独裁之争，在学术论战中进一步深化了对中国政治思想文化方面的认识。20 世纪二三十年代，西方许多国家法西斯主义

---

① 林茂生，王维礼，王桧林. 中国现代政治思想史. 哈尔滨：黑龙江人民出版社，1984：54.

② 陈独秀. 短言. 共产党，1920-11-07 (1).

③ 五四运动的二十年. 中国青年，1939-05-04.

盛行。1927 年，以蒋介石集团为代表的大地主大资产阶级政权建立，为巩固其反动独裁统治，以法西斯主义作为维护其政权统治的指导思想。1931 年 5 月，蒋介石在召开"国民会议"开幕词中提到当今世界有三种理论，"共产主义之政治理论""自由主义之政治理论""法西斯蒂之政治理论"，认为共产主义政治理论"不适合中国产业落后情形及中国固有道德"。自由主义政治理论"高唱自由""各据议席""群疑满腹，众难塞胸"，"议会政治之弱点已充分暴露"。唯有法西斯主义理论不仅能保证"为有效能的统治权之行施"，而且"合于大同原则"，中国只能实行法西斯主义①。针对蒋介石集团的法西斯主义理论，中国共产党和其他党派以及国民党内部的改组派提出反对。中国共产党提出了建立工农联合的民主共和国的主张，并于 1931 年在中华苏维埃第一次全国代表大会上通过了《中华苏维埃共和国宪法大纲》《中华苏维埃共和国劳动法》等政策文件，全面反映了中国共产党关于工农民主政权的理论。

在 20 世纪 30 年代开展的三大学术论战，促进了马克思主义政治学的建立。思想理论界在论战中，提出马克思主义政治理论必须同中国实际相结合，积极倡导研究国家、民族、阶级、政党等问题，必须立足于中国社会，最终使马克思主义在政治学领域拥有学术话语主导权，用马克思主义方法论研究中国政治成为当时中国哲学社会科学界的共识。许多哲学社会科学工作者结合当时中国政治现状，运用马克思主义政治理论研究中国革命中的诸多问题，推动了马克思主义政治学学科体系、学术体系和话语体系的深入发展。

（二）成长发展阶段（1927—1937）：马克思主义政治学理论体系的深化

该时期中国革命形势的发展，决定了中国马克思主义政治学的鲜明革命性特征。随着新民主主义理论的丰富与发展，中国共产党以马克思主义政治学理论为指导，领导根据地人民进行土地革命斗争。在斗争实践中丰富了中国马克思主义政治学学术体系，加快了我国马克思主义政治学的学科建构。

---

① 蒋介石. 在国民会议上的开幕词//国民会议选举总事务所. 国民会议实录. 国民会议选举总事务所编印，1931：66.

　　该时期出版了许多马克思主义政治学译著，主要有《中国红色政权为什么能够存在?》、《井冈山的斗争》、《星星之火，可以燎原》、《反对本本主义》、《论反对日本帝国主义的策略》(毛泽东)、《社会科学大纲》(高希圣与郭真合著，平凡书局)、《资本主义批判》(平凡书局)、《世界经济论》(平凡书局)、《科学的社会主义》(平凡书局)、《俄国革命与农民》(平凡书局)、《社会主义政治学》(平凡书局)、《社会进化之铁则》(平凡书局)、《俄国社会史纲》(平凡书局)、《社会运动家及社会思想家》(高希圣与郭真合著，平凡书局)、《社会科学大词典》(世界版)、《政治教育大纲》(高希圣与郭真合译，北新版)、《青年问题讲话》(高希圣与郭真合著，北新版)、《欧洲革命史》(北新版)、《国际运动史》(北新版)、《国家论》(北新版)、《英国经济史》(商务印书馆)、《中国经济史》(商务印书馆)、《社会运动史》(商务印书馆)、《中国资本主义发展史》(商务印书馆)、《欧洲政治史》(太平洋版)、《妇女问题讲话》(高希圣与郭真合译，太平洋版)、《国际社会运动史纲》(光华版)、《现代社会生活》(光华版)、《国际与中国》(泰东版)、《各国社会党史纲》(高希圣与郭真合著，泰东版)、《现代阶级论》、《社会运动全史》等①。

　　该时期代表性政治学著作主要有②：邓初民的《政治学》《国家论

---

① 王向民. 学科与学术：中国 20 世纪 30 年代政治学的建立. 政治学研究，2008（3）：75.

② 20 世纪 30 年代，中国政治学学科体系已相对完整，研究领域已相当广泛。政治学家对政治学进行了分科研究，出版了许多高质量的专著。政治学理论方面，高一涵、张慰慈、萨孟武、高希圣、李圣五、陈之迈、李剑农、杨幼炯等人都有专著；比较政治与政治制度方面，钱端升是公认的大家，出版了一系列比较政治制度方面的著作，如《法国的政府》《德国的政府》《中国的政府与政治》(英文)、《民国政制史》(合著)、《比较宪法》(合著)；中国政治思想史方面，萧公权的《中国政治思想史》至今还是经典之作，陶希圣著有四卷本专著，杨幼炯、吕振羽等人也有作品问世；西方政治思想史方面，高一涵的《欧洲政治思想小史》曾经出到第 14 版，张金鉴有《美国政治思想史》，万良炯也有本子，此外，浦薛凤的《西洋近代政治思潮》现在还是中国台北的"大学丛书"之一种；政治史方面，李剑农的《中国近百年政治史（1840—1926）》到今天还是案头必备之作；国际关系与外交方面，有张奚若的《主权论》、王铁崖的《战争与条约》、王亚南的《现代外交与国际关系》、刘达人的《外交学概论》等。关于社会主义的研究成果也很多，例如傅宇芳的《马克思主义政治学教程》和高希圣的《社会主义政治学》等。

　　——王向民. 学科与学术：中国 20 世纪 30 年代政治学的建立. 政治学研究，2008（3）：73.

之基础知识》《政治科学大纲》，吕振羽的《中国政治思想史》，高希圣（高振青）的《社会主义政治学》《新政治学大纲》，李剑农的《政治学概论》《最近三十年中国政治史》①、陈启修的《新政治学》，傅宇芳的《马克思主义政治学教程》，秦明的《政治学概论》，张慰慈的《政治制度浅说》，等等。此外，李达的《民族问题》及《社会学大纲》，"虽然没有以政治或政治学命名，但这些著作对国家的起源、本质及国家的命运，对国家与民族的关系做的大量论述，都丰富了中国马克思主义政治学的基本内容"②。

1. 马克思主义政治学的体系化建构

在 20 世纪 30 年代，马克思主义政治学者邓初民运用马克思主义政治理论讲授与研究中国政治学。"邓初民是在中国较早研究和宣传马克思主义政治主张的学者之一"③，当年邓初民在马克思主义政治学研究领域著作较多，他于 1929 年由昆仑书店出版的《政治科学大纲》（后改为《新政治学大纲》），是具有开创性的马克思主义政治学研究成果。《新政治学大纲》（即《政治学》）由新时代出版社于 1932 年出版，邓初民的这些马克思主义政治学理论初步构建了中国马克思主义政治学的学科体系、学术体系和话语体系，"科学不是单纯理论的游戏，政治科学亦然，所以专门研究客观世界运动法则的科学主要是服务于我们对这世界的活动，服务于我们的实践"④。

《政治科学大纲》把社会矛盾作为政治的基本内容展开，系统考察了政治科学的历史发展，重点研究了政治学的基本理论，如研究对象、政治学科性质、研究方法等方面内容，并对政治学与历史学、社会学、法律学的关系以及阶级、国家、民族、政府、政党、宗教等方面理论进行了认真分析。

---

① 李剑农的成名作是 1930 年 10 月出版的《最近三十年中国政治史》，一年时间印行四版，足见影响之巨大。后来，为适应在武汉大学的教学需要，他将从鸦片战争到中日甲午战争期间的政治史补写印成《中国近百年政治史》出版。后来还出了英文版和新德里版，前后发行 5 200 册，其数量之多，在美国同类著作中实属少见。

——王邦佐，潘世传. 二十世纪中国社会科学：政治学卷. 上海：上海人民出版社，2005：105.

② 吴汉全. 试论中共根据地时期的马克思主义学术建设. 湖南师范大学社会科学学报，2019（5）：66.

③ 王冠中. 中国马克思主义政治学学科初建探析. 政治学研究，2008（3）：61.

④ 邓初民. 政治科学大纲. 上海：昆仑书店，1929：166.

本书不像一般的政治学，把单纯的国家作为它的全部对象，而是把全部政治范畴作为它的对象。而在全部政治范畴中，与其说是加强国家这一政治范畴的阐发，毋宁说把"政党"与"革命"较之国家的阐发更看得重要，因为政党在政治上的任务目前显然成了一种基本的指导力量。革命在政治上的任务目前显然是被压迫阶层与被压迫民族以群众的力量取得政权、奠定千百万人民生命过程的一种政治运动。[①]

《政治科学大纲》立足于马克思主义唯物史观，详细分析了近代中国社会具体政治问题，邓初民以马克思主义国家学说为指导，阐释了国家的起源及其本质，明确了国家是阶级统治的工具。他还揭示了国家"强力的支配"特征及其在政治体系中的重要位置，从生产力与生产关系、经济基础与上层建筑的关系来解释国家的外在表现形式——"公权力"。邓初民指出：

> 政治统制便是行于社会里面之一种强力的支配。这种强力的支配一定表现于国家。国家是一个社会历程中的产物。等到社会的生产关系因必然的矛盾而发生了阶级的对立，国家便成为这一阶级支配那一阶级的机构而表现。国家的支配，一定是一种强力的支配，这是必然的。这一种强力，就其本质说，就是一种适应于生产关系的生产力，即一种社会的物质的技术的力。然而表现在形式上的，便是国家的公权力。它的内面包含着种种的强力，尤其是武力。这种国家的公权力，是维持国家组织，保持自己阶级政权之根本的决定的力。然而这种公权力的运用，尤其是关于国家组织，政府职权，社会秩序安宁之种种方面，必然由法律而表现。关于所谓一般的政治统制的组织大纲的法律，便是宪法。……那末，我们便可以这样说，无论何种的政治统制之形态，都是靠两根支柱来维持的。一是强力；二是法律。自然，法律也是有强制的拘束力的，不过根本的决定的力，仍是所谓强力。强力作用于内部，法律则表现于形式。[②]

邓初民从国家的"政治统制"入手，在阐述作为"一个社会历程中

---

① 邓初民. 政治科学大纲. 上海：昆仑书店，1929：166.
② 同①103—104.

的产物"——国家的形成过程时，详细分析国家内在"强力"的本质及其在形式上所表现出的"公权力"。阐明了"国家的公权力"的阶级实质——"维持国家组织，保持自己阶级政权之根本的决定的力"，"国家的公权力"的职能在于维持"国家组织，政府职权，社会秩序安宁之种种方面"，所有这些需有法律（宪法）进行制度规范。并从学理上阐明了"政治统制"的两根支柱，即"作用于内部"的"强力"与"表现于形式"的"法律"①。有研究者认为，邓初民的该部著作学科意识更为强烈，学科体系更加完整。从《政治科学大纲》的结构体例看，全书 10 章中有 5 章在论述政治学的学科体系问题，在第 1、2 章论述了政治学的性质、政治学的概念之后，第 3 章阐述了政治学的研究方法，第 4 章主要研究了政治学与其他科学的关系，第 5 章以"政治学之说明的体系"为题，专门探究了马克思主义政治学的知识体系问题②。

总之，《政治科学大纲》是我国近现代第一部系统的马克思主义政治学研究著作，推进了马克思主义政治学在近代中国的建构与发展。

除了邓初民的《政治科学大纲》外，陈启修（陈豹隐）的《新政治学》于 1929 年由上海乐群书店出版，在发展中国马克思主义政治学方面也有其突出贡献。"《新政治学》可谓是陈启修政治学的理论高峰，虽与邓初民的《政治科学大纲》、高希圣的《新政治学大纲》在内容和体系上有相当大的区别，但基本上可以归属马克思主义政治学系谱之列。"③ 该书之所以称为"新"政治学，是因为"新"在以马克思主义为指导，将历史唯物主义引进我国政治学讲坛，依据马克思主义政治学说研究中国政治，坚持用唯物史观阐释中国社会的政治现象。该书强调经济基础对上层建筑——"政治现象"的决定作用，"政治学原理，应该研究（甲）政治现象的体系，（乙）政治现象的来历，（丙）各种政治现象的关系，（丁）政治现象将来的预测。乙、丙、丁三者合起来，就成为政治现象的解剖"④。著作对有关国家问题

① 邓初民. 政治科学大纲. 上海：昆仑书店，1929：36.
② 王冠中. 中国马克思主义政治学学科初建探析. 政治学研究，2008（3）：61.
③ 孙宏云. 陈启修：从"庶民主义"到"新政治学". 中国社会科学报，2015-04-10.
④ 陈启修. 新政治学. 上海：乐群书店，1929：8.

如政体、政党、联邦国等具体政治问题进行了学理分析，对民族问题也做了马克思主义的阐释与说明，注意分析民族对国家的影响，有力宣传了马克思主义国家学说，丰富了政治学研究内容，为推进马克思主义政治学理论中国化做出了重要贡献。"这本《新政治学》无疑受到马克思主义历史唯物主义的影响，同时吸收了当时正在兴起的行为主义政治学观点，并融合了他原有的理论基础，是一本具有系统化、合时宜、兼新旧、注重动态考察等特色的'新政治学'。"① 该时期陈启修的《新政治学》与邓初民的《政治科学大纲》及《政治学》、李剑农的《政治学概论》等，初步构建了中国马克思主义政治学的学科体系、学术体系和话语体系。其中，李剑农②的《政治学概论》介绍了政治学科的学科性质、研究范畴与研究方法，全书分为 16 章，分别围绕国家、国民、国土、主权、法律、政府、国家起源、代议制、政党、中央政府等方面进行了详细探讨，为马克思主义政治学科的建立与发展提供了有益指导和借鉴。

---

① 孙宏云. 陈启修：从"庶民主义"到"新政治学". 中国社会科学报，2015-04-10.

② 李剑农（1880—1963），湖南邵阳人，教育家。少年时期在旧式私塾度过，熟读经史古籍。早年深受维新派南学会邵阳分会樊锥的影响，对变法维新表示支持。1904 年，入长沙湖南师范史地科专攻史学，并于 1906 年加入同盟会。1910 年春东渡日本，入早稻田大学学习政治经济学，积极参与中国同盟会的各项政治活动。1912 年，与周鲠生等人在汉口创办《民国日报》，1913 年"二次革命"爆发前夕，该报遭黎元洪查封，李剑农也受通缉。在黄兴的帮助下，入伦敦政治经济学院旁听并做自由研究，专攻政治学与宪法学。1916 年回国后，曾参与《中华杂志》《中华新报》等，但旋即因与进步党人的分歧而于 1917 年 3 月自创《太平洋》，并任主编。1922 年，湖南省自治政府成立，高票当选省务院长。1927 年夏初赴上海，担任太平洋书店编译主任。1928 年 3 月，编写出版《中山出世后中国六十年大事记》，系后来《近三十年中国政治史》之始。1930 年秋，李剑农担任武汉大学教授，讲授中国近代政治史课程。不久，任文法学院教授兼史学系主任。为适应教学需要，又编著《政治学概论》《中国经济史》和《中国近百年政治史》，并由商务印书馆出版，《经济学概论》一书被列为大学教学丛书。1940—1946 年，李剑农执教于国立师范学院，后借聘于湖南大学，1947 年重返武汉大学执教。他根据长期的研究积累和教学实践，对中国古代经济的发展变化做了系统研究，编成《中国古代经济史》讲义并印刷发行。新中国成立后，他的《中国古代经济史》讲义分为《先秦两汉经济史》《魏晋南北朝隋唐经济史》《宋元明清经济史》三册出版，该书力图阐明中国经济发展规律，具有唯物主义倾向，为以后我国研究政治经济史起了不可估量的作用。1950 年被聘为中南军政委员会顾问，1954 年任全国政协委员，1963 年 12 月 14 日病逝于武汉。

——禹舜. 湖南大辞典. 北京：新华出版社，1995：216；史仲文，胡晓林. 中华文化大辞海. 北京：中国国际广播出版社，1998：218；360 百科. 李剑农. ［2021-01-05］. https://baike. so. com/doc/7852342-8126437. html.

马克思主义政治学研究专家高振青（高希圣）[①] 的《社会主义政治学》，主要介绍了社会主义政治学的基本理论知识，他的另外一部著作《新政治学大纲》由上海社会经济学会于 1931 年出版，该著作以马克思主义为指导，介绍了马克思主义政治学的基本理论，如民族、国家、政党、法律等，围绕政治学基本概念、研究方法、国际政治形势的发展、苏维埃和民族问题、社会主义和民族问题、帝国主义和民族问题、民族自决权等方面展开，为政治学的学科结构做出了重要学术贡献，是对当时马克思主义政治学理论的体系化建设所进行的科学探索。

由中国本土政治学家傅宇芳著的《马克思主义政治学教程》[②] 在当时也产生了很大反响，该著作直接冠以"马克思主义政治学"之书名，分为"政治科学概论""国家论""政治运动"三篇，详细介绍了政治与政治学的基本概念、政治学的研究方法、政治理论与实践、国家概念、国家与社会的关系、政治运动的方式等内容。作者以马克思主义为指导，强调要将马克思主义政治学理论与无产阶级革命实践相结合，指出"普罗列塔利亚的政治学方法，是唯物辩证法的方法。这种方法，是以由政治现象之整个法则之把握，而以妥实客观地吻合于事实，说明政治现象，和推决事情之将来，借以决定和指挥政治活动的方法"[③]。

在立足于马克思主义唯物史观基础上，秦明编写《政治学概论》，

---

① 高振青原名高尔松（1900—1986），字继郁，笔名高希圣、高振青，江苏青浦（今属上海市）练塘镇人，中国民主同盟成员。幼年在颜安小学读书，1918 年春，入上海青年会中学，后考进南洋公学中院。五四运动时，参加侯绍裘组织的宣讲团，创办义务夜校。经侯绍裘、朱季恂介绍参加中国国民党。后经杨贤江、沈雁冰介绍，加入中国共产党，并与夫人史冰鉴一起加入新南社，以诗文抨击时政。著译大多与弟弟高尔柏合作，其中有：《社会科学大纲》《社会主义大纲》《社会运动全史》《社会问题大纲》《社会科学大辞典》《经济科学大辞典》《经济学教程》《社会科学的基础知识》《现代社会学大纲》等。他精通日、英、德、俄和世界语，解放前夕，从外文报上翻译了斯诺、史特朗、史沫特莱等记者对解放区的报道，油印后秘密散发，让上海人民得以了解解放区的真实情况。解放后，于 1949 年 11 月到北京，在出版总署任编审，翌年参加中国民主同盟。以后在古籍出版社、中华书局、商务印书馆任编辑，编译过《社会科学大词典》《经济学教程》《社会运动史》等多种著作。
——王荣华. 上海大辞典：下册. 上海：上海辞书出版社，2007：266；周家珍. 20 世纪中华人物名字号辞典. 北京：法律出版社，2000：216.
② 《马克思主义政治学教程》，傅宇芳著，吕梦南校订，上海长城书店 1932 年 5 月出版。详见北京图书馆. 民国时期总书目：政治（1911—1949）. 北京：书目文献出版社，1996："政治学专著" 00053，5.
③ 傅宇芳. 马克思主义政治学教程. 上海：长城书店，1932：41.

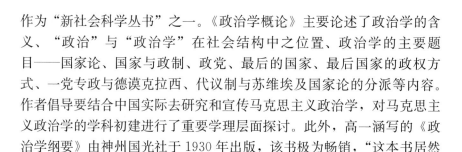

作为"新社会科学丛书"之一。《政治学概论》主要论述了政治学的含义、"政治"与"政治学"在社会结构中之位置、政治学的主要题目——国家论、国家与政制、政党、最后的国家、最后国家的政权方式、一党专政与德谟克拉西、代议制与苏维埃及国家论的分派等内容。作者倡导要结合中国实际去研究和宣传马克思主义政治学,对马克思主义政治学的学科初建进行了重要学理层面探讨。此外,高一涵写的《政治学纲要》由神州国光社于 1930 年出版,该书极为畅销,"这本书居然在一个月内销了两版,真是一件意外的事"①。

2. 非马克思主义学派政治学研究的推进

学科建设离不开学术团体和研究机构的学术研究,马克思主义政治学学科建设的深入推进,离不开政治学专门学术机构和专业学术队伍。该时期政治学研究机构除了前面介绍的中央苏区马克思主义研究会等相关机构外②,还有国统区非马克思主义学派组建的中国政治学会、中国行政学会和行政效率研究会等。在此特别需要说明的是,该时期在国统区院校中从事政治学研究的机构团体和专业人士,尽管有的不赞成马克思主义,但他们中有很多人接受了马克思主义的政治分析方法,以此来分析中国社会的政治问题,推进了近代中国政治学的发展③。

(1)国民政府中央研究院。

国民政府中央研究院是一个综合性研究机构,下设多所与政治学研究相关的研究机构,主要有"人文社会科学研究中心""欧美研究所""政治学研究所筹备处"等。1937 年,社会科学研究所特设行政组,对行政问题进行学理层面和实践层面的研究。1946 年,国民政府中央研

① 高一涵. 政治学纲要. 上海:神州国光社,1931:1.

② 马克思主义研究会在前面有详细介绍,该处重点介绍国民政府中央研究院、中国政治学会、中国行政学会和行政效率研究会等政治学研究机构。

③ 各派学者对政治学研究对象、学科性质、研究方法的诠释可谓同中有异,异中有同。欧美派与国民党派学者多认可国家为政治学研究对象,而马克思主义派学者则强调社会阶级、政党与革命等问题亦为政治学重要研究内容。欧美派与国民党派学者多强调政治学的科学性在于分析政治现象的因果规律,而马克思主义派学者则注重认识主体的认知客观性。欧美派与国民党派学者均追捧实用主义等欧美科学实证方法,而马克思主义派学者则强调唯物辩证法与唯物史观方法的重要。政治学理念的相异,隐含着各派学者不同的政治立场与动机。

——阎书钦. 亦学亦政:民国时期关于政治学研究范式的论争:兼论民国政治学的学术谱系. 武汉大学学报(哲学社会科学版),2016(6):35.

究院建立院士制度，当时著名的政治学家王世杰①、周鲠生、钱端升、萧公权等学者都当选为院士。

（2）中国政治学会。

19 世纪末，西方政治学所倡导的三权分立、民主、自由等理论，由晚清的维新派康有为、梁启超、严复等介绍到中国，并逐渐传播②。

---

① 王世杰（1891—1981），字雪艇，湖北崇阳人。中华民国时期著名政治家、教育家，武汉大学首任校长。早年入天津北洋大学采矿冶金专业学习。1911 年武昌起义后，返回武汉任都督府秘书。1913 年去英国留学，入伦敦大学政治经济学院，后转入巴黎大学攻读法律。1920 年获得法学博士学位。归国后任教于北京大学，并参与创办《现代评论》周刊。1927 年任南京国民政府法制局局长、湖北省政府委员兼教育厅厅长。1928 年 10 月，被南京政府派往海外，任海牙公断院公断员。1929 年 5 月，担任武汉大学校长。1932 年上海"一·二八"淞沪抗战开始时，主张依赖国际联盟解决问题，支持蒋介石的对日不抵抗政策。此后任南京国民政府教育部部长，兼整理内外债委员会委员等职，被选为国民党中央候补监察委员。1937 年，任国民政府军事委员会参事室主任兼政治部指导委员。1938 年 6 月，任国民参政会秘书长，12 月加入新政学系。1939 年后任国民党中央宣传部部长、设计局秘书长、三青团中央监委会书记长等职，被选为国民党中央监察委员。1943 年随蒋介石到埃及出席开罗会议，1944 年作为国民党方面代表参加同中国共产党的谈判。1945 年任国民政府委员、行政院政务委员兼外交部部长，随同宋子文赴苏联谈判，签订《中苏友好同盟条约》。1947 年、1948 年任出席第二、三届联合国大会的南京国民政府首席代表，被选为南京中央研究院首届院士。1949 年到台湾，历任"总统府"秘书长，国民党中央评议委员，"行政院"政务委员，"中央研究院"院长，"中华文化复兴运动推行委员会"常务委员，"总统府"资政等职。他用比较方法介绍西方国家的政治制度、国家制度和宪法理论，深刻剖析中国古代法律。他认为中国古代法律的特点是：道德与法律界限不清，凡是道德思想载于经义但未列入法典，经义的效力优于法律，即使法律有规定但若不符合经义，也必须服从经义；法律与习惯界限不清，法律往往迎合习惯，法律无规定的钱债、田地、户婚等大都沿用习惯；司法官吏权限很大，既可法外行经决狱，又能科比断案；同时，律外有例，例的效力高于法。他从资产阶级民主法制角度出发，认为中国应改变礼法并行以礼为主和其他轻法废法的现象，参照吸收西方资本主义法律制度，改变现行政治制度，实行民主政治。主要著作有《比较宪法》《中国奴婢制度》等。

——章绍嗣，田子渝，陈金安. 中国抗日战争大辞典. 武汉：武汉出版社，1995：389；许崇德. 中华法学大辞典：宪法学卷. 北京：中国检察出版社，1990：328.

② 关于学术界对民国政治学的研究，目前已经发表的成果有：背景性的研究包括熊月之著：《西学东渐与晚清社会》，上海人民出版社 1994 年版；李华兴：《民国教育史》，上海教育出版社 1997 年版。学科综述性研究包括张分田、萧延中：《中华文化通志·政治学志》，上海人民出版社 1998 年版；韩述之主编：《社会科学争鸣大系（1949—1989）：政治学·法学卷》，上海人民出版社 1991 年版；王邦佐、潘世伟主编：《二十世纪中国社会科学：政治学卷》，上海人民出版社 2005 年版。就百年政治学为题的论文有赵宝煦：《中国政治学百年历程》，《东南学术》2000 年第 2 期；俞可平：《中国政治学百年回眸》，《人民日报》2000 年 12 月 28 日；张友渔、石啸冲、王邦佐、王沪宁："政治学"词条，《中国大百科全书·政治学》，中国大百科全书出版社 1992 年版。针对民国时期政治学家的论述还相当少，只有少数著述，如《张慰慈——中国政治学的开拓者》，《传记文学》（台湾），2004，Vol. 184，12.

——王向民. 学科与学术：中国 20 世纪 30 年代政治学的建立. 政治学研究，2008（3）：68.

根据有关统计，自 1901 年至 1904 年，中国翻印出版西方政治教科书 66 种；1903 年京师大学堂设政治堂，课程就有政治学①，随后成立的大学大都设有政治学系。五四运动以来，中国政治学研究也日趋兴盛，中国政治学会正是建立在这样一种背景之上。

中国政治学会是我国第一个政治学者的组织，由中央大学政治系主任杭立武于 1932 年 9 月创办②，由杭立武③任主席，选举高一涵、周师生、刘师舜、杨铨等 22 人为干事，并制定了会章。"当时的发起人，共 45 人，他们是高一涵、刘师舜、杨杏佛、陈逸凡、陈石孚、萨孟武、梅思平、田炯锦、钱昌照、谭绍华、程天放、端木恺、杨公达、李迪俊、马约、陈经远、马文焕、雷震、向理澜、李圣五、刘乃诚、周鲠生、王世杰、时昭瀛、皮皓白、卢锡荣、罗隆基、吴颂皋、远道丰、唐量礼、章澜若、刘崇本、陈希孟、张奚若、钱端升、萧公权、陶希圣、张慰慈、吴之椿、浦薛凤、徐俶希、梁朝威、张忠绂、傅坚白、杭立武。从这份发起人名单来看，中国政治学会的成立，可说网罗了中国政治学界的精英。"④ 中国政治学会成立后，积极译介西方政治制度，推

---

① 有研究者认为，当年京师大学堂的政治学课程设置是模糊、笼统的，例如，其 1903 年的主课包括：政治总义、大清会典要义、中国历代法制考、东西各国法制比较、全国人民财用学、国家财政学、各国理财史、各国理财学术史、全国土地民物统计学、各国行政机关学、警察监狱学、教育学、交涉法、各国近世外交史、各国海陆军政学；补助课包括：各国政治史、法律学原理、各国宪法民法商法刑法、各国刑法总论等。从这份课程表看，当时的政治学课程包括现在的政治学、法学、财政学等学科。这可以帮助我们理解，为何在早期，政治学总是与法学、商学等同处一院，构成法商学院、法学院，等等。
——王向民. 学科与学术：中国 20 世纪 30 年代政治学的建立. 政治学研究，2008（3）：70.

② 关中. 杭公立武与中国政治学会：纪念一位伟大的前辈. 国政评论（台湾），2002-04-26.

③ 杭立武（1904—1991），安徽省滁县人，金陵大学毕业，美国威斯康星大学硕士、英国伦敦大学博士。曾任考试院编纂考选委员会编纂室主任，金陵大学、中央大学政治系教授，中英文教基金董事会总干事、秘书兼董事，国民参政会参政员，中英文化协会、中缅文化协会秘书长，中国政治协会秘书长，中国访英团、中国访缅团团员兼秘书长，中央训练团指导员，三民主义青年团中央团部常务干事等职。1944 年任国民政府教育部常务次长，1946 年升任政务次长，1949 年 3 月升任部长，1991 年任台湾政治大学校长。
——傅润华. 中国当代名人传. 上海：世界文化服务社，1948：92.

④ 王向民. 学科与学术：中国 20 世纪 30 年代政治学的建立. 政治学研究，2008（3）：74；王邦佐，潘世传. 二十世纪中国社会科学：政治学卷. 上海：上海人民出版社，2005：108.

动西方政治学在我国的传播，并与当时政治相结合，有限参与了政治，促进了我国本土政治学的研究和教育。

1935 年 6 月 23 日，中国政治学会在南京召开第一届年会，中心议题有三个：外交策略、改进吏治、大学政治学课程的标准。1936 年 7 月 3 日，召开第二届年会，议题有四个：宪法草案、地方行政、外交策略、非常时期国民的政治教育；但由于日本发动侵华战争，中国政治学会不得不停开年会，直到 1942 年 11 月 16 日，中国政治学会才得以在重庆召开第三届年会，主要议题有两个：战后重建世界和平问题、政治建设机构问题①。后来由于国内战争环境影响，中国政治学会的活动暂告停顿。

（3）行政效率研究会。

行政效率研究会由国民政府于 1934 年在行政院内政部设立，主要从事公共行政管理相关问题研究，出版半月刊《行政效率》，编写《中美人事行政比较》，翻译怀德的《行政动向论》等书。1935 年 5 月，出版《行政研究》月刊。1937 年，行政效率研究会改称"行政效率促进委员会"，由行政院长直接负责。其职责为考核各行政机关的组织与职权分配并调整其相互关系；考核各行政机关的财务收支，并促进其合理化与经济化；考核各行政机关的官吏任用奖惩、办公及办事效率，并督促其改进；编印行政效率研究刊物，以宣传行政效率的知识与技能；派员调查各地方行政实况②。

此外，在该时期，全国许多院校建有政治学系。1936 年全国各高校中，"国立大学中有中央大学、北平大学、北京大学（法科研究所暂缓招生）、清华大学（法科研究所分政治、经济两部）、武汉大学（法科研究所设经济部）、中山大学和四川大学；省立大学中有东北大学、河南大学、山西大学、湖南大学和云南大学；私立大学中有南开大学、沪江大学、震旦大学、燕京大学（法科研究所设政治学部）、东吴大学（法科研究所设法学部）、齐鲁大学和厦门大学；国立独立学院有广东法科学院；省立独立学院有河北法商学院；私立独立学院有朝阳学院、上

---

① 王向民. 学科与学术：中国 20 世纪 30 年代政治学的建立. 政治学研究，2008（3）：74.

② 傅荣校. 三十年代国民政府行政效率运动与行政效率研究会. 浙江档案，2005（1）：28.

海法政学院、之江文理学院、复旦大学、金陵大学、光华大学、大夏大学、广州大学、广州国民大学、岭南大学、福建协和学院、正风文学院、中国学院、北平民国学院和金陵女子文理学院"①，这些学校设有政治学系，充分表明了政治学学科体系在该时期的大力进展。当年马克思主义者瞿秋白和张太雷曾在上海大学分别主讲"社会科学概论"和"政治学"等政治学课程。

3. 马克思主义学派政治学著作的译介和传播

中央苏区时期，中共重视马克思主义政治学著作的编译和出版。为此，中共领导建立了一整套出版管理体系和机制，专门成立了马克思主义经典著作翻译和出版机构。该时期建立的编译出版机构主要有：中央出版局、中央教育人民委员部编审委员会、中国工农红军总政治部出版发行科、中央教育人民委员部编审局、马克思主义研究会编译部、马克思共产主义学校编审处、中央革命军事委员会编译委员会等。发行机构主要有：中央出版局总发行部、中共中央局发行部、闽西列宁书局、青年实话总发行所、工农红军书局、青年实话书店及红色书店等，这些编译与出版机构出版了包括马克思主义政治学在内的大量著作和文章。

这一阶段在党的领导下，哲学社会科学工作者积极创办学术刊物，组织各种进步学术社团，大量出版发表马克思主义政治学著述。马克思主义政治学的学术刊物和学术阵地建设与建党之初和大革命时期相比取得了很大进步，马克思主义政治学学术研究和学科建设取得良好进展。1930年5月，中国社会科学家联盟成立，提出马克思主义社会科学研究的主要任务是"以马克思主义的观点，分析中国及国际的政治经济""严厉地驳斥一切非马克思主义的思想——如民族改良主义、自由主义，及假马克思主义的理论——如社会民主主义、托洛茨基主义及机会主义"②。"社联"成员通过积极参加中国社会性质论战增强了对中国革命和中国国情的理解和认识，逐步构建了以近代中国社会为研究对象的马克思主义政治学学术体系。"社联"当时领导创办了大量学术刊物，先后创办了《社会科学战线》《研究》《新思潮》《社会现象》等刊物。在国统区的社会科学界也积极主办了《清华周刊》《世界政治》《现代评

① 王向民. 学科与学术：中国20世纪30年代政治学的建立. 政治学研究，2008（3）：70.

② 中国社会科学家联盟纲领. 世界文化，1931-09-10.

论》等多个政治学学术刊物，"著名政治学家钱端升①的学术论文就曾经发表在《政治学评论》（美国）、《现代评论》、《清华周刊》、《社会科学季刊》、《武汉大学社会科学季刊》、《东方杂志》、《外交评论》、《日本评论》、《太平洋季刊》（英文）、《中国新论》、《半月评论》、《民族杂志》、《中央大学社会科学丛刊》（南京）、《行政院研究月刊》、《世界政治》等上。另外，不计其数的政论文章发表在报刊、同人杂志上"② 等。

4. 马克思主义政治学对中国革命斗争实践的重要指导

政治学是经世致用之学，它的发展与我国的传统文化、社会政治现实紧密相连。在该时期，中国马克思主义政治学者围绕我们党在根据地政权建设的理论和实践展开研究，推动了政治学科的建设和发展。"近代中国政治学科创立和发展的第一个学术周期就很快呈现出从中体西用到全盘西化再到本土化的发展趋势。"③ 中国共产党结合革命实践，推动了马克思主义政治学中国化进程，最终建立起中国化马克思主义政治学。

马克思主义政治学中国化进程经历了曲折发展过程，中国共产党在

---

① 钱端升（1900—1990），字寿朋，生于上海，法学家、政治学家，作为杰出的爱国民主知识分子，钱端升长期致力于发展新中国的法学教育和法学研究事业，对中国立法工作和社会主义民主法制建设做出了巨大贡献。他 1924 年毕业于哈佛大学，取得哲学博士学位。1924 年归国后，在清华大学讲授政治学、宪法学。1927 年春季兼任北京大学教授，同年秋季应聘为中央大学政治系副教授，1930 年回清华政治学系任教并在北大兼课，1937—1949 年，四次应邀赴美国参加学术会议和讲学。其中，1947 年 10 月至 1948 年，钱端升任哈佛大学客座教授，讲授中国政府与政治。回国后于北京大学任教，1949 年 5 月，被任命为法学院院长。1952 年院系调整，钱端升参与北京政法学院筹建并担任首任院长。同时，兼任外交学会副会长、对外友协副会长、世界和平理事会理事、外交部顾问，致力于新中国的法制建设。1954 年，钱端升被聘为全国人大宪法起草委员会顾问，参与新中国第一部宪法的起草。1974 年，出任外交部国际问题研究所顾问及法律顾问。"文革"结束后，任第六届全国人民代表大会常务委员会委员、法律委员会副主任委员等职，主编法律学丛书。1981 年，任外交学院教授。同年，加入中国共产党。此后，他还担任中国政治学会名誉会长、全国总工会法律顾问、中国国际文化交流中心理事、中国政法大学名誉教授等职务。撰有《法国的政治组织》（1930）、《德国的政府》（1934）、《法国的政府》（1934）、《比较宪法》（1938）、《民国政治史》（1939）、《战后世界之改造》（1943）、《中国政府与政治》（1950）等学术专著，合著有《比较宪法》《民国政制史》等。
——陈夏红. 说不尽的钱端升. 光明日报，2017-08-23（16）.
② 王向民. 民国政治学简论. 复旦政治学评论，2005（3）：66.
③ 王浦劬. 近代中国政治学科的发轫初创及其启示. 政治学研究，2019（3）：12.

领导革命实践过程中坚持同"左"倾机会主义进行斗争，当年毛泽东撰写了《反对本本主义》《中国的红色政权为什么能够存在?》《井冈山的斗争》《星星之火，可以燎原》等著作，深入分析近代中国半殖民地半封建社会经济、政治发展不平衡的特点和规律等。大革命失败后，中国共产党把建立农村革命根据地同开展武装斗争、土地革命结合起来，探索符合中国国情的新民主主义革命发展道路。在《反对本本主义》一文中，毛泽东提出只有通过实际调查将马克思主义同中国国情结合起来，才能制定正确的斗争策略。1935 年 12 月，毛泽东在瓦窑堡会议上提出建立广泛的抗日民族统一战线的主张，确立了正确的政治路线。在全面抗战时期，毛泽东撰写了《〈共产党人〉发刊词》《中国革命和中国共产党》《新民主主义论》等政治学理论著作，探讨中国革命总路线和中国革命基本经验，深化了对中国革命理论的认识，最终创立了新民主主义革命理论。在《目前抗日统一战线中的策略问题》《中国革命战争的战略问题》《论持久战》等系列著作中，揭示了革命战争的特殊规律，对抗战时期革命斗争和政治实践发挥了重要理论指导作用。

（三）初步建构阶段（1937—1949）：马克思主义政治学理论体系初步确立

这一时期，毛泽东对马克思主义政治学中国化做出了独特理论贡献，正如有研究者所指出的，他提出的农村包围城市道路理论、新民主主义革命论、党的建设理论、统一战线理论、人民民主专政理论等构成了比较完整的马克思主义政治学学说体系。此外，其他中共领导人如谢觉哉、刘少奇、张闻天等，对马克思主义政治学的中国化也做出了重要贡献①。他们当时在国内政治学界，坚持运用马克思主义唯物史观和政治理论研究中国政治问题，进一步推动了马克思主义政治学体系的丰富与完善。

该时期的代表性政治学著作主要有：毛泽东的《〈共产党人〉发刊词》《中国革命和中国共产党》《新民主主义论》《实践论》《矛盾论》《中国革命战争的战略问题》《论持久战》《论人民民主专政》，邓初民的

---

① 吴汉全．试论中共根据地时期的马克思主义学术建设．湖南师范大学社会科学学报，2019（5）：9．

《新政治学大纲》，沈志远的《新政治学底基本问题》，徐特立的《政党与政府》，王亚南的《中国官僚政治研究》，吕振羽的《中国政治思想史》，陈昌浩的《政党论》，谢觉哉的《苏维埃运动》《政权性质的研究》《政权组织问题》《民主政治的实际》，等等。

在该时期政治学发展过程中，以毛泽东为代表的中国共产党人，对于马克思主义政治学的学术体系、学科体系与话语体系的建构，做出了重要历史贡献。

1. 毛泽东对发展马克思主义政治学的重大贡献

思想是行动的先导，理论是实践的指南。马克思主义政治学理论博大精深，蕴含着统一战线理论、阶级斗争理论、阶级分析理论、妇女解放理论、党的建设理论、党群关系理论、无产阶级专政理论等系列丰富的思想内容，成为毛泽东政治学思想的重要理论来源之一，中国马克思主义政治学正是在吸收和借鉴了这些宝贵经验的基础上形成与发展起来的。

毛泽东政治思想是马克思主义政治学中国化的重要里程碑。该时期是毛泽东思想成熟的重要阶段，他撰写了大量阐述新民主主义革命理论的文献，这对推动中国马克思主义政治学发展具有重要历史作用。毛泽东结合抗战形势，写了《实践论》《矛盾论》《〈共产党人〉发刊词》《中国革命和中国共产党》等著述，结合中国的新民主主义革命实际，对国家政权、无产阶级、政党建设、民主革命、统一战线等马克思主义政治学基本理论问题进行了创新性探索，对中国马克思主义政治学的发展做出了突出贡献。

统一战线理论是马克思主义政治学的重要组成部分。马克思主义经典作家认为，人类的全部历史就是一部阶级斗争史。无产阶级要想自身获得解放，就必须联合最广泛的社会力量，团结最广大的人民群众，最终结成统一战线取得革命成功。马克思、恩格斯在《共产党宣言》中，强调共产党在实行与其他工人政党及社会民主党等的联合的同时，要保持在革命统一战线中的独立性。马克思、恩格斯的统一战线理论对中国共产党统一战线政策的制定产生了直接影响，以毛泽东为代表的中国共产党人将马克思主义统一战线理论同我国实际相结合，在新民主主义革命时期先后建立了国民革命联合阵线、工农民主统一战线、抗日民族统一战线和人民民主统一战线，成功探索出了一条符合我国革命实际的统

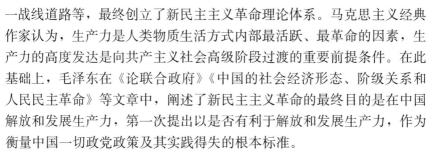

一战线道路等，最终创立了新民主主义革命理论体系。马克思主义经典作家认为，生产力是人类物质生活方式内部最活跃、最革命的因素，生产力的高度发达是向共产主义社会高级阶段过渡的重要前提条件。在此基础上，毛泽东在《论联合政府》《中国的社会经济形态、阶级关系和人民民主革命》等文章中，阐述了新民主主义革命的最终目的是在中国解放和发展生产力，第一次提出以是否有利于解放和发展生产力，作为衡量中国一切政党政策及其实践得失的根本标准。

在党群关系理论方面，马克思主义唯物史观认为，人民群众不但是社会物质成果和精神成果的创造者，也是变革社会的决定性力量。马克思主义经典作家重视和关注党群关系，他们在《共产党宣言》《哲学的贫困》《社会主义从空想到科学的发展》《神圣家族》《法兰西内战》等系列经典著作中多次阐述该方面的理论观点，对中国化马克思主义党群关系理论的形成与发展具有重要理论指导意义。毛泽东在民主革命时期所形成的密切党群关系理论是中国共产党在党群关系问题上成功实践的理论总结，为党取得新民主主义革命胜利提供了重要政治保证、组织保证和力量源泉。马克思主义认识论是党的群众路线工作方法的哲学基础，党的"从群众中来，到群众中去"的工作方法正是辩证唯物主义认识论在实际工作中的创造性运用。因此，中国共产党党群关系思想是马克思主义政治学中关于党群关系理论中国化的成功实践。总之，马克思主义政治学理论的诸多内容，成为毛泽东政治学思想的重要文本来源。

在阶级斗争理论方面，毛泽东进一步发展了马克思主义政治学说中关于阶级斗争的理论。《共产党宣言》阐述了阶级斗争理论，制定了无产阶级革命策略路线和无产阶级政党建党纲领。毛泽东将《共产党宣言》中关于阶级分析的理论与我国国情相结合，写出了体现中国社会现状的《实践论》《矛盾论》《纪念巴黎公社的重要意义》等系列重要文献，把《共产党宣言》中的阶级斗争思想作为解决中国革命实际问题的重要指导思想，当年党的秘密刊物《共产党》明确提出，用阶级斗争的方式建设劳动者的国家。在《中国社会各阶级的分析》中，毛泽东运用马克思恩格斯关于阶级和阶级斗争的理论，对我国社会各个阶级进行了全面深入的解析，在此基础上科学制定了新民主主义革命总路线，为新民主主义革命理论的形成做出了重要理论贡献。

还有毛泽东关于新民主主义的国家学说，是马克思主义国家学说在

中国革命实践中的丰富和发展。毛泽东政治学研究成就有着丰富的思想内容和极高的学术价值，对构建"新民主主义政治学体系"具有根本指导作用，具有鲜明实践性、科学性、指导性，真正开创了马克思主义政治学在中国发展的新时代。

2. 政党问题研究取得重要进展

在党的理论建设方面，马克思主义政治学理论中有许多关于党的思想理论建设内容，在马克思主义理论者看来，思想理论建设是无产阶级政党实施政治统治的一个重要手段。马克思、恩格斯认为，科学理论掌握人民群众与人民群众接受并掌握科学理论这二者之间是密不可分的。马克思主义经典作家在他们有关政治学的著述中，围绕政权建设和党的建设思想，对中国共产党的建设理论产生了重要影响。党的建设主要有政治建设、思想建设、组织建设、作风建设等方面，但首先要着重从思想上进行党的建设。

关于政党学说相关问题研究，随着我们党的建设不断走向成熟，在延安时期取得了重要进展，成为马克思主义哲学社会科学的重要研究议题。在全面抗战时期和解放战争时期，革命实践推动我们党自身不断走向成熟，毛泽东等中国马克思主义者就党的建设相关理论问题进行了系统研究，主张坚持党的独立性，加强党的领导权，确立党的政治路线、思想路线和组织路线，搞好党的自身建设。该时期以马克思主义为指导的政治学研究著述大多都涉及政党问题，推进了中国政党学说研究不断走向深入。

这一历史阶段，中国共产党人及其领导下的马克思主义政治学研究者深入探讨了政党的实质与特征、政党制度与政党纲领、政党自身建设与发展过程、政党与群众和社会的关系、政党的地位和作用、国外政党建设等理论问题，取得了重要研究成果。毛泽东关于党的建设的思想，是中国化马克思主义政治学的主要内容之一。该时期毛泽东非常重视政党问题研究，尤其关注加强党的思想建设。自建党伊始，我们党就非常重视思想建设，强调用无产阶级思想去克服各种非无产阶级思想以保证党组织的纯洁性。当年毛泽东在《关于纠正党内的错误思想》一文中，提出了从思想上进行党的建设的原则。在组织建设方面，民主集中制是无产阶级政党的根本组织原则，中国共产党在长期执政过程中，有效贯彻执行了民主集中制原则，不断从一个胜利走向另一个胜利，进一步完

善了党的思想理论建设。该时期毛泽东关于党的思想理论建设的著作，主要体现在《中国革命和中国共产党》《〈共产党人〉发刊词》《改造我们的学习》《论反对日本帝国主义的策略》《中国革命战争的战略问题》《实践论》《矛盾论》《在延安文艺座谈会上的讲话》《论联合政府》等相关著作中。

除了毛泽东外，党内其他重要领导人在该时期也非常关注中国共产党的建设问题。例如，刘少奇的《论共产党员的修养》（1939年）、《论党内斗争》（1941年）、《论党》（1945年）等著作，是以马克思主义政党学说研究中共问题的代表性著作，对加强党的自身建设发挥了重要指导作用。

总之，这一时期中国马克思主义政党学说的发展有其显著特色：一是以马克思主义政治学理论为指导，坚持以唯物史观指导中国革命实际，有效发挥了马克思主义政党理论对我国新民主主义革命的重要指导作用；二是立足于中国共产党自身建设实际，在激烈残酷革命战争中突出中国共产党自身建设的重要性，推动了中国共产党自身理论建设不断走向成熟；三是中国马克思主义政党学说是"集体智慧的结晶"，它是中国共产党领袖人物和马克思主义哲学社会科学工作者们共同研究的理论成果，促进了政党学说政治性与学术性的有机结合，既发挥了政党学说的政治功用，又在实践中推动了中国马克思主义政党理论的发展，中国马克思主义政党学说为中国马克思主义政治学学科体系与学术体系的构建做出了重要贡献。

3. 中国马克思主义政治学学术体系的初步完善

在该时期，中国共产党对中国马克思主义政治学的发展发挥了积极领导和推进作用。根据前文所介绍的，当年在延安成立了马列学院，在其下设的几个研究室中，就包括了中国政治研究室。一大批学有专长的马克思主义哲学社会科学工作者，运用马克思主义方法论来研究中国政治、经济和社会等问题。1941年8月，中央颁布了《中央关于调查研究的决定》，要求全党加强包括国内外政治在内的调查研究，提升了调查研究在中国政治问题研究中的地位。在整风运动中，通过马克思主义理论教育，促进了中国马克思主义政治学的不断发展。毛泽东对政治学中诸如政党、阶级和阶级斗争、国家、政权、革命等基本学理问题做了深刻论述，刘少奇、董必武等系统论述了共产党和国家建设问题。这些

具有鲜明中国特色的政治学理论，最终确立了马克思主义政治学在中国的地位与重要作用①。

该时期随着中国革命即将取得全面胜利，哲学社会科学界更加注重运用马克思主义来研究中国现实政治问题，出现了一批优秀政治学研究专家②，推出了许多优秀的马克思主义政治学研究著述，进一步深化了马克思主义政治学关于民族、阶级、政党、政府、政体、国体、国际关系以及外交等理论课题研究，对中国马克思主义政治学的深入发展做出了重要贡献。

陈昌浩的《政党论》于 1946 年由新知书店出版，它运用马克思主义政治学理论系统研究政党问题，主要围绕政党的基本理论知识进行了较为系统的探讨，如政党产生、政党发展和政党消亡的历史过程，对无

---

① 张友渔、石啸冲、王邦佐、王沪宁所写"政治学"总条目。详见《中国大百科全书·政治学》，中国大百科全书出版社 1992 年版，第 12 页。

② 近代中国政治学研究专家群体较为广泛，国内有研究者对此进行了详细分类，分成了"三代半"政治学家：第一代政治学家的学术活动主要集中在 20 世纪 20 年代。他们大多幼年接受北洋新式教育，留学期间开始接触政治学或者相关专业，归国后在各个大学的政治系任教。第一代政治学家群体最为突出的特征是大多留学日本，归国后成为 20 世纪 20 年代北京大学政治系的教员群体，如程树德、李大钊、何基鸿、陈启修、高一涵、张慰慈、杜国庠等。第二代政治学家的学术活动主要集中在 20 世纪 30 年代，乃至新中国成立前。这些政治学家大多出身于作为留学欧美预备学校的清华学校，20 世纪二三十年代在欧美获得政治学博士学位。学术研究所需要的旧学功底，他们大多在归国后填补。他们成为国民政府时期各个大学政治学系的政治学教员主体，并且是国民政府时期"学政"交流、讨论国是的主力，在政治价值上更倾向于民主政治。这些政治学家包括钱端升、张奚若、萧公权、浦薛凤、陈之迈、张忠绂、王化成、张佛泉等。第三代政治学家的学术活动主要集中在 20 世纪 40 年代。这些政治学家大多在国内完成大学政治学本科学业，30 年代末留学欧美各政治学系，40 年代初归国服务于政治学界，尤其是西南联合大学政治学系。抗日战争和解放战争时期的非常政治状态，限制了他们正常的学术研究活动。新中国成立后一度取消"政治学、法学"等学科，使他们归于沉寂，但是 1978 年后恢复政治学和法学，很大程度上得到了这些政治学家的指导，虽然他们并未直接参与学科恢复活动。这些政治学家包括周世逑、龚祥瑞、王铁崖、楼邦彦等。此外，还有"半代"政治学家（或者可以称为政治学"学生"），他们于 20 世纪 40 年代初在国内完成大学政治学本科学业，有些已经留学欧美，但是到 1949 年新中国成立时，他们只是短期服务于国内政治学界，甚至有些人从未服务过，这些政治学家包括陈体强、邹谠、端木正、杜汝辑、赵宝煦。从某种角度说，这"三代政治学家"同时代表政治学研究阵地的三次转移：20 年代在北京大学，30 年代在清华大学，40 年代在西南联合大学，而其中最为突出的是清华大学。

——王向民. 学科与学术：中国 20 世纪 30 年代政治学的建立. 政治学研究，2008（3）：72—73.

产阶级政党——共产党的性质、地位与作用等方面也有系统研究。著作还对政党的政治关系展开了深入研究，如主要涉及政党发展与阶级斗争的关系、政党与群众的关系及政党建设等问题，这些政治理论对马克思主义政治学发展有着重要意义。《政党论》作为中国马克思主义政治学发展史上的一部代表性著作，为推进马克思主义政党学说中国化做出了重要理论贡献。此外，陈昌浩的《无产阶级的政党》于1949年由生活·读书·新知三联书店出版发行，该书揭示了政党产生的缘由，论述了无产阶级政党的历史作用，提出"共产党是无产阶级斗争的工具""共产党是无产阶级的阶级组织之最高形式"等论断，这些研究著述对中国马克思主义政治学学术体系与学科体系的构建做出了重要贡献。

邓初民的《新政治学大纲》于1940年由生活书店出版，对政党问题如阶级与阶级斗争理论、政党理论等领域进行过专门学术研究，提出了涉及政党的一系列核心理论问题，如阶级论、政党论、国家论等学术观点，深化了马克思主义政治学诸多领域问题的研究。

沈志远的《新政治学底基本问题》于1949年由生活·读书·新知三联书店发行，该著作以马克思主义国家观为指导，推动了马克思主义政治学理论在中国的普及。著作详细探讨了国家的产生、发展及其消亡问题，立足于创新视角审视了马克思主义政治学的系列核心理论问题，推动了马克思主义政治学的发展，在该时期马克思主义政治学研究领域占据重要学术地位。

王亚南的《中国官僚政治研究》于1948年由上海时代文化出版社出版，著作以马克思主义唯物论为指导，通过分析经济基础的发展变化，推导中国官僚体制的出现与演化过程。著作在分析中国古代政治形态基础上，围绕官僚政治的概念、官僚政治在世界各国的表现、中国官僚政治的社会经济基础、官僚政治与儒家思想、中国官僚政治在现代的转型、官僚政治对于中国社会长期停滞的影响等方面，从多个学科视域展开了详细阐述。王亚南的《中国官僚政治研究》是专门系统研究中国官僚政治的马克思主义政治学著作，极大丰富了中国马克思主义政治学的研究视域。

徐特立的《政党与政府》发表于1938年3月，该文阐述了政党与政府的基本理论，在立足于政党性质和政党地位基础上，阐释了政党与

政府的相互关系。该文从政治发展和政治演变角度考察政党作用，提出政党必须面对"政治转变"来完成其政治任务的学术主张，为政党自身建设提供了新思路，在当时对于推动中国共产党自身建设具有十分重要的学术价值，在今天对于客观认识与理解政党和政府的职责也有重要历史启迪作用。

吕振羽的《中国政治思想史》于 1937 年 6 月由上海黎明书局出版，该书以马克思主义唯物史观为指导研究中国政治思想史发展的规律。该著作注重史料考证，以马克思《剩余价值学说史》为样板，对中国的政治思想从殷代奴隶制社会历史写起，按社会更替的演变历程梳理中国政治思想的演变，作者第一次用马克思主义方法论对中国政治思想进行了系统考察，成为撰写中国思想通史的先声，同时，也为推动"中国政治思想史"这一马克思主义政治学分支学科的形成与发展做出了重要贡献。

此外，还有谢觉哉的《民主政治的实际》、《苏维埃运动》、《政权组织问题》和《政权性质的研究》等著述，结合根据地政权建设实践，从唯物史观出发系统阐述了中国共产党在根据地领导政权建设的历程与基本经验，丰富了中国马克思主义政治学理论。

此外，该时期非马克思主义学派陈顾远、萧公权等人，对于中国政治学的建构与发展也做出很大贡献。其中，陈顾远[①] 的《政治学概要》

---

① 陈顾远（1896—1981），中国法学家，律师，中国国民党党员，字晴皋，陕西省咸阳市三原县人。毕业于北京大学，其间参加五四运动，曾任台湾大学、台湾政治大学、东吴大学、中兴大学等大学兼职教授。在台湾大学任教达 25 年之久，将心力集中于中国法制史、中国政治思想史及现实法学之讲述，也作为律师承办案件与法律事务。1920 年，与北京大学同学郭梦良、朱谦之等共同编辑《奋斗》杂志（旬刊），出版 9 期，又与郭梦良、黄觉天等同学创办《评论之评论》（季刊）。1922 年，在北京大学加入中国国民党，又参加最先反对西山会议派的民治主义同志会。在北京大学本科攻读期间，撰写了《孟子政治哲学》《墨子政治哲学》《地方自治通论》等三本专著，于 1920—1923 年由上海泰东书局出版。其本科毕业论文《中国古代婚姻史》，1925 年由商务印书馆出版。此后数十年间，陈氏广泛涉猎法学、政治学、历史学诸多领域，在讲授相应课程或从事相应立法工作之余，撰写和出版了《中国政治思想史绪论》《政治学》《中国文化与中国法系》《中国国际法溯源》《中国法制史》《中国法制史概要》《国际私法总论》《国际私法本论》《海商法要义》《商事法》《土地法实用》《保险法概论》《民法亲属实用》《民法继承实用》《立法要旨》《立法程序之研究》《中国婚姻史》等著作或教材 30 余种。

——张雷. 陈顾远与中国法律史学科体系的创建. 中国政法大学学报，2011（2）：121；360 百科. 陈顾远. ［2022-01-05］. https://baike.so.com/doc/2185209-2312135.html.

于 1948 年由上海昌明书屋出版，该著作系统阐述了政治学中的基本理论问题，如国家、主权、政府、阶级与阶层、国家机构、民主、政党、选举等，论述了政治科学的基本定义和政治学的研究方法问题，提出了马克思主义政治学三大课题，即"民族主义与帝国主义之斗争""民主主义与独裁主义之斗争""社会主义与国家主义之斗争"。

萧公权①的《中国政治思想史》② 第 1 卷于 1945 年 4 月由国立编译馆重庆初版，商务印书馆印行，全书 5 编 25 章，从先秦年间讲述到民国初年，按政治思想的历史背景，共分为"封建天下之政治思想""专制天下之政治思想""近代国家之政治思想"三部分。该书将政治思想史分为"创造时期"（自孔子降生至秦始皇统一，即所谓先秦时代）、"因袭时期"（自秦汉至宋元）、"转变时期"（自明初至清末）、"成熟时期"（自三民主义之成立至 1940 年该书完稿时）四个阶段。萧公权认

---

　　①　萧公权（1897—1981），原名笃平，号迹园，笔名君衡，江西泰和人。1920 年，自清华毕业后赴美留学，就读于密苏里大学新闻专业和康奈尔大学哲学系。1926 年取得康奈尔大学博士学位后回国，先后在南开大学、东北大学、燕京大学、清华大学等校任教。抗战爆发后，迁成都，任教于四川大学、成都燕京大学、光华大学，抗战胜利后继续在光华大学及四川大学任教。1948 年，当选为中华民国第一届中央研究院院士。1949 年底赴美出任西雅图华盛顿大学教授，1968 年循例退休。他并不局限于学院高墙内研究政治思想，也积极投入现实政治论争，并用自己坚实的学养用平易的语言为民主自由背书。萧公权通过有说服力的分析，不赞成当年国民政府所划定的中国政治发展须经的"军政—训政—宪政"三阶段，而主张立即实施宪政。主要著作有：《中国政治思想史》《政治多元论：当代政治理论研究》《中国乡村：十九世纪的帝国控制》《康有为思想研究》等，此外还有《宪政与民主》《迹园文录》等。
　　——汪荣祖. 传世诗文尽雅言：萧公权先生的生平与学术. 中国文化，1992（6）：199-202；著名政治学家——萧公权. 南开学报（哲学社会科学版），2010（6）：封三；张品兴. 中华当代文化名人大辞典. 北京：中国广播电视出版社，1992：368.
　　②　《中国政治思想史》第 1 卷出版于 1945 年 4 月，国立编译馆重庆初版，商务印书馆印行，正文 196 页，内容只包括第 1 编，即先秦时期的政治思想史。1945 年 12 月，上海初版，1946 年 5 月，上海第二次印刷，并很快印至第 4 版。第 2 卷共分 3 册，正文 482 页，国立编译馆 1946 年 10 月初版，商务印书馆（上海）印行，内容包括秦以下历代政治思想，故笼统地说他的《中国政治思想史》出版于 1945 年是不准确的。该书后在台湾多次再版重印，萧公权的弟子、美国著名汉学家牟复礼（F. W. Mote）将其首卷译成英文于 1979 年由普林斯顿大学出版社出版。1980 年代，弟子汪荣祖编辑《萧公权全集》时，又"详加校订，并增刊《中国政治思想史参考资料绪论》《引用书目》"等内容，成为最后定本。1998 年，辽宁教育出版社"新世纪万有文库"第二辑列入此书，对"全集"版本重加校订，做了一些技术性处理，书前有傅杰撰写的《本书说明》，具有导读性质。
　　——孙宏云. 萧公权与中国政治思想史研究：基于萧著《中国政治思想史》的分析. 安徽史学，2005（1）：119.

为，近代国家有四个特点：（1）树立民族自主之政权。（2）承认列国并存，彼此交互之关系。（3）尊法律、重制度，而不偏赖人伦道德以为治。（4）扩充人民之参政权利。他采取政治学观点，强调运用历史方法研究思想发生的根源："政治思想虽不能离环境以产生，而在同一历史环境中，所有思想之内容不必皆出一辙。个人之品性，家庭之生活，师友之影响。凡此一切均可使个人对于同一环境发生不同之反应而促成其思想之分歧。"① 该著作融合西学规范与中学传统，为中国政治思想史的建构做出了重要探索。

五、经济学发展及其主要影响

在新民主主义革命时期，随着马克思主义经济学著作在中国的逐步介绍与传播，中国先进知识分子开始学习与研究马克思主义经济学理论，当年的中国社会经济性质论战推动了马克思主义经济学的进一步发展，最终确立了以中国经济为研究重点的新民主主义经济学研究体系，推动了中国马克思主义经济学学术体系的逐步建立。从其发展历程来看，马克思主义经济学在新民主主义革命时期经历了早期探索阶段、成长发展阶段和初步建构阶段三个主要发展阶段（详见"附录10 哲学社会科学各学科文献资料部分统计（1919—1949）"之经济学学科部分）。

（一）早期探索阶段（1919—1927）：马克思主义经济学理论的译介和传播

该阶段是马克思主义经济学理论与近代中国现实经济状况相结合的初步尝试。早期马克思主义者通过编译马克思主义经济学著作，学习与研究马克思主义经济学理论，探索了近代半殖民地半封建中国的具体经济发展道路。

该阶段对马克思主义经济学理论进行了系统介绍，编译出版了许多经典著作译本，如《雇佣劳动与资本》《工资、价格和利润》《资本论》

---

① 萧公权. 中国政治思想史：第 1 卷. 北京：商务印书馆，1945：153–154.

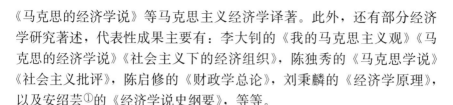

《马克思的经济学说》等马克思主义经济学译著。此外，还有部分经济学研究著述，代表性成果主要有：李大钊的《我的马克思主义观》《马克思的经济学说》《社会主义下的经济组织》，陈独秀的《马克思学说》《社会主义批评》，陈启修的《财政学总论》，刘秉麟的《经济学原理》，以及安绍芸①的《经济学说史纲要》，等等。

1. 对马克思主义经济学理论的初步介绍

理论在一个国家传播的深度，源于这个国家发展所需要理论的程度。马克思主义传入中国，源于中国社会发展的内在需求，为进步知识分子探索救亡图存道路指明了前进方向。从某种程度上讲，在近代中国，马克思主义经济学的创建历程，伴随着早期进步知识分子对马克思主义经济学理论的编译和宣传。近代中国知识分子通过编译和传播马克思主义经济学著作，使马克思主义经济学理论逐步为国人所认识和了解，他们在研究中国经济实践中以马克思主义经济学理论为指导，结合中国实际深入探索近代中国经济发展道路。当年以李大钊、陈独秀、王学文、陈启修等为代表的早期马克思主义经济学理论传播者在该过程中做出了突出贡献。

《我的马克思主义观》是李大钊在五四时期宣传介绍马克思主义经

---

①　安绍芸（1900—1976），河北省武清区陈咀镇渔坝口村人，著名会计学家、我国现代会计的创始人、新中国主管全国会计事务首位官员，第四届全国政协委员。1923年清华学堂毕业（和梁实秋、吴卓、梅贻宝及一位未及入学即行病逝的应某同年从直隶省考入清华）。1926年留学美国威斯康星大学获硕士学位。同年回国任复旦大学会计学教授，后在上海多所大学执教。1929年著《经济学说史纲要》一书由世界书局在上海出版。1933年创办大成会计统计事务所，任主任会计师。1940年6月，《公信会计月刊》第3卷第6期在《会计界人物志》中，对安先生在民国时期的活动，有翔实的介绍："安绍芸先生天赋独厚，前后益受知于美儒，虽揣摹未久，而于会计经济之学，已融会一炉。民国十五年得获该校经济学硕士学位。学成归国，受聘于复旦大学，任会计学教授。旋入大美查账局，为查账员，历时凡三载有半。继又担任中华工业厂及章华等厂为会计主任有年。对于账务制度之设计，会计事项之改进，尽心辟划，贡献尤多。惟国之经济，乃藏于民，不图工商业之发展，无以言国裕。先生有鉴于斯，认为欲求改进，当以提高会计教育程度为先，爰于民国廿二年，与刘大钧博士等合组大成会计统计事务所，始执行会计师职务。频年以来，甚得各方信仰，嘉誉交驰，近更致力教育事业，兼任国立上海商学院会计系主任。""先生状貌魁梧，豪爽过人，处事严谨，不假苟且。能辨善断，守正好学，先生之为也。其行如此，洵可为我后学所法取之。"1949年任财政部会计制度处处长，1951年改称会计制度司（现称会计司）续任司长，主持设计一系列全国统一的会计制度，从而为今日中国会计事业打下基础。

——会计界人物志. 公信会计月刊, 1940, 3（6）: 36；杨纪琬. 疾风知劲草：纪念安绍芸诞辰九十周年. 财务与会计, 1990（11）: 35-38.

济学理论时的一篇较为系统全面的文章①。李大钊在文章中详细阐释了马克思在经济思想史上的重要地位及理论贡献，他将经济学派别分为个人主义经济学、社会主义经济学与人道主义经济学，并将马克思称为"社会主义经济学的鼻祖"。

> 本来社会主义的历史并非自马氏始的，马氏以前也很有些有名的社会主义者，不过他们的主张，不是偏于感情，就是涉于空想，未能造成一个科学的理论与系统。至于马氏才用科学的论式，把社会主义的经济组织的可能性，与必然性，证明与从来的个人主义经济学截然分立，而别树一帜；社会主义经济学才成一个独立的系统，故社会主义经济学的鼻祖不能不推马克思。②

李大钊还集中介绍了马克思主义唯物史观，通过详细列举《哲学的贫困》《共产党宣言》《〈经济学批判〉序文》等篇目，对马克思主义唯物史观加以科学阐释，深入宣传了马克思经济学说中的劳动价值论、剩余价值论（包括"余工余值说"和"资本集中说"）、平均利润和生产价格理论等《资本论》中的重要经济学概念、原理，使当时中国社会经济学界比较全面地了解了马克思主义经济学说。李大钊是近代中国较为系统传播马克思主义经济学理论的杰出代表，其对马克思主义经济学理论的宣传和研究，对中国马克思主义经济学的初步创立提供了重要理论指导。

陈独秀对马克思主义经济学在近代中国的传播与研究也做出了突出贡献，有研究者认为，陈独秀对经济学的学理探索，主要表现为以科学

---

① 李大钊《我的马克思主义观》一文是马克思主义中国化历程的最重要源头，该文首次发表于《新青年》6 卷 5 号。关于该期《新青年》的出版时间也即《我的马克思主义观》的首次发表时间，权威著作《中国共产党历史》写为 1919 年 10 月。该期《新青年》原件上显示为 1919 年 5 月，20 世纪 60 年代有学者考证为 1919 年 9 月，有研究者再考证认为 10 月出版明显不成立，8 月甚至 7 月出版的可能性也是存在的。鉴于《我的马克思主义观》的重要地位和影响，有研究者认为，在可弄清该文准确发表时间的有充分说服力的原始材料或文字依据发现之前，对上述四说，似应以《新青年》原件上显示的时间和该文实际写完的时间为依据，认定为 1919 年 5 月。

——唐正芒，李美玲. 李大钊《我的马克思主义观》首次发表时间再考. 党史研究与教学，2016（3）：102.

② 李大钊. 我的马克思主义观. 新青年，1919-5，6（5）.

的观点来诠释经济学的学科性质以及对经济学的演变历史进行探索，从而为宣传马克思主义的经济学理论奠定了学术基础，也为人们研究马克思主义经济学提供了学术的背景①。1922 年，他在《新青年》杂志第 9 卷第 6 号上发表了介绍与研究马克思主义经济学的代表作《马克思学说》，高度评价马克思在经济学史上的地位。他详细论述了马克思的"剩余价值""唯物史观""阶级争斗""劳工专政"等方面的思想。文章开宗明义地强调了马克思在经济史上的重要地位：

> 马克思是一个大经济学者，他的学说代表社会主义的经济学，和斯密亚丹代表个人主义的经济学一样，在这一点无论赞成马克思或是反对者都应该一致承认。
>
> 马克思底经济学说，和以前个人主义的经济学说不同之特点，是在说明剩余价值之如何成立及实现。二千几百页的《资本论》里面所反复说明的，可以说目的就是在说明剩余价值这件事。②

陈独秀充分解读了马克思关于价值、劳动价值、剩余价值等的概念，指出"资本家底资本是夺取劳动者剩余价值变成的，剩余价值是剩余劳动之价值变成的"③，深刻揭露了资本主义剥削的本质。他在广东公立法政学校的演讲中论及社会主义问题时，从经济方面入手对其进行分析。"我们考察现在社会不良的原因，由于生产和分配两种方法不好，想改好这两种方法，就不能不根据到经济学上去。"④ 陈独秀还运用马克思主义经济学理论批判了无政府主义的经济观等。

著名经济学家王学文在编译与宣传马克思主义经济学理论的同时，对其有着独特认识和思考，他更加注重结合近代中国的社会发展实际深入研究适合中国的经济学理论。在《军阀官僚之剥夺》一文中，他这样阐释剩余价值：

> 经济学上所谓获得剩余价值，增加资产者，其术多矣。今试就

---

① 吴汉全，王忠萍. 中国马克思主义学术史（1919—1949）：经济学卷. 长春：吉林人民出版社，2008：111.

②③ 陈独秀. 马克思学说. 新青年，1922-07-01，9（6）.

④ 社会主义批评：在广东公立法政学校演讲. 民国日报：觉悟，1921-09-26，1（28）.

今日产业先进诸国言之，其剩余价值之获得，可大别为三，曰产业资本，商业资本，贷利资本之运转是也。此三种资本之运转循环为今日资本家致富利殖之方法。①

王学文注重从马克思主义唯物史观出发来考察社会变迁：

观察社会发生变化之际，不能如唯心论者所言，依其时代之意识以判断之，当依物质的生活之矛盾，即社会的生产力与生产关系之现存的冲突以说明之。再进而言之，当以社会的生产力与经济组织之冲突以说明之（盖生产关系之总体构成经济组织也）。②

在运用马克思主义唯物史观分析社会经济活动时，王学文将劳动价值论与剩余价值论相结合，深入阐释资本主义运动相关规律，为建构马克思主义经济学理论提供了重要参考。他指出：

反而观负担生产的劳动之无产劳动者。彼等因与生产手段分离之故，是以所处地位颇为不利，而以为维持其生活计，又不得不售其唯一商品之劳动力于资本家。其劳动力既售于资本家，则其劳动力之所有权与使用权，亦同时归资本家所有，而任其使用以发挥其使用价值。劳动力之使用价值者劳动是也。即劳动者受资本家之指挥，从事于一定之劳动，以生产商品，于生产其生活资料所必要劳动时间以外，不得不更从事于一定时间之剩余劳动，为资本家生产剩余价值。③

2. 对社会主义经济理论的初步探索

五四时期马克思主义经济学者在编译、宣传与研究马克思主义经济学理论时，开始关注和初步研究社会主义经济理论的相关问题，对社会主义经济制度、社会主义分配制度、社会主义经济组织、发展社会生产力、社会主义经济政策等层面理论问题开始了初步探讨④。

当年李大钊基于对近代中国社会发展的深刻认识，认为社会主义制

① 王首春. 军阀官僚之剥夺. 独立青年，1926-06-01，1（3）.
② 王学文. 王学文经济学文选. 北京：经济科学出版社，1986：39.
③ 同②44.
④ 吴汉全，王忠萍. 中国马克思主义学术史（1919—1949）：经济学卷. 长春：吉林人民出版社，2008：98—102.

度与资本主义制度有着根本性区别，他指出：

> 社会主义在资本制度中，必起种种之误解，因为二者是立于反
> 对的地位，并且是一种新的制度，亦必使人起疑心及恐怖。社会主
> 义又是须将现今制度，完全改革。其实质方面又须寻出一种新方
> 法，代替旧式之私竞的经济秩序及组织，使社会上发现新的经济组
> 织及秩序是正规而优良者，即主张协作的生产，并得真正平均的分
> 配，此为其目的。至若实行其手段，各不相同。有谓必须革命者；
> 有主张不必剧烈革命者；有谓渐渐进行改革达到目的，用平和手
> 段者。①

基于马克思主义社会分配理论，李大钊从社会主义经济组织与分配
方式中归纳出社会主义具有"生产协作""平均分配"的特征，初步形
成了国人对于社会主义分配制度的朴素认识。1923 年 1 月，李大钊在
北京大学经济学会的演讲中指出，"社会主义的制度，是以事物的管理
代人的统治的制度。此时所欲解决的，不是政治问题，乃是经济问题。
所（以）农部委员必集合农业专门家，组织高等会议，分部实行指导农
民，以图农业生产的改进。工部委员及其他委员亦然"②。李大钊从马
克思主义唯物史观出发，将经济问题看作是社会主义制度中的重要理论
问题。

陈独秀在学习、宣传与研究马克思主义经济理论过程中，初步运用
经典作家的经济学相关理论分析近代中国社会发展的经济状况，从理论
层面探讨中国的社会主义经济问题，并从唯物史观方法论出发，强调经
济变革的极端重要性，积极探讨经济问题与政治问题的关联。当年他在
分析五卅运动时谈道：

> 此次工潮之经济的背景是日本纱业向中国纱业及中国工人进
> 攻。世界纱业状况本在衰落时期，比英、美资本幼稚的日本照情理
> 不能进展；然而日本资本家，一面正因纱业状况不佳，极力要维持
> 资本的利益，度过这衰落时期；一面却又想此时期扩大他的企业，
> 独占中国之纱业；因此遂不得不向在他们纱厂的中国工人加倍榨取
> （如增进工作能率，改用女工、养成工等）与压迫（如打骂、罚金

---

①　中国李大钊研究会. 李大钊文集：第 4 卷. 北京：人民出版社，1999：5.
②　同①268.

等），以达其保守而且进攻两个目的。日本人欲平安无事的施行其榨取与压迫，工人不至反抗，则首先须破坏工人的团体——工会。中国工人受不了这样的加倍榨取与压迫，上海青岛的工潮遂因此连续而起。①

陈独秀从马克思主义经济学角度分析和研究近代中国社会热点问题，正确把握和遵循马克思主义唯物史观，科学认识社会主义基本经济理论，做到了坚持马克思主义经济学理论与近代中国社会实践的科学统一。

王学文在以马克思主义经济学理论为指导研究近代中国社会经济问题时，认为社会经济组织的变迁与马克思主义所讲的唯物辩证法规律是内在统一的，"人类社会之经济，常变化发展不已。其发展至一定程度，则量的成为质的变化，于是旧组织归于崩坏，而新组织随之发生，但新组织之发生，非凭空而至者，其萌芽必藏于旧组织之中待至其充分成长，始克显然发现是为经济史所垂示者。今观中国之经济，旧经济组织与新经济组织二者并立而存"②。王学文主张从马克思主义唯物史观中生产力和生产关系的视角来观察中国经济状况的发展变化：

> 今日中国经济状况究竟如何？是否有发展能力者得其自然的发展；有发展余力者得其自然发展的径路？换言之，今日中国经济有无妨碍旧生产力使不得完成其发展；妨碍新生产力，使不得遂行其发达者？而余之观察适与此抽象的理论得其否定之结果。就具体的事实而言，余以为处今日中国状况之下，一面产业固有发达进步之趋势，而他面多数之产业，均被政治的武力的优越势力抑压，不惟不得扩张发展，甚至且欲维持其旧有之状态而不可得。③

王学文在运用马克思主义经济学理论分析近代中国经济问题时，既坚持马克思主义唯物史观，又遵循马克思主义唯物辩证法规律，推动了中国马克思主义经济学的科学性建构和理论研究的深入发展。

---

① 陈独秀. 陈独秀文集：第 3 卷. 北京：人民出版社，2013：255.
②③ 王首春. 中国经济现状概观. 孤军，1925-11-21，3（4）.

3. 对近代中国经济的研究

学习、宣传和研究马克思主义经济学理论，关键是要致力于解决近代中国经济发展所面临的各种复杂现实问题。早期中国马克思主义经济学者对半殖民地半封建社会的中国经济发展进行了较为全面的研究。

在马克思主义经济学理论指导下，李大钊主张用"社会主义的方式"发展中国经济，这为近代以来中国经济的发展方向提供了思路。1921年，李大钊在《中国的社会主义与世界的资本主义》中深刻指出：

> 中国今日是否能实行社会主义，换言之就是实现社会主义的经济条件在中国今日是否具备，是很要紧而且应该深加研究的问题……今日在中国想发展实业，非由纯粹生产者组织政府，以铲除国内的掠夺阶级，抵抗此世界的资本主义，依社会主义的组织经营实业不可。①

土地问题与农民问题是关乎中国革命发展的核心问题，李大钊在《土地与农民》一文中，从"中国历史上平均地权运动""中国今日农民破产的趋势""耕地农有""农民的要求及我们怎样在农村工作"等方面，对土地问题与农民问题进行了深入分析研究，指出"中国农民在帝国主义压迫之下已日趋于难境，重以兵祸连年，流离失所"，"凡有大地主地方的佃农，处境尤其苦痛而艰窘"②。李大钊强调解决农民土地问题的重要性，号召革命青年团结起来帮助农民，"中国的浩大的农民群众，如果能够组织起来，参加国民革命，中国国民革命的成功就不远了"③。李大钊关于土地与农民问题的重要理论认识，使当时的中国共产党人抓住了新民主主义革命的关键问题，为从理论与实践上认识和解决土地与农民问题提供了重要参考。

该时期陈独秀对新民主主义经济从理论层面进行了初步建构，强调中国的经济由家庭的手工业与农业、小生产制、私人资本主义的大生产制及国家资本主义等多种经济成分构成，在多种经济成分中，其地位与

---

① 中国李大钊研究会. 李大钊文集：第4卷. 北京：人民出版社，1999：85-86.
② 中国李大钊研究会. 李大钊全集：第5卷. 北京：人民出版社，2013：106.
③ 同②107-108.

作用不是平行的，而是应该由一种经济成分占据主导地位，并且他明确了在中国的新民主主义经济建设中采取"国家资本主义"这一经济组织形式的必要性。他指出：

> 国民革命成功后，中国的经济制度，自然是家庭的手工业与农业、小生产制、私人资本主义的大生产制、国家资本主义等，四种并行。我们所谓采用何种经济制度，并不是说只采用那一种而禁绝其余一切，乃是说采用某一种为全社会中主要的生产制度。我们以为中国国民革命成功后的经济建设，在主观上在客观上，都不必采用私人资本主义为全社会主要的生产制度，而可以采用国家资本主义以过渡到非资本主义的国家工业，即是行向社会主义的社会。①

对于国家资本主义经济的性质，1927年，陈独秀在《读者之声：国民革命之归趋》一文中，从马克思主义唯物史观角度进行了理论界定，"所谓国家资本主义，其在经济上的性质如何，乃依政治上的构造如何而定，即是依所谓国家资本主义之国家的构造如何而定"②，得出"只有在工农及其他被压迫剥削阶级革命的国家而采用国家资本主义，才能够由此过渡到非资本主义的社会主义的经济建设"③ 的结论。总之，陈独秀的经济学思想是在探索新民主主义革命道路的过程中形成和发展起来的，具有鲜明的为政治斗争服务的色彩。他积极宣传马克思主义的经济学理论，并初步运用马克思主义的经济学原理来具体地分析中国的经济问题，强调经济制度变革的历史必然性，指明中国经济发展的非资本主义方向，并对新民主主义经济形态进行了极其可贵的探索。陈独秀是中国马克思主义经济学的先驱，在中国马克思主义经济学史上有开拓者的地位④。

在马克思主义经济学理论指导下，王学文从近代中国半殖民地半封建的现实国情出发，深入研究中国经济发展的基本特征，从理论层面做出了归纳概括。他在《中国经济现状之一面观》一文中，认为"中国经济发展之两大障碍"是"国内之军阀官僚"和"外国之资本家"，并从

---

①②③　独秀. 读者之声：国民革命之归趋. 向导，1927（193）.

④　吴汉全，王忠萍. 中国马克思主义学术史（1919—1949）：经济学卷. 长春：吉林人民出版社，2008：128.

经济层面深刻分析了这"两大障碍"的特点：

> 今日中国内受军阀官僚之剥夺，外受外国资本家之侵略，以致一国经济，及从事于经济活动之人，多不得发展扩张，甚至有不能维持其生活现状者。故国内军阀官僚，及外国资本家，对于中国经济发展，实为两大障碍。故说明此等经济上政治上之压迫者与剥夺者之行动作用，实于了解中国经济之现状及其所以不得自然的发展之原因，最为重要。①

在研究近代中国经济理论过程中，王学文以马克思主义唯物论为指导，将中国经济发展问题提到民族解放的理论高度，号召通过民族解放来推动中国经济的发展：

> 然须知中国年来处于内外压迫之下，在国际舞台上在进化途径上已立于最危险最重要之地位。苟不设法去其政治上之压力，脱其经济下之束缚，起而为民族解放，经济解放之运动，则国内企业，纵藉外国资本家与本国军阀官僚之力，而日趋发展，推其结果，民生依然蹙迫，国力依然衰弱，欲进国家于富强之域，恐仍不能见诸事实。明乎此义，可知欲求我国经济地位之增进，有非全体国民努力不可者矣。②

（二）成长发展阶段（1927—1937）：马克思主义经济学的重要发展

该阶段，思想理论界展开了关于中国社会性质、中国社会史分期和中国农村性质的论战。哲学社会科学工作者运用马克思主义经济学理论，深入研究了近代中国社会经济状况，分析了近代中国社会经济发展所面临的具体问题，在学习、研究和运用马克思主义经济学理论与中国经济状况发展实际相结合方面取得了重要进展。

该阶段代表性经济学著述有：李达的《中国产业革命概观》《经济学大纲》，沈志远的《新经济学大纲》《计划经济学大纲》《近代经济学说史纲要》《雇佣劳动与资本》，陈启修的《经济学原理十讲》《经济学讲话》《财政学总论》，孙冶方的《农村经济学的对象》，崔尚

---

① ② 王首春. 中国经济现状之一面观. 东方杂志，1925-11-10，22（21）.

辛的《少年经济学讲话》，杜叔林（汪泽楷①）的《经济学原理》，等等。

1. 探寻中国社会经济理论

该时期思想理论界展开的三次学术论战，客观上促进了马克思主义经济学理论在中国的进一步发展。李达、沈志远、王学文等马克思主义经济学者积极探讨中国社会性质问题，在马克思主义唯物史观指导下对中国社会经济理论及中国经济发展前途问题进行了深入理论思考，在立足近代中国经济基础上，阐释中国社会性质问题。

李达的《中国产业革命概观》是马克思主义经济学中国化的开篇之作，该著作在马克思主义经济学理论指导下，详细考察了中国的产业革命与欧洲产业革命，并围绕中国产业革命问题，论述了中国农业、手工业、近代企业、境内资本主义的现状及发展变迁历程，分析了半殖民地半封建社会中国的经济状况和产业革命发展趋势，对怎样发展中国产业问题提出了有益思考。"通过对中国产业状况的细致研究，分析了中国的工业部门及其结构。考察了中国工业在国民经济中的地位和作用，从而使马克思主义的经济理论的研究与中国经济状况的研究较好地结合起来，并确立了中国马克思主义经济学以'中国经济'研究为中心的基本思路。"② 该著作在马克思主义唯物史观指导下

---

① 汪泽楷（1894—1959），湖南醴陵县西乡栗山坝（今为醴陵市栗山坝镇）人，曾用名杜叔林、杜竹君、汪士楷、裸体。1919年毕业于湖南省立第一中学，同年9月赴法勤工俭学，加入工学世界社。1922年加入中国社会主义青年团。1923年2月至12月任旅欧中国社会主义青年团执行委员会委员、委员会主任。1923年入莫斯科东方大学学习，转为中国共产党党员。1923年11月至1924年10月任中国社会主义青年团旅莫地方执行委员会委员。1924年回国，1924年10月至1925年9月，任中共安源地方执行委员会书记。1925年6月，任中共豫陕区委委员，并在国民革命军第二集团军政治部任职。1927年4月，出席在武汉召开的中国共产党第五次全国代表大会。1927年11月至1928年6月，任中共中央组织局组织科负责人。1928年5月赴苏联莫斯科，出席在莫斯科召开的中国共产党第六次全国代表大会。因违犯组织纪律，于1929年11月被开除党籍。1929年参加托派组织"无产者社"，在上海以杜竹君笔名翻译出版马克思《哲学的贫困》等书。

——孙伟. 中共先驱汪泽楷的革命业绩. 中国井冈山干部学院学报，2015（3）：93-98；望醴. 清白在人间：汪泽楷传奇人生. 内部发行，2015；晓农. 细说汪泽楷二三事. 党史天地，2009（9）：38；360百科. 汪泽楷. ［2021-01-05］. https：//baike. so. com/doc/6939417-7161777. html.

② 吴汉全，王忠萍. 中国马克思主义学术史（1919—1949）：经济学卷. 长春：吉林人民出版社，2008：127.

还对新民主主义革命理论进行了探讨，通过对中国产业革命的分析，明确了中国革命的对象、任务和前途，该著作创立了中国马克思主义经济学的新研究范式。李达在书中的"编辑例言"部分提到撰写该书的目的：

> 要晓得现代的中国社会究竟是怎样的社会，只有从经济里去探求。现代中国的社会，已经踏入了产业革命的过程，渐渐脱去封建的衣裳，穿上近代社会的外套了，一切政治和社会的变动，都是随着产业革命进行的。在中国革命的过程中，凡是留心于国家改造的人们，必先依照这产业革命的经过，就中国经济发展的倾向作正确的分析，才能了解革命的理论，树立建设的计划。①

该书认为只有进行反帝反封建的资产阶级民主革命，彻底推翻帝国主义和封建主义的反动统治，才能真正推动近代中国产业的发展，"打倒帝国主义的侵略，廓清封建势力和封建制度，是中国革命的唯一对象，同时又是发展产业的唯一前提。我们可以说，中国革命的目的是在于解决大多数人民的生活问题，而解决大多数人民的生活问题的方法，就在于发展产业"②。

《新经济学大纲》③ 是沈志远的成名作，于1934年由北平经济学社出版，该书集中探讨了马克思主义经济学基本理论问题，如对经济学的研究对象、经济学的定义、经济学研究方法等进行了马克思主义的理论界定。该书是中国人撰写的第一部马列主义政治经济学教科书，根据马克思的《资本论》和列宁的《帝国主义论》等相关论著，集中论述了"劳动价值论""单纯商品经济""资本与剩余价值论""工资论""再生产资本积累与经济危机""资本循环与资本流转""地租论""帝国主义论"等马克思主义经济学内容。沈志远还深刻论述了社会主义经济问

---

① 李达. 中国产业革命概观. 上海：昆仑书店，1929：1.

② 同①203-204.

③ 全书包含了马克思的《资本论》和列宁的《帝国主义论》等主要内容，论述了以往经济学教科书中很少涉及的社会主义经济。该书的出版受到舆论界关注，进步人士称之为"荒野里的一株冷艳的山花"。沈志远治学严谨，在一片赞誉声中找不足，《新经济学大纲》再版了18次，修改增补了18次，直到新中国成立前夕，又根据中国革命的理论和实践，增补了"新民主主义经济论"一章，使全书容量从初版的30万字增加到60万字，内容益臻丰富完善。正因为如此，这部书深受经济学界同行的青睐。在新中国成立前后的几十年间，一直被用作大学教材，其中有的篇章还被国外学者翻译出版。

题，根据列宁的《帝国主义论》，阐明了一国社会主义胜利的可能性与必然性，以及社会主义政治经济学发展的必要性。他深入探讨了社会主义经济的计划性特征，认为"社会主义计划化是一个异常复杂和多方面性的社会主义经济范畴，计划化的原则贯彻于社会主义生产诸关系底全部体系，而形成为这些生产关系底最重要的特征之一。同时，社会主义计划化又是表现社会主义经济规律性的社会主义经济范畴底一个重要标志。在社会主义经济中，每一个经济范畴都具有计划性的；正与资本主义的经济范畴相反，后者是自发地"①。

1927—1937 年间，王学文为发展中国马克思主义经济学做出了重要贡献。王学文是 20 世纪 20 年代末和 30 年代初中国社会性质问题论战中马克思主义者的领袖人物，他为马克思主义在文化学术上的发展做出了重大贡献。这一时期是王学文学术生涯中的重要阶段，也是王学文经济学思想得到发展的重要时期②。在中国社会性质问题论战中，王学文批判了论战中的各种错误观点，针对当时经济学界部分研究者无视近代中国半殖民地半封建社会性质的现象，严厉批驳了资产阶级经济学观点。

> 因为他们所学的都是有产者的经济学，有产者的经济学以近代有产者的经济为立脚的基础，换言之即以资本主义的经济事实为根据。有产者的经济学既是有产者的经济，资本主义的经济之意识的表现，那只能对于他的立脚的基础，发生的根据说明解释，而对于大部分的经济依然维持半封建的形态，其他较小部分经济为高级形态或低级的原始形态之现实的具体的中国经济，毫无说明解释的可能。③

> 中国的经济，实在具有种种的复杂性多样性。中国有产者的经济学者，只学得资本主义的经济生活之学说，对于比较落后的中国经济，无由适用。他们既不了解经济之史的发展，对于复杂的中国经济，也不能分析认识。④

---

①　沈志远. 新经济学大纲：修订解放版. 北京：生活·读书·新知三联书店，1949：596.

②　吴汉全，王忠萍. 中国马克思主义学术史（1919—1949）：经济学卷. 长春：吉林人民出版社，2008：193.

③④　王学文. 中国经济学界概观. 思想，1928（5）.

王学文明确反对用资本主义经济学说来解释和分析中国经济发展问题，从理论发展层面论证了马克思主义经济学理论的科学性和合理性，推动了中国化马克思主义经济学的发展。

　　孙冶方①是中国马克思主义经济学家，注重宣传马克思主义唯物史观，正确解说生产力与生产关系、经济基础与上层建筑的矛盾运动。他还侧重对马克思主义关于"生产过剩"的问题进行分析，揭示了资本主义社会所孕育的矛盾，在宣传马克思主义经济学理论中发挥了重要作用。孙冶方的经济学思想具有鲜明的特点：一是他高度重视马克思主义经济学理论的指导地位，强调运用马克思主义的生产力理论分析社会经济问题的极端重要性；二是重视研究中国的现实经济问题，如他对中国的农业经济状况进行了卓有成效的研究，揭露了帝国主义对中国经济发展所造成的恶劣影响；三是他注重对错误经济学观点的梳理和批判，并在批判中阐发自己的马克思主义经济学主张②。

　　2. 较为深入研究中国农村经济

　　该时期在中国农村社会性质论战中，以孙冶方、王学文、薛暮桥等为代表的经济学家，运用马克思主义经济学理论，结合近代中国实际深入研究和分析农村经济问题，系统阐发了对中国农村经济的认识。

---

　　① 孙冶方（1908—1983），原名薛萼果，化名宋亮、孙宝山、叶非木、勉之等，江苏无锡玉祁镇人，模范共产党员，著名马克思主义经济学家，老一辈无产阶级革命家。1933年与陈翰笙等发起成立"中国农村经济研究会"，1935年又开设新知书店、中国经济资料室，发行《中国农村》月刊，并任月刊编辑，还任英文《中国论坛》通讯员。1937年9月，调任中共江苏省委文化工作委员会书记，后来长期从事马克思主义理论教育和经济部门的领导工作。1941年6月，去苏北根据地，在华中局宣传部任宣传教育科科长，后调华中局党校教学，并兼任教育科科长。1941年，在华中局党校工作期间，提倡加强理论与实际的联系，加强干部的马克思主义理论教育。孙冶方经济科学奖于1985年开始设立和评选，每两年评选、颁发一次，是迄今为止中国经济学界的最高奖。其著作主要有《关于国民经济建设和国家资本主义》《关于"资产阶级法权"》《关于改革我国经济管理体制的几点意见》《社会主义经济论》《社会主义经济的若干理论问题》《社会主义的若干理论问题》《中国社会性质的若干理论问题》。
　　——李华兴. 近代中国百年史辞典. 杭州：浙江人民出版社，1987：338.
　　② 吴汉全，王忠萍. 中国马克思主义学术史（1919—1949）：经济学卷. 长春：吉林人民出版社，2008：210，223.

　　《中国农村》刊物是该时期中国农村社会性质论战的主要舆论阵地，在中国共产党的领导下，宣传党的关于农村农民农业发展的基本理论和方针政策。该刊物集中研究近代中国农村社会经济问题，运用马克思主义阶级分析法，批判国内资产阶级学者的各种庸俗经济学观点。刊物经常刊载孙冶方、梁漱溟、徐特立、董必武、薛暮桥等人的文章，孙冶方在《中国农村》发表了多篇关于"三农"问题的文章，如《论农村调查中农户分类方法》《乡村工作人员应走的道路》《为什么要批评乡村改良主义工作》《民族问题和农民问题》《乡村运动大联合的基本认识》等。孙冶方在研究工作中提出了建立"农村经济学"的任务，为中国马克思主义经济学的发展提出了新的思路。"他在1935年发表了《农村经济学底对象》等文章中，倡导建立以马克思主义为指导的农村经济学"①。他强调要全面理解与把握农村经济学研究对象，认为"应当是农业生产过程中人与人的关系（农业生产中的社会生产关系），而不是人与自然界（人与土地，机械，肥料等）的关系"②，"农村经济学底研究对象是：地主与农民间的关系；农业经营者（农业资本家）与雇农（农村雇佣劳动者）间的关系；以及整个农村与都市经济以至于国际市场（对殖民地而言为国际帝国主义）的关系"③。孙冶方对中国农业经济方面所做的研究有一个很重要的特点，"即把中国的农业经济放在世界经济的体系下进行探讨，揭露帝国主义对中国经济发展所造成的恶劣影响"④。有研究者总结了孙冶方研究中国农村经济的显著特色：一是注重揭示中国农村经济受帝国主义、封建主义的影响，研究中国农村经济发展的制约性因素；二是把对中国农村经济的研究与当时经济学家的论争结合起来，批判各种错误观点，推动了当时中国农村社会性质论战的进行；三是注重用比较的方法来分析中西农村经济的差异性，从而得出中国农村经济的特殊性。孙冶方关于中国农村经济性质的揭示，有力地宣传了中国共产党关于中国社会性质的主张⑤。

---

　　① 吴汉全，王忠萍. 中国马克思主义学术史（1919—1949）：经济学卷. 长春：吉林人民出版社，2008：218.

　　②③ 孙冶方. 农村经济学底对象. 中国农村，1935-07-15，1（10）.

　　④ 同①215.

　　⑤ 同①221.

著名马克思主义经济学家薛暮桥①，以马克思主义经济学来研究中国经济问题，阐述生产力与生产关系矛盾运动的原理，对商品经济问题进行具体研究，为宣传马克思主义经济学理论做出了重大贡献。他曾在《中国农村》杂志发表《中国农村经济的新趋势》《中国现阶段的农业经营》《农产商品化和农村市场》《现阶段的土地问题和土地政策》《中国农村中的高利贷》《殖民地农村经济底特质》《乡村改革的基本原则》《中国农村中的基本问题》《帝国主义和中国农村》等数篇经济学文章，深刻阐述了他关于近代中国农村经济发展的理论，提出了许多对推动农村经济发展具有重要现实指导意义的见解。例如，他研究帝国主义的经济侵略行为，对中国经济状况进行深入研究，重视农村商品化生产，强调了农村商品化生产的原因：

　　　　中国农产商品化的发展情形，首先从原料种植的增加上面表现出来。例如东北各省的大豆，东南各省的蚕茧，河北、山东、陕西等省的棉花，和山东、河南、安徽等省的烟草，都是最近数十年间发展起来的商品作物。本来，这些商品作物，最适宜于大规模的资本主义生产。但在中国农村中间，一方面农产价格的低落，阻碍地主资本家向农业投资；另一方面许多贫农因为负债关系，迫切需要货币，迫得他们向着商品生产方面发展；因此若干种的商品作物，在贫农经营中间，反而比较地主富农经营更加来得普遍。②

　　王学文也深入研究农村经济发展问题，他在《中国资本主义在中国经济中的地位及其发展前途》一文中提出，封建的半封建的生产关系是

　　① 薛暮桥（1904—2005），原名雨林，江苏无锡人，1927 年加入中国共产党，当代中国杰出马克思主义经济学家，中国经济学界泰斗，首届中国经济学奖获得者，被誉为"市场经济拓荒者"，亲身参与中国两个经济体制建设，是新中国第一代社会主义经济学家和高级经济官员之一。1938—1942 年在新四军工作，任新四军教导总队训练处副处长，写了通俗著作《政治经济学》教科书，成为培训新四军干部的教材。中华人民共和国成立后，先后任政务院财经委员会秘书长兼私营企业局局长，国家统计局局长，国家计委副主任，全国物价委员会主任，国务院经济研究中心总干事，1955 年当选为中国科学院哲学社会科学学部委员。著有《中国农村经济常识》《中国社会主义经济问题研究》《我国物价和货币问题研究》《按照客观经济规律管理经济》《当前我国经济若干问题》等。
　　——梁明高. 我国有创见的著名经济学家：薛暮桥. 解放军报，1980-11-24；周家珍. 20 世纪中华人物名字号辞典. 北京：法律出版社，2000：388.
　　② 薛暮桥. 农产商品化和农村市场. 中国农村，1936-07-01，2（7）.

农村典型性经济特征。他提出：

> 我们在中国农村之内，可以显然看见地主对于农民的劳动榨取取着赋役的形态，就是农民要为地主无代偿的服务或为其运搬粮米或为其作某种工作是以无代偿的形式来实行的。这种劳动榨取，更形成中国封建的半封建的剥削的特征。商业资本和高利贷资本有时同时为土地所有者，更使剥削增加一层复杂性，此外，农民按一定时节要向地主送纳一定礼品等等，也是在中国许多农村中时常可以看见的现象。这不用说，都是封建的半封建的经济关系存在的表现。①

他分析农村的商品生产现象，是农村经济发展过程必然存在的问题，"当然也有许多地方的农村生产，已经商品生产化，就是农民一面当作农业的副业生产手工业品供给到邻近的市场，同时把其生产的粮米之类当作商品向集镇都市贩卖。并且随着中国农村自然经济的变化与破坏，这种商品生产尤其粮米当作商品生产的现象，次第扩大起来成为农村间显著存在的现象"②。

3. 打造中国马克思主义经济学话语表述体系

该时期马克思主义经济学家在学习与研究马克思主义经济理论过程中，深入结合中国社会实际，提出并打造马克思主义经济学话语，推动了马克思主义经济学话语体系的建构。

李达提出，要发展中国化马克思主义经济学，以形成中国自己的经济学理论体系和话语体系。他的马克思主义经济学中国化的标志性成果——《经济学大纲》，是中国人自己写的马克思主义经济学教科书，于 1935 年由北平法商学院铅印成书③。该著作系统论述了马克思主义

---

① 潘肃. 中国经济论战. 上海：长城书店，1932：62-63.

② 同①59.

③ 该书是作者在 1932—1937 年任教于北平大学法商学院时期的 4 本代表性著作之一，是中国人自己写的第一本马克思主义经济学教科书和专著。1935 年由北平法商学院铅印成书，1948 年生活书店曾将此书论述原始社会、古代社会、封建社会经济形态的部分以《先资本主义的社会经济形态论》的书名出版。当年毛泽东详读了此书，他向延安理论界和抗日军政大学推荐此书时说："李达还寄我一本《经济学大纲》，我现在已读了三遍半，也准备读它十遍。"书中内容包括：经济学的对象、人类社会的起源、氏族社会以前的经济、氏族社会的生产关系、原始社会的基本矛盾之发展、商业资本与高利贷资本在奴隶社会中的地位、都市之勃兴、家内工业与工场手工业的勃兴等方面内容。1984 年 9 月，人民出版社出版的《李达文集》第 3 卷收进了此书的全文。1985 年 9 月，武汉大学出版社为纪念李达校长 95 周年诞辰重版过此书。

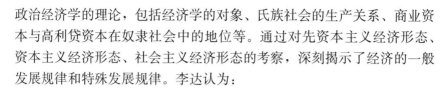

政治经济学的理论，包括经济学的对象、氏族社会的生产关系、商业资本与高利贷资本在奴隶社会中的地位等。通过对先资本主义经济形态、资本主义经济形态、社会主义经济形态的考察，深刻揭示了经济的一般发展规律和特殊发展规律。李达认为：

> 科学的经济学，就其范围来说，可分为广义经济学与狭义经济学两种。广义经济学，研究历史上各种经济构造的发生、发展与没落及其互相转变的法则；狭义经济学，单只研究商品＝资本主义经济的发生、发展及其没落的法则。这种狭义经济学，并不是完全离开广义经济学而独立存在的科学，而是广义经济学的构成部分。①

李达主张在"广义经济学"视角下来研究近代中国社会经济问题，探讨能够促进中国经济发展的经济理论，"因为广义经济学，并不是为了求得经济学的知识才去研究一切经济构造，而实在是为了求得社会的实践的指导原理才去研究它们。即是说，我们不仅是为理论而理论，为科学而科学，而是为了经济上的实践才研究经济学"②。李达提出重视研究中国经济的"特殊的特征"，以预测"中国经济的来踪和去迹"，他提出，"除了研究历史上各种顺序发展的经济形态以外，还必须研究中国经济。只有这样的研究，才能理解经济进化的一般原理在具体的中国经济状况中所显现的特殊的姿态，特殊的特征，才能得到具体的经济理论，才能知道中国经济的来踪和去迹"③。有研究者认为，李达所构建的中国马克思主义经济学体系，既具有马克思主义经济学的经典性特色，又具有密切联系中国经济状况与经济发展的特点。譬如，关于经济学的研究范围，李达遵循马克思主义的五种社会形态理论，提出了人类历史上出现了五种生产关系的体系（即五种经济构造的形态：原始社会的经济形态，古代社会的经济形态，封建社会的经济形态，资本主义的经济形态，社会主义的经济形态）的观点，并认为五种经济形态各有其特殊的发展法则，需要进行具体的探索和研究④。

沈志远在《新经济学大纲》中对经济学的相关范畴做了马克思主义

---

① ②　李达. 先资本主义的社会经济形态论. 上海：生活书店，1948：18.

③　同①31.

④　吴汉全，王忠萍. 中国马克思主义学术史（1919—1949）：经济学卷. 长春：吉林人民出版社，2008：174.

的界定，科学界定了经济学的相关概念、学科性质、学科分类、研究对象、经济学的社会经济形态及关于中国农村经济状况的分析等。从学科分类上，将经济学归属于社会科学之中，经济学的研究对象为生产关系。对于经济学的学科属性及研究对象，沈志远指出：

> 经济学是一种社会科学；它所研究的是：在人类共同劳动过程中，在社会生产过程中所发生的人与人的社会关系。但是人与人的社会关系是很繁复的。其中有基于各阶层或各党派间的政治关系；有基于财产制度的法权关系；有基于学术、信仰、风俗、语文的文化关系；此外，还有家族关系、种族关系、民族关系、男女关系、宗教关系等等。经济学所研究的，不是任何的社会关系，而只是基于社会的物质生产所发生的人与人的社会关系，也就是所谓生产的诸关系。①

如同李达的认识一样，沈志远也将政治经济学分为广义和狭义两种，并详细分析了这两种经济学的特征和研究对象。"如果从广泛的意义上讲，政治经济学便是研究人类历史上顺次发生的各个社会经济形态底发生、发展与衰落或过渡到更高形态底运动法则的科学"，"经济学就不限于某一特定的社会经济结构之研究，而是研究各个社会经济结构底各种特殊的法则及其统一性和联系性的科学"，"狭义经济学就是研究商品资本主义社会之生产、分配、交换等法则的科学"②。

陈启修是翻译马克思《资本论》第一编内容的第一人③，为马克思

---

① 沈志远. 新经济学大纲：修订解放版. 北京：生活·读书·新知三联书店，1949：2-3.

② 同①12.

③ 陈启修是我国最早的《资本论》翻译者，由上海昆仑书店 1930 年 3 月正式出版发行的《资本论》，是我国最早的《资本论》中译本。陈启修译本的主要内容为《资本论》中最重要也是最难理解的部分——第 1 卷第 1 篇《商品和货币》，《资本论》第 1 卷第 1 分册的出版，是符合马克思原意的。马克思认为，为了有利于马克思主义的传播，《资本论》采用分册出版是一种很好的方式。《资本论》第 1 卷第 1 篇是全书中最难翻译的部分，为了有利于马克思主义传播和使人们能更好地理解原著，陈启修除了翻译《资本论》第 1 卷第 1 篇正文及第 1、2版序言外，还用了近 190 页的篇幅刊载"译者例言""资本论旁释""考茨基国民版序"等内容。同时由于中西文字的差异，如何将《资本论》中的各种名词概念翻译准确，为中国人所理解，是一件极不容易之事。因而在一些难译的地方，陈启修加上了自己的注释——"陈注"。陈译本正文中共有 47 条"陈注"，除了 3 条是注释地名外，其余各条都是陈启修对《资本论》中名词概念翻译的注释。

主义政治经济学理论的中国化做出了重要探索。他当年出版了多部具有高质量学术价值的经济学著作，如《经济学原理十讲》（1932年乐群书店出版）、《经济学讲话》（1934年北平好望书店出版）及1929年出版的《经济现象的体系》等。其中，在《经济现象的体系》中，陈启修强调学习经济学的重要作用"至少有两大用途"：一是经济学"可以当作生活的指南"，二是"经济学可以当作一切社会科学的基础"①。对于经济学的研究方法，他认为，要"先知道一般经济现象的大体，再进一步去研究各种现象之间的关系"，为了"向中国青年对症下药"，主张"打破"当时的"四分法"（即分为生产、交换、分配和消费四篇），"另立一个两分法"——即"经济现象的体系"和"经济现象的解剖"两大部分，因为"社会科学是关于人类社会生活关系的科学，而人类社会生活关系当中最重要的却是经济学上所研究的经济生活上的关系"②。在《经济学原理十讲》中，他讲到了学习经济学的主要目的是"记叙资本经济形态下的各种经济现象"和"发现资本经济内部存在的种种法则"③。

《经济学讲话》共分为6篇，分别从"绪论""价值论""剩余价值论""平均利润论""资本蓄积论""资本经济扬弃论"等方面介绍了马克思主义经济学基本理论，其主要内容是：第一篇"绪论"，从"经济学在一般科学体系上的地位如何""经济学的对象目的和观点""经济学的发展和派别""经济学的研究方法""中国的经济学说"等方面普及经济学基本概念范畴；第二篇"价值论"，介绍了"商品与价格""价值和劳动""价值和价格""价值的表现形态与货币""价值论与中国及过渡期经济"等内容；第三篇"剩余价值论"，介绍了"货币的资本化""关于劳动的价值及劳动力的价值的论争""资本的种类和本质""剩余价值的种类""工资理论""剩余价值论和中国及过渡期经济"等内容；第四篇"平均利润论"，介绍了"平均利润及生产价格""剩余价值各种变形""资本主义社会内的小生产者和平均利润论""平均利润论与中国及过渡期经济"等内容；第五篇"资本蓄积论"，介绍了"资本主义的生产和资本的蓄积""资本蓄积和恐慌的必然性""蓄积的不均等的发展法

①　陈豹隐. 经济现象的体系. 上海：乐群书店，1929：15.

②　同①14.

③　同①6.

则和恐慌的不规则的进行的必然性""资本主义的一般危机恐慌的必然性""资本蓄积论与中国及过渡期经济"等内容；第六篇"资本经济扬弃论"，介绍了"资本经济扬弃的必然性""资本经济扬弃的过程""扬弃后的社会和资本经济的再生的可能性问题""中国与资本经济的扬弃"等内容[①]。其中，陈启修在"绪论"中明确指出经济学应达到三个层次的目标：主要目标是"阐明资本主义社会的经济构造及其发展的法则"，次要目标是"站在社会主义的立场上来批评今日的社会现象及社会运动"，附带目标是"说明非资本主义的经济构造，即封建社会及社会主义社会的经济构造和发展法则的要点"。强调对于中国人来说，"学习经济学当然应当说明中国经济的构造和发展法则"[②]。该著述倡导研究马克思主义经济学应该同中国社会具体实际相结合，"无论学什么科学，必然的要拿它和中国关联起来，所以，我们应当以中国人的资格，站在中国人的立场，来研究中国经济学说与外国学说间的区别和关联，并指出现今中国的经济学的发达程度及以后的发展趋向"[③]。从该书的内容体系可以看出，陈启修为积极推动马克思主义经济学理论与中国实际紧密结合，创造中国气派的经济学做出了开创性探索。

（三）初步建构阶段（1937—1949）：形成新民主主义经济学理论体系

该时期马克思主义经济学家立足于中国全面抗战与解放战争的实际，在学习与研究马克思主义经济学理论基础上，逐渐形成了新民主主义经济学研究体系。代表性著述主要有：王学文的《解放区工业建设》，许涤新的《新民主主义经济论》《中国经济的道路》，沈志远的《政治经济学大纲》，王亚南的《中国半封建半殖民地经济形态研究》，薛暮桥的《经济学》，彭迪先的《实用经济学大纲》，王思华的《大众资本论》《资本论解说》，柳湜的《怎样研究政治经济学》，以及东方曦的《经济学教程三编》，等等。

1. 深入研究经济学学科体系

该时期随着抗战形势的发展和根据地经济建设的推进，中国共产

---

① 陈豹隐. 经济学讲话. 北平：好望书店，1933：目录.

② 同①导言.

③ 同①231.

党更加关注对中国经济问题的研究。毛泽东强调要把马克思主义经济理论与中国革命实践相结合，创造属于中国自己的经济理论。他指出：

> 中国的经济、政治、军事、文化，我们究有多少人创造了可以称为理论的理论，算得科学形态的、周密的而不是粗枝大叶的理论呢？特别是在经济理论方面，中国资本主义的发展，从鸦片战争到现在，已经一百年了，但是还没有产生一本合乎中国经济发展的实际的、真正科学的理论书。像在中国经济问题方面，能不能说理论水平已经高了呢？能不能说我党已经有了像样的经济理论家呢？实在不能说。①

许涤新、王亚南、沈志远、王思华②、王学文、郭大力③等马克思主义经济学家紧密结合中国实际，出版了一批马克思主义经济学著作，

---

① 毛泽东. 毛泽东选集：第3卷. 2版. 北京：人民出版社，1991：813-814.

② 王思华（1904—1978），中国马克思主义经济学家，又名王慎铭，河北乐亭人。早年就读于南开大学、北京大学。1926年在法国里昂大学、英国伦敦政治经济学院留学。1930年回国后，应聘于北平大学和中法大学，任政治经济学教授，同时参加了地下党组织——左翼教授联盟。在中共组织的帮助下，他与侯外庐合作，继续翻译《资本论》。1936年6月，署名王慎铭、侯外庐的中国第一部《资本论》（第一卷）中译本由国际学社出版。为便于阅读和理解，王思华又撰写了《资本论解说》一书。1937年9月奔赴延安，被分配在中央党校任政治经济学教员。1938年6月加入中国共产党。著有《大众资本论》《怎样研究资本论》《关于法币问题》《政治经济学教程》《资本论解说》等重要著作及文章。
——吴汉全，王忠萍. 中国马克思主义学术史（1919—1949）：经济学卷. 长春：吉林人民出版社，2008：345-346.

③ 郭大力（1905—1976），江西南康县（现南康区）三江乡斜角村人。中国经济学家，教育家。1923年入厦门大学学习化学，后转学上海大夏大学（今华东师范大学）攻读哲学，并开始研究马克思主义。1927年，郭大力大学毕业，他一边寻找职业，一边继续为翻译《资本论》做准备。几经周折，直到1938年秋，终于把马克思的巨著《资本论》最早的中文全译本奉献给了中国人民。随后他又独自翻译出版了马尔萨斯的《人口论》、约翰·穆勒的《经济学原理》、耶方斯的《经济学原理》、伊利的《经济学大纲》、洛贝尔图的《生产过剩与恐慌》等等。他与王亚南合作译出了《欧洲经济史》，还与李石岑合译了《朗格唯物论史》。20世纪三四十年代，除从事著译外，还在广东文理学院、厦门大学任教。1940年春，郭大力又按计划着手翻译《剩余价值学说史》。这部著作作为《资本论》的历史部分，马思是当作《资本论》的第四卷来写的。1949年后，郭大力在中共中央马列学院、高级党校任教。曾任中国科学院哲学社会科学部委员。1957年参加中国共产党。历任全国政协第二、三、四届委员，第四届全国人民代表大会代表。
——吴汉全，王忠萍. 中国马克思主义学术史（1919—1949）：经济学卷. 长春：吉林人民出版社，2008：378-379.

他们在经济学学科体系的研究对象、研究方法、学科地位与理论建构等
方面提出许多原创性观点，标志着中国马克思主义经济学理论研究逐步
走向了体系化发展阶段。

彭迪先[①]对发展中国马克思主义经济学做出了重要理论贡献，著有
《实用经济学大纲》《新货币学讲话》等著作，他在马克思主义经济学理
论指导下领导建立了世界经济史、金融学等学科。《实用经济学大纲》
是当年生活书店出版的"青年自学丛书"之一，该书主要内容侧重于经
济学概论方面，第 1 章"绪论"，包括"为什么先从生产说起？""个别
的生产机构和社会的生产机构"，第 2、3 章分别介绍了"个别的生产机
构""社会的生产机构"，第 4 章介绍了"金融机构"，第 5 章介绍了
"国际经济机构"。彭迪先对资本主义社会进行了详细考察，他运用马克
思主义普遍联系的观点看待和分析世界各国经济，揭示资本主义社会经
济规律，总结社会经济运行的基本规律，"在世界上，任何一国都不能

---

① 彭迪先（1908—1991），中国马克思主义经济学家和知名的货币学家，原名彭伟烈，
四川眉山人。1921 年考入成都高等师范附中。1926 年自费留学日本，1929 年考入东京庆应大
学经济系预科。1932 年春毕业后，考入九州帝国大学经济系。在帝国大学经济系学习期间，
研读了马克思主义的经典著作，为以后进一步钻研马克思主义经济学打下了基础。1935 年 2
月毕业，被聘为该校经济系助教，同时升入研究院为研究生，1937 年毕业。其间，曾将马克
思从未发表的遗稿《资本生产物的商品》一书翻译成中文。"七七事变"后回到祖国，1938 年
起先后任西南联大商学院经济系教授，重庆生活书店馆外编审。1939 年撰写出 30 万字的《世
界经济史纲》，提出马克思在《政治经济学批判》上所说的"亚细亚生产方式"就是指氏族社
会（也就是原始共产主义社会）的观点，为 20 世纪三四十年代的"亚细亚生产方式"讨论提
出了具有学术价值的见解。1940 年任武汉大学经济系教授，先后主讲外国经济史、经济思想
史等课程，坚持马克思主义的立场和方法，有目的地贯穿马克思主义经济学的红线。在此期
间撰写的《新货币学讲话》由生活书店出版，批判了历史上源远流长的货币数量学说，揭露
了国民党通货膨胀政策的反动性。1945 年 9 月起任四川大学经济系教授兼系主任，后又兼任
华西大学教授、齐鲁大学教授等职务。新中国成立后，历任四川大学教授兼法学院院长、四
川大学校长、川西行署委员兼监察委员会主席、四川省人民政府副省长、民盟中央副主席等。
1984 年加入中国共产党。1955 年三联书店出版了他的 20 万字的《货币信用论大纲》，阐明了
马克思主义的货币信用原理，研究了社会主义条件下货币信用的本质、职能和人民币问题；
剖析了现代资本主义货币信用体系及其危机，认为信用制度在促进资本主义发展的同时也加
深了资本主义经济的内在矛盾。彭迪先对政治经济学、经济思想史、世界经济史、货币与信
用学等学科都有深入的研究，是现代中国著名的马克思主义经济学家和货币学家。主要著作
有《战时的日本经济》《实用经济学大纲》《新货币学讲话》《经济思想史》《世界经济史纲》
《货币信用论大纲》等。

——吴汉全，王忠萍. 中国马克思主义学术史（1919—1949）：经济学卷. 长春：吉林人
民出版社，2008：340-341.

跟别国完全断绝关系而隔离孤立起来；同样，任何一国的国民经济也不能够跟别国的国民经济完全断绝关系而孤立存在。这样，各国民经济之间必须有着一定的联系或关系"①。

1945年生活书店出版的《新货币学讲话》，是中国马克思主义货币金融理论的代表作。彭迪先着重介绍并批判现代货币数量学说特别是凯恩斯主义，指出货币数量论者颠倒了货币价值、商品价格和货币数量三者之间的因果关系，货币数量学是资本主义世界货币政策的理论基础。同时，针对当时国民党伪法币疯狂膨胀，他深刻揭露了国民党通货膨胀政策的反动性及其对中国社会经济发展产生的不利影响等。

就马克思主义经济学的研究对象，王学文在《政治经济学方法》中指出，"他研究的对象是生产方式，即生产关系与生产力的统一。这生产方式是具有历史性的，是社会历史上一定的生产方式。历史上人类社会不断地变化发展，每一个时代有一个时代的生产方式，占支配的领导的地位的生产方式。这支配的生产方式不单是与站在被支配地位的生产方式有所区别，同时也是在经济上划分时代的标帜"②。在《无产阶级政治经济学的特点》一文中，王学文全面详细地阐述了无产阶级政治经济学的科学性、历史性、革命性与发展性等重要特点。在分析无产阶级政治经济学的科学性特点时，他认为这是与资产阶级政治经济学的显著不同之处，"无产阶级政治经济学特点之一，首先便是其理论的科学性，是科学的政治经济学。它能用科学的观点与方法来分析社会经济现象而把握其本质，并把握其内的联络与联系，在极复杂的经济现象中，得出其运动的规律，把握其运动的本质。在这一点说，无产阶级政治经济学是与资产阶级政治经济学不同的"③。他还结合理论发展实际分析了无产阶级政治经济学的科学理论基础，"无产阶级政治经济学，所以能具有把握任何复杂的经济现象的本质与其运动规律的科学性，就在于无产阶级政治经济学有它科学的理论基础，它是建立在辩证法唯物论的科学

① 彭迪先. 实用经济学大纲. 上海：生活书店，1945：133-134.

② 吴汉全，王忠萍. 中国马克思主义学术史（1919—1949）：经济学卷. 长春：吉林人民出版社，2008：261.

③ 王学文. 无产阶级政治经济学的特点. 中国文化，1940-03-15，1（2）.

的世界观的基础之上，同时也是建立在唯物论辩证法的方法论之上的"①。对于无产阶级政治经济学的革命性特点，他着重从无产阶级领导革命道路的层面上去分析：

> 无产阶级是一个革命的阶级，是旧社会的推翻者新社会的创造者，故无产阶级的政治经济学，必然具备着革命的性质。无产阶级政治经济学在理论上，批判分析了资本主义社会经济，指出其必然灭亡。并且随着无产阶级力量的强大，无产阶级与资产阶级斗争的展开，也展开了各方面对于资产阶级的政治经济学之错误的、反革命的、歪曲真理的、企图阻止人类社会进步的理论加以无情的批判。而在这批判的过程中，指示出人类社会发展的必然的道路与无产阶级革命的正确道路。②

王亚南紧密结合中国全面抗战实际，专注于对马克思主义经济学理论的研究，阐述了经济学的学科性质、研究对象及经济学在学术体系中的基础性地位③。王亚南根据中国社会变革需要鲜明提出建立"中国经济学"的任务，他的《关于中国经济学建立之可能与必要的问题》《关于中国经济学之研究对象与研究方法的问题》等文章，详细探讨了关于建立中国经济学的问题。王亚南认为经济学是一门科学，重在研究社会经济演变的规律，在于探讨"事物因果法则"。王亚南指出："经济学正如其他科学一样，它所研究的对象，是事物因果法则；而研究诸现象问因果和法则，自一方面而言，正需要一个具有最复杂的关系和现象的环境；反之，正因日常生活的关系和现象，愈益复杂化，也就逾益导向事物因果法则研究的要求与兴趣。"④ 关于经济学的学科地位，王亚南指出："经济学是社会科学中最基本的科学，它既在上述的这种环境下，发展完成其体系，完整地将现实社会的发展转化的法则性，指示出来，则其他的社会科学，也必然以经济学的成果，而渐次完成其体系。反过来讲，诸社会科学体系的完成，同时也就完成了统

① 陈豹隐. 经济学讲话. 北平：好望书店，1933：231.
② 王学文. 无产阶级政治经济学的特点. 中国文化，1940-03-15，1（2）.
③ 吴汉全，王忠萍. 中国马克思主义学术史（1919—1949）：经济学卷. 长春：吉林人民出版社，2008：275.
④ 王亚南. 王亚南文集：第1卷. 福州：福建教育出版社，1987：67.

一的完整的科学的哲学世界观。"① 在《关于中国经济学之研究对象与研究方法的问题》一文中，他就建立"中国经济学"学科进行了详细论证，论述了中国经济学的研究对象与研究方法。"中国经济学的研究对象，是中国经济，任谁都不能否认，事实上，我已一再讲过，中国经济学是中国经济之科学的研究了。但中国经济究何所指呢？它是意味着中国经济的那一个阶段呢？它的时空限制怎样呢？"② 经过对中国经济学的研究对象即中国经济的认真分析，他提出要关注"研究对象的包容限度问题、研究对象的叙述次第问题、研究对象的时空制约问题，并对这些问题分别予以解答"，"而对于研究对象讨论上所运用的方法，则存于那种解答上面"③。对于近代中国经济的演变规律，他强调要加强对该问题的动态考察：

> 把中国经济作为对象来研究，显然是要求从那种研究中，发现中国经济内在诸因素相互作用的因果关联，其演变定律及一般倾向。申言之，即我们所着意的，与其说是中国经济之静态的理解，毋宁是其动态的把握。在现代经济学的研究上，原有所谓经济静学与经济动学的区别。实则经济学的研究，如企图在发现或暴露现实经济的演变趋势或运动法则，而由是作为实践政策上的依据，则勉强用无数假定支持的静态研究，就似乎没有多大的现实意义了。④

王亚南运用马克思主义经济理论研究近代中国社会经济问题，倡导建立"中国经济学"学科，对中国半封建半殖民地经济形态的研究，对"经济法则、经纪人、政治经济学的自然问题等做出马克思主义的回答，提出了科学理解和具体运用马克思主义经济学的任务"⑤，为中国马克思主义经济学发展做出了重要贡献。关于王亚南对中国马克思主义经济学所做的贡献，一是他注重马克思主义经济理论与中国经济问题研究的密切结合，他关于中国经济的半封建半殖民地性质的研究很有学术的深度；二是他对经济学史、经济思想史有深刻的把握，善于总结经济学研

①　吴汉全，王忠萍. 中国马克思主义学术史（1919—1949）：经济学卷. 长春：吉林人民出版社，2008：72.

②③④　王亚南. 关于中国经济学之研究对象与研究方法的问题. 改进，1944-12-01，10（4）.

⑤　同①287.

究的得失，并从经济学的历程中来预示经济学研究的方向；三是他具有强烈的建设经济学研究的中国学派的信念，努力倡导和主张在运用马克思主义经济学理论研究中国经济的过程中建立"中国经济学"，反映了他对马克思主义经济学中国化的学术追求①。

2. 关注中国经济发展的具体理论问题

马克思主义经济学家加深了对中国经济发展状况的研究，重点探讨了近代中国经济性质、中国商品形态、中国资本形态、中国经济道路、中国农村经济等问题。

作为中国马克思主义经济史学的重要开拓者，王亚南长期专注于近代中国半封建半殖民地经济形态方面的理论研究。他的《中国经济原论》是我国第一部运用马克思主义经济学理论研究中国经济问题的著作，是中国经济研究领域具有里程碑意义的著述，最早于1946年1月在福建永安出版，新中国成立后再版时改名为《中国半封建半殖民地经济形态研究》。该书以半封建半殖民地的旧中国作为研究对象，分9篇对中国经济性质、中国商品与商品价值形态、中国货币形态、中国资本形态、中国利息形态与利润形态、中国工资形态、中国地租形态、中国经济恐慌形态等问题进行了详细探讨。在论述中国经济恐慌问题时指出，"把中国传统的经济恐慌，当作封建制下的恐慌形态来理解，那是会显示出一些异乎寻常的特点的，这原因须得就中国封建制本身所具有的特质来加以说明"②。王亚南认为，中国当代恐慌具有二重性，"即它一方面在不管环境绕着它的世界经济如何变动，一直在为一种慢性经常化了的痼疾所困厄着；同时，也许因为被长期困厄磨折了的孱弱病体，格外经不起外感，一遇到资本主义世界市场动摇，立即就像很有感应似的，把它的老病加重起来"③，他围绕"整个经济之半封建的次殖民地的性格"，详细分析了经济二重性的特点，得出"恐慌是现代中国经济内部诸关系相互作用的结果"④的结论。

---

① 吴汉全，王忠萍. 中国马克思主义学术史（1919—1949）：经济学卷. 长春：吉林人民出版社，2008：321.

② 王亚南. 中国经济原论. 上海：生活书店，1948：181.

③ 同②192.

④ 同②196.

钱俊瑞①是中国农村经济学家，他对抗战时期农村经济问题的理论研究著述都是围绕反对帝国主义战争和抗日救亡运动展开的，代表性著作有《中国国防经济建设》、《中国经济问题讲话》、《给救亡工作同志的公开信》、《汪精卫卖国的理论与实践》和《论战争》，文章主要有《目前研究中国经济的目标》《论民生主义的本质》《从中日财政经济观察未来战争》《中国国民经济的总动员》《和平的呼吁》《关于乡村服务人员大团结的一个具体建议》《开展内地的救亡工作》《从经济上观察意国侵阿战争的前途》《论苏德战场》②等。在《中国国防经济建设》著作中，钱俊瑞提出了建立国防经济的理论和方针。在《略论抗战中几个农村经济的问题》一文中，他系统论述了"目前中国农村经济的性质问题"、"两条道路"（即"把中国变做日本帝国主义的殖民地"与"使中国变成独立自由的新国家"）、"所谓'以农立国'问题"、"战后土地政策问题"

----

　　① 钱俊瑞（1908—1985），中国经济学家，江苏省无锡人。1908年9月28日，出生于江苏无锡的农民家庭。1922年钱俊瑞高小毕业后保送到江苏省第三师范学校，1927年从师范学校毕业后小学任教。受陶行知思想影响，他于1928年考入无锡民众教育学院。1929年，参加陈翰笙领导的无锡农村经济调查工作，1933年发起成立"中国农村经济研究会"和创办《中国农村》杂志。在中国农村经济问题大论战过程中，钱俊瑞发表的文章主要有：《1931年大水灾中中国农村经济的破产》《农业机械化的社会意义》《中国农村经济现阶段性质之研究》《中国地租的本质》《评卜凯教授所著〈中国农场经济〉》《现阶段中国土地问题的研究》《评陈翰笙先生著〈现今中国的土地问题〉》《现阶段中国农村经济研究的任务》《中国农村经济性质问题的讨论》，以及《中国农村社会性质与农业改造问题》，等等。1934年加入"左联"，1935年加入中国共产党，1939年后历任皖南新四军军部战地文化服务处处长，新四军政治部宣传部长等职。他运用马克思主义立场观点对中国农村经济进行了研究，撰写了《中国农村经济现阶段性质之研究》《中国地租的本质》等多篇论文。1936年，钱俊瑞出版了《怎样研究中国经济》一书，他在书中强调指出，研究中国经济应遵循唯物主义认识论，在调查研究基础上得出结论。新中国成立初期，任北平军管会文管委主任，后历任教育部副部长，文化部副部长。1955年，当选为中国科学院哲学社会科学部学部委员并任世界经济与政治研究所所长，中国世界经济学会会长以及北京大学教授等职。他是中共第八届中央候补委员，第一、二届全国人大代表，第三至六届全国政协常委。著有《中国国防经济建设》《世界经济与世界经济学》《世界经济与中国经济》《当代世界经济发展规律探索》《怎样研究中国经济》《中国地租的本质》等，论文《给救亡工作同志的公开信》《汪精卫卖国的理论与实践》《苏德战争》《坚持文艺的党性原则》等。

　　——徐为民. 中国共产党人名词典. 沈阳：辽宁教育出版社，1988；328；钱俊瑞. 经济学动态，1985（11）：31；薛暮桥. 勤奋的学者，忠诚的战士：回忆钱俊瑞同志. 人民日报，1985-08-11；钱凌向. 忆我的爸爸钱俊瑞. 世界经济导报，1986-06-02；306百科. 钱俊瑞. [2021-01-05]. https://baike.so.com/doc/7860840-8134935.html.

　　② 钱俊瑞. 经济学动态，1985（11）：33.

等相关理论问题。从日本的军事侵略方面，他详细分析了敌占区、大后方和游击区"三种地域"农村经济性质及其发生变化的主要原因，揭示了中国经济变动的趋势，"日本鬼子（及其帮手）与我们的剧烈斗争，使现在中国社会经济的结构处于迅速变动的过程中，因此也是使现在中国社会经济的性质也在迅速转变的过程中"①。"因为敌人军事的攻占以及政治经济的侵略，因为我们军事的防御和进攻，以及政治经济之在某种限度内的改进，中国全国现在大致可以分成三种地域"，"在这三种区域里，社会经济的结构，特别是农村经济的结构，有着相当显著的差异"②。在敌占区，"敌人已控制全部的经济命脉"，"原有半封建的经济结构在基本上，不但未经摧毁，而且由于敌人的控制和利用越发加强了"；在大后方，"这里统治的关系依旧是半殖民地半封建的关系"，"整个社会，特别是农村社会本身的关系没有起很大的变化"③；在游击区，"在经济方面其变动性极大，斗争性最为丰富，各项经济的设施和政治保持最密切的联系"，"帝国主义的势力在这里已插不进脚"，"旧的破烂不堪的封建关系在逐渐消失"④。钱俊瑞还系统研究了中国农村土地问题的性质、中国农业发展道路的探索、农业问题的重要性及中国的金融货币制度问题，他在 1935 年由新知书店出版的专著《中国货币制度往哪里去》（与章乃器等人合作）中发表了《新币制的透视》、《国际货币战与中国币制改革》和《中国跃进英镑集团以后》等文章。在这些著述中，钱俊瑞全面论述了中国金融货币制度的演变过程和历史特点等问题⑤。

作为马克思主义经济学家与农民问题研究专家，薛暮桥非常关注对农村土地问题和土地政策方面的研究⑥，在《略论抗战中几个农村经济

①②③④　钱俊瑞. 略论抗战中几个农村经济的问题. 中国农村，1940-10-01，6 (10).

⑤　钱俊瑞. 经济学动态，1985 (11)：32.

⑥　薛暮桥在主持《中国农村》月刊工作中，更多获得了抗战时期关于中国农民动员问题的历史认知。早在 1935 年，他根据中共《八一宣言》《十二月决议精神》等文件，提出中国做乡村工作的人要团结起来，共赴国难。1937 年年底，淞沪抗战结束后，他先后辗转南昌、长沙、武汉等地，出版《中国农村》月刊"战时特刊"，并发表了《"到农村去"的总动员令：响应暑期农村服务运动》《怎样准备长期抗战》《征兵问题》《如何动员农民》《抗战爆发后的乡村工作》《乡村救亡运动中的几个技术问题》《抗敌战争与民众救亡运动》《迅速开展乡村救亡运动》《怎样开展内地工作》《抗战中的动员农民问题》《怎样充实乡村民众组织》《怎样武装农民协助抗战》《乡村工作中的几个技术问题》《乡村工作的民主与独裁》《怎样扩大春耕》《关于农民迷信问题》《抗日战争时期的乡村问题》等系列关于乡村社会农民动员问题的论文与时评，集中反映了他此时对乡村社会农民动员问题的深刻思考。

——陆发春. 抗战初期薛暮桥对农民动员问题的历史认知. 抗日战争研究，2010 (3)：128.

的问题》一文中，他认为，"土地问题是中国问题中间极重要的一环，但在今天，它同民族问题比较起来已经处于次要地位……土地问题的适当处理，也是保障抗战胜利之一极重要的条件"①。在近代中国，土地问题的主要现状不容乐观，"地主不但占有了大量的土地，而且占了最肥沃的土地"②，"贫苦佃农所负担的地租，普通要占全部产量的百分之五十上下；而且还要忍受纳贡服役等类额外剥削"③等。在论述"抗战建国中的土地政策"时，薛暮桥介绍了中国共产党解决土地问题的实践和实施的土地政策，"中国共产党的抗日救国十大纲领首先提出'减租减息'等类口号。到敌军深入山西，晋省当局颁布民族革命十大纲领，在这纲领的第八条中规定：'切实执行合理负担，逐渐减租减息，改善人民生活'。接着减租减息政策便在晋省各乡村中开始实行；尤其是合理负担，更收到了极良好的效果"④，等等。

3. 创立新民主主义经济学理论体系

这一时期马克思主义经济学家在立足中国经济发展实际的基础上，逐渐创立了中国马克思主义新民主主义经济理论体系。其中，毛泽东关于新民主主义经济的系统论述，为中国马克思主义经济学的创立做出了原创性贡献。

该时期，毛泽东新民主主义经济学思想逐渐成熟，他对新民主主义经济的性质、形式、前途等一系列问题进行了详细理论探讨，这些理论研究成果集中体现在《新民主主义论》等著作中。"在中国建立这样的共和国，它在政治上必须是新民主主义的，在经济上也必须是新民主主义的。""大银行、大工业、大商业，归这个共和国的国家所有。"⑤ 他认为新民主主义共和国的国营经济是整个国民经济的领导力量，属于社会主义的性质，但因为中国经济还十分落后，"这个共和国并不没收其他资本主义的私有财产，并不禁止'不能操纵国民生计'的资本主义生产的发展"⑥。中国共产党人继承和发展了孙中山的新三民主义思想，在新民主主义共和国实行"耕者有其田"，"没收地主的土地，分配给无地和少地的农民"，"扫除农村中的封建关系，把土地变为农民的私

---

①②③④　薛暮桥. 现阶段的土地问题和土地政策. 中国农村，1939-01-15，6 (1).

⑤⑥　毛泽东. 毛泽东选集：第 2 卷. 2 版. 北京：人民出版社，1991：678.

产"①。允许农村中富农经济的存在，做到"平均地权"。对于"节制资本"，也一定要遵循，中国的经济发展最终结果是"决不能建立欧美式的资本主义社会"②。毛泽东在领导我国新民主主义革命实践过程中，结合我国近代社会经济特征，逐步探索新民主主义经济的运行规律，为新民主主义经济建设提供了重要理论指导。

此外，许涤新的《新民主主义经济论》是当时国内理论界系统阐述新民主主义经济理论的代表性著作。该书共有7章，主要包括新民主主义的历史条件、新民主主义经济的性质、耕者有其田、合作社、国家经济、私人资本主义、新民主主义经济的法则及其倾向等方面内容。许涤新认为，新民主主义经济具有"双重性"，既包含资本主义的因素，又包含社会主义的因素，它是一种独立的社会经济制度，具有以下特征：第一，是完全和彻底肃清封建和半封建的剥削制度；第二，是生产手段私有的继续存在；第三，独立生产者的个体经济，是在新民主主义政权领导之下，走向集体化的；第四，独占官僚资本的金融、工业、矿业及运输等大企业，则收归国有而由国家经营，这种国家经济在整个国民经济中，是占着领导地位的③。根据经济制度的上述特征，他进一步总结了新民主主义经济的重要特征，即"在国家经济（无产阶级及共产党领导下的国家）领导下的私有财产与集体经营。这是既不同于资本主义又不同于社会主义的经济制度。因为资本主义是以私有财产私人经营为特点的，而其生产的无政府状态，则又与新民主主义国家中，国家经济的领导完全对立；至于社会主义呢！那是以公有财产集体经营为特点的"④。

该时期薛暮桥对新民主主义合作社进行了研究，详细介绍了合作社的集股问题、分红问题和组织领导问题等，这对推进新民主主义合作社实践发挥了重要理论指导作用。他强调合作社在不同经济制度下具有不同的性质，指出：

> 合作社是一种群众性的经济组织，它在不同的社会中产生着不同的作用。在资本主义先进各国，合作社是资本主义的装饰品和补

① 毛泽东. 毛泽东选集：第2卷. 2版. 北京：人民出版社，1991：678.
② 同①679.
③ 许涤新. 新民主主义经济论. 重庆：中外出版社，1948：20-21.
④ 同③21.

充物，金融集团往往通过它来控制小生产者。在社会主义国家苏联，合作社组织千万小农经济使它成为社会主义农业（集体农场），它是社会主义经济之一重要构成部分。在中国，过去合作社曾成为帝国主义和地主高利贷者的俘虏，被他们利用了来控制中国农业和手工业生产，剥削中国农民和手工业者。而在新民主主义的各解放区，它就在民主政府的扶助和广大群众的拥护下，成为一种新的经济形式。①

薛暮桥从三个主要方面系统归纳了合作社的主要特征："合作社是为群众服务的经济组织，它的主要任务是扶助群众生产，这是合作社的最主要的特点"；"合作社是资金与劳力的结合，资金所有者与生产劳动者均为合作社的主人，均有分红权利"；"合作社是从个体经济发展到集体经济的桥梁，它使分散和落后的小生产逐渐的集体化"②。他提出新民主主义合作社的主要任务"就是组织生产"，"其次是组织运输、信用以及消费等类业务"③。

六、教育学发展及其主要影响

在新民主主义革命时期，随着马克思主义教育思想在中国的传播，以李大钊、陈独秀、毛泽东、恽代英、徐特立、成仿吾、程今吾、杨贤江、钱亦石、江隆基等为代表的一大批哲学社会科学工作者，创造性地运用马克思主义教育理论分析中国的教育问题，探讨符合中国实际的教育理论，开辟了中国化的马克思主义教育学。在新民主主义革命时期，马克思主义教育学体系经历了一段比较复杂而又曲折的发展历程才得以形成，最终为促进马克思主义教育学学科体系、学术体系和话语体系的形成做出了重要贡献。根据该时期中国马克思主义教育学的发展情况，将其创立与发展的过程划分为早期探索阶段、成长发展阶段和初步建构阶段三大历史阶段（详见"附录10　哲学社会科学各学科文献资料部分统计（1919—1949）"之教育学学科部分）。

---

① 薛暮桥. 怎样办合作社. 新中国书局，1949：1.

② 同①2-4.

③ 同①7.

（一）早期探索阶段（1919—1927）：马克思主义教育学的初步运用

在建党初期和大革命时期，随着马克思主义在中国的传播，尤其随着大批介绍苏俄教育概况的著作和文章的出现①，中国先进知识分子以马克思主义教育思想为指导，研究近代中国的系列教育理论问题。该时期以李大钊、陈独秀、毛泽东、恽代英等为代表的共产主义知识分子，在教育实践中对马克思主义教育学在中国的初步运用做出了重要贡献。

该时期的代表性著述主要有：李大钊的《劳动教育问题》，陈独秀的《平民教育》《社会主义对于教育和妇女二方面的关系》《新教育是什么?》《教育界能不问政治吗?》《教育与社会》《新教育之精神》《教育缺点》《收回教育权》，毛泽东的《湖南农民运动考察报告》《湖南自修大学组织大纲》，恽代英的《教育改造与社会改造》《民治的教育》，等等。

1. 积极提倡大众化教育

五四运动前后，李大钊、陈独秀、毛泽东、恽代英等先进知识分子通过学习研究马克思主义教育理论，认为人人都应该享有均等的受教育机会。他们严厉批判了资本主义社会的不公平教育现状，认为资本主义社会的教育是资产阶级少数人的贵族教育，社会发展的不平等使资本家无情剥夺了广大劳工受教育的权利。倡导广大平民、劳工，应该和其他人一样享有受教育权。

李大钊较早探讨和批判了资本主义国家的教育问题，1919 年 2 月，《晨报》连载了李大钊的《劳动教育问题》一文，李大钊在文章中深刻揭露了资本主义社会教育的种种弊端，指出由于资本家的残酷剥削，广大劳工们没有时间接受教育，"一个人汗血滴滴的终日劳作，靡有工夫去浚发他的知识，陶养他的性灵"。

---

① 以当年的《教育杂志》为例，其第 12 卷（1920 年）至第 19 卷（1927 年）就刊发了若干有关苏俄教育问题的文章或译作，如《俄国教育界现状谈》《苏俄的教育政策及其设施》《苏俄的教育计划》《苏联最近的教育》等等。

——周谷平. 近代西方教育理论在中国的传播. 广州：广东教育出版社，1996：280-281.

　　　　人但知道那些资本家夺去劳工社会物质的结果，是资本家莫大
　　的暴虐，莫大的罪恶，那知道那些资本家夺去劳工社会精神上修养
　　的工夫，这种暴虐，这种罪恶，却比掠夺他们的资财更是可怕，更
　　是可恶！现代的劳工社会，已经渐渐觉醒。我们常常听见他们有
　　"一日工作八时"、"一周工作四十时"、"假期休工不停（给）"
　　种种的要求。这种要求，在我们游惰性成的社会，必要是更表同
　　情，可是他们的同情，未必和人家这种要求的本意一致。我们这
　　些游惰性成的人，必以为少做点工……岂不快乐。那晓得这省出
　　来的一点时间，在人家正是工人的神圣时间，要拿他去读书，去
　　看报，去补习技能，慰安灵性，非常的宝贵，那忍轻轻的把他抛
　　弃呢？

　　他指出资本家剥夺了劳工们受教育的机会，"断断非现在 Democra-
cy 的时代所许的"，主张劳工们"在教育上、文学上也要求一个人人均
等的机会，去应一般人知识的要求"，"劳工聚集的地方，必须有适当的
图书馆、书报社"。同时，他还提倡现代教育"必须多设补助教育机关，
使一般劳作的人，有了休息的工夫，也要能就近得个适当的机会，去满
足他们知识的要求"①，"占全国民半数的女子不读书不做工，这不是国
民的智力及生产力一种大大的损失吗？"②。

　　陈独秀在当时也探讨了教育大众化、平民化问题，该时期他的相关
教育思想体现在《女子问题与社会主义》《社会主义对于教育和妇女二
方面的关系》《平民教育》等文章中。他分析了资本主义社会与社会主
义社会的教育实质问题，即资本主义社会的贵族教育，社会主义社会的
平民教育。对于教育现实状况，他深入分析了造成教育差别的经济层面
原因，指出国民的知识程度和学问好坏，全看财产的多少，因而穷人缺
少受教育机会。

　　　　教育虽然没有万能的作用，但总算是改造社会底重要工具之
　　一，而且为改造社会最后的唯一工具，这是我们应该承认的。我
　　是一个迷信教育的人，所以连贵族的教育我也不反对，而况且在
　　教育极幼稚的中国。话虽如此说，而我们希望教育界有由贵族的

①　中国李大钊研究会. 李大钊全集：第 2 卷. 北京：人民出版社，2006：292.
②　中国李大钊研究会. 李大钊文集：第 5 卷. 北京：人民出版社，1999：329.

到平民的趋势。在工业未发达的社会里希望教育发达，自然是妄想；在社会主义未实现的社会里希望教育是平民的，自然也是妄想；但是在工业幼稚的资本制度之下能有少数的学校倾向平民主义，却也未尝是绝对做不到的事。我对于教育的意见，第一是希望有教育，无论贵族的平民的都好，因为人们不受教育，好像是原料不是制品；第二是希望教育是平民的而非贵族的，因为资本社会里贵族教育制造出来的人才，虽非原料，却是商品。①

陈独秀还指出了在社会主义社会能够满足普及平民教育的两个重要条件：一是设法减少劳动者工作的时间，二是要国家能担任每个人受义务教育的一切经费。他深刻指出要实现这两个条件，"唯有盼望社会主义的实行了"②。

2. 用民主和科学精神改革传统教育

20世纪初期，陈独秀倡导教育的文章较多，如《今日之教育方针》《宪法与孔教》《近代西洋教育》《〈新青年〉罪案之答辩书》《新教育之精神》《教育缺点》《教育界能不问政治吗?》《收回教育权》等。陈独秀主张用民主和科学精神改革传统教育，倡导新教育。他批评了个人主义的旧教育，提倡教育要服务于社会，要与社会打成一片，认为教育的功能既让学生受益，又普及了文化，促进了社会进步，"使人人皆得增进知识，社会得渐渐改善"③。陈独秀猛烈抨击了封建主义的旧教育，1921年，他在广东高等师范学校发表的演讲《新教育是什么?》中，分析了新、旧教育的根本区别，深刻揭露了"旧教育个人主义"的四大缺点：即"减少教育的效力""减少训练的效力""减少学术应用的效力""减少文化普及的效力"。他认为，新、旧教育的根本区别，不在教学形式和教材的分别，而在于旧教育是主观的，其"教育主义"是"个人的"，"教授方法"是"教训的"；新教育是"客观的"，"教育主义"是"社会的"，"教授方法"是"启发的"④。"个人主义的旧教育把教育与社会分为两件事，社会自社会，教育自教育，学生在社会中成了一种特

---

① 陈独秀. 平民教育. 广东群报，1922-03-05.
② 陈独秀. 陈独秀文集：第2卷. 北京：人民出版社，2013：228.
③ 同②137.
④ 陈独秀. 新教育是什么?. 广东群报，1921-01-03.

殊阶级，学校在社会中成了一种特殊事业，社会上一般人眼中的学生学校，都是一种奢侈品装饰品"①，指出若要破除这种教育弊病，"惟有把社会与教育打成一片，一切教育都建设在社会底需要上面"，"改革教育底重点在社会不在个人"②。对于新教育，他认为新教育的方针应贯穿四大主义："现实主义"、"惟民主义"、"职业主义"和"兽性主义"。陈独秀指出，"新教育对于一切学校底观念，都是为社会设立的，不是仅仅为一部〔分〕学生设立的；自大学以至幼稚园，凡属图书馆试验场博物院都应该公开，使社会上人人都能够享用"③。陈独秀根据新的教授法的原则，对伦理、历史、地理、理科、图画、手工及唱歌等学科提出了具体的改革意见。在《教育与社会》一文中，陈独秀运用马克思主义唯物史观，考察教育与社会的关系，得出了许多正确的结论，提出了一些至今仍有指导意义的主张和意见。他指出教育与社会分离会导致"结果多不良"，并具体分析了教育与社会分离的危害：教育的效力、学生训练的效力、学术上应用的效力都会减少等。

在教育改造与教育服务对象问题上，恽代英认为教育应该为社会、为民众服务。1921 年 4 月，恽代英在《中华教育界》发表《教育改造与社会改造》一文，强调教育家必须把改造教育与改造社会的任务密切联系起来，教育的目标是要把学生培养成为对社会有益的人④。1924 年8 月，《民国日报》副刊《觉悟》连载了恽代英《民治的教育》一文，他运用马克思主义唯物史观分析中国的教育现状，指出：

> 民国以前的教育，专制的，压迫的，不能自主自治的……一般读书的人，都只知道忠君爱国，只知道有皇帝，不知道有自己，也不知道有民众。民国成立了，教育还是从前的教育，大家脑筋里的观念也还是错误，所以并没有知道自己是民国的主人翁，自己应该自主自治，自己应该为民众服务。⑤

恽代英强调要实行"民治的教育"，即"自主自治的教育"和"养成为民众服务的人"。对于"自主自治的教育"，他倡导要有"独立思

①②③　陈独秀. 新教育是什么?. 广东群报，1921-01-03.

④　恽代英. 教育改造与社会改造. 中华教育界，1921-04-20.

⑤　恽代英. 恽代英文集：上卷. 北京：人民出版社，1984：575.

想""独立行动"，"使其自尊"，"使其自信"。他认为从前的教育，只知道使大家为皇帝服务，要求大家忠君报国，对于其他的事情如民众和社会的事情，可以完全不管，"皇帝时代的主人翁，就是皇帝，所以他的教育，要养成为皇帝做事，知道忠君爱国"；现在的教育要为民众服务，为社会服务。为民众服务，也有几层意思：一是"尊敬民众"，二是"了解民众"，三是"愿为民众利益努力"，倡导民治教育，"以救济从前人贻下的祸根，开辟将来的幸福"①。

3. 初步运用唯物史观阐释教育与经济、教育与政治的关系

该时期的进步知识分子开始用马克思主义唯物史观分析近代中国的教育与经济、政治、社会等方面的关系，深刻认识到教育与经济、政治和社会是密切联系的。

对于文化教育的经济基础和阶级属性，毛泽东在《湖南农民运动考察报告》②中详细阐述了该问题，毛泽东分析了文化教育的阶级性，指出过去由于教材不合农村的需要、小学教师对待农民的态度不好等原因，农民痛恶学校，反对"洋学堂"；现在，他们非常热心地办夜学，因为他们认为这样的学校才是他们自己的，因而将这种学校称为"农民学校"：

> 我从前做学生时，回乡看见农民反对"洋学堂"，也和一般"洋学生"、"洋教习"一鼻孔出气，站在洋学堂的利益上面，总觉得农民未免有些不对。民国十四年在乡下住了半年，这时我是一个共产党员，有了马克思主义的观点，方才明白我是错了，农民的道理是对的。乡村小学校的教材，完全说些城里的东西，不合农村的需要。小学教师对待农民的态度又非常之不好，不但不是农民的帮

---

①　恽代英. 恽代英文集：上卷. 北京：人民出版社，1984：575—581.

②　1927 年 3 月，毛泽东撰写的《湖南农民运动考察报告》（简称《报告》）先后在中共中央机关刊物《向导》周报、汉口《民国日报》的《中央副刊》、湖南民报》刊发，引起广泛关注。4 月，汉口长江书店以《湖南农民革命（一）》为书名出版单行本，瞿秋白在为该书所做的序言中说："中国的革命者个个都应当读一读毛泽东这本书。"5 月、6 月，共产国际执委会机关刊物《共产国际》的俄文版和英文版先后转载《向导》周报刊发的《报告》。英文版的编者按说："在迄今为止的介绍中国农村状况的英文版刊物中，这篇报道最为清晰。"当时共产国际执委会主席布哈林评价《报告》"文字精粹，耐人寻味"。

——中共中央文献研究室. 毛泽东年谱（1893—1949）：上卷. 修订本. 北京：中央文献出版社，2013：182—183.

助者，反而变成了农民所讨厌的人。故农民宁欢迎私塾（他们叫
"汉学"），不欢迎学校（他们叫"洋学"），宁欢迎私塾老师，不欢
迎小学教员。如今他们却大办其夜学，名之曰农民学校。有些已经
举办，有些正在筹备，平均每乡有一所。他们非常热心开办这种学
校，认为这样的学校才是他们自己的。①

恽代英在 1923 年于《少年中国》发表的《读〈国家主义的教
育〉》一文中，运用马克思主义唯物史观详细阐释了伦理观念与经济
背景的关系："一种伦理的观念，必定有他的经济的背景"，如果相应
的经济背景破坏了，那么这种伦理观念也就不存在了，爱国主义教育
亦然。由此，他提出："然则国的经济背景若是并未完成，希望用同
情自爱等教育养成爱国的观念，这是可能的事吗？"他认为："中国非
能打倒外资，使自己成一个独立的经济单位不会能有很够的爱国信
念的。"②

对于教育与政治的关系，陈独秀批评了教育独立、教育救国、实业
救国的思潮，指出教育不可能脱离政治而独立。1923 年 1 月，他在
《向导》周报第 18 期发表了《教育界能不问政治吗？》一文，指出教
育界：

> 我们一方面天天骂军阀官僚包办政治败坏国家，一方面却
> 又天天主张我们不干预政治，这种思想是何等矛盾！中国社会
> 向分士、农、工、商四个阶级，士人（教育界属之）说：我们
> 只要专心办学求学，不必问政治；农民更在那里睡觉，连政治
> 这个名词还不大知道；工人说：我们只求改良生活，我们不愿
> 干预政治；商人也说不谈政治。好了，士、农、工、商都不问
> 政治，有个国家又不能没有政治，如此政治只得让军阀官僚来
> 包办了。③

陈独秀强调教育必须跟政治紧密结合，服务于政治。

> 我现在要问：所谓教育独立，是不是离开社会把教育界搬到空
> 中去独立或是大洋〔中〕去独立？我又要问：若只是主张教育经费

---

① 毛泽东. 毛泽东选集：第 1 卷. 2 版. 北京：人民出版社，1991：39-40.
② 恽代英. 读《国家主义的教育》. 少年中国，1923-12-16，4（9）.
③ 陈独秀. 教育界能不问政治吗？. 向导，1923-01-31（18）.

独立，在这种军阀横行的政治之下，政府指定之独立的教育经费有何力量可以保证不被军阀拿中〔去〕？若无人圆满地解答这两个问题，我们希望"教育独立，不问政治"这种毫无常识的话，勿再出诸知识阶级的教育家及学生之口！现在有些人对于学生请愿被殴风潮又说：我们只主张教育独立、司法独立及驱彭，不干预政治。其实教员学生除了教书读书以外，出来主张教育独立，主张司法独立，主张驱彭，也都是些政治运动了，还说不干预政治，真是掩耳盗铃。①

陈独秀引用亚里士多德"人是政治的动物"指出："除非不是人，哪能够不问政治！'不问政治'这句话，是亡国的哀音，是中国人安心不做人的表示！"②

4. 将马克思主义教育理论正确运用于中国社会发展实际

该历史时期，中国马克思主义者将马克思主义教育理论运用于近代中国社会。1919 年 3 月，邓中夏等发起成立平民教育讲演团。1920 年 5 月，马克思主义研究会建立③。该时期的青年毛泽东以马克思主义群众史观为指导，在理论上探索开展平民教育的必要性，在实践中领导创办湖南自修大学、主持农民运动讲习所等，这些重要教育实践活动为马克思主义教育理论在我国的发展奠定了重要的实践基础。

1917 年秋天，毛泽东开始筹办夜学。10 月，毛泽东在《夜学招学广告》中号召工人要增长知识就必须参加夜校学习，他指出，"列位最不便益的是甚么，大家晓得吗？就是俗语说的，讲了写不得，写了认不得，有数算不得。都是个人，照这样看起来，岂不是同木石一样！所以大家要求点知识，写得几个字，认得几个字，算得几笔数，方才是便益的"，因此工人夜校的目的就是"念列位工人的苦楚，想列位个个写得、算得"④。在毛泽东等人的号召下，许多工人报名参加夜学。夜学专为工人开设，从礼拜一起至礼拜五止，每夜上课两个钟头。当时工人迫切要求学习的情形"如嗷嗷之待哺也"。据《夜学日志》记载，1917 年 11

①② 陈独秀. 教育界能不问政治吗?. 向导，1923-01-31 (18).

③ 中央教育科学研究所. 中国现代教育大事记. 北京：教育科学出版社，1988：21.

④ 中共中央文献研究室、中共湖南省委《毛泽东早期文稿》编辑组. 毛泽东早期文稿 (1912.6—1920.11). 长沙：湖南人民出版社，1990：94.

月 5 日，已经有 102 名工人报名，经过宣传，到 11 月 7 日又有 20 余名工人报名①。

1920 年 3 月，毛泽东在致周世钊②的信中就提到自修大学，设想在长沙创造一种新生活，"邀合同志，租一所房子，办一个自修大学"，"我们在这个大学里实行共产的生活"③。同年，毛泽东在致向警予的信中指出湖南"教育未行，民智未启"，鼓励向警予"湘省女子教育绝少进步（男子教育亦然），希望你能引大批女同志出外，多引一人，即多救一人"④。1921 年 8 月，毛泽东等人创办湖南自修大学，主要任务是传播马克思主义、培养党的革命干部，"创办湖南自修大学在毛泽东的教育实践和教育思想发展中具有划时代的意义，标志着毛泽东教育思想的成型"⑤。《湖南自修大学组织大纲》中规定暂设文、法两科。文科设有中国文学、西洋文学、英文、心理学、伦理学、教育学、社会学、历史学、地理学、新闻学、哲学，法科设有法律学、政治学、经济学，每个学员选修其中一个科目。此外，还非常注意劳动教育，强调脑力劳动与体力劳动相结合。湖南自修大学有着自己独特的教育制度和学习方法，注重学员自学，反对教员用灌注食

---

① 中共中央文献研究室，中共湖南省委《毛泽东早期文稿》编辑组. 毛泽东早期文稿（1912.6—1920.11）. 长沙：湖南人民出版社，1990：98-99.

② 周世钊（1897—1976），字惇元，又名敦元，别号东园，湖南省宁乡市东湖塘镇朝阳村（清五都东湖塘石子冲）人，著名教育家和爱国民主人士。历任湖南第一师范校长、湖南省教育厅副厅长、湖南省人民政府副省长、湖南省政协副主席。系第四届全国人民代表大会常务委员、中国民主同盟中央委员、湖南省民盟主任委员。在《毛泽东诗词集》中，留下了毛泽东与周世钊、柳亚子、郭沫若等人相互唱和的经典作品。1918 年夏，他加入毛泽东发起的新民学会，兼工人夜校管理员，积极支持和协助毛泽东从事革命活动。1919 年，应毛泽东之邀担任《湘江评论》顾问。12 月，毛泽东发起湖南各界人士开展"驱张（敬尧）运动"，周世钊和同学们一道积极参加示威游行。"驱张运动"取得胜利后，毛泽东与周世钊等创办"长沙文化书社"，传播新思想、新文化。何叔衡主办《湖南通俗报》，周世钊应邀任编辑，为该报撰写些抨击时弊、宣扬新文化的文章等。

——吴美潮，周彦瑜. 毛泽东四评周世钊. 百年潮，2016（7）：13-16；360 百科. 周世钊. [2021-01-05]. https://baike.so.com/doc/6471444-6685139.html.

③ 同①475.

④ 同①549.

⑤ 胡为雄. 青年毛泽东的教育梦：下. 求索，1982（1）：9.

物方式施教①。

毛泽东还主持和领导了农民运动讲习所。1926 年 5 月，第六届农民运动讲习所在广州开学，由毛泽东任所长，萧楚女任教务长，周恩来、瞿秋白、吴玉章、彭湃、邓中夏等担任教员，开设政治、经济、文化、军事、历史等 20 多门课程，毛泽东讲授了"中国农民问题""农村教育""地理"三门课程，并编辑《农民问题丛刊》，学员有 300 多人。1927 年 3 月，毛泽东等人创办武昌中央农民运动讲习所，为中国农民运动和革命事业培养重要骨干力量。

纵观这一时期，中国早期马克思主义群体对马克思主义教育学理论的探讨尚处于初始探索阶段，带有零散性和自发性特点。他们学习运用唯物史观分析中国教育问题，他们在教育领域进行的开创性尝试，为后来中国马克思主义教育学体系的构建奠定了理论和实践基础。

（二）成长发展阶段（1927—1937）：中国马克思主义教育学体系的进一步发展

该阶段马克思主义教育理论在中国的发展初步进入了专门化发展阶段，出现了许多马克思主义教育学著作。以杨贤江、钱亦石等为代表的马克思主义者，积极探讨近代中国的教育本质、教育目的、教育方法、教育历史等方面教育理论，初步构建起中国马克思主义教育学体系。

该阶段的代表性著作有杨贤江的《教育史 ABC》《新教育大纲》，钱亦石的《现代教育原理》，李浩吾的《新教育大纲》，等等。

1. 阐述基本教育理论

在教育学领域，国情不同，国内外不同的教育学流派对教育本质、

---

① 随后，毛泽东、李维汉、何叔衡、易礼容、罗宗翰等于 1923 年 11 月又为党在湖南长沙开办了湘江学校，湖南自修大学和补习学校的大部分学生转入了湘江学校。湖南自修大学和补习学校为党培养了很多优秀干部，如毛泽民、郭亮、夏羲、夏明翰、陈佑魁、姜梦周、陈昌、罗学瓒等。举办湖南自修大学和补习学校，是党对旧教育实行革命改造的一次实际试验。
——王进. 毛泽东大辞典. 南宁：广西人民出版社，1992：128；王建柱. 新民主主义革命时期的中共党校建设. 文史春秋，2016（2）：9-14；蒋国海. 论湖南自修大学的创办及其历史地位. 湖南师范大学社会科学学报，2007（4）：78-82；王香平."为革新社会"作准备：读毛泽东《湖南自修大学创立宣言》. 党的文献，2011（1）：32-36.

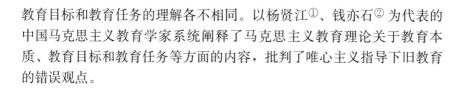

教育目标和教育任务的理解各不相同。以杨贤江^①、钱亦石^②为代表的中国马克思主义教育学家系统阐释了马克思主义教育理论关于教育本质、教育目标和教育任务等方面的内容，批判了唯心主义指导下旧教育的错误观点。

---

　　①　杨贤江（1895—1931），又名英甫，笔名李浩吾、李膺扬等，余姚下垫桥（今属慈溪长河镇）人。1911 年毕业于泗门诚意学堂，次年入省立第一师范学校，1917 年毕业，回余姚任暑期教育研究会讲师，同年秋，任南京高等师范学校职员。1919 年加入少年中国学会，1921 年 1 月，编辑《学生杂志》，历时 6 年，发表论文 190 篇、通讯 130 篇，引导学生投身反帝反封建斗争。是年加入社会主义青年团，次年加入中国共产党。1923 年，当选中共上海地方兼上海区执行委员会候补委员，与恽代英共同负责学生工作，协助编辑团中央机关刊物《中国青年》。1925 年五卅运动时，与沈雁冰等发起组织上海教职员救国同志会，并任上海市学生会会长。次年被选为国民党左派组织的上海特别市党部委员，参加了上海工人三次武装起义的组织工作。1927 年第三次武装起义胜利后，任上海临时市政府教育局代理局长。"四一二"反革命政变后遭通缉，秘密至武汉，任武汉北伐军总政治部《革命军日报》社长兼总编辑。7 月 15 日，汪精卫叛变革命后，杨贤江东渡日本，任留日学生中共党组织负责人，从事著译。1929 年 5 月回国，发起组织社会科学家联盟。1931 年 7 月去日本治病，8 月逝于长崎。骨灰迁葬上海龙华革命烈士公墓，1958 年追认为革命烈士。杨贤江是中国第一个用马克思主义观点阐述教育问题的教育理论家，曾翻译恩格斯《家族、私有财产和国家的起源》，主要教育论著《教育史 ABC》和《新教育大纲》，收入《杨贤江教育文集》。
　　——浙江省人物志编纂委员会. 浙江省人物志. 杭州：浙江人民出版社，2005：388；霜木. 马克思主义教育理论家杨贤江. 今日浙江，2002（11）：33；沈文田. 脚踏一天星斗，手摇万里江山：记教育理论家杨贤江. 文史春秋，2004（4）：11-16.
　　②　钱亦石（1889—1938），原名诚，字介磐，笔名啸秋、史庐、谷苏、白沙、石颠、巨涛、浪沫、楚囚、曙生等，湖北咸宁县人。1909 年，入汉口商业学堂学习。1916 年，入国立武昌高等师范学习，主编《崇实》杂志，曾在《光华学报》上发表文章；1921 年，与他人共创共进中学，成立共进书社，与董必武、陈潭秋、张朗轩等组织湖北新教育社，出版《湖北新教育》刊物，经常在《武汉星期评论》上撰文，加入湖北职业教育社、湖北平民教育促进会，任董事，努力从事教育事业。1924 年 2 月，加入中国共产党。1924 年春，负责国民党湖北省临时党部的宣传工作。五卅运动爆发后，参与领导武汉的反帝爱国运动，1925 年 7 月，任国民党湖北省执行委员会执行委员，兼宣传部部长。1925 年 5 月，创办《武汉评论》周刊，并出版苏俄十月革命纪念专号、总理逝世周年专号，宣传苏联社会主义建设现状，宣传孙中山三大政策和国共合作统一战线，并同醒狮派论战，与董必武等一起领导湖北省革命斗争。1928 年初流亡日本，研究马克思主义，8 月与董必武赴苏联，入莫斯科中山大学学习，1930 年底返沪，1932 年被上海政法学院和暨南大学聘为教授，主讲"中国外交史""世界近代政治史""中国近代经济史""中国政治史"等课程，参与编辑或主编《新中华人》《世界知识》《中华公论》杂志及《中国的一日》丛书，并是《辞海》的编纂人之一。抗日战争全面爆发后，组织文化界战地服务队，在浦东前线宣传抗战。1938 年 1 月，病逝于上海。
　　——思慕. 忆亦石. 新华日报，1938-02-27；杨存厚. 钱亦石. 长江日报，1981-06-18.

　　教育史是教育理论研究中的一个重要分支，杨贤江以历史唯物主义为指导研究教育发展史，写出了近代中国第一部用唯物史观研究教育的著作——《教育史 ABC》，该著作摒弃了资产阶级教育发展方面的偏见，提出了马克思主义的教育起源论——社会生活起源论，根据社会发展形态论述教育发展过程。杨贤江还依据马克思主义唯物史观，对教育本质、教育目标和教育任务做了详细阐述。他的《新教育大纲》是我国第一部系统运用马克思主义观点，密切结合近代中国实际阐明教育原理的论著。在该著作中，除序言、绪论外，共分 3 章，第 1 章"教育的本质"是全书的主要部分，杨贤江运用历史唯物主义观点阐述教育的起源、作用、职能及作用等，批驳了各种曲解教育本质和作用的观点。他认为教育是"观念形态的劳动领域之一"，即"社会的上层建筑之一"①，它由经济基础决定，同时也反作用于经济发展；在原始共产社会时代，教育是全人类的，但到了阶级社会，教育就变成阶级对立的。对于教育的作用，杨贤江批判了"教育万能论""教育救国论""先教育后革命论"三种错误教育效能观，指出在革命时期，"要把教育视为革命力量的一个方面军，在推翻帝国主义统治，肃清封建势力的革命任务之下，向着革命胜利的方向走去"②。该书在革命根据地被我们党用作师范学校教科书，在根据地师范教育中发挥了重要历史作用。

　　钱亦石的《现代教育原理》，从教育的本质与目的、教育原理的生物学基础、教育原理的社会学基础、教育原理的哲学基础、政治教育、生产教育与文化教育方面进行了系统阐释，分析了教育本质、目标和任务。关于教育的本质，他认为"教育是帮助人类经营社会生活的一种工具"③，批评了"教育神圣说""教育清高说""教育中正说""教育独立说"等。关于教育的目的，钱亦石通过对比资本主义社会和社会主义社会，指出"教育的目的与具体环境是分不开的"，"教育的目的是因时、因地而不同的"，不同的环境产生不同的教育目的④。钱亦石认为在半殖民地半封建社会的中国，面对反帝反封的革命任务，"中国现阶段的

---

① 杨贤江. 新教育大纲. 上海：南强书局，1930：11—12.

② 同①119.

③ 钱亦石. 现代教育原理. 上海：中华书局，1934：12.

④ 同③15—16.

教育目的是：养成为民族独立与民主政治而奋斗的公民"①。该著作还分析了教育的生物学基础、社会学基础和哲学基础，认为教育主要应用在政治教育、文化教育和生产教育等三个方面。

2. 分析不同社会形态的教育

杨贤江的《新教育大纲》是新民主主义革命时期我国第一本马克思主义教育理论著述，是我国第一部系统运用马克思主义观点和方法阐明教育原理、密切联系中国实际的重要著作。该著作共有 3 章，分别从"教育的本质""教育的进化""教育的概观"几个方面进行了阐述。在"教育的本质与目的"部分中，根据马克思主义唯物史观分析了教育从原始社会、封建社会到资本主义及社会主义社会的发展历程，指出教育在不同历史阶段具有不同的变质和表现形态，但只有社会主义社会的教育才是回归本质的教育。在《新教育大纲》中，杨贤江从马克思主义基本观点出发，摒弃了以往种种历史唯心主义观点，创造性地提出了"教育起源于人类的实际生活需要"的教育起源论。

杨贤江分析了从奴隶社会产生以后，阶级社会的教育具有以下五大特征："第一个特征是教育与劳动分家"，"第二个特征是教育权跟着政权走"，"第三个特征是为了支配阶级的利益"，"第四个特征是两重教育权的对立"，"第五个特征是男女教育的不平等"。在"资本主义社会的教育"部分中，杨贤江批驳了那些颂扬现代新教育的五种错误论调。一是批判了"劳动化"论调，指出资产阶级在"教育中逐渐掺入劳动的要素"，但这是"迫于生产组织自身的必要，不得不向劳动阶级也施教育了"，他们"一方面给予教育的最低限度，而在别的方面榨取劳动的最大限度"。二是批判了"科学化"论调，指出资产阶级的科学早已"寿终正寝"，只有无产阶级才能有科学的教育成长。三是批评了"平民化"论调，指出"资本主义社会的教育，不仅没有平民化或社会化；恰恰相反，它的专制化与独占化，倒是事实昭然"。四是批判了"中立化、公平化"的论调，指出"一切国家一切时代的教育，本来没有不是为支配阶级的教育的"，资本主义社会的教育只为制造对资产阶级有用的"忠实奴仆""忠实代言人"而已。五是批判了"国际化、和平化"的论调，指出现代教育国际化、和平化的论调助长了残酷的战争②。杨贤江分析

① 钱亦石. 现代教育原理. 上海：中华书局，1934：18.
② 杨贤江. 新教育大纲. 上海：南强书局，1930：187-222.

了资本主义社会教育的实质，指出资本主义教育是"专制化与独占化"的教育，而不是社会主义的"平民化或社会化"教育。他分析了资本主义社会教育的主要特征："第一，封建时代对庶民不施教育；资本主义时代要对全民实施义务教育。第二，封建时代的教育，差不多只是道德教育；资本主义时代的教育却推广范围而以传达日常生活上的知识技能为目的"。他指出资本主义社会的教育存在着一个永远不能克服的矛盾，这个矛盾是：

> 资产阶级一方面需要民众识字读书，聪明伶俐；他方面却需要民众遵守资产阶级的法律，迷信资本主义社会为最优美的社会秩序，而不让他们怀疑或挟持敌意。正如本节开始所述，教育与劳动渐渐复合，却又畏惧劳动阶级，之因教育而引起反抗支配阶级的意志，所以只好多方限制，务使劳动阶级所受教育，不致成为害死自己的毒药。①

杨贤江在"社会主义社会的教育"部分中介绍了马克思主义的教育观，大量引用了马克思、恩格斯在《共产党宣言》和《哥达纲领批判》中对社会主义社会教育的论述，指出马克思强调"教育与劳动的结合"观点。在社会主义社会里，"（一）实行普遍劳动义务制；（二）对一切儿童实行公共的和免费的教育；（三）把教育同物质生产结合起来；（四）促使城乡之间的差别逐步消灭等等"②。他还介绍了苏联教育，指出苏联教育的目的是培养无产阶级的忠实斗士，为将来的无阶级社会服务③。

3. 在唯物史观基础上阐释教育同经济、政治等的关系

该时期，杨贤江、钱亦石等马克思主义教育学者在唯物史观基础上，对教育同经济、政治等的关系进行了辩证阐述。

杨贤江在"教育的概观"一章中，依据马克思主义唯物史观，着重分析了教育同经济、政治等的关系。"教育是社会上层建筑之一，是观念形态的劳动领域之一，是以社会的经济结构为基础的"，"教育不是什么凭空生长，独立存在的；它乃是受制于经济的关系，同时就是政治制

---

① 杨贤江. 新教育大纲. 上海：南强书局，1930：237-239.
② 同①238.
③ 同①237-239.

度……，而为某种经济的社会的产物，某种经济的社会的形态之反映"。他认为，作为一种上层构造，"教育为'观念形态的劳动领域之一'，即社会的上层建筑之一"。他认为教育与经济发展联系密切，指出经济决定着教育，教育的变革要受制于经济的变革，并且认为教育会随着经济的发展而发展，"教育这种上层建筑是依据经济构造以成形，且随经济发展以变迁的"①，但同时也影响经济的发展；教育与政治都是上层建筑之一，但教育"更较为第二义的、更较为派生的"，教育"不仅由生产过程所决定，也由政治过程所决定"，并且教育和政治的作用也是相互的。在教育与政治的关系上，教育与政治同属社会的上层建筑，同样受制于经济。"在阶级社会中，政治支配一般社会的精神生活过程；教育当然不在例外。教育意义的变迁，便为在社会阶级关系的历史变动期中所表现的形态；自有历史，就没有脱离过政治关系的教育。无论哪一种的教育制度，终只是由支配阶级掌握，且是为支配阶级服务的。"②

　　钱亦石重点从"社会结构""国家性质""历史实例"三方面对教育与政治的关系进行了探讨，强调中国现时需要的政治教育。在"教育原理的哲学基础"部分，在马克思主义关于社会存在决定社会意识原理的基础上，钱亦石指出教育原理作为一种意识形态，与社会经济结构联系密切，"教育原理是因社会经济结构的变动而变动的"③。从国家性质看，"教育事业为国家机关所垄断"，教育的理论和实践成为国家政策的反映，教育成了"政治的附属物"④，他指出"一部教育史，就是政治支配教育的实录"⑤。从社会结构来看，他指出"政治是上层建筑之一，教育是上层建筑之二"，教育受社会经济和政治制度影响，所以"教育与政治亦是息息相关"⑥。

　　总之，该时期杨贤江、钱亦石等人阐释的中国马克思主义教育理论为建立马克思主义教育学做出了重要理论探索，对后来马克思主义理论教育具有重要指导意义，深入推动了近代中国教育理论的发展。这些教育学研究著述为当年的爱国青年指明了奋斗方向，比如杨光、潘懋元、

---

① 杨贤江. 新教育大纲. 上海：南强书局，1930：254.
② 同①270.
③ 钱亦石. 现代教育原理. 上海：中华书局，1934：2.
④ 同③49-51.
⑤ 同③51.
⑥ 同③48.

张腾霄等曾谈到杨贤江《新教育大纲》对他们的重要影响，他们将这本著作称为"马克思主义教育理论的启蒙课本"，赞扬它是引导"青年走革命道路的指针"①。

（三）初步建构阶段（1937—1949）：中国马克思主义教育学的丰富和深化

在这个时期，毛泽东、徐特立、成仿吾、程今吾②、江隆基③等人，结合中国新民主主义革命实际，加强对马克思主义教育学理论的学习、宣传和研究。他们阐述了许多关于教育在抗战时期的重要任务和作用以及党的干部教育等方面的重要理论，为中国马克思主义教育学的本土化做出了重要贡献。

---

① 杨贤江教育思想研究会. 杨贤江纪念集. 北京：商务印书馆，1985：128-130.

② 程今吾（1908—1970），中国近现代教育家，原名程蕴璋，曾用名程洁声、程今吾、沈文星、程万里、程宁远、宁越。1908 年 8 月 1 日，出生于安徽省嘉山县明光镇，1938 年加入中国共产党，先后任江苏失学失业青年工读服务团党支部书记、中共湖南辰溪县委组织部部长、广西桂林生活教育社党支部书记。1941 年，任重庆育才学校研究部主任。1944 年去延安，任八路军抗属子弟学校校长。新中国成立后，调任教育部司长、中共中央宣传部教育处处长。1956 年，当选为中国共产党第八次全国代表大会代表。1962 年，任北京师范大学党委第二书记、副校长，"文化大革命"时期逝世。1978 年 9 月，中共北京师范大学委员会为其彻底平反。他一生积极实践陶行知的"生活教育"理论，主张以辩证唯物论立场、观点和方法整理与研究教育经验，重视学生的基础理论教学、基本技能训练和政治思想教育，提倡通过社会调查培养学生解决问题的能力。著有《新教育体系》《延安一学校》《工农读写教学的实际经验》《青年修养》等。

——戎毓明. 安徽人物大辞典. 北京：团结出版社，1992：116.

③ 江隆基（1905—1966），别名半庵、仲平，陕西西乡人，北京大学毕业，后赴日本明治大学专攻经济学。曾因参加反对日本侵略示威，被日本当局逮捕和驱逐回国。1927 年 6 月，加入中国共产党。1937 年 4 月，赴德国留学，"九一八"事变后，参与组织旅德华侨反帝同盟和旅欧华侨反帝同盟，任书记。回国后又以西安绥靖公署政治处上校秘书身份，积极从事抗日民族统一战线工作。西安事变后，出任陕西省第二中学校长，使该校成为西安抗日救亡活动中最活跃的中等学校之一。抗日战争全面爆发后，任山西临汾民族革命大学教授。1939 年到延安，先后任陕北公学副教务长、陕北公学关中分校副校长兼教务长。1939 年，任华北联合大学教务长。1942 年，参加延安整风运动后，被任命为延安大学副校长、校长，为抗日战争期间边区的教育文化事业发展做出了重大贡献。1946 年，任陕甘宁边区教育厅副厅长。中华人民共和国成立后，任第一、三届全国人大代表。著有《边区教育的回顾与前瞻》《高等教育工作的基本经验》《江隆基教育论文选》和译著《马克思主义经济学》《新经济学大纲》《斯大林与红军》等。

——林迪生. 怀念江隆基同志. 光明日报，1978-12-02；萨兆湘. 他的足迹留在教育史上：记优秀共产党员、杰出的教育家江隆基. 中国教育报，1986-09-20.

该时期的代表性著述主要有：毛泽东的《改造我们的学习》《关于陕甘宁边区的文化教育问题》，程今吾的《新教育体系》《延安一学校》《工农读写教学的实际经验》，成仿吾的《半年来的陕北公学》《陕北公学的新阶段》《华北联大的任务与工作》《华北联大三年的回顾与展望》，徐特立的《抗战五个年头中的教育》，江隆基的《在新民主主义教育的旗帜下前进》，李维汉的《延安在职干部一年来学习经验总结》《要清算干部教育中的教条主义》，等等。

1. 深入研究马克思主义教育理论，建构中国教育体系

作为该时期系统研究马克思主义教育学理论的学者——程今吾深受陶行知教育思想的影响。1938年3月，程今吾根据党的指示积极领导教育界广大青年参加抗战事业。程今吾著有《新教育体系》《延安一学校》《工农读写教学的实际经验》等教育类著作，其中，《延安一学校》是对自己的教育实践经验加以总结，《新教育体系》被自己认为是"用辩证唯物论的立场、观点、方法研究教育的各个方面"[1]的著作。

《新教育体系》于1944年春由重庆时代印刷出版社出版，解放战争时期由生活教育社在上海再版。该著作共10章，讨论了"教育的本质""教育的社会根源""教育与哲学""课程""设备与环境""教育方法""教师"等重要内容，全书贯穿着马克思主义立场、观点与方法，"用辩证唯物论的立场、观点、方法，研究教育各方面，把十数年来自己干小教、中教、师教、普教、人才教育、抗战的群众宣传教育的经验做一有系统的整理"[2]。对于教育的本质，程今吾认为"教育是为了达到一定的经济目的、社会目的而进行文化传递与创造的一种手段"，他认为要研究教育是什么，必须从历史的、全面的、多种多样的教育发展形态中去把握教育的基本形态，"我们决不能从教育本身来说明教育，必须从生产劳动、社会生活、文化创造来理解教育的发生和发展"，"教育是人类的意识行为、自觉的行为，人类意识上对教育的要求，是教育不可少的主观条件"[3]。从马克思主义唯物史观角度出发，程今吾提出应该在一定的经济基础和政治指导下提出教育的具体要求，确立教育目标。对于教育的社会根源，程今吾从马克思主义唯物史观出发，指出"教育决

① 华东师范大学教育系. 中国现代教育文选. 北京：人民教育出版社，1989：601.

② 何思颖，何光全. 程今吾与青年教育和工农教育. 当代继续教育，2018（5）：封底.

③ 同①600.

不能超然于社会之外，而必须依存于一定的社会生活而存在，与一定的社会实践相一致"，教育目标、教育内容等必须适合某一时期社会的要求，同时强调教育也具有推动社会、变革社会的能动性，顺应历史发展方向的教育能够发生力量①。关于教育对象问题，程今吾明确指出：

> 教育对象远不至于儿童，一个人从初生到老死的整个历史中，都可以受教育，作为教育的对象，所谓"做到老，学到老"这话很有道理。教育本没有理由把成人放置在教育圈外，成人也不应该倚老卖老，自甘暴弃，不愿学习，不愿意接受教育。②

在著作中，他还重点探讨了实践教育法，从实践教育法的发生与成长、前提条件、实施要点与教学过程等层面展开，丰富和发展了党的教育理论。程今吾"对实践教育法进行了深入总结和探讨，强调实践在教育中的作用，反对脱离实际社会生活的观念教育，这是对陶行知'生活育''社会即学校''教学做合一'等理论的进一步发展"③。

此外，江隆基在马克思主义教育理论方面也提出了一些重要思想，如对于教育的本质，江隆基认为，"一定的文化教育，是一定的政治经济的反映"④ 等。他正确解决了教育对象、教育方法等问题，指出"新民主主义教育是为人民服务的，而人民群众中工农占百分之八十到九十的绝对多数，所以为人民服务，实质上就是为工农服务"⑤。他从马克思主义唯物史观出发，阐述了作为上层建筑的文化教育对其经济基础的反作用，充分肯定了抗战教育对抗日战争的重要推动作用，"加紧新民主主义的文教建设，使边区人民的文教生活适应于政治经济发展的需要，使新民主主义政治经济的发展获得文化教育上的进一步的推动力量，就成为边区社会发展中异常重要的问题"⑥。

---

① 华东师范大学教育系. 中国现代教育文选. 北京：人民教育出版社，1989：604-605.

② 程今吾. 新教育体系. 重庆：重庆时代印刷出版社，1944：69.

③ 何思颖，何光全. 程今吾与青年教育和工农教育. 当代继续教育，2018（5）：封底.

④ 《江隆基教育论文选》编辑委员会. 江隆基教育论文选. 西安：陕西人民出版社，1981：29.

⑤ 同④81.

⑥ 同④30.

2. 系统阐述教育的重要任务

全面抗战爆发后，国内形势的发展要求党的教育工作要服务于争取抗战胜利的总目标。1937 年 8 月，《中国共产党抗日救国十大纲领》提出抗日教育方针，即"改变教育的旧制度旧课程，实行以抗日救国为目标的新制度新课程"①。在党的教育政策指导下，成仿吾、徐特立、江隆基等中共马克思主义教育理论家集中阐述了抗战时期我们党的教育的重要任务和作用。

20 世纪 30 年代末 40 年代初，马克思主义教育家成仿吾先后创办了陕北公学、华北联合大学、华北大学等不同时期的著名学府，并在《陕北公学的新阶段》《华北联大的任务与工作》《半年来的陕北公学》《华北联大三年的回顾与展望》等文章中，运用马克思主义教育理论对抗战教育的主要任务进行了详细阐述。他认为陕北公学设立的目的是教育青年"到抗战的各个方面，使他们能够发挥自己的伟大力量，加强整个民族抗战的力量"②。陕北公学的教育方针是坚持抗战，坚持持久战，坚持统一战线，实行国防教育，培养抗战干部。教育内容是中国共产党关于抗战的路线、方针、政策和基本理论，领导武装斗争的基本知识以及对时局的认识。华北联合大学的任务是通过"培养大批的华北的地方干部"和"提高华北人民的抗战觉悟与文化科学知识水平"来"坚持华北的抗战"③。

徐特立、江隆基等人在历史唯物主义和辩证唯物主义指导下对全面抗战时期的教育问题进行过详细阐述。1942 年 7 月，徐特立在《解放日报》发表《抗战五个年头中的教育》，指出辩证唯物论成为极时髦的刊物论题，强调抗战是全面战争、总力战，在军事、政治、文化等各个方面进行残酷的斗争，在思想方面树立坚强壁垒，纠正一切不利于团结抗战的思想，即反统一战线和反劳动人民的思想。在文化教育方面，其实质就是民族解放的革命教育与奴化教育和反团结抗战教育做坚决的斗争，强调我们的军事技术和生产技术虽然落后，但能支持五年抗战，就

① 中共中央文献研究室，中央档案馆. 建党以来重要文献选编（1921—1949）：第 14 册. 北京：中央文献出版社，2011：477.

② 中央教育科学研究所. 成仿吾教育文选. 北京：教育科学出版社，1984：15-16.

③ 同②26.

靠我们有思想上的武器和政治上的武器，用来武装广大群众的头脑①。

1941 年 7 月，长期在陕甘宁边区从事新民主主义教育领导工作的江隆基在华北联合大学成立二周年时写了《在新民主主义教育的旗帜下前进》一文，指出：

> 今天的中国存在着三种不同的社会。在敌占区，是日本帝国主义所占领的殖民地社会；在国民党统治区，是帝国主义官僚买办资产阶级和大地主阶级统治的半殖民地半封建社会；在抗日革命根据地是摆脱了帝国主义的奴役，废除了封建压迫，人民大众获得民主和自由的新民主主义社会。
>
> 在三种不同的社会里，存在着三种不同的政治和经济，也存在着三种不同的文化和教育：在沦陷区是以宣扬"王道"与培植顺民的日本帝国主义的奴化教育，在国民党统治区是以复古倒退、反共、投降为特征的奴化与半封建教育，在抗日革命根据地则是以民族解放与社会解放为目标的新民主主义的抗战教育。②

他提出教育必须为抗战服务，"在抗日革命根据地则要实施以民族解放与社会解放为目标的新民主主义的抗战教育"③，指出"教育战线上的斗争，是整个革命斗争的一个重要方面"，"以新民主主义教育为标帜的各级学校，以崭新的战斗姿态出现于各个抗日民主根据地"④，对帝国主义的奴化教育、顽固派的半封建教育进行了有效进攻。他坚持用历史唯物论的方法去研究教育问题，对新民主主义教育的原则和方法做出了创新性阐述，认为学习马克思主义是为了解决抗战与革命的实际问题，"要把马列主义中国化、具体化，使马列主义的立场、观点与方法和新民主主义的教育内容辩证地统一起来"⑤。对于新民主主义教育所承担的主要任务，江隆基指出，"在抗战当中和抗战胜利以后，都要担负起建设新民主主义共和国的任务"，"在它的炉火中锻炼出来的干部不仅是英勇的抗日战士，而且是优秀的建国干部"⑥。

---

① 华东师范大学教育系. 中国现代教育文选. 北京：人民教育出版社，1989：89-90.
②③ 江隆基. 在新民主主义教育的旗帜下前进. 晋察冀日报，1941-07-04.
④ 同①574.
⑤ 江隆基. 反对教条主义，贯彻理论与实际一致的原则. 晋察冀日报，1942-07-04.
⑥ 同②.

3. 重视党的干部理论教育

在全面抗战时期，随着中共领导的根据地的发展壮大，也为了满足同国民党政治斗争的客观需要，需大力加强干部教育。在长期从事教育问题的探索和实践中，我们党结合实际情况，制定了正确的干部教育方针政策，在抗战建国的教育实践中取得了很大成效。当时许多马克思主义教育家以马克思主义教育理论为指导，对党领导实施的干部教育问题从理论上进行了认真思考和系统总结，进一步丰富了马克思主义教育理论。

一是阐述了党的干部教育的主要内容、指导方针与基本方法。1941年5月，毛泽东在《改造我们的学习》中提出党员干部要学有所用、学以致用，在中国革命环境和世界革命环境中来一次学习的改造。毛泽东强调指出："对于在职干部的教育和干部学校的教育，应确立以研究中国革命实际问题为中心，以马克思列宁主义基本原则为指导的方针，废除静止地孤立地研究马克思列宁主义的方法。"[1] 该时期毛泽东还特别注意对教学方法问题的探讨，1944年3月，毛泽东在《关于陕甘宁边区的文化教育问题》中强调，要采取灵活的教学方法，"教员要根据学生的情况来讲课。教员不根据学生要求学什么东西，全凭自己教，这个方法是不行的。教员也要跟学生学，不能光教学生。现在我看要有一个制度，叫做三七开。就是教员先向学生学七分，了解学生的历史、个性和需要，然后再拿三分去教学生"[2]。对于教育类型与教育内容，毛泽东强调指出：

> 现在的教育，一个是普通教育，包括社会教育、识字教育；再一个是干部教育。有了这两种教育，就可以把整个边区变作一个大学校，每一个乡就是一个学校。所有的老百姓和干部都在这个大学校里学习生产，学习文化。[3]

二是系统总结我们党进行干部教育的宝贵历史经验。延安时期，李维汉担任过陕北公学校长、中央党校校长、中央干部教育部副部长、中央宣传部副部长等职，致力于党的理论宣传和干部教育工作，在教育理

① 毛泽东. 毛泽东选集：第3卷. 2版. 北京：人民出版社，1991：802.
② 毛泽东. 毛泽东文集：第3卷. 北京：人民出版社，1996：116.
③ 同②117.

论和教育实践上做出过重要贡献。他在《延安在职干部一年来学习经验总结》《怎样开展延安在职干部的学习》《要清算干部教育中的教条主义》等文章中，对我们党的干部教育进行了深刻思考和系统总结。1940年6月，李维汉在《解放》周刊上发表了关于总结延安在职干部教育的《延安在职干部一年来学习经验总结》一文，他肯定了党的在职干部教育取得的成绩，指出"学习的制度和学习的习惯有了初步的养成，学习的方法有了初步的建立。平均每天两小时的学习，在大多数同志间有了保证"；探讨了在职干部学习过程中面临的认识问题、决心问题、方法问题，强调革命并不是"蛮干"或"盲干"，只有在革命理论指导下的斗争，才是革命运动；指出了未来在职干部教育的重要内容，包括要加强指导，要加紧对时事政治的研究，要加强对丙类干部的帮助，等等。除了肯定已取得的成绩外，还发现少数干部对学习的重要性认识不够，把日常工作和学习对立起来等。这一段学习是有成绩的，各类干部基本上学完了一门课程，学习习惯逐渐养成了，学习兴趣提高了，自习能力加强了。检查结果表明，延安在职干部的学习制度已经建立起来，学习运动掀起了高潮①。

李维汉尤其强调要加强对时事政治问题的学习与研究，他提出了六条学习方法：

> 第一，加强时事研究会的工作，它必须按时地作出提纲，把它发布下去以供研究，或派出报告人，分途作报告。第二，有计划地组织时事政治的讲演。第三，党的支部（或小组）每月必须举行时事政治问题的讨论会。行政上负领导责任的同志必须分别出席指导。第四，每个干部对于党报上关于时事政治的主要文章，必须阅读和研究，必要时，须经过支部的讨论（分别的或综合的）。第五，学习的检查，必须把研究时事政治的成绩放在重要地位上来。学习的测验，也须列入时事政治的课题。第六，时事政治问题的讲演和研究，应插入战争的问题。②

在《要清算干部教育中的教条主义》一文中，李维汉根据《中共中央关于延安干部学校的决定》和《中共中央关于在职干部教育的决定》，揭露了延安抗日民主根据地干部教育中存在的严重教条主义倾向，分析

---

①② 罗迈. 延安在职干部一年来学习经验总结. 解放，1940（110）.

了教条主义的危害，指出在党的干部教育过程中要努力克服长期以来教条主义的影响，认为"教条主义是干部教育中的主要敌人"，强调对于我们共产党人，教育工作有一个根本原则，那就是"一切的教和学，首先要从革命的实践和实用出发，干部教育的目的，应该首先是为了增强干部领导革命和从事革命工作的本领"①。

　　总之，在新民主主义革命时期，中国哲学社会科学工作者在马克思主义辩证唯物史观指导下，灵活运用马克思主义教育理论，初步构建起马克思主义教育学学科体系、学术体系和话语体系。他们根据马克思主义辩证唯物主义和历史唯物主义详细阐明了教育的本质、教育的目的和教育的作用，及教育与经济、政治的关系，等等，不仅为当时的革命教育发展做出了重要贡献，而且对新中国成立以来我国教育事业的发展产生了重要影响。

七、社会学发展及其主要影响

　　"社会学"一词来自日文，在中国近代史上，严复是我国社会学的最早传播者，其翻译的斯宾塞的《社会学研究》（取名《群学肄言》），便是社会学思想启蒙的标志性读物。当时深受西方社会契约论、进化论、社会心理学等思想影响的知识分子，积极探讨研究社会结构理论，在此基础上，结合中国具体实际深入研究近代中国的社会结构和阶级结构，初步确立了马克思主义社会学，又称"唯物史观社会学"。

　　马克思主义社会学萌芽于五四时期，以李大钊、瞿秋白、陈独秀、毛泽东、李达、柯柏年、许德珩、陈翰笙等人为代表的一大批先进知识分子，在传播马克思主义的过程中将马克思主义社会学理论介绍到中国，在实践中运用马克思主义唯物史观来分析中国社会实际，深刻认识到在近代中国建构马克思主义社会学的紧迫性和重要性。他们围绕马克思主义社会学的学科性质、研究范畴、研究方法等进行了探讨，促进了马克思主义社会学分支学科和新民主主义社会理论的建

---

　　① 陕西师范大学教育研究所. 陕甘宁边区教育资料：在职干部教育部分. 北京：教育科学出版社，1981：185-186.

立与发展，在新民主主义革命实践中逐步构建起中国马克思主义社会学体系①。至 20 世纪 40 年代末，马克思主义社会学"在社会学基础理论研究、社会学应用研究及有关社会结构的理论与实证探讨等方面都取得了不少成就"②，为中国社会学的发展做出了突出贡献（详见"附录10　哲学社会科学各学科文献资料部分统计（1919—1949）"之社会学学科部分）。当前，加强马克思主义在社会学等学科中的学术话语权建设，既是社会学等学科自身发展的需要，更是当今意识形态领域博弈的必然要求。

（一）早期探索阶段（1919—1927）：马克思主义社会学中国化的开启

在第一次国共合作时期上海大学社会学系的建立，开启了马克思主义社会学中国化的历史进程。李大钊、陈独秀、瞿秋白、李达、毛泽东等早期马克思主义者，运用唯物辩证法指导社会学研究，阐述马克思主义社会学的学科性质、研究内容、研究方法等系列理论问题，标志着中国马克思主义社会学体系建构初步进入发展轨道。

该时期的代表性著述主要有：李达的《现代社会学》，李大钊的

---

①　有研究者认为，中国学术传统中并无社会学，其是在近代社会"西力东侵""西学东渐"的过程中传入中国的。在此背景下，当其引进时，从作为维新派领袖的康有为、梁启超、谭嗣同对社会学间接的介绍，到严复、章太炎首次系统的引入，乃至五四运动前后马克思主义唯物史观及社会学理论在中国的广为传播，不同来源的社会学思潮更多地被中国知识分子当作救国救民的"真理"，而相对淡化了其学理色彩。中国留学生群体在这一时期的学成归国极大充实了社会学的专业队伍，其中，留美生更是以其从数量到素质的绝对优势成为传播并发展社会学的主体。社会学真正作为一门独立学科的建立是在 19 世纪末 20 世纪初，而传入中国几乎是同一时期。早期传播西方社会学的，有维新派诸领袖。1902 年，由章太炎译的日本学者岸本能武太的《社会学》一书由广智书局出版，成为国内社会学的最早译本。至五四运动前后，国内出现了研习西方社会学的热潮，其特点是大量翻译和介绍西方社会学。在引进西方社会学的队伍中，绝大多数是留学生，初期引介者主要是留日生。19 世纪 90 年代末，日本的一般学校已设立社会学课，法政及师范学校里更为普遍。早期留日生多攻读法政、经济，他们翻译了大量社会学专著，成为中国传播社会学的先导。我国第一位教授社会学的教授康心孚就是学法政的留日生。康心孚于 1916 年始在北京大学开设社会学，后来成为著名社会学者的孙本文就是从康心孚的课堂上开始了研习社会学的生涯。

——陈新华. 留美生与 20 世纪二三十年代的中国社会学. 社会科学研究，2003（2）：118.

②　郑杭生，李迎生. 中国社会学史新编. 北京：高等教育出版社，2000：151.

《史学要论》《唯物史观在现代社会学上的价值》，杨明斋①的《评中西文化观》，蔡和森的《社会进化史》《中国共产党史的发展》，瞿秋白的《社会哲学概论》《社会科学概论》《现代社会学》，陈独秀的《马尔塞斯人口论与中国人口问题》《中国农民问题》《女子问题与社会主义》《中国国民革命与社会各阶级》，恽代英的《中国民族革命运动史》，等等。此外，该时期还有许多跟社会学有关的翻译著作，例如，许德珩译的法国社会学家涂尔干的名著《社会学方法论》（1924 年译，1925 年 9 月商务印书馆出版）等。

1. 重视唯物史观的社会学运用

五四运动前后，《共产党宣言》《社会主义从空想到科学的发展》等

---

①　杨明斋（1882—1938），山东平度马戈庄人，本名好德，明斋为字，是中国共产党上海发起组织社会主义青年团的筹建者之一，是中国共产党创立时期著名的革命活动家，与李大钊、陈独秀、张国焘等人一起工作过，对党的早期事业做出过重大贡献，周总理赞誉他为我党历史上受人尊敬的"忠厚长者"。1901 年辗转到海参崴做工谋生，1908 年以后在西伯利亚地区边做工边读书，与在那里从事开矿、修路等繁重劳动的华工联系密切，积极参加了布尔什维克党领导的工人运动，并被推选为华工代表。十月革命前，他加入列宁领导的布尔什维克党，曾被派到帝俄的外交机关当职员，秘密为党工作。1920 年 3 月，以维金斯基为代表的共产国际工作组到中国活动，杨明斋为小组成员，担任翻译和协调工作，他们先后多次在北京向李大钊建议南下到上海与陈独秀等共产主义者会谈，决定发起建立中国共产党。1920 年 5 月，参与建立上海马克思主义研究会，杨明斋担任负责人。1920 年 8 月中旬，杨明斋和陈独秀、李汉俊、李达等人在上海法租界老渔阳里 2 号《新青年》编辑部正式成立了"中国的第一个共产党组织"，取名为"中国共产党"，陈独秀为书记。他参与决定将《新青年》杂志改为发起组织的机关刊物，并创办《共产党》月刊，宣传马克思主义和十月革命的经验。在此期间，他陪同维金斯基往来于北京、上海、济南等地，推动各地共产党组织的建立。1920—1921 年，他具体安排刘少奇、任弼时、萧劲光等 20 余人赴苏俄学习。1921 年 9 月，陈独秀由广州回到上海任中共中央局书记，成立党的支部，他为支部成员。1921 年中共一大以后，杨明斋从事党的理论教育和新闻宣传工作。1922 年 7 月，他出席了中共二大，积极参与制定党的反帝反封建纲领。后任苏联顾问团翻译，在广州做促进国共合作的工作。他先后在《工人周刊》（中共北方区委的党报）、劳动通讯社任编委，还参加了北京马克思学说研究会的工作。他以马克思主义理论研究中国思想文化，成为建党时期党内屈指可数的几个马克思主义理论家之一。1924 年 6 月出版了 14 万字的《评中西文化观》一书，批判了反对马克思主义在中国传播的复古主义思潮，在当时的思想战线产生了重要影响。1927 年大革命失败后，杨明斋奉命经上海秘密回国，到京津地区工作。在白色恐怖下，他积极进行理论思考，他用两年时间写作出版了 18 万字的《中国社会改造原理》一书，明确指出，中国"要采纳社会主义"。

——余世诚. 杨明斋：一位鲜为人知的中共创始人. 瞭望，1989（20）：22；杨明斋：周恩来眼中的"忠厚长者". 人民日报（海外版），2018-09-26；360 百科. 杨明斋. ［2021-01-05］. https://baike.so.com/doc/5879171-6092043.html.

马克思主义经典著作开始在中国传播，同时还包括《救贫丛谈》《社会问题概观》《社会问题总览》等关于马克思主义社会学理论的研究性著作，也开始为国人所认知。李大钊、陈独秀、李达等早期马克思主义者在参加革命和社会实践的过程中，将马克思主义社会学理论运用到中国，为构建中国马克思主义社会学做出了重要理论探索。

除马克思主义史学外，唯物史观同样为中国社会学理论研究提供了重要方法论指导。当时先进的知识分子运用唯物史观，将生产力与生产关系、经济基础与上层建筑的关系原理运用于分析社会结构，深刻揭示了社会关系的本质特征。较早运用唯物史观研究社会学的当属李大钊①，他在《马克思的历史哲学与理恺尔的历史哲学》（1920）、《唯物史观在现代史学上的价值》（1920）、《唯物史观在现代社会学上的价值》（1920）、《史观》（1920）、《史学要论》（1924）等多篇论著中都用马克思主义唯物史观观察与分析中国社会。

他们重视马克思主义唯物史观，将其作为马克思主义社会学的重要方法论指导。李大钊是我国最早阐述马克思主义社会学理论的进步知识分子之一，"五四时期中国马克思主义社会学处于创建阶段。李大钊宣传马克思主义为中国马克思主义社会学的创建提供了理论指导，同时对西方的社会学进行研究，用马克思主义考察中国社会问题，从而为中国马克思主义社会学的创建做出了历史性的贡献。李大钊是中国马克思主义社会学的开创者"②，他在《我的马克思主义观》《唯物史观在现代史学上的价值》《马克思的历史哲学与理恺尔的历史哲学》等众多著述中详细介绍了马克思主义唯物史观，并将之用来指导中国的社会学研究，希望能够在中国建立"一种新型的社会学——用马克思主义指导的社会学"③。在《我的马克思主义观》中，李大钊指出马克思"历史观的纲要"体现于"一八四七年公刊的《哲学的贫困》，及一八四八年公布的《共产者宣言》"，而"《经济学批评》的序文"则以一定公式表达了他的历史观，至于《资本论》则是"彻头彻尾

---

① 卢汉龙，彭希哲. 二十世纪中国社会科学：社会学卷. 上海：上海人民出版社，2005：18.

② 吴汉全. 李大钊与中国马克思主义社会学的创建. 河南师范大学学报（哲学社会科学版），2002，29（4）：93.

③ 吴汉全. 中国马克思主义学术史概论：1919—1949：上册. 长春：吉林人民出版社，2010：347.

以他那特有的历史观作基础"①。李大钊在《唯物史观在现代史学上的价值》一文中尤其强调唯物史观方法论对社会学研究的重要指导，提出"'唯物史观'是社会学上的一种法则"②。李大钊阐述了唯物史观对社会学的指导意义，强调唯物史观把以往历史家、历史哲学家"多年所推崇为非常重要的外部的社会构造，都列于第二的次序"③。唯物史观指导下的社会学完全不同于旧社会学，"社会学得到这样一个重要的法则，使研究斯学的人有所依据，俾得循此以考察复杂变动的社会现象，而易得比较真实的效果。这是唯物史观对于社会学上的绝大贡献，全与对于史学上的贡献一样伟大"④，同时，是把唯物史观当作一种社会历史哲学来批判资产阶级的社会学。

李大钊重视唯物史观在社会学发展中的重要指导作用，为马克思主义社会学理论在我国的早期建构做出了重要贡献。"李大钊的社会学思想的一个重要内容是紧密联系当时中国社会的实际，回答人们对社会学的种种偏见与误解，阐明社会学的基本思想内容。"⑤该时期陈独秀、瞿秋白、李达等早期马克思主义者也强调唯物史观在社会学中的指导作用，推动了时人对马克思主义社会学思想的理解和运用。

该时期出现了以唯物史观为指导的"社会进化史"著述，代表性著作有蔡和森的《社会进化史》（1924）、张伯简的《社会进化简史》

---

① 中国李大钊研究会. 李大钊文集：第 3 卷. 北京：人民出版社，1999：23.

②③ 同①316. 李大钊在《唯物史观在现代史学上的价值》一文中强调，"'唯物史观'是社会学上的一种法则，是 Karl Marx 和 Friedrich Engels 一八四八年在他们合著的《共产党宣言》里所发见的。后来有四种名称，在学者间通用，都是指此法则的，即是：（1）'历史之唯物的概念'（'The Materialistic Conception of History'），（2）'历史的唯物主义'（'Historical Materialism'），（3）'历史之经济的解释'（'The Economic Interpretation of Histories'）及（4）'经济的决定论'（'Economic Determinism'）。在（1）、（2）两辞，泛称物质，殊与此说的真相不甚相符。因为此说只是历史之经济的解释，若以'物质'或'唯物'称之，则是凡基于物质的原因的变动，均应包括在内，例如历史上生物的考察，乃至因风土、气候、一时一地的动植物的影响所生的社会变动，均应论及了。第（4）一辞，在法兰西颇流行，以有倾于定命论、宿命论之嫌，恐怕很有流弊。比较起来，还是'经济史观'妥当些。Seligman 曾有此主张，我亦认为合理，只以'唯物史观'一语，年来在论坛上流用较熟，故仍之不易"。

④ 同①326.

⑤ 吴汉全. 李大钊与中国马克思主义社会学的创建. 河南师范大学学报（哲学社会科学版），2002，29（4）：95.

（1925）和廖划平的《社会进化史》（1926）等，当时在国共合作之际，出于思想政治工作需要，这些早期留学苏联的共产党员知识分子"借鉴苏联社会发展史宣教经验，使用'社会进化史'的流行提法，开始编著唯物史观社会进化史著作"①。

马克思主义社会学是从生产力与生产关系、经济基础与上层建筑相互关系的辩证运动中来解释人类社会演进的客观规律。马克思主义社会学者们积极介绍和宣传唯物史观，推动马克思主义社会学理论在中国的传播。李大钊在《我的马克思主义观》《唯物史观在现代社会学上的价值》等文章中指出马克思以"物质的生产力"为最高动因，强调"经济构造是社会的基础构造，全社会的表面构造，都依着他迁移变化"②。"新道德既是随着生活的状态和社会的要求发生的——就是随着物质的变动而有变动的——那么物质若是开新，道德亦必跟着开新，物质若是复旧，道德亦必跟着复旧。因为物质与精神原是一体，断无自相矛盾、自相背驰的道理。"③ 陈独秀在《共产党》月刊中的《短言》《社会之历史的进化》等文章中，对马克思主义社会学理论进行了较为系统的介绍和研究，他立足于马克思主义唯物史观，强调"经济的改造自然占人类改造之主要地位"④。对于社会财富的分配，他强调工业时代"社会上的资产，多为少数资本家所占有，于是社会一般平民，都降为无产阶级"⑤。

2. 对马克思主义社会学理论体系的学理性阐释

该时期，李大钊、陈独秀、瞿秋白、李达等早期马克思主义者，在当时社会发展实践中深刻认识到构建中国马克思主义社会学体系的重要性，积极撰写著述，对之进行了学理性阐释。

瞿秋白强调要在中国建设以马克思主义为指导的社会学体系。他在上海大学授课的讲义——《社会哲学概论》《社会科学概论》《现代社会学》，成为我国马克思主义社会学的奠基之作。因此，有研究者认为，瞿秋白的"三讲义"标志着"运用唯物史观建立科学社会学体

---

① 谢辉元. 进化史观与中国马克思主义史学撰述的诞生. 中国史研究，2020（3）：66.

② 中国李大钊研究会. 李大钊文集：第3卷. 北京：人民出版社，1999：21.

③ 同②116.

④ 陈独秀. 陈独秀文集：第2卷. 北京：人民出版社，2013：76.

⑤ 同④384.

系的肇始"①。他在《现代社会学》②中通过阐释马克思主义的社会学来说明人类社会发展是有规律的，他提出了建设以马克思主义为指导社会学体系的主张。"社会之中问题，一天一天的难解决起来……非有一纪律完整的科学从根本上研究不可。"③他的《现代社会学》共有 5 章内容，分别是关于"社会学之对象及其与其他科学的关系""社会科学之原因论与目的论""有定论与无定论""社会现象之互辩律""社会"等方面的内容。对于社会学的定义，瞿秋白认为，"社会学乃是研究人类社会及

---

①　田子渝，等. 马克思主义在中国初期传播史：1918—1922. 北京：学习出版社，2012：167. 有研究者认为，20 世纪初期进步知识分子致力于实现马克思主义不同子学科之间的融通。五四时期中国马克思主义者对马克思主义理论的介绍和研究，一方面注重把握马克思主义不同学科之间的边界，力图在研究中体现各学科的特色；另一方面又注重从整体上把握马克思主义的思想体系，努力实现各子学科的研究系统在马克思主义研究总范式下的整体融合。从学术创作的主体来看，五四时期中国早期马克思主义者多为试图比较全面地研究马克思主义不同学科的"通才"，像李大钊、陈独秀、李达、瞿秋白、恽代英、蔡和森等都是对马克思主义哲学、历史学、政治学、社会学、经济学等具有开创性和奠基性研究的知识分子。可以说，由于中国马克思主义创作群体具有广阔的学术视野、深厚的学术积淀、多领域的学术研究，马克思主义学术在他们身上实现了多学科的融合发展。从五四时期马克思主义学术著作来看，大多涉及多方面多领域多学科的知识。例如：李大钊的《史学要论》既是中国马克思主义史学的奠基性著作，又对社会学、哲学尤其是历史哲学进行了相关研究；蔡和森的《社会进化史》既可以看作社会学著作，又关涉大量的社会史、人类学、政治学的研究；瞿秋白的《现代社会学》既是一部社会学著作，又是中国马克思主义哲学史上的重要著作，《社会科学概论》同样是一部以马克思主义观点整体介绍马克思主义不同学科的重要著作；等等。从各学科的研究范式来看，马克思主义各分支学科既有自身的研究特色，又在世界观和方法论、研究目的、实践基点等方面具有共同的指向。可见，五四时期中国马克思主义学术体系的建构初步呈现出马克思主义不同子学科之间相互融通的特点。
　　——吕惠东. 五四时期建构中国马克思主义学术体系的探索. 毛泽东研究，2019（3）：68.
②　长期以来，由于缺乏全面深入的研究，学界对《现代社会学》的文本性质产生了很大争议，大致可概括为以下四类观点：其一，《现代社会学》是瞿秋白的原创性著作，持这种观点的学者有安启念、陈铁健等。其二，《现代社会学》是参考布哈林《历史唯物主义理论》一书而写成的，持这种观点的学者有庄福龄、姚守中等。其三，《现代社会学》参考的不是《历史唯物主义理论》，而是其他著作，持这种观点的学者主要是丁守和。其四，《现代社会学》是对《历史唯物主义理论》的转译性著作，黄楠森、田子渝、杨春贵等持这种观点。尽管《现代社会学》是一部转译性著作，但瞿秋白在转译过程中已经注入了自己的理解和创新，使之富有中国特色和中国风格，对国人了解苏俄马克思主义研究的最新成果做出了重要贡献。对这些特点的把握，有助于澄清粗枝大叶的研究所带来的误说，进而深化我们对马克思主义早期传播的研究，提高马克思主义早期传播的研究水平。
　　——路宽. 瞿秋白的《现代社会学》：马克思主义早期传播的典范之作. 理论学刊，2015（12）.
③　瞿秋白. 瞿秋白文集：政治理论编：第 2 卷. 北京：人民出版社，1988：396.

其一切现象，并研究社会形式的变迁，各种社会现象相互间的关系，及其变迁之公律的科学"①。他将社会学与生物学、心理学等学科进行了对比，阐明了社会学所研究的现象"是其他科学所不能研究的"，社会学的存在是有"确实的根据"的②。对于社会学的研究方法，瞿秋白在其所著的"社会科学中之唯物论"部分中详细对比了唯心论和唯物论两种社会学研究方法，明确提出"能解释社会现象的，确是唯物论"③。由此，瞿秋白提出了建立中国马克思主义社会学体系，他于 1924 年出版的这部《现代社会学》为 1926 年李达的《现代社会学》做了重要开拓性工作。

瞿秋白的《现代社会学》对于传播辩证唯物主义做出了很大贡献，围绕辩证法中的原因和结果、必然性和偶然性、对立统一规律和质量互变规律、整体和部分的辩证关系、联系的观点、系统的观点等进行了详细阐述，倡导以此建构系统的社会学体系。1924 年 10 月，上海书店出版了瞿秋白的《社会科学概论》④，该著作全面系统地介绍了马克思主义关于社会科学方面的理论。瞿秋白的《社会哲学概论》不仅仅是系统介绍与阐述马克思主义唯物论、认识论和辩证法思想的著作，还是一部重要的社会学著作。在该著作中，瞿秋白认为社会的物质存在决定社会意识，把辩证法与唯物论作为社会科学的方法论，并详细论述了原始社会的特征及阶级、国家的起源等方面的理论问题。

1918—1920 年，李达系统学习和研究《共产党宣言》、《社会主义从空想到科学的发展》、《资本论》第一卷和《国家与革命》等经典著作，开始将马克思主义唯物史观运用到社会学研究中，指出唯物史观学

---

① 瞿秋白. 瞿秋白文集：政治理论编：第 2 卷. 北京：人民出版社，1988：398.

② 同①399.

③ 同①448.

④ 该著作共有四个版本，即：1924 年 10 月上海书店版；1939 年 2 月，霞飞社再次校印版；1949 年 6 月，上海平凡书店以《社会科学十二讲》为书名刊印出版；1949 年群益出版社版。有研究者认为，《社会科学概论》的版本是值得研究的，因为这不仅仅是个技术问题，深入研究不同的版本会有助于对作者的思想进行研究。每个版本的印行数也可以从侧面反映此书的社会效果及其影响，如"群益版"的"发行人吉少甫"为什么在上海解放后的第二个月就发行出版此书呢？诸如此类的问题都是值得研究的。只要掌握得好，此书的版本研究是可以促进深入研究瞿秋白著作和他的重要思想的。

——俞明芳. 关于瞿秋白《社会科学概论》（群益版）中的几个问题. 上海师范大学学报（哲学社会科学版），1990（3）：100.

说"在社会学上之价值，实可谓空前绝后"①。他于1926年出版的用文言文写成的《现代社会学》一书，围绕社会学之性质、社会之本质、社会之改造、社会之起源、社会之发达、家族、氏族、国家、社会意识、社会之变革、社会之进化、社会阶级、社会问题、社会思想、社会运动、帝国主义、世界革命、社会之将来等②，阐述了唯物史观和科学社会主义的基本原理，被称为中国人自己写的最早的一部联系中国革命实际系统论述唯物史观的专著，重点强调了唯物史观方法论对社会学研究的指导意义，认为马克思"固未尝以社会学者自称，亦未尝仿照普通社会学另立一系以研究社会，然就唯物史观说考之，其能对于社会历程为深刻之分析，而攫得社会内部之理法，实为从来社会学者所未有"③。李达也强调要建立马克思主义社会学体系，"本书认唯物史观说于社会学有充分之真理，爰立为根据，别建一体系以研究之"④。李达在书中明确指出，历史唯物论是一门社会科学，即马克思主义社会学。

3. 阐述马克思主义社会学研究的基本理论问题

李大钊、李达、瞿秋白等早期马克思主义者在思考构建中国马克思主义社会学时，提出了社会学研究的基本理论问题，如学科性质、学科定位、研究对象、研究方法等，他们重视将马克思主义唯物史观运用于社会学理论研究，用之分析中国现实社会问题，并对这些问题进行了学理上的探讨。

对于社会学的研究目的、研究方法和研究对象等，李达在《现代社会学》一书中做了详细探讨⑤。他明确指出历史唯物论是一门社会科学，即马克思主义社会学。该书是当时国内较早系统阐述历史唯物主义和科学社会主义的著作，全书围绕中国马克思主义社会学体系内容，阐释了社会学的

---

①　汪信砚. 李达全集：第4卷. 北京：人民出版社，2016：4.

②　卢汉龙，彭希哲. 二十世纪中国社会科学：社会学卷. 上海：上海人民出版社，2005：19.

③④　同①12.

⑤　李达的《现代社会学》于1926年出版后，在社会上引起了巨大的反响，当时的革命者"差不多人手一册"，仅仅7年，便印行了14版。《社会学大纲》是李达在北平大学法商学院任教授时的名著，1935年北平大学法商学院将其作为讲义首次印行，1937年5月，由上海笔耕堂书店出版，同年再版3次。1937年5月，在上海出版《社会学大纲》，毛泽东详读了此书并做了眉批，将其誉为"中国人自己写的第一本马克思主义哲学教科书"，号召党的高级干部学习此书。

性质、社会的本质、社会的构造、社会起源、家族、氏族、国家等，力图以此构建马克思主义社会学体系。对于社会学的定义，李达认为，"社会学者，研究社会历程及其理法，并推知其进行之方向，明示改造方针之科学也"①。对于马克思主义社会学的研究目的、研究方法、研究对象等，李达指出，社会学研究目的在于"探求社会进化之原理"，研究方法在于"追溯过去以说明现在，更由现在以逆测将来"②。

李大钊是中国马克思主义社会学发展与建构的重要开拓者，当前学界认为，李大钊对中国马克思主义社会学的贡献表现为，"运用唯物史观研究中国社会现实问题，开拓马克思主义社会学中国化的道路"③。李大钊所关注的社会学研究对象，在今天看来依然是该学科的重要关注点。譬如，他关注社会宗教问题、童工问题、烟酒问题、自杀问题等诸多社会现象并进行深入研究。对于自杀问题，当年李大钊对该社会问题做了比较深入的研究，他写的《原杀（暗杀与自杀）》（1913年）、《青年厌世自杀问题》（1919年12月）、《论自杀》（1922年1月）等系列文章，都是该领域研究的代表作。李大钊从社会制度层面上深刻剖析了自杀的深层次原因，李大钊的《论自杀》这篇1.3万多字的文章，分十个部分对自杀进行了系统而全面的研究。《论自杀》征引大量有关自杀的统计数据、中外学者关于自杀的论述，是五四时期少有的运用马克思主义理论研究自杀问题的有分量的社会学研究的学术论文④。

农村、农业和农民（"三农"）问题也是该时期进步知识分子在社会学研究中的重要关注对象，他们注重对近代中国"三农"问题的研究。李达的《现代社会学》和李大钊的《鲁豫陕等省的红枪会》《土地与农民》等，都运用唯物史观深入研究中国农村的经济状况、农业的发展状况及农民的经济政治状况等，这给后来土地革命战争时期的进步知识分子研究农村、农业和农民问题提供了研究对象、研究方法与研究思路等。除了"三农"问题外，人口问题也是当时社会学家重点研究的问题，他们从人口问题入手探讨解决中国当时所面临的社会问题，在这方

---

① 汪信砚. 李达全集：第4卷. 北京：人民出版社，2016：17.

② 同①3.

③ 吴汉全. 李大钊与中国马克思主义社会学的创建. 河南师范大学学报（哲学社会科学版），2002，29（4）：95.

④ 同③96.

面主要以许仕廉、文公直、陈达、孙本文、柯象峰等社会学家为代表。李达在1929年写的《社会之基础知识》和《社会学大纲》，既是哲学著作，又是马克思主义社会学著作。

对于中国马克思主义社会学的研究对象，瞿秋白同样做了详细的理论探讨。"什么是社会？社会的发展或衰灭之根本原因在那里？各种社会现象相互的关系如何？此等现象的发展之原因在那里等等"①，他认为"社会学乃是研究人类社会及其一切现象，并研究社会形式的变迁，各种社会现象相互间的关系，及其变迁之公律的科学"②。对于社会学的研究方法，他主张"将辩证唯物主义作为高层次的研究方法论，在低层次方面则强调社会形式、社会问题的纵向和横向相结合、多层次的系统研究"③。

该时期的进步知识分子通过学习和研究马克思主义社会学思想，以及在此基础上进行的重要理论探索，促进了中国马克思主义社会学体系的构建。当前国内学界认为，早期的马克思主义社会学者对马克思主义社会学内涵和外延的理解，与当今社会学的含义有所区别，当时他们认为社会学几乎涵盖了一切有关社会问题的研究，并不是单纯指今天的理论社会学。此外，还有一些马克思主义者将社会学等同于唯物史观，后来随着研究的深入，逐渐明确了马克思主义社会学的内涵和外延，理论认识愈来愈走向科学化。

（二）成长发展阶段（1927—1937）：中国马克思主义社会学体系的进一步发展

该时期随着马克思主义社会学思想传播的逐步深入，毛泽东、柯柏年、李剑华、许德珩、陈翰笙、冯和法等人较为深入地论述了马克思主义社会学的学科性质、研究对象、研究方法和研究任务等，大致形成了中国社会学体系的基本理论框架，开创了包括农村社会学在内的多个社会学分支学科，初步构建起中国马克思主义社会学体系。在20世纪20年代末至30年代，为了适应国内对社会学书籍的需要，1929—1930年世界书局出版了

---

① 瞿秋白. 瞿秋白文集：政治理论编：第2卷. 北京：人民出版社，1988：397-398.

② 同①398.

③ 吴汉全. 中国马克思主义学术史概论：1919—1949：上册. 长春：吉林人民出版社，2010：393.

"社会学丛书" 15 种（包括非马克思主义社会学），具体书目如下[①]：

《社会学的领域》（孙本文）、《社会的生物基础》（吴景超）、《社会的文化基础》（孙本文）、《社会的地理基础》（黄国璋）、《社会的经济基础》（寿勉成）、《社会的心理基础》（潘菽）、《社会进化》（黄凌霜）、《人类起源》（游嘉德）、《社会组织》（吴景超）、《社会变迁》（孙本文）、《社会约制》（吴泽霖）、《农村社会学》（杨开道）、《都市社会学》（吴景超）、《社会学史纲》（李剑华）、《社会研究法》（杨开道）等。

该时期的代表性著作主要有：柯柏年的《社会问题大纲》、言心哲的《农村社会学概论》、许德珩的《社会学讲话》、冯和法的《农村社会学大纲》、吴玉章和林伯渠的《太平革命以前中国经济、社会、政治的分析》、熊得山的《中国社会史研究》、李平心的《现代社会学理论大纲》、李剑华的《社会学史纲》、林惠祥的《文化人类学》、孙本文的《社会学原理》、杨开道的《农村社会学》等等。

1. 较为深入地研究马克思主义社会学基础理论

该时期马克思主义的社会学理论得到了更为广泛的运用，社会学的学科性质、研究对象、研究范式、研究任务等学科基础理论进一步深化，为中国马克思主义社会学体系的构建奠定了重要学理基础。

一方面，这一时期的马克思主义社会学研究理论与大革命时期相比得到了更为广泛的运用。在该时期，以许德珩、柯柏年、李剑华等人为代表的哲学社会科学工作者结合中国革命实际，灵活运用马克思主义社会学理论，推动了中国马克思主义社会学研究的发展。红色社会科学家柯柏年[②]于 1933 年 8 月编写了《社会问题大纲》《怎样研究新兴社会科

---

① 陈新华. 留美生与 20 世纪二三十年代的中国社会学. 社会科学研究，2003（2）：119.

② "左联"时期，柯柏年编写和翻译了大量社会科学书籍。已搜集到的编目有：1929 年，柯柏年翻译了凯尼斯博士的《经济学方法论》；同年 9 月，他又翻译了德国工人哲学家狄慈根的《辩证法唯物论》；1930 年和 1933 年 10 月，柯柏年与吴念慈（杜国庠）、王慎名合编了《新术语辞典》《经济学辞典》；1933 年 8 月，他编写了《社会问题大纲》《怎样研究新兴社会科学》等丛书；1936 年，柯柏年编译了《世界社会科学名著精要》；上述论著都由上海南强书局出版。1932 年 4 月，柯柏年还主编中国社会科学家联盟刊物《研究》。1937 年，柯柏年编写了《辩证法唯物论》，由张鑫山出版社出版。他还编写了《日本帝国主义与第二次世界大战》，由上海昆仑书店出版。1945 年他翻译了《纪念恩格斯》。1949 年 8 月，柯柏年主编的《美国手册》在北平出版，该书成为新中国新任外交官培训的重要教材。新中国成立后，出版了《介绍共产党宣言》，参加《印度对华战争》《列宁选集》的编译工作等等。柯柏年在中国传播马克思主义和新兴社会科学方面做出了卓越贡献，是国内著名的红色社会科学家。

——谢锦澍. 著名翻译家外交家柯柏年. 潮州日报，2019-09-08.

学》等社会科学研究著作。在《社会问题大纲》一书中，他运用历史唯物主义原理分析"社会问题是什么"，他认为"社会问题是阶级的社会制度所发生的问题"，"社会问题的本质是多数的生产者被少数的非生产者所掠夺"，"社会问题是经济上的问题"，"社会问题是生产关系的问题"①，强调"要根本地解决社会问题，就要彻底地铲除阶级的社会制度"②。在"社会问题不是心理的问题"一节中，柯柏年指出人类的意识"是依倚于社会的物质条件的"，那么社会问题在本质上就不是精神问题③。这些重要论述加深了时人对马克思主义社会学的理解，进一步推动了马克思主义社会学中国化。1934年，薛暮桥以马克思《资本论》《〈政治经济学批判〉序言》和列宁《俄国资本主义之发展》中唯物史观的社会结构理论为依据，批评把生产技术、自然条件、封建剥削等当作研究对象的错误观点。1935年1月，王宜昌在《益世报》第48期"农村周刊"上发表《农村经济统计应有的方向转换》，对研究中国农村社会经济的方法进行了详细的阐述等。

另一方面，中国马克思主义社会学者论述了社会学的学科性质、研究对象、研究任务等内容。许德珩的《社会学讲话》④ 是在他担任北京各高校教授期间他的社会学讲义的基础上编著而成的，主要阐述了自然科学、社会科学及社会学各自的研究对象和研究内容、社会发展的历史及派别、社会科学的研究方法、社会的形成及其发展等一系列问题⑤。

① 柯柏年. 社会问题大纲. 上海：南强书局，1930：24-25.

② 同①7.

③ 同①10.

④ 1936年11月，《社会学讲话》由北平好望书店出版。该书是许德珩在社会学讲义的基础上编著而成的，原计划分上下两卷出版，后仅出版了上卷。上卷属绪论性质，共计5编。该书有如下4个特点：（1）按作者本意，此书为初学社会学的学生而写，因而详尽地介绍了社会科学的研究方法以及各家学者的不同理论和观点。（2）该书以讲授历史唯物主义为主要骨架，对社会学方法论有较多的论述。（3）该书明确区分了社会学与其他社会科学的研究对象。许德珩认为，社会学是给予社会诸科学以社会构成、发展、变革及其相互关联之总括的概念，而社会诸科学则以一部分现象为主要研究对象。（4）该书强调理论与应用的结合或统一。许德珩认为，社会学是理论的科学，而理论却不与应用分离；社会学是抽象的科学，而抽象却不与具体对立。

——中国大百科全书：社会学. 北京：中国大百科全书出版社，2002：336.

⑤ 卢汉龙，彭希哲. 二十世纪中国社会科学：社会学卷. 上海：上海人民出版社，2005：20.

他以历史唯物主义为视角，对社会学的学科性质、研究对象等进行了详细的阐述，为建构中国马克思主义社会学体系进行了重要理论探索，"对社会学之起源和各家社会学说——孔德、斯宾塞的社会学说、'种族斗争'的社会学说、塔尔德的社会模仿说、美国心理学派的社会学说、地理环境说、文化人类学派社会学说、新实证学派的社会学说，也都逐一评正；且从马克思主义哲学的高度来论述社会学的总体方法论即唯物辩证法，用历史唯物主义的基本原理分析了人类社会的形成和意义"①。许德珩认为，从学科性质来看，社会学既是理论的科学，又是应用的科学；既是抽象的科学，又是具体的科学。就社会学研究的对象、内容和学科性质而言，许德珩强调它们都应该是"研究人类社会的结构及其存在、发展、变更和相互关系，分析构成人类社会生活的各种因素及其性质、相互作用和关系，探求社会变革的因果关系和法则，以推知社会进行的方向，预测将来的一种学问"②。同时，他还批驳了西方学者认为的社会学与应用科学对立的观点，认为"社会科学是偏于理论的科学，偏于抽象的科学。然而在这里所谓偏于理论的科学，却绝对不是与应用科学对立的，要去另行创制一种'应用社会学'来与之对峙，偏于抽象的科学，也并不是可与具体的事物分离，要去另行创造一种'具体的社会学'来与之对峙"③。对于研究对象，许德珩指出社会学以社会为研究对象，并对"社会"的概念进行了解释，指出社会是"由复杂的数量所合成的总体"，并且由于社会生活中的人"彼此之间是相互关联、相互作用的"，所以社会这个总体"是一个有机的总集体"④。该著作融通了马克思主义方法论原则，许德珩"写这本著作时所依据的中、外参考书就有 104 种，其中包括许多马列著作，当时国内还没有中译本的，他就读法文或日文版"⑤。

---

① 陈树德. 许德珩的几本社会学译著. 社会，1986（2）：55.

② 许德珩. 社会学讲话. 北平：好望书店，1936：16.

③ 同②18.

④ 吴汉全. 中国马克思主义学术史概论：1919—1949：中册. 长春：吉林人民出版社，2010：735-736.

⑤ 同①56.

马克思主义社会学者李平心①对社会学的定义和性质也做了马克思主义的界定，他的《现代社会学理论大纲：唯物史观的社会学的基础理论》一书，为马克思主义社会学中国化做出了重要理论贡献。在该著作中，"先从社会学的性质、定义谈起，考察了社会学的发展史，辨正了孔德以来社会学诸学派及其理论的分化，明确规定社会学的范围与研究方法，继之论列社会的性质、构造、社会现象、社会过程，以及阶级、国家、家族"②。李平心分析了社会学与经济学、政治学等学科的区别，"经济学、政治学、法律学等科学是各自研究一类特殊的社会现象的，而社会学却是要研究社会生活现象的总体，求出一般的社会现象的普遍法则的"③。李平心还分析了社会学和历史学的区别，"社会学是解释并分析一切社会现象的普通形态、作用、关系、变迁的，而历史学是叙述并说明一定的时间和空间的全部社会生活历程的"，强调了社会学的研究任务包括"社会的一般的性质、社会诸现象间的互动关系、社会发展的原因和方式、社会形态变迁的法则等问题"④。

2. 马克思主义社会学对中国本土化问题的探究

该时期，思想理论界开展的关于中国社会性质问题的论战和中国社会问题的调查研究，积极探求把马克思主义社会学理论和方法运用于近代中国社会，系统研究社会性质和社会发展问题，促进了马克思主义社

---

① 李平心（1907—1966），江西南昌人，原名循钺，又名圣悦，笔名李鼎声、邵翰齐等。华东师范大学历史系教授，现代著名历史学家、社会学家，中共党员，中国民主促进会会员。1925年8月，考入上海大学社会学系，开始接触马克思主义理论和系统学习社会科学。1927年1月，受中共党组织安排肄业离校，赴浙江第六师范学校任教，并与曹亮一起编辑出版《世界月刊》，宣传马克思主义，讨论中国政治、经济和社会等问题。同年2月，在当地加入中国共产党。"四一二"反革命政变后，于6月潜归上海，继续从事党的地下活动。他在哲学、历史、政治经济学和甲骨金石文、考古学等学术领域留下了浩如烟海的论著，著译有《现代社会学理论大纲》(1930)、《中国近代史》(1933)、《生活全国总书目》(1935)、《社会科学研究法》(1936)、《国际问题研究法》(1937)、《各国革命史讲义》(1939)、《社会哲学研究》(1939)、《中国现代史初编》(1940)、《论鲁迅思想》(1941)等著译20多种。其中，《中国近代史》和《中国现代史初编》，开创了我国运用唯物史观研究中国近现代史的先河。20世纪50年代后有关中国古代史和经济学理论的研究，他也多独辟蹊径，自成一家，在学术界有着重要影响。
　　——胡逢祥. 李平心与中国近代史研究. 历史教学问题，2004（1）：68；李新冲. 求真与致用：李平心史学研究探析. 江西蓝天学院学报，2010（3）：36；360百科. 李平心.[2021-01-05]. https：//baike. so. com/doc/684442-724433. html.
　　② 陈树德.《现代社会学理论大纲》评介. 社会科学，1984（5）：62.
　　③ 李圣悦. 现代社会学理论大纲. 上海：光华书局，1930：2.
　　④ 同③3.

会学的本土化发展。

一方面，关于中国社会性质问题的论战进一步推动了马克思主义社会学在中国的发展。当时中国的社会性质问题论战、社会史问题论战以及农村社会性质论战，使理论界认清了中国的社会性质、革命性质和革命对象，促进了中国马克思主义社会学的发展。参加这次论战的一方以《中国经济》杂志为平台，代表者为王宜昌、张志澄、王毓铨等人；另一方以中国农村经济研究会主办的《中国农村》杂志为平台，参加论战的人有钱俊瑞、薛暮桥、孙冶方等。中国农村经济研究会是在中国共产党秘密领导之下的群众性学术团体，它的主要成员是中共秘密党员陈翰笙领导进行农村调查的一些人员，如王寅生①、钱俊瑞、薛暮桥、姜君辰、孙冶方、冯和法、石西民等人②。这次论战的主题主要围绕农村经济的研究方法和中国农村社会性质及其动向等几个方面展开，据参加这次论战的薛暮桥回忆，"托派的论点基本上被我们驳倒了。他们拿不出什么新的东西，也不发表什么文章了"③。论战促成了《难民的东北流亡》《黑龙江流域的农民与地主》《广东农村生产关系与生产力》等大批中国本土化马克思主义社会学理论成果的产生。

另一方面，该时期强调对社会问题的调查研究。长期以来，西方社会学关注于社会调查。马克思主义社会学者同样认识到社会调查的重要性。当年毛泽东重视对中国农村问题的调查与研究，写出《中国社会各阶级的分析》《湖南农民运动考察报告》等。在土地革命战争时期，毛泽东在社会实践过程中写成了《反对本本主义》《兴国调查》《长冈乡调查》《才溪乡调查》等系列社会调查。在《反对本本主义》一文中，毛泽东对调查研究的重要性提出"没有调查，没有发言权"④，只有向实际情况做调查，"才能洗

---

① 王寅生，字宾卿，山东阳谷县安乐镇南街村人，1923年考入聊城省立第二中学，经常阅读进步书刊，揭露列强侵华罪行，向民众进行爱国主义宣传教育。1925年10月，考入黄埔军校，不久即加入中国共产党。1926年7月，受党派遣回山东开展工作，以策应国民革命军北伐。1927年初，返回黄埔军校，适逢北伐军攻克武汉，即被派到武汉革命政府工作。蒋介石、汪精卫相继叛变革命后，王寅生随邓恩铭又回到山东，重新组建中共山东省委，被选为省委委员。1928年初，王寅生亲自发动和领导了山东著名的阳谷坡里暴动。暴动失败后，回省委工作。1928年4月下旬外出执行任务时，在济南鲁丰纱厂道口遇到山东督军张宗昌巡逻军搜查，不幸被捕，惨遭杀害，年仅23岁。

② 韩明汉. 中国社会学史. 天津：天津人民出版社，1987：92-93.

③ 中共上海市委党史研究室. 上海党史资料汇编：第2编. 上海：上海书店出版社，2018：659-662.

④ 毛泽东. 毛泽东选集：第1卷. 2版. 北京：人民出版社，1991：109.

刷唯心精神"①。调查的目的在于解决问题，"一切结论产生于调查情况的末尾，而不是在它的先头"②，社会经济调查的主要目的"是要明了社会各阶级的政治经济情况"③。毛泽东还强调无产阶级政党必须通过"时时了解社会情况，时时进行实际调查"，才能制定正确的斗争策略④。

对于社会学的研究对象，陈翰笙认为，社会学要研究中国的社会基础结构和社会生产关系，尤其是中国农村的生产关系。1929—1934年，陈翰笙、王寅生、钱俊瑞、孙冶方、薛暮桥等人运用马克思主义研究方法，对江苏、华北和广东等地农村做过两次大规模调查，当时他们社会调查的广度和深度达到了最高水平。当年陶孟和、李景汉主持的北平社会调查所和陈翰笙、王际昌主持的中央研究院社会科学研究所，都是比较有影响力的全国性调查机构，"农村调查方面，著名的有李景汉1927年对北京郊区乡村家庭进行的调查和定县社会概况调查，陈翰笙主持的1929—1934年间三江地区（江南、河北、岭南）的农村调查，言心哲1934年进行的江苏江宁县农村家庭调查。在城市调查方面，著名的有李景汉等人于1924—1925年对北京人力车夫进行的调查，陈达1926年指导清华学生进行的北京零售物价的调查，杨开道、许仕廉1928—1929年在燕京大学主持的北京清河镇社会调查。其他方面的调查，著名的有潘光旦的婚姻家庭问题调查，严景耀对晋、冀、豫、鄂、赣、皖、浙等省70个城市的监狱进行的犯罪问题调查，陈达的人口调查和人口普查，等等"⑤。杨开道强调理论研究和实地调查相结合，注重"清河实验"⑥ 等实地研

---

① 毛泽东. 毛泽东选集：第1卷. 2版. 北京：人民出版社，1991：112.

② 同①110.

③ 同①113.

④ 同①115.

⑤ 陈新华. 留美生与20世纪二三十年代的中国社会学. 社会科学研究，2003（2）：121.

⑥ 该实验主要围绕经济、社会、卫生等项目开展实施。在经济方面，通过改进当地农业生产技术、进行资金合作等方式提高了农作物的产量和农民的收入。在社会方面，发展教育事业，提高居民文化素养。在卫生方面，改善卫生条件，建立了预防保健制度等。这是历史上第一次以"社会工作"名义从事本土社会工作的活动，它推进了清河农村社区的发展，并且造就了一批社会工作人才，推进了乡村建设运动。基于此次实验，杨开道和许仕廉在1930年出版了我国第一部市镇调查报告：《清河：一个社会学的分析》。除此之外，杨开道先后参与了燕京大学、中央大学等大学农政学科方面的建设。1930年他组织成立了中国社会学社，1933年参加组建了乡村建设学会，1934年在燕京大学成立了农村建设科，1936年组织成立华北农村建设协会，1936年组建了乡村建设协进会，为推进农村社会学的研究做出了巨大贡献。

——郭占锋，吴丽娟，付少平. 论杨开道的中国农村社会建设思想. 社会建设，2019（4）：89-90.

究，认为农村社会调查方法是农村社会学步入科学之途的重要手段，"一个小规模的调查，一两个农村便可足用；而要是大规模的调查，则一定要选择好许多农村，才能够代表同体的性质，获得正确的事实"①。

言心哲②也非常注重社会调查方面的研究，他将社会学研究方法运用于农村社会和社会建设研究。他的《社会调查大纲》于1933年由上海中华书局出版，该著作"费去不少心血，收集不少材料，组成这样大一本社会调查，虽然不能说是尽善尽美，也实在是难能可贵"③。该书分为"总论"和"各论"两编，"总论"重点介绍社会调查的基础知识、调查步骤等社会学基本理论问题，"各论"分析了人口、教育、犯罪、卫生、农村、失业六个大问题的系统调查。言心哲强调社会调查的重要性，他指出：

> 现在中国社会，情形之紊乱复杂，实远甚于欧美。社会事业，百端待举。有许多人先本具有改革社会的志愿，等到一入社会便觉改革困难，不胜其烦，容易灰心绝望。我们应知道就是美国那样富强，社会生活，甚为完备，然犯罪、疾病、失业、贫穷等等仍在所不免，而如民治、教育、和平亦远不如我们理想的，所以改革社会要有毅力。社会问题日多，改革的需要亦因之日甚，用我们所学的，尽量以谋社会发展，这也是从事社会调查者，应取的一个态度。④

总之，在不同历史时期社会学者广泛研究和调查的基础上，中国马克思主义社会学逐步建立和发展起来，这对新中国成立后中国社会学的

---

① 杨开道. 农村调查. 上海：世界书局，1933：18.

② 言心哲（1898—1984），别名荣彰，湖南湘潭人，社会学家。1921年赴美留学，先后在加州阿尔托中学、太平洋学院学习。1923年入南加州大学攻读社会学和经济学，获文科硕士学位。1928—1930年在燕京大学讲授社会学课程，1931—1936年任中央大学社会学系讲师、教授，1936—1937年任广州中山大学社会学系教授，1937—1949年任复旦大学社会学系教授，兼任系主任。中华人民共和国成立后，仍任复旦大学社会学系教授。1952—1973年任华东师范大学研究部和教育系翻译，1979年10月，被聘为上海社会科学院社会学研究所特约研究员。言心哲认为，社会事业（社会工作）是社会学中的一个重要部门。他在向中国广泛介绍欧美各国社会事业概况的同时，详尽阐述了社会个案工作、社会团体工作、社区服务工作，以及社会事业人才的训练等问题。他还致力于农村问题研究，在《农村社会学概论》中阐明了农村社会学在中国的重要性及其应用等问题。主要著作有《社会调查大纲》（1933）、《农村社会学概论》（1934）、《中国乡村人口之分布》（1935）、《现代社会事业》（1944）等。

——言心哲. 社会工作，2009（10）：3；360百科. 言心哲.［2021-01-05］. https://baike. so. com/doc/1318067-1393460. html.

③ 言心哲. 社会调查大纲. 上海：中华书局，1933：5.

④ 同③10.

重新确立和发展产生了重要影响。

3. 马克思主义社会学分支学科的初步建立

该时期的进步马克思主义者运用唯物史观，从生产力和生产关系层面重视社会调查，系统研究中国社会及社会问题，初步开创了农村社会学、社会进化史、犯罪社会学、社会学史等多个社会学分支学科，初步构建了马克思主义社会学的学科体系。

一是农村社会学的发轫。该时期，以陈翰笙[①]、冯和法[②]、言心哲

---

① 陈翰笙（1897—2004），我国著名历史学家、经济学家和社会活动家，江苏无锡人。1921 年获芝加哥大学硕士学位，1924 年获柏林大学博士学位。在李大钊的影响下，逐步接受马克思主义，1932 年参加宋庆龄、蔡元培等组织的中国民权保障同盟。1949 年前，曾任北京大学史学系教授、中央研究院社会科学研究所副所长、中国工业合作国际委员会执行秘书。1949 年后，历任外交部顾问、中国对外友好协会副会长、中印友好协会副会长、《中国建设》杂志副主编、中国科学院哲学社会科学部学部委员、国际关系研究所社会学组主任等。陈翰笙早年除在大学执教外，还长期从事中国经济特别是农村经济问题的研究。1949 年前后，转向外国历史和外国经济的研究。主要著作有《五口通商与茶叶贸易》（1921）、《大国瓜分阿尔巴尼亚的阴谋》（博士论文，1924）、《人类的故事》（1925）、《国际新局面》（1926）、《封建社会的农村生产关系》（1930）、《东北的难民与土地问题》（1930）、《广东农村生产关系与生产力》（1934）、《中国的地主和农民》（英文版，1936）、《工业资本与中国农民》（1940）、《中国资本与内战》（1946）、《中国农民》（英文版，1946）、《五十年来的印度史学界》（1952）、《美国垄断资本》（1955）、《印度和巴基斯坦经济区域》（1959）、《印度莫卧尔王朝》（1979）、《陈翰笙文选》（1985）等。此外还主编《华工出国史料》（1～10 辑，1980～1984），合编《解放前的中国农村》1～3 辑（与薛暮桥、冯和法合编，1985、1986、1989）、《解放前后无锡、保定农村经济》（与薛暮桥、秦柳方合编，1988）等。

——中国科学技术协会. 中国科学技术专家传略：农学编. 北京：中国农业出版社，1999：170-172；陈翰笙同志逝世. 世界历史，2004（6）：23.

② 冯和法（1910—1997），笔名冯静远，原籍浙江嵊县，1931 年毕业于上海江湾国立劳动大学社会学系。历任《国际贸易导报》主编、上海黎明书局副总编辑，曾在中国农村经济研究会及其刊物《中国农村》工作。先后担任国立中山大学农学院专任教授，私立复旦大学、震旦大学、上海财经学院等校兼任教授。新中国成立后，任华东财委上海工商调查所所长等职，第四、五、六、七届全国政协委员（中华全国工商业联合会）。代表著作有《中国农村经济资料》（1933）、《中国瓷业之现状及其状况》（1932）等，其中《中国农村经济资料》被认为是 1949 年前的十本社会科学著作之一。1933 年，冯和法同陈翰笙、钱俊瑞、薛暮桥、孙冶方等共同发起成立了中国农村经济研究会，由陈翰笙担任理事会主席，直到 1951 年该研究会解散。1934 年，陈翰笙和冯和法等人创办了《中国农村》月刊，登载调查报告和论文，公开宣传马克思主义，并对各种非马克思主义的农村研究进行了广泛批评，由此形成了"中国农村派"。这一时期，冯和法在《中国农村》上接连发表《中国农产物的原始市场》等重要论文，对 20 世纪 20—30 年代以佃农、半自耕农为代表的中国农民生活的悲惨遭遇给予了学理的揭示。

——林昌建. 浙江民国人物大辞典. 杭州：浙江大学出版社，2013：128；渠敬东. 冯和法与农村经济社会研究. 中国社会学会，2012-06-21.

等人为代表的一些学者在马克思主义唯物史观指导下研究中国农村社会问题，为中国农村社会学的建立做出了重要理论探索。陈翰笙开展了大量社会调查研究，深入分析近代中国的"三农"问题，其代表性著作有《中国农民担负的赋税》《中国农村经济研究之发轫》《工业资本与中国农民：中国烟农生活研究》《中国的农村研究》《广东农村生产关系与生产力》《现代中国的土地问题》《中国的地主和农民》《工业资本与中国农民》等。他强调研究农村问题的重要性，指出在中国"将由次殖民地沦落为全殖民地"这样一种境况中，"救国的关键在于解决农业经济各问题"[①]。1933 年，在农村调查的基础上，陈翰笙等人共同发起成立了中国农村经济研究会。

冯和法的《农村社会学大纲》[②] 从社会生产力和生产关系的角度切入，分析了农村社会学的性质、研究意义、研究对象、研究任务与研究目的等，他强调了农村问题研究的重要性，指出"随着中国农村问题的日趋严重，对于农村社会研究的一般水准，也随之提高，必然的结果，会使过去陈旧的这方面的论述，渐趋淘汰"[③]。他运用马克思主义社会学原理明确指出农村社会学是普通社会学的一个分支学科——"农村社会学更是一种新兴的科学，是在普通社会学发展进程中所产生的一个分支"[④]。

言心哲一生从事农村社会学和社会工作研究，他的《农村社会学概论》于 1934 年由中华书局出版，该书分析了农村研究的重要价值及农村社会学的应用等问题，从社会学的学科意义上来看，该书更具代表性和权威性。

该时期国内农村社会学研究著述颇丰，需要强调是，除了马克思主义社会学理论著述外，还有运用西方社会学理论知识来研究中国农村社会学

---

① 陈翰笙. 陈翰笙文集. 上海：复旦大学出版社，1985：1.

② 早在 1929 年出版的《农村社会学大纲》，副书名为"中国农村社会研究"。全书数 10 万字，分为 3 部分 15 章。开篇便从农村社会学的性质及中国农村社会研究的基本要务出发，概述了一般农村社会学及农村社会的性质、概况、城乡差异等基本问题。第 2 部分突出重点，以中国农村社会现象为主线，描述和阐述了中国农村人口的构成与现象、农业经营、土地关系及雇佣劳动、农村金融、农产物贸易等农村社会研究的几个基本领域，特别突出了中国传统农村社会在遭遇中国现代化转变过程中所出现的各种疑难。在第 3 部分中，作者开始从农村的生产关系及其社会关系视角出发，试图摸索出农村社会之上述特质的背后所隐藏着的基本逻辑。《农村社会学大纲》一书的突出特点，是强调社会生产关系对农村社会结构所发挥的实质作用。

——渠敬东. 冯和法与农村经济社会研究. 中国社会学会，2012-06-21.

③ 冯和法. 农村社会学大纲. 上海：黎明书局，1934：自序.

④ 同③7-8.

的著作，如许仕廉①的《社会教育与社会理论》，该书侧重于社会教育的探讨。顾复编的《农村社会学》，注重对中国本土农村的描述等。杨开道②作

① 许仕廉，生于1896年，中国著名社会学家，湖南湘潭人，主要从事社会学、人口学的调查研究与教学工作。早年留学美国，获艾奥瓦大学哲学博士学位。1924年回国后，任国立武昌师范大学教授。1925年，许仕廉发表了《对于社会学教程的研究》一文，批评了国内社会学教学中不注重实地考察以及忽视社会服务两个缺陷。同年任燕京大学社会学系教授，1926年任系主任，先后聘任燕京大学社会学系系主任的中国教师有王文豹（主讲"犯罪学"）、杨开道（主讲"农村社会学"等课程）、李景汉（主讲"社会调查与研究方法"）、章元善（主讲"实地工作"）、林东海（主讲"社会立法""社会与工业"）、吴文藻（主讲"社会学原理"等课程）、张鸿钧（主讲"社会行政"等课程）、严景耀（主讲"犯罪学"及"监狱行政"等课程）、雷洁琼（主讲"社会福利事业"等课程）、关瑞梧（主讲"个案工作方法"等课程）、高君哲（主讲"社会服务概论"）、黄迪（主讲"城市社会学"）等。许仕廉提出应当以科学方法研究中国社会，并为中国提供"完全中国化的、科学的"社会服务，即燕京大学社会学在培养人才之外，还要用科学的方法研究中国，并提供中国化、科学化的社会服务。1927年创办《社会学界》年刊，1928年主持创办清河实验区，1930年参与成立中国社会学社，曾任副理事、理事、《美国社会学及社会研究杂志》特别编辑。1931年，赴美讲学，任芝加哥大学社会学系研究导师。1932年任外交部参事、条约委员会委员。1933年任伦敦及意大利人口问题研究委员会驻华通讯员，又应实业部聘请参与农村建设委员会的设计工作。1934年被任命为银价委员会主席、高约研究委员，抗战前夕赴美定居。主要著作有《文化与政治》《一个市镇调查的尝试》《社会教育与社会理论》《中国人口问题》《人口论纲要》等。其中，《中国人口问题》一书阐述了中国人口密度、人口性别比例及年龄分配、中国人口的婚姻状况及职业分配、中国人口的迁徙、中国人口的品质等问题，是中国早期研究人口问题的代表作之一。
——齐钊. 许仕廉对社会学中国化的贡献. 中国社会科学报，2016-05-30；彭秀良. 许仕廉：民国时期的社会工作教育家. 中国社会工作，2016（3）：26.

② 杨开道（1899—1981），号导之，湖南新化人，南京高等师范农科学院毕业，社会学家。1920年2月，进入沪江大学预科部学习，同年9月考入南京高等师范农科学院。1924年6月大学毕业，8月赴美留学，先后在艾奥瓦农工学院和密歇根农业大学学习农村社会学，分别于1925年和1927年获得硕士和博士学位。1927年4月回国后，先后任大夏大学、复旦大学、中央大学农学院社会学教授，燕京大学社会学教授兼系主任、法学院院长。1928年组织燕大社会学系学生到清河镇调查，并于1930年在清河镇建立实验区，同年组织发起成立中国社会学社。中华人民共和国成立后，历任武汉大学农学院院长、华中农学院（现为华中农业大学）筹委会主任和院长、中国科学院湖北分院筹委会副主任、湖北省图书馆馆长和研究员。杨开道长期致力于农村社会学的教学和研究，他认为，狭义的农村社会学是一种特殊的纯粹社会科学，所研究的是农村社会的全体、常态、基本现象；农村社会问题是研究农村社会的变态和农村社会的局部，是一种应用科学。广义的农村社会学，包含农村社会问题和纯粹农村社会学，既是一种特殊的纯粹社会科学，同时也是一种应用社会学。在农村社会学的研究方面，他强调理论研究和实地调查相结合，主张用科学的方法研究中国的农村，使专家服务于农民，农民依靠专家，达到改良农村组织、增进农民生活的目的。主要著作有《农村社会学》（1929）、《新村建设》（1930）、《社会学研究法》（1930）、《社会学大纲》（1931）、《农场管理学》（1933）、《农场管理》（1933）、《农业教育》（1934）、《中国乡约制度》（1937）、《农村问题》（1937）、《农村社会》（1948）等。
——郭占锋，吴丽娟，付少平. 论杨开道的中国农村社会建设思想. 社会建设，2019（4）：88-89；邱泽奇. 杨开道先生与他的农村社会学工作. 社会学研究，1987（5）：25-26；马威. 杨开道学术研究综述. 华中农业大学学报（社会科学版），2009（2）：39-43；林闽钢，王刚. 社会保障教学和研究的历史追溯：以国立中央大学和金陵大学为基点. 社会保障研究（北京），2013（3）：68；360百科. 杨开道. [2021-01-05]. https://baike. so. com/doc/7548165-7822258. html.

为中国第一位农村社会学博士，长期致力于农村社会学研究，除了著有《农村社会学》《农村问题》《中国乡约制度》《农村社会》等学术著作外，还发表了系列研究论文，如《中国农村组织史略》《乡约制度的研究》《吕氏乡约的分析》《王荆公保甲新法的研究》《梁漱溟先生村治七难解》《法国的农村自治》《中国古代的农村自治》等。他的《农村社会学》颇具学科建设代表性，提出要建立一个统筹性强的组织，该组织"不是一种事业的组织（organization of interests），乃是一切事业的组织（organization of all interests）；不是一种特殊的组织，乃是一种普通的组织、高级的组织。他不同旁的社会组织平行，乃是在一切社会事业组织的上面。他不惟是一种组织，并且是一种组织的组织（organization of organizations）"①。

二是社会学史学科的建立。李剑华②是我国较早运用马克思主义观点研究社会学、法学和社会问题的学者之一，以阶级斗争理论剖析犯罪问题、劳动问题、社会问题等。其《社会学史纲》被认为是"中国早期

---

① 杨开道. 农村社会学. 上海：世界书局，1929：113. 国内有研究者提出，自农村社会学传入中国以来，学科从业者主要划分为三大学术派别："学院派"、"乡村建设运动派"和"马克思主义农村社会学派"。三大派别基本上都是从 20 世纪 20 年代初开始在中国活跃发展，而杨开道就是早期农村社会学"学院派"中的代表人物。"学院派"是指在大学里从事教学科研的农村社会学家，这部分人大多在欧美留学时接受过正规的学科训练，回国后从事专业工作的，如孙本文、陈达、潘光旦、许仕廉、言心哲、杨开道等人。李培林等人认为"中国社会学的'学院派'的宗旨就是通过系统吸纳、接收和综合西方社会学原理，特别是美国社会学所贯彻的社会学原理，结合中国社会生活的实质结构，创建出一种中国化的社会学理论"。

——郭占锋，吴丽娟，付少平. 论杨开道的中国农村社会建设思想. 社会建设，2019（4）：89.

② 李剑华（1900—1993），社会学家、法学家，四川大邑人。1921—1925 年在日本进修社会学，历任上海法科大学、国立劳动大学等校教授，《流火月刊》《现象月刊》主编，《大众夜报》总编辑，1929 年参与筹建东南社会学会，1930 年被推选为中国社会学社编辑委员，1932 年参加上海左翼社会科学家联盟，1933 年被国民党当局逮捕入狱，1934 年获释后加入中国共产党。新中国成立后任上海市劳动局副局长、华东军政委员会劳动部副部长、上海财经学院教授兼工业经济系主任等职。1979 年后，任上海社会科学院社会学研究所负责人、中国社会科学院法学研究所顾问、中国社会学会顾问。著有《劳动问题与劳动法》（1928）、《犯罪学》（1930）、《社会学史纲》（1930）、《社会事业》（1931）、《劳工法论》（1933）、《监狱学》（1936）、《犯罪社会学》（1937）等。

——《中国社会科学家辞典》（现代卷）编委会. 中国社会科学家辞典（现代卷）. 兰州：甘肃人民出版社，1986：118.

用马克思主义观点写成的社会学史代表性著作"①。《社会学史纲》共 5章，分别论述了"社会学的来历""社会学史的意义及其问题""横亘社会学史上的两大思潮""社会学史上的人物""概观社会学的世界"等问题，强调"我们研究一种科学，不能只抓着一两个新的学说，便自以为满足，而必须知道一种科学的变迁和发达的过程"②。

　　三是社会进化史学科的发展。该时期，随着新兴社会科学运动的发展，国统区内与中共联系比较密切的许多左翼学者倡导唯物史观，催生了大批以唯物史观为指导的社会进化史著述。主要有陈翰笙的《人类的历史》（1927）、邓初民的《社会进化史纲》（1931）、李达的《社会进化史》（1935），托派学者陆一远的《社会进化史大纲》（1931），第三党人马哲民③的《社会进化史》（1929），还有进步倾向的独立知识分子刘叔琴的《民众世界史要》（1928）、黄菩生的《社会进化史》（1930）、黎明的《社会进化史大要》（1927）、王子云的《社会进化史》（1930）等等。这些著者政治身份极其复杂，共产党员、托派、第三党人、力行社分子皆有，溯其根源，他们很多人"都与莫斯科中山大学或大革命时期的革命学校有关，反映出国共合作在学术思想领域的后续影响。还有部分著者是在日本留学时接受的马克思主义理论，这时期也逐渐接受了苏联社会发展史撰述模式"。1928 年，吴玉章、林伯渠合著的《太平革命以前中国经济、社会、政治的分析》，"对秦至鸦片战争期间的社会经济和政

---

　　①　吴汉全. 中国马克思主义学术史概论：1919—1949：中册. 长春：吉林人民出版社，2010：756.

　　②　李剑华. 社会学史纲. 上海：世界书局，1930：序言.

　　③　马哲民（1899—1980），号铁肩，湖北省黄冈人。毕业于武昌外国语专科学校和福州高等工业学校，后就读于德国柏林大学、日本早稻田大学。在日组建中国共产党和中国社会主义青年团驻日支部，任两组织书记。在上海参加马克思主义学会、中国社会主义青年团，在武汉与陈潭秋创办中外通讯社。1922 年春，以新闻界代表赴苏俄出席远东各国共产党和各民族团体大会。会后，加入中国共产党。1923 年秋至 1924 年春任中共武汉区委委员兼武昌地委委员长。马哲民是一位早期共产党员，1927 年脱离了组织关系，其后任教于暨南大学、北平师范大学和中国大学，以马列主义为讲课内容，积极宣传抗日救国思想。1934 年至 1936 年6 月，任教于广西师专。新中国成立后，任武汉大学法学院院长、中南财经学院院长。著有《国际帝国主义论》《经济史》《社会进化史》《帝国主义基础知识》《社会经济概论》《精神科学概论》《新社会学》《论抗建经济问题》等。

　　——马宝琳. 回忆父亲马哲民先生. 湖北文史资料，1992（3）：36；陈大文. 桂林文史资料：第 20 辑. 南宁：漓江出版社，1992：126；360 百科. 马哲民. ［2021-01-05］. https://baike. so. com/doc/949742-1003961. html.

治结构进行了分析，并以'家族封建社会'描述之，这是以唯物史观为指导研究中国封建社会整体历史的开拓性著述"①。

四是犯罪社会学的开创。该时期，我国哲学社会科学工作者将犯罪问题研究与社会学在中国的传播和发展紧密联系起来，严景耀②的博士论文《中国的犯罪问题与社会变迁的关系》开了在社会学视角下研究犯罪问题的先河，该著作运用历史唯物主义和辩证唯物主义的观点与方法，代表了早期中国犯罪社会学研究的最高水平。著述包括导论、中国的犯罪统计、破坏家庭罪、侵犯财产罪、侵犯财产罪（续）、政治犯罪、杀人犯、吸鸦片犯、犯罪者的文化和结论 10 章。严景耀在大量统计资料的基础上，用进步的、科学的社会学、人类学、犯罪学的观点分析中国的犯罪问题。严景耀"运用历史唯物主义观点和方法研究犯罪问题，根据实际调查分析犯罪原因"③，认为"犯罪是社会疾病，是社会进步的大阻碍，它与社会幸福是势不两立的"，要谋求社会幸福和促进社会进步，就"亟欲解决犯罪问题"④。严景耀还揭示了犯罪与文化的关系。他认为中国职业犯罪者的组织都受某时某地的社会环境的影响，并与之相适应。它与当时的文化密切相关。严景耀将反对政府的政治犯罪分为

---

① 谢辉元. 进化史观与中国马克思主义史学撰述的诞生. 中国史研究，2020（3）：66.

② 严景耀（1905—1976），浙江余姚人，著名社会学家、犯罪学家、社会活动家，北京大学国际政治系教授。1924 年考入北平燕京大学社会学系，主修犯罪学。1929 年在燕京大学研究院毕业，留校任助教，讲授犯罪学。1930 年，应聘任中央研究院社会学科学研究所研究助理。1931 年入美国芝加哥大学，1934 年获博士学位。1935 年 1 月，在莫斯科中国问题研究所从事研究工作，同年秋回国，重返燕京大学社会学系任教。1936 年去上海任工部局西牢助理典狱长，研究儿童犯罪问题，同时在东吴大学讲授犯罪学。1947 年返燕京大学任社会学系教授，讲授"犯罪学""社会学概论""社会变迁"等课程。中华人民共和国成立后，严景耀任燕京大学政治系主任。1952 年任北京政法学院国家法教研室主任，讲授"苏联国家法""资产阶级国家法""中华人民共和国宪法"和"世界概论"等课程。严景耀是中国民主促进会的创建人之一，第一、二、三届全国人民代表大会代表。他还先后担任中国民主促进会中央第一、二、三届理事会常务理事和中国民主促进会中央委员会第四、五届常委会常务委员，主要论著有《北京犯罪之社会分析》《中国监狱问题》《犯罪书目》《北平监狱教诲与教育》《中国的犯罪问题与社会变迁的关系》《原始社会中的犯罪与刑罚》《新中国怎样改造了犯人》等。
——林吕建. 浙江民国人物大辞典. 杭州：浙江大学出版社，2013：626；葛志成. 身心为民主锐意消罪端：怀念严景耀同志. 人民政协报，1986-02-18；龚烈沸. 严景耀：中国现代犯罪学的开拓者. 纵横，1998（3）：88；许嘉璐. 缅怀严景耀先生. 民主，2005（4）；360 百科. 严景耀. [2021-01-05]. https://baike.so.com/doc/6686081-6899984.html.

③ 严景耀. 中国的犯罪问题与社会变迁的关系. 北京：北京大学出版社，1986：4.

④ 严景耀. 严景耀论文集. 北京：开明出版社，1995：27.

两种：一种是企图恢复旧制度，复辟旧王朝，是反动的；一种是努力建立新秩序新政府，这类政治犯属于社会上的进步势力和激进派，他们是未来社会秩序的先行者。保守者主要致力于维持现有的秩序。第二种政治犯力量强大到使革命胜利，进步者和激进者掌握权势时，保守者在新秩序的目光中就变成第一种犯罪者了，这一种犯罪者在新秩序巩固时，它的数目就会减少。书中还对犯罪学的研究方法进行了论述，强调必须充分运用各种学科的方法，使犯罪问题得到一个全面的研究①。

（三）初步建构阶段（1937—1949）：中国马克思主义社会学理论体系丰富和深化

从抗日战争全面爆发到新中国成立这段时间，是中国马克思主义社会学理论体系得到进一步丰富和发展的时期，广大社会学者进一步加强对中国社会状况的调查，形成了具有鲜明特色的社会调查理论。

该时期的代表性著作主要有：沈志远的《新社会学底基本问题》，姜君辰的《社会学入门》，潘光旦的《优生原理》《优生概论》，童润之的《乡村社会学纲要》，等等。

1. 深入阐释与研究马克思主义社会学基本理论

该时期，广大社会学者对马克思主义社会学的阐释和研究与上一时期相比更加全面和深入，出现了许多社会学研究著述，其中，沈志远的《新社会学底基本问题》和姜君辰的《社会学入门》是该时期马克思主义社会学理论研究的重要代表作。

沈志远的《新社会学底基本问题》于 1949 年 6 月由生活·读书·新知三联书店出版，主要介绍了唯物史观"新社会学思想"的基本理论。在该书中，沈志远分别从"概说""社会和自然""生产、生产力和生产关系""社会结构和社会形态""关于阶级与阶级冲突""社会变革""人民大众在历史中的作用"等新社会学基本问题展开阐述，批判资产阶级的旧社会学，肯定了以马克思主义唯物史观为指导的新社会学。在"概说"部分，对新社会学从指导方法、"社会"的内涵及阶级观念等层面进行了界定。从方法论来讲，新社会学"是社会历史的辩证唯物论"，

---

① 吴汉全. 中国马克思主义学术史概论：1919—1949：中册. 长春：吉林人民出版社，2010：759.

"确认社会历史的发展具有内在的客观规律性，社会形态的发展与转变，乃依据于一定的历史必然性的"①。从"社会"的内涵来讲，新社会学认为"社会是一个历史的过程，天下只有成为历史发展过程中的一个个阶段的具体社会形态，以建立于一定的生产力水准上的生产诸关系为基本骨干的具体的社会结构，却从来没有所谓'社会一般'"②。从阶级观念来说，新社会学"用阶级和阶级斗争的观点去理解社会的构成及其发展"③。该著作进一步丰富和发展了中国马克思主义社会学理论体系。

姜君辰④于 1941 年由文化供应社出版的《社会学入门》，以唯物史观为指导阐释了人类社会发展的主要历史阶段及基本动力等内容。姜君辰重点介绍了人类社会"人和自然相争的时代""人和人相争的时代""人和自然相争的时代"三大时代，其中第三个时代虽然和第一个时代名称一样，"但是这个时代所包含的人类征服自然的强度远远超过了前两个时代"⑤。对于推动人类社会发展的基本动力，姜君辰以马克思主义唯物辩证法为指导，指出"社会发展基于社会自身之矛盾的统一和解决"，强调人类社会进步发展是客观的，其实质"就是一种有规律的变动或运动"，但是人类不是单纯地被客观环境所支配，而是对社会改造有着能动的影响⑥。对于近代中国社会的性质，姜君辰明确指出是半殖

---

① 沈志远. 新社会学底基本问题. 上海：生活·读书·新知三联书店，1949：1-2.

② 同①5.

③ 同①8.

④ 姜君辰（1909—1985），曾用名姜君宸、张文、解生，江苏省江阴县华墅镇人，中共七大候补代表。曾任东北供应合作总社副主任、中华全国供销合作总社副主任、中华全国供销合作总社干部学校校长（现北京工商大学前身之一），1957 年起任国务院科学规划委员会副秘书长、中科院哲学社会科学研究所副主任等职。1926 年加入中国共产主义青年团，20 世纪 30 年代初与陈翰笙、钱俊瑞、薛暮桥等人发起成立"中国农村经济研究会"。1933 年下半年至 1935 年上半年任上海《中华日报》国际版编辑。1935 年下半年至 1937 年冬，任上海新知书店编辑、代经理，主编《新世纪》双月刊，任《世界知识》特约撰稿人。在深入调查中国社会情况和介绍苏联社会主义发展情况的翻译、研究、出版工作中，探索改造旧社会、建设新社会的道路，并从事调查中国社会经济情况，出版进步书刊等工作。1936 年夏，加入中国共产党。著有《一年来的中国经济》（姜君辰、钱俊瑞合著）、《社会学入门》、《结合合同讲话》、《商品流通问题的调查研究》等。

——周朝阳. 中国经济学家：姜君辰. 世界经济导报，1984-11-05.

⑤ 姜君辰. 社会学入门. 桂林：文化供应社，1941：49-51.

⑥ 同⑤132-133.

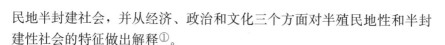

民地半封建社会，并从经济、政治和文化三个方面对半殖民地性和半封建性社会的特征做出解释①。

2. 总结与创新近代中国特色的社会学调查理论

该时期，以毛泽东、于光远等人为代表的中国共产党人紧密结合抗战建国实际，在实践中大力开展社会调查研究，从理论上系统总结社会调查的意义、原则与方法，形成了具有近代中国特色的社会调查理论，使我们党的调查研究理论更加系统和完备，为后来中国马克思主义社会学的深入发展做出了重要理论探索。

延安时期，为使全党充分认识调查研究的极端重要性，毛泽东先后撰写和起草了《〈农村调查〉的序言和跋》《关于农村调查》《改造我们的学习》《中共中央关于调查研究的决定》等系列文章和文件。其中，毛泽东于 1941 年写的《关于农村调查》② 是该时期系统总结社会调查经验、原则与方法的代表作之一。毛泽东强调，调查研究是马克思主义与中国革命具体实践相结合的中心环节，提出要以科学态度正确认识调查研究工作的重要性，他指出：

> 认识世界，不是一件容易的事。马克思、恩格斯努力终生，作了许多调查研究工作，才完成了科学的共产主义。列宁、斯大林也同样作了许多调查。中国革命也需要作调查研究工作，首先就要了解中国是个什么东西（中国的过去、现在及将来）。可惜很多同志常是主观主义，自以为是，完全不重视调查研究工作。③

---

① 姜君辰. 社会学入门. 桂林：文化供应社，1941：195-198.

② 《关于农村调查》是毛泽东于 1941 年 9 月在延安对中国共产党中央妇女工作委员会和中国共产党中央西北局联合组成的妇女生活调查团的讲话，是毛泽东继《反对本本主义》和《〈农村调查〉的序言和跋》之后对农村社会调查工作的进一步论述。该讲话于 1978 年 12 月在《中国妇女》杂志首次公开发表，人民出版社出版了单行本。1982 年收入中共中央文献研究室编辑的《毛泽东农村调查文集》。《毛泽东农村调查文集》收入毛泽东 1926—1941 年 9 月写的有关农村调查研究的著作 17 篇。有关毛泽东农村调查报告 1941 年曾以《农村调查》为名在延安出版，由毛泽东亲自编辑作序，共收 12 篇著作。本书在《农村调查》的基础上，增补了《反对本本主义》《总政治部关于调查人口和土地状况的通知》《关于农村调查》《中国佃农生活举例》《寻乌调查》5 篇著作，记录了毛泽东从事农村调查的实践活动，反映了他关于调查研究的理论成果。《毛泽东农村调查文集》的出版，为认识中国半封建半殖民地的社会历史提供了珍贵资料，对中国社会学的建设，尤其是通过社会调查了解中国国情具有指导作用。

——中国大百科全书：哲学卷. 北京：中国大百科全书出版社，1987：186.

③ 毛泽东. 毛泽东文集：第 2 卷. 北京：人民出版社，1993：378.

毛泽东强调，调查研究必须坚持对立统一和阶级斗争的观点，"对立统一，阶级斗争，是我们办事的两个出发点"①。他强调要应用马克思主义的分析法和综合法加以研究，先分析而后综合，找出事物运动的规律，"看到这件事物的大体轮廓，形成一般概念"②，并指出调查研究要"详细地占有材料，抓住要点。材料是要搜集得愈多愈好，但一定要抓住要点或特点（矛盾的主导方面）"③。毛泽东还对"怎样开调查会""怎样找调查的典型""如何收集和整理材料""怎样使对方说真话"等问题做了详细说明，这些思想是对马克思主义社会学理论的丰富和发展，对于指导中国共产党人科学进行调查研究工作具有重要理论意义。

于光远④的《调查研究》，"是他长期在根据地农村调查研究的总结，也是我党理论宣传工作者长期进行调查研究的结晶"⑤。全书共 5章，第 1 章阐述了调查研究的意义，指出从事革命和建设工作必须有从实际出发、实事求是的科学态度。调查研究是马克思主义认识社会的基本方法，它体现了实事求是的唯物主义态度。该著作对调查研究的科学态度、基本方法等进行了系统总结。对于调查研究的科学态度来讲，"最根本的一条原则，就是应该客观地、冷静地去了解事实本身，对事实不容许有任何一点添减或歪曲"，调查研究者应该站在人民大众的立

---

① ② 毛泽东. 毛泽东文集：第 2 卷. 北京：人民出版社，1993：380.

③ 同①382.

④ 于光远（1915—2013），原姓郁，名钟正，加入中国共产党后改名于光远。上海人，著名经济学家，中国社会科学院研究员。长期从事经济研究工作，从 20 世纪 80 年代起，致力于哲学、社会科学多学科的研究和发展的组织活动，并积极参加多方面社会活动。1935 年，参加一二·九学生运动。1936 年，毕业于清华大学物理系。1937 年初，加入中国共产党。1939 年，兼任延安中山图书馆主任。1941 年起，从事陕甘宁边区经济的研究工作，后在延安大学财经系任教。1948—1975 年在中共中央宣传部工作，1955 年被推选为中国科学院哲学社会科学学部的委员。1964 年任国家科学委员会副主任，1975 年以后任国家计划委员会经济研究所所长、中国社会科学院副院长兼马列主义毛泽东思想研究所所长、国家科委副主任、中共中央顾问委员会委员、中国社会科学院顾问、《中国大百科全书》总编委会副主任，2000 年担任黔南民族师范学院名誉院长等职。

——苏绍智. 我国著名的马克思主义理论家于光远. 经济学周报，1986-12-28；张凯，夏强. 中外哲学人物辞典. 南京：南京大学出版社，1990：366；白卫星. 沪籍经济学家：令人尊敬的开拓先锋. 企业家日报，2015-08-30；360 百科. 于光远. ［2021-01-05］. https://baike. so. com/doc/5411487-5649595. html.

⑤ 杨雅彬. 中国社会学史. 济南：山东人民出版社，1987：308.

场上，"在观察和认识时的态度是客观的"，"目的是增进人民大众的利益"①。第2章介绍了有关调查研究的方法、步骤，也即调查研究的一般程序。对于调查研究的基本方法，于光远强调要用辩证的方法进行分析研究，调查一件事实的具体做法是：第一，要弄清它发生的时间、地点、条件等；第二，要了解它的现状和过去，弄清"它是如何发展而来的"；第三，必须从质和量两个方面把对象弄清楚②。第3章、第4章结合城市调查和农村调查的例子，进一步阐述了方法在实际中的应用。第5章介绍了一些统计常识。于光远在著作中还专列一篇，从调查前的准备工作、调查的各种方式、怎样收集和整理材料、怎样使用调查材料等诸多方面详细地论述了"怎样进行调查研究"③，这些方法是在当时时代条件下对马克思主义社会学研究方法的继承和发展。

3. 对社会发展史研究的深入拓展

该时期随着马克思主义的深入传播，在根据地或解放区，许多共产党员及其党的组织编写了多部社会发展史著作，丰富和发展了马克思主义社会学。这些方面的代表性著作有《社会发展简史》（1938）、华岗的《社会发展史纲》（1939）、陈杭的《社会发展简史》（1946）、艾思奇的《社会发展史讲授提纲》（1949）、沈志远的《社会形态发展史》（1949）、解放社编的《社会发展简史》（1948）等。其中，解放社编的《社会发展简史》当年被列为延安整风干部教育重要学习材料。

国内学界认为，人类社会史的撰述由土地革命战争时期的"社会进化史"，到延安时期转变为"社会发展史"，体现出中国马克思主义者摆脱了进化史观的影响，构建了统一的社会发展史。在人们普遍接受有关事物发展遵循对立统一、质量互变等规律的思想条件下，"进化史"的提法就显得不合时宜，而"发展史"则更符合历史辩证法的精神④。在上面有关"社会发展史"的撰述中，著者运用唯物史观的基本原理分析社会历史，为普及社会发展史做出了重要贡献。

4. 深入探讨新民主主义相关理论

新民主主义理论是我们党集体智慧的结晶，是整个新民主主义革命

---

① 于光远. 调查研究. 沈阳：新华书店，1949：3-5.

② 同①7-9.

③ 同①12-31.

④ 谢辉元. 进化史观与中国马克思主义史学撰述的诞生. 中国史研究，2020（3）：9.

时期中国马克思主义社会学者研究的一项重要课题，"从社会学的见地来看，新民主主义的问题是研究现阶段历史发展法则的一个极顶重要的问题，尤其对于我们中国人"①。在延安时期，探讨中国马克思主义社会学体系的建构和发展，首先是要厘清中国马克思主义社会学者对新民主主义理论的重要思考。

新民主主义理论关乎新民主主义革命、新民主主义社会等诸多层面的理论问题，它作为一种正确反映中国革命客观规律的理论形态，有着丰富的学理资源，毛泽东在新民主主义理论的探索与形成上所做的贡献可谓是居功至伟。该时期毛泽东创作了《〈共产党人〉发刊词》《中国革命和中国共产党》和《新民主主义论》等理论著作，形成了比较完备的符合中国国情和时代特征的新民主主义革命理论。其中，在《新民主主义论》一文中，毛泽东明确指出中国革命的对象、任务、动力、性质、前途等，第一次科学而完整地回答了"中国向何处去"的问题。他提出新民主主义的政治、经济和文化三大基本纲领，认为新民主主义的政治就是"无产阶级领导下的一切反帝反封建的人们联合专政的民主共和国"②，这种民主共和国的国家构成和政权构成的基本部分包括中国无产阶级、农民、知识分子和其他小资产阶级，其中无产阶级是领导力量。新民主主义的经济就是社会主义性质的国营经济，新民主主义的文化"就是无产阶级领导的人民大众的反帝反封建的文化"③。当年吕振羽在总结毛泽东"民族的科学的大众的文化"这一思想形成过程时指出，毛泽东"民族的科学的大众的文化"这一文化方针的提出是"总结了新启蒙运动和以往新文化运动的全部经验，适应斗争形势发展的趋势和要求"④的结果。毛泽东的新民主主义理论从政治、经济、文化方面对新民主主义社会的基本架构进行了科学的设计，《新民主主义论》"是完全意义上的马克思主义的社会学著作"⑤。

该时期其他马克思主义社会学家也对新民主主义理论从各个方面进

---

① 李达. 新社会学大纲. 北京：生活·读书·新知三联书店，2012：8.
② 毛泽东. 毛泽东选集：第2卷. 2版. 北京：人民出版社，1991：675.
③ 同②698.
④ 吕振羽. 中国社会史诸问题. 修订版. 上海：华东人民出版社，1954：45.
⑤ 吴汉全. 中国马克思主义学术史概论：1919—1949：下册. 长春：吉林人民出版社，2010：1263.

行了有益探讨，例如，在中国社会发展动力及社会发展规律等方面，范文澜认为，阶级斗争是推动社会历史发展的主要动因，"整部历史只是阶级间、阶层间相互斗争、联合的历史"①。沈志远从革命运动、经济体制、政治制度三个方面探讨了新民主主义问题，认为这三方面问题"都是社会学所应研讨的富有高度实践性的问题"②。1936年，何干之提出中国革命的性质是"过渡到社会主义的新的民主革命"，阐明革命应分"两着"进行，等将来条件具备再过渡到社会主义，"毫无疑问，何干之的这一观点，在中国共产党形成完整的新民主主义理论体系的过程中起着有益的探索作用"③。1945年12月，许涤新发表《中国经济的道路》，全面阐释新民主主义经济道路④。该时期马克思主义社会学者对新民主主义理论问题的探讨，促进了中国马克思主义社会学体系的建构。

八、新闻学发展及其主要影响

马克思主义新闻学是运用马克思主义唯物辩证法研究新闻的本质特征及其发展规律的科学，中国马克思主义新闻学是中国共产党人将马克思主义新闻思想与中国实践相结合而形成的新闻学理论体系。新中国成立前30年，中国马克思主义新闻学经历了"外来化"和"本土化"发展阶段，其中随着中国共产党党报理论的发展和马克思主义新闻理论的初步探索，"中国马克思主义者和革命的新闻工作者在民主革命阶段将马克思主义的新闻理论与中国的新闻事业实践结合起来，提升和吸收了中国共产党领导新闻事业的经验，构建了以马克思主义为指导的关于新闻理论的框架体系，为推进马克思主义新闻理论中国化做出了历史性的贡献"⑤。总体来看，新民主主义革命时期从中国近代新闻学的初步创

---

①　范文澜. 中国通史简编. 新华书店，1949：1388.

②　李达. 新社会学大纲. 北京：生活·读书·新知三联书店，2012：9.

③　中共上海市委党史资料征集委员会. 三十年代中国社会性质论战. 上海：知识出版社，1987：103.

④　何建娥，陈金龙. 论《群众》周刊对中国经济问题的探索. 广西社会科学，2017（2）：78.

⑤　吴汉全. 马克思主义新闻思想中国化的早期探索. 新闻与传播研究，2011（6）：9.

立，到中国共产党的新闻思想开始形成，再到以马克思主义新闻思想为指导中国新闻学理论体系的建立，中国马克思主义新闻学在新民主主义革命时期的建立大致经历了早期探索阶段、成长发展阶段和初步建构阶段三个阶段（详见"附录 10　哲学社会科学各学科文献资料部分统计（1919—1949）"之新闻学学科部分）。

（一）早期探索阶段（1919—1927）：中国马克思主义新闻学的初步探索

近代中国的新闻事业，产生于当年国人的办报和出版活动。19 世纪末，经过维新运动与辛亥革命的大力倡导，尤其到了五四运动时期，我国的新闻事业得到了很大程度的发展。从 20 世纪初，李大钊在《新青年》介绍传播马克思主义和中国共产党创办第一份报刊《共产党》月刊开始，马克思主义新闻学在我国开启了本土化进程，并结合近代中国实际逐步走上了中国化发展道路。自中国共产党成立以来，党领导设立了许多新闻出版机构，创办了多种党报党刊，使中国近代新闻事业开启了崭新篇章。

该时期随着马克思主义新闻思想在中国的传播，中国共产党领导的新闻事业随着革命事业的发展而不断推进，中国马克思主义新闻学得到初步创立。中国马克思主义新闻学的形成，"有早期中国共产党人对梁启超、孙中山等国内资产阶级政治家和报刊活动家新闻思想的继承，但更多的是学习和运用国外马克思主义新闻理论与实践的结果，特别是学习和运用苏联报刊工作经验和列宁新闻思想的产物"[1]。

该时期具有代表性的新闻学著述主要有：邵振青与邵飘萍的《新闻学总论》、伍超的《新闻学大纲》等，此外，还有助推新闻学发展的大量新闻报刊，如陈独秀主编的《新青年》，党的理论刊物《共产党》月刊、《劳动界》、《向导》周报，毛泽东的《湘江评论》，等等。

1. 进步报刊的出现与无产阶级新闻事业的起步

1901 年，"新闻学"一词首见于中文报章，直到民国前夕，国人对

---

① 郑保卫，叶俊. 中国马克思主义新闻学百年形成发展历程. 新闻春秋，2018（1）：5.

于"新闻有学乎"仍存疑，认为报社就是新闻人才的"养成所"。20世纪初爆发的新文化运动，推动了"新闻学"的发展。新文化运动后期，马克思主义传入中国，资本主义文明逐渐"祛魅"。当年陈独秀主编的《新青年》是新文化运动的理论阵地，后来《新青年》从第8卷起改组为中国共产党上海发起组的机关刊物。《新青年》的改组、中国共产党上海发起组出版理论刊物《共产党》月刊以及其他进步报刊的出现，成为中国无产阶级新闻事业诞生的重要标志。

中国共产党成立后，《新青年》正式成为党的理论刊物。陈独秀在第8卷第1号发表《谈政治》一文，这是马克思主义在我国早期传播的一篇标志性的文献，他说："我承认人类不能够脱离政治，但不承认行政及做官争地盘攘夺私的权利这等勾当可以冒充政治"，"我承认用革命的手段建设劳动阶级（即生产阶级）的国家，创造那禁止对内对外一切掠夺的政治法律，为现代社会第一需要。后事如何，就不是我们所应该所能够包办的了"①。陈独秀详细分析了不谈政治的"三派人"：

> 我们中国不谈政治的人很多，主张不谈政治的只有三派人：一是学界，张东荪先生和胡适之先生可算是代表；一是商界，上海底总商会和最近的各马路商界联合会可算是代表；一是无政府党人。前两派主张不谈政治是一时的不是永久的，是相对的不是绝对的；因为他们所以不谈政治，是受了争权夺利的冒牌的政治底刺激，并不是从根本上反对政治。后一派是从根本上绝对主张人类不应该有一切政治的组织，他们不但反对君主的贵族的政治和争权夺利的政治，就是民主的政治也要反对的。②

《新青年》改组后，发表了大量介绍马克思主义与探讨中国时政的文章，如陈独秀的《社会主义批评：在广州公立法政学校演讲》（1921年第9卷第3期）、《马克思学说》（1922年第9卷第6期），李达的《讨论社会主义并质梁任公》（1921年第9卷第1期），李守常（李大钊）的《平民政治与工人政治》（1922年第9卷第6期），以及《新青年》"关于社会主义的讨论"（1920年第8卷第4期）、"讨论无政府主义"（1921年第9卷第4期）两个论战专辑的出版，等等，促进了马克思主

①② 陈独秀. 谈政治. 新青年，1920（7）.

义新闻思想在近代中国的传播。

《共产党》月刊是中共第一份理论刊物①，为纪念俄国十月革命胜利 3 周年，由上海发起组于 1920 年 11 月 7 日创刊，主编为李达，陈独秀、沈雁冰、施存统等也经常为其撰稿。该刊物是中国共产党筹建时期的机关刊物，创刊号《短言》上写道，"用革命的手段打倒本国外国一切资本阶级，跟着俄国的共产党一同试验新的生产方法不可"②。该刊物主要介绍俄国共产党的经验、国际共产主义运动的基本情况及宣传马克思主义学说。《共产党》月刊共出 6 期，刊登的介绍各国共产党及关于探讨中国政治的代表性文章有《共产党同他的组织》（1920 年第 1 期）、《列宁的著作一览表》（1920 年第 1 期）、《共产党未来的责任》（1920 年第 1 期）、《俄国共产党的历史》（1920 年第 1 期）、《社会革命底商榷》（1920 年第 2 期）、《美国共产党宣言》（1920 年第 2 期）、《共产主义是什么意思》（1920 年第 2 期）、《共产党的出发点》（1921 年第 3 期）、《无政府主义之解剖》（1921 年第 4 期）、《我们要怎么样干社会革命？》（1921 年第 5 期）、《中国劳动组合书记部宣言》（1921 年第 6 期）等等，成为当时全国各地共产主义小组的重要学习资料。

为进一步在工人中传播马克思主义，北京、广州等地成立共产主义小组后，领导创办了《劳动者》《劳动界》《劳动音》等刊物。当年在创办中国第一份面向工人的通俗刊物——《劳动界》时，李汉俊提到了创刊宗旨，"我们印这个报，就是要教我们中国工人晓得他们应该晓得他

---

① 该刊是中国共产党的第一个党刊，16 开本，秘密发行全国，最高发行量 5 000 份，通过各种渠道流向全国，对筹建中国共产党发挥了很大作用，是各地共产主义小组的必读材料之一。每期约 50 页，半公开编辑出版，最高发行量达 5 000 多份，一年后停刊，共出 6 期。该刊在中国历史上第一次喊出了"共产党万岁""社会主义万岁"的口号，为中国共产党的诞生立下了不朽功绩。《共产党》月刊的创办，表明中国共产主义者旗帜鲜明地树起了共产党的旗帜。其主要内容是宣传共产主义和共产党方面知识，介绍列宁建党学说和布尔什维克党的历史与经验，大量刊载了有关共产国际、各国共产党和国际共产主义运动实际情况的材料，并对中国共产党的党纲做了初步探讨。这个刊物被当时各地共产主义小组列为必读材料之一，在大批革命者中也广为流传，对中国共产党的筹建工作发挥了重要宣传、组织和推动作用。

——向洪. 四项基本原则大辞典. 成都：电子科技大学出版社，1992：186.

② 短言. 共产党，1920（1）.

们的事情（即工人受苦的主要原因）"①。《劳动界》共出版 24 册，于 1921 年 1 月终刊，先后刊登有"演说"（《两个工人的疑问》《卖气力的不是人么？》《什么叫做"非社会主义"？》《此时中国劳动运动底意思》《劳动运动通论》《打破现状 才有进步》）、"小说"（《又要饿一天》《苦工日记》《一个水手》）、"国内劳动界"（《拿办安福党的命令》《上海米贵罢工的情形》《湖南兵工厂虐待工人底情形》《湖南兵工厂底风潮》《湖南工会的怪现象》《江宁地方检厅的查办机工殴打议员案》）、国外时事（《俄波战事纪》）和"本埠劳动界"（《工人打破饭碗后之寻事》《运米车夫举代表发行价目单要求加资》《校役要求加薪》《上海机器工会理事会纪》《理发业同盟维持工价》《上海机器工会聚餐会纪事》《驳船伙友底加资运动》《斛司加力问题》）等系列文章，揭露了资产阶级压榨工人的严重罪行，促进了工人阶级的觉醒。

2. 早期中国共产党新闻思想与中国马克思主义新闻学的发端

中国共产党早期新闻思想是马克思主义新闻思想中国化的重要成果体现。20 世纪 20 年代，以李大钊、陈独秀、毛泽东、李达等为代表的早期中国共产党领导人在革命实践中，自觉将马克思主义新闻思想与中国办报实践相结合，对中国马克思主义新闻学的发展发挥了重要指导作用。"以马克思列宁主义为指导，学习借鉴苏联的办报经验和列宁的新闻思想，是中国无产阶级新闻事业和马克思主义新闻学起始与发端的源头和依据。"②

李大钊是中国无产阶级报刊活动家，是马克思主义新闻思想中国化的重要传承者和积极推动者，也是马克思主义新闻思想中国化的开创者。他创办和编辑了无产阶级报刊如《工人周刊》、《晨钟报》、《宪法公言》、《言治》、《民彝》、《甲寅》、《新青年》、《晨报》副刊等大量进步刊物，协助创办《国民月刊》《新潮》《少年中国》《新生活》等报刊，使其成为传播马克思主义新闻思想的主要阵地。李大钊在报刊上发表大量文章，抨击帝国主义新闻机构在中国侵略的罪行，"以守常、明明、孤松等多个笔名，先后为近 60 家报刊撰写稿件 400 余篇，对改革当时的文风做出了重要贡献"③。

① 汉俊. 为甚么要印这个报. 劳动界，1920 (1).

② 郑保卫，叶俊. 中国马克思主义新闻学百年形成发展历程. 新闻春秋，2018 (1)：5.

③ 张世飞. 论李大钊的马克思主义新闻观. 中国出版，2011 (23)：25.

1913 年 4 月，李大钊主编《言治》月刊①，共出版 6 期，主要抨击反动军阀政府，宣传西方民主制度。李大钊在该刊中发表了《大哀篇——（一）哀吾民之失所也》《隐忧篇》《弹劾用语之解纷》《托尔斯泰主义之纲领》等文章，还有王惕的《论中国政治与学术之关系》、王柄存的《贫民诉讼制度之研究》，等等。李大钊后来参与《新青年》的编辑工作，在报刊实践中形成了丰富的新闻思想。1922 年，李大钊在北京大学新闻记者同志会成立大会上发表演讲，将新闻事业看作一种"社会的事业"，新闻记者的责任，"于纪述事实以外，还应该利用活的问题，输入些知识"②，李大钊探讨了新闻的内涵，指出"新闻是现在新的、活的、社会状况的写真。历史是过去、旧的、社会状况的写真。现在的新闻纸，就是将来的历史"③。他在报纸和历史的比较分析中论证了中国马克思主义新闻学的内容：

> 史的要义凡三：一曰，察其变。社会的进展不已，人事的变迁无常，治史者必须即其进展变易之象，而察其程迹，始能得人类社会之真象；二曰，蒐其实。欲求人类进变之迹，苟于个个现实发生的事件，未得真确之证据，则难免驰空武断之弊；三曰，会其通。

---

① 《言治》是李大钊最早编辑的刊物，1913 年 4 月 1 日出版，32 开本，封面为草绿色。该刊以抨击反动军阀和政客、宣传西方民主制度为主要内容，主要栏目有通论、专论、杂论、译述、纪事、谈丛、史传、文苑、法令和附录等，由北洋法政学会编辑并发行。1913 年 11 月 1 日，第 6 期出版后停刊。1917 年 4 月 1 日，在北京复刊，改为季刊，期次另起，停刊时间不详。今见月刊 6 期，季刊 3 期，其第 3 期出版于 1918 年 7 月 1 日。该刊在政治上比较进步，发表了不少抨击时政和介绍外国进步学说的文章。在文学方面设有"文苑"一栏，专登诗词散文作品。其主要作者有郁嶷、李钊、万宗乾、王炳存、黄旭、白坚武、周国衡、熊辉策、穆贵泉、曹浚、林纾等。偶设文艺选载专栏，刊载了《曼殊大师诗录》（苏曼殊）、《留云词》（边嘉宜女士）、《福慧双修阁诗选》（前人）。另有小说《逃缘》（李纯澍）、《刘南皮》（佚名）、《雪地冰天两少年》（剑影），杂著《筑声剑影楼纪丛》（李钊）、《愤园谈丛》（郁嶷）、《关外旅行记》（王炳存）、《昨非阁谈乘》（刘世奇）。该刊主要撰稿人有李钊（李大钊）和郁嶷，李大钊刊登在上面的政论、杂感、诗歌达 34 篇，他在该刊发表政论文十几篇，其中《法俄革命之比较观》最早指出了俄国革命与法国革命的本质区别。同时发表诗作十来首，散文《游碣石山杂记》，以及《文豪》和《美与高》两篇论文。郁嶷在《言治》上共发表诗文 41 篇，在第 1 期上郁嶷发表了《言治宣言书》、《言治叙》、通论《悲学篇》、《解散议会权和弹劾权》、《游焦山记》等文章。该期刊对于研究青年时期李大钊的思想变化，以及他是如何逐步走上革命道路的来说是不可多得的资料。

　　——钱仲联. 中国文学大辞典：第 5 卷. 上海：上海辞书出版社，1997：388.

② 中国李大钊研究会. 李大钊文集：第 4 卷. 北京：人民出版社，1999：176.

③ 同②177.

今日史学进步的程途，已达于不仅以考证精核片段的事实，即为毕史之能事了，必须认人事为互有连锁，互有因果关系者，而施以考察，以期于事实与事实之间，发现相互的影响与感应，而后得观人事之会通。此三义者，于史为要，于报亦何独不然？①

李大钊抨击北洋军阀限制新闻自由的反动行为，"在报刊上发表了《民彝与政治》《危险思想与自由言论》《宪法与自由思想》《自由与胜利》《自由与秩序》《哪里还有自由》《暴力与政治》《强力与自由政治》《争自由的宣言》等文章"②，呼吁要遵从马克思主义的新闻自由和新闻真实性。

陈独秀也是著名的党报活动家，1915 年创办《新青年》杂志，领导和支持《劳动界》、《共产党》月刊、《向导》周报等刊物，在办报实践中逐渐形成了他的新闻思想。他认为报刊要有明确的政治主张，1919 年在《新青年》的《本志宣言》中指出：

> 本志具体的主张，从来未曾完全发表。社员各人持论，也往往不能尽同。读者诸君或不免怀疑，社会上颇因此发生误会。现当第七卷开始，敢将全体社员的公同意见，明白宣布。就是后来加入的社员，也公同担负此次宣言的责任。但"读者言论"一栏，乃为容纳社外异议而设，不在此例。③

陈独秀明确了刊物创办的宗旨，就是抛弃旧有的东西，追求社会的进化：

> 我们因为要实验我们的主张，森严我们的壁垒，宁欢迎有意识有信仰的反对，不欢迎无意识无信仰的随声附和。但反对的方面没有充分理由说服我们以前，我们理当大胆宣传我们的主张，出于决断的态度；不取乡愿的、紊乱是非的、助长惰性的、阻碍进化的、没有自己立脚地的调和论调；不取虚无的、不着边际的、没有信仰的、没有主张的、超实际的、无结果的绝对怀疑主义。④

在向导的发刊词《本报宣言》一文中，陈独秀将阶级斗争作为争取

---

①　中国李大钊研究会. 李大钊文集：第 4 卷. 北京：人民出版社，1999：318.

②　张茹. 五四时期马克思主义新闻学在中国的萌生. 新闻爱好者，2019（5）：40.

③④　陈独秀. 本志宣言. 新青年，1919（7）.

自由的一个重要手段，"在这样国际帝国主义政治的经济的侵略之下的中国，在名义上虽然是一个独立的共和国，在实质上几乎是列强的公共殖民地；因此我中华民族为被压迫的民族自卫计，势不得不起来反抗国际帝国主义的侵略，努力把中国造成一个完全的真正独立的国家"，号召"谨以统一、和平、自由、独立四个标语呼号于国民之前！"①

该时期毛泽东始终关注报刊事业，将报刊作为革命斗争的重要手段。他曾担任湖南省学联刊物《湘江评论》② 主编和主要撰稿人，1919年7月，湖南省学联刊物《湘江评论》创刊，以宣传新思潮为宗旨。创刊号上的《创刊宣言》署名毛泽东，号召"由强权得自由"，强调民众联合的力量，"所谓政治的、社会的、宗教的、文学的、思想的、教育的、经济的、国际的等各类强权，都应借助广大民众的强大力量，不留余地地全面改革之"③。毛泽东呼吁要积极传播革命思想来唤起民众：

> 时机到了！世界的大潮卷得更急了！洞庭湖的闸门动了，且开了！浩浩荡荡的新思潮业已奔腾澎湃于湘江两岸了！顺他的生。逆他的死。

---

① 陈独秀. 本报宣言. 向导，1922（1）.

② 1919年7月14日，湖南省学联刊物《湘江评论》在长沙创刊，毛泽东为主编和主要撰稿人。刊物形式与北京的《每周评论》相仿，四开一张，分四版，有"西方大事述评""东方大事述评""湘江大事述评""湘江杂评""放言""新文艺"等栏目。《湘江评论》"以宣传最新思潮为宗旨"，毛泽东为创刊号撰写《创刊宣言》及长短文20余篇，对帝国主义和封建势力进行揭露和抨击。毛泽东在《湘江评论》中所表述的主要思想，说明他正在由激进的民主主义迅速朝着马克思主义方向发展。该刊问世后，即引起社会各方面的重视。第一期印了2 000份，很快销完，又重印2 000份，还是不能满足需要。于是，从第2期起每期印5 000份。湖南各地以及武汉、广东的青年学生，一部分中小学教员及社会进步人士都争相购阅，上海、北京等地刊物发文予以高度评价。1919年7月21日，《湘江评论》第2号出版，刊载署名"泽东"的《民众的大联合》一文，此文在该刊第3号、第4号继续连载。文章宣传反封建的民主革命思想，指出民众大联合是改造国家、改造社会的根本方法，文章热情称颂俄国十月革命的胜利，指出当今中国各种方面都要解放，强调中华民族有伟大的能力进行改革。《民众的大联合》一文在北京的《每周评论》《又新日报》、上海的《时事新报》副刊《学灯》、成都的《星期日》等全文或摘要转载。1919年8月，该刊第5期刚印出时，被军阀张敬尧封禁。《湘江评论》是五四时期进步期刊中思想性、进步性最突出的刊物之一，许多进步青年，如任弼时、郭亮、萧劲光等就是在该刊物的直接影响下开始觉悟并走上革命道路的，《湘江评论》对当时湖南和全国的革命运动产生了巨大影响。
——王进. 毛泽东大辞典. 南宁：广西人民出版社，1992：386；华祝考. 毛泽东同志早期报刊活动：从学生时代到主编《政治周报》. 新闻研究资料，1984（Z2）：68；何立波，张哲. 毛泽东在五四运动前后. 党史纵览，2009（4）：68.

③ 毛泽东. 创刊宣言. 湘江评论，1919（7）.

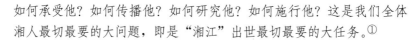

如何承受他？如何传播他？如何研究他？如何施行他？这是我们全体湘人最切最要的大问题，即是"湘江"出世最切最要的大任务。①

该刊辟有"东方大事述评""西方大事述评""湘江杂评""世界杂评""放言"等栏目，以引导民众改造中国为宗旨，以歌颂十月革命、宣传马克思主义为主要内容。

1923年4月，毛泽东以湖南自修大学名义创办的《新时代》月刊正式发行②，他邀请李达任主编，主要研究中国革命的实际问题，宣传党的正确路线，《新时代》月刊成为该时期学习与传播马克思主义的重要理论期刊之一。该刊物第1卷第1号《发刊词》指出其宗旨是"努力研究致用的学术，实行社会改造的准备"，"将来，国家如何改造，政治如何澄清，帝国主义如何打倒，武人政治如何推翻，教育制度如何改革，文学艺术及其他学问如何革命如何建设等等问题，本刊必有一种根本的研究和具体的主张贡献出来，倘能借此引起许多志同道合的人们从事这种社会改造的事业和研究，那是同人所十二分盼望的"③。毛泽东为《新时代》创刊号写了《外力、军阀与革命》一文，深刻阐释了反对帝国主义和封建军阀的重大意义，指出"要打倒帝国主义和军阀势力，

---

① 中共中央文献研究室. 毛泽东早期文稿（1912.6—1920.11）. 长沙：湖南人民出版社，1990：294-295.

② 《新时代》月刊是毛泽东创办的湖南自修大学的校刊，是继《共产党》月刊之后由李达主编的又一重要马克思主义理论刊物。在我党创立初期，它在传播马克思主义、研究中国革命问题、宣传党的二大提出的反帝反封建的革命领纲和路线、提高干部理论水平、推进中国革命斗争中发挥了重要作用。《新时代》月刊共出了4期，每期印2 000份。1923年11月，自修大学被军阀赵恒惕派兵强行封闭，《新时代》也被迫停刊。为宣传二大纲领和思想，《新时代》创刊号上发表了李达的《何谓帝国主义》和毛泽东的《外力、军阀与革命》。当年《新时代》月刊还着重于宣传和介绍马克思主义理论，创刊号上还发表了李达译述的《德国劳动党纲领栏外批评》（《哥达纲领批判》），第3号、第4号上连载了罗学瓒翻译的《共产主义与经济的进化》，第2号至第4号上连续发表李维汉的阐述唯物史观、批评历史唯心主义观点的《观念史观批评》等。该刊发表的其他重要文章还有李达的《为收回旅大运动敬告国人》《中国商工阶级应有之觉悟》《旧国会不死，大盗不止》，李维汉的《心理学上两个基本知识》，罗学瓒的《环境与教育》，刘春仁的《中国民主革命之将来》，等等。此外，还载有讨论教育、哲学思想的文章，以及针砭时弊的诗歌、随感录等。
——熊崇善.《新时代》月刊与李达. 教学与研究，1980（2）：12-16；何梦茹、柳作林.《新时代》月刊在建党初期的贡献及其影响. 出版发行研究，2016（9）：102；王咏梅. 毛泽东创办李达主编的《新时代》月刊. 新闻界，2017（12）：68.

③ 发刊词. 新时代，1923（1）.

必须建立以共产党和国民党合作为中心的革命民主派的队伍"，认为当时的政治混乱"是革命的生母，是民主独立的圣药"①。李达在创刊号上发表的《何谓帝国主义》一文指出：

> 搅乱中国的两大障碍物，一个是国际帝国主义，一个是国内武人政治。我们民众要期待统一与和平，要获得自由与幸福，非首先组织起来打破这两大障碍物，绝对没有成功的希望。但是如今还有许多学者先生们只认定武人政治的万恶，即不承认帝国主义有侵略中国的事实，甚至要为帝国主义辩护，说现在的中国已经脱离了侵略的危险了。这种言论很足以阻碍被压迫着的中国人民觉悟的动机，我特意从历史上把帝国主义侵略中国的经过说明出来，籍以唤起同胞反抗外侮的勇气。②

李达在《新时代》第一卷第2号上发表《马克思学说与中国》，倡导以马克思主义为指导，探讨近代中国社会发展道路，指出"首先要晓得马克思所说的社会革命究竟是什么？究竟怎样实现的？究竟在什么时机实现？"③

1925年12月，在国共合作期间，毛泽东主编《政治周报》④，关于该报的主要内容，毛泽东指出"十分之九是实际事实之叙述，只有十分之一是对于反革命派宣传的辩论"⑤。关于创办该刊的主要目的，毛泽东在为该刊创刊号撰写《〈政治周报〉发刊理由》时提到，"为什么出版《政治周报》？为了革命。为什么要革命？为了使中华民族得到解放，为了实现人民的统治，为了使人民得到经济的幸福"，他指出，"'向反革命派宣传反攻，以打

---

① 毛泽东. 外力、军阀与革命. 新时代，1923（1）.
② 李达. 何谓帝国主义. 新时代，1923（1）.
③ 李达. 马克思学说与中国. 新时代，1923（1）.
④ 《政治周报》是中国国民党中央宣传部的机关刊物，创刊于1925年12月5日，停刊于1926年6月5日，前后7个月，共出版14期，每期发行4万份。前4期由毛泽东主编，后10期由沈雁冰、张秋人接办。它是在中国共产党与国民党合作的情况下由国民党中央宣传部主持出版的一种革命政治刊物，它在反击西山会议派的反革命宣传方面发挥了积极作用。当时，中国共产党人主办的《向导》《新青年》等刊物，对国民党右派的反革命言论进行了揭露和批判，而《政治周报》在这场反击国民党右派的斗争中发挥了特殊的作用。
——赵德教. 毛泽东与《政治周报》：纪念毛泽东同志九十周年诞辰. 河南师范大学学报（哲学社会科学版），1983（2）：21；郭若平.《政治周报》期间毛泽东的政治思想分析. 毛泽东思想研究，2007（2）：11.
⑤ 毛泽东.《政治周报》发刊理由. 政治周报，1925（1）.

破反革命宣传'，便是《政治周报》的责任"①。毛泽东在《政治周报》上发表的其他文章，主要是批驳西山会议派的反共及反国共合作的言论，强调国共合作条件下国民革命运动的"革命性"，以辩证的观点看待历史上革命运动中的分裂现象，形成了他关于中国革命的基本政治思想②。

瞿秋白是杰出的马克思主义新闻工作者③，他创办了《新社会》旬刊和《人道》月刊，主编过《新青年》季刊、《向导》周刊、《热血日报》《红色中华》等刊物，为中国共产党积累了丰富的办报经验。"他还在中国共产党新闻思想史，创造过许多'第一'，他是第一位到苏俄进行新闻采访的中国记者，是第一位也是唯一一位采访过伟大领袖列宁的中国记者，也是第一位与列宁合影留念的中国记者，是党的第一张正式机关报和第一张日报的创办者和主编，等等。"④ 对于办刊的指导思想，瞿秋白认为应服务于无产阶级革命和斗争，应服务于我们党的路线和方针宣传，他对马克思主义新闻理论在中国的创新发展做出了重要贡献。1930年，向忠发在《红旗日报》发刊词中指出："本报是中国共产党的机关报，同时在目前革命阶段中必然要成为全国广大工农群众之反帝国主义与国民党的喉舌。"⑤ 对于新闻报道，强调应遵循真实性与客观性相结合的原则，等等，有力地推动了中国马克思主义新闻学的形成与发展。

3. 新闻学术团体的成立与新闻学的初步发展

该时期，随着全国高校新闻学研究会与新闻教育机构等的相继创办，我国新闻学得到了初步发展。新闻学研究会学术团体推动了新闻学研究，高等院校开始创办新闻学系，培养新闻专业人才。随着新闻学的初步发展，思想理论界出现了一批学术专著，为新闻学科的发展奠定了

---

① 毛泽东.《政治周报》发刊理由. 政治周报，1925（1）.

② 郭若平.《政治周报》期间毛泽东的政治思想分析. 毛泽东思想研究，2007（2）：12.

③ 需要说明的是，当前学界对瞿秋白新闻思想的相关研究却不多见，相关论文主要有王豪新的《论瞿秋白的新闻思想》（《湖南师范大学社会科学学报》1988年第1期）、宋新桂的《瞿秋白的新闻道路和新闻思想》（《江苏社会科学》1995年第4期）、张之华的《瞿秋白早期的办报业绩和新闻传播思想》（《新闻传播》2004年第11期）、徐新平的《论瞿秋白土地革命时期的新闻思想》（《湖南社会科学》2007年第1期）等。此外，郑保卫的《中国共产党新闻思想史》（福建人民出版社2004年版）对瞿秋白的新闻思想亦有少量论述。总的来看，关于瞿秋白新闻思想的研究数量不多，需要加强研究。

④ 张世飞，曾庆桃. 论瞿秋白的马克思主义新闻观. 江西科技师范大学学报，2014（4）：22-23.

⑤ 发刊词. 红旗日报，1930-08-15.

重要学理基础。

在北大学生罗章龙、谭平山、徐宝璜及当时《京报》社长邵飘萍的努力下，1918 年 10 月，中国第一个新闻学术研究团体——北京大学新闻研究会成立①，力证了"新闻学"存在的正当性，该会系统讲授新闻课程，研究新闻学，由北京大学校长蔡元培兼任会长。研究会出版了当时中国唯一传播新闻学知识的报纸《新闻周刊》②，研究会的宗旨是"以输灌新闻智识、培养新闻人才"，研究会的任务有六项，即研究新闻之范围、采集、编辑、造题、通讯法、新闻纸与通讯社之组织，还规定了"本会研究之时间每星期三小时"③ 等。北京大学新闻研究会是我国新闻学和新闻教育事业的摇篮，为中国新闻事业培养了一批优秀人才，促进了我国新闻事业的发展。当年毛泽东在新闻研究会听了半年的新闻课程，"和毛泽东一起在新闻学研究会学习的会员，还有陈公博、罗章龙、高君宇、谭平山、杨晦、谭植棠等进步学生，他们都是中国共产党的早期重要成员。这些人离开新闻研究会后很多参与到新闻工作之中。

---

① 当时北大社团活动非常丰富，除了新闻研究会，还有哲学研究会、国民社、新潮社、少年中国学会、平民教育演讲团等。不过，新闻研究会是最受蔡元培重视的，他亲自担任会长，并主持制定研究会八项章程，分别是："一、本会定名为北京大学新闻研究会；二、本会以输灌新闻智识、培养新闻人才为宗旨；三、本会研究之事项有新闻之范围、新闻之采集、新闻之编辑、新闻之造题、新闻通讯法、新闻之与通讯社之组织；四、本会研究之时间每星期三小时；五、本会隶属于北京大学，校内外人均得入会；六、校内会员每年每人纳费 9 元，校外会员年纳 18 元，分三期缴纳；七、既缴纳之费无论何种情形概不退还；八、北京大学日刊处为本会办事机关，入会者向该处报名"。北大新闻研究会的主要职责是举办新闻教育培训，来上课的老师除了徐宝璜、邵飘萍两位研究会导师之外，还邀请李大钊、高一涵等知名学者来做演讲。在 1918 年 10 月到 1920 年 12 月的两年零两个月的时间里，共有 100 多位学员参加新闻学习。1919 年 2 月，新闻研究会召开改组大会，"北京大学新闻研究会"改名为"北京大学新闻学研究会"，蔡元培被推选为正会长，徐宝璜为副会长，曹杰、陈公博为干事。研究会的宗旨也改为"研究新闻学理、增长新闻经验、以谋新闻事业之发展"，突出新闻理论研究和新闻实践的重要性。

——张慧瑜. 北京大学新闻学研究会成立一百周年：中国新闻学和新闻教育的摇篮. 光明日报，2018-10-26（13）.

② 徐宝璜担任编辑主任，下设新闻、评论、翻译、通讯等四部。这份刊物采用西方更为通行的横排版式，是中国第一本新闻学的刊物。这个刊物的初衷是"便会员之练习，便新闻学识之传播，便同志之商榷"，也就是让学生在实操中学会采编新闻、撰写评论。这个周刊只发行了 3 期，1919 年五四运动之后就停刊，但戈公振在《中国报学史》中给予很高评价，认为《新闻周刊》是"中国唯一传播新闻学识之报纸"。

——张慧瑜. 北京大学新闻学研究会成立一百周年：中国新闻学和新闻教育的摇篮. 光明日报，2018-10-26（13）.

③ 新闻研究会之简章. 北京大学日刊，1918（178）.

比如北京共产主义小组的高君宇先后担任《国民》《新潮》《先驱》《政治生活》《工人周刊》《向导》的记者和编辑，罗章龙则参与创办《工人周刊》，主编《中国工人》。这些新闻活动，与他们在新闻学研究会接受的新闻教育密不可分"①。著名新闻史学家戈公振在所著的《中国报学史》中认为，北大新闻学研究会是"中国报业教育之发端"②。黄天鹏把 1903—1918 年新闻学研究会建立之前的 10 余年视为中国新闻学的启蒙期。1919 年 2 月，新闻研究会召开改组大会，将"北京大学新闻研究会"改名为"北京大学新闻学研究会"。在北大成立新闻学研究会后，中国新闻研究团体和新闻教育开始发展起来，1922 年成立了中国新闻学会，1927 年成立了北京新闻学会，创办了《新闻学刊》，1928 年 8 月出版了《新闻周刊》。1935 年成立了南京新闻学会，1936 年成立了平津新闻学会等，并诞生了任自涛的《应用新闻学》、戈公振的《中国报学史》等新闻学著作③。

　　1922 年，厦门大学成立了中国第一个新闻学科——"新闻学部"，后将"新闻学部"改成"新闻学科""新闻学系"。1923 年，北京平民大学创办报学系，是中国第一个大学新闻系，该系为该校三大学系之一，北京大学教授徐宝璜④应聘担任系主任，北京国闻通讯社社长吴天

---

　　①②③　张慧瑜. 北京大学新闻学研究会成立一百周年. 中国新闻学和新闻教育的摇篮. 光明日报，2018-10-26（13）.

　　④　徐宝璜（1894—1930），字伯轩，中国新闻学者，新闻教育家，江西九江人，辛亥革命前就读于京师大学堂，1912 年他考取官费生，到美国密歇根大学留学，读经济学，辅修新闻学。1916 年回国之后，他先在北京《晨报》做编辑工作，后来收到蔡元培的邀请，到北京大学任教，教授经济学课程，同时做蔡元培校长的秘书。蔡元培有着丰富的办报经验，他参与编辑、创办了《苏报》《俄事警闻》《警钟日报》《旅欧杂志》等报刊。蔡元培不仅与北大图书馆主任李大钊一起创办《每周评论》《北京大学日刊》《北京大学月刊》等刊物，还支持学生创办刊物，如《国民》《新潮》等。1917 年，蔡元培建议徐宝璜给北大文科各系开设新闻学的选修课，介绍欧美各国新闻概况和理论，培养新闻人才，这是中国高等新闻教育的开端。当时，徐宝璜把在北大教新闻学的讲稿整理成《新闻学大意》，先在《东方杂志》上连载。1918 年暑假整理成《新闻学》一书，请蔡元培校长亲题书名和作序，1919 年由北京大学出版部出版。除了在北大教书外，徐宝璜还在民国大学、平民大学、北平大学、朝阳大学、中国大学、第三中山大学等兼课，教经济、新闻等方面的课程。1923 年，他在平民大学新闻系任系主任，这也是中国大学里的第一位新闻系主任。1930 年 5 月 29 日，徐宝璜在北大讲课时突然中风，两天后在北京协和医院逝世，年仅 37 岁。

　　——余家宏. 新闻学简明词典. 杭州：浙江人民出版社，1984：336；张慧瑜. 北京大学新闻学研究会成立一百周年：中国新闻学和新闻教育的摇篮. 光明日报，2018-10-26（13）.

生、《京报》社长邵飘萍①担任教授。同年，上海大夏大学新闻学系成立。1924 年，北平燕京大学"亦创设新闻学院，以主持得人，设备完美，故学生众多，人材辈出，该校且与美国密梭里大学交换教授与研究生，以目下中国新闻教育言之，燕京实可推为最优秀者"②。同年，上海复旦大学设立"新闻学讲座"讲授新闻学知识③。

　　该时期，随着全国各地新闻学会研究机构的兴办和部分高校新闻学系的建立，新闻学领域的学术著作也相继出版，推动了我国新闻学理论的发展④。1919 年，北京大学新闻学研究会出版了徐宝璜著的中国第一本新闻理论著作——《新闻学》⑤，蔡元培称之为"破天荒之作"。在这

<hr>

① 邵飘萍（1886—1926），原名镜清，后改为振清，字飘萍，笔名萍、阿平、素昧平生，浙江省金华市东阳人，革命志士，民国时期著名报人、《京报》创办者、新闻摄影家，是中国传播马列主义、介绍俄国十月革命的先驱者之一，杰出的无产阶级新闻战士，中国新闻理论的开拓者、奠基人，被后人誉为"新闻全才""乱世飘萍""一代报人""铁肩辣手，快笔如刀"等。1912 年任《汉民日报》主编，袁世凯称帝后，为《时事新报》《申报》《时报》撰稿，抨击袁的罪恶阴谋，以后又在两年里写了 250 多篇总计 20 多万字的文章，揭露批判军阀政府。1916 年 7 月，在北京创办了"北京新闻编译社"。1918 年 10 月，在北京创办《京报》，任社长，开始独立办报生涯。后又与蔡元培一起创办"北京大学新闻学研究会"并举办讲习会，第一期学习的就有毛泽东、罗章龙等。1920 年后，致力于新闻教育事业并赞颂十月革命，介绍马克思主义思想。1926 年因发表文章揭露张作霖统治的黑暗，被张作霖杀害。邵飘萍作为我国早期从事新闻工作的领军人物之一，提出新闻教育应联合理论与实践、提升民众新闻素养、培养全能型新闻人才等新闻教育思想，促进了当时和以后新闻教育和新闻事业的发展。
　　——旭文. 邵飘萍传略. 北京：北京师范学院出版社，1990：187；龙芳. 邵飘萍新闻教育思想研究. 今传媒，2018（8）：66.
② 赵君豪. 中国近代之报业. 申报馆，1938：195.
③ 李秀云. 中国新闻学术史. 北京：新华出版社，2004：78-81.
④ 新文化运动中先后出现的《新闻学》（1919 年，徐宝璜）、《应用新闻学》（1922 年，任白涛）、《实际应用新闻学》（1923 年，邵飘萍）、《新闻学总论》（1924 年，邵飘萍）、《中国报学史》（1927 年，戈公振）等代表著作，标志着中国新闻学的真正创立。
⑤ 该书初版以《新闻学大意》为题，最早发表于 1918 年 9—11 月的《东方杂志》上，第二次修订稿于 1918 年秋刊在《北京大学日刊》上，第三次修订稿刊于 1919 年夏发表在第 6～8 期的《新中国》杂志上，第四次修订稿定名为《新闻学》，于 1919 年 12 月由北京大学新闻学研究会出版。《新闻学》完稿于 1918 年暑假，是徐宝璜在北大讲授新闻学讲稿的基础上增补而成的。蔡元培先生为《新闻学》1919 年初版作序，把此书原委做了简单介绍："北京大学于去年新设'新闻学研究会'，请文科教授徐伯轩先生为主任，先生草《新闻学》一篇，一年以来，凡四易其稿而后定，并征序于余。"蔡元培序中评价《新闻学》"在我国新闻界实为'破天荒'之作"。1930 年，徐宝璜去世后，在黄天鹏的主持下，增补了伯轩先生所写的有关新闻学的几篇文章和陈大齐所写的《徐伯轩先生行状》，改名《新闻学纲要》重新出版。徐宝璜的《新闻学》是"开山祖的开山作"，是新闻学教育和新闻学研究的"破天荒之作"。作者为我们梳理了新闻理论、业务、新闻事业的经营管理最基本的概念，是作者在北大新闻学研究会的讲义"新闻学大意"的基础上整理而成的，就新闻学这一门学科成立发展的学科意义而言，可以将此书视为新闻学成为一门独立学科的开启者和见证者。
　　——余家宏. 新闻学简明词典. 杭州：浙江人民出版社，1984：389.

里需要特别说明的是，徐宝璜的这部著作并没有照搬西方新闻学理论观点，而是密切联系中国新闻事业实际，全书具有明显的中国特点。全书共 14 章，6 万字左右，围绕"新闻学之性质与重要"，"新闻纸之职务"，新闻之定义、价值、采集、分类、方法、来源、编辑、题目、销路等多方面进行了描述，多次重版，在中国新闻史上具有重大影响。该书介绍了很多西方新闻学理论，"本书所言，取材于西籍者不少，然西籍中亦无完善之书，或为历史之记述，或为一方之研究。至能令人读之而窥全豹者，尚未一见也……自信所言，颇多为西方学者所未言及者"①。1930 年，该书再版时改名为《新闻学纲要》，共分 15 章，系统论述了新闻理论、新闻业务和新闻事业的经营管理等新闻学理论。我国现代新闻学的拓荒人黄天鹏②这样评价徐宝璜及其书的地位，"先生是新闻教育第一位的大师，新闻学界最初的开山祖，《新闻学》在新闻学史上应居最高峰的位置"，"《新闻学》最初是名《新闻学大意》，但内容的提纲撷要，还是命名《新闻学纲要》最妥。这是概论一类的书，在初学新闻学的人最适宜的，也是学校最好的课本。要是我开张新闻学必读书目，我第一部推举《新闻学纲要》"③。1924 年，邵飘萍著的《新闻学总论》一书由京报馆出版发行。邵飘萍在北京大学、平民大学等学校任教过程中撰写了《实际应用新闻学》和《新闻学总论》两本著作④。

---

① 徐宝璜. 新闻学. 北京：北京大学出版部，1919：自序.

② 黄天鹏（1905—1982）原名鹏，字天鹏，别号天庐，以字、号行世，于 1905 年 3 月生于广东省普宁市流沙南街道马栅村。他创办了我国第一个新闻学刊，是我国现代新闻学的拓荒人。1927 年 1 月，由黄天鹏主编的《新闻学刊》在北平创刊，这是我国最早的新闻学刊物，每季出一期，由北京新闻学会出版，北京新书林发行。1928 年底，黄天鹏离京南下到上海，将原北京《新闻学刊》改组扩大为《报学杂志》（月刊）在上海出版。该刊于 1929 年 3 月创刊，光华书局发行。《新闻学刊》《新闻周刊》《报学杂志》三种刊物是我国最早一批新闻学研究的专门学术刊物，其水平和质量是较高的。以《新闻学刊》为例，撰稿者都是当时全国著名的新闻学专家及名记者，如徐宝璜、邵飘萍、胡政之、戈公振、黄天鹏、徐彬彬、鲍振青、顾红叶、王小隐、周孝庵等，他们的文章代表了当时新闻学研究的最高水平。1929 年至 1931 年，黄天鹏曾将散见于报纸杂志及新闻学刊物上的有关新闻学重要论文收集起来编成好几部新闻学论文集出版，其中包括《新闻学名论集》《新闻学刊全集》《报学丛刊》等。另外，他还撰写出了十几种新闻学书出版，如《中国新闻事业》《怎样做一个新闻记者》等。

——刘家林. 我国现代新闻学研究刊物初探. 新闻知识，1992（3）：38；傅润华. 中国当代名人传. 上海：世界文化服务社，1948：228；刘建业. 中国抗日战争大辞典. 北京：北京燕山出版社，1997：186.

③ 徐宝璜. 新闻学纲要. 广州：联合书店，1930：6.

④ 龙芳. 邵飘萍新闻教育思想研究. 今传媒，2018（8）：66.

1925 年 1 月，商务印书馆出版伍超的《新闻学大纲》，围绕"新闻事业之确立""如何构成新闻""探访新闻概论""测定新闻价值之标准"等方面介绍了基本的新闻理论。

4. 中共党报党刊的创办与党的早期新闻事业的发展

中国共产党在马克思主义新闻思想的指导下，积极创办党报党刊，开展党的新闻宣传工作，开始了马克思主义新闻思想在中国的早期传播和实践过程。中国共产党成立后，为紧跟革命形势发展需要，相继创办了《向导》《前锋》《劳动周刊》《中国工人》《妇女声》等报刊，加强理论研究和宣传，中国共产党早期新闻事业取得了一定程度的发展。

1922 年 9 月，中国共产党第一个公开发行的中央机关报——《向导》① 在上海创刊，由主持中央宣传工作的蔡和森担任主编，陈独秀领导刊物的出版，并题写刊名。该报设有"中国一周""世界一周""通信""读者之声""什么话"等专栏。陈独秀、李大钊、瞿秋白、罗章龙等参与编辑和撰稿工作，主要发表时事政治评论文章，以宣传党的纲领、路线、方针、政策，指导群众斗争。《向导》周报刊载了许多关于工农运动的文章，著名的有赵世炎以笔名"施英"所发表的《上海的罢工潮》（第 159—172 期）、蔡和森的《今年五一之广东农民运动》（第 112 期）、毛泽东的《湖南农民运动考察报告》（第 191 期）、瞿秋白的《农民政权与土地革命》（第 195 期）、彭湃的《关于海丰农民运动的一

---

① 1922 年 9 月 13 日，《向导》周报在上海创刊，蔡和森、彭述之、瞿秋白先后任主编。陈独秀领导刊物的出版，并题写刊名。该报为 16 开本。该报的主要撰稿人有陈独秀、蔡和森、瞿秋白、高君宇、李达、彭述之、张国焘等，毛泽东、周恩来、赵世炎、王若飞、张太雷、李立三及共产国际驻中国代表马林（笔名孙铎）等也发表过一些重要文章。陈独秀在《向导》周报上发表了 270 多篇文章，几乎每期都有他的作品。蔡和森除用"和森"署名发表了 130 多篇文章外，还用"本报同人""记者"等名字发表了不少文章，瞿秋白也为《向导》周报写过 60 多篇社论和述评。《向导》周报曾先后迁往北京、广州、武汉等地出版发行，在中国内地许多大中城市及巴黎、东京等地设有 30 多个分销处，发行量由开始的 3 000 份激增至 4 万份，最多时近 10 万份，广受读者欢迎，被誉为"黑暗的中国社会的一盏明灯"，成为我国大革命时期影响最大的一份报纸。1923 年 12 月，在北京大学成立 25 周年纪念日举办的民意测验中，《向导》周报获得各界读者爱读票 220 票，列全国周刊第一名。1927 年 7 月 18 日，汪精卫叛变革命后被迫停刊，前后共出 201 期。
　　——黄霞. 《向导》周报. 光明日报，2011-06-27（6）；何立波. 最早的中共中央机关报《向导》周报. 学习时报，2019；罗绍志. 蔡和森同志与《向导》周报. 教学与研究，1981（4）：22-24.

封信》（第70期）①等等。《向导》周报围绕反帝反封建革命任务开展工作，积极宣传党的统一战线政策，推动革命统一战线的建立。

1923年，复刊后的《新青年》在广州重新出版，由瞿秋白担任主编，主要任务是宣传马克思主义，介绍国际共产主义运动。1923年7月，中央在上海创办《前锋》杂志②，编撰人陈独秀、瞿秋白，主要刊登论述中国及世界政治经济诸问题的文章。1925年6月，由瞿秋白筹办并主编的中国共产党的第一份日报——《热血日报》创刊③，其创办与五卅运动有着直接的关联。瞿秋白在发刊词中庄严宣告：

> 现在全上海市民的热血，已被外人的枪弹烧得沸腾到顶点了！……现世界强者占有冷的铁，而我们弱者只有热的血；然而我们心中果然有热的血，不愁将来手中没有冷的铁，热的血一旦得着

----

①　黄霞.《向导》周报. 光明日报，2011-06-27（6）.

②　《前锋》是大革命时期中国共产党中央委员会的政治性机关刊物，1923年7月1日创刊。封面注明在广州出版，实际在上海秘密编印、发行，16开本，创刊号80页，第2、3期增至102页、106页。原定为月刊，未能按期出版。瞿秋白主编，他用屈维它、巨缘等笔名撰写政论、杂评。陈独秀用实庵、致中笔名写政论，实际成为首席撰稿人，主要作者有向警予、张太雷、刘仁静。共产国际代表马林（笔名孙铎）和蔡和森、恽代英、毛泽东（笔名石山）等亦曾写稿。1924年2月出至第3期后停刊，该刊以长篇专论为主，另辟有发表短文的"寸铁"专栏。曾运用调查研究材料和统计数据，剖析美、英、日等国对中国的侵略，分析中国社会现状，揭露军阀政府的专制，帮助读者理解中国共产党的民主革命纲领和统一战线策略。陈独秀执笔的《前锋露布》和专论《中国国民革命与社会各阶级》表露了忽视无产阶级在民主革命中领导权的错误观点。该刊侧重于国内外政治经济的系统研究和评论，运用大量调查材料和统计数据剖析帝国主义对中国的军事、政治、经济、文化侵略的本质和手段，揭露军阀政府的独裁统治，论证中国社会革命问题，介绍苏俄的内政外交、欧美各国革命和印度、埃及等亚洲殖民地的状况。设有"寸铁"专栏，每期刊发10来篇杂感，由瞿秋白、陈独秀撰写，针砭时弊，短小精悍。第3期设"实庵笔记"栏。

——中共中央早期机关刊物《先锋》. 新闻与写作，1998（8）：45；秦杰. 中共早期代表大会党章文献收藏. 收藏，2011（7）：32；冯健. 中国新闻实用大辞典. 北京：新华出版社，1996：268.

③　在1925年震惊中外的五卅运动期间，中国共产党创办了一份如同这个运动一样让人热血沸腾的报纸，它不仅是中国共产党创办的第一份日报，而且也是一份中国共产党创办的刊行时间很短的报纸。1925年6月4日，第1期《热血日报》出版，每期4版，约12 000字。该报除社论外，还辟有"外人铁蹄下的上海""紧要消息""本埠要闻""国内要闻""国外要闻""舆论之批评"等专栏，并有《呼声》副刊。其中，"外人铁蹄下的上海"等专栏，不断揭露帝国主义对中国人民的暴力镇压与血腥罪行。《热血日报》共出了24期，到1925年6月27日被迫停刊。报纸8开4个版，设有社论、国内要闻、国际要闻、紧要消息等栏目。

——刘怡. 中国共产党的第一份日报：《热血日报》. 中国档案，2012（8）：88.

冷的铁，便是强者之末运。①

该报是一份中国共产党创办的刊行时间很短的报纸，积极宣传马克思主义，揭露帝国主义对中国犯下的种种罪行。

该时期党的各级地方委员会也积极创办报刊，如北京地方委员会的机关报《政治生活》、中共湖南区委员会的机关刊物《战士》、中共广东区委员会的机关刊物《人民周刊》、中共湖北区委的机关刊物《群众》周刊等。中国社会主义青年团相继创办报刊，天津社会主义青年团出版的《劳报》是中国社会主义青年团的第一个报刊。1923 年，在邓中夏、恽代英的筹划下，团中央机关刊物《中国青年》② 在上海创刊，创办人与编辑者为恽代英、林育南、邓中夏、萧楚女、任弼时、张太雷、李求实等。《中国青年》宣传马克思主义和党的革命纲领，是该时期出版时间最久、影响最大的报刊之一。此外，中国共产党还主办了《劳动周刊》《中国工人》《妇女声》等群众性报刊，创办了中俄通讯社、劳动通讯社等通讯社，初步发展了无产阶级新闻通讯事业③。

（二）成长发展阶段（1927—1937）：中国共产党新闻思想初步形成

该时期，中共宣传工作领导人及新闻学专业学者以马克思主义为指导，结合近代中国的新闻实践，对新闻理论进行探讨与阐释，推动了中国共产党新闻思想的形成。该时期的代表性著述主要有范长江的《中国的西北角》、张友渔的《新闻的性质和任务》、张闻天的《关于我们的报纸》等等。

---

① 瞿秋白. 发刊词. 热血日报，1925.

② 《中国青年》是 1923 年共青团中央出版的杂志，共产党员恽代英、萧楚女担任主编，这是我国近代史和中国共产主义运动史上最具战斗力和生命力的青年刊物，刊物为周刊，后迁至武汉，是中国大陆现存历史最悠久的杂志，也是共青团中央主管主办的历史最长的红色媒体。1927 年 7 月迁回上海，在 1927 年 11 月至 1932 年间，曾先后改用《无产青年》《列宁青年》等名称秘密出版，抗日战争时期由全国青年联合会延安办事处宣传部主办。1939 年 4 月在延安出版，1941 年 3 月出至第 3 卷第 5 期休刊，1948 年 12 月由中共中央青年工作委员会主持复刊，在石家庄出版，次年迁北平。1949 年 4 月起，一直是团中央的刊物，关注青年生存状态、服务青年成功人生是其基本宗旨，其将目标读者定位为中国青年精英，即 18 岁至 30 岁的城市主流青年。它的人物报道在国内期刊界有着公认的影响，它对青年人生问题的深入探讨是其区别于其他杂志的一个重要特色。

——向洪. 国情教育大辞典. 成都：成都科技大学出版社，1991：369.

③ 方汉奇. 中国新闻事业通史：第 2 卷. 北京：中国人民大学出版社，1996：122-151.

1. 党报必须服务于党的路线、方针、政策的宣传

党报是为党服务的，鲜明的阶级性是党报的基本特点。该时期，中国共产党人在艰苦革命的实践经历中深化了对党报性质、作用等方面的认识，明确将党报看作阶级斗争的工具、群众的"喉舌"等。

马克思主义经典作家重视无产阶级新闻事业的党性原则，认为无产阶级政党的新闻事业必须体现党的政治主张和组织原则。早年马克思、恩格斯虽未明确提出"新闻的党性原则"，但强调把报刊看作党派利益的代表者。在马克思主义新闻发展史上，列宁是第一个使用"党性"概念的，他指出体现无产阶级的党性是布尔什维克报刊工作的基本原则之一。在土地革命战争时期，马克思主义经典著作在中国的编译与传播有了进一步发展，为中国共产党人学习马克思主义理论创造了有利条件。该时期列宁办报思想传入中国，列宁在《从何着手?》中阐述关于报纸的作用时指出："报纸的作用并不只限于传播思想、进行政治教育和争取政治上的同盟者。报纸不仅是集体的宣传员和集体的鼓动员，而且是集体的组织者。"① 中国共产党积极学习列宁的办报思想，在宣传报道中时刻注意发挥报纸宣传员、鼓动员、组织者的作用。中国共产党的机关刊物《布尔塞维克》在1929年刊登署名毅宇的文章《布尔塞维克党的组织路线：列宁论"党的组织"》，文章中"党报是一个集体的组织者"部分提到了列宁的论断。中华苏维埃共和国临时中央政府机关报《红色中华》在1933年发表了博古的《愿〈红色中华〉成为集体的宣传者和组织者》一文，阐述了列宁有关办报的思想。

中国共产党将党报作为党的事业的重要组成部分，1929年6月，《宣传工作决议案》提出了党报的作用：

> 日报一定要用群众自己的态度，从叙述新闻中宣传党的主张，这样才可以使日报更加适合于群众的需要与兴趣，使日报的影响能深入广大群众。在不能办日报的地方，亦应当尽可能的办新闻式的定期刊物，尤其是在没有地方报纸之处，地方党部更应注意于办理此项刊物，因为这与日报差不多有同样的作用。②

1931年1月，中央在《改用党报方式加强党对实际工作的指导》

① 列宁. 列宁全集：第5卷. 2版增订版. 北京：人民出版社，2013：8.
② 中央档案馆. 中共中央文件选集：第5册. 北京：中共中央党校出版社，1990：266.

中强调，要"以党报的社论为代表中央政治局在政治上的分析与策略的指导"①。

土地革命战争时期，中央积极发挥党报党刊的作用，在根据地和国统区出版报刊，以此为平台，宣传党的革命理论。中共中央和地方党组织分别成立了党报委员会（后改称"党报编辑委员会"），领导党的报刊工作。各级党组织积极建立工农通讯员队伍，使其为中央党报撰写稿件。在国统区，由于国民党实施文化专制政策，我们党的许多报刊难以在国统区发行，当时便想了很多办法巧妙发行。在革命实践中，党的报刊建立了有效发行网络，如通过党各级组织和革命团体组织发行，动员全体党员做发行工作，利用通讯员队伍推广报刊，建立专门的发行工作机构，等等，采取多种方式促进报刊发行工作②。

2. 中国新闻史学科的初步发展

该时期，随着新闻学的逐步发展，新闻史研究在不断深入，出现了大批通史型、地方新闻史、专门史、断代史、人物史、专题史、外国新闻史等新闻学著作，推动了新闻学研究与新闻事业的发展。

戈公振③是中国近代杰出的进步新闻学者，他在对西方新闻教育批判的基础上，提出了中国新闻教育的本土模式，即"理论加实践"。戈公振认为新闻编辑思想的核心，即办报的根本宗旨是"救国与启民"。

①　中国社会科学院新闻研究所. 中国共产党新闻工作文件汇编：上卷. 北京：新华出版社，1980：70.

②　方汉奇. 中国新闻事业通史：第 2 卷. 北京：中国人民大学出版社，1996：333-337.

③　戈公振（1890—1935），名绍发，字春霆，江苏省东台市人。中国现代著名新闻学家、20 世纪 30 年代著名的新闻记者、中国新闻史学拓荒者。1921 年上海新闻记者联合会成立，任会长。1925 年起，在上海许多高校讲授新闻学。1927 年 1 月 29 日，以记者身份乘法国邮轮"答尔塔良"号自费赴法国、瑞士、德国、意大利、英国、美国、日本等地考察新闻业。1932 年"一•二八"淞沪战争爆发后，与巴金、丁玲等 129 人联合签名发表了《中国著作者为日本进攻上海屠杀民众的宣言》。主要著作有《中国报学史》、《新闻学撮要》（译作，梁启超作序）、《新闻学》（1940 年出版，1947 年 2 月再版，普及型读物）、《东北到庶联》（1935 年 12 月生活书店出版）等。其中，戈公振的著作《中国报学史》最早论述了中国新闻史，是中国最早的一部泛论新闻学，开创全面系统地研究中国新闻发展史的先河，成为研究中国思想文化史的一个重要文献。戈公振对中国新闻事业的最大贡献，就是他第一次确立了报学史的研究是一门学问。

——戈宝权. 回忆叔父戈公振二三事. 人民日报，1985-11-26；汪国璠. 一代报人戈公振. 钟山风雨，2003（2）：13-17；高海波. 论戈公振的传播思想. 国际新闻界，2013（4）：160.

1927 年 11 月，商务印书馆出版发行了他的新闻论著《中国报学史》①，首次将报刊史研究作为一门独立学科，系统阐述了中国报刊发展史，开创了中国新闻史研究的新时期。《中国报学史》从传播角度重新审视中国报刊史的分期问题，将中国报刊的发展阶段分为官报独占时期、外报创始时期、民报勃兴时期和报业经营时期四个阶段②，著作包括"绪论""官报独占时期""外报创始时期""民报勃兴时期""民国成立以后""报界之现状"等 6 章内容。戈公振首先提出了报学史的定义：

> 所谓报学史者，乃用历史的眼光，研究关于报纸自身发达之经过，及其对于社会文化之影响之学问也。本书所讨论之范围，专述中国报纸之发达历史及其对于中国社会文化之关系，故定名曰《中国报学史》。③

戈公振在著作中对"报纸"一词做了定义："报纸者，报告新闻，揭载评论，定期为公众而刊行者也。"④ 关于报刊的本质属性及社会功能，戈公振提出：

> 盖报纸者，人类思想交通之媒介也。夫社会有机体之组织，报

---

① 该书 1925 年夏至 1926 年 6 月完稿于上海，1927 年 11 月由商务印书馆出版，是一部研究新闻学和我国新闻事业发展史的开山名著，国内外新闻界誉之为中国首部新闻史学权威著作。该书出版后曾多次重印，日本学者小林保将该书译成日文在日本出版。该著作约 29 万字，是受到公认的我国第一部系统而全面地叙述中国新闻事业发展史的专著，它的问世奠定了戈公振在中国新闻史研究中拓荒者的地位。后来日本作者编写的《中华新闻史》，林语堂用英文写的《中国报业及舆论史》，燕京大学美籍教授白瑞华著的《中国报业》等，多根据戈公振《中国报学史》提供的材料写成。而即使书已出版，戈公振仍在孜孜不倦地搜集资料，如 1927 年冬，他利用出席国际联盟相关会议的机会，在大英博物馆东方图书室查阅到清嘉庆年间出版的《察世俗每月统纪传》、道光年间出版的《东西洋考每月统纪传》《特选撮要每月统纪传》、同治年间出版的《旧金山唐人新闻纸》等原件，这让他欣喜不已，也弥补了他早先在查阅资料时发现"有若干种只存其名而未见其书"的遗憾。后来他凭借这些史料，写出《英京读书记》，将其作为对《中国报学史》的补充。
　　——汪国瑶. 一代报人戈公振. 钟山风雨，2003（2）：14；高海波. 论戈公振的传播思想. 国际新闻界，2013（4）：160-168；宁树蕃. 戈公振的《中国报学史》. 新闻业务，1962（12）：16.
② 高海波. 论戈公振的传播思想. 国际新闻界，2013（4）：162.
③ 戈公振. 中国报学史. 上海：商务印书馆，1927：2.
④ 同③7.

> 纸之于社会，犹人类维持生命之血，血行停滞，则立陷于死状；思想不交通，则公共意见无由见，而社会不能存在。有报纸，则个分子之意见与消息，可以互换而融化，而后能公同动作，如身之使臂，臂之使指然。报纸与人生，其关系之密切如此。①

在明确了报纸之定义、本质属性及社会功能后，戈公振论述了该书的编辑方法，"凡稍研究报纸之共通历史者，必知有所谓口头报纸，手写报纸，木版印刷报纸与活版印刷报纸之四类。我国报纸之进化，当然亦循此阶级，惟口头报纸，颇不易得明确之材料，吾故存而勿论。我国报纸为便利研究计，可分四时期"②，"四时期"分期方法符合中国报刊史发展历程，该著作奠定了戈公振在中国新闻史研究中拓荒者的地位。

《中国报学史》出版后，一批通史型、人物史、地域新闻史、断代史、专门史等著作开始出现。1930年，上海联合书店出版了黄天鹏著的《中国新闻事业》一书，全书论述了我国新闻事业的发展历程，主要包括"新闻事业绪论""新闻事业之起源""新闻事业之变迁""新闻事业之勃兴""新闻事业之现状""新闻事业之将来""新闻事业附录"7章内容。1930年，光华书局又出版了他的《新闻学刊全集》，主要包括通论、演讲、纪事、杂文、短简、小说、附录等相关部分。

该时期出现了许多地域史新闻著作，1930年，杭州之江日报社出版了项士元③的《浙江新闻史》，这是我国最早的地方新闻史专著之一，该书记载并分析了从清末至20世纪早期的浙江新闻事业状况，下限为

---

① 戈公振. 中国报学史. 上海：商务印书馆，1927：序言.

② 同①21.

③ 项士元（1887—1959），临海城关人，原名元勋，号慈园，别号石槎。25岁毕业于杭州府中学堂，浙江提学使复试，名列优等，被授予优贡出身。自1924年起，他在杭州从事新闻事业10余年，任之江日报社社长兼主笔或总编辑，创办《青年》《微光》《高钟》《嘤嘤》《工学》《浪花》《璇玑》7种副刊，宣传青年运动、妇女运动及国民革命运动。1928年，任《杭州国民新闻》副社长及《杭州市报》主笔。1932年"一·二八"事变后，又创办了《救国晚报》。他一生求学不倦，涉猎诸多学科，包括史学、文学、经学、金石、方志学、目录学、民俗学、语言学、佛学、医学、新闻学、教育学等。著作丰富，目录学方面有《台州经籍志》等20种，方志方面有《临海要览》等28种，文史方面有《浙江通商史迹》等67种，政治社会类书有《浙江新闻史》《慈园评论集》等20种，辞章类有《寒石草堂诗集》等12种，还编有其他文集10种。
——项士元. 浙江档案，1989（11）：22；李艳秋. 目录学家项士元. 图书馆杂志，1998（1）：8.

20世纪20年代，主要包括清季浙省之新闻状况、民国以来浙省之新闻状况、浙省隶入党治后之新闻状况、报社之组织、记联会之组织等内容。1935年，上海市通志馆出版了胡道静①的《上海的定期刊物》，该书介绍了日文、英文、法文、德文、俄文、意大利文、葡萄牙文等定期刊目录及提要。同年，上海市通志馆还出版了胡道静的《上海新闻事业之史的发展》，全面涵盖了新闻学理论、新闻业务、新闻史等领域，介绍了报纸的始创、民族革命、洪宪时期、欧战时期、五四运动、五卅惨案、国民革命等时期上海新闻事业的发展历程。1931年5月，上海光华书局出版了黄天鹏的《新闻记者外史》，收录了《美国新闻记者的预言》《中国的第一个新闻记者》《新闻记者的科举观》《时务报的笔墨官司》《欧洲新闻记者的署名制度》《报纸名称的统计》《新闻记者的探案》《一个新闻记者的经历》等文章。

该时期的新闻学者注重新闻史资料的整理，大量新闻学专业刊物设置"调查"专栏、"统计"专栏，刊登地方新闻业调查通讯和调查报告。同时，出版了一批史料性较强的报刊名录调查、索引类著述，为学术研究提供了重要新闻史料支撑。1936年，著名社会调查学家许晚成②编写了《全国报馆刊社调查录》，对上海、南京、江苏、浙江、安徽、福建、大连等全国28个省、市的报纸、期刊进行了详细统计，内容包括名称、

① 胡道静（1913—2003），安徽泾县溪头村人。其父胡怀琛、伯父胡朴安都是辛亥革命时期进步文学团体——南社的成员，并都参加了同盟会革命报纸的工作。胡道静为古文献学家、科技史学家，祖籍安徽泾县，生于上海。青年时习国故，著有《校雠学》《公孙龙子考》。1932年参加柳亚子主持的上海通志馆工作，分编新闻、文化、竞技、交通、宗教诸部，并著有《上海新闻事业之史的发展》《新闻史上的新时代》等。1956年后著有《梦溪笔谈校正》《沈括研究论集》《中国古代的类书》《农书与农史论集》《种艺必用校录》等，并主持《中国丛书综录》《中国科学技术史探索》等书的编辑。曾任国务院古籍整理规划小组成员，上海人民出版社编审，复旦大学、华东师大、上海师大诸校特聘兼职教授，（巴黎）国际科学史研究院（AIHS）通讯院士。

——王春林. 科技编辑大辞典. 上海：第二军医大学出版社，2001：112.

② 许晚成（1905—1964），曾考入大夏大学，专修教育学。大学毕业之后，曾在南洋高商高中部与上海女子中学任教，同时，还兼任过无锡国学专门学院图书馆长、大夏中学图书馆主任、苏州省立图书馆员等职。他编印的《上海大中小学学校名册》于1933年11月由北新书局正式出版。1937年元旦，龙文书店出版了他的《全国大中小学校调查录》。20世纪60年代初，许氏还在香港从事编辑出版工作，编印过《胡适文选》（1962）、《李石岑情变万言书》（1964）等等。

——许晚成："无名之辈"的新年梦想. 北京青年报，2021-01-06.

地址、创刊年月、总经理略历、主笔略历、重要编辑姓名、报费及广告费如何规定、宗旨与改进计划等详细事项。当年龙文书局还编印出版了他的 10 余种关于众多社会调查和与出版工作相关的图书，如《上海通》《上海行名录》《全国政府机关一览》《上海慈善机关概况》《上海暨全国学校调查录》《上海指南》《上海人名录》《上海暨全国工商行名录》《上海暨全国文化机关调查录》《上海百业人才小史》等。此外，新闻学者还译介、编写了外国新闻史著作，为中国读者了解外国新闻事业拓展了视野。文风书局出版了马星野①的《英国之新闻事业》，该书介绍了"英国新闻事业之背景""英国报社之内部组织及新闻从业人员之概况""英国报纸之编辑技术""英国之通讯社事业"等内容。1933 年，南京正中书店出版甘家馨编著的《欧美新闻界鸟瞰》，该书分为 7 章，分别介绍了"美国新闻事业的考察""美国的新闻大王哈斯梯及其事业""英国新闻界概况""英国的新闻界巨子罗斯克里夫及其事业""苏俄与新闻纸""法国新闻事业丛谈""意大利的新闻纸与法西斯蒂"等内容。

3. 中国马克思主义新闻学的进一步发展

该时期由于残酷革命斗争的需要，除了军事战线外，中国共产党在文化阵线对新闻工作极为重视，张闻天、博古、邹韬奋、张友渔、范长江等党的领导人和新闻记者、报刊活动家等，出版了很多新闻学著述，推动了马克思主义新闻学在中国的发展。

张闻天在该时期领导党的新闻宣传工作过程中，提出了很多重要新闻思想。1933 年 12 月，张闻天在党建理论刊物《斗争》上发表《关于我们的报纸》一文，提出报纸的工作即为党和政府的革命任务服务，"把党与苏维埃政府的任务，最清楚的放在我们报纸的前面，继续不断的为这些任务的实现而斗争，应该是我们报纸的基本工作"②。张闻天

---

① 马星野（1909—1991），浙江省平阳县人，新闻学者、中国新闻界名人，中国杰出的新闻教育家。原名允伟，读小学时改名伟。旅美时，取"星垂平野阔，月涌大江流"中"星野"二字作为笔名。马星野被誉为"新闻巨子""新闻王"，与"棋王"谢侠逊、"数学王"苏步青并称"平阳三王"。毕业于中央政治学校，1929 年，马星野接任《政治舆论民意》杂志主编。1934 年，毕业于美国密苏里大学新闻学院，回国后任教于中央政治学校，于该校外交系讲授《新闻学概论》《新闻事业经营及管理》。其著作主要有《新闻学概论》《新闻事业史》《新闻的采访与编辑》《言论研究》《中国新闻记者信条》等 10 余种，部分著作译成外文在国外发行。

——刘绍唐. 国民人物小传：第 18 册. 上海：上海三联书店，2016：153-166.

② 洛甫. 关于我们的报纸. 斗争，1933（38）.

重视新闻工作真实性，强调用真实材料开展宣传：

> 在我们报纸上空洞的议论与叫喊多于利用具体的材料来开展斗争，来改善工作，来教育广大的群众。在我们的报纸上差不多经常议论到应该反对官僚主义，甚至有些地方由于叫喊反对官僚主义把嗓子都弄哑了。然而关于官僚主义的具体事实的记载，则是少到再不能少的地步。①

他强调报刊是党的喉舌，要加强党和政府对报刊工作的领导：

> 当然我们还应该指出各级机关对于自己报纸的注意，领导与帮助是极端不够的。比如《红色中华》是中央政府的机关报，但是中央政府对于《红色中华》除了要它登载中央政府的文件之外，可以说没有什么帮助与领导。中央政府的机关报，但是中央政府不去利用，不去领导，这是不能容许的现象。②

博古也关注党的新闻工作，他在《我们应该怎样拥护红军的胜利：评我们对于拥护红军的宣传鼓动工作》中倡导报纸要成为拥护红军运动的组织者，"我们的群众报纸，对于红军的光荣与伟大的胜利没有充分的加以宣传和散播。个别的报纸，甚至于没有一个字提到最近的工农红军的空前的伟大胜利"③。他号召"工农红军的英勇的斗争和光荣的胜利责成我们的一切报纸和宣传品，要进行一个广大的拥护红军的运动与在这方面的彻底的转变！我们的一切群众报纸应该即刻的来完成红军的胜利所给他们的光荣的任务"④。

邹韬奋是杰出的新闻记者和出版家，曾任《生活》周刊主编，该刊的宗旨为"暗示人生修养，唤起服务精神，力谋社会改造"，要成为"主持正义的舆论机关"。他还主编《大众生活》《生活日报》等刊物，创办生活书店。他在长期的办报实践中提出了很多办报思想。他曾这样解释《生活》周刊的方针：

> 我们办这个周刊，心目中无所私于任何个人，无所私于任何机关，我们心里念念不忘的，是要替社会造成一个人人的好朋友……

①② 洛甫. 关于我们的报纸. 斗争，1933（38）.
③④ 博古. 我们应该怎样拥护红军的胜利：评我们对于拥护红军的宣传鼓动工作. 红旗周报，1932（40）.

> 我们办这个周刊不是替任何个人培植势力，不是替任何机关培植势力，是要藉此机会尽我们的心力为社会服务，求有裨益于社会上的一般人，尤其注意的是要从种种方面引起服务社会的心愿，服务所应具的精神及德性。①

他主张报纸应全心全意为社会服务、为人民谋利益，而没有任何个人的私利。邹韬奋曾将《生活日报》比作"出世不满半个月的襁褓儿"，他在《关于生活日报问题的总答复》中强调了报纸的重要社会功能，认为"理想的'生活日报'：必须是反映全国大众的实际生活的报纸；必须是大众文化的最灵敏的触角；必须是五万万中国人（连国内国外的中国人合计）一天不可缺少的精神食粮"②。对于办报的目的，他指出"本报的两大目的是努力促进民族解放，积极推广大众文化"，力求"从民众的立场，反映全国民众在现阶段内最迫切的要求"③。

范长江④是我国新闻战线的杰出战士，曾以《大公报》记者身份开展新闻工作，担任过新闻机构的领导，围绕新闻创作发表过很多重要论述。范长江重视新闻的真实性，他的《中国的西北角》于 1936 年 8 月由《大公报》出版，该书在中国通讯史上具有重要的里程碑意义。该书反映了 20 世纪 30 年代中国西南、西北地区的时局状况，对揭露当时社

---

① 编者.《生活》周刊究竟是谁的. 生活，1928，4（1）.

② 编者. 关于生活日报问题的总答复. 生活日报星期增刊，1936，1（3）.

③ 发刊词. 生活日报，1936.

④ 范长江（1909—1970），原名希天，生于四川省内江市农村。1939 年，他加入中国共产党，先后担任新华社总编辑、新闻总署副署长、人民日报社社长等新闻宣传单位重要领导职务，为创建和发展党的新闻事业做出了不可磨灭的贡献。他是中国杰出的新闻记者、中国新闻家、社会活动家，范长江青少年时代就追求革命、追求进步，积极投身抗日救亡运动。1935 年，他深入中国西北地区考察采访，公开报道了红军长征，采写了《中国的西北角》《塞上行》等经典作品。1949 年 1 月 31 日，北平和平解放。范长江带领一批"新闻兵"，跟随解放军先头部队进入北平，成为新中国新闻事业的奠基人和开拓者之一。1950 年 1 月，范长江被任命为人民日报社社长。他生前写过大量出色的新闻报道，担任过新闻机构的领导工作，为全国的新闻事业做出了很大贡献。1991 年，中国记协与范长江新闻奖基金会联合设立了"范长江新闻奖"，这是表彰奖励我国中青年新闻工作者的全国性高层次新闻奖。该奖项于2005 年与"韬奋新闻奖"合并成为"长江韬奋奖"。为纪念范长江，每年的 11 月 8 日（范长江创立中国青年记者学会的日期）被国务院确定为"中国记者节"。

——朱特. 范长江：第一个报道工农红军的中国记者. 中华魂，2019（11）：66；李满星. 范长江报道长征. 人民政协报，2016-12-15；360 百科. 范长江.［2021-01-05］. https://baike. so. com/doc/5293830-5528433. html.

会黑暗、吏治腐败、民族矛盾等均有重要意义。范长江通过对国共两党领导和上层人物的采访，得出中国的希望在西北的结论，决心把被国民党的宣传歪曲了的西北真实情况，以通讯的形式公之于众，以正视听，从而增强广大人民群众的信心，形成正确的舆论导向[①]。他重视新闻资料的收集，为此，提出了七个问题："一，国内农业现状之调查及其改造；二，国内经济问题；三，国际经济问题之现状及其研究；四，西北问题；五，东北问题；六，西南问题；七，民族革命运动。"[②] 1935 年 10 月，范长江先后撰写了 7 篇有关红军长征的重要通讯报道，分别为《毛泽东过甘入陕之经过》（11 月 6 日写就于庆阳，刊登在 1935 年 11 月 23 日的《大公报》上）、《陕北共魁：刘志丹生平》（11 月 8 日写就于庆阳，11 月 28 日刊登于《大公报》）、《从瑞金到陕边：一个流浪青年的自述》（11 月 13 日写就于平凉，11 月 26 日发《大公报》）以及《红军之分裂》（11 月 21 日写就于庆阳）等。11 月下旬，范长江返回兰州，于 12 月 3 日从兰州飞抵天水，在天水市的甘谷县当面采访了胡宗南，写了《松潘战争之前后》，刊登在 1936 年 1 月 4 日的《大公报》上[③]。

1934 年，张友渔在《民国新闻》上发表了《新闻的性质和任务》，阐述了报纸是阶级斗争的工具，认为新闻是两个对立阶级斗争的表现，"新闻是社会的一现象，是社会意识的一表现。所以说到新闻的性质和任务，也不外是以社会组织为基础，应社会实际的需要而产生的东西。人类社会，是采取着阶级对立之形态的；人类历史，是演着阶级斗争之进程的"[④]。张友渔在《论统制新闻》一文中，通过对德国和英国的"统制新闻"进行比较，批评了国民党的文化统制政策。

（三）初步建构阶段（1937—1949）：中国马克思主义新闻学理论体系初步建立

全面抗战爆发后，国共关系的新变化和复杂的革命斗争实践对党领

---

① 王淮冰. 范长江的成名之作：重读《中国的西北角》和《塞上行》（下）. 新闻通讯，1993（4）：25.

② 同①23.

③ 李满星. 范长江报道长征. 人民政协报，2016-12-15.

④ 鲍霁. 张友渔学术精华录. 北京：北京师范学院出版社，1988：304.

导的新闻事业提出了新的要求。为适应不断发展的形势变化，我党开始了以《解放日报》改版为代表的新闻改革事业。党结合革命发展实际深入探讨新闻学基本理论，丰富和发展了马克思主义新闻学思想，初步建立起以马克思主义新闻理论为指导的中国马克思主义新闻学理论体系。

该时期的代表性著述既有指导新闻学发展的新闻论述，如《党与党报》《政治与技术》《本报创刊一千期》《提高一步》《我们对于新闻学的基本观点》，还有新闻学界的著作，如萨空了的《科学的新闻学概论》，恽逸群的《新闻学讲话》，范长江的《塞上行》、《通讯与论文》（全面抗战时期著，后来出版），等等。

1. 从"不完全党报"到"完全党报"：延安《解放日报》改革

中共中央机关报《解放日报》于 1941 年 5 月创刊于延安，由原中央机关报《新中华报》与《今日新闻》合并后改版印行，是中共在抗日根据地出版的第一种大型日报。党在领导《解放日报》的新闻实践中提炼出了许多经验性理论，如坚持唯物主义新闻观、确定党报的性质、实行全党办报的方针、树立党报的作风和文风等等。

1942 年 3 月，根据整风运动的要求，中宣部发出新闻界整风改革的纲领性文件——《为改造党报的通知》，同时发表改版社论《致读者》。该通知围绕党报的任务、党与党报的关系、党报具备的作风等方面进行了阐述，指出"报纸是党的宣传鼓动工作最有力的工具"，"把报纸办好，是党的一个中心工作"，要加强党对党报的领导，"各地方党部应当对自己的报纸加以极大注意，尤应根据毛泽东同志整顿三风的号召，来检查和改造报纸"。对于党报的任务，"就是要宣传党的政策，贯彻党的政策，反映党的工作，反映群众生活，要这样做，才是名符其实的党报"；要宣传党的大生产运动，大大加强军事宣传报道；要以抗日民主根据地的新闻报道为主，密切联系群众和工作实际，积极配合党的中心工作。该通知强调了党报编辑部和党委的关系，指出"要使各地的党报成为真正的党报，就必须加强编辑部的工作，各地高级党的领导机关，必须亲自注意报纸的编辑工作，要使党报编辑部与党的领导机关的政治生活联成一气"。该通知还提出了党报应具备的作风，指出"党报要成为战斗性的党报，就要有适当的正确的自我批评，表扬工作中的优点，批评工作中的错误，经过报纸来指导各方面的工作。在党报上可以允许各种不同的观点的论争，可以容许一切非党人士站在善意的立场上

对我们各方面工作的批评或建议的言论发表"。该通知确立了"全党办报"思想，丰富和发展了我国无产阶级的新闻理论。《致读者》改版社论，明确强调"党性"与"战斗性"，其中"战斗性"强调：

> 党报必须是为着党的革命方针和路线而奋斗的战士；报纸则是根据当前的政治事变而进行热忱的鼓动，而鼓动的成功，则极有赖于明朗锐利的揭露一切黑暗和腐败，抨击一切有害于抗日团结的阴谋和企图。尤其在思想战线上，报纸应该进行经常的坚持的思想斗争，宣传共产主义的民主主义的思潮，反对一切反动、复古、黑暗、愚昧。同时，报纸亦应该是我们党手中的有力的自我批评的武器，对于自己队伍中的错误和弱点，党报应该以实事求是的同志的态度加以批评和指摘，帮助其克服和改正。[1]

对于党报的性质，1942 年 9 月，延安《解放日报》发表社论《党与党报》，指出"党经过报纸来宣传，经过报纸来组织广大人民进行各种活动。报纸是党的喉舌，是这一个巨大集体的喉舌"。

> 我们常说：报纸是集体宣传者和集体组织者……所谓集体宣传者集体组织者，这个"集体"是个什么意思？报馆的同人，也算一个"集体"。如果说这个"集体"就是指报馆同人而言，指几个在报馆里工作的人员而言，那末，报纸就不成其为党报，而成为报馆几个工作人员的报纸。[2]

对于党报的办报方针，强调党报要依靠全党来办，这是中国共产党人办报的重要指导原则。

> 党报的每一个工作人员，必须时时警惕，看重自己的责任。党报不但要求忠实于党的总路线、总方向，而且要与党的领导机关的意志呼吸相关、息息相通，要与整个党的集体呼吸相关、息息相通，这是党报工作人员的责任。这是办好党报的必要条件之一。这是报馆工作人员一方面的事情。但是要办好党报，要使党报成为集体宣传者与集体组织者，光有上述的一方面还是不够的，还要有另一个方面，还有另一个重要条件，这就是，党必须动员全党，来参

---

① 秦邦宪. 致读者. 解放日报，1942-04-01.

② 党与党报. 解放日报，1942-09-22.

加报纸的工作。如果不这样做，党报也同样不会成为真正的集体宣传者和集体组织者。①

1944年2月，延安《解放日报》发表社论《本报创刊一千期》，进一步阐述了无产阶级新闻理论，提出"全党办报"，"我们的重要经验，一言以蔽之，就是'全党办报'四个字。由于实行了这个方针，报纸的脉搏就能与党的脉搏呼吸相关了，报纸就起了集体宣传者与集体组织者的作用"，"总而言之，我们要努力来进一步提高报纸的质量，要办到这件事，一定要全党来努力，万万不可以只有少数人努力，万万不可以回到改版以前那种'记者办报'的情况中去"②，该方针鲜明地体现了中国共产党人对马克思主义新闻思想的重要创新。1944年3月，毛泽东在陕甘宁边区文化教育工作座谈会上发表讲话，首次使用了"全党办报"这四个字："报纸也可以当作重要的工作方式，教育方式。不但发行的报纸可以当做工作方式，墙报也可以当做工作方式。这也算是报，是墙报。""这样来办报纸，那末全边区可以有千把种报纸，这叫做全党办报。"③

1945年5月，正值《解放日报》创刊四周年，社论《提高一步：纪念本报创刊四周年》对一些重大新闻理论问题进行了阐述，批判了教条主义和资产阶级新闻观点，尤其对党报的作风进行了阐释，提出了"理论与实践结合""与群众联系问题""自我批评"三大优良作风。关于"理论与实践结合"，指出"现在我们决不能满足于仅仅片断的反映实际，而应当力求更有系统的反映实际，我们要把实际工作中的经验总结为理论，再在实际工作中去考验这种理论的正确性与不正确性。不断坚持真理，不断修正错误"。关于"与群众联系问题"，指出"必须要把报纸办成人民的报纸，反映群众的生活和要求，介绍群众的活动和创造，与群众的脉搏息息相关；就要提倡为人民兴利除弊，表扬社会上的好人好事，批评坏人坏事；就要吸引广大人民——特别是工农群众为报纸写稿，实行群众写，写群众，把通讯工作建筑在广大群众的基础上"。关于"自我批评"，指出"表扬和批评，同是报纸推进工作的武器，两

① 党与党报. 解放日报，1942-09-22.

② 本报创刊一千期. 解放日报，1944-02-16.

③ 中共中央宣传部新闻局. 马克思主义新闻工作文献选读. 北京：人民出版社，1990：185-186.

者不可缺一。过去报纸曾经做了许多表扬工作，表扬模范典型，以推动全盘工作，为人民大众及其事业而欢唱讴歌，这是完全正确的，以后也还应当这样做。但是缺点错误在实际生活中是不断发生的"，"报纸对于批评应该有认真负责的态度，必须根据当时当地的环境和条件，掌握确实可靠的材料和根据，郑重其事，合乎分寸，以'惩前毖后，治病救人'为宗旨"①。

2. 重要中国马克思主义新闻思想

该时期，陆定一、胡乔木、刘少奇等新闻工作领导人发表的许多重要论述和指示，阐释了中国马克思主义新闻观，成为中国马克思主义新闻学发展的重要指导文献，对新闻工作的开展具有重要启迪作用。

1948年秋，刘少奇在改进和加强新闻工作会议上做了《对华北记者团的谈话》，阐述了共产党新闻工作的作用和无产阶级新闻工作者要具备的基本条件，谈到了报纸的重要作用在于密切联系党和群众：

> 我们党要通过千百条线索和群众联系起来，而你们的工作、你们的事业，就是千百条线索中很重要的一条。报纸每天和群众见面，每天把党的政策告诉群众。军队是党联系群众的桥梁，人民代表会、合作社等也是党联系群众的桥梁。没有这些桥梁，党和人民群众的联系就断了，党和人民之间就有了鸿沟，因此必须有这些桥梁。千座桥，万条线，主要的一个就是报纸。②

刘少奇提出了记者做好新闻工作必须要具备的条件，即要有正确的态度，即全心全意为人民服务；独立地做艰苦的工作，要做艰苦的理论工作和群众工作，不能采取轻率的、哗众取宠的、客里空式的态度，而应当采取负责的、谨慎的、严肃的态度去做工作；要有马列主义理论修养、熟悉党的路线和政策；等等。关于新闻记者应如何加强马列主义修养，他指出，"要提高理论水平，要熟悉马列主义，特别要学习唯物史观、认识论，学习阶级分析的方法"，"共产党记者最可宝贵的知识，是理论知识，在这方面，你们特别缺少。所以，要继续学习，不只要三个星期，要三个月、三年、三十年，努力把马列主义学好"③。

---

①　提高一步：纪念本报创刊四周年. 解放日报，1945-05-16.

②　刘少奇. 刘少奇选集：上卷. 北京：人民出版社，1981：398.

③　中共中央文献研究室，中央档案馆. 建党以来重要文献选编（1921—1949）：第25册. 北京：中央文献出版社，2011：539.

陆定一在中央苏区时期曾担任《红星报》主编，1942 年 8 月，担任《解放日报》总编，他写的《我们对于新闻学的基本观点》一文，包括"新闻的本源"和"新闻如何能真实"两部分，文章对整风运动中有关无产阶级新闻学问题做了理论总结。该文是"解放前党报理论中最有学术色彩的文章"①，是马克思主义新闻学中国化进程中体现中国马克思主义新闻理论的经典之作。文章对于新闻的内涵与本源，坚持了以马克思主义唯物史观为指导，确立了唯物主义新闻观，这是该时期中国共产党党报理论建设的一个重要成果。

> 新闻是什么？对于这个问题，有两种回答。由于对于新闻的本源理解不同，一种人对于新闻是什么作了唯物论的解决，另一种人则作了唯心论的解决。唯物论者认为，新闻的本源乃是物质的东西，乃是事实，就是人类在与自然斗争中和在社会斗争中所发生的事实。因此，新闻的定义，就是新近发生的事实的报导。②

陆定一坚持运用辩证唯物主义认识新闻的本源：

> 新闻的本源是事实，新闻是事实的报导，事实是第一性的，新闻是第二性的，事实在先，新闻（报导）在后。这是唯物论者的观点。因此，唯物主义的新闻工作者，必须尊重事实，无论在采访中，在编辑中，都要力求尊重客观的事实。③

对于"新闻如何能真实"的问题，陆定一指出，"只有为人民服务的报纸，与人民有密切联系的报纸，才能得到真实的新闻"，强调"我们办党报的人，千万要有群众观点，不要有'报阀'观点。群众的力量是最伟大的，这对于办报毫无例外"④。

胡乔木对中国共产党新闻事业的发展做出了很大贡献。他强调了新闻写作的重要性，指出"所谓人人，当然并不是说二十一万万四千万或四万万五千万人，我是说我们做革命工作而又能识字作文的人，一切这样的人都应该学会写新闻，就如同都应该学会开会说话一样。为什么？因为新闻是今天最主要最有效的宣传形式。可以说，不学会使用这种形

---

① 陈力丹. 新启蒙与陆定一的《我们对于新闻学的基本观点》. 现代传播，2004（1）：17-21.

②③④ 陆定一. 我们对于新闻学的基本观点. 解放日报，1943-09-01.

式，你就不要说什么宣传——而宣传，这当然是我们大家都有责任"①。
他指出会用叙述事实来发表意见，对于写新闻的重要收获，他认为，
"新闻是一种时代的科学，时代的艺术，它的发展前途正是辽阔无限。
如果人人都学会这门科学同艺术，不但对于我们的新闻工作者有极大好
处，而且对于我们的全部工作乃至每个工作人员的工作品质，一定都有
极大好处"②。他强调写新闻要善于深入群众，做好调查研究，"群众是
新闻的接受者，群众尤其是新闻的创造者。你要采访新闻，就非深入群
众，善于接近群众中的各种人物不为功。再说究竟什么是新的事实、什
么是重要的事实、什么是群众所关切有兴趣的事实，宣布什么新闻能达
到什么目标，造成什么结果，这都得要一番观察辨别抉择的工夫。所以
练习写新闻，也就是练习观察，练习调查研究，练习打开脑筋——思
想"。他提到新闻的四个特点，即迅速、准确、明了、经济，"缺哪一项
都是不成。这个功夫，合上两句俗语，叫做：'看人挑担不吃力，事非
经过不知难'"③。

　　3. 马克思主义新闻理论的丰富与发展

　　该时期涌现出一批重要的中国马克思主义新闻学著作，如萨空了的
《科学的新闻学概论》、恽逸群的《新闻学讲话》、范长江的《通讯与论文》
等，阐释了无产阶级的新闻思想，进一步丰富了马克思主义新闻学理论。

　　萨空了④是我国著名的新闻学家，他的新闻学代表性著述是《科学
的新闻学概论》，该著作共分 18 章，介绍有关新闻学研究的范围、发
展、展望，并论述如何采访、编辑，以及管理报社的原则等。著作围绕
新闻学概念、研究对象、研究方法等基本新闻理论展开阐述，论述了新
闻报道和报纸言论的发展过程、怎样使报纸有益人类、中国新闻事业展

---

①②③　乔木. 人人要学会写新闻. 解放日报，1946-09-01.
　　④　萨空了（1907—1988），蒙古族，笔名了了、艾秋飙，原籍内蒙古昭乌达盟翁牛特旗，
1907 年 3 月 26 日生于四川成都，中国共产党党员，中国新闻记者，报刊主编，新闻学家，擅长
艺术理论。1925 年参加"阿波罗画会"，1927 年开始在北京从事新闻工作，曾任《北京晚报》编
辑记者，1929 年后任《世界日报》画刊编辑，《世界画报》总编辑，天津《大公报》艺术半月刊
主编。1931 年被聘为北平大学艺术学院讲师，教艺术理论课。1935 年冬，赴上海，任上海《立
报》副刊主编、总编辑兼经理。1938 年秋，同杜重远赴新疆从事抗日救亡活动，任新疆日报社
社长。1941 年，皖南事变后被迫去香港，同年秋任中国民主政团同盟机关报《光明报》总经理。
1949 年 6 月，在北平协助胡愈之创办中国民主同盟机关报《光明日报》，任秘书长，参加新政协
筹备工作。著有《科学的新闻学概论》《科学的艺术概论》《宣传心理研究》等。
　　——廖盖隆. 现代中国政界要人传略大全. 北京：中国广播电视出版社，1993：814.

望、今日中国报纸的新闻来源、什么是"新闻"和"记者"的任务、新闻的采访、怎样写报纸文字、新闻的编辑、今日中国报纸中的言论、改进中国报纸言论的计划等内容。萨空了强调新闻学是有发展前途的社会科学，"新闻学，可说是一种新兴的社会科学，尽管现在还很幼稚，但相信将来一定会有极广邃的发展。这由它在世界上出现极晚，而立即在各国的大学中迅速的占有一席地位——新闻学系纷纷成立——来看，即可证明"。

> 新闻学的产生，和其他的社会科学一样，是适应着人类的生存需要而产生。因为人类社会中先有了种种工具（如报纸杂志）相互报道消息并提供意见这一事实，大家又感觉到这种事实对人类生存的影响广大而深邃这一现象；遂不能不拿它当作对象，而加以研究，希望能够发现它的运动法则，或因果规律，以期正确的把握它，运用它，减灭它可能加诸人类的不幸，发扬它有益于人类的使命。[①]

恽逸群[②]是我国著名的记者和报刊活动家，他在新闻学理论方面的代表作为《新闻学讲话》，于 1947 年 7 月由冀中新华书店出版。此书为恽逸群 1946 年在华中新闻专科学校讲演稿，主要围绕新闻学基本理论问题如新闻概念、新闻收集、新闻写作等方面展开阐述，具体包括六讲，即"什么是新闻""新闻怎样取得""怎样写作和传递新闻""怎样处理新闻""新闻纸怎样指导社会""新闻机关的组织及其他"。对于什么是新闻，恽逸群认为，新闻要具备四个要素："和大众有利害关系的，为大众所关心的，或足以引起大众的关心（或注意）的事物""新鲜的

---

① 萨空了. 科学的新闻学概论. 香港：香港文化供应社，1946：2.
② 恽逸群（1905—1978）原名钥勋，字长安，生于 1905 年，江苏阳湖县马杭乡上店人，就读于上海大同大学数理专修科。1925 年参加国民党，翌年 8 月加入中国共产党。1932 年，他投身新闻界，先后在上海《立报》、香港《生活日报》、上海《导报》《译报》任编辑、总编辑等，并参与发起成立"上海文化界救国会"。抗战时期，在苏北、山东历任《新华日报》（华中版）、《大众日报》、《新民主报》等新闻机构领导工作，并任华中局政治秘书、代理宣传部部长等职。新中国成立后任上海解放日报社社长、总编辑兼华东新闻出版局局长。1955 年因所谓"潘、杨事件"被捕入狱，备受迫害折磨，1978 年 12 月含冤逝世，终年 73 岁，1980 年始获平反昭雪，1982 年恢复党籍和名誉。著有《新闻学讲话》《外蒙问题的考察》《抗战国际知识》《吴佩孚评传》《中国内幕异闻录》《蒋党真相》等。
　　——章玉梅. 介绍恽逸群的《新闻学讲话》. 新闻大学，1982（5）：103.

事物""用最迅速的方法及时传播""大量散布"①。对于报纸的指导作用，他认为"新闻纸的指导作用，一般只重视言论，以为言论的指导作用最大，因此其所占的份量（比重）也最重，这并不正确。新闻纸的任何一部份都有指导作用的，而新闻的指导作用为最大，最有效；言论（社论、短评、专论）虽有时占极重要地位，但一般说来是远落在新闻之后，有些与副刊的作用相等，有些则甚至不及副刊的引人注意"②。在该著作中，恽逸群还提出了新闻的 10 个类别：

1. 群众运动。2. 政治（包括外交）动态。3. 有关公众生活的事实、计划，以及负责人或专家的意见。4. 有关社会生产力之变动事件（从大规模的建设到极小部分的改进工作方法）。5. 文化建设与文化动态。6. 科学技术的发明与发现。7. 灾害。8. 典型事例（足资他人或他处取法的成功事例，及足资他人或他处避免重蹈错误的失败事例）。9. 人物介绍：（一）通过一个人以表现社会某一部分的情况或反映当前重要问题的动向；（二）介绍成功的学者、专家、艺人或有特殊成就的人物，使读者知其成功的过程及其所成就事物的内容；（三）社会界人物——工人、农民、商贩、士绅等的典型介绍，用以反映社会的变动及趋向。10. 新奇的事物。③

范长江对马克思主义新闻理论做出了重要贡献，1939 年 1 月，他在《新阶段新闻工作与新闻从业员之团结运动》一文中，从"新闻与政治""新的新闻时代""报纸趋势""新闻从业员的新地位""论青年新闻记者学会"等五个方面阐述了党的基本新闻理论。范长江的《通讯与论文》一书共分两大部分，前半部分是 22 篇通讯，其中 18 篇是反映抗日战争中的战事的通讯。后半部分是 18 篇论文，主要谈记者修养，也有一些是关于国新社、青年记者协会和回忆、纪念性的文章④。范长江强调新闻工作者必须坚持正确的政治方向，"新闻事业为社会各种事业部门中最富于变动性的事业，它不只是迅速的多样地反映时代的变化，而

---

① 恽逸群. 新闻学讲话. 冀中新华书店，1948：46.

② 同①52.

③ 同①58.

④ 周胜林. 新闻记者的成材之道：读范长江著《通讯与论文》. 新闻大学，1982（5）：101-103.

且如果有正确政治认识作指导，新闻工作又是加速推进社会的重要力量"。他强调新闻工作要抓住政治的时代要求，"从此我们新闻工作者不要怕谈政治，不要故意表面避开政治，而重要的在能不违反时代性。'识时务者为俊杰'，一个报纸只要抓紧了时代政治要求，是会受欢迎的"①。对于报纸与政治的关系，他指出"报纸是政治的工具，这一个基本的新闻学原理，在我们中国新闻记者中还没有成为普遍的意识。报纸独立主义，新闻至上主义，在战前一般地流行着，战后也还有若干人在信仰着。而抗战一年半的经过却告诉了我们，任何一个报纸在实际上也没有脱离了政治"，范长江号召新闻工作者"不但要在伟大战争中组织起来"，要将"在伟大战争中所锻炼出来的新兴团结经验，提供于国际新闻从业员之前，共同在世界黎明之前，为人类伟大时代之创造而携手！"② 在《建立新闻记者的正确作风》一文中，范长江把人格问题当作新闻记者根本的第一信条，主张有了健全高尚的人格，才可以配做新闻记者。在《怎样学做新闻记者》一文中他指出，每一个人在广泛的常识基础上，更应有自己的专长，如外交、经济、军事、政治等。在这些专门部门中，记者必须比常人精通且能有独到的见解。这样的记者的意见，才是权威的意见③。

九、法学发展及其主要影响

在新民主主义革命时期，马克思主义法学思想的中国化与马克思主义中国化进程是同步展开的。马克思主义法学随着马克思主义传入中国，是马克思主义科学理论体系的有机组成部分，早期马克思主义者对马克思主义理论体系的研究，为使他们成为中国马克思主义法学事业开拓者奠定了重要基础。"法律学原是法律哲学。法律哲学，是一种特殊哲学，是哲学中的一个分支。特殊哲学与哲学，具有密切的关系。"④

① 范长江. 通讯与论文. 北京：新华出版社，1981：214-215.

② 同①244.

③ 周胜林. 新闻记者的成材之道：读范长江著《通讯与论文》. 新闻大学，1982（5）：101-103.

④ 李鹤鸣. 法理学大纲. 上海：商务印书馆，1928：1.

马克思主义经典作家历史唯物主义法学观的创立，是以唯物史观为立论基础，在批判继承资产阶级法治思想的基础上围绕法的起源、本质、内涵等理论问题进行了详细阐述。《共产党宣言》是马克思主义法学的"压舱石"和"定星盘"，其中马克思和恩格斯对资产阶级法进行了科学而又辩证的评判。在《德意志意识形态》中，他们首次系统提出了历史唯物主义概念，以此为标准开展法学研究。此外，恩格斯的《家庭、私有制和国家的起源》也系统阐述了与家庭、私有制和国家相关的法律问题，深刻揭示了法产生的经济根源、阶级根源以及国家和法的本质等重要法学理论。

马克思主义法学是马克思主义唯物史观和辩证法思想在法学领域中的直接运用，1919年五四运动后，马克思主义法学思想在中国开始传播，中国共产党结合中国革命和社会发展实际，将马克思主义法学思想运用于中国实际，逐渐建立了中国本土化马克思主义法学体系①，实现了马克思主义法学在近代中国的创新发展（详见"附录10　哲学社会科学各学科文献资料部分统计（1919—1949）"之法学学科部分）。

（一）早期探索阶段（1919—1927）：马克思主义法学思想中国化的开创

马克思主义法学思想在中国的早期传播契合了近代中国社会发展实际，五四运动后，早期信仰马克思主义的先进知识分子，创办进步刊物，成立各种宣传马克思主义的团体，翻译出版了马克思主义法学思想著作。他们运用马克思主义唯物史观就基本法学理论问题进行初步探讨，开始了马克思主义法学思想中国化的历史进程。该时期，陈独秀、李大钊、李达、瞿秋白等人围绕宪政、法律、人权、自由等方面的基本法理问题进行了初步探讨，提出了许多有价值的法学思想。

1. 马克思主义法学思想的初步传入

20世纪初，随着对国家出路的早期探索，西方国家的包括现代学

---

① 在数量上，从清末至1949年，中国出版的法理学教材（包括法理学、法律学、法学通论、法学概论和法律哲学等）共424种，其中冠以"法理学"名称的有20种，冠以"法律哲学"名称的有11种。

——刘青，李龙. 李达：马克思主义法学中国化的奠基者. 马克思主义研究，2019（6）：44.

术体制在内的思想体系对近代中国产生了重要历史影响。近代中国知识分子通过著书立说，倡议推行西方的现代国家体制。在学习与介绍西方国家学术思潮的过程中，西方法治思想开始在近代中国传播，这对当时的知识界产生了重要影响。该时期马克思主义法学思想传入中国，并与当时中国社会的现实命运密切相关。

从某种意义上讲，五四运动是中国法律现代化转型的分水岭，倡言"民主法治"成为该时期思想界的主要趋势。以陈独秀、李大钊、李达等人为代表的大批马克思主义者，从 20 世纪初期中国实施宪政破产的实践中看到了"西学"在中国的困境，他们深刻认识到西方国家的宪政在近代中国已无出路。俄国十月革命的实践，使他们深刻感悟到只有通过暴力革命才能真正实现法治的理想。在此语境下，他们将目光投向了以唯物史观为方法论特征的马克思主义法学思想。

2. 马克思主义法学思想的系统介绍

（1）陈独秀的法学观。

在五四运动后，陈独秀主办的《新青年》抨击旧中国封建腐朽的法律制度，积极宣传马克思主义法治思想，对资产阶级的法治思想进行扬弃。在马克思主义唯物史观指导下，陈独秀深刻揭示了法的阶级性和政治性等基本法学理论，强调无产阶级在革命斗争中要学会利用法律巩固政治统治，逐渐形成了"推崇法治、保障人权"的法律思想，进一步促进了马克思主义法学思想在中国的发展。

一方面，积极推崇宪法的法学观，将马克思主义法学理论运用于中国革命实践。

陈独秀认为，法律的权威性并非神圣不可侵犯，"因为他不是永远的真理，也不是全国民总意的表现，他的存废是自然跟着一阶级一党派能够造成国家的权力而变化的"①。他强调无产阶级要学会利用法律武器，以维护自己的合法权益。陈独秀抨击旧中国的封建礼教，倡导法治自由和平等理念，反对守旧派提出的支持孔教为国教和孔教入宪的倡议。当年守旧派认为：

> 夫世界各国凡立宪法，并非仅照外国普通之成文钞录成帙已也，必应将其本国历史上所已成为不成文宪法之国粹，以明文规定

---

① 陈独秀. 陈独秀文章选编：中. 北京：生活·读书·新知三联书店，1984：12.

之，于是乃能矗然有当于人心。夫孔教虽为一尊，然于一尊之外，多所放任兼容并包，绝未尝限制人民之自由信仰，而人民之信仰孔教者，终居最大多数，是孔教者，固已俨然成为国教，而于其他诸教一听人民之自由信仰，亦既成为不成文宪法矣，然则现在将此不成文之宪法编为成文之宪法，是不诚可谓为矗然有当于人心之举耶。①

陈独秀指出："盖共和立宪制，以独立、平等、自由为原则，与纲常阶级制为绝对不可相容之物，存其一必废其一。"② 1913 年，尊孔条款写入了《中华民国宪法草案》。1916 年，康有为致书北京政府，要求"以孔子为大教，编入宪法"③。陈独秀坚决反对尊孔逆流，支持立宪原则，强调国家、权力和法律三者是异名同实，必须"创造那禁止对内对外一切掠夺的政治、法律，为现代社会第一需要"④。陈独秀倡导无产阶级要学会运用法律的力量取得国家政权，并充分利用法律的力量彻底改造反动阶级。

另一方面，积极启发民智，提倡人民的权利与自由，号召人们通过斗争打破封建法律枷锁。

陈独秀接受了马克思关于妇女解放的思想，他在《女子问题与社会主义》一文中认为，中国妇女"因经济不独立，遂生出人格的不独立，因而生出无数痛苦的事情"⑤。

> 中国妇女伦理上的信条，是三从主义。所谓三从，是在家从父，出嫁从夫，老来从子。因在家从父，女子一切活动都要受父亲的干涉，而做父亲的干涉女儿，差不多当女子是桌上一个瓶，摆在一块地方，什么用也没有。做父亲的，可以将女儿卖给人、送给人，并且他父亲要恭维人，巴结人，随便把他送人做妻做妾。女子若不肯嫁给有钱有势的人，是不行的。现在中国女子婚姻问题当中，百人中能自由的不过一二人，其余的多是父母作主。父母也不是单为女子设想，不过为自己联络有权势的人，便送给他人做妻，

① 李贵连. 民国北京政府制宪史料：第 2 册. 北京：线装书局，2007：41.
② 陈独秀. 陈独秀文章选编：上. 北京：生活·读书·新知三联书店，1984：108.
③ 康有为. 康有为全集：第 10 集. 北京：中国人民大学出版社，2007：317.
④ 同②10.
⑤ 陈独秀. 陈独秀文章选编：中. 北京：生活·读书·新知三联书店，1984：104.

拿女儿作他一己攀援富贵的敲门砖罢了。女子在家从父，可以谓之全然没有人格，至于出嫁从夫，男子叫女子做事，女子不能抵抗；若是抵抗，社会断不相容。做夫的不单可以命令女子，并且也可以卖，也可以送。我们知道的，有许多男子因吃鸦片烟，把他妻卖去的，也有强迫他妻去卖淫的。①

陈独秀认为导致这种不平等、不独立的根源是封建制度和资本主义制度，解决方法就是要建立社会主义制度，"除了社会主义，更没有别的方法"，"社会主义不止解决妇女的问题，且可以解决一切的问题"②，"在社会主义之下男女都要力作。未成年时候，受社会公共教育，成年以后，在社会公共劳动，在家庭不至受家庭压迫。结婚后不会受男子压迫。因社会主义认男女皆有人格，女子不能附属于父，也不能附属于夫"③。当年在陈独秀的支持下，广东共产主义小组创办《劳动与妇女》周刊④，陈独秀在周刊第2期发表了《我们为什么要提倡劳动运动与妇女运动》一文，号召推翻"压迫在劳动与妇女上面的阶级制度所产生的经济制度"⑤。陈独秀还重视言论自由，倡导要通过立法的形式，"保障人民集会、结社、言论、出版之绝对的自由权，废止治安警察条例及压迫罢工的刑律"⑥。

（2）李大钊的法学观。

俄国十月革命后，李大钊在社会实践中逐步确立了无产阶级的法律

---

① 陈独秀. 陈独秀文章选编：中. 北京：生活·读书·新知三联书店，1984：104.

② 同①106.

③ 同①105-106.

④ 《劳动与妇女》周刊是由中国共产党创办的较具有代表性的女性期刊之一，陈独秀等人于1921年2月13日在广州创刊，月刊每期4开4版一张，沈定一任主编，该刊主要编辑和撰稿人有沈玄庐、陈独秀、谭平山、陈公博等。辟有短评、纪实、小说等栏目，宣传劳动解放和妇女解放，对广大劳动群众和被压迫的妇女进行通俗教育，批驳守旧势力攻击社会主义的谬论。周刊的第4期还开辟了男女同校问题专号，开展男女同校、同受均等教育的讨论，登载了谭平山的《广州妇女群众的男子同校运动》、沈玄庐的《讨论男女同校问题》等文章，附载了广州妇女群众为要求男女同校写给广东省省长陈炯明的请愿书，对妇女自身解放起到了积极作用。现今能见到的有第1—8期。该刊由广东群报社总发行，上海民国日报社分发行。

⑤ 中华全国妇女联合会，妇女运动历史研究室. 五四时期妇女问题文选. 北京：中国妇女出版社，1981：84-85.

⑥ 同①186.

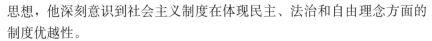

思想，他深刻意识到社会主义制度在体现民主、法治和自由理念方面的制度优越性。

法律思想是唯物史观的重要组成部分，李大钊以马克思主义唯物史观为理论依据，认为唯物史观只有与法律概念相结合，才能对法律科学有着准确的指导。他运用唯物史观科学阐释政治、法律与经济的关系。他认为政治和法律都是上层建筑的组成部分，受社会经济基础制约，经济基础决定政治和法律的形式与内容。李大钊提出，法律、政治、社会都具有鲜明的阶级性，法律作为阶级统治的工具具有强制力特征。他认为只有通过改造社会经济制度的方式才能改变中国的政治和法律，因为"经济问题一旦解决，什么政治问题、法律问题、家族制度问题、女子解放问题、工人解放问题，都可以解决"①。1916年，李大钊参加汤化龙、梁启超、孙洪伊等人组织的宪法研究会，并受命任《晨钟报》总编辑，编辑与发表了许多体现其法律思想的文章。

李大钊借俄国的十月革命来宣传马克思主义国家观和法学观，倡导在中国实施无产阶级专政。他在五四运动时期对马克思主义法学进行了较为深入的研究，对社会主义法制进行了初步理论探索，为马克思主义法学思想中国化做出积极理论探索。该时期瞿秋白对中国马克思主义法学理论做了系统阐述，主要围绕国家本质、法的起源、国家和法的本质、依赖于经济基础的法的变迁、国家和法的消亡等重要理论，这些重要法学理论体现在他的《社会哲学概论》《国法学与劳民政府》等著述中。

此外，在20世纪初期，受"西风东渐"的影响，包括非马克思主义学派在内的国内理论界出版了大量法理学方面的著述，例如，被冠以"法理学"名称的著作有《法理学讲义》（丘汉平，东吴大学法学院）、《法理学史概要》（王传璧，上海法学书社1920年）、《社会法理学论略》（涝特、陆鼎，上海商务印书馆1920年）、《中国古代法理学》（王振先，商务印书馆1933年），被冠以"法学通论"之名的著作主要有《法学通论》（夏勤、郁嶷，北京亚东制造所1919年）、《法学通论》（朱方方，上海法政学社1920年）、《法学通论》（王觐，北京公慎书局1921年）、

---

① 中国李大钊研究会. 李大钊全集：第3卷. 北京：人民出版社，2006：6.

《法学通论》（熊绍堃，北京明明印刷局 1924 年）等等。法理学研究主要围绕法理学的内涵、法系、法学流派、法理学史、法律之基本问题等。法学通论主要讲述法和法学的基本问题、各个部门法的制度与原则等，许多法学通论著作讲的都是法理学内容。除了著作与教材外，该时期的法理学家还发表了众多法理学方面的论文和译文，如吴经熊的《法律的基本概念》（《改造》第 4 卷第 6 期，1922 年）、马显德的《法律学之性质》（《政法月刊》第 5 卷第 1～2 期，1925 年）、涂身洁的《法律解释论》（《法评》第 142～143 期，1926 年）、丘汉平的《现代法律哲学之三大派别》（《法学季刊第 2 卷第 8 期，1926 年》）、次威的《法之理想》（《法评》第 202 期，1927 年）等等①。

（二）成长发展阶段（1927—1937）：马克思主义法学理论体系的进一步发展

该时期中国共产党在领导根据地革命实践的过程中，创造性地运用马克思主义唯物史观研究中国法律实践，推进了马克思主义法学思想中国化的发展。1930 年，毛泽东在《反对本本主义》一文中指出，"中国革命斗争的胜利要靠中国同志了解中国情况"②，他从认识论角度出发，使中国共产党领导下的法律实践立足于中国具体实际。这一时期，马克思主义哲学社会科学工作者为马克思主义法学的发展做出了重要贡献，代表性的研究著述主要有程树德③的《中国法制史》（1928），朱怡庵的

---

① 何勤华. 中国近代法理学的诞生与成长. 中国法学，2005（3）：4-6.

② 毛泽东. 毛泽东选集：第 1 卷. 2 版. 北京：人民出版社，1991：115.

③ 程树德（1877—1944），字郁庭，福建闽侯（今福州）人，著名法律史学家，清末翰林，不肯居官，公费留学日本学习法律，回国后担任北京大学、清华大学教授。1906 年发表第一部著作《国际公法》7 卷，1919 年《汉律考》7 卷问世。1925 年《九朝律考》出版，1935 年重版，解放后又重版两次。该书搜罗了从公元前 2 世纪起至公元 7 世纪间历代已经散失的法律、科令、格式、刑名和有关资料，并作综合考证，30 余万字。其中包括汉、魏、晋、南北朝（梁、陈、后魏、北齐、后周）、隋等九个王朝的法律考证。此书解放前在国外已有多种译本，在国内列入大学丛书，现在仍为政法高校研究生必读参考书，在国内外有广泛影响。1955 年重版时，商务印书馆编辑部评价道："该书作为社会上层建筑的法律史而言，不但可以供研究我国法律变迁沿革的人作参考，而且也是研究我国社会发展的重要资料。"1928 年，《中国法制史》出版，这是为北大、清华法律研究生所编的教材。上溯黄帝，下逮有清，简要阐述历代法令及刑制的发展。1931 年《比较国际私法》出版，1942 年著成他生平最后一部重要著作《论语集释》40 卷，于 1943 年出版。
　　——程俊英. 程树德教授及其《论语集释》. 古籍整理研究学刊，1988（4）：8.

《法底本质》（1929），彭学海的《法律的演进的唯物史观》（1933）、《社会法律学派及其发展》（1934）、《物质论的法律观》（1934），张志让的《借英国法中许多稀奇有趣之点来阐明法律的性质》（1934），郑竞毅的《苏联法律的哲学基础》（1933）、《法律大辞书》①（1936），裴汾龄的《苏俄法律教育》（1934），新岩的《法律之阶级性》（1935），等等②。此外，还有中共中央在根据地制定颁布的《中华苏维埃共和国宪法大纲》《井冈山土地法》《兴国土地法》等系列法律文件。

1. 中国共产党人的重要法学思想

（1）毛泽东的法学观。

在新民主主义革命实践中，毛泽东在领导根据地的革命法制创建过程中推动了中国马克思主义法学的发展。大革命失败后，根据八七会议的部署，中国共产党开始进入建立农村革命根据地、武装夺取全国政权的新历史发展阶段。毛泽东积极领导开展苏维埃政权法制建设，制定了系列重要法令、政策，积极推动了中国化马克思主义法学思想的发展。

在苏维埃民主政权建设上，毛泽东领导建立了工农民主专政的苏维埃代表大会制度。"民主集中主义的制度，一定要在革命斗争中显出了它的效力，使群众了解它是最能发动群众力量和最利于斗争的，方能普遍地真实地应用于群众组织。"③ 中华苏维埃全国代表大会通过中国共产党宪政史上第一部宪法性文件——《中华苏维埃共和国宪法大纲》，该大纲指出，"苏维埃政权是属于工人、农民、红色战士及一切劳苦民

---

① 该书是一部中华民国时期很有影响的法律工具书，全书共分两编，正编分上、下两册，收录了古今中外的常见法律名词共16 000余条，每条之后附有西文译名。从收词范围看，上起远古，下迄现代，凡关乎法律之名词，均予收录。释文部分，"疏义详明，引证确切，而排次井井，注释精核"，古代词目详其沿革，现代词目著其效能，有简有繁，叙述客观。正编部分按词目笔画编排，为方便检索，书前有笔画目录，书后有按四角号码编排的中文索引和西文索引。补编分甲、乙两部分，甲部分为"法律文件表式"，乙部分为"世界法学家人名录"，共收600余人，按国别分类排列。本书内容许多部分对于今天的法学研究，尤其是法律辞书的编撰，依然具有很高的参考价值。

——杜宴亮. 中文法学工具书辞典. 北京：知识产权出版社，2006：126.

② 张小军，张天羽啸. 马克思主义法学在民国法学界境遇概览. 新疆大学学报（哲学·人文社会科学版），2010（6）：48.

③ 毛泽东. 毛泽东选集：第1卷. 2版. 北京：人民出版社，1991：72.

众的，在苏维埃政权下，所有工人、农民、红色战士及一切劳苦民众都有权选派代表掌握政权的管理"①。该大纲认为，中华苏维埃共和国根本法的任务，在于保证苏维埃区域工农民主专政的政权和达到它在全中国的胜利。

毛泽东重视妇女解放，倡导建立婚姻自由的新型婚姻家庭制度，《中华苏维埃共和国宪法大纲》规定："中华苏维埃政权以保证彻底的实行妇女解放为目的，承认婚姻自由，实行各种保护妇女的办法，使妇女能够从事实上逐渐得到脱离家务束缚的物质基础，而参加全社会经济的政治的文化的生活。"② 在经济法制建设方面，体现在《井冈山土地法》《兴国土地法》的制定上，毛泽东提出要消灭封建生产关系。在土地问题上，主张没收一切公共土地及地主阶级的土地分配给无地和少地的农民，建立农民土地所有制，以法的形式确立对土地的所有权，最终领导确立了"建立战时经济统制，为革命战争服务"的经济法制思想。

（2）董必武和李达的法学观。

董必武在大革命时期将马克思主义法学理论与中国具体实际相结合，为创建革命法律做出了重要贡献。1927年，董必武和吴玉章等人共同起草《湖北省政府组织法》《湖北省政府会议规则》等法律文件，"通过立法形式，规定了省政府各级干部必须遵照执行的条例，尽力实现国民党中央各省联席会议通过的《湖北目前最低政纲》，使湖北政府成为革命化、民主化的政府，保证了它的革命性"③。在中央苏区时期，董必武尤为重视反腐倡廉建设，领导制定了多部法律性文件，1933年，他主持制定的《关于惩治贪污浪费行为》第26号训令，被后来的史学家称为中国共产党历史上第一份反腐败的量刑标准。

李达是我国马克思主义法学的领路人与奠基者，在五四运动时期翻译和撰写了大量马克思主义理论文章，比较系统地介绍和宣传唯物史

---

① 中共中央文献研究室，中央档案馆. 建党以来重要文献选编（1921—1949）：第11册. 北京：中央文献出版社，2011：160.

② 同①162.

③ 孙琬钟，应勇. 董必武法学思想研究文集：第7辑. 北京：人民法院出版社，2008：554.

观，以此为指导对马克思主义法学思想进行了创新和发展①。

　　1928 年，李达将日本穗积重远②的《法理学大纲》③ 一书译成中文，以李鹤鸣作笔名由商务印书馆出版。目录依次为法理学之意义、法理学之分派、分析派之法理学、哲学派之法理学、社会哲学派、历史派之法理学、比较法学、社会学派、法律之进化、法律之本质、法律之内容、法律之本位④。本书涉及了近代法理学上的重大理论问题，如"法

---

　　①　目前国内学界对李达法学思想的研究还显得较为单薄，代表性的专著主要有曲广娣的《李达法理学思想研究》（中国政法大学出版社 2013 年版）、蔡诗敏的《李达法学思想研究》（人民出版社 2019 年版），论文有蒋海松和张浪的《李达与马克思主义法理学中国化的肇启：基于湖南大学讲义〈法理学大纲〉的考察》（《湖南大学学报（社会科学版）》2020 年第 6 期）、徐痴的《读李达的〈法理学大纲〉》（《法学研究》1984 年第 3 期）、朱晓璇和汪信砚的《李达法哲学思想探析》（《法学评论》2019 年第 5 期）、刘青和李龙的《李达：马克思主义法学中国化的奠基者》（《马克思主义研究》2019 年第 6 期）、周可的《以马克思主义哲学中国化范式开展法学研究的成功范例：李达法学思想研究》（《山东社会科学》2014 年第 9 期）、程波的《李达对中国近代法理学的贡献：从马克思主义法学方法意识的觉醒到"科学的法律观"的运用》（《岳麓法学评论》2012 年第 1 期）、蔡浩明的《论李达对各派法理学之批判：以〈法理学大纲〉为中心》（《西部法学评论》2010 年第 2 期）等等。

　　②　穗积重远（1883—1951），日本继承法和家庭法学专家，有"家庭法之父"之称，擅长法理学和民法学。1904 年入东京帝国大学学习法律，毕业后留校任教。1912—1916 年间先后于德、英、美诸国学习法律，回国后任东京帝国大学法学教授，主讲家庭法与继承法，对日本家庭法和继承法的发展有重大影响，并曾参与日本民法的起草工作，主要著述有《离婚制度研究》《亲族法》《继承法》《法学通论》等。重远致力于民法学特别是家族法领域的研究，留下了巨大学术业绩。此外，从大正五年（1916 年）开始的三年间，在开设家族法、继承法课程的同时，重远也开设了法理学课程，而且终其一生都始终对法理学抱持着深切的关心。在法理学领域，穗积重远非常关注法律和道德的关系问题，特别是对恶法论和法律万能思想的批判是他终其一生而一直坚持的主题之一。

　　——八木铁男，宋海彬. 穗积重远论法与道德. 太平洋学报，2007（8）：24.

　　③　该书是他在东京大学讲授法理学讲座时的讲义，由李鹤鸣（李达）翻译之于 1928 年由上海商务印书馆出版，本书是中国近代引进的有分量的国外法理学作品之一。《法理学大纲》的初版是在 1917 年刊行的，但该书实际是根据 1916 年的讲课经验而公开出版的法理学教案。该书开篇在陈明法理学的意义之后，即对国外法理学诸流派、诸倾向进行了论述。全书行文易于理解，作为一部法理学教科书，堪称名著。不论是法律道德合一论，还是法律道德分离论，作者都进行了批判。在他看来，将道德和法律视作同一平面上对立着的社会生活规范的不同种类，可以说是以往法律本质论上谬误与混乱的根源。那种要把一切道德要求法律化的法律万能主义，是根源于法律道德合一论而产生的弊端；那种主张在法律范围内彻底解决违法问题的别种意义上的法律万能主义，则是基于法律道德分离论而产生的弊害。

　　——八木铁男，宋海彬. 穗积重远论法与道德. 太平洋学报，2007（8）：24.

　　④　穗积重远，福克尔.《法理学大纲》与《法律哲学 ABC》. 李鹤鸣，施宪民，译. 北京：中国政法大学出版社，2005：目录.

律的本质、法律的起源（法律之进化）、法律的内容、法律的形式、法律的本位，以及近代西方各主要法学学派的理论和思想。其中，关于法律之本位这个问题的阐述，对我们现在的参考价值尤为重要"①。李达在该时期出版的《现代社会学》，运用唯物史观来指导研究法律问题，结合中国实际阐述了国家和法的关系、法的发展演变等基本法理问题。"法律，专论所有权之关系者也"②，李达认为法律是由社会经济基础所决定的，"社会之政治的、法律的上层建筑及其意识形态，皆依据经济关系而成立，复有维持经济关系之作用"③。

　　该时期中国共产党人和进步法学理论工作者对中国马克思主义法学的一个突出贡献，就是对马克思主义法理学的探讨与研究。他们结合近代中国革命发展实际，运用马克思主义唯物史观和唯物辩证法思想，分析中国的政党、阶级、民族、意识形态等政治理论问题，最终形成了近代中国革命语境下的法理学基本理论④。

---

①　何勤华. 中国近代法理学的诞生与成长. 中国法学，2005（3）：10.

②　李达. 现代社会学. 武汉：武汉大学出版社，2007：99.

③　李达. 李达文集：第1卷. 北京：人民出版社，1980：246.

④　有研究者认为，在中国古代，虽无法理学之名，却有法理学之实。这话有一定的道理，因为无论是先秦时期的法家管仲、商鞅和韩非，还是进入封建时期各个朝代的法律思想家，如董仲舒、韩愈、白居易等，对法的内涵、法的本质、法的起源以及法的功能和作用等，都有深刻阐述，这些已具备后世法理学的一些基本要素。近代法学学科的法理学是西方社会的产物，它是在近代资本主义经济关系出现，调整这种经济关系的法律制度诞生，以及法学家对这种法律制度进行高度抽象、概括之后诞生的。在中国，近代法理学的诞生和成长是与清末修律以及西法东渐过程相一致的。换言之，中国近代法理学，并不是中国传统社会自然发展的产物，而是在接受外国法理学的影响之下形成的。19世纪30年代以后，在西法东渐的进程中，法理学开始进入中国。1901年，清政府开始修律活动之后，随着外国法律专家来华参与立法和教授法律，法学留学生的派遣和陆续回国，法律教育活动的蓬勃展开，西方法理学著作的大规模翻译，以及中国法学工作者自己撰写的法理学著作的出版，中国近代法理学开始形成。当年梁启超发表了一批比较著名的法理学长文，如1896年的《中国宜讲求法律之学》、1904年的《中国法理学发达史论》和《法理学大家孟德斯鸠之学说》等，对法理学的内涵以及历史演变等做了阐述，对中国近代法理学的萌芽与诞生起了重要的作用。而矶谷幸次郎著的《法学通论》（王国维译，上海商务印书馆1902年）、孟森编写的《新编法学通论》（上海商务印书馆1911年）等的出版，更为系统引入西方的法理学体系和内容做出了贡献，它们的出版标志着中国近代法理学初步形成。在中国近代法理学诞生及其成长过程中，梁启超、严复、熊元翰、孟森、王传璧、吴经熊、丘汉平、阮毅成、章渊若、梅汝璈等人的作品起着重要作用。

　　——何勤华. 中国近代法理学的诞生与成长. 中国法学，2005（3）：3.

2. 马克思主义法学思想中国化的实践探索

土地革命战争时期，毛泽东在领导根据地土地革命和武装斗争实践中，开始了马克思主义法学思想中国化的尝试。

1927 年 11 月，针对土豪劣绅对百姓的欺压，毛泽东提出了打土豪、分浮财、废旧债的主张。1928 年底，毛泽东主持制定了中国共产党历史上第一部土地法——《井冈山土地法》①，为以后中国共产党领导人民进行土地革命提供了宝贵历史经验，使中国共产党赢得了具有决定性的群众支持。该法律规定"没收一切土地归苏维埃政府所有"，"禁止土地买卖"。分配土地要"以人口为标准，男女老幼平均分配"，"以乡为单位分配"；分田时在原耕地基础上按人口平分，抽多补少，抽肥补瘦；"茶山、柴山，照分田的办法，以乡为单位，平均分配耕种使用"，"竹木山，归苏维埃政府所有。但农民经苏维埃政府许可后，得享用竹木"；"乡村手工业工人，如自己愿意分田者，得分每个农民所得田的数量之一半"②。《井冈山土地法》以法律形式保护了农民对土地的合法权益，以后的土地法大多数是在这个土地法的基础上根据实践经验不断完善而形成的③。1929 年 4 月，毛泽东在兴国县调查研究的基础上领导制定了中国共产党历史上第二部土地法案——《兴国土地法》，毛泽

① 《井冈山土地法》是对 1928 年土地斗争经验的总结，共做出了九个方面的规定：（一）没收一切土地归苏维埃政府所有。（二）一切土地，经苏维埃政府没收并分配后，禁止买卖。（三）分配土地之后，除老幼疾病没有耕种能力及服公众勤务者以外，其余的人均须强制劳动。（四）分配土地的数量标准，一是以人口为标准，男女老幼平均分配；二是以劳动力为标准，能劳动者比不能劳动者多分土地一倍，以上两个标准，以第一个为主体。（五）分配土地的区域标准，一是以乡为单位分配，二是以几乡为单位分配，三是以区为单位分配，以上三种标准，以第一种为主体。（六）山林分配法。（七）土地税之征收，依照生产情形分为三种：15%，10%，5%，以第一种为主体。（八）乡村手工业工人，如自己愿意分田者，得分每个农民所得田的数量之一半。（九）红军及赤卫队的官兵，在政府及其他一切公共机关服务的人，均须分配土地，如农民所得之数，由苏维埃政府雇人代替耕种，并规定了分别有关情况的具体分配办法。《井冈山土地法》是中国共产党制定的第一个土地法。后来，毛泽东在延安编辑《农村调查》一书时表示"这个土地法有几个错误"，譬如，没收一切土地而不是只没收地主土地；土地所有权属政府而不是属农民，农民只有使用权；禁止土地买卖；等等。

② 中共中央党校党史教研室. 中共党史参考资料（三）. 北京：人民出版社，1979：35-36.

③ 李龙. 毛泽东法律思想研究. 武汉：武汉大学出版社，1993：272.

东将过去"没收一切土地"改为"没收一切公共土地及地主阶级的土地"①。同年 7 月，中共闽西第一次代表大会通过的《土地问题决议案》规定，分田时（在原耕地基础上）以抽多补少为原则，不可重新瓜分妄想平均以烦手续。经过土地革命中的司法实践，根据地通过立法积累了丰富经验，为后来各时期土地问题的立法打下了坚实的司法基础。

该时期，一些进步左翼法学家，如朱镜我、宁柏青②、张志让③和萧邦承等人，积极宣传、研究与介绍马克思主义法学理论，发表了大量法学理论研究成果，如朱镜我的《法底本质》（1929 年 7 月，《新兴文

---

① 中共中央党校党史教研室. 中共党史参考资料（三）. 北京：人民出版社，1979：38.

② 宁柏青（1885—1976），字子衡、敦吾、敦武，湖北江陵郝穴镇人，毕业于湖北官立法政学校。中山大学法学教授，北京朝阳大学教务长，成都中央军校训导处政治教官，四川大学法学院法律系教授。著有《债权总论及各论》，译有《破产法论》《各国所得税制度论》等。
　　——周家珍. 20 世纪中华人物名字号辞典. 北京：法律出版社，2000：269.

③ 张志让（1893—1978），号季龙，江苏武进人，他是"新中国最高人民法院首任副院长"，"新中国第一代大法官"，"党的亲密战友"。张志让在中国现代法学早期发展过程中做出了重大贡献，可以说是中国现代法学的奠基人之一。1914 年，张志让从上海大同学院毕业后在复旦公学就读，1915 年自费留美学习法律，1920 年毕业于哥伦比亚大学法律系。从哥伦比亚大学毕业后，张志让又赴德国柏林大学研究法律。1921 年夏，张志让返回上海，后进入司法部任参事。1923 年 7 月到 1924 年 9 月，他在《法律周刊》上发表了近 30 篇学术论文，其中大部分论述社会学法学。1926 年，国民革命军北伐，经族弟张太雷介绍，到武汉国民政府最高法院工作。在张太雷的引导启发下，对中国共产党有了认识，并积极为党工作。张志让积极投身反帝反封建的大革命洪流，是一名热诚的爱国民主志士。1931 年"九一八"事变后，他积极参加抗日救亡活动。1936 年，为营救爱国人士沈钧儒等"七君子"，他担任辩护律师，同国民党当局进行针锋相对的斗争。中华人民共和国成立后，张志让出任复旦大学校务委员会主任委员，参加了中国人民政治协商会议第一届全体会议，先后被选为第一、二、三、四届全国人民代表大会代表，担任全国人大和全国政协多项领导职务，并出任最高人民法院副院长、中国政治法律学会副会长等职。张志让对中国近现代法和法学发展的贡献，主要体现在三个方面：一是作为一名法律教育家，张志让长期担任北京大学、复旦大学等校法律系教授，为培养法律人才做了许多工作。二是为新中国的立法事业做出了努力。他是 1954 年宪法起草小组成员，也是 20 世纪 50 年代诸多重要司法文件的起草者。在当时中国法制尚不健全的状态下，张志让为建章立制所起的作用显得尤为重要。三是为建立、健全和完善新中国的司法审判制度辛勤工作、殚精竭虑，做出巨大贡献。自新中国成立最高人民法院，张志让即被任命为副院长，是新中国的第一代大法官。
　　——章绍嗣，田子渝，陈金安. 中国抗日战争人物大词典. 武汉：武汉出版社，1995：689；文史资料选辑：第 85 辑. 北京：文史资料出版社，1983；97；360 百科. 张志让. [2021-01-05]. https://baike.so.com/doc/6157564-6370780.html.

化》创刊号发表）、宁柏青的《法学概论》（1929 年 5 月，南强书局出版，作者署名"宁敦武"）、张志让的《借英国法中许多稀奇有趣之点来阐明法律的性质》（1934 年发表于《法轨》第 1 卷第 2 期）、萧邦承的《马克斯在法律学上底地位》（1935 年《复旦学报（社会科学版）》第 2 期）等①，他们运用历史唯物主义来揭示法律运动发展规律，以阐发唯物主义法律观的科学性，进一步推进了马克思主义法学思想的中国化实践。

　　他们把法律问题的阐发与中国革命任务紧密结合起来，重视法与经济基础的关系。宁柏青认为，"法律的继承，是要继承国的经济组织与被继承国的经济组织，站在同样的一个阶段上的，如继承国尚未达到被继承国的经济阶段时期，骤然就想'维新''变法'，把他国的法律拿来本国应用，那在支配阶级的当中，必然要发生许多抗议出来"②。萧邦承在《马克斯在法律学上底地位》一文中指出，马克斯"在哲学和社会学上建立起一个独特的、明确的学术体系"，"马克斯认为法律的基础是社会经济这种见解，我觉得确是法律学上一种伟大的贡献，解决和结束了自来法律学上对于法律基础这问题的一切纷争"③。对于法律的产生与发展，宁柏青指出在原始社会"无所谓法律的发生"，但随着生产力的发展，"发生了不平等现象，制出了所有者与奴隶，富有者与贫乏者阶级，这些所有者与富有者，为使私有制度成为神圣化起见，乃创出国家的统治机关，制定私有制度的法律，借着公共权力达到他们的目的，于是法律从此发生了"④。对于法的本质属性，萧邦承认为"法律不过是政治制度中的一种属物"⑤，他批判了资

---

　　① 据国内学界统计，从清末至 1949 年，中国共出版了法理学方面（包括法理学、法律学、法学通论、法学概论、法的起源与本质等各个分支）的著作 424 种。这当中，正式冠以"法理学"名称的有 20 种，冠以"法律哲学"的有 11 种，冠以"法律学"的有 16 种，冠以"法学通论"的有 139 种。此外，还有涉及法与经济、伦理、心理等关系的著作 22 种，涉及立法、法律教育、法律解释等内容的有 18 种，涉及法学概论、法学绪论、法律大意、法制等的有 198 种。

　　——何勤华. 中国近代法理学的诞生与成长. 中国法学，2005（3）：4.

　　② 宁敦武. 法学概论. 上海：南强书局，1929：36.

　　③ 萧邦承. 马克斯在法律学上底地位. 复旦学报（社会科学版），1935（2）：56.

　　④ 同②22-23.

　　⑤ 同③.

本主义社会法的本质，认为资本主义社会法在于"镇压工人阶级的扰乱和暴动，保证榨取工人阶级剩余价值的安宁，并巩固资本主义的生产形式，这时的法律完全变成了他们唯一的用以执行这些任务的工具。不过近代资本主义思想的澎湃，劳动运动的勃兴，使得资产阶级颤抖起来，不能不立法上大倡其平等主义，期以缓和其阶级间的冲突"①。

此外，该时期非马克思主义学派法学家陈顾远在中国法律史学科体系创建方面做出了重要理论探索。他在法律史学领域的重要代表作是《中国法制史》，该著作由"总论""政治制度""狱讼制度""经济制度"四编组成，陈顾远在著述中研究了中国法制史的重要理论问题，尤其关注对"中国法制之史疑"与"中国法制之史实"层面的研究，他认为：

> 过去各种史籍，是否记载之史实皆无所误，是否传述之事迹皆尽非伪，应与任何种史之始页，同有鉴别之要，姑置不论；即其记载传述，确为史实可靠，依吾人治史之目的言之，皆为史料而非史也。故治中国法制史者，不以备历代之掌故为贵，而以知其纲要未能；不以依朝代之横断为法，而以寻其因果为主。"备"则丛聚堆杂，难有其序；"横"则一姓兴亡，竟成史期；人每感《中国法制史》一书之枯涩乏味者，或即因此而然。况不知如何使史料变而为史，则书、志、通典俱在，又何贵有《中国法制史》乎？因此，关于中国法制之经过，自当注意其变迁之迹，倘再能求其成立背景，与夫全部波浪中之起伏路线，斯更善焉。②

国内有研究者认为，陈顾远在对中国古代法制问题理论思考方面的贡献主要表现在三个方面，分别为中国古代法律之变、法律之质与法律之量③。

陈顾远关注法制史学科建设与发展，对于该课程的重要意义，他提出：

> 我国大学文法课程中，向有"中国法制史"之目，实则往往仅

---

① 萧邦承. 马克斯在法律学上底地位. 复旦学报（社会科学版），1935（2）：56.
② 陈顾远. 中国法制史. 上海：商务印书馆，1934：11.
③ 张雷. 陈顾远与中国法律史学科体系的创建. 中国政法大学学报，2011（2）：125.

备一格而已。其由文法科共开此课者，则注重"史"的研究，使法科生随习之；其由法科独开此课者，则又列入选修门，使法科生选修之；是仍为否认法制之史的价值之见解。办学者既轻其事，教学者益懈其事，修习者至于虚应故事，而心不在焉。因此，国内除少数法学耆宿外，无有从事于《中国法制史》之著述，而学校所备以为课本者，每多译自东瀛之作。学术原无过境，译本亦何所嫌？然以"中国"人于"中国"大学中，研究《中国法制史》，竟以译本为主，终觉未安。况"中国"法系居世界法系之一，其发扬广大，责在国人，外人偶一为之，亦所谓"代大匠斫"者也……在我国大学中，既不能不有"中国法制史"之课程，且应为一重要之课程，则国人修习政法者，岂可畏难而自馁？是书之作，知其难而勉为之，读者宜有以教我也。①

（三）初步建构阶段（1937—1949）：中国马克思主义法学理论体系的丰富与完善

在全面抗战时期和解放战争时期，为巩固和扩大抗日民族统一战线和人民民主统一战线，党在根据地深入加强法治建设，进一步推进了马克思主义法学理论中国化的进程。该时期党在领导法治建设的过程中，在马克思主义法学思想的指导下，立足根据地建设实际，"以中国共产党的革命纲领、政策为灵魂，以建设新民主主义的政治秩序与法制秩序为目标，集中体现和代表以工农群众为主体的人民大众的意志和利益"②，推动中国马克思主义法学思想在法制实践中不断走向成熟。

在该时期，新民主主义政治与政权理论构成了马克思主义法学理论中国化的核心内容。毛泽东的《新民主主义论》《〈共产党人〉发刊词》《抗日根据地的政权问题》《论联合政府》，边区政府颁布的《陕甘宁边区施政纲领》《陕甘宁边区宪法原则》《陕甘宁边区土地条例》《陕甘宁边区刑法总、分则草案》《中国土地法大纲》等著作和文件，系统阐释了新民主主义政治与政权方面的法学理论。

---

① 陈顾远. 中国法制史. 上海：商务印书馆，1934：序.
② 吴汉全. 中国马克思主义学术史概论：1919—1949：下册. 长春：吉林人民出版社，2010：1276.

1. 宪法理论

土地革命战争时期，中央苏区颁布《中华苏维埃共和国宪法大纲》，推动了新民主主义宪法建设进程。全面抗战开始后，在领导陕甘宁边区和各敌后抗日根据地的革命实践过程中，新民主主义宪法建设进程加快，主要表现在我们党领导制定了《陕甘宁边区施政纲领》《陕甘宁边区刑法总、分则草案》《陕甘宁边区宪法原则》《陕甘宁边区土地条例》等系列宪法性文件，政权建设实行"三三制"原则，新民主主义宪法思想得到很大发展。

1937 年 5 月，毛泽东在《中国共产党在抗日时期的任务》报告中，提出了巩固和平、争取民主和早日实现对日抗战的三位一体的任务。把争取民主作为"目前发展阶段中革命任务的中心一环"①，强调"在新时期，集中制应该密切联系于民主制。用民主制的实行，发挥全党的积极性。用发挥全党的积极性，锻炼出大批的干部，肃清宗派观念的残余，团结全党像钢铁一样"②。他提出进行民主改革的两项基本目标，"应从改变国民大会的选举和召集上违反民主的办法，实行民主的选举和保证大会的自由开会做起，直到制定真正的民主宪法，召集真正的民主国会，选举真正的民主政府，执行真正的民主政策为止"③。进行彻底的民主改革是推进新民主主义宪法建设的关键一环，中国共产党领导下的根据地实行了普遍的民主选举，在实践中促进了宪法建设。

此外，在政权建设方面，实施民主的"三三制"原则。1940 年 3 月，中国共产党发出毛泽东起草的关于《抗日根据地的政权问题》的党内指示，提出在政权工作人员中，共产党员、非党的左派进步分子和中间派应各占 1/3，实行"三三制"。毛泽东强调："这种人数的大体上的规定是必要的，否则就不能保证抗日民族统一战线政权的原则。这种人员分配的政策是我们党的真实政策，必须认真实行，不能敷衍塞责。"④"三三制"民主政权充分保证了根据地政权在实践层面的民主化建设。

---

① 毛泽东. 毛泽东选集：第 1 卷. 2 版. 北京：人民出版社，1991：255.

② 同①278.

③ 同①257.

④ 毛泽东. 毛泽东选集：第 2 卷. 2 版. 北京：人民出版社，1991：751.

在推进新民主主义宪法建设的过程中，我们党通过召开党外人士座谈会、接受人民群众监督及加强政权机关内部监督等多种方式，进一步加强了监督机制层面建设。为多方面倾听人民群众意见和建议，党和边区政府以多种方式鼓励人民参政议政，通过《陕甘宁边区施政纲领》《陕甘宁边区宪法原则》等法律赋予人民群众监督、检查、批评和控告的权力，"除司法系统及公安机关依法执行其职务外，任何机关部队团体不得对任何人加以逮捕审问或处罚，而人民则有用无论何种方式，控告任何公务人员非法行为之权利"，"不论任何公务人员如有非法行为或失职渎职事情，致使人民之人权财权遭受损害时，任何人得以任何方式，向县以上任何一级政府控告之"①。《陕甘宁边区宪法原则》专设"人民权利"一章，规定人民有免于经济上偏枯与贫困的权利，有免于愚昧及不健康的权利，有武装自卫的权利，有不论用任何方法控告失职的任何公务人员之权。同时，我们党还进一步加强了监督机制层面建设，保证各级政权机关各自职责明确，推动了边区民主政权建设的健康发展。

马克思主义宪法学者张友渔专于法学、政治学、新闻学，在该时期围绕新民主主义宪法问题，进行了较为深入的学理研究，从学理上为中国化马克思主义法学体系建设做出了重要贡献。他强调，"拿宪法规定国家体制、政权组织以及政府和人民相互之间的权利和义务关系，而使政府和人民，都在这些规定之下，享受应享有的权利，负担应负担的义务，无论谁都不许违反和超越这些规定的政治形态"，"国家体制和政权组织"，在张友渔看来，"不外是各种社会的力量的相互关系的具体表现，也就不外是政府和人民之间的相互关系的表现"②。

2. 经济法制思想

该时期为了建立、巩固与发展抗日民族统一战线，我们党围绕土地问题、发展经济方针问题等方面进行了适当调整，促进了党的经济法制思想的逐步完善。

对于土地问题，1937年8月，在洛川会议上确立了抗战时期我们

---

① 江苏省委党史工作委员会，江苏省档案馆. 苏中抗日根据地. 北京：中共党史资料出版社，1990：372.

② 张友渔. 张友渔文选：上卷. 北京：法律出版社，1997：156.

党的"减租减息"的土地政策。一方面，要求地主减租减息，以保护农民的利益。另一方面，要求农民要交租交息，以维护地主的土地所有权与财产所有权。在减租减息土地政策的指引下，各根据地颁布了系列土地法令、条例和规定，如《陕甘宁边区土地所有权证条例》（1938年4月1日）、《陕甘宁边区土地条例》（1939年4月4日）、《晋察冀边区减租减息单行条例》（1938年2月10日，1940年2月对该条例做了修正）和《晋察冀边区减租减息单行条例施行细则》（1941年3月20日）、绥德分区《减租减息暂行条例草案》（1940年7月）等等。后来中央又相继颁布了《中共中央关于抗日根据地土地政策的决定》及其附件和《关于如何执行土地政策决定的指示》等文件，标志着抗战时期党的土地政策的完全形成。在解放战争时期，党的土地政策日趋成熟。1946年5月，中央发出了《关于清算、减租及土地问题的指示》，明确指出解决解放区的土地问题是我党当时最基本的历史任务，是当时一切工作的最基本环节，必须以最大的决心和努力，放手发动与领导当时的群众运动来完成这一历史任务，并依据各项原则，给当时的群众运动以正确的指导。把抗战时期的"减租减息"政策改为实现"耕者有其田"的政策。1947年9月，中共召开全国土地会议，制定了《中国土地法大纲》，10月10日由中共中央正式公布施行。《中国土地法大纲》规定彻底废除封建性及半封建性剥削的土地制度，实行"耕者有其田"的土地政策，规定保护民族工商业的发展。该大纲不但肯定和发展了《关于土地问题的指示》中提出的将地主土地分配给农民的原则，而且改正了其中对地主照顾过多的不彻底性，成为彻底消灭封建剥削制度的纲领性文件，为在全国范围内消灭封建剥削的土地制度提供了重要法律依据。

党确立了公私兼顾、发展经济的方针。1939年2月，毛泽东在延安党政军生产动员大会上号召边区军民自己动手，开展生产运动，倡导自己动手从事生产。他还从三个方面确立了公私兼顾的思想：发展公营经济，"要使人民经济有所增长，有所补充"[1]；提出"发展经济，保障供给"的口号，在公私关系上，实施"公私兼顾"或叫"军民兼顾"[2]。后来我们党又相继发出《关于开展生产运动的指示》（1940年2月）、

---

[1]　毛泽东. 毛泽东选集：第3卷. 2版. 北京：人民出版社，1991：893.

[2]　同[1]894−895.

《经济问题与财政问题》（1942 年 12 月）以及《开展根据地的减租、生产和拥政爱民运动》、《组织起来》、《必须学会做经济工作》、《游击区也能够进行生产》等文件和讲话，号召根据地军民开展生产自救运动。

经过长期新民主主义经济法制建设实践，毛泽东在《目前形势和我们的任务》中提出了新民主主义革命的"三大经济纲领"①，其中没收封建阶级的土地归农民所有是新民主主义革命的主要内容。这是以毛泽东同志为主要代表的中国共产党人立足新民主主义建设实际，对马克思主义经济法制思想的创新与发展。

该时期中国马克思主义法学思想也参考并借鉴了苏联的一些重要经验。马克思主义法学家王之相②介绍了苏联的财产制度与所有权制度，在《苏联法律上的财产制度与所有权》中认为，"社会主义的财产，为

---

① "三大经济纲领"是毛泽东提出来的，是中国共产党在新民主主义革命时期实行的基本经济政策。1940 年 1 月，毛泽东在《新民主主义论》一书中提出，没收大银行、大工业、大商业归新民主主义的国家所有；没收地主的土地，分配给无地和少地的农民，实行"耕者有其田"；实行节制资本的政策，允许不能操纵国计民生的资本主义生产的发展。1947 年 12 月，中共中央在陕北米脂县杨家沟召开会议，毛泽东在《目前形势和我们的任务》这一报告中，把新民主主义经济纲领明确概括为："没收封建阶级的土地归农民所有，没收蒋介石、宋子文、孔祥熙、陈立夫为首的垄断资本归新民主主义的国家所有，保护民族工商业。"其中，没收封建阶级的土地归农民所有是新民主主义革命的主要内容。

② 王之相（1891—1986），字叔梅，法学家，奉天（今辽宁）绥中人。先后就读于惠文书院（燕京大学前身）、北洋学馆、法律学堂（辛亥革命后改为法律专门学校），学习英文、俄文和法律。1916 年毕业后在北洋政府外交部条约司任职。1927 年以后，开始从事法律教育工作，先后任俄文法专学院院长、法商学院商学系主任、教授，东北大学、华北文法学院教授，培养了大量法律方面、俄文翻译方面的人才。1949 年，出席中国人民政治协商会议第一届全体会议。新中国成立后，任政务院法制委员会委员兼编译室主任。后任九三学社第三至七届中央委员，是第二至六届全国政协委员。他关心法制建设，积极投身于我国的立法活动。几十年来，他从事法律教学与研究工作，对宪法、民法、国际法等许多部门法都很有研究，在我国新宪法的制定、刑法的制定及其他许多部门法的制定工作中都提出过精辟见解。1969 年，周恩来率我国代表团与苏联代表团谈判时，就曾经引用过王之相翻译的《我在西西伯利亚服务的回忆》一书中的资料，说明沙俄侵略中国领土的事实。著有《国际关系论》《外交史》《国际法》等。

——王兆民. 丹青难写是精神：访法学界老前辈王之相先生. 法学杂志，1983（6）：42-44；360 百科. 王之相. [2021-01-05]. https：//baike. so. com/doc/6944106-7166469. html.

苏联财富及国力的泉源，亦为全体劳动民众富裕及文化生活的泉源。此种财产在全国占绝对的支配地位，并为苏联经济制度的基础。社会主义财产的国有方式，即为全民所有的财产。依苏联宪法第六条的规定，认为全民所有的财产如下：土地，矿源，水利，森林，工厂，制造厂，矿井，矿山，铁路运输，水上运输，空中运输，银行，交通工具，大规模的农村经济企业（苏联国营农场，农业机器站等），都市及工业地点的市政企业及主要住房"①。他指出："苏联为采取社会主义经济制度的国家，因此构成一种特殊的财产制度。所有权的范围与效用，亦发生多少变更，与一般资本主义国家的现行制度，根本不同。"② 关于社会主义国家苏联经济制度的研究，对中国马克思主义法学学科体系、话语体系与学术体系的建构发挥了重要借鉴作用。

3. 马克思主义法学理论的进一步发展

该时期的法学家结合革命实际开展法理学研究，在建构中国马克思主义法学体系方面做出了重要理论探索，代表性的著作有李达的《法理学大纲》（1947）、白鹏飞的《法学通论》（1938）、裘国恩的《法学大意》（1939）、楼桐孙的《法学通论》（1947）、朱祖贻的《法学通论》（1944）、林振镛和王冠英的《法学通论》（1945）、何任清的《法学通论》（1946）、梅仲协的《法律论》（1947）等等。

在法学理论探索方面，李达较早运用马克思主义唯物辩证法来研究新民主主义法学。1947 年，他在湖南大学法律系工作期间，用马克思主义唯物史观讲授社会学、经济学和法学，著有《法理学大纲》③，用历史唯物主义原理研究西方法理，为中国法学研究开辟了新途径。需要指出的是，"李达法理学体系建构也受到了其翻译的日本学者穗积重远所著《法理学大纲》的影响。两相比较可以看出，两部著作不但同名，

---

① ② 王之相. 苏联法律上的财产制度与所有权. 法律知识，1947，1（4）.

③ 该著作约 16 万字，由于反动当局的限制，著作不宜对外公开，只在湖南大学内部出版了石印版，作为法学院的必读教材。1966 年 8 月，李达因受林彪、"四人帮"极左路线残酷迫害，不幸含冤去世。后来从他遗留的文稿中发现了他的这本《法理学大纲》的部分讲义，所剩的这一部分共有 3 篇 12 章，最后 1 章还不完全。第 1 篇是绪论，包括法理学与世界观及社会观，法理学的对象、任务与范围，以及法理学的研究方法 3 章。第 2 篇是各派法理学之批判，包括古代哲学派与中世纪神学派，近代的自然法学派、玄学派、历史学派与分析学派，社会哲学派与比较法学派，社会法学派，以及各派法理学的总批判共 6 章。第 3 篇是法律之论理的考察，包括法律与国家的关系，法律的本质与现象、内容与形式及法律的属性 3 章。

而且李达现存的书稿目录也与原著存在明显对应关系：最开始是绪论，继而是各派比较，其后是法律本质等核心命题。但李达进一步将这些框架按照马克思主义指导进行了更深入的讨论"①。

《法理学大纲》第一次以马克思主义唯物史观系统阐述了法理学思想，是中国研究和阐述马克思主义法学的开拓性著作，为马克思主义法学中国化探索了现实路径。对马克思主义哲学的深入研究，是李达成为中国马克思主义法学开拓者的重要基础。该书详细阐述了马克思主义法学理论，共三篇，第一篇确立了马克思主义法理学的思想基础和哲学依据，第二篇利用马克思主义理论工具对其他学派进行批判性分析②，第三篇考察了法律本质、法律规范、法律与国家等核心概念。"除论述了法理学的一些基本问题，如法理学与世界观及社会观，法理学的对象、

---

① 蒋海松，张浪. 李达与马克思主义法理学中国化的肇启：基于湖南大学讲义《法理学大纲》的考察. 湖南大学学报（社会科学版），2020（6）：130.

② 这些学派主要有古代哲学派与中世纪神学派，近代的自然法学派、玄学派、历史学派与分析学派，社会哲学派与比较法学派，社会法学派。法理学的起源可以回溯到希腊时代，古希腊普罗塔哥拉、卡里克利斯、苏格拉底是"法理学之先驱"，苏格拉底关于法律的标准是道德，是后来法理学所探究的中心问题之一。西塞罗是希腊、罗马法理学思想之集大成者，他不仅展开了希腊"自然法"的概念，而且提出了解放奴隶的主张。中世纪神学派的代表人物是奥古斯丁和阿奎那，奥古斯丁用希腊斯多葛派的哲理与基督教的教义说说国家与法律的性质，经院哲学家阿奎那的学说则是作为希腊哲学和武断神学混合物的所谓"人神一致"的哲学。自然法学派分为拥护君权的自然法学派和提倡民权的自然法学派，前者以格劳秀斯和霍布斯为代表，后者以洛克和卢梭为代表。康德、黑格尔的法理学属于玄学派，康德的法理论和他的道德论同属于伦理的领域。历史学派以德国萨维尼为代表，其《立法及法学上的先务》一书认为法律是民族精神的表现，要想谋德国民族之法律统一，必先统一德国民族的法律思想，其实质是民族精神的法理论，即认定法律的本质是确信作为民族精神根源的民族心理状态、习惯、学说、判例、法律条文等等。分析学派是英国19世纪资本主义长足发展的产物，其创始者为布拉克斯顿，继起者为克里斯襄，边沁与奥斯丁是这一学派的巨子。社会哲学派包括社会功利派、新康德派和新黑格尔派，社会功利派以耶林为代表，认为一切法律的根源都是功用即社会的利益，法律的效用在使国家组织自我的目的为全体的目的。故此，它又可称为"目的法学""利益法学"。新康德派的法理学以斯达穆拉为代表，主张以法律形式的法律观念为对象的"纯法律学"；新黑格尔派法理学的代表是科勒。比较法学派是19世纪后期形成的法理学派，就数种不同的法制做比较的研究，以探求其普遍性而构成其所谓法律本质论。李达依据庞德的《社会法理学的范围与目的》一书，把社会法学派分为准备时期的社会法学和统一时期的社会法学。前者又分为机械论时期、生物论时期和心理学时期，机械论时期是孔德社会学肇始的，生物论时期是随达尔文进化论问世而出现的；统一时期的社会法学是19世纪末到20世纪初适应各派社会法学要求而形成的。

——蔡浩明. 论李达对各派法理学之批判：以《法理学大纲》为中心. 西部法学评论，2010（2）：152-155.

任务与范围，法理学的研究方法，法律与国家的关系，法律的本质与现象、内容与形式等外，还以一整篇的篇幅对西方各个法学流派的学说做了简要的介绍和深刻的批判。从这部著作可以看出，他是力图运用马克思主义的观点为我国的法学研究开辟一条新的路子。"① 李达认为，法理学必须接受唯物史观的指导，"把法律制度当作建立于经济构造之上的上层建筑去理解；阐明法制这东西，是随着经济构造之历史的发展而发展，而取得历史上所规定的特殊形态，阐明其特殊的发展法则，使法律的理论从神秘的玄学的见解中解放出来，而构成为科学的法律观"②。

法理学的研究要关注社会现象，李达认为包括三个方面："（一）在社会的存在与社会意识的正确关系上去理解各种历史的社会的现象。（二）在全体的关联上去理解各种社会的现象。（三）在发展过程上去理解各种社会现象。"③ 该著作还阐释了法理学的具体研究对象问题，"法理学必须研究当代的社会问题、劳工问题，以认识今日各国的社会立法、劳动立法；研究中国社会史、世界社会史，以理解法律变迁与社会变迁的关系；研究社会思想、社会学说，以理解各国的立法与思想或主义的关系。并且还要考察中国现状与世界现状，认清中国社会的现实与其他各国社会的现实究有什么差别，以期针对中国社会的进路，从事于法律的改造"④。在马克思主义唯物史观指导下，作为马克思主义法学的重要开拓者和奠基人，李达在研究实践中逐渐形成了较为系统的法学理论，对马克思主义法学理论中国化做出了重要理论贡献，他被认为是当时"少有的马克思主义法学家"⑤。

4. 刑法理论的初步发展

战争年代，由于特殊的社会环境，中国共产党在刑法建设层面只有有限的立法与司法，并没有实际的刑事法律立法。该时期的刑法多以政策形式呈现，为党的革命事业的胜利发展提供了重要制度保障。

首先，确立了刑法建设的基本原则。该时期刑法建设贯彻"讲究斗

---

① 韩德培. 法理学大纲. 法学评论，1983（1）：3.
② 李达. 法理学大纲. 北京：法律出版社，1984：6.
③ 同②6-8.
④ 同②17.
⑤ 韩德培. 一位少有的马克思主义法学家. 武汉大学学报（哲学社会科学版），1981（1）：6.

争策略，实行区别对待"的基本原则。全面抗战时期我们党提出镇压与宽大相结合，解放战争时期提出"首恶者必办，胁从者不问，立功者受奖"①。其次，加强廉政建设。1938年8月，陕甘宁边区政府颁布《惩治贪污暂行条例》，对贪污的认定标准和惩罚措施做出了明确规定。10月，毛泽东在党的六届六中全会上告诫全党要反对贪污腐化。1941年颁布的《陕甘宁边区施政纲领》规定："人民则有用无论何种方式控告任何公务人员非法行为之权利"，宣布"厉行廉洁政治，严惩公务人员之贪污行为，禁止任何公务人员假公济私之行为，共产党员有犯法者从重治罪。同时实行俸以养廉原则，保障一切公务人员及其家属必须的物质生活及充分的文化娱乐生活。"② 最后，在司法实践方面，我们党建立了刑法的罪刑体系。1942年起草并试行《陕甘宁边区刑法总、分则草案》，总则包括刑事政策及刑罚目的、刑法效力、刑法施行范围、刑事责任、共犯、数罪并罚、未遂犯、累犯、刑之种类、刑之易科、科刑轻重之标准、缓刑及假释、治疗教育、时效、视为未犯罪、释义等16章内容；分则包括妨害国家利益罪和妨害私人利益罪两大罪种，并在其中规定了若干具体罪名。刑事立法确定了汉奸、盗匪、破坏、贪污等罪名和死刑、徒刑、拘役等刑名以及训诫、剥夺公民权、没收财产、科以罚金等刑罚，对于惩治犯罪和保护人民发挥了重要作用③。

该时期我们党逐步构建反腐倡廉的体制机制，要求各根据地设立监察委员会，完善了党的纪律检查工作机制。解放战争时期，我们党领导设立了华北人民监察院和陕甘宁边区人民监察委员会，初步建立了人民监察制度，为后来党的纪检监察制度的发展提供了极为宝贵的历史经验。该时期我们党在推进马克思主义法学中国化进程中所取得的这些成就，为新中国成立后70多年来的法治建设提供了宝贵经验和重要历史借鉴。

总之，新民主主义革命时期的马克思主义哲学社会科学，除了前面介绍的哲学、历史学、政治学、经济学、新闻学、法学、社会学、教育学等相关学科取得了发展外，该时期马克思主义文艺学也获得了初步建构与发展。

---

① 毛泽东. 毛泽东文集：第6卷. 北京：人民出版社，1999：72.

② 中共党史教学参考资料（三）. 北京：人民出版社，1959：2.

③ 艾绍润，高海深. 陕甘宁边区法律法规汇编. 西安：陕西人民出版社，2007：263-281.

十、文学发展及其主要影响

在新民主主义革命时期，进步知识分子在科学继承马克思主义文学理论的基础上，紧密结合革命战争和根据地建设的实际需要，提出了系列具有鲜明中国特色和深刻时代特点的中国化马克思主义文学理论，为新中国成立以来文学理论的发展提供了宝贵历史经验。该时期马克思主义文学理论的中国化，是马克思主义文学思想在中国语境中的具体转化，它们也是构成马克思主义中国化的子命题。这既是一个历史过程，也包括在这一历史进程中所形成的理论形态。深入研究该时期形成的中国特色马克思主义文学理论，对我国当前社会发展依然具有重要借鉴意义。

（一）早期探索阶段（1919—1927）：马克思主义文学理论中国化的开创

作为一种外来文学理论，马克思主义文学理论与欧洲特有的文学环境和艺术哲学基础有着密切联系。中国化马克思主义文学理论的建设与发展继承了马克思主义文学理论，结合中国实际实现了从话语系统到理论品质的转换，保持了中国作风、中国气派与中国特色。马克思指出，"正确的理论必须结合具体情况并根据现存条件加以阐明和发挥"①。马克思主义文学理论是发展的理论，而它的中国化则是它"发展"的一条重要途径。马克思主义文学理论的中国化是指马克思主义文学理论与不断发展着的中国文学艺术实践相结合的具体过程，这是由马克思主义文学理论自身的开放性特点所决定的。马克思主义文学理论又是创造新文学的指导理论，它立足于世界无产阶级，充分发挥文学在无产阶级革命中的重要作用，包括文学与政治、文艺与人民、文艺与生活等系列内容。延安时期领袖人物与知识分子在马克思主义文学思想基础上进行创建与阐发，把马克思主义文学思想与中国革命文学实践相结合，最终实现了马克思主义文学理论思想在中国的民族化与本土化。对于马克思主

---

① 马克思，恩格斯. 马克思恩格斯全集：第 27 卷. 北京：人民出版社，1972：433.

义文学理论中国化的历程，有学者指出，其成果目前主要存在三种理论
形态①：一是经典作家的译注；二是领袖话语及其意识形态理论，主要
包括文学方针政策；三是学者的学术话语，即专家教授建构的文学理论
体系。这三种话语理论形态既相互关联，又各有其适用的阈限。

在马克思主义文学理论传入中国之前，中国早期知识分子在实践中
推动中国革命文学理论发展的，主要是建立在我国封建社会和传统文化
基础之上所形成的文学理论思想。马克思主义文学理论在中国的传播与
发展，几乎与马克思主义学说在中国的传播与发展同步。20 世纪初期，
俄国十月革命取得胜利以后，随着马克思主义经典作家的文学论著在中
国的广泛译介和传播，中国知识分子开始接触和研究马克思主义文学思
想，逐渐踏上了接受、吸收马克思主义文学理论的历程。从该层面上
讲，马克思主义文学思想在中国的传播和发展过程，就是马克思主义文
学理论中国化的过程。马克思主义文学理论的中国化发端于五四运动时
期，是从俄国十月革命后学习苏俄起步的，它同马克思主义唯物史观一
起传入中国，从开始到发展和深化，早期知识分子都是在"走俄国人的
路"。

中国化马克思主义文学理论是在世界无产阶级革命时代，俄国十月
革命取得胜利后逐步发展起来的。在五四运动时期，李大钊、瞿秋白等
人从俄国十月革命胜利中汲取理论营养，开始对马克思主义文学理论思
想做系统介绍，写出了系列宣传马克思主义唯物史观的文章，给我国文
学艺术的发展以历史唯物主义的指导。毛泽东曾指出："'五四'以来，
这支文化军队就在中国形成，帮助了中国革命，使中国的封建文化和适
应帝国主义侵略的买办文化的地盘逐渐缩小，其力量逐渐削弱。"② 当
年李大钊的《俄罗斯文学与革命》是马克思主义文学理论影响中国现代
文论的开篇之作，在《俄罗斯文学与革命》中，李大钊明确提出了文学
与政治一样应当"以俄为师"的主张，强调文学要以一般意识形态的方
式来关注现实，应"视诗人作者为人生之导师，为预言家，为领袖"③。
李大钊开始初步触及马克思主义文学理论的创作方法问题：

---

① 范玉刚. 马克思主义文艺理论中国化路径探析. 湖北大学学报（哲学社会科学版）.
2008（6）：32.

② 毛泽东. 毛泽东选集：第3卷. 2版. 北京：人民出版社，1991：847.

③ 李大钊. 李大钊文集：上. 北京：人民出版社，1984：586.

> 刚是用白话作的文章，算不得新文学；刚是介绍点新学说、新事实，叙述点新人物，罗列点新名辞，也算不得新文学。我们所要求的新文学，是为社会写实的文学，不是为个人造名的文学；是以博爱心为基础的文学，不是以好名心为基础的文学；是为文学而创作的文学，不是为文学本身以外的什么东西而创作的文学。①

由于受到当时国内外环境的影响，该时期马克思主义文学理论中国化的主要特点是主张文学革命化，这与我国传统文学的主旨是不同的。当年新文化运动的主将陈独秀认为，中国传统文学是贵族文学、古典文学和山林文学，这些文学的共同缺陷是"其形体则陈陈相因，有肉无骨，有形无神，乃装饰品而非实用品；其内容则目光不越帝王权贵、神仙鬼怪，及其个人之穷通利达。所谓宇宙，所谓人生，所谓社会，举非其构思所及"②。

马克思主义文学理论在中国的传播和发展，首先是通过翻译、介绍的途径为当时的知识分子所了解和接受的。就简单介绍马克思主义文学理论而言，当时的知识分子如恽代英的《文学与革命》，蒋光慈的《无产阶级革命与文化》，沈雁冰的《论无产阶级艺术》，萧楚女的《艺术与生活》，周扬的《关于文学大众化》、《关于"社会主义的现实主义和革命的浪漫主义"："唯物辩证法的创作方法"之否定》、《现实主义试论》与《典型与个性》等阐释性译著，在早期马克思主义文学理论传播和发展过程中产生了一定影响③。

（二）成长发展阶段（1927—1937）：马克思主义文学理论体系的进一步发展

在20世纪20年代和30年代，为中国马克思主义文学理论发展做出重要贡献的知识分子主要有瞿秋白、鲁迅、周扬、冯雪峰、胡风、郭沫若、沈雁冰、郑振铎等人，他们开始转译和翻译一批马克思主义文学理论著作，为马克思主义文学理论中国化做出了重要贡献。

一方面，他们翻译了大量马克思和恩格斯的文学论著。在翻译马列文学著作和文学思想方面，瞿秋白做出了重要贡献。他的《共产主义与

---

① 中国李大钊研究会. 李大钊文集：第3卷. 北京：人民出版社，1999：127.
② 陈独秀. 陈独秀文集：第1卷. 北京：人民出版社，2013：205.
③ 李衍柱. 马克思主义文艺理论在中国. 济南：山东文艺出版社，1990：313-324.

文化》《现实：马克思主义文艺论文集》《马克思恩格斯和文学上的现实主义》《马克思文艺论的短篇后记》《恩格斯和文学上的机械论》《社会主义的早期"同路人"：女作家哈克纳斯》等译著，初步介绍了马克思、恩格斯、拉法格、普列汉诺夫等人的文学理论思想。还有列宁的文学论著，如《托尔斯泰和当代工人运动》和《论党的出版物与文学》等也被翻译出版。所有这些，都为后来抗战时期的知识分子继续进行马克思文学理论研究和推动马克思主义文学理论中国化奠定了重要理论基础。当时的刊物如《译文》《文艺研究》《拓荒者》《萌芽月刊》《现代》《文艺群众》《朝花旬刊》《巴尔底山》《十字街头》《北斗》等，刊登了许多关于马克思列宁主义的文学论著的译文和研究文章。如陆侃如在1933年第3卷第6期《读书杂志》上发表了他从法文转译的恩格斯的《致哈克奈斯女士书》，在1933年《现代》第3卷第6期上发表了鲁迅的《关于翻译》一文，其中有从日文节译的恩格斯致敏·考茨基的信中"关于文艺在资本主义制度下的历史使命"的一段话。1935年《文艺群众》第3期上发表了易卓译的马恩分别就《济金根》致拉萨尔的信，以及恩格斯致保·恩斯特的信等。该时期还出版许多马克思主义文学理论丛书，如上海水沫书店和光华书局出版的冯雪峰主编的《科学的艺术论丛书》、水沫书店出版的《马克思主义文艺论丛》、神州国光社出版的《唯物史观艺术论丛》等。

另一方面，除译介马克思主义经典作家的经典文学论著外，早期知识分子还把马克思主义文学理论家，如李卜克内西、普列汉诺夫、高尔基、托洛茨基、梅林、拉法格、卢那察尔斯基、沃罗夫斯基、法捷耶夫、弗里契、藏原惟仁等人的文学论著翻译成中文，例如，仲云译的托洛茨基的《论无产阶级的文化与艺术》，一声节译的列宁的《论党的出版物与文学》，鲁迅译的普列汉诺夫的《艺术论》、卢那察尔斯基的《艺术论》《文艺与批判》及沃罗夫斯基的《作家论》（又名《社会的作家论》），郑振铎译的高尔基的《文学与现在的俄罗斯》，震瀛译的卢那察尔斯基的《苏维埃政府的保存艺术》，沈雁冰译的《俄国文学与革命》，冯雪峰译的弗里契的《艺术社会学底任务及问题》、普列汉诺夫的《艺术与社会生活》、卢那察尔斯基的《艺术之社会的基础》、德国梅林的《文学评论》及日本升曙梦的《新俄罗斯的无产阶级文学》《新俄文学的曙光期》《新俄的演剧运动及跳舞》，郑超麟译的列宁的《托尔斯泰和当

代工人运动》，任国桢译的《苏俄文艺论战》，等等。受国际环境的影响，苏俄当时成为中国早期知识分子获取马克思主义文学理论的唯一途径（只有极少数论著是从日文和英文渠道获得的）。因此，这些中国化马克思主义文学理论（主要是学术话语形态）皆带有鲜明的苏俄特征。

（三）初步建构阶段（1937—1949）：中国马克思主义文学理论体系的丰富与深化

1. 延安时期知识分子对马克思主义文学理论经典的译介和阐释

作为一种产生于欧洲的理论形态，马克思主义凝聚了对 19 世纪资本主义世界社会发展的深刻认识和对人类历史的整体把握。马克思主义是科学的理论，它的世界观与方法论蕴含着具有普遍意义的真理性认识。同时，马克思主义是特定历史条件的产物，它的一些结论不可能无条件地适用于任何时代和任何国家，必须随着客观条件的变化而不断丰富和发展。马克思主义最早作为一种西方话语体系传入中国，只有经过准确译介和详细阐释才能为我们所理解和接受。因此，马克思主义中国化的第一个步骤，就是通过译介和阐释，把马克思主义理论转化为中国话语，并使其逐渐得到传播与推广。马克思主义文学理论的中国化也是如此，它是整个马克思主义中国化社会实践和历史进程的一个不可分割的有机组成部分。延安时期马克思主义文学理论的中国化，首先表现为延安知识分子对马克思主义文学理论经典著作的译介和阐释，把马克思主义文学思想转化为中国式的理论话语形态。

限于时代条件，马克思主义经典作家的文学理论思想散见于一些著作中，"可以说，马恩的著作在中国的翻译出版的过程，也就是马恩的文学理论在中国传播的过程"①。抗战时期我们党领导翻译了大量马克思、恩格斯、列宁等经典作家的文学理论，主要包括《马克思恩格斯列宁论文艺》（曹葆华、兰天即王名衡译，周扬编校，该书由鲁迅艺术学院出版）、《马克思主义与文艺》（周扬译）、《党的组织与党的文学》（戈宝权译）等。其中，周扬在《马克思恩格斯列宁论文艺》的"后记"中高度评价了马克思、恩格斯、列宁的文学思想：

---

① 刘庆福. 马克思恩格斯文艺论著在中国翻译出版情况简述. 北京师范大学学报，1983（2）：37.

马克思恩格斯列宁对于艺术的见解，在建立马克思主义的文学理论与批评上有极重大的意义。用历史唯物论的观点来分析文学现象，再没有如历史唯物论的创始者与发扬者们本人所作的更为深刻缜密、更富于卓见的了。虽然他们没有把专门的劳作付给艺术，但是散见在他们全部著作中关于艺术的断片意见仍然可以看出一个完全的和谐的体系，与他们整个的革命学说正相吻合。①

此外，当时为配合整风运动的开展，鲁迅艺术学院建立了整风学委会办公处，专门刊印了列宁的《论党的组织与党的文学》、高尔基的《论年轻的文学及其任务》和拉法格的《论作家与生活》等著述，对普及与学习马克思主义文学理论发挥了重要作用。

1944 年 5 月，周扬翻译并编写的《马克思主义与文艺》出版②，该书选辑了马克思、恩格斯、列宁、毛泽东等领导人对文艺的论述，是具有鲜明中国特色的马克思主义的文艺论著。该书分为《意识形态的文艺》、《文艺的特质》、《文艺与阶级》、《无产阶级文艺》及《作家与批评家》五辑，这种比较系统的编辑整理与阐释，有利于马克思主义文艺理论在当时的普及与传播。该书被认为是"全国解放前马克思恩格斯的文艺论著和其他马克思主义者的文艺论著在中国的翻译和介绍，马克思主义的文艺理论观点在中国的传播和发展的集大成的精粹表现"③。毛泽东对周扬写的"序言"给予了非常高的评价：

> 此篇（周扬为《马克思主义与文艺》一书写的编者序言，后来发表于一九四四年四月八日延安《解放日报》）看了，写得很好。你把文艺理论上几个主要问题作了一个简明的历史叙述，借以证实我们今天的方针是正确的，这一点很有益处，对我也是上一课。④

当时的知识分子还发表了大量研究马克思主义文学理论的文章，其中，肖三于 1940 年 3 月在《中国文化》上发表《高尔基的社会主义的

①　刘庆福. 马克思恩格斯文艺论著在中国翻译出版情况简述. 北京师范大学学报，1983（2）：40.

②　该书出版前由毛泽东审阅，出版后在根据地、国统区及沦陷区等地大量发行，曾在香港谷雨社出版。当时为了应对国民政府的检查，书名改为《论文艺问题》，周扬化名为周觅，书中毛泽东的名字用"×××"代替。

③　同①.

④　中共中央文献研究室. 毛泽东书信选集. 北京：人民出版社，1983：228.

美学观》及《列宁论文化与艺术》，罗烽发表了《高尔基论艺术与思想》，周扬在《解放日报》上发表长文《马克思主义与文艺：〈马克思主义与文艺〉序言》等，进一步推动了马克思主义文学理论在中国的发展。

此外，延安时期在国统区从事革命文学理论工作的知识分子，也先后翻译出版了两本马恩文学论著。一本是由欧阳凡海编译的《马恩科学的文学论》，1939 年由读书出版社出版。该书选入了马恩的四封文艺书信（"马克思致拉萨尔的信""恩格斯致拉萨尔的信""恩格斯致玛·哈克奈斯"和"致保·恩斯特的信"）和希尔莱尔的两篇文章（《恩格斯底现实主义论》和《马克思与世界文学》），该译著为文艺工作者学习马恩关于现实主义创作和批评的理论提供了重要思想理论基础。另一本是由楼适夷从日文转译的《科学的艺术论》，1940 年由上海读书出版社出版。该书是苏联共产主义学院（又译马克思恩格斯列宁学院）文艺研究所编，由里夫希茨和希莱尔编辑，卢那察尔斯基审定。《科学的艺术论》的主要内容分为三部分：第一部分是社会生活中艺术的地位，第二部分是关于文学的遗产，第三部分是观念形态的艺术。该译著在我国的翻译出版，"为我国读者提供了较为系统的马恩的文学论述，标志着马恩的文学论著在我国的翻译出版取得了新的重大进展"①。

2. 延安时期中国化马克思主义文学理论的初步确立

运用马克思主义文学理论指导中国革命文学发展、解决中国文学问题，既是马克思主义文学理论中国化产生的历史契机，同时又是马克思主义文学理论中国化的应有之义。

> 在"五四"以后，中国产生了完全崭新的文化生力军……这个文化生力军，就以新的装束和新的武器，联合一切可能的同盟军，摆开了自己的阵势，向着帝国主义文化和封建文化展开了英勇的进攻。这支生力军在社会科学领域和文学艺术领域中……都有了极大的发展。二十年来，这个文化新军的锋芒所向，从思想到形式（文字等），无不起了极大的革命。其声势之浩大，威力之猛烈，简直是所向无敌的。其动员之广大，超过中国任何历史时代。而鲁迅，就是这个文化新军的最伟大和最英勇的旗手。②

---

① 刘庆福. 马克思恩格斯文艺论著在中国翻译出版情况简述. 北京师范大学学报，1983（2）：40.

② 毛泽东. 毛泽东选集：第2卷. 2版. 北京：人民出版社，1991：697-698.

我们党历来主张把马克思主义基本原理与中国具体实践相结合，在文学理论方面，也积极运用马克思主义文学理论中的基本原理与观点对中国的文学问题加以阐释和提升，把马克思主义文学理论转化为中国语境中的理论形态，建立了一套中国化的文学理论话语体系。毛泽东的文学理论是他在长期革命战争和文化发展的实践中，结合中国社会发展实际对马克思主义经典作家的文学理论加以选择、融合和改造，最终形成的独具中华民族特色的文学理论思想体系，是"对以往中国马克思主义文学理论探索的高度概括与系统化定型，是充满中国特色的马克思主义文学理论的表现形态，也是中国化马克思主义文艺理论基本确立的标志"①。

　　当然，马克思主义文学理论中国化并不是简单地把马克思主义文学思想从内容和形式两个方面移植到中国，而是必须依据中国社会发展的实际需要来解决中国革命文学的发展源泉与价值趋向等问题。

> 　　就是要有目的地去研究马克思列宁主义的理论，要使马克思列宁主义的理论和中国革命的实际运动结合起来，是为着解决中国革命的理论问题和策略问题而去从它找立场，找观点，找方法的。这种态度，就是有的放矢的态度。"的"就是中国革命，"矢"就是马克思列宁主义。我们中国共产党人所以要找这根"矢"，就是为了要射中国革命和东方革命这个"的"的。②

　　1942年毛泽东发表的《在延安文艺座谈会上的讲话》（简称《讲话》）是马克思主义文艺理论中国化的典范和集中体现，《讲话》运用马克思主义文艺观和方法论，系统阐明了文艺与生活、文艺与革命、文艺与群众、文艺与政治、文艺与阶级等一系列重要文艺理论问题，标志着中国化马克思主义文艺理论的初步确立。《讲话》的目的是厘清文艺工作与革命工作的关系，探索革命文艺发展的正确方向及革命文艺与其他革命工作的密切协作。在《讲话》中，毛泽东明确指出：

> 　　我们讨论问题，应当从实际出发，不是从定义出发。如果我们按照教科书，找到什么是文学、什么是艺术的定义，然后按照它们来规定今天文艺运动的方针，来评判今天所发生的各种见解和争

①　朱立元. 马克思主义文艺理论中国化研究. 北京：经济科学出版社，2009：65.

②　毛泽东. 毛泽东选集：第3卷. 2版. 北京：人民出版社，1991：801.

论，这种方法是不正确的。我们是马克思主义者，马克思主义叫我们看问题不要从抽象的定义出发，而要从客观存在的事实出发，从分析这些事实中找出方针、政策、办法来。我们现在讨论文艺工作，也应该这样做。①

《讲话》最终确立了中国化马克思主义文艺理论的基本指导思想，明确提出文艺是社会生活的反映，强调文艺从属于政治和一定阶级的意识形态以及革命文艺要为人民根本利益服务的思想等。

> 毛泽东同志在一九四二年五月延安文艺座谈会上的讲话，是中国共产党在思想建设、理论建设的事业上最重要的文献之一，是毛泽东同志用通俗语言所写成的马列主义中国化的教科书。此文件决不是单纯的文艺理论问题，而是马列主义普遍真理的具体化，是每个共产党员对待任何事物应具有的阶级立场，与解决任何问题应具有的辩证唯物主义历史唯物主义思想的典型示范。②

有学者认为，"这个讲话毕竟主要是一种政治化的意识形态话语，并不能代替学术性的理论探讨"③。

第一，关于文艺与社会生活的辩证关系问题。毛泽东从马克思主义唯物论出发，明确指出文艺是社会生活的反映，社会生活是文艺创作的源泉。"人民生活中本来存在着文学艺术原料的矿藏，这是自然形态的东西，是粗糙的东西，但也是最生动、最丰富、最基本的东西；在这点上说，它们使一切文学艺术相形见绌，它们是一切文学艺术的取之不尽、用之不竭的唯一的源泉。这是唯一的源泉，因为只能有这样的源泉，此外不能有第二个源泉。"④

第二，关于革命文艺的价值趋向问题。毛泽东从文艺为人民大众服务的观念出发，提出了作家、艺术家"必须和新的群众的时代相结合"⑤，要求"中国的革命的文学家艺术家，有出息的文学家艺术家，

---

① 毛泽东. 毛泽东选集：第3卷. 2版. 北京：人民出版社，1991：853.

② 中共中央文献研究室，中央档案馆. 建党以来重要文献选编（1921—1949）：第20册. 北京：中央文献出版社，2011：620.

③ 赖大仁. 马克思主义文艺理论中国化的理论形态. 中国人民大学学报，2008（6）：134.

④ 同①860.

⑤ 同①877.

必须到群众中去，必须长期地无条件地全心全意地到工农兵群众中去，到火热的斗争中去，到唯一的最广大最丰富的源泉中去"①，并以马克思主义意识形态论的观点，阐明了文艺的社会本质和社会功用，论述了文艺与政治、文艺与革命事业的关系等一系列重要问题。

第三，关于文艺服务的对象问题。这一问题也就是毛泽东在《讲话》中指出的文艺是为什么人的问题，这是一个根本的问题和原则的问题。历史是由人民群众创造的，他们不仅创造了物质财富，还创造了精神财富。早年列宁在马克思主义民族文化理论基础上提出了"艺术属于人民"的著名论断，"艺术属于人民。它必须深深扎根于广大的劳动群众中间。它必须为群众所了解和爱好。它必须使群众的感情、思想和意志一致起来，并使他们得到提高。它必须唤醒群众中的艺术家并使之发展"②。马克思主义创始者关于"艺术属于人民"的思想，对马克思主义文艺理论中国化具有鲜明的指导意义。毛泽东的《在延安文艺座谈会上的讲话》阐明了文艺服务的"工农兵方向"，指出我们的文学艺术：

> 第一是为工人的，这是领导革命的阶级。第二是为农民的，他们是革命中最广大最坚决的同盟军。第三是为武装起来了的工人农民即八路军、新四军和其他人民武装队伍的，这是革命战争的主力。第四是为城市小资产阶级劳动群众和知识分子的，他们也是革命的同盟者，他们是能够长期地和我们合作的。这四种人，就是中华民族的最大部分，就是最广大的人民大众。③

《讲话》所确定的革命文艺为人民大众服务的思想是中国化马克思主义文艺理论的核心理念，是马克思主义文艺理论与中国的革命文艺具体实践相结合的产物。

第四，关于文艺思想的普及问题。毛泽东在《讲话》中对文艺思想的普及，重点从文艺普及的对象、形式与方式三个方面进行了详细论述：一是文艺普及的对象，指出"我们的文艺，既然基本上是为工农兵，那末所谓普及，也就是向工农兵普及，所谓提高，也就是从工农兵提高"④。二是文艺普及的形式，指出文艺普及要从工农兵的实际出发，

---

① 毛泽东. 毛泽东选集：第3卷. 2版. 北京：人民出版社，1991：860-861.

② 回忆列宁：第5卷. 北京：人民出版社，1982：8.

③ 同①855-856.

④ 同①859.

"许多文艺工作者由于自己脱离群众、生活空虚，当然也就不熟悉人民的语言，因此他们的作品不但显得语言无味，而且里面常常夹着一些生造出来的和人民的语言相对立的不三不四的词句"①。三是文艺普及的方式，强调只有去了解人民，熟悉人民，向人民学习，最终才能向人民普及文艺，这就要求文艺工作者深入到人民群众中去。

> 一切这些同志都应该和在群众中做文艺普及工作的同志们发生密切的联系，一方面帮助他们，指导他们，一方面又向他们学习，从他们吸收由群众中来的养料，把自己充实起来，丰富起来，使自己的专门不致成为脱离群众、脱离实际、毫无内容、毫无生气的空中楼阁。②

1943 年 3 月，中央文委召开的文艺工作者会议也重点强调了文艺思想的普及问题，指出"中国的革命文艺运动，一开始就要求文艺与工农兵的结合，要求作家与实际斗争的结合，民国十九年三月鲁迅在左翼作家联盟成立会的演说，更明确的规定了这个方向"③。

第五，关于革命文艺运动中的小资产阶级问题。毛泽东在《讲话》中强调，必须划清无产阶级同小资产阶级的界限，只有这样我们才会有"真正无产阶级的文艺"，"我们的文艺工作者一定要完成这个任务，一定要把立足点移过来，一定要在深入工农兵群众、深入实际斗争的过程中，在学习马克思主义和学习社会的过程中，逐渐地移过来，移到工农兵这方面来，移到无产阶级这方面来。只有这样，我们才能有真正为工农兵的文艺，真正无产阶级的文艺"④。

第六，关于文艺与政治的关系问题。既体现了辩证性，也体现了现实针对性。毛泽东强调"文艺是从属于政治的"⑤，认为文艺的政治性和真实性是可以"完全一致"的，他强调"我们的要求则是政治和艺术的统一，内容和形式的统一，革命的政治内容和尽可能完美的艺术形式的统一……因此，我们既反对政治观点错误的艺术品，也反对只有正确

---

① 毛泽东. 毛泽东选集：第 3 卷. 2 版. 北京：人民出版社，1991：850-851.
② 同①864.
③ 中央文委召开党的文艺工作者会议：凯丰陈云刘少奇等同志讲话，指示到群众中去应有的认识. 解放日报，1943-03-13.
④ 同①857.
⑤ 同①866.

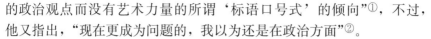

的政治观点而没有艺术力量的所谓'标语口号式'的倾向"①，不过，他又指出，"现在更成为问题的，我以为还是在政治方面"②。

总之，《讲话》全面解决了我国新民主主义革命时期文艺发展的一些根本问题，如"文艺的源泉""普及与提高""知识分子与大众""文艺的对象"等，系统总结了五四运动以来我国革命文艺发展的主要历史经验，"是马克思主义的普遍真理与中国革命文艺运动的具体实践相结合的产物"。《讲话》是马克思主义文艺理论中国化最系统、最完整的体现，它对马克思主义文艺理论民族化做出了富有中国特色的理论创新，奠定了马克思主义文艺理论在我国革命文艺实践中的重要指导地位，"集中体现着我们党的文艺思想、文艺路线、文艺方针，是我们党对马克思主义文艺理论的独特贡献，将长期对我们的文艺事业发挥指导作用"③。

3. 知识分子对中国化马克思主义文学理论的研究与宣传

中国化马克思主义文学理论是马克思主义文学思想与中国革命文学实践相结合的产物，除了译介和普及马克思主义文学理论外，延安时期的知识分子还运用马克思主义文学观点与方法，对中国化马克思主义文学理论如文艺立场、文艺表现形式等一系列问题进行了学理性探讨。艾思奇、周扬、何其芳、冯雪峰、欧阳山、杨松、郭沫若、左明、艾青、刘白羽、丁玲、柯仲平、沙汀、茅盾、冼星海、贺敬之、吴奚如、潘梓年、罗烽、胡风、肖三、王实味④

---

① 毛泽东. 毛泽东选集：第 3 卷. 2 版. 北京：人民出版社，1991：869-870.

② 同①870.

③ 江泽民. 在中国文联第六次全国代表大会 中国作协第五次全国代表大会上的讲话. 人民日报，1996-12-17（1）.

④ 王实味（1906—1947），原名叔翰，1906 年 3 月出生于河南潢川县，其父是晚清举人。1925 年，他考入北大文学院预科，1926 年加入中国共产党。1937 年 10 月奔赴延安，在马列学院从事研究、著述和翻译等工作。其间翻译延安解放社出版的《马恩论丛》10 卷中的《价格、价值和利润》和《德国的革命和反革命》，以及《列宁选集》18 卷中的两卷半。1942 年在延安整风运动中发表了杂文《野百合花》，对延安的一些不合理现象提出尖锐批评。1942 年 10 月被开除党籍，1943 年在康生策划的"抢救运动"中被捕，1946 年被错误地定为"反革命托派奸细分子""暗藏的国民党探子、特务""反党五人集团成员"。1947 年在中央机关转移途中被秘密处死，年仅 41 岁，直到 1991 年，这一冤案最终得到平反。王实味不是党史上的重要人物，但却被人称为党史上第一个由文艺问题而最终招致悲惨结局的党内知识分子。

——赵芳，邵华. 从王实味案看延安时期知识分子问题的经验教训. 湖南省社会主义学院学报，2004（4）：59.

等文艺理论家①在《文艺战线》、《中国文化》、《文艺月报》和《解放日报》等报刊上发表文章，积极研究与宣传马克思主义文学理论，尤其对毛泽东关于文学的"民族形式"问题做出了学术化研究和阐释，推进了马克思主义文学理论的中国化。

第一，学术化研究和阐释马克思主义文学理论。

延安知识分子对马克思主义文学理论研究与宣传做出了重要理论贡献，尤其以周扬、胡风、冯雪峰、王实味、柯仲平、沙汀、茅盾等人为代表。周扬热衷于马克思文学理论研究，积极宣传党的文学政策，译介了大量马克思文艺理论著作②，尤其推崇"文艺为政治服务"的理念，这与毛泽东主张的"文艺工具论"具有契合性。1937年周扬发表《现实主义和民主主义》一文，强调文艺理论研究中的现实主义精神，他明确指出，"中国的新文学运动一开始就是一个现实主义的文学运动"，"目前的文学将要而且一定要顺着现实主义的主流前进，这是中国新文学之发展的康庄大道"③。从现实主义角度出发，周扬积极倡导文学的功利主义，"中国的新文学是沿着现实主义的主流发展来的。现实主义和文学的功利性常常连结在一起……文学上的现实主义，功利主义的主张，正是五四以来新文学的优秀传统，我们今天主张文学应成为抗战中教育和推动群众的武器，就正是把这个传统在新的现实基础上发扬"④。他还用功利主义的文艺观进行文学批评，"突出强调文艺为政治服务的方向，弘扬文艺的宣传、教育和指导作用，在题材上主张描写工农兵的新的人物形象，并提出了按照党的方针政策表现生活的观点"⑤。

在正确处理文学与民众关系这一问题上，除了周扬外，何其芳、胡风、冯雪峰、丁玲、艾青等马克思主义文学理论家也独尊现实主义，创作了大量文学作品，阐述文学为工农兵服务、为抗日民族解放斗争服务

---

① 据统计，在1942年5月23日，延安文艺座谈会结束时参加合影的人数为104人，其中，文艺工作者为97人，至此形成了一支庞大的延安文艺工作者队伍。

② 早年周扬译介了许多苏联的文艺理论，如《辛克莱的杰作〈林莽〉》《绥拉菲莫维奇》《五十年来的苏联文学》《高尔基的浪漫主义》等，这些译著在当时产生了重要的社会影响。

③ 周扬. 周扬文集：第1卷. 北京：人民文学出版社，1991：227.

④ 同③236-237.

⑤ 王培元. 从亭子间到土窑洞：三、四十年代周扬的文艺思想. 文艺理论研究，1997（5）：38.

的重要方针。1943 年，何其芳在《解放日报》发表文章指出：

> 先受教育，整风以后，才知道自己原来像那种外国神话里的半人半马的怪物，一半是无产阶级，还有一半甚至一多半是小资产阶级。才知道一个共产主义者，只读过一些书本，缺乏生产斗争知识与阶级斗争知识，是很羞耻的事情，才知道自己要改造……其次，文学工作者在今天还有一个重新改造艺术的责任。过去文艺作品的毛病，一般地可以概括为两点：内容上的小资产阶级的思想情感与形式上的欧化。总之，没有做到真正为工农兵，使文艺从小资产阶级的变为工农兵的，从欧化的变为民族形式的，然而改造艺术的最基本问题也就是改造自己（虽说并不是全部问题）。①

通过党对知识分子的培养和教育，许多知识分子走上与工农兵相结合的道路，造就了一大批无产阶级知识分子队伍。

第二，积极研究与宣传毛泽东文学思想。

毛泽东发表《讲话》以后，以周扬、萧军、艾青、刘白羽、丁玲、艾思奇、默涵等人为代表的延安文艺界知识分子围绕文艺立场、文艺内容与形式、文艺服务对象及文艺批评的标准等问题发表评论，阐述自己的学术见解。

首先，关于文艺的"民族形式"问题，毛泽东认为，"中国文化应有自己的形式"②，他倡导"把国际主义的内容和民族形式"紧密地结合起来，形成"新鲜活泼的、为中国老百姓所喜闻乐见的中国作风和中国气派"③。为此，延安文艺工作者在《中国文化》、《文艺战线》、《文艺月报》和《解放日报》等报刊发表文章，结合抗战以来文学创作与理论的实际，广泛讨论文学、诗歌、戏剧、音乐、美术等方面的民族形式问题，强调"民族形式之建立……主要地还是依靠对于自己民族现在生活的各方面的缜密认真的研究，对人民的语言、风习、信仰、趣味等等的深刻了解，而尤其是对目前民族抗日战争的实际生活的艰苦的实践"，指出只要"在活生生的真实性上写出中国人来，这自然就会是'中国作风与中国气派'，就会是真正的民族形式"④。其次，关于文艺立场问

---

① 何其芳. 改造自己改造艺术. 解放日报，1943-04-03.

② 毛泽东. 毛泽东选集：第 2 卷. 2 版. 北京：人民出版社，1991：707.

③ 同②534.

④ 周扬. 对旧形式利用在文学上的一个看法. 中国文化，1940：创刊号.

题，延安知识分子赞同毛泽东关于文艺工作者必须站在无产阶级的立场上使自己的"思想感情和工农兵大众的思想感情打成一片"的观点。丁玲在《关于立场问题之我见》中认为，"共产党的作家，马克思主义者的作家，只有无产阶级的立场，党的立场，中央的立场"①。再次，关于文艺服务对象问题，延安的文艺工作者接受毛泽东关于文艺为大众、首先是为工农兵服务的思想。艾思奇在《谈延安文艺工作的立场、态度和任务》中指出，前进的文艺家"必须团结和组织广大的人民共同战斗……文艺要首先赞扬和鼓励工农劳苦群众的革命事业，因为他们是中国革命的最基本和最先进的力量。文艺要成为知识分子与工农劳动群众互相了解的桥梁"②。最后，关于文艺与政治的关系问题，延安知识分子也赞同毛泽东的"文艺服从于政治"的思想。周扬认为，"在为同一的目的而进行艰苦斗争的时代，文艺应该（有时候甚至必须）服从政治，因为后者必须组织和汇集一切力量的能力，才能最后战胜敌人"③，等等。

延安时期文学评论的兴起得益于延安民主、自由的创作氛围，1940年1月，张闻天在陕甘宁边区文化协会第一次代表大会上做了题为《抗战以来中华民族的新文化运动与今后的任务》的报告，他提倡大胆创作，在创作过程中要勇于打破各种限制和各种旧标准，建立新标准；提倡自由研究、思想、辩论，营造生动、活泼、民主的作风。1941年7月，周扬在《解放日报》发表《文学与生活漫谈》，该文章从理论上阐述了文学与生活的辩证关系，提出作家要和工农群众打成一片的观点。后来，艾青、舒群、罗烽、萧军等联名在《文艺月报》发表了题为《〈文学与生活漫谈〉读后漫谈录并商榷于周扬同志》的文章，对周扬的观点提出了不同的看法等等。为了进一步强调思想言论的自由发展，1941年6月至8月，《解放日报》先后发表了《奖励自由研究》《欢迎科学技术人才》《提倡自然科学》《努力开展文艺运动》等社论，指出共产党在信奉马克思主义普遍真理的同时，充分获得思想、言论、创作的自由空间；既重视科学艺术活动在启蒙与应用中的作用，又重视科学艺术本身的建树；号召要从艺术方面自我批评和珍视艺术家的勇气。"我们不排除异己，热望批

---

① 丁玲. 关于立场问题之我见. 谷雨，1942，1（5）.
② 艾思奇. 谈延安文艺工作的立场、态度和任务. 谷雨，1942，1（5）.
③ 周扬. 文学与生活漫谈. 解放日报，1941-07-19.

评。我们是依靠自我批评而进步的，所以不要因为哪个作家说了一两句延安不好的话（而且并不是说整个延安），就以为是他在反对着我们了。"①

第三，通过各种方式普及马克思主义文学理论。

首先，延安知识分子当时借助大量的文学社团和文学刊物建构自己的话语平台。据粗略统计，抗战期间延安成立的作为边区文化运动领导机构的各种文艺协会主要有 6 个②，文艺团体有 70 多个。1936 年 11 月，由丁玲、王亦民（汪仑）、徐梦秋、成仿吾、伍修权、洪水、徐特立、李克农、李伯钊、陆定一、危拱之等 34 人发起的中国文艺协会在延安成立③，该协会是红军长征到达陕北后，在党的领导下组织起来的第一个正式的文艺团体，它的诞生及其活动，对于陕北根据地的文艺运动具有奠基和开创作用。1937 年 11 月，陕甘宁边区文化界抗日救亡协会（"边区文协"）在延安成立，协会设诗歌总会、《文艺突击》社、戏剧救亡协会、《文艺战线》社、社会科学研究会、国防教育研究会、国防科学社、战歌社、海燕社、音乐界救亡协会、世界语者协会、新文字研究会、民众娱乐改进会、讲演文学研究会、大众读物社、文艺顾问委员会、抗战文艺工作团、文艺界抗战联合会、诗歌总会、戏剧界抗战联合总会、延安新诗歌社、延安文化俱乐部和许多剧社、剧团等数十个文艺社团。最初由艾思奇任主任，柯仲平任副主任；后又由吴玉章任主任，艾思奇、柯仲平、丁玲任副主任。协会的任务"在于集中自己的一切力量，唤起我们伟大人民群众之民族的自觉，争取思想界的民主，扩大反帝反封建的文化运动"④。1938 年 9 月，陕甘宁边区文化界抗战联合会（"延安文抗"）在延安成立，后改

① 江震龙. 解放区散文研究. 上海：上海三联书店，2005：66.

② 主要有中国文艺协会（1936 年 11 月）、陕甘宁边区文化界抗日救亡协会（"边区文协"，1937 年 11 月）、陕甘宁边区文化界抗战联合会（"延安文抗"，1938 年 9 月）、陕甘宁边区音乐界救亡协会（"边区音协"，1939 年 1 月）、中华全国戏剧界抗敌协会边区分会（"边区剧协"，1939 年 2 月）和陕甘宁边区美术工作者协会（"边区美协"，1941 年 3 月）等。
——艾克恩. 延安文艺回忆录. 北京：中国社会科学出版社，1992：396-397.

③ 中国文艺协会是边区成立的第一个文艺领导机构，协会纲领指出，要"培养无产阶级作家，创作工农大众的文艺"，使其"成为革命文艺发展运动中一支战斗力量"。大会推选丁玲为主任，王盛荣为组织部长，王亦民为联络部长，成仿吾为研究部长，徐梦秋为总务部长，李伯钊为俱乐部主任，洪水为图书馆主任。中国文艺协会的成立使陕北苏区文艺运动由零星的分散的状态发展为有领导、有组织、有计划地开展活动。
——艾克恩. 延安文艺回忆录. 北京：中国社会科学出版社，1992：396.

④ 艾克恩. 延安文艺回忆录. 北京：中国社会科学出版社，1992：396.

名为中华全国文艺界抗敌协会延安分会①。此外，还有一些小的团体和文艺刊物②，也是延安知识分子从事文学理论研究的重要话语平台。当时除了文学团体外，还成立了许多戏剧、音乐、美术、电影等艺术团体③，为延安文学理论的发展与繁荣做出了重要贡献。

其次，通过新秧歌、戏剧、诗歌、文学等方式普及马克思主义文学理论。延安时期中共和边区政府把文学看作"一种很有力量的宣传训练组织的手段"④，延安知识分子在推进马克思主义文学理论中国化研究与宣传中，深入到广大民众中，运用民间文艺形式来表现反帝反封建的

---

① 即"延安文抗"，由周扬、萧三、沙可夫、丁玲、艾思奇、柯仲平、马健翎、陈学昭、赵毅敏、严文井、赵振亚等为理事，周扬、萧三、沙可夫、柯仲平等为常务理事。抗战胜利后，"延安文抗"更名为"延安文协"，它在领导延安文艺运动中发挥了巨大作用。

② 延安时期文艺刊物众多，先后创办了 21 种文艺刊物。最早的是八路军总政治部创办的《前线画报》，文学方面创刊了《文艺突击》《山脉诗歌》《文艺战线》《大众文艺》《大众习作》《新诗歌》《文艺月报》《中国文艺》《草叶》《谷雨》《诗刊》等；音乐方面创刊了《歌曲月刊》《歌曲旬刊》《歌曲半月刊》《民族音乐》《部队歌曲》《音乐工作》等；戏剧方面创刊了《戏剧工作》《边区戏剧》等；美术方面除《前线画报》外，还创刊了《美术工作》等，还有以文艺为主的大型综合性刊物《中国文化》。党政机关刊物也开辟文艺专栏，如《解放日报》"文艺"栏先后出版 111 期，发表作品 195 篇；《八路军军政杂志》、《解放》周刊等刊物辟有"文艺创作"专栏，《共产党人》刊登党的文艺政策和决定，《中国青年》《中国妇女》《中国工人》等都有文艺创作之页。

——孙国林. 抗日战争中的延安文艺. 文史春秋，2006（2）：56.

③ 延安时期的艺术团体众多，当时的戏剧演出团体有 18 个，主要有人民抗日剧社（1937 年 3 月）、抗战剧团（1937 年 8 月）、西北战地服务团（1937 年 8 月）、民众剧团（1938 年 7 月）、鲁艺实验剧团（1938 年 8 月）、烽火剧团（1938 年 10 月）、工余剧人协会（1939 年 10 月）、延安杂技团（1941 年 8 月）、青年剧院（1941 年 9 月）、西北文艺工作团（1941 年 9 月）、延安平剧研究院（1942 年 10 月）等（其中，民众剧团、西北文工团和延安杂技团皆在陕甘宁边区文协的领导之下）；音乐社团先后有 11 个，主要有中国民间音乐研究会青年剧院（1939 年 3 月）、延安青年大合唱团、鲁艺音乐工作团（1940 年 7 月）、延安合唱团（1940 年 9 月）、延安作曲者协会、延安乐队、文化俱乐部跳舞班、延安业余国乐社（1942 年 6 月）、中央管弦乐团（1946 年 7 月）等；美术方面的社团有 7 个，它们包括鲁艺内部的三个美术组织：木刻工作团（1939 年 5 月）、漫画研究会（1939 年 10 月）和鲁艺美术工场（1939 年 5 月），及大众美术研究社（1941 年 6 月）、版画研究社（1942 年 2 月）等；电影团体有 4 个，它们是边区抗敌电影社（1938 年 4 月）、总政治部电影团（1938 年 9 月）、延安电影制片厂（1946 年 7 月）、西北电影工学队（1947 年 10 月）。此外，为了培养更多的抗战文艺人才，延安还创办了许多艺术学校，如鲁迅艺术文学院（1938 年 4 月）、部队艺术学校（1941 年 4 月）、星期文艺学院（1942 年 3 月）、边区艺术干部学校（1942 年 5 月）等。

——艾克恩. 延安文艺回忆录. 北京：中国社会科学出版社，1992：398-406.

④ 陕西师范大学教育研究所. 陕甘宁边区教育资料·教育方针政策（上）. 北京：教育科学出版社，1981：31.

新内容，他们通过新秧歌、戏剧、诗歌、文学等方式普及马克思主义文学理论，实现马克思主义文学理论的大众化①。文学大众化是一个极具现实意义的问题，早在五四运动时期知识分子之间就存在争论，延安知识分子围绕如何利用文学达到充分发动民众使之服务于抗战的目的这一问题进行了理论探讨。知识分子围绕马克思主义文学理论大众化做了深入研究，例如，沙汀认为，文艺的民族形式是指作家应该站在人民大众的立场和民族的立场，用民间活的语言来描写他们的实际生活。周扬指出，民族新形式的建立，主要依靠对自己民族现实生活各方面的认真的研究，尤其对目前民族抗战实际生活的艰苦实践。

在马克思主义文学理论大众化传播中，知识分子主张以通俗化表达形式对马克思主义经典理论进行通俗易懂的解释。"从今年的春节可以看出，春节文艺宣传活动，大量采取民间形式，采取为老百姓能解得下的形式，只是表示延安文艺活动向新的发展方向的开始，向着毛主席号召的方向的开始。"② 知识分子借助诗歌、小说、秧歌剧、新旧梆子、快板、墙报、民歌、戏剧③、话剧④ 等群众喜闻乐见的艺术形式普及马

---

①　早在 1931 年 11 月，在题为《中国无产阶级革命文学的新任务》的"左联"执行委员会决议中，就明确规定中国无产阶级革命文学必须确定新的路线，首先第一个重大的问题就是文学大众化，并对文学创作的题材、方法形式和文学批评的方法等做出了规范。当时的知识分子在《北斗》《文艺新闻》《文学导报》等刊物发表了许多参与文艺大众化问题讨论的文章，大众化问题成为当年左翼文艺理论的焦点之一。

②　凯丰. 关于文艺工作者下乡的问题. 解放日报，1943-03-28.

③　当时延安舞台上的戏剧大致分为四类：第一类是反映城市生活的，如鲁艺的《日出》，青艺的《雷雨》《上海屋檐下》，西北文工团的《蜕变》《北京人》等；第二类是反映战斗生活的，如部艺的《李秀成之死》，鲁艺的《扬子江暴风雨》《太平天国》，青艺的《塞上风云》，上海救亡演剧一队的《八百壮士》等；第三类是古典戏曲，如鲁艺的《宋江》，战斗剧社的《嵩山星火》，平剧院的《梁红玉》《岳飞》等；第四类是移植外国的，如果戈理的《婚事》《钦差大臣》，莫里哀的《伪君子》《吝啬人》，契诃夫的《求婚》《蠢货》《纪念日》，沃尔夫的《马门教授》《新木马记》，伊凡诺夫的《铁甲列车》，包哥廷的《带枪的人》及西蒙诺夫的《俄罗斯人》等。

——艾克恩. 延安文艺回忆录. 北京：中国社会科学出版社，1992：408.

④　话剧在当时深受边区人民的欢迎，但话剧艺术要搬上舞台，条件是比较困难的，服装、道具、布景和观众的欣赏水平等都受到很大限制。令人欣喜的是，从 1937 年到 1949 年的 10 多年间，延安上演的 225 个剧目中，话剧就有 135 个，占总数的 60%。早在 1937 年 12 月，沙可夫等人就编导了《广州暴动》，朱光、左明等人编导了《血祭上海》，深受好评。延安文艺座谈会后，大批文艺工作者创作出许多新剧，如西北战地服务团演出的《把眼光放远一点》《粮食》，青年艺术剧院的《刘家父子》《流动医疗队》，鲁艺演出的《我们的指挥部》《保卫合作社》，部队艺术学校演出的《保卫边区》，等等，这些话剧在当时起到了特殊的教育作用。

——艾克恩. 延安文艺回忆录. 北京：中国社会科学出版社，1992：413.

克思主义文学理论，对马克思主义文学理论的大众化发挥了独特作用。例如，在新秧歌方面，去掉了传统秧歌中封建迷信的因素，加入了工农商学兵新的人物形象，成为带有强烈意识形态色彩的革命秧歌。比如，《兄妹开荒》通过兄妹在大生产运动中争当英雄模范的情节，展现边区人民生产自救的精神面貌。《夫妻识字》以夫妻二人互教互学的场面，展现边区人民共同学习文化知识的新面貌。《牛永贵受伤》表演前方民众救护伤病的故事。"新年以来，鲁艺、西北文工团、党校等学校团体所创造和改造的秧歌舞，成为地方群众和部队战士们的宠儿了。"[①] 在诗歌、小说、歌剧的创作方面，除了艾青创作的长诗《吴满有》[②]、丁玲的《田保霖》及欧阳山的《活在新社会里》外，还有诗歌《王贵与李香香》、新编历史剧《逼上梁山》和小说《小二黑结婚》等都是当时文艺普及的重要代表作[③]。在知识分子的帮助下，边区许多村镇成立农村俱乐部和业余剧团，开展各种各样的文艺宣传活动。当年实验剧团演出的剧目大量采用民歌民乐，反映老百姓所熟悉的生活。延安的街头剧、街头诗也多用大众化语言，为老百姓所喜闻乐见。诗人李季在向民歌学习时，为"信天游"中"单纯而又深刻的诗句惊呆"，认识到"劳动人民是有无可限量的艺术创造才能的。这一真理，只有在这时候我才是不仅在理论上，而且在感情上认识了它；也是在这时候，我才真正发觉了自己的浅薄无知。小资产阶级的那种自大狂，是丝毫根据也没有的"[④]。在文学创作活动中，许多作家逐渐改变了自己原有的创作风格，"我过去心爱的欧化语言和欧化风格也必须重新接受新的农民和新的农民干部的考验。很显然，由于他们的文化水平不能一下子提得很高，所以我的

---

① 到前方到农村，成为群众一份子. 解放日报，1943-03-13.

② 据艾青回忆，"三月二十五日，我们到吴家枣园去找吴满有。我把我写的'吴满有'拿出来念给他听——这是我找他的目的。我坐在他身边，慢慢的，一句一句，向着他的耳朵念下去，一边从他的表情观察他接受的程度，一边随时记下来加以修改。吴满有的感受力，是超过一般普通农民的。一般地说，农民欢喜具体，欢喜与他直接相关的事，欢喜明了简短的句子，欢喜实实在在的内容。"

——艾青发表长诗《吴满有》. 解放日报，1943-03-09.

③ 当时出现了"新秧歌"运动，新秧歌剧中以陕北民间秧歌为基础的《兄妹开荒》是当时群众最为喜爱的作品之一。在新秧歌剧基础上，知识分子还创作歌剧，当时代表性的作品有贺敬之、丁毅、马可编写的歌剧《白毛女》，马健翎编写的秦腔剧《血泪仇》，等等。其中《白毛女》是当时影响最大、最受欢迎的剧目，曾被确定为向党的七大全体代表演出的剧目。

④ 艾克恩. 延安文艺回忆录. 北京：中国社会科学出版社，1992：147.

文学创作跟他们的阅读爱好就存在着很大的距离。这样子我就不得不面临着一种选择：是保持我原来的风格，使他们无法接受我的作品呢？还是改变我自己风格使我的作品尽量做到使他们喜闻乐见呢？结果我选择了后者。虽然文学语言和风格的改变是麻烦的并且是痛苦的，也并非轻而易举的，但是为了把自己的作品送到读者的手里，我决心这样做了"①。为了贴近边区军民的战斗生活，美术工作者积极深入工农兵，创作了大量反映根据地人民革命斗争和生活的作品②，如罗工柳的《学文化》，彦涵的《当敌人搜山的时候》《不让敌人抢走粮食》，古元的《减租会》《向吴满有看齐》《区政府办公室》，夏风的《从敌后运来的战利品》等，深受边区广大群众的喜爱。当年的木刻画大量采用中国传统年画的画法来形象地表达思想情感，如古元的《向吴满有看齐》，"可以看出作者对于农民的热爱，和对于农民情感的深刻体会。这些特点，在当今的中国艺术界，即使不是独一无二，也是不可多得的"③。

最后，为了普及马克思主义文学理论，知识分子还深入基层，积极开展"文章入伍""文章下乡"④ 等活动，"在思想的宣传及马列主义原

---

① 艾克恩. 延安文艺回忆录. 北京：中国社会科学出版社，1992：69-70.

② 陕甘宁边区的美术工作是在极端困难的条件下进行的，在边区 160 多位美术家中，古元、力群、彦涵、张映雪、夏风、马达的版画，华君武、钟灵、蔡若虹、张婷、朱丹的漫画，庄言、邹雅、胡蛮的油画、素描、速写，王朝闻、王曼硕、许珂、钟敬之的雕塑，胡一川、罗工柳、江丰、李少言的年画、剪纸，石鲁、李梓盛、杨青的连环画和洋片等，均受到边区群众的喜爱。

——艾克恩. 延安文艺回忆录. 北京：中国社会科学出版社，1992：415.

③ 陆定一. 文化下乡：读《向吴满有看齐》有感. 解放日报，1943-02-10.

④ 早在五四运动后期，中国先进知识分子开始关注社会改造。李大钊在《青年与农村》中率先提出要"把知识阶级与劳工阶级打成一气"，号召知识青年"速向农村去吧！"1920 年 8 月，天津觉悟社周恩来等人在北京陶然亭举行座谈会，喊出"到民间去"的口号。当时一批先进的知识分子走向民间，到工农群众中去进行社会调查。据统计，当时全国有 600 多个乡村建设团体，建立了 1 000 多个实验区。这场"到民间去"的运动，使农村的教育、卫生、文化、管理等方面取得了一定进步。"九一八"事变后，日本对中国的侵略加深，1935 年 12 月，共青团中央号召学生"把反日救国运动扩大起来！到工人中去，到农民中去，到商民中去，到军队中去！"抗战全面爆发后，知识分子深入农村，直接从事农民动员工作，形成"下乡"的高潮。到 1938 年初，下乡的知识分子已经不少于十二三万人。1938 年 3 月，全国文艺界各方面的代表近百人，在武汉发起成立中华全国文艺界抗敌协会，提出"文章下乡，文章入伍"，广大知识分子深入战区和农村，宣传抗战，反映抗战，广泛发动民众参加抗日斗争。在下乡运动中，广大知识分子改变阶级立场，在思想上接受和认同革命意识形态，实现了由小资产阶级知识分子向无产阶级知识分子的转变，为抗日救亡做出了重要贡献。

理和自然科学原理通俗化的问题上，我们也要采取文化真正下乡的道路"①。"下乡"知识分子以笔杆为武器，运用演讲、戏剧、歌咏、图画等易为群众所接受的形式，呼吁全民总动员，团结抗战。通过宣传，农民的思想认识和文化水平提高了，农民的抗战热情也被激发出来。1937年8月，以丁玲为主任、吴奚如为副主任的西北战地服务团从延安出发，进入华北前线。丁玲"又像上前线一样，打背包，裹绑腿，到柳林同老乡一起纺线，改革纺车，帮盲艺人韩起祥创作新节目，学习柯仲平、马健翎的'民众剧团'创作的民族化、大众化的经验，还采访了许多先进人物"②，她改变了自己的创作风格，毛泽东对她写的《田宝霖》十分赞赏，认为这是丁玲描写工农兵的开始，希望她继续写下去。1938年5月，抗战文艺工作团（属边区文协和八路军总政治部领导）分6个组深入华北前线。1938—1939年，鲁迅艺术学院分别派遣木刻工作团、实验剧团和西北文艺工作团等专业文艺团体到前线去开展工作。1943年11月21日，西北局宣传部决定派鲁迅艺术文学院秧歌队到绥德分区，边区文协的民众剧团到关中分区，西北文工团到陇东分区，留守兵团政治部的青年艺术剧院和部队艺术学校剧团到三边分区，延安平剧研究院到延属各县等。1943年11月27日，西北局召开会议，欢送各剧团下乡。柯仲平要求各剧团遵守纪律："一、不动群众一草一木；二、对群众态度不要轻佻；三、有借有还，损坏赔偿；四、宿营不乱，行前打扫。"③ 在上前线和下乡活动中，知识分子开始对民间艺术发生兴趣，他们文学作品的创作开始真正和劳动群众结合起来。知识分子通过这些文学作品，积极宣传了阶级斗争、民族独立和群众路线等内容，探索出一条独特的马克思主义文学理论中国化的新道路。

新民主主义革命时期中国马克思主义文学学科的逐步创建，一方面构建了中国化马克思主义文学理论基本体系，推动了新民主主义先进文化建设。

延安时期的知识分子把马克思主义文学理论与中国抗战实践相结合，构建了具有鲜明民族特点和价值取向的中国化马克思主义文学理论，实现了马克思主义文学理论发展史上一次新的飞跃。同时，在中国

① 陆定一. 文化下乡：读《向吴满有看齐》有感. 解放日报，1943-02-10.
② 周良沛. 丁玲传. 北京：十月文艺出版社，1993：448.
③ 艾克恩. 延安文艺回忆录. 北京：中国社会科学出版社，1992：395.

化马克思主义文学思想发展史上占有极为重要的地位。

　　毛泽东的《讲话》是马克思主义文艺理论中国化的一个重要标志，《讲话》在坚持马克思主义唯物史观基础上，结合中国实践对文艺实践、文艺观念、文艺标准、文艺属性、文艺对象、文艺来源、文艺价值及文艺批评等问题进行了深入分析，构建了中国化马克思主义文艺理论的基本内容。具体地说，主要包含以下几个方面的思想：一是文艺的价值趋向即文艺为群众和如何为群众的问题，这是中国化马克思主义文艺理论的核心。坚持了文艺为人民服务的思想，指出了文艺为人民大众的根本方向。二是文艺的来源问题，提出文艺是社会生活的反映，社会生活是文艺创作的源泉；同时阐明继承与革新的辩证法和古为今用、洋为中用的思想。三是文艺的本质和功用问题，根据中国革命实际，文艺与政治、文艺与革命事业存在着密切联系。四是文艺发展规律问题，阐明文艺作品内容与形式统一、文艺典型化等基本文艺规律。五是文艺方针问题，提出"百花齐放、百家争鸣"的方针，并将其确定为发扬学术民主和艺术民主，繁荣文艺创作和促进学术发展的基本方针。六是文艺思想的普及问题，主要阐明了包括文艺普及的对象、文艺普及的形式与文艺普及的方式三方面内容等等。

　　文艺为人民服务的观点是中国化马克思主义文艺理论的核心观念，这与马克思主义文艺所倡导的表现人民精神的基本思想是一脉相承的。首先，文艺必须要为广大人民群众服务；其次，是文艺为广大人民群众服务的标准问题。对文艺服务的对象问题，毛泽东提出，"中国的革命的文学家艺术家，必须到群众中去，必须长期地无条件地全心全意地到工农兵群众中去"；任何一种东西，必须能使人民群众得到真实的利益，才是好的东西；知识分子要和群众结合，要为群众服务；革命文艺是人民生活在革命作家头脑中的反映的产物，人民生活是一切文学艺术取之不尽、用之不竭的唯一源泉等。对于文艺服务的标准问题，毛泽东提出了"政治标准第一，艺术标准第二"的观点。

　　　　毛泽东同志说各阶级对文艺的批评总是把政治标准放在第一位，把艺术标准放在第二位，这基本上是合乎实际情况的。根据我的理解，这是指那些有明确的阶级意识的批评者对那些表现了社会政治内容的作品而言的。当然，这是说的文艺批评，并不是作家的创作方法和创作过程。在创作中，作家的政治倾向和政治目的是和

艺术形象、艺术形式等等结合在统一的艺术构思中的。批评家面对的评论对象也是一个统一体，只不过是在分析时不能不看到两个侧面。而作为对作品思想内容的分析、作为对作品政治倾向性的评价，往往把政治标准放在第一位，这和不要艺术分析、贴政治标签（这种批评过去是很多的）是两回事。①

由此可见，延安时期贯彻的文艺服务的标准，是与当时我们党所面临的革命任务紧密联系在一起的。

另一方面，马克思主义文学理论中国化过于强调文学的"功利思想"和政治意识功能。延安时期马克思主义文学理论中国化实践具有强烈政治性特征，阶级斗争被统一到文学的政治性上，把文学充当了政治的"留声机"。文学与政治的关系问题成为延安时期马克思主义文学理论中国化实践中的一个根本性问题，也成为具有中国特色的中国革命文学运动实践的一个核心问题。

马克思、恩格斯、列宁早年都讲过文学、教育不能脱离政治，这种功利思想对延安知识分子产生了一定程度的影响。当年周扬曾指出："三十年代，我们还没有教育，还没有政权，可是有文艺了。那时我们就讲文艺服从于政治。革命文学的论战就是要文艺服从政治。所谓革命文艺，实际上就是政治性的文艺，除政治性的文艺，还有什么革命文艺呢？所以文艺同政治的关系从来都是很密切的。文艺本身就是政治斗争的一种手段。我们这些人过去都是宣传这个观点的。这个错了没有？我看不能说错。"② 1942 年毛泽东在《讲话》中对文艺和政治的关系做了高度理论概括，指出"文艺是从属于政治的，但又反转来给予伟大的影响于政治。革命文艺是整个革命事业的一部分，是齿轮和螺丝钉，和别的更重要的部分比较起来，自然有轻重缓急第一第二之分，但它是对于整个机器不可缺少的齿轮和螺丝钉，对于整个革命事业不可缺少的一部分"③。在毛泽东《讲话》的基础上，周扬继续强调文艺必须从属于政治，服务于政治，"艺术和政治的关系是个麻烦的问题。这个问题比较复杂，是无产阶级文艺运动的中心问题。毛主席的《在延安文艺座谈会

① 贺敬之. 贺敬之文集：文论卷：上. 北京：作家出版社，2005：32.
② 周扬. 周扬文集：第 5 卷. 北京：人民文学出版社，1994：128.
③ 毛泽东. 毛泽东选集：第 3 卷. 2 版. 北京：人民出版社，1991：866.

上的讲话》就是要解决这个问题"①。当年的文艺创作大都服务于政治宣传方面的功能，例如，在艺术领域，"古元同志以往的木刻，都注重写生，在写生中不断提高自己技术的修养，而《向吴满有看齐》，则有了新的内容，这就是增加了鲜明的政治的战斗的意义。在这张木刻里，古元同志把艺术与宣传极其技巧地统一起来了。这张木刻虽然在技巧上还有些可以改进之处，但极其重要的意义，却在于它给了我们一个很好的范例，很好的榜样。这是整风运动在艺术领域的一个大收获"②。

在这种情况下，知识分子丧失了自己的话语权，造成了在文学中现代知识分子话语的大面积缺失。有研究者指出，"以前，我们过于强化了马克思主义文论中的现实主义精神、阶级观念、意识形态性等功利意识，而偏离了文学之为文学的文学性问题，遮蔽了经典作家思想中一些更基础和光辉的观念，如'人'的思想、'自然'的观念等"③。还有学者指出，"文艺的建构以'讲话'精神为指导，以为工农兵服务为方向，按照新的文艺法典开始建构符合政党意识和现实革命要求的党的文艺，于是工农兵文艺得到极度高扬，知识分子的主体性被压抑（甚至消亡），文艺的思想性、自律性被政党意识（这种意识往往被表达为一种符合政党需要的农民意识和民间文学的形态）所取代，蓬勃开展的秧歌运动和大规模的实践运动（知识分子下乡运动）彻底解构了知识分子建构自己理想王国的可能性。文艺建构在政党意识的规范下完成了其本质性转换，党的文艺得以最终确立"④。这种按照政党理想建构起来的延安文艺模式影响到新中国成立后30年间文艺的发展。

当然，从另一层面来讲，强调马克思主义文学理论的功利性，是其中国化进程中的自觉选择，有鲜明的时代特点和现实依据。"不管它有怎样的局限，作为一种文学史上前无古人的与政治结合的文学，它从政治的角度获得了特定的历史内容，并且形成了自己的美

---

① 周扬. 周扬文集：第4卷. 北京：人民文学出版社，1991：126.

② 陆定一. 文化下乡：读《向吴满有看齐》有感. 解放日报，1943-02-10.

③ 程金城. 文学价值体系重建与马克思主义文艺理论中国化. 甘肃联合大学学报（社会科学版），2004（4）：126.

④ 何满仓，师伟伟. 1938—1942：左翼知识分子主导下的延安文艺建构. 甘肃社会科学，2009（6）：1.

学特征。"① 马克思主义文学理论之所以进入中国，是因为中国首先选择了马克思主义的社会革命学说，然后才选择马克思主义的文学理论。正如有研究者所指出的那样，"愈是贯彻着无产阶级的阶级性、党派性的文学，就愈是有客观的真实性的文学……文学的真理和政治的真理是一个，其差别，只是前者是通过形象去反映真理的。所以，政治的正确就是文学的正确。不能代表政治的正确的作品，也就不会有完全的文学的真实"②。

---

① 支克坚. 马克思主义文艺理论中国化若干问题的思考. 甘肃联合大学学报（社会科学版），2004（4）：5.
② 周起应. 文学的真实性. 现代，1933，3（1）.

第七章　中国马克思主义哲学社会科学体系建构经验启迪

　　在新民主主义革命时期，中国共产党在领导马克思主义哲学社会科学体系建构过程中积累了宝贵历史经验。本章拟多维度探究和分析这些重要经验，其主要表现在要坚持马克思主义的指导，坚持以人民为中心的价值立场，要重视知识分子所发挥的重要作用，坚持问题导向，积极参与学术论争，要重视哲学社会科学的理论研究，等等。系统总结这些经验，对新时代中国特色哲学社会科学体系的建构具有重要意义。

一、坚持马克思主义在哲学社会科学领域的指导地位

　　马克思主义是科学性与实践性的统一，是哲学社会科学工作者在推动哲学社会科学发展过程中应当秉持的世界观和方法论。2022 年 4 月25 日，习近平总书记在中国人民大学考察时指出，"要坚持把马克思主义基本原理同中国具体实际相结合、同中华优秀传统文化相结合，立足中华民族伟大复兴战略全局和世界百年未有之大变局，不断推进马克思主义中国化时代化"①。在新民主主义革命时期，中国共产党始终重视对马克思主义的学习、宣传和研究，充分发挥马克思主义在哲学社会科学研究中的指导作用，并以马克思主义中国化推动哲学社会科学的本土化。正是在辩证唯物主义和历史唯物主义指导下，人们才对近代中国社

---

　　① 习近平. 坚持党的领导传承红色基因扎根中国大地 走出一条建设中国特色世界一流大学新路. 人民日报，2022-04-26.

会发展规律有了科学的认识，进而使哲学、史学、经济学、法学等诸多学科建设在革命年代取得了显著进展。

（一）重视马克思主义理论学习与教育

首先，加强对马克思主义经典文本的学习。马克思主义是一个严密的科学体系，这要求人们必须完整准确地理解和掌握它。要真正理解和掌握马克思主义，需从钻研原著开始，全面把握马克思主义各个组成部分之间的内在联系，完整、准确地理解马克思主义的精神实质和思想精髓，同时有效学习马克思主义的立场、观点和方法。恩格斯当年在谈到如何学习《资本论》时，反复强调研读原著的重要性，"对于那些希望真正理解它的人来说，最重要的却正好是原著本身"①。在谈到研究马克思主义的方法时，恩格斯指出对待马克思主义，应着重把握其原意。

中共学习马克思主义，是从读马克思主义的"真经"——经典文本开始的。中共倡导党员干部阅读原著，强调要完整准确地理解马克思主义的科学体系，要精心研读马克思主义经典作家的原著。在抗战时期中共领导的学习运动中，党员干部学习马列主义基本理论就是从研读原著开始的，如《联共（布）党史简明教程》《共产党宣言》《政治经济学》《资本论》等。据吴黎平回忆，"毛主席非常重视马列著作的学习，他自己在困难条件下想方设法收集马列的著作"②。当年陈云要求"没有文化底子、各种知识都很缺乏的人，要老老实实将现有教科书一本一本地读，每星期读三四十页，每字每句都要读，不懂就请教，不要一知半解"③。在学习马列著作的过程中，中央重视思想理论的统一，最终把思想统一到正确的马克思主义理论上来。通过对经典著作的学习，广大哲学社会科学工作者加深了对马克思主义的理解，为马克思主义哲学社会科学体系的建构奠定了重要学理基础。

其次，以完善的制度和健全的机制推进马克思主义理论学习。在新民主主义革命的不同历史时期，中共在推进马克思主义理论学习过程中，为了保证学习的有效性和规范性，构建了完善的制度和健全的机

---

① 马克思，恩格斯. 马克思恩格斯文集：第7卷. 北京：人民出版社，2009：1005.

② 中共中央马克思恩格斯列宁斯大林著作编译局马恩室. 马克思恩格斯著作在中国的传播. 北京：人民出版社，1983：40.

③ 中共中央文献研究室. 陈云年谱：上卷. 北京：中央文献出版社，2000：267.

制。一方面，中央先后出台了许多文件。比如建党初期颁布的《中国共产党中央局通告》，土地革命战争时期的《宣传工作决议案》，抗战时期中央先后发出《关于在职干部教育的指示》、《在职干部教育规范》及《中共中央关于延安在职干部学习的决定（同时亦适用于各地）》等"一个计划"、"五个文件"和"四个指示"，使学习马克思主义理论制度化，如规定每年"五月五日马克思生日为学习节"①，"全党在职干部必须保证平均每日有两小时的学习时间"② 等，要求各级机关成立马列主义学习小组，规定"各级宣传部应经常检查学习状况，并指导之"③。中共中央在 1928 年 10 月通过的《中央通告第四号：关于宣传鼓动工作》中指出，随着党内农民和小资产阶级人数的急剧增长，党内理论水平和政治水平偏低已是不可否认的事实，为此提出要在全党就马克思主义理论开展深入教育活动，逐步提高全体党员理论水平和政治觉悟，同时强调这是保证现阶段党的政治路线顺利执行的中心环节④。《中共中央关于延安在职干部学习的决定（同时亦适用于各地）》规定，对于在职干部，除在专门部门工作中学习外，还应该在工作以外学习辩证唯物论、历史唯物论、政治经济学、军事学等知识。这些文件要求全党干部重视马克思主义理论教育，学习和研究马克思主义在中国的具体运用，加强了对马克思主义理论学习的规范和引导，初步建立起一套学习制度与方法。

另一方面，为了保证学习马克思主义的有效性，中央在不同时期制定了一系列监督、检查与考勤、考核制度，以不同方式开展各种学习效果的检查活动。例如，在抗战时期，规定学习小组每月开讨论会两次，在职干部以自学为基本方法，组织必要的讲课和讨论，实施公务人员的两小时学习制等。中央还成立了总学习委员会，各单位成立学习分委员会，由它派出巡视团和巡视员深入各机关、学校检查学习情况，听取各单位负责人的汇报，总学委还抽阅参加中央学习组全体高级干部的学习笔记等。对在职干部教育的考核测验与赏罚制度，到 1940 年已经形成了比较完整的教育制度建设。此外，中央还建立了学习考勤和考试制度

---

① 中央档案馆. 中共中央文件选集：第 12 册. 北京：中共中央党校出版社，1991：335.

② 同①334.

③ 同①.

④ 中共中央文献研究室，中央档案馆. 建党以来重要文献选编（1921—1949）：第 5 册. 北京：中央文献出版社，2011：602-603.

来详细检查党员干部对马列著作的学习效果，目的在于提高广大党员干部运用马列主义解决实际问题的能力。解放战争时期，中共华北局做出了《关于在职干部理论教育的决定》，针对党内存在党员干部很少读马列著作的问题，华北局建立了学习制度，将在职干部分为甲、乙、丙三组，要求他们有计划地学习《政治经济学》《社会发展史》《社会主义从空想到科学的发展》《共产党宣言》《国家与革命》《帝国主义论》等马列经典原著①。在学习著作的过程中，中央树立典型，"要奖励那些学习得努力的、有成绩的，批评那些学习得不努力、无成绩的"②。

在学习马克思主义理论过程中初步建立的这套切实可行的制度，使广大党员干部养成了自觉学习的良好习惯，提高了他们的理论水平，使他们掌握了进行哲学社会科学研究的正确方法。

再次，借助于各种纪念活动推进马克思主义理论的学习。纪念活动也是该时期推进学习马克思主义的重要方式。通过举行集会、出版特刊、发表文章等方式，马克思主义经典作家的文献及诠释经典作家思想的文章、著作得以翻译和出版，为中共学习、研究马克思主义提供了重要参考。

新民主主义革命时期，中共发起、组织了一系列相关纪念活动。1922年5月5日是马克思诞辰104周年纪念日，中共组织了首次马克思诞辰纪念活动，召开纪念大会，出版纪念专刊，"掀起了一个自中国人知道马克思及其学说以来规模最大、范围最广的纪念和宣传马克思的活动"③。编印的《马克思纪念册》，节译了威廉·李卜克内西的《马克思传》；北京《晨报》副刊出版了马克思纪念专号，刊载了四篇介绍马克思生平和学说的文章。1924年1月21日列宁逝世，3月30日，李大钊在北京主持召开"中华民国国民追悼列宁大会"，会上还散发了《列宁纪念册》，全文刊载了列宁《论粮食税》的译文及《国家与革命》的部分译文。1933年3月14日（马克思逝世50周年纪念日），中央领导编译出版了介绍马克思列宁主义理论基础的小册子。《斗争》杂志发表了杨尚昆写的《马克思逝世50周年》，介绍了马克思的生平事迹和《共产

① 王海军. 马克思主义中国化进程中经典著作编译与传播研究（1919—1949）. 北京：中国人民大学出版社，2019：326-327.

② 中央档案馆. 中共中央文件选集：第13册. 北京：中共中央党校出版社，1991：516.

③ 中共中央马克思恩格斯列宁斯大林著作编译局马恩室. 马克思恩格斯著作在中国的传播. 北京：人民出版社，1983：263.

党宣言》的主要内容。1940 年 3 月，中共中央为纪念马克思诞辰，决定 5 月 5 日为学习节，以进一步推动马克思主义的学习和研究。11 月，即俄国十月革命 23 周年纪念日，解放社编译出版了《列宁选集》，"就是为了帮助中国广大的革命战士和一般先进读者根据列宁本人底基本著作去掌握列宁的学说，以提高自己的政治的与理论的水准"①。1948 年 7 月，刘少奇在纪念中国共产党成立 27 周年大会上所做的报告，强调干部学习马列著作和提高马克思主义理论水平的重要性等。以纪念活动为契机，中共对唯物史观、阶级斗争学说和社会主义理论等进行了学习和宣传，在提高自身理论水平的同时扩大了马克思主义的影响力。

最后，密切联系实际，紧扣中国革命的主题和实践。密切联系中国实际，为解决革命实际问题而研读，是中共学习马列著作的根本出发点。"从唯物史观到阶级斗争，无不涂上这样一种直接为迫切的现实斗争、为当前的社会需要服务的色调。"② 在灾难深重的社会危机下，中共对马列著作的学习具有强烈的现实针对性，毛泽东指出："哪个主义能救中国我就研究哪个主义"③，这种"革命的功利主义"始终贯穿中共学习马列著作的全过程。

研读马克思主义经典著作，中共坚持以实际问题为中心，着眼于马克思主义理论在中国国情下的具体运用，着眼于对革命问题的理论思考。"马列主义的书要经常读，当然不必要一律都精读，而是遇到实际问题，就去请教马列主义，时常翻阅，从理论上进行分析。"④ 在建党初期，中共注重对民族殖民地理论的学习，当年列宁的《民族和殖民地问题提纲初稿》、萨法洛夫的《第三国际与远东民族问题：在远东民族大会的演说》以及共产国际第二次代表大会、远东劳动人民代表大会等国际会议所通过的《关于民族问题与殖民地问题的议案》《远东各国共产党及民族革命团体第一次大会宣言》等，为中共领导的解放运动提供了重要理论指导，深化了中共对中国基本国情、革命性质、革命对象、革命动力的认识，为新民主主义革命理论的形成奠定了重要基础。

中央苏区时期，红军部队积极学习、研究和宣传马克思主义，使我

① 上海出版工作者协会. 出版史料：第 3 辑. 上海：上海学林出版社，1984：68.
② 李泽厚. 中国现代思想史论. 北京：东方出版社，1987：153.
③ 韶山毛泽东纪念馆. 毛泽东生活档案：上卷. 北京：中央党史出版社，1999：89.
④ 陈晋. 毛泽东读书笔记解析：上册. 广州：广东人民出版社，1996：242.

们党在斗争中逐渐学会运用马克思主义去解决战争的实际问题。抗战时期和解放战争时期，中共更加重视学习和研究马恩列斯论述殖民地、半殖民地问题及直接论述中国革命问题的著作。当年毛泽东就是主要从列宁的《共产主义运动中的"左派"幼稚病》《两个策略》《帝国主义是资本主义的最高阶段》《国家与革命》等著作中，寻找关于殖民地、半殖民地国家进行民主革命的理论，从列宁著作中汲取马克思主义哲学思想。为了用马列主义军事理论指导中国抗战，中共编译了一套"抗日战争参考丛书"，其中有《马克思列宁主义论战争与军队》、《恩格斯军事论文选集》、《暴力在历史中的作用》、《普法战争》及《列宁读战争论的笔记》等，这些著作为中共抗战战略与方针政策的制定提供了重要理论指导。解放社还出版过著名的多卷本"两大选集"和"两大丛书"，在编排材料时，目的是让读者：

（一）跟我党和共产国际底历史联系起来去探讨列宁的基本观念底发展；（二）探讨列宁和我党对"工人运动内部敌人"底斗争、对党底主要发展阶段上党外右倾机会主义和"左倾"机会主义以及党内这种偏向和对它们的调和主义底斗争；（三）领略列宁关于无产阶级在其争取它的专政和实现其专政任务斗争中纲领、战略、策略及组织等学说底基本命题；（四）学习列宁底榜样，在实践上将这种学说和马列主义的辩证方法应用于现代苏联阶级斗争和社会主义建设及国际革命运动底诸问题。①

可见，中共始终把学习马列著作与我国革命斗争实践相结合，在经典著作学习过程中，运用马克思主义来解决中国革命所面临的实际问题，正因如此，才产生了中国化马克思主义——毛泽东思想。

（二）不断发展马克思主义

作为人类社会的行动指南，马克思主义的一些论断不可能适用于任何时代和任何国家，必须随着社会客观条件的变化而不断丰富、发展与完善。"马克思的整个世界观不是教义，而是方法。它提供的不是现成的教条，而是进一步研究的出发点和**供**这种研究**使用**的方法"②。新民

---

① 张静庐. 中国现代出版史料：丙编. 北京：中华书局，1956：249.

② 马克思，恩格斯. 马克思恩格斯全集：第39卷. 北京：人民出版社，1974：406.

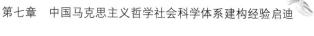

主主义革命时期，在如何对待马克思主义问题上，党内存在着两种截然不同的态度：一种是将马克思主义教条化，表现在理论与实际相分离；一种就是活学活用，将马克思主义与中国实际相结合。

新民主主义革命时期，中共重视在革命实践中发展马克思主义。毛泽东强调，一切皆在变化中，要用马克思主义观点研究具体环境与具体策略。他特别指出，不能因为反对教条主义就不学习马克思主义理论了。1939 年 3 月，毛泽东在纪念马克思逝世 56 周年演讲中指出，我们不但要"信仰"而且要"发展"马克思主义①。1941 年是列宁逝世 17 周年，《解放》刊发纪念文章指出，中共经过 20 年革命实践，在"建立民族统一战线问题""革命的武装力量问题""军事战略和战术问题"等多个方面发展了马列主义等。当年在马列著作学习过程中，中央还倡导把马克思主义中国化最新理论成果编辑成书，作为全党的学习教材。毛泽东强调：

> 马克思这些老祖宗的书，必须读，他们的基本原理必须遵守，这是第一。但是，任何国家的共产党，任何国家的思想界，都要创造新的理论，写出新的著作，产生自己的理论家，来为当前的政治服务，单靠老祖宗是不行的。只有马克思和恩格斯，没有列宁，不写出《两个策略》等著作，就不能解决一九〇五年和以后出现的新问题。单有一九〇八年的《唯物主义和经验批判主义》，还不足以对付十月革命前后发生的新问题。适应这个时期革命的需要，列宁就写了《帝国主义论》、《国家与革命》等著作。列宁死了，又需要斯大林写出《论列宁主义基础》和《论列宁主义的几个问题》这样的著作，来对付反对派，保卫列宁主义。我们在第二次国内战争末期和抗战初期写了《实践论》、《矛盾论》，这些都是适应于当时的需要而不能不写的。②

以毛泽东同志为主要代表的中国共产党人强调一切从实际出发，倡导深入实际进行调查，在调查研究的基础上，中国共产党人树立了对待马克思主义的科学态度，不断实现与推动着理论创新。

---

① 纪念马克思孙中山，本市举行盛大晚会. 新中华报. 1939-03-16.
② 毛泽东. 毛泽东文集：第 8 卷. 北京：人民出版社，1999：109.

（三）将唯物辩证法运用于哲学社会科学研究

新民主主义革命时期，中共充分发挥马克思主义唯物辩证法在哲学社会科学各学科研究中的重要指导作用。1923 年，瞿秋白在为《新青年》写的"新宣言"中，将《新青年》"当为社会科学的杂志"，倡导无产阶级"研究社会科学"，明确指出社会科学具有鲜明的阶级性："人既生于社会之中，人的思想就不能没有反映社会中阶级利益的痕迹；于是，社会科学中之各流派，往往各具阶级性，比自然科学中更加显著。"① 施存统在其《略谈研究社会科学：也是一个书目录》中强调马克思主义在社会科学研究中的重要作用："所以我们最初研究社会科学，必须先研究一种最合理的最能圆满解释社会现象的社会科学理论，然后才宜进而研究各派社会科学理论及各种具体事实……什么是最合理的社会科学的理论呢？我以为莫如马克思派的社会科学，因为只有它最能圆满解释各种社会现象。所以研究马克思学说，是研究社会科学的朋友第一个需要。"② 1930 年，中国社会科学家联盟在其纲领中指出：

> 在全世界革命斗争日益紧张，中国革命巨量正在高涨之际，革命理论的研究与发挥，遂成为中国每个进步的社会思想家的切身的任务；"没有革命的理论，就没有革命的运动"这句名言，是我们所应当牢牢地记住的，在这样紧张的时期，中国的一切社会思想家，实在是负担着非常重大的责任。马克思主义已经在全世界占着胜利，在社会科学上，不必说，就是在自然科学上，也是如此。只有根据于马克思主义的理论，自然科学方能获得稳固的基础，脱离现在西欧资产阶级自然科学的危机，而进入新的发展的阶段。马克思主义已经证明是贯通社会科学与自然科学思想的唯一正确的基础……在这样的形势之下，革命的马克思主义者，就决不能不有一种团结来光大和发挥革命的理论，以应用于实际。③

毛泽东在《实践论》中从认识演变的角度将马克思主义界定为科

---

① 瞿秋白.《新青年》之新宣言. 新青年，1923，10（1）.

② 存统. 略谈研究社会科学：也是一个书目录. 中国青年，1924（26）.

③ 中国社会科学家联盟纲领. 新思想月刊，1930（7）.

学①。朱德认为，唯物辩证法的哲学是人类社会发展的科学，"是人类五千年科学思想的结晶。以此为依据，马列主义者借以把握科学的一切部门，而且把握了一个以前一切科学家从来未能把握的科学部门，这就是人类历史的科学，人类社会发展的科学。"② 艾思奇要求将辩证唯物主义应用于哲学社会科学研究领域，"辩证法唯物论怎样推广应用于社会历史的研究的问题，是每一个马克思主义者或有志研究社会科学的人所必须认真了解的"③。和培元则在《论新哲学的特性与新哲学的中国化》一文中，重点强调了唯物辩证法的革命性：

> 反革命的统治者要掩饰矛盾，辩证法却要揭发矛盾，暴露矛盾；反革命的统治者企图把对它有利的剥削制度永远化、绝对化，辩证法却指出一切以地点时间条件为转移，一切现存的事态必然归于消灭；反革命的统治者企图把现存的肯定永远凝固起来，辩证法却指出就在这个肯定中包含着否定；反革命的统治者要保守、要倒退、要复古，辩证法却教我们要前进、要革命；反革命的统治者不愿意看见产生着、发展着的东西，总是企图绞窒死进步的东西，辩证法却指出产生着、发展着的东西与衰弱着、腐朽着的东西之间的斗争，指出只有产生着发展着的东西是不可抵抗的。辩证法是一种彻底的大无畏的革命学说，在这种学说前面一切保守的倒退的东西都失掉它的光彩，一切朽腐的违反历史发展的东西都站不住脚。因为如此，这种学说不能不为一切反革命的统治者所烦恼、所恐惧、所反对；也正因为如此，这种学说不能不为彻底的革命的阶级所拥护、所欢迎，正是这种学说指示着历史的前途，鼓舞着革命的群众。这就说明了为什么只有无产阶级，只有无产阶级的党才能掌握这种学说。④

在民主革命时期，广大知识分子积极在马克思主义唯物辩证法的指导下从事哲学社会科学方面的学术研究，为哲学社会科学体系建构和发展做出重要贡献。

---

① 毛泽东. 毛泽东选集：第1卷. 2版. 北京：人民出版社，1991：283-284.
② 朱德. 朱德选集. 北京：人民出版社，1983：76.
③ 艾思奇. 艾思奇文集：第1卷. 北京：人民出版社，1981：524.
④ 和培元. 论新哲学的特性与新哲学的中国化. 中国文化，1941（3）.

（四）积极推动马克思主义学术本土化

马克思主义要在中国获得新发展，必须与中国实际相结合。1919年8月，李大钊在《再论问题与主义》中指出："我们只要把这个那个的主义，拿来作工具，用以为实际的运动，他会因时、因所、因事的性质情形生一种适应环境的变化。"① 1923年又指出，社会主义理想"因各地、各时之情形不同，务求其适合者行之，遂发生共性与特性结合的一种新制度（共性是普遍者，特性是随时随地不同者），故中国将来发生之时，必与英、德、俄……有异"②。1927年，蔡和森在《党的机会主义史》中指出，"马克思主义列宁主义在世界各国共产党是一致的，但当应用到各国去，应用到实际上去才行的。要在自己的争斗中把列宁主义形成自己的理论武器"③。

国内有研究者认为，毛泽东虽然不是有"中国化"思路的第一人，但他对中国国情认识得最全面、最深刻，将马克思主义与中国实际相结合即马克思主义中国化论述得最精辟、运用得最有成效的，非毛泽东莫属④。1938年，毛泽东在党的六届六中全会上正式提出"马克思主义中国化"的科学命题。"马克思列宁主义的伟大力量，就在于它是和各个国家具体的革命实践相联系的。对于中国共产党说来，就是要学会把马克思列宁主义的理论应用于中国的具体的环境……使马克思主义在中国具体化，使之在其每一表现中带着必须有的中国的特性，即是说，按照中国的特点去应用它，成为全党亟待了解并亟须解决的问题。"⑤ 在哲学社会科学领域，为了使中国学术成为世界学术的一部分，当年党领导发起学术中国化运动，极大推进了哲学社会科学本土化进程。潘菽在《学术中国化问题的发端》一文中讲到了学术中国化的问题：

> 我们要把中国改造成世界上最前进、最自由幸福的一个国家，

---

① 中国李大钊研究会. 李大钊全集：第3卷. 北京：人民出版社，2006：3.
② 中国李大钊研究会. 李大钊全集：第4卷. 北京：人民出版社，2006：197.
③ 蔡和森. 蔡和森的十二篇文章. 长沙：湖南人民出版社，1980：21.
④ "马克思主义中国化的历史进程和基本经验"课题组. 马克思主义中国化研究：历史进程和基本经验：上. 北京：人民出版社，2009：39.
⑤ 毛泽东. 毛泽东选集：第2卷. 2版. 北京：人民出版社，1991：534.

因此，我们就必须把中国的学术提高到世界学术最高的水准。我们要使中国在学术上也成为世界上的一等国……但要达到这一个目的就必须先把各种学术加以彻底的消化，使其成为自己的。只有彻底消化而成为自己的，以后才能有所创造有所贡献。①

对于中国以前的学术，潘菽认为，"旧的学术里面也有很多可贵的成分，我们必须继承下来"，"要用最进步的科学方法并根据最充实的科学知识"把旧学术提高成为新学术，相信将来的中国"无论如何也将具有许多优秀的特点为西方各国所无的"②。

二、坚持党的领导

哲学社会科学事业是党和人民的重要事业，加强和改善党对哲学社会科学工作的领导，是繁荣发展我国哲学社会科学事业的根本保证。中国共产党是用先进理论武装的政党，自成立以来一直高度重视哲学社会科学的作用。革命战争年代，毛泽东曾多次强调社会科学的重要地位和理论的重要作用，他在陕甘宁边区自然科学研究会成立大会上指出，"人们为着要在社会上得到自由，就要用社会科学来了解社会，改造社会，进行社会革命……自然科学是要在社会科学的指挥下去改造自然界"③。"理论这件事是很重要的，中国革命有了许多年，但理论活动仍很落后，这是大缺憾。要知道革命如不提高革命理论，革命胜利是不可能的"④。毛泽东希望广大共产党员能主动从事哲学社会科学研究，他提出："一切有相当研究能力的共产党员，都要研究马克思、恩格斯、列宁、斯大林的理论，都要研究我们民族的历史，都要研究当前运动的情况和趋势。"⑤ 恽代英指出哲学社会科学对于救亡图存的重要性：

> 要破坏，需要社会科学；要建设，仍需要社会科学。假定社会是一个工厂，社会科学是工厂管理法；有能管理社会的人，一切的

---

①② 潘菽. 学术中国化问题的发端. 读书月报，1939，1 (3).

③ 毛泽东. 毛泽东文集：第2卷. 北京：人民出版社，1993：269.

④ 中共中央文献研究室. 毛泽东著作专题摘编：下. 北京：中央文献出版社，2003：1916.

⑤ 毛泽东. 毛泽东选集：第2卷. 2版. 北京：人民出版社，1991：532-533.

人有一种技术，便得一种技术的用，没有管理工厂的人，只有机械，只有象机械样的工人、技术家，工厂永远做不出成绩来……中国政治上了轨道，能够有足够的本国技术家，自然是再好没有了的。我们并不反对人学技术科学，但是我们以为单靠技术科学来救国，只是不知事情的昏话。越是学技术科学的人，越是要希望有能研究社会科学，以使中国进步的人，好使他们可以用技术为中国切实的做事。技术科学是在时局转移以后才有用，他自身不能转移时局。若时局不转移，中国的事业，一天天陷落到外国人手里，纵然有几千几百技术家，岂但不能救国，而且只能拿他的技术，帮外国人做事，结果技术家只有成为洋奴罢了。所以，我们觉得要救中国，社会科学比技术科学重要得多。①

1929 年 6 月，党的第六届中央执行委员会第二次会议通过的《宣传工作决议案》指出："为适应目前群众对于政治与社会科学的兴趣，党必须有计划的充分利用群众的宣传组织与刊物，以求公开扩大党的政治影响。党应当参加或帮助建立各种公开的书店，学校，通信社，社会科学研究会，文学研究会，剧团，演说会，辩论会，编译新书刊物等工作。"② 1939 年 5 月，中央发布《关于宣传教育工作的指示》，提出"坚持公开宣传马列主义，出版翻印各种关于马列主义刊物与书籍，组织各种社会科学的研究会与读书会等。""各级党委应经常注意与检查党的发行工作。在运用公开发行的一切可能之外，应即建立党内的秘密发行"③。1940 年 9 月，中共中央颁布《关于发展文化运动的指示》，指出"要把一个印刷厂的建设看得比建设一万几万军队还重要……要把运输文化粮食看得比运输被服弹药还重要"④。

中国共产党将对哲学社会科学研究的重视转化为实际行动，自觉将唯物辩证法和历史唯物主义应用于哲学、史学、政治学、社会学和经济学等学科研究，并为一些学科研究成立专门机构，给予哲学社会科学工作者以各方面优待措施，有力推动了新民主主义革命时期中国哲学社会科学的发展。

---

① 恽代英. 恽代英文集：上卷. 北京：人民出版社，1984：388.
② 中央档案馆. 中共中央文件选集：第 5 册. 北京：中共中央党校出版社，1990：267.
③ 中央档案馆. 中共中央文件选集：第 12 册. 北京：中共中央党校出版社，1991：72.
④ 张闻天. 张闻天选集. 北京：人民出版社，1985：289.

新中国成立以来，我国社会主义现代化建设实践对哲学社会科学提出了理论需求，同时也为其发展营造了良好环境。1979年，邓小平在《坚持四项基本原则》讲话中认为，我们"现在也应该承认社会科学的研究工作（就可比的方面说）比外国落后了……必须下定决心，急起直追"①。在党的推动下，哲学社会科学在经历了"文化大革命"的停滞与倒退之后，重新焕发了生机与活力。从江泽民的"哲学社会科学与自然科学同样重要"②，到胡锦涛的"推动我国哲学社会科学优秀成果和优秀人才走向世界"③，哲学社会科学的地位和作用日益受到重视。当前哲学社会科学的作用更加突出，文化软实力已成为综合国力的重要组成部分。2016年5月，在哲学社会科学座谈会上，习近平总书记用两个"不可替代"④和五个"迫切需要"⑤系统阐明了当前哲学社会科学的重要性。2010年以来，我国经济总量稳居世界第二，

---

① 邓小平. 邓小平文选：第2卷. 2版. 北京：人民出版社，1994：181.

② 中共中央文献研究室. 江泽民论有中国特色社会主义：专题摘编. 北京：中央文献出版社，2002：275.

③ 中共中央文献研究室. 十七大以来重要文献选编：上. 北京：中央文献出版社，2009：27.

④ 两个"不可替代"是指"一个国家的发展水平，既取决于自然科学发展水平，也取决于哲学社会科学发展水平。一个没有发达的自然科学的国家不可能走在世界前列，一个没有繁荣的哲学社会科学的国家也不可能走在世界前列。坚持和发展中国特色社会主义，需要不断在实践和理论上进行探索、用发展着的理论指导发展着的实践。在这个过程中，哲学社会科学具有不可替代的重要地位，哲学社会科学工作者具有不可替代的重要作用"。

——习近平. 在哲学社会科学工作座谈会上的讲话. 北京：人民出版社，2016：2.

⑤ 五个"迫切需要"是指"面对社会思想观念和价值取向日趋活跃、主流和非主流同时并存、社会思潮纷纭激荡的新形势，如何巩固马克思主义在意识形态领域的指导地位，培育和践行社会主义核心价值观，巩固全党全国各族人民团结奋斗的共同思想基础，迫切需要哲学社会科学更好发挥作用。面对我国经济发展进入新常态、国际发展环境深刻变化的新形势，如何贯彻落实新发展理念、加快转变经济发展方式、提高发展质量和效益，如何更好保障和改善民生、促进社会公平正义，迫切需要哲学社会科学更好发挥作用。面对改革进入攻坚期和深水区、各种深层次矛盾和问题不断呈现、各类风险和挑战不断增多的新形势，如何提高改革决策水平、推进国家治理体系和治理能力现代化，迫切需要哲学社会科学更好发挥作用。面对世界范围内各种思想文化交流交融交锋的新形势，如何加快建设社会主义文化强国、增强文化软实力、提高我国在国际上的话语权，迫切需要哲学社会科学更好发挥作用。面对全面从严治党进入重要阶段、党面临的风险和考验集中显现的新形势，如何不断提高党的领导水平和执政水平、增强拒腐防变和抵御风险能力，使党始终成为中国特色社会主义事业的坚强领导核心，迫切需要哲学社会科学更好发挥作用"。

——习近平. 在哲学社会科学工作座谈会上的讲话. 北京：人民出版社，2016：6-7.

哲学社会科学的发展则显得与我国的综合国力不太相称。正如习近平总书记指出的，"一个没有繁荣的哲学社会科学的国家也不可能走在世界前列"①。在建成社会主义现代化强国的征途中，中国共产党要一如既往地高度重视哲学社会科学的地位和任务，使哲学社会科学为现代化建设提供重要智力支持。

三、坚持人民至上

2016 年 5 月，习近平总书记在哲学社会科学工作座谈会上指出，"坚持以马克思主义为指导，核心要解决好为什么人的问题。为什么人的问题是哲学社会科学研究的根本性、原则性问题。我国哲学社会科学为谁著书、为谁立说，是为少数人服务还是为绝大多数人服务，是必须搞清楚的问题。世界上没有纯而又纯的哲学社会科学。世界上伟大的哲学社会科学成果都是在回答和解决人与社会面临的重大问题中创造出来的。"②

中国共产党的一贯宗旨是为人民服务，这也是我们党不变的价值追求。我们的党是全心全意为人民服务的党，我们的国家是人民当家作主的国家，党和国家一切工作的出发点和落脚点是实现好、维护好、发展好最广大人民根本利益。党领导下的哲学社会科学，从某种意义上讲，就是要解决好为什么人的问题。哲学社会科学归根到底是要服务人民，书写老百姓喜爱的作品，从人民中汲取创作的智慧。毛泽东明确指出："我们的文化是人民的文化，文化工作者必须有为人民服务的高度的热忱，必须联系群众，而不要脱离群众。"③ 这充分体现出革命战争年代党领导下的哲学社会科学坚持人民至上的重要价值立场。

（一）推动哲学社会科学大众化的人民立场

倡导话语通俗化。马克思指出："批判的武器当然不能代替武

---

① 习近平. 在哲学社会科学工作座谈会上的讲话. 北京：人民出版社，2016：2.

② 同①12.

③ 毛泽东. 毛泽东选集：第 3 卷. 2 版. 北京：人民出版社，1991：1012.

的批判，物质力量只能用物质力量来摧毁；但是理论一经掌握群众，也会变成物质力量。"① 理论要掌握群众，首先要能让群众理解接受。针对战争年代工农群众文化水平普遍不高的现实情况，中国共产党注重以通俗易懂的语言使哲学社会科学"接地气"。1931年3月，毛泽东认为红军《时事简报》应该以当地语言风格进行编写，如无法实现，则应该通过易懂的话语进行表述。1942年2月，毛泽东在《反对党八股》中指出："如果我们没有学会说群众懂得的话，那末广大群众是不能领会我们的决议的。"② 1942年5月，毛泽东在延安文艺座谈会上指出："许多文艺工作者由于自己脱离群众、生活空虚，当然也就不熟悉人民的语言，因此他们的作品不但显得语言无味，而且里面常常夹着一些生造出来的和人民的语言相对立的不三不四的词句……如果连群众的语言都有许多不懂，还讲什么文艺创造呢？"③ 毛泽东本人在各种场合的讲话中也十分注意运用平易近人的语言，他用"星星之火"比喻革命陷入低谷时依然存在的斗争力量；把缺乏调查研究形象地比喻成"闭塞眼睛捉麻雀"和"瞎子摸鱼"；等等。

在党的领导人的榜样作用下，哲学社会科学工作者以通俗化的语言著书立说，有力推动了哲学社会科学的大众化。例如，艾思奇的《大众哲学》④ 运用许多比喻和例子，在比喻和举例中渗透着对马克思主义哲学的理解，促进了大众对马克思主义哲学的接受和理解，增加了《大众哲学》的吸引力。该书主要由"绪论"、"本体论"、"认识论"和"方法论"四部分组成，艾思奇完全借用中国的历史典故及社会生活事例，以通俗易懂的语言和生动活泼的形式，深入浅出地对马克思主义"四大理论板块"即唯物论、辩证法、认识论与唯物史观

① 马克思，恩格斯. 马克思恩格斯文集：第1卷. 北京：人民出版社，2009：11.
② 毛泽东. 毛泽东选集：第3卷. 2版. 北京：人民出版社，1991：843.
③ 同②850-851.
④ 仅从1936年至1949年的13年间，《大众哲学》就已出版过32版，这在马克思主义传播史上是罕见的，新中国成立后至今又有多个版本刊印出来。《大众哲学》是艾思奇对马克思主义哲学理论通俗化的初步尝试，极大促进了马克思主义哲学在中国的传播与发展。在20世纪30—40年代，曾经有一支歌、一本书对进步青年影响最大，一支歌就是田汉作词、聂耳作曲的《义勇军进行曲》，一本书便是《大众哲学》，当时很多青年正是在《大众哲学》的启发和影响下，奔向革命圣地延安的。
——王国炎. 马克思主义哲学大辞典. 北京：中国广播电视出版社，1993：119.

做了详细说明。在"绪论"中，艾思奇以"哲学并不神秘""哲学的真正面目"为题，通俗地说明了马克思主义哲学的对象、任务与学习方法。在"本体论"中，他以"两大类的世界观""一块招牌上的种种花样""不如意的事""牛角尖旅行记"等为题，阐明了哲学基本问题、唯心论和二元论、唯物论的物质观等问题。在"认识论"中，他以"用照相作比喻""卓别麟和希特勒的分别""抬杠的意义"等为题，论证了唯物论的反映论、感性认识和理性认识、认识和实践、马克思主义真理观等原理。在"方法论"中，他以"不是变戏法""追论雷峰塔的倒塌""青年就是青年"等为题，解释了事物或认识是普遍联系和发展的，以及唯物辩证法同形而上学的区别。他以"七十二变""笑里藏刀""猫是为吃老鼠而生的"为题，揭示了现象与本质、形式与内容、原因与结果、必然与偶然、可能与现实等五对基本范畴的内容①。1935 年，《读书生活》杂志主编李公朴对《大众哲学》做了高度评价，认为它是用最通俗的笔法，日常谈话的体裁，融化专门的理论，使大众的读者易于接受这种写法，在目前出版界中还是仅有的贡献。有学者认为，"艾思奇三十年代在上海的哲学活动，正视当时的社会现实，有的放矢，而且表现出他对党对人民极端的热忱和真诚。他的世界观是革命的。许多人称赞他是一个讲求实际的人，他的哲学是讲真话的哲学。他对哲学通俗化大众化的努力，影响是深远的，在把哲学理论推向人民中去方面有了重大的突破"②。该著作在中国化方面的贡献在于其通俗性上，它把世界上最先进的思想即马克思主义哲学与中国人民大众的现实生活紧密地联系起来③。

推动形式多样化。新民主主义革命时期，广大知识分子利用多样化的形式扩大马克思主义的传播。毛泽东指出："很简单的一些标语、图画和讲演，使得农民如同每个都进过一下子政治学校一样，收效非常之广而速。"④ 许多地方成立了业余剧团，开展各种各样的文艺宣传活动，

① 张弓长，刘建国. 艾思奇同志对马克思主义哲学中国化的重大贡献：纪念艾思奇同志逝世二十周年. 长白学刊，1986（2）：5.
② 艾思奇文稿整理小组. 一个哲学家的道路：回忆艾思奇同志. 昆明：云南人民出版社，1985：100.
③ 嵇文甫. 嵇文甫文集：上. 郑州：河南人民出版社，1985：68.
④ 毛泽东. 毛泽东选集：第 1 卷. 2 版. 北京：人民出版社，1991：35.

以秧歌剧、新旧梆子、皮黄、双簧、快板、活报剧等群众喜闻乐见的艺术形式，普及农民所难以理解的哲学社会科学理论，对哲学社会科学大众化起到了独特的宣传作用。进步知识分子通过这些文艺形式把马克思主义的革命思想形象化地表现出来，使之扎根到农民的认知土壤中，进一步增强了马克思主义的传播效果，为哲学社会科学指导思想深入人心发挥了重要作用。

创作深入群众生活。哲学社会科学具有很强的现实性，"我们说的马克思主义，是要在群众生活群众斗争里实际发生作用的活的马克思主义，不是口头上的马克思主义"①。哲学社会科学工作者要写出具有感染力和影响力的优秀作品，就要深入群众，在群众生活中汲取营养，将广大群众利益作为创作的出发点和落脚点。毛泽东特别强调了群众的重要性，他指出：

> 主要的一点是要和群众做朋友，而不是去做侦探，使人家讨厌。群众不讲真话，是因为他们不知道你的来意究竟是否于他们有利。要在谈话过程中和做朋友的过程中，给他们一些时间摸索你的心，逐渐地让他们能够了解你的真意，把你当做好朋友看，然后才能调查出真情况来。群众不讲真话，不怪群众，只怪自己。②

正是在深入群众的过程中，哲学社会科学既服务了人民，也从人民中获取了创作灵感，加速了本土化进程。

提高群众文化水平。中国共产党以有效的社会教育提高群众文化水平，增强群众对哲学社会科学的接受能力。陈独秀认为，"教育本是必需品不是奢侈品"，而"旧的个人主义教育减少文化普及的效力"，提倡"自大学以至幼稚园，凡属图书馆试验场博物院都应该公开，使社会上人人都能够享用；必如此才能够将教育与社会打成一片；必如此才能够使社会就是一个大的学校，学校就是一个小的社会；必如此才能够造成社会化的学校，学校化的社会"③。李大钊则组

---

① 毛泽东. 毛泽东选集：第3卷. 2版. 北京：人民出版社，1991：858.

② 毛泽东农村调查文集. 北京：人民出版社，1982：27.

③ 陈独秀. 新教育是什么?. 广东群报，1921-01-03.

织"工读互助团"①，以帮助北京的青年实行半工半读以达到教育和职业合一的理想。

土地革命战争时期，临时中央政府人民委员会主席张闻天在《论苏维埃政权的文化教育政策》中指出，"经过义务教育与社会教育，使每一个苏维埃公民受到苏维埃的必要的教育，这是我们苏维埃政权的基本政纲之一"，"这种教育不是在愚弄民众为剥削阶级服务，而是在启发民众，使民众为自身的解放而斗争"②，即"要使过去在国民党政权底下被抛弃于优越的教育生活以外的广大工农劳苦群众，现在通通认识字，

---

① 19世纪初，空想社会主义代表人物罗伯特·欧文在英国买下一个村庄，实验他心中没有剥削和压迫、人人平等富足的社会主义。后来，他又远赴美国，创办了"新和谐公社"。大约100年后，北京工读互助团也投入追求"新生活"的社会实验，并带动其他一些地方试行工读互助主义，为中国近现代史留下了值得深思的一笔。近代以来，中国先进知识分子对西方文明和资本主义制度产生怀疑，开始把目光投向苏俄十月革命，形成了一股谈论社会主义的热潮，工读互助主义便来自这股社会主义思潮。1919年4月，周作人在《新青年》系统介绍新村主义，描述无政府、无剥削、无强权，既读书又劳动的田园诗般的"新生活"，迅速吸引了一大批进步青年。1920年1月，王光祈在《少年中国》杂志发表题为《工读互助团》的著名文章，将"这次工读互助团的运动"称作"平和的经济革命"，由此正式开启了北京工读互助团的社会实验。北京工读团声势很大，先后成立4组。第一组有团员：章铁民、张树荣、吴名世、孟雄、焕业、施存统、秀松、党家斌、俞鸿、周方、彬然、百棣、张伯根、仰煦、周昌炽等15人，在骑河楼斗鸡坑七号办公。第二组有团员：王恕、张衡沛、刘晦、刘豪、罗汉、李实、匡僧、欧逊等11人，在西城翠花街北狗尾巴胡同五号办公。第三组为女子工读互助团，第四组于1919年2月成立，由原法文专修馆张俊杰、赖庆祝、杜大学、李深荫、赵鸿恩、张遂能、刘鑫、蒲照魂、吴时英等组成，在景山东松公府夹道八号办公。北京工读互助团成立后，上海、天津、南京、武昌、广州和扬州等地也开始成立各种名称的工读互助团。毛泽东第二次来京期间，1920年1月加入少年中国学会，2月到北京工读互助团第三组即女子工读互助团参观，并在一封信中表示"觉得很有趣味"。3月，他与陈独秀、王光祈、左舜生、张国焘、刘清扬等25人联名发起成立上海工读互助团。仅仅两个多月后，工读互助团第一小组宣布解散了，它震动了新文化界、知识分子群体。又一年，当工读互助运动无声无息地消亡后，那些原来的发起人、参与者，陈独秀、李大钊、恽代英、毛泽东、施存统等纷纷建立起了自己的共产主义小组。事实上，这种带有浓厚乌托邦色彩的社会改良方案脱离了近代中国半殖民地半封建社会的实际，无异于空中楼阁、海市蜃楼，失败是其必然结局。只有投身现实社会，深入工农群众，才能找到"根本改造"的出路，挽救灾难深重的中华民族。这条出路正是早期共产党人几经比较后所选择的与中国社会实际相结合的马克思主义革命道路。
——苏峰. 北京工读互助团：一场追求"新生活"的社会实验. 百年潮, 2020 (11)：74-80；章绍嗣. 中国现代社团辞典. 武汉：湖北人民出版社, 1994：89.
② 江西教育学会. 苏区教育资料选编（1929—1934）. 南昌：江西人民出版社, 1981：24.

有书读，并且能享受各种文化娱乐事业"①。

抗日战争时期，陕甘宁边区的干部教育、部队教育、社会教育和普通教育都较好地开展起来。《陕甘宁边区教育厅通令》要求："我们无疑义的要抓紧政治工作、战争动员，同时对于消灭文盲工作，同样应该采取积极态度，因为这个工作是抗战工作中的重要一环。"② 边区采取了识字组、识字班、夜校、半日班、冬学、民众教育馆等多种社会教育形式，共有读报识字组 3 339 处，夜校、半日校 230 处，参加人数总计34 331 名（缺绥德分区 6 个县夜校、半日校的统计）③。美国记者冈瑟·斯坦指出："边区像个巨大的小学校，其中几乎每个人，老老小小都急切地要学习——如果可能的话，还要教别人。所有一切实际的、具体的、受人欢迎的民众教育办法，能对更多的人起作用，传播知识比学校更有效。"④ 在党的正确领导下，教育事业得到蓬勃发展，工农群众的文化水平得到有效提高，这为其更好地理解和接受哲学社会科学奠定了基础。

（二）以民族复兴为价值关怀

哲学社会科学的发展与社会现实问题紧密相关，在新民主主义革命时期，哲学社会科学的重要任务是必须适应革命形势，以助力革命任务的最终完成。1938 年 10 月，毛泽东在党的六届六中全会上指出，一切文化教育事业均应使之适合战争的需要，"必须动员报纸、刊物……及其他一切可能力量，向前线官兵、后方守备部队、沦陷区人民、全国民众，作广大之宣传鼓动"⑤。当年朱镜我、吴亮平、陈伯达、冯雪峰、林伯修（杜国庠）、许涤新、王学文、潘汉年、邓初民、柯柏年、邓拓、胡乔木、艾思奇、胡绳等进步知识分子以马克思主义为指导，积极从事哲学社会科学创作，从学理层面论证了中共领导革命的合理性，为革命

---

① 陈元晖. 老解放区教育资料（一）：土地革命战争时期. 北京：教育科学出版社，1981：100.

② 陕西师范大学教育研究所. 陕甘宁边区教育资料：社会教育部分：上. 北京：教育科学出版社，1981：49.

③ 同②193.

④ 斯坦. 红色中国的挑战. 马飞海，章蟾华，王楚良，译. 上海：上海译文出版社，1999：247.

⑤ 中共中央文献研究室. 毛泽东著作专题摘编：下. 北京：中央文献出版社，2003：1490.

任务的实现赢得了群众认同。陈伯达在分析墨家思想时强调中共担任着民族解放的历史任务。他指出：

> 在今天民族多难、祖国存亡垂于呼吸的时候，发挥墨家的伟大精神实践，尤具特殊的意义。事实上，凡是知道近代中国的历史运动的，就能知道我国古代这些伟大的圣哲，已在近代获得了一种真正能够继承其言行最优美的传统的后代——中国共产主义者，他们在近代中国无产阶级的基础上，把墨家伟大的精神从自己伟大的有组织的行动中再现出来，他们在颠扑不破的世界科学共产主义学说的基础上，发挥墨家各方面优美的学说，克服墨家的弱点，他们所表现的，已不是被抑压者的奄息，而是已充满着自信力的活跃，坚实地踏上了墨子"迁行"的道路，他们从事保国卫民的事业，他们科学地追求"兼爱"的大同前途，他们继承我民族先人的事业，在从事于伟大的历史之解决。①

在全面分析墨家思想基础上，陈伯达进一步指出：

> 唯物论思想和辩证法思想，是战斗的思想，是实践的思想，而又是解放的思想。而在抗战的今天，在为民族复兴而奋斗的今天，我们就恰需要重新表扬我们先人关于这类的思想，并去扩大地、深入地发挥这类的思想。在历史的实践和科学的发现之基础上，我们正需要把我们先人关于这类思想未成熟的、混沌初开的思想，或已经成熟的，已具备较明确形式的思想发觉出来，发展为真正科学的和健全的唯物论、辩证法的近代民族战斗思想。②

哲学社会科学的发展为革命理论创新做出了重要贡献。早在 1936 年，陈唯实就提出了"辩证法之实用化和中国化"的主张，认为要"能把它具体化、实用化……同时语言要中国化、通俗化"③。如上文所述，1938 年 4 月，艾思奇指出，"现在需要来一个哲学研究的中国化、实现化的运动"。他认为，哲学通俗化已经不能满足抗战需要，"通俗化并不等于中国化现实化"④，马克思主义只有中国化现实化，才能为抗战提

---

① 陈伯达. 墨子的哲学思想. 解放，1940（104）.

② 陈伯达. 中国古代哲学的开端. 解放，1939（62）.

③ 陈唯实. 通俗辩证法讲话. 上海：上海新东方出版社，1936：7.

④ 艾思奇. 艾思奇文集：第 1 卷. 北京：人民出版社，1981：387.

供正确的指导思想。1938 年 7 月，陈伯达在《我们的文化运动的民族特征》中明确提出"中国化"的概念，倡导文化工作应结合传统，立足实际，实现启蒙运动的"中国化"①。哲学社会科学领域的研究为"马克思主义中国化"命题的正式提出营造了浓厚理论氛围，为革命理论创新构成了有利环境，体现了哲学社会科学为革命服务的价值关怀。

（三）坚持人民主体地位

马克思主义唯物史观认为，人民群众是社会实践的主体，是社会物质成果和精神成果的创造者，也是社会变革的决定性力量。这就正确揭示了符合历史发展规律的、科学的马克思主义群众观：人民群众是历史的创造者，把群众看作历史的动力、实践的主体和智慧的源泉。因此，坚持人民主体地位、尊重人民首创精神，是马克思主义的根本要求。

我国广大哲学社会科学工作者要坚持人民是历史创造者的观点，树立为人民做学问的理想，尊重人民主体地位，聚焦人民实践创造，自觉把个人学术追求同国家和民族发展紧紧联系在一起，努力多出经得起实践、人民、历史检验的研究成果。

人民群众是创造历史的主体，是推动社会进步的决定性力量，这是唯物史观的理论基石。在该理论指导下，党经过长期革命实践，逐步确立了"一切为了群众，一切依靠群众，从群众中来，到群众中去"的群众路线。群众路线既是党制定路线、方针、政策的基本依据和根本方法，也是共产党人的世界观、人生观和方法论。实践证明，新民主主义革命时期人民群众是推动马克思主义哲学社会科学体系建构的重要主体。从某种程度上讲，一部哲学社会科学发展史，就是一部人民群众在社会实践中不断推进理论创新的历史。毛泽东在《湖南农民运动考察报告》中明确指出："中国历来只是地主有文化，农民没有文化。可是地主的文化是由农民造成的，因为造成地主文化的东西，不是别的，正是从农民身上掠取的血汗。"② 可见，毛泽东将人民置于文化创造者的地位。默涵在《论理论与实践》一文中也指出：

> 一切理论都是从人民的实践中产生出来的。我们说，一定理论

---

① 郑师渠. 中国共产党文化思想史研究. 北京：中共中央党校出版社，2007：85.
② 毛泽东. 毛泽东选集：第 1 卷. 2 版. 北京：人民出版社，1991：39.

的产生，必须有一定的社会的物质条件做它的背景，这意思也就是说，必须有一定的社会物质条件，才能有一定的与之相适应的人们的实践，因此，才能产生出一定的理论来。人们为了生存，一方面不断地和自然斗争，一方面又必不可免地被卷进一定的社会斗争，这就是人们的实践。人们便在这不断的实践中，逐渐认识了自然的和社会的规律性，形成了关于自然和社会的理论。[①]

在理论创新过程中，突出人民群众主体地位，尊重人民群众首创精神，既是党坚持先进性和永葆生机的源泉，又是不断推进党的事业前进的重要保证。只有把人民群众视为哲学社会科学智慧的源泉，把群众利益视为最高利益，哲学社会科学才能赢得群众的认可。

新民主主义革命时期的马克思主义哲学社会科学实践，充分体现出党领导下的哲学社会科学是服务人民并依靠人民的。放眼当前，改革开放40多年来，人民物质生活日益充实，对精神文化产品也有着迫切需要。党的十九大报告指出："我国社会主要矛盾已经转化为人民日益增长的美好生活需要和不平衡不充分的发展之间的矛盾。"[②] 其中，"美好生活需要"当然不仅仅是物质需要，也包含了精神文化等方面的更高的需求。这就给哲学社会科学、给广大的哲学社会科学工作者提出了任务。要完成好这个任务，就要继承和发扬新民主主义革命时期党领导哲学社会科学的人民立场，应"坚持以人民为中心的研究导向"，"树立为人民做学问的理想"[③]，做到真正了解人民需要，能够满足人民需要，将人民群众实践作为创作源泉，不断增强哲学社会科学的吸引力、感染力、影响力和生命力。

四、重视理论人才队伍建设

中国共产党是马克思主义同中国工人运动相结合的产物，促成这一结合的正是接受马克思主义的知识分子。知识分子是推动中国革命前进

---

① 默涵. 论理论与实践. 读书月报，1940，1（12）.

② 习近平. 决胜全面建成小康社会 夺取新时代中国特色社会主义伟大胜利：在中国共产党第十九次全国代表大会上的报告. 北京：人民出版社，2017：11.

③ 习近平. 在哲学社会科学工作座谈会上的讲话. 北京：人民出版社，2016：12-13.

的重要力量，重视发挥知识分子在革命中的重要作用是我们党的优良传统。党在领导哲学社会科学进程中充分发挥知识分子的作用，逐渐探索出一套较为系统的知识分子理论与政策。在政治上高度信任，在工作中大胆使用，在生活中给予特殊安排，充分调动广大知识分子的革命热情，使其在马克思主义哲学社会科学建构过程中发挥了不可替代的作用，对当前中国特色哲学社会科学的发展依然具有重要借鉴意义。

（一）重视理论人才队伍的重要地位和作用

1. 在马克思主义理论研究和传播方面

一方面，知识分子群体翻译、编辑和译校了大量马克思主义经典著作，主要涉及马克思主义哲学、经济学、文艺学及军事学等。例如，在翻译马克思主义哲学方面，主要成员有何思敬、和培元、何干之、吴亮平、王学文、董纯才、高士奇、于光远、张仲实、柯柏年等。他们翻译了大量马克思、恩格斯、列宁及斯大林的专著，如恩格斯的《费尔巴哈论》（包括《路德维希·费尔巴哈和德国古典哲学的终结》、《序言》和《关于费尔巴哈的提纲》，张仲实 1937 年译）、《社会主义从空想到科学的发展》（吴黎平译）、《家庭、私有财产及国家之起源》（1938 年明华出版社出版）、《论战斗的唯物论底意义》（柯柏年 1939 年译）、《列宁关于辩证法的笔记》（艾思奇 1939 年译）以及其他知识分子翻译的《辩证法唯物论教程》（李达、雷仲坚译）、《辩证唯物论与历史唯物论：上册》（沈志远译）、《联共（布）党史简明教程》（陈昌浩译）、《马恩列斯思想方法论》（吴文焘、成仿吾译）等。这些译著进一步加深了国人对马克思主义的理解，为马克思主义哲学社会科学的建构提供了重要方法论指导。

另一方面，知识分子群体出版了许多研究马克思主义的著作，如艾思奇、吴亮平编著的《唯物史观》，杨松等人编著的《社会科学概论》等，研究内容主要涵盖了马克思主义哲学、政治经济学、科学社会主义等理论，为当时普及、研究和学习马克思主义做出了重要理论贡献。

2. 在培养干部人才及干部队伍建设方面

哲学社会科学离不开党的领导，党的干部队伍建设是哲学社会科学健康发展的重要因素。"政治路线确定之后，干部就是决定的因素。"①

_____

① 毛泽东. 毛泽东选集：第 2 卷. 2 版. 北京：人民出版社，1991：526.

陈云指出："干部没有文化，没有知识，革命是革不成功的。文化与政治是密切相联的。如果没有文化的提高，要提高政治水平是不可能的。"①

　　新民主主义革命时期，在党中央号召下，成立了很多干部培训学校。如苏维埃大学、马克思共产主义学校、中共中央党校、中国人民抗日军事政治大学、陕北公学、延安马列学院等等。这些干部学校的教师，大部分都由当时的知识分子担任，例如，在马列学院，有成仿吾、张如心、王学文、艾思奇、温济泽、吴亮平、王思华、杨松等人。在陕北公学任教的包括艾思奇、何干之、周纯全、李凡夫、陈唯实、宋侃夫等人。这些干部培训学校在开设的课程中主要是以马列主义为主课，同时还开设了许多其他哲学社会科学课程，如"中国革命史"、"政治经济学"、"社会发展史"、"社会科学概论"和"欧洲革命概览"等，通过对课程的系统学习，各级领导干部的文化水平和理论水平逐步得到提高。

（二）充分尊重和发挥理论人才队伍的首创精神

　　推动马克思主义哲学社会科学体系建构，必须尊重知识分子群体的首创精神。哲学社会科学理论创新离不开广大知识分子丰富的专业知识，要充分重视知识分子的重要作用。新民主主义革命时期，知识分子群体以马克思主义为指导，在哲学、历史学、经济学、政治学、社会学等学科展开学术研究，出版了大量相关著作。哲学方面的著作有《哲学讲话》（艾思奇）、《辩证法学说概论》（张如心）、《通俗辩证法讲话》（陈唯实）、《近代哲学批判》（沈志远）、《社会学大纲》（李达）等，历史学方面的著作有《中国古代社会研究》（郭沫若）、《近代中国启蒙运动史》（何干之）、《历史哲学教程》（翦伯赞）、《中国大革命史（1925—1927）》（华岗）、《中国近世思想学说史》（侯外庐）等，经济学方面的著作有《经济学讲话》（陈豹隐）、《新经济学大纲》（沈志远）、《新民主主义经济论》（许涤新）、《农村经济底基本知识》（薛暮桥）等，政治方面的著作有《政治学概论》（恽代英）、《政治科学大纲》（邓初民）、《中国政治思想史》（吕振羽）、《政党论》（陈昌浩）、《新政治学底基本问题》（沈志远）等，社会学方面的著作有《农村社会学大纲》（冯和法）、

---

　　① 陈云. 陈云文选：第1卷. 北京：人民出版社，1995：177-178.

《社会问题大纲》（柯柏年）、《现代社会学理论大纲》（李平心）、《社会学讲话》（许德珩）、《社会学入门》（姜君辰）等。

这些著作的研究内容涵盖了哲学社会科学各个学科，为当时普及、研究和学习哲学社会科学做出了重要理论贡献。该时期，正是由于中国共产党充分尊重知识分子的首创精神、调动知识分子的积极性，才得以初步建构起马克思主义哲学社会科学体系，为当代中国特色哲学社会科学理论体系的建构奠定了重要学理基础。

（三）重视理论人才的发掘和培养，建设一支高素质与专业化的理论人才队伍

理论创新，人才是根本。专业化理论人才是哲学社会科学的重要创作主体，重视理论人才的发掘和培养，建设一支高素质、专业化理论人才队伍，是建构马克思主义哲学社会科学体系的有力支撑。

新民主主义革命时期，中国共产党十分注重"大量吸收知识分子"，强调对理论人才的培养。毛泽东认为，无产阶级政党要发动广大群众投身革命，就需要一大批有觉悟、有水平的理论工作者，靠他们去宣传党的路线、方针和政策。抗日战争时期，面对国共两党不同的抗日态度，再加上中国共产党正确的知识分子政策，当时的延安成为志在救亡的进步知识分子向往的地方。面对云集的知识分子，中共中央大胆提拔和使用，促成了广大知识分子接受共产党的领导，自觉走上同工农群众相结合的正确道路。毛泽东指出：

> 要保护革命知识分子，不蹈过去的覆辙。没有革命知识分子革命不能胜利。国民党和我们力争青年，军队一定要收容大批革命知识分子。要说服工农干部，吃得下，不怕他们。工农没有革命知识分子帮忙，不会提高自己。工作没有知识分子，不能治国、治党、治军。政府中，党部中，民众运动中，也要吸引革命知识分子。①

中共中央关心爱护知识分子，从工作、生活、参加党团组织等方面出台了一系列优待措施，使他们能全身心投入到研究当中，调动了他们的工作热情，从而诞生了许多重要的学术著作，提高了整体研究水平。当时边区涌现出了如艾思奇、范文澜、何干之、杨松、陈伯达、张如心

---

① 毛泽东. 毛泽东文集：第2卷. 北京：人民出版社，1993：233.

等一大批出色的理论家。这些理论工作者以马克思主义为指导，创作了许多经得起实践和历史检验的学术力作，他们的学术成果为马克思主义哲学社会科学体系的建构提供了重要保证。

1954 年 4 月 8 日，科学院召开第一次学部主任会议，宣告学术秘书处成立，并计划在下一步开始筹建各学部。在 1955 年和 1957 年遴选出的 64 位哲学社会科学部的学部委员中，一部分是延安时期在党领导下从事哲学社会科学研究的知识分子，如于光远、尹达、王学文、艾思奇、何其芳、吴玉章、吕振羽、沈志远、周扬、胡乔木、胡绳、范文澜、张如心、许涤新、陈伯达等人，这充分说明革命年代我们党对理论人才的发掘和培养对于新中国哲学社会科学的发展产生了深远的影响，这在今天看来依然具有重要借鉴意义①。

在党的 100 多年思想历程中，涌现出了一大批出色的理论家。李达、艾思奇、胡绳、杨献珍、胡乔木就是其中的代表。党的十一届三中全会以来，关于真理标准问题的讨论，关于 20 世纪中国历史的回顾和总结，关于社会主义市场经济体制的选择，关于股份制属性的判定，关于社会主义分配原则的改进，等等，每一次重大理论创新，都有理论家在发挥重要作用。当今在实施马克思主义理论研究和建设工程中，更需要一批高素质的人才和马克思主义理论大家。理论建设，人才为本。实施马克思主义理论研究和建设工程要加大人才培养的力度，努力建设一支政治强、业务精、作风正的马克思主义理论队伍。要加强对马克思主义理论拔尖人才的重点扶持，造就一批学贯中西、在国内外有广泛影响的马克思主义理论大家。当前，对于我们党来讲，要加大人才培养力度，造就一批在国内外有广泛影响的哲学社会科学理论大家。正如 2016 年习近平在哲学社会科学工作座谈会上指出的：

> 要实施哲学社会科学人才工程，着力发现、培养、集聚一批有深厚马克思主义理论素养、学贯中西的思想家和理论家，一批理论功底扎实、勇于开拓创新的学科带头人，一批年富力强、锐意进取的中青年学术骨干，构建种类齐全、梯队衔接的哲学社会科学人才体系。②

---

① 薛倩. 中国科学院哲学社会科学始末. 北京：人民出版社，2019.
② 习近平. 在哲学社会科学工作座谈会上的讲话. 北京：人民出版社，2016：27.

五、积极参与学术论争

哲学社会科学的发展是与学术论争相联系的，学术论争是促进哲学社会科学健康发展的重要推动力。马克思主义从传入中国开始就伴随着一系列论战，进步知识分子以马克思主义理论为指导，从更深程度上系统研究中国革命诸问题，积极同各种"反马克思主义思潮"展开论战，在论战过程中把马克思主义哲学社会科学不断推向深入。

在五四运动时期，马克思主义者同反马克思主义者展开了三次大的论战。通过论战，马克思主义在哲学社会科学界的影响扩大了。土地革命战争时期，党领导下的进步知识分子运用马克思主义严厉批判一切非马克思主义思想和假马克思主义谬论，使马克思主义深入哲学社会科学各个领域。在哲学领域，张东荪、叶青曲解唯物辩证法，攻击马克思主义，否定认识来源于实践，否定唯物辩证法。以艾思奇、邓拓、沈志远等为主要代表的进步知识分子对此给予了坚决驳斥。

对中国国情的认识决定着马克思主义哲学社会科学的发展水平。进步知识分子运用马克思主义理论研究中国国情，使近代中国社会性质和反帝反封建任务逐渐成为人们的共识。全面抗战爆发后，民族危机日渐加深，文化保守主义逐渐活跃起来，作为这一时期文化保守主义的代表，现代新儒学以唯心史观为理论根据，逐渐构成自身的思想体系，公开否定马克思主义的科学性。在党的领导下，中国马克思主义者并没有回避，而是给予积极回应。如胡绳撰写的《评冯友兰著〈新世训〉》《一个唯心论者的文化观：评贺麟先生著〈近代唯心论简释〉》等等，对现代新儒学进行了理性批判，进一步巩固了马克思主义在哲学社会科学领域的指导地位。

由上可知，中国共产党正是在与非（反）马克思主义派别的学术论争中逐步确立起自己在哲学社会科学界的领导地位的。论战让人们更加清楚地认识到马克思主义的科学性，马克思主义哲学被公认为"理性的尺度"，"甚至原来敌视新哲学的人，也不能不以它为幌子，企图在幌子之下，达到招摇撞骗的目的"①。而想要在学术论争中说服对方，就必

---

① 何干之. 近代中国启蒙运动史. 北京：生活·读书·新知三联书店，2012：205.

须对自己的社会科学理论有着透彻的理解，这也间接推动了马克思主义哲学、史学、经济学等学科的发展，促进了马克思主义哲学社会科学体系的建构。

六、坚持问题导向，尊重学术研究规律

要把理论研究同指导实际工作结合起来，同推动重大问题的解决结合起来，最重要的是把中央领导、理论工作者包括专家学者的创新精神与广大人民群众的实践创新精神结合起来，使理论成果更好地转化为党的路线方针政策，转化为国家的法律法规，转化为干部群众的自觉行动等。马克思认为，"哲学家们只是用不同的方式**解释**世界，问题在于**改变世界**"①。以马克思主义为指导的哲学社会科学当然要认识世界，但是这种认识不是脱离实际的认识，而是建立在实践基础上的认识，是以实践为目的的认识。哲学社会科学如果对现实问题避而不谈或闭门造车，就会缺乏对社会实际情况的了解。问题意识是重要理论的生长点，中国共产党在新民主主义革命实践中形成的问题，是马克思主义哲学社会科学发展的重要现实素材。

哲学社会科学必然以提出或解决实际问题为己任。无论是战争年代还是和平年代，每个时代都有自己需要面对的实践问题，哲学社会科学要回答时代之问，而不是仅局限于书斋式的研究。历史表明，中国共产党在新民主主义革命实践中经历的重大问题凸显期，往往是马克思主义哲学社会科学发展的重要战略机遇期。

20世纪初，知识分子以救亡图存为目标，将各种"主义"从西方引入中国。马克思主义以自身的科学性和其与中华传统文化的契合性，为广大哲学社会科学工作者所认同。他们以马克思主义为指导，以中国实际问题为导向展开学术研究。例如，在上文中提到的20世纪20年代末30年代初的新兴社会科学运动中，中国进步哲学社会科学工作者初步运用唯物史观来考察中国的社会性质和中国历史，将理论运用于实践当中。正如何干之指出的："最值得大书特书的是以新的观点来重新估

---

① 马克思，恩格斯. 马克思恩格斯选集：第1卷. 3版. 北京：人民出版社，2012：136.

量中国社会的性质。这一尝试不只使人们相信新哲学是世界的最准确的反映，而且使人相信，只有应用这种方法，才可以解剖谜的占国。"①

用新的观点和方法来探索中国实际问题，充分体现了哲学社会科学的问题导向。毛泽东倡导用哲学社会科学去研究中国的实际问题，针对党内一些人将理论与实际相分离的错误做法，他在1941年5月所写的《改造我们的学习》中严厉批评了脱离革命实际的教条主义，倡导要结合中国社会发展实际来系统研究马克思主义。"许多人是做研究工作的，但是他们对于研究今天的中国和昨天的中国一概无兴趣，只把兴趣放在脱离实际的空洞的'理论'研究上"②。2016年5月，习近平总书记在哲学社会科学工作座谈会上指出，"问题是创新的起点，也是创新的动力源"③，"从某种意义上说，理论创新的过程就是发现问题、筛选问题、研究问题、解决问题的过程"④。当前，面对国际话语权"西强我弱"的态势，面对新自由主义、历史虚无主义等反动社会思潮的挑战，哲学社会科学应以问题为导向推动理论创新，提出解决问题的正确思路和有效办法，为建设社会主义现代化强国做出应有的贡献。

---

① 何干之. 近代中国启蒙运动史. 北京：生活·读书·新知三联书店，2012：205.
② 毛泽东. 毛泽东选集：第3卷. 2版. 北京：人民出版社，1991：799.
③ 习近平. 在哲学社会科学工作座谈会上的讲话. 北京：人民出版社，2016：14.
④ 同③20.

结　语

（一）

五四运动以来，马克思主义哲学社会科学体系的建构经历了一个曲折前进的历史过程。

自 19 世纪中叶进入近代社会以来，随着西方的武力侵略，西方意识形态也开始在近代中国产生影响。其主要表现形式是中国传统知识分子主张全盘西化，主动引进和接受西方社会的价值体系，例如其自由主义、无政府主义等西方思潮，在学术领域极为推崇杜威、罗素、泰戈尔等西方思想家，希望借助于西方学术话语体系这一平台来推动中国传统学术的现代化转型。在当时挽救民族危亡的历史使命下，我国传统文化发展遭遇重创，从某种程度上讲，近代中国传统知识分子在探索实现现代化的过程中推崇西方文化是历史发展的必然。基于此，西方国家的学术理念、研究范式在近代中国学术界和思想界备受青睐，尽管在马克思主义哲学社会科学体系建构的过程中，思想领域几乎始终伴随着如何正确处理西方文化与中国传统文化关系的争论。近代学者们努力"移植"西方学术体系和学科体系来研究中国新民主主义革命遇到的一系列问题，在该过程中，用西方学术话语和研究范式来描述和思考中国本土传统理论问题，以及在推动中国新民主主义革命的过程中遇到的现实社会

问题，开启了有别于传统学术研究的新道路。

20 世纪初以来，当"德先生""赛先生""自由"等西方国家主流价值观在中国盛行十余年后，中国思想理论界最终发现简单照搬西方学术体系和话语体系无法真正解决中国文化的发展问题。这使国人开始反思，并在社会科学界相继掀起关注传统文化思潮的"中国本位文化"运动和学术中国化运动，强烈呼吁要重视与重新审视本民族优秀传统文化和自己的固有学术。立足中国革命实践和优秀传统文化产生的、作为马克思主义中国化第一次重大历史性飞跃的理论成果——毛泽东思想，是世界先进文化与中国优秀文化相结合的产物，因为它既坚持了科学马克思主义的普遍真理性，又鲜明体现了我国文化发展的民族特殊性。这一中国化马克思主义理论成果满足了人民大众呼吁复兴我国民族文化的实践诉求，又契合广大无产阶级反对帝国主义侵略和封建主义统治的理论诉求。因此，毛泽东思想的产生就成为历史的选择，成为中国人民的历史选择。

历史的发展是前进性与曲折性的统一，马克思主义中国化的历程并不是一帆风顺的。"教条主义固然不是正道，经验主义也同样不健康"①。建党以来，马克思主义哲学社会科学的发展经历了一个比较复杂的过程。从 20 世纪初期国内学界倡导全盘西化，到 20 世纪 30 年代国民党实行文化专制主义，从"文化大革命"时期哲学社会科学发展的重大挫折，到改革开放后西方各种反动思潮的冲击，这一发展的艰难曲折历程恰恰说明了建构中国特色哲学社会科学体系的极端重要性，这从根本上构成了中华民族文化软实力的重要基础，关乎中华民族复兴大业。同时，在历经百年未有之大变局的今天，我国哲学社会科学的发展大有可为，构建科学完善的哲学社会科学体系可以避免使我们的现代化建设走上"封闭僵化的老路"和"改旗易帜的邪路"。2022 年 4 月 25 日，习近平总书记在中国人民大学考察时指出：

> 当前，坚持和发展中国特色社会主义理论和实践提出了大量亟待解决的新问题，世界百年未有之大变局加速演进，世界进入新的动荡变革期，迫切需要回答好"世界怎么了"、"人类向何处去"的时代之题。②

---

① 王学典. 把中国"中国化"：人文社会科学的转型之路. 中华读书报，2016-09-21.
② 习近平. 坚持党的领导传承红色基因扎根中国大地 走出一条建设中国特色世界一流大学新路. 人民日报，2022-04-26.

（二）

从某种意义上讲，学术话语权争夺的本质是意识形态之争。

马克思主义意识形态建构最关键的一环，就是建设中国特色哲学社会科学话语体系。马克思主义自 20 世纪初传入中国，直至今日，针对马克思主义学术价值的质疑依然较多，究其原因，一方面，是马克思主义理论本身因其明确的阶级性和革命性而遭受种种攻讦；另一方面，与马克思主义中国化研究中对马克思主义学理性阐释和系统性的研究不足有关。在 2016 年 5 月召开的哲学社会科学工作座谈会上，围绕哲学社会科学在当前发展中存在的主要问题，习近平总书记指出："有的认为马克思主义已经过时，中国现在搞的不是马克思主义；有的说马克思主义只是一种意识形态说教，没有学术上的学理性和系统性。实际工作中，在有的领域中马克思主义被边缘化、空泛化、标签化，在一些学科中'失语'、教材中'失踪'、论坛上'失声'。这种状况必须引起我们高度重视。"①

当前学术界对马克思主义学术性研究的不足，最终导致马克思主义在学科体系中被边缘化，深刻学理性阐释的欠缺使中国在国际社会上丧失了学术话语权，这又导致了国内思想界和理论界在面对西方文化的恶意攻讦时无力应对。近年来，以英美为首的西方意识形态凭借其多年打造的学术话语霸权对我们进行文化侵略，其突出表现就是向中国的年轻一代恶意灌输"普世价值"，强力排斥马克思主义的科学价值。

改革开放以来，中国部分知识分子在社会科学领域盲目崇拜西方研究范式，竭力推崇其学术成果，在哲学社会科学研究中机械地套用和照搬西方国家的研究范式和学术话语体系，以西方国家的学术理论框架来分析和研究中国问题，以西方的学术话语来表达中国的学术理论，主动放弃了学术话语权，这在客观上大大弱化了中国马克思主义的意识形态地位及其在世界的重要影响力，给我国的文化软实力带来了不可估量的损失。由此可见，加快建构中国特色哲学社会科学体系，是在当前世界

---

① 习近平. 在哲学社会科学工作座谈会上的讲话. 北京：人民出版社，2016：10.

错综复杂的意识形态领域中谋求中国话语权、提升中国软实力和讲好中国故事的重要途径。

（三）

建构中国特色哲学社会科学，在时空上需要正确处理好"传统"与"现代"、"东方"与"西方"、"政治"与"学术"的复杂关系。

所谓处理好"传统"与"现代"的关系，就是要真正厘清"本土化"的含义，"中国本土化"不等于文化复古主义或保守主义，也不等于排外主义，它是推动中国哲学社会科学现代化建设的重要环节。

所谓处理好"东方"与"西方"的关系，推进哲学社会科学的"中国本土化"，不是故步自封、夜郎自大，而是需要紧密结合和吸收世界先进学术，学会"拿来主义"。一方面，要学会择优而选东西方文化中的精华，让这些有益成果成为中国特色哲学社会科学体系建构的重要"基石"；另一方面，中国的哲学社会科学工作者，要紧密结合建构文化强国大计，积极参与世界学术交流，讲好中国故事，提升国际话语权，努力打造与夯实世界舞台上的中国哲学社会科学的话语地位。

所谓处理好"政治"与"学术"的关系，就是在学科建构过程中要正确认识和处理好学术体系、学科体系与话语体系中的"政治"因素和"学术"因素的关系。哲学、政治学、历史学、社会学、经济学、法学等哲学社会科学在建构过程中，因其学科特点必然会涉及意识形态问题，这就需要我们客观认识和处理相关学科中的政治问题，而不是刻意回避，要敢于面对，只有这样才能推动学科建设。

（四）

建构中国特色哲学社会科学体系，关键在于科学认识西方的学科体系、学术体系和话语体系。

西方国家经过漫长时期的发展，其学科体系已经较为成熟。在 19 世纪末，近代进步知识分子如严复、梁启超等人就开始关注、借鉴和学习西方国家社会科学的学科建设。今天，我们建构中国特色哲学社会科学体系的关键在于，构建"中国本土化"的学科体系、学术体系，真正形成具有中国风格、中国气派和中国特色的新学术话语体系。

所谓中国特色，从源头活水方面来讲，一是中国固有的优秀传统文化，二是马克思主义中国化历史进程中形成的两大理论成果——毛泽东思想和中国特色社会主义理论体系。建党百年来，马克思主义与中国文化、马克思主义与中国革命、中国社会主义建设和中国改革开放事业的有机结合，构成了中国特色哲学社会科学体系建构历程中最为关键的实践环节。因此，建构中国特色哲学社会科学体系，必须与中国本土传统文化相结合，与中国共产党百年奋斗历程相结合。

基于此，国内有学者认为，中国的人文历史、语言文字、生活习惯、服饰饮食等文化符号与西方截然不同，西方学术话语无法准确表述出中华文化的特征和灵魂，因此，"中国学界应该把更多的心力，更多的时间用在研究中国问题、中国材料上，从而锻造一种哲学社会科学的中国范式"①。

（五）

建构中国特色哲学社会科学体系，在根本指导思想上，必须坚持马克思主义的指导地位，体现马克思主义的立场、观点和方法。

西方社会科学是建构在自由主义基础上的学术话语，其立论基础是资本主义制度和自由主义市场经济，而中国特色哲学社会科学体系是基于中国特色社会主义制度，其核心是中国化的马克思主义。中国特色哲学社会科学的学科体系、学术体系和话语体系建设，都应浸润于马克思主义中国化的理论成果中，都应鲜明体现和坚持马克思主义立场，这就是中国特色哲学社会科学体系建构的中国气派和中国特色。

2022 年 4 月，习近平总书记在中国人民大学考察时指出：

---

① 王学典. 把中国"中国化"：人文社会科学的转型之路. 中华读书报，2016-09-21.

　　哲学社会科学工作者要做到方向明、主义真、学问高、德行正，自觉以回答中国之问、世界之问、人民之问、时代之问为学术己任，以彰显中国之路、中国之治、中国之理为思想追求，在研究解决事关党和国家全局性、根本性、关键性的重大问题上拿出真本事、取得好成果。①

---

　　①　习近平. 坚持党的领导传承红色基因扎根中国大地 走出一条建设中国特色世界一流大学新路. 人民日报，2022-04-26.

参考文献

一、马克思列宁经典文献

1. 马克思，恩格斯. 马克思恩格斯选集：第1—4卷. 3版. 北京：人民出版社，2012.

2. 马克思，恩格斯. 马克思恩格斯文集：第1、2、3、7、10卷. 北京：人民出版社，2009.

3. 列宁. 列宁选集：第3卷. 3版修订版. 北京：人民出版社，2012.

4. 列宁. 列宁专题文集：论马克思主义. 北京：人民出版社，2009.

5. 列宁. 列宁专题文集：论辩证唯物主义和历史唯物主义. 北京：人民出版社，2009.

6. 列宁. 列宁专题文集：论无产阶级政党. 北京：人民出版社，2009.

二、经典文集、选集

1. 毛泽东. 毛泽东选集：第1—4卷. 2版. 北京：人民出版社，1991.

2. 毛泽东. 毛泽东文集：第1、2卷. 北京：人民出版社，1993.

3. 毛泽东. 毛泽东文集：第3卷. 北京：人民出版社，1996.

4. 毛泽东. 毛泽东文集：第6、8卷. 北京：人民出版社，1999.

5. 毛泽东. 毛泽东书信选集. 北京：人民出版社，1983.

6. 中央文献研究室，新华通讯社. 毛泽东新闻工作文选. 北京：新华出版社，1983.

7. 中共中央文献研究室，中共湖南省委《毛泽东早期文稿》编辑组. 毛泽东早期文稿（1912.6—1920.11）. 长沙：湖南人民出版社，1990.

8. 毛泽东. 毛泽东哲学批注集. 北京：中央文献出版社，1988.

9. 周恩来. 周恩来选集：上、下卷. 北京：人民出版社，2004.

10. 周恩来. 周恩来书信选集. 北京：人民出版社，1989.

11. 李大钊. 李大钊选集. 北京：人民出版社，1959.

12. 中国李大钊研究会. 李大钊文集. 北京：人民出版社，1999.

13. 李达. 李达文集：第1卷. 北京：人民出版社，1980.

14. 李达. 李达文集：第2卷. 北京：人民出版社，1981.

15. 任弼时. 任弼时选集. 北京：人民出版社，1987.

16. 蔡元培. 蔡元培全集：第3卷. 北京：中华书局，1984.

17. 陈望道. 陈望道文集：第1卷. 上海：上海人民出版社，1979.

18. 陈独秀. 陈独秀著作选：第2卷. 上海：上海人民出版社，1993.

19. 陈独秀. 陈独秀著作选编：第2卷. 上海：上海人民出版社，2009.

20. 张闻天. 张闻天选集. 北京：人民出版社，1985.

21. 瞿秋白. 瞿秋白选集. 北京：人民出版社，1985.

22. 瞿秋白. 瞿秋白文集：第2卷. 北京：人民出版社，1988.

23. 瞿秋白. 瞿秋白文集：第3卷. 北京：人民出版社，1989.

24. 谢觉哉. 谢觉哉文集. 北京：人民出版社，1989.

25. 清华大学国学研究院. 王稼祥选集. 北京：人民出版社，1989.

26. 王国维. 王国维文存. 南京：江苏人民出版社，2014.

27. 中国社会科学院近代史研究所中华民国史. 胡适来往书信选. 北京：中华书局，1979.

28. 胡适. 胡适日记全编. 合肥：安徽教育出版社，2001.

29. 胡适. 胡适文存. 沈阳：万卷出版公司，2014.

30. 艾思奇. 艾思奇全书：第 1—8 卷. 北京：人民出版社，2006.

31. 何干之. 何干之文集. 北京：中国人民大学出版社，1989.

32. 范文澜. 范文澜全集：第 1—10 卷. 石家庄：河北教育出版社，2002.

33. 张申府. 张申府文集：第 1—4 卷. 石家庄：河北人民出版社，2005.

34. 吴玉章. 吴玉章文集（上、下册）. 重庆：重庆出版社，1987.

35. 杨匏安. 杨匏安文集. 北京：中央文献出版社，1996.

36. 柳湜. 柳湜文集. 北京：生活·读书·新知三联书店，1987.

37. 周扬. 周扬文集：第 1—5 卷. 北京：人民文学出版社，1984—1994.

38. 张友渔. 张友渔文选：上卷. 北京：法律出版社，1997.

39. 朱镜我. 朱镜我文集. 北京：海洋出版社，2007.

三、档案文献

1. 中央档案馆. 中共中央文件选集：第 1、3、4 册. 北京：中央党校出版社，1989.

2. 中央档案馆. 中共中央文件选集：第 5 册. 北京：中央党校出版社，1990.

3. 中央档案馆. 中共中央文件选集：第 10、11、12、13 册. 北京：中央党校出版社，1991.

4. 中央档案馆. 中共中央文件选集：第 14、17 册. 北京：中央党校出版社，1992.

5. 中共中央组织部，中共中央党史研究室，中央档案馆. 中国共产党组织史资料：第 1—3 卷. 北京：中共党史出版社，2000.

6. 中国共产党宣传工作文献选编（1915—1992）. 北京：学习出版社，1996.

7. 中国社会科学院新闻研究所. 中国共产党新闻工作文件汇编. 北京：新华出版社，1980.

8. 张腾霄. 中国共产党干部教育研究资料丛书：第 2 辑. 北京：中国人民大学出版社，1989.

9. 中国社会科学院现代史研究室，中国革命博物馆党史研究室.

"一大"前后：中国共产党第一次代表大会前后资料选编：第 1、2 卷. 北京：人民出版社，1981.

10. 六大以前. 北京：人民出版社，1980.

11. 六大以来. 北京：人民出版社，1983.

12. 中共中央文献研究室，中央档案馆. 建党以来重要文献选编（1921—1949）：第 3、4、5、8、11、14、15、16、17、18、25 册. 北京：中央文献出版社，2011.

13. 中共中央党史研究室第一研究部. 共产国际、联共（布）与中国革命文献资料选辑（1917—1925）. 北京：北京图书馆出版社，1997.

14. 库恩. 共产国际文件汇编. 北京：生活·读书·新知三联书店，1965.

15. 蔡尚思. 中国现代思想史资料简编. 杭州：浙江人民出版社，1982.

16. 钟离蒙，杨凤麟. 中国现代哲学史资料汇编. 沈阳：辽宁大学哲学系，1982.

17. 解放区根据地图书目录. 油印本（内部资料）. 中国人民大学图书馆馆藏，1961.

18. 中国人民大学中共党史系资料室. 中共党史教学参考资料. 内部发行，1979.

19. 魏宏运. 中国现代史资料选编（1919—1949）. 哈尔滨：黑龙江人民出版社，1981.

20. 彭明. 中国现代史资料选辑（1919—1949）. 北京：中国人民大学出版社，1987—1989.

21. 中央档案馆. 中共党史资料丛书. 北京：中央党校出版社，1986.

22. 中国现代革命史料丛刊. 北京：人民出版社，1987.

23. 甘肃省社科院历史研究室. 陕甘宁革命根据地史料选辑：第 1 辑. 兰州：甘肃人民出版社，1981.

24. 中国革命博物馆党史研究室. 党史研究资料. 成都：四川人民出版社，1980.

25. 江西省档案馆. 中央革命根据地史料选编. 南昌：江西人民出版社，1982.

26. 江西省档案馆. 井冈山革命根据地史料选编. 南昌：江西人民出版社，1986.

27. 中央晋冀鲁豫边区党史资料选编（1921—1937）. 济南：山东大学出版社，1985.

28. 高军. 中国社会性质问题论战（资料选辑）（上、下册）. 北京：人民出版社，1982.

29. 中国科学院历史研究所. 中国现代政治史资料汇编. 内部资料，1959.

30. 沈云龙. 近代中国史料丛刊. 香港：文海出版社，1966.

31. 吴相湘，刘绍唐. 民国史料丛书. 台湾：台湾传记文学出版社，1971.

32. 中国社会科学院近代史所. 中华民国史资料丛稿. 北京：中华书局，1977—1984.

33. 中国第二历史档案馆. 中华民国史档案资料汇编（第1—2辑）. 南京：江苏人民出版社，1979—1981.

34. 陕西省社会科学院近现代史研究所. 延安时期党的知识分子问题资料选辑. 西安：陕西省社会科学院近现代史研究所，1984.

35. 林代昭，潘国华. 马克思主义在中国：从影响的传入到传播. 北京：清华大学出版社，1983.

36. 中国第二历史档案馆. 中国无政府主义与中国社会党. 南京：江苏人民出版社，1981.

37. 宋原放. 中国出版史料：现代部分. 济南：山东教育出版社，2001.

38. 石峻. 中国近代思想史参考资料. 北京：生活·读书·新知三联书店，1957.

39. 中国近代政治思想论著选辑. 北京：中华书局，1986.

40. 舒新城. 中国近代教育史料. 北京：人民教育出版社，1962.

41. 张静庐. 中国现代出版史料：甲编. 北京：中华书局，1954.

42. 张静庐. 中国现代出版史料：乙编. 北京：中华书局，1955.

43. 张静庐. 中国现代出版史料：丙编. 北京：中华书局，1956.

44. 张静庐. 中国现代出版史料：丁编. 北京：中华书局，1959.

45. 张静庐. 中国出版史料：补编. 北京：中华书局，1957.

46. 华东师大政治教育系. 五四时马克思主义与反马克思主义三次论战资料汇编. 内部资料，1962.

47. 陈松. 五四前后东西文化问题论战文选. 北京：中国社会科学出版社，1985.

48. 张允侯. 五四时期的社团. 北京：生活·读书·新知三联书店，1979.

49. 中国革命博物馆. 新民学会资料. 北京：人民出版社，1980.

50. 胡华. 五四时期的历史人物. 北京：中国青年出版社，1979.

51. 广东省档案馆. 新学生社史料. 广州：广东青运史研究委员会办公室，1983.

52. 湘鄂赣革命根据地文献资料选辑：第三辑. 北京：人民出版社，1985.

53. 四川省档案馆. 川陕苏区报刊资料选编. 成都：四川省社会科学院出版社，1987.

54. 湖南省社会科学院，武汉师范学院历史系. 湘鄂赣苏区史稿. 长沙：湖南人民出版社，1982.

55. "红军日报"资料. 长沙：湖南人民出版社，1980.

56. 闽赣苏区历史资料选编. 福州：福建人民出版社，1983.

57. 《闽浙赣革命根据地史稿》编写组. 闽浙赣革命根据地史稿. 南昌：江西人民出版社，1984.

58. 江西省档案馆. 中央革命根据地史料选编. 南昌：江西人民出版社，1982.

59. 江西省文化厅革命文化史料征集办公室. 中央苏区革命文化史料汇编. 南昌：江西人民出版社，1994.

60. 高军. 中国社会性质问题论战资料选辑. 北京：人民出版社，1984.

61. 马良春，张大明. 三十年代左翼文艺资料选编. 成都：四川人民出版社，1980.

62. 饶良伦. 土地革命战争时期的左翼文化运动. 哈尔滨：黑龙江人民出版社，1986.

63. 中国社会科学院文学研究所《左联回忆录》编辑组. 左联回忆录（上、下）. 北京：中国社会科学出版社，1982.

64. 中共北京市委党史研究室. 北方左翼文化运动资料汇编. 北京：北京出版社，1991.

65. 鲁迅在上海. 内部资料，山东师院聊城分院编印，1979.

66. 延安时事问题研究会. 抗战中的中国文化教育. 上海：上海人民出版社，1961.

67. 刘增杰. 抗日战争时期延安及各抗日民主根据地文学运动资料. 大同：山西人民出版社，1983.

68. 中华全国文艺界抗战协会史料选. 成都：四川省社会科学院出版社，1984.

69. 国统区文艺资料丛编. 内部资料，重庆：重庆师院中文系编印，1979.

70. 徐素华. 中国社会科学家联盟史. 北京：中国卓越出版公司，1990.

71. 史先民. 中国社会科学家联盟资料选编. 北京：中国展望出版社，1985.

72. 黄美真. 上海大学史料. 上海：复旦大学出版社，1984.

73. 北方左翼文化运动资料汇编. 北京：北京出版社，1991.

74. 南方局党史资料征集小组. 南方局党史资料：文化工作. 重庆：重庆出版社，1990.

75. 陕甘宁边区教育革命资料选编. 西安：陕西人民出版社，1978.

76. "国史馆"藏，个人史料，全宗号：128。

77. "国史馆"藏，国民政府档案，全宗号：001。

78. 清华大学. 马克思主义经典文献传播通考. 沈阳：辽宁人民出版社，2021.

79. 北京大学《马藏》编纂与研究中心. 马藏. 北京：科学出版社，2018.

80. 《红藏：进步期刊总汇（1915—2056）》编辑出版委员会. 红藏：进步期刊总汇（1915—1949）. 湘潭：湘潭大学出版社，2014.

四、年谱、传记、回忆录

1. 中共中央文献研究室. 毛泽东年谱（1893—1949）：上卷. 修订本. 北京：中央文献出版社，2013.

2. 逄先知，金冲及. 毛泽东传（1893～1949）. 北京：中央文献出版社，2003.

3. 中共中央文献研究室. 刘少奇年谱. 北京：中央文献出版社，1996.

4. 《李大钊》编写组. 李大钊传. 北京：人民出版社，1979.

5. 任建树. 陈独秀大传. 上海：上海人民出版社，1999.

6. 胡华. 中共党史人物传. 北京：中共党史出版社，2010.

7. 王炯华. 李达评传. 北京：人民出版社，2004.

8. 周永祥. 瞿秋白年谱新编. 上海：学林出版社，1992.

9. 王继平. 蔡和森思想论稿. 长沙：湖南人民出版社，2003.

10. 程中原. 张闻天传. 北京：当代中国出版社，2000.

11. 《董必武传》撰写组. 董必武传. 北京：中央文献出版社，2006.

12. 许广平. 鲁迅回忆录. 北京：作家出版社，1961.

13. 回忆蔡和森. 北京：人民出版社，1980.

14. 中共宁乡县委员会. 怀念谢觉哉同志. 长沙：湖南人民出版社，1980.

15. 中国社会科学院近代史研究所. 五四运动回忆录. 北京：中国社会科学院出版社，1979.

16. 重庆现代革命史资料丛书编委会. 左联回忆录：上册，北京：中国社会科学出版社，1982.

17. 回忆南方局. 重庆：重庆出版社，1983.

18. 吴介民. 延安马列学院回忆录. 北京：中国社会科学出版社，1991.

19. 李维汉. 回忆与研究. 北京：中共党史资料出版社，1986.

20. 艾克恩. 延安文艺回忆录. 北京：中国社会科学出版社，1992.

21. 梁星亮，杨洪. 陕甘宁边区著名人物. 北京：中央文献出版社，2007.

22. 温济泽. 延安中央研究院回忆录. 北京：中国社会科学出版社，1984.

23. 新华日报的回忆. 重庆：重庆人民出版社，1961.

五、民国时期著作

1. 柯柏年. 怎样研究新兴社会科学. 上海：南强书局，1930.

2. 柯柏年. 社会问题大纲. 上海：南强书局，1930.

3. 王明之. 新社会科学基础知识. 武汉：三户书店，1939.

4. 科学研究会. 新兴社会科学研究大纲. 1932.

5. 陈唯实. 通俗辩证法讲话. 上海：新东方出版社，1936.

6. 陈唯实. 新哲学体系讲话. 上海：作家书店，1937.

7. 陈唯实. 通俗唯物论讲话. 上海：上海大众文化出版社，1936.

8. 胡绳. 新哲学的人生观. 上海：生活书店，1937.

9. 陈豹隐. 经济现象的体系. 上海：乐群书店，1929.

10. 陈豹隐. 经济学原理十讲. 上海：乐群书店，1932.

11. 陈豹隐. 经济学讲话. 北平：好望书店，1933.

12. 王亚南. 社会科学论纲. 上海：东南出版社，1945.

13. 王亚南. 中国经济原论. 上海：生活书店，1948.

14. 舒新城. 近代中国教育思想史. 上海：中华书局，1929.

15. 孙本文，等. 中国战时学术. 南京：正中书局，1946.

16. 陶希圣. 中国政治思想史. 上海：新生命书局，1932.

17. 彭迪先. 实用经济学大纲. 上海：生活书店，1945.

18. 陶希圣. 中国社会之史的分析. 上海：新生命书局，1930.

19. 马乘风. 中国经济史. 中国经济研究会，1935.

20. 蒋介石. 中国之命运. 南京：正中书局，1943.

21. 陈立夫. 唯生论. 南京：正中书局，1939.

22. 沈志远. 现代哲学的基本问题. 上海：生活书店，1948.

23. 沈志远. 新经济学大纲. 修订解放版. 北京：生活·读书·新知三联书店，1949.

24. 沈志远. 新社会学底基本问题. 上海：生活·读书·新知三联书店，1949.

25. 杨贤江. 新教育大纲. 上海：南强书局，1930.

26. 钱亦石. 现代教育原理. 上海：中华书局，1934.

27. 潘肃. 中国经济论战. 上海：长城书店，1932.

28. 毛泽东，等. 新民学会会员通信集. 新民学会，1920.

29. 邵飘萍. 新俄国之研究. 东瀛编译社，1920.

30. 冯自由. 社会主义与中国. 社会主义研究所，1920.

31. 潘鸿文. 马克思主义的基础. 上海：社会科学研究社，1930.

32. 布哈林. 共产主义 ABC. 新青年社，1926.

33. 吴黎平. 社会主义史. 上海：南强书局，1930.

34. 陈振. 马列主义与中国. 重庆：胜利出版社总社，1931.

35. 何干之. 中国启蒙运动史. 上海：生活书店，1947.

36. 徐懋庸，何干之，等. 社会科学基础教程. 新生书局，1946.

37. 张东荪. 唯物辩证法论战. 北平：民友书局，1934.

38. 邓初民. 政治科学大纲. 上海：昆仑书店，1929.

39. 陈启修. 新政治学. 上海：乐群书店，1929.

40. 戈公振. 中国报学史. 上海：商务印书馆，1927.

41. 萨孟武. 三民主义政治学. 上海：新生命书局，1929.

42. 印维廉. 世界政党史. 上海：中央图书局，1927.

43. 恽代英. 政治学概论. 重庆：重庆国民书店，1927.

44. 印维廉. 中国政党史. 上海：中央图书局，1927.

45. 李达. 先资本主义的社会经济形态论. 上海：生活书店，1948.

46. 许立群. 中国史话. 上海：华夏书店，1949.

47. 许涤新. 新民主主义经济论. 香港：中外出版社，1948.

48. 陈伯达. 论农民问题. 上海：新知书店，1946.

49. 张闻天. 中国现代革命运动史. 解放社，1937.

50. 许德珩. 社会学讲话. 北平：好望书店，1936.

51. 李圣悦. 现代社会学理论大纲. 上海：光华书局，1930.

52. 言心哲. 社会调查大纲. 上海：中华书局，1933.

53. 冯和法. 农村社会学大纲. 上海：黎明书局，1934.

54. 李剑华. 社会学史纲. 上海：世界书局，1930.

55. 姜君辰. 社会学入门. 桂林：文化供应社，1941.

56. 艾思奇，吴亮平. 唯物史观. 上海：辰光书店，1939.

57. 吕振羽. 中国政治思想史. 上海：黎明书局，1937.

58. 孙本文. 三民主义与社会科学. 南京：正中书局，1945.

59. 萧公权. 中国政治思想史. 上海：商务印书馆，1945.

60. 范文澜. 中国通史简编. 新华书店，1949.

61. 赵君豪. 中国近代之报业. 香港：申报馆，1938.

62. 徐宝璜. 新闻学纲要. 上海：联合书店，1930.

63. 萨空了. 科学的新闻学概论. 香港：文化供应社，1946.

64. 恽逸群. 新闻学讲话. 冀中新华书店，1948.

65. 李鹤鸣（李达）. 法理学大纲. 上海：商务印书馆，1928.

66. 宁敦武. 法学概论. 上海：南强书局，1929.

67. 陈顾远. 中国法制史. 上海：商务印书馆，1934.

68. 于光远. 调查研究. 沈阳：新华书店，1949.

69. 薛暮桥. 怎样办合作社. 新中国书局，1949.

70. 叶蠖生. 初级中学中国历史课本. 修订本. 新华书店，1949.

六、民国时期报刊

1. 《新青年》（1918 年 7 月—1926 年 7 月）

2. 《共产党》（1920 年 11 月—1921 年 8 月）

3. 《向导》（1922 年 9 月—1923 年 12 月）

4. 《解放日报》（1941 年 5 月—1947 年 3 月）

5. 《红色中华》（1931 年 12 月—1937 年 1 月）

6. 《新中华报》（1937 年 2 月—1941 年 5 月）

7. 《解放》（1937 年 4 月—1941 年 5 月）

8. 《八路军军政杂志》（1939 年 1 月—1942 年 4 月）

9. 《共产党人》（1939 年—1941 年）

10. 《中国文化》（1940 年 2 月—1941 年 8 月）

11. 《中国青年》（1939 年 4 月—1941 年 3 月）

12. 《中国工人》（1940 年 2 月—1941 年 5 月）

13. 《新潮》（1919 年 1 月—12 月）

14. 《民国日报》（1919 年 6 月—1923 年 12 月）

15. 《每周评论》（1918 年 12 月—1919 年 8 月）

16. 《新社会》（1919 年）

17. 《少年中国》（1919 年 7 月—1924 年 6 月）

18. 《群众》（1937 年 12 月—1947 年 3 月）

19. 《理论与现实》（1939 年 4 月—1946 年 6 月）

20. 《新华日报》（1938 年 1 月—1947 年 2 月）

21. 《读书月报》（1939 年 2 月—1941 年 1 月）

七、重要著作

1. 习近平. 在哲学社会科学工作座谈会上的讲话. 北京：人民出版社，2016.

2. 吴汉全. 中国马克思主义学术史概论：1919—1949. 长春：吉林人民出版社，2010.

3. 吴汉全. 中国马克思主义学术史. 北京：人民出版社，2019.

4. 王向民. 民国政治与民国政治学：以 1930 年代为中心. 上海：上海人民出版社，2008.

5. 王汎森. 中华民国发展史：学术发展. 台湾：台湾政治大学，2011.

6. 王汎森. 中国近代思想与学术的系谱. 增订版. 上海：上海三联书店，2018.

7. 王汎森. 思想是生活的一种方式：中国近代思想史的再思考. 北京：北京大学出版社，2018.

8. 阎书钦. 范式的引介与学科的创建：民国时期社会科学话语中的科学观念. 北京：中国社会科学出版社，2017.

9. 上海市社会科学界联合会. 二十世纪中国社会科学：历史学卷. 上海：上海人民出版社，2005.

10. 梁漱溟. 东西方文化及其哲学. 北京：商务印书馆，2010.

11. 张岱年. 文化与哲学. 北京：教育科学出版社，1988.

12. 张岱年，程宜山. 中国文化与文化论争. 北京：中国人民大学出版社，1990.

13. 许纪霖. 二十世纪中国思想史论. 上海：东方出版中心，2000.

14. 李世涛. 知识分子立场：激进与保守之间的动荡. 长春：时代文艺出版社，2000.

15. 郑师渠. 思潮与学派：中国近代思想文化研究. 北京：北京师范大学出版社，2005.

16. 邹小站. 西学东渐：迎拒与选择. 成都：四川人民出版社，2008.

17. 吴雁南，冯祖贻，苏中立，等. 中国近代社会思潮：第 2 卷. 长沙：湖南教育出版社，2011.

18. 中共中央马克思恩格斯列宁斯大林著作编译局马恩室. 马克思恩格斯著作在中国的传播. 北京：人民出版社，1983.

19. 钱穆. 中国思想史. 台湾：台湾学生书局，1985.

20. 罗志田. 权势转移：近代中国的思想、社会与学术. 武汉：湖北人民出版社，1999.

21. 吴永贵. 中国出版史：下：近现代卷. 长沙：湖南大学出版社，2008.

22. 周子东. 马克思主义在上海的传播：1898—1949. 上海：上海社会科学院出版社，1994.

23. 中共上海市委党史资料征集委员会. 三十年代中国社会性质论战. 上海：知识出版社，1987.

24. 高军. 中国社会性质问题论战. 北京：人民出版社，1984.

25. 李金河. 中国政党政治研究：1905—1949. 北京：中央编译出版社，2007.

26. 李新，等. 中国新民主主义革命时期通史. 北京：人民出版社，1980.

27. 何干之. 中国现代革命史. 北京：高等教育出版社，1957.

28. 胡华. 中国革命史讲义. 北京：中国人民大学出版社，1959.

29. 胡乔木. 中国共产党的三十年. 北京：人民出版社，1951.

30. 魏宏运. 中国现代史稿（上、下）. 哈尔滨：黑龙江人民出版社，1980—1981.

31. 沙健孙. 中国新民主主义革命史简编. 广州：广东人民出版社，1982.

32. 李澍. 马克思主义与中国革命. 北京：人民出版社，1963.

33. 吕希晨. 中国现代哲学史：1919—1949. 长春：吉林人民出版社，1984.

34. 陈元晖. 中国现代教育史. 北京：人民教育出版社，1980.

35. 丁守和. 瞿秋白思想研究. 成都：四川人民出版社，1985.

36. 丁守和，殷叙彝. 从五四启蒙运动到马克思主义的传播. 北京：生活·读书·新知三联书店，1963.

37. 王云风. 延安大学校史. 西安：陕西人民教育出版社，1994.

38. 中国人民抗日军事政治大学史. 北京：国防大学出版

社，2000.

39. 武继忠，贺秦华. 延安抗大. 北京：文物出版社，1985.

40. 林茂生. 马克思主义在中国的传播. 北京：书目文献出版社，1984.

41. 林茂生. 中国现代政治思想史. 哈尔滨：黑龙江人民出版社，1984.

42. 方汉奇. 中国近代报刊史. 太原：山西人民出版社，1981.

43. 蔡韦. 五四时期马克思主义反对反马克思主义思潮的斗争. 上海. 上海人民出版社，1983.

44. 戴知贤，李良志. 抗战时期的文化教育. 北京：北京出版社，1995.

45. 肖东波. 中国共产党理论建设史纲：1921—1949. 北京：中共党史出版社，2004.

46. 严帆. 中央革命根据地新闻出版史. 南昌：江西高校出版社，1991.

47. 田子渝，等. 马克思主义在中国初期传播史：1918—1922. 北京：学习出版社，2012.

48. 陈晋. 毛泽东读书笔记解析. 广州：广东人民出版社，1996.

49. 唐宝林. 马克思主义在中国 100 年. 合肥：安徽人民出版社，1998.

50. 黄楠森，庄福龄，林利. 马克思主义哲学在中国的传播和发展（上、下）. 北京：北京出版社，1989.

51. 庄福龄. 中国马克思主义哲学传播史. 北京：中国人民大学出版社，1988.

52. 饶良伦. 土地革命战争时期的左翼文化运动. 哈尔滨：黑龙江人民出版社，1986.

53. 戴知贤. 十年内战时期的革命文化运动. 北京：中国人民大学出版社，1988.

54. 上海市哲学社会科学学会联合会. 中国社会科学家联盟成立55 周年纪念专辑. 上海：上海社会科学院出版社，1986.

55. 郭湛波. 近五十年中国思想史. 济南：山东人民出版社，1997.

56. 程伟礼. 先知的足迹：中国早期马克思主义者的心路历程. 郑州：河南人民出版社，1996.

57. 马嘶. 1937 年中国知识界. 北京：北京图书馆出版社，2005.

58. 朱鸿召. 延安文人. 广州：广东人民出版社，2001.

59. 张剑平. 中国马克思主义史学研究. 北京：人民出版社，2009.

60. 洪认清. 抗战时期的延安史学. 合肥：安徽大学出版社，2006.

61. 李衍柱. 马克思主义文艺理论在中国. 济南：山东文艺出版社，1990.

62. 朱立元. 马克思主义文艺理论中国化研究. 北京：经济科学出版社，2009.

63. 陈峰. 民国史学的转折：中国社会史论战研究：1927—1937. 济南：山东大学出版社，2010.

64. 孙宏云. 中国现代政治学的展开：清华政治学系的早期发展（一九二六至一九三七）. 北京：生活·读书·新知三联书店，2005.

八、国外著作

1. 斯诺. 西行漫记. 胡仲持，译. 北京：生活·读书·新知三联书店，2012.

2. 迈斯纳. 李大钊与中国马克思主义的起源. 北京：中共党史资料出版社，1989.

3. 德里克. 革命与历史：中国马克思主义历史学的起源：1919—1937. 翁贺凯，译. 南京：江苏人民出版社，2005.

4. 舒衡哲. 张申府访谈录. 李绍明，译. 北京：北京图书馆出版社，2001.

5. 李博. 汉语中的马克思主义术语的起源与作用. 赵倩，译. 北京：中国社会科学出版社，2003.

6. 比彻. 学术部落及其领地：知识探索与学科文化. 唐跃勤，等译. 北京：北京大学出版社，2015.

7. 罗梅君. 政治与科学之间的历史编纂：30 和 40 年代中国马克思主义历史学的形成. 孙立新，译. 济南：山东教育出版社，1997.

8. 实藤惠秀. 中国人留学日本史. 谭汝谦，林启彦，译. 北京：

北京大学出版社，2012.

9. 石川祯浩. 中国共产党成立史. 袁广泉，译. 北京：中国社会科学出版社，2006.

九、学术论文

1. 郑大华. 中国文化保守主义研究的几个问题. 天津社会科学，2005（2）.

2. 吴汉全. 邓初民《新政治学大纲》（1940 年）的学术贡献：纪念邓初民诞辰 120 周年. 政治学研究，2009（3）.

3. 吴汉全. 历史·历史学·历史哲学：李大钊对历史学几个相关概念的马克思主义诠释. 江海学刊，2004（2）.

4. 吴汉全. 李大钊与中国近代史研究. 近代史研究，2003（3）.

5. 吴汉全. 试论中共根据地时期的马克思主义学术建设. 湖南师范大学社会科学学报，2019（5）.

6. 吴汉全. 李大钊与中国马克思主义社会学的创建. 河南师范大学学报（哲学社会科学版），2002，29（4）.

7. 左玉河. 西学移植与中国现代学术门类的初建. 史学月刊，2001（4）.

8. 郑师渠. 论欧战后中国社会文化思潮的变动. 近代史研究，1997（3）.

9. 李良明. 蔡和森：中共党史学史的开拓者：读《中国共产党史的发展（提纲）》. 湘潮，2015（3）.

10. 阎书钦. 话语与理念的离合：民国时期社会科学范式的多重歧异. 河北学刊，2014，34（5）.

11. 阎书钦. "新兴社会科学"的兴起与马克思主义社会科学话语体系的构建. 中共党史研究，2015（4）.

12. 阎书钦. 亦学亦政：民国时期关于政治学研究范式的论争：兼论民国政治学的学术谱系. 武汉大学学报（哲学社会科学版），2016（6）.

13. 向燕南. 新社会科学运动（1920 年代末至 1930 年代中）与中国社会科学的发展. 学术研究，2005（4）.

14. 向燕南. 20 世纪二三十年代中国新社会科学运动与史学发展的新境界. 江海学刊，2008（3）.

15. 姚宏志. "新启蒙运动"概念的首倡者是邓演达. 中共党史研究，2011（6）.

16. 王向民. 学科与学术：中国 20 世纪 30 年代政治学的建立. 政治学研究，2008（3）.

17. 王浦劬. 近代中国政治学科的发轫初创及其启示. 政治学研究，2019（3）.

18. 欧阳军喜. 论抗日战争时期的"学术中国化运动". 中共党史研究，2007（3）.

19. 何勤华. 中国近代法理学的诞生与成长. 中国法学，2005（3）.

20. 周一平. 蔡和森著《中国共产党史的发展》研究. 史林，1992（2）.

21. 罗志田. 西学冲击下近代中国学术分科的演变. 社会科学研究，2003（1）.

22. 刘辉. 民国时期中共党人的"社会科学"观初探. 人文杂志，2008（6）.

23. 耿化敏. 何干之与二十世纪三十年代的左翼文化运动. 中共党史研究，2012（12）.

24. 吕惠东. 1930 年代左翼社会科学家群体的多维考察. 南通大学学报（社会科学版），2015（3）.

25. 孙宏云. 由"经济"到学术：现代政治学科在北京大学的建立. 中山大学学报（社会科学版），2010（4）.

26. 陈汉楚. 三十年代马克思主义在中国的传播. 社会科学，1982（8）.

27. 张磐石. 我所了解的北平左翼文化运动. 北京党史资料通讯，1984（21）.

28. 王晓岚. 抗战时期中国共产党在国统区的办报活动与宣传策略. 北京党史研究，1996（1）.

29. 唐正芒. 抗战时期大后方反对国民党文化专制政策的斗争. 湘潭大学学报，1999（1）.

30. 陈之符. 从国民党的内部报告看其文化专制统治. 出版史料，1990（2）.

31. 张世飞. 中国马克思主义政治学史的指导思想、理论基础与方法. 政治学研究，2011（4）.

32. 张克明. 北洋政府查禁书籍、报刊、传单目录：1912 年 7 月到 1928 年 3 月. 天津社会科学，1982（6）.

33. 李方祥. 二十世纪三四十年代"学术中国化"与"马克思主义中国化"的思潮互动. 中共党史研究，2008（2）.

34. 王海军. 抗战时期马列著作翻译与传播的历史考察：以陕甘宁边区为中心. 中共党史研究，2011（5）.

35. 王海军. 抗战时期国共两党在书刊发行领域的博弈. 中共党史研究，2014（4）.

36. 王海军. 土地革命战争时期社会科学工作者对马克思主义经典著作的翻译与传播评析. 马克思主义研究，2013（3）.

37. 王海军. 试论中国历史语境下早期知识分子对马克思主义的选择性传播. 教学与研究，2013（6）.

38. 王海军. 抗战时期陕甘宁边区"红色图书"出版发行探析. 新闻与传播研究，2011（4）.

39. 张钊. 抗战期间国民党政府图书审查机关简介. 出版史料，1985（4）.

40. 王冠中. 中国马克思主义政治学学科初建探析. 政治学研究，2008（3）.

十、外文资料

1. FAIRBANK J K. The Cambridge history of China，Vol. 12，Republican China，1912—1949.

2. SILLS D L. International encyclopedia of the social sciences，New York：Macmillan，1968.

3. MERRIAM C E. New aspects of politics，Chicago：The University of Chicago Press，1925.

4. FENG J H. Disciplining China with the scientific study of the state：Lu Zhengxiang and the Chinese social and political science association，1915—1920. History of Science，2015，53（1）.

5. SCOTT J B. The Chinese political science association. The American Journal of International Law，1916，10（2）.

6. DEWALL W V. The Chinese social and political science association. Weltwirtschaftliches Archiv，1917，9.

7. Association for Asian Studies，The Far Eastern Quarterly，1945，4（2）.

8. MIN-CH'IEN T Z，TYAU. Two Years of nationalist China. Shanghai：Kelly and Walsh Limited，1930.

9. BARROW C W. The Marx problem in Marxian state theory. Science & Society，2000，64（1）.

10. XU Z B. The revival of political science in China，Political Science & Politics，1984，17（4）.

十一、数据库、网站

1. 全国报刊索引
2. 北京大学图书馆民国旧报刊数据库 162. 105. 138. 11.
3. 中共党史经典文献数据库
4. 中国近代报刊库
5. 中国近现代思想及文学史专业数据库
6. 瀚堂近代报刊数据库
7. 瀚文民国书库
8. 红色报刊档案数据
9. 大成老旧期刊全文数据库
10. 民国文献大全
11. 中国近代报刊库
12. 台北国父纪念馆中山学术资料库
13. 中正文教基金会数据库
14. 马克思主义研究网

附录1 中国共产党领导马克思主义哲学社会科学发展方针政策部分文献统计表 (1919—1949)

文献	作者	时间
《中国的共产主义运动》	张太雷	1921 年 6 月 10 日
《广州共产党的报告》	中共中央	1921 年 7 月
《教育宣传问题议决案》	中共中央	1923 年 11 月
《上海地方报告》	中共中央	1924 年 5 月
《对于宣传工作之议决案》	中共中央	1925 年 1 月
《关于宣传部工作议决案》	中共中央	1926 年 7 月
《关于国民党左派问题决议案》	中共中央	1926 年 12 月
《宣传工作的目前任务》	中共中央	1928 年 7 月 10 日
《中共中央关于苏区宣传鼓动工作决议》	中共中央	1931 年 4 月 21 日
《论我们的宣传鼓动工作》	张闻天	1932 年 11 月
《中共中央关于纪念马克思逝世五十周年的决议》	中共中央	1933 年 2 月 17 日
《在第二次全国苏维埃代表大会上的报告》	毛泽东	1934 年 1 月 24 日
《中共陕北特委给中央驻北方代表孔原的信》	中共中央	1934 年 11 月
《总政治部关于宣传教育工作要点的指示》	中共中央	1935 年 4 月 1 日
《中共中央书记处关于北方局工作给刘少奇等的指示信》	中共中央	1936 年 8 月 5 日
《张闻天给刘少奇的信》	张闻天	1936 年 8 月 9 日

续表

文献	作者	时间
《关于白区工作中的一些问题》	张闻天	1936 年 10 月 18 日
《在中国文艺协会成立大会上的讲话》	毛泽东	1936 年 11 月 22 日
《关于白区的党与群众工作》	刘少奇	1937 年 5 月
《毛泽东在鲁迅艺术学院的讲话》	毛泽东	1938 年 4 月 28 日
《毛泽东等关于改进抗大分校教育计划的意见给朱德等的电报》	中共中央	1939 年 3 月 6 日
《中共中央书记处关于宣传教育工作的指示》	中共中央	1939 年 5 月 17 日
《在延安在职干部教育动员大会上的讲话》	毛泽东	1939 年 5 月 20 日
《中央军委关于抗大工作的指示》	中共中央	1939 年 7 月 25 日
《中共中央书记处关于干部学习的指示》	中共中央	1940 年 1 月 3 日
《中共中央书记处关于办理党校的指示》	中共中央	1940 年 2 月 15 日
《中共中央书记处关于开展抗日民主地区的国民教育的指示》	中共中央	1940 年 3 月 18 日
《中共中央书记处关于在职干部教育的指示》	中共中央	1940 年 3 月 20 日
《中共中央关于发展文化运动的指示》	中共中央	1940 年 9 月 10 日
《中共中央宣传部、中共中央文化工作委员会关于各抗日根据地文化人与文化团体的指示》	中共中央	1940 年 10 月 10 日
《中共中央宣传部关于提高延安在职干部教育质量的决定》	中共中央	1940 年 10 月 20 日
《中共中央青委给少共国际的信（通讯第八号）》	中共中央	1941 年 8 月 18 日
《彭德怀、左权、罗瑞卿为加强干部文化教育给各兵团的电报》	中共中央	1941 年 10 月 15 日
《中共中央关于延安干部学校的决定》	中共中央	1941 年 12 月 17 日
《文化课本》序言	毛泽东	1942 年 1 月 17 日
《中央军委、总政治部关于军队干部教育的指示（第四号——文化教育）》	中共中央	1942 年 2 月 11 日
《在中央党校第二部开学典礼上的讲话》	毛泽东	1943 年 8 月 8 日
《中共中央宣传部关于延安机关学校政治教育的通知》	中共中央	1944 年 2 月
《在延安大学开学典礼上的讲话》	毛泽东	1944 年 5 月 24 日
《在抗大七分校的讲话》	毛泽东	1945 年 10 月 25 日

续表

文献	作者	时间
《中共中央工委关于禁止毁坏古书、古迹的指示》	中共中央	1947 年 7 月 10 日
《中共中央宣传部关于新收复城市大学办学方针的指示》	中共中央	1948 年 7 月 13 日
《中共中央关于党校教学材料的规定》	中共中央	1948 年 9 月 15 日
《中共中央关于把编印马恩列斯文献及中央重要文献之权统一于中央给华东局的指示》	中共中央	1948 年 11 月 22 日
《对马列学院第一班学员的讲话》	刘少奇	1948 年 12 月 14 日
《中共中央关于中央政策研究室业务的通知》	中共中央	1948 年 12 月 15 日
《中共中央关于改革平津两市学校教育的指示》	中共中央	1949 年 2 月 15 日
《在中华全国文学艺术工作者代表大会上的政治报告》	周恩来	1949 年 7 月 6 日
《中共中央宣传部关于出版物的规定》	中共中央	1949 年 8 月 4 日
《毛泽东转发华北人民革命大学第一期教育经验总结的批语》	毛泽东	1949 年 8 月 5 日
《中共中央关于改革律师制度的指示》	中共中央	1949 年 9 月 2 日

附录 2　教育宣传委员会组织法^① (1923 年 10 月)

一、教育宣传委员由 C. P. 及 S. Y. 两中央协定委派委员组织之；其政治上的指导直隶于 C. P. 中央，并对之负责；至于组织上工作上之分配，概依两中央之协定议决而定，自当服从此等议决而于指定期间执行每次所分配之工作。

二、教育宣传委员会之职任，在于研究并实行团体以内之政治上的主义上的教育工作以及团体以外之宣传鼓动。

三、教育宣传委员会暂时可分为下列诸部：

1. 编辑部

2. 函授部

3. 通讯部（information bureau）

4. 印行部

5. 图书馆

四、编辑部中包括八种出版品：

1.《新青年》季刊——学理的马克思主义的研究宣传机关（C. P.）。

2.《前锋》月刊——中国及世界的政治经济的研究宣传机关（C. P.）。

3.《向导》周刊——国内外时事的批评宣传机关（C. P.）。

4.《党报》（不定期刊）——党内问题讨略［论］及发表正式的议决案报告等之机关（C. P.）。

---

① 中国社会科学院新闻研究所. 中国共产党新闻工作文件汇编：上卷. 北京：新华出版社，1980：6-11.

5.《青年工人》月刊——青年工人运动的机关（S. Y.）。

6.《中国青年》周刊——一般青年运动的机关（S. Y.）。

7.《团镌》（不定期刊）——团内问题及发表正式文件（议决案及报告）之机关（S. Y.）。

以上每一种刊物均有一专门负责之人。

8. 小册子——尤其是为工人农民之通俗刊物为最要紧。

编辑部设二主任，一管 C. P. 刊物材料之分配，一管 S. Y. 刊物材料之分配。

五、函授部暂设下列诸门功课：

1. 经济学及社会进化史；

2. 社会学及唯物史观；

3. 社会思想及运动史，社会问题；

4. 国际政治及帝国主义；

函授办法即以各门之讲义或书籍定每月分印若干寄与各地地方组织，分发于同志或非同志之间（收回印刷纸张之成本）；各地阅者之疑问由函授部主任分发各门编讲义者答复。

（注一）此事开办第一步，当由印行部预算每千张讲义成本若干邮费平均若干，先定一价额（第一步之先尚当先问主撰者每月有多少字）；第二步，由中央根据于此预算价格，征求各地方同志之愿领讲义在一定期间报名；第三步即可开始发行。

六、通讯部之职任在于编译一切与运动及主义有关之文件及材料，——此等材料由编辑部两主任分配或由两中央直接交下。

通讯部大约可分下列几股：

1. 英文股

2. 俄文股

3. 法文股

4. 德文股

5. 日文股

6. 杂志股

7. 报纸股

8. 调查股

通讯部设主任一人。各股译员每月所翻译之材料目录及其来源用处

等项，都须报告主任以备查核统计。

七、印行部之职任在于经理印刷并发行刊物及讲义以至于党中团中其他出版品。对于刊物之分配于党或团内者当于印出后第一批发出。此种内部发行办法首先当有各地方组织之确定人数，按此人数发出后即向两中央收回书价（由两中央再于津贴地方费中扣去）。至于函授讲义则按各地方预定者发出，或可虚设一"社会科学函授社"登广告招生（非同志亦可）。发行其他出版物亦以周刊敏捷为第一要义。印行部设主任一人。

八、图书馆给供给同志研究主义及现实政治经济之用。凡所购书籍皆备两份，一份置北京（缓办），一份置上海。党、团及各工会之刊物至少须存四份于图书馆。以前之自己的刊物亦至少当收齐两份。国内北部同志借阅者向北京图书馆，在南部者——上海。两图书馆各设主任一人。书目当编送各同志；同志借书当定期还书（若第一次借书过六星期者不还者，第二次阅书期间即减至三星期；若第二次仍不按期还书即完全取消借书权）。书籍之保存主任员负全责，非有实不得已之原因，若书籍遗失，主任者负赔偿之责。

九、各地方委员会中当选定一人负教育宣传工作之责，其工作之指导权除属于地方委员会外，同时直接属于教育宣传委员会。此等负地方上教育宣传专责之地方委员亦为教育宣传委员会之一员。各地方平时大会除讨论两中央一切命令（政治及非政治的）之外，尚须讨论教育宣传委员会定期刊物之政治题目，其材料即以《向导》及《前锋》为根据，得自由添加其他题目。此外，各种劳工运动刊物亦与《向导》《前锋》相等，须由地方教育宣传委员整理其中材料随时提出大会讨论。讨论此等题目之经过及结论，每月当另作一报告呈送教育宣传委员会。

十、各地方至少当组织读书会性质的马克思研究会（表面上可取任何名目）。同时可以吸收非同志。此等读书会由地方教育宣传委员组织之。读书会根本材料可用函授部之讲义，地方教育宣传委员之报告除上条所述外，必须包含关于此类读书会之成绩，其内容暂可略定如下：

（一）一月内开会讨论次数。（二）会员多少（比上月之增减书目）？（三）开讨论会到者多少人？（四）会员中同志与非同志数目之对比，及两方人数比上月之增减。（五）到讨论会之同志与非同志数目之对比及两方人数比上月之增减。（六）一月中读书会各会员所读何书？（七）此

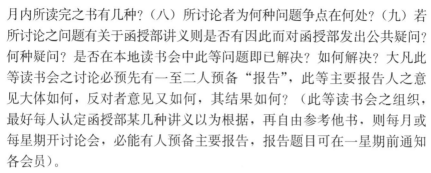

月内所读完之书有几种？（八）所讨论者为何种问题争点在何处？（九）若所讨论之问题有关于函授部讲义则是否有因此而对函授部发出公共疑问？何种疑问？是否在本地读书会中此等问题即已解决？如何解决？大凡此等读书会之讨论必预先有一至二人预备"报告"，此等主要报告人之意见大体如何，反对者意见又如何，其结果如何？（此等读书会之组织，最好每人认定函授部某几种讲义以为根据，再自由参考他书，则每月或每星期开讨论会，必能有人预备主要报告，报告题目可在一星期前通知各会员）。

十一、各同志自由发表之文章、书籍（杂志）凡稍有政治性质者，必须送两本与教育宣传委员会存图书馆。

十二、教育宣传委员会每月至少开会一次，审查各部成绩并讨论进行方法。

编辑部当报告出版成绩——某种刊物已出几期，此月中所注重之问题何在，何故注重于此数问题。

函授部当报告函授讲义内容之大概并所答复之问题之性质数目（造统计表）。

通讯部报告一月中所编译之材料及文件——此等材料之用处；编译是否按期交到，如不能按期则何故（造统计表）？

印行部报告分布刊物之成绩，出卖品刊物之销数及收入（造统计表）。

图书馆报告新购书籍数目，所收到之赠送书报（本团本党尤为重要），借书人数，所借书之种类、册数，还书数目（是否不愆期），（造统计表）。

十三、教育宣传委员会开会，至少须有下列负责办事人员或其代表人之出席：两中央各一人，五部主任各一人，但编辑部二人。教育宣传委员会当于此八人中选一书记，其常会由书记召集，一切会务文件概归书记负责保管整理。

教育宣传委员会之临时会得由任何一中央或经两部主任之要求由书记召集之。

十四、于可能时经两中央之许可，教育宣传委员会得召集全国各地方教育宣传职员会议即扩大的教育宣传委员会。

附录3 原延安中央研究院各研究室的计划^①

中国政治研究室一年半计划

一、目的——从事中国社会各阶级、各党派，各种政治制度及政治思想之历史的和现状的研究，培养能掌握新民主主义政治理论的理论干部为目的。

二、方针——根据院长及主任的指示并依照本室同志的具体情况，目前的研究方针应该是作长期打算，从基本着手，因此，在一年半以内，应以中国革命问题为研究的主要内容，同时配合研究马列主义、中外历史等。

三、研究内容：

1. 中国革命问题

2. 联共党史、中国通史、西洋史

3. 外国文

4. 时事

四、时间的分配：

1. 中国革命问题——每日三小时

---

① 温济泽，等. 延安中央研究院回忆录. 北京：中国社会科学出版社，1984：265-291.

2. 联共党史——每日二小时

3. 外国文——每日一小时

4. 读报——每日二小时

五、研究方法及步骤：

1. 关于中国革命问题的研究

A. 第一、二、三章半年完成（计划另定之）

B. 看书作札记，分组质疑、座谈、大组讨论、结论

C. 参考书分基本的与补充的两种，基本的必须详读，并作札记，补充的可选读之

2. 关于联共党史的研究：基本上随全院计划进行，但不读一般的参考书，而是围绕联共党史读列宁的名著，如《做什么?》《进一步，退两步》《二月革命到十月革命》《"左派"幼稚病》《无产阶级革命与叛徒考茨基》等（半年完成计划另订之）

3. 关于时事的研究：除详读《解放日报》的国内版、边区版，及有关本部门学习的社论、专论以外，并须读大后方的报纸、杂志，以了解中国的政治情况和政治动向，并分内政、党务、财政经济三组作札记，时事讨论应着重国内问题

六、组织及会议：

1. 为了便利于质疑和座谈，将全室分为三个研究小组，每组设组长一人

2. 中国革命问题、联共党史、时事各设组长一人，由研究小组长分兼之

3. 全室设秘书一人

4. 大组讨论会每两周一次，分组座谈按需要临时决定

5. 行政会议每月一次

6. 总结会半年一次

7. 平均每周两次会

中国经济研究室工作计划

一、总的任务：

研究战时中国经济的动态，批判一切不正确的经济思想，研究根据地的新民主主义经济。

二、根据本室总的任务暂分组如下：

1. 大后方经济研究组——研究目前大后方的经济动态，研究鸦片战争以来的经济发展

2. 经济思想批判组——研究与批判中国现在的与过去的各种不正确的经济思想

3. 边区组——首先研究陕甘宁边区经济，然后再研究其他抗日根据地经济

三、分工：各组的具体工作如下：

甲、大后方经济研究组

1. 搜集与研究大后方战时经济材料

2. 编制卡片

乙、经济思想批判组

1. 搜集、研究与批判马寅初、李权时、梁漱溟、阎锡山、孙中山等的经济思想材料

2. 编制卡片

丙、边区经济组

1. 搜集与研究边区经济材料

2. 编制卡片

四、注重搜集材料，研究材料，熟悉材料，不急于著述。

中国文化思想研究室计划

一、目的：

研究中国思想文化发展的历史和现状，掌握革命的思想方法和文化政策。

二、原则：

由于本室研究人员的理论准备一般都很低，不能立刻担任起深刻研究的工作，又由于文委需通过本室来搜集一些当前的材料，所以本室的计划依以下的原则来确定。

1. 一面学习各方面的知识，一面作本室的研究工作

2. 最初一年偏重学习，以后加重研究，又最初是着重搜集材料，以后再进行研究材料

3. 随时注意当前的思想文化状况

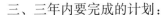

三、三年内要完成的计划：

1. 研究工作方面：

a. 搜集及编辑中国文化思想史料（半年内完成近代的，最迟三年完成古代的）

b. 写成中国近代思想史（一年半完成）

c. 编成中国哲学思想史（三年完成）

d. 依据中国革命经验写成中国的辩证法唯物论（两年内完成，一年内搞出初步成绩）

e. 研究中国民间的思想意识的状况（首先调查边区的）

f. 按期（每两月或三月）作文化思想动向的情报

2. 学习方面（配合全院的学习计划）：

a. 中国历史特别是近代中国革命及中国党史

b. 西洋史、联共党史、马列主义

c. 中国哲学史（一般教科书的阅读）

d. 西洋哲学史、形式伦理学、辩证法

e. 外国文（每人学一种）

f. 看报及看文件

g. 自然科学知识

h. 文艺作品及文艺理论知识

i. 熟悉中国的一些重要的思想文化古典书籍，如《大学》《中庸》等

四、今年的计划：

1. 第一年学习与工作的分配上，依照院务会议的决定把较多的时间给予学习方面，本室的时间分配是：

一般的学习每日四小时（包含看报一小时、外国文一小时、全院课二小时），本室专门的学习，二小时搜集，研究工作二小时

2. 要完成的工作：

a. 编辑近代思想史料（中国近百年学案，本室只担任搜集五四以来的资料）及国民党过去与现在的资料

b. 结束以前未完的抗战以来文化思想材料的搜集

c. 编写抗战以前各种思想的批判研究

d. 初步调查边区民众的文化思想生活

e. 编辩证法唯物论的初步提纲

f. 每两月或三月作文化情报一次

以上 a、b、c 项由全研究室各员担任，d、e 两项组织小组担任，f 项由艾思奇、陈唯实担任。

3. 本院的学习计划读以下各书：

a. 西洋哲学史（及一些古典的翻译）

b. 形式伦理学

c. 中国哲学史（及一些中国重要的古典书籍）

以上计划希望能在半年中读完，然后另定新的计划，如半年不能读完，可延到年底。

五、会议制度：

室务会议（检查工作、学习讨论、文化思想汇报）每月一次。

学习会（读书讨论）每半月一次，必要时变通。

研究报告（或搜集材料的总结）每月一次。

时事座谈两周一次。

党的小组两周一次。

中国教育研究室工作计划

（一）目的：

研究创立新民主主义教育的理论和实际，并从研究中培养掌握教育理论的干部。

（二）为达到这个目的，研究内容包括下面几方面：

1. 学习马列主义的基本理论和方法

2. 研究学习一般历史社会知识，特别是中国的历史社会知识

3. 学习外国文与经常注意研究时事动向及策略

4. 补习生物学与心理学的普通知识

5. 研究批评各种教育理论、历史与现况：

a. 我、友、敌、伪教育现况；

b. 教育史——中国教育史和西洋近代教育史（文艺复兴后）的研究；

c. 研究现代教育思潮：马恩列斯论教育，杜威教育思想，日德意军国民教育，苏联社会主义教育，蒋介石、陈立夫教育思想，陶行知的

生活教育，国内各派教育思潮（乡村建设运动，平民教育，中华职业教育，广西国民教育等）。

（三）研究时间：暂定三年

（四）研究工作的几个原则：

1. 包括工作与学习两方面，本室研究工作要与中宣部国教科工作相互配合

2. 本总的目的与内容、时间，订出共同的研究计划，并照顾（在此计划下）个别同志的特长与兴趣

3. 适当采用"做上学"的原则

4. 继续采用"个人负责，集体研究"的办法

5. 对于某些必修科有基础的同志应多做些工作

（五）研究内容第1、2、3条，按院部计划进行，4、5条以每周24小时计，规定研究程序。

（六）一九四二年本室研究以根据地国民教育为中心并配合其他研究工作，其计划如下：

1. 调查研究根据地的小学教育、社会教育及师范教育，以陕甘宁边区为主要对象

2. 完成陶行知、杜威，苏联社会主义教育，日德意军国民教育，乡村建设，平民教育，中华职业教育，广西国民教育的批评与研究

3. 完成国民党教育理论与实际的初步研究

4. 筹办心理学试验室

5. 拟编写教育资料：

a. 陶行知教育论文选集

b. 马恩列斯论著

c. 国民党教育理论与实际

d. 教育论丛第一辑

e. 新民主主义的乡村教育

f. 近代各种教育法的介绍（中宣部规定）

（七）一九四三年以研究中外教育史为中心，其计划如下：

1. 中国现代教育史

2. 外国现代教育史

3. 补习生物学与心理学

4. 下乡调查考察三四个月

5. 继续调查研究各根据地、国民党区、敌伪的教育现况

6. 筹办试验乡村师范与乡村小学

7. 编写教育论丛第二辑，如前期编写计划未完成则继续完成

（八）一九四四年以研究教育基本原理及各种基本问题为中心。其计划：

1. 研究教育一般原理，创作新民主主义教育理论

2. 研究教育的各个基本问题：教育行政，学制，教育法，教育课程教材，社会教学

3. 试验师范与小学

4. 继续调查研究各根据地、国民党区，敌伪的教育现况

5. 编写"新民主主义教育论"，教育论丛第三辑

（九）经常帮助、推动新教育学会工作。

（十）1942 年研究任务的分工与时间的分配：

甲、时间的分配：

1. 现代教育思潮的研究与讨论四个月（包括读俄文、外国文、读报、研究马列主义一般知识）：

陶行知的生活教育讨论研究一个月

杜威教育思想的讨论研究一个月

苏联社会主义教育讨论研究一个月

军队国民教育及中国乡村教育各派思想的讨论与研究一个月

2. 根据地、国民党、敌伪教育材料的调查整理与研究七个月（包括一般知识、马列主义、外国文、读报时间）：

3. 生产时间一个月

乙、任务的分工：

1. 根据地教育小组：

边区小学教育　　　　　　华子扬

边区教育史料　　　　　　王志匀

边区教育行政　　　　　　翟定一

边区师范教育　　　　　　石兰，董纯才（注：董纯才同志将边区材料整理后，今后整个边区的师范教育材料的搜集与研究，由石兰同志负责）

社会教育　　　　　　　　目前缺人

2. 国民党教育的调查研究与分工：

国民党教育小组：组长张健

调查大后方教育人物六个月结束

大学教育　　　　　　　　封梧

中学教育　　　　　　　　李冰洁

小学教育　　　　　　　　张健

社会教育　　　　　　　　席道崇

3. 教育思潮材料的搜集、整理的分工：

苏联教育思想　　　　　　李清、罗迈

杜威教育思想　　　　　　薛尔同志于三月底以前整理出来

苏联社会主义教育　　　　由董纯才同志于五月底以前完成

德日意军国民教育　　　　由席道崇于六月底完成

乡村建设、平民教育、中华职业教育、广西教育，利用中宣部过去整理的材料

陶行知教育的批评论文　　张健同志于三月十五日前完成

4. 敌伪教育现况：　　　　　陈壁如

5. 编写教育资料的分工：

陶行知教育论文选集，张健三月间完毕；

近代各种教育法的介绍，陈壁如于四月底完成；

国民党教育理论与实际，国民党教育小组共同负责，由张健执笔，于九月底完成；

新民主主义的乡村教育，由根据地教育小组共同负责，华子扬执笔，九月底完成；

马恩列斯论教育，薛耳同志负责，六月底完成；

教育论从第一辑，全室同志在研究过程中由写论文或选别人的教育论文而成。

6. 薛尔同志于编写马恩列斯论教育后，着手筹办心理学试验室，并整理生理学、心理学材料，准备明年补写之用。

（十一）本计划经全室同志讨论，经研究指导处批准后施行，若有更改时，也须经全室同志讨论与得到研究指导处的同意。

中国教育研究室半年研究工作计划

一、目的：

A. 为着新民主主义教育在理论上和实际上的建设

B. 提高自己，能够掌握新教育

二、任务：目前的任务是调查研究中国的三个地区——我党领导下的各抗日根据地、国民党统治下的大后方、敌战区，从抗战以来的一般教育状况，包括教育思潮、教育政策、制度方法实行等问题，特别以学校教育为研究中心，以期于半年内对于新民主主义的中学及小学教育建设能够得出初步的具体的建议。

三、抗日根据地教育研究小组：

A. 研究内容：主要调查研究陕甘宁、冀察晋二边区的中学教育、师范教育、小学教育、社会教育及新教育理论、法令、学制、课程等问题

B. 分工：

石兰：调查研究中学及师范教育

华子扬：调查研究小学及社会教育

翟定一：调查研究小学及社会教育

新教育理论、法令、学制、课程等问题，由本组同志共同研究，本小组由华子扬兼小组长

C. 研究时间为六个月，材料尽量于三个月（底）收集完毕，并于明年三月底以前整理出初稿来

四、国民党统治下的教育研究小组，小组长薛尔。

A. 研究内容：决分四项：

（1）国民党教育思潮，政策、法令、学制等

（2）学校教育，包括高等教育、中学及职业教育，师范及小学教育

（3）社会教育

（4）特种教育

B. 分期研究：共分三期

第一期，第一、二两项，时间为四个月

第二期，社会教育

第三期，特种教育，研究时间以后决定

C. 第一期研究的分工：

薛尔：调查研究中国教育思想、政策、法令、学制等

封梧：调查研究大学及专门教育

张健：调查研究师范及小学教育

薛尔要在二月内研究完毕，整理出材料来，然后参加别部分工作，其他三同志均须明年一月底以前整理出初稿来

五、敌伪教育研究组：小组长陈壁如

A. 研究内容：主要研究敌伪教育政策、法令制度、中学教育、小学教育、社会教育等问题

B. 分工：

陈壁如：调查研究敌伪教育政策中学以上的教育

薛尔：调查研究敌伪小学及社会教育、法令制度

C. 研究时间为三个月，务须于今年底以前整理出初稿来。

六、各组及各组员，根据研究内容与分工订出 40 天（到 10 月底）的工作计划来，着手进行工作，以便迅速走上轨道。

七、每周实际工作时间为 30 小时，党的政策、方法的研究 10 小时，每两周间讨论政治动向一次，自由支配时间（包括读外国文在内）为 8 小时。

中国教育研究室全体通过

1941.9.20

中国新闻研究室工作计划草案

（一）任务

从中国新闻事业的研究，培养通晓新闻事业的理论与实际，具备历史社会的具体知识，以掌握时事政治动向及党的新闻政策，并有写作能力的新闻工作干部。

（二）决定计划的原则

A. 使本业的研究计划同全院一般理论和一般文化政治教育获得适当的配合

B. 本业的研究应从中国新闻事业之现状、历史及理论三方面进行调查研究，而了解中国新闻事业现状，应是经常的工作

C. 经常的研究时事策略，并补充有关中外时事问题的具体知识

D. 有计划地补充中国历史、中国社会的具体知识

E. 有计划地进行实习，对与本业有关的各机关、团体建立必要的联系

（三）本业的研究计划和时期

A. 第一期：8 个月，1941 年 11 月到 1942 年 6 月，以调查研究中国报纸事业的现状、一般概况，编写成材料书，在此时期内到解放社实习一个月，并补充中国政治方面之具体知识

B. 第二期：半年，1942 年 7 月到 12 月，下乡实习，补充"陕甘宁边区"的具体知识，并研究和练习采访通讯的写作和组织工作

C. 第三期：半年，1943 年 1 月到 6 月，研究新闻事业的一般理论与实际诸问题为中心，同时补充中国经济方面之具体知识

D. 第四期：一年，1943 年 7 月到 1944 年 6 月，研究中国新闻事业的历史为中心，继续调查研究中国报纸及主要杂志的现状，同时补充中国文化教育方面之具体知识

（四）研究时事策略的办法

A. 以《解放日报》为中心，配合中央决议指示及其他材料进行之

B. 精读《解放日报》研究其社论、专论，并分版研究时事，每半年轮换一次，并补充有关时事问题的具体知识，其分组办法如下：

1. 以大西洋为中心的欧与非洲（第一组）

2. 以太平洋为中心的远东与美澳（第二组）

3. 国内大后方国民党统治区（第三组）

4. 国内各抗日根据地和沦陷区（第四组）

C. 精读《中央日报》《大公报》《扫荡报》等报纸之重要社论

D. 学习分析时事问题的方法，练习写作技能，规定每人每月写评论一篇，提出讨论

E. 时事座谈会，具体知识或专门问题座谈会，均于两周举行一次，遇有重大事件或紧急问题，则及时布置讨论会

（五）研究时间的分配

A. 一般的学习每周 18 小时

B. 研究时事策略与补充具体知识：每周 14 小时

C. 本业：专门研究：每周 16 小时

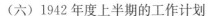

（六）1942 年度上半期的工作计划

A. 学习联共历史：王禹明、吴景直、邓泽、陈明、臧剑秋、陈白林、何定华、吴越。

B. 学习外国文：①俄文：王禹明、臧剑秋、王海原、黄铸夫、陈白林、吴越；②英文：陈明、邓泽、吴景直；③日文：何定华

C. 研究时事策略的分工，

①第一组：陈白林、何定华

②第二组：黄铸夫、陈明、吴越

③第三组：吴景直、臧剑秋、邓泽

④第四组：王禹明、王海原

D. 补充中国政治方面的具体知识

1. 蒋介石的政治思想

2. 国民党的历史和现状（包括三青团及特务组织）

3. 国民党统治的行政机构

a. 中央和省级组织系统

b. 地方行政机构（新县制与保甲制）

4. 各小党派的历史和现状

E. 全体加入青记延安分会为会员

F. 中国报纸事业现状的分工研究及完工日期：

1. 新华社、边区新闻事业现状：何定华（三月中旬完工）

2.《解放日报》（集体分工研究）

3. 大众读物社、《边区群众报》：陈白林（四月底完工）

4.《新华日报》华北版：陈明（四月中旬完工）

5. 华北根据地报纸事业概况、《晋察冀日报》、《晋西北抗战日报》：魏晨旭（三月底完工，如需休养则先完成前者）

6.《中央日报》：王禹明、吴景直、吴越（五月中旬完工，禹明自二月起休息）

7.《大公报》：王海原（五月中旬完工）

8.《扫荡报》：邓泽（五月底完工）

9. 青记协会、中央社、大后方报纸事业概况及重要人物：黄铸夫，何定毕（三月参加工作五月中旬完工）

10. 国民党及敌伪的出版发行政策：臧剑秋（五月中旬完工）

（七）附则

A. 本计划之四、五、六三部分适用于在院研究，出外实习之计划届时另定

B. 本计划由全体研究员会议讨论通过，经主任核定送研究指导处审查批准后实行，情况变化时得修改之，但仍须经指导处之计划届时另定

C. 秘书兼图书材料保管员，报纸每时事研究小组二份，剪报二份

1942 年 1 月 15 日
主任签字：

中国历史研究室研究计划（三年计划）

（一）总的方向

（a）目的在培养能掌握科学方法的历史学者，依据洛甫同志的指示，以一半时间从事日常工作，另一半时间加深理论修养。

（b）研究方式：个人独立研究与集体商讨相辅进行，以期逐渐养成独立研究之能力。

（c）工作依现有之人力，暂分三组：（1）近代史组；（2）农民土地组；（3）民族组。

（d）理论之研究学习，按期进行，暂以一年为一期，每期建立其中心方向：第一年为科学方法之修养；第二年为各种非科学的历史方法论之研究与批判；第三年则从事中国历史轮廓之研究，从实际运用中锻炼已学习之方法。

（二）三年工作概算

（a）近代史组

1. 中国通史简编下册（近代史之部）　　　范文澜

2. 苏维埃运动史　　　叶蠖生

3. 中国近代政治史　　　叶蠖生

4. 收集东洋近代史材料　　　李　徽

5. 抗战史　　　叶蠖生

6. 中国经济政治制度史　　　叶蠖生

7. 中国经学史　　　范文澜

8. 中国文学史

（b）农民土地组

1. 中国土地制度史　　　　　　　　　佟冬

2. 中国法制史　　　　　　　　　　　孙孝实

3. 中国农民战争史　　　　　　　　　刘亚生、宗箴

（c）民族组

1. 民族史　　　　　　　　　　　　　金灿然

2. 西南少数民族史　　　　　　　　　陈道

（三）半年内所拟即予完成之工作（大部为中央指定之工作）

1. 中国国文选（30 万字）由范文澜、齐燕铭、叶蠖生、金灿然、刘亚生、佟冬等合编

2. 中级中国史课本（20 万字）由叶蠖生、金灿然、刘亚生合编

3. 中国近代思想史料（仅全书之一部）由范文澜、齐燕铭、叶蠖生、金灿然参加

4. 中国文学史（20 万字），齐燕铭

5. 中国通史附录图表，由陈道、宗箴、孙孝实合编

6. 中国史初级教本（10 万字），佟冬

7. 参加院外授课者，范文澜、佟冬、陈道、孙孝实

（四）三年学习计划

（A）第一年　中心点为马列主义方法之研究与其他方面配合进行

1. 组织各种读书小组，自动参加为原则：

（研究员一般已读了基本理论书，有的读完《资本论》，有的读过一部分，其余如《私有财产之起源》《封建主义》《德国的革命与反革命》《拿破仑第三政变记》《法兰西内战》《德国农民战争》《俄国资本主义之发展》已有组织地读过）已组织如下三组：

联共党史读书组　　　参加者六人

中国通史读书组　　　参加者五人

时事研究组　　　　　全体参加

第一组配合学校现有之辅助课，并拟以党史为中心，进行阅读列宁、斯大林之重要作品（以党史每章所举出之各种为主）

第二组以中国通史简编为主，参阅有关各种史料

第三组则随总计划进行

2. 指定一二个同志经常搜集杂志报纸上之各种有关历史之文字，提供研究，暂定由孙孝实担任。

（B）第二年　中心点为各种非科学历史方法之研究批判，但马列科学方法仍加深研究

1. 各种读书组仍继续组织

2. 时事研究、材料搜集仍继续进行

3. 对各种非科学之历史方法加以研究批判，如布哈林、博克考夫斯基、普列哈诺夫，秋泽修二之国外的错误理论之检讨；刘知儿、郑樵、章学诚等中国古典方法之研究，胡适、梁启超、何炳松、王宜昌、朱谦之等历史观之批判等。

4. 马列科学方法之加深研究：可选读马恩列著作之一种或一种以上，作精密之研读。

（C）第三年　以实际研究史料为中心，仍继续加深理论之研究

1. 读书组、时事研究、材料搜集仍旧进行

2. 马恩列之名著继续选读

3. 具体分析中国史实，下列各史料可任选一种精研之：《史记》《汉书》《资治通鉴》《明史》《二十二史札记》等。

4. 研究有关之外国史以资旁证贯通，如埃及史、印度史、日本史、西洋史等。

（D）在三年中可任选一种外国文继续不断地研究以增多读书工具。

本计划在执行中可按期另订细目，实行有不合处得重新修改交指导处批准。

中国历史研究室
二月三日合订

国际问题研究室工作学习计划

一、研究——专门的与一般的（国家）

1. 时局动向

2. 各国现状——经济、政治、军事等方面

3. 各国革命史及一般历史

专门的研究

4. 学习一般理论——党史、哲学、中外历史、地理

5. 学习外国语　　　　一般的学习

二、每天时间分配

1. 外国语　　　　　　一小时

2. 一般理论　　　　　二小时

3. 阅读报纸　　　　　一小时

4. 现状研究　　　　　一小时

5. 历史研究　　　　　二小时

6. 自由支配　　　　　一小时

凡指定功课已学过者，可以免学，所留两小时，一小时作为现状研究时间，一小时作历史研究时间。

三、历史研究之二年计划

Ⅰ、第一个半年　　　　　　　六项各一个月

1. 帝国主义之特点，帝国主义间的矛盾，帝国主义时代的工人运动与民族运动

2. 第一次世界大战的发生、经过与结束

3. 战后资本主义第一时期（1918—1923）与第二时期（1924—1929）

4. 战后资本主义第三时期（1929 年后）

5. 从"九一八"到第二次世界大战之爆发

6. 第二次世界大战爆发到苏德战争

Ⅱ、第二个半年　　　　　　　　　三项各两个月

1. 资产阶级的初期革命运动　　　　二个月

2. 英国革命与美国独立革命　　　　二个月

3. 法国大革命　　　　　　　　　　二个月

Ⅲ、第三个半年

1. 产业革命　　　　　　　　　　　一个月

2. 宪章运动　1880 年法国革命　　　一个月

3. 空想社会主义与马克思主义之形成　二个月

4. 法国 1848 年革命　　　　　　　　一个月

5. 德国 1848 年革命　　　　　　　　一个月

Ⅳ、第四个半年

1. 第一国际　　　　　　　　　　　　二个月

2. 普法战争与巴黎公社　　　　　　　一个月

3. 欧洲民族独立统一运动　　　　　　一个月

4. 第二国际　　　　　　　　　　　　二个月

四、现状研究之一年计划

1. 第一个月——缅甸、印度、澳洲、新西兰

2. 第二个月——美国、中南美

3. 第三个月——苏联、法国

4. 第四个月——日本、德国

5. 第五个月——英国及其自治领

6. 第六个月——意大利

7. 第七个月——近东、土耳其、中东诸国

8. 第八个月——中欧、巴尔干诸国

9. 第九个月——西欧、西班牙、葡萄牙

10. 第十个月——北欧诸国

11. 第十一个月——非洲诸国

12. 第十二个月——中国外交关系与国民党外交政策研究，各国自然地理、经济地理、阶级关系、政党关系、政治组织、军事组织及其他

五、其他工作

1. 编制报纸杂志中关于国际问题论文材料的索引

2. 编制世界政治的经济的军事的地图

3. 编制国际每天大事日记及世界大事年表

4. 学习写作关于国际问题的论文小册子

六、会议制度

1. 时事讨论会每两星期开会一次

2. "现状研究"讨论会——每月开会一次（尽可能与时事讨论会合并举行）

3. "历史研究"讨论会——每月开会一次

4. 工作检讨会——约每月开会一次（可与党的小组会合并举行）

5. 党的小组会——每两星期开会一次（尽可能与其他会议合并举行）

七、研究方法

1. 个人分工研究，而又集体共同讨论——"历史研究"与"现状研究"由某人负责搜集关于某一问题的材料，在开会前三天应将材料整理好写成报告给别的同志事先看，然后讨论

2. 不只要耐心搜集尽可能丰富的具体材料，正确地选择材料，系统地整理材料，而且要给这些具体的材料抽象得出理论的法则来。讨论中所着重的不是背诵材料，而是讨论由具体材料所得出的结论

3. 经过集体讨论之后，各人须将其所提出的报告加以正确修改写成论文，最迟须在讨论会开过一星期内交出

4. 时事讨论会不只是背诵事实，而是着重于解释现状与把握动向，每次讨论后由主席将讨论结果写成"半月动向"，最迟须在讨论会开过后一星期内交出

5. 个人在研究过程中如有什么心得或发现什么问题要随时随地与其他同志交换意见，互相帮助，务使在开讨论会之前许多问题事先交换意见，小问题已得到解决，这样讨论会会更活跃更深刻，同时开会时间又可更经济

6. 个人自由地自动地学习写作国际问题的论文小册子

八、工作检查制度之建立

1. 每月编制索引工作须在下个月五号以前编制完毕交出

2. 每月国际大事日记须在下个月五号以前编制完毕交出

3. 世界大事年表须在每次"历史研究"讨论会后一星期内交出

4. 报告须在开讨论会以前三天至一星期写成交出，讨论会后一星期内须将论文写成交出

国际问题研究室一月份关于历史研究及现状研究计划

A. 研究题目：帝国主义与帝国主义内在矛盾（从 19 世纪末到 1914 年为止）

注意下面的几个问题：

1. 帝国主义之一般特点

2. 各帝国主义列强之特点

3. 各帝国主义列强间之矛盾

4. 帝国主义时代的工人运动——机会主义与经济基础

5. 帝国主义时代的民族运动

6. 从鸦片战争到第一次世界大战的中国

B. 研究分工：

1. 金沙——中国（第六个问题）

2. 牟焕奎——美国

3. 聂耶、梁寒光——英国

4. 杨博然——日本

5. 朱仲芷——德国（奥、匈）

6. 胡南——意大利

7. 郭靖——沙俄

8. 黎光明——法国

研究各国如何从自由资本主义转变成为独占资本主义，如何分割殖民地，各国与他国之间的矛盾，各帝国主义者之特点（包括了 2、3、4、5 问题）注意历史的研究。

第一问题、第四问题中对机会主义之一般研究，大家共同研究。第五问题中在上列各国所统治的民族以外的民族运动，则由胡南同志兼任研究。

C. 参考资料：

1. 共同的：《列宁选集》第七卷第四篇及第五篇

《列宁选集》第八卷全本（已读过者可以不读）

马·恩·马克思主义　P. 111-117　246-267

《斯大林选集》第一卷 P. 4-6　23-25

斯大林《马克思主义与民族问题》全本（如时间来不及可以看）

威尔斯《世界史纲》第 38 章第 9 节至第 39 章第 6 节

2. 个别的：各国社会经济史

其他材料按照自己所有的时间去找去读

D. 讨论时间

1. 二月十二号上午开始讨论

2. 二月八号以前，大家都要把材料整理好，供大家看

第二个月的学习工作计划

历史研究题目：第一次世界大战之原因、经过与结束

1. 第一次世界大战发生之原因是什么？

2. 第一次世界大战之性质

3. 马克思主义者对战争之态度如何？

4. 第二国际之破产

> 这四个题目共同研究

5. 第三国际之建立

6. 第一次世界大战之经过——德国为什么失败？协约国为什么战胜？

7. 第一次世界大战之结束——凡尔赛条约所建立的世界体系

8. 民族自决权问题

共同参考书：《列宁选集》第九卷全本（P. 13−270）

列宁：《社会主义与战争》

《联共党史简明教程》第六章第一节至第三节

《世界史纲》第 39 章第七节至第十二节

《马克思列宁主义论战争与军队》（P. 53−70）

研究分工：

1. 第一次世界大战之原因　杨博然

2. 同盟国为什么失败？德国如何利用上次失败之经验　金沙

3. 协约国为什么胜利？英美现在如何利用上次胜利的经验　牟焕奎

4. 凡尔赛和约体系　郭靖

5. 在第一次世界大战时期的民族运动　胡南

讨论日期：三月廿三日讨论

附录4 以《新青年》与《东方杂志》为中心的"东西文化论战"文献资料统计

序号	文献	作者	来源
1	《东西民族根本思想之差异》	陈独秀	《青年杂志》1915年第1卷第4期
2	《文明与道德》	恽代英	《东方杂志》1915年第12卷第12期
3	《法兰西人与近世文明》	陈独秀	《青年杂志》1915年第1卷第1期
4	《新旧问题》	汪叔潜	《青年杂志》1915年第1卷第1期
5	《国人之公毒》	远生	《东方杂志》1916年第13卷第1期
6	《新旧思想之冲突》	远生	《东方杂志》1916年第13卷第2期
7	《再论新旧思想之冲突》	伧父	《东方杂志》1916年第13卷第4期
8	《静的文明与动的文明》	伧父	《东方杂志》1916年第13卷第10期
9	《战后东西文明之调和》	伧父	《东方杂志》1917年第14卷第4期

续表

序号	文献	作者	来源
10	《近代西洋教育：在天津南开学校演讲》	陈独秀	《新青年》1917年第3卷第5期
11	《旧思想与国体问题：在北京神州学会讲演》	陈独秀	《新青年》1917年第3卷第3期
12	《复辟与尊孔》	陈独秀	《新青年》1917年第3卷第6期
13	《质问东方杂志记者：东方杂志与复辟问题》	陈独秀	《新青年》1918年第5卷第3期
14	《今日中国之政治问题》	陈独秀	《新青年》1918年第5卷第1期
15	《答新青年杂志记者之质问》	伧父	《东方杂志》1918年第15卷第12期
16	《中西文明之评判》	平佚	《东方杂志》1918年第15卷第6期
17	《功利主义与学术》	钱智修	《东方杂志》1918年第15卷第6期
18	《迷乱之现代人心》	伧父	《东方杂志》1918年第15卷第4期
19	《本志罪案之答辩书》	陈独秀	《新青年》1919年第6卷第1期
20	《评论之评论：孔教研究》	只眼	《每周评论》1919年第20期
21	《国故和科学的精神》	毛子水	《新潮》1919年第1卷第5期
22	《〈驳"新潮""国故和科学的精神"篇〉订误》	毛子水	《新潮》1919年第2卷第1期
23	《怎样叫做中西学术之沟通》	刘叔雅	《东方杂志》1919年第16卷第12期
24	《新欧洲文明思潮之归趋及基础》	君实	《东方杂志》1919年第16卷第5期
25	《近代西洋思想自由的进化》	罗家伦	《新潮》1919年第2卷第2期

续表

序号	文献	作者	来源
26	《附录：蔡校长致〈公言报〉函并附答林琴南君函》	蔡元培	《新潮》1919 年第 1 卷第 4 期
27	《驳新潮国故和科学的精神篇》	张煊	《国故》1919 年第 3 期
28	《新旧思想之折衷》	伧父	《东方杂志》1919 年第 16 卷第 9 期
29	《新时代之青年》	行严	《广益杂志》1919 年第 6 期
30	《新旧与调和》	梦麟	《解放与改造》1919 年第 1 卷第 5 期
31	《何谓新思想》	伧父	《东方杂志》1919 年第 16 卷第 11 期
32	《我之新旧思想调和观》	陈嘉异	《东方杂志》1919 年第 16 卷第 11 期
33	《再质问〈东方杂志〉记者》	陈独秀	《新青年》1919 年第 6 卷第 2 期
34	《东西文明之根本异点》	李大钊	《言治》季刊第三册，1920 年
35	《研究新旧思想调和之必要及其方法论》	朱调孙	《东方杂志》1920 年第 17 卷第 4 期
36	《文化运动底新生命》	陈启修	《学艺》1920 年第 2 卷第 2 期
37	《欧游心影录（一）》	梁启超	《教育公报》1920 年第 7 卷第 4 期
38	《什么是新文化的真精神》	陈启天	《少年中国》1920 年第 2 卷第 2 期
39	《东西文化及其哲学自序》	梁漱溟	1921 年 10 月 22 日漱冥口说陈政记
40	《中国改造的方法》	杨端六	《东方杂志》1921 年第 18 卷第 14 期
41	《文化发展之径路》	坚瓠	《东方杂志》1921 年第 18 卷第 2 期

续表

序号	文献	作者	来源
42	《新文化运动底精神与生命》	张梦九	《学艺》1921 年第 2 卷第 10 期
43	《文明进步之原动力及物质文明与精神文明之关系》	三无	《东方杂志》1921 年第 18 卷第 17 期
44	《随感录：文化运动与社会运动》	独秀	《新青年》1921 年第 7 卷第 1 期
45	《台莪尔与东西文化之批判》	愈之	《东方杂志》1921 年第 18 卷第 17 期
46	《东西两洋文化之比较观》	（日）玉麟	《东方杂志》1921 年第 18 卷第 9 期
47	《欧洲文化之危机及中国新文化之趋向：在中华教育改进社讲演》	张君劢	《东方杂志》1922 年第 19 卷第 3 期
48	《科学精神与东西文化：八月二十日在南通为科学社年会讲演》	梁启超	《科学》1922 年第 7 卷第 9 期
49	《什么是文化?》	梁启超	《晨报副刊》1922 年 12 月 1 日
50	《东西文化的结合》	（印）台莪尔（著）子贻（译）	《东方杂志》1922 年第 19 卷第 10 期
51	《评今人提倡学术之方法》	梅光迪	《学衡》1922 年第 2 期
52	《论中国近世之病源》	柳诒徵	《学衡》1922 年第 3 期
53	《评胡适五十年来中国之文学》	胡先骕	《学衡》1923 年第 18 期
54	《论批评家之责任》	胡先骕	《学衡》1922 年第 3 期
55	《评"东西文化及其哲学"：在中国公学讲演》	李石岑	《民铎杂志》1922 年第 3 卷第 3 期
56	《评梁漱溟著东西文化及其哲学》	刘伯明	《学衡》1922 年第 3 期
57	《论"比较中西"：为谈中西文化及民族性者进一解》	冯友兰	《学艺》1922 年第 3 卷第 10 期

续表

序号	文献	作者	来源
58	《通论：论新文化运动（节录留美学生季报）》	吴宓	《学衡》1922 年第 4 期
59	《台莪尔的东西文化联合运动》	化鲁	《东方杂志》1923 年第 20 卷第 2 期
60	《互助的文化观》	坚瓠	《东方杂志》1923 年第 20 卷第 6 期
61	《这一周："新文化运动的批评"》	涵	《努力周报》1923 年第 52 期
62	《论中德文化书》	郭沫若	《创造周报》1923 年第 5 期
63	《读梁任公"墨子新社会之组织法"》	郭沫若	《创造周报》1923 年第 7 期
64	《东西哲学本体论之别类比观与综合批评》	邓光禹	《东方杂志》1923 年第 20 卷第 7 期
65	《吾国人思想习惯的几个弱点》	唐钺	《东方杂志》1923 年第 20 卷第 7 期
66	《东方文化与世界革命》	屈维它	《新青年》1923 年第 10 卷第 1 期
67	《现代文明的问题与社会主义》	瞿秋白	《东方杂志》1924 年第 21 卷第 1 期
68	《言论：告欢迎泰戈尔的人》	恽代英	《民国日报·觉悟》1924 年第 4 卷第 19 期
69	《整理国故的评价》	郭沫若	《创造周报》1924 年第 36 期
70	《无产阶级革命与文化》	蒋侠僧	《新青年》1924 年第 3 期
71	《言论：责梁漱溟》	恶石	《民国日报·觉悟》1924 年第 4 卷第 21 期
72	《中国文化西被之商榷》	柳诒徵	《学衡》1924 年第 27 期
73	《"评中西文化观"作者的答辩》	杨明斋	《京报副刊》1924 年第 10 期

续表

序号	文献	作者	来源
74	《中西文化之比较》	吴献书	《东方杂志》1924 年第 21 卷第 4 期
75	《评"人类第三期之世界"》	泽民	《中国青年（上海1923）》1924 年第 2 卷第 31 期
76	《梁漱溟的造孽》	廉生	《中国青年（上海1923）》1925 年第 4 卷第 79 期
77	《评新文化运动》	孤桐	《甲寅（北京）》1925 年第 1 卷第 9 期
78	《原化》	孤桐	《甲寅（北京）》1925 年第 1 卷第 12 期
79	《什么是文化工作》	昌群	《中国青年（上海1923）》1926 年第 6 卷第 17 期
80	《对于西洋文明态度的讨论：西方文明与中国》	张东荪	《东方杂志》1926 年第 23 卷第 24 期
81	《由自利的我到自制的我》	张东荪	《东方杂志》1926 年第 23 卷第 3 期
82	《兽性问题》	张东荪	《东方杂志》1926 年第 23 卷第 15 期
83	《我们对于西洋近代文明的态度》	胡适	《东方杂志》1926 年第 23 卷第 17 期
84	《东西国民性及其社会思想》	邹敬芳	《东方杂志》1926 年第 23 卷第 11 期
85	《中国民族与中国新文化之创造》	常乃德	《东方杂志》1927 年第 24 卷第 24 期

附录5 "科学与玄学论战" 文献资料

序号	文献	作者	来源
1	《人生真义》	陈独秀	《新青年》1918 年第 4 卷第 2 期
2	《科学的起源和效果》	王星拱	《新青年》1919 年第 7 卷第 1 期
3	《科学的真实是客观的不是?》	王星拱	《新潮》1919 年第 2 卷第 2 期
4	《人生问题发端》	傅斯年	《新潮》1919 年第 1 卷第 1 期
5	《人生问题》	吴康	《新潮》1919 年第 2 卷第 2 期
6	《非个人主义的新生活》	胡适	《新潮》1920 年第 2 卷第 3 期
7	《利害冲突背后的人性观冲突》	东荪	《解放与改造》1920 年第 2 卷第 3 期
8	《什么是科学方法?》	王星拱	《新青年》1920 年第 7 卷第 5 期
9	《唯我主义》	吴康	《哲学(北京)》1921 年第 2 期

续表

序号	文献	作者	来源
10	《环境改造之哲学观》	王星拱	《哲学（北京）》1921年第2期
11	《物和我》	王星拱	《新潮》1921年第3卷第1期
12	《关于玄学科学论战之"战时国际公法"：暂时局外中立人梁启超宣言》	梁启超	《晨报副刊》1923年5月9日
13	《玄学与科学：答张君劢》	丁文江	《晨报副刊》1923年6月6日
14	《玄学与科学的讨论的余兴》	丁文江	《晨报副刊》1923年6月30日
15	《读丁在君先生的"玄学与科学"》	林宰平	《民铎杂志》1923年第4卷第3期
16	《孙行者与张君劢》	适之	《努力周报》1923年第53期
17	《一个痴人的说梦：情感真是超科学的吗？》	唐钺	《努力周报》1923年第57期
18	《"玄学与科学"论争的所给的暗示》	唐钺	《晨报副刊》1923年6月29日
19	《读了〈评所谓"科学与玄学之争"〉以后》	唐钺	《努力周报》1923年第72期
20	《科学的范围》	唐钺	《努力周报》1923年第59期
21	《复蔡子民先生书：未附箴洋八股化之理学、箴洋八股化之理学》	吴敬恒	《晨报副刊》1923年7月23日
22	《一个新信仰的宇宙观及人生观》	稚晖	《太平洋（上海）》1923年第4卷第1期
23	《我之人生观》	吴宓	《学衡》1923年第16期
24	《玄学科学论战杂话》	伏园	《晨报副刊》1923年5月25日
25	《张君劢主张的人生观对科学的五个异点》	章演存	《努力周报》1923年第55期

续表

序号	文献	作者	来源
26	《读张君劢论人生观与科学的两篇文章后所发的疑问》	朱经农	《努力周报》1923年第55期
27	《人生观的科学或科学的人生观》	叔永	《努力周报》1923年第53期
28	《评所谓"科学与玄学之争"》	范寿康	《学艺》1923年第5卷第4期
29	《玄学果为痴人说梦耶》	屠孝实	《晨报五周年纪念增刊》1923年第12期
30	《略评人生观和科学的论争》	陈大齐 金公亮	《东方杂志》1923年第20卷第24期
31	《中国现在的思想界》	中夏	《中国青年（上海1923）》1923年第1卷
32	《再论人生观与科学并答丁在君》（上篇）	君劢	《晨报副刊》1923年5月6日
33	《再论人生观与科学并答丁在君》（上篇）（续）	君劢	《晨报副刊》1923年5月7日
34	《再论人生观与科学并答丁在君》（上篇）（续）5月8日	君劢	《晨报副刊》1923年5月8日
35	《再论人生观与科学并答丁在君》（中篇）	君劢	《晨报副刊》1923年5月9日
36	《再论人生观与科学并答丁在君》（中篇）（续）	君劢	《晨报副刊》1923年5月10日
37	《再论人生观与科学并答丁在君》（下篇）	君劢	《晨报副刊》1923年5月13日
38	《再论人生观与科学并答丁在君》（下篇）（续）	君劢	《晨报副刊》1923年5月14日
39	《机械与人生》	擘黄	《太平洋（上海）》1924年第4卷第8期
40	《答张君劢及梁任公》	陈独秀	《新青年》1924年第3期
41	《论人生观的根本问题》	范寿康	《学艺》1924年第5卷第9期

续表

序号	文献	作者	来源
42	《一个唯情论者的人生观（一）：山东第一师范讲学会讲演》	朱谦之	《民铎杂志》1924年第5卷第1期
43	《一个唯情论者的人生观（二）：生活之乐》	朱谦之	《民铎杂志》1924年第5卷第2期
44	《廓清思想与联合战线》	正厂	《民国日报·觉悟》1924年第4卷第9期
45	《现代文明的问题与社会主义》	瞿秋白	《东方杂志》1924年第21卷第1期
46	《有一句不够常识的普通谬谈……》	稚晖	《科学周报》1924年第6期
47	《我为了本报是科学周报……》	稚晖	《科学周报》1924年第13期
48	《这个古怪的大阳……》	稚晖	《科学周报》1924年第19期
49	《前回我自己吹牛，说是玄学鬼把科学起诉……》	稚晖	《科学周报》1924年第12期
50	《梁任公先生娱乐嘉宾……》	稚晖	《科学周报》1924年第5期
51	《这一个星期，物质文明的晓光……》	稚晖	《科学周报》1924年第15期
52	《我之"人类的自私"观》	张铭鼎	《民铎杂志》1925年第6卷第3期
53	《科学与哲学》	张东荪	《东方杂志》1925年第22卷第2期
54	《意志自由与道德》	范寿康	《学艺》1925年第6卷第7期
55	《李石岑人生哲学序》	林志钧	《民铎杂志》1926年第8卷第3期
56	《因与果：神学玄学科学之异趣》	景昌极	《学衡》1926年第58期
57	《科学与玄学》	如松	《二十世纪》1931年第1卷第3期

续表

序号	文献	作者	来源
58	《中国政治的出路》	丁文江	《独立评论》1932 年第 11 期
59	《我的信仰》	丁文江	《独立评论》1934 年第 100 期
60	《民主政治与独裁政治》	丁文江	《独立评论》1934 年第 133 期

附录6 "全盘西化"和"中国本位"论战文献资料

序号	文献	作者	文献来源
1	《东方民族与东方文化》	戴季陶	《新亚细亚》1931年第2卷第1期
2	《文化中前进一步底问题》	叶青	《二十世纪》1931年第1卷第3期
3	《中国文在世界上之地位及其价值》	戴季陶张振之	《新亚细亚》1932年第4卷第2期
4	《开展西北文化与建设新中国》	戴季陶	《新亚细亚》1932年第4卷第6期
5	《对于尊孔的意见》	陶希圣	《清华周刊》1934年第42卷第3/4期
6	《信心与反省》	胡适	《独立评论》1934年第103期
7	《再论信心与反省》	胡适	《独立评论》1934年第105期
8	《三论信心与反省》	胡适	《独立评论》1934年第107期
9	《社评：尊孔平议》	波	《三民主义月刊》1934年第4卷第6期

续表

序号	文献	作者	文献来源
10	《中国本位的文化建设宣言》	王新命等	《文化建设》1935 年第 1 卷第 4 期
11	《中国本位的文化建设宣言批评》	叶青	《文化建设》1935 年第 1 卷第 5 期
12	《中国本位的文化建设宣言批评：评"中国本位的文化建设宣言"》	李麦麦	《文化建设》1935 年第 1 卷第 5 期
13	《中国本位的文化建设宣言批评：谈"中国本位"》	潘光旦	《文化建设》1935 年第 1 卷第 5 期
14	《评"中国本位的文化建设宣言"》	何子宽	《时事公论》1935 年第 2 卷第 1 期
15	《我们的总答复（专载）》	王新命 何炳松 武堉干	《文化建设》1935 年第 1 卷第 8 期
16	《中国文化建设协会北平分会读书运动宣言》	无	《读书季刊》1935 年第 1 卷第 1 期
17	《读书运动之真义：在中国文化建设协会浙江分会讲词》	陈立夫	《读书季刊》1935 年第 1 卷第 1 期
18	《读书讲座：民族复兴与读书运动：全国读书运动大会之开幕词》	陈立夫	《文化建设》1935 年第 1 卷第 8 期
19	《文化与中国文化之建设》	陈立夫	《中国文化建设协会会报》1935 年第 1 卷
20	《专论：现代的中国怎样要孔子?》	张东荪	《正风半月刊》1935 年第 1 卷第 2 期
21	《再谈读书》	陶希圣	《读书季刊》1935 年第 1 卷第 2 期
22	《试评所谓"中国本位的文化建设"》	胡适	《独立评论》1935 年第 145 期
23	《答陈序经先生》	胡适	《独立评论》1935 年第 160 期
24	《关于全盘西化答吴景超先生》	陈序经	《独立评论》1935 年第 142 期

续表

序号	文献	作者	文献来源
25	《我们今日还不配读经》	胡适	《中华教育界》1935年第22卷第12期
26	《目前的文化问题》	叶青	《研究与批判》1935年第1卷第2期
27	《资本主义与中国》	叶青	《文化建设》1935年第1卷第9期
28	《全盘西化的辩护》	陈序经	《独立评论》1935年第160期
29	《再谈"全盘西化"》	陈序经	《独立评论》1935年第147期
30	《建设问题与东西文化》	吴景超	《独立评论》1935年第139期
31	《答陈序经先生的全盘西化论》	吴景超	《独立评论》1935年第147期
32	《陈胡二先生"全盘西化"论的检讨》	王南屏	《读书季刊》1935年第1卷第1期
33	《漫谈中西文化》	郑伯彬	《读书季刊》1935年第1卷第2期
34	《舆论之改造》	吴贯因	《正风半月刊》1935年第1卷第5期
35	《专论：中国本位的文化与外国本位的文化》	吴贯因	《正风半月刊》1935年第1卷第9期
36	《中国本位文化建设座谈会》	刘湛恩 舒新城 欧元怀	《文化建设》1935年第1卷第5期
37	《北平中国本位的文化建设座谈会纪事》	刘运筹 张崧年 戴修瓒	《文化建设》1935年第1卷第8期
38	《首都中国本位的文化建设座谈会纪事》	陈大齐 方东美 刘国钧	《文化建设》1935年第1卷第6期
39	《济南中国本位的文化建设座谈会纪事》	无	《文化建设》1935年第1卷第10期

续表

序号	文献	作者	文献来源
40	《论读经有利而无弊》	章太炎	《正论（南京）》1935 年第 30 期
41	《再释读经之异议》	章太炎	《正论（南京）》1935 年第 31 期
42	《全国专家对于读经问题的意见》	叶青	《教育杂志》1935 年第 25 卷第 5 期
43	《尊孔论》	李源澄	《新亚细亚》1935 年第 10 卷第 2 期
44	《全盘西化与中国本位》	张熙若	《国闻周报》1935 年第 12 卷第 23 期
45	《我对于中国本位文化建设问题的简单意见》	常燕生	《文化与教育》1935 年第 55 期
46	《中国本位意识与中国本位文化》	刘洁敖	《文化建设》1935 年第 1 卷第 9 期
47	《中国文化之出路》	陈序经	《文化月刊》1934 年第 7 期
48	《谈"中国本位文化建设"之闲天（一）》	熊梦飞	《文化与教育》1935 年第 50 期
49	《谈"中国本位文化建设"之闲天（二）》	熊梦飞	《文化与教育》1935 年第 51 期
50	《谈"中国本位文化建设"之闲天（三）》	熊梦飞	《文化与教育》1935 年第 52 期
51	《论文化的创造：致张季同先生》	沈昌晔	《国闻周报》1935 年第 12 卷第 14 期
52	《中国本位的文化建设宣言批评：从五四运动说到一十宣言》	许性初	《文化建设》1935 年第 1 卷第 5 期
53	《中国文化之特质》	张金鉴	《文化建设》1935 年第 1 卷第 6 期
54	《中国本位的文化建设问题》	张素民	《文化建设》1935 年第 1 卷第 6 期
55	《读书经验谈：我的读书经验：怎样可以不至成为书呆子》	陈高佣	《文化建设》1935 年第 1 卷第 7 期

续表

序号	文献	作者	文献来源
56	《中国本位的文化建设宣言批判》	许崇清	《文化建设》1935 年第 1 卷第 7 期
57	《读书经验谈：余对于读书之经验》	马寅初	《文化建设》1935 年第 1 卷第 7 期
58	《中国本位文化建设批判总清算》	李立中	《文化建设》1935 年第 1 卷第 7 期
59	《论中国本位文化建设答故胡适先生》	何炳松 萨孟武 李俚人	《文化建设》1935 年第 1 卷第 8 期
60	《怎样建设现代中国的文化》	释太虚	《文化建设》1935 年第 1 卷第 9 期
61	《再论中国本位的文化建设：兼质陈予经 王西征两先生》	李俚人	《文化建设》1935 年第 1 卷第 10 期
62	《文化月旦：目前文化运动之性质问题》	李建芳	《文化建设》1935 年第 1 卷第 10 期
63	《文化建设与普及教育》	喻育之	《文化建设》1935 年第 1 卷第 11 期
64	《小言：建设适合于现代中国的文化》	朱羲农	《中国文化建设协会会报》1935 年第 1 卷第 8 期
65	《今后文化工作》	陈高佣	《中国文化建设协会会报》1935 年第 1 卷第 12 期
66	《会员论坛：民族历史与文化建设》	洪兰友	《中国文化建设协会会报》1935 年第 1 卷第 12 期
67	《中国文化复兴》	江亢虎	《中国文化建设协会会报》1935 年第 2 卷第 1/2 期
68	《文化建设与国势调查》	吴大钧	《中国文化建设协会会报》1935 年第 2 卷第 1/2 期

续表

序号	文献	作者	文献来源
69	《中国文化建设问题讨论：我对于西洋文化的态度：答李建芳君》	叶青	《文化建设》1936年第2卷第4期
70	《反读经论中的问题》	叶青	《研究与批判》1936年第1卷第8期
71	《借问胡适：由当前的文化动态说到儒家》	郭沫若	《中华公论》1937年创刊号
72	《文化斗争：新启蒙运动的争战》	无	《读书》1937年第1卷第2期
73	《文化斗争：文化运动在北平》	李达	《读书》1937年第1卷第2期
74	《新启蒙运动在北平》	非白	《月报》1937年第1卷第7期
75	《文化论丛：思想无罪》	陈伯达	《读书》1937年第1卷第3期
76	《文化论丛：五四运动与新启蒙运动》	张申府 齐伯岩	《读书》1937年第1第2期
77	《读经平议》	胡适	《独立评论》1937年第231期
78	《关于读经》	梁实秋	《独立评论》1937年第239期

附录7 国民党中央宣传部的宣传品审查条例（1929年）^①

第一条　本条例依中央宣传部组织条例第六条第二项之规定订定之。

第二条　审查各种宣传品之范围如下：

一、各级党部之宣传品；

二、各级宣传机关关于党政之宣传品；

三、党内外之报纸及通讯稿；

四、有关党政宣传之定期刊物；

五、有关党政之书籍；

六、有关党政宣传之各种戏曲电影；

七、其他有关党政之一切传单标语公文函件通电等宣传品。

第三条　审查之宣传品其征集之手续如下：

一、各级党部及党员印行之宣传品及与宣传有关之刊物，均须一律呈送中央宣传部审查。

二、凡不属本党而与党政有关之各种宣传品，除由中央宣传部调查征集外，其关系重大者，各级党部须随时查察征集，呈送中央宣传部审查。

第四条　各种宣传品之审查标准如下：

---

① 张静庐. 中国现代出版史料：乙编. 北京：中华书局，1955：522-525.

一、总理遗教；

二、本党主义；

三、本党政纲政策；

四、本党决议案；

五、本党现行法令；

六、其他一切经中央认可之党务政治记载。

第五条　凡含有下列性质之宣传品为反动宣传品：

一、宣传共产主义及阶级斗争者；

二、宣传国家主义、无政府主义及其他主义而攻击本党主义政纲政策及决议案者；

三、反对或违背本主义政纲政策及决议案者；

四、挑拨离间，分化本党者；

五、妄造谣言，以淆乱观听者。

第六条　凡含有下列性质之宣传品为谬误宣传品：

一、曲解本党主义政纲政策及决议案者；

二、误解本党主义政纲政策及决议案者；

三、记载失实，足以影响观听者。

第七条　各种宣传品经审查后之处理法如下：

一、对于本党主义政纲政策决议案及一切党政事实能正确认识而有所阐发贡献者，得嘉奖提倡之；

二、谬误者纠正或训斥之；

三、反动者查禁查封或究办之。

第八条　各发行所、各书局、各杂志社所出宣传品，经审查后，令饬修正或停止出版发行而抗不遵办者，加重其处分。

第九条　各级党部宣传机关及党员所印发之宣传品，经审查后如变更内容，须呈请复审。

第十条　各省各特别市党部宣传部应负审查其所属区域内一切宣传品之责，并将审查意见检附原件呈报中央宣传部核办。

第十一条　各级党部如在所属区域内发现反动刊物，认为重要者，得咨请所在各地各级政府先行扣留察勘，再呈请中央宣传部处理之。

第十二条　反动刊物之查禁、印售反动宣传品机关之查封及其负责人之究办，由中央国民政府令主管机关执行之。

第十三条　政府审查机关遇有与党政宣传有关之出版物及艺术品，须将原件送请中央宣传部审查，其不能分送者，应请中央宣传部派员审查之。

第十四条　本条例如有未尽事宜，由中央宣传部部长提请中央执行委员会修改之。

第十五条　本条例由中央执行委员会议决公布施行。

附录 8　国民党修正抗战期间图书杂志审查标准(1938 年 7 月 21 日)^①

（国民党第五届中央执委会第 86 次常务会议通过）

(甲) 谬误言论

一、曲解、误解、割裂本党主义及历来宣言、纲领、政策与决议案者。

二、记载革命史迹，叙述中央设施诸多失实，足以淆惑听闻者。

三、立言态度完全以派系私利为立场，足以妨碍民族利益高于一切之前提者。

四、其鼓吹之主张，不合抗战要求，足以阻碍抗战情绪，影响抗战前途者。

五、故作悲观消极论调，或夸大敌人，足以消灭抗战必胜之信念者。

六、妨碍善良风俗及其他之颓废言论，足以懈怠抗敌情绪，贻社会不良影响者。

七、言论偏激狭隘，足以引起友邦反感，妨碍国防外交者。

---

① 中国第二历史档案馆. 中华民国史档案资料汇编：第五辑，第二编，文化（一）. 南京：江苏古籍出版社，1998：552-553.

（乙）反动言论

一、恶意诋毁及违反三民主义与中央历来宣言、纲领、政策者。

二、恶意抨击本党，诋毁政府，诬蔑领袖与中央一切现行设施者。

三、披露军事、外交秘密消息，关系国防计划，而未经许可发表者。

四、为敌人及傀儡伪组织或汉奸宣传者。

五、鼓吹偏激思想，强调阶级对立，足以破坏集中力量抗战建国之神圣使命者。

六、鼓吹在中国境内实现国民政府以外之任何伪组织，国民革命军以外之任何伪匪军，及其他一切割裂整个国家民族之反动行为者。

七、挑拨中央与地方感情，或离间党政军民各方面之关系，以逞其破坏全国统一之阴谋者。

八、妄造谣言，颠倒事实，足以动摇人心，淆乱视听者。

附录9　修正战时图书杂志原稿审查办法（1940年9月6日）①

　　一、国民政府行政院，为适应战时需要起见，特组织中央图书杂志审查委员会（以下简称中央审查委员会）采取原稿审查办法，处理一切关于图书杂志之审查事宜，其组织条例另定之。

　　二、各省、市政府应成立各省、市图书杂志审查处（以下简称各省市审查处），隶属于中央审查委员会，办理各该省、市之图书杂志审查事宜。各省文化发达之县、市政府，于必要时得在各省、市审查处指导之下，酌设各县、市图书杂志审查分处，其组织通则另定之。

　　三、各省、市审查处之处长，应由中央审查委员会会议通过任用。

　　四、图书杂志审查标准，依照《修正抗战期间图书杂志审查标准》办理。

　　五、各地书店及出版机关印行图书、杂志，除自然科学、应用科学之无关国防者及各种教科书应送教育部审查者外，均须一律送请所在地审查机关审查，许可后方准发行。如所在地无审查机关，得径请中央或临近地方之审查机关办理。纯粹学术著述不涉及时事问题及政治、经济、社会思想者，得不送审原稿，但出版时须先送审查机关审核后，方准发行。

　　六、各级党政军机关之公报，得免除原稿审查手续，但出版后，须

---

　　① 中国第二历史档案馆. 中华民国史档案资料汇编：第五辑，第二编，文化（一）. 南京：江苏古籍出版社，1998：560－563.

检二份送中央审查委员会备查。

七、各地书店及出版机关之图书杂志送请审查时，须将原稿一份或清样二份，径送各该省、市、县审查机关审查。如无不合者，即以原稿或清样加盖审讫图章发还。

八、图书杂志之审查时间：图书在十万字以内者，不得过五日；十万字以上者，不得过十日。杂志季刊不得过五日；半月刊及月刊不得过两日；三日刊、周刊及旬刊不得过一日。如其内容谬误，应呈请核示者，不在此限。

九、审查机关许可出版之图书杂志，一律发给审查证。各图书、杂志于出版时，应将审查证号码用五号铅字排列底封面上角，以备考查。其并无审查证号码而冒印者，应依照第十二条之规定加重处罚。

十、凡经审查机关审核之图书、杂志，于出版时，应先检送二份，由各该审查机关复核。

十一、送审之图书、杂志原稿，其言论根本谬误者，停止印行；一部分谬误者，应遵照指示之点删改后，方准出版；其有少数不妥字句，得由审查机关删改。

十二、凡未经审查机关许可出版之图书、杂志，除五、六两条已规定者外，凡审查机关不准发行，及不遵照指示删改，而擅自出版者，一律予以查禁处分。其言论反动者，并得依法处罚其编辑人、印刷人与发行人。

十三、送审之图书、杂志，其思想纯正，内容优良，有益抗战建国者，得分别予以奖励，其奖励办法另定之。

十四、各省、市、县审查机关审查各种图书、杂志时，如发现重大谬误，应予停止印行；或内容复杂不能自行决定者，检同原稿，并附注意见，呈请中央审查委员会核准后，方可执行。至于应删改之书刊，得由各省、市、县审查机关自行处理。惟须按月将处理情形详细呈报中央审查委员会备案。

十五、中央审查委员会如认为各省、市、县审查机关处理不当时，得随时饬令改正。

十六、省、市、县审查机关审查之图书、杂志原稿，以当地及邻近地方书店与出版机关之送审者为限。凡由外埠运入者，须印有中央或其他省、市、县审查机关之审查证号码，方准发售。其有在本办法未施行

前出版之图书、杂志，须经审查许可后始得发售。

十七、在本办法未施行前，及未设审查机关地方出版之图书、杂志，除前条已有规定者外，仍应依照《检查书店发售违禁出版品办法》及《修正图书杂志查禁解禁暂行办法》办理。此外，关于印刷、发行方面，并得依照《战时书店及印刷所督导办法》及《印刷所承印未送审图书杂志原稿取缔办法》办理。

十八、送审之书店或出版机关，如认为各省、市、县审查机关处理失当时，得审述理由请求复审，并可径呈中央审查委员会核办。

十九、本办法自公布日施行。

附录 10 哲学社会科学各学科 文献资料部分统计 (1919—1949)[①]

（一）哲学社会科学基本理论

序号	作者	著作	出版机构
1	何思源	《社会科学研究法》	中山大学政治训育部宣传部 1927 年版
2	李璜	《历史学与社会科学》	东南书店 1928 年版
3	高希圣	《社会科学大词典》	世界书局 1929 年版
4	高希圣	《社会科学大纲》	平凡书局 1929 年版
5	杉山荣，李达	《社会科学概论》	昆仑书店 1929 年版
6	江苏省立上海中学校教务处	《社会学科学程纲要》	江苏省立上海中学校 1929 年版
7	孙寒冰	《社会科学大纲》	黎明书局 1929 年版
8	杨剑秀	社会科学概论》	现代书局 1929 年版
9	布浪得耳	《社会科学研究初步》	华兴书局 1930 年版
10	施复亮（施存统）	《社会科学的研究》	宏远书店 1930 年版

[①]　需要说明的是，该部分附录所列举的哲学社会科学各学科，既包括马克思主义学派，也包括非马克思主义学派如自由主义学派、文化保守主义学派、国民党三民主义学派，等等，主要是以马克思主义学派为主的哲学社会科学各学科的发展。

续表

序号	作者	著作	出版机构
11	公直	《大众社会科学讲话》	世界书局 1930 年版
12	顾凤城	《社会科学问答》	文艺书局 1930 年版
13	郭真	《社会科学的基础知识》	乐华图书公司 1930 年版
14	胡一贯	《社会科学概论》	中央陆军军官学校政治训练处 1930 年版
15	柯柏年	《怎样研究新型社会科学》	南强书局 1930 年版
16	卢波尔	《理论与实践的社会科学根本问题》	心弦书社 1930 年版
17	谦弟	《自然科学与社会科学》	重庆书店 1930 年版
18	塞纽博	《社会科学与历史方法》	大东书局 1930 年版
19	杉山荣	《社会科学十二讲》	乐华图书公司 1930 年版
20	社会科学讲座社	《社会科学讲座》	光华书局 1930 年版
21	张栗原	《社会科学理论之体系》	神州国光社 1930 年版
22	胡一贯	《社会科学概论》	中央陆军军官学校政治训练处 1930 年版
23	陈豹隐	《社会科学研究方法论》	好望书店 1932 年版
24	刘剑横	《自然科学与社会科学的关系》	亚东图书馆 1932 年版
25	萧玉	《社会科学概论》	中学生书局 1932 年版
26	徐嗣同	《社会科学名著题解》	中华书局 1932 年版
27	科学研究会	《新兴社会科学研究大纲》	科学研究会 1932 年版
28	戴行轺	《中国社会科学思想史》	大东书局 1933 年版
29	杨幼炯	《社会科学发凡》	大东书局 1933 年版
30	祝伯英	《社会科学讲话》	开明书店 1933 年版
31	范却脱	《社会科学概论》	世界书局 1933 年版
32	陈端志	《现代社会科学讲话》	生活书店 1934 年版
33	柳辰夫	《怎样自学社会科学》	申报流通图书馆读书指导部 1934 年版
34	常乃惪	《社会科学通论》	中华书局 1935 年版
35	施伏量（施存统）	《社会科学小辞典》	新生命书局 1935 年版

续表

序号	作者	著作	出版机构
36	中学生社	《哲学与社会科学》	开明书店 1935 年版
37	河上肇	《新社会科学讲话》	朴社 1936 年版
38	平心	《社会科学论文选集》	生活书店 1936 年版
39	胡伊默	《社会科学读本》	一般书店 1937 年版
40	李季达	《怎样研究社会科学》	一心书店 1937 年版
41	平心	《社会科学研究法》	生活书店 1938 年版
42	燕京大学法学院	《社会科学概论选读》	燕京大学法学院 1938 年版
43	沈志远	《妇女社会科学常识读本》	生活书店 1939 年版
44	王明之	《大众社会科学问答》	三户书店 1939 年版
45	王明之	《新社会科学基础知识》	三户书店 1939 年版
46	神田丰穗	《社会科学小辞典》	中华书局 1940 年版
47	沈志远	《大众社会科学讲话》	妇女生活社 1940 年版
48	毛泽东	《新民主主义论》	《解放》周刊 1940 年第 98—99 期
49	社会科学研究会	《社会科学概论》（增订再版）	解放社 1941 年版
50	平心	《各科基本知识讲话》	上海杂志公司 1945 年版
51	孙本文	《三民主义与社会科学》	正中书局 1945 年版
52	王亚南	《社会科学论纲》	东南出版社 1945 年版
53	毛泽东	《论联合政府》	《大公报》1945 年第 5 期
54	韶华辑	《社会科学简明教程》	光华出版社 1946 年版
55	王亚南	《社会科学新论》	经济科学出版社 1946 年版
56	普列汉诺夫	《社会科学的基本问题》	生活书店 1947 年版
57	沈志远	《社会科学基础讲座》	智源书局 1947 年版
58	竺可桢等	《现代学术文化概论：第一册（人文学）》	华夏图书出版公司 1948 年版
59	梁方仲等	《现代学术文化概论：第二册（社会科学）》	华夏图书出版公司 1948 年版
60	毛泽东	《在晋绥干部会议上的讲话》	《正报》1948 年第 2 卷第 9 期

续表

序号	作者	著作	出版机构
61	孙本文	《现代社会科学趋势》	商务印书馆 1948 年版
62	邓初民	《社会科学常识讲话》	文化供应社 1949 年版
63	胡明（辑译）	《社会科学简明教程》	光华出版社 1949 年版
64	胡明	《新哲学社会学解释辞典》	光华出版社 1949 年版
65	崩斯（英）	《社会科学与实际社会》	生活·读书·新知三联书店 1949 年

（二）哲学

序号	作者	著作	出版机构
1	胡适	《中国哲学史大纲》（上）	商务印书馆 1928 年版（经查，有 1919 年版）
2	梁启超	《墨子学案》	商务印书馆 1932 年版（经查，有 1921 年版）
3	李汉俊	《唯物史观不是什么？》	《民国日报·觉悟》1922 年第 1 卷第 23、31 期
4	黄忏华	《现代哲学概观》	商务印书馆 1922 年版
5	黄忏华	《哲学纲要》	商务印书馆 1933 年版（经查，有 1922 年版）
6	蔡元培	《简易哲学纲要》	商务印书馆 1923 年版
7	李大钊	《今与古》	《国立北京大学社会科学季刊》1923 年第 1 卷 2 期
8	瞿秋白	《自由世界与必然世界》	《新青年》1923 年第 2 期
9	瞿秋白	《实验主义与革命哲学》	《新青年》1924 年第 3 期
10	范寿康	《哲学初步》	商务印书馆 1931 年版（经查，有 1924 年版）
11	冯友兰	《人生哲学》	商务印书馆 1926 年版
12	范寿康	《认识论》	商务印书馆 1933 年版（经查，有 1927 年版）
13	刘毅志	《唯物史观 ABC》	平凡书局 1929 年版
14	张如心	《苏俄哲学潮流概论》	光华书局 1930 年版
15	张如心	《无产阶级底哲学》	光华书局 1930 年版

续表

序号	作者	著作	出版机构
16	张如心	《辩证法学说概论》	江南书店 1930 年版
17	华汉	《唯物史观研究》（上）	现代书局 1930 年版
18	郭湛波	《辩证法研究》	景山书社 1930 年版
19	范寿康	《哲学及其根本问题》	开明书店 1930 年版
20	胡适	《介绍我自己的思想》	《新月》1930 年第 3 卷第 4 期
21	华汉	《唯物史观研究》（下）	现代书局 1930 年版
22	张如心	《辩证法与唯物论》	光华书局 1932 年版
23	刘剑横	《史的唯物论之伦理哲学》	亚东图书馆 1932 年版
24	李季	《辩证法还是实验主义?》	神州国光社 1933 年版
25	赵一萍	《社会哲学概论》	生活书店 1933 年版
26	沈志远	《新哲学辞典》	笔耕堂书店 1933 年版
27	高语罕	《青年书信》	现代书局 1933 年版
28	范寿康	《哲学的两个基本方向：观念论与唯物论》	《国立武汉大学文哲季刊》1933 年第 3 卷第 1 期
29	艾思奇	《廿二年来之中国哲学思潮》	《中华月报》1934 年第 2 卷第 1 期
30	艾思奇	《中庸观念的分析》	《申报月刊》1934 年第 3 卷第 10 期
31	李衡之	《辩证法之理论的研究》	神州国光社 1934 年版
32	范寿康	《哲学通论》	中华书局 1935 年版
33	李石岑	《中国哲学十讲》	世界书局 1935 年版
34	艾思奇	《哲学讲话》	读书生活出版社 1936 年版
35	陈唯实	《通俗辩证法讲话》	新东方出版社 1936 年版
36	曹达	《哲学座谈》	青年书店 1936 年版
37	沈志远	《近代哲学批判》	读书生活出版社 1936 年版
38	陈唯实	《通俗唯物论讲话》	上海大众文化出版社 1936 年版
39	沈志远	《现代哲学的基本问题》	生活书店 1948 年（经查，有 1936 年版）
40	艾思奇	《思想方法论》	生活书店 1948 年（经查，有 1936 年版）
41	艾思奇	《如何研究哲学》	读书生活出版社 1939 年（经查，有 1936 年版）
42	陈唯实	《战斗唯物论讲话（新哲学世界观）》	上海杂志公司 1938 年版

续表

序号	作者	著作	出版机构
43	陈唯实	《新哲学体系讲话》	作家书店1937年版
44	毛泽东	《实践论》	新湖南报1937年版
45	艾思奇	《现代哲学读本》	一般书店1938年版（经查，有1937年版）
46	李达	《社会学大纲》	笔耕堂书店1939年版（经查，有1937年版）
47	金岳霖	《逻辑》	商务印书馆1937年版
48	潘梓年	《逻辑与逻辑学》	生活书店1938年版
49	毛泽东	《新哲学讲座：辩证法唯物论（讲授提纲）》	《抗战大学》1938年第1卷第6期
50	朱波	《自修新哲学初步》	新知书店出版时间不详（落款为1938年）
51	艾思奇、吴黎平	《唯物史观》	出版信息不详（落款"抗战二周年纪念日"）
52	陈伯达	《老子的哲学思想》	《解放》周刊1939年第63—64期
53	陈伯达	《孔子的哲学思想》	《解放》周刊1939年第69期
54	陈伯达	《墨子的哲学思想》	《解放》周刊1939年第82期
55	向林冰	《中国哲学史纲要》	生活书店1939年版
56	张怀奇	《辩证法浅释详解》	新智学会1939年版
57	高语罕	《辩证法经典》	上海亚东图书馆1939年版
58	陈唯实	《新人生观与新启蒙运动》	民族革命出版社1939年版
59	冯友兰	《新事论》	商务印书馆1939年版
60	冯友兰	《新理学》	商务印书馆1946年版（经查，有1939年版）
61	艾思奇	《实践与理论》	读书生活出版社1939年版
62	杨荣国	《中国古代唯物论研究》	写读出版社1940年版
63	李仲融	《唯物论与唯心论》	文化供应社1940年版
64	艾思奇	《哲学研究提纲》	辰光书店1940年版
65	黄特	《新哲学谈话》	新人出版社1940年版
66	平生	《新哲学读本》	珠林书店1940年版（经查，有1939年版）

续表

序号	作者	著作	出版机构
67	方授楚	《墨学源流》	中华书局 1940 年版（1937 年初版）
68	艾思奇	《哲学选辑》	解放社 1940 年版
69	冯友兰	《新世训》	开明书店 1946 年版（经查，有 1940 年版）
70	冯友兰	《新原人》	商务印书馆 1947 年版（经查，有 1943 年版）
71	沈志远	《黑格尔与辩证法》	笔耕堂书店 1943 年版（经查，有 1932 年版）
72	熊十力	《新唯识论》	商务印书馆 1947 年版（经查，有 1944 年版）
73	金岳霖	《论道》	商务印书馆 1945 年版
74	冯友兰	《新原道》	商务印书馆 1946 年版（经查，有 1945 年版）
75	冯友兰	《新知言》	商务印书馆 1948 年版（经查，有 1946 年版）
76	胡绳	《思想方法论初步》	生活书店 1946 年版
77	胡绳	《辩证法唯物论入门》	辽东建国书社 1946 年版
78	侯外庐，罗克汀	《新哲学教程》	新知书店 1946 年版
79	李相显	《哲学概论》	世界科学社 1947 年版
80	褚柏思	《新哲学》	白雪出版社 1947 年版
81	赵纪彬	《哲学要论》	中华书局 1948 年版
82	吴恩裕	《唯物史观精义》	观察社 1948 年版
83	李达	《唯物辩证法》	新华书店 1949 年版
84	李达	《历史唯物论序说》	新华书店 1949 年版
85	李达	《社会的意识形态》	新华书店 1949 年版
86	裘振刚	《新哲学教程》	上海振先书屋 1949 年版

（三）历史学

序号	作者	著作	出版机构
1	李大钊	《史学要论》	商务书馆 1924 年版
2	蔡和森	《社会进化史》	民智书局 1926 年版（1924 年初版）

续表

序号	作者	著作	出版机构
3	蔡和森	《中国共产党史的发展（提纲）》	1926 年作者应莫斯科中山大学旅俄支部邀请做的报告
4	朱谦之	《历史哲学》	泰东图书馆 1926 年版
5	李泰棻	《新著世界史》	商务印书馆 1926 年版（经查，有 1922 年版）
6	恽代英	《中国民族革命运动史》	建国书店 1927 年版
7	高博彦	《中国近百年史纲要》（上册）	北平文化学社 1927 年版
8	吕思勉	《本国史》	商务印书馆 1928 年版
9	高博彦	《中国近百年史纲要》（下册）	北平文化学社 1928 年版
10	李璜	《历史学与社会科学》	东南书店 1928 年版
11	陈功甫	《中国最近三十年史》	商务印书馆 1928 年版
12	王蘧棠	《中国近百年史问题研究》	华美印刷公司 1929 年版
13	陈怀，孟冲	《中国近百年史纲要》	中华书局 1930 年版
14	何炳松	《历史研究法》	商务印书馆 1930 年版
15	吴贯因	《史之梯》	上海联合书店 1930 年版
16	郭沫若	《中国古代社会研究》	现代书局 1932 年版（1930 初版）
17	陈此生	《西洋最近五十年史》	北新书局 1931 年版
18	罗家伦	《研究中国近代史的意义和方法》	出版社、时间不详（落款是 1932 年）
19	沈昧之	《近百年本国史》	世界书局 1932 年版（1919 年初版）
20	罗元鲲	《史学概要》	武昌亚新地学社 1931 年版
21	华岗	《1925—1927 中国大革命史》	文史资料出版社 1982 年版（1931 年初版）
22	邢鹏举	《中国近百年史》（第一册）	世界书局 1931 年版
23	孟世杰	《中国近百年史》（上下册）	百城书局 1932 年版
24	颜昌峣	《中国最近百年史》	太平洋书店 1929 年版
25	梁启超	《中国历史研究法补编》	商务印书馆 1935 年版（1933 年初版）
26	周容	《史学通论》	开明书店 1933 年版
27	朱谦之	《历史哲学大纲》	民智书局 1933 年版

续表

序号	作者	著作	出版机构
28	丁云孙	《西洋近百年史》	商务印书馆 1933 年版
29	何炳松	《通史新义》	商务印书馆 1933 年版
30	刘静白	《何炳松历史学批判》	辛垦书店 1933 年版
31	刘剑横	《历史学 ABC》	ABC 书丛社 1930 年版
32	李鼎声	《中国近代史》	上海光明书店 1946 年版（1933 年初版）
33	吕振羽	《史前期中国社会研究》	北平人文书店 1934 年版
34	曹绍濂	《西洋古代史》（上下册）	商务印书馆 1934 年版
35	卫聚贤	《历史统计学》	商务印书馆 1934 年版
36	陈恭禄	《中国近代史》	商务印书馆 1935 年版
37	胡哲敷	《史学概论》	中华书局 1935 年版
38	罗元鲲	《史学研究》	开明书店 1935 年版
39	郑鹤声	《历史教学旨趣之改造》	正中书局 1935 年版
40	卢绍稷	《中国近百年史》	中华书局 1935 年版
41	吕振羽	《殷周时代的中国社会》	上海不二书店 1936 年版
42	韩启农	《中国近代史讲话》	上海新知书店 1937 年版
43	何干之	《中国社会史问题论战》	生活书店 1937 年版
44	何干之	《近代中国启蒙运动史》	生活书店 1937 年版
45	中国现代史研究委员会	《中国现代革命运动史》	中国现代史研究委员会 1937 年版
46	陈恭禄	《中国近百年史》	商务印书馆 1936 年版
47	翦伯赞	《历史哲学教程》	生活书店 1938 年版
48	陈伯达	《三民主义概论》	中国文化社 1938 年版
49	曹伯韩	《中国现代史常识》	新知书店 1939 年版
50	李通	《中国历史》	东方出版社 1939 年版
51	朱公振	《近百年外国史》	世界书局 1939 年版
52	陈昌浩	《近代世界革命史》（卷一）	新知书店 1939 年版
53	蔡尚思	《中国历史新研究法》	中华书局 1940 年版
54	胡秋原	《历史哲学概论》	上海书店 1948 版（1940 年初版）

续表

序号	作者	著作	出版机构
55	陈昌浩	《近代世界革命史》（卷二）	新知书店 1940 年版
56	邢鹏举	《西洋史》	师承书店 1941 年版
57	金毓黻	《中国史学史》	商务印书馆 1941 年版
58	林楚	《怎样研究历史》	文化供应社 1942 年版
59	吕振羽	《中国原始社会史》	耕耘出版社 1942 年版
60	尹达	《中国原始社会》	作者出版社 1943 年版
61	蒋益明	《西洋近世史》	大同书店 1943 年版
62	黎东方	《中国历史通论远古篇》	国立编译馆 1943 年版
63	翦伯赞	《中国史论集》（第一辑）	文风书局 1944 年版
64	侯外庐	《中国近世思想学说史》（上卷）	三友书店 1944 年版
65	常乃惪	《历史哲学论丛》	商务印书馆 1944 年版
66	黎东方	《中国历史通论（春秋战国篇）》	商务印书馆 1944 年版
67	吴泽	《中国历史研究法》	峨嵋出版社 1944 年版
68	吕思勉	《历史研究法》	上海书店 时间不详（查到永祥印书馆 1945 年版）
69	李季谷	《西洋近世史》	中国文化服务社 1945 年版
70	郭沫若	《青铜时代》	群益出版社 1946 年版（查有 1945 年版）
71	郭沫若	《十批判书》	群益出版社 1947 年版（查有 1945 年版）
72	郭沫若	《甲申三百年祭》	野草出版社 1946 年版（1945 年初版）
73	华岗	《中国民族解放运动史》（第一卷）	大众书店 1946 年版
74	周谷城	《中国通史》（上册）	开明书店 1946 年版（1939 年初版）
75	杜民	《资本主义以前的社会》	新知书店 1946 年版
76	吕振羽	《中国政治思想史》	生活书店 1946 年版
77	华岗	《中国民族解放运动史》（第二卷）	读书出版社 1947 年版（1940 年初版）
78	翦伯赞	《中国史纲：第一卷：史前史殷周史》	生活书店 1947 年版

续表

序号	作者	著作	出版机构
79	翦伯赞	《中国史纲：第二卷：秦汉史》	大孚出版公司 1947 年版
80	范文澜	《中国通史简编》	人民出版社 1949 年版
81	范文澜	《中国历史简明教程》（上册）	希望书店 1947 年版
82	钱穆	《国史大纲》（上册）	国立编译馆 1947 年版
83	钱穆	《国史大纲》（下册）	国立编译馆 1947 年版
84	周予同	《本国史》（第一册）	开明书店 1947 年版
85	周予同	《本国史》（第二册）	开明书店 1947 年版
86	周予同	《本国史》（第三册）	开明书店 1947 年版
87	曹伯韩	《中国现代史读本》	香港文化供应社 1947 年版
88	周谷城	《中国通史》（下册）	开明书店 1947 年版
89	方豪	《外国史大纲》	正中书局 1947 年版
90	金雷	《社会史话》	永祥印书馆 1947 年版（经查，有 1945 年版）
91	金兆梓	《中国史纲》	中华书局 1947 年版
92	杨东莼	《开明新编高级本国史》（上下册）	开明书店 1947 年版
93	吕思勉	《中国通史》（上下册）	开明书店 1947 年版（1944 年初版）
94	吴泽	《中国历史简编》	峨嵋出版社 1947 年版
95	杨松，邓力群	《中国近代史参考资料》	延安解放出版社 1940 年版
96	顾颉刚	《当代中国史学》	上海书店时间不详（查到 1947 年版）
97	翦伯赞	《中国史论集》（第二辑）	国际文化服务社 1948 年版
98	范文澜	《中国近代史》（上册）	东北书店 1948 年版
99	曹伯韩	《世界史初步》	生活书店 1948 年版
100	张健甫	《中国近百年史教程》	文化供应社 1948 年版
101	焦敏之	《古代世界史纲》	棠棣出版社 1948 年版
102	陶官云	《中国近百年史话》	大众书店 1948 年版
103	吕振羽	《简明中国通史》	东北书店 1949 年版

续表

序号	作者	著作	出版机构
104	华岗	《中国近代史》	东北书店 1949 年版
105	吴玉章	《中国历史教程绪论》	新华书店 1949 年版
106	周谷城	《世界通史》	商务印书馆 1949 年版
107	刘大年	《美国侵华史》	华北大学出版社 1949 年版
108	东北军政大学	《中国近代简史》	东北新华书店 1949 年版
109	黄祖英	《近百年史话》	新华书店 1949 年版
110	林举岱	《西洋近代史纲》	上海杂志公司 1949 年版
111	华岗	《社会发展史纲》	生活·读书·新知三联书店 1950 年版

（四）经济学

序号	作者	题目	来源
1	刘秉麟	《经济学原理》	商务印书馆 1919 年版
2	胡祖同	《经济概要》	商务印书馆 1921 年版
3	陈独秀	《上海厚生纱厂湖南女工问题》	亚东图书馆 1923 年版
4	贺绍章	《经济大要》	商务印书馆 1924 年版
5	周佛海	《物价问题》	商务印书馆 1924 年版
6	仲甫	《一九二三年列强对华之回顾》	上海新文化书社 1924 年版
7	刘秉麟	《公民：第三册：经济》	商务印书馆 1924 年版
8	王学文	《中国经济现状概观》	经济科学出版社（经查，有 1925 年版）
9	李达译	《中国关税制度论》	商务印书馆 1925 年版
10	周佛海	《金融经济概论》	商务印书馆 1925 年版
11	李大钊	《土地与农民》	《守常文集》1925 年 12 月 30 日
12	杨道腴	《经济学概论》	中央军事政治学校政治部 1926 年版
13	王学文	《社会问题概论绪论》	经济科学出版社（经查，有 1927 年 7 月版）
14	李权时	《经济学 ABC》	世界书局 1928 年版
15	刘光华	《经济常识》	商务印书馆 1929 年版

续表

序号	作者	题目	来源
16	安绍芸	《经济学说史纲要》	世界书局 1929 年版
17	李达	《中国产业革命概观》	昆仑书店 1929 年版
18	刘秉麟	《经济学》	商务印书馆 1929 年版
19	汤城	《新经济学概论》	三民书店 1929 年版
20	周佛海	《经济理论之基础知识》	新生命书局 1930 年版
21	潘东周	《中国国民经济的改造问题》	上海光华书局 1930 年版
22	唐庆增	《西洋五大经济学家》	黎明书局 1930 年版
23	朱通九	《战后经济学之趋势》	黎明书局 1930 年版
24	王学文	《经济学》	光华书局 1930 年版
25	马哲民	《社会经济概论》	大东书局 1931 年版
26	陈启修	《财政学总论》	商务印书馆 1931 年版
27	潘肃南	《中国经济论战》	长城书店 1932 年版
28	潘东周	《中国经济的性质》	长城书店 1932 年版
29	刘云梦	《中国经济之性质问题的研究》	中外研究学会 1932 年版
30	瞿秋白	《中国的经济与阶级关系》	人民出版社（经查，有 1932 年版）
31	余天休	《经济学原理》	北华印刷局（1932 年初版）
32	陈豹隐	《经济学讲话》	好望书店 1933 年版
33	柯柏年	《经济学辞典》	南强书局 1933 年版
34	朱通九	《经济概论》	世界书局 1933 年版
35	王亚南	《经济学绪论》	民智书局 1933 年版
36	王亚南	《经济学史》	民智书局 1933 年版
37	唐庆增	《经济学概论》	世界书局 1933 年版
38	唐庆增	《唐庆增经济演讲集》	世界书局 1933 年版
39	沈志远	《计划经济学大纲》	申报 1933 年版
40	沈志远	《新经济学大纲》	生活书店 1940 年版（经查，有 1934 年版）
41	杜鲁人	《中国经济读本》（节录）	现实出版社 1934 年版
42	何士芳	《英汉经济辞典》	商务印书馆 1934 年版
43	粟寄沧	《新经济学方法论》	世界经济研究会 1934 年版
44	徐宗泽	《社会经济学概论》	圣教杂志社 1934 年版

续表

序号	作者	题目	来源
45	钱俊瑞	《农作机械化的社会主义》	《中国农村经济论》1934 年版
46	孙冶方	《农村经济学的对象》	山西经济出版社（有 1935 年版）
47	李达	《经济学大纲》	北平大学法商学院 1935 年版
48	吴世瑞	《经济学原理》	商务印书馆 1935 年版
49	沈志远	《世界经济危机》	中华书局 1935 年版
50	刘星乘	《经济学原理纲要》	四方书报社 1935 年版
51	狄超白	《通俗经济学讲话》	新知书店 1936 年版
52	柳湜	《怎样研究政治经济学》	生活书店 1937 年版
53	钱俊瑞	《怎样研究中国经济》	生活书店 1936 年版
54	钱俊瑞	《中国经济问题讲话》	新知书店 1938 年版
55	许涤新	《建立国防工业》	独立出版社 1938 年版
56	王思华	《大众资本论》	生活书店 1938 年版
57	崔尚辛	《战时经济学讲话》	上海杂志公司 1938 年版
58	胡适	《新币制的稳固》	华中图书公司 1938 年版
59	王亚南	《战时经济问题与经济政策》	光明书局 1938 年版
60	薛暮桥	《战时乡村问题》	新知书店 1938 年版
61	赵冬垠	《经济学初步》	生活书店 1939 年版
62	许涤新	《新民主主义与中国经济》	新潮社 1939 年版
63	吕调阳	《民生主义经济学》	立体出版社 1941 年版
64	郭大力	《我们的农村生产》	中华正气出版社 1942 年版
65	张与九	《经济学原论》	商务印书馆 1943 年版
66	沈志远	《论工业经济建设之途径》	峨嵋出版社 1944 年版
67	张希哲	《计划政治与计划经济》	独立出版社 1944 年版
68	石抗鼎	《经济学纲要》	中国比较法学院讲义 1944 年版
69	黄宪章	《经济学概论》	现代书局 1945 年版（经查，有 1934 年版）
70	彭迪先	《实用经济学大纲》	生活书店 1945 年版
71	东方曦	《经济学教程初编》	永祥印书馆 1945 年版
72	彭迪先	《新货币学讲话》	生活书店 1945 年版
73	许涤新	《中国经济的道路》	生活书店 1946 年版
74	许涤新	《物价的回涨》	集美出版社 1946 年版

续表

序号	作者	题目	来源
75	王亚南	《中国经济原论》	经济科学出版社 1946 年版
76	薛暮桥	《中国农村经济常识》	大众书店 1946 年版
77	薛暮桥	《论新民主主义经济》	山东新华书店 1946 年版
78	胡明	《政治经济学大纲》	上海杂志公司 1947 年版
79	东方曦	《经济学教程三编》	永祥印书馆 1947 年版
80	张则尧	《中国农业经济问题》	商务印书馆 1947 年版
81	王石英	《经济学要论》	中国合作图书生产合社 1947 年版
82	沈志远	《近代经济学说史纲》	生活书店 1947 年版
83	周伯棣	《经济浅说》	中华书局 1947 年版
84	周伯棣	《经济学纲要》	中华书局 1947 年版
85	许涤新	《经济论衡》	耕耘出版社 1947 年版
86	许涤新	《新民主主义经济论》	中外出版社 1948 年版
87	许涤新	《现代中国经济教程》	光华书店 1948 年版
88	许涤新	《中共土地政策之史的发展》	新中出版社 1948 年版
89	沈志远	《论新民主主义经济诸问题》	新中出版社 1948 年版
90	沈志远	《土地改革与发展生产力》	新中出版社 1948 年版
91	周宪文	《比较经济学总论》	中华书局 1948 年版
92	薛暮桥	《农村经济底基本知识》	光华书店 1948 年版
93	王思华	《《资本论》解说》	新中国书局 1949 年版
94	王学文	《学习政治经济学的方法》	中央党校老讲稿（经查，有 1949 年版）
95	李达	《社会的经济构造》	新华书店 1949 年版
96	东方曦	《经济学教程》	上海永祥印书馆 1949 年版
97	郭大力	《西洋经济思想》	中华书局 1949 年版
98	王学文	《关于生产要素的问题》	经济科学出版社 1986 年版（有 1935 年版）

（五）政治学

序号	作者	著作	出版机构
1	陈独秀	《答郑贤宗（国家、政治、法律）》	亚东图书馆 1939 年版（经查，有 1920 年版）

续表

序号	作者	著作	出版机构
2	陈独秀	《国庆纪念底价值》	亚东图书馆 1923 年版（经查，有 1920 年版）
3	王道	《原国》	内务部编译处 1920 年版
4	陈启修	《我理想中之中国国宪及省宪》	商务印书馆 1922 年版
5	张慰慈	《政治概论》	商务印书馆 1923 年版
6	陈独秀	《谈政治》	亚东图书馆 1923 年版
7	陈独秀	《革命与作乱》	亚东图书馆 1923 年版
8	陈独秀	《政治改造与政党改造》	亚东图书馆 1923 年版
9	瞿秋白	《反帝国主义运动与国民党》	上海新文化书社发行（经查，有 1924 年版）
10	汪毅	《政治学概论》	中央军事政治学校潮州分校 1926 年版
11	樊希智	《政府论》	商务印书馆 1926 年版
12	恽代英	《政治学概论》	重庆国民书店 1927 年版
13	恽代英	《中国国民党与农民运动》	中央军事政治学校政治部 1926 年版
14	李达	《何谓帝国主义》	新时代 1923-04-10
15	张慰慈	《政治学大纲》	商务印书馆 1926 年版（1923 年初版）
16	恽代英	《中国民族革命运动史》	上海泰东图书局 1927 年版
17	张慰慈	《民族主义与帝国主义》	商务印书馆 1933 年版（经查，有 1928 年版）
18	戴季陶	《三民主义的国家观》	新生书局 1928 年版
19	萨孟武	《现代政治思潮》	商务印书馆 1929 年版
20	郑初民	《国家论之基础知识》	新生命书局 1929 年版
21	邓初民	《政治科学大纲》	昆仑书店 1929 年版
22	陈豹隐	《新政治学》	乐益书店 1929 年版
23	朱采真	《政治学 ABC》	世界书局 1929 年版
24	陈烈	《军人政治常识》	民智书局 1929 年版
25	唐守常	《列强如何对待中国》	大东书局 1929 年版
26	任和声	《政治学概论》	山东省立民众教育学校高级中学 1929 年版
27	徐庆誉	《现代政治思想》	太平洋书店 1929 年版

续表

序号	作者	著作	出版机构
28	萨孟武	《三民主义政治学》	新生命书局 1929 年版
29	萨孟武	《政治之基础知识》	新生命书局 1929 年版
30	高希圣	《科学的社会主义》	平凡书局 1929 年版
31	高希圣	《现代政治学》	现代书局 1929 年版
32	高希圣	《政治思想史 ABC》	世界书局 1930 年版
33	高希圣	《社会主义大纲》	平凡书局 1930 年版
34	高希圣	《社会科学大词典》	世界书局 1930 年版
35	高希圣	《新政治学大纲》	平凡书局 1930 年版
36	张慰慈	《政治学》	商务印书馆 1930 年版
37	张慰慈	《妇女论》	神州国光社 1930 年版
38	张慰慈	《政治制度浅说》	神州国光社 1930 年版
39	邱培豪	《政治学问答》	大东书局 1930 年版
40	杨公达	《政治科学概论》	神州国光社 1930 年版
41	陈豹隐	《败北主义误谬》	新生命书局 1931 年版
42	朱采真	《政治学通论》	世界书局 1931 年版
43	黄开山	《政治学的诸重要问题》	神州国光社刊 1932 年版
44	邓初民	《政治学》	生活书店 1932 年版
46	萨孟武	《西洋政治思想史》	新生命书局 1933 年版
47	卢锡荣	《拉斯基政治思想》	世界书局 1934 年版
48	罗敦伟	《现代国家学》	中华书局 1935 年版
49	李剑农	《政治学概论》	商务印书馆 1935 年版
50	陈豹隐	《现代国际政治讲话》	好望书店 1935 年版
51	蒋静一	《唯生论政治学体系》	政治通讯月刊社 1935 年版
52	来逸民	《政党组织之理想与实际》	拔提书店 1935 年版
53	萨孟武	《政治学与比较宪法》	商务印书馆 1936 年版
54	高希圣	《社会运动全史》（下）	社会经济学会 1936 年版
55	吕振羽	《中国政治思想史》	黎明书局 1937 年版
56	陈豹隐	《政治问题的处理方法》	国立北平大学法商学院印刷部 1937 年版

续表

序号	作者	著作	出版机构
57	周恩来	《目前抗战形势与坚持长期抗战的任务》	战时出版社（经查，有 1937 年版）
58	周恩来	《抗战新形势与新政策研究大纲》	天马书店 1938 年版
59	汪馥泉	《国共统一战线及其前途》	战时出版社 1938 年版
60	崔龙	《唐茹经先生政治学》	大东书局 1938 年版
61	徐特立	《政党与政府》	《抗战中的政治问题》新知书店 1938 年版
62	陈独秀	《国际形势的幻想》	《所谓国际二大阵线》独立出版社 1938 年版
63	张闻天	《论青年的修养》	中马出版社 1946 年版
64	杨幼炯	《政治学纲要》	中华书局 1938 年版
65	邓初民	《对日抗战的基本问题》	大众出版社 1938 年版
66	邓初民	《新政治学大纲》	生活书店 1939 年版
67	毛泽东，王稼祥，等	《关于三民主义与共产主义》	十八集团军第五纵队政治部 1940 年版（有 1939 年版）
68	陈颐庆	《政治学教程》	黄埔出版社 1939 年版
69	王稼祥	《中国共产党与革命战争》	解放日报 1941-07-01
70	邓初民	《新政治学大纲》	上海书店 1940 年版
71	杜久，张又新	《政治学教程》	中央陆军军官学校 1940 年版
72	刘少奇	《论党内斗争》	解放日报 1942-10-09
73	雷殷	《行政述要》	中央训练委员会内政部 1941 年版
74	沈志远	《人权运动与民族解放》	《论人权运动》合新出版公司 1941 年版
75	富伯平	《行政学》	中国行政问题研究会 1942 年版
76	詹文浒	《现代政治思想》	中国文化服务社 1943 年版
77	浦薛风	《西洋近代政治思潮》（上下）	商务印书馆 1944 年版
78	张希哲	《计划政治与计划经济》	独立出版社 1944 年版
79	蔡惠群	《政治学讲义》	陆军大学 1944 年版

续表

序号	作者	著作	出版机构
80	高岗	《时时刻刻为老百姓兴利除弊》	解放日报 1945-01-27
81	邓初民	《民主的理论与实践》	文治出版社 1945 年版
82	邓初民	《中国民主运动的两条路线》	《文萃》1945 年第 1 期
83	邓初民	《怎样研究政治学》	《怎样自我学习》青年生活社 1945 年版
84	马璧	《三民主义的政治学》	世界书局 1946 年版
85	张金鉴	《行政学提要》	大东书局 1946 年版
86	陈昌浩	《政党论》	新知书店 1947 年版
87	杭立武	《政治典范要义》	商务印书馆 1947 年版
88	黄忏华	《政治学荟要》（上下册）	商务印书馆 1947 年版
89	刘静文	《政治学》	正中书局 1948 年版
90	刘少奇	《论国际主义与民族主义》	东北书店 1948 年版
91	陈顾远	《政治学概要》	上海昌明书店 1948 年版
92	萨孟武	《政治学新论》	大东书局 1948 年版
93	沈志远	《展开新政协运动》	《论新政协》南风书屋 1948 年版
94	沈志远	《新政治学底基本问题》	生活・读书・新知三联书店 1949 年版
95	邓初民	《中国政治问题讲话》	文化供应社 1949 年版
96	陈昌浩	《无产阶级的政党》	生活・读书・新知三联书店 1949 年版
97	徐懋庸	《政治常识》	新华书店 1949 年版

（六）社会学

序号	作者	著作	出版机构
1	易家钺	《社会学史要》	商务印书馆 1921 年版
2	顾复	《农村社会学》	上海书店（初版为 1924 年）
3	德普，延年	《社会学入门》	世界书局 1924 年版

续表

序号	作者	著作	出版机构
4	常乃惪	《社会学要旨》	中华书局 1932 年版（初版为中华书局 1924 年版）
5	陆志韦	《社会心理学新论》	商务印书馆 1925 年版
6	陶孟和	《社会问题》	商务印书馆 1926 年版
7	李达	《现代社会学》	昆仑书店 1929 年版（有昆仑书店 1926 年版）
8	孙本文	《社会问题》	世界书局 1927 年版
9	孙本文	《社会学上之文化论》	朴社 1927 年版
10	蒋文鹤	《社会进化原理》	上海卿云图书公司 1928 年版
11	王平陵	《社会学大纲》	泰东图书局 1928 年版
12	杨开道	《农村社会学》	出版社不详 1928 年版
13	杨幼炯	《社会学述要》	泰东图书局 1927 年版
14	朱亦松	《社会学原理》	商务印书馆 1928 年版
15	许仕廉	《社会学书目论》	文化学社 1928 年版
16	萨孟武	《中国社会问题之社会学的研究》	上海华通书局 1929 年版
17	孙本文	《社会变迁》	世界书局 1929 年版
18	孙本文	《社会的文化基础》	世界书局 1929 年版
19	孙本文	《社会学的领域》	世界书局 1929 年版
20	吴景超	《都市社会学》	出版社不详 1929 年版
21	郑若谷	《社会学概论及现代社会问题研究大纲》	出版社不详 1929 年版
22	陈翊林	《社会学概论》	中华书局 1930 年版
23	范祥善	《现代社会问题评论集》	世界书局 1930 年版
24	茅仲复	《现代社会学概要》	世界书局 1930 年版
25	孙本文	《文化与社会》	东南书店 1930 年版
26	孙本文	《现代社会问题评论集》	世界书局 1930 年版
27	吴泽霖	《社会约制》	世界书局 1930 年版
28	许仕廉	《中国人口问题》	商务印书馆 1930 年版

续表

序号	作者	著作	出版机构
29	杨开道	《农村问题》	世界书局 1930 年版
30	杨开道	《社会研究法》	世界书局 1930 年版
31	潘菽	《社会的心理基础》	世界书局 1930 年版
32	冯和法	《农村社会学大纲》	黎明书局 1931 年版
33	李剑华	《社会学史纲》	世界书局 1930 年版
34	乔启明	《乡村社会区划的方法》	金陵大学丛刊 1931 年版
35	吴景超	《社会的生物基础》	世界书局 1931 年版
36	杨开道	《农村领袖》	世界书局 1931 年版
37	张资平	《社会学纲要》	商务印书馆 1931 年版
38	孙本文	《社会学大纲》（上下册）	上海书店 1931 年版
39	邓深泽	《社会学要论》（上卷）	新京书店 1932 年版
40	冯义康	《社会学史要》	社会评论社 1932 年版
41	孙本文	《社会学 ABC》	世界书局 1932 年版
42	吴泽霖	《新中华社会学及社会问题》	中华书局 1932 年版
43	杨开道	《农村调查》	世界书局 1932 年版
44	杨开道	《农村组织》	世界书局 1932 年版
45	中国社会学社	《中国人口问题》	世界书局 1932 年版
46	应成一	《社会学原理》（上下册）	民智书局 1932 年版
47	柯柏年	《社会问题大纲》	南强书局 1933 年版（经查，有 1930 年版）
48	卜愈之	《社会学及社会问题》	世界书局 1933 年版
49	黄凌霜	《社会进化》	世界书局 1933 年版
50	李圣悦	《现代社会学理论大纲》	光华书局 1933 年版
51	寿勉成	《社会的经济基础》	世界书局 1933 年版
52	吴景超	《社会组织》	世界书局 1933 年版
53	杨开道	《农业教育》	商务印书馆 1934 年版
54	叶法无	《近代各国社会学思想史》	上海大陆书局 1933 年版
55	陈达	《人口问题》	商务印书馆 1934 年版
56	林惠祥	《文化人类学》	商务印书馆 1934 年版
57	邱致中	《都市社会史》	有志书屋 1934 年版

续表

序号	作者	著作	出版机构
58	邱致中	《都市社会学原理》	有志书屋 1934 年版
59	邱致中	《实用都市社会学》	有志书屋 1934 年版
60	杨开道	《农村政策》	世界书局 1934 年版
61	冯品兰	《社会学纲要》	商务印书馆 1935 年版
62	简贯三	《理论社会学》	中华书局 1935 年版
63	黄国璋	《社会的地理基础》	世界书局 1935 年版
64	孙本文	《从社会学到社会问题》	中华书局 1935 年版
65	孙本文	《社会学原理》	商务印书馆 1935 年版
66	冯和法	《社会学与社会问题》	黎明书局 1936 年版
67	许德珩	《社会学讲话》	北平好望书店 1936 年版
68	邱致中	《都市社会政策》	有志书屋 1936 年版
69	潘光旦	《人文史观》	商务印书馆 1937 年版
70	言心哲	《农村社会学导言》	中华书局 1937 年版
71	马哲民	《新社会学》	上海杂志出版社 1938 年版
72	孙本文	《中国社会问题》	青年书店 1939 年版
73	言心哲	《农村社会学概论》	中华书局 1939 年版
74	魏重庆	《社会学小史》	商务印书馆 1940 年版
75	许仕廉	《文化与政治》	朴社 1940 年版（1929 年初版）
76	姜君辰	《社会学入门》	文化供应社 1941 年版
77	孙本文	《现代中国社会问题》（第一册）	商务印书馆 1942 年版
78	童润之	《乡村社会学纲要》	正中书局 1944 年版
79	李树青	《蜕变中的中国社会》	商务印书馆 1945 年版
80	孙本文	《社会心理学》（上下册）	商务印书馆 1946 年版
81	孙本文	《现代中国社会问题》（第四册）	商务印书馆 1946 年版
82	费孝通	《内地农村》	生活书店 1947 年版
83	费孝通	《生育制度》	商务印书馆 1947 年版
84	乔启明	《中国农村社会经济学》	商务印书馆 1947 年版
85	孙本文	《近代社会学发展史》	商务印书馆 1947 年版
86	孙本文	《现代中国社会问题》（第三册）	商务印书馆 1947 年版
87	沈志远	《新社会学的基本问题》	智源书局 1947 年版

续表

序号	作者	著作	出版机构
88	费孝通	《乡土重建》	上海书店 1948 年版
89	李达	《新社会学大纲》	生活书店 1948 年版
90	孙本文	《现代中国社会问题》（第二册）	商务印书馆 1948 年版
91	杨开道	《农村社会》	中华书局 1948 年版
92	孙本文	《当代中国社会学》	上海书店时间不详（查有胜利出版社 1948 年版）
93	陈序经	《社会学的起源》	岭南大学西南社会经济研究所 1949 年版
94	费孝通	《乡土中国》	上海观察社 1949 年版
95	潘光旦	《优生原理》	上海观察社 1949 年版
96	王伯伦	《社会学教程》	神州国光社 1949 年版

（七）法学

序号	作者	著作	出版机构
1	陈敬第	《法学通论》	丙午社 1907 年版
2	熊元翰	《法学通论》	安徽法学社 1911 年版
3	陈承泽	《法制大要》	商务印书馆 1913 年版
4	方钢	《法政提要》（16 册）	上海政法学会 1913 年版
5	王倬	《法治参考书》（上）	商务印书馆 1915 年版
6	陈独秀	《法律与言论自由》	《新青年》1920 年第 7 卷第 1 期
7	方考岳	《大陆近代法律思想小史》（上编）	商务印书馆 1921 年版
8	方考岳	《大陆近代法律思想小史》（下编）	商务印书馆 1921 年版
9	周鲠生	《法律》	商务印书馆 1923 年版
10	郭卫	《法律常识》	上海法学编译社 1924 年版
11	李祖荫校勘	《法学通论》	朝阳大学 1927 年版
12	白鹏飞	《法学通论》	民智书局 1928 年版
13	朱采真	《法学通论》	世界书局 1928 年版
14	陶希圣	《法律学之基础知识》	新生命书局 1929 年版

续表

序号	作者	著作	出版机构
15	王传璧	《法理学史概论》	上海法学书社 1929 年版
16	张季忻	《法学通论概要》	世界书局 1929 年版
17	赵志嘉	《法学大意》	世界书局 1929 年版
18	朱采真	《法律学 ABC》	世界书局 1929 年版
19	钱番稻	《法学通论问答》	三民公司 1930 年版
20	朱采真	《法律学通论》	世界书局 1930 年版
21	朱方	《法学通论》	上海政法学社 1930 年版
22	朱采真	《现代法学通论》	世界书局 1931 年版
23	梅如璈	《现代法学》	新月书店 1932 年版
24	胡庆育	《法学通论》	太平洋书店 1933 年版
25	丘汉平	《法学通论》	商务印书馆 1933 年版
26	吴经熊	《法律哲学研究》	上海法学编译社 1933 年版
27	张映南	《法学通论》	大东书局 1933 年版
28	张知本	《社会法律学》	上海法学编译社 1933 年版
29	刘子崧，李景禧	《法学通论》	商务印书馆 1934 年版
30	欧阳谿	《法学通论》（上下册）	上海法学编译社 1933 年版
31	朱贞白	《最新法学通论》	上海政法学社 1934 年版
32	吴经熊，华懋生	《法学文选》（上册）	会文堂新记书局 1935 年版
33	吴经熊，华懋生	《法学文选》（下册）	会文堂新记书局 1935 年版
34	吴学义	《法学纲要》	中华书局 1935 年版
35	李剑农	《法律》	商务印书馆 1935 年版
36	李剑农	《议会—立法机关》	商务印书馆 1935 年版
37	钟乃可	《通俗法律讲话》	中华书局 1936 年版
38	林纪东	《法律概论》	大东书局 1937 年版
39	郗朝俊	《法学通论》	国民政府军事委员会政治部 1938 年版
40	楼桐孙	《法学通论》	正中书局 1940 年版
41	蔡枢衡	《中国法律之批判》	正中书局 1942 年版

续表

序号	作者	著作	出版机构
42	李景禧，季灏	《法学教程》	中央陆军军官学校 1940 年版
43	刘燕谷	《欧洲法律思想史纲要》	独立出版社 1943 年版
44	唐表民	《法律之谜》	商务印书馆 1943 年版
45	李祖荫	《法律学方法论》	国立湖南大学法律学会 1944 年版
46	朱祖贻	《法学通论》	正中书局 1944 年版
47	张友渔	《中国宪政论》	生活出版社 1944 年版
48	何任清	《法学通论》	商务印书馆 1945 年版
49	林振镛，王冠英	《法学通论》	中国书店 1945 年版
50	郭卫修	《法学通论》（战后修正重刊）	上海法学编译社 1946 年版
51	童沂	《现代法学》	大公书店 1946 年版
52	胡绳	《在宪法问题上争的是什么》	生活书店 1946 年版
53	龚钺	《比较法学概要》	商务印书馆 1947 年版
54	梅仲协	《法律论》	建国法商学院 1947 年版
55	高承元	《正负法论：辩证法的法律学方法论》	高承元律师事务所 1948 年订正再版
56	陈独秀	《劳工神圣与罢工》	生活·读书·新知三联书店 1985 年版
57	李达	《法理学大纲》	法律出版社 1983 年版

（八）教育学

序号	作者	著作	出版机构
1	陈独秀	《〈新青年〉罪案之答辩书》	《新青年》6 卷 1 号 1919 年 1 月
2	李大钊	《劳动教育问题》	《晨报》1919 年 2 月 14—15 日
3	杨贤江	《理想之势力》	《学生杂志》第 6 卷第 6 号 1919 年 6 月
4	陈独秀	《新教育之精神》	《国民新报》1920 年 2 月 9 日
5	陈独秀	《教育缺点》	《申报》1920 年 3 月 30 日、31 日，4 月 1 日
6	陈独秀	《新教育是什么？》	《广东群报》1921 年 1 月 3 日

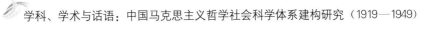

续表

序号	作者	著作	出版机构
7	杨贤江	《教育与劳动》	《民国日报·觉悟》"劳动纪念号"1921 年 5 月 1 日
8	王炽昌	《教育学》	中华书局 1921 年版
9	恽代英	《教育改造与社会改造》	《中华教育界》第 10 卷第 10 期 1921 年版
10	杨贤江	《从救国运动到社会运动》	《学生杂志》第 9 卷第 6 号 1922 年 6 月 5 日
11	恽代英	《革命运动中的教育问题》	《新建设》第 1 卷第 3 期 1924 年 1 月
12	陈启天（译）	《应用教育社会学》	中华书局 1925 年版
13	杨贤江（署名李浩吾）	《教育史 ABC》	世界书局 1929 年版
14	舒新城，杨贤江	《新教育大纲》	南强书局 1930 年版
15	杜佐周	《教育与学校行政原理》	商务印书馆 1930 年 11 月
16	陈启天	《教育社会学概论》	中华书局 1933 年版
17	雷通群	《教育社会学》	商务印书馆 1933 年版
18	吴俊升	《教育哲学大纲》	商务印书馆 1935 年版
19	吴俊升 王西征	《教育概论》	正中书局 1935 年版
20	罗廷光	《教育行政》（上）	商务印书馆 1943 年版
21	罗廷光	《教育行政》（下）	商务印书馆 1945 年版
22	程今吾	《青年修养》	新华书店 1949 年版
23	钱亦石	《现代教育原理》	中华书局 1934 年版
24	张栗原	《教育哲学》	生活·读书·新知三联书店 1949 年版

（九）新闻学

序号	作者	著作	出版机构
1	徐宝璜	《新闻学》	国立北京大学新闻学研究会 1919 年

续表

序号	作者	著作	出版机构
2	李大钊	《危险思想与言论自由》	《每周评论》第 24 期 1919 年 6 月 1 日
3	戈公振	《中国报界应有之觉悟》（上）	《生活》第 5 卷第 35 期和第 36 期 1920 年 8 月
4	戈公振	《中国报界应有之觉悟》（下）	《生活》第 5 卷第 35 期和第 36 期 1920 年 8 月
5	邵振青，飘萍	《新闻学总论》	京报馆出版部 1924 年版
6	徐宝璜 胡愈之	《新闻事业》	商务印书馆 1923 年版
7	戈公振	《中国新闻事业之将来》	《东方杂志》第 20 卷第 15 号 1923 年 8 月
8	邵飘萍	《我国新闻学进步之趋势》	《东方杂志》第 21 卷第 6 号 1924 年 3 月
9	伍超	《新闻学大纲》	商务印书馆 1925 年版
10	蒋国珍	《中国新闻发达史》	世界书局 1927 年版
11	戈公振	《新闻学撮要》（第二版）	商务印书馆 1929 年版
12	黄天鹏	《新闻学名论集》	上海联合书店 1929 年版
13	戈公振	《新闻教育之目的》	《报学月刊》第 1 卷第 1 期 1929 年 3 月
14	戈公振	《世界报业大观》	《报学月刊》第 1 卷第 1 期 1929 年 3 月
15	黄天鹏	《新闻学论文集》	光华书局 1930 年版
16	黄天鹏	《中国新闻事业》	上海联合书店 1930 年版
17	黄天鹏	《新闻文学概论》	光华书局 1930 年版
18	黄天鹏（校订）	《新闻概论》	联合书店 1930 年版
19	陶良鹤	《最新应用新闻学》	复旦大学新闻学会 1930 年版
20	徐宝璜	《新闻学纲要》	联合书店 1930 年版
21	周孝庵	《最新实验新闻学》	时事新报馆 1930 年版
22	李锦华，李仲诚	《新闻言论集》	新启明印务公司 1932 年版
23	王濬如	《新闻学集》	天津大公报西安分馆 1931 年版
24	黄天鹏	《新闻学演讲集》	现代书局 1931 年版

续表

序号	作者	著作	出版机构
25	燕京大学新闻学系	《新闻学研究》	北京良友公司 1932 年版
26	张静庐	《中国的新闻记者与新闻纸》	现代书局 1932 年版
27	吴晓芝	《新闻学之理论与实用》	北平立达书局 1933 年版
28	管照微	《新闻学论集》	上海汉文正楷印书局 1933 年版
29	曹用先	《新闻学》	商务印书馆 1933 年版
30	黄天鹏	《新闻学入门》	光华书局 1933 年版
31	黄天鹏	《新闻学概要》	中华书局 1934 年版
32	谢六逸	《实用新闻学》	上海申报馆 1935 年版
33	燕京大学新闻学系	《新闻学概观》	北平编者刊 1935 年版
34	张忧虞	《新闻之理论与现象》	太原中外语文学会 1936 年版
35	刘元钊	《新闻学讲话》	上海乐华图书公司 1936 年版
36	孙怀仁	《新闻学概论》	上海申报馆 1936 年版
37	俞爽迷	《新闻学要论》	上海大众书局 1936 年版
38	王新常	《抗战与新闻事业》	商务印书馆 1938 年版
39	李公凡	《基础新闻学》	上海复兴书局 1938 年版
40	任毕明	《战时新闻学》	光明书局 1938 年版
41	任白涛	《抗战期间的新闻宣传》	新闻研究社 1938 年版
42	中国青年记者学会	《战时新闻工作入门》	生活书店 1939 年版
43	任白涛	《国际通讯的机构及其作用》	商务印书馆 1939 年版
44	任白涛	《日本对华的宣传政策》	商务印书馆 1940 年版
45	杜绍文	《战时报学讲话》	战地图书出版社 1941 年版
46	柯天	《新闻工作基础常识》	文化供应社 1941 年版
47	任白涛	《综合新闻学》	商务印书馆 1941 年版
48	鲁风	《新闻学》	新中国报社 1944 年版
49	田玉振	《新闻学新论》	新闻出版社 1944 年版
50	储玉坤	《现代新闻学概论》	世界书局 1945 年版

续表

序号	作者	著作	出版机构
51	史梅岑	《新闻学纲要》	河洛日报社 1945 年版
52	萨空了	《科学的新闻学概论》	香港文化供应社 1947 年版
53	恽逸群	《新闻学讲话》	新华书店 1948 年版
54	新闻学编委会	《新闻学研究》	新闻学研究班 1949 年版

人物索引

M

N

O

P

后　记

（一）

近代以来，没有哪一种思想或理论，能像马克思主义那样，给中国特色哲学社会科学发展带来如此深远之历史影响。

从根本上讲，是因为马克思主义行。

作为"西学东渐"的产物，马克思主义自 19 世纪末传入中国起，便被赋予了指导中国革命实践的特殊使命。

当年进步知识分子运用唯物辩证法，结合中国革命实践，初步建构中国马克思主义哲学社会科学体系，如陈独秀、李大钊、李达、朱镜我、张仲实、王学文、何锡麟、陈唯实、沈志远、陈启修、艾思奇、邓初民、侯外庐、郭沫若、吕振羽、翦伯赞、范文澜、何干之、杜国庠、恽代英、王亚南、薛暮桥、钱俊瑞、钱亦石、于光远、邵飘萍、范长江、张友渔等等，他们当中不乏哲学家、历史学家、政治学家、经济学家等，其在建构马克思主义哲学社会科学体系过程中所发挥的重要作用及其所做出的特殊贡献，值得我们去关注。

摒除世俗的偏见，拂去历史的尘埃，他们是一群值得我们永远尊重和怀念的马克思主义哲学社会科学建构的先行者。

革命时代赋予了他们建构哲学社会科学的主体角色，他们也以自

己的丰富学识对中国马克思主义哲学社会科学的探求做了最好的诠释。

历史，当然应该为他们留下一笔。

（二）

本书是我本人作为课题首席专家主持的 2018 年度国家社科基金重大项目——"中国本土化哲学社会科学体系的建构：文献资料收集、整理与研究（1919—1949）"（批准号：18ZDA013；结项等级：良好）的最终结项成果，共计 80 余万字。因该重大项目的研究重心在马克思主义哲学社会科学体系建构领域，马克思主义哲学社会科学是中国本土化哲学社会科学最为重要的组成部分，所以在出版书稿时，书名定为《学科、学术与话语：中国马克思主义哲学社会科学体系建构研究（1919—1949）》。

在完成书稿时，每每看到学校办公室和家中书房里一堆堆厚厚的档案文献资料，都倍感欢喜和亲切，感觉这些年来的努力没有白费，经过查阅大量文献资料和缜密思考，总算是有了一个初步的研究成果。

心情虽觉放松，情怀却难以释然。

我每天的生活就是教学、读书和科研，唯一的爱好是每天坚持跑步锻炼，就跟每天坚持科研一样，生活简单而又充实。回首从事课题文献资料收集、整理和研究的日子，很辛苦，也很快乐；很落寞，也很充实。我每天的学术生活就是：在书桌前有一杯淡淡的清茶伴着，沐着先哲们的理论，虽单调陈乏，却倍感欢愉。

从 2018 年课题立项到现在初步完成，在从事课题写作三年多的时间里，我从未感觉到生活如此充实。除了承担学校繁重的教学任务外，我每天把剩余的精力和时间都投注于本课题的研究与写作。自课题立项以来连续三年，平均每天放在课题上的研究时间 12～14 个小时，未敢有丝毫懈怠！

大胆假设，小心求证。

为了更为广泛地收集和整理该课题文献资料，保证课题研究框架的准确性，在尊重原申请书框架设计的基础上，我主要做了以下几方面

工作：

第一，坚持研究的学术性和保证文献的专业性，是课题组在收集整理文献资料时始终秉持的一项重要原则。根据研究计划，课题组从国家图书馆、中央编译局、北京档案馆、中国人民大学图书馆和北京大学图书馆等广泛收集与该课题有关的民主革命时期的各种资料，查阅大量档案资料、人物传记、历史文献、回忆录等史料，由于这些史料比较分散，所以在史料整理工作上投入了很多时间和精力。

第二，整理了20多卷册有关新民主主义革命时期中国马克思主义哲学社会科学体系建构的重要论述，并对当年进步知识分子在马克思主义哲学社会科学发展方面的著作进行了系统整理和分类。

第三，先后召开10多次小型学术研讨会，继续就课题的总体框架进行学理性论证，广泛征求专家同人的意见，丰富研究思路，完善研究方案。

第四，在课题研究过程中，积极与该领域专家交流研究心得，就课题研究中的重点难点问题进行研讨，并有计划地撰写和发表部分阶段性研究成果。

第五，在前期阶段性研究成果基础上，从事课题最终成果的写作。在初步完成课题最终成果的基础上，征求专家同人对定稿的意见。

第六，在成稿后的近一年来，根据专家同人的意见，对最终研究成果的框架结构、基本内容、语句表达、引文注释、标点符号、统计数字等诸方面，先后进行了10多遍认真修改，最后交付全国哲学社会科学规划办公室申请结项。

（三）

马克思主义中国化学术史是当前学界研究的一个重要理论课题，而丰富的历史文献资料则是开展马克思主义中国化学术史研究的重要条件。近年来，国内学界出版的关于新民主主义革命时期党的各种历史文献资料非常丰富，主要包括文件和档案、各种文献资料汇编、资料丛刊、文集、选集、选编、文稿、年谱、传记、报刊（影印版）、地方史志及国外史料等。这些文献资料中涉及马克思主义哲学社会科学发展方

面的资料较少，目前国内还未有专门关于新民主主义革命时期中国马克思主义哲学社会科学体系建构文献资料出版。

当前学界对新民主主义革命时期中国马克思主义哲学社会科学体系建构相关问题的研究鲜有突破，根源在于固守目前不甚丰富的文献资料。要突破该研究困境，真正实现研究创新，需在文献资料领域去发掘、整理和利用新的史料。

该研究课题对于推动今后学界马克思主义中国化、中共党史领域问题研究具有重要的学术价值。一方面，有助于拓宽研究视域，使人们了解 20 世纪前半期中国马克思主义学术演进大势，把握马克思主义哲学社会科学发展过程及其主要学术流派的嬗变轨迹与机制。同时，深化马克思主义中国化领域相关问题研究，使我们在研究历史问题的同时，又密切关注当前现实问题。另一方面，丰富中国共产党思想史、思想政治教育史研究内容，对推进马克思主义理论工程建设亦具有重要借鉴意义。

（四）

马克思主义中国化事业无止境，对该课题的研究和探索也没有止境。

本课题在当前研究现状的基础上，力争在对新民主主义革命时期该问题的研究方面取得新进展。课题组系统整理、归纳已有理论观点和各种历史文献，以马克思主义哲学社会科学体系建构为对象展开系统研究，注重历史与现实、理论与实践的结合；廓清其建构语境，梳理建构途径，总结建构经验，进而揭示其在推动马克思主义中国化过程中的历史作用和当代价值等。

在研究该课题的过程中，围绕一些具体问题进行了较为深入的研究，取得的部分阶段性研究成果如下：

第一，在文献资料的收集与整理方面，目前，课题组已收集、整理了约 2 000 万字的各学科发展方面的文献资料，计划按照专题出版 50 余卷文献资料。

第二，在学术研究方面，近三年来，在 CSSCI 专业核心期刊如

《马克思主义研究》《马克思主义理论学科研究》等上发表了部分学术论文，有的被中国人民大学《复印报刊资料》全文转载。

第三，文献资料收集与整理的目的，就是进行学术研究，通过学术研究将这些尘封的文献资料"激活"。近年来，在收集、整理文献资料的基础上，我一直在鼓励所带的博士研究生运用收集的文献资料进行学术研究，尤其指导博士生的学位论文依此为选题。目前已有6篇博士学位论文是与该课题研究直接相关的选题，分别是：《中国社会科学家联盟与马克思主义中国化研究》（王新刚，中国人民大学博士学位论文，2020年）、《〈中国之命运〉论战研究》（郝思佳，中国人民大学博士学位论文，2020年）、《中国马克思主义哲学社会科学话语体系构建研究（1919—1949）》（王栋，中国人民大学博士学位论文，2021年）、《马克思主义法学学科在近代中国的发展研究（1919—1949）》（原琳，中国人民大学博士学位论文，2022年）、《早期中国共产党人人民观研究（1919—1927）》（熊维娜，中国人民大学博士学位论文，2022年）、《1940年代中国共产党马克思主义学术话语权构建研究》（王腾，中国人民大学博士学位论文，2022年）。其中，博士生王栋同学的《中国马克思主义哲学社会科学话语体系构建研究（1919—1949）》还获得了校级优秀博士学位论文。这几位博士生以收集、整理的文献资料为依托，找出值得研究的学理问题，实现了对文献资料"收集、整理与研究"的双向结合，这也正是我主持本课题的初衷所在。当然，我的博士生团队对于该课题的学术研究还是初步的，只是抛砖引玉，期待学界在该领域能够有更多更好的优秀成果出现。

第四，在当前文献资料的基础上，已完成80万字的书稿写作，分多卷本交付出版社出版。

上述这些初步研究成果的取得，给今后对课题的深入研究打下了良好的基础。

有关中国特色哲学社会科学体系建构问题的研究，历来受到中共党史学、马克思主义中国化、翻译学、历史学等多门学科研究者青睐，研究视角多样，百花齐放，异彩纷呈，取得了丰硕的研究成果。尽管如此，随着大量珍贵史料被挖掘出来，该课题仍然有广阔的探究空间。

（五）

在取得初步收获的同时，也承担了更多的责任。

该课题围绕新民主主义革命时期中国马克思主义哲学社会科学体系建构诸方面问题进行了认真梳理和探讨，尽管取得了初步研究成果，但还存在一些不足之处，如在资料运用上，表现在课题中个别地方对原始资料文本掌握不够全面和恰当，个别专题的研究内容不够全面准确等。

对于该课题研究的每个重要问题，作者都立足于当前学界的研究前沿，在总结、分析和鉴别的基础上，试图从自己的认识视角来研究问题并尝试做一些新的分析。为此，该课题在写作过程中参考并吸收了学术界已取得的一些新的和有价值的研究成果，这使本书稿增色不少，在此对学术界同人深表谢意！同时，受学识所限，行文中有的地方感觉往往言不及义，甚至会有许多疏漏乃至错误，我真诚期待学术界各位前辈、专家学者给书稿提出宝贵的批评和指导！

（六）

如若没有学界同人的鼓励、鞭策和指导，就不可能有课题最终成果的完成。

本人作为首席专家主持的该重大项目，最终提前一年多的时间结项。在这里，尤其需要特别感谢的是中国人民大学马克思主义学院的齐鹏飞教授、秦宣教授、杨凤城教授、杨德山教授和陶文昭教授，清华大学马克思主义学院的欧阳军喜教授和王宪明教授，北京大学马克思主义学院的周良书教授，对外经济贸易大学的张世飞教授，杭州师范大学的吴汉全教授，天津师范大学的阎书钦教授，华南师范大学的蒋建农教授，首都师范大学的黄延敏教授，等等，他们或以不同方式热心参与我的课题的建构和讨论，或提出翔实的修改建议，他们严谨治学的态度以及对我的鞭策和鼓励，成为我学术研究不断进步的动力，让我终身受益！

中国马克思主义学术史是当前国内学界研究的热点，该领域国内代表性研究成果尤以吴汉全教授的《中国马克思主义学术史概论（1919—1949）》《中国马克思主义学术史》，阎书钦教授的《范式的引介与学科的创建：民国时期社会科学话语中的科学观念》，及上海市社会科学界联合会编写的"二十世纪中国社会科学"丛书等著作最具代表性，这为我丰富该课题相关章节的研究与写作思路提供了很多有益的启发、思考和借鉴，在此一并致谢！

学术研究带有承接性和发展性的特点，该课题研究与我以前主持的几个国家社科基金具有研究领域的一致性，即都专注于新民主主义革命时期中国共产党领导的中国马克思主义学术建设问题，都涉及马克思主义中国化的重要创作主体问题，都关注国共两党在意识形态领域的博弈问题，都属于马克思主义中国化学术史的研究范畴，等等。基于此，本书的部分章节也吸收和借鉴了前面几个课题的研究成果，以使该课题的研究对象与研究思路更加全面、丰富和明晰，让学界能够对中国共产党领导下的中国特色哲学社会科学体系在该时期的建构有一个全方位的认识和了解。

在该课题的研究与写作过程中，我的博士研究生们可谓是厥功甚伟，他们为该课题付出了很多汗水，若没有他们所做的大量基础性资料收集和初步的研究与探讨，该课题就不可能顺利完成。其中，王栋、郝思佳、王新刚、柳宝军、熊维娜、王腾、原琳等主持负责并承担了课题部分专题文献资料的收集及部分章节的初步研究，没有他们的参与，该课题就不可能提前结项。在此，深表感谢！同时，也深切期望我的博士生们在今后将"中国本土化哲学社会科学体系建构"课题继续深入研究下去，在马克思主义中国化学术史领域取得更大的成就。

是为跋。

初稿于 2019 年冬
成稿于 2022 年春